Kölz · Häner · Bertschi
Verwaltungsverfahren und Verwaltungsrechtspflege des Bundes

Alfred Kölz
Prof. Dr. iur., 1944–2003

Isabelle Häner
Prof. Dr. iur., Rechtsanwältin, Zürich

Martin Bertschi
Dr. iur., Ersatzrichter am Verwaltungsgericht, Zürich

VERWALTUNGSVERFAHREN UND VERWALTUNGSRECHTSPFLEGE DES BUNDES

3., vollständig überarbeitete Auflage

Schulthess § 2013

Rechtsquellen, Rechtsprechung und Literatur wurden bis 31. Dezember 2012 systematisch berücksichtigt. Auf die wesentlichen Entwicklungen bis Mai 2013 wird Bezug genommen.

Bibliografische Information der Deutschen Nationalbibliothek
Die Deutsche Nationalbibliothek verzeichnet diese Publikation in der Deutschen Nationalbibliografie; detaillierte bibliografische Daten sind im Internet über http://dnb.d-nb.de abrufbar.

Alle Rechte, auch die des Nachdrucks von Auszügen, vorbehalten. Jede Verwertung ist ohne Zustimmung des Verlages unzulässig. Dies gilt insbesondere für Vervielfältigungen, Übersetzungen, Mikroverfilmungen und die Einspeicherung und Verarbeitung in elektronische Systeme.

© Schulthess Juristische Medien AG, Zürich · Basel · Genf 2013
ISBN 978-3-7255-6794-2

www.schulthess.com

Vorwort

Die erste Auflage dieses Buches – verfasst von Alfred Kölz und Isabelle Häner – erschien im Jahr 1993, die zweite Auflage – unter Mitarbeit von Martin Bertschi – im Jahr 1998. Alfred Kölz, der am 29. Mai 2003 vorzeitig verstorben ist, konnte an der nun vorliegenden Neuauflage nicht mehr mitwirken. Im Gedenken an unseren Mentor Alfred Kölz und in grosser Dankbarkeit möchten wir ihn im Einverständnis mit Dr. Monika Kölz weiterhin mit seinem Namen als Mitautor aufführen.

Weil die Rechtsgrundlagen der Gerichtsbarkeit und der Verwaltungsrechtspflege des Bundes einer Totalrevision unterzogen worden waren, war an die Übernahme der Gliederung und der Nummerierung der Randziffern aus der zweiten Auflage nicht zu denken. Zudem sind nicht nur die Änderung von Verfassung und Gesetzen sowie eine starke Entwicklung der Judikatur seit dem Erscheinen der Vorauflage zu verzeichnen; auch die Literatur zum Thema hat sich inzwischen vervielfacht. Das vorliegende Buch soll – mit Blick auf die Bedürfnisse der Praxis, aber auch fortgeschrittener Studierender – etwa die Mitte halten zwischen den eigentlichen Lehrbüchern einerseits und den Gesetzeskommentaren andererseits. Neu aufgenommen wurden Darstellungen des Verwaltungsverfahrens und -prozesses in besonderen Sachgebieten, die sich zusehends von den allgemeinen Grundsätzen verselbständigen.

Zu danken haben wir Herrn lic. iur. Meinrad Angehrn, Frau Ursula König-Löhrer, MLaw, und Herrn lic. iur. Felix Grämiger, RA, die mit Engagement, Sorgfalt und Sachkenntnis die Judikatur und die Literatur zusammenstellten sowie den Text lektorierten; Herr Angehrn und Herr Grämiger haben zudem einzelne Textentwürfe verfasst, und Frau König-Löhrer hat die Verzeichnisse, insbesondere das Sachregister, besorgt.

Zu Dank verpflichtet sind wir weiter dem Schweizerischen Nationalfonds, dessen Beitrag die Schaffung von Assistenzstellen ermöglichte. Ein besonderer Dank geht sodann an die Anwaltskanzlei Bratschi Wiederkehr & Buob, die den Assistierenden Gastrecht gewährte und ihnen ihre Infrastruktur zur Verfügung stellte. Verschiedene Personen, namentlich Herr Prof. Dr. Thomas Gächter, begleiteten das Projekt stets mit grossem Wohlwollen und unterstützten uns in mancher Weise. Frau lic. iur. Maria Schnebli, RA, LL.M., danken wir für die Durchsicht und Korrektur des Kapitels zur Amts- und Rechtshilfe.

Dem Verlag Schulthess Juristische Medien AG, insbesondere Herrn Marco Gianini und Frau Sandra Kutnjak-Klopp, danken wir für die sehr angenehme Zusammenarbeit sowie für die schöne und sorgfältige Gestaltung und Drucklegung.

Zürich, im Frühsommer 2013   Isabelle Häner   Martin Bertschi

Inhaltsübersicht

Vorwort V
Inhaltsverzeichnis IX
Abkürzungsverzeichnis XXVII
Materialien XLV
Allgemeine Literatur XLVII

1. Teil: Grundlagen und historische Entwicklung 1

1. Kapitel: Grundlagen 3
2. Kapitel: Historische Entwicklung 96

2. Teil: Nichtstreitiges Verwaltungsverfahren im Bund 113

3. Kapitel: Grundlagen und Abgrenzung 115
4. Kapitel: Der Verfahrensablauf 137

3. Teil: Grundlagen der Verwaltungsrechtspflege; Rechtsbehelfe und Einsprache 237

5. Kapitel: Grundlagen 239
6. Kapitel: Das Wiedererwägungsgesuch 248
7. Kapitel: Aufsichtsbeschwerde (Anzeige) 268
8. Kapitel: Die Einsprache 276

4. Teil: Verwaltungsrechtspflege durch das Bundesverwaltungsgericht 279

9. Kapitel: Grundlagen 281
10. Kapitel: Das Beschwerdeverfahren 286
11. Kapitel: Erläuterung und Berichtigung sowie Revision 417
12. Kapitel: Das Klageverfahren vor Bundesverwaltungsgericht 418

5. Teil: Verwaltungsinternes Rechtsmittelverfahren 433

13. Kapitel: Besonderheiten der verwaltungsinternen Beschwerde 435
14. Kapitel: Rechtsverweigerungs- und Rechtsverzögerungsbeschwerde ... 444
15. Kapitel: Erläuterung sowie Berichtigung von Rechnungs- und Kanzleifehlern 450
16. Kapitel: Revision 452

6. Teil:	**Verwaltungs- und Staatsrechtspflege durch das Bundesgericht**	461
17. Kapitel:	Grundlagen	463
18. Kapitel:	Die Beschwerde in öffentlich-rechtlichen Angelegenheiten an das Bundesgericht	469
19. Kapitel:	Die subsidiäre Verfassungsbeschwerde	594
20. Kapitel:	Rechtsverweigerungs- und Rechtsverzögerungsbeschwerde	604
21. Kapitel:	Erläuterung und Berichtigung sowie Revision	605
22. Kapitel:	Das Klageverfahren vor Bundesgericht	609
7. Teil:	**Besondere Verfahrensregelungen in bestimmten Verwaltungsrechtsmaterien**	617
23. Kapitel:	Sozialversicherungsrecht	619
24. Kapitel:	Datenschutzrecht	630
25. Kapitel:	Steuerrecht	636
26. Kapitel:	Submission	644
27. Kapitel:	Enteignung	659
28. Kapitel:	Staatshaftung	665
29. Kapitel:	Kartellrecht	675
30. Kapitel:	Verwaltungsstrafrecht und Disziplinarverfahren	687
31. Kapitel:	Amts- und Rechtshilfe	692
Sachregister		713

Inhaltsverzeichnis

Vorwort	V
Inhaltsübersicht	VII
Abkürzungsverzeichnis	XXVII
Materialien	XLV
Allgemeine Literatur	XLVII

1. Teil: Grundlagen und historische Entwicklung ... 1

1. Kapitel: Grundlagen ... 3

I. Begriff und Gegenstand des Verwaltungsverfahrens ... 3
II. Verwaltungsrechtspflege ... 4
    1. Begriffliche Unterscheidungen ... 4
        A. Verwaltungsinterne und -externe Verwaltungsrechtspflege ... 4
        B. Verwaltungs-, Staats- und Verfassungsrechtspflege; öffentliche Rechtspflege ... 5
    2. Zweck der Verwaltungsrechtspflege ... 5
    3. Verwaltungsinterne Verwaltungsrechtspflege ... 6
    4. Verwaltungsexterne Verwaltungsrechtspflege ... 7
        A. Die Verwaltungsgerichtsbarkeit ... 7
            a. Begriff ... 7
            b. Zur Unterscheidung «ursprüngliche» und «nachträgliche» Verwaltungsgerichtsbarkeit ... 7
            c. Träger ... 8
                aa. Übersicht ... 8
                bb. Allgemeine Verwaltungsgerichte ... 9
                cc. Spezialverwaltungsgerichte ... 9
                dd. Rekurs- und Schiedskommissionen ... 9
                ee. Zivil- und Strafgerichte ... 11
        B. Das Parlament ... 11
III. Abgrenzung gegenüber benachbarten Rechtsgebieten ... 12
    1. Abgrenzung Verwaltungsverfahrensrecht – materielles Verwaltungsrecht ... 12
        A. Funktionen des Verwaltungsverfahrensrechts in Abgrenzung zum materiellen Verwaltungsrecht ... 13
        B. Zusammenhänge zwischen Verfahrensrecht und materiellem Recht ... 14
    2. Abgrenzung Verwaltungsrechtspflege – Verfassungsgerichtsbarkeit ... 15
    3. Abgrenzung Verwaltungsrechtspflege – Verwaltungsaufsicht und parlamentarische Aufsicht ... 17

IV.	Zum anwendbaren Recht	20
	1. Nationales und internationales Recht	20
	2. Bedeutung des Bundesverfassungsrechts	22
	3. Internationale Menschenrechtsabkommen	24
	A. Europäische Menschenrechtskonvention	24
	B. Internationaler Pakt über bürgerliche und politische Rechte (UNO-Pakt II) und weitere internationale Menschenrechtsabkommen	31
	4. Weiteres internationales Recht, insbesondere die bilateralen Abkommen mit der Europäischen Union	32
	5. Gesetzliche Regelung des Verfahrensrechts	34
	A. Notwendigkeit der gesetzlichen Regelung des Verfahrensrechts und der Festlegung verfahrensrechtlicher Formen	35
	B. Bemerkungen zu den Verfahrensregelungen	36
	6. Für die Kantone geltende Bundesvorschriften unterhalb der Verfassungsstufe	36
	A. Zulässigkeit des Eingriffs in die kantonale Organisations- und Verfahrensautonomie	37
	B. Zu den Regelungen auf Gesetzesstufe	38
	C. Die allgemeinen Rechtsgrundsätze	40
	D. Das Koordinationsgebot	41
	a. Verpflichtung der Kantone zur Verfahrenskoordination durch die bundesgerichtliche Rechtsprechung	41
	b. Gesetzliche Regelungen	43
	E. Ergebnis: «Gemeineidgenössisches» Verfahrensrecht	44
	7. Intertemporales Verfahrensrecht	45
V.	Verfahrensmaximen	46
	1. Begriff der Verfahrensmaxime	47
	2. Offizialmaxime – Dispositionsmaxime	48
	3. Untersuchungsmaxime – Verhandlungsmaxime	49
	4. Eventualmaxime	51
	5. Grundsatz der freien Beweiswürdigung	52
	6. Rechtsanwendung von Amtes wegen	53
	7. Amtsbetrieb	55
VI.	Verfahrensgarantien gemäss Verfassungs- und Völkerrecht	56
	1. Das Prinzip der Fairness als Grundlage der Verfahrensgarantien	56
	2. Konsequenzen des Grundrechtscharakters der Verfahrensgarantien	58
	3. Trägerschaft	59
	4. Rechtsweggarantie	60
	5. Der Anspruch auf Gesetzlichkeit, Zuständigkeit und Unparteilichkeit des Gerichts bzw. der Behörde	63
	6. Verbot der formellen Rechtsverweigerung (im engeren Sinn)	66
	7. Treu und Glauben bzw. Vertrauensschutz; überspitzter Formalismus	67
	8. Gleichbehandlung der Parteien	69
	9. Das rechtliche Gehör	70

	10. Öffentlichkeit, Mündlichkeit und Unmittelbarkeit	72
	A. Grundsatz der Öffentlichkeit	73
	a. Publikumsöffentlichkeit vor Gerichten	74
	aa. Öffentliche Verhandlung	74
	bb. Öffentliche Urteilsverkündung	77
	cc. Öffentlichkeit vor Bundesgericht und Bundesverwaltungsgericht	79
	b. Publikumsöffentlichkeit der Verwaltung	79
	c. Parteiöffentlichkeit	81
	B. Grundsatz der Mündlichkeit	81
	C. Grundsatz der Unmittelbarkeit	82
	11. Beschleunigungsgebot und Prozessökonomie	83
	12. Unentgeltliche Rechtspflege	87
VII.	Bedeutung des Zivil- und Strafprozessrechts in der Verwaltungsrechtspflege	89
	1. Die analoge Anwendung von zivilprozessualen Bestimmungen in der Verwaltungsrechtspflege	89
	2. Verfahren der Verwaltungs-, Zivil- und Strafrechtspflege über die gleiche Sache	91
	3. Zuständigkeit von Verwaltungsbehörden für Entscheide über zivilrechtliche und strafrechtliche Angelegenheiten	93
	4. Zuständigkeit von Zivilgerichten und Strafgerichten zur Beurteilung von verwaltungsrechtlichen Streitigkeiten	95

2. Kapitel: Historische Entwicklung   96

I.	Überblick zur Entwicklung im 19. Jahrhundert	96
	1. Erste Verwirklichung des Verwaltungsrechtsschutzes in der Mediationsverfassung 1803	96
	2. Keine Verwaltungsgerichtsbarkeit in den Regenerationsverfassungen 1830/31	98
	3. Betonung des demokratischen Staatsgedankens in der zweiten Hälfte des 19. Jahrhunderts	98
	4. Verbesserung des Verwaltungsrechtsschutzes im 20. Jahrhundert	98
II.	Entwicklung im Bund seit dem 20. Jahrhundert	99
	1. Einführung der Verwaltungsgerichtsbarkeit	99
	2. Neuordnung des Verwaltungsverfahrens und der Verwaltungsrechtspflege 1968	100
	3. Teilrevision der Bundesrechtspflege 1991	101
	4. Justizreform 2000 und Totalrevision der Bundesrechtspflege 2005	102
III.	Entwicklung in den Kantonen	105
	1. Erste Impulse	105
	2. Entwicklung im Kanton Zürich	106
	3. Entwicklung in den anderen Kantonen	107
IV.	Vereinheitlichung des Verwaltungsprozessrechts?	109

2. Teil: Nichtstreitiges Verwaltungsverfahren im Bund ... 113

3. Kapitel: Grundlagen und Abgrenzung ... 115

I. Gegenstand ... 115
   1. Regelung der Handlungsformen ... 116
   2. Die Verfügung ... 118
      A. Begriff ... 118
      B. Problematik ... 118
      C. Feststellungsverfügung ... 121
      D. Besonderheiten bei direkt anwendbaren Rechtsnormen ... 126
      E. Anspruch auf Erlass einer Leistungs- oder Gestaltungsverfügung ... 127
      F. Verfügung über Realakte ... 128
   3. Verfahrensvorschriften für das vertragliche Handeln ... 131
II. Anwendung des Verwaltungsverfahrensgesetzes ... 132
   1. Die massgebenden Bestimmungen ... 133
   2. Anwendungsbereich des VwVG ... 133
   3. Die übergangsrechtlichen Bestimmungen ... 136

4. Kapitel: Der Verfahrensablauf ... 137

I. Einleitung des Verfahrens und Bestimmung des Gegenstandes ... 137
II. Zuständigkeit ... 138
   1. Begriff ... 138
   2. Pflicht der Behörde zur Überprüfung der Zuständigkeit ... 139
   3. Überweisungspflicht ... 140
   4. Kompetenzstreitigkeiten ... 140
      A. Kompetenzkonflikt zwischen den Behörden ... 140
      B. Kompetenzstreitigkeit zwischen Behörden und Privaten ... 141
   5. Verfahrenskoordination ... 142
   6. Zuständigkeit unabhängiger Kommissionen ... 144
III. Ausstand ... 147
IV. Parteien ... 153
V. Feststellung des Sachverhaltes ... 158
   1. Geltung und Grenze der Untersuchungsmaxime ... 159
   2. Mitwirkungspflichten der Parteien ... 162
   3. Beweismittel ... 164
      A. Arten und Unterscheidung ... 164
      B. Die Pflichten Dritter: Zeugenaussage, Aktenherausgabepflicht und Duldung des Augenscheins ... 168
      C. Verwendung widerrechtlich erlangter Beweismittel ... 169
      D. Beweisgrad und freie Beweiswürdigung ... 169
   4. Anspruch der Parteien auf rechtliches Gehör ... 171
      A. Rechtsgrundlagen ... 172
      B. Recht auf Orientierung ... 173

		C. Akteneinsichtsrecht	173
		a. Grundsatz	173
		b. Ausnahmen	177
		aa. Interessenabwägung und Entscheid	177
		bb. Entgegenstehende öffentliche Interessen	178
		cc. Entgegenstehende private Interessen	179
		c. Verhältnis des Akteneinsichtsrechts zum Datenschutz	181
		aa. Verhältnis des Akteneinsichtsrechts zum Auskunftsrecht gemäss Datenschutzgesetz	181
		bb. Verhältnis des Akteneinsichtsrechts zum Schutz der Personendaten Dritter	182
		d. Verhältnis des Akteneinsichtsrechts zum Öffentlichkeitsgrundsatz	184
		D. Das Äusserungsrecht	185
		a. Allgemein	185
		b. Recht auf Stellungnahme zur Sachverhaltsfeststellung und zu Eingaben der anderen Verfahrensbeteiligten	186
		c. Ausnahmsweise Anhörung zur Rechtsanwendung	187
		d. Ausnahmen zum Anspruch auf Anhörung	188
		e. Besonderes Einwendungsverfahren	189
		E. Mitwirkungsrechte bei der Beweiserhebung	189
		a. Beweisanerbieten der Parteien	189
		b. Das Recht auf Teilnahme an der Beweiserhebung	190
		F. Prüfung der Parteivorbringen	193
		G. Folgen der Verletzung des rechtlichen Gehörs	193
		H. Exkurs: Das «verfahrene Verfahren» oder der «seufzende Beamte»	196
VI.	Vorsorgliche Massnahmen		196
VII.	Fristen		201
VIII.	Verfahrenssprache		207
IX.	Gütliche Einigung und Mediation		209
	1. Grundlagen		210
	2. Anwendungsbereich und Voraussetzungen von Art. 33b VwVG		211
	3. Modalitäten des Verfahrens		213
X.	Eröffnung der Verfügung		214
	1. Formvorschriften		214
		A. Schriftlichkeit und individuelle Zustellung	214
		B. Veröffentlichung	215
		C. Unterschrift und Nennung der Entscheidenden	217
		D. Begründung	217
		E. Rechtsmittelbelehrung	220
	2. Mängel		221

XI.	Kosten und Anspruch auf unentgeltliche Rechtspflege	224
	1. Kosten	225
	2. Unentgeltliche Rechtspflege	227
XII.	Wirkung der Verfügung	229
XIII.	Vollstreckung der Verfügung	230
	1. Allgemeine Bemerkungen	231
	2. Vollstreckungsmittel	232
	3. Voraussetzungen	233
	4. Kosten der Ersatzvornahme	235

3. Teil:
Grundlagen der Verwaltungsrechtspflege; Rechtsbehelfe und Einsprache ... 237

5. Kapitel: Grundlagen ... 239

I.	Die Rechtsmittel	239
	1. Die Unterscheidung Rechtsmittel – Rechtsbehelf	239
	2. Zu den Arten von Rechtsmitteln	239
II.	Streitgegenstand	243
III.	Prozessvoraussetzungen	244
IV.	Rechtsgrundlagen für das interne Beschwerdeverfahren und dasjenige vor Bundesverwaltungsgericht	246
	1. Geltungsbereich und Regelung des Beschwerdeverfahrens im VwVG	246
	2. Die Bestimmungen des VGG für das Beschwerdeverfahren vor Bundesverwaltungsgericht	246
	3. Übergangsrecht	247

6. Kapitel: Das Wiedererwägungsgesuch ... 248

I.	Definition; Problematik	249
II.	Gesetzliche Regelung der Rücknahme von Verfügungen und Entscheiden im VwVG	249
	1. Die Wiedererwägung von Verfügungen nach Art. 58 VwVG	249
	2. Zusammenhang und Abgrenzung zur Revision von Beschwerdeentscheiden nach Art. 66 VwVG	251
	3. Lückenhaftigkeit der gesetzlichen Regelung	251
III.	Wiedererwägung und Widerruf	252
IV.	Die unter dem Begriff des Wiedererwägungsgesuches zusammengefassten Rechtsschutzmittel	253
	1. Allgemeine Bemerkungen	253
	2. Die Revision von Verfügungen	255
	A. Begründung des Behandlungsanspruchs im Einzelnen	255
	B. Behandlung	257
	C. Verhältnis zur Revision von Beschwerdeentscheiden	258

		3.	Der Anspruch auf Anpassung wegen wesentlicher Änderung der Verhältnisse	258
			A. Begründung und Umfang des Behandlungsanspruchs	258
			B. Rechtsnatur und Bezeichnung	259
			C. Behandlung	259
			D. Verfügungen, über die ein Beschwerdeentscheid erging	260
		4.	Das Wiedererwägungsgesuch als Rechtsbehelf	261
	V.	Rechtsschutz		262
	VI.	Besonderheiten der Wiedererwägung im Sozialversicherungsrecht		263
	VII.	Besonderheiten des Steuerrechts		265

7. Kapitel: Aufsichtsbeschwerde (Anzeige) 268

	I.	Übersicht	268
	II.	Aufsichtskompetenzen	269
		1. Verbands- und Dienstaufsicht	269
		2. Aufsicht durch die Gerichte	271
	III.	Voraussetzungen und Verfahren der Aufsichtsbeschwerde	272

8. Kapitel: Die Einsprache 276

4. Teil:
Verwaltungsrechtspflege durch das Bundesverwaltungsgericht 279

9. Kapitel: Grundlagen 281

	I.	Die anwendbaren Bestimmungen	281
	II.	Stellung und Organisation	283
	III.	Richterliche Unabhängigkeit	284

10. Kapitel: Das Beschwerdeverfahren 286

	I.	Dispositionsmaxime	286
	II.	Beschwerdevoraussetzungen	287
		1. Zuständigkeit des Bundesverwaltungsgerichts	287
		A. Prüfung der Zuständigkeit und Überweisungspflicht	287
		B. Vorinstanzen	288
		C. Sachliche Zuständigkeit	291
		a. Methoden der Umschreibung des Zuständigkeitsbereiches der Verwaltungsgerichte im Allgemeinen	291
		b. Sachliche Zuständigkeit des Bundesverwaltungsgerichts gemäss Art. 31 f. VGG im Allgemeinen	292
		c. Die Ausschlüsse im Einzelnen	294
		2. Anfechtungsobjekt	297
		A. Im Allgemeinen	298
		B. Die einzelnen Merkmale der Verfügung im Sinne von Art. 5 VwVG	300

			a.	Anordnung einer Behörde	300
			b.	Einseitigkeit	302
			c.	Individuell-konkrete Anordnung	303
			d.	Rechtsverbindlichkeit	306
			e.	Anordnung in Anwendung öffentlichen Rechts des Bundes	310
				aa. Abgrenzung vom übrigen Bundesrecht	310
				bb. Abgrenzung vom kantonalen Recht	311
		C.	Zwischenverfügung und Vollstreckungsverfügung im Besonderen		313
	3.	Beschwerdefähigkeit und Beschwerdelegitimation			318
		A.	Parteien und andere Beteiligte		321
		B.	Partei- und Prozessfähigkeit		326
		C.	Legitimation		327
			a.	Allgemein	327
			b.	Vertretung schutzwürdiger Interessen	328
				aa. Formelle Beschwer	328
				bb. Materielle Beschwer	328
				cc. Verfügungsadressatinnen und Verfügungsadressaten	332
				dd. Drittbetroffene	334
				ee. Egoistische Verbandsbeschwerde	341
				ff. Allgemeine Beschwerdebefugnis öffentlich-rechtlicher Körperschaften und anderer Verwaltungseinheiten mit Rechtspersönlichkeit	342
			c.	Besondere Beschwerdebefugnis	346
				aa. Im Allgemeinen	346
				bb. Besondere Behördenbeschwerde – Beschwerde von Gemeinwesen und anderen öffentlich-rechtlichen Körperschaften	348
				cc. Ideelle Verbandsbeschwerde	351
	4.	Beschwerdefrist und Beschwerdeschrift			356
		A.	Beschwerdefrist		356
		B.	Beschwerdeschrift		356
			a.	Anforderungen an die Beschwerdeschrift	356
			b.	Sanktionen bei Mängeln der Beschwerdeschrift	359
			c.	Änderung des Begehrens, Novenrecht	361
	5.	Kostenvorschuss			362
III.	Beschwerdegründe und Kognition				363
	1.	Prüfungsbefugnis und Prüfungsdichte			364
	2.	Die zulässigen Beschwerdegründe			365
		A.	Vollkommenes Rechtsmittel		365
		B.	Bundesrechtsverletzung		366
			a.	Bundesrecht	366
			b.	Rechtsverletzung	367
			c.	Einzelne umstrittene Kategorien	368

		C. Unrichtige Feststellung des Sachverhalts	369
		D. Unangemessenheit	370
		a. Grundsatz	370
		b. Abgrenzung des Ermessens vom unbestimmten Rechtsbegriff	371
	3.	Zurücknahme der Prüfungsdichte	372
	4.	Normenkontrolle	376
		A. Vorgesehene Formen	376
		B. Einschränkungen	377
IV.	Wirkungen der Beschwerde und vorsorgliche Massnahmen		377
	1.	Devolutive Wirkung	377
	2.	Aufschiebende Wirkung und weitere vorsorgliche Massnahmen	378
		A. Im Allgemeinen	379
		B. Folgen des willkürlichen Entzugs	384
		C. Andere vorsorgliche Massnahmen	385
V.	Das Verfahren vor dem Bundesverwaltungsgericht		387
	1.	Grundsatz: Anwendbarkeit des VwVG	387
	2.	Ausstand	387
	3.	Instruktion und Beweisverfahren	391
	4.	Schriftenwechsel und Parteiverhandlung	392
		A. Schriftenwechsel	392
		B. Parteiverhandlung	396
	5.	Verfahrensdisziplin	396
	6.	Untersuchungsmaxime und Grundsatz der Rechtsanwendung von Amtes wegen	397
	7.	Besetzung des Spruchkörpers	399
	8.	Entscheidverfahren	400
VI.	Beschwerdeentscheid		400
	1.	Formeller Entscheid	401
	2.	Materieller Entscheid	403
		A. Gutheissung oder Abweisung der Beschwerde; reformatorischer oder kassatorischer Entscheid	403
		B. Reformatio in peius vel melius; keine Bindung an Parteibegehren	405
	3.	Form des Entscheides	407
	4	Verfahrenskosten und Parteientschädigung; unentgeltliche Rechtspflege	408
		A. Anwendbares Recht	408
		B. Verfahrenskosten	409
		C. Parteientschädigung	411
		D. Unentgeltliche Rechtspflege	413
	5.	Eröffnung des Entscheides, Verkündung und Information der Öffentlichkeit	413

| | | 6. | Wirkung des Entscheides | 414 |
| | | 7. | Vollstreckung | 416 |

11. Kapitel: Erläuterung und Berichtigung sowie Revision ... 417

| I. | Erläuterung und Berichtigung von Rechnungs- und Kanzleifehlern | 417 |
| II. | Revision | 417 |

12. Kapitel: Das Klageverfahren vor Bundesverwaltungsgericht ... 418

I.	Allgemeines			418
II.	Prozessvoraussetzungen			419
	1.	Allgemeines		419
	2.	Zulässigkeit des Klageverfahrens		419
		A.	Abgrenzung zum Verfügungsverfahren	419
		B.	Subsidiarität	420
	3.	Zuständigkeit des Bundesverwaltungsgerichts		420
		A.	Öffentlich-rechtliche Verträge	421
		B.	Empfehlungen des Datenschutzbeauftragten	421
		C.	Streitigkeiten zwischen dem Bund und der SNB	422
		D.	Einziehung von Vermögenswerten	422
	4.	Anforderung an die Parteien		423
	5.	Frist		425
	6.	Anforderungen an die Klage		425
III.	Verfahren			426
	1.	Anwendbare Normen		426
	2.	Schriftenwechsel		426
	3.	Vorbereitungsverfahren		427
	4.	Beweisverfahren – Sachverhaltsfeststellung		427
		A.	Besonderheiten des Beweisverfahrens	427
		B.	Untersuchungsmaxime	428
		C.	Beweismittel	428
	5.	Zum vorläufigen Rechtsschutz		429
	6.	Hauptverhandlung und Urteil		429
		A.	Hauptverhandlung	429
		B.	Prüfungsbefugnis des Gerichts	430
		C.	Urteil und Kostenfolgen	430
	7.	Unterschiede zwischen dem BZP und der ZPO		431

5. Teil: Verwaltungsinternes Rechtsmittelverfahren ... 433

13. Kapitel: Besonderheiten der verwaltungsinternen Beschwerde ... 435

I.	Zuständigkeiten		435
II.	Besonderheiten		435
	1.	Sprungbeschwerde	435

		2. Kognition	436

```
          2. Kognition ..............................................................   436
          3. Verfahrensinstruktion und Kosten ...............................   437
    III.  Verwaltungsbeschwerde an den Bundesrat im Besonderen .......   438
          1. Zur Bedeutung der Beschwerde an den Bundesrat .............   438
          2. Zuständigkeit des Bundesrates ...................................   439
                 A. Sachliche und funktionelle Zuständigkeit ..............   439
                 B. Subsidiarität der Verwaltungsbeschwerde an den Bundesrat ........   441
          3. Instruktion und Ausstand ..........................................   442
          4. Endgültigkeit der Beschwerdeentscheide ......................   443

14. Kapitel: Rechtsverweigerungs- und Rechtsverzögerungsbeschwerde .............   444

15. Kapitel: Erläuterung sowie Berichtigung von Rechnungs- und Kanzleifehlern ......   450

16. Kapitel: Revision ................................................................   452
    I.    Zuständigkeit, Anfechtungsobjekt, Legitimation .................   452
    II.   Revisionsgründe ..........................................................   453
    III.  Unzulässigkeit der Revision ..........................................   457
    IV.   Frist und Verfahren ......................................................   458
```

6. Teil: Verwaltungs- und Staatsrechtspflege durch das Bundesgericht 461

```
17. Kapitel: Grundlagen ...........................................................   463
    I.    Die anwendbaren Bestimmungen .................................   463
    II.   Stellung und Organisation .............................................   465
    III.  Richterliche Unabhängigkeit ..........................................   466
```

18. Kapitel:
Die Beschwerde in öffentlich-rechtlichen Angelegenheiten an das Bundesgericht 469

```
    I.    Der (durchbrochene) Grundsatz der Einheitsbeschwerde ...........   469
    II.   Dispositionsmaxime ....................................................   472
    III.  Beschwerdevoraussetzungen ........................................   473
          1. Zuständigkeit des Bundesgerichts ..............................   473
                 A. Prüfung der Zuständigkeit und Überweisungspflicht ..............   473
                 B. Vorinstanzen .................................................   475
                        a. Erschöpfung des Instanzenzugs ...................   475
                        b. Besonderheiten bei der Doppelbesteuerung ......   475
                        c. Gerichte als Vorinstanzen ..........................   477
                        d. Letzte kantonale Instanzen im Besonderen ......   478
                 C. Sachliche Zuständigkeit ..................................   482
                        a. Generalklausel mit Negativkatalog ...............   482
                        b. Kriterien und Motive des Ausschlusses ..........   484
                        c. Hinweise auf einzelne Sachgebiete ...............   485
```

2. Anfechtungsobjekt 488
   A. Entscheide 488
   B. End-, Teil- und Zwischenentscheide 491
3. Abgrenzungen 497
   A. Beschwerden in Zivil- und Strafsachen 497
      a. Im Allgemeinen 497
      b. Beschwerde in Zivilsachen 498
      c. Beschwerde in Strafsachen 499
   B. Subsidiäre Verfassungsbeschwerde 500
   C. Klage 501
4. Streitwertgrenzen 502
   A. Grundsatz und Anwendungsbereich 502
   B. Bestimmung des Streitwerts 504
   C. Vorbehalt: Rechtsfrage von grundsätzlicher Bedeutung 505
   D. Anforderungen an die Beschwerdebegründung und die Rechtsmittelbelehrung der Vorinstanz 509
5. Beschwerdelegitimation 509
   A. Parteivertretung vor Bundesgericht 510
   B. Legitimation der Betroffenen 510
   C. Die Vertretung des öffentlichen Interesses 511
      a. Behördenbeschwerden – Beschwerden von Gemeinwesen und öffentlich-rechtlichen Körperschaften 511
         aa. Beschwerderecht von Bundesbehörden 511
         bb. Beschwerderecht der Kantone bzw. von kantonalen Behörden und Gemeinden 515
      b. Verbandsbeschwerde 517
6. Beschwerdefrist und Beschwerdeschrift 517
   A. Beschwerdefrist 517
   B. Beschwerdeschrift 519
      a. Im Allgemeinen 519
      b. Änderung des Begehrens, Novenrecht 526
7. Kostenvorschuss 529
IV. Beschwerdegründe und Kognition 529
   1. Im Allgemeinen 530
   2. Rechtsverletzungen im Einzelnen 531
      A. Bundesrechtsverletzung 531
      B. Verletzung von Völkerrecht 532
      C. Verletzung kantonalen Rechts 533
         a. Verletzung kantonaler verfassungsmässiger Rechte 533
         b. Prüfung weiteren kantonalen Rechts 534
      D. Interkantonales Recht 535
      E. Nichtanwendung oder unrichtige Anwendung ausländischen Rechts 536

	3.	Besondere Einschränkungen der Prüfungsbefugnis	536
		A. Massgeblichkeit von Bundesgesetzen und Völkerrecht (Art. 190 BV)	536
		B. Bindung an die Gewährleistung von Kantonsverfassungen	540
		C. Anfechtung vorsorglicher Massnahmen	540
	4.	Lockerungen der Prüfungsdichte	541
	5.	Feststellung des Sachverhaltes	543
V.	Wirkungen der Beschwerde und vorsorgliche Massnahmen		546
	1.	Devolutive Wirkung	546
	2.	Aufschiebende Wirkung und andere vorsorgliche Massnahmen	547
		A. Keine aufschiebende Wirkung	547
		B. Vorsorgliche Massnahmen	548
		C. Haftung bei ungerechtfertigter Anordnung	549
VI.	Das Verfahren vor Bundesgericht		549
	1.	Ausstand	550
	2.	Instruktion	551
	3.	Schriftenwechsel und Parteiverhandlung	552
		A. Schriftenwechsel	552
		B. Parteiverhandlung	554
	4.	Verfahrenssprache	555
	5.	Verfahrensdisziplin	555
	6.	Untersuchungsmaxime und Grundsatz der Rechtsanwendung von Amtes wegen	555
	7.	Ordentliches Verfahren und Zusammensetzung des Spruchkörpers ...	557
	8.	Vereinfachtes Verfahren	558
		A. Kompetenz des Einzelrichters oder der Einzelrichterin	558
		B. Dreierbesetzung	558
VII.	Beschwerdeentscheid		559
	1.	Keine reformatio in peius vel melius	559
	2.	Form und Inhalt des Entscheides	560
	3.	Kosten und Parteientschädigung, unentgeltliche Rechtspflege	563
		A. Anwendbares Recht	563
		B. Verfahrenskosten	563
		C. Parteientschädigung	566
		D. Unentgeltliche Rechtspflege	567
	4.	Eröffnung und Verkündung des Entscheids; Information der Öffentlichkeit	568
	5.	Wirkung und Vollstreckung des Beschwerdeentscheides	568
VIII.	Beschwerde gegen kantonale Erlasse im Besonderen		569
	1.	Allgemeines	570
	2.	Anfechtungsobjekt	570
	3.	Vorinstanzen	572
	4.	Beschwerdelegitimation	573

		5. Beschwerdegründe und Kognition	577
		6. Frist – Rechtzeitige Anfechtung	579
		7. Urteil	580
IX.		Die Stimmrechtsbeschwerde im Besonderen	580
		1. Grundlagen	581
		2. Beschwerdegrund und Kognition	582
		3. Anfechtungsobjekt	584
		4. Rechtsweg	585
		A. In kantonalen Angelegenheiten	585
		B. In eidgenössischen Angelegenheiten	586
		5. Beschwerdelegitimation	588
		6. Fristen und Verfahren	590
		7. Entscheid	591

19. Kapitel: Die subsidiäre Verfassungsbeschwerde — 594

I.	Grundlagen	594
II.	Subsidiarität gegenüber den Einheitsbeschwerden	595
III.	Anfechtungsobjekt	596
IV.	Beschwerdegrund	597
V.	Beschwerdelegitimation	598
VI.	Verfahren und Entscheid	601
	1. Verweisung auf die Regelung der Einheitsbeschwerde	601
	2. Verbindung mit der Einheitsbeschwerde	601
	3. Anwaltsmonopol in Zivilsachen	602
	4. Rügeprinzip	602
	5. Entscheid	603

20. Kapitel: Rechtsverweigerungs- und Rechtsverzögerungsbeschwerde — 604

21. Kapitel: Erläuterung und Berichtigung sowie Revision — 605

I.	Erläuterung und Berichtigung von Redaktions- und Rechnungsfehlern	605
II.	Revision	605

22. Kapitel: Das Klageverfahren vor Bundesgericht — 609

I.	Allgemeines und anwendbare Bestimmungen	609
II.	Zuständigkeit des Bundesgerichts	610
	1. Sachliche Zuständigkeit	610
	A. Zwischenstaatliche Streitigkeiten	610
	B. Verantwortlichkeitsansprüche	611
	2. Verhältnis zu anderen Rechtsmitteln	612
III.	Weitere besondere Fragen	614
	1. Sachlegitimation und drittbetroffene Gemeinwesen	614
	2. Prüfungsbefugnis des Bundesgerichts	615

7. Teil:
Besondere Verfahrensregelungen in bestimmten Verwaltungsrechtsmaterien 617

23. Kapitel: Sozialversicherungsrecht 619
I. Verfahrensrelevante Eigenheiten des Rechtsgebiets 620
II. Besonderheiten des Verfahrens 621
    1. Grundlagen: Zuständigkeiten im Sozialversicherungsrecht 621
    2. Rechtsweg gemäss Allgemeinem Teil des Sozialversicherungsrechts: Überblick 622
    3. Besondere Bestimmungen für das Verfahren vor dem Versicherungsträger 624
    4. Besondere Bestimmungen für den Sozialversicherungsprozess 625
    5. Beschwerdelegitimation vor kantonalem Versicherungsgericht und Bundesgericht 627
    6. Ausschluss der Anwendbarkeit des ATSG sowie abweichende Regelungen 627

24. Kapitel: Datenschutzrecht 630
I. Einleitende Bemerkungen 630
II. Öffentlich-rechtliche Verfahren nach dem Datenschutzgesetz 631
    1. Öffentlich-rechtlicher Bereich 631
        A. Verfahren aufgrund von Begehren Privater 631
        B. Verfahren aufgrund der Aufsichtstätigkeit des EDÖB 632
    2. Privatrechtlicher Bereich 633
    3. Besondere Regelung vorsorglicher Massnahmen 634
III. Hinweise auf besondere Verfahren 634

25. Kapitel: Steuerrecht 636
I. Teilweise Anwendbarkeit des VwVG 636
II. Verfahrensrechtliche Stellung von Ehegatten im DBG 637
III. Rechtliches Gehör 638
    1. Akteneinsichtsrecht im DBG und StHG 638
    2. Mündliche Begründung im erstinstanzlichen Verfahren 638
IV. Verfahrenspflichten nach DBG und Bankgeheimnis 639
V. Reformatorische Natur der Beschwerde nach StHG 641
VI. Auskunftsrecht im Mehrwertsteuerrecht 642

26. Kapitel: Submission 644
I. Einleitende Bemerkungen 644
II. Vergabeverfahren 647
    1. Die verschiedenen Verfahren 647
    2. Fristen 647
    3. Akteneinsichtsrecht 648

		4. Vorbefassung	649
		5. Angebotsänderung und -ergänzung	649
	III.	Beschwerdeverfahren vor dem Bundesverwaltungsgericht	651
		1. Fristen	651
		2. Anfechtungsobjekt	651
		3. Beschwerdelegitimation	653
		4. Aufschiebende Wirkung der Beschwerde	655
		5. Keine Rüge der Unangemessenheit	657
		6. Feststellung der Bundesrechtsverletzung	657
	IV.	Ausnahmsweise Beschwerde an das Bundesgericht	658

27. Kapitel: Enteignung — 659

I.	Einleitende Bemerkungen	659
II.	Teilweise Anwendbarkeit des VwVG	660
III.	Schätzungsverfahren	661
IV.	Neue Begehren	662
V.	Anschlussbeschwerde	662
VI.	Kosten	663

28. Kapitel: Staatshaftung — 665

I.	Zuständigkeiten und Rechtswege		665
II.	Verhältnis zu anderen Verfahren		669
	1. Haftungsansprüche aus Verfügungen und Entscheiden		669
		A. Einmaligkeit des Rechtsschutzes und Subsidiarität des Staatshaftungsverfahrens	669
		B. Relativierung der Subsidiarität des Staatshaftungsverfahrens	670
	2. Verhältnis zu weiteren Verfahren		672
III.	Fristen		673

29. Kapitel: Kartellrecht — 675

I.	Einleitende Bemerkungen	675
II.	Untersuchung von Wettbewerbsbeschränkungen	677
	1. Vorabklärung	677
	2. Untersuchung	678
	3. Melde- und Widerspruchsverfahren	680
III.	Prüfung von Unternehmenszusammenschlüssen	681
IV.	Auskunftspflicht	682
V.	Untersuchungsmassnahmen	683
	1. Hausdurchsuchung und Beschlagnahmung	683
	2. Beweisaussage und Zeugnis	684
VI.	Wettbewerbsbehörden	684
VII.	Zur Revision des Kartellverfahrens	685

30. Kapitel: Verwaltungsstrafrecht und Disziplinarverfahren ... 687

I. Begriffe und Kategorisierungen ... 687
II. Geltungsbereich des VStrR und Grundzüge des Verwaltungsstrafverfahrens ... 689
III. Disziplinarverfahren ... 690
IV. Koordinations- und Abgrenzungsfragen ... 691

31. Kapitel: Amts- und Rechtshilfe ... 692

I. Begriffe und Abgrenzungen ... 694
II. Rechtsgrundlagen und Rechtsnatur ... 695
III. Wichtige Sachbereiche ... 696
IV. Zu Formen, Massnahmen und Voraussetzungen der Amts- und Rechtshilfe ... 697
V. Fragen der Zuständigkeit und des Verfahrens ... 700
    1. Grundzüge und Grundfragen ... 700
    2. Gesuchstellung durch Schweizer Behörden ... 701
    3. Behandlung von ausländischen Ersuchen um internationale Rechts- oder Amtshilfe ... 702
        A. Erstinstanzliches Verfahren ... 702
        B. Parteistellung und Rechtsmittellegitimation ... 704
        C. Verfahrensgegenstand und Entscheidungsbefugnis ... 706
        D. Rechtsweg ... 708
    4. Behandlung von Ersuchen um Amts- oder Rechtshilfe im Binnenverhältnis ... 710

Sachregister ... 713

Abkürzungsverzeichnis

A	Europäischer Gerichtshof für Menschenrechte, Série A: Arrêts et décisions/Series A: Judgments and decisions
A.	Auflage
a.a.O.	am angegebenen Ort
AB N/S	Amtliches Bulletin der Bundesversammlung: des Nationalrates/des Ständerates
Abs.	Absatz
ADV	Verordnung vom 1. September 2010 über die Amtshilfe nach Doppelbesteuerungsabkommen (SR 672.204), aufgehoben mit Wirkung ab 1.2.2013
a.E.	am Ende
AEFV	Verordnung vom 6. Oktober 1997 über die Adressierungselemente im Fernmeldebereich (SR 784.104)
AG	Aktiengesellschaft
AHV	Alters- und Hinterlassenenversicherung
AHVG	Bundesgesetz vom 20. Dezember 1946 über die Alters- und Hinterlassenenversicherung (SR 831.10)
AHVV	Verordnung vom 31. Oktober 1947 über die Alters- und Hinterlassenenversicherung (SR 831.101)
AI	Assurance-invalidité
AJP	Aktuelle Juristische Praxis
AllgGebV	Allgemeine Gebührenverordnung vom 8. September 2004 (SR 172.041.1)
a.M.	andere(r) Meinung
Anm.	Anmerkung
Anti-Folter-Konvention	Übereinkommen vom 10. Dezember 1984 gegen Folter und andere grausame, unmenschliche oder erniedrigende Behandlung oder Strafe (SR 0.105)
AöR	Archiv des öffentlichen Rechts
ARE	Bundesamt für Raumentwicklung
ArG	Bundesgesetz vom 13. März 1964 über die Arbeit in Industrie, Gewerbe und Handel (SR 822.11; Arbeitsgesetz)
ARK	Asylrekurskommission (bis 31. Dezember 2006)
Art.	Artikel
AS	Amtliche Sammlung des Bundesrechts
ASA	Archiv für Schweizerisches Abgaberecht
ASTRA	Bundesamt für Strassen
AsylG	Asylgesetz vom 26. Juni 1998 (SR 142.31)

ATSG	Bundesgesetz vom 6. Oktober 2000 über den Allgemeinen Teil des Sozialversicherungsrechts (SR 830.1)
ATSV	Verordnung vom 11. September 2002 über den Allgemeinen Teil des Sozialversicherungsrechts (SR 830.11)
AufRBGer	Reglement des Bundesgerichts vom 11. September 2006 betreffend die Aufsicht über das Bundesstrafgericht, das Bundesverwaltungsgericht und das Bundespatentgericht (SR 173.110.132; Aufsichtsreglements des Bundesgerichts)
AuG	Bundesgesetz vom 16. Dezember 2005 über die Ausländerinnen und Ausländer (SR 142.20; Ausländergesetz)
AVIG	Bundesgesetz vom 25. Juni 1982 über die obligatorische Arbeitslosenversicherung und die Insolvenzentschädigung (SR 837.0; Arbeitslosenversicherungsgesetz)
BAFU	Bundesamt für Umwelt
BAKOM	Bundesamt für Kommunikation
BankG	Bundesgesetz vom 8. November 1934 über die Banken und Sparkassen (SR 952.0; Bankengesetz)
BBG	Bundesgesetz vom 13. Dezember 2002 über die Berufsbildung (SR 412.10; Berufsbildungsgesetz)
BBl	Bundesblatt
BEHG	Bundesgesetz vom 24. März 1995 über die Börsen und den Effektenhandel (SR 954.1; Börsengesetz)
bes.	besonders
BewG	Bundesgesetz vom 16. Dezember 1983 über den Erwerb von Grundstücken durch Personen im Ausland (SR 211.412.41; Lex Koller)
BFM	Bundesamt für Migration
BG	Bundesgesetz
BGBB	Bundesgesetz vom 4. Oktober 1991 über das bäuerliche Bodenrecht (SR 211.412.11)
BGBM	Bundesgesetz vom 6. Oktober 1995 über den Binnenmarkt (SR 943.02; Binnenmarktgesetz)
BGE	Entscheidungen des Schweizerischen Bundesgerichts (amtliche Sammlung)
BGer	Bundesgericht
BGerR	Reglement vom 20. November 2006 für das Bundesgericht (SR 173.110.131)
BGFA	Bundesgesetz vom 23. Juni 2000 über die Freizügigkeit der Anwältinnen und Anwälte (SR 935.61; Anwaltsgesetz)
BG Fristenlauf	Bundesgesetz vom 21. Juni 1963 über den Fristenlauf an Samstagen (SR 173.110.3)
BGG	Bundesgesetz vom 17. Juni 2005 über das Bundesgericht (SR 173.110; Bundesgerichtsgesetz)

BGÖ	Bundesgesetz vom 17. Dezember 2004 über das Öffentlichkeitsprinzip der Verwaltung (SR 152.3; Öffentlichkeitsgesetz)
BG-RVUS	Bundesgesetz vom 3. Oktober 1975 zum Staatsvertrag mit den Vereinigten Staaten von Amerika über gegenseitige Rechtshilfe in Strafsachen (SR 351.93)
BGS	Bereinigte Gesetzessammlung des Kantons Solothurn
BJ	Bundesamt für Justiz
BJM	Basler Juristische Mitteilungen
BöB	Bundesgesetz vom 16. Dezember 1994 über das öffentliche Beschaffungswesen (SR 172.056.1)
BPG	Bundespersonalgesetz vom 24. März 2000 (SR 172.220.1)
BPI	Bundesgesetz vom 13. Juni 2008 über die polizeilichen Informationssysteme des Bundes (SR 361)
BPR	Bundesgesetz vom 17. Dezember 1976 über die politischen Rechte (SR 161.1)
BPV	Bundespersonalverordnung vom 3. Juli 2001 (SR 172.220.111.3)
BRK	Eidgenössische Rekurskommission für das öffentliche Beschaffungswesen (bis 31. Dezember 2006)
BS	Bereinigte Sammlung der Bundesgesetze und Verordnungen 1848–1947, Bern 1949
BSG	Bernische Systematische Gesetzessammlung
BStGer	Bundesstrafgericht
BTJP	Berner Tage für die juristische Praxis
BüG	Bundesgesetz vom 29. September 1952 über Erwerb und Verlust des Schweizer Bürgerrechts (SR 141.0; Bürgerrechtsgesetz)
BÜPF	Bundesgesetz vom 6. Oktober 2000 betreffend die Überwachung des Post- und Fernmeldeverkehrs (SR 780.1)
BUWAL	Bundesamt für Umwelt, Wald und Landschaft
BV	Bundesverfassung der Schweizerischen Eidgenossenschaft vom 18. April 1999 (SR 101)
BV 1874	Bundesverfassung der Schweizerischen Eidgenossenschaft vom 29. Mai 1874 (SR 101), aufgehoben mit Wirkung ab 1. Januar 2000
BVG	Bundesgesetz vom 25. Juni 1982 über die berufliche Alters-, Hinterlassenen- und Invalidenvorsorge (SR 831.40)
BVGE	Entscheide des Schweizerischen Bundesverwaltungsgerichts (amtliche Sammlung)
BVGer	Bundesverwaltungsgericht
BVR	Bernische Verwaltungsrechtsprechung (bis 1975: Monatsschrift für Bernisches Verwaltungsrecht)

BVV 3	Verordnung vom 13. November 1985 über die steuerliche Abzugsberechtigung für Beiträge an anerkannte Vorsorgeformen (SR 831.461.3)
BWIS	Bundesgesetz vom 21. März 1997 über Massnahmen zur Wahrung der inneren Sicherheit (SR 120)
BZP	Bundesgesetz vom 4. Dezember 1947 über den Bundeszivilprozess (SR 273)
bzw.	beziehungsweise
c.	contra
CCPR	International Covenant on Civil and Political Rights (vgl. UNO-Pakt II)
CEDH	Convention de sauvegarde des droits de l'homme et des libertés fondamentales (vgl. EMRK)
Cf	Constitution fédérale (vgl. BV)
ComCom	Eidgenössische Kommunikationskommission
CPJA	Code du 23 mai 1991 de procédure et de juridiction administrative/Gesetz vom 23. Mai 1991 über die Verwaltungsrechtspflege (Systematische Gesetzessammlung des Kantons Freiburg 150.1)
Cst. féd.	Constitution fédérale (vgl. BV)
DACH	Europäische Anwaltsvereinigung
dB(A)	Dezibel, bei unterschiedlicher Bewertung der Tonfrequenzen nach dem menschlichen Empfinden
DBG	Bundesgesetz vom 14. Dezember 1990 über die direkte Bundessteuer (SR 642.11)
ders./dies.	derselbe/dieselbe(n)
d.h.	das heisst
Disp.-Ziff.	Dispositiv-Ziffer
DR	Europäische Menschenrechtskommission, Decisions and reports/Décisions et rapports
DSG	Bundesgesetz vom 19. Juni 1992 über den Datenschutz (SR 235.1)
E	Entwurf
E.	Erwägung(en)
EBG	Eisenbahngesetz vom 20. Dezember 1957 (SR 742.101)
ECHR	European Convention on Human Rights (vgl. EMRK)
EDA	Eidgenössisches Departement für auswärtige Angelegenheiten
EDI	Eidgenössisches Departement des Innern
EDÖB	Eidgenössischer Datenschutz- und Öffentlichkeitsbeauftragter
EDV	Elektronische Datenverarbeitung

EFD	Eidgenössisches Finanzdepartement
EFTA-Übereinkommen	Übereinkommen vom 4. Januar 1960 zur Errichtung der Europäischen Freihandelsassoziation (EFTA) (SR 0.632.31)
EG	Europäische Gemeinschaft(en)
EGMR	Europäischer Gerichtshof für Menschenrechte
EJPD	Eidgenössisches Justiz- und Polizeidepartement
EKMR	Europäische Kommission für Menschenrechte
ElCom	Elektrizitätskommission (unabhängige staatliche Regulierungsbehörde im Elektrizitätsbereich)
EMARK	Entscheidungen und Mitteilungen der Schweizerischen Asylrekurskommission
EmbG	Bundesgesetz vom 22. März 2002 über die Durchsetzung von internationalen Sanktionen (SR 946.231; Embargogesetz)
EMRK	Konvention vom 4. November 1950 zum Schutze der Menschenrechte und Grundfreiheiten (SR 0.101; Europäische Menschenrechtskonvention)
EnG	Energiegesetz vom 26. Juni 1998 (SR 732.0)
EntG	Bundesgesetz vom 20. Juni 1930 über die Enteignung (SR 711)
Entschädigungsreglement	Reglement vom 31. März 2006 über die Parteientschädigung und die Entschädigung für die amtliche Vertretung im Verfahren vor dem Bundesgericht (SR 173.110.210.3)
EOG	Bundesgesetz vom 25. September 1952 über den Erwerbsersatz für Dienstleistende und bei Mutterschaft (SR 834.1; Erwerbsersatzgesetz)
EpG	Bundesgesetz vom 18. Dezember 1970 über die Bekämpfung übertragbarer Krankheiten des Menschen (SR 818.101; Epidemiengesetz)
EpG-Referendumsvorlage 2012	Bundesgesetz vom 28. September 2012 über die Bekämpfung übertragbarer Krankheiten des Menschen (Epidemiengesetz), Referendumsvorlage (BBl 2012 8157)
ESBK	Eidgenössische Spielbankenkommission
ESTV	Eidgenössische Steuerverwaltung
et al.	et alii (und andere)
etc.	et cetera
ETH(Z)	Eidgenössische Technische Hochschule (Zürich)
ETH-Gesetz	Bundesgesetz vom 4. Oktober 1991 über die Eidgenössischen Technischen Hochschulen (SR 414.1)
EU	Europäische Union
EuGRZ	Europäische Grundrechte Zeitschrift
e.V.	eingetragener Verein
EVD	Eidgenössisches Volkswirtschaftsdepartement (vgl. WBF)

EVED	Eidgenössisches Verkehrs- und Energiewirtschaftsdepartement (vgl. UVEK)
EVG	Eidgenössisches Versicherungsgericht
f./ff.	folgende (z.B. Seite/Seiten)
FamZG	Bundesgesetz vom 24. März 2006 über die Familienzulagen (SR 836.2; Familienzulagengesetz)
Fernmeldegebührenverordnung UVEK	Verordnung des UVEK vom 7. Dezember 2007 über die Verwaltungsgebührenansätze im Fernmeldebereich (SR 784.106.12)
FHSG	Bundesgesetz vom 6. Oktober 1995 über die Fachhochschulen (SR 414.71; Fachhochschulgesetz)
FIFG	Bundesgesetz vom 7. Oktober 1983 über die Förderung der Forschung und der Innovation (SR 420.1; Forschungs- und Innovationsförderungsgesetz)
FiG	Bundesgesetz vom 14. Dezember 2001 über Filmproduktion und Filmkultur (SR 443.1; Filmgesetz)
FiLaG	Bundesgesetz vom 3. Oktober 2003 über den Finanz- und Lastenausgleich (SR 613.2)
FINMA	Eidgenössische Finanzmarktaufsicht
FINMAG	Bundesgesetz vom 22. Juni 2007 über die Eidgenössische Finanzmarktaufsicht (SR 956.1; Finanzmarktaufsichtsgesetz)
FLG	Bundesgesetz vom 20. Juni 1952 über die Familienzulagen in der Landwirtschaft (SR 836.1)
FMG	Fernmeldegesetz vom 30. April 1997 (784.10)
Fn.	Fussnote
FusG	Bundesgesetz vom 3. Oktober 2003 über Fusion, Spaltung, Umwandlung und Vermögensübertragung (SR 221.301; Fusionsgesetz)
FWG	Bundesgesetz vom 4. Oktober 1985 über Fuss- und Wanderwege (SR 704)
FZA	Abkommen vom 21. Juni 1999 zwischen der Schweizerischen Eidgenossenschaft einerseits und der Europäischen Gemeinschaft und ihren Mitgliedstaaten andererseits über die Freizügigkeit (SR 0.142.112.681; Freizügigkeitsabkommen)
FZG	Bundesgesetz vom 17. Dezember 1993 über die Freizügigkeit in der beruflichen Alters-, Hinterlassenen- und Invalidenvorsorge (SR 831.42; Freizügigkeitsgesetz)
GATT	General Agreement on Tariffs and Trades (Allgemeines Zoll- und Handelsabkommen vom 30. Dezember 1947; SR 0.632.20)
GebR-BVGer	Reglement vom 21. Februar 2008 über die Verwaltungsgebühren des Bundesverwaltungsgerichts (SR 173.320.3)
GebV-FMG	Verordnung vom 7. Dezember 2007 über die Gebühren im Fernmeldebereich (SR 784.106; Fernmeldegebührenverordnung)

GebV-KG	Verordnung vom 25. Februar 1998 über die Gebühren zum Kartellgesetz (SR 251.2; Gebührenverordnung KG)
GesKR	Schweizerische Zeitschrift für Gesellschafts- und Kapitalmarktrecht sowie Umstrukturierungen
GlG	Bundesgesetz vom 24. März 1995 über die Gleichstellung von Frau und Mann (SR 151; Gleichstellungsgesetz)
gl.M.	gleiche(r) Meinung
GOG ZH	Gesetz vom 10. Mai 2010 über die Gerichts- und Behördenorganisation im Zivil- und Strafprozess (Kanton Zürich; LS 211.1)
GPA	GATT/WTO-Übereinkommen vom 15.4.1994 über das öffentliche Beschaffungswesen (SR 0.632.231.422; Agreement on Government Procurement)
GRN	Geschäftsreglement des Nationalrates vom 3. Oktober 2003 (SR 171.13)
GSchG	Bundesgesetz vom 24. Januar 1991 über den Schutz der Gewässer (SR 814.20; Gewässerschutzgesetz)
GSG ZH	Gewaltschutzgesetz vom 19. Juni 2006 (Kanton Zürich; LS 351)
GTG	Bundesgesetz vom 21. März 2003 über die Gentechnik im Ausserhumanbereich (SR 814.91; Gentechnikgesetz)
GwG	Bundesgesetz vom 10. Oktober 1997 über die Bekämpfung der Geldwäscherei und der Terrorismusfinanzierung im Finanzsektor (SR 955.0; Geldwäschereigesetz)
HAVE	Haftung und Versicherung (Zeitschrift)
HMG	Bundesgesetz vom 15. Dezember 2000 über Arzneimittel und Medizinprodukte (SR 812.21; Heilmittelgesetz)
HRLJ	Human Rights Law Journal
hrsg./Hrsg.	herausgegeben/Herausgeber
i.e.S.	im engeren Sinn
IFF	Institut für Finanzwissenschaft und Finanzrecht (an der Universität St. Gallen)
IGH-Statut	Statut des Internationalen Gerichtshofs vom 26. Juni 1945 (SR 0.193.501)
InformationsR BVGer	Informationsreglement vom 21. Februar 2008 für das Bundesverwaltungsgericht (SR 173.320.4)
IPRG	Bundesgesetz vom 18. Dezember 1987 über das Internationale Privatrecht (SR 291)
IRSG	Bundesgesetz vom 20. März 1981 über internationale Rechtshilfe in Strafsachen (SR 351.1; Rechtshilfegesetz)
IRSV	Verordnung vom 24. Februar 1982 über internationale Rechtshilfe in Strafsachen (SR 351.11; Rechtshilfeverordnung)
i.S.	in Sachen

ISIS	Institut für Schweizerisches und Internationales Steuerrecht
ius.full	ius.full. Forum für juristische Bildung
i.V.m.	in Verbindung mit
IVG	Bundesgesetz vom 19. Juni 1959 über die Invalidenversicherung (SR 831.20)
IVöB	Interkantonale Vereinbarung über das öffentliche Beschaffungswesen (z.B. LS 720.1)
IVöB-BeitrittsG ZH	Gesetz vom 15. September 2003 über den Beitritt zur revidierten Interkantonalen Vereinbarung über das öffentliche Beschaffungswesen vom 15. März 2001 (Kanton Zürich; LS 720.1)
IVV	Verordnung vom 17. Januar 1961 über die Invalidenversicherung (SR 831.201)
i.w.S.	im weiteren Sinn
JdT	Journal des Tribunaux
JStPO	Schweizerische Jugendstrafprozessordnung vom 20. März 2009 (SR 312.1; Jugendstrafprozessordnung)
Jusletter	Jusletter. Juristische Internetzeitschrift, www.weblaw.ch/jusletter
JVV ZH	Justizvollzugsverordnung vom 6. Dezember 2006 (Kanton Zürich; LS 331.1)
KEG	Kernenergiegesetz vom 21. März 2003 (SR 732.1)
KFEV	Verordnung vom 4. November 2009 über die Konzessionierung und Finanzierung der Eisenbahninfrastruktur (SR 742.120)
KFG	Bundesgesetz vom 11. Dezember 2009 über die Kulturförderung (SR 442.1; Kulturförderungsgesetz)
KG	Bundesgesetz vom 6. Oktober 1995 über Kartelle und andere Wettbewerbsbeschränkungen (SR 251; Kartellgesetz)
KG-E	Entwurf vom 22. Februar 2012 zur Änderung des Bundesgesetzes über Kartelle und andere Wettbewerbsbeschränkungen (Kartellgesetz, KG; BBl 2012 3989)
Koordinationsgesetz	Bundesgesetz vom 18. Juni 1999 über die Koordination und Vereinfachung von Entscheidverfahren (AS 1999 3071)
KRK	Übereinkommen vom 20. November 1989 über die Rechte des Kindes (SR 0.107 [Kinderrechtskonvention])
KUVG	Bundesgesetz vom 13. Juni 1911 über die Kranken- und Unfallversicherung (SR 832.10), aufgehoben mit Wirkung ab 1. Januar 1996
KV	Kantonsverfassung
KV BE	Verfassung des Kantons Bern vom 6. Juni 1993 (SR 131.212)
KV ZG	Verfassung des Kantons Zug vom 31. Januar 1894 (SR 131.218)
KV ZH	Verfassung des Kantons Zürich vom 27. Februar 2005 (SR 131.211)

KVG	Bundesgesetz vom 18. März 1994 über die Krankenversicherung (SR 832.10)
LeGes	Gesetzgebung & Evaluation (bis 1999: Gesetzgebung heute). Mitteilungsblatt der Schweizerischen Gesellschaft für Gesetzgebung und der Schweizerischen Evaluationsgesellschaft
LFG	Bundesgesetz vom 21. Dezember 1948 über die Luftfahrt (SR 748.0; Luftfahrtgesetz)
lit.	litera
LMG	Bundesgesetz vom 9. Oktober 1992 über Lebensmittel und Gebrauchsgegenstände (SR 817.0; Lebensmittelgesetz)
LPE	Loi sur la protection de l'environnement (vgl. USG)
LPJA	Loi sur la procédure et la juridiction administratives du 27 juin 1979 (Kanton Neuenburg; Recueil systématique de la législation 152.130)
LS	Loseblattsammlung (Gesetzessammlung Kanton Zürich)
LTAF	Loi sur le Tribunal fédéral administratif (vgl. VGG)
LTF	Loi sur le Tribunal fédéral (vgl. BGG)
Luftverkehrsabkommen	Abkommen vom 21. Juni 1999 zwischen der Schweizerischen Eidgenossenschaft und der Europäischen Gemeinschaft über den Luftverkehr (SR 0.748.127.192.68)
LVG	Bundesgesetz vom 8. Oktober 1982 über die wirtschaftliche Landesversorgung (SR 0.275.11; Landesversorgungsgesetz)
LwG	Bundesgesetz vom 29. April 1998 über die Landwirtschaft (SR 910.1; Landwirtschaftsgesetz)
MEDAS	Medizinische Abklärungsstelle
MedBG	Bundesgesetz vom 23. Juni 2006 über die universitären Medizinalberufe (SR 811.11; Medizinalberufegesetz)
MG	Bundesgesetz vom 3. Februar 1995 über die Armee und die Militärverwaltung (SR 510.10; Militärgesetz)
m.H.	mit Hinweis(en)
MSchG	Bundesgesetz vom 28. August 1992 über den Schutz von Marken und Herkunftsangaben (SR 232.11; Markenschutzgesetz)
MStG	Militärstrafgesetz vom 13. Juni 1927 (SR 321.0)
MVG	Bundesgesetz vom 19. Juni 1992 über die Militärversicherung (SR 833.1; Militärversicherungsgesetz)
MVV	Verordnung vom 10. November 1993 über die Militärversicherung (SR 833.11)
m.w.H.	mit weiteren Hinweisen
MWST	Mehrwertsteuer
MWSTG	Bundesgesetz vom 12. Juni 2009 über die Mehrwertsteuer (SR 641.20; Mehrwertsteuergesetz)

MWSTV	Mehrwertsteuerverordnung vom 27. November 2009 (SR 641.201)
N.	Note
NBG	Bundesgesetz vom 3. Oktober 2003 über die Schweizerische Nationalbank (SR 951.11; Nationalbankgesetz)
NDB	Nachrichtendienst des Bundes
NEAT	Neue Eisenbahn-Alpentransversale
NHG	Bundesgesetz vom 1. Juli 1966 über den Natur- und Heimatschutz (SR 451)
n°/no.	numéro
NOK	Nordostschweizerische Kraftwerke AG (seit 2009: Axpo AG)
NPM	New Public Management
Nr.	Nummer
NSG	Bundesgesetz vom 8. März 1960 über die Nationalstrassen (SR 725.11)
NZZ	Neue Zürcher Zeitung
OECD	Organisation for Economic Co-operation and Development (Organisation für wirtschaftliche Zusammenarbeit und Entwicklung)
OG	Bundesgesetz vom 16. Dezember 1943 über die Organisation der Bundesrechtspflege (SR 173.110; Bundesrechtspflegegesetz), aufgehoben mit Wirkung ab 1. Januar 2007
OGer	Obergericht
OHG	Bundesgesetz vom 4. Oktober 1991 über die Hilfe an Opfer von Straftaten (SR 312.5; Opferhilfegesetz)
OR	Bundesgesetz vom 30. März 1911 betreffend die Ergänzung des Schweizerischen Zivilgesetzbuches (Fünfter Teil: Obligationenrecht) (SR 220)
OrFV	Verordnung vom 25. Mai 2011 über Grundsätze und Ordnungsfristen für Bewilligungsverfahren (SR 172.010.14; Ordnungsfristenverordnung)
OV-EFD	Organisationsverordnung vom 17. Februar 2010 für das Eidgenössische Finanzdepartement (SR 172.215.1)
OV-EJPD	Organisationsverordnung vom 17. November 1999 für das Eidgenössische Justiz- und Polizeidepartement (SR 172.213.1)
OV-UVEK	Organisationsverordnung vom 6. Dezember 1999 für das Eidgenössische Departement für Umwelt, Verkehr, Energie und Kommunikation (SR 172.217.1)
Pacte ONU 1	Pacte international relatif aux droits économiques, sociaux et culturels (vgl. UNO-Pakt I)
ParlG	Bundesgesetz vom 13. Dezember 2002 über die Bundesversammlung (SR 171.10; Parlamentsgesetz)

PatGG	Bundesgesetz vom 20. März 2009 über das Bundespatentgericht (SR 173.41; Patentgerichtsgesetz)
PBG	Bundesgesetz vom 20. März 2009 über die Personenbeförderung (SR 745.1; Personenbeförderungsgesetz)
	Gesetz vom 7. September 1975 über die Raumplanung und das öffentliche Baurecht (Kanton Zürich; LS 700.1; Planungs- und Baugesetz)
PDF	Portable Document Format
PG	Postgesetz vom 17. Dezember 2010 (SR 783.0)
PG 1997	Postgesetz vom 30. April 1997 (SR 783.0), aufgehoben mit Wirkung ab 1. Oktober 2012
POG	Bundesgesetz vom 17. Dezember 2010 über die Organisation der Schweizerischen Post (SR 783.1; Postorganisationsgesetz)
POG 1997	Bundesgesetz vom 30. April 1997 über die Organisation der Postunternehmung des Bundes (SR 783.1), aufgehoben mit Wirkung ab 1. Oktober 2012
Pra	Die Praxis (bis 1990: Die Praxis des Bundesgerichts)
PRK	Eidgenössische Personalrekurskommission (bis 31. Dezember 2006)
Protokoll 7 zur EMRK	Protokoll Nr. 7 vom 22. November 1984 zur Konvention zum Schutze der Menschenrechte und Grundfreiheiten (SR 0.101.07)
Protokoll 11 zur EMRK	Protokoll Nr. 11 vom 11. Mai 1994 zur Konvention zum Schutze der Menschenrechte und Grundfreiheiten über die Umgestaltung des durch die Konvention eingeführten Kontrollmechanismus (SR 0.101.09)
PSMV	Verordnung vom 12. Mai 2010 über das Inverkehrbringen von Pflanzenschutzmitteln (SR 916.161; Pflanzenschutzmittelverordnung)
PTT	Post-, Telefon- und Telegrafenbetriebe (bis 31. Dezember 1997)
PüG	Preisüberwachungsgesetz vom 20. Dezember 1985 (SR 942.20; Preisüberwachungsgesetz)
PVBger	Personalverordnung des Bundesgerichts vom 27. August 2001 (SR 172.220.114)
RDAF	Revue de droit administratif et de droit fiscal
RDAT	Rivista di diritto amministrativo e tributario ticinese (bis 2003, seither RtiD)
Rdnr.	Randnummer
recht	recht. Zeitschrift für juristische Weiterbildung und Praxis
ReRBGer	Reglement des Bundesgerichts vom 5. Dezember 2006 über den elektronischen Rechtsverkehr mit Parteien und Vorinstanzen (SR 173.110.29)

RFJ/FZR	Revue fribourgeoise de jurisprudence/Freiburger Zeitschrift für Rechtsprechung
RJJ	Revue jurassienne de jurisprudence
RJN	Recueil de jurisprudence neuchâteloise
RK	Rekurskommission
RKUV	Kranken- und Unfallversicherung: Rechtsprechung und Verwaltungspraxis
RLG	Bundesgesetz vom 4. Oktober 1963 über Rohrleitungsanlagen zur Beförderung flüssiger oder gasförmiger Brenn- oder Treibstoffe (SR 746.1; Rohrleitungsgesetz)
Rn.	Randnote
RPG	Bundesgesetz vom 22. Juni 1979 über die Raumplanung (SR 700; Raumplanungsgesetz)
RPV	Raumplanungsverordnung vom 28. Juni 2000 (SR 700.1)
RSV	Recueil systématique de la législation vaudoise
RtiD	Rivista ticinese di diritto (seit 2004, vorher RDAT)
RTVG	Bundesgesetz vom 24. März 2006 über Radio und Fernsehen (SR 784.40)
RuVG	Bundesgesetz vom 1. Oktober 2010 über die Rückerstattung unrechtmässig erworbener Vermögenswerte politisch exponierter Personen (SR 196.1)
RVJ/ZWR	Revue valaisanne de jurisprudence/Zeitschrift für Walliser Rechtsprechung
RVOG	Regierungs- und Verwaltungsorganisationsgesetz vom 21. März 1997 (SR 172.010)
RVOV	Regierungs- und Verwaltungsorganisationsverordnung vom 25. November 1998 (SR 172.010.1)
Rz.	Randziffer
S.	Seite
s.	siehe
s.a.	siehe auch
SBB	Schweizerische Bundesbahnen
SBG	Bundesgesetz vom 18. Dezember 1998 über Glücksspiele und Spielbanken (SR 935.52; Spielbankengesetz)
SBVR	Schweizerisches Bundesverwaltungsrecht
Schengen-Assoziierungsabkommen	Abkommen vom 26. Oktober 2004 zwischen der Schweizerischen Eidgenossenschaft, der Europäischen Union und der Europäischen Gemeinschaft über die Assoziierung dieses Staates bei der Umsetzung, Anwendung und Entwicklung des Schengen-Besitzstands (mit Anhängen und Schlussakte) (SR 0.362.31)

SchKG	Bundesgesetz vom 11. April 1889 über Schuldbetreibung und Konkurs (SR 281.1)
SchlT	Schlusstitel
SG	Systematische Gesetzessammlung (Kanton Basel-Stadt)
SGG	Bundesgesetz über das Bundesstrafgericht vom 4.10.2002 (SR 173.71; Strafgerichtsgesetz), aufgehoben mit Wirkung ab 1. Januar 2011
	Schweizerische Gesellschaft für Gesetzgebung
sGS	Systematische Gesetzessammlung des Kantons St. Gallen
sic!	sic! Zeitschrift für Immaterialgüter-, Informations- und Wettbewerbsrecht
SJ	La Semaine Judiciaire
SJZ	Schweizerische Juristen-Zeitung
SNB	Schweizerische Nationalbank
SpG	Bundesgesetz vom 5. Oktober 2007 über die Landessprachen und die Verständigung zwischen den Sprachgemeinschaften (SR 441.1; Sprachengesetz)
SR	Systematische Sammlung des Bundesrechts
SRG	Schweizerische Radio- und Fernsehgesellschaft
SRK	Eidgenössische Steuerrekurskommission (bis 31. Dezember 2006)
SRL	Systematische Rechtssammlung des Kantons Luzern
StAhiG	Bundesgesetz vom 28. September 2012 über die internationale Amtshilfe in Steuersachen (SR 672.5; Steueramtshilfegesetz)
StBOG	Bundesgesetz vom 19. März 2010 über die Organisation der Strafbehörden des Bundes (SR 173.71; Strafbehördenorganisationsgesetz)
StG	Bundesgesetz vom 27. Juni 1973 über die Stempelabgaben (SR 641.10)
StG SG	Steuergesetz vom 9. April 1998 (Kanton St. Gallen; sGS 811.1)
StG ZH	Steuergesetz vom 8. Juni 1997 (Kanton Zürich; LS 631.1)
StGB	Schweizerisches Strafgesetzbuch vom 21. Dezember 1937 (SR 311.0)
StHG	Bundesgesetz über die Harmonisierung der direkten Steuern der Kantone und Gemeinden vom 14. Dezember 1990 (SR 642.14; Steuerharmonisierungsgesetz)
StJVG ZH	Straf- und Justizvollzugsgesetz vom 19. Juni 2006 (Kanton Zürich; LS 331)
StPO	Schweizerische Strafprozessordnung vom 5. Oktober 2007 (SR 312.0; Strafprozessordnung)
StromVG	Bundesgesetz vom 23. März 2007 über die Stromversorgung (SR 734.7; Stromversorgungsgesetz)

SubmV ZH	Submissionsverordnung vom 23. Juli 2003 (Kanton Zürich; LS 720.11)
SuG	Bundesgesetz vom 5. Oktober 1990 über Finanzhilfen und Abgeltungen (SR 616.1; Subventionsgesetz)
SUISA	Genossenschaft der Urheber und Verleger von Musik
SUVA	Schweizerische Unfallversicherungsanstalt
SVAV	Verordnung vom 6. März 2000 über eine leistungsabhängige Schwerverkehrsabgabe (SR 641.811; Schwerverkehrsabgabeverordnung)
SVG	Strassenverkehrsgesetz vom 19. Dezember 1958 (SR 741.01)
SVKG	Verordnung vom 12. März 2004 über die Sanktionen bei unzulässigen Wettbewerbsbeschränkungen (SR 251.5; KG-Sanktionsverordnung)
SVV	Verordnung vom 7. Dezember 1998 über die Strukturverbesserungen in der Landwirtschaft (SR 913.1; Strukturverbesserungsverordnung)
SZIER	Schweizerische Zeitschrift für internationales und europäisches Recht
SZS	Schweizerische Zeitschrift für Sozialversicherung und berufliche Vorsorge (bis 1983: Schweizerische Zeitschrift für Sozialversicherung)
SZW	Schweizerische Zeitschrift für Wirtschafts- und Finanzmarktrecht (bis 2005: Schweizerische Zeitschrift für Wirtschaftsrecht)
TAF	Tribunal administratif fédéral
TEVG	Bundesgesetz vom 19. März 2004 über die Teilung eingezogener Vermögenswerte (SR 312.4)
THG	Bundesgesetz vom 6. Oktober 1995 über die technischen Handelshemmnisse (SR 946.51)
TPF	Bundesstrafgericht (Tribunale penale federale), amtliche Sammlung
TSchG	Tierschutzgesetz vom 16. Dezember 2005 (SR 455)
TSG	Tierseuchengesetz vom 1. Juli 1966 (SR 916.40)
TVA	Technische Verordnung über Abfälle vom 10. Dezember 1990 (SR 814.015)
TwwV	Verordnung vom 13. Januar 2010 über den Schutz der Trockenwiesen und -weiden von nationaler Bedeutung (SR 451.37; Trockenwiesenverordnung)
u.a.	und andere/unter anderem
UBI	Unabhängige Beschwerdeinstanz für Radio und Fernsehen
UE	Union européenne
UNO	United Nations Organization (Vereinte Nationen)

UNO-Pakt I	Internationaler Pakt vom 16. Dezember 1966 über wirtschaftliche, soziale und kulturelle Rechte (SR 0.103.1)
UNO-Pakt II	Internationaler Pakt vom 16. Dezember 1966 über bürgerliche und politische Rechte (SR 0.103.2)
URG	Bundesgesetz vom 9. Oktober 1992 über das Urheberrecht und verwandte Schutzrechte (SR 231.1; Urheberrechtsgesetz)
URP	Umweltrecht in der Praxis
US	United States (of America)
USG	Bundesgesetz vom 7. Oktober 1983 über den Umweltschutz (SR 814.01; Umweltschutzgesetz)
UVEK	Eidgenössisches Departement für Umwelt, Verkehr, Energie und Kommunikation (bis 31. Dezember 1997: Eidgenössisches Verkehrs- und Energiewirtschaftsdepartement; EVED)
UVG	Bundesgesetz vom 20. März 1981 über die Unfallversicherung (SR 832.20)
UVP	Umweltverträglichkeitsprüfung
UVPV	Verordnung vom 19. Oktober 1988 über die Umweltverträglichkeitsprüfung (SR 814.011)
VBO	Verordnung vom 27. Juni 1990/15. Juni 1998 über die Bezeichnung der im Bereich des Umweltschutzes sowie des Natur- und Heimatschutzes beschwerdeberechtigten Organisationen (SR 814.076)
VBS	Eidgenössisches Departement für Verteidigung, Bevölkerungsschutz und Sport (bis 31. Dezember 1997: Eidgenössisches Militärdepartement; EMD)
VDG	Bundesgesetz vom 11. Juni 1928 über die eidgenössische Verwaltungs- und Disziplinarrechtspflege (AS 1928 779 ff.), aufgehoben mit Wirkung ab 1. Januar 1945
VDSG	Verordnung vom 14. Juni 1993 zum Bundesgesetz über den Datenschutz (SR 235.11)
VESchK	Verordnung vom 13. Februar 2013 über das Verfahren vor den eidgenössischen Schätzungskommissionen (SR 711.1)
VeÜ-VwV	Verordnung vom 18. Juni 2010 über die elektronische Übermittlung im Rahmen des Verwaltungsverfahrens (SR 172.021.2)
VeÜ-ZSSchKG	Verordnung vom 18. Juni 2010 über die elektronische Übermittlung im Rahmen von Zivil- und Strafprozessen sowie von Schuldbetreibungs- und Konkursverfahren (SR 272.1)
VG	Bundesgesetz vom 14. März 1958 über die Verantwortlichkeit des Bundes sowie seiner Behördemitglieder und Beamten (SR 170.32; Verantwortlichkeitsgesetz)
VGer	Verwaltungsgericht
VGG	Bundesgesetz vom 17. Juni 2005 über das Bundesverwaltungsgericht (SR 173.32; Verwaltungsgerichtsgesetz)

VGKE	Reglement vom 21. Februar 2008 über die Kosten und Entschädigungen vor dem Bundesverwaltungsgericht (SR 173.320.2)
vgl.	vergleiche
VGR	Geschäftsreglement vom 17. April 2008 für das Bundesverwaltungsgericht (SR 173.320.1)
VKEV	Verordnung vom 10. September 1969 über Kosten und Entschädigungen im Verwaltungsverfahren (SR 172.041.0)
VKU	Verordnung vom 17. Juni 1996 über die Kontrolle von Unternehmenszusammenschlüssen (SR 251.4)
VO VG	Verordnung vom 30. Dezember 1958 zum Verantwortlichkeitsgesetz (SR 170.321)
VöB	Verordnung vom 11. Dezember 1995 über das öffentliche Beschaffungswesen (SR 172.056.11)
Vol.	Volume
VPB	Verwaltungspraxis der Bundesbehörden (bis 1963: Verwaltungsentscheide der Bundesbehörden; VEB)
VPG	Postverordnung vom 29. August 2012 (SR 783.01)
VPVE	Verordnung vom 2. Februar 2000 über das Plangenehmigungsverfahren für Eisenbahnanlagen (SR 742.142.1)
VRG (ZH)	Gesetz vom 24. Mai 1959 über den Rechtsschutz in Verwaltungssachen (Kanton Zürich; LS 175.2; Verwaltungsrechtspflegegesetz)
VRPG	Gesetz vom 9. Juli 1968 über die Verwaltungsrechtspflege (Kanton Aargau; Systematische Sammlung des Aargauischen Rechts 271.100), aufgehoben mit Wirkung ab 1. Januar 2009
VRPG BE	Gesetz vom 23. Mai 1989 über die Verwaltungsrechtspflege (Kanton Bern; BSG 155.21)
VRSK	Verordnung vom 3. Februar 1993 über Organisation und Verfahren eidgenössischer Rekurs- und Schiedskommissionen (SR 173.31), aufgehoben mit Wirkung ab 1. Januar 2007
VStG	Bundesgesetz vom 13. Oktober 1965 über die Verrechnungssteuer (SR 642.21)
VStrR	Bundesgesetz vom 22. März 1974 über das Verwaltungsstrafrecht (SR 313.0)
VVDStRL	Veröffentlichungen der Vereinigung der Deutschen Staatsrechtslehrer
VwG	siehe VwVG
VwOG	Bundesgesetz vom 19. September 1978 über die Organisation und die Geschäftsführung des Bundesrates und der Bundesverwaltung (SR 172.010; Verwaltungsorganisationsgesetz), aufgehoben mit Wirkung ab 1. Oktober 1997
VwVG	Bundesgesetz vom 20. Dezember 1968 über das Verwaltungsverfahren (SR 172.021; Verwaltungsverfahrensgesetz)

WaG	Bundesgesetz vom 4. Oktober 1991 über den Wald (SR 921.0; Waldgesetz)
WBBG-E	Entwurf vom 22. Februar 2012 eines Bundesgesetzes über die Wettbewerbsbehörde (Wettbewerbsbehördengesetz; BBl 2012 4007)
WBF	Eidgenössisches Departement für Wirtschaft, Bildung und Forschung (bis 31. Dezember 2012: Eidgenössisches Volkswirtschaftsdepartement; EVD)
WEKO	Wettbewerbskommission
WRG	Bundesgesetz vom 22. Dezember 1916 über die Nutzbarmachung der Wasserkräfte (SR 721.80; Wasserrechtsgesetz)
WRV	Verordnung vom 2. Februar 2000 über die Nutzbarmachung der Wasserkräfte (SR 721.801; Wasserrechtsverordnung)
WTO	World Trade Organization (Welthandelsorganisation)
XML	Extensible Markup Language
ZaöRV	Zeitschrift für ausländisches öffentliches Recht und Völkerrecht
z.B.	zum Beispiel
ZBJV	Zeitschrift des Bernischen Juristenvereins
ZBl	Schweizerisches Zentralblatt für Staats- und Verwaltungsrecht (bis 1988: Schweizerisches Zentralblatt für Staats- und Gemeindeverwaltung)
ZDG	Bundesgesetz vom 6. Oktober 1995 über den zivilen Ersatzdienst (SR 824.0; Zivildienstgesetz)
ZertES	Bundesgesetz vom 19. Dezember 2003 über Zertifizierungsdienste im Bereich der elektronischen Signatur (SR 943.03; Bundesgesetz über die elektronische Signatur)
ZG	Zollgesetz vom 18. März 2005 (SR 631.0)
ZGB	Schweizerisches Zivilgesetzbuch vom 10. Dezember 1907 (SR 210)
ZGRG	Zeitschrift für Gesetzgebung und Rechtsprechung in Graubünden
Ziff.	Ziffer
ZISG	Bundesgesetz vom 22. Juni 2001 über die Zusammenarbeit mit dem Internationalen Strafgerichtshof (SR 351.6)
ZPO	Schweizerische Zivilprozessordnung vom 19. Dezember 2008 (SR 272; Zivilprozessordnung)
ZSR	Zeitschrift für Schweizerisches Recht (Neue Folge)
ZStrR	Schweizerische Zeitschrift für Strafrecht
ZUG	Bundesgesetz vom 24. Juni 1977 über die Zuständigkeit für die Unterstützung Bedürftiger (SR 851.1; Zuständigkeitsgesetz)

Materialien

Botschaft des Bundesrates an die Bundesversammlung zum Entwurf eines Bundesgesetzes über die eidgenössische Verwaltungs- und Disziplinarrechtspflege, vom 27. März 1925 (BBl 1925 II 181 ff.)

Botschaft des Bundesrates an die Bundesversammlung zum Entwurf eines neuen Bundesgesetzes über die Organisation der Bundesrechtspflege, vom 9. Februar 1943 (BBl 1943, 97 ff.)

Botschaft des Bundesrates an die Bundesversammlung über den Ausbau der Verwaltungsgerichtsbarkeit im Bunde, vom 24. September 1965 (BBl 1965 II 1265 ff.)

Botschaft des Bundesrates an die Bundesversammlung über das Verwaltungsverfahren, vom 24. September 1965 (BBl 1965 II 1348 ff.)

Vorentwurf und Bericht der Expertenkommission für die Reorganisation der Bundesrechtspflege, Januar 1982

Botschaft des Bundesrates an die Bundesversammlung betreffend die Änderung des Bundesgesetzes über die Organisation der Bundesrechtspflege, vom 29. Mai 1985 (BBl 1985 II 737 ff.)

Botschaft des Bundesrates an die Bundesversammlung betreffend die Änderung des Bundesgesetzes über die Organisation der Bundesrechtspflege sowie die Änderung des Bundesbeschlusses über eine vorübergehende Erhöhung der Zahl der Ersatzrichter und der Urteilsredaktoren des Bundesgerichts, vom 18. März 1991 (BBl 1991 II 465 ff.)

Botschaft des Bundesrates an die Bundesversammlung über eine neue Bundesverfassung, vom 20. November 1996 (BBl 1997 I 1 ff.)

Schlussbericht der Expertenkommission für die Totalrevision der Bundesrechtspflege, Juni 1997

Botschaft des Bundesrates an die Bundesversammlung zur Totalrevision der Bundesrechtspflege, vom 28. Februar 2001 (BBl 2001, 4202 ff.)

Botschaft des Bundesrates an die Bundesversammlung zum Bundesgesetz über die Bereinigung und Aktualisierung der Totalrevision der Bundesrechtspflege, vom 1. März 2006 (BBl 2006, 3067 ff.)

Bericht des Bundesrates über Zwischenergebnisse der Evaluation der neuen Bundesrechtspflege, vom 18. Juni 2010 (BBl 2010, 4837 ff.)

Allgemeine Literatur

Die in Ziff. 1–3 genannten Werke werden im Text nur mit dem oder den Nachnamen sowie mit dem kursiv gesetzten Stichwort oder dem in Klammern angegebenen Kurztitel zitiert.

I. Allgemeines Verwaltungsrecht

GIACOMETTI ZACCARIA, Allgemeine Lehren des rechtsstaatlichen Verwaltungsrechts (Allgemeines Verwaltungsrecht des Rechtsstaates), 1. Band, Zürich 1960

GRISEL ANDRÉ, *Traité* de droit administratif, 2 Bände, Neuenburg 1984

GYGI FRITZ, Verwaltungsrecht. Eine Einführung, Bern 1986

HÄFELIN ULRICH/MÜLLER GEORG/UHLMANN FELIX, Allgemeines *Verwaltungsrecht*, 6. A., Zürich/St. Gallen 2010

IMBODEN MAX/RHINOW RENÉ A., Schweizerische Verwaltungsrechtsprechung, 6. A., 2 Bände, Basel u.a. 1976; RHINOW RENÉ A./KRÄHENMANN BEAT, Ergänzungsband zur 6. Auflage, Basel u.a. 1990 (zitiert: Imboden/Rhinow/Krähenmann, Verwaltungsrechtsprechung)

KNAPP BLAISE, Précis de droit administratif, 4. A., Basel/Frankfurt a. M. 1991

KNAPP BLAISE, *Grundlagen* des Verwaltungsrechts (deutschsprachige Ausgabe der 4. Auflage des Précis de droit administratif), 2 Bände, 2. A., Basel/Frankfurt a. M. 1992, 1993

MOOR PIERRE/FLÜCKIGER ALEXANDRE/MARTENET VINCENT, *Droit administratif, Vol. I:* Les fondements, 3. A., Bern 2012

MOOR PIERRE/POLTIER ETIENNE, *Droit administratif, Vol. II:* Les actes administratifs et leur contrôle, 3. A., Bern 2011

MOOR PIERRE, *Droit administratif, Vol. III:* L'organisation des activités administratives, Les biens de l'Etat, Bern 1992

SCOLARI ADELIO, Diritto amministrativo, Vol. I: Parte generale, 2. A., Cadenazzo 2002; Vol. II: Parte speciale, Bellinzona/Cadenazzo 1993

TANQUEREL THIERRY, Manuel de droit administratif, Genf u.a. 2011

TSCHANNEN PIERRE, Systeme des Allgemeinen Verwaltungsrechts, Bern 2008

TSCHANNEN PIERRE/ZIMMERLI ULRICH/MÜLLER MARKUS, Allgemeines *Verwaltungsrecht*, 3. A., Bern 2009

WIEDERKEHR RENÉ/RICHLI PAUL, *Praxis* des allgemeinen Verwaltungsrechts. Eine systematische Analyse der Rechtsprechung, Band I, Bern 2012

ZEN-RUFFINEN PIERMARCO, Droit administratif. Partie générale et éléments de procédure, Neuenburg 2011

Allgemeine Literatur

II. Staatsrecht

AUBERT JEAN-FRANÇOIS/EICHENBERGER KURT/MÜLLER JÖRG PAUL/RHINOW RENÉ A./ SCHINDLER DIETRICH (Hrsg.), Kommentar zur Bundesverfassung der Schweizerischen Eidgenossenschaft vom 29. Mai 1874, Basel u.a. 1987–1996 (zitiert: Kommentar BV 1874)

AUBERT JEAN-FRANÇOIS/MAHON PASCAL, *Petit commentaire* de la Constitution fédérale de la Confédération suisse du 18 avril 1999, Zürich u.a. 2003

AUER ANDREAS/MALINVERNI GIORGIO/HOTTELIER MICHEL, *Droit constitutionnel* suisse, *Vol. I:* L'Etat, *Vol. II:* Les droits fondamentaux, 2. A., Bern 2006

BIAGGINI GIOVANNI, BV. Bundesverfassung der Schweizerischen Eidgenossenschaft, Zürich 2007 (zitiert: BV-Kommentar)

BIAGGINI GIOVANNI/GÄCHTER THOMAS/KIENER REGINA (Hrsg.), *Staatsrecht*, Zürich/ St. Gallen 2011

EHRENZELLER BERNHARD/MASTRONARDI PHILIPPE/SCHWEIZER RAINER J./VALLENDER KLAUS A. (Hrsg.), Die schweizerische Bundesverfassung. Kommentar, 2. A., Zürich u.a. 2008 (zitiert: St. Galler Kommentar BV)

HÄFELIN ULRICH/HALLER WALTER/KELLER HELEN, Schweizerisches *Bundesstaatsrecht*, 8. A., Zürich u.a. 2012

MAHON PASCAL, *Droit constitutionnel, Vol. I:* Institutions, juridiction constitutionnelle et procédure, *Vol. II:* Droits fondamentaux, 2. A., Neuenburg 2010

MERTEN DETLEF/PAPIER HANS-JÜRGEN (Hrsg.), Handbuch der Grundrechte in Deutschland und Europa, Band VII/2: *Grundrechte in der Schweiz* und in Liechtenstein, Heidelberg u.a. 2007

MÜLLER JÖRG PAUL/SCHEFER MARKUS, *Grundrechte* in der Schweiz, 4. A., Bern 2008

RHINOW RENÉ/SCHEFER MARKUS, Schweizerisches *Verfassungsrecht*, 2. A., Basel 2009

THÜRER DANIEL/AUBERT JEAN-FRANÇOIS/MÜLLER JÖRG PAUL (Hrsg.), *Verfassungsrecht* der Schweiz, Zürich 2001

TSCHANNEN PIERRE, *Staatsrecht* der Schweizerischen Eidgenossenschaft, 3. A., Bern 2011

III. Öffentliches Verfahrensrecht des Bundes

AUER CHRISTOPH/MÜLLER MARKUS/SCHINDLER BENJAMIN (Hrsg.), Kommentar zum Bundesgesetz über das Verwaltungsverfahren (VwVG), Zürich/St. Gallen 2008 (zitiert: VwVG-Kommentar)

BEERLI-BONORAND URSINA, Die ausserordentlichen *Rechtsmittel* in der Verwaltungsrechtspflege des Bundes und der Kantone, Zürich 1985

BELLANGER FRANÇOIS/TANQUEREL THIERRY (Hrsg.), Les nouveaux *recours* fédéraux en droit public, Genf u.a. 2006

BERNASCONI GIORGIO A./PETRALLI ZENI CLAUDIA (Hrsg.), La nuova legge sul *Tribunale federale,* Basel 2007

BOVAY BENOÎT, Procédure administrative, Bern 2000

CORBOZ BERNARD/WURZBURGER ALAIN/FERRARI PIERRE/FRÉSARD JEAN-MAURICE/AUBRY GIRARDIN FLORENCE, *Commentaire de la LTF* (Loi sur le Tribunal fédéral), Bern 2009

DONZALLAZ YVES, Loi sur le Tribunal fédéral. *Commentaire,* Bern 2008

EHRENZELLER BERNHARD/SCHWEIZER RAINER J. (Hrsg.), Das *Bundesverwaltungsgericht:* Stellung und Aufgaben, St. Gallen 2008

EHRENZELLER BERNHARD/SCHWEIZER RAINER J. (Hrsg.), Die Reorganisation der *Bundesrechtspflege* – Neuerungen und Auswirkungen in der Praxis, St. Gallen 2006

FOËX BÉNÉDICT/HOTTELIER MICHEL/JEANDIN NICOLAS (Hrsg.), Les *recours* au Tribunal fédéral, Genf u.a. 2007

GEISER THOMAS/MÜNCH PETER/UHLMANN FELIX/GELZER PHILIPP (Hrsg.), Prozessieren vor *Bundesgericht,* 3. A., Basel 2011

GÖKSU TARKAN, Die *Beschwerden* ans Bundesgericht, Zürich u.a. 2007

GYGI FRITZ, *Bundesverwaltungsrechtspflege,* 2. A., Bern 1983

HÄNER ISABELLE/WALDMANN BERNHARD (Hrsg.), *Brennpunkte* des Verwaltungsprozesses, Zürich u.a. 2013

HÄNER ISABELLE/WALDMANN BERNHARD (Hrsg.), Das erstinstanzliche *Verwaltungsverfahren,* Zürich u.a. 2008

KARLEN PETER, Das neue *Bundesgerichtsgesetz,* Basel 2006

KIENER REGINA/RÜTSCHE BERNHARD/KUHN MATHIAS, Öffentliches *Verfahrensrecht,* Zürich/St. Gallen 2012

METZ MARKUS/UHLMANN FELIX, Besonderheiten der Prozessführung im öffentlichen Recht, AJP 2004, S. 343 ff.

MISIC ALEXANDER, *Verfassungsbeschwerde,* Zürich u.a. 2011

MOSER ANDRÉ/BEUSCH MICHAEL/KNEUBÜHLER LORENZ, Prozessieren vor dem *Bundesverwaltungsgericht,* Basel 2008

NIGGLI MARCEL ALEXANDER/UEBERSAX PETER/WIPRÄCHTIGER HANS (Hrsg.), Basler Kommentar Bundesgerichtsgesetz, 2. A., Basel 2011 (zitiert: Basler Kommentar BGG)

PORTMANN URS (Hrsg.), La nouvelle loi sur le *Tribunal fédéral,* Lausanne 2007

POUDRET JEAN-FRANÇOIS, *Commentaire* de la loi fédérale d'organisation judiciaire du 16 décembre 1943, Vol. I: Art. 1–40, Bern 1990; Vol. II: Art. 41–82, Bern 1992; Vol. V: Art. 136–171. Mise à jour du texte légal et du commentaire des articles 1 à 82, Bern 1992

RHINOW RENÉ/KOLLER HEINRICH/KISS CHRISTINA/THURNHERR DANIELA/BRÜHL-MOSER DENISE, Öffentliches *Prozessrecht,* 2. A., Basel 2010

SALADIN PETER, Das *Verwaltungsverfahrensrecht* des Bundes, Basel 1979

SCHINDLER BENJAMIN/SUTTER PATRICK (Hrsg.), *Akteure* der Gerichtsbarkeit, Zürich/ St. Gallen 2007

SEILER HANSJÖRG/VON WERDT NICOLAS/GÜNGERICH ANDREAS, Handkommentar Bundesgerichtsgesetz (BGG), Bern 2007 (zitiert: Handkommentar BGG)

SPÜHLER KARL/DOLGE ANNETTE/VOCK DOMINIK, Kurzkommentar zum Bundesgerichtsgesetz (BGG), Zürich/St. Gallen 2006 (zitiert: Kurzkommentar BGG)

TSCHANNEN PIERRE (Hrsg.), Neue *Bundesrechtspflege,* Bern 2007

WALDMANN BERNHARD/WEISSENBERGER PHILIPPE (Hrsg.), VwVG. Praxiskommentar zum Bundesgesetz über das Verwaltungsverfahren, Zürich u.a. 2009 (zitiert: Praxiskommentar VwVG)

IV. Verwaltungsverfahren und Verwaltungsrechtspflege der Kantone

Allgemeine Literatur zum Verwaltungsverfahren und zur Verwaltungsrechtspflege der Kantone (vgl. auch die in Rz. 104 zitierte Literatur)

BEERLI-BONORAND URSINA, Die ausserordentlichen Rechtsmittel in der Verwaltungsrechtspflege des Bundes und der Kantone, Zürich 1985

HERZOG RUTH, Art. 6 EMRK und kantonale Verwaltungsrechtspflege, Bern 1995

JAAG TOBIAS, Kantonale Verwaltungsrechtspflege im Wandel, ZBl 1998, S. 497 ff.

MÄCHLER AUGUST, Individualrechtsschutz bei interkantonaler Aufgabenerfüllung, in: Festgabe zum Schweizerischen Juristentag 2006, Zürich u.a. 2006, S. 453 ff.

PFLEGHARD HEINZ, Regierung als Rechtsmittelinstanz, Zürich 1984

Zürich

GRIFFEL ALAIN/JAAG TOBIAS (Hrsg.), Reform der Zürcher Verwaltungsrechtspflege, Zürich/St. Gallen 2010

HÄNER ISABELLE/RÜSSLI MARKUS/SCHWARZENBACH EVI (Hrsg.), Kommentar zur Zürcher Kantonsverfassung, Zürich u.a. 2007, bes.: Biaggini Giovanni, Art. 18 (Verfahrensgarantien); Häner Isabelle, Art. 77 (Verwaltungsrechtspflege), Art. 79 (Normenkontrolle); Vogel Stefan, Art. 78 (Öffentlichkeit der Entscheide)

JAAG TOBIAS, Die obersten Gerichte des Kantons Zürich, in: Liber amicorum für Andreas Donatsch, Zürich u.a. 2012, S. 771 ff.

JAAG TOBIAS/RÜSSLI MARKUS, Staats- und Verwaltungsrecht des Kantons Zürich, 4. A., Zürich u.a. 2012

KÖLZ ALFRED/BOSSHART JÜRG/RÖHL MARTIN, Kommentar zum Verwaltungsrechtspflegegesetz des Kantons Zürich (VRG), 2. A., Zürich 1999

ROTACH TOMSCHIN BEA, Die Revision des Zürcher Verwaltungsrechtspflegegesetzes, ZBl 1997, S. 433 ff.

Bern

AUER CHRISTOPH, Die Umsetzung des Bundesgerichtsgesetzes in die bernische Verwaltungsrechtspflege, ZBJV 2009, S. 225 ff.

AUER CHRISTOPH, Streitgegenstand und Rügeprinzip im Spannungsfeld der verwaltungsrechtlichen Prozessmaximen. Eine Darstellung unter Berücksichtigung der Verhältnisse im Bund und im Kanton Bern, Bern 1997

HERZOG RUTH/DAUM MICHEL, Die Umsetzung der Rechtsweggarantie im bernischen Gesetz über die Verwaltungsrechtspflege, BVR 2009, S. 1 ff.

HERZOG RUTH/FELLER RETO (Hrsg.), Bernische Verwaltungsgerichtsbarkeit in Geschichte und Gegenwart, Bern 2010

MERKLI THOMAS/AESCHLIMANN ARTHUR/HERZOG RUTH, Kommentar zum Gesetz vom 23. Mai 1989 über die Verwaltungsrechtspflege des Kantons Bern, Bern 1997

MÜLLER MARKUS, Bernische Verwaltungsrechtspflege, 2. A., Bern 2011

MÜLLER MARKUS/FELLER RETO (Hrsg.), Bernisches Verwaltungsrecht, Bern 2008

ZIMMERLI ULRICH, Bernisches Verwaltungsrecht, Ausgabe 2004, [Bern] 2004

ZIMMERLI ULRICH/KIENER REGINA, Justizverfassung, in: Kälin Walter/Bolz Urs (Hrsg.), Handbuch des bernischen Verfassungsrechts, Bern 1995, S. 175 ff.

Luzern

WIRTHLIN MARTIN, Luzerner Verwaltungsrechtspflege, Bern 2011

WIRTHLIN MARTIN, Kontinuität und Brüche in der Verwaltungsrechtspflege. Bemerkungen aus Anlass von 35 Jahren Luzerner Verwaltungsrechtspflegegesetz, ZBJV 2007, S. 373 ff.

Uri

FURRER CHRISTIAN, Die Verwaltungsrechtspflege im Kanton Uri, Zug 1971

Schwyz

HENSLER JOSEF, Die Verwaltungsgerichtsbeschwerde im Kanton Schwyz, Zürich 1980

MÄCHLER AUGUST, Justizreform des Bundes und ihre Umsetzung für die Staats- und Verwaltungsrechtspflege sowie das Verwaltungsverfahren im Kanton Schwyz, Entscheide der Gerichts- und Verwaltungsbehörden des Kantons Schwyz (EGV-SZ) 2010, S. 186 ff.

Obwalden

GADOLA ATTILIO R., Das verwaltungsinterne Beschwerdeverfahren. Eine Darstellung unter Berücksichtigung der Verhältnisse im Kanton Obwalden, Zürich 1991

Nidwalden

Ruf Jürg, Staats- und Verwaltungsrechtspflege im Kanton Nidwalden, Hergiswil 1990

Glarus

–

Zug

Knüsel Martin, Die Organisation der Rechtspflege im Kanton Zug, Luzern 2007

Meyer Rolf, Die Organisation der Verwaltungsrechtspflege im Kanton Zug, Zürich 1984

Weiss Marco, Verfahren der Verwaltungsrechtspflege im Kanton Zug, Zürich 1983

Freiburg

Ducarroz Jacques, La nouvelle juridiction administrative fribourgeoise, in: RFJ 1992, S. 135 ff.

Hayoz Josef, Vereinigung von Verwaltungsgericht und Kantonsgericht und andere Änderungen im Justizbereich, RFJ 2008, S. 5 ff.

Hayoz Josef, Das Klageverfahren vor dem Verwaltungsgericht des Kantons Freiburg, RFJ 1996, S. 309 ff.

Jaïco Carranza Carlos/Micotti Sébastien, Code de procédure et de juridiction administrative fribourgeois annoté, Basel/Lausanne 2006

Loertscher Denis, La nouvelle procédure administrative fribourgeoise, RFJ 1992, S. 101 ff.

Rédaction RFJ/Secrétariat de la Constituante (Hrsg.), La nouvelle Constitution fribourgeoise, RFJ Sondernummer 2005, bes.: Barrelet Denis, Les dispositions sur la transparence, S. 157 ff.; Raemy Reinold, Organisation der Gerichtsbehörden, S. 273 ff.; Vallet Philippe, Les institutions judiciaires et le Conseil de la magistrature, S. 289 ff.

Zufferey Jean-Baptiste, Les rapports entre la revision, la reconsidération et le recours ordinaire. Quelques réflexions comparatives à propos des art. 104 et 105 CPJA, RFJ 1995, S. 131 ff.

Solothurn

Ackermann Josef, Die solothurnische Verwaltungsgerichtsbarkeit, Zürich 1968

Luder Walter, 25 Jahre Verwaltungsgericht des Kantons Solothurn, Solothurnische Gerichtspraxis (SOG) 1986, S. 85 ff.

Basel-Stadt

BUSER DENISE (Hrsg.), Neues Handbuch des Staats- und Verwaltungsrechts des Kantons Basel-Stadt, 2. A., Basel 2008, bes.: Freivogel Andreas, Die Basler Gerichtsorganisation, S. 401 ff.; Schwank Alexandra, Das verwaltungsinterne Rekursverfahren des Kantons Basel-Stadt, S. 435 ff.; Stamm Marie-Louise, Die Verwaltungsgerichtsbarkeit, S. 477 ff.

SCHWANK ALEXANDRA, Das verwaltungsinterne Rekursverfahren des Kantons Basel-Stadt, Basel 2003

WULLSCHLEGER STEPHAN/SCHRÖDER ANDREAS, Praktische Fragen des Verwaltungsprozesses im Kanton Basel-Stadt, BJM 2005, S. 277 ff.

Basel-Landschaft

BIAGGINI GIOVANNI/ACHERMANN ALEX/MATHIS STEPHAN/OTT LUKAS (Hrsg.), Staats- und Verwaltungsrecht des Kantons Basel-Landschaft, Band II, Liestal 2005, bes.: Bayerdörfer Manfred, Verwaltungsprozessrecht, S. 75 ff.; Speich Hans Jakob, Das Verwaltungsverfahrensgesetz Basel-Landschaft, S. 55 ff.

GREPPI MAURIZIO, Baselbieter Justiz im Wandel, BJM 2012, S. 117 ff.

KISS-PETER CHRISTINA, Justizverfassung des Kantons Basel-Landschaft, Basel 1993

Schaffhausen

DUBACH RETO/MARTI ARNOLD/SPAHN PATRICK, Verfassung des Kantons Schaffhausen. Kommentar, Schaffhausen 2004, bes.: Art. 17 (Rechtsweggarantie), Art. 18 (Verfahrensgarantien)

MARTI ARNOLD, Die Schaffhauser Verwaltungsrechtspflege – vorbildlicher Rechtsschutz seit 30 Jahren, in: Festschrift zum Jubiläum 500 Jahre Schaffhausen im Bund, Schaffhausen 2001, S. 359 ff.

MARTI ARNOLD, Die Verwaltungsgerichtsbarkeit im Kanton Schaffhausen (insbesondere die allgemeine Verwaltungsgerichtsbeschwerde), Zürich 1986

Appenzell Ausserrhoden

SCHÄR HANS-JÜRG, Gesetz über das Verwaltungsverfahren des Kantons Appenzell A.Rh. vom 28. April 1985, mit Erläuterungen, Herisau 1985

Appenzell Innerrhoden

–

St. Gallen

CAVELTI URS PETER/VÖGELI THOMAS, Verwaltungsgerichtsbarkeit im Kanton St. Gallen – dargestellt an den Verfahren vor dem Verwaltungsgericht, 2. A., St. Gallen 2003

Allgemeine Literatur

HANGARTNER YVO, Die Neuordnung der Verwaltungsrechtspflege im Kanton St. Gallen, ZBl 1965, S. 441 ff.

HIRT REBECCA, Die Regelung der Kosten nach st. gallischem Verwaltungsrechtspflegegesetz, Lachen/St. Gallen 2004

STADELWIESER JÜRG, Die Eröffnung von Verfügungen. Unter besonderer Berücksichtigung des eidgenössischen und des st. gallischen Rechts, St. Gallen 1994

Graubünden

BÄNZIGER, MENGIARDI, TOLLER & PARTNER (Hrsg.), Kommentar zur Verfassung des Kantons Graubünden, Chur u.a. 2006, bes.: Cavegn Remo, Art. 8 (Verfahrensgarantien und Rechtsschutz); Schmid Johann Martin, Art. 51 (Unabhängigkeit und Unparteilichkeit), Art. 53 (Öffentlichkeit der Gerichtsverhandlungen), Art. 55 (Verfassungs- und Verwaltungsgerichtsbarkeit)

KISTLER HANSJÖRG, Die Verwaltungsrechtspflege im Kanton Graubünden, Zürich 1979

KUONI ANDREAS, 20 Jahre Verwaltungsgericht Graubünden 1969–1988, ZGRG 1989, S. 20 ff.

Aargau

Festschrift 100 Jahre Aargauischer Anwaltsverband, Zürich u.a. 2005, bes.: Bolz Marcel, Die verwaltungsinterne Rechtspflege – Bedeutung und Funktion im heutigen Umfeld, S. 83 ff.; Merker Michael, Parteien im Verwaltungs(prozess)verfahren, S. 137 ff.

BUSER GUSTAV, Zur Geschichte und Reform der aarg. Verwaltungsrechtspflege, ZSR 1943, S. 241 ff., und in: Festschrift gewidmet dem Aargauischen Obergericht, Aarau 1969, S. 1 ff.

FEHLMANN-LEUTWYLER MONIKA, Die prinzipale Normenkontrolle nach aargauischem Recht, Aarau 1988

MERKER MICHAEL, Rechtsmittel, Klage und Normenkontrollverfahren nach dem aargauischen Gesetz über die Verwaltungsrechtspflege, Zürich 1998

VETTER MEINRAD/PEYER CHRISTIAN, Ausgewählte Verfahren im Kanton Aargau, Jusletter, 20.8.2012

WEBER RUDOLF, Grundsätzliches zur Wiederaufnahme nach § 27 VRPG, in: Festschrift für Kurt Eichenberger, alt Oberrichter, Aarau 1990, S. 335 ff.

Thurgau

HAUBENSAK URS/LITSCHGI PETER/STÄHELIN PHILIPP, Kommentar zum Gesetz über die Verwaltungsrechtspflege des Kantons Thurgau, Frauenfeld 1984

STÄHELIN PHILIPP/GONZENBACH RAINER/WALT MARGRIT, Wegweiser durch die Thurgauer Verfassung, 2. A., Weinfelden 2007, bes.: § 14 (Verfahrensgarantien), § 54 (Verwaltungsrechtspflege)

STREHLER RUDOLF, Die Verwaltungsgerichtsbeschwerde im Kanton Thurgau, Entlebuch 1987

Tessin

BORGHI MARCO/CORTI GUIDO, Compendio di procedura amministrativa ticinese, Lugano 1997

CORTI GUIDO, La procédure administrative tessinoise, SJZ 1997, S. 364 ff.

SCOLARI ADELIO, Diritto amministrativo, Vol. I: Parte generale, 2. A., Cadenazzo 2002; Vol. II: Parte speciale, Bellinzona/Cadenazzo 1993

Waadt

BLANCHARD THIBAULT, Le partage du contentieux administratif entre le juge civil et le juge administratif. Etude de droit vaudois, historique et comparée, Lausanne 2005

BOVAY BENOÎT, La loi vaudoise du 28 octobre 2008 sur la procédure administrative, RDAF 2009 I, S. 161 ff.

BOVAY BENOÎT, Pour une procédure administrative non contentieuse vaudoise, RDAF 2001 I, S. 121 ff.

BOVAY BENOÎT/BLANCHARD THIBAULT/GRISEL RAPIN CLÉMENCE, Procédure administrative vaudoise, Basel 2012

BRANDT ERIC, La juridiction administrative dans le canton de Vaud, in: Herzog Ruth/Feller Reto (Hrsg.), Bernische Verwaltungsgerichtsbarkeit in Geschichte und Gegenwart, Bern 2010, S. 337 ff.

MOOR PIERRE (Hrsg.), La Constitution vaudoise du 14 avril 2003, Bern 2004, bes.: de Haller Jean-Claude, La constitution vaudoise du 14 avril 2003 et les institutions judiciaires, ou le retour vers le futur, S. 267 ff.; Nordmann Philippe, Les droits fondamentaux formels, S. 123 ff.

Wallis

DARBELLAY JEAN, La nouvelle loi valaisanne sur la procédure et la juridiction administratives, in: Mélanges Henri Zwahlen, Lausanne 1977, S. 229 ff.

LUGON JEAN-CLAUDE, Révocation, reconsidération, révision, ZBl 1989, S. 425 ff.

MULLER PIERRE, L'évolution de la juridiction administrative en Valais, in: Mélanges offerts à la Société suisse des Juristes, Genf 1976, S. 205 ff.

Neuenburg

ADANK MATHIAS/VIRCHAUX ALAIN, Introduction à la procédure et à la juridiction administratives neuchâteloises, St-Blaise 1980

BAUER ALAIN, La surveillance des autorités judiciaires dans le canton de Neuchâtel, RJN 2008, S. 15 ff.

Bauer Alain, Constitution annotée de la République et Canton de Neuchâtel, Neuenburg 2005, bes.: Art. 28 f. (garanties de procédure), Art. 83 ff. (autorités judiciaires)

Schaer Robert, Juridiction administrative neuchâteloise. Commentaire de la loi sur la procédure et la juridiction administratives (LPJA) du 27 juin 1979, Neuenburg 1995

Zen-Ruffinen Piermarco, Le Tribunal administratif neuchâtelois, ZBl 1988, S. 402 ff.

Genf

Bellanger François, La réforme de la juridiction administrative genevoise. Questions choisies, RDAF 2000 I, S. 497 ff.

Lanfranchi Michel-H., 25 ans du Tribunal administratif de la République et Canton de Genève. Bref essai historique, RDAF 1996, S. 189 ff.

Riat Rémy, L'évolution de la juridiction constitutionnelle et administrative genevoise, RDAF 1974, S. 233 ff., 305 ff.

Tanquerel Thierry, Les principes généraux de la réforme de la juridiction administrative genevoise, RDAF 2000 I, S. 475 ff.

Jura

Boinay Gabriel, La procédure administrative et constitutionnelle du canton du Jura, Porrentruy 1993

Broglin Pierre, Manuel de procédure administrative jurassienne, Courrendlin 2009; Supplément 2012, Courroux 2012

Broglin Pierre, Questions choisies en procédure administrative: effet suspensif, mesures provisionnelles, élargissement de l'accès au juge et féries, RJJ 2009, S. 1 ff.

Broglin Pierre, Réforme de la justice jurassienne: questions choisies, RJJ 2001, S. 15 ff.

Moritz Jean, La nouvelle organisation judiciaire du canton de Jura, RJJ 2000, S. 181 ff.

Moritz Jean, Commentaire de la Constitution jurassienne, Vol. I und II, Courrendlin 1997/2002, bes. Vol. I, Art. 9 (Protection juridique en général)

1. Teil

Grundlagen und historische Entwicklung

1. Kapitel: Grundlagen

I. Begriff und Gegenstand des Verwaltungsverfahrens

Literatur: GYGI, Bundesverwaltungsrechtspflege, S. 13 f.; HÄFELIN/MÜLLER/UHLMANN, Verwaltungsrecht, Rz. 1609 ff.; KIENER/RÜTSCHE/KUHN, Verfahrensrecht, N. 1 ff.; MOOR/POLTIER, Droit administratif, Vol. II, S. 209 ff.; RHINOW/KOLLER/KISS/THURNHERR/BRÜHL-MOSER, Prozessrecht, Rz. 1 ff.; SALADIN, Verwaltungsverfahrensrecht, S. 13 ff.

1

Der *Begriff des Verwaltungsverfahrens (im weiteren Sinn)* umfasst das nichtstreitige Verwaltungsverfahren (Verwaltungsverfahren im engeren Sinn) und das streitige Verwaltungsverfahren innerhalb der Exekutive. Die Unterscheidung von nichtstreitigem und streitigem Verfahren im Verwaltungsverfahrensrecht knüpft an den Erlass einer Verfügung an.

2

Das *nichtstreitige Verwaltungsverfahren* ist jenes erstinstanzliche Verfahren, das in der Regel zum Erlass einer Verfügung durch die zuständige Verwaltungsbehörde führt. Sein Zweck ist, ein Verwaltungsrechtsverhältnis verbindlich festzulegen. Selbst wenn während des Verfahrens Differenzen rechtlicher oder tatsächlicher Natur bestehen, liegt *kein Rechtsstreit* vor. Ein solcher kann gemäss der positivrechtlichen Ausgestaltung des Verwaltungsverfahrensrechts grundsätzlich erst entstehen, wenn das nichtstreitige Verfahren mit dem Erlass der Verfügung seinen Abschluss gefunden hat oder wenn eine Zwischenverfügung ergangen ist.

3

Die Normen über das *streitige Verwaltungsverfahren* regeln die Anfechtung der Verfügung vor einer Verwaltungsbehörde. Wenn die dazu legitimierten Parteien die verbindlich gewordene Anordnung vor der Rechtsmittelinstanz anfechten, leiten sie das streitige Verwaltungsverfahren ein. Dieses hat einen *Rechtsstreit* zum Gegenstand: Es liegt eine Differenz in den Auffassungen der Beteiligten vor, die sich daraus ergibt, dass die Betroffenen oder andere zur Anfechtung Legitimierte die Rechtmässigkeit oder Angemessenheit der von der Verwaltungsbehörde erlassenen Verfügung bestreiten.

4

Der *Gegenstand des Verwaltungsverfahrens* umfasst somit die Vorbereitung und den Erlass von Verwaltungsakten (Verfügungen) sowie die Voraussetzungen und Folgen ihrer Anfechtung innerhalb der Exekutive. Das Verwaltungsverfahren kann sich aber auch auf andere Handlungsformen wie Verträge oder Raumpläne beziehen. Nicht zum Verwaltungsverfahren gehört hingegen der Erlass von Rechtssätzen. Diese ergehen im Gesetzgebungs- oder Verordnungsverfahren.

5

Die *Systematik der Verwaltungsverfahrensgesetze* lässt sich ebenfalls von der Einteilung in streitiges und nichtstreitiges Verwaltungsverfahren leiten. So regelt das VwVG im zweiten Abschnitt (Art. 7–43) das nichtstreitige und danach im dritten und vierten Abschnitt (Art. 44–79) das streitige Verwaltungsverfah-

6

ren. Zu den *Funktionen des Verfahrensrechts* vgl. hinten, Rz. 37 ff.; zur Funktion und zur Bedeutung der *Formvorschriften* vgl. hinten, Rz. 98 ff.

II. Verwaltungsrechtspflege

7 *Literatur:* AUER CHRISTOPH/FRIEDERICH UELI, *Aufgabe* und Rolle der verwaltungsinternen Justiz nach Inkrafttreten der Rechtsweggarantie, in: Herzog Ruth/Feller Reto (Hrsg.), Bernische Verwaltungsgerichtsbarkeit in Geschichte und Gegenwart, Bern 2010, S. 367 ff.; BELLANGER FRANÇOIS/ TANQUEREL THIERRY (Hrsg.), Les *autorités* administratives indépendantes, Genf u.a. 2011; BOLZ MARCEL, Die verwaltungsinterne Rechtspflege – Bedeutung und Funktion im heutigen Umfeld, in: Festschrift 100 Jahre Aargauischer Anwaltsverband, Zürich u.a. 2005, S. 83 ff.; EGLI PHILIPP, Rechtsverwirklichung durch Sozialversicherungsverfahren, Zürich u.a. 2012, S. 7 ff.; GYGI, Bundesverwaltungsrechtspflege, S. 17 ff., 27 ff.; HÄFELIN/MÜLLER/UHLMANN, Verwaltungsrecht, Rz. 1735 ff., 1849 ff.; KIENER/RÜTSCHE/KUHN, Verfahrensrecht, N. 1 ff.; MÄCHLER AUGUST, *Vertrag* und Verwaltungsrechtspflege, Zürich u.a. 2005, S. 566 ff.; MARTI ARNOLD, Aktueller *Stand* und neue Fragen in der schweizerischen Verwaltungsrechtspflege, ZBl 2009, S. 405 ff.; *ders.,* Bemerkungen der Redaktion, ZBl 2009, S. 470 ff.; MÜLLER GEORG, Rechtspflege, in: Human Rights, Democracy and the Rule of Law. Liber amicorum Luzius Wildhaber, Zürich/St. Gallen 2007, S. 1437 ff.; MÜLLER MARKUS, Die Rechtsweggarantie – Chancen und Risiken, ZBJV 2004, S. 161 ff., 177 ff.; NOLL ANDREAS, Vom abnehmenden Grenznutzen des Justizsystems – Ein Kontrapunkt zum Aufsatz von Hansjörg Seiler aus systemtheoretischer Optik, ZSR 2007 I, S. 557 ff.; RHINOW RENÉ A., Verwaltungsgerichtsbarkeit im Wandel, in: Festschrift für Kurt Eichenberger, Basel 1982, S. 657 ff.; RHINOW/KOLLER/KISS/ THURNHERR/BRÜHL-MOSER, Prozessrecht, Rz. 40 ff.; RICHLI PAUL, Zu den Entfaltungsmöglichkeiten des New Public Management in der Verwaltungsrechtspflege, ZBl 1997, S. 289 ff.; SCHINDLER BENJAMIN, Die Befangenheit der Verwaltung, Zürich u.a. 2002, S. 155 ff.; SEILER HANSJÖRG, Vom abnehmenden Grenznutzen des Justizsystems, ZSR 2007 I, S. 159 ff.; TANQUEREL THIERRY/MCGREGOR ELEANOR, L'arbitrage en droit public suisse, in: Renders David/Delvolvé Pierre/Tanquerel Thierry (Leitung), L'arbitrage en droit public, Brüssel 2010, S. 227 ff.

1. Begriffliche Unterscheidungen

A. Verwaltungsinterne und -externe Verwaltungsrechtspflege

8 Das streitige Verwaltungsverfahren gehört zur *Verwaltungsrechtspflege.* Weil hier die Verwaltungsrechtspflege von einer Verwaltungsbehörde ausgeübt wird, spricht man von *verwaltungsinterner* Verwaltungsrechtspflege. Das streitige Verwaltungsverfahren hat aber trotzdem Züge eines Prozessverfahrens: Es ist weitgehend als Parteiverfahren ausgestaltet und im Wesentlichen von denselben Maximen und Grundsätzen beherrscht wie die *verwaltungsexterne Verwaltungsrechtspflege* (Verwaltungsgerichtsbarkeit). Diese wird von Instanzen ausgeübt, die von der Exekutive unabhängig sind. Die Normen über die Verwaltungsrechtspflege werden auch als *Verwaltungsprozessrecht* bezeichnet.

9 In der Literatur wird der Begriff der Verwaltungsrechtspflege – anders als im vorliegenden Buch – teilweise als Oberbegriff verwendet, der auch das nichtstreitige Verwaltungsverfahren einschliesst.

B. Verwaltungs-, Staats- und Verfassungsrechtspflege; öffentliche Rechtspflege

Die Unterscheidung zwischen Verwaltungs-, Staats- und Verfassungsrechtspflege hat historische und systematische Gründe; sie ist beschreibender Natur und hat keine praktischen Auswirkungen. Die Begriffe der *Staats-* und der *Verwaltungsrechtspflege* folgen den Definitionen des Staats- und des Verwaltungsrechts. *Staatsrecht* umfasst die Rechtsnormen, welche erstens die Organisation und die Aufgaben des Staates, zweitens die Organisation, die Aufgaben und das Verfahren der obersten Staatsorgane sowie drittens die grundlegenden Rechte und Pflichten der Einzelnen im Staat zum Gegenstand haben (z.B. Tschannen, Staatsrecht, § 1 Rz. 30). Das *Verwaltungsrecht* regelt den Inhalt und den Umfang der Verwaltungstätigkeit, die Organisation und das Verfahren der Verwaltungsbehörden sowie die Rechte und Pflichten zwischen den Einzelnen und dem Gemeinwesen (vgl. auch Häfelin/Müller/Uhlmann, Verwaltungsrecht, Rz. 86). Seit der Totalrevision der Bundesrechtspflege vom 17.5.2006 unterscheidet das Bundesrecht nicht mehr zwischen Staats- und Verwaltungsrechtspflege. Es kennt allerdings nach wie vor den fest eingebürgerten Begriff der Verwaltungsgerichtsbarkeit (vgl. nur schon den Titel des VGG sowie dessen Art. 1 Abs. 1).

Die Begriffe der *Verfassungsrechtspflege* und der *Verfassungsgerichtsbarkeit* beziehen sich auf den Prüfungsmassstab; sie bezeichnen die Überprüfung von Hoheitsakten auf ihre Verfassungsmässigkeit hin (Rhinow/Koller/Kiss/Thurnherr/Brühl-Moser, Prozessrecht, Rz. 46). In der Schweiz findet im Rahmen der Verwaltungsrechtspflege ohne Weiteres auch Verfassungsrechtspflege statt (vgl. hinten, Rz. 47 ff., 1062).

In neuerer Zeit werden auch die Begriffe des *öffentlichen Prozessrechts* und der *öffentlichen Rechtspflege* als Oberbegriffe verwendet, welche sowohl die Staats- und Verwaltungsrechtspflege als auch das nichtstreitige Verfahren umfassen. Sie leiten sich von der Bezeichnung des öffentlichen Rechts her. Das Bundesrecht spricht etwa von der Beurteilung öffentlich-rechtlicher Streitigkeiten oder Angelegenheiten (vgl. Art. 191a Abs. 2 und Art. 191b Abs. 1 BV sowie den Namen der Beschwerde in öffentlich-rechtlichen Angelegenheiten gemäss dem 3. Abschnitt des 3. Kapitels des BGG).

2. Zweck der Verwaltungsrechtspflege

Bei der Verwaltungsrechtspflege steht die Beilegung des Rechtsstreites durch eine für alle Beteiligten verbindliche Entscheidung im Mittelpunkt. Bestrittenes wird zur juristisch nicht mehr bestreitbaren Gegebenheit und ist hierauf mit staatlichen Zwangsmitteln durchsetzbar.

Zweck der Verwaltungsrechtspflege ist erstens die Gewährung *individuellen Rechtsschutzes* durch Verwaltungs- und Justizbehörden. Zweitens soll das im Gesetz zum Ausdruck gebrachte *öffentliche Interesse* verwirklicht werden. Versteht man unter dem im Gesetz verkörperten öffentlichen Interesse den Inbegriff von autoritativ verdichteten Individualinteressen, so wird deutlich, dass bei der Durchsetzung des verwaltungsrechtlichen Gesetzes neben den Interessen der individuellen Verfügungsadressaten die Interessen anderer infrage stehen. Da den Interessen der Gesetzesadressaten und den gesetzlich festgelegten öffentlichen Interessen prinzipiell gleich grosse Legitimität zukommt, muss das Prozessrecht diese auch gleich wirksam – im Sinne der prozessualen Waffengleichheit – zur Geltung bringen (Alfred Kölz, Die Vertretung des öffentlichen Interesses in der Verwaltungsrechtspflege, ZBl 1985, S. 49 ff., 54).

15 Ferner dient die Verwaltungsrechtspflege der *Fortentwicklung des materiellen Verwaltungsrechts,* namentlich wenn eine höchstrichterliche Instanz entscheidet.

3. Verwaltungsinterne Verwaltungsrechtspflege

16 Kennzeichen der verwaltungsinternen Rechtspflege ist die Streiterledigung durch eine Behörde, welche *in die Verwaltungshierarchie eingegliedert und nicht verwaltungsunabhängig* ist. Diese Behörde kann entweder monokratisch (Beispiel: Departement) oder kollegial (Beispiel: Bundesrat) strukturiert sein.

17 Der verwaltungsinternen Verwaltungsrechtspflege haftet einerseits der Makel des Richtens in eigener Sache an, denn die Verwaltung bildet trotz ihrer hierarchischen Gliederung in vielerlei Hinsicht ein durch gemeinsame Interessen verbundenes Ganzes. Eine gewisse Unabhängigkeit lässt sich immerhin institutionell sichern, indem spezielle Rechtsdienste geschaffen werden, welche die Rechtsmittelentscheide mit juristischer Sachkompetenz vorbereiten.

18 Andererseits sollte die umfassende Rechts- und Ermessenskontrolle in der verwaltungsinternen Verwaltungsrechtspflege eine volle Überprüfung der angefochtenen Verfügungen gewährleisten. Eine verwaltungsexterne, im betreffenden Bereich nicht sachkundige Rechtsmittelinstanz wird dagegen einen solchen Überprüfungsspielraum kaum ausschöpfen, selbst wenn er ihr vom Gesetz eingeräumt wird (vgl. dazu hinten, Rz. 1026 ff.). Allerdings entsteht mit der Einrichtung unabhängiger verwaltungsinterner Beschwerdedienste ebenfalls die Gefahr, dass die Kognition nicht ausgeschöpft wird, weil der Sachverstand der Fachbehörde fehlt.

19 Im Zug des Ausbaus der Verwaltungsgerichtsbarkeit wurde in einigen Kantonen die als rechtsstaatlich fragwürdig und zum Teil auch als ineffizient wahrgenommene verwaltungsinterne Rechtspflege abgebaut (vgl. Marti, Stand, S. 408 ff.). Auch im Bund führt der Rechtsweg bei Anfechtung einer Verfügung seit dem 1.1.2007 – als die Totalrevision der Bundesrechtspflege in Kraft trat – im Regelfall direkt an das Bundesverwaltungsgericht (vgl. Art. 31 ff. VGG und Art. 47 VwVG). Diese Tendenz hat in der Literatur zu einer gewissen Gegenbewegung geführt, welche die Funktionen der verwaltungsinternen Rechtspflege hervorhebt (vgl. z.B. Auer/Friedrich, Aufgabe, S. 373 ff.). Letztlich hängt

die Überzeugungskraft der im verwaltungsinternen Beschwerdeverfahren gefällten Entscheide stark von der Qualität des Verfahrens und der Entscheidbegründung ab. Die immer wieder hervorgehobene Entlastungsfunktion für die Gerichte tritt nicht ein, wenn die Rechtsmittelentscheide nicht zu überzeugen vermögen und Zweifel an der Unabhängigkeit der Rechtsmittelinstanz bestehen. Die Rechtsuchenden sehen sich gerade in solchen Fällen häufig dazu gezwungen, ein gerichtliches Urteil einzuholen (vgl. dazu auch hinten, Rz. 42).

4. Verwaltungsexterne Verwaltungsrechtspflege

A. Die Verwaltungsgerichtsbarkeit

a. Begriff

Die *Verwaltungsgerichtsbarkeit* kann definiert werden als die Erledigung von Verwaltungsrechtsstreitigkeiten durch mit richterlicher Unabhängigkeit ausgestattete Gerichte. Die richterliche Unabhängigkeit wird in Art. 191c BV festgehalten; ihre grundrechtliche Komponente wird in Art. 30 Abs. 1 BV, Art. 6 Ziff. 1 EMRK und Art. 14 Abs. 1 UNO-Pakt II garantiert. Für das Bundesgericht und das Bundesverwaltungsgericht halten Art. 2 BGG bzw. Art. 2 VGG den Grundsatz fest. Zum Inhalt der Garantie vgl. hinten, Rz. 190 ff. 20

b. Zur Unterscheidung «ursprüngliche» und «nachträgliche» Verwaltungsgerichtsbarkeit

Bei der *nachträglichen* Verwaltungsgerichtsbarkeit geht es um die Erledigung eines Rechtsstreites über eine bereits ergangene Verfügung. Mit einer *Beschwerde* kann eine verbindliche Anordnung angefochten und das streitige Verfahren (Anfechtungsstreitverfahren) eingeleitet oder weitergeführt werden. Heute ist die nachträgliche Verwaltungsgerichtsbarkeit die vorherrschende Prozessart. 21

Bei der *ursprünglichen* Verwaltungsgerichtsbarkeit wird hingegen in einem erstinstanzlichen Verfahren über einen Rechtsstreit entschieden. Eine formelle Verfügung ist noch nicht ergangen, obwohl die Verwaltungsbehörden bereits materiell Stellung genommen haben. Die ursprüngliche Verwaltungsgerichtsbarkeit kommt dann zum Zuge, wenn es der Verwaltung nicht zusteht, ein Rechtsverhältnis einseitig und verbindlich zu regeln. Die ursprüngliche Verwaltungsgerichtsbarkeit sieht einem Zivilprozess vor erster Instanz ähnlich. Das Verfahren der ursprünglichen Verwaltungsgerichtsbarkeit steht auch für Streitigkeiten zwischen öffentlich-rechtlichen Körperschaften gleicher oder unterschiedlicher Stufe zur Verfügung. Das Mittel der ursprünglichen Verwaltungsgerichtsbarkeit ist herkömmlicherweise die verwaltungsrechtliche *Klage,* die beim allgemeinen Verwaltungsgericht anhängig gemacht werden muss. Es zählen aber auch Verfahren dazu, für welche nicht die allgemeinen Verwaltungs- 22 gerichte zuständig sind. Zu verweisen ist insbesondere auf die Verfahren vor den Zivilgerichten oder den Schiedskommissionen.

23 Die Prozessart der ursprünglichen Verwaltungsgerichtsbarkeit lässt sich vorwiegend historisch erklären. Im 19. Jahrhundert war die Fiskustheorie für die Begründung der gerichtlichen Kompetenz zur Beurteilung vermögensrechtlicher Streitigkeiten in Verwaltungssachen wegleitend. Diese Theorie definierte den Fiskus (die Staatskasse) als ein besonderes Privatrechtssubjekt, was erlaubte, vermögensrechtliche Ansprüche gegen den Staat vor den Zivilgerichten geltend zu machen. Bei der Schaffung von Verwaltungsgerichten beliess man zum einen gewisse Bereiche in der Zuständigkeit der Zivilgerichte (vgl. §§ 2 f. VRG ZH). Zum andern glaubte man, weitere Materien wegen ihrer besonderen Natur einem anderen als dem Anfechtungsstreitverfahren unterstellen zu müssen. Zu diesem Zweck wurde daher die ursprüngliche Verwaltungsgerichtsbarkeit geschaffen.

24 Der Anwendungsbereich der ursprünglichen Verwaltungsgerichtsbarkeit wurde in jüngerer Zeit zusehends reduziert. So wurde etwa bereits mit der Revision der Bundesrechtspflege vom 4.10.1991 (AS 1992 288) das Klageverfahren vor Bundesgericht stark eingeschränkt; mit der Totalrevision der Bundesrechtspflege vom 17.6.2005 wurde sein Anwendungsbereich noch enger gesteckt. Übrig blieben nur Anwendungsfälle, in denen der Verzicht auf die Klage «aus staatspolitischen Gründen» ausgeschlossen erschien (BBl 2001 4226, 4351 f.). Auch vor Bundesverwaltungsgericht stellt das Klageverfahren die Ausnahme dar. Die Klage kann jeweils nur in eng umschriebenen Anwendungsfällen ergriffen werden und ist nur unter dem Vorbehalt gegeben, dass die Verfügungskompetenz einer Behörde und damit das Anfechtungsverfahren nicht gesetzlich festgelegt sind (vgl. Art. 120 Abs. 1 und 2 BGG, Art. 35 f. VGG).

25 Andererseits können Rechtsschutzinstanzen, deren Anrufung nicht vom Erlass einer Verfügung abhängt, durchaus einem praktischen Bedürfnis entsprechen. So wurde mit Wirkung ab 1.2.2011 die kurze Liste der Zuständigkeiten des Bundesverwaltungsgerichts als Klageinstanz um einen neuen Anwendungsfall erweitert (Art. 35 lit. d VGG). Im Sozialversicherungsrecht wurde das kantonale Schiedsgericht, das bereits für bestimmte Streitigkeiten in der Kranken-, Unfall- und Militärversicherung vorgesehen war, mit Wirkung ab 1.1.2004 auch für die Invalidenversicherung eingeführt (vgl. Art. 27bis IVG sowie Art. 89 KVG, Art. 57 UVG und Art. 27 MVG).

c. Träger

aa. Übersicht

26 Die Verwaltungsgerichte verfügen entweder über eine allgemeine oder über eine auf bestimmte Sachgebiete beschränkte Zuständigkeit. Im ersteren Fall handelt es sich um *allgemeine Verwaltungsgerichte,* im letzteren um *Spezialverwaltungsgerichte.*

bb. Allgemeine Verwaltungsgerichte

Der wichtigste Träger der externen Verwaltungsrechtspflege ist zweifellos das 27
mit richterlicher Unabhängigkeit ausgestattete allgemeine Verwaltungsgericht. Im Bund wird die Funktion der Verwaltungsgerichtsbarkeit in erster Instanz vom Bundesverwaltungsgericht ausgeübt; in zweiter Instanz wirkt gegebenenfalls das Bundesgericht als Verwaltungsgericht, im Wesentlichen im Verfahren der Beschwerde in öffentlich-rechtlichen Angelegenheiten (Art. 82 ff. BGG). Heute kennen auch alle Kantone allgemeine Verwaltungsgerichte. Diese sind zum Teil organisatorisch verselbständigt, wie etwa im Kanton Zürich; zum Teil sind sie in das oberste ordentliche Gericht des Kantons, das auch für Zivil- und Strafsachen zuständig ist, integriert (so in den Kantonen Luzern – ab 1.6.2013 –, Uri, Freiburg, Basel-Stadt, Basel-Landschaft, Schaffhausen, Appenzell Ausserrhoden, Appenzell Innerrhoden, Tessin, Waadt, Wallis, Neuenburg, Genf und Jura, im Ergebnis auch in Solothurn und im Aargau; in Ob- und Nidwalden bestehen personelle Verbindungen). In jüngerer Zeit geht die Tendenz zu integrierten obersten Gerichten.

cc. Spezialverwaltungsgerichte

Spezialverwaltungsgerichte sind für ein bestimmtes Sachgebiet zuständig. Viele 28
Kantone kennen etwa verselbständigte allgemeine Sozialversicherungsgerichte, während das frühere Eidgenössische Versicherungsgericht, damals eine organisatorisch verselbständigte Abteilung des Bundesgerichts, mit der Totalrevision der Bundesrechtspflege vom 17.6.2005 in der Form zweier sozialrechtlicher Abteilungen mit Standort Luzern ganz in das Bundesgericht integriert wurde (Art. 4 BGG; Art. 26 Abs. 1 lit. d und Abs. 2 BGerR). Kantonale Spezialverwaltungsgerichte können als untere, als obere oder als einzige kantonale Rechtsmittelinstanz amten. Letzteres sieht Art. 57 ATSG mit Bezug auf das Bundessozialversicherungsrecht für die kantonalen Sozialversicherungsgerichte vor.

dd. Rekurs- und Schiedskommissionen

Der Gesetzgeber kann Rekurs- und Schiedskommissionen für diejenigen Ge- 29
biete vorsehen, bei denen spezielle Fachkenntnisse notwendig sind. *Rekurskommissionen* sind *Rechtsmittelinstanzen* und beurteilen bereits ergangene Verfügungen. *Schiedskommissionen* entscheiden dagegen als *erste Instanzen* im Klageverfahren über Streitigkeiten. Rekurs- und Schiedskommissionen sind abzugrenzen von den Behördenkommissionen der dezentralen Bundesverwaltung, die zum Erlass erstinstanzlicher Verfügungen befugt sein können. Es kommt allerdings auch vor, dass der Gesetzgeber eine Behörde, die ein nichtstreitiges Verfahren mit Verfügung abschliesst, als Schiedskommission bezeichnet (vgl. Art. 55 und 74 URG). Im Gegensatz zur Schiedsgerichtsbarkeit nach Art. 353 ff. ZPO handelt es sich bei den gesetzlich vorgesehenen Schiedskommissionen bzw. Schiedsgerichten im Bereich des öffentlichen Rechts um staat-

liche Organe. Die Lehre hält deshalb fest, dass diese Schiedsgerichte einen falschen Namen tragen, oder sie bezeichnet sie als «unechte» Schiedsgerichte (Gygi, Bundesverwaltungsrechtspflege, S. 82; Mächler, Vertrag, S. 569). Eigentliche Schiedsgerichte, also von den Parteien eingesetzte Streitschlichtungsorgane, sind im öffentlichen Recht zwar nicht ausgeschlossen, spielen aber eher eine bescheidene Rolle (eingehend dazu: Stéphane Grodecki, Les autorités fédérales d'arbitrage et d'exécution de tâches publiques, in: Bellanger/Tanquerel, autorités, S. 85 ff.; Mächler, Vertrag, S. 566 ff.).

30 Ob es sich bei den Rekurs- und Schiedskommissionen um *unabhängige Gerichte* handelt, hängt von der konkreten Ausgestaltung ab; im Allgemeinen stehen sie aber den Justizbehörden näher als den Verwaltungsbehörden. Massgebend für die Abgrenzung sind in institutioneller und organisatorischer Hinsicht etwa Wahlart, Amtsdauer und Stellung der Mitglieder sowie die organisatorische Verflechtung mit der Verwaltung, etwa in Bezug auf das Sekretariat (vgl. BGer, Urteil 2P.252/2003 vom 3.11.2003, E. 3.4.1 zur damaligen Rekurskommission der Universität Zürich). Ein wichtiges Kriterium ist aber auch, ob die Funktion der betreffenden Behörde eher die Durchsetzung des öffentlichen Interesses oder eher die Streitentscheidung und den Rechtsschutz beschlägt (BGE 138 I 154 E. 2.7 zur Unabhängigen Beschwerdeinstanz für Radio und Fernsehen; BGE 123 I 87 E. 4e zur Notariatskommission Graubünden). Ein Gericht liegt nicht bereits dann vor, wenn die betreffende Kommission keine Weisungen im Einzelfall zu befolgen hat (BGE 138 I 154 E. 2.7). Handelt es sich bei den Kommissionen um richterliche Behörden, so sind sie den Spezialverwaltungsgerichten zuzuordnen.

31 *Im Bund* sind mit der Totalrevision der Bundesrechtspflege vom 17.6.2005 die zahlreichen Rekurskommissionen weitestgehend und die Schiedskommissionen teilweise im neuen Bundesverwaltungsgericht aufgegangen. Immerhin bestehen noch Rekurskommissionen für ausgesprochene Spezialfälle wie die regionalen Rekurskommissionen für die Milchkontingentierung (Art. 167 LwG) und die Rekurskommission für personalrechtliche Streitigkeiten am Bundesgericht (Art. 36 Abs. 2 BPG, nicht zu verwechseln mit der internen Rekurskommission des Bundesgerichts gemäss Art. 54–56 BGerR). Weiter blieb die ETH-Beschwerdekommission (Art. 37a ETH-Gesetz) bei der Totalrevision der Bundesrechtspflege bestehen. Auch Schiedskommissionen kommen noch vor; zu erwähnen sind die eidgenössischen Schätzungskommissionen gemäss Art. 59–65 EntG, bei denen es sich um Fachgerichte handelt (BGer, Urteil 1E.3/2004 vom 31.3.2004, E. 2.1; BGE 119 Ib 447 E. 1b; 112 Ib 417 E. 2b).

32 Ob es sich bei der Unabhängigen Beschwerdeinstanz für Radio und Fernsehen (UBI) gemäss Art. 82–85 RTVG um eine richterliche oder um eine «quasirichterliche» Behörde handle, hat das Bundesgericht lange offengelassen; nun hat es jedoch festgehalten, dass die UBI keine Gerichtsinstanz, sondern eine Behördenkommission mit Aufsichtsfunktion ist; dies gilt jedenfalls, soweit sie Popularbeschwerden im Sinn von Art. 94 Abs. 2 RTVG behandelt (BGE 138 I 154

E. 2.7). Bei weiteren Behörden handelt es sich ebenfalls um Behördenkommissionen, die jedoch erstinstanzlich entscheiden; darunter fallen zum Beispiel die Kommunikationskommission gemäss Art. 56 f. FMG oder die Eidgenössische Spielbankenkommission nach Art. 46 ff. SBG (vgl. im Einzelnen hinten, Rz. 823 ff.).

ee.   Zivil- und Strafgerichte

Die Verwaltungsrechtspflege kann – in seltenen Fällen – auch in die Zuständigkeit von *Zivilgerichten* fallen, vor allem wenn es um vermögensrechtliche Streitigkeiten zwischen Dritten und dem Staat geht. Ein Beispiel ist die Zuständigkeit der kantonalen Zivilgerichte gemäss § 19 Abs. 1 des Haftungsgesetzes des Kantons Zürich vom 14.9.1969 (LS 170.1). Derartige Zuständigkeitsregelungen gehen oft darauf zurück, dass die zivilrechtliche Gerichtsbarkeit früher geschaffen und gefestigt wurde als die verwaltungsrechtliche. Sie haben demnach ihre innere Berechtigung verloren und werden denn auch schrittweise beseitigt.   33

Sodann können die Zivilgerichte für Materien zuständig sein, die sowohl zum Privatrecht als auch zum öffentlichen Recht Bezüge aufweisen oder deren Zuordnung schwierig ist. Ebenso können die *Strafgerichte* im Grenzbereich zwischen Straf- und Verwaltungsrecht zuständig sein (vgl. auch hinten, Rz. 275 ff.).   34

B.   Das Parlament

In seltenen Fällen – als Relikt einer einst ausgedehnteren Rechtsprechungszuständigkeit – entscheidet das Parlament über Verwaltungsrechtsstreitigkeiten. So ist beispielsweise nach Art. 79 Abs. 1 VwVG die Bundesversammlung in Verwaltungsrechtsstreitigkeiten Beschwerdeinstanz, wenn ein Bundesgesetz dies vorsieht. Eine derartige Kompetenzzuweisung findet sich im Bundesrecht, soweit ersichtlich, jedoch nicht mehr. Das Parlament als politische Behörde eignet sich wenig für die Rechtsprechung.   35

Bezeichnungen der Verfahrensarten und Organe

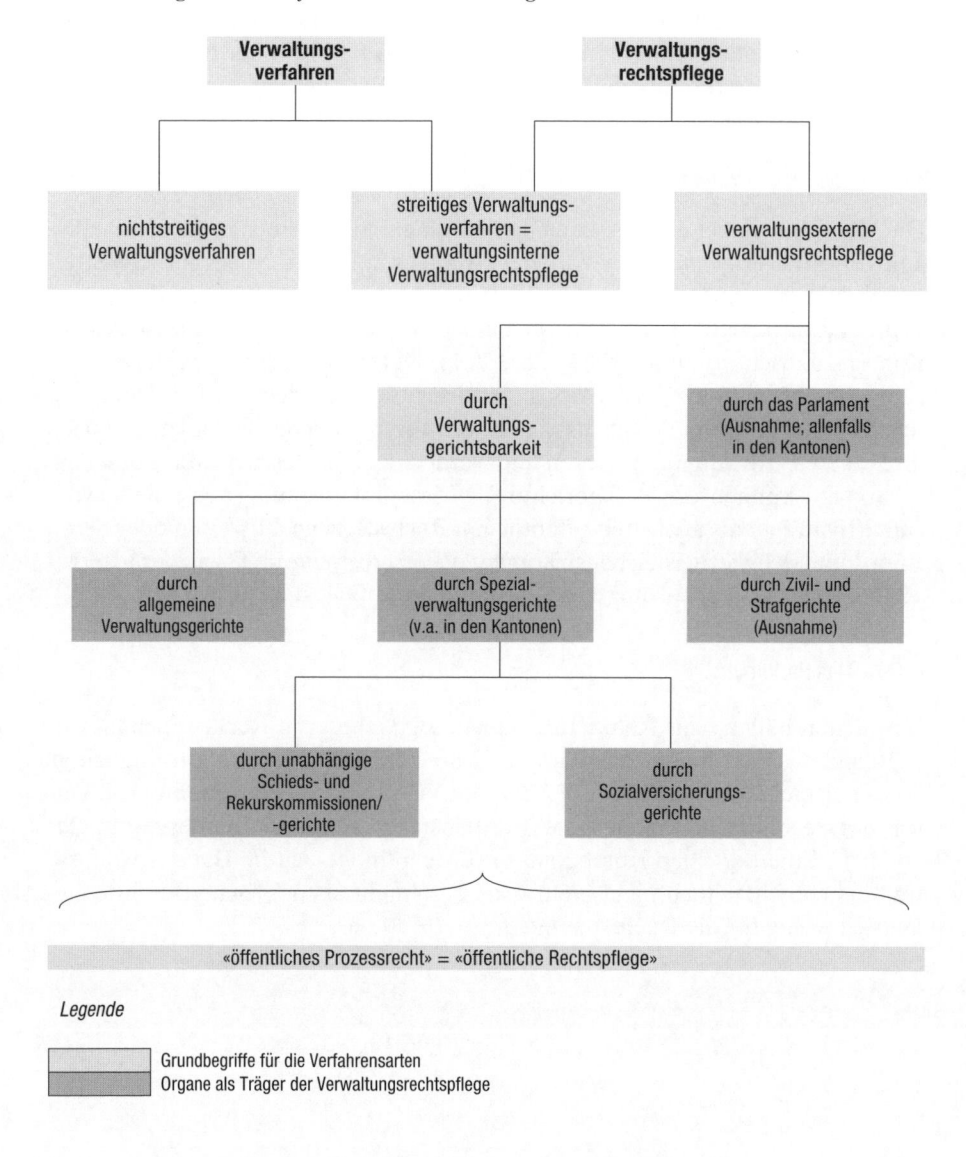

```
                    Verwaltungs-                    Verwaltungs-
                    verfahren                       rechtspflege
                    ┌──────┴──────┐                      │
                                                         │
   nichtstreitiges         streitiges Verwaltungs-       verwaltungsexterne
   Verwaltungsverfahren    verfahren =                   Verwaltungsrechtspflege
                           verwaltungsinterne
                           Verwaltungsrechtspflege
                                        ┌────────────────┴──────────────┐
                                        durch                           durch das Parlament
                                        Verwaltungs-                    (Ausnahme; allenfalls
                                        gerichtsbarkeit                 in den Kantonen)

   durch                   durch Spezial-                 durch Zivil- und
   allgemeine              verwaltungsgerichte            Strafgerichte
   Verwaltungsgerichte     (v.a. in den Kantonen)         (Ausnahme)

                    durch unabhängige              durch
                    Schieds- und                   Sozialversicherungs-
                    Rekurskommissionen/            gerichte
                    -gerichte
```

«öffentliches Prozessrecht» = «öffentliche Rechtspflege»

Legende

▢ Grundbegriffe für die Verfahrensarten
▣ Organe als Träger der Verwaltungsrechtspflege

III. Abgrenzung gegenüber benachbarten Rechtsgebieten

1. Abgrenzung Verwaltungsverfahrensrecht – materielles Verwaltungsrecht

36 *Literatur:* HÄNER ISABELLE, Die Beteiligten im Verwaltungsverfahren und Verwaltungsprozess, Zürich 2000, Rz. 38 ff.; KARLEN PETER, Abschied vom Allgemeinen Verwaltungsrecht?, in: Festschrift für Tobias Jaag, Zürich u.a. 2012, S. 15 ff.; KÖLZ ALFRED/KOTTUSCH PETER, Bundesrecht und kan-

tonales *Verwaltungsverfahrensrecht*, ZBl 1978, S. 421 ff., 426 ff.; RÜTSCHE BERNHARD, Rechtsfolgen von Grundrechtsverletzungen, Basel 2002, S. 391 ff.; SALADIN PETER, Verwaltungsverfahrensrecht, S. 13 ff.; *ders., Verwaltungsprozessrecht* und materielles Verwaltungsrecht. Einwirkungen des Verwaltungsprozess- und des Verwaltungsverfahrensrechts im Bund auf das materielle Verwaltungsrecht, ZSR 1975 II, S. 307 ff.; SCHINDLER BENJAMIN, in: Auer/Müller/Schindler, VwVG-Kommentar, Einleitung Rz. 20 ff.

Zur Akzeptanz des Verfahrens: FREY BRUNO S., Happiness. A Revolution in Economics, Cambridge (Massachusetts)/London 2008, S. 107 ff.; KÄGI-DIENER REGULA, Frauen in rechtlichen Verfahren? Prozesse unter der Lupe, AJP 2002, S. 1387 ff.; MÜLLER MARKUS, Akzeptanz als Ziel des Verwaltungsverfahrens, in: Festschrift für Tobias Jaag, Zürich u.a. 2012, S. 57 ff.; *ders.*, Höflichkeit im öffentlichen Verfahren, in: Festschrift für Paul Richli, Zürich/St. Gallen 2011, S. 315 ff.; *ders.*, Psychologie im öffentlichen Verfahren, Bern 2010; TYLER TOM R., Legitimacy and Rule Adherence, in: Bobocel D. Ramona/Kay Aaron C./Zanna Mark P./Olson James M. (Hrsg.), The Psychology of Justice and Legitimacy, New York/Hove 2010, S. 251 ff.

A. Funktionen des Verwaltungsverfahrensrechts in Abgrenzung zum materiellen Verwaltungsrecht

Zunächst ist zwischen materiellem und formellem Verwaltungsrecht zu unterscheiden. Das *materielle Verwaltungsrecht* bestimmt Inhalt und Umfang der Verwaltungstätigkeit und legt die Rechte und Pflichten zwischen den Einzelnen und dem Gemeinwesen fest. Als Beispiel können die Bestimmungen über die Voraussetzungen der Erteilung oder des Entzugs einer Bewilligung erwähnt werden. 37

Das *formelle Recht* besteht demgegenüber aus dem *Organisations- und Verfahrensrecht*. Das Verwaltungsverfahrensrecht als Teil des formellen Rechts regelt Rahmen und Gang der Verwaltungstätigkeit, Art und Weise des Zustandekommens einer Verfügung oder eines Entscheides sowie die Vollstreckung. Beispiele sind die Bestimmungen über das rechtliche Gehör, die Fristen oder die Zuständigkeit. 38

Ziel des Verfahrensrechts ist einerseits die *Durchsetzung des materiellen Rechts*. Diese Funktion darf jedoch nicht so verstanden werden, als hätte das Verfahrensrecht bloss die Anwendung von materiellen Normen sicherzustellen, deren Gehalt bereits im Voraus feststünde und aus denen die korrekte Lösung für den jeweiligen Einzelfall deduziert werden könnte. Vielmehr enthält jede Konkretisierung des materiellen Rechts im jeweiligen Verfahren einen mehr oder weniger grossen Anteil an schöpferischer Rechtsfindung, die sich aus dem Zusammenspiel der Beteiligten ergibt. Umso wichtiger ist, dass das Verfahrensrecht die Offenheit dieses Prozesses ermöglicht, ihn aber auch angemessen kanalisiert und strukturiert (gl.M. Schindler, VwVG-Kommentar, Einleitung Rz. 20). Hierfür sind auch die Verfahrensgarantien von Bedeutung. 39

Andererseits hat das Verfahrensrecht auch *Ordnungsaufgaben* zu erfüllen. Bereits deshalb darf es nicht auf seine dienende Funktion gegenüber dem materiellen Recht reduziert werden: Es muss mittels Formen, Fristen und Fiktionen die Handlungen der Verfahrensbeteiligten verbindlich und definitiv festlegen, 40 und es ist darauf ausgerichtet, einen für alle Beteiligten verbindlichen Entscheid herbeizuführen und – soweit es um die Verwaltungsrechtspflege geht – den Rechtsstreit zu erledigen. Damit dient das Verfahrensrecht auch der *Rechtssicherheit* und dem *Rechtsfrieden*. Es ist darauf auszurichten, dass der Entscheid auf möglichst einfache, rasche und zweckmässige Weise getroffen werden kann (vgl. Schindler, VwVG-Kommentar, Einleitung Rz. 25).

41 Diese Vorgaben können einander unter Umständen zuwiderlaufen; das Verfahrensrecht muss deshalb einen angemessenen Ausgleich anstreben. Sind die verfahrensrechtlichen Bestimmungen, insbesondere die Prozessvoraussetzungen, zu eng, so besteht die Gefahr, dass sich ein wesentlicher Teil des materiellen Rechts der verfahrensrechtlichen Kontrolle entzieht. Andererseits führt eine zu offene Regelung dazu, dass Verfahren unnötigerweise und ohne praktischen Nutzen für die Rechtsanwendung ausgedehnt werden. Zwischen materiellem Recht und Verfahrensrecht ist deshalb praktische Konkordanz anzustreben. Das Verfahren muss darauf ausgerichtet sein, optimale «Richtigkeit» zu gewährleisten.

42 Die empirische Forschung in verschiedenen Fachbereichen belegt schliesslich die Bedeutung der *Ausgestaltung des Verfahrens* für die *Akzeptanz* nicht nur des jeweiligen Entscheids, sondern auch – indirekt – der Rechtsordnung im Allgemeinen. Die Akzeptanz wird durch das Gefühl der Gerechtigkeit und Fairness des Verfahrens bei den Beteiligten gefördert. Diese Empfindung beruht wiederum nicht nur auf dem Ergebnis des Verfahrens; wichtig sind vielmehr auch die Qualitäten des Verhältnisses zwischen den Verfahrensbeteiligten wie etwa Unabhängigkeit der Verfahrensleitung, Einbringen von Sachverstand, Respekt, Partizipationsmöglichkeiten für die Betroffenen und Nachvollziehbarkeit (eingehend M. Müller, Psychologie, S. 15 ff. m.w.H.; vgl. auch vorne, Rz. 16 ff.). Das Recht sichert diese Anliegen besonders durch die Verfahrensgarantien ab. Das Verfahren ist in diesem Sinn auf die Grundwerte der Rechtsordnung auszurichten, wobei allerdings nicht das Missverständnis aufkommen darf, dass deren Verwirklichung sein unmittelbarer Zweck sei.

B. Zusammenhänge zwischen Verfahrensrecht und materiellem Recht

43 Einige Normen des Verfahrensrechts stehen in einem besonders engen *Zusammenhang mit dem materiellen Recht* und lassen sich nicht auslegen, ohne dass das materielle Recht miteinbezogen wird. Dies gilt vorab für die Prozessvoraussetzungen des Anfechtungsobjekts (Verfügung) und der Legitimation. Beiden Voraussetzungen kommt eine eigentliche Scharnierfunktion zwischen dem materiellen Recht und dem Verfahrensrecht zu (Saladin, Verwaltungsprozessrecht, S. 309). Besonders eng ist dieser Zusammenhang bei den sogenannten *doppelrelevanten Sachverhalten,* worunter Tatsachen verstanden werden, die Gegenstand der materiellen Beurteilung sind, aber auch vorfrageweise für die Frage der Legitimation Bedeutung haben. Sie können sowohl als Eintretensfrage wie

auch im Rahmen der materiellen Beurteilung geprüft werden. Die hierzu im Zivilprozessrecht entwickelten Grundsätze werden sinngemäss auch im Verwaltungsprozess angewendet, und zwar sowohl im Klage- als auch im Anfechtungsverfahren (vgl. BGE 137 II 313 E. 3.3.3; 135 V 373 E. 3.2: BVGer, Urteil C-2927/2007 vom 23.2.2009, E. 3.7).

Aufgrund der genannten Scharnierfunktion sind es denn auch in erster Linie die Normen über die Legitimation, das Anfechtungsobjekt sowie die Kognition des bundesrechtlichen Verfahrens, welche das Bundesrecht als für die Kantone verbindlich erklärt (vgl. Art. 111 f. BGG). Demgegenüber können die «technischeren» Verfahrensvorschriften mit streng prozessualem Charakter selbständig und aus sich selbst heraus ausgelegt werden. Zu erwähnen sind etwa die Bestimmungen über die Fristen, die Säumnisfolgen, die Vertretung und die Form von Eingaben. Eine Mittelstellung zwischen den «technischen» und den in enger Beziehung zum materiellen Recht stehenden Prozessinstituten nehmen schliesslich Verfahrensnormen ein, deren Beziehung zum materiellen Recht nicht offensichtlich ist, jedoch bei gewissen Ausgestaltungen oder Auslegungen wesentlich werden kann. Zu nennen sind beispielsweise die Beweisvorschriften und die Bindung der Beschwerdeinstanzen an Parteibegehren (vgl. – auch zum Ganzen – Kölz/Kottusch, Verwaltungsverfahrensrecht, S. 427 ff.). 44

Wegen der Verbindungen zwischen formellem und materiellem Recht können nicht alle Normen genau in das Schema «formell – materiell» eingeordnet werden. Es sind Vorschriften denkbar, die einen gemischten Charakter aufweisen, wie zum Beispiel jene Normen, welche den Widerruf von Verwaltungsakten regeln (Saladin, Verwaltungsprozessrecht, S. 332 ff.). 45

2. Abgrenzung Verwaltungsrechtspflege – Verfassungsgerichtsbarkeit

Literatur: GRIFFEL ALAIN, *Rechtsschutz,* insbesondere Verfassungsgerichtsbarkeit, in: Biaggini/Gächter/Kiener, Staatsrecht, S. 366 ff.; KIENER/RÜTSCHE/KUHN, Verfahrensrecht, N. 15 ff.; KOTTUSCH PETER, Zum Verhältnis von Verfassungs- und Verwaltungsgerichtsbarkeit, Zürich 1973; RHINOW/KOLLER/KISS/THURNHERR/BRÜHL-MOSER, Prozessrecht, Rz. 45 ff. 46

Zur Verfassungsgerichtsbarkeit im Allgemeinen: AUER ANDREAS, Die schweizerische Verfassungsgerichtsbarkeit, Basel 1984; AUER/MALINVERNI/HOTTELIER, Droit constitutionnel, Vol. I, N. 1818 ff.; HÄFELIN/HALLER/KELLER, Bundesstaatsrecht, N. 1929 ff.; HERTIG RANDALL MAYA, L'internationalisation de la juridiction constitutionnelle: défis et perspectives, ZSR 2010 II, S. 221 ff.; KÄLIN WALTER, Verfassungsgerichtsbarkeit, in: Thürer/Aubert/Müller, Verfassungsrecht, S. 1167 ff.; *ders.,* Verfassungsgerichtsbarkeit in der Demokratie, Bern 1987; MEYER TOBIAS D., Die Rolle der Verfassungsgerichtsbarkeit zwischen Recht und Politik, Bern 2011, S. 329 ff.; MÜLLER JÖRG PAUL, Die Verfassungsgerichtsbarkeit im Gefüge der Staatsfunktionen, VVDStRL 1981, S. 53 ff.; SEILER HANSJÖRG, Verfassungsgerichtsbarkeit zwischen Verfassungsrecht, Richterrecht und Politik, ZSR 2010 II, S. 381 ff.; TSCHANNEN, Staatsrecht, § 11; vgl. auch die Literatur in Rz. 1563.

Die hier vertretene Definition der *Verwaltungsrechtspflege* knüpft an das handelnde oder zuständige Organ an; Verwaltungsrechtspflege in diesem Sinn be- 47 zeichnet einerseits die Überprüfung von Rechtsakten hoheitlich handelnder Verwaltungsbehörden und andererseits den Entscheid über Ansprüche aus öffentlichem Recht, der von Verwaltungsgerichten oder Schiedskommissionen zu fällen ist. Die *Verfassungsrechtspflege* wird dagegen anhand des Prüfungsmassstabs – der Verfassungsmässigkeit der überprüften Hoheitsakte – definiert (vorne, Rz. 10 ff.). Folglich ergeben sich Überschneidungen.

48 Eine andere Definition der Verwaltungsrechtspflege bezieht sich ebenfalls auf den Prüfungsmassstab und bezeichnet ihren Gegenstand als die Überprüfung von Verwaltungsakten auf deren Übereinstimmung mit Gesetz und Verordnung (Griffel, Rechtsschutz, N. 20). Auf diese Weise gelangt man zu einer vordergründig klaren Abgrenzung zwischen Verwaltungs- und Verfassungsgerichtsbarkeit, die aber angesichts der Durchdringung des Verwaltungsrechts mit verfassungsrechtlichen Norminterpretationen und Prinzipien einerseits und der Beeinflussung des Verfassungsrechts durch das allgemeine Verwaltungsrecht andererseits künstlich erscheint.

49 In Verwaltungsrechtsstreitigkeiten über Verwaltungsakte kann nicht nur die Verletzung von Bestimmungen gerügt werden, die im Stufenbau der Rechtsordnung unterhalb der Verfassung stehen. Es können vielmehr auch Verfassungsverletzungen geltend gemacht werden, weil die Rechtsmittelinstanz den angefochtenen Akt jedenfalls auf Rechtsverletzungen hin überprüft und dieser Begriff die Verletzung des Verfassungsrechts mitumfasst. (Der Begriff «Bundesrecht» sowohl in Art. 49 lit. a VwVG als auch in Art. 95 lit. a BGG wird entsprechend ausgelegt.) In diesem Fall *stellt die Verwaltungsrechtsstreitigkeit* – nach der hier verwendeten Definition – *zugleich eine Verfassungsrechtsstreitigkeit dar.* So kann beispielsweise im Verwaltungsrechtspflegeverfahren eine Beschwerde wegen Verletzung des rechtlichen Gehörs gegebenenfalls direkt auf Art. 29 Abs. 2 BV gestützt werden. Ein interessanter Anwendungsfall, in dem sowohl ein Verstoss gegen das Gesetz als auch ein solcher gegen die Verfassung infrage steht, ist das Willkürverbot gemäss Art. 9 BV: Es verbietet eine Gesetzesverletzung, die so schwer wiegt, dass sie mittelbar zu einer Verfassungsverletzung wird.

50 Die *Verfassungsrechtspflege* geschieht (vgl. zum Ganzen Rhinow/Koller/Kiss/Thurnherr/Brühl-Moser, Prozessrecht, Rz. 46)
– erstens auf dem Weg der *Einzelaktkontrolle,* also der Überprüfung konkreter Akte auf deren Anfechtung durch die Betroffenen hin;
– zweitens auf dem Weg der *Normenkontrolle.* Die Normenkontrolle kann abstrakt (aufgrund einer direkten Anfechtung des betreffenden Erlasses) oder konkret (als vorfrageweise Überprüfung der angewandten Norm anlässlich der Anfechtung eines darauf gestützten Einzelakts) erfolgen. Im sogenannten diffusen System, das in der Schweiz gilt, sind grundsätzlich alle Rechtsmittelinstanzen zur konkreten Normenkontrolle befugt (vgl. hinten, Rz. 1062). Die Normenkontrolle kann allerdings nicht nur der Verfassungsrechtspflege dienen, da eine Norm auch allgemein auf Vereinbarkeit mit al-

lem übergeordneten Recht – nicht nur mit dem Verfassungsrecht – geprüft werden kann. Dies sieht zum Beispiel Art. 79 Abs. 2 KV ZH mit Bezug auf die abstrakte Normenkontrolle von Erlassen unterhalb der Gesetzesstufe vor.
- Drittens stellt die Klärung von *Streitigkeiten zwischen öffentlich-rechtlichen Körperschaften oder zwischen Staatsorganen* Verfassungsrechtspflege dar. Instrument ist typischerweise die Klage (vgl. Art. 120 Abs. 1 lit. a und b BGG). Im Bund entscheidet allerdings die Bundesversammlung über Zuständigkeitskonflikte zwischen den obersten Bundesbehörden (Art. 173 Abs. 1 lit. i BV; vgl. Christina Kiss/Heinrich Koller, in: Ehrenzeller/Mastronardi/Schweizer/Vallender, St. Galler Kommentar BV, Art. 173 Rz. 119 ff.).

Im Bund kann die Rüge der Verfassungsverletzung *mit allen Rechtsmitteln* vorgebracht werden. Zudem ist dafür gesorgt, dass *Verletzungen der verfassungsmässigen Rechte der BV* bei einem *eidgenössischen Gericht* – im Bereich des Verwaltungsrechts regelmässig beim Bundesgericht – gerügt werden können, sofern sie *durch kantonale Entscheide* erfolgt sind: Hierfür steht die subsidiäre Verfassungsbeschwerde zur Verfügung, sofern die Angelegenheit nicht in den sachlichen Anwendungsbereich der Einheitsbeschwerden fällt (vgl. dazu hinten, Rz. 1749 ff.). Gegen Entscheide eidgenössischer Gerichte – namentlich des Bundesverwaltungsgerichts – kann die Verfassungsbeschwerde nicht ergriffen werden.

3. Abgrenzung Verwaltungsrechtspflege – Verwaltungsaufsicht und parlamentarische Aufsicht

Literatur: Bäumlin Richard, Die Kontrolle des Parlaments über Regierung und Verwaltung, ZSR 1966 II, S. 165 ff.; Biaggini Giovanni, in: Ehrenzeller/Mastronardi/Schweizer/Vallender, St. Galler Kommentar BV, Art. 187 Rz. 4 ff.; *ders.,* BV-Kommentar, Art. 169 f., Art. 187 N. 5 ff.; Fonjallaz Jean, Garantie pour le justiciable d'un tribunal indépendant et impartial et contrôle de l'activité des tribunaux par la haute surveillance exercée par le pouvoir législatif, une coexistence difficile, AJP 2011, S. 49 ff.; Häfelin/Müller/Uhlmann, Verwaltungsrecht, Rz. 41 ff., 1227 ff.; Heusler Bernhard, Oberaufsicht und Kontrolle im schweizerischen Verfassungsrecht, Basel 1993; Knapp, Grundlagen, Nrn. 4 ff.; Mastronardi Philippe, in: Ehrenzeller/Mastronardi/Vallender/Schweizer, St. Galler Kommentar BV, Art. 169 f.; *ders.,* Kriterien der demokratischen Verwaltungskontrolle. Analyse und Konzept der parlamentarischen Oberaufsicht im Bund, Basel 1991; Moor, Droit administratif, Vol III, S. 9 ff.; Moor/Poltier, Droit administratif, Vol. II, S. 595 ff., 610 ff.; Müller Georg, Probleme der Abgrenzung der parlamentarischen Oberaufsicht im Bund, ZSR 1992 I, 389 ff.; Vogel Stefan, Einheit der Verwaltung – Verwaltungseinheiten, Zürich u.a. 2008, S. 137 ff., 247 ff.

Zur (wirkungsorientierten) Verwaltungssteuerung: Arnold Urs V., Das Parlament im Modell des New Public Managements, Bamberg 2006; Bolz Urs/Klöti Ulrich, Parlamentarisches Steuern neu erfinden? NPM-Steuerung durch die Bundesversammlung im Rahmen des New Public Managements (NPM) – Ein Diskussionsbeitrag, ZBl 1996, S. 145 ff.; Bürki Christoph, Verwaltungsjustizbezogene Legalität und Prozessökonomie, Bern 2011; Delwing Dieter/Windlin Hans, «New Public Management»: Kritische Analyse aus staatsrechtlicher und staatspolitischer Sicht, ZBl 1996, S. 183 ff.; Engi Lorenz, Politische Verwaltungssteuerung, Zürich u.a. 2008; Flückiger Alexandre,

Le droit administratif en mutation: l'emergence d'un principe d'efficacité, RDAF 2001 I, S. 93 ff.; HABLÜTZEL PETER/HALDEMANN THEO/SCHEDLER KUNO/SCHWAAR KARL (Hrsg.), Umbruch in Politik und Verwaltung. Ansichten und Erfahrungen zum New Public Management in der Schweiz, Bern 1995; HÄFELIN/MÜLLER/UHLMANN, Verwaltungsrecht, Rz. 1263 ff.; KETTIGER DANIEL, Aufgabenteilung von Regierung und Parlament bei der wirkungsorientierten Steuerung – Gedanken und Thesen zur Gewaltenteilung unter NPM, AJP 2000, S. 521 ff.; LIENHARD ANDREAS, Staats- und verwaltungsrechtliche Grundlagen für das New Public Management in der Schweiz, Bern 2005; LIENHARD ANDREAS/RITZ ADRIAN/STEINER RETO/LADNER ANDREAS (Hrsg.), 10 Jahre New Public Management in der Schweiz.Bilanz, Irrtümer und Erfolgsfaktoren, Bern 2005; MASTRONARDI PHILIPPE, Gewaltenteilung unter NPM, ZBl 1999, S. 449 ff.; *ders.,* Staatsrecht und Verwaltungsorganisation. Reflexionen am Beispiel des New Public Managements, AJP 1995, S. 1541 ff.; MASTRONARDI PHILIPPE/SCHEDLER KUNO, New Public Management in Staat und Recht. Ein Diskurs, 2. A., Bern 2004; MEYER CHRISTOPH, New Public Management als neues Verwaltungsmodell, 2. A., Basel 2000; MOSIMANN HANS-JAKOB, New Public Management zwischen theoretischem Programm und praktischer Umsetzung, ZBl 2000, S. 337 ff.; SCHEDLER KUNO/PROELLER ISABELLA, New Public Management, 5. A., Bern 2011; SCHMIDT NICOLAS, New Public Management im Parlament. Auswirkungen auf die Steuerungsfähigkeit in den Kantonen, Zürich/Chur 2008; WEBER-DÜRLER BEATRICE, Verwaltungsökonomie und Praktikabilität im Rechtsstaat, ZBl 1986, S. 193 ff.

53 Die Verwaltungsrechtspflege, die interne Verwaltungsaufsicht und die parlamentarische Regierungs- und Verwaltungsaufsicht dienen der Kontrolle der Verwaltungstätigkeit. Wird diese Kontrolle von der Legislative oder Judikative ausgeübt, so hat sie zugleich gewaltenhemmende Funktion.

54 Die *Verwaltungsrechtspflege* wird durch das formgerechte Einlegen eines Rechtsmittels seitens einer Partei ausgelöst. Die Rechtspflege durch Verwaltungsgerichte in letzter Instanz beschränkt sich jedoch in der Regel auf die Überprüfung der Rechtmässigkeit. Dagegen können verwaltungsinterne Rechtsmittelinstanzen und Rekurskommissionen typischerweise auch das Ermessen überprüfen; auch dem Bundesverwaltungsgericht, das an die Stelle solcher Instanzen getreten ist, steht die Überprüfung der Angemessenheit zu (vgl. Art. 37 VGG i.V.m. Art. 49 VwVG). Wird der Rechtsstreit von den Gerichten an die Verwaltungsbehörden zur Neuentscheidung zurückgewiesen, sind diese zwar an den Rückweisungsentscheid im Dispositiv gebunden; im Übrigen können die Gerichte den Verwaltungsbehörden aber keine Weisungen erteilen. Da die Justizkontrolle von der Rechtsmittelerhebung abhängt, bleibt sie punktuell.

55 Demgegenüber ist die Kontrolle durch die hierarchisch *übergeordnete Verwaltungsinstanz* umfassend. Sie wird zudem nicht nur auf Anzeige hin, sondern auch von Amtes wegen ausgeübt. Der Aufsichtsinstanz steht es zu, in einer Angelegenheit selber zu entscheiden sowie generelle Weisungen oder dienstliche Anordnungen im Einzelfall zu erlassen.

56 Die *parlamentarische Regierungs- und Verwaltungsaufsicht* ist keine verwaltungshierarchische Dienstaufsicht, sondern eine allgemeine Aufsicht; Art. 169 BV spricht von der *Oberaufsicht*. Sie beschränkt sich auf eine demokratische und politische Kontrolle. Art. 26 Abs. 3 ParlG nennt die Kriterien, nach denen die Bundesversammlung die Oberaufsicht auszuüben hat: Recht-, Ordnungs-

und Zweckmässigkeit, Wirksamkeit und Wirtschaftlichkeit. Art. 170 BV (bzw. Art. 27 ParlG) sieht vor, dass die Bundesversammlung für die Überprüfung der Wirksamkeit (Evaluation) der Massnahmen des Bundes sorgt. In komplexen und technischen Bereichen erscheint die Überwachung des Erfolgs der gesetzlichen Massnahmen und des Funktionierens der Vollzugsorganisation und -instrumente besonders notwendig, weshalb das USG mit Art. 44 Abs. 1 eine entsprechende Vorschrift enthält, wonach Bund und Kantone Erhebungen über die Umweltbelastungen durchführen und den Erfolg der umweltrechtlichen Massnahmen prüfen. Die Kontrolle durch das Parlament bleibt jedoch allgemeiner Natur und führt nicht zur Aufhebung konkreter Akte. Auch ist die Legislative grundsätzlich nicht befugt, im Zuständigkeitsbereich der Exekutive verbindliche Weisungen zu erteilen. Die parlamentarische Kontrolle ist insgesamt weniger zufällig als die Verwaltungsrechtspflege, da dem Parlament zahlreiche Instrumente zur präventiven sowie zur nachträglichen Kontrolle zur Verfügung stehen. Bei den Ersteren ist vor allem an das Budgetrecht zu denken, bei den Letzteren an die parlamentarischen Vorstösse, die Geschäftsprüfungskommissionen und die parlamentarischen Untersuchungskommissionen.

In den 1990er-Jahren fasste das Konzept Fuss, die Verwaltung vermehrt am Kriterium der *Wirkung* ihrer Tätigkeit zu messen. Elemente dieses Konzepts der *wirkungsorientierten Verwaltungsführung* oder des *New Public Management* wurden in verschiedenen Kantonen und auch im Bund erprobt. Die Zielsetzung erfordert eine grössere Flexibilität der betreffenden Verwaltungsbehörden. Typische Steuerungsmittel sind Rahmengesetze, finale Regelungen und Leistungsaufträge sowie Globalbudgets (für eine Übersicht vgl. Häfelin/Müller/Uhlmann, Verwaltungsrecht, Rz. 1263 ff.). Einerseits ist die Mitberücksichtigung der Kosten, der Effizienz und Effektivität bei der Verwaltungstätigkeit und deren Kontrolle (vgl. etwa Art. 26 Abs. 3 lit. d und e ParlG) berechtigt. Andererseits muss beachtet werden, dass der Übernahme ökonomischer Prinzipien auf die Verwaltungstätigkeit Grenzen gesetzt sind. Denn die Aufgaben, welche die Verwaltungsbehörden zu erfüllen haben, werden von Verfassung und Gesetz umschrieben; sie sind als Ausdruck des öffentlichen Interesses wirtschaftlicher Betrachtung und Behandlung nur sehr begrenzt zugänglich. Die bisherigen Ergebnisse der Reformen, die im Zeichen des New Public Management durchgeführt wurden, sind in den einzelnen Kantonen anscheinend unterschiedlich ausgefallen. Art. 2 Ziff. 3 des Bundesbeschlusses vom 15.6.2012 über die Legislaturplanung 2011–2015 sieht die Umsetzung eines neuen, ergebnisorientierten Führungsmodells für die Bundesverwaltung vor (BBl 2012 7155 ff., vgl. auch BBl 2012 538).

IV. Zum anwendbaren Recht

1. Nationales und internationales Recht

58 *Literatur. Zum Verhältnis von Völkerrecht und Landesrecht:* AUER/MALINVERNI/HOTTELIER, Droit constitutionnel, Vol. I, N. 456 ff.; BIAGGINI, BV-Kommentar, Art. 5 N. 26 ff.; HÄFELIN/HALLER/KELLER, Bundesstaatsrecht, N. 1917 ff.; HANGARTNER YVO, in: Ehrenzeller/Mastronardi/Schweizer/Vallender, St. Galler Kommentar BV, Art. 5 Rz. 44 ff.; KELLER HELEN, Rezeption des Völkerrechts, Berlin u.a. 2003, S. 341 ff.; MÜLLER JÖRG PAUL/WILDHABER LUZIUS, Praxis des Völkerrechts, 3. A., Bern 2001, S. 9 ff., 153 ff.; ODENDAHL KERSTIN, Bundesverfassung und Völkerrecht in Wechselbeziehung, in: Ehrenzeller/Mastronardi/Schweizer/Vallender, St. Galler Kommentar BV, S. 21 ff.; RHINOW/KOLLER/KISS/THURNHERR/BRÜHL-MOSER, Prozessrecht, Rz. 88 f.; RHINOW/SCHEFER, Verfassungsrecht, Rz. 3584 ff.; THÜRER DANIEL, Verfassungsrecht und Völkerrecht, in: Thürer/Aubert/Müller, Verfassungsrecht, § 11 Rz. 1 ff.; TSCHANNEN, Staatsrecht, § 9; WÜGER DANIEL, Anwendbarkeit und Justiziabilität völkerrechtlicher Normen im schweizerischen Recht: Grundlagen, Methoden und Kriterien, Bern 2005.

Zum Internationalen Verwaltungsrecht: BIAGGINI GIOVANNI, Die Entwicklung eines Internationalen Verwaltungsrechts als Aufgabe der Rechtswissenschaft, VVDStRL 2008, S. 413 ff.; BREINING-KAUFMANN CHRISTINE, Internationales Verwaltungsrecht, ZSR 2006 II, S. 5 ff.; FISCHER-LESCANO ANDREAS, Transnationales Verwaltungsrecht. Privatverwaltungsrecht, Verbandsklage und Kollisionsrecht nach der Århus-Konvention, Juristen-Zeitung 2008, S. 373 ff.; HÄFELIN/MÜLLER/UHLMANN, Verwaltungsrecht, Rz. 355 ff.; MENZEL JÖRG, Internationales Öffentliches Recht, Tübingen 2011; MERKLI THOMAS, Internationales Verwaltungsrecht: Das Territorialitätsprinzip und seine Ausnahmen, Liechtensteinische Juristen-Zeitung 2003, S. 82 ff.; MÖLLERS CHRISTOPH/VOSSKUHLE ANDREAS/WALTER CHRISTIAN (Hrsg.), Internationales Verwaltungsrecht, Tübingen 2007; NGUYEN MINH SON, Droit administratif international, ZSR 2006 II, S. 75 ff.; TIETJE CHRISTIAN, Internationalisiertes Verwaltungshandeln, Berlin 2001.

59 Die zunehmende internationale Verflechtung und, damit zusammenhängend, die wachsende Bedeutung des Völkerrechts (oder: internationalen Rechts) werden zusehends auch im Verwaltungsrecht und damit im Verwaltungsverfahren und in der Verwaltungsrechtspflege spürbar. Dabei können zwei Ansatzpunkte unterschieden werden: Erstens verstärkt sich das Gewicht des Völkerrechts im Rahmen des anwendbaren Rechts, zweitens stellen sich zusehends Fragen nach dem Anwendungsbereich der staatlichen Rechtsordnung im internationalen Verhältnis.

60 *Erstens:* Im Rahmen des anwendbaren Rechts nimmt die Bedeutung des Völkerrechts zu. Die Rechtsordnung, die von den schweizerischen Verwaltungsbehörden und Gerichten anzuwenden ist, besteht zunächst aus dem schweizerischen *Landesrecht,* sodann jedoch auch in zunehmendem Mass aus *Völkerrecht.* Nach schweizerischem Verständnis bilden Völker- und Landesrecht ein einheitliches Rechtssystem (*Monismus;* im Gegensatz zum Dualismus) und kommt dem Völkerrecht innerstaatlich automatisch Geltung zu, ohne dass es hierzu eines Akts der Transformation ins staatliche Recht bedürfte (*Adoptionssystem;* im Gegensatz zum Transformations- oder Inkorporationssystem). Von der Geltung der Grundsätze des Monismus – der hier nur sehr vergröbert wie-

dergegeben werden kann – und der Adoption ist die Frage zu unterscheiden, ob eine Völkerrechtsnorm direkt bzw. unmittelbar anwendbar *(self-executing)* ist, d.h., ob ein Entscheid direkt auf sie abgestützt werden kann, soweit sie nicht in Gesetzes- oder Verordnungsbestimmungen präzisiert wurde (vgl. dazu BGE 133 I 286 E. 3.2). Auch ist das im Einzelnen umstrittene Problem der Rangfolge zwischen dem Völkerrecht und dem Landesrecht gesondert zu betrachten (vgl. zu beiden Themenkreisen die zitierte Lehre mit zahlreichen weiteren Hinweisen und hinten, Rz. 1563 ff.). Nach der Praxis des Bundesgerichts kommt dem Völkerrecht grundsätzlich Vorrang zu, besonders wenn es dem Schutz der Menschenrechte dient (BGE 133 V 367 E. 11.1).

Ein wesentlicher Einfluss des internationalen Rechts auf das Verfahren ist etwa in folgenden zwei Bereichen auszumachen: beim Menschenrechtsschutz (dazu Rz. 74 ff.) und im Bereich des Wirtschaftsverwaltungsrechts (vgl. Rz. 93 ff.). Der Einfluss des Völkerrechts kann sich auf verschiedene Weise entfalten. Das internationale Recht kann beispielsweise Verfahrensvorschriften enthalten, die seine Umsetzung sicherstellen sollen, etwa in Form von Rechtsschutz- und Verfahrensgarantien. Als Beispiel kann Art. XX GPA für das Submissionsrecht genannt werden (vgl. dazu hinten, Rz. 93). Es kann aber auch anders geartete Fragen aufwerfen, die sich dem Verfahrensrecht zuordnen lassen, zum Beispiel die Frage nach den Mechanismen, mit denen die Befolgung oder Beachtung der Rechtsakte und Entscheidungen internationaler Organe durch die nationalen Behörden und Gerichte gewährleistet werden kann (vgl. Art. 122 BGG und dazu hinten, Rz. 1337 ff.). 61

Zweitens: Die Frage nach dem Anwendungsbereich der staatlichen Rechtsordnung nimmt an Bedeutung zu. Mittlerweile stellt sich auch im Verwaltungsrecht, das als nationalstaatliche Domäne gilt, die Frage nach einem *Internationalen Verwaltungsrecht* (dessen Normen, der irreführenden Bezeichnung zum Trotz, wie beim Internationalen Privatrecht bzw. Zivilprozessrecht sowohl dem Völkerrecht als auch dem nationalen Recht zugehören können). Als dessen Teilbereich wäre ein *Internationales Verwaltungsverfahrens- und -prozessrecht* zu entwickeln, dem die Regelungen der internationalen Zuständigkeit der Behörden sowie der Berücksichtigung (oder Nichtberücksichtigung) ausländischer Entscheidungen zuzuordnen wären. Es wäre zu definieren als Gesamtheit der prozessualen Vorschriften, die auf Sachverhalte mit Auslandbezug anwendbar sind. Die theoretische Erfassung des Internationalen Verwaltungsrechts steht allerdings noch ganz am Anfang. 62

Grundsätzlich werden der räumliche Geltungs- und der Anwendungsbereich des öffentlichen Rechts sowie die Zuständigkeit zu dessen Anwendung durch das völkerrechtliche *Territorialitätsprinzip* bestimmt. Demnach wenden die schweizerischen Behörden das schweizerische Recht auf Sachverhalte an, die sich in der Schweiz zutragen. Unter Umständen kann das schweizerische Recht zudem auf Sachverhalte angewendet werden, die sich anderswo ereignen. Voraussetzung ist, dass sich die Anwendung genügend klar aus einer Norm 63 ergibt oder dass der Sachverhalt sich in ausreichendem Mass auf das Territorium der Schweiz auswirkt (*Auswirkungsprinzip;* BGE 133 II 331 E. 6.1). Die letztere Voraussetzung ist laut Bundesgericht gegeben, wenn ein «überwiegender Anknüpfungspunkt zur Schweiz vorliegt» (BGE 138 II 346 E. 3, bes. 3.3, wo die Anwendbarkeit des Schweizer Rechts und die Zuständigkeit der Schweizer Behörden mit Bezug auf Google Street View bejaht wurden). Staatsvertragliche Normen, welche internationales Verwaltungsverfahrens- und -prozessrecht enthalten, nehmen an Bedeutung zu. Zu verweisen ist namentlich auf die bilateralen Abkommen mit der EU (dazu hinten, Rz. 96).

64 Schweizerische Verwaltungsbehörden wenden grundsätzlich kein ausländisches öffentliches Recht an (BGE 131 III 418 E. 2.4.4.1, 3.2.1). Der Grundsatz kennt allerdings Relativierungen. Diese können sich aus Verweisungen und Kollisionsnormen des nationalen oder internationalen Rechts ergeben, laut denen ausländisches öffentliches Recht anzuwenden oder zumindest zu beachten ist (vgl. Breining-Kaufmann, Internationales Verwaltungsrecht, S. 27 ff.; Art. 16a–e THG; Art. 13 und 19 IPRG). In Rechtshilfeverfahren werden unter Umständen (kumulativ) ausländische strafprozessuale Formvorschriften angewandt (vgl. Art. 65 IRSG und dazu Art. 27 IRSV; Art. 21 ff. BG-RVUS; Art. 8 des Zweiten Zusatzprotokolls vom 8.11.2001 zum Europäischen Übereinkommen über die Rechtshilfe in Strafsachen [SR 0.351.12]). Dies alles bedeutet aber noch nicht, dass schweizerische Behörden direkt ausländisches – nationales – Verwaltungsverfahrensrecht anwenden würden. Hingegen können via Verweisungen in den bilateralen Abkommen mit der Europäischen Union und ihren Mitgliedstaaten Verfahrensvorschriften des europäischen Gemeinschaftsrechts im Verfahren vor schweizerischen Behörden anwendbar sein (vgl. BGE 131 V 35 E. 2 f.).

65 Die Staatsverträge bzw. das gestützt darauf erlassene oder für anwendbar erklärte Recht können zudem bestimmte EU-Behörden zur Vornahme von Verwaltungsakten in der Schweiz ermächtigen (vgl. Anhang Ziff. 3 des Luftverkehrsabkommens und dazu BBl 2009 4923 f., 4975, zur Kompetenz der EU-Kommission, Verwaltungssanktionen gegen Luftfahrtunternehmen zu verhängen). In diese Richtung gehende Bestimmungen können auch im Schweizer Landesrecht enthalten sein; so können ausländische Finanzmarktaufsichtsbehörden mit Erlaubnis der FINMA direkt Prüfungen bei schweizerischen Niederlassungen von ausländischen Instituten vornehmen (Art. 43 Abs. 2–6 FINMAG).

2. Bedeutung des Bundesverfassungsrechts

66 *Literatur:* AUBERT/MAHON, Petit commentaire, Art. 29–31; AUER/MALINVERNI/HOTTELIER, Droit constitutionnel, Vol. II, N. 1193 ff.; BIAGGINI, BV-Kommentar, Art. 29–31 und 191c; GRISEL ETIENNE, Egalité. Les garanties de la Constitution fédérale du 18 avril 1999, 2. A., Bern 2009, S. 217 ff.; HÄFELIN/MÜLLER/UHLMANN, Verwaltungsrecht, Rz. 1655 ff.; HERZOG RUTH, Verfahrensgarantien im Ausländerrecht, in: Achermann Alberto/Caroni Martina/Epiney Astrid/Kälin Walter/Nguyen Minh

Son/Uebersax Peter (Hrsg,), Jahrbuch für Migrationsrecht 2008/2009, S. 3 ff.; HOTTELIER MICHEL, Les garanties de procédure, in: Thürer/Aubert/Müller, Verfassungsrecht, § 51 S. 801 ff., N. 1 ff., 24 ff.; JAAG TOBIAS, Die Verfahrensgarantien der neuen Bundesverfassung, in: Gauch Peter/Thürer Daniel (Hrsg.), Die neue Bundesverfassung, Zürich u.a. 2002, S. 25 ff.; KELLER HELEN, Garantien fairer Verfahren und des rechtlichen Gehörs, in: Merten/Papier, Grundrechte in der Schweiz, S. 639 ff.; KIENER/RÜTSCHE/KUHN, Verfahrensrecht, N. 179 ff.; KLEY ANDREAS, in: Ehrenzeller/Mastronardi/Schweizer/Vallender, St. Galler Kommentar BV, Art. 29a; KRADOLFER MATTHIAS, Verfahrensgerechtigkeit als Grundrecht? Überlegungen zu dogmatischen Grundsatzfragen von Art. 29 Abs. 1 BV, Jusletter, 4.10.2010; KUHN MATHIAS, Die Verfahrensgarantien, ius.full 2007, S. 183 ff.; MAHON PASCAL/MATTHEY FANNY, Les «garanties de procédure» dans le domaine du droit d'asile: quelques réflexions sur leur évolution, in: Achermann Alberto/Caroni Martina/Epiney Astrid/Kälin Walter/ Nguyen Minh Son/Uebersax Peter (Hrsg,), Jahrbuch für Migrationsrecht 2008/2009, S. 55 ff.; MEYER-BLASER ULRICH, Die Bedeutung von Art. 4 Bundesverfassung für das Sozialversicherungsrecht, ZSR 1992 II, S. 299 ff., 423 ff.; MÜLLER/SCHEFER, Grundrechte, S. 817 ff.; RHINOW/KOLLER/KISS/THURNHERR/BRÜHL-MOSER, Prozessrecht, Rz. 78 ff., 255 ff.; RHINOW/SCHEFER, Verfassungsrecht, Rz. 3020 ff.; SCHAUB LUKAS, Die gerichtlichen Verfahrensgarantien: verkannter Gehalt der Rechtsweggarantie nach Art. 29a BV, AJP 2008, S. 1124 ff.; STEINMANN GEROLD bzw. STEINMANN GEROLD/ LEUENBERGER CHRISTOPH, in: Ehrenzeller/Mastronardi/Schweizer/Vallender, St. Galler Kommentar BV, Art. 29, 30 und 191c; UHLMANN FELIX, Verfahrensgrundrechte, in: Biaggini/Gächter/Kiener, Staatsrecht, S. 527 ff.; VEST HANS, in: Ehrenzeller/Mastronardi/Schweizer/Vallender, St. Galler Kommentar BV, Art. 31; vgl. auch die Literatur in Rz. 165, 172, 176, 179, 189, 201, 207, 217, 252, 487, 650.

Das Verfassungsrecht prägt das Verwaltungsverfahren und die Verwaltungsrechtspflege im Wesentlichen durch die *Verfahrensgarantien,* die zu den Grundrechten gehören. Sie wurden ursprünglich vom Bundesgericht aufgrund des Verbots der formellen Rechtsverweigerung entwickelt, das dem Gebot der Rechtsgleichheit in Art. 4 BV 1874 zugeordnet wurde. Als überdachendes Prinzip kann zudem das Gebot der Fairness gelten. Die Verfahrensgarantien sind heute in den Art. 29–32 BV verankert, wo einige Konkretisierungen ausdrücklich genannt werden. Art. 29 BV nennt die vor allen Behörden in Verfahren der Rechtsanwendung geltenden Garantien; der «Anspruch auf gleiche und gerechte Behandlung» gemäss seinem Abs. 1 stellt einen Auffangtatbestand dar (Müller/Schefer, Grundrechte, S. 818, 821). Art. 30 BV regelt die in gerichtlichen Verfahren geltenden Gewährleistungen. Die wichtigsten Teilgehalte der Verfahrensgarantien sind (vgl. zum Ganzen hinten, Rz. 164 ff.): 67
- das Verbot der Rechtsverweigerung und -verzögerung (Art. 29 Abs. 1 BV);
- das Verbot des überspitzten Formalismus (Art. 29 Abs. 1 BV zuzuordnen);
- der Anspruch auf Waffengleichheit (Art. 29 Abs. 1 BV);
- der Anspruch auf rechtliches Gehör (Art. 29 Abs. 2 BV);
- der Anspruch auf unentgeltliche Rechtspflege und unentgeltliche Verbeiständung (Art. 29 Abs. 3 BV);
- der Anspruch auf eine rechtmässig zusammengesetzte, unbefangene Behörde, der Art. 29 Abs. 1 BV zuzuordnen ist, während der speziellere Anspruch auf ein unparteiisches und unabhängiges Gericht in Art. 30 Abs. 1 BV verankert ist.

68 Für Freiheitsentzug und Strafverfahren sehen die Art. 31 f. BV weitere Verfahrensgarantien vor. Unter den Begriff des Freiheitsentzugs im Sinn von Art. 31 BV fallen auch bestimmte Massnahmen, die als verwaltungsrechtlich gelten (vgl. im Einzelnen Rz. 84 zu Art. 5 EMRK). Art. 31 BV ist Art. 5 EMRK nachgebildet, doch hat Abs. 4 einen eigenständigen Gehalt, indem er eine direkte Anrufung eines Gerichts vorsieht (BGE 136 I 87 E. 6.5.2).

69 Bedeutsam ist sodann Art. 29a BV, der eine *Rechtsweggarantie* enthält, indem er jeder Person bei Rechtsstreitigkeiten den Anspruch auf Beurteilung durch eine gerichtliche Behörde vermittelt.

70 Die Verfahrensgarantien von Art. 29–32 BV stellen an den kantonalen Gesetzgeber und den Bundesgesetzgeber nur Mindestanforderungen (vgl. z.B. BGE 131 I 91 E. 3.1). Enthält ein Gesetz eine weitergehende Regelung, ist diese anzuwenden; geht die gesetzliche Regelung jedoch weniger weit, können die Ansprüche unmittelbar auf die Verfassung abgestützt werden. Zwar schränkt Art. 190 BV die Anwendung der Bundesverfassung gegenüber Bundesgesetzen ein. Die gesetzliche Regelung des Verwaltungsverfahrens und der Verwaltungsrechtspflege im Bund hat jedoch die verfassungsrechtlichen Verfahrensgarantien weitgehend übernommen.

71 Zu erwähnen sind weiter die *allgemeinen Verfassungsgrundsätze* der Gesetzmässigkeit, der Verhältnismässigkeit und des Gebotes von Treu und Glauben (Art. 5 Abs. 1–3 BV). Letzterer Grundsatz gilt auch für das Verhalten der Privaten gegenüber der Verwaltung. In gewissen Kantonen sind diese Grundsätze ausdrücklich im Gesetz verankert (vgl. z.B. §§ 2–4 Verwaltungsrechtspflegegesetz des Kantons Aargau vom 4.12.2007).

72 Hinzuweisen ist schliesslich auf den *Gesetzesvorbehalt* von Art. 164 BV, wonach die wichtigen rechtsetzenden Bestimmungen in der Form des Bundesgesetzes zu erlassen sind. Für das Verfahrens- und Prozessrecht ist namentlich von Bedeutung, dass die grundlegenden Bestimmungen betreffend die Einschränkungen verfassungsmässiger Rechte, die Rechte und Pflichten von Personen sowie die Organisation und das Verfahren der Bundesbehörden in einem Gesetz im formellen Sinn zu regeln sind (Art. 164 Abs. 1 lit. b, c und g BV). Die Mehrzahl der Kantonsverfassungen, besonders der neueren, enthält ebenfalls solche Bestimmungen (vgl. etwa Art. 38 KV ZH vom 27.2.2005).

3. Internationale Menschenrechtsabkommen

A. Europäische Menschenrechtskonvention

73 *Literatur:* AEMISEGGER HEINZ, Zur Umsetzung der EMRK durch das Bundesgericht, in: Breitenmoser Stephan/Ehrenzeller Bernhard (Hrsg.), EMRK und die Schweiz, St. Gallen 2010, S. 43 ff.; *ders.*, Zur Umsetzung von Justizreform 2000 und Bundesgerichtsgesetz im Lichte der EMRK, in: Human Rights, Democracy and the Rule of Law. Liber amicorum Luzius Wildhaber, Zürich/St. Gallen 2007, S. 3 ff.; AUER/MALINVERNI/HOTTELIER, Droit constitutionnel, Vol. II, N. 567 ff.; BEZGOVSEK ROK, Art. 6 Ziff. 1 EMRK und das steuerrechtliche Verfahren, Zürich u.a. 2002; BOVAY BENOÎT, Procédure

administrative, Bern 2000, S. 37 ff.; Di Natale Miriam Chiara, Einfluss der EMRK auf das schweizerische Steuer(strafverfahrens)recht, in: Sutter Patrick/Zelger Ulrich (Hrsg.), 30 Jahre EMRK-Beitritt der Schweiz: Erfahrungen und Perspektiven, Bern 2005, S. 201 ff.; Frowein Jochen Abr./ Peukert Wolfgang, Europäische MenschenRechtsKonvention. EMRK-Kommentar, 3. A., Kehl 2009, Art. 5, 6 und 13; Grabenwarter Christoph, Verfahrensgarantien der Verwaltungsgerichtsbarkeit, Wien 1997; Grabenwarter Christoph/Pabel Katharina, Europäische *Menschenrechtskonvention,* 5. A., München 2012, S. 192 ff., 382 ff., 483 ff.; Haefliger Arthur/Schürmann Frank, Die Europäische Menschenrechtskonvention und die Schweiz, 2. A., Bern 1999, S. 81 ff., 131 ff., 331 ff.; Hangartner Yvo, Recht auf Rechtsschutz, AJP 2002, S. 131 ff.; *ders.*, Das Recht auf eine wirksame Beschwerde gemäss Art. 13 EMRK und seine Durchsetzung in der Schweiz, AJP 1994, S. 3 ff.; Herzog Manuela/Looser Martin, Der Einfluss der EMRK im öffentlich-rechtlichen Verfahrensrecht. Eine Analyse der bundesgerichtlichen Rechtsprechung, in: Sutter Patrick/Zelger Ulrich (Hrsg.), 30 Jahre EMRK-Beitritt der Schweiz: Erfahrungen und Perspektiven, Bern 2005, S. 131 ff.; Herzog Ruth, Art. 6 EMRK und kantonale Verwaltungsrechtspflege, Bern 1995; Hottelier Michel/Mock Hanspeter/Puéchavy Michel, La Suisse devant la Cour européenne des droits de l'homme, 2. A., Genf u.a. 2011, S. 107 ff., 137 ff., 299 ff.; Hugi Yar Thomas, Zwangsmassnahmen im Ausländerrecht, in: Uebersax Peter/Rudin Beat/Hugi Yar Thomas/Geiser Thomas (Hrsg.), Ausländerrecht, 2. A., Basel 2009, S. 417 ff., Rz. 10.6 ff.; Jaag Tobias, Verwaltungsrechtliche Sanktionen und Verfahrensgarantien der EMRK, in: Festschrift für Stefan Trechsel, Zürich u.a. 2002, S. 151 ff.; Karpenstein Ulrich/Mayer Franz C. [Hrsg.], EMRK. Konvention zum Schutz der Menschenrechte und Grundfreiheiten. Kommentar, München 2012, Art. 5, 6 und 13; Keller Helen, Reception of the European Convention for the Protection of Human Rights and Fundamental Freedoms (ECHR) in Poland and Switzerland, ZaöRV 2005, S. 283 ff.; Kühne Hans-Heiner/ Miehsler Herbert/Vogler Theo, Art. 6 (September 1986/April 2009), in: Karl Wolfram (Hrsg. in Gemeinschaft mit den Autoren), Internationaler Kommentar zur Europäischen Menschenrechtskonvention, Köln 1986 ff.; Lanter Markus, Ausschöpfung des innerstaatlichen Instanzenzuges (Art. 35 Ziff. 1 EMRK). Die Rechtslage in der Schweiz nach der Reform der Bundesrechtspflege, Zürich u.a. 2008; Luginbühl Kaspar, EMRK und wirtschaftsverwaltungsrechtliche Zwischenverfügungen, AJP 2011, S. 875 ff.; *ders.,* Erweiterte *Anwendbarkeit* von Art. 6 Abs. 1 EMRK auf Zwischenverfügungen aufgrund des EGMR-Urteils Micallef c. Malta, Jusletter, 8.3.2010; Meyer-Blaser Ulrich, Der Einfluss der Europäischen Menschenrechtskonvention (EMRK) auf das schweizerische Sozialversicherungsrecht, ZSR 1994 I, S. 389 ff.; Meyer-Ladewig Jens, EMRK. Europäische Menschenrechtskonvention. *Handkommentar,* 3. A., Baden-Baden 2011, Art. 5, 6 und 13; Moor/Poltier, Droit administratif, Vol. II, S. 641 ff.; Moser/Beusch/Kneubühler, Bundesverwaltungsgericht, Rz. 3.167 ff.; Oesterhelt Stefan, Anwendbarkeit von Art. 6 EMRK auf Steuerverfahren, ASA 2006/2007, S. 593 ff.; Peters Anne/Altwicker Tilmann, Europäische Menschenrechtskonvention, 2. A., München 2012, S. 121 ff., 135 ff., 173 ff.; Renzikowski Joachim, Art. 5 (Juni 2004), in: Karl Wolfram (Hrsg. in Gemeinschaft mit den Autoren), Internationaler Kommentar zur Europäischen Menschenrechtskonvention, Köln 1986 ff.; Rhinow/Koller/Kiss/Thurnherr/ Brühl-Moser, Prozessrecht, Rz. 97 ff.; Schaerz Patrick A., Der Begriff des «fairen Verfahrens» gemäss Art. 6 EMRK in der schweizerischen Rechtspraxis, in: DACH, Europäische Anwaltsvereinigung e.V. [Hrsg.], Das faire Verfahren nach Art. 6 EMRK, Köln 2005, S. 51 ff.; Schindler Benjamin, Art. 6(1) ECHR and Judicial Review of Administrative Decision-Making in England and Switzerland – A Comparative Perspective, SZIER 2006, S. 445 ff.; Schweizer Rainer J., Art. 13 (Mai 2000), in: Karl Wolfram (Hrsg. in Gemeinschaft mit den Autoren), Internationaler Kommentar zur Europäischen Menschenrechtskonvention, Köln 1986 ff.; *ders.*, Die schweizerischen Gerichte und das europäische Recht, ZSR 1993 II, S. 577 ff., 673 ff.; *ders.*, Europäische Menschenrechtskonvention (EMRK) und schweizerisches Sozialversicherungsrecht, in: Festschrift 75 Jahre Eidgenössisches Versicherungsgericht, Bern 1992, S. 19 ff.; Seiler Hansjörg, Der Europäische Gerichtshof für Menschenrechte: Hüter der Menschenrechte, Appellationsinstanz oder Verfassungsgeber?, ZBl 2012, S. 223 ff., 227 ff., 250 ff.; Spori Marion, Vereinbarkeit des Erfordernisses des aktuellen schutzwürdigen Interesses mit der Rechtsweggarantie von Art. 29a BV und dem Recht auf eine wirksame Beschwerde nach Art. 13 EMRK, AJP 2008, S. 147 ff.; STEINMANN GEROLD, Der Schweizer Praktiker vis-à-vis von EMRK und EGMR, in: Breitenmoser Stephan/Ehrenzeller Bernhard (Hrsg.), EMRK und die Schweiz, St. Gallen 2010, S. 243 ff.; THURNHERR DANIELA, The Reception Process in Austria and Switzerland, in: Keller Helen/Stone Sweet Alec (Hrsg.), A Europe of Rights, Oxford 2008, S. 311 ff.; VAN DIJK PIETER/VAN HOOF FRIED/VAN RIJN ARJEN/ZWAAK LEO (Hrsg.), Theory and Practice of the European Convention on Human Rights, 4. A., Antwerpen/Oxford 2006, S. 511 ff., 997 ff.; VILLIGER MARK E., Handbuch der Europäischen Menschenrechtskonvention (EMRK), 2. A., Zürich 1999, S. 41 ff., 203 ff., 239 ff., 424 ff.; WALDMANN BERNHARD/KRAEMER RAPHAEL, Die Ausgestaltung des Rechtsschutzes im öffentlichen Personalrecht, in: Häner/Waldmann, Brennpunkte, S. 189 ff., 199 ff.; WILDHABER LUZIUS, Verwaltungsstrafen, Art. 6 EMRK und «Heilung» von Verfahrensmängeln, in: Festschrift für Renate Jaeger, Kehl am Rhein 2011, S. 823 ff.; ZIEGLER ANDREAS, L'importance de l'article 6 CEDH dans la procédure de recours dans le cadre des marchés publics en Suisse, AJP 2011, S. 339 ff.; vgl. auch die Literatur in Rz. 165, 176, 179, 189, 201, 207, 217, 252, 487, 650, 1323.

74 Für die Verwaltungsrechtspflege sind insbesondere Art. 6 und 13 EMRK von Bedeutung. Die früheren Vorbehalte und Auslegenden Erklärungen der Schweiz zu Art. 6 EMRK wurden mit Wirkung ab 29.8.2000 zurückgezogen, nachdem sie überflüssig geworden bzw. von der Rechtsprechung für ungültig erklärt worden waren (BBl 2000 2242, 1999 III 3658; vgl. BGE 127 I 141 E. 3c).

75 *Art. 6 Ziff. 1 EMRK* garantiert den Anspruch auf Zugang zu einem unparteiischen und unabhängigen, auf Gesetz beruhenden Gericht. Zudem verlangt die Bestimmung – grundsätzlich mit Bezug auf diese gerichtlichen Verfahren – die Wahrung des rechtlichen Gehörs, die grundsätzlich öffentliche Parteiverhandlung und Urteilsverkündung, die Entscheidung innert angemessener Frist und die Entscheidbegründung (vgl. zum Gehalt im Einzelnen Rz. 164 ff.; zu Auswirkungen auf das Verwaltungsverfahren vgl. Rz. 253, 621, 636). In Art. 6 Ziff. 3 EMRK werden sodann weitere Grundsätze des fairen Verfahrens angeführt, welche sich auf Verfahren über strafrechtliche Anklagen beziehen. Bedeutsam für die schweizerische Rechtsordnung sind namentlich der Anspruch auf Zugang zu einem Gericht (der sich nun allerdings auch aus Art. 29a BV mit seinem weiteren Anwendungsbereich ergibt), die Öffentlichkeitsmaxime und das Recht auf Stellungnahme zu den Eingaben von Gegenparteien und Vorinstanzen (Replikrecht). Die übrigen Garantien des fairen Verfahrens gemäss Art. 6 Ziff. 1 EMRK erwiesen sich als nicht derart prägend für das schweizerische Verwaltungsprozessrecht. Art. 6 EMRK entfaltet seine Wirkung sowohl aufgrund seiner direkten Anwendung als auch durch die Beeinflussung der Bundesgerichtspraxis zu den Verfahrensrechten des Landesrechts.

76 In sachlicher Hinsicht beansprucht Art. 6 Abs. 1 EMRK Geltung, wenn «zivilrechtliche» Ansprüche und Verpflichtungen («civil rights and obligations»/«droits et obligations de caractère civil») streitig sind oder die Stichhaltigkeit strafrechtlicher Anklagen («criminal charge»/«accusation en matière pénale») zu beurteilen ist. Der EGMR legt beide Begriffe autonom aus, also unabhängig vom jeweiligen Landesrecht, weshalb auch Angelegenheiten darunterfallen,

welche nach der Rechtstradition der Mitgliedstaaten dem Verwaltungsrecht zugeordnet werden. Er anerkennt jedoch, dass er den Anwendungsbereich von Art. 6 Ziff. 1 EMRK nicht so bestimmen kann, als ob die Anforderung der «zivilrechtlichen» Streitigkeit keine Einschränkung darstelle (EGMR, Urteil i.S. Ferrazzini gegen Italien vom 12.7.2001, CEDH 2001-VII, Ziff. 30). Das Bundesgericht folgt bei der Abgrenzung der Rechtsprechung des EGMR (BGE 132 V 6 E. 2.3.1). Wegen der Rechtsweggarantie von Art. 29a BV hat die Umschreibung des Anwendungsbereichs von Art. 6 Ziff. 1 EMRK für die Schweiz an Bedeutung verloren, doch bleibt sie als Grenze der zulässigen Ausnahmen von der Rechtsweggarantie und in Bezug auf den Anspruch auf öffentliche Gerichtsverhandlung von Belang.

Die «*zivilrechtlichen Ansprüche und Verpflichtungen*» werden vom EGMR nicht abstrakt definiert. Es ist nicht allein massgeblich, ob die Streitigkeiten vermögenswerte Angelegenheiten betreffen (EGMR, Urteil i.S. Ferrazzini gegen Italien vom 12.7.2001, CEDH 2001-VII, Ziff. 25 ff., das Urteil i.S. Editions Périscope gegen Frankreich vom 26.3.1992, Serie A Nr. 234-B, Ziff. 40, relativierend). Nach dem gegenwärtigen Stand der Rechtsprechung umfassen die «zivilrechtlichen Ansprüche und Verpflichtungen» im Bereich des schweizerischen Verwaltungsrechts vor allem: 77

– Fragen der formellen Enteignung und der Nutzungsbeschränkung des Eigentums; nach der Rechtsprechung des Bundesgerichts betrifft dies bau- oder planungsrechtliche Massnahmen, soweit diese direkte Auswirkungen auf die Ausübung der Eigentumsrechte der Grundbesitzer haben (BGE 127 I 44 E. 2a); dies trifft auch zu, wenn ein Anspruch auf Einzonung oder Nichteinzonung von Land in eine Bauzone infrage steht (BGE 122 I 294 E. 3; vgl. auch den Überblick über die Rechtsprechung in BGE 120 Ia 209 E. 6); intervenierende Dritte können sich auf Art. 6 Ziff. 1 EMRK berufen, soweit sie subjektive – zum Beispiel auf das Eigentum oder die Gesundheit gegründete – Abwehrrechte geltend machen (BGE 128 I 59 E. 2a; 127 I 44 E. 2c; EGMR, Urteil i.S. Athanassoglou u.a. gegen die Schweiz vom 6.4.2000, CEDH 2000-IV, Ziff. 46 ff.), was im Fall einer ideellen Verbandsbeschwerde für den Verband nicht zutrifft (BGer, Urteil vom 27.6.1996, in: ZBl 1997, S. 576 E. 3c);
– Fragen der privaten Erwerbstätigkeit, insbesondere Streitigkeiten über staatliche Bewilligungen und Einschränkungen gewerblicher Tätigkeiten und freier Berufe (BGE 132 V 6 E. 2.5.1; 126 I 228 E. 2a/aa); soweit es bei Berufszulassungsprüfungen um die materiellen Kenntnisse und Erfahrungen der Kandidierenden geht, liegt allerdings gar keine justiziable Streitigkeit im Sinn von Art. 6 Ziff. 1 EMRK vor (BGE 131 I 467 E. 2.9; EGMR, Urteile i.S. Herbst gegen Deutschland vom 11.1.2007, Nr. 20027/02, Ziff. 54, und van Marle u.a. gegen die Niederlande vom 26.6.1986, Serie A Nr. 101, Ziff. 36 f.);

- Streitigkeiten um Konzessionen laut Bundesgericht nur, sofern ein Rechtsanspruch auf diese besteht oder der Entzug infrage steht (BGE 132 II 485 E. 1.4; 125 II 293 E. 5b; 125 I 209 E. 7; mit überzeugender Begründung a.M. Ruth Herzog, Art. 6 EMRK und kantonale Verwaltungsrechtspflege, Bern 1995, S. 178 ff.);
- Streitigkeiten aus öffentlich-rechtlichen Dienstverhältnissen, ausser wenn die betreffenden Angestellten allgemeine Staatsinteressen zu wahren haben und an der Ausübung der öffentlichen Gewalt teilhaben, sofern erstens die fragliche Streitsache gerade damit zusammenhängt und zweitens das Landesrecht den Zugang zu einem Gericht für die fraglichen Amtsträger explizit ausschliesst (EGMR, Urteil i.S. Vilho Eskelinen u.a. gegen Finnland vom 19.4.2007, CEDH 2007-IV, Ziff. 43 ff., bes. 62, als Praxisänderung gegenüber dem früheren Leitentscheid i.S. Pellegrin gegen Frankreich vom 8.12.1999, CEDH 1999-VIII, Ziff. 58 ff.);
- Fragen der Staatshaftung (BGE 136 II 187 E. 8.2.1; 134 I 331 E. 2.1);
- Streitigkeiten im Bereich der Sozialversicherung, und zwar sowohl Leistungs- wie auch Beitragsstreitigkeiten sämtlicher bundesrechtlicher Sozialversicherungszweige (BGE 134 V 401 E. 5.3). Demnach fallen grundsätzlich alle sozialversicherungsrechtlichen Streitigkeiten in den Anwendungsbereich von Art. 6 Abs. 1 EMRK.

78 Nicht unter den Begriff der «zivilrechtlichen Ansprüche und Verpflichtungen» fallen demgegenüber nach den Konventionsorganen insbesondere Streitigkeiten über Einreise, Aufenthalt und Asyl, über die Staatsangehörigkeit und die politischen Rechte, über Militär- und Zivildienst sowie über Steuern und Zölle (Meyer-Ladewig, Handkommentar, Art. 6 Rn. 18).

79 Rein prozessrechtliche, das materielle Recht nicht präjudizierende Streitigkeiten, zum Beispiel über die Zuständigkeit oder über die Kostenauflage, gelten nicht als zivilrechtlich im Sinn von Art. 6 Ziff. 1 EMRK. Nach einer Praxisänderung fallen jedoch vorsorgliche Massnahmen grundsätzlich unter Art. 6 Ziff. 1 EMRK, wenn sie den in der Hauptsache streitigen zivilrechtlichen Anspruch effektiv regeln (EGMR, Urteil i.S. Micallef gegen Malta vom 15.10.2009, CEDH 2009, Ziff. 75, 78 ff.; kritisch dazu Luginbühl, Anwendbarkeit). Tragweite und Auswirkungen dieser neuen Praxis sind noch nicht absehbar.

80 Art. 6 Ziff. 1 EMRK setzt eine «Streitigkeit» («contestation»/«determination») über zivilrechtliche Ansprüche voraus. Darunter ist eine «ernsthafte und wirkliche» Meinungsverschiedenheit über ein nach dem betreffenden Landesrecht bestehendes «Recht» zu verstehen. Der Ausgang der Streitigkeit muss für den Anspruch unmittelbar entscheidend sein (EGMR, Urteil i.S. Micallef gegen Malta vom 15.10.2009, CEDH 2009, Ziff. 74). Auch ein Entscheid über Ermessensfragen kann eine Rechtsstreitigkeit darstellen (EGMR, Urteil i.S. Mendel gegen Schweden vom 7.4.2009, Nr. 28426/06, Ziff. 43; vgl. auch BGE 137 I 371 E. 1.3.1). Dagegen geht der EGMR davon aus, dass sich die Überprüfung von

beruflichen Kenntnissen und Erfahrungen von der üblichen Aufgabe eines Gerichts zu weit entfernt, um noch als Streitigkeit zu gelten (vorne, Rz. 77). Eine Streitigkeit kann sich auch aus einem Realakt ergeben (vgl. BGE 130 I 388 E. 5.1).

Ob eine *strafrechtliche Anklage* im Sinne von Art. 6 EMRK vorliegt, ergibt sich nach der autonomen Auslegung durch die Konventionsorgane, der sich das Bundesgericht angeschlossen hat, aus folgenden drei alternativen Kriterien: Erstens aus der landesrechtlichen Qualifikation, zweitens aus der Natur der Zuwiderhandlung und deren Folgen, drittens aus der Art und der Schwere der angedrohten Sanktion (EGMR, Urteil i.S. Engel u.a. gegen die Niederlande vom 8.6.1976, Serie A Nr. 22, Ziff. 82; BGE 135 I 313 E. 2.2.1). Die Frage nach den Folgen der Zuwiderhandlung enthält insbesondere die Frage nach dem Zweck und dem Adressatenkreis der Sanktion: Hat diese einen präventiven oder repressiven Zweck und will sie jedermann zu einem bestimmten Verhalten zwingen, so ist das zweite Kriterium erfüllt. Damit findet Art. 6 EMRK Anwendung auf manche Verwaltungs- und Ordnungsstrafverfahren wie etwa das Strafsteuerverfahren (BGE 119 Ib 311 E. 2, nicht aber das Nachsteuerverfahren, BGE 121 II 273 E. 3b) oder den Entzug des Führerausweises zu Warnzwecken (BGE 131 II 331 E. 4.2; 121 II 22; vgl. hingegen zum Entzug zu Sicherungszwecken BGE 122 II 464 E. 3c). Geringfügige Disziplinarmassnahmen für bestimmte Personen mit besonderem Status stellen keine strafrechtlichen Anklagen dar (vgl. BGE 135 I 313 E. 2; 121 I 379). Auch Gewaltschutzmassnahmen betreffen keine strafrechtliche Anklage (allerdings unter Umständen eine zivilrechtliche Streitigkeit; vgl. BGE 134 I 140 E. 4.3 und 5.2).

81

Die Rechtsprechung des EGMR hat zwar eine begrüssenswerte Zielrichtung, nämlich eine möglichst umfassende Garantie gerichtlichen Rechtsschutzes – wobei Art. 6 Ziff. 1 EMRK sachliche Schranken setzt, weshalb Streitigkeiten über die Zulassung zum Staatsgebiet, die politischen Rechte und die bürgerlichen Pflichten (wie namentlich die Steuer-, Wehr- oder Ersatzdienstpflicht) jedenfalls ausgenommen bleiben dürften. Die dynamische, an Fallgruppen orientierte Rechtsprechung führt jedoch zu komplizierten Abgrenzungsfragen und zu einer unübersichtlichen Rechtslage. Nicht nur der Rechtsschutzgedanke, sondern auch die Praktikabilität legen daher nahe, dass Gesetzgeber und Praxis die Einhaltung der Garantien von Art. 6 Ziff. 1 EMRK auch ausserhalb des Anwendungsbereichs dieser Bestimmung vorschreiben. Entsprechend sieht nun Art. 29a BV eine nahezu umfassende Rechtsweggarantie vor. Sinnvoll ist auch, dass die Geltung des Rechts auf Replik nach Art. 6 Ziff. 1 EMRK aufgrund von Art. 29 Abs. 2 BV zumindest auf alle gerichtlichen Verfahren ausgedehnt wurde (BGE 133 I 98 E. 2.1). Wenig überzeugt dagegen, wenn das Recht auf öffentliche Verhandlung weiterhin nur im Anwendungsbereich von Art. 6 Ziff. 1 EMRK anerkannt wird (BGE 128 I 288; vgl. auch Art. 40 VGG).

82

Art. 13 EMRK gewährleistet das Recht auf eine wirksame Beschwerde bei einer nationalen Instanz, wenn die in der Konvention garantierten Rechte und

83

Freiheiten verletzt worden sind. Dabei muss es sich nicht um eine Beschwerde an ein Gericht handeln. Vielmehr genügt eine verwaltungsinterne Beschwerde, wenn ein Anspruch auf Behandlung besteht, die minimalen Verfahrensgrundsätze eingehalten werden, die entscheidende Instanz hinreichend unabhängig ist, über freie Kognition verfügt und die Konventionsverletzung bzw. deren Auswirkungen nicht nur feststellen, sondern mit einem reformatorischen oder kassatorischen Entscheid selber beheben kann (BGE 130 I 369 E. 6.1). Massgeblich ist die Gesamtheit der innerstaatlichen Beschwerdemöglichkeiten, auch wenn diese, jeweils für sich allein genommen, den Anforderungen nicht genügen würden (BGE 138 I 6 E. 6.2).

84 Für das Verwaltungsverfahren und die Verwaltungrechtspflege bedeutsam ist sodann auch *Art. 5 EMRK,* der Regeln für den Freiheitsentzug aufstellt. Art. 5 Ziff. 1 EMRK zählt die zulässigen Gründe abschliessend auf. Ziff. 2–5 formulieren Rechte der betroffenen Personen; bei verwaltungsrechtlichen Freiheitsentzügen sind dies die Ansprüche auf Information (Ziff. 2), gerichtliche Überprüfung des Freiheitsentzugs innert kurzer Frist (Ziff. 4) und Schadenersatz bei ungerechtfertigtem Freiheitsentzug (Ziff. 5). Art. 5 Ziff. 3 EMRK bezieht sich dagegen ebenso wie Art. 31 Abs. 3 BV nur auf die strafprozessuale Untersuchungshaft (BGE 136 I 87 E. 6.5.1 f.). Art. 5 EMRK ist (wie Art. 31 BV) nur anwendbar auf Freiheitsbeschränkungen von gewissem Ausmass und gewisser Intensität (BGE 134 I 140 E. 3.2). Unter die genannten Garantien von Art. 5 EMRK und des ihm nachgebildeten Art. 31 BV fallen im Bereich des Verwaltungsrechts namentlich folgende Freiheitsentzüge:
– die ausländerrechtliche Vorbereitungs-, Ausschaffungs- und Durchsetzungshaft (Art. 75 ff. AuG; Art. 22 Abs. 5 AsylG; Vest, St. Galler Kommentar BV, Art. 31 Rz. 6, 13);
– der Polizeigewahrsam nach kantonalem oder interkantonalem Recht (vgl. BGE 136 I 87 E. 6.5; als Beispiel: Art. 8 f. des Konkordats vom 15.11.2007 über Massnahmen gegen Gewalt anlässlich von Sportveranstaltungen);
– die Absonderung zur Verhütung der Krankheitsverbreitung (Art. 16 EpG bzw. Art. 35 EpG-Referendumsvorlage 2012);
– die fürsorgerische Unterbringung, die materielles Verwaltungsrecht darstellt (Art. 426–439 ZGB in der Fassung vom 19.12.2008, in Kraft seit 1.1.2013; vorher: fürsorgerische Freiheitsentziehung gemäss Art. 397a–f ZGB in der Fassung vom 6.10.1978; vgl. BGE 136 III 497 E. 2; 130 III 729).

85 Der EGMR leitet sodann Verfahrensgarantien auch aus weiteren materiellen Grundrechten ab. So müssen sich Betroffene in einem fairen Verfahren gegen Eingriffe in das von Art. 8 EMRK geschützte Recht auf Achtung des Privat- und Familienlebens zur Wehr setzen können (dazu z.B. Grabenwarter/Pabel, Menschenrechtskonvention, S. 263 ff.; vgl. BGer, Urteil 2A.234/2000 vom 25.4.2001, E. 2b/bb). Aus dem Recht auf Leben und dem Folterverbot nach Art. 2 und 3 EMRK ergibt sich eine Ermittlungspflicht des Staates in bestimmten Fäl-

len, namentlich wenn eine Person durch Gewalt staatlicher Behörden ums Leben gekommen ist (EGMR, Urteil i.S. Scavuzzo-Hager u.a. gegen die Schweiz vom 7.2.2006, Nr. 41773/98, Ziff. 74 ff.; Kiener/Rütsche/Kuhn, Verfahrensrecht, N. 186 f.; ausführlich Meyer-Ladewig, Handkommentar, Art. 2 Rn. 20 ff., Art. 3 Rn. 14 ff.).

Hinzuweisen ist schliesslich auf die mittlerweile 14 *Protokolle zur EMRK*, die – soweit sie noch aktuell sind – entweder weitere Grundrechtsgarantien vorsehen oder das Verfahren vor dem EGMR regeln. Von den Protokollen, welche die Schweiz ratifiziert hat, ist im vorliegenden Zusammenhang das Protokoll 7 zu nennen, dessen Art. 1 Verfahrensrechte ausländischer Personen bei einer Ausweisung enthält (vgl. BGE 129 II 193 E. 3.2). 86

B. Internationaler Pakt über bürgerliche und politische Rechte (UNO-Pakt II) und weitere internationale Menschenrechtsabkommen

Literatur: Chatton Gregor T., Aspects de la justiciabilité des droits sociaux de l'Homme, Bern 2012; Freiburghaus-Arquint Dieter, Kinderrechte – Kinder und Recht, in: Gerber Jenni Regula/Hausammann Christina (Hrsg.), Kinderrechte – Kindesschutz, Basel 2002, S. 11 ff.; Hugi Yar Thomas, Die Praxis des Bundesgerichts im Bereich der wirtschaftlichen, sozialen und kulturellen Grundrechte, Jusletter, 3.12.2012; Kälin Walter/Künzli Jörg, Universeller Menschenrechtsschutz, 2. A., Basel 2008; Kälin Walter/Malinverni Giorgio/Nowak Manfred, Die Schweiz und die UNO-Menschenrechtspakte, 2. A., Basel 1997; Nowak Manfred, U.N. Covenant on Civil and Political Rights. *CCPR Commentary*, 2. A., Kehl u.a., Art. 2 §§ 62 ff., Art. 9 und 14; Rhinow/Koller/Kiss/Thurnherr/Brühl-Moser, Prozessrecht, Rz. 140 ff.; Wilson Barbara, L'applicabilité des droits économiques, sociaux et culturels garantis par le Pacte ONU 1, AJP 2010, S. 1503 ff. 87

Die beiden UNO-Pakte über wirtschaftliche, soziale und kulturelle Rechte (UNO-Pakt I) sowie über bürgerliche und politische Rechte (UNO-Pakt II) sind für die Schweiz am 18. September 1992 in Kraft getreten. Die Bestimmungen des UNO-Paktes I sind laut Bundesrat und Bundesgericht grundsätzlich programmatischer Natur und an den Gesetzgeber gerichtet, wobei eine direkte Anwendbarkeit einzelner Normen nicht ausgeschlossen wird (vgl. BGE 135 I 161 E. 2.2; 120 Ia 1 E. 5c; BBl 2011 1301). Im Gegensatz dazu sind die Individualrechte und Verfahrensgarantien des UNO-Paktes II in der Schweiz gleich jenen der EMRK direkt anwendbar; sie haben ebenfalls ihrer Natur nach verfassungsrechtlichen Inhalt, und die Rüge ihrer Verletzung ist in verfahrensrechtlicher Hinsicht gleich zu behandeln wie die Rüge der Verletzung einer EMRK-Garantie (BGE 120 Ia 247 E. 5a). Die Schweiz hat zwar das Erste Fakultativprotokoll zum UNO-Pakt II bisher nicht ratifiziert und lässt damit die Individualbeschwerde an den UNO-Menschenrechtsausschuss nicht zu. Doch haben ihre Gerichte und Behörden bei der Auslegung des Paktes die Praxis des Ausschusses gleichwohl zu berücksichtigen. 88

Die Garantien des *Art. 14 Abs. 1 und 3 UNO-Pakt II* entsprechen weitgehend jenen des Art. 6 Ziff. 1 und 3 EMRK. Die ursprünglich hinterlegten Vor- 89 behalte zu dieser Bestimmung hat die Schweiz mittlerweile zurückgezogen (AS 2007 3837; 2004 1375 und 2003 4080). Allerdings legt der UNO-Menschenrechtsausschuss den Begriff der «zivilrechtlichen Ansprüche und Verpflichtungen» tendenziell noch weiter aus als die Organe der EMRK (vgl. Nowak, CCPR Commentary, Art. 14 §§ 15 ff.). Ein nennenswerter Einfluss von Art. 14 Abs. 1 UNO-Pakt II auf das schweizerische Verwaltungsprozessrecht ist nicht auszumachen.

90   Art. 13 EMRK hat ein Pendant in *Art. 2 Abs. 3 UNO-Pakt II*. Danach haben die Vertragsstaaten gegen Verletzungen der Rechte und Garantien des Paktes eine wirksame Beschwerde an ein Gericht, eine Verwaltungsbehörde oder ein anderes Organ vorzusehen, und sie haben den gerichtlichen Rechtsschutz auszubauen. Garantien betreffend Zulässigkeit und Ausgestaltung des Freiheitsentzugs, die auch auf verwaltungsrechtliche Massnahmen anwendbar sind, finden sich in *Art. 9 f. UNO-Pakt II* (vgl. Nowak, CCPR Commentary, Art. 9 § 20, 24; BGE 135 II 110 E. 2.2.2; 122 I 222 E. 2a/aa).

91   Schliesslich ist darauf hinzuweisen, dass sich Verfahrensrechte, die auch im Verwaltungsverfahren und in der Verwaltungsrechtspflege gelten, in weiteren internationalen Menschenrechtsabkommen finden. Ein Beispiel ist Art. 12 Abs. 2 KRK über den Anspruch von Kindern auf Anhörung in Gerichts- und Verwaltungsverfahren (vgl. dazu BGE 124 II 361 E. 3c). Diese Garantien gehen in aller Regel nicht über jene des schweizerischen Landesrechts hinaus und haben daher wenig praktische Bedeutung.

4. Weiteres internationales Recht, insbesondere die bilateralen Abkommen mit der Europäischen Union

92   *Literatur:* BIAGGINI GIOVANNI, Das Abkommen über bestimmte Aspekte des öffentlichen Beschaffungswesens, in: Thürer Daniel/Weber Rolf H./Portmann Wolfgang/Kellerhals Andreas (Hrsg.), Bilaterale Verträge I & II Schweiz – EU, Handbuch, 2. A., Zürich 2007, S. 651 ff.; BREITENMOSER STEPHAN, Sicherheit durch internationale Kooperation: Vorgaben und Grundlagen des Völker- und Europarechts, in: Schweizer Rainer J. (Hrsg.), SBVR, Band III: Sicherheits- und Ordnungsrecht des Bundes, Teil I: Allgemeiner Teil, Basel 2008, S. 337 ff.; BREITENMOSER STEPHAN/ISLER MICHAEL, Der Rechtsschutz im Personenfreizügigkeitsabkommen zwischen der Schweiz und der EG sowie den EU-Mitgliedstaaten, AJP 2002, S. 1003 ff.; CORNU ANNE, Les aspects institutionnels des Accords d'association de la Suisse à Schengen et à Dublin, in: Kaddous Christine/Jametti Greiner Monique (Hrsg.), Accords bilatéraux II Suisse – UE et autres Accords récents, Basel 2006, S. 207 ff.; COTTIER THOMAS (Hrsg.), Die Europakompatibilität des schweizerischen Wirtschaftsrechts: Konvergenz und Divergenz, Beiheft 50 zur ZSR, Basel 2012; EPINEY ASTRID, Zur institutionellen Struktur der Bilateralen Abkommen – Bestandsaufnahme, Perspektiven und Bewertung, in: Marc Amstutz zum 50. Geburtstag, Zürich/St. Gallen 2012, S. 35 ff.; EPINEY ASTRID/METZ BEATE/PIRKER BENEDIKT, Zur Parallelität der Rechtsentwicklung in der EU und in der Schweiz – ein Beitrag zur rechtlichen Tragweite der «Bilateralen Abkommen», Zürich u.a. 2012; EPINEY ASTRID/SCHEYLI MARTIN, Die Aarhus-Konvention. Rechtliche Tragweite und Implikationen für das schweizerische Recht, Freiburg i.Ue. 2000; ERRASS CHRISTOPH, Die Aarhus-Konvention und ihre Umsetzung ins schweizerische Recht, URP 2004, S. 47 ff.; FELDER DANIEL, Cadre institutionnel et dispositions générales des Accords bilatéraux II (sauf Schengen/Dublin), in: Kaddous Christine/Jametti Greiner Mo-

nique (Hrsg.), Accords bilatéraux II Suisse – UE et autres Accords récents, Basel 2006, S. 93 ff.; GALLI PETER/MOSER ANDRÉ/LANG ELISABETH/CLERC EVELYNE, Praxis des öffentlichen Beschaffungsrechts, 1. Band: Landesrecht, 2. A., Zürich u.a. 2007, Rz. 1 ff.; GUTZWILLER SUSANNE, Komitologie und Gemischte Ausschüsse im Rahmen der Assoziierung der Schweiz an Schengen/Dublin, in: Kaddous Christine/Jametti Greiner Monique (Hrsg.), Accords bilatéraux II Suisse – UE et autres Accords récents, Basel 2006, S. 245 ff.; HERMANN MATHIAS, Das Dublin System. Eine Analyse der europäischen Regelungen über die Zuständigkeit der Staaten zur Prüfung von Asylanträgen unter besonderer Berücksichtigung der Assoziation der Schweiz, Zürich 2008; IMSTEPF RALF, Der Einfluss des EU-Rechts auf das schweizerische Mehrwertsteuerrecht, Bern 2011; JAAG TOBIAS, Europarecht, 3. A., Zürich u.a. 2010, S. 393 ff.; JAAG TOBIAS/ZIHLMANN MAGDA, Institutionen und Verfahren, in: Thürer Daniel/Weber Rolf H./Portmann Wolfgang/Kellerhals Andreas (Hrsg.), Bilaterale Verträge I & II Schweiz – EU, Handbuch, 2. A., Zürich 2007, S. 65 ff.; LUSTENBERGER ALOIS, Das Verfahren in zwischenstaatlichen Fällen gemäss Abkommen, bzw. SPIRA RAYMOND, La procédure selon l'accord dans des cas interétatiques, in: Murer Erwin (Hrsg.), Das Personenverkehrsabkommen mit der EU und seine Auswirkungen auf die soziale Sicherheit der Schweiz, Bern 2001, S. 73 ff. bzw. 87 ff.; PETERS ANNE/JUNG MYRIAM, Öffentlich-rechtlicher Rechtsschutz im Zusammenhang mit den Bilateralen II, AJP 2005, S. 954 ff.; RHINOW/KOLLER/KISS/THURNHERR/BRÜHL-MOSER, Prozessrecht, Rz. 827 ff.; SCHAFFHAUSER RENÉ/SCHÜRER CHRISTIAN (Hrsg.), Rechtsschutz der Versicherten und der Versicherer gemäss Abkommen EU/CH über die Personenfreizügigkeit (APF) im Bereich der Sozialen Sicherheit, St. Gallen 2002; SPIRA RAYMOND, L'application de l'Accord sur la libre circulation des personnes par le juge des assurances sociales, in: Felder Daniel/Kaddous Christine (Hrsg.), Accords bilatéraux Suisse – UE (Commentaires), Basel 2001, S. 369 ff.; SUTTER KASPAR, Gerichtlicher Rechtsschutz in auswärtigen Angelegenheiten. Mit einer Rechtsvergleichung zum französischen «acte de gouvernement», Zürich/St. Gallen 2012, S. 175 ff.; THURNHERR DANIELA, Öffentlichkeit und Geheimhaltung von Umweltinformationen. Weiterentwicklung des Umweltvölkerrechts durch die Aarhus-Konvention und deren Bedeutung für das schweizerische Recht, Zürich u.a. 2003; WÜGER DANIEL/SCARPELLI SAMUELE, Die vernachlässigten institutionellen Aspekte der Bilateralen Verträge und die Aushandlung eines Rahmenvertrags, in: Epiney Astrid/Egbuna-Joss Andrea/Wyssling Markus (Hrsg.), Schweizerisches Jahrbuch für Europarecht 2005/2006, S. 287 ff.; ZIEGLER ANDREAS R., De l'inévitable internationalisation de la procédure administrative: l'exemple des marchés publics, in: Mélanges en l'honneur de Pierre Moor, Bern 2005, S. 623 ff.

Insbesondere im Bereich des *öffentlichen Beschaffungswesens* und des Marktzugangs haben internationale Abkommen grundlegende Auswirkungen auf das Verwaltungsverfahren und die Verwaltungsrechtspflege. Dies gilt vor allem für das GATT/WTO-Übereinkommen vom 15.4.1994 über das öffentliche Beschaffungswesen (GPA), dessen Art. XX recht detaillierte Vorschriften zum notwendigen nationalen Beschwerdeverfahren enthält. Das nationale Recht stellt im Wesentlichen eine Umsetzung des internationalen Abkommens dar; der Rechtsweg im Bereich der Submissionen geht somit auf die internationalen Verpflichtungen zurück, welche die Schweiz eingegangen ist. Daneben bleibt das GPA unter Umständen direkt anwendbar oder als Auslegungshilfe massgeblich. Das spätere Abkommen vom 21.6.1999 zwischen der Schweizerischen Eidgenossenschaft und der Europäischen Gemeinschaft über bestimmte Aspekte des öffentlichen Beschaffungswesens (SR 0.172.052.68) hatte dann nur noch bescheidenere Auswirkungen auf das schweizerische Recht. Stark beeinflusst vom europäischen Gemeinschaftsrecht ist dagegen das BGBM, das ebenfalls eine Rechtsschutzgarantie enthält (Art. 9 BGBM). Es geht darauf zurück, 93 dass der schweizerische Binnenmarkt an den europäischen angeglichen werden sollte (vgl. BBl 1995 I 1234 f., 1282; vgl. auch BBl 2005 466).

94 Bestimmungen des internationalen Rechts zum Verwaltungsverfahren und zur Verwaltungsrechtspflege sind allerdings nicht auf den Bereich des Marktes beschränkt, sondern zum Beispiel auch im *Umweltvölkerrecht* anzutreffen. So finden sich Informations- und Verfahrensrechte in Art. 4–9 der Aarhus-Konvention vom 25.6.1998 über den Zugang zu Informationen, die Öffentlichkeitsbeteiligung an Entscheidungsverfahren und den Zugang zu Gerichten in Umweltangelegenheiten. Der Bundesrat hat der Bundesversammlung mit Botschaft vom 28.3.2012 die Genehmigung der Aarhus-Konvention mit einzelnen Vorbehalten beantragt (BBl 2012 4323 ff.).

95 Anzumerken ist, dass das internationale Recht nicht nur zur Verstärkung des Rechtsschutzes auf nationaler Ebene beiträgt, sondern unter Umständen auch zu Grundrechtseingriffen führen kann, die schwierig zu beheben sind (vgl. zur Umsetzung von Sanktionsbeschlüssen des UNO-Sicherheitsrats: EGMR, Urteil i.S. Nada gegen die Schweiz vom 12.9.2012, CEDH 2012, gegenüber BGE 133 II 450 E. 8.3).

96 Die *bilateralen Abkommen* zwischen der Schweiz und der Europäischen Union bzw. deren Mitgliedstaaten betreffen in der Regel das Verwaltungsverfahren und die Verwaltungsrechtspflege nicht direkt. Dennoch wirken sie sich aus: Sie behandeln nicht nur materielle Fragen, sondern tragen zur Ausprägung eines internationalen Verwaltungsrechts bzw. Verwaltungsverfahrens- und -prozessrechts bei, indem sie Fragen der Zuständigkeit, des anwendbaren Rechts und der Anerkennung ausländischer Entscheide aufwerfen und regeln (vgl. vorne, Rz. 59 ff.). Zudem enthalten sie – oder die Bestimmungen, die für anwendbar erklärt werden – Regelungen der Rechts- und Amtshilfe, und sie legen unter Umständen Verfahrensrechte sowie vereinzelt Rechtsschutzgarantien fest. So garantiert der direkt anwendbare Art. 11 FZA ein zweistufiges Beschwerdeverfahren, das an ein nationales Gericht führen muss (vgl. BGE 131 II 352 E. 1.2 ff.; Thomas Häberli, in: Niggli/Uebersax/Wiprächtiger, Basler Kommentar BGG, Art. 83 N. 57; vgl. auch BGE 131 V 35 E. 2 f.). Umgekehrt werfen die bilateralen Abkommen das Problem auf, wie der Rechtsschutz gegen Einzelakte und Erlasse der von ihnen eingerichteten Gemischten Ausschüsse zu gewährleisten ist.

5. Gesetzliche Regelung des Verfahrensrechts

97 *Literatur:* Gygi, Bundesverwaltungsrechtspflege, S. 49 f.; Moor/Poltier, Droit administratif, Vol. II, S. 240 f.; Saladin, Verwaltungsverfahrensrecht, S. 15 ff.; Schindler Benjamin, in: Auer/Müller/Schindler, VwVG-Kommentar, Einleitung; Schweizer Rainer J., Auf dem Weg zu einem schweizerischen Verwaltungsverfahrens- und Verwaltungsprozessrecht, ZBl 1990, S. 193 ff.; Suhr Reto, Möglichkeiten und Grenzen der Kodifizierung des allgemeinen Teils des schweizerischen Verwaltungsrechts, Basel 1975.

A. Notwendigkeit der gesetzlichen Regelung des Verfahrensrechts und der Festlegung verfahrensrechtlicher Formen

Wie das materielle Verwaltungsrecht kann das Verwaltungsverfahrensrecht nicht auf eine gesetzliche Festlegung verzichten. Eine gute Verfahrensordnung zielt darauf ab, das nichtstreitige wie das streitige Verwaltungsverfahren möglichst rasch durch einen rechtmässigen Entscheid zu beenden. Dieser Zweck wird besser durch eingehende gesetzliche Verfahrensregeln erreicht, als wenn sich die Behörde auf Lehre und Praxis stützen muss. Die Verwaltungsbehörden sind somit in doppelter Hinsicht dem Gesetz unterworfen: einerseits bezüglich des Inhalts der Verwaltungshandlung, andererseits hinsichtlich des Verfahrens (Moor/Poltier, Droit administratif, Vol. II, S. 241). 98

Die positivrechtliche Festlegung des Verfahrensrechts für sich genommen genügt indessen noch nicht. Vielmehr muss die gesetzliche Grundlage auch gewisse inhaltliche Voraussetzungen erfüllen und einen genügenden Bestimmtheitsgrad aufweisen. So bedürfen Untersuchungshandlungen, die einen schweren Eingriff in die Freiheitsrechte bewirken, einer ausdrücklichen Grundlage in einem Gesetz im formellen Sinn (Art. 36 Abs. 1 BV; vgl. auch Art. 164 Abs. 1 lit. b BV). Doch besteht nach der bundesgerichtlichen Rechtsprechung auch im Verfahrensrecht durchaus Raum für ungeschriebenes Recht (BGE 121 II 378 E. 6b). 99

Aufgrund einer eingehend normierten Verfahrensordnung lassen sich nicht nur die Rechte und Pflichten der Verfahrensbeteiligten eindeutig voneinander abgrenzen, sondern es lässt sich auch eine klare Zuständigkeitsausscheidung zwischen den verschiedenen Instanzen herbeiführen. Verfahrensrechtliche Formvorschriften bestehen nicht um ihrer selbst willen; sie garantieren vielmehr die Wahrung der Rechte und der Gleichheit der Parteien und schützen vor willkürlicher Behandlung durch die Behörden. Die Konsequenzen eines Verfahrens werden durch die Formalisierung der Verfahrens- und Prozesshandlungen berechenbar. So ist die Form nach Jhering «die geschworene Feindin der Willkür, die Zwillingsschwester der Freiheit» (Rudolf von Jhering, Geist des römischen Rechts auf den verschiedenen Stufen seiner Entwicklung, Teil II, Abteilung II, 5. A., Leipzig 1898, § 45, S. 471). 100

Dies gilt auch für das nichtstreitige Verwaltungsverfahren. Bei Verfügungen, die in grosser Anzahl ergehen (Steuerveranlagung, Erhebung der Sozialversicherungsbeiträge), können aber durchaus Erleichterungen in der Einhaltung der Formen gewährt werden, sofern das rechtliche Gehör gewahrt wird. Andererseits kann ein formalisiertes Verfahren insbesondere in Bereichen, wo die Regelungsdichte des materiellen Verwaltungsrechts eher gering ist und für den zu treffenden Entscheid wenig Vorgaben bestehen, einen Ausgleich herbeiführen. Auch vermag ein gut ausgebautes erstinstanzliches Verfahren die Rechtsmittelinstanzen zu entlasten. 101

102   Die Formerfordernisse im Verfahrensrecht haben dort ihre Grenze, wo sie weder zur ordnungsgemässen noch zur rechtsgleichen Abwicklung des Verfahrens erforderlich sind oder wo sie die Durchsetzung des materiellen Rechts unverhältnismässig erschweren. Das Bundesgericht hat aus dem Verbot des überspitzten Formalismus eine umfangreiche Rechtsprechung zur Zulässigkeit und zu den Grenzen der Formvorschriften im Verfahrensrecht entwickelt (vgl. BGE 135 I 6 E. 2.1 m.H. sowie hinten Rz. 206).

B.   Bemerkungen zu den Verfahrensregelungen

103   Sowohl im Bund als auch in allen Kantonen sind heute das Verwaltungsverfahren und die Verwaltungsrechtspflege gesetzlich normiert, wobei die kantonalen Regelungen unterschiedlich umfassend sind. Wie im Folgenden aufzuzeigen ist, haben Gesetzgebung und Praxis im Bund zudem eine beträchtliche vereinheitlichende Wirkung auf das kantonale Recht. Doch sind auch gegenläufige Kräfte und Tendenzen auszumachen: Nach wie vor ist die heutige rechtliche Regelung des Verfahrens im Bund und in den Kantonen relativ zersplittert; sie weist zahlreiche Arten von Rechtsmitteln und Rechtsbehelfen auf und enthält im Einzelnen etliche Sondervorschriften. Dazu tragen auch Spezialgesetze bei, welche oft eigene Verfahrensregelungen enthalten und einen besonderen Instanzenzug vorsehen. In einzelnen Rechtsgebieten, die vorwiegend in Spezialerlassen geregelt sind – wie etwa im Submissionsrecht – ist denn auch feststellbar, dass sich die Praxis von der allgemeinen Dogmatik des Verwaltungsverfahrens- und -prozessrechts verselbständigt und eigene, mehr oder weniger abweichende Grundsätze entwickelt.

6.   Für die Kantone geltende Bundesvorschriften unterhalb der Verfassungsstufe

104   *Literatur:* AUER CHRISTOPH, Auswirkungen der Reorganisation der Bundesrechtspflege auf die Kantone, ZBl 2006, S. 121 ff.; BIAGGINI GIOVANNI, Theorie und Praxis des Verwaltungsrechts im Bundesstaat, Basel/Frankfurt a. M. 1996, S. 330 ff.; HERZOG RUTH, Auswirkungen auf die Staats- und Verwaltungsrechtspflege in den Kantonen, in: Tschannen, Bundesrechtspflege, S. 43 ff.; KISS CHRISTINA, Rechtsweggarantie und Totalrevision der Bundesrechtspflege. Entgegnung zu Bernhard Weber, ZBJV 1998, S. 288 ff.; KLEY-STRULLER ANDREAS, *Anforderungen* des Bundesrechts an die Verwaltungsrechtspflege der Kantone bei der Anwendung von Bundesverwaltungsrecht, AJP 1995, S. 148 ff.; KÖLZ ALFRED/KOTTUSCH PETER, Bundesrecht und kantonales *Verwaltungsverfahrensrecht,* ZBl 1978, S. 421 ff.; LUGON JEAN-CLAUDE/POLTIER ETIENNE/TANQUEREL THIERRY, Les conséquences de la réforme de la justice fédérale pour les cantons, in: Bellanger/Tanquerel, recours, Genf u.a. 2006, S. 103 ff.; MARTENET VINCENT, L'autonomie constitutionnelle des cantons, Basel 1999; MEYER-BLASER ULRICH, Das Bundesgesetz über den Allgemeinen Teil des Sozialversicherungsrechts (ATSG) und das Schicksal der allgemeinen Rechtsgrundsätze des Sozialversicherungsrechts, in: Schaffhauser René/Schlauri Franz (Hrsg.), Sozialversicherungsrechtstagung 2002, St. Gallen 2002, S. 119 ff.; MOOR/POLTIER, Droit administratif, Vol. II, S. 247 ff.; PFISTERER THOMAS, Der kantonale Gesetzgeber vor der Reform der Bundesrechtspflege, in: Ehrenzeller/Schweizer, Re-

organisation, S. 257 ff.; Rüedi Rudolf, Allgemeine Rechtsgrundsätze des Sozialversicherungsprozesses, in: Festschrift für Arnold Koller, Bern/Stuttgart/Wien 1993, S. 451 ff.; Ryter Sauvant Marianne, Allgemeine Rechtsgrundsätze – Analogien zum Privatrecht. Ein Beitrag zur richterlichen Rechtsfortbildung im Verwaltungsrecht, Bern 2005; Steimen Urs, Die Umsetzung von Bundesrecht durch die Kantone gemäss Art. 46 Abs. 1 und 2 BV, in: Gächter Thomas/Bertschi Martin (Hrsg.), Neue Akzente in der «nachgeführten» Bundesverfassung, Zürich 2000, S. 161 ff., 170 ff.; Tophinke Esther, Bedeutung der Rechtsweggarantie für die Anpassung der kantonalen Gesetzgebung, ZBl 2006, S. 88 ff.; Weber Bernhard, Rechtsweggarantie und Totalrevision der Bundesrechtspflege. Gedanken und ungeklärte Fragen aus der Sicht der kantonalen Verwaltungsgerichtsbarkeit, ZBJV 1998, S. 177 ff.; Wiederkehr René, in: Wiederkehr/Richli, Praxis, Rz. 667 ff.

A. Zulässigkeit des Eingriffs in die kantonale Organisations- und Verfahrensautonomie

Die Kantone sind einerseits an die Verfahrensgarantien des internationalen Rechts und des Bundesverfassungsrechts gemäss deren Auslegung durch die internationalen Organe und die Bundesbehörden gebunden. Andererseits wirkt auch Bundesrecht unterhalb der Verfassungsstufe auf die kantonalen Verfahrensordnungen ein. 105

Bei der Frage nach der Zulässigkeit von Eingriffen des Bundes ist zu unterscheiden: Handelt es sich um Streitigkeiten aus dem kantonalen Verwaltungsrecht, kommt den Kantonen Organisations- und Verfahrenshoheit zu, die nur durch die Bundesverfassung eingeschränkt werden darf. Geht es hingegen um Bereiche, in denen die Bundesverfassung den Vollzug der Bundesgesetze den Kantonen überlässt oder das Bundesgesetz selbst seine Vollziehung an die Kantone delegiert, ist der Bund befugt, in die Organisations- und Verfahrenszuständigkeit der Kantone einzugreifen, wenn dies «für die Sicherstellung einer richtigen und rechtzeitigen Umsetzung des Bundesrechts durch die Kantone notwendig und verhältnismässig» ist (BGE 128 I 254 E. 3.8.2). Auch wenn der Bund nur über eine Grundsatzgesetzgebungskompetenz verfügt, ist nicht ausgeschlossen, dass er Verfahrensbestimmungen erlässt (BGE 128 I 254 E. 3.8.3). An der Gültigkeit dieser Praxis dürfte die Aufnahme einer ausdrücklichen Garantie der Organisationsautonomie in die Bundesverfassung (Art. 47 Abs. 2 BV; in Kraft seit 1.1.2008) nichts geändert haben. Die genannten Eingriffe geschehen sowohl durch die Gesetzgebung als auch durch die Rechtsanwendung. Gesetzgeberische Eingriffe finden sich einerseits in der Spezialgesetzgebung, andererseits im VwVG und nun vor allem im BGG, das jedoch insoweit teils die vorherige gesetzliche Regelung und damit indirekt die bundesgerichtliche Rechtsprechung aufnimmt. 106

Diese Eingriffe dienen zum Teil direkt der Durchsetzung der internationalen und verfassungsmässigen Garantien. Zum Teil geschehen sie zur Durchsetzung zweier miteinander zusammenhängender Grundsätze, welche die Praxis für den Bereich, in dem die Kantone Bundesrecht vollziehen, entwickelt hat und denen das kantonale Verfahrensrecht genügen muss. Beim ersten Grundsatz handelt es sich um das *Vereitelungsverbot*, laut dem kantonale (Verfah- 107 rens-)Vorschriften die Durchsetzung des materiellen Bundesrechts nicht übermässig erschweren oder gar vereiteln dürfen. Das Vereitelungsverbot wird aus dem Prinzip der derogatorischen Kraft des Bundesrechts abgeleitet (Art. 49 Abs. 1 BV; BGE 134 I 125 E. 2.1; in Bezug auf kantonale Verfahrensvorschriften: BGE 135 V 353 E. 5.3.2; 116 Ib 50 E. 4a). Der zweite Grundsatz ist das Prinzip der *Verfahrenseinheit,* welches die «harmonisierte Rechtspflege in einem durch einheitliche Grundsätze geordneten Instanzenzug» (Kley-Struller, Anforderungen, S. 149) fordert. Danach dürfen etwa – im ordentlichen Instanzenzug – die wesentlichen Rechtsmittelvoraussetzungen, insbesondere das Anfechtungsobjekt, die Legitimation und die Beschwerdegründe, im Verfahren vor der unteren Instanz nicht strenger geregelt sein als im Verfahren vor der oberen Instanz. Wenn in einem mehrstufigen Verfahren dem Rechtsmittel an die obere Instanz aufschiebende Wirkung zukommt, gilt dies – auch ohne gesetzliche Grundlage – ebenso für das Rechtsmittel an die untere Instanz (BGer, Urteil 6B_113/2007 vom 16.8.2007, E. 2.6). Der Übergang vom kantonalen zum bundesrechtlichen Rechtsmittelverfahren soll möglichst reibungslos erfolgen (vgl. Kölz/Kottusch, Verwaltungsverfahrensrecht, S. 430).

B. Zu den Regelungen auf Gesetzesstufe

108 In den Anforderungen des BGG an das kantonale Verfahren sind die beiden genannten Zwecke – die Gewährleistung einerseits der übergeordneten Verfahrensgarantien, anderseits des Vereitelungsverbots und des Prinzips der Verfahrenseinheit – miteinander verwoben. Zum einen dienen sie insbesondere der Durchsetzung der Rechtsweggarantie. Diese ist grundsätzlich nicht vom Bundesgericht, sondern von den erstinstanzlichen Gerichten und somit im kantonalen Zuständigkeitsbereich von der kantonalen Justiz zu erfüllen und rechtfertigt jedenfalls die Eingriffe in die kantonale Organisations- und Verfahrensautonomie (vgl. Art. 29a, 191, 191a und 191b BV). Zum andern stellen sie als Mindestvorschriften für das kantonale Verfahren die Verfahrenseinheit und das Vereitelungsverbot sicher. Insgesamt führt das BGG zu einer weitgehenden Vereinheitlichung der kantonalen Verfahren (Bernhard Ehrenzeller, in: Niggli/Uebersax/Wiprächtiger, Basler Kommentar BGG, Art. 110 N. 4 m.w.H.). Dabei unterscheidet das Gesetz im Unterschied zur früheren Rechtslage nicht mehr danach, ob die angefochtene Verfügung auf Bundesrecht oder auf kantonalem Recht beruht (vgl. Art. 82 BGG).

109 Im Einzelnen schreiben Art. 86 Abs. 2 f. und Art. 87 Abs. 2 BGG den Kantonen vor, obere Gerichte als Vorinstanzen des Bundesgerichts einzusetzen, wenn dieses mit der Beschwerde in öffentlich-rechtlichen Angelegenheiten angerufen werden kann (vgl. für die Beschwerde in Zivil- und Strafsachen Art. 75 Abs. 2 und Art. 80 Abs. 2 BGG). Vorbehalten bleiben nur abweichende Regelungen in anderen Bundesgesetzen und Entscheide mit vorwiegend politischem Charakter (vgl. hinten, Rz. 1384 ff.). Art. 88 Abs. 2 BGG verlangt ein kantonales

Rechtsmittel in Stimmrechtssachen, soweit nicht Akte des Parlaments oder der Regierung angefochten werden; gemäss Bundesgericht ist ein gerichtliches Verfahren vorzusehen (BGE 134 I 199 E. 1.2). Für Entscheide, die mit der subsidiären Verfassungsbeschwerde angefochten werden können, haben die Kantone mit den genannten Vorbehalten ebenfalls ein oberes Gericht als Vorinstanz des Bundesgerichts zu bezeichnen (Art. 114 BGG). Die Möglichkeit der Kantone, Ausnahmen von der Rechtsweggarantie im Sinn von Art. 29a Satz 2 BV vorzusehen, wird damit durch den Bundesgesetzgeber auf den von Art. 86 (i.V.m. Art. 114) BGG abgesteckten Rahmen begrenzt. Dies erscheint allerdings zulässig, da Art. 29a Satz 2 BV die Kantone nicht vor Einschränkungen des ohnehin engen Regelungsspielraums durch den Bundesgesetzgeber schützt.

Sodann enthält das BGG Bestimmungen über das kantonale Verfahren; diese sehen vor, dass eine richterliche Behörde den Sachverhalt frei zu prüfen und das massgebende Recht von Amtes wegen anzuwenden hat, wenn das BGG ein Gericht als letzte kantonale Instanz verlangt (Art. 110 BGG). Für alle kantonalen Verfahren dürfen die Parteistellung und die zulässigen Rügen grundsätzlich nicht enger umschrieben werden als vor diesem (Art. 111 BGG). Art. 112 BGG regelt die Eröffnung der Entscheide, die der Beschwerde an das Bundesgericht unterliegen (vgl. BGE 135 V 353 E. 5.3 f. sowie die Verordnung vom 8.11.2006 über die Eröffnung letztinstanzlicher kantonaler Entscheide in öffentlich-rechtlichen Angelegenheiten [SR 173.110.47]). Auch diese Bestimmungen gelten sinngemäss, wenn nur die subsidiäre Verfassungsbeschwerde zur Verfügung steht (Art. 117 BGG). 110

Der Umsetzung des Vereitelungsverbots und der Verfahrenseinheit dient auch Art. 1 Abs. 3 VwVG, der verschiedene Normen des VwVG im kantonalen Verfahren für anwendbar erklärt. Gemäss dieser Bestimmung haben diejenigen kantonalen Instanzen, die gestützt auf das öffentliche Recht des Bundes nicht endgültig verfügen, die Art. 34–38 sowie 61 Abs. 2 und 3 VwVG über die Eröffnung einer Verfügung anzuwenden und Art. 55 Abs. 2 und 4 VwVG betreffend aufschiebende Wirkung der Beschwerden zu beachten. Die Liste gilt nach heute wohl unbestrittener Auffassung als nicht abschliessend (Pierre Tschannen, in: Auer/Müller/Schindler, Kommentar VwVG, Art. 1 Rz. 27 m.H.). 111

Auch die Spezialgesetzgebung des Bundes greift vielerorts und aus vielfältigen Gründen in das kantonale Verfahrensrecht ein. Solche Eingriffe sind umso eher notwendig, je gefährdeter die Durchsetzung des materiellen Bundesrechts und der materiellen Prinzipien des Bundesverfassungsrechts erscheint. Sie finden sich deshalb namentlich auch bei denjenigen Materien, welche in den Kantonen auf unterschiedliche Akzeptanz stossen. Zu denken ist etwa an die Behörden- und ideellen Verbandsbeschwerden, die das Bundesrecht in den Bereichen des Umweltschutzes, der Raumplanung oder des Grundstückerwerbs durch Personen im Ausland vorsieht (vgl. Rz. 982 ff., 988 ff., 1492 ff., 1505 ff.). Am intensivsten sind die Einwirkungen auf das kantonale Recht aber im Sozialversicherungsrecht: Art. 34 ff. ATSG enthalten detaillierte Regelungen für das erst- 112 instanzliche und das Rechtspflegeverfahren. Das Eingreifen des Bundesgesetzgebers lässt sich hier mit dem vom materiellen Recht geforderten Schutz der sozial schwächeren Partei rechtfertigen.

113 Die Notwendigkeit eines Eingriffs in die kantonale Organisations- und Verfahrenshoheit ist jedoch nicht immer offensichtlich. Manchmal ist die Vereinheitlichung materiellen Rechts Anlass für eine entsprechende Anpassung des Verfahrensrechts, so etwa beim Steuerharmonisierungsgesetz (Art. 39 ff. StHG) und beim Allgemeinen Teil des Sozialversicherungsrechts (Art. 34 ff. ATSG). Deutlich ist oft auch die Absicht, die Rechtsmittelinstanzen des Bundes, besonders das Bundesgericht, zu entlasten. Die Entlastung des Bundesgerichts war erklärtermassen eines der beiden primären Ziele der jüngsten Totalrevision der Bundesrechtspflege (BBl 2001 4211 ff., 4225; vgl. BGE 133 I 185 E. 5).

C. Die allgemeinen Rechtsgrundsätze

114 Unter allgemeinen Rechtsgrundsätzen sind geschriebene oder ungeschriebene Normen zu verstehen, die wegen ihrer Tragweite als *subsidiäres Richterrecht auf Gesetzesstufe* für ein Rechtsgebiet oder für die ganze Rechtsordnung Geltung haben (vgl. Häfelin/Müller/Uhlmann, Verwaltungsrecht, Rz. 184 ff.). Bezieht sich ein allgemeiner Rechtsgrundsatz auf die gesamte Rechtsordnung, so hat er «jedenfalls dort, wo keine klare anderslautende Gesetzgebung besteht, auch in den Kantonen zu gelten» (BGE 118 Ia 241 E. 3c).

115 Das Bundesgericht erklärt verschiedene, teils im Bund gesetzlich verankerte Regeln zu allgemeinen Rechtsgrundsätzen:
- Eine Frist gilt grundsätzlich als gewahrt, wenn die Eingabe bei der unzuständigen Behörde eingeht, womit der allgemeine Rechtsgrundsatz konkretisiert wird, dass Rechtsuchende nicht ohne Not um die Beurteilung ihres Rechtsbegehrens durch die zuständige Instanz gebracht werden sollen (BGE 121 I 93 E. 1d).
- Bei unverschuldeter Fristversäumnis muss die Wiederherstellung der Frist ermöglicht werden, wie es ausdrücklich in Art. 24 VwVG und Art. 50 BGG vorgesehen ist (BGer, Urteil 1C_491/2008 vom 10.3.2009, E. 1.2; BGE 117 Ia 297 E. 3c).
- Fehlen bei einer Eingabe die notwendige Unterschrift, die Vollmacht oder die vorgeschriebenen Beilagen, ist eine Nachfrist anzusetzen, bevor sie durch Nichteintreten erledigt wird (BGE 134 II 244 E. 2.4.2; vgl. Art. 42 Abs. 5 BGG und Art. 52 Abs. 2 VwVG).
- Aus einem Eröffnungsmangel, zum Beispiel einer falschen Rechtsmittelbelehrung, darf den Betroffenen kein Nachteil erwachsen (Art. 38 VwVG und Art. 49 BGG; BGer, Urteil 2P.44/2006 vom 9.6.2006, E. 2.4; BGE 123 II 231 E. 8b) – was auch direkt aus Treu und Glauben abgeleitet wird (BGE 134 I 199 E. 1.3.1; 131 I 153 E. 4).

- Der Fristenlauf wird mit dem Eintreffen der Gerichtsurkunde im Machtbereich des Adressaten ausgelöst (BGer, Urteil 4C.224/2004 vom 29.9.2004, E. 2.2; BGE 122 III 316 E. 4b).
- Offensichtliche Versehen oder Redaktionsfehler in einem Entscheid dürfen berichtigt werden (BGer, Urteil 1P.661/2002 vom 14.7.2003, E. 2.2; vgl. Art. 69 Abs. 3 VwVG und Art. 129 Abs. 1 BGG).
- Die Beweislastregel von Art. 8 ZGB gilt – ebenso wie weitere Bestimmungen aus den Einleitungsartikeln des ZGB – ebenfalls als allgemeiner Rechtsgrundsatz (BGer, Urteil 2A.669/2005 vom 10.5.2006, E. 3.5.2; BGE 99 Ib 356 E. 2).
- Das Koordinationsgebot, das im Folgenden zu behandeln ist, wird ebenfalls als allgemeiner Rechtsgrundsatz bezeichnet (ausdrücklich in der kantonalen Praxis und der Literatur: VGer ZH, Urteil VB.2010.00165 vom 14.7.2010, E. 3.2 m.H.; sinngemäss: BGE 111 Ib 308 E. 5).

D. Das Koordinationsgebot

Literatur: AEMISEGGER HEINZ/HAAG STEPHAN, *Praxiskommentar* zum Rechtsschutz in der Raumplanung, Zürich 2010, Separatdruck von: *dies.*, in: Aemisegger Heinz/Moor Pierre/Ruch Alexander/Tschannen Pierre (Hrsg.), Kommentar zum Bundesgesetz über die Raumplanung, 3. Nachlieferung, Zürich u.a. 2010, Art. 33 f., Art. 33 Rz. 96 ff.; CHABLAIS ALAIN, *Protection* de l'environnement et droit cantonal des constructions, Fribourg 1996, S. 143 ff.; GRIFFEL ALAIN, Die *Grundprinzipien* des schweizerischen Umweltrechts, Zürich 2001, S. 304 ff.; *ders.*, Verfahrenskoordination im öffentlichen Recht – Wo stehen wir heute?, recht 2000, S. 225 ff.; HÄNNI PETER, Planungs-, Bau- und besonderes Umweltschutzrecht, 5. A., Bern 2008, S. 449 ff.; HUBMANN TRÄCHSEL MICHÈLE, Die Koordination von Bewilligungsverfahren für Bauten und Anlagen im Kanton Zürich, Zürich 1995; JOMINI ANDRÉ, Coordination matérielle: l'approche de la jurisprudence du Tribunal fédéral, URP 2005, S. 444 ff.; KÄGI-DIENER REGULA, Entscheidfindung in komplexen Verwaltungsverhältnissen, Basel/Frankfurt a. M. 1994; KIENER/RÜTSCHE/KUHN, Verfahrensrecht, N. 502 ff.; MARTI ARNOLD, Koordinationspflicht bei Gewerbe- und Industriebauten – Der Ruf nach Flexibilität, URP 2001, S. 551 ff.; *ders.*, in: Aemisegger Heinz/Moor Pierre/Ruch Alexander/Tschannen Pierre (Hrsg.), Kommentar zum Bundesgesetz über die Raumplanung, Zürich 1999 (zitiert: Kommentar RPG), Art. 25a; MOOR/POLTIER, Droit administratif, Vol. II, S. 219 ff.; RHINOW/KOLLER/KISS/THURNHERR/BRÜHL-MOSER, Prozessrecht, Rz. 1317 ff.; TSCHANNEN PIERRE, Umsetzung von Umweltrecht in der Raumplanung, URP 2005, S. 415 ff.; WALDMANN BERNHARD/HÄNNI PETER, Raumplanungsgesetz. Handkommentar, Bern 2006, Art. 25a, 33 N. 89 ff.; ZUFFEREY ROGER, Coordination des procédures de décision et droit de l'environnement, URP 2001, S. 228 ff.

a. Verpflichtung der Kantone zur Verfahrenskoordination durch die bundesgerichtliche Rechtsprechung

Zu weitreichenden Eingriffen in das kantonale Verfahrensrecht führt das Koordinationsgebot im Sinne der bundesgerichtlichen Praxis. Hintergrund dieses Gebots ist die zunehmende Regelungsdichte vor allem im Umweltrecht, derentwegen insbesondere für grössere Bauvorhaben oft zahlreiche verschiedene Bewilligungen erforderlich sind und verschiedene Verfahren durchlaufen werden müssen. Als Beispiel sei auf die Wasserkraftwerke verwiesen: Zunächst ist eine

Wassernutzungskonzession erforderlich, die zum einen durch das WRG, zum andern durch kantonale Bestimmungen geregelt wird. Unter Umständen ist des Weiteren eine Ausnahmebewilligung gemäss Art. 24 RPG nötig; sodann sind die Belange des Natur- und Heimatschutzes (Art. 22 Abs. 1 WRG) sowie die Bestimmungen des USG zu berücksichtigen und ist insbesondere eine Umweltverträglichkeitsprüfung durchzuführen. Weiter wird unter Umständen um eine Rodungsbewilligung nachzusuchen sowie regelmässig eine gewässerschutzrechtliche Bewilligung einzuholen sein. Immer erforderlich ist auch eine fischereirechtliche Bewilligung.

118   Für die Erteilung der verschiedenen Bewilligungen sind oft verschiedene Behörden zuständig und im Bundesstaat häufig sogar verschiedene Gemeinwesen. Dabei besteht die Gefahr komplizierter, langwieriger Verfahren. Zudem kann eine Gesamtsicht des Projektes verloren gehen, weil jede Behörde dieses nur unter einem beschränkten Blickwinkel prüft. Zweck der Koordination ist sowohl die Verfahrensbeschleunigung als auch der wirksame Gesetzesvollzug.

119   Das Koordinationsgebot wurde im Wesentlichen von der bundesgerichtlichen Rechtsprechung ausgeprägt, welche im Leitentscheid «Chrüzlen (I)» gültig formuliert wurde (BGE 116 Ib 50) und bald als grundsätzlich gefestigt gelten konnte (vgl. etwa BGE 122 II 81 E. 6d/aa m.w.H.). Sie bezieht sich in erster Linie auf das Verfahren vor kantonalen Behörden. Die Rechtsgrundlagen seiner Praxis sieht das Bundesgericht namentlich im Willkürverbot (heute Art. 9 BV) und im «Grundsatz der Einheit und Widerspruchsfreiheit der Rechtsordnung» (BGE 117 Ib 35 E. 3e). Sodann schreiben verschiedene Gesetzes- und Verordnungsbestimmungen des materiellen Bundesrechts eine umfassende Interessenabwägung bei ihrer Anwendung vor. Die Eingriffe in das kantonale Verfahrensrecht werden dementsprechend auch mit dem Prinzip der derogatorischen Kraft des Bundesrechts (heute Art. 49 Abs. 1 BV), namentlich mit dem Vereitelungsverbot, gerechtfertigt (BGE 137 II 182 E. 3.7.4.1; 117 Ib 35 E. 3e; 116 Ib 50 E. 4a).

120   Verlangt wird sowohl die materielle als auch die formelle Koordination: Der Grundsatz der *materiellen Koordination* fordert die Abstimmung aller auf den konkreten Fall anwendbaren materiellen Vorschriften, zwischen denen ein derart enger Sachzusammenhang besteht, dass sie nicht getrennt und unabhängig voneinander angewendet werden dürfen. Unter materieller Koordination ist mithin eine umfassende Interessenabwägung zu verstehen. Mit dem Begriff der *formellen Koordination* wird die Harmonisierung der verschiedenen Verfahren bezeichnet, durch welche die materielle Koordination sichergestellt werden soll.

121   Daraus ergeben sich Anforderungen sowohl an das erstinstanzliche Verfahren als auch an das Rechtsmittelverfahren. Für das erstinstanzliche Verfahren fordert das Bundesgericht entweder die Konzentration der Zuständigkeit bei einer einzigen Behörde *(Konzentrationsmodell)* oder, wenn verschiedene erstinstanzliche Behörden zuständig sind, eine Abstimmung der Verfahren in einer Weise, welche ein qualitativ gleichwertiges Koordinationsergebnis garantiert

(Koordinationsmodell; Modell der materiellen Verfahrenskoordination). Das Bundesgericht empfiehlt für diesen zweiten Fall die gleichzeitige Eröffnung der Entscheide durch diejenige Behörde, welche für das *Leitverfahren* zuständig ist, also für jenes Verfahren, das eine frühzeitige und umfassende Prüfung ermöglicht. Sind im erstinstanzlichen Verfahren sowohl kantonale Behörden als auch Bundesbehörden zuständig, ist eine Lösung für den Einzelfall zu suchen (BGE 118 Ib 381 E. 4a S. 400, vgl. auch BGE 133 II 181 E. 5.1.4, 122 II 81 E. 6d/aa). Sodann ist laut dem Bundesgericht ein einheitliches Rechtsmittel vorzusehen. Zur Gewährleistung der Koordination ist eine teilweise Missachtung der kantonalen Verfahrensordnung in Kauf zu nehmen (BGE 118 Ib 326 E. 2c). Ohne es ausdrücklich zu erwähnen, geht das Bundesgericht in Bezug auf das Rechtsmittelverfahren vom Konzentrationsmodell aus.

Die Praxis des Bundesgerichts, welche die Kantone zur Verfahrenskoordination verpflichtet, war insofern problematisch, als ein Eingreifen in die kantonalen Verfahren und Behördenorganisationen durch die *Rechtsanwendung* auch wegen des Grundsatzes der Gesetzmässigkeit im Verfahrensrecht die Ausnahme bleiben muss. Tritt ein neuer Regelungsbedarf ein, so ist in erster Linie der Bundesgesetzgeber aufgerufen, tätig zu werden und vereinheitlichende Bestimmungen zu erlassen. Mittlerweile sind allerdings gesetzliche Grundlagen geschaffen worden, die sich an der Bundesgerichtspraxis ausrichten (vgl. Griffel, Grundprinzipien, Nr. 423). Die Diskussion um den Koordinationsgrundsatz ist denn auch in den letzten Jahren wieder etwas abgeklungen.

b. Gesetzliche Regelungen

Für die Kantone zentrale Koordinationsvorschriften sind vor allem Art. 25a und Art. 33 Abs. 4 RPG (in Kraft seit 1.1.1997). Der Bundesgesetzgeber hat bei ihrem Erlass die bundesgerichtliche Praxis weitgehend übernommen und ein Koordinationsgebot für das Baubewilligungsverfahren und sinngemäss für das Nutzungsplanverfahren aufgestellt. Dieses fordert im Sinne einer bundesrechtlichen Minimalvorschrift von den Kantonen die Bezeichnung einer Koordinationsbehörde, die im erstinstanzlichen Verfahren für ausreichende Koordination sorgt, sowie einheitliche Rechtsmittelinstanzen. Dabei müssen alle erforderlichen Verfügungen koordiniert werden; im Gegensatz zur bundesgerichtlichen Praxis wurde also auf das Erfordernis des engen Sachzusammenhangs verzichtet (BBl 1994 III 1075 ff., 1084).

Verschiedene weitere Koordinationsregeln, die auch die Kantone betreffen, finden sich verstreut in der Spezialgesetzgebung des Bundes. Teils konnte sich das Bundesgericht bei der Entwicklung seiner Praxis auf diese Bestimmungen stützen; teils nehmen sie diese Praxis auf. So verlangen verschiedene materiellrechtliche Gesetzes- und Verordnungsbestimmungen eine umfassende Interessenabwägung bei ihrer Anwendung (materielle Koordination; vgl. die Liste in BGE 117 Ib 35 E. 3e). Sodann sind in Bezug auf das Verfahren sowohl Bestimmungen allgemeiner Natur zu nennen, etwa solche, die in ihrem Anwendungsbereich eine Zusammenarbeit zwischen Bund und Kantonen postulieren (z.B. Art. 1 Abs. 1 und Art. 2 Abs. 1 RPG), als auch spezifische Vorschriften für gewisse Verfahrensabläufe (z.B. Art. 35 Abs. 3 GSchG, wo der entscheidenden Behörde die Anhörung gewisser anderer Amtsstellen vorgeschrieben wird). Art. 20 TVA schreibt den Kantonen die Koordination sämtlicher Bewilligungsverfahren vor, die für den Bau oder den Betrieb von Abfallanlagen erforderlich sind. Wichtig ist schliesslich die Koordinationspflicht für Projekte, die der Umweltverträglichkeitsprüfung unterliegen, gemäss Art. 21 f. UVPV. Nach Art. 22 UVPV sind in diese Koordination auch die Entscheide über Bundessubventionen einzubeziehen (zur Frage der Subventionen vgl. auch Art. 12a NHG; Marti, Kommentar RPG, Art. 25a Rz. 19).

125 Die Kantone haben seit Beginn der Neunzigerjahre ihre Rechtsordnung an das bundesrechtliche Koordinationsgebot angepasst. Die kantonalen Koordinationsvorschriften finden sich in der Einführungsgesetzgebung zum Umweltschutzrecht des Bundes oder in allgemeinerer Form in den kantonalen Baugesetzen, selten in eigenständigen Koordinationserlassen oder in Erlassen über das Verwaltungsverfahren. Sowohl das Konzentrations- als auch das Koordinationsmodell sind anzutreffen (Ersteres im Kanton Bern gemäss dem Koordinationsgesetz vom 21.3.1994 [BSG 724.1] oder, für die Bewilligungen und Verfügungen kantonaler Behörden, im Kanton Luzern nach § 192a des Planungs- und Baugesetzes vom 7.3.1989 [SRL 735]).

126 Wird das Konzentrationsmodell bereits im nichtstreitigen Verwaltungsverfahren vorgesehen, besteht allerdings die Gefahr, dass die umweltrechtlichen Bestimmungen nicht konsequent durchgesetzt werden, wenn die Zuständigkeiten allein bei derjenigen Behörde konzentriert sind, welche die Nutzungsinteressen vertritt. In diesem Fall ist nicht auszuschliessen, dass die zuständige Behörde mit einer gewissen Einseitigkeit entscheidet. Diese Gefahr dürfte sich weniger verwirklichen, wenn die Zustimmung und nicht nur die Anhörung der jeweiligen Fachbehörden vorgesehen ist (vgl. die Übersicht über die Vor- und Nachteile der verschiedenen Modelle bei Chablais, Protection, S. 157).

E. Ergebnis: «Gemeineidgenössisches» Verfahrensrecht

127 Verfassungsrecht und internationales Recht sowie die – in der Regel darauf beruhenden – Anforderungen der Bundesgesetzgebung und der Bundesgerichtspraxis an das kantonale Verfahren führen im Ergebnis zu einem «gemeineidgenössischen» Verwaltungsverfahrensrecht (vgl. etwa Bernhard Ehrenzeller, in: Niggli/Uebersax/Wiprächtiger, Basler Kommentar BGG, Art. 110 Rz. 6). Dieses bestimmt und strukturiert weitgehend das kantonale Verfahrensrecht – trotz Organisations- und Verfahrensautonomie –, wenn auch für Einzelfragen verschiedene Lösungsmöglichkeiten verbleiben. Grössere Handlungsspielräume besitzen die Kantone vor allem noch im Bereich der Behördenorganisation

und der Zuständigkeitsordnung. Zudem sind Gegentendenzen zur Harmonisierung auszumachen, indem sich einzelne Spezialmaterien von den allgemeinen Grundsätzen des Verwaltungsverfahrens- und -prozessrechts verselbständigen; allerdings werden diese Bereiche nach materiellen und kaum nach föderalistischen Kriterien abgegrenzt.

Zur Vereinheitlichung trägt bei, dass kantonale Gesetzgebung und Praxis sich oft auch dort am Bundesrecht orientieren, wo dieses nur für Bundesbehörden gilt und den Kantonen Regelungsspielräume verbleiben. So haben zum Beispiel etliche Kantone Art. 25a VwVG über die Anfechtung von Realakten praktisch wörtlich übernommen, obwohl auch andere Lösungen für den Rechtsschutz gegen Realakte denkbar sind und teils auch gewählt wurden (vgl. die Übersicht bei Benjamin Schindler, Rechtsschutz im Polizeirecht: Eine Standortbestimmung, Sicherheit & Recht 2012, S. 215 ff.).

7. Intertemporales Verfahrensrecht

Literatur: BORGHI MARCO, Il diritto amministrativo intertemporale, ZSR 1983 II, S. 385 ff.; BRÜHL-MOSER DENISE, in: Niggli/Uebersax/Wiprächtiger, Basler Kommentar BGG, Art. 132 N. 1 ff.; CAMPRUBI MADELEINE, in: Auer/Müller/Schindler, VwVG-Kommentar, Art. 80–82 Rz. 10 ff., 14; GRISEL ANDRÉ, L'application du droit public dans le temps, ZBl 1974, S. 233 ff.; GYGI, Bundesverwaltungsrechtspflege, S. 52 f.; KÖLZ ALFRED, *Intertemporales Verwaltungsrecht*, ZSR 1983 II, S. 101 ff., 222 f.; MEYER ULRICH/ARNOLD PETER, *Intertemporales Recht*, ZSR 2005 I, S. 115 ff., 135 ff.; SEETHALER FRANK/BOCHSLER FABIA, in: Waldmann/Weissenberger, Praxiskommentar VwVG, Art. 81; STRAUB MARTIN, Das intertemporale Recht bei der Baubewilligung, Zürich 1976; UHLMANN FELIX/TRÜMPLER RALPH, «Das *Rückwirkungsverbot* ist im Bereich der Amtshilfe nicht von Bedeutung» – Überlegungen zum Urteil des Bundesverwaltungsgerichts vom 15. Juli 2010 betreffend den UBS-Staatsvertrag, ZSR 2011 I, S. 139 ff.; WIEDERKEHR RENÉ, in: Wiederkehr/Richli, Praxis, Rz. 813 ff.

Das intertemporale Verfahrensrecht ist zu trennen von der Frage der Anwendbarkeit von geändertem materiellem Recht auf hängige Streitfragen. Für diesen Problemkreis sei auf die Literatur des allgemeinen Verwaltungsrechts verwiesen (Kölz, Intertemporales Verwaltungsrecht, S. 101 ff.; Häfelin/Müller/Uhlmann, Verwaltungsrecht, Rz. 310 ff.).

Intertemporalrechtliche Probleme ergeben sich im Verfahrensrecht wegen dessen relativer Wertneutralität nur wenige. Als allgemeiner intertemporalrechtlicher Grundsatz gilt die sofortige Anwendbarkeit des neuen Verfahrensrechts. Davon kann allerdings nicht unbesehen ausgegangen werden (vgl. die Kritik von Uhlmann/Trümpler, Rückwirkungsverbot, S. 143 ff., an BVGE 2010/40 E. 6.5.2). Eine Ausnahme ist zu machen, wenn aufgrund der Anwendung des neuen Verfahrensrechts die Kontinuität des materiellen Rechts nicht gewährleistet ist (BGE 115 II 97 E. 2c) oder wenn keine Kontinuität zwischen altem und neuem verfahrensrechtlichen System besteht, weil mit dem neuen Recht eine grundlegend neue Verfahrensordnung geschaffen worden ist (BGE 136 II 187 E. 3.1; 130 V 1 E. 3.2; 112 V 356 E. 4a; Meyer/Arnold, Intertemporales

Recht, S. 135 f.). Das Bundesgericht hat sodann auch den Grundsatz der Anwendung des für die Privaten milderen Rechts (lex mitior) als Ausdruck allgemeiner intertemporalrechtlicher Erwägungen bezeichnet (BGE 127 II 209 E. 2b). Er gilt demnach auch im intertemporalen Verfahrensrecht (vgl. BGE 115 II 97 E. 2c; 111 V 46; vgl. auch BGer, Urteil 2A.312/2004 vom 22.4.2005, E. 2.3). Vorbehalten bleiben die gesetzlichen Bestimmungen.

132 Sofern vorhanden, sind demnach die gesetzlichen Übergangsvorschriften massgebend. Die Verfahrensgesetze des Bundes sehen einschränkend vor, dass neues Prozessrecht keine Anwendung auf die Streitigkeiten findet, die zum Zeitpunkt seines Inkrafttretens bereits bei bestimmten Rechtsmittelinstanzen hängig sind. Dabei stellt sich indessen die Frage, welches Prozessrecht auf die zum Zeitpunkt des Inkrafttretens des neuen Rechts bereits gefällten oder eröffneten, aber noch nicht weitergezogenen Verfügungen oder Entscheide anwendbar ist. Die Bundesgesetze knüpfen für diesen Fall an den Zeitpunkt des Erlasses (und nicht der Eröffnung) der anfechtbaren Verfügungen und Entscheide an (zutreffend Seethaler/Bochsler, in: Waldmann/Weissenburger, Praxiskommentar VwVG, Art. 81 N. 3; vgl. auch BGE 120 Ia 101 E. 1; anders die Vorauflage; Camprubi, in: Auer/Müller/Schindler, VwVG-Kommentar, Art. 80–82 N. 11): Wurde der angefochtene Entscheid vor dem Inkrafttreten des neuen Prozessrechts gefällt, so ist das alte, im andern Fall das neue Recht anzuwenden (vgl. Art. 132 Abs. 1 BGG; Art. 53 Abs. 1 VGG; Art. 81 VwVG). Damit soll namentlich verhindert werden, dass laufende Fristen durch das Inkrafttreten des neuen Rechts verkürzt werden (BGE 133 I 308 E. 1). Diese Bestimmungen regeln zwar nur die zeitliche Geltung des jeweiligen Gesetzes, können jedoch bei Fehlen gesetzlicher Regelungen im Bund als Leitlinien dienen bzw. analog angewandt werden (Camprubi, in: Auer/Müller/Schindler, VwVG-Kommentar, Art. 80–82 N. 12).

133 Der allfällige weitere Instanzenzug richtet sich ebenso grundsätzlich nach neuem Recht, wenn der jeweils angefochtene vorinstanzliche Entscheid nach dessen Inkrafttreten gefällt wurde. Eine Ausnahme kann wiederum aufgrund einer Gesamtbetrachtung des Rechtswegs angezeigt sein, wenn eine völlig neue Verfahrensordnung geschaffen wurde (vgl. Gygi, Bundesverwaltungsrechtspflege, S. 52 f.). Vor allem aus praktischen Gründen ist davon auszugehen, dass eine Rückweisung an eine nach altem, aber nicht nach neuem Recht zuständige Behörde nicht mehr infrage kommt (zu einer ähnlichen Konstellation vgl. Meyer/Arnold, Intertemporales Recht, S. 136 m.H.).

V. Verfahrensmaximen

134 *Literatur:* Auer Christoph, Streitgegenstand und Rügeprinzip im Spannungsfeld der verwaltungsrechtlichen Prozessmaximen, Bern 1997; Auer/Müller/Schindler, VwVG-Kommentar, Art. 7, 12, 46a, 49, 52 und 62; Glanzmann-Tarnutzer Lucrezia, Das Rügeprinzip im Zivil-, Straf- und

Verwaltungsprozess am Beispiel des Kantons Luzern, AJP 2007, S. 839 ff.; GYGI, Bundesverwaltungsrechtspflege, S. 63 ff., 199 ff.; HÄNER ISABELLE, Die Beteiligten im Verwaltungsverfahren und Verwaltungsprozess, Zürich 2000, N. 324 ff.; HÄNER/WALDMANN, Verwaltungsverfahren, S. 33 ff.; IMBODEN/RHINOW/KRÄHENMANN, Verwaltungsrechtsprechung, Nrn. 88 f.; KIENER/RÜTSCHE/KUHN, Verfahrensrecht, N. 79 ff.; KIESER UELI/LENDFERS MIRIAM, Wie gut muss das Gericht ins Gesetz blicken? Einige Überlegungen zum Grundsatz «iura novit curia» mit Blick auf die Rechtsprechung des Bundesgerichts zum Sozialversicherungsrecht, in: Festschrift für Ivo Schwander, Zürich/St. Gallen 2011, S. 965 ff.; KÖLZ ALFRED, Prozessmaximen im schweizerischen Verwaltungsprozess, 2. A., Zürich 1974; MEIER ISAAK/OTTOMANN RUDOLF, Prinzipiennormen und Verfahrensmaximen, Zürich 1993; MERKLI THOMAS/AESCHLIMANN ARTHUR/HERZOG RUTH, Kommentar zum Gesetz vom 23. Mai 1989 über die Verwaltungsrechtspflege des Kantons Bern, Bern 1997, Art. 16 ff.; MOOR/POLTIER, Droit administratif, Vol. II, S. 291 ff.; NIGGLI/UEBERSAX/WIPRÄCHTIGER, Basler Kommentar BGG, Art. 42, 94 und 105 f.; PFEIFER MICHAEL, Der Untersuchungsgrundsatz und die Offizialmaxime im Verwaltungsverfahren, Basel/Stuttgart 1980; RHINOW/KOLLER/KISS/THURNHERR/BRÜHL-MOSER, Prozessrecht, Rz. 974 ff.; RÜTSCHE BERNHARD/SCHNEIDER DANIELLE, Die Sachverhaltsfeststellung als arbeitsteiliger Prozess. Ein neuer Blick auf den Untersuchungsgrundsatz im öffentlichen Verfahren, in: Festgabe zum Schweizerischen Juristentag 2011, Zürich u.a. 2011, S. 67 ff.; SALADIN, Verwaltungsverfahrensrecht, S. 92 ff.; SCHÄR DANIEL, Grundsätze der Beweislastverteilung im Steuerrecht, Bern 1998; SEILER/VON WERDT/GÜNGERICH, Handkommentar BGG, Art. 42, 94 und 105 f.; STEIGER JÜRG, Verfahrensmaximen vor dem Bundesverwaltungsgericht. Dargestellt am Mehrwertsteuerverfahren, Der Schweizer Treuhänder 2011, S. 173 ff.; WALDMANN BERNHARD, Grundsätze und Maximen in der Verwaltungsrechtspflege, in: Waldmann/Häner, Brennpunkte, S. 1 ff.; WALDMANN/WEISSENBERGER, Praxiskommentar VwVG, Art. 7, 12, 19, 46a, 49, 52 und 62.

1. Begriff der Verfahrensmaxime

Die Verfahrensmaximen sind Grundsätze, nach denen sich die Ausgestaltung einer Verfahrensordnung richtet. Sie geben Aufschluss über die Aufgabenverteilung zwischen den Verfahrensbeteiligten und besonders über deren Stellung im Verfahren, etwa in Bezug auf den Beginn, den Gang und die Beendigung des Verfahrens, die Bestimmung des Verfahrensgegenstandes oder die Rechte und Pflichten bei der Beschaffung des Tatsachenmaterials. Es handelt sich bei den Maximen nicht um Rechtssätze, sondern um Leitlinien, die bei unklaren oder lückenhaften Verfahrensordnungen als Auslegungshilfen herangezogen werden können; doch wurden auch viele Aspekte der Verfahrensmaximen in den Verfahrensordnungen positivrechtlich festgelegt. Oftmals stellen die Verfahrensmaximen Gegensatzpaare dar. Eine Verfahrensart kann aber Elemente von zwei gegensätzlichen Maximen in sich vereinigen und dennoch ein sinnvolles Ganzes ergeben.

135

Der Beispiele hierfür sind viele. So werden einige zivilrechtliche Verfahren vom Untersuchungsgrundsatz beherrscht, obwohl im Zivilprozess grundsätzlich die Verhandlungsmaxime gilt (Art. 247 Abs. 2, Art. 272 und Art. 296 ZPO). Im Strafprozessrecht sind in beschränktem Umfang Vergleiche möglich; damit treten Elemente der Dispositionsmaxime zur grundsätzlich geltenden Offizialmaxime hinzu (Art. 316 StPO).

136

137 Problematisch ist es, wenn die Maximen von der Gerichtspraxis nicht genügend klar umschrieben und voneinander abgegrenzt werden. Besonders im Zivilprozess ordnet das Bundesgericht den Grundsatz der Sachverhaltsabklärung von Amtes wegen häufig der Offizialmaxime statt der Untersuchungsmaxime zu (vgl. z.B. BGE 131 I 242 E. 3.1; anders BGE 118 II 302 E. 4a und 133 III 507 E. 5.4; unklar BGE 122 III 404 E. 3d; 117 V 261 E. 3b). Dagegen stellt nun Art. 55 ZPO zutreffend dem Untersuchungsgrundsatz die Verhandlungsmaxime gegenüber und ordnet die Sachverhaltsabklärung diesem Begriffspaar zu. Werden die Begriffe vermischt, so verlieren die Verfahrensmaximen an klaren Umrissen und in der Folge an praktischer Tauglichkeit. Vorliegend wird von der Begriffsumschreibung ausgegangen, wie sie sich für das Verwaltungsverfahren sowie die Verwaltungsrechtspflege verfestigt hat (vgl. etwa BGE 136 II 165 E. 4.1; 136 I 167 E. 3.3.4).

2. Offizialmaxime – Dispositionsmaxime

138 Offizialmaxime und Dispositionsmaxime betreffen die Herrschaft über die Einleitung des Verfahrens, über den Streitgegenstand sowie über die Beendigung des Verfahrens. In einem von der *Offizialmaxime* beherrschten Verfahren hat die Behörde das Recht und die Pflicht, das Verfahren einzuleiten, dessen Gegenstand zu bestimmen und es durch Verfügung oder Urteil zu beenden. Die Offizialmaxime bestimmt häufig das nichtstreitige Verwaltungsverfahren. In einem solchen Fall wird die Behörde von Amtes wegen tätig. Sie entscheidet unabhängig von Parteibegehren nach Massgabe der rechtlichen Grundlage, ob und in welchem Umfang eine Verfügung zu erlassen ist. Ein Beispiel bildet das aufsichtsrechtliche Einschreiten gegen einen Bewilligungsinhaber, welchem gegenüber die Behörde eine Sanktion anordnet, oder das Steuereinschätzungsverfahren. Typischerweise gilt die Offizialmaxime auch im Strafprozessrecht (Art. 7 StPO), wobei sie hier durch das gemässigte Opportunitätsprinzip abgemildert wird (Art. 8 StPO; vgl. auch BBl 2006 1130).

139 Gilt in einem Verfahren dagegen die *Dispositionsmaxime*, so werden die entsprechenden Handlungen von den Parteien selbst vorgenommen. Diese lösen das Verfahren aus, bestimmen mit ihren Begehren dessen Streitgegenstand und können es durch Anerkennung, Vergleich oder Rückzug des Begehrens beenden. Der Grundsatz, wonach die Parteien den Streitgegenstand bestimmen, hat zur Folge, dass die entscheidende Behörde einer Partei nicht mehr und nichts anderes zusprechen darf, als diese beantragt hat. Sie darf aber auch nicht weniger zusprechen, als die Gegenpartei anerkannt hat (vgl. etwa BVGE 2008/16 E. 2.2). Die genannten Fälle der Prozessbeendigung durch Anerkennung, Vergleich oder Rückzug unterscheiden sich von einem richterlichen Sach- oder Prozessurteil dadurch, dass der Prozess durch Parteihandlung beendet wird.

Bei Rückzug und Anerkennung geschieht dies durch einseitige Parteihandlung, beim Vergleich durch zweiseitige.

Die Dispositionsmaxime ist im nichtstreitigen Verwaltungsverfahren bei den mitwirkungsbedürftigen Verwaltungsakten massgebend, die regelmässig auf ein Gesuch von Privaten hin ergehen, zum Beispiel bei einem Gesuch um Erteilung einer Bewilligung: Die gesuchstellende Person leitet das Verfahren ein, bestimmt in wesentlichen Teilen den Umfang der Bewilligung und ist befugt, ihr Gesuch jederzeit wieder zurückzuziehen (vgl. BVGE 2010/19 E. 13.5; BVGer, Urteil B-2218/2006 vom 13.8.2007, E. 2.1). Art. 33b VwVG sieht zudem ausdrücklich die Möglichkeit vor, dass die Verfahrensbeteiligten bereits im erstinstanzlichen Verfahren einen Vergleich abschliessen und sich über den Inhalt einer Verfügung einigen können, gegebenenfalls in einem Mediationsverfahren. 140

Demnach kommt der Dispositionsmaxime in der Verwaltungsrechtspflege vorrangige Bedeutung zu, doch bestehen Einschränkungen: Zu Abweichungen kann es im erstinstanzlichen Beschwerdeverfahren namentlich bezüglich der Bindung an Parteibegehren kommen (Art. 62 VwVG). 141

3. Untersuchungsmaxime – Verhandlungsmaxime

Bei diesen beiden Maximen geht es um die Ermittlung des rechtserheblichen Sachverhalts. Die *Untersuchungsmaxime* besagt, dass die entscheidende Behörde den Sachverhalt von sich aus abklären muss. Die Behörde ist verantwortlich für die Beschaffung der für den Entscheid notwendigen Unterlagen. Beweisanträge und Sachverhaltsdarstellungen der Parteien sind für die Behörden nicht bindend. Somit trifft in einem Verfahren, das vom Untersuchungsgrundsatz beherrscht wird, keine Partei eine *subjektive Beweislast (Beweisführungslast)*, wonach sie den Beweis zu führen hätte; dies ist begriffsnotwendig ausgeschlossen (BGE 128 III 411 E. 3.2.1; 117 V 261 E. 3b; BVGE 2009/60 E. 2.1.1; 2010/11 E. 3). Zwar wird eine Partei oft aus eigenem Interesse an der Sachverhaltsabklärung mitwirken, doch ist es unzulässig, allein daraus Mitwirkungspflichten abzuleiten. Um den Untersuchungsgrundsatz rechtlich einzuschränken, müssen die Mitwirkungspflichten entweder gesetzlich vorgesehen sein (wie beispielsweise in Art. 13 VwVG) oder aber sich aus dem Grundsatz von Treu und Glauben ergeben (BGE 132 II 113 E. 3.2; vgl. auch BGE 130 II 482 E. 3.2 sowie BVGE 2008/24 E. 7.2, beide ohne ausdrücklichen Hinweis auf den Grundsatz von Treu und Glauben). Von der subjektiven ist die *objektive Beweislast* zu unterscheiden, welche festlegt, zu wessen Lasten es sich auswirkt, wenn ein Sachumstand unbewiesen bleibt (vgl. BGE 125 V 193 E. 2; BVGer, Urteile A-1597/2006 und A-1598/2006 vom 17.8.2009, E. 4.1). Die Frage der objektiven Beweislast wird vom materiellen Recht geregelt; sie stellt sich unabhängig davon, ob im Verfahren die Untersuchungsmaxime oder die Verhandlungsmaxime gilt. 142

143 Im Gegensatz zur Untersuchungsmaxime verpflichtet die *Verhandlungsmaxime* die entscheidende Behörde, ihrem Entscheid nur solche Tatsachen zugrunde zu legen, welche von einer Partei behauptet und – im Bestreitungsfalle – bewiesen worden sind. Es ist demnach allein den Parteien überlassen, Tatsachen ins Verfahren einzuführen. Dementsprechend richtet sich die subjektive Beweislast nach der objektiven Beweislast, weshalb der Unterscheidung in einem von der Verhandlungsmaxime beherrschten Verfahren nicht dieselbe Bedeutung zukommt.

144 Das Verwaltungsverfahren und die Verwaltungsrechtspflege werden grundsätzlich von der Untersuchungsmaxime beherrscht (vgl. Art. 12 VwVG), wobei das Bundesgericht den Sachverhalt nur in beschränktem Umfang überprüft und diese Überprüfung nur vornimmt, wenn der Sachverhalt substanziiert als offensichtlich unrichtig gerügt wird oder wenn die Sachverhaltsfeststellung derart qualifiziert falsch ist, dass sie ins Auge springt (Art. 105 Abs. 2 BGG; vgl. BGE 136 I 184 E. 1.2). Wird der Sachverhalt – wie vom Bundesverwaltungsgericht – grundsätzlich geprüft und gilt die Untersuchungsmaxime, erfährt diese dennoch Einschränkungen durch die Mitwirkungspflichten (Art. 13 VwVG; BVGE 2008/24 E. 7.2) und durch die Pflicht der Parteien, im Rechtsmittelverfahren ihre Vorbringen tatbestandsmässig zu begründen und Beweismittel anzugeben (vgl. Art. 52 Abs. 1 VwVG). Dementsprechend prüft das Bundesverwaltungsgericht grundsätzlich nur die von den Verfahrensbeteiligten vorgebrachten Beanstandungen. Dies führt wohl zu einer erhöhten Substanziierungslast der Parteien auch in Bezug auf das Tatsächliche; diese kann aber – wegen der Untersuchungsmaxime – nicht derart streng sein wie im Zivilprozess. Geben die Parteivorbringen oder die Akten zu Zweifeln Anlass, ob die dem vorinstanzlichen Entscheid zugrunde gelegten Tatsachen der materiellen Wahrheit entsprechen, hat das Gericht im Allgemeinen weitere Untersuchungen vorzunehmen (Patrick Krauskopf/Katrin Emmenegger, in: Waldmann/Weissenberger, Praxiskommentar VwVG, Art. 12 N. 26; vgl. auch BVGer, Urteil C-376/2008 vom 27.11.2009, E. 2.2.3). Fehlt aber jeglicher Hinweis darauf, inwiefern die Tatsachenfeststellung der Vorinstanz falsch sein soll, wird auch das Bundesverwaltungsgericht von sich aus keine weiteren Sachverhaltsabklärungen vornehmen (BVGer, Urteil A-6362/2008 vom 8.9.2008, E. 6.3).

145 Der Zivilprozess dagegen geht weitgehend von der Verhandlungsmaxime aus, was für die Parteien in Bezug auf die Erstellung des Tatsachenfundaments eine sehr hohe Substanziierungslast zur Folge hat. Allerdings gilt die Verhandlungsmaxime auch dort nicht unbeschränkt, sondern ist für gewisse Verfahren die Untersuchungsmaxime vorgesehen (vgl. vorne, Rz. 136). Zudem wird die Verhandlungsmaxime durch die richterliche Fragepflicht gemildert (Art. 56, Art. 247 Abs. 1 ZPO), wobei dieser Fragepflicht je nach Verfahren und je nachdem, ob die Parteien rechtskundig vertreten werden, eine sehr unterschiedliche Tragweite beigemessen wird. Weiter ist es dem Gericht möglich, Instruktions-

verhandlungen anzuordnen, in welchen der Streitgegenstand frei erörtert und der Sachverhalt ergänzt werden kann (Art. 226 ZPO).

Umgekehrt gilt im Strafprozessrecht der Untersuchungsgrundsatz vollumfänglich (Art. 6 StPO). Er wird verstärkt durch die Beweislast- und Beweiswürdigungsregel «in dubio pro reo», welche aus der Unschuldsvermutung (Art. 32 Abs. 1 BV) abgeleitet wird. Zudem werden der angeschuldigten Person keine Mitwirkungspflichten auferlegt, da sie sich dadurch selbst belasten könnte (Art. 14 Abs. 3 lit. g UNO-Pakt II; vgl. auch Art. 113 StPO), was im Verwaltungsverfahren ohne Bedeutung ist (BGE 132 II 113 E. 3.2). Umgekehrt verhält es sich in Bezug auf die Darlegung des Sachverhaltes in der Anklageschrift. Für diese gilt der Anklagegrundsatz, welcher verlangt, dass die Anklageschrift den zur Last gelegten Sachverhalt genau umschreibt (Art. 9 StPO). Damit wird der Prozessgegenstand bestimmt. Dementsprechend ist das Gericht an den in der Anklage umschriebenen Sachverhalt in dem Sinne gebunden (Art. 350 StPO), dass es nur die in der Anklageschrift vorgeworfenen Sachverhalte prüfen darf. 146

4. Eventualmaxime

Gilt in einem Verfahren die Eventualmaxime, so sind die Parteien verpflichtet, bis zu einem bestimmten Verfahrensabschnitt sämtliche Begehren, also auch die Eventualbegehren, sowie die dazugehörigen tatsächlichen Behauptungen und Beweismittel vorzubringen. Im Verwaltungsverfahren und vor der ersten Rechtsmittelinstanz in der Verwaltungsrechtspflege hat die Eventualmaxime indessen eine geringe Bedeutung; sie wird auch nirgends ausdrücklich genannt. Für das Beschwerdeverfahren gilt die Eventualmaxime aber dennoch insoweit, als der Antrag sämtliche Begehren und Eventualbegehren enthalten muss (BVGE 2010/12 E.1.2.1), mithin der Streitgegenstand bestimmt werden muss. Tatsächliche Behauptungen und Beweismittel dagegen sollten – wegen der Geltung der Untersuchungsmaxime – ebenso nachgebracht werden können (so für das Verwaltungs- und Verwaltungsbeschwerdeverfahren Art. 32 Abs. 2 VwVG) wie auch eine andere rechtliche Begründung, soweit keine nachlässige Prozessführung vorliegt und auch keine Verschleppung des Prozesses beabsichtigt war (BGE 136 II 165 E. 4 f.). 147

Strenger sind hingegen die Anforderungen vor Bundesgericht. In diesem Verfahren sind mit der Beschwerdeerhebung nicht nur die Parteibegehren vorzubringen, sondern auch die Rügen in rechtlicher und tatsächlicher Hinsicht, sofern die Sachverhaltsfeststellung bestritten werden soll (BGE 135 I 19 E. 2.2). 148

Die Bedeutung der Eventualmaxime ist allerdings dadurch herabgemindert, dass aufgrund des Anspruchs auf rechtliches Gehör die Parteien je zu den Eingaben der anderen Partei Stellung nehmen können (Replikrecht). Dieser Anspruch ergibt sich aus Art. 29 Abs. 2 BV und Art. 6 Ziff. 1 EMRK. Er besteht im gerichtlichen Verfahren unabhängig davon, ob die Eingabe der Gegenpartei 149 neue Tatsachen oder Beweismittel enthält (BGE 138 I 154 E. 2.3 und 2.5; 133 I 98 E. 2.2; 133 I 100 E. 4; 132 I 42 E. 3.3).

150 Der Zivilprozess ist demgegenüber von der Eventualmaxime beherrscht. Tatsachen und Beweismittel müssen, sofern ein zweiter Schriftenwechsel stattgefunden hat, bis zur mündlichen Hauptverhandlung vorgebracht werden. Hat das Gericht keinen zweiten Schriftenwechsel angeordnet, sind die Tatsachen und Beweismittel bis zum Beginn der Hauptverhandlung vorzubringen. Anlässlich der Hauptverhandlungen können Tatsachen und Beweismittel nur noch als echte oder unechte Noven geltend gemacht werden (Art. 229 ZPO). Das Replikrecht gemäss der erwähnten bundesgerichtlichen Praxis wird auch im Zivilprozess zu beachten sein. Allerdings dürfte die Regelung des Novenrechts davon nicht betroffen sein, solange der Schriftenwechsel durch das Gericht nicht in unzulässiger Weise als abgeschlossen erklärt wird (vgl. dazu Christoph Leuenberger, Die Rechtsprechung des Bundesgerichts zum Zivilprozessrecht im Jahr 2007, ZBJV 2009, S. 329 ff., 329 f.).

5. Grundsatz der freien Beweiswürdigung

151 Der Grundsatz der freien Beweiswürdigung verlangt von den entscheidenden Instanzen einerseits, sich unvoreingenommen davon zu überzeugen, ob sich die behaupteten Tatsachen wirklich zugetragen haben oder nicht. Andererseits sind die Beweise nach Massgabe aller Umstände entsprechend ihrem Gewicht zu werten. Die Bindung des Gerichts an formelle Beweisregeln ist unzulässig: So darf zum Beispiel nicht verbindlich festgelegt werden, die Aussage von zwei Zeugen habe mehr Gewicht als die eines einzigen – womit dem Gericht verwehrt wäre, die Glaubwürdigkeit der Zeugen einzuschätzen. Die Praxis hält es jedoch für zulässig, Richtlinien für die Beweiswürdigung aufzustellen, wie zum Beispiel in Bezug auf neutrale Gutachten, von denen nicht «ohne zwingende Gründe» abgewichen wird (BGE 125 V 351 E. 3; vgl. auch BGE 132 II 257 E. 4.4.1; eingehend BVGer, Urteil A-6820/2008 vom 15. April 2009, in: ZBl 2010, S. 389 E. 3.2.4).

152 Der Grundsatz der freien Beweiswürdigung beherrscht das gesamte Verfahrensrecht und ist im Bund ausdrücklich bereits für das erstinstanzliche Verfahren vorgesehen (Art. 19 VwVG i.V.m. Art. 40 BZP). Die Beweiswürdigung darf jedoch nicht willkürlich, sondern sie muss sachlich begründet sein.

153 Bei der Zulassung der Beweismittel ist zu beachten, dass die Wahrung des rechtlichen Gehörs grundsätzlich verlangt, die angebotenen Beweise abzunehmen. Davon darf aber im Sinne einer vorweggenommenen (antizipierten) Beweiswürdigung abgesehen werden, wenn aufgrund bereits abgenommener Beweise der rechtlich erhebliche Sachverhalt für genügend geklärt erachtet wird und ohne Willkür vorweg die Annahme getroffen werden kann, die rechtliche

Überzeugung würde durch weitere Beweiserhebungen nicht geändert (BGE 136 I 229 E. 5.3 m.H.; vgl. dazu auch hinten, Rz. 457, 536 f.).

6. Rechtsanwendung von Amtes wegen

Der Grundsatz der Rechtsanwendung von Amtes wegen (iura novit curia) bedeutet, dass die entscheidenden Behörden die auf den festgestellten Sachverhalt anwendbaren Normen aufzufinden und anzuwenden haben (BGE 133 II 249 E. 1.4.1). Sie sind an die vorgebrachten rechtlichen Überlegungen der Parteien nicht gebunden (Art. 62 Abs. 4 VwVG, Art. 106 BGG). Zusammen mit der Untersuchungsmaxime stellt der Grundsatz der Rechtsanwendung von Amtes wegen einen wichtigen Garanten für die materielle Rechtmässigkeit des Verwaltungshandelns dar. Zudem schützt dieser Grundsatz auch die rechtsunkundigen Verfügungsbetroffenen. 154

Während der Grundsatz der Rechtsanwendung von Amtes wegen im erstinstanzlichen Verwaltungsverfahren uneingeschränkt gilt, kann er im Rechtsmittelverfahren durch das *Rügeprinzip* relativiert werden (Christoph Auer, in: Auer/Müller/Schindler, VwVG-Kommentar, Art. 12 Rz. 12). Das Rügeprinzip besagt nach einer nicht einheitlich verwendeten Definition, dass sich die urteilende Behörde nur mit den Rügen befassen darf, welche von den Parteien vorgebracht wurden (BGE 133 II 249 E. 1.4.1). Rügen können dabei als konkrete – tatsächliche oder rechtliche – Einwände gegenüber dem angefochtenen Hoheitsakt definiert werden. Sie dürfen aber nicht mit den Beschwerdegründen verwechselt werden. Vom Rügeprinzip ist allerdings vor allem im Zusammenhang mit den rechtlichen Einwänden die Rede, während in Bezug auf das Tatsachenfundament eher von der Substanziierungspflicht gesprochen wird. 155

Im Bund statuieren Art. 52 Abs. 1 VwVG und Art. 42 Abs. 1 BGG eine Pflicht zur Begründung der Beschwerde an das Bundesverwaltungsgericht und der Beschwerde in öffentlich-rechtlichen Angelegenheiten. In diesem Zusammenhang spricht man auch von *Rügepflicht*. Das Verhältnis zwischen Rügepflicht und Rügeprinzip wird in der Lehre unterschiedlich aufgefasst: Teils werden sie als spiegelbildlich bezeichnet (Christoph Auer, in: Auer/Müller/Schindler, VwVG-Kommentar, Art. 12 Rz. 12). Teils wird der Begriff des Rügeprinzips nur auf Regelungen angewandt, laut denen das Gericht grundsätzlich einzig die erhobenen Rügen prüfen darf. So wird der Begriff auch hier verwendet. 156

Es bestehen unterschiedlich strenge Anforderungen an die Rügepflicht. Gemäss der gängigen Auslegung von Art. 52 VwVG verlangt diese Bestimmung eine Begründung in tatsächlicher und auch in rechtlicher Hinsicht. Nach der Rechtsprechung des Bundesverwaltungsgerichts sind an die Begründung aber keine allzu hohen Anforderungen zu stellen; es genügt, wenn aus der Beschwerdeschrift sinngemäss ersichtlich ist, in welchen Punkten und weshalb die Anfechtung erfolgt. Eine Rechtsnorm muss nicht ausdrücklich angerufen werden; 157

somit schadet auch die Nennung eines falschen Rechtsgrundes nicht. Es muss einzig erkennbar sein, aus welchen Gründen eine Verfügung als nicht stichhaltig angesehen wird (BVGer, Urteil A-5101/2011 vom 5.3.2012, E. 6; vgl. vorne, Rz. 144). Auch darf die rechtliche Begründung in der Replik geändert werden (BGE 136 II 165 E. 5). Das Bundesverwaltungsgericht ist auf der anderen Seite aber auch nicht gehalten, von sich aus nach allen erdenklichen Rechtsfehlern zu suchen; aus den Akten oder Rechtsschriften müssen sich immerhin Anhaltspunkte für das Vorliegen einer Rechtsverletzung ergeben.

158 Art. 42 Abs. 2 BGG hält – im Gegensatz zu Art. 52 VwVG – demgegenüber ausdrücklich fest, dass in der Beschwerdebegründung in gedrängter Form darzulegen ist, inwiefern der angefochtene Akt Recht verletzt. Ein Teil der Lehre weist darauf hin, dass der Bundesgesetzgeber zwar keine strengere Rügepflicht einführen wollte, als sie bisher galt und wie sie vom Bundesverwaltungsgericht angewendet wird (Andreas Güngerich, in: Seiler/von Werdt/Güngerich, Handkommentar BGG, Art. 42 Rz. 5). Dennoch ist die Praxis des Bundesgerichts in Bezug auf die Beschwerdebegründung strenger. Es geht allfälligen Rechtsmängeln im vorinstanzlichen Verfahren nur nach, wenn diese offensichtlich sind (BGE 133 II 249 E. 1.4.1). Zudem gilt gemäss Art. 106 Abs. 2 BGG das *Rügeprinzip,* wenn die Verletzung von Grundrechten und von kantonalem und interkantonalem Recht geltend gemacht wird. Das Bundesgericht prüft eine solche Rüge nur, wenn sie in der Beschwerde präzise vorgebracht und begründet wird (BGE 133 II 249 E. 1.4.2; vgl. auch Ulrich Meyer/Johanna Dormann, in: Niggli/Uebersax/Wiprächtiger Basler Kommentar BGG, Art. 106 N. 3 ff.). Diese strenge Rügepflicht ist auch bei der subsidiären Verfassungsbeschwerde (Art. 117 BGG) sowie bei der Anfechtung vorsorglicher Massnahmen zu beachten (Art. 98 BGG). Ferner enthält Art. 42 Abs. 2 Satz 2 BGG eine weitere verschärfte Rügepflicht. Die Bestimmung bezieht sich auf diejenigen Beschwerden, auf die das Bundesgericht nur eintritt, wenn sich eine Rechtsfrage von grundsätzlicher Bedeutung (vgl. z.B. Art. 83 lit. f Ziff. 2 BGG) stellt oder ein besonders bedeutsamer Fall nach Art. 84 BGG vorliegt. In diesen Fällen ist dem Bundesgericht darzulegen, dass und inwiefern die jeweiligen Voraussetzungen erfüllt sind. Schliesslich ist auf Art. 97 Abs. 1 i.V.m. Art. 105 Abs. 2 BGG hinzuweisen. Soll das Bundesgericht die Sachverhaltsfeststellung prüfen, ist diese entsprechend den zulässigen Beschwerdegründen gemäss Art. 97 Abs. 1 BGG qualifiziert zu rügen. Weil in diesem Fall häufig die Verletzung verfassungsmässiger Rechte geltend gemacht wird, gilt kraft Art. 106 Abs. 2 BGG meistens das Rügeprinzip.

159 Zwar trifft es durchaus zu, dass die Praxis bei Verwaltungsbeschwerden und bei der Beschwerde in öffentlich-rechtlichen Angelegenheiten in der Regel nur auf die vorgebrachten Beanstandungen und aufgrund der Akten ersichtlichen Rechtsmängel des angefochtenen Entscheids eingeht und den Parteien somit eine Rügelast bzw. Rügepflicht zukommt. Der Begriff «Rügeprinzip» sollte dennoch nicht auf diese Rechtsmittel angewendet werden, weil der Grundsatz

der richterlichen Rechtsanwendung ausdrücklich in Art. 62 Abs. 4 VwVG und Art. 106 Abs. 1 BGG verankert ist. Vom Rügeprinzip könnte nur ausgegangen werden, wenn es sich klar aus dem Gesetz ergäbe. Der Begriff «qualifiziertes Rügeprinzip», den die Lehre und auch die Praxis (vgl. BGE 133 II 249 E. 1.4.1 f.) zuweilen in Bezug auf Art. 106 Abs. 2 BGG verwenden, ist unnötig und darum abzulehnen.

Im Zivilprozessrecht ist die Ausgangslage vergleichbar: Im erstinstanzlichen Verfahren gilt der Grundsatz der Rechtsanwendung von Amtes wegen vollumfänglich (Art. 57 ZPO). Dabei wird dieser Grundsatz sehr weit ausgelegt. Die Parteien müssen dem Gericht keine rechtlichen Ausführungen unterbreiten und das Gericht ist umgekehrt verpflichtet, alle Entstehungsgründe des geltend gemachten Anspruchs zu prüfen. Ähnliches gilt für die Berufung gemäss Art. 311 ff. ZPO. Die Berufungsklägerinnen und -kläger haben sich zwar mit dem angefochtenen Urteil auseinanderzusetzen. Das Gericht hat jedoch unabhängig davon zu prüfen, ob das Urteil der Vorinstanz rechtlich haltbar ist (Myriam Gehri, in: Spühler Karl/Tenchio Luca/Infanger Dominik [Hrsg.], Basler Kommentar Schweizerische Zivilprozessordnung, Basel 2010, Art. 57 N. 6 f.). Dieselben Anforderungen gelten für die Beschwerde gemäss Art. 321 Abs. 1 ZPO. Das zivilprozessuale Verfahren erweist sich im Vergleich zur Verwaltungsrechtspflege für die ersten beiden Instanzen in Bezug auf die rechtliche Substanziierungspflicht der Parteien somit als weniger streng, während es sich in Bezug auf das Tatsachenfundament gerade umgekehrt verhält, weil im öffentlichen Verfahrensrecht die Untersuchungsmaxime und im Zivilprozessrecht grundsätzlich die Verhandlungsmaxime gilt. Vor Bundesgericht hingegen gelten dieselben Grundsätze für die Beschwerde in Zivilsachen wie für die Beschwerde in öffentlich-rechtlichen Angelegenheiten: Gemäss Art. 106 Abs. 1 BGG gilt zwar der Grundsatz der Rechtsanwendung von Amtes wegen; in der Beschwerdeschrift ist jedoch darzulegen, inwiefern das angefochtene Urteil Recht verletzt (Art. 42 Abs. 1 BGG). Wird die Verletzung verfassungsmässiger Rechte gerügt, kommt das Rügeprinzip zur Anwendung (Art. 106 Abs. 2 BGG).

Im Strafprozessrecht schliesslich gilt der Grundsatz der Rechtsanwendung von Amtes wegen ebenso. Wie erwähnt (Rz. 146), wird der Streitgegenstand durch die in der Anklage vorgeworfenen Sachverhalte bestimmt. Das Gericht ist aber an die rechtliche Würdigung in der Anklage nicht gebunden (Art. 350 Abs. 1 StPO). Vor Bundesgericht gelten wiederum Art. 42 und Art. 106 BGG, wobei im Strafrecht häufig auch die Verletzung verfassungsmässiger Rechte eine Rolle spielen dürfte und damit das Rügeprinzip zur Anwendung gelangt.

7. Amtsbetrieb

Der *Amtsbetrieb* findet seinen Gegensatz im *Parteibetrieb*. Das Begriffspaar betrifft die Frage, wer den äusseren Gang des Verfahrens festlegt, wem die Verfahrensleitung zukommt. Im Verwaltungsverfahren herrscht Amtsbetrieb. Das bedeutet, dass die Terminbestimmungen, Vorladungen und Zustellungen von Amtes wegen erfolgen. Wegleitend ist dabei, dass das Verfahren rasch und sorgfältig zum Abschluss gelangt. Der Grundsatz des Amtsbetriebes findet seine konkrete Ausgestaltung im Verbot der Rechtsverweigerung und Rechtsverzögerung. Liegt eine solche vor, kann dies mit Rechtsverweigerungs- bzw. Rechtsverzögerungsbeschwerde geltend gemacht werden, so gemäss Art. 46a i.V.m. Art. 50 Abs. 2 VwVG im Verwaltungsbeschwerdeverfahren oder gemäss Art. 94 und Art. 100 Abs. 7 BGG im verwaltungsgerichtlichen Beschwerdeverfahren. Allerdings schränkt das Replikrecht den Amtsbetrieb ein. Es wird aus dem Anspruch auf rechtliches Gehör abgeleitet und bedeutet, dass ein Anspruch besteht, zu Eingaben der Gegenpartei oder Vorinstanz eine Stellungnahme abzugeben (vgl. dazu hinten, Rz. 525 ff.).

163 In einem vom Parteibetrieb beherrschten Verfahren dagegen geben die Parteien den Anstoss zur Vornahme der erwähnten Handlungen. Der Parteibetrieb in dieser Form bildete die Regel im Zivilprozess des 19. Jahrhunderts, wurde aber wegen der Möglichkeit zur Prozessverschleppung sukzessive eingeschränkt. Zu beachten ist, dass im Zivilprozessrecht heute zum Teil auch die Geltung der Dispositions- und Verhandlungsmaxime als Parteibetrieb bezeichnet wird (BBl 2006 7245).

VI. Verfahrensgarantien gemäss Verfassungs- und Völkerrecht

164 *Literatur:* Vgl. die Literatur in Rz. 66, 73, 87, 165, 172, 179, 189, 201, 207, 217, 252, 487, 650.

1. Das Prinzip der Fairness als Grundlage der Verfahrensgarantien

165 *Literatur:* SALADIN PETER, Das Verfassungsprinzip der *Fairness*, in: Festgabe zur Hundertjahrfeier des Bundesgerichts, Basel 1975, S. 41 ff.; WIEDERKEHR RENÉ, Fairness als Verfassungsgrundsatz, Bern 2006; *ders.,* Fairness als Grundprinzip des Öffentlichen Rechts. Eine Skizze, in: Liber Amicorum für Peter Häberle, Tübingen 2004, S. 777 ff.; *ders.,* Fairness als Verfassungsgrundsatz – eine Skizze, recht 2007, S. 173 ff.; vgl. auch die Literatur in Rz. 66, 73.

166 Ihrer Menschenwürde entsprechend sind die Einzelnen im Verfahren nicht blosse Objekte, sondern Verfahrenssubjekte. Die Verfahrensordnungen sollen vom Respekt vor der Persönlichkeit der Involvierten geprägt sein. Dies ist der *Kerngedanke* des Gebots der Fairness. Das Fairnessgebot verlangt dementsprechend rechts- und chancengleiche Behandlung der Verfahrensbeteiligten und bildet die Grundlage für ein möglichst gerechtes Verfahren.

167 Das Fairnessgebot steht in engem *Zusammenhang mit anderen grundlegenden verfassungsrechtlichen Grundsätzen und Rechten* (wie namentlich den Grundsätzen rechtsstaatlichen Handelns nach Art. 5 Abs. 1–3 BV, dem Ge-

bot der Rechtsgleichheit gemäss Art. 8 Abs. 1 BV und dem Willkürverbot nach Art. 9 BV). Es findet seinen konkreten prozessualen Ausdruck in einer Reihe von *Verfahrensgarantien,* welche im Völker- und im Verfassungsrecht verankert sind. Diese Verfahrensgarantien sind als *grundrechtliche Ansprüche* der Einzelnen gegenüber dem Staat ausgestaltet und sichern die rechts- und chancengleiche Behandlung der Beteiligten bei der Rechtsanwendung. Sie gelten grundsätzlich vor allen Gerichts- und Verwaltungsbehörden, nicht jedoch im Rechtsetzungsverfahren (vgl. BGE 131 II 169 E. 2.2.3; 130 I 174 E. 2.2).

Der EGMR betrachtet das Gebot der Fairness («right to a fair trial»/«droit à un procès équitable») als *Grundlage der in Art. 6 EMRK garantierten Verfahrensrechte.* «Recht auf ein faires Verfahren» lautet auch der seit 1998 geltende Sachtitel dieser Bestimmung (vgl. Anhang zu Protokoll 11 zur EMRK). Der EGMR legt das Fairnessgebot im Licht der Rechtsstaatlichkeit («rule of law»/«prééminence du droit») aus, auf die in der Präambel der EMRK Bezug genommen wird (EGMR, Urteile i.S. Diya 97 gegen die Ukraine vom 21.10.2010, Nr. 19164/04, Ziff. 46; Brumărescu gegen Rumänien vom 28.10.1999, CEDH 1999-VII, Ziff. 61). In der Schweiz wurden die Verfahrensgarantien im Wesentlichen vom Bundesgericht entwickelt, das diese Grundsätze und Rechte der Rechtsgleichheit (Art. 4 Abs. 1 BV 1874) zuordnete; sie wurden in der schweizerischen Praxis und Lehre herkömmlicherweise unter dem Oberbegriff des *Verbots der formellen Rechtsverweigerung (im weiteren Sinn)* zusammengefasst. Bereits unter der Geltung der BV 1874 wurden sie allerdings auch auf das Gebot der Fairness zurückgeführt (vgl. Saladin, Fairness, S. 86 f.; BGE 124 I 185 E. 3a; 113 Ia 412 E. 3b). Die geltende BV verbindet nun sinngemäss die beiden Grundlegungen, indem sie in Art. 29 Abs. 1 den «Anspruch auf gleiche und gerechte Behandlung» an den Anfang der verselbständigten Bestimmungen über die Verfahrensgarantien stellt.

Wenn das Gebot der Fairness im Prozess als eine wesentliche Grundlage der Verfahrensgarantien erscheint, so wird der Begriff jedoch auch in einem *engeren Sinn* verwendet. Er bezeichnet dann jenen Teil der verfahrensmässigen Rechte, die neben den in Art. 6 Ziff. 1 EMRK (und Art. 29–30 BV) ausdrücklich erwähnten Garantien stehen. Die Garantie der gleichen und gerechten Behandlung nach Art. 29 Abs. 1 BV erscheint entsprechend als Auffangtatbestand, dem ein Verfahrensrecht zuzuordnen ist, wenn es in den konkreteren Garantien nicht enthalten ist (vgl. z.B. Rhinow/Koller/Kiss/Thurnherr/Brühl-Moser, Prozessrecht, Rz. 275, 308). So hat das Bundesgericht das grundsätzliche Verwertungsverbot für widerrechtliche Beweise als Teilgehalt von Art. 29 Abs. 1 BV bezeichnet (BGE 136 V 117 E. 4.2.2; 131 I 272 E. 3.2.1).

Die Verfahrensgarantien bilden demnach *kein starres System,* in dem sich die Teilgehalte aus einem allgemeinen Grundprinzip ableiten liessen. Vielmehr handelt es sich um Konkretisierungen der tragenden Grundwerte der Bundesverfassung und der internationalen Menschenrechtsgarantien, die anhand bestimmter Problemlagen entwickelt wurden. Die einzelnen Teilgehalte können sich daher auch überschneiden, und die Zuordnung eines Anspruchs zu einer der Garantien kann unsicher sein. Dies gilt umso mehr, als die Art. 29–31 BV den Versuch darstellen, die verästelte Praxis des Bundesgerichts, die zum Rechtsgleichheitsgebot in Art. 4 Abs. 1 BV 1874 entwickelt worden war, sowie die Garantien des internationalen Rechts, namentlich von Art. 6 Ziff. 1 EMRK und Art. 14 Abs. 1 UNO-Pakt II, in eigenständigen Bestimmungen zusammenzufassen (BGE 133 I 100 E. 4.4; BBl 1997 I 181 f.).

171 Das Gebot der Fairness gilt im Zivil- und Strafprozessrecht ebenso wie im öffentlichen Prozessrecht. Im Strafprozess sind die Schutzvorschriften zugunsten der Betroffenen besonders ausgeprägt, weil hier die Gewichte grundsätzlich stärker zugunsten der Staatsmacht verschoben sind und weitreichende Zwangsmittel angewandt bzw. verhängt werden können (vgl. etwa Art. 31 Abs. 3 und Art. 32 BV; Art. 3 StPO im Vergleich mit Art. 52 ff. ZPO; BBl 2006 1128 f.).

2. Konsequenzen des Grundrechtscharakters der Verfahrensgarantien

172 *Literatur:* SCHINDLER BENJAMIN, Die «formelle Natur» von Verfahrensgrundrechten. Verfahrensfehlerfolgen im Verwaltungsrecht – ein *Abschied* von der überflüssigen Figur der «Heilung», ZBl 2005, S. 169 ff.; SEILER HANSJÖRG, *Abschied* von der formellen Natur des rechtlichen Gehörs, SJZ 2004, S. 377 ff.; ZÜRCHER JOHANN, Zur Natur von Normen am Beispiel der Gehörsverweigerung, in: Festschrift 125 Jahre Kassationsgericht des Kantons Zürich, Zürich 2000, S. 147 ff.

173 Die Verfahrensgarantien haben Grundrechtscharakter. Ihre Verletzung kann *unabhängig von der Berechtigung in der Sache* im Rechtsmittelverfahren gerügt werden, wenn sie eine formelle Rechtsverweigerung darstellt. Das bedeutet, dass die Verletzung der Verfassungsgarantien auf dem Rechtsweg angefochten werden kann, selbst wenn dieser in der Sache nicht gegeben wäre. Die Berechtigung zur Teilnahme am Verfahren – die sich im Übrigen auch aus dem Gesetz ergeben kann – erfährt insoweit eigenständigen Schutz (BGE 129 II 297 E. 2.3; vgl. auch BGE 134 I 56 E. 2; Grundlage dieser sogenannten «Star»-Praxis bildet BGE 114 Ia 307 E. 3c; vgl. hinten, Rz. 1767, vgl. auch Rz. 1545).

174 Das Bundesgericht schreibt in einer weit zurückreichenden Praxis den «wesentlichen» Verfahrensgarantien *formelle Natur* zu (vgl. Schindler, Abschied, S. 171). Die Fragestellung betrifft das Interesse der Partei an der Aufhebung des angefochtenen Entscheids und damit die Beschwerdelegitimation. In der Regel ist mit «formeller Natur» Folgendes gemeint: Ein Entscheid, der unter Verletzung dieser Verfahrensgarantien zustande kam, ist im Rechtsmittelverfahren grundsätzlich unabhängig davon aufzuheben, ob die betroffene Partei einen materiellen Nachteil als Folge des Mangels darlegt. Formelle Natur in diesem Sinn wird namentlich den Ansprüchen auf rechtliches Gehör, auf Öffentlichkeit der Gerichtsverhandlung und auf richtige Zusammensetzung der Behörde sowie auf den Ausstand Befangener zugesprochen (Schindler, Abschied, S. 171 f.; vgl. hinten Rz. 190 ff., 214 ff., 218 ff.). Die in der jüngeren Lehre vereinzelt ge-

äusserten Zweifel an der «formellen Natur» namentlich des Anspruchs auf rechtliches Gehör betreffen diese Frage. Sie beziehen sich nicht auf die «Star»-Praxis, die ganz vereinzelt mit der «formellen Natur» der Verfahrensgarantien in Verbindung gebracht wurde (BGE 103 Ia 14 E. 1b; vgl. auch BGE 96 I 19 E. 1 S. 22 f.).

Wortlaut und Systematik der geltenden BV haben die Frage aufgeworfen, inwieweit *Art. 36 BV* – laut dem Grundrechte eingeschränkt werden dürfen, wenn eine gesetzliche Grundlage, ein öffentliches Interesse sowie Verhältnismässigkeit vorliegen und der Kerngehalt nicht angetastet wird – für Verfahrensgarantien gilt. Art. 36 BV wird manchmal unbesehen auf Verfahrensgarantien angewandt (vgl. BGE 132 V 368 E. 4.3 m.H. zum rechtlichen Gehör). Zuzustimmen ist der vorherrschenden Lehrmeinung: Danach ist Art. 36 BV nur auf die klassischen Freiheitsrechte zugeschnitten, doch können seine Kriterien zur Konkretisierung der Verfahrensgarantien allenfalls sinngemäss herangezogen werden (vgl. Biaggini, BV-Kommentar, Art. 36 N. 4; Rainer J. Schweizer, in: Ehrenzeller/Mastronardi/Vallender/Schweizer, St. Galler Kommentar BV, Art. 36 Rz. 7).

175

3. Trägerschaft

Literatur: RHINOW/KOLLER/KISS/THURNHERR/BRÜHL-MOSER, Prozessrecht, Rz. 264 f.; STEINMANN GEROLD, in: Ehrenzeller/Mastronardi/Schweizer/Vallender, St. Galler Kommentar BV, Art. 29 Rz. 8.

176

Auf die Verfahrensgarantien kann sich nur berufen, wer Trägerin bzw. Träger von Grundrechten sein kann. Das sind alle Privatpersonen, und zwar sowohl die natürlichen als auch die juristischen Personen, wobei in Bezug auf Letztere insofern eine Ausnahme greift, als ihnen der Anspruch auf unentgeltliche Rechtspflege grundsätzlich nicht zusteht (BGE 131 II 306 E. 5.2). Von der Sache her nur auf natürliche Personen anwendbar sind im Übrigen auch die Garantien beim Freiheitsentzug (Art. 31 BV; Art. 5 EMRK), die hier nicht behandelt werden. Körperschaften und selbständige Anstalten des öffentlichen Rechts können sich auf die Verfahrensgarantien berufen, soweit sie wie Private betroffen sind oder die Garantie ihrer Autonomie geltend machen. Von diesen Fällen abgesehen sind Gemeinwesen und Behörden definitionsgemäss nicht Träger, sondern Adressaten der Grundrechte (BGE 129 II 225 E. 1.5; 129 I 313 E. 4.1). Die Funktion der Grundrechte als Instrumente der Einzelnen zur Wahrung ihrer Menschenwürde gegenüber dem Staat würde aufgegeben, wenn Gemeinwesen und Behörden die Berufung auf die Verfahrensgarantien zugestanden würde. Eine solche Anrufung ist deshalb in aller Regel zu verneinen, soweit Gemeinwesen und Behörden einzig zur Durchsetzung öffentlicher Interessen am Verfahren teilnehmen (gl.M. Müller/Schefer, Grundrechte, S. 820; Steinmann, St. Galler Kommentar BV, Art. 29 Rz. 8; vgl. auch BGE 136 II 383 E. 3.4; a.M. Kiener/Rütsche/Kuhn, Verfahrensrecht, N. 188, 563 f.; Rhinow/Koller/Kiss/

177

Thurnherr/Brühl-Moser, Prozessrecht, Rz. 265). Dies schliesst nicht aus, dass sie sich auf gesetzlich verankerte Verfahrensrechte stützen können. Kaum explizit behandelt wird die Frage, ob sich die zur ideellen Verbandsbeschwerde berechtigten Organisationen auf die Verfahrensgarantien stützen können. Da es sich um juristische Personen des Privatrechts handelt, ist dies zu bejahen; dass sie öffentliche Interessen vertreten, kann hieran nichts ändern.

178 Die Grundrechtsträgerinnen und -träger können die Verfahrensgarantien in der Regel nur dann geltend machen, wenn sie die Stellung von *Verfahrensparteien* einnehmen. In einzelnen Fällen muss diese Voraussetzung aber nicht gegeben sein: So steht der Anspruch auf Öffentlichkeit der Verhandlung und Urteilsverkündung auch Dritten zu (vgl. hinten, Rz. 222 ff.), und das Akteneinsichtsrecht kann unter Umständen auch ausserhalb eines hängigen Verfahrens geltend gemacht werden (vgl. hinten, Rz. 503).

4. Rechtsweggarantie

179 *Literatur:* BENOÎT ANNE, La garantie de l'accès au juge: L'art. 29a Cst. et ses répercussions sur la révision de l'organisation judiciaire fédérale, in: Besson Samantha/Hottelier Michel/Werro Franz (Hrsg.), Human Rights at the Center, Genf u.a. 2006, S. 159 ff.; BEUSCH MICHAEL, Auswirkungen der Rechtsweggarantie von Art. 29a auf den Rechtsschutz im Steuerrecht, ASA 2005, S. 709 ff.; *ders.*, Rechtsschutzdefizite trotz Rechtsweggarantie? Ausgewählte offene Fragen bei der Umsetzung der verfassungsrechtlichen Garantien im Verfahrensrecht der harmonisierten direkten Steuern, in: ders./ISIS (Hrsg.), Entwicklungen im Steuerrecht 2009, Zürich u.a. 2009, S. 265 ff.; HANGARTNER YVO, Recht auf Rechtsschutz, AJP 2002, S. 131 ff.; KÄLIN WALTER, Die Bedeutung der Rechtsweggarantie für die kantonale Verwaltungsjustiz, ZBl 1999, S. 49 ff.; KISS CHRISTINA, Rechtsweggarantie und Totalrevision der Bundesrechtspflege, ZBJV 1998, S. 288 ff.; KLEY-STRULLER ANDREAS, Der richterliche Rechtsschutz gegen die öffentliche Verwaltung, Zürich 1995; KNÜSEL MARTIN, Grundzüge der Rechtsweggarantie, Jusletter, 18.12.2006; KOLLER HEINRICH, Rechtsweggarantie als Grundrecht, in: Rapports suisses présentés au XVème Congrès international de droit comparé, Zürich 1998, S. 305 ff.; MÜLLER MARKUS, Die Rechtsweggarantie – Chancen und Risiken, ZBJV 2004, S. 161 ff.; SCHAUB LUKAS, Die gerichtlichen Verfahrensgarantien: verkannter Gehalt der Rechtsweggarantie nach Art. 29a BV, AJP 2008, S. 1124 ff.; SPORI MARION, Vereinbarkeit des Erfordernisses des aktuellen schutzwürdigen Interesses mit der Rechtsweggarantie von Art. 29a BV und dem Recht auf eine wirksame Beschwerde nach Art. 13 EMRK, AJP 2008, S. 147 ff.; WALDMANN BERNHARD/KRAEMER RAPHAEL, Die Ausgestaltung des Rechtsschutzes im öffentlichen Personalrecht, in: Häner/Waldmann, Brennpunkte, S. 189 ff., 208 ff.; vgl. auch die Literatur in Rz. 66, 73, 104.

180 Die *Rechtsweggarantie* öffnet den Zugang zu einem Gericht für Rechtsstreitigkeiten, während mit dem allgemeinen Begriff der *Rechtsschutz-* oder *Rechtsmittelgarantie* die Gewährleistung wirksamen Rechtsschutzes durch eine staatliche Instanz – die jedoch kein Gericht zu sein braucht – bezeichnet wird. Mit der Justizreform vom 12.3.2000 wurde die Bundesverfassung um Art. 29a ergänzt, der eine Rechtsweggarantie enthält. Demnach hat jede Person bei Rechtsstreitigkeiten Anspruch auf Beurteilung durch eine richterliche Behörde. Art. 29a BV erweitert den Anwendungsbereich der Rechtsweggarantie, den vorher

Art. 6 Ziff. 1 EMRK bzw. die Rechtsprechung des EGMR zu dieser Bestimmung abgesteckt hat: Die Rechtsweggarantie nach Art. 29a BV gilt für sämtliche Rechtsgebiete. Die Justizreform wurde auf den 1.1.2007 in Kraft gesetzt, wobei aufgrund der Übergangsbestimmung von Art. 130 Abs. 3 BGG die Rechtsweggarantie gegenüber den Kantonen erst ab dem 1.1.2009 uneingeschränkt ihre Wirkung entfaltete.

Die Rechtsweggarantie erfasst nur *Rechtsstreitigkeiten,* also Streitigkeiten, die individuelle Rechtspositionen berühren (Biaggini, BV-Kommentar, Art. 29a N. 6). Die betreffenden Rechte und Pflichten entstehen nicht aus der Rechtsweggarantie selber, sondern aus der Regelung von Tatbeständen durch andere Normen der Rechtsordnung, namentlich des Verfassungs-, Gesetzes- und Verordnungsrechts (BGE 136 I 323 E. 4.3). Solche Rechtsstreitigkeiten können sich auch aus Realakten der Verwaltung ergeben. Dabei geht es nicht darum, auf die Rechtsweggarantie die Theorie vom subjektiven öffentlichen Recht anzuwenden, wonach den Einzelnen durchsetzbare Rechtsansprüche nur dann zukommen sollen, wenn sie sich auf eine Norm berufen können, die gerade ihrem Schutz dienen soll. Vielmehr ist darauf abzustellen, ob in der Sache Rechte und Pflichten des Privaten im Einzelfall betroffen sind (Beatrice Weber-Dürler, in: Auer/Müller/Schindler, VwVG-Kommentar, Art. 25a Rz. 25 m.H.). Wenn zum Beispiel eine personalrechtliche Anordnung einen rein verwaltungsinternen Akt darstellt, kann sie nicht unter Berufung auf Art. 29a BV angefochten werden (vgl. BGE 136 I 323 E. 4.3 f.; vgl. auch hinten, Rz. 361 ff.). 181

Art. 189 Abs. 4 BV entzieht Akte der Bundesversammlung und des Bundesrats – unter Vorbehalt gesetzlicher Ausnahmen – der Beschwerde an das Bundesgericht (und damit generell der Anfechtung auf dem Rechtsweg; vgl. Kley, St. Galler Kommentar BV, Art. 29a Rz. 25). Sodann können Bund und Kantone nach Art. 29a Satz 2 BV durch Gesetz die richterliche Beurteilung in Ausnahmefällen ausschliessen. Mit den Ausnahmefällen sind Akte gemeint, die nicht justiziabel oder vorwiegend politischer Natur sind (vgl. im Einzelnen hinten, Rz. 1393 ff.). Während die Zulässigkeit kantonaler Ausnahmen vom Bundesgericht überprüft werden kann, bindet Art. 190 BV das Bundesgericht – und damit die Justiz generell – an die vom Bundesgesetzgeber vorgesehenen Ausnahmen. Der für das Bundesverwaltungsgericht geltende Ausnahmenkatalog von Art. 32 VGG wird in der Lehre kritisch betrachtet (vgl. z.B. Kley, St. Galler Kommentar BV, Art. 29a Rz. 25 f.). 182

Art. 29a BV verschafft den Einzelnen einen Anspruch auf effektiven gerichtlichen Rechtsschutz. Er ändert aber nichts daran, dass der Zugang zum Gericht von der Einhaltung von *Prozessvoraussetzungen* abhängig gemacht werden darf, sofern diese zweck- und verhältnismässig sind (Kley, St. Galler Kommentar BV, Art. 29a Rz. 9 m.H.; vgl. auch zu Art. 6 Ziff. 1 EMRK bzw. Art. 29 Abs. 1 BV: BGE 133 V 402 E. 3.3 betreffend Zulässigkeit des Kostenvorschusses; BGE 136 II 187 E. 8.2.1; 131 II 169 E. 2.2.3). Somit erweitert die Rechtsweggarantie 183 im Wesentlichen die Zuständigkeit der Justiz, während das Verfahren allenfalls in besonderen Fällen anzupassen sein wird.

184 Der Anspruch auf effektiven gerichtlichen Rechtsschutz wird verletzt, wenn eine untere Instanz durch unverzügliche Vollstreckung ihres Entscheids die Wirksamkeit des vorgesehenen Rechtsmittels faktisch vereitelt (BVGE 2010/1 E. 5 zum sofortigen, nicht auf gesetzlicher Grundlage beruhenden Vollzug der Wegweisung eines Asylbewerbers, bevor das mit Beschwerde angerufene Bundesverwaltungsgericht über die aufschiebende Wirkung des Rechtsmittels entscheiden konnte).

185 Die Rechtsweggarantie verlangt eine *freie und umfassende Prüfung des Sachverhalts und der Rechtsfragen,* nicht jedoch eine Prüfung der Angemessenheit eines Verwaltungsentscheids (BGer, Urteil 1C_310/2009 vom 17.3.2010, E. 2.2.2; zur Praxis des EGMR vgl. Jochen Abr. Frowein/Wolfgang Peukert, Europäische MenschenRechtsKonvention. EMRK-Kommentar, 3.A., Kehl 2009, Art. 6 Rdnr. 60 ff.). Sie lässt auch zu, dass sich das Gericht Zurückhaltung auferlegt, wenn es die Auslegung unbestimmter Rechtsbegriffe und die Anwendung von Fachwissen durch die sachkundige Vorinstanz überprüft (BGE 132 II 257 E. 3.2 zu Art. 6 Ziff. 1 EMRK; vgl. dazu hinten Rz. 1050 ff., 1576 ff.). Aus der grundsätzlich eingeschränkten Kognition des Bundesgerichts – auch im Anwendungsbereich der Einheitsbeschwerden – folgt, dass die Anforderungen der Rechtsweggarantie regelmässig von den Vorinstanzen des Bundesgerichts, also vom Bundesverwaltungsgericht und den kantonalen Gerichten, zu erfüllen sind. Diese Entscheidung des Bundesgesetzgebers ist bereits in der BV angelegt, die nicht festlegt, von welchem Gericht der Rechtsschutz sicherzustellen ist, und dem Gesetzgeber die Befugnis einräumt, den Zugang zum Bundesgericht für bestimmte Sachgebiete auszuschliessen (Art. 191 Abs. 2 f. BV; vgl. auch Art. 191a und 191b BV).

186 Gemäss der Praxis zu Art. 6 Ziff. 1 EMRK muss dem Gericht die Befugnis zukommen, *bindend zu entscheiden* (BGE 123 I 87 E. 4a). Laut dem EGMR umfasst der wirksame Zugang zu einem Gericht zudem das Recht auf Durchsetzung bzw. Vollstreckung des Urteils (EGMR, Urteile i.S. Faber Firm und Jafarov gegen Aserbaidschan vom 25.11.2010, Nr. 3365/08, Ziff. 20 ff., und Hornsby gegen Griechenland vom 19.3.1997, CEDH 1997-II, Ziff. 40 f.; im Einzelnen Jens Meyer-Ladewig, EMRK. Europäische Menschenrechtskonvention. Handkommentar, 3. A., Baden-Baden 2011, Art. 6 Rn. 51 ff.).

187 Es ist von Bedeutung, in welchem *Verfahrensstadium* der gerichtliche Rechtsschutz vorgesehen wird. So ist zwar mit der Rechtsweggarantie vereinbar, wenn das Gericht erst nach Durchlaufen eines verwaltungsinternen Verfahrens angerufen werden kann. Dagegen wird den Anforderungen an den gerichtlichen Rechtsschutz nicht entsprochen, wenn eine nicht richterliche Instanz den Entscheid des Gerichts überprüfen kann.

188 Ein Anspruch auf Zugang zu einer zweiten Gerichtsinstanz ergibt sich nicht aus Art. 29a BV, Art. 6 Ziff. 1 EMRK oder Art. 14 Abs. 1 UNO-Pakt II (vgl. aber

für Strafsachen Art. 32 Abs. 3 BV, Art. 2 des Protokolls 7 zur EMRK und Art. 14 Abs. 5 UNO-Pakt II).

5. Der Anspruch auf Gesetzlichkeit, Zuständigkeit und Unparteilichkeit des Gerichts bzw. der Behörde

Literatur: BANDLI CHRISTOPH, Zur Spruchkörperbildung an Gerichten: Vorausbestimmung als Fairnessgarantin, in: Festschrift für Heinrich Koller, Basel u.a. 2006, S. 209 ff.; EICHENBERGER KURT, Die richterliche *Unabhängigkeit* als staatsrechtliches Problem, Bern 1960; *ders.,* Sonderheiten und Schwierigkeiten der richterlichen Unabhängigkeit in der Schweiz, in: Frank Richard (Hrsg.), Unabhängigkeit und Bindungen des Richters, 2. A., Basel/Frankfurt a. M. 1997, S. 69 ff.; FISCHBACHER ALAIN, Verfassungsrichter in der Schweiz und in Deutschland, Zürich u.a. 2006, S. 209 ff., 436 ff.; GASS STEPHAN, Wie sollen Richterinnen und Richter gewählt werden? Wahl und Wiederwahl unter dem Aspekt der richterlichen Unabhängigkeit, AJP 2007, S. 593 ff.; GASS STEPHAN/KIENER REGINA/STADELMANN THOMAS/COLLIARD ANNE/MOSIMANN HANS-JAKOB/ZAPPELLI PIERRE (Hrsg.), Justiz im Blickfeld. Ausgewählte Beiträge aus der Schweizer Richterzeitung 2005–2008, Bern 2009, S. 17 ff.; KAYSER MARTIN, Richterwahlen: Unabhängigkeit im Spannungsfeld von Rechtsstaatlichkeit und Demokratie, in: Schindler/Sutter, Akteure, S. 41 ff.; KIENER REGINA, Garantie des verfassungsmässigen Richters, in: Merten/Papier, Grundrechte in der Schweiz, S. 701 ff.; *dies.,* Anwalt oder Richter? – Eine verfassungsrechtliche Sicht auf die Richtertätigkeit von Anwältinnen und Anwälten, in: Festschrift 100 Jahre Aargauischer Anwaltsverband, Zürich u.a. 2005, S. 3 ff.; *dies.,* Richterliche *Unabhängigkeit,* Bern 2001; KIENER REGINA/KRÜSI MELANIE, Die Unabhängigkeit von Gerichtssachverständigen, ZSR 2006 I, S. 487 ff.; KOLLER HEINRICH, in: Niggli/Uebersax/Wiprächtiger, Basler Kommentar BGG, Art. 2; LIVSCHITZ MARK M., Die Richterwahl im Kanton Zürich. Ihre Faktizität am Obergericht und an den Bezirksgerichten als verfassungsrechtliches Problem, Zürich 2002; MÜLLER GEORG/THOMMEN MARC, Unabhängigkeit versus Öffentlichkeit der Justiz, in: Heer Marianne/Urwyler Adrian (Hrsg.), Justiz und Öffentlichkeit, Bern 2007, S. 23 ff.; MÜLLER MARKUS, Die innere Unabhängigkeit des Richters. Gedanken zu einem Diamanten, in: Herzog Ruth/Feller Reto (Hrsg.), Bernische Verwaltungsgerichtsbarkeit in Geschichte und Gegenwart, Bern 2010, S. 527 ff.; *ders.,* Psychologie im öffentlichen Verfahren, Bern 2010, S. 63 ff.; SCHINDLER BENJAMIN, Die *Befangenheit* der Verwaltung, Zürich u.a. 2002; SEILER HANSJÖRG, Praktische Fragen der parlamentarischen Oberaufsicht über die Justiz, ZBl 2000, S. 281 ff.; STEINMANN GEROLD, in: Ehrenzeller/Mastronardi/Schweizer/Vallender, St. Galler Kommentar BV, Art. 30; STÖCKLI ANDREAS, Behördenmitglieder in den obersten Führungs- und Aufsichtsgremien von öffentlichen Unternehmen, Bern 2012, S. 535 ff., 625 ff.; SUTTER PATRICK, Der Anwalt als Richter, die Richterin als Anwältin, AJP 2006, S. 30 ff.

189

Der Anspruch auf ein gesetzliches, zuständiges, unabhängiges und unparteiisches Gericht ist in Art. 30 Abs. 1 BV enthalten und kommt in allen Fällen zum Tragen, in denen das Völkerrecht, die Verfassung oder auch das Gesetz die Beurteilung durch ein Gericht vorsieht (vgl. Biaggini, BV-Kommentar, Art. 30 N. 4). Art. 6 Ziff. 1 EMRK und Art. 14 Abs. 1 UNO-Pakt II sehen einen analogen Anspruch vor, soweit sie vorschreiben, dass ein Gericht zum Entscheid berufen ist (vgl. BGE 136 I 207 E. 3.1). Mit Bezug auf Verwaltungsbehörden ergeben sich verwandte Garantien sinngemäss aus Art. 29 Abs. 1 BV. Sodann hält Art. 191c BV den Grundsatz der richterlichen Unabhängigkeit mit Bezug auf sämtliche Gerichte des Bundes und der Kantone fest.

190

191 Der Anspruch auf ein *«durch Gesetz geschaffenes»* Gericht besagt, dass das Gericht und die Gerichtsorganisation in einem Gesetz im formellen Sinn vorgesehen sein müssen sowie dass Zuständigkeit und Besetzung durch generell-abstrakte Normen bestimmt werden (BGE 134 I 184 E. 3.1, 134 I 125 E. 3.3). Art. 30 Abs. 1 Satz 2 BV untersagt «Ausnahmegerichte», also Gerichte, die zur Beurteilung eines bestimmten Falls (ad hoc) oder einer bestimmten Person (ad personam) eingesetzt werden (BGE 131 I 31 E. 2.1.2.1). Zulässig sind jedoch grundsätzlich Spezialgerichte mit beschränktem Zuständigkeitsbereich und namentlich auch Fachgerichte, in denen Vertreterinnen oder Vertreter der betroffenen Interessen paritätisch mitwirken (BGE 133 I 1 E. 6.4.3; 126 I 235 E. 2b; vgl. auch BGer, Urteil U 326/05 vom 26.5.2005, E. 1). Wird die Richterbank nicht nach sachlichen Kriterien besetzt, verstösst dies gegen die Garantie des gesetzmässigen Gerichts (BGer, Urteil 6P.102/2005 vom 26.6.2006, E. 2–4).

192 Es besteht weiter ein Anspruch auf Beurteilung durch das persönlich, örtlich, zeitlich und sachlich *zuständige* Gericht (BGE 129 V 196 E. 4.1).

193 Der Anspruch auf ein *unabhängiges und unparteiisches* Gericht umfasst eine organisatorisch-institutionelle und eine personenbezogene Komponente (vgl. Kiener, Unabhängigkeit, S. 13 f.). Der Begriff der Unabhängigkeit wird in der Regel schwerpunktmässig auf den ersteren Aspekt bezogen, jener der Unparteilichkeit bezieht sich im Kern auf die Gerichtsmitglieder als Personen. Der EGMR unterscheidet zwischen der subjektiven Seite der Unparteilichkeit und deren objektiv genügender Absicherung durch entsprechende Garantien, die wiederum eng mit der Unabhängigkeit zusammenhängen (EGMR, Urteil i.S. Cooper gegen Vereinigtes Königreich vom 16.12.2003, Rec. 2003-XII, Ziff. 104; vgl. auch Kiener, Unabhängigkeit, S. 13 f.). In ähnlicher Weise definiert das Bundesgericht die Unabhängigkeit des Gerichts als die institutionelle Sicherung, dass «eigentliche Richter mitwirken, die auf feste Amtsdauer bestellt sind und während dieser Zeit weder von anderen Staatsgewalten noch von den Parteien Anweisungen empfangen». Sie stellt eine der Voraussetzungen der Unparteilichkeit dar, die nur so lange vorliegt, als objektiv keine Umstände gegeben sind, die den Richter «nicht mehr als rechten Mittler, sondern als voreingenommen oder befangen erscheinen lassen» (BGE 134 I 16 E. 4.2).

194 Unabhängigkeit und Unparteilichkeit können somit nicht scharf getrennt werden. Doch kann unter *Unabhängigkeit* im Wesentlichen die auf institutioneller und organisatorischer Ebene verwirklichte Garantie verstanden werden, dass das Gericht keinen unstatthaften Einflüssen durch die anderen Staatsgewalten, andere Gerichte, die Verfahrensparteien und gesellschaftliche Mächte ausgesetzt ist (grundlegend zu den Aspekten der richterlichen Unabhängigkeit: Eichenberger, Unabhängigkeit, S. 43 ff.; zusammenfassend Biaggini, BV-Kommentar, Art. 191c N. 3; Rhinow/Koller/Kiss/Thurnherr/Brühl-Moser, Prozessrecht, Rz. 479 ff.). Die organisatorische Unabhängigkeit wird mit der Selbstverwaltung der Gerichte gesichert (für das Bundesgericht: Art. 188 Abs. 3 BV). Ab einem bestimmten Mass an administrativer Verflechtung mit der Verwal-

tung kann eine Behörde nicht als unabhängiges Gericht bezeichnet werden (vgl. BGer, Urteil 2P.252/2003 vom 3.11.2003, E. 3.4.1). Weiter ist etwa zu gewährleisten, dass ein Gericht in seiner Rechtsprechung nicht weisungsgebunden ist (vgl. Art. 191c BV). Die Entscheide dürfen auch nicht der Kontrolle durch eine nicht richterliche Instanz unterliegen (BGE 120 Ia 19 E. 4a). Die Unabhängigkeit des Gerichts muss sodann bei der Regelung der Wählbarkeitsvoraussetzungen und Unvereinbarkeiten, der Wahl und der Amtsdauer sowie der Entlöhnung gewahrt werden (vgl. zum Richterlohn BGE 137 I 1 E. 2.5). Das Fehlen juristischen Sachverstands kann die Unabhängigkeit dann gefährden, wenn die Betreffenden nicht zur Erfassung des Sachverhalts, selbständigen Willensbildung und richtigen Rechtsanwendung in der Lage sind. Dies wäre etwa der Fall, wenn unerfahrene Laienrichterinnen und -richter ohne Möglichkeit der Mithilfe einer unabhängigen Fachperson amten müssten (BGE 134 I 16 E. 4.3). Der in der Praxis angewandte Parteienproporz bei der Wahl der Gerichtsmitglieder lässt sich gemäss Bundesgericht insofern rechtfertigen, als er bis zu einem gewissen Grad gewährleistet, dass sich die gesellschaftlichen, sozialen und politischen Kräfte in der Zusammensetzung einer Behörde widerspiegeln und sich eine pluralistische Meinungsbildung ergibt (BGE 138 I 217 E. 3.3.5).

Unparteilichkeit meint einerseits einen inneren Zustand der Unvoreingenommenheit und Unbefangenheit und andererseits jene organisatorischen und verfahrensrechtlichen Mechanismen, die dafür sorgen, dass kein Gerichtsmitglied, das den Anschein der Parteilichkeit erweckt, am Verfahren mitwirkt (vgl. zum Ganzen Biaggini, BV-Kommentar, Art. 30 N. 7; Steinmann, St. Galler Kommentar BV, Art. 30 Rz. 6 und 9 ff.). Ein solcher Anschein kann sich zum einen aus *persönlichen Interessen, Positionierungen oder Beziehungen,* zum andern aus der *Vorbefassung* – der früheren Beschäftigung mit derselben Sache in einer anderen Funktion – ergeben. Um diesen Anschein zu verhindern, sind die Gerichtsmitglieder verpflichtet, gegebenenfalls in den Ausstand zu treten, bzw. haben die Verfahrensparteien einen Anspruch hierauf (vgl. dazu näher Rz. 423 ff., 1096 ff., 1605 ff.). Der Anspruch auf ein unparteiliches Gericht bzw. auf den Ausstand Befangener steht somit in einem gewissen Spannungsverhältnis zum Anspruch auf ein gesetzmässig zusammengesetztes Gericht. 195

Der Anspruch auf eine *rechtmässig zusammengesetzte, zuständige, unbefangene Behörde* ergibt sich gegenüber *Verwaltungsbehörden* aus Art. 29 Abs. 1 BV. Aufgrund der unterschiedlichen Funktion und Organisation von Gerichten und Verwaltung dürfen die jeweiligen Ansprüche auf Unabhängigkeit und Unparteilichkeit jedoch nicht unbesehen gleichgesetzt werden. So verfügt die Verwaltungsbehörde nicht über Unabhängigkeit, weil die übergeordneten Behörden befugt sind, nicht nur generelle Weisungen, sondern auch konkrete Anordnungen zu erlassen. Aufgabe der Verwaltung ist grundsätzlich auch nicht die Streiterledigung im Konfliktfall, sondern die Erfüllung öffentlicher Aufgaben (Steinmann, St. Galler Kommentar BV, Art. 29 N. 18). Inwieweit die Praxis zur Unabhängigkeit und Unparteilichkeit von Gerichten auf Verwaltungsbehörden 196 übertragen werden kann, hängt davon ab, inwieweit im konkreten Fall die Unterschiede in Organisation und Funktion von Bedeutung sind (vgl. BGE 137 II 431 E. 5.3; BGer, Urteil 1C_278/2010 vom 31.1.2011, E. 2.2; BGE 127 I 196 E. 2b und im Einzelnen Schindler, Befangenheit, S. 65 ff.).

197 Dem Anspruch auf richtige Zusammensetzung des Gerichts und der Verwaltungsbehörde wird (bezogen auf sämtliche genannten Teilgehalte) *formelle Natur* zuerkannt: Wird seine Verletzung von einer Rechtsmittelinstanz festgestellt, so ist der angefochtene Entscheid – ungeachtet der Erfolgsaussichten des Rechtsmittels in der Sache selber – aufzuheben (BGE 127 I 128 E. 4d). Die Verfahrensparteien haben nach Treu und Glauben (Art. 5 Abs. 3 BV) entsprechende Mängel so früh wie möglich geltend zu machen (BGE 132 II 485 E. 4.3). Deswegen besteht ein Anspruch auf Bekanntgabe der Zusammensetzung der Behörde, wobei es genügt, wenn sich diese aus einer leicht zugänglichen amtlichen Publikation ergibt (BGer, Urteil 1C_388/2009 vom 17.2.2010, E. 4.1; BGE 128 V 82 E. 2b; vgl. zum Ganzen auch BGer, Urteil 2C_8/2010 vom 4.10.2010, E. 2, und im Einzelnen hinten, Rz. 437, 1103, 1608).

6. Verbot der formellen Rechtsverweigerung (im engeren Sinn)

198 *Literatur:* Vgl. die Literatur in Rz. 66, 73.

199 Das Verbot der formellen Rechtsverweigerung (im engeren Sinn) ergibt sich sinngemäss aus Art. 29 Abs. 1 BV. Es wird verletzt, wenn eine Behörde eine Entscheidung, die sie treffen müsste, ganz oder teilweise verweigert (vgl. z.B. Biaggini, Kommentar BV, Art. 29 N. 12). Dies ist nicht nur der Fall, wenn die Behörde überhaupt untätig bleibt, sondern etwa auch,
– wenn sie eine Sache durch Nichteintreten erledigt, obwohl sie materiell darüber befinden müsste, zum Beispiel indem sie sich ohne genügende Begründung für unzuständig erklärt (BGE 135 I 6 E. 2.1–2.5), einen Antrag fälschlicherweise für unzulässig erachtet (vgl. BGE 131 II 361 E. 4) oder den Anspruch auf Revision zu Unrecht verneint (BGE 127 I 133 E. 6 f., unter Hinweis auf Art. 29 Abs. 1 und 2 BV) – wobei solche Fälle regelmässig auch dem überspitzten Formalismus bei der Auslegung der Eintretensvoraussetzungen zugeordnet werden können;
– wenn sie eine Eingabe zu Unrecht nicht in einem förmlichen Verfahren behandelt, also zum Beispiel eine Beschwerde bloss als Aufsichtsbeschwerde entgegennimmt (BGE 135 I 265 E. 3.4);
– wenn sie eine Eingabe nicht an die zuständige Behörde weiterleitet, obwohl ein entsprechender Anspruch gegeben wäre (BGer, Urteil 1P.143/2004 vom 17.8.2004, E. 3.1; BGE 117 Ia 119 E. 3c);

- wenn sie ihre Kognition zu Unrecht einschränkt, was auch eine Verletzung des Anspruchs auf rechtliches Gehör nach Art. 29 Abs. 2 BV darstellt (BGE 131 II 271 E. 11.7.1);
- wenn sie die ihr zugänglichen Mittel zur notwendigen Abklärung des Sachverhalts nicht einsetzt (BGE 116 Ia 106 E. 4).

Von einer formellen Rechtsverweigerung ist auch auszugehen, wenn die untere Instanz den Entscheid der zuständigen Rechtsmittelbehörde missachtet oder vereitelt. Dies ist der Fall, wenn die untere Instanz in der Sache entscheidet, obwohl einem Rechtsmittel aufschiebende Wirkung gewährt wurde (BGE 115 Ia 321 E. 3c; Steinmann, St. Galler Kommentar BV, Art. 29 Rz. 10; vgl. auch BVGE 2010/1 E. 5, wo die faktische Vereitelung der aufschiebenden Wirkung der Beschwerde durch sofortigen Vollzug der erstinstanzlichen Verfügung als Verletzung der Rechtsweggarantie behandelt wurde).

7. Treu und Glauben bzw. Vertrauensschutz; überspitzter Formalismus

Literatur: BIAGGINI, BV-Kommentar, Art. 9 N. 13 ff.; CHIARIELLO ELISABETH, Treu und Glauben als Grundrecht nach Art. 9 der schweizerischen Bundesverfassung, Bern 2004, S. 200 ff.; EGLI JEAN-FRANÇOIS, La protection de la bonne foi dans le procès, in: Verfassungsrechtsprechung und Verwaltungsrechtsprechung, Zürich 1992, S. 225 ff.; GÄCHTER THOMAS, Rechtsmissbrauch im öffentlichen Recht, Zürich u.a. 2005; ROHNER CHRISTOPH, in: Ehrenzeller/Mastronardi/Schweizer/Vallender, St. Galler Kommentar BV, Art. 9 Rz. 39 ff.; vgl. auch die Literatur in Rz. 66, 73.

Der Grundsatz von *Treu und Glauben* als allgemeiner Rechtsgrundsatz verbietet Behörden wie Privaten widersprüchliches Verhalten (Art. 5 Abs. 3 BV). Der Grundsatz des Vertrauensschutzes im engeren Sinn stellt ein in Art. 9 BV verankertes verfassungsmässiges Recht der Einzelnen dar; er gibt ihnen unter gewissen Voraussetzungen einen Anspruch auf Schutz des berechtigten Vertrauens in behördliche Zusicherungen und sonstiges, bestimmte Erwartungen begründendes Verhalten der Behörden, sofern das öffentliche Interesse an der Anwendung des positiven Rechts nicht überwiegt (vgl. BGE 131 V 472 E. 5; ausführlich Häfelin/Müller/Uhlmann, Verwaltungsrecht, Rz. 631 ff.).

Der Grundsatz von Treu und Glauben kommt auch im Verfahrensrecht zur Anwendung (BGer, Urteil 9C_52/2007 vom 10.1.2008, E. 2.1; BGE 121 I 30 E. 5f). Ein wichtiges Beispiel für den Schutz des Vertrauens in das Verhalten der Behörden ist der Schutz des Vertrauens in eine falsche schriftliche Rechtsmittelbelehrung (BGE 135 III 374 E. 1.2.2; 134 I 199 E. 1.3). Im Bund ist dieser Grundsatz in Art. 38 VwVG (auch i.V.m. Art. 37 VGG) und Art. 49 BGG gesetzlich verankert (vgl. im Einzelnen hinten, Rz. 646 ff.). Gleich wie eine unrichtige Auskunft ist das Unterlassen einer Auskunft, zu der die Behörde nach dem Gesetz oder den Umständen verpflichtet war, zu behandeln (BGE 131 V 472 E. 5; vgl. Art. 27 Abs. 2 ATSG). Auch widersprüchliches Verhalten der Behörde kann schützenswertes Vertrauen begründen (vgl. BGE 132 II 21 E. 6.2). Schützenswert ist ferner das Vertrauen in die bisherige Auslegung von Frist- oder Formvorschriften durch eine Behörde; eine Praxisänderung oder auch die Klarstellung der Rechtsprechung darf nicht ohne vorherige Ankündigung erfolgen, wenn sie für eine Partei den Verlust eines prozessualen Rechts (namentlich des Beschwerderechts) zur Folge hätte (BGE 135 II 78 E. 3; 132 II 153 E. 5). Dies wäre etwa der Fall, wenn ein Rechtsmittel gemäss der alten Praxis rechtzeitig, gemäss der neuen Praxis jedoch verspätet eingereicht wurde. Ergibt sich dagegen aus der neuen Praxis, dass die Partei über das fragliche prozessuale Recht gar nicht verfügt – was etwa der Fall ist, wenn ihre Beschwerdelegitimation zu verneinen ist –, so dürfen ihr immerhin keine Kosten und Entschädigungen auferlegt werden (BGE 122 I 57 E. 3).

204 Wie die erwähnten Beispiele zeigen, sind die Rechtsfolgen des Vertrauensschutzes auf die Abwehr oder den Ausgleich von Nachteilen im konkreten Fall ausgerichtet (Biaggini, BV-Kommentar, Art. 9 N. 20; Rohner, in: St. Galler Kommentar BV, Art. 9 Rz. 55).

205 Von den Rechtsuchenden verlangt der Grundsatz von Treu und Glauben gemäss Art. 5 Abs. 3 BV zum Beispiel, gewisse formelle Rügen (etwa ein Ausstandsbegehren) so früh wie möglich nach Kenntnisnahme des Rügegrundes vorzubringen; verspätetes Vorbringen kann zur Verwirkung des Anspruchs führen (BGE 138 I 97 E. 4.1.5; 132 II 485 E. 4.3). Auch lassen sich Mitwirkungspflichten der Beteiligten aus dem Grundsatz von Treu und Glauben ableiten, wenn die Behörde ohne die Mitwirkung den Sachverhalt gar nicht oder nur mit unverhältnismässigem Aufwand ermitteln könnte (BGE 132 II 113 E. 3.2).

206 Soweit sich das Gebot von Treu und Glauben an die Behörden richtet, verfolgt es dasselbe Ziel wie das Verbot des *überspitzten Formalismus,* welches das Bundesgericht als Teilgehalt des Verbots der formellen Rechtsverweigerung aus Art. 29 Abs. 1 BV herleitet. Überspitzter Formalismus liegt vor, wenn die strikte Anwendung von Verfahrensregeln exzessiv erscheint, durch kein schutzwürdiges Interesse gerechtfertigt ist und zum blossen Selbstzweck wird, sodass der Zugang zur Rechtspflege und die Verwirklichung des materiellen Rechts in unhaltbarer Weise erschwert oder gar verhindert werden (vgl. BGE 135 I 6 E. 2.1; 127 I 31 E. 2a/bb). Eine wichtige Konkretisierung des Grundsatzes ist etwa darin zu sehen, dass die Behörde eine Eingabe nicht durch Nichteintreten erledigen darf, wenn diese bestimmte untergeordnete Formmängel aufweist, sondern zunächst eine Nachfrist zur Behebung der Mängel anzusetzen hat. So muss eine Nachfrist eingeräumt werden, wenn die Eingabe nicht unterzeichnet wurde. Kein entsprechender grundrechtlicher Anspruch besteht jedoch, wenn die Eingabe keine oder keine genügende Begründung enthält, obwohl eine solche gesetzlich vorgeschrieben ist (BGE 134 II 244 E. 2.4.2; vgl. auch BGE 134 V 162), oder wenn ein Kostenvorschuss verspätet geleistet wird (BGer, Urteil 2C_136/2010 vom 19.7.2010, E. 2.5). Überspitzter Formalismus liegt wiederum vor, wenn die Behörde den Antrag einer unbeholfenen Partei strikt wörtlich nimmt und in der Folge abweist, statt ihn vernünftig zu inter-

pretieren (BGer, Urteil 6A.36/2006 vom 27.6.2006, E. 3: wenn die unbeholfene Partei mit ihrem Antrag um einen amtlichen Verteidiger offensichtlich einen unentgeltlichen Rechtsbeistand meint, darf das Ersuchen nicht mit der Begründung abgewiesen werden, das Verwaltungsprozessrecht kenne keine amtliche Verteidigung).

8. Gleichbehandlung der Parteien

Literatur: ALBERTINI MICHELE, Der verfassungsmässige Anspruch auf rechtliches Gehör im Verwaltungsverfahren des modernen Staates, Bern 2000, S. 107 ff.; KIENER REGINA, Ein Pinselstrich am Richterbild: Richterliche Aufklärungs- und Fürsorgepflichten im Verwaltungsprozess, in: Herzog Ruth/Feller Reto (Hrsg.), Bernische Verwaltungsgerichtsbarkeit in Geschichte und Gegenwart, Bern 2010, S. 505 ff.; RHINOW/KOLLER/KISS/THURNHERR/BRÜHL-MOSER, Prozessrecht, Rz. 306 f.; vgl. auch die Literatur in Rz. 66, 73, 487.

207

Der Grundsatz der Gleichbehandlung der Parteien *(«Waffengleichheit»)* ist ein wesentlicher Bestandteil des Anspruchs auf Fairness im Verfahren gemäss Art. 6 Ziff. 1 EMRK und Art. 29 Abs. 1 BV (BGE 133 I 1 E. 5.3.1).

208

Der Grundsatz verpflichtet die Behörden, die *Prozessparteien* einander im Wesentlichen *gleichzustellen.* Dies bedeutet zunächst, dass ihnen die Rechte, Pflichten und Lasten gleichermassen zukommen müssen. Bereits dieser formale Gesichtspunkt erfordert, dass die Verfahrensbeteiligten zum Beispiel in Bezug auf die Fristen, die Akteneinsicht oder das Äusserungsrecht grundsätzlich gleich zu behandeln sind. So ist es nicht zulässig, wenn die Rechtsmittelinstanz der verfügenden Behörde für die Beschwerdeantwort systematisch und ohne sachlichen Grund eine Frist gewährt, die länger ist als die Beschwerdefrist (BGE 126 V 244 E. 4c; Gegenbeispiel: BGer, Urteil 2A.160/2004 vom 9.6.2005, E. 3.2). Ebenso widerspricht es der Waffengleichheit, wenn nur der einen Partei ohne genügende Begründung die Akteneinsicht verweigert wird (vgl. – zum Strafprozess – BGer, Urteil 1P.156/2006 vom 12.5.2006, E. 2.3.1). Das Recht auf Stellungnahme zu den Eingaben der anderen Parteien und der Vorinstanzen wird ebenfalls – ausser mit dem Anspruch auf rechtliches Gehör – mit der Waffengleichheit begründet (EGMR, Urteil i.S. Ressegatti gegen die Schweiz, 13.7.2006, Nr. 17671/02, Ziff. 33; BGE 133 I 100 E. 4.3). Der Grundsatz der Waffengleichheit ist bereits dann verletzt, wenn eine Partei schlechter gestellt wird; es wird nicht vorausgesetzt, dass ihr daraus tatsächlich ein Nachteil entsteht (BGE 137 V 210 E. 2.1.2.1 m.H.). Im erstinstanzlichen Verwaltungsverfahren ist allerdings eine formelle Gleichstellung der Parteien mit der Behörde nicht denkbar, und auch im Rechtsmittelverfahren kann und muss eine vollständige Gleichstellung von verfügender Behörde und privaten Betroffenen nicht erreicht werden (BGE 137 V 210 E. 2.1.2.1; 135 V 465 E. 4.3.1 m.w.H.; BGer, Urteil U 378/05 vom 10.5.2006, E. 3.1).

209

210 Unabhängig von diesen Einschränkungen der formellen Gleichheit muss den Parteien insbesondere Gelegenheit gegeben werden, ihre Sache je in angemessener Form vorzubringen. Sie müssen zwar nicht vollständig gleichgestellt werden, doch sollen sie die *gleichen prozessualen Chancen* haben, mit ihren *materiellen Standpunkten durchzudringen*. Die Verwirklichung dieser Chancengleichheit erfordert mehr als nur die formelle Gleichbehandlung (vgl. BGE 135 V 465 E. 4.3.1). Die zuständige Instanz hat den schwächeren Parteien – im Verwaltungsverfahren und in der Verwaltungsrechtspflege sind es in der Regel die Privaten – durch geeignete Massnahmen eine angemessene Position zu verschaffen. Dies geschieht beispielsweise durch Gewährung des Rechts auf unentgeltliche Prozessführung gemäss Art. 29 Abs. 3 BV (vgl. BGE 131 I 350 E. 3.1). Auch hat die Behörde die Unbeholfenheit einer Partei bei der Wahrnehmung ihrer eigenen Aufklärungs- bzw. Orientierungspflichten, bei der Auferlegung von Mitwirkungspflichten und bei der Würdigung von Formmängeln der Eingaben der betreffenden Partei zu berücksichtigen (vgl. Patrick L. Krauskopf/ Karin Emmenegger, in: Waldmann/Weissenburger, Praxiskommentar VwVG, Art. 13 N. 48; VGer ZH, Urteil VB.2008.00527 vom 26.2.2009, E. 4.1; BGer, Urteil 6A.36/2006 vom 27.6.2006, E. 3). Das Bundesgericht leitet auch eine Pflicht zur Publikation der Rechtsprechung von allgemeiner Bedeutung aus der Waffengleichheit ab, weil alle Rechtsuchenden bei der Konsultation der geltenden Rechtsprechung die gleichen Möglichkeiten haben müssen (BGE 133 I 106 E. 8.3).

211 Instruktiv sind die Schlussfolgerungen, die das Bundesgericht für die *Beweiserhebung, -abnahme und -würdigung* zieht. Zwar verschafft die Waffengleichheit keinen Anspruch auf ein verwaltungsexternes Gutachten, und das Gericht darf auf ein eigenes Beweisverfahren verzichten. Doch dürfen an die Beweismittel, mit denen eine Partei das verwaltungsinterne Fachwissen infrage stellen will, keine überspannten Anforderungen gestellt werden (vgl. im Einzelnen BGE 135 V 465 E. 4.3–4.7).

212 Dem Gedanken der Waffengleichheit entsprechen auch verschiedene Gesetzesbestimmungen, die dem *Schutz der schwächeren oder benachteiligten Partei* dienen (vgl. Art. 41 BGG oder Art. 53 VwVG).

9. Das rechtliche Gehör

213 *Literatur:* Vgl. die Literatur in Rz. 66, 73, 487.

214 Der Grundsatz des rechtlichen Gehörs besagt, dass niemand in seiner Rechtsstellung beeinträchtigt werden darf, ohne vorher angehört worden zu sein. Er «umfasst alle Befugnisse, die einer Partei einzuräumen sind, damit sie in einem Verfahren ihren Standpunkt wirksam zur Geltung bringen kann» (BGE 135 II 286 E. 5.1; zum persönlichen Anwendungsbereich vgl. vorne, Rz. 177 f.).

Damit soll erstens der Stellung der Einzelnen als Subjekte im Verfahren Rechnung getragen werden: Sobald ein Entscheid in ihre Rechtsstellung einzugreifen droht, sollen sie ihre Rechte durch aktive Mitwirkung wahren können. Zweitens dient das rechtliche Gehör auch der richtigen Sachverhaltsabklärung – und in Ausnahmefällen sogar der richtigen Rechtsanwendung –, weil der Grundsatz ein kontradiktorisches Verfahren auslöst. Oder, in der klassischen Formulierung des Bundesgerichts: Das rechtliche Gehör dient einerseits der Sachaufklärung und stellt andererseits ein persönlichkeitsbezogenes Mitwirkungsrecht dar (z.B. BGE 136 V 351 E. 4.4). Drittens erhöht sich durch die Beteiligung der Betroffenen an der Entscheidfindung zudem die Chance, dass der autoritativ festgelegte Entscheid von allen akzeptiert wird (vgl. zum Ganzen z.B. auch Müller/Schefer, Grundrechte, S. 846 ff.). Die BV garantiert den Anspruch auf rechtliches Gehör in Art. 29 Abs. 2; er stellt einen Teilgehalt des allgemeinen Grundsatzes des fairen Verfahrens nach Art. 6 Ziff. 1 EMRK und Art. 29 Abs. 1 BV dar (BGE 134 I 140 E. 5.2; zum Verhältnis der Normen zueinander vgl. hinten, Rz. 488 ff.). Zum rechtlichen Gehör sind insbesondere folgende Teilgehalte zu zählen:

- Der Anspruch auf vorgängige Orientierung (BGE 126 V 130 E. 2b), zu dem das Akteneinsichtsrecht (BGE 132 II 485 E. 3.2) gezählt werden kann;
- das Recht, sich zu allen rechtserheblichen Punkten *vor* dem Entscheid zu äussern (BGE 136 I 184 E. 2.2.1; 133 V 196 E. 1.2), eingeschlossen das Recht auf Stellungnahme zu allen Eingaben von Gegenparteien und Vorinstanzen im gerichtlichen Verfahren (Replikrecht; EGMR, Urteil i.S. Schaller-Bossert gegen die Schweiz vom 28.10.2010, Nr. 41718/05, Ziff. 39 ff.; BGE 133 I 98 E. 2.2; 133 I 100 E. 4; 132 I 42 E. 3.3 – ein eingeschränkter Anspruch gilt im Verwaltungsverfahren; BGE 138 I 154 E. 2.3 ff.);
- das Recht, bei der Sachverhaltsabklärung mitzuwirken und insbesondere Beweisanträge zu stellen (BGE 135 V 465 E. 4.3.2);
- das Recht auf Vertretung und Verbeiständung (BGE 132 V 443 E. 3.3) – während der Anspruch auf unentgeltliche Rechtspflege in Art. 29 Abs. 3 BV verankert wurde;
- der Anspruch auf Prüfung aller vorgebrachten rechtserheblichen Anträge und Stellungnahmen durch die entscheidende Instanz (BGE 134 I 83 E. 4.1);
- der Anspruch auf Eröffnung des Entscheids (BGE 133 I 201 E. 2.1);
- das Recht auf Begründung des Entscheids, insbesondere im Hinblick auf die entscheidrelevanten Parteivorbringen (BGE 134 I 83 E. 4.1). Ein Anspruch auf Rechtsmittelbelehrung ergibt sich dagegen nicht aus der BV (BGE 123 II 231 E. 8a).

Auf den Gehörsanspruch als solchen kann nicht verzichtet werden. Hingegen steht es den Betroffenen frei, im Einzelfall von der konkreten Inanspruchnahme abzusehen (BGE 101 Ia 309 E. 2b; vgl. auch BGE 121 V 150 E. 5b).

215

216 Dem Anspruch auf rechtliches Gehör wird *formelle Natur zugeschrieben* (statt vieler: BGE 135 I 187 E. 2.2; vgl. vorne, Rz. 173 f.). Dies heisst grundsätzlich, dass im Fall einer Verletzung dieses Anspruchs der fragliche Entscheid im Rechtsmittelverfahren aufzuheben ist, ohne dass die Partei ein materielles Interesse an der Aufhebung geltend machen müsste (BGer, Urteil 8C_1027/2009 vom 17.8.2010, E. 2.1; BGE 135 I 187 E. 2.2). Bei gegebenen Voraussetzungen ist der Mangel allerdings heilbar (BGE 136 V 117 E. 4.2.2.2; 133 I 201 E. 2.2). Zur Heilung des Mangels im Beschwerdeverfahren gemäss der Praxis und zur Kritik daran vgl. hinten, Rz. 548 ff.

10. Öffentlichkeit, Mündlichkeit und Unmittelbarkeit

217 *Literatur. Zum Anspruch auf Öffentlichkeit der Justiz:* AEMISEGGER HEINZ, *Öffentlichkeit* der Justiz, in: Tschannen, Bundesrechtspflege, S. 375 ff.; BOMMER FELIX, Öffentlichkeit der Hauptverhandlung zwischen Individualgrundrecht und rechtsstaatlich-demokratischem Strukturprinzip, in: Festschrift für Stefan Trechsel, Zürich u.a. 2002, S. 671 ff.; FLÜHMANN CAROLINE/SUTTER PATRICK, Kritische Betrachtung der bundesgerichtlichen Veröffentlichungspraxis oder «Wünschbares ist machbar», AJP 2003, S. 1026 ff.; HEIMGARTNER STEFAN/WIPRÄCHTIGER HANS, in: Niggli/Uebersax/Wiprächtiger, Basler Kommentar BGG, Art. 59; HERZOG RUTH, *Art. 6 EMRK* und kantonale Verwaltungsrechtspflege, Bern 1995, S. 326 ff.; KAYSER MARTIN, Die öffentliche Urteilsverkündung in der künftigen Schweizer Zivil- bzw. Strafprozessordnung, in: Schindler Benjamin/Schlauri Regula (Hrsg.), Auf dem Weg zu einem einheitlichen Verfahren, Zürich 2001, S. 47 ff.; MORSCHER SIEGBERT/CHRIST PETER, Grundrecht auf öffentliche Verhandlung gem. Art. 6 EMRK, EuGRZ 2010, S. 272 ff.; MOSER/BEUSCH/KNEUBÜHLER, Bundesverwaltungsgericht, Rz. 3.161 ff.; RASELLI NICCOLÒ, Das Gebot der öffentlichen Urteilsverkündung, in: Festgabe für Giusep Nay, Luzern 2002, S. 23 ff.; SPÜHLER KARL, Der Grundsatz der Öffentlichkeit in der Rechtsprechung des Schweizerischen Bundesgerichtes, in: Festschrift für Jörg Rehberg, Zürich 1996, S. 315 ff.; TSCHÜMPERLIN PAUL, in: Niggli/Uebersax/Wiprächtiger, Basler Kommentar BGG, Art. 27; *ders.,* Öffentlichkeit der Entscheidungen und Publikationspraxis des Schweizerischen Bundesgerichts, SJZ 2003, S. 265 ff.; WIPRÄCHTIGER HANS, Bundesgericht und Öffentlichkeit, in: Festgabe für Giusep Nay, Luzern 2002, S. 11 ff.; vgl. auch die Literatur in Rz. 66, 73, 487.

Zum Öffentlichkeitsprinzip: BRUNNER STEPHAN C., Persönlichkeitsschutz bei der behördlichen Information der Öffentlichkeit von Amtes wegen: Ein Leitfaden, ZBl 2010, S. 595 ff.; *ders.,* Öffentlichkeit und Datenschutz im erstinstanzlichen Verwaltungsverfahren: Eine Übersicht, in: Häner/Waldmann, Verwaltungsverfahren, S. 137 ff.; *ders.,* Öffentlichkeit der Verwaltung und informationelle Selbstbestimmung: Von Kollisionen und Verkehrsregeln, in: Festgabe für Rainer J. Schweizer, Zürich u.a. 2003, S. 31 ff.; BRUNNER STEPHAN C./MADER LUZIUS (Hrsg.), Handkommentar Öffentlichkeitsgesetz (BGÖ), Bern 2008; EHRENZELLER BERNHARD (Hrsg.), Das Öffentlichkeitsgesetz des Bundes, St. Gallen 2006; *ders.,* Öffentlichkeit der öffentlichen Verwaltung?, in: Festschrift für Arnold Koller, Bern u.a. 1993, S. 31 ff.; FLÜCKIGER ALEXANDRE (Hrsg.), La mise en œuvre du principe de transparence dans l'administration, Genf u.a. 2006; HÄNER ISABELLE, Aktive Information und passives Zugangsrecht, URP 2004, S. 3 ff.; *dies.,* Das *Öffentlichkeitsprinzip* in der Verwaltung im Bund und in den Kantonen – Neuere Entwicklungen, ZBl 2003, S. 281 ff.; *dies.,* Öffentlichkeit und Verwaltung, Zürich 1990; HAUSER MATTHIAS/BICKEL ROLF, Informationszugang im Umweltrecht und die Rechte von Urhebern. Die Rechtslage im Kanton Zürich, URP 2011, S. 299 ff.; MAHON PASCAL, L'information par les autorités, ZSR 1999 II, S. 199 ff.; MÜLLER/SCHEFER, Grundrechte, S. 522 ff.; SAXER URS, Transparenz und Öffentlichkeit des Bundesverwaltungsgerichtes – Verwaltungsgerichtsbarkeit in der demokratischen Mediengesellschaft, in: Ehrenzeller/Schweizer, Bundesverwaltungsgericht, S. 403 ff.; *ders.,* Justizkommunikation im Rechtsstaat, in: Heer Marianne/Urwyler Adrian (Hrsg.), Justiz und Öffentlichkeit, Bern 2007, S. 49 ff.; *ders.,* Vom Öffentlichkeitsprinzip zur Justizkommunikation – Rechtsstaatliche Determinanten einer verstärkten Öffentlichkeitsarbeit der Gerichte, ZSR 2006 I, S. 459 ff.; SCHEFER MARKUS, Öffentlichkeit und Geheimhaltung in der Verwaltung, in: Epiney Astrid/Hobi Patrick (Hrsg.), Die Revision des Datenschutzgesetzes, Zürich u.a. 2009, S. 67 ff.; SIEGENTHALER MARKUS, Öffentlichkeit der Verwaltung, in: Baeriswyl Bruno/Rudin Beat (Hrsg.), Perspektive Datenschutz, Zürich 2002, S. 203 ff.; STEINMANN GEROLD, in: Niggli/Uebersax/Wiprächtiger, Basler Kommentar BGG, Art. 30; TANQUEREL THIERRY/BELLANGER FRANÇOIS (Hrsg.), L'administration transparente, Basel 2002; TSCHÜMPERLIN PAUL, in: Niggli/Uebersax/Wiprächtiger, Basler Kommentar BGG, Art. 27 f.; WEBER ROLF H., Datenschutz v. Öffentlichkeitsprinzip, Zürich u.a. 2010; WIEDERKEHR RENÉ, Transparenz als Grundsatz rechtsstaatlichen Handelns (Art. 5 BV), ZBl 2007, S. 521 ff.

A. Grundsatz der Öffentlichkeit

Öffentlichkeit, Mündlichkeit und Unmittelbarkeit sind grundsätzlich auseinanderzuhaltende, jedoch eng miteinander verbundene und sich teilweise gegenseitig bedingende Grundsätze (vgl. BGE 119 Ib 311 E. 7a). 218

In Bezug auf die Öffentlichkeit sind verschiedene Unterscheidungen zu treffen. Zunächst besteht ein Unterschied zwischen der *Publikumsöffentlichkeit* und der *Parteiöffentlichkeit:* Publikumsöffentlichkeit bedeutet Zugang für die Allgemeinheit, Parteiöffentlichkeit Zugang für die Verfahrensbeteiligten. Die Parteiöffentlichkeit ist somit ein Ausfluss des Anspruchs auf rechtliches Gehör. 219

Innerhalb der Publikumsöffentlichkeit sind der grundrechtliche Anspruch auf Öffentlichkeit der Justiz einerseits und das Prinzip der Öffentlichkeit der Verwaltung andererseits zu unterscheiden. Der Anspruch auf *Öffentlichkeit der Justiz* ist in Art. 6 Ziff. 1 EMRK, Art. 14 Abs. 1 UNO-Pakt II sowie in Art. 30 Abs. 3 BV enthalten und umfasst die Öffentlichkeit der Verhandlung und der Urteilsverkündung. Damit wird die Öffentlichkeit vor Gerichten allerdings noch nicht abschliessend erfasst: Zum einen kann sich aus dem Gesetz die Öffentlichkeit weiterer Verfahrenshandlungen ergeben, zum andern stellt sich die Frage einer weiter gehenden, aktiven Information durch die Gerichte. 220

Das Prinzip der *Öffentlichkeit der Verwaltung* gilt heute im Bund sowie in etlichen Kantonen. Im Bund ist es nur auf Gesetzesstufe festgeschrieben, denn die Meinungs- und Informationsfreiheit nach Art. 16 BV, Art. 10 EMRK und Art. 19 UNO-Pakt II umfasst – zumindest nach bisheriger Praxis – nur das Recht, sich Informationen aus allgemein zugänglichen Quellen zu beschaffen (vgl. Art. 16 Abs. 3 BV; vgl. auch EGMR, Urteil i.S. Leander gegen Schweden vom 26.3.1987, A 116, Ziff. 74). Gestützt auf die Medienfreiheit gemäss Art. 17 BV hat das Bundesgericht nunmehr entschieden, dass für die Medien grundsätzlich, im Rahmen der Schranken gemäss Art. 36 BV, ein Anspruch auf Zugang auch zu grundsätzlich nicht öffentlicher Information der Verwaltung bestehe. Zur Informationsfreiheit nach Art. 16 BV hat das Bundesgericht zwar in Anknüpfung an die bisherige Rechtsprechung erwogen, dass sich die allgemeine Zugänglichkeit einer Informationsquelle weitgehend aus der Umschreibung und Wertung 221 durch Verfassungs- und Gesetzgeber ergebe. Es hat allerdings durchblicken lassen, dass der Schutzbereich in Zukunft über die Information aus allgemein zugänglichen Quellen hinaus ausgedehnt werden könnte (137 I 8 E. 2.3 ff.). Das Recht auf Öffentlichkeit der Verwaltung ist wiederum abzugrenzen erstens vom Akteneinsichtsrecht, das einen Teilgehalt des Anspruchs auf rechtliches Gehör darstellt, und zweitens vom Auskunftsrecht, das sich aus dem Schutz der Privatsphäre und insbesondere dem Datenschutz ergibt (vgl. Art. 13 Abs. 2 BV, Art. 8 EMRK).

a. Publikumsöffentlichkeit vor Gerichten

222 Laut der festen Formulierung des Bundesgerichts bedeutet der Grundsatz der Publikumsöffentlichkeit vor Gerichten eine Absage an jede Form geheimer Kabinettsjustiz. Die Kontrolle durch die Öffentlichkeit soll einerseits eine korrekte und gesetzmässige Behandlung der Verfahrensbeteiligten gewährleisten; andererseits soll die Öffentlichkeit darüber hinaus Kenntnis erhalten können, wie das Recht verwaltet und wie die Rechtspflege ausgeübt wird. Der Öffentlichkeitsgrundsatz soll damit für Transparenz und demokratische Kontrolle der Rechtspflege sorgen (vgl. etwa BGE 134 I 286 E. 5.1).

223 Verfahrenshandlungen, bei denen der Anspruch auf Publikumsöffentlichkeit zum Tragen kommt, sind grundsätzlich mündliche Gerichtsverhandlungen sowie die Urteilsverkündung. Auf die anderen Verfahrensstadien bezieht sich der Anspruch auf Öffentlichkeit nicht, doch kann das Gesetz deren Öffentlichkeit vorsehen. So erklärt Art. 59 Abs. 1 BGG die mündlichen Urteilsberatungen und Abstimmungen am Bundesgericht für grundsätzlich öffentlich.

aa. Öffentliche Verhandlung

224 *Art. 30 Abs. 3 BV* garantiert die öffentliche Gerichtsverhandlung und Urteilsverkündung; gesetzliche Ausnahmen bleiben vorbehalten. Diese Norm verleiht gemäss Bundesgericht den Rechtsuchenden keinen selbständigen Anspruch auf eine öffentliche Verhandlung; sie garantiert nur, dass eine Verhandlung, die aufgrund des internationalen Rechts oder des anwendbaren Prozessrechts stattzufinden hat, öffentlich sein muss (BGer, Urteil 2D_54/2011 vom 16.2.2012, E. 2; BGE 128 I 288 E. 2.6). Die auf der historischen Auslegungsmethode beruhende Praxis überzeugt nicht und wird von der Lehre zu Recht abgelehnt (vgl. eingehend Müller/Schefer, Grundrechte, S. 966 f. m.w.H.). Der bundesgerichtlichen Praxis entspricht allerdings Art. 40 Abs. 1 VGG, der für das Verfahren vor dem Bundesverwaltungsgericht gilt: Nach dieser Bestimmung wird eine öffentliche Parteiverhandlung nur im Anwendungsbereich von Art. 6 Ziff. 1 EMRK angeordnet, sofern eine Partei es verlangt oder gewichtige öffentliche Interessen es rechtfertigen. Immerhin kann der Abteilungspräsident bzw. die Abteilungspräsidentin auch in anderen Fällen eine mündliche Verhandlung anordnen (Art. 40 Abs. 2 VGG).

Art. 6 Ziff. 1 EMRK verlangt in seinem Anwendungsbereich nach der Praxis 225
des EGMR mindestens eine *öffentliche Verhandlung* vor einer gerichtlichen Instanz, welche die aus der Bestimmung fliessenden Anforderungen erfüllt (zum Anwendungsbereich vorne, Rz. 75 ff.). Der EGMR entscheidet die Frage, ob die Garantien von Art. 6 EMRK in genügendem Umfang gewährleistet sind, jeweils unter Beachtung des beanstandeten Verfahrens als Ganzes (d.h. vor allen Instanzen) und der Umstände des Einzelfalls (EGMR, Urteil i.S. Botten gegen Norwegen vom 19.2.1996, CEDH 1996-I, Ziff. 39; BGer, Urteil 6P.95/2006 vom 8.8.2006, E. 2; BGE 121 I 30 E. 5e; 119 Ia 316 E. 2b). Allgemeine Grundsätze können daher nur mit Vorsicht aus der kasuistischen, komplexen und nicht immer konsequenten Rechtsprechung abgeleitet werden.

Vorbehalten bleiben in allen Fällen die in Art. 6 Ziff. 1 Satz 2 EMRK er- 226
wähnten Geheimhaltungsinteressen. *Ausnahmen vom Öffentlichkeitsprinzip* sind weiter zulässig, wenn das Verfahren nur Tat- und Rechtsfragen aufwirft, die aufgrund der Akten und der schriftlichen Vorbringen der Parteien beantwortet werden können. Selbst bei einem ausdrücklichen Antrag muss demnach in folgenden Fällen keine öffentliche Verhandlung durchgeführt werden:
– wenn der Antrag schikanös ist, der Verzögerung dient oder rechtsmissbräuchlich ist (eingehend BGE 134 I 331 E. 2),
– wenn das Rechtsmittel offensichtlich unbegründet oder unzulässig ist,
– wenn sich bereits aufgrund der Akten ergibt, dass dem materiellen Begehren der Partei, die den Antrag gestellt hat, zu entsprechen ist
– sowie wenn über eine hochtechnische Materie zu entscheiden ist (zum Ganzen BGE 136 I 279 E. 1; 122 V 47 E. 3b).

Zur letzteren Kategorie können insbesondere sozialversicherungsrechtliche 227
Verfahren gehören (EGMR, Urteil i.S. Elo gegen Finnland vom 26.6.2006, Nr. 30742/02, Ziff. 36; ausführlich zum Sozialversicherungsprozess: BGer, Urteil I 573/03 vom 8.4.2004, E. 3). Eine öffentliche Verhandlung kann aber nicht etwa deshalb von vornherein ausgeschlossen werden, weil hauptsächlich anhand medizinischer Akten zu entscheiden ist (BGE 136 I 279 E. 1 und 2.1; vgl., eine Geschlechtsumwandlung betreffend: EGMR, Urteil i.S. Schlumpf gegen die Schweiz vom 8.1.2009, Nr. 29002/06, Ziff. 64 und 69).

Der Anspruch auf öffentliche Verhandlung richtet sich in erster Linie an 228
die *erste Gerichtsinstanz* (BGE 136 I 279 E. 1; BGer, Urteil 6B_676/2008 vom 16.2.2009, E. 1.4). Wurde vor erster Instanz kein öffentliches Verfahren durchgeführt, kann dieser Mangel von der zweiten Instanz geheilt werden, sofern diese sowohl den Sachverhalt als auch die Rechtsfragen mit umfassender Kognition überprüft und in der Sache selber zu entscheiden befugt ist. Wenn umgekehrt bereits ein öffentliches Verfahren vor der ersten Instanz stattfand und diese über die nötigen Überprüfungs- und Entscheidungsbefugnisse verfügte, muss das Verfahren vor einer allfälligen Rechtsmittelinstanz so ausgestaltet sein, dass das Verfahren insgesamt konventionskonform bleibt, wobei insbesondere das

Interesse an einem Entscheid innert angemessener Frist mitzuberücksichtigen ist. Ob eine zusätzliche öffentliche Verhandlung vor der Rechtsmittelinstanz durchgeführt werden muss, hängt von den Umständen des Einzelfalls ab (BGer, Urteil 1P.606/2001 vom 31.1.2002, E. 3.3). Eine weitere öffentliche Verhandlung braucht im Rechtsmittelverfahren zunächst dann nicht stattzufinden, wenn das Gericht nur Rechtsfragen überprüft. Wenn es sowohl Rechts- als auch Tatfragen überprüft, ist eine öffentliche Verhandlung nicht nötig, wenn «allein die Zulassung eines Rechtsmittels, nur Rechtsfragen oder aber Tatfragen zur Diskussion stehen, die sich leicht nach den Akten beurteilen lassen, ferner wenn eine reformatio in peius ausgeschlossen oder die Sache von geringer Tragweite ist und sich etwa keine Fragen zur Person und deren Charakter stellen» (BGE 119 Ia 316 E. 2b m.H.; vgl. auch als Beispiele und Übersichten über die Rechtsprechung: BGer, Urteile 1C_156/2012 vom 12.10.2012, E. 5, und 1C_457/2009 vom 23.6.2010, in: ZBl 2011, S. 333 E. 3–5).

229 Die *Parteien* können jederzeit ausdrücklich oder stillschweigend auf ihren eigenen Anspruch auf öffentliche Verhandlung *verzichten*. Der Verzicht muss jedoch unzweideutig erfolgen, und es dürfen ihm keine öffentlichen Interessen entgegenstehen (EGMR, Urteil i.S. Schlumpf gegen die Schweiz vom 8.1.2009, Nr. 29002/06, Ziff. 63; BGE 132 I 42 E. 3.3.1; 122 V 47 E. 2d). Die schweizerische Praxis geht weit in der Annahme bzw. der Konstruktion von Verzichten, wird dabei jedoch vom EGMR gestützt (ausführlich BGE 122 V 47 E. 2d–2g und 3a unter Bezug auf die Kritik der Lehre; EGMR, Urteil i.S. Exel gegen Tschechien vom 5.7.2005, Nr. 48962/99, Ziff. 47). Wenn das Verfahren vor der betreffenden Instanz üblicherweise schriftlich durchgeführt wird, so nimmt die Praxis einen stillschweigenden Verzicht auf den Anspruch an, wenn die Partei nicht rechtzeitig einen klaren Antrag auf Durchführung einer öffentlichen Verhandlung stellt (BGE 134 I 331 E. 2.3; 134 I 229 E. 4.3; vgl. auch BGE 134 I 140 E. 5.2). Bei weder rechtskundigen noch rechtskundig vertretenen Parteien gilt dies allerdings nur, wenn das Gericht klar darauf hinweist, dass es ohne entsprechenden Antrag keine öffentliche Verhandlung durchführen wird (BGE 134 I 229 E. 4.4; BGer, Urteil 1P.372/2001 vom 2.8.2001, E. 2c).

230 Der Anspruch auf öffentliche Verhandlung steht nicht nur den Parteien zu, sondern auch *Dritten;* namentlich wird er von den Medien wahrgenommen. Für diese Grundrechtsträgerschaft ergibt er sich jedenfalls aus der Informationsfreiheit nach Art. 16 Abs. 3 BV und Art. 10 EMRK; öffentliche Gerichtsverhandlungen gelten als öffentlich zugängliche Informationsquelle (BGE 137 I 16 E. 2.2; 127 I 145 E. 4c/aa; 113 Ia 309 E. 4c). Eine öffentliche Verhandlung ist daher gegebenenfalls auch gegen den Willen der Parteien durchzuführen, sofern deren private Interessen am Ausschluss der Öffentlichkeit nicht überwiegen (vgl. BGE 135 I 198 E. 3 zum Steuerverfahren; BGE 119 Ia 99). Mit anderen Worten: Aus den Ausnahmen zum Öffentlichkeitsgrundsatz kann kein Recht einer Partei auf Nichtöffentlichkeit abgeleitet werden (doch kann sich ein sol-

cher Anspruch etwa aus dem Schutz der Privatsphäre nach Art. 13 BV ergeben; vgl. BGE 135 I 198 E. 3; 119 Ia 99 E. 2).

Inhaltlich umfasst der Anspruch den *Zutritt der Öffentlichkeit inklusive der Medien zum Gerichtssaal.* Das Verbot von Bild- und Tonaufnahmen (vgl. Art. 62 BGerR) greift nach dem EGMR zwar in die Meinungsfreiheit nach Art. 10 EMRK ein, lässt sich jedoch rechtfertigen (kritisch Müller/Schefer, Grundrechte, S. 975 f. m.H.). Eingangskontrollen und Sicherheitsmassnahmen wurden in einem konkreten Fall vom Bundesgericht als gerechtfertigt bezeichnet (BGer, Urteil 1C_332/2008 vom 15.12.2008, in: ZBl 2010, S. 637 E. 3). 231

Die *Verletzung* des Anspruchs auf öffentliche Verhandlung führt grundsätzlich zur Aufhebung des betreffenden Urteils, ohne dass zu prüfen wäre, ob der Verfahrensmangel sich auf das Ergebnis ausgewirkt hat (BGE 121 I 30 E. 5j). Eine Heilung des Mangels durch die nächsthöhere Instanz ist aber möglich (vorne, Rz. 228). 232

bb. Öffentliche Urteilsverkündung

Der Anspruch auf *öffentliche Urteilsverkündung* ergibt sich aus Art. 30 Abs. 3 BV, Art. 6 Ziff. 1 EMRK und Art. 14 Abs. 1 UNO-Pakt II. Während das Bundesgericht Art. 30 Abs. 3 BV in Bezug auf die öffentliche Gerichtsverhandlung nur einen beschränkten Anwendungsbereich zugesteht, gilt die Bestimmung in Bezug auf die öffentliche Urteilsverkündung für alle gerichtlichen Verfahren (BGer, Urteil 1P.298/2006 vom 1.9.2006, E. 2.2). Zudem gilt sie auch für nicht gerichtliche Verfahrensabschlüsse in Strafsachen, also für Strafbefehle, Einstellungs- und Nichtanhandnahmeverfügungen (BGE 137 I 16 E. 2; 134 I 286 E. 6; vgl. Art. 69 Abs. 2 StPO). Der Anspruch auf Publikation betrifft nur Endentscheide. Er erstreckt sich nicht nur auf das Dispositiv, sondern grundsätzlich auch auf die Begründung (BGer, Urteil 1P.298/2006 vom 1.9.2006, in: ZBl 2007, S. 444 E. 2.2; für den Anwendungsbereich von Art. 6 Ziff. 1 EMRK: EGMR, Urteil i.S. Ryakib Biryukov gegen Russland vom 17.1.2008, Nr. 14810/02, Ziff. 34 m.H., 38 ff.; vgl. Moser/Beusch/Kneubühler, Bundesverwaltungsgericht, Rz. 3.180; Müller/Schefer, Grundrechte, S. 978). In Bezug auf die Voraussetzungen und Modalitäten herrscht insoweit jedoch keine Einigkeit, und teilweise wird auch der Anspruch auf Publikation der Begründung überhaupt bestritten (vgl. z.B. Rhinow/Koller/Kiss/Thurnherr/Brühl-Moser, Prozessrecht, Rz. 576). Einerseits ist zu berücksichtigen, dass die Publikation des Dispositivs allein nicht genügend aussagekräftig ist (Aemisegger, Öffentlichkeit, S. 390). Andererseits wäre es widersprüchlich, wenn das, was in den Verhandlungen geheimzuhalten war, mit der Urteilsbegründung dennoch öffentlich würde (Steinmann, St. Galler Kommentar BV, Art. 30 Rz. 40; dazu hinten, Rz. 236). Der Anspruch umfasst auch die Bekanntgabe des Spruchkörpers (BGer, Urteil 1C_390/2012 vom 26.3.2013, E. 3, bes. 3.6, mit grundlegenden Erwägungen zum Ganzen). 233

Das Urteil muss jedenfalls nicht mündlich verlesen werden (was allerdings in der Lehre in Bezug auf die erste Instanz manchmal gefordert wird). Wenn es 234 den Parteien schriftlich zugestellt wurde, ist dem Anspruch auf Öffentlichkeit Genüge getan, wenn es auf der Gerichtskanzlei aufliegt oder wenn eine Kopie auf Anfrage angefertigt werden kann. Ein Anspruch auf Zustellung an Interessierte besteht jedoch nicht (BGer, Urteil 6B_508/2007 vom 18.2.2008, E. 2; BGE 122 V 47 E. 2c). Dies entspricht der Praxis des EGMR, der jeweils die Funktion des betreffenden Gerichts im gesamten Verfahren und die amtliche Publikation der Rechtsprechung mitberücksichtigt (vgl. EGMR, Urteil i.S. Ryakib Biryukov gegen Russland vom 17.1.2008, Nr. 14810/02, Ziff. 30 ff., mit einer Übersicht über die Praxis zu Art. 6 Ziff. 1 EMRK; Urteil i.S. Bacchini gegen die Schweiz vom 21.6.2005, Nr. 62915/00, Ziff. 1). Entsprechend ist im konkreten Fall das gesamte Vorgehen des Gerichts oder der Strafverfolgungsbehörde im Zusammenhang zu betrachten.

235 Der Anspruch steht *jeder Person* zu. Das Bundesgericht verlangt, dass ein berechtigtes oder schutzwürdiges Interesse an der Einsichtnahme glaubhaft gemacht wird. Die entsprechende Bundesgerichtspraxis bezieht sich primär auf das Strafbefehlsverfahren, und es fragt sich, inwieweit das Bundesgericht sie auf Gerichtsurteile anwenden will. Jedenfalls werden an das Interesse keine hohen Anforderungen gestellt; es ist bei Personen, die eine Strafanzeige erstattet haben, und den Medien aufgrund ihrer Kontrollfunktion gegeben. Es ist gegen entgegenstehende private oder öffentliche Interessen abzuwägen, denen allerdings auch mit einer Kürzung oder Anonymisierung Genüge getan werden kann (zum Ganzen: BGE 137 I 16 E. 2; 134 I 286 E. 6; BGer, Urteil 6B_508/2007 vom 18.2.2008, E. 2; vgl. auch BGE 133 I 106 E. 8). Im Anwendungsbereich von Art. 6 Ziff. 1 EMRK dürfte es mit der – allerdings kaum einheitlichen – Praxis des EGMR nicht vereinbar sein, generell ein schutzwürdiges Interesse an der Einsichtnahme vorauszusetzen (vgl. EGMR, Urteil i.S. Werner gegen Österreich vom 24.11.1997, CEDH 1997-VII, Ziff. 57; Müller/Schefer, Grundrechte, S. 977). Die wohl vorherrschende Lehre fordert zu Recht, dass kein spezifisches Interesse am Einsichtsrecht dargetan werden muss. In einem neuen Entscheid anerkennt das Bundesgericht, dass die Möglichkeit zur Kontrolle der Justiz ein genügendes Einsichtsinteresse im Sinn von Art. 30 Abs. 3 BV begründet (BGer, Urteil 1C_390/2012 vom 26.3.2013, E. 3.6).

236 Von der öffentlichen Urteilsverkündung darf jedenfalls im Anwendungsbereich von Art. 6 Ziff. 1 EMRK nicht gänzlich abgesehen werden: Die in der Bestimmung zugelassenen Ausnahmen von der Öffentlichkeit beziehen sich nicht auf die Verkündung (vgl. z.B. Steinmann, Basler Kommentar BGG, Art. 30 Rz. 40), was allerdings nicht unbestritten ist. Auf den Anspruch auf öffentliche Urteilsverkündung können die Verfahrensbeteiligten *nicht verzichten*. Umgekehrt ist der Schutz der Persönlichkeit der Verfahrensbeteiligten, der auch in Art. 8 EMRK enthalten ist, zu beachten. Den widerstrebenden Anliegen wird durch die Praxis des Bundesgerichts und des Bundesverwaltungsgerichts Rechnung getragen, wonach die Rubra und Dispositive der Entscheide während einer gewissen Zeitdauer grundsätzlich nicht anonymisiert aufgelegt wer-

den, während der vollständige Text anonymisiert im Internet publiziert wird (Art. 59 f. BGerR; Art. 4 ff. InformationsR BVGer; zustimmend Heimgartner/Wiprächtiger, Basler Kommentar BGG, Art. 59 N. 79; kritisch Moser/Beusch/Kneubühler, Bundesverwaltungsgericht, Rz. 3.180).

Stellt eine Rechtsmittelinstanz eine Verletzung des Gebots zur öffentlichen Urteilsverkündung fest, so ordnet sie die Bekanntgabe des betreffenden Urteils an (Steinmann, Basler Kommentar BGG, Art. 30 Rz. 39 m.H.). 237

cc. Öffentlichkeit vor Bundesgericht und Bundesverwaltungsgericht

Für die Parteiverhandlungen, aber auch für die mündlichen Beratungen und die darauf folgenden Abstimmungen am *Bundesgericht* sieht Art. 59 BGG grundsätzlich die Öffentlichkeit vor. Vgl. zur Öffentlichkeit am Bundesgericht im Einzelnen hinten, Rz. 1628, 1668 ff. 238

Für die Verfahren vor dem *Bundesverwaltungsgericht* schreibt Art. 40 VGG öffentliche Parteiverhandlungen nur im Anwendungsbereich von Art. 6 Ziff. 1 EMRK vor, sofern eine Partei es verlangt oder gewichtige öffentliche Interessen es rechtfertigen; in anderen Fällen steht die Anordnung einer öffentlichen Verhandlung im Ermessen des Abteilungspräsidiums oder des Einzelrichters bzw. der Einzelrichterin (vgl. im Einzelnen hinten, Rz. 1127, 1189 f.). 239

Soweit die Gerichte *administrative Aufgaben* oder Aufgaben im Zusammenhang mit der Aufsicht erfüllen, ist das BGÖ sinngemäss anwendbar (vgl. Art. 28 BGG, Art. 64 BGerR und dazu BGE 133 II 209; Art. 30 VGG und Art. 10 f. InformationsR BVGer). 240

b. Publikumsöffentlichkeit der Verwaltung

Der Grundsatz der Öffentlichkeit der Verwaltung wurde in den letzten zwei Jahrzehnten in verschiedenen Kantonen und auch im Bund eingeführt. Das *Öffentlichkeitsprinzip* bezeichnet den Anspruch sämtlicher Personen auf Zugang zu amtlichen Dokumenten, ohne dass sie ein besonderes Interesse darlegen müssten; dies unterscheidet es von den Einsichtsrechten von Verfahrensbeteiligten aufgrund des Anspruchs auf rechtliches Gehör einerseits sowie den Auskunftsrechten in personenbezogene Daten aufgrund des Schutzes der Privatsphäre andererseits. Es bestimmt den Zugang zu Dokumenten, wenn die Verwaltung nicht von sich aus tätig wird (also «passiv» bleibt), was von der aktiven Information durch die Verwaltung bzw. einer allfälligen Pflicht dazu zu unterscheiden ist (Häner, Öffentlichkeitsprinzip, S. 284 f.). 241

Etliche *Kantone* haben den Anspruch auf Einsicht in amtliche Dokumente in der Verfassung verankert; andere sehen ihn erst auf Gesetzesebene vor. Teils wird allerdings ein schutzwürdiges Interesse an der Einsichtnahme vorausgesetzt (vgl. im Einzelnen Müller/Schefer, Grundrechte, S. 525 ff.). 242

Auf *Bundesebene* ist der Anspruch auf Öffentlichkeit der Verwaltung nicht in der BV, sondern auf *Gesetzesstufe* vorgesehen. Das am 1.7.2006 in Kraft ge- 243 tretene *BGÖ* kehrt den vorher angewandten Grundsatz der Geheimhaltung der Verwaltungstätigkeit («Geheimhaltung mit Öffentlichkeitsvorbehalt») zugunsten des Öffentlichkeitsprinzips («Grundsatz der Öffentlichkeit mit Geheimhaltungsvorbehalt») um (so BGE 133 II 209 E. 2.1). Allerdings hatten Teile der Lehre schon vor dem Inkrafttreten des BGÖ die Ansicht des Bundesgerichts bestritten, dass die Verwaltungstätigkeit grundsätzlich geheim sei (vgl. die Hinweise in BBl 2003 1965). Das Gesetz soll die Transparenz über den Auftrag, die Organisation und die Tätigkeit der Verwaltung fördern; zu diesem Zweck trägt es zur Information der Öffentlichkeit bei, indem es den Zugang zu amtlichen Dokumenten gewährleistet (Art. 1 BGÖ). Damit soll das Vertrauen in die staatlichen Institutionen und ihr Funktionieren gestärkt sowie eine wesentliche Voraussetzung für eine sinnvolle demokratische Mitwirkung am politischen Entscheidfindungsprozess und für eine wirksame Kontrolle der staatlichen Behörden geschaffen werden (vgl. BGE 133 II 209 E. 2.3.1 m.H.). Das Gesetz gilt namentlich für die Bundesverwaltung (nicht aber für den Bundesrat; vgl. BGE 133 II 209 E. 3.1; Art. 1 und 2 Abs. 1 RVOG) und weitere Organisationen und Personen des öffentlichen oder privaten Rechts, soweit sie Rechtsnormen oder erstinstanzlich Verfügungen im Sinn von Art. 5 VwVG erlassen (zum persönlichen Geltungsbereich vgl. eingehend BBl 2003 1985 ff.). Sachlich gilt es weder für die Einsichtnahme einer Partei in Akten eines erstinstanzlichen Verwaltungsverfahrens noch für die Verwaltungsrechtspflege (vgl. Art. 3 BGÖ). Abweichende Vorschriften anderer Bundesgesetze über den Informationszugang bleiben vorbehalten (Art. 4 BGÖ; vgl. die Auflistung in BBl 2003 1966 f.). Die Definition des «amtlichen Dokuments», das Gegenstand der Einsichts- und Auskunftsrechte ist, findet sich in Art. 5 BGÖ.

244   Das Öffentlichkeitsprinzip gewährt jeder Person das Recht, amtliche Dokumente einzusehen und von den Behörden Auskünfte über den Inhalt amtlicher Dokumente zu erhalten (Art. 6 Abs. 1 BGÖ). Ein besonderes Interesse muss nicht nachgewiesen werden. Unter bestimmten Voraussetzungen wird der Zugang zu amtlichen Dokumenten eingeschränkt, aufgeschoben oder verweigert, wobei der Behörde die Beweislast obliegt, dass ein entsprechender Grund vorliegt (Art. 7 BGÖ; BBl 2003 2002). In der Regel soll dabei nach dem Konzept des Gesetzes nicht aufgrund einer Interessenabwägung, sondern aufgrund des Risikos der Beeinträchtigung der massgeblichen Interessen entschieden werden (vgl. Art. 7 Abs. 1 BGÖ; Bertil Cottier, in: Brunner/Mader, Handkommentar BGÖ, Art. 7 Rz. 5 f.; kritisch Müller/Schefer, Grundrechte, S. 528 f.). Eine Abwägung mit dem öffentlichen Interesse an der Einsichtnahme ist jedoch vorzunehmen, wenn das Interesse am Schutz der Privatsphäre Dritter dem Zugangsrecht entgegensteht (Art. 7 Abs. 2 BGÖ). Die privaten Interessen der Person, die um Einsicht ersucht, sollen grundsätzlich nicht beachtet werden, können jedoch im Einzelfall eine Einsicht unter Auflagen in ein an sich nicht zugängliches Dokument rechtfertigen (BBl 2003 2001 und 2005 ff.). Amtliche Dokumente, die Personendaten enthalten, sind nach Möglichkeit zu anonymi-

sieren (Art. 9 Abs. 1 BGÖ). Zieht die Behörde den Zugang zu solchen Dokumenten in Betracht, so hört sie die betroffene Person vorgängig an und informiert sie über ihre eigene Stellungnahme (Art. 11 BGÖ; zum Verfahren der Zugangsgewährung vgl. Art. 10–17 BGÖ).

Bund und Kantone kennen sodann die *Pflicht der Behörden zur aktiven Information* in bestimmten Fällen (vgl. dazu Müller/Schefer, Grundrechte, S. 534 f.; z.B. Art. 180 Abs. 2 BV). 245

c. Parteiöffentlichkeit

Von Parteiöffentlichkeit wird gesprochen, soweit der Zugang zu den Verfahrenshandlungen und Beweismitteln nur den Parteien bzw. Verfahrensbeteiligten, nicht aber der Öffentlichkeit, zukommt. Im Verwaltungsverfahren und der Verwaltungsrechtspflege gilt dies in der Regel für die Beweishandlungen und die Einsicht in schriftliche Beweismittel. Die Parteiöffentlichkeit ist ein Ausfluss des rechtlichen Gehörs und zu dessen Wahrung unabdingbar. Der Zugang zu den Beweishandlungen bedeutet insbesondere, dass die Verfahrensbeteiligten zu Augenscheinen, Feststellungen durch Sachverständige und Zeugeneinvernahmen vorgeladen werden müssen (vgl. im Einzelnen Rz. 538 ff.). Art. 6 Ziff. 3 lit. d EMRK und Art. 14 Abs. 3 lit. e UNO-Pakt II verleihen den Angeklagten in Verfahren über strafrechtliche Anklagen zusätzlich zu den aus Art. 29 Abs. 2 (und allenfalls Abs. 1) BV abgeleiteten Anwesenheitsrechten den Anspruch, Ergänzungsfragen an die Zeugen zu stellen. Für das Verwaltungsverfahren des Bundes ist dieses Recht in Art. 18 Abs. 1 VwVG aber ausdrücklich festgehalten. 246

B. Grundsatz der Mündlichkeit

Ob sich ein Verfahren mündlich oder schriftlich abspielen soll, hängt nicht zuletzt von Zweckmässigkeitsüberlegungen ab. Eine Zeugeneinvernahme beispielsweise ist auf schriftlichem Weg kaum denkbar, während der Gehörsanspruch auch schriftlich gewährt werden kann. Nach den geltenden Verfahrensordnungen spielen sich das Verwaltungsverfahren und die Verwaltungsrechtspflege nach wie vor weitgehend schriftlich ab. Gelegentlich sehen die Gesetze eine mündliche Schlussverhandlung vor: So können im Verfahren vor Bundesgericht und Bundesverwaltungsgericht die Abteilungspräsidenten bzw. -präsidentinnen eine mündliche Parteiverhandlung anordnen (Art. 57 BGG; Art. 40 Abs. 1 und 2 VGG); in der verwaltungsinternen Rechtspflege des Bundes kann auf jeder Stufe des Verfahrens eine mündliche Verhandlung anberaumt werden (Art. 57 Abs. 2 VwVG). 247

Aus dem Anspruch auf rechtliches Gehör nach *Art. 29 Abs. 2 BV* folgt grundsätzlich kein Anspruch auf mündliche Anhörung. Eine solche kann aber besonders in Fällen geboten sein, wo für das Gericht der persönliche Eindruck von der Partei erheblich sein kann (BGer, Urteil 2C_153/2010 vom 10.9.2010, E. 3.2; BGE 122 II 464 E. 4b f.). Dasselbe gilt, wenn aus Zeitgründen zwar keine 248 schriftliche, aber eine mündliche Anhörung möglich ist (BGE 131 II 670 E. 4.2, vgl. Art. 30 Abs. 2 lit. e VwVG).

249 Gemäss dem EGMR ist der Anspruch auf eine mündliche Verhandlung in demjenigen auf eine öffentliche Verhandlung nach *Art. 6 Ziff. 1 EMRK* enthalten. Darüber hinaus ergibt sich im Verfahren über zivilrechtliche Ansprüche ein Recht auf persönliche, mündliche Anhörung nicht ohne Weiteres aus dem Gebot der Fairness; es ist jedoch gegeben, wenn ein persönlicher Eindruck von der Partei notwendig ist (z.B. EGMR, Urteil i.S. Sporer gegen Österreich vom 3.2.2011, Nr. 35637/03, Ziff. 43 f.). In Verfahren über strafrechtliche Anklagen besteht grundsätzlich ein Anspruch auf persönliche Teilnahme und Anhörung an der Hauptverhandlung auch in zweiter Instanz (EGMR, Urteile i.S. Goldmann und Szénászky gegen Ungarn vom 30.11.2010, Nr. 17604/05, Ziff. 18 ff.; Ekbatani gegen Schweden vom 26.5.1988, A 134, Ziff. 32; vgl. Art. 6 Ziff. 3 lit. c–e EMRK). Dieser Grundsatz gilt weniger strikt bei jenen Entscheiden über «strafrechtliche Anklagen» im Sinn von Art. 6 Ziff. 1 EMRK, die nicht dem Kernbereich des Kriminalstrafrechts zuzuordnen und von geringerem Gewicht sind (EGMR, Urteil i.S. Jussila gegen Finnland vom 23.11.2006, CEDH 2006-XIV, Ziff. 40 ff., bes. 43). Art. 30 Abs. 3 BV verleiht kein eigenständiges Recht auf eine mündliche Verhandlung (vgl. BGer, Urteil 2D_3/2012 vom 2.8.2012, E. 2.3).

C. Grundsatz der Unmittelbarkeit

250 Der Grundsatz der Unmittelbarkeit fordert, dass sich die wesentlichen Verfahrenshandlungen, insbesondere die Beweisführung, vor der entscheidenden Instanz (in kompletter rechtmässiger Besetzung) abwickeln. Gemäss dem Prinzip der Mittelbarkeit dagegen kann die Beweisführung auch von einer Delegation oder einem Sachbearbeiter bzw. einer Sachbearbeiterin vorgenommen werden. In der Verwaltungsrechtspflege und zum Teil auch im nichtstreitigen Verwaltungsverfahren ist das Mittelbarkeitsprinzip die Regel (vgl. Art. 14 VwVG, Art. 75 und 78 VwVG, Art. 39 VGG, Art. 32 und Art. 55 Abs. 2 BGG).

251 Das Bundesgericht anerkennt das Unmittelbarkeitsprinzip nicht als eigenständigen Verfassungsgrundsatz, sondern nur im Rahmen des anwendbaren Verfahrensrechts. Es hält fest, dass sich weder aus Art. 29 Abs. 2 BV noch aus Art. 6 Ziff. 1 oder Ziff. 3 lit. d EMRK ein schrankenloser Anspruch auf Unmittelbarkeit ableiten lasse (BGer, Urteile 6B_711/2010 vom 2.12.2010, E. 2, und 1C_232/2008 vom 16.9.2008, E. 2.2.2; BGE 125 I 127 E. 6c/aa). Ein Anspruch auf Unmittelbarkeit kann aber allenfalls aus dem Anspruch auf ein faires Verfahren folgen. Der EGMR stellt für den Strafprozess strengere Anforderungen auf als für den Zivilprozess (EGMR, Urteil i.S. Pitkänen gegen Finnland vom 9.3.2004, Nr. 30508/96, Ziff. 56 ff.). Er lässt jedoch auch im Strafprozess Ausnahmen zu. So darf das Gericht unter bestimmten Umständen auf Zeugenaussagen aus dem Untersuchungsverfahren zurückgreifen (vgl. EGMR, Urteil i.S. Krivoshapkin gegen Russland vom 27.1.2011, Nr. 42224/02, Ziff. 53 f.; vgl. Art. 343

StPO). Zudem ist zulässig, nach einem sachlich begründeten Wechsel in der Besetzung des Gerichts die bisherigen Verhandlungen nicht zu wiederholen, sofern die Fairness des Verfahrens gewahrt bleibt (vgl. BGer, Urteil 6B_711/2010 vom 2.12.2010, E. 2).

11. Beschleunigungsgebot und Prozessökonomie

Literatur: BÜRKI CHRISTOPH, Verwaltungsjustizbezogene Legalität und *Prozessökonomie*, Bern 2011; *ders.*, «... aus prozessökonomischen Gründen» – Leerformel oder Leitlinie?, in: Herzog Ruth/ Feller Reto (Hrsg.), Bernische Verwaltungsgerichtsbarkeit in Geschichte und Gegenwart, Bern 2010, S. 485 ff.; HÖSLI PETER, Möglichkeiten und Grenzen der Verfahrensbeschleunigung durch informell-kooperatives Verwaltungshandeln, Zürich u.a. 2002, S. 87 ff.; KIESER UELI, *ATSG-Kommentar*, 2. A., Zürich 2009, Art. 61 Rz. 24 ff.; MIZEL CÉDRIC, L'incidence de la violation du principe de célérité sur la nouvelle systématique des retraits du permis de conduire, Circulation routière 2010, Heft 2–3, S. 35 ff.; SCHINDLER BENJAMIN, Beschleunigungspotentiale im öffentlichen Verfahrensrecht, AJP 2012, S. 13 ff.; vgl. auch die Literatur in Rz. 66, 73, 487.

252

Das *Beschleunigungsgebot* ergibt sich aus dem Verbot der Rechtsverweigerung und -verzögerung nach Art. 29 Abs. 1 BV und besagt, dass Gerichts- und Verwaltungsinstanzen über eine Sache «innert angemessener Frist» entscheiden müssen. Ein gleichartiger Anspruch ist in Art. 6 Ziff. 1 EMRK enthalten. Aus Art. 29 Abs. 1 BV ergeben sich sachlich die gleichen Ansprüche wie aus Art. 6 Ziff. 1 EMRK, doch ist der Geltungsbereich der Verfassungsgarantie weiter, da sie sich auf sämtliche Gerichts- und Verwaltungsinstanzen bezieht (BGE 130 I 269 E. 2.3). Allerdings bezieht der EGMR teils auch die Dauer der verwaltungsinternen Verfahren oder zumindest Beschwerdeverfahren, die dem Gerichtsverfahren vorgelagert sind, in seine Prüfung mit ein (vgl. Jens Meyer-Ladewig, EMRK. Europäische Menschenrechtskonvention. Handkommentar, 3. A., Baden-Baden 2011, Art. 6 Rn. 194, m.H. auf die wohl nicht einheitliche Praxis). Er überprüft zudem die Verfahrensdauer vor Bundesgericht. Das Beschleunigungsgebot steht in einem Spannungsverhältnis zu andern, aus denselben Bestimmungen abgeleiteten Verfahrensgarantien (vgl. BGE 127 I 196 E. 2d; 119 Ib 311 E. 5b).

253

Eine feste Frist, innert deren ein Verfahren erledigt sein muss, ergibt sich aus dem Beschleunigungsgebot nicht: Das Bundesgericht prüft im Rahmen von Art. 29 Abs. 1 BV die *Angemessenheit der Verfahrensdauer* anhand der *Natur und des Umfangs der Sache sowie der Gesamtheit der übrigen Umstände* (BGer, Urteil 5A.23/2001 vom 11.2.2002, E. 2a); massgebend sind dabei laut dem EGMR – dem das Bundesgericht folgt – besonders die Komplexität des Falles und dessen Bedeutung für die Betroffenen sowie das Verhalten der Behörden und der beschwerdeführenden Partei (BGE 135 I 265 E. 4.4; 125 V 188 E. 2a; 119 Ib 311 E. 5b m.H.; EGMR, Urteil i.S. Antoni gegen Tschechien vom 25.11.2010, Nr. 18010/06, Ziff. 43; vgl. auch BGer, Urteil 1C_439/2011 vom 25.5.2012, E. 2.2). Die Überlastung der Behörden und Gerichte vermag nur in

254

ausgesprochenen Ausnahmefällen eine überlange Verfahrensdauer zu rechtfertigen: Aus dem Beschleunigungsgebot folgt eine Pflicht des Gesetzgebers, die Behörden und Gerichte in persönlicher und sachlicher Hinsicht mit genügenden Mitteln auszustatten, sodass auch eine vorübergehende Überlastung aufgefangen werden kann. Sodann besteht eine Pflicht der Gerichte zur effizienten Organisation ihrer Arbeit (BGE 117 Ia 193 E. 1c; 107 Ib 160 E. 3c; EGMR, Urteil i.S. Werz gegen die Schweiz vom 17.12.2009, Nr. 22015/05, Ziff. 44). Daran ändert natürlich nichts, dass der EGMR aus Gründen, die er vorwiegend nicht selber zu verantworten hat, die von ihm aus Art. 6 Ziff. 1 EMRK abgeleiteten Anforderungen an die Verfahrensdauer selber nicht erfüllen würde – was ihm durchaus bewusst ist (vgl. EGMR, Rapport annuel 2010, S. 37 f.). Immerhin hält die Praxis eine Verzögerung ausnahmsweise für zulässig, wenn die Geschäftslast unvorhergesehen ansteigt. Dies wurde etwa bejaht, als die Eidgenössische Steuerverwaltung nach der Einführung der Mehrwertsteuer überlastet war (SRK, Entscheid vom 4.5.2004, VPB 2004 Nr. 123), oder nach einem unvermittelten Anstieg von Gesuchen (Bundesrat, Entscheid vom 22.12.1993, VPB 1995, Nr. 23 E. 10). Gewisse Pausen bei der Behandlung einer Sache sind zudem unvermeidlich und müssen in Kauf genommen werden (BGE 130 I 312 E. 5.2).

255   In *Anwendung der genannten Grundsätze* erachtete zum Beispiel der EGMR in einem Fall, der Grundrechtsverletzungen durch behördliche Realakte betraf, die Gesamtdauer der Verfahren vor den nationalen Behörden von etwas mehr als dreieinhalb Jahren sowie namentlich die Dauer des Verfahrens vor Bundesgericht von einem Jahr und vier Monaten als zulässig (EGMR, Urteil i.S. Gsell gegen die Schweiz vom 8.10.2009, Nr. 12675/05, Ziff. 76 ff.). Als Verstoss gegen Art. 6 Ziff. 1 EMRK bewertete er dagegen eine dreieinhalbjährige Verfahrensdauer vor Bundesgericht in einem unkomplizierten Entschädigungsfall (EGMR, Urteil i.S. Zimmermann und Steiner gegen die Schweiz vom 13.7.1983, A 66, Ziff. 27 ff.). In einem Einbürgerungsverfahren ohne besondere Schwierigkeiten bezeichnete das Bundesgericht die gesamte Verfahrensdauer vor den kantonalen Behörden von über sechs Jahren sowie die Dauer des erstinstanzlichen Verfahrens von drei Jahren und zehn Monaten als Rechtsverzögerung, während die Dauer des Rekursverfahrens von zwei Jahren und vier Monaten als solche noch zulässig erschien (BGer, Urteil 1D_6/2007 vom 25.1.2008, E. 4). In einem Verfahren betreffend Entzug des Führerausweises, das vor der ersten Instanz vier und vor der Rekursinstanz 13 Monate gedauert hatte, kam das Bundesgericht zum Schluss, dass das Beschleunigungsgebot in nicht schwer wiegender Weise verletzt sei (BGE 135 II 334 E. 2.3 und 3).

256   Eine Rechtsverzögerung kann nicht mehr direkt behoben werden, selbst wenn die Behörde den Entscheid doch noch trifft oder wenn die Rechtsmittelinstanz unverzüglich entscheidet oder die Sache zum sofortigen Entscheid an die Vorinstanz zurückweist. Der EGMR verlangt, dass es sich *zugunsten der betroffenen Partei niederschlagen muss,* wenn eine Verletzung des Beschleunigungsgebots festgestellt wird. Infrage kommen etwa eine Entschädigung oder

Genugtuung aus Staatshaftung, die Reduktion der Verfahrenskosten oder – im Strafverfahren – Freispruch, Strafmilderung oder Einstellung des Verfahrens (EGMR, Urteil i.S. Werz gegen die Schweiz vom 17.12.2009, Nr. 22015/05, Ziff. 45; vgl. BGE 133 IV 158 E. 8 sowie zum Führerausweisentzug zu Warnzwecken BGE 135 II 334 E. 2.2 f.). Allerdings kann auch die Feststellung der Rechtsverzögerung als Genugtuung ausreichen (BGE 135 II 334 E. 3; 130 I 312 E. 5.3 m.H.; EGMR, Urteil i.S. P.B. gegen Frankreich vom 1.8.2000, Nr. 38781/97, Ziff. 52). Je nach den Umständen sind auch andere Konsequenzen denkbar, etwa die Durchführung eines Verfahrens in der Schweiz bei konkurrierender internationaler Zuständigkeit (vgl. BVGer, Urteil E-2310/2010 vom 2.9.2010, E. 8.3). Bei Verwaltungssanktionen, die Analogien zu Strafen aufweisen, könnte wohl die Praxis zum Strafprozessrecht sinngemäss angewandt werden (vgl. BGE 129 V 411 E. 3.4). Dagegen verschafft eine Rechtsverzögerung keine Ansprüche in der Sache, wenn eine positive staatliche Leistung – etwa die Asylgewährung oder eine Sozialversicherungsleistung – Streitgegenstand ist (BGE 138 II 513 E. 6.5; 129 V 411 E. 3.4).

Manchmal hat der Gesetzgeber für die Behörden *Behandlungsfristen* eingeführt (vgl. etwa Art. 12 und 14 f. BGÖ und § 27c VRG ZH; vgl. auch Art. 4 OrFV; Art. 12a UVPV; Art. 8 VPVE; Art. 2 WRV). Oft sieht er dabei vor, dass die Behörde den Parteien mitteilen muss, bis wann der Entscheid vorzuliegen hat. Art. 25 Abs. 1bis RPG verpflichtet zudem die Kantone, für die baurechtlichen Verfahren solche Fristen einzuführen. Derartige Fristen sind häufig als Ordnungsfristen ausgestaltet, ohne zwingende *(peremtorische)* Wirkung. Die Nichteinhaltung der Frist hat auch nicht automatisch die Gutheissung eines Rekurses oder die Erteilung einer Bewilligung zur Folge (keine Fiktion der Bewilligungserteilung). Wenn die Lehre davon ausgeht, dass das Überschreiten der Frist automatisch eine Rechtsverzögerung darstellt (vgl. Müller/Schefer, Grundrechte, S. 840 m.w.H.), so kann dies nur gelten, wenn das Gesetz keine Abweichungen zulässt oder die allfälligen gesetzlichen Anforderungen für eine Abweichung nicht erfüllt worden sind. Die Überschreitung einer Ordnungsfrist stellt eine Rechtsverzögerung dar, wenn sie grundlos erfolgt (Kiener/Rütsche/Kuhn, Verfahrensrecht, N. 1141; vgl. BVGer, Urteil E-6185/2012 vom 24.1.2013, E. 3–5). Liegt eine Rechtsverzögerung vor, so ist bereits deswegen die Widerrechtlichkeit gegeben, die bei Vorliegen der übrigen Voraussetzungen die Staatshaftung begründet (vgl. hinten, Rz. 1979).

257

Für das Verfahren vor den kantonalen Sozialversicherungsgerichten sieht Art. 61 lit. a ATSG ein *einfaches und rasches Verfahren* vor. Die Vorgabe gilt als allgemeiner Rechtsgrundsatz des Sozialversicherungsrechts (vgl. im Einzelnen Kieser, ATSG-Kommentar, Art. 61 Rz. 24 f.; vgl. auch BGE 136 V 2 E. 2.7; 127 V 228 E. 2).

258

Hinzuweisen ist schliesslich auf die Garantien im Fall des *Freiheitsentzugs*, im vorliegenden Zusammenhang namentlich auf Art. 31 Abs. 4 BV (sowie die ähnlichen Vorschriften in Art. 5 Ziff. 4 EMRK und Art. 9 Abs. 4 UNO-Pakt II).

259

Demnach hat das angerufene Gericht über die Rechtmässigkeit des Freiheitsentzugs «so rasch wie möglich» zu entscheiden.

260 Das Beschleunigungsgebot weist Bezüge zum Grundsatz der *Prozessökonomie* auf. In Lehre und Praxis werden etwa folgende verfahrensrechtlichen Instrumente auch auf die Prozessökonomie zurückgeführt bzw. gegebenenfalls zu deren Umsetzung verwendet (vgl. auch Bürki, Prozessökonomie, S. 85 ff.):
– die Ausdehnung von Verfahren (z.B. BGE 130 V 138 E. 2.1);
– die Vereinigung von Verfahren (z.B. BGer, Urteil B 87/05 vom 30.11.2006, E. 3);
– das Erfordernis des aktuellen praktischen Interesses als Bestandteil der Beschwerdelegitimation, das sicherstellen soll, dass das Gericht nur konkrete und nicht theoretische Rechtsfragen behandelt (BGE 136 I 274 E. 1.3);
– das Rügeprinzip (Christoph Auer, Streitgegenstand und Rügeprinzip im Spannungsfeld der verwaltungsrechtlichen Prozessmaximen, Bern 1997, S. 31; Bürki, Prozessökonomie, S. 97 ff.);
– das Absehen von einer öffentlichen Verhandlung, wenn der entsprechende Antrag auf eine «Verzögerungstaktik schliessen lässt» (vgl. BGE 136 I 279 E. 1);
– die Heilung von Verfahrensmängeln (vgl. BGE 136 V 117 E. 4.2.2.2; BVGE 2009/36 E. 7.4);
– der Verzicht auf die Aufhebung und die Rückweisung eines Entscheids aus formellen Gründen, wenn dieser eine materielle Eventualbegründung enthält (BGer, Urteil 2C_406/2007 vom 27.8.2007, E. 2; BGE 121 I 1 E. 5a/bb).

261 Im Sinn der Prozessökonomie ist auch das erstinstanzliche Beweisverfahren durchzuführen. Art. 12 VwVG hält fest, dass Beweismittel nur nötigenfalls zu erheben sind (vgl. hinten, Rz. 469).

262 Praxis und Lehre in der Schweiz sehen in der Prozessökonomie meist ein Prinzip, das den raschen, einfachen und zweckmässigen Abschluss von Verfahren fordert, wobei oft wenig vertieft und eher pragmatisch auf sie Bezug genommen wird. In einer neueren Monografie wird die Prozessökonomie nun als eigenständiges, für sich allein nicht justiziables Verfassungsprinzip aufgefasst, das die Minimierung des Aufwands und die Maximierung des Nutzens (also die Effizienz) bei der Verfolgung der Verfahrensziele verlange, wobei die Interessen aller Beteiligter und die Gesamtheit des Verfahrens Bezugspunkte seien. So betrachtet, stehe die Prozessökonomie im Dienst der materiellen Rechtsverwirklichung und auch der Verfahrensgarantien (Bürki, Prozessökonomie, S. 67 ff., 111 ff., bes. 128 ff., 133 ff., 137 ff.; zur Kritik: Philipp Egli, Rechtsverwirklichung durch Sozialversicherungsverfahren, Zürich u.a. 2012, S. 126 ff.). Dies ändert allerdings nichts daran, dass die Prozessökonomie und das Gebot der raschen Streiterledigung zwar nicht zwingend übereinstimmen, aber oft kongruent sind; die Gebote der Prozessökonomie können also im Ergebnis dem Beschleunigungsgebot – wie auch weiteren Verfahrensgarantien – entsprechen. Sie

können mit anderen Verfahrensgarantien, etwa mit dem Anspruch auf rechtliches Gehör oder auf Öffentlichkeit der Verhandlungen, in Widerspruch geraten. Weil die Effizienz kein Zweck ist, sondern einen solchen voraussetzt, kann die Prozessökonomie allerdings nicht als Verfassungsprinzip aufgefasst werden, das den Verfahrensgarantien in einer Abwägung selbständig und gleichberechtigt gegenübergestellt werden könnte. Unabhängig von der Definition ist jedenfalls wichtig, dass die entscheidende Behörde nicht der Versuchung nachgibt, die Prozessökonomie bloss als Deckmantel zu benutzen, um über Gebühr ihre eigene Entlastung anzustreben (so auch Bürki, Prozessökonomie, S. 141 f.). Solche Tendenzen würden verstärkt, wenn die gesetzlichen Behandlungsfristen zwingend wären oder mit Fiktionsfolge ausgestattet würden.

12. Unentgeltliche Rechtspflege

Literatur: Vgl. die Literatur in Rz. 66, 73, 650.   263

Art. 29 Abs. 3 BV hält – im Sinn einer Minimalgarantie – den Anspruch auf unentgeltliche Rechtspflege fest. Der Anspruch besteht in allen Rechtsanwendungsverfahren, auch im erstinstanzlichen Verfügungsverfahren (BGE 134 I 166 E. 2.2; 112 Ia 14 E. 3). Der verfassungsmässige Minimalanspruch umfasst die Befreiung von Kostenvorschüssen und den vorläufigen Verzicht auf die Auferlegung von Verfahrenskosten (zur Möglichkeit der Rückforderung nach Art. 29 Abs. 3 BV vgl. BGE 135 I 91 E. 2.4.2.2 f., das Strafverfahren betreffend). Ist es sachlich notwendig, hat die betreffende Partei zudem Anspruch auf einen unentgeltlichen Rechtsbeistand. Vorausgesetzt wird, dass die Partei bedürftig ist und dass ihr Rechtsbegehren nicht aussichtslos erscheint (vgl. im Einzelnen hinten Rz. 656 ff.).   264

1. Teil   Grundlagen und historische Entwicklung

Verfahrensgarantien

Fairness im Verfahren (Verbot der formellen Rechtsverweigerung i.w.S.)

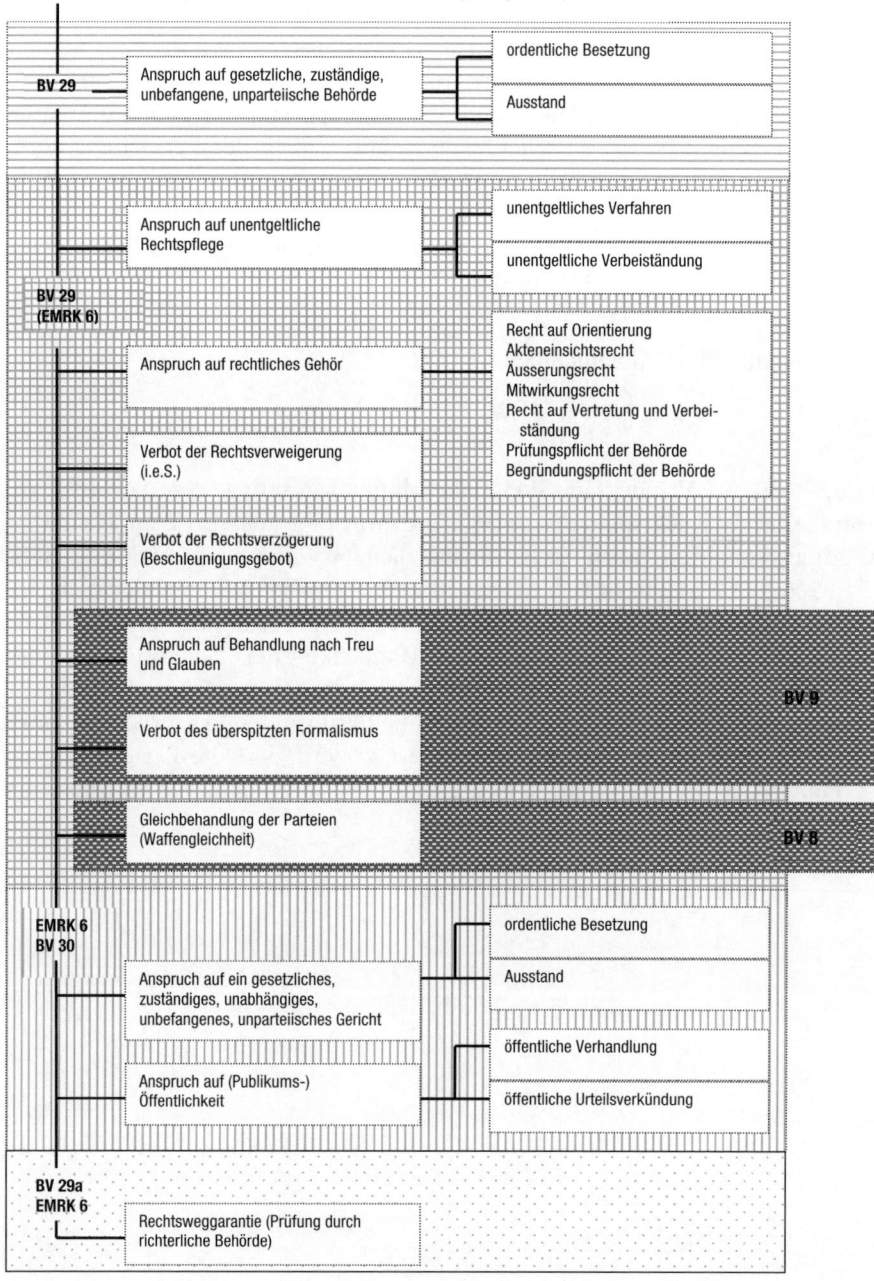

BV 29
- Anspruch auf gesetzliche, zuständige, unbefangene, unparteiische Behörde
  - ordentliche Besetzung
  - Ausstand

BV 29 (EMRK 6)
- Anspruch auf unentgeltliche Rechtspflege
  - unentgeltliches Verfahren
  - unentgeltliche Verbeiständung
- Anspruch auf rechtliches Gehör
  - Recht auf Orientierung
  - Akteneinsichtsrecht
  - Äusserungsrecht
  - Mitwirkungsrecht
  - Recht auf Vertretung und Verbeiständung
  - Prüfungspflicht der Behörde
  - Begründungspflicht der Behörde
- Verbot der Rechtsverweigerung (i.e.S.)
- Verbot der Rechtsverzögerung (Beschleunigungsgebot)

BV 9
- Anspruch auf Behandlung nach Treu und Glauben
- Verbot des überspitzten Formalismus

BV 8
- Gleichbehandlung der Parteien (Waffengleichheit)

EMRK 6 / BV 30
- Anspruch auf ein gesetzliches, zuständiges, unabhängiges, unbefangenes, unparteiisches Gericht
  - ordentliche Besetzung
  - Ausstand
- Anspruch auf (Publikums-) Öffentlichkeit
  - öffentliche Verhandlung
  - öffentliche Urteilsverkündung

BV 29a / EMRK 6
- Rechtsweggarantie (Prüfung durch richterliche Behörde)

VII. Bedeutung des Zivil- und Strafprozessrechts in der Verwaltungsrechtspflege

Literatur: AMSTUTZ MARC/REINERT MANI (Hrsg.), Basler Kommentar Kartellgesetz, Basel 2010 (zitiert: Basler Kommentar KG); BENEDICK GILLES, Das Aussagedilemma in parallelen Verfahren, AJP 2011, S. 169 ff.; BERGER-STEINER ISABELLE, Beweismass: Lehren des Privatrechts für das öffentliche Recht, in: Achermann Alberto/Caroni Martina/Epiney Astrid/Walter Kälin/Nguyen Minh Son/Uebersax Peter (Hrsg.), Jahrbuch für Migrationsrecht 2008/2009, S. 101 ff.; EICKER ANDREAS/FRANK FRIEDRICH/ACHERMANN JONAS, *Verwaltungsstrafrecht* und Verwaltungsstrafverfahrensrecht, Bern 2012; GLANZMANN-TARNUTZER LUCREZIA, Das Rügeprinzip im Zivil-, Straf- und Verwaltungsprozess am Beispiel des Kantons Luzern, AJP 2007, S. 839 ff.; *dies.*, Der Beweiswert medizinischer Erhebungen im Zivil-, Straf- und Sozialversicherungsprozess, AJP 2005, S. 76 ff.; HÄNER ISABELLE, Die Mindestgarantien für Strafverfahren und ihre Bedeutung für verwaltungsrechtliche Sanktionen, in: Häner Isabelle/Waldmann Bernhard (Hrsg.), Verwaltungsstrafrecht und sanktionierendes Verwaltungsrecht, Zürich u.a. 2010, S. 19 ff.; KETTIGER DANIEL, *Schnittstellenfragen* der Schweizerischen Strafprozessordnung, Jusletter, 13.2.2012; MARTI ARNOLD, Die Vereinheitlichung des Zivil- und Strafprozessrechts, die Revision des Vormundschaftsrechts und das öffentliche Recht, ZBl 2008, S. 237 ff.; *ders.*, Zwischen Zivilprozess und Verwaltungsrecht, Ermöglichung von kreativen Lösungen im Interesse der Effizienz, NZZ Nr. 31 vom 7.2.2008, S. 18; MEISSER URS, Fragen der Umsetzung der Schweizerischen Straf- und Zivilprozessordnung für die Verwaltungstätigkeit: Die Neuregelung der bündnerischen Ausstandsvorschriften für vorbefasste Entscheidträger in der Verwaltung – eine verpasste Chance, ZGRG 2010, S. 174 ff.; MOREILLON LAURENT/GAUTHIER JEAN, La procédure applicable à la répression des infractions fiscales: procédure administrative ou procédure pénale?, RDAF 1999 II, S. 41 ff.; NIGGLI MARCEL ALEXANDER/RIEDO CHRISTOF, *Verwaltungsstrafrecht, Teil 2*, in: Häner Isabelle/Waldmann Bernhard (Hrsg.), Verwaltungsstrafrecht und sanktionierendes Verwaltungsrecht, Zürich u.a. 2010, S. 51 ff.; RHINOW RENÉ, Neuere Entwicklungen im Öffentlichen Prozessrecht, SJZ 2003, S. 517 ff.; RIEDO CHRISTOF/NIGGLI MARCEL ALEXANDER, Verwaltungsstrafrecht, Teil 1, in: Häner Isabelle/Waldmann Bernhard (Hrsg.), Verwaltungsstrafrecht und sanktionierendes Verwaltungsrecht, Zürich u.a. 2010, S. 41 ff.; ROTH SIMON, Das Verhältnis zwischen verwaltungsrechtlichen Mitwirkungspflichten und dem Grundsatz nemo tenetur se ipsum accusare, ZStrR 2011, S. 296 ff.; RUCKSTUHL NIKLAUS, Strafprozessuales Schweigerecht und verwaltungsrechtliche Mitwirkungs- respektive Auskunftspflicht – ein Gegensatz? Versuch einer Antwort auf Prof. Dr. Hansjörg Seiler, in: Jahrbuch zum Strassenverkehrsrecht 2006, S. 217 ff.; SEILER HANSJÖRG, Das (Miss-)Verhältnis zwischen strafprozessualem *Schweigerecht* und verwaltungsrechtlicher Mitwirkungs- und Auskunftspflicht, recht 2005, S. 11 ff.; SPÜHLER KARL/DOLGE ANNETTE/GEHRI MYRIAM, Schweizerisches *Zivilprozessrecht* und Grundzüge des internationalen Zivilprozessrechts, Bern 2010, § 43 Rz. 35 ff.; WALDMANN BERNHARD, Das Disziplinarwesen, in: Häner Isabelle/Waldmann Bernhard (Hrsg.), Verwaltungsstrafrecht und sanktionierendes Verwaltungsrecht, Zürich u.a. 2010, S. 95 ff.

1. Die analoge Anwendung von zivilprozessualen Bestimmungen in der Verwaltungsrechtspflege

Die Verwaltungsrechtspflegegesetze verweisen häufig für gewisse Bereiche auf das Zivilprozessrecht. Zu erwähnen ist insbesondere Art. 19 VwVG, wonach ergänzend die Bestimmungen über den Beweis und die Beweismittel gemäss dem BZP (Art. 37, 39–41 und 43–61 BZP) sinngemäss Anwendung finden. Es handelt sich dabei um eine analoge Anwendung dieser zivilprozessrechtlichen

Regelungen als Verwaltungsverfahrens- und -prozessrecht (Bernhard Waldmann/Philippe Weissenberger, in: Waldmann/Weissenberger, Praxiskommentar VwVG, Art. 19 N. 6). Diese Aufzählung ist abschliessend zu verstehen. Weitere Bestimmungen des BZP finden keine Anwendung (BGE 130 II 473 E. 2.4; Christoph Auer, in: Auer/Müller/Schindler, VwVG-Kommentar, Art. 19 Rz. 4 f.). Durch die abschliessende Aufzählung und die einschränkende Formulierung, dass der BZP nur sinngemäss anwendbar sei, bringt Art. 19 VwVG zum Ausdruck, dass sich die Verfahrensarten insbesondere durch die Prozessmaximen unterscheiden. Dies führt in den beiden Verfahren zu je einer anderen Gewichtung der Rechte und Pflichten der Parteien sowie zu einer unterschiedlichen Rolle der entscheidenden Instanz (Rz. 135 ff.).

267 Aus diesen Gründen hat die analoge Anwendung zivilprozessualer Bestimmungen auch Grenzen. Der Untersuchungsgrundsatz gilt im öffentlichen Prozessrecht aufgrund der zwingenden Natur des Verwaltungsrechts und dient dem Gesetzmässigkeitsprinzip (Art. 5 Abs. 1 BV); die Rechtsanwendung darf demgemäss nicht vom Vorliegen bestimmter Tatsachen ausgehen, nur weil sie unbestritten sind (vgl. aber für das Zivilprozessrecht immerhin Art. 153 Abs. 2 ZPO). Ein Verweis im öffentlichen Verfahrens- und Prozessrecht auf Bestimmungen, welche die Verhandlungsmaxime oder die Eventualmaxime betreffen, würde der Funktion des Verfahrensrechts, das materielle Recht durchzusetzen, widersprechen (vgl. vorne, Rz. 39). Die Dispositions- und die Verhandlungsmaxime stehen im Zivilprozessrecht gerade deshalb im Vordergrund, weil die zivilrechtlichen Rechtsverhältnisse im Regelfall der Parteiautonomie unterstehen, während dies im Verwaltungsrecht wegen dessen zwingender Natur die Ausnahme bildet und in vergleichbarem Umfang auch nicht denkbar ist.

268 Ebenso ist auch die Zeugeneinvernahme insbesondere dem erstinstanzlichen Verwaltungsverfahren nicht adäquat. Häufig ist sie in den Kantonen für diese Verfahrensstufe überhaupt nicht vorgesehen (z.B. VRG ZH) oder sie gilt nur als subsidiäres Beweismittel und nur mit Einschränkungen (so auch Art. 14 VwVG).

269 Infolge der Geltung der Untersuchungsmaxime dürfen sodann aus der im Verwaltungsrecht als allgemeiner Rechtsgrundsatz anwendbaren Regel über die objektive Beweislast gemäss Art. 8 ZGB keine Mitwirkungspflichten im Sinne einer subjektiven Beweislast abgeleitet werden (zu diesen Begriffen vgl. vorne, Rz. 142 f. und hinten, Rz. 459), selbst wenn die objektive Beweislast die Untersuchungsmaxime faktisch zulasten der Verfahrensparteien einschränkt. Die Mitwirkungspflichten richten sich nach den gesetzlichen Bestimmungen und dem Grundsatz von Treu und Glauben. Die Pflicht, die Beschwerde zu begründen, ergibt sich aus Art. 52 Abs. 1 VwVG und Art. 42 Abs. 2 BGG. Bleibt jedoch eine Tatsache unbewiesen, geht dies zulasten derjenigen Partei, welcher die objektive Beweislast zukommt (BVGer, Urteile D-8079/2009 vom 7.1.2010, E-1117/2007 vom 11.5.2007, E. 7.2, und B-4385/2008 vom 16.2.2009, E. 5). Im Zivilprozessrecht hingegen stimmen die objektive und die subjektive Beweis-

last grundsätzlich überein, soweit die Verhandlungsmaxime gilt (vgl. Spühler/ Dolge/Gehri, Zivilprozessrecht, § 43 Rz. 35 ff.).

Die Angleichung des Verwaltungsprozesses an den Zivilprozess findet somit in den das Verwaltungsverfahren und den Verwaltungsprozess kennzeichnenden Verfahrensmaximen des Untersuchungsgrundsatzes und – soweit anwendbar – der Offizialmaxime ihre Grenzen. 270

Dennoch verbleibt ein Spielraum, auf die Zivilprozessordnungen zu verweisen. Denkbar wäre beispielsweise ein Verweis auf die Ausstandsgründe gemäss Art. 45–49 ZPO, welche auch für die Verwaltungsgerichte Anwendung finden könnten. Ebenso erscheint der Verweis auf die Beweismittel des Zivilprozessrechts – wie in Art. 19 VwVG – sinnvoll, solange auf die Besonderheiten der Verwaltungsrechtspflege Rücksicht genommen wird. 271

2. Verfahren der Verwaltungs-, Zivil- und Strafrechtspflege über die gleiche Sache

Es ist denkbar, dass über ein und dieselbe Sache Verfahren der Verwaltungsrechtspflege, des Strafprozesses und des Zivilprozesses zur Anwendung gelangen. Die Anwendung des jeweiligen Verfahrensgesetzes wird damit jedoch nicht beeinflusst, auch wenn sich Konflikte ergeben können. 272

So können zum Beispiel die Mitwirkungspflichten gemäss den Verwaltungsrechtspflegegesetzen nicht mit Verweis auf das Aussageverweigerungsrecht im Sinne von Art. 32 BV bzw. Art. 14 Abs. 2 lit. g UNO-Pakt II eingeschränkt werden, wenn dem Verwaltungsverfahren ein *Strafverfahren* folgt (Seiler, Schweigerecht, S. 11 f. mit weiteren Beispielen). Zwar können Beweismittel, die aufgrund der Mitwirkungspflichten in der Verwaltungsrechtspflege erlangt werden konnten und bei deren Erlangung die besonderen, im Strafprozess geltenden Garantien nicht beachtet wurden (Art. 32 BV, Art. 6 Ziff. 2 und 3 EMRK sowie Art. 14 Abs. 2 und 3 UNO-Pakt II), im Strafverfahren grundsätzlich einem Beweisverwertungsverbot unterliegen (vgl. ausdrücklich Art. 183 Abs. 1bis DBG). Im praktischen Alltag lassen sich die Wertungswidersprüche, die zwischen den beiden Verfahren bestehen, dennoch nicht immer beseitigen, so etwa, wenn dieselbe Behörde einerseits das Nachsteuerverfahren durchführt, welches dem Verwaltungsrecht zugeordnet ist, und andererseits auch das Steuerhinterziehungsverfahren führt, welches als strafrechtliches Verfahren gilt (Felix Richner/Walter Frei/Stefan Kaufmann/Hans U. Meuter, Handkommentar zum DBG, 2. A., Zürich 2009, Art. 183 Rz. 16). Im Sanktionsverfahren gemäss KG (Art. 49a Abs. 1 KG) – es handelt sich um strafrechtliche Massnahmen, obwohl das Gesetz von Verwaltungssanktionen spricht – kann die Unschuldsvermutung durch die objektive Beweislast faktisch eingeschränkt werden, wenn es gilt, die gesetzlichen Vermutungen gemäss Art. 5 Abs. 3 und 4 KG umzustossen (Beat Zirlick/Christoph Tagmann, in: Amstutz/Reinert, Basler Kommentar KG, Art. 30 N. 90 ff.; vgl. 273

die Bedenken bei Niggli/Riedo, Verwaltungsstrafrecht, Teil 2, S. 64 ff.). Ein besonderes Problem besteht namentlich dann, wenn das Spezialgesetz eine ausdrückliche Auskunftspflicht vorsieht (z.B. Art. 40 KG, dazu auch hinten, Rz. 465, 2008 ff.). Eine Auskunft, die aufgrund einer solchen gesetzlichen Bestimmung erteilt werden musste, kann in einem Strafverfahren unter Umständen nicht verwendet werden, wenn sie die auskunftspflichtige Person, gegen welche das Strafverfahren eingeleitet wurde, belastet. Gleiches gilt im Verhältnis des sicherheitspolizeilichen Verfahrens zu einem allenfalls nachfolgenden Strafverfahren (Kettiger, Schnittstellenfragen, Rz. 11).

274　Als etwas weniger problematisch gilt hingegen das Verhältnis zwischen Verwaltungsrechtspflege und *Zivilprozess,* auch wenn sich in den einzelnen Verfahren spezifische Koordinationsprobleme stellen können. Ging dem Zivilprozess ein Verwaltungsverfahren voraus, werden die sich gegenüberstehenden Parteien den Aktenbeizug verlangen oder die Akten selbst ins Recht legen, wenn es zu ihren Gunsten ist. Ein Beispiel bildet das KG. Gemäss Art. 12 ff. KG ist ein Unternehmen, das in der Aufnahme oder Ausübung des Wettbewerbs behindert wird, berechtigt, ein zivilrechtliches Verfahren einzuleiten und entsprechende individuelle Ansprüche geltend zu machen. Die Wettbewerbskommission als Verwaltungsbehörde kann demgegenüber wettbewerbswidriges Verhalten nur verbieten und unter Umständen Bussen aussprechen (Art. 49a Abs. 1 KG). Sie schreitet ein, wenn dies dem öffentlichen Interesse am Schutz des wirksamen Wettbewerbs dient (BGE 130 II 149 E. 2.4). Die Lehre hält dafür, dass im Zivilverfahren jedenfalls dann ein Beizug der Akten ausgeschlossen ist, wenn diese auf eine Selbstanzeige hin in einem Untersuchungsverfahren vor der Wettbewerbskommission erstellt wurden (Art. 49a Abs. 3 lit. a KG bzw. Art. 49a Abs. 5 KG-E). Danach liege der Rückbehalt der Akten in einem öffentlichen Interesse (Art. 27 Abs. 1 lit. a VwVG; Reto Jacobs/Gion Giger, in: Amstutz/Reinert, Basler Kommentar KG, Vor Art. 12–17 N. 28). In Verfahren, in welchen Zivilgerichte und Verwaltungsbehörden dieselben Rechtsnormen anwenden, stellt sich auch die Frage der Koordination der Rechtsanwendung. Das KG enthält zum Beispiel eine Koordinationsbestimmung, welche die Beurteilung, ob eine Wettbewerbsbeschränkung zulässig ist, der Wettbewerbskommission zuteilt (Art. 15 KG). Zivilrechtliche Verfahren sind allerdings selten anzutreffen, was wohl vor allem mit der erschwerten Beweisführung (Verhandlungsmaxime) und der Schwierigkeit bei der Bezifferung des Schadens sowie mit dem Kostenrisiko zusammenhängt (Reto Jacobs/Gion Giger, in: Amstutz/Reinert, Basler Kommentar KG, Vor Art. 12–17 N. 11; Patrick Ducrey, Das schweizerische Kartellrecht, in: Thomas Cottier/Matthias Oesch (Hrsg.), SBVR, Band XI: Allgemeines Aussenwirtschafts- und Binnenmarktrecht, 2. A., Basel 2007, S. 597 ff., Rz. 526; hinten, Rz. 1989). Der Entwurf zum neuen Kartellgesetz soll das Zivilkartellrecht stärken (vgl. BBl 2012 3928 f.).

3. Zuständigkeit von Verwaltungsbehörden für Entscheide über zivilrechtliche und strafrechtliche Angelegenheiten

Im Bereich der nicht streitigen *Zivilsachen* werden oft Verwaltungsbehörden als zuständig erklärt und ist der Rechtsmittelweg in der Folge ebenfalls der verwaltungsrechtliche. Dabei ist zu beachten, dass sich gerade die freiwillige Gerichtsbarkeit häufig ohnehin nicht mit zivilrechtlichen, sondern mit verwaltungsrechtlichen Angelegenheiten befasst, die aber für die zivilrechtlichen Rechtsverhältnisse massgebend sind. In diesen Fällen haben die Entscheide der Verwaltungsbehörde unmittelbare Auswirkung auf zivile Rechtsverhältnisse oder den Status einer Person. Als Beispiel kann auf die Registersachen (Grundbuch, Handelsregister, Einwohnerregister etc.; Art. 55 SchlT ZGB) verwiesen werden. Diese Zuteilung erscheint sachgerecht, soweit dabei Anordnungen von Verwaltungsbehörden infrage stehen. In diesen Fällen liegt nicht die typische zivilprozessuale Ausgangslage vor, in welcher sich zwei private Parteien gegenüberstehen. Allerdings ist zu beachten, dass in einigen Geschäften auch die Zivilgerichte zuständig sind (z.B. Erbenbescheinigung). Sind die Zivilgerichte zuständig, ist die ZPO anwendbar (Art. 1 lit. b ZPO). Besonderheiten bestehen im Kindes- und Erwachsenenschutzrecht: Obwohl das Erwachsenenschutzrecht und das Kindesschutzrecht als materielles Verwaltungsrecht qualifiziert werden können, sind im Streitverfahren zum Teil doch wieder die Zivilgerichte zuständig. Gemäss dem Erwachsenenschutzrecht haben die Kantone in erster Instanz eine Fachbehörde zu bezeichnen, welche ein Gericht oder eine unabhängig und verbindlich entscheidende Verwaltungsbehörde («Gericht im materiellen Sinne») sein kann. Deren Entscheid muss an ein Gericht weitergezogen werden können (vgl. Art. 450 ff. ZGB; Beispiel: § 50 lit. b GOG ZH, wo im Erwachsenenschutzrecht als erste Rekursinstanz der Bezirksrat und in zweiter Beschwerdeinstanz das Obergericht als zuständig erklärt wird; dazu BGer, Urteil 5C_2/2012 vom 17.12.2012, E. 2–5). Auf Bundesebene ist in all diesen Fällen die Beschwerde in zivilrechtlichen Angelegenheiten zu ergreifen, obwohl es um eine öffentlich-rechtliche Angelegenheit geht (Art. 72 Abs. 2 lit. b BGG; vgl. dazu hinten, Rz. 1448) und unabhängig davon, ob auf kantonaler Ebene ein Verwaltungsgericht entschieden hat. Es besteht in solchen Fällen somit die Tendenz des verfahrensrechtlichen Pendelns einer Streitsache. Demgemäss kommen auch je die verschiedenen Verfahrensrechte zur Anwendung, was unter Umständen wenig sachgerecht ist, soweit das materielle Recht nicht eigene Verfahrensbestimmungen enthält und zum Beispiel die Untersuchungsmaxime ausdrücklich statuiert (vgl. Art. 296 ZPO), was aber nicht durchwegs der Fall ist.

275

Im Bereich des *Strafrechts* besteht eine vielfältige Zuständigkeit der Verwaltungsbehörden (vgl. auch hinten, Rz. 2030 ff.). Zum einen sind Disziplinarmassnahmen oder verwaltungsrechtliche Sanktionen zu erwähnen, die als strafrechtliche Anklage gemäss Art. 6 Ziff. 1 EMRK gelten können, die aber nach schweizerischem Recht in einem Verwaltungsverfahren auszusprechen

276

sind. Disziplinarmassnahmen gelten dann als strafrechtliche Anklage, wenn die Sanktion eine gewisse Schwere aufweist, was zum Beispiel der Fall ist, wenn eine Busse in Haft umgewandelt werden kann (BGE 128 I 346 E. 2.3). Zum anderen knüpft das Verwaltungsrecht an Rechtsverletzungen strafrechtliche Sanktionen an, die von den Verwaltungsbehörden ausgesprochen werden. Zu erwähnen sind die Bussen wegen Steuerhinterziehung (vgl. BGE 119 Ib 311 E. 2). Erwähnenswert sind ferner die zahlreichen Sanktionsbestimmungen in den verwaltungsrechtlichen Spezialerlassen (z.B. Art. 49 ff. FMG; Art. 101 f. RTVG). In den Fällen des Fernmelderechts ist das Departement (Art. 55 FMG; UVEK) zuständig, in den Fällen über Radio- und Fernsehen das Bundesamt (Art. 102 RTVG; BAKOM), wobei sich das Verfahren jeweils nach dem Verwaltungsstrafrechtsgesetz des Bundes (VStrR) richtet. Danach untersucht die beteiligte Verwaltungsbehörde den Sachverhalt (Art. 20 Abs. 1 VStrR) und erlässt den Strafbescheid (Art. 62 VStrR). Dieser kann gemäss Art. 73 VStrR gerichtlich angefochten werden (zum Verfahrensablauf gemäss VStrR: Eicker/Frank/Achermann, Verwaltungsstrafrecht, S. 139 ff.; vgl. zudem hinten, Rz. 2031 ff.). Bei Zolldelikten nach Art. 117 ff. ZG ist in erster Instanz die Zollverwaltung zuständig, ebenso bei Widerhandlungen gegen Vorschriften über Lenkungsabgaben (Art. 61a USG), wobei gemäss Art. 128 ZG neben den Bestimmungen des ZG auch das VStrR anwendbar ist. Im Übrigen obliegt der Vollzug der Strafbestimmungen von Art. 60 f. USG den Strafbehörden in den Kantonen (Art. 36 USG; dazu sogleich, Rz. 279). In Bezug auf die Strafbestimmungen im Kartellgesetz ist gemäss Art. 57 Abs. 2 KG das Sekretariat im Einvernehmen mit einem Mitglied des Präsidiums zuständig. Gemäss dem Entwurf des Bundesrats zum neuen Kartellgesetz soll hierfür künftig die als selbständige öffentlich-rechtliche Anstalt organisierte Wettbewerbsbehörde zuständig sein (Art. 57 Abs. 2 KG-E), wobei die Wettbewerbsbehörde allein die Untersuchung vorzunehmen und dem Bundesverwaltungsgericht einen Antrag zu stellen hat, welches in der Folge über die Sanktion entscheidet (Art. 30 Abs. 1 lit. a KG-E). Die Vorlage ist allerdings nicht unumstritten (vgl. Franz Böni/Alex Wassmer, Rechtliche Beurteilung der sich abzeichnenden Ablehnung der Strukturreform im Kartellrecht, Jusletter, 29.4.2013). Gemäss Art. 80 BGG ist die Beschwerde in Strafsachen allerdings nur gegeben, wenn als Vorinstanz eine kantonale Behörde bzw. das letztinstanzliche kantonale Gericht oder das Bundesstrafgericht geurteilt hat. Ob in letzter Instanz die Beschwerde in Strafsachen gegeben ist, hängt bei den Sanktionen der Bundesbehörden also davon ab, ob das Bundesstrafgericht zuständig ist, wie dies zum Beispiel für die verwaltungsstrafrechtlichen Beschwerden zutrifft (Art. 37 Abs. 2 lit. b StBOG). In diesen Fällen ist somit die Verwaltungsbehörde zuständig, über die Strafe zu entscheiden, bevor das Strafgericht angerufen werden kann.

277   Zum Teil gestaltet sich die Abgrenzung zwischen Verwaltungsrecht und Strafrecht als eher schwierig. Das Bundesgericht hat festgehalten, dass das Einsichtsgesuch eines Dritten in Strafverfahrensakten keine Strafsache darstelle

und deshalb das Verwaltungsgericht zuständig sei (BGE 136 I 80). Strafen und Massnahmen gemäss StGB werden von den Strafbehörden ausgesprochen. Im Kanton Zürich entscheidet jedoch die Direktion der Justiz und des Innern bzw. das Amt für Justizvollzug insbesondere über die bedingte Entlassung oder die Aufhebung einer Massnahme (vgl. § 14 StJVG ZH; §§ 2 und 5 JVV ZH). Vor Bundesgericht unterstehen sie wiederum der Beschwerde in Strafsachen (Art. 78 Abs. 2 lit. b BGG; vgl. zum Ganzen auch hinten Rz. 1452 f.).

4. Zuständigkeit von Zivilgerichten und Strafgerichten zur Beurteilung von verwaltungsrechtlichen Streitigkeiten

Neben den vorne erwähnten familienrechtlichen Angelegenheiten und dem Erwachsenenschutzrecht, welche als Verwaltungsrecht zu qualifizieren sind und bei denen als Rechtsmittelinstanzen unter Umständen – wie im Kanton Zürich – zum Teil die Zivilgerichte eingesetzt werden (vgl. vorne, Rz. 275), ist auch die fürsorgerische Unterbringung nach Art. 426–439 ZGB (bis 31.12.2012 fürsorgerischer Freiheitsentzug nach Art. 397a ff. ZGB) zu erwähnen, für welche im Kanton Zürich das Einzelgericht zuständig ist (§ 30 GOG ZH). 278

Auf die verschiedenen Strafbestimmungen in den verwaltungsrechtlichen Gesetzen (Art. 60 f. USG; zudem Art. 70 ff. GSchG) wurde bereits verwiesen. Soweit deren Vollzug den Kantonen obliegt (vgl. Art. 36 USG), liegt die Zuständigkeit der kantonalen Strafbehörden nahe und kann sich die bundesrechtliche Regelung auf die materiellrechtlichen Bestimmungen beschränken. Im Rahmen der Strafverfahren haben die Strafbehörden gleichzeitig über die Anwendung der durch die angeklagte Person angeblich verletzten verwaltungsrechtlichen Rechtsnormen zu entscheiden. 279

Wechselnde Zuständigkeiten sind sodann im Gewaltschutzrecht zu finden. Für die Anwendung von Art. 28b ZGB ist zwar die Zivilgerichtsbarkeit zuständig. Das GSG ZH, welches materiell eine ähnliche Regelung wie Art. 28b ZGB enthält, sieht indessen in erster Instanz die Zuständigkeit des Haftrichters vor und hernach diejenige des Verwaltungsgerichts (§§ 8 und 11a GSG ZH). Gemäss der bundesgerichtlichen Rechtsprechung handelt es sich beim Gewaltschutz um Verwaltungsrecht, weshalb weder die Beschwerde in Strafsachen noch jene in Zivilsachen zur Verfügung steht, sondern einzig die Beschwerde in öffentlich-rechtlichen Angelegenheiten (BGE 134 I 140 E. 2). 280

Schliesslich ist auch auf die Justizverwaltung hinzuweisen, wozu insbesondere personalrechtliche Angelegenheiten gehören. Hierüber entscheiden die Gerichte in erster Instanz selbst (vgl. z.B. Art. 54 Abs. 4 StBOG). 281

2. Kapitel: Historische Entwicklung

I. Überblick zur Entwicklung im 19. Jahrhundert

282 *Literatur:* BÄUMLIN RICHARD, Verfassung und Verwaltung in der Schweiz, in: Festschrift für Hans Huber, Bern 1961, S. 69 ff.; BLANCHARD THIBAULT, Le *partage* du contentieux administratif entre le juge civil et le juge administratif. Etude de droit vaudois, historique et comparée, Lausanne 2005, S. 7 ff.; BRAND ERNST, Eidgenössische Gerichtsbarkeit, III. Teil: Von der Gründung des Bundesstaates bis zur Gegenwart, Bern 1962, S. 1 ff.; BRANDT ERIC, La juridiction administrative dans le canton de Vaud, in: Herzog Ruth/Feller Reto (Hrsg.), Bernische Verwaltungsgerichtsbarkeit in Geschichte und Gegenwart, Bern 2010, S. 337 ff., 338 ff.; ERRASS CHRISTOPH, Zur Geschichte des Bundesgerichts, in: Niggli/Uebersax/Wiprächtiger, Basler Kommentar BGG, S. 1 ff.; GÄCHTER THOMAS, Entwicklung und Organisation der Sozialversicherungsgerichtsbarkeit im Bund und im Kanton Bern, in: Herzog Ruth/Feller Reto (Hrsg.), Bernische Verwaltungsgerichtsbarkeit in Geschichte und Gegenwart, Bern 2010, S. 89 ff.; HALLER WALTER, in: Aubert/Eichenberger/Müller/Rhinow/Schindler, Kommentar BV 1874, Art. 114bis Rz. 11 ff., 45 ff.; HANHART DORA, Die Erweiterung des Rechtsweges, besonders im Bund und Kanton Luzern, Zürich 1968; HERZOG RUTH, Auswirkungen auf die Staats- und Verwaltungsrechtspflege in den Kantonen, in: Tschannen, Bundesrechtspflege, S. 43 ff., 44 ff.; HIS EDUARD, Geschichte des neuern Schweizerischen Staatsrechts, 3 Bände, Basel 1920/1929/1938, Band I, S. 317 ff., Band II, S. 337 ff., Band III, S. 495 f.; HOFER SIBYLLE, Der lange Weg zum bernischen Verwaltungsgericht, in: Herzog Ruth/Feller Reto (Hrsg.), Bernische Verwaltungsgerichtsbarkeit in Geschichte und Gegenwart, Bern 2010, S. 1 ff., 2 ff.; JENNY LEONHARD, Die *Verwaltungsrechtspflege* in der Schweizerischen Eidgenossenschaft, Glarus 1910; KÖLZ ALFRED, Neuere Schweizerische Verfassungsgeschichte. Ihre Grundlinien vom Ende der Alten Eidgenossenschaft bis 1848, Bern 1992, S. 147, 361 ff.; KÖLZ ALFRED/BOSSHART JÜRG/RÖHL MARTIN, Kommentar zum Verwaltungsrechtspflegegesetz des Kantons Zürich (VRG), 2. A., Zürich 1999 (zitiert: Kommentar VRG), Einleitung N. 1 ff.; KRADOLFER MATTHIAS, Justitias «Emancipation» – Zur Unabhängigkeit der Justiz in der schweizerischen Eidgenossenschaft 1798–1848. Unter besonderer Berücksichtigung der Justizgeschichte des Kantons St. Gallen, Zürich/St. Gallen 2011; MÜLLER MARKUS, Verwaltungsrecht. Eigenheit und Herkunft, Bern 2006; SCHINDLER BENJAMIN, Staat, Verwaltung und Verwaltungsrecht: Schweiz, in: von Bogdandy Armin/Cassese Sabino/Huber Peter M. (Hrsg.), Handbuch Ius Publicum Europaeum, Band III: Verwaltungsrecht in Europa: Grundlagen, Heidelberg 2010, S. 313 ff., Rn. 1 ff.; SCHMID STEFAN G., Rechtsschutz als Problem der Gewaltenteilung. «Ärger als ein zweischneidiges Schwert»: Die «Ratsherrenjustiz» im jungen Kanton Zürich, in: Schindler Benjamin/Schlauri Regula (Hrsg.), Auf dem Weg zu einem einheitlichen Verfahren, Zürich 2001, S. 3 ff.; SECRÉTAN ROGER, Les «Tribunaux du contentieux de l'administration», en particulier le *Tribunal* administratif vaudois (1803–1831), ZSR 1932, S. 187 ff.; SEFEROVIC GORAN, Das Schweizerische Bundesgericht 1848–1874, Zürich u.a. 2010; WYSSA ALBERT, Le Contentieux administratif en Suisse spécialement en matière cantonale, Lausanne 1920; ZWAHLEN HENRI, Le jugement des contestations administratives dans le canton de Vaud, JdT 1939, Droit cantonal, S. 34 ff.

1. Erste Verwirklichung des Verwaltungsrechtsschutzes in der Mediationsverfassung 1803

283 Die Frage des Rechtsschutzes gegenüber der Verwaltung stellte sich zu Beginn des 19. Jahrhunderts in allen europäischen Ländern. Insbesondere während und nach der Französischen Revolution wurde versucht, die Postulate des moder-

nen demokratischen Rechtsstaates in die Wirklichkeit umzusetzen. Stand in der Helvetik die Institutionalisierung einer klar durchgebildeten und rechtssatzgebundenen Verwaltung im Vordergrund und wurde die Rechtskontrolle darob vernachlässigt, legte man in der *Mediationszeit* gewisse Grundsteine für die späteren Rechtsschutzeinrichtungen: Die Verfassungen der neu geschaffenen Kantone Aargau, St. Gallen, Tessin, Thurgau und Waadt sahen – wohl nach dem Vorbild des französischen Conseil d'Etat – besondere Gerichte für Administrativstreitigkeiten vor, sogenannte «Administrativgerichte», die gemäss den jeweiligen gesetzlichen Grundlagen in Verwaltungsrechtsstreitigkeiten zuständig waren. Zwar kam ihnen justizmässige Unabhängigkeit zu, doch war ein Mitglied des Gerichts zugleich Mitglied des Kleinen Rates (Exekutive). In den anderen Kantonen war die Verbindung der Rechtsschutzeinrichtungen mit der Verwaltung noch enger: So bestimmte etwa Art. 6 der Zürcher Mediationsverfassung vom 19.2.1803, dass der Kleine Rat (Exekutive), bestehend aus 25 Mitgliedern des Grossen Rates (Legislative), in letzter Instanz über alle Streitigkeiten «im Verwaltungsfache» entscheide. Dabei kannte Solothurn ein Administrativgericht, das wie die beschriebenen Gerichte zusammengesetzt war, aber als Vorinstanz des Kleinen Rates amtete. Die Rechtsgrundlage fand sich in der Mediationszeit nur auf Gesetzesstufe.

Den Zivil- und Strafgerichten standen aufgrund des französischen Einflusses nur sehr selten einige Rechtsprechungskompetenzen im Bereich der Verwaltung zu. Der Grund lag in der besonderen historischen Situation Frankreichs vor der Revolution, wo die Gerichte gegenüber der Verwaltung traditionell eine Übermacht besassen und die Justiz das «reaktionäre» Element im Staat verkörperte. Um der Verwaltung die Verwirklichung der von der Revolution postulierten Wohlfahrtsideen zu ermöglichen, musste sie verselbständigt und dem Einfluss der Gerichte entzogen werden. Die von der Revolution geforderte Gewaltentrennung wurde daher im Bereich der Verwaltung nicht zur Differenzierung zwischen Verwaltungstätigkeit und Verwaltungsrechtsprechung weiterentwickelt (für den Kanton Zürich: Kölz/Bosshart/Röhl, Kommentar VRG, Einleitung N. 4). 284

In der *Restaurationszeit* verschwanden die Administrativgerichte grösstenteils wieder. Dafür wurde in Basel eine besondere, personell allerdings mit den politischen Behörden verbundene Kommission geschaffen, die als Vorinstanz der Regierung über Verwaltungssachen entschied. Sodann erhielten vereinzelt die Zivilgerichte Zuständigkeiten in verwaltungsrechtlichen Angelegenheiten. Die Basler und die Solothurner Rechtsschutzinstitution überlebten bis 1831. Im Kanton Waadt wurde das Administrativgericht 1832 abgeschafft. Seine Kompetenzen gingen auf die Zivilgerichtsbarkeit bzw. das neue Appellationsgericht über: Die an die Macht gekommenen Liberalen leiteten aus dem Gewaltenteilungsprinzip die Einheit der Judikative ab, wonach die Entscheide über sämtliche Rechtsstreitigkeiten bei umfassend zuständigen Gerichten zu konzentrieren und besondere Verwaltungsgerichte ausgeschlossen waren. (Zum Administra- 285 tivgericht: Blanchard, partage, S. 38 ff.; Secrétan, Tribunal; als Übersicht: Jenny, Verwaltungsrechtspflege, S. 10 ff.; zur Genfer «Chambre des Comptes», einer Verwaltungsbehörde, die manchmal im vorliegenden Zusammenhang erwähnt wird: Georges Werner, Le Contrôle Judiciaire à Genève, Genf 1917, S. 114 ff.)

2. Keine Verwaltungsgerichtsbarkeit in den Regenerationsverfassungen 1830/31

286 In der *Regenerationszeit* wurde die Verwaltungsgerichtsbarkeit nicht weiterentwickelt. Es übten hauptsächlich die Regierungen die Verwaltungsrechtspflege aus. Die zürcherische Regenerationsverfassung vom 10.3.1831 sah zwar in Art. 10 vor, dass Streitiges ausschliesslich von den ordentlichen Gerichten zu entscheiden sei, doch bezog sich dieser Artikel nur auf die Zivil- und Strafjustiz. Sich dieses Mangels bewusst werdend, behalf man sich mit der *Fiskustheorie*: Die Staatskasse (Fiskus) wurde als besonderes Privatrechtssubjekt aufgefasst, was erlaubte, vermögensrechtliche Streitigkeiten zwischen Bürger und Staat als privatrechtliche zu qualifizieren, die vor den Zivilgerichten ausgetragen werden konnten. Nach wie vor blieben aber nicht vermögensrechtliche Verwaltungsrechtsstreitigkeiten von einer gerichtlichen Beurteilung ausgeschlossen.

3. Betonung des demokratischen Staatsgedankens in der zweiten Hälfte des 19. Jahrhunderts

287 Die *Demokraten,* die in den Sechzigerjahren des 19. Jahrhunderts erstarkten, legten das Schwergewicht auf die *politische* Kontrolle der Behörden mittels Ausdehnung der Volkswahlen – insbesondere der Volkswahl der kantonalen Regierungen – sowie durch das Referendum und die Initiative. Der Justiz als eher «aristokratischer» Gewalt misstrauten sie. Aus diesem Grund suchten sie mittels Schaffung von Geschworenengerichten eine demokratische Strafrechtspflege herbeizuführen. Den ordentlichen Zivilgerichten entzog man weitgehend die wenigen Rechtsprechungsfunktionen im Bereich des Verwaltungsrechts und übertrug diese auf den vom Volk gewählten Regierungsrat – in der Meinung, die Volkswahl sei eine genügende Garantie für die Gesetzmässigkeit der Verwaltung.

4. Verbesserung des Verwaltungsrechtsschutzes im 20. Jahrhundert

288 Wegen des grossen Gewichts des demokratischen Gedankens gegenüber rechtsstaatlichen Forderungen befand sich die Schweiz zu Beginn des 20. Jahrhunderts verglichen mit Deutschland, Österreich und Frankreich in Bezug auf die Regelung des verwaltungsinternen Verfahrens sowie auf die Institutionalisierung der Verwaltungsgerichtsbarkeit im Rückstand. Diesen konnte sie nur lang-

sam aufholen. Wesentlichen Anteil an der Verbesserung des Verwaltungsrechtsschutzes im Bund und in den Kantonen hatte die Rechtslehre, namentlich durch das Wirken der Professoren Fritz Fleiner und, später, Max Imboden.

II. Entwicklung im Bund seit dem 20. Jahrhundert

Literatur: BIRCHMEIER W[ILHELM], Handbuch des Bundesgesetzes über die Organisation der Bundesrechtspflege vom 16. Dezember 1943, Zürich 1950, S. XV ff.; BRAND ERNST, Eidgenössische Gerichtsbarkeit, III. Teil: Von der Gründung des Bundesstaates bis zur Gegenwart, Bern 1962, S. 299 ff.; DUCOMMUN JEAN-DANIEL, Le cinquantenaire du Tribunal fédéral des assurances, SZS 1967, S. 241 ff.; EIDGENÖSSISCHES VERSICHERUNGSGERICHT (Hrsg.)/RIEDI HUNOLD DOROTHEA, Das Eidgenössische Versicherungsgericht 1917–2006, Luzern 2006; ERRASS CHRISTOPH, Zur Geschichte des Bundesgerichts, in: Niggli/Uebersax/Wiprächtiger, Basler Kommentar BGG, S. 1 ff., Rz. 86 ff.; FAVRE ANNE-CHRISTINE, Cent ans de droit administratif: de la gestion des biens de police à celle des risques environnementaux, ZSR 2011 II, S. 227 ff.; GYGI, Bundesverwaltungsrechtspflege, S. 14 ff.; KAUFMANN OTTO K., Verwaltung und Justiz im hundertjährigen eidgenössischen Bundesstaat, ZBl 1948, S. 433 ff., 465 ff.; KÖLZ ALFRED, Neuere Schweizerische Verfassungsgeschichte. Ihre Grundlinien in Bund und Kantonen seit 1848, Bern 2004, S. 831 ff., 851 ff.; *ders.,* Von der Herkunft des schweizerischen Verwaltungsrechts, in: Festschrift für Dietrich Schindler, Basel 1989, S. 597 ff., und in: ders., 1789 – 1798 – 1848 – 1998. Der Weg der Schweiz zum modernen Bundesstaat, Chur/Zürich 1998, S. 95 ff.; MAESCHI JÜRG, 75 Jahre Eidgenössisches Versichungsgericht, in: Festschrift 75 Jahre Eidgenössisches Versicherungsgericht, Bern 1992, S. 639 ff.; MARTI ARNOLD, Die aktuelle Justizreform – Abschluss einer über hundertjährigen Entwicklung hin zur umfassenden Verwaltungsgerichtsbarkeit in der Schweiz, in: Festgabe zum Schweizerischen Juristentag, Zürich 2006, S. 505 ff.; MÜLLER MARKUS, Verwaltungsrecht. Eigenheit und Herkunft, Bern 2006, S. 75 ff.; PACHE MARC-ETIENNE (Hrsg.), L'organisation judiciaire et les procédures fédérales. Le point sur les révisions récentes, Lausanne 1992; RHINOW/KOLLER/KISS/THURNHERR/BRÜHL-MOSER, Prozessrecht, Rz. 761 ff.; SCHIBLI PETER, Die Möglichkeit der Einführung einer Zulassungsbeschränkung am schweizerischen Bundesgericht nach dem Muster des amerikanischen Certiorari-Verfahrens, Bern 1984; SCHINDLER BENJAMIN, 100 Jahre Verwaltungsrecht in der Schweiz, ZSR 2011 II, S. 331 ff.; *ders.,* in: Auer/Müller/Schindler, VwVG-Kommentar, Einleitung Rz. 1 ff. und S. 21 ff.

289

1. Einführung der Verwaltungsgerichtsbarkeit

Im Jahr 1894 erwähnte der Bundesrat die Möglichkeit, einen besonderen Administrativgerichtshof zu schaffen, sofern die Forderung «namentlich aus juristischen Kreisen» nach einer unparteiischen Beschwerdeinstanz berechtigt sein sollte (BBl 1894 II 798). Der Schweizerische Juristenverein machte 1897 die Frage der Einführung einer eidgenössischen Verwaltungsgerichtsbarkeit an seiner Jahresversammlung, dem Juristentag, zum Beratungsgegenstand (vgl. das Protokoll: ZSR 1897, S. 821 ff.). Das Thema lieferte auch in den folgenden Jahren dauerhaften Diskussionsstoff in Politik und Rechtslehre. Im Auftrag des Justiz- und Polizeidepartements reichte Fritz Fleiner 1906 Vorschläge für eine eidgenössische Verwaltungsgerichtsbarkeit ein, die den Departementen und Abteilungen zur Stellungnahme unterbreitet wurden; 1907 legte er die überar-

290

beitete Fassung vor. Der Bundesrat bejahte in der Folge die Frage, ob zur Einführung der Verwaltungsgerichtsbarkeit die Verfassung revidiert werden müsse; er begründete dies im Wesentlichen mit der Gewaltenteilung, wie sie in der BV 1874 festgelegt sei. Diese lasse eine Kontrolle der Verwaltungsakte des Bundesrats – den Art. 95 BV 1874 als oberste vollziehende und leitende Behörde bezeichnete – und der ihm untergeordneten Verwaltungsorgane durch eine verwaltungsexterne Behörde nicht zu (zum Ganzen: BBl 1911 V 322 ff., 350 f.). In der Abstimmung vom 25.10.1914 wurde schliesslich die *BV 1874* um *Art. 114bis* erweitert, der die *Grundlage für ein eidgenössisches Verwaltungsgericht* enthielt, aber in allen wichtigen Fragen, insbesondere auch mit Bezug auf die Organisation der Verwaltungsgerichtsbarkeit, auf die Gesetzgebung verwies (AS 1914 659).

291   Bei der Ausführung des Verfassungsartikels auf Gesetzesstufe ergaben sich starke Verzögerungen. Erst 1929 trat das *Gesetz vom 11.6.1928 über die eidgenössische Verwaltungs- und Disziplinarrechtspflege (VDG)* in Kraft (AS 1928 779; Botschaft: BBl 1925 II 181 ff.). Im Gegensatz dazu stand die rasche Bildung von Rechtsschutzeinrichtungen im Sozialversicherungsrecht. Das Eidgenössische Versicherungsgericht wurde bereits 1917 eingesetzt.

292   Als Träger der Verwaltungsgerichtsbarkeit bezeichnete man das Bundesgericht. Sein Kompetenzbereich blieb allerdings beschränkt: Das neue Gesetz bestimmte die Zuständigkeit des Bundesgerichts nur nach der Enumerationsmethode und nicht mit einer Generalklausel, was zu einer nur bruchstückhaften und zum Teil zufälligen Unterstellung einzelner Sachbereiche unter dessen Rechtsprechung führte. Nach wie vor lag also das Schwergewicht bei der verwaltungsinternen Verwaltungsrechtspflege. Bei der *Totalrevision des Bundesgesetzes über die Organisation der Bundesrechtspflege (OG) im Jahr 1943* wurde das VDG mit unbedeutenden Änderungen ins OG eingebaut. Das neue OG vom 16.12.1943, in Kraft ab 1.1.1945 (BS 3 531 ff.; Botschaft: BBl 1943 97 ff.) brachte zwar eine erhebliche Verbesserung des Rechtsschutzes durch das Bundesgericht im Bereich des Zivil- und Strafrechts, konnte aber in Bezug auf die Verwaltungsrechtspflege den zunehmenden rechtsstaatlichen Anforderungen nicht genügen.

2. Neuordnung des Verwaltungsverfahrens und der Verwaltungsrechtspflege 1968

293   Nach dem Zweiten Weltkrieg ertönte immer stärker der Ruf nach einer *Neuordnung des Verwaltungsverfahrens* und nach einem *gerichtlichen Rechtsschutz* in verwaltungsrechtlichen Streitigkeiten. Im Sinn der Referate von 1947 und 1950 forderte der Schweizerische Juristentag 1950 in einer Resolution die Erweiterung der Verfassungs- und Verwaltungsgerichtsbarkeit (ZSR 1950, S. 442a ff.). Die Gesetzgebungsarbeiten wurden 1950 aufgenommen und an-

hand von Vorentwürfen Max Imbodens weiterverfolgt. Doch erst die Mirage-Affäre des Jahres 1964 gab den wirksamen Anstoss für den Ausbau der Verwaltungsgerichtsbarkeit und liess die Furcht vor einem Justizstaat zurücktreten. Unter dem Druck des Parlaments legte der Bundesrat 1965 zwei Gesetzesentwürfe vor (vgl. BBl 1965 II 1296 ff., bes. 1300; 1965 II 1357 f.; vgl. auch BBl 1964 II 344 f., 348). Der eine betraf das Verwaltungsverfahrensgesetz (VwVG; BBl 1965 II 1348 ff.). Hier standen die Regelung und die Vereinheitlichung des nichtstreitigen Verwaltungs- und des Verwaltungsbeschwerdeverfahrens im Vordergrund, die damals nur fragmentarisch und in verschiedenen Gesetzen verstreut normiert waren und nun in einem eigenständigen Erlass umfassend geregelt werden sollten. Mit dem anderen Entwurf nahm der Bundesrat die Revision des OG an die Hand (BBl 1965 II 1265 ff.). Dieser Entwurf erweiterte den gerichtlichen Rechtsschutz wesentlich. Die Zuständigkeit des Bundesgerichtes in Verwaltungsrechtsstreitigkeiten bestimmte sich nun nach einer *Generalklausel,* abgeschwächt allerdings durch einen grossen Negativkatalog. Schliesslich wurde das Eidgenössische Versicherungsgericht dem Bundesgericht gleichgestellt, indem es als dessen organisatorisch selbständige Sozialversicherungsabteilung bezeichnet wurde (Art. 122 OG). Die Revision des OG und das neue VwVG wurden am 20.12.1968 von den Räten beschlossen und traten am 1.10.1969 in Kraft (AS 1969 767, 788).

3. Teilrevision der Bundesrechtspflege 1991

Bestrebungen für die Reorganisation der Bundesrechtspflege zielten zunächst auf die *Verbesserung des Rechtsschutzes* ab. Dieses Anliegen wurde aber unter dem Eindruck der zunehmenden Geschäftslast des Bundesgerichts immer mehr durch das Ziel, *das Bundesgericht möglichst zu entlasten,* in den Hintergrund gedrängt. Die entsprechenden Vorarbeiten begannen 1975 mit der Einsetzung einer Studienkommission. Weil die Geschäftslast in der Folge noch mehr anstieg, wurde im Jahr 1978 eine teilweise Änderung des OG vorgezogen (in Kraft ab 1.2.1979; AS 1979 42) und insbesondere eine zweite öffentlich-rechtliche Abteilung geschaffen. Zugleich wurde es nun bei der staatsrechtlichen Beschwerde und der Verwaltungsgerichtsbeschwerde möglich, im summarischen Verfahren offensichtlich unbegründete Begehren abzuweisen oder offensichtlich begründete gutzuheissen (Art. 92 und 109 OG in der Fassung vom 6.10.1978). Trotzdem musste in den folgenden Jahren die Zahl der Ersatzrichter und Urteilsredaktoren laufend erhöht werden (zum Ganzen: BBl 1985 II 748 ff.).

Angesichts der übergrossen Geschäftslast des Bundesgerichts hatte der Bundesrat in seiner Vorlage vom 29.5.1985 (BBl 1985 II 737 ff.) unter anderem ein sogenanntes *Annahmeverfahren* vorgeschlagen, das den Zugang zu allen wesentlichen Bundesrechtsmitteln – auch zur Verwaltungsgerichtsbeschwerde – eingeschränkt hätte. Das Parlament schwächte diesen Vorschlag in der Beratung zwar ab; ein sogenanntes *Vorprüfungsverfahren* für die staatsrechtliche Beschwerde wurde aber beibehalten (BBl 1989 II 872). Dieses bildete schliesslich – neben der Erhöhung der Streitwertgrenzen in der Zivilrechtspflege – auch den Stein des Anstosses, dessentwegen die Vorlage in der Volksabstimmung vom 1.4.1990 abgelehnt wurde (BBl 1990 II 1035; vgl. BBl 1991 II 470 f.).

296 Die übrigen Bestimmungen der abgelehnten Revisionsvorlage zur Entlastung des Bundesgerichts, zur Verbesserung des Rechtsschutzes und zur Anpassung an die EMRK waren im Vorfeld der Abstimmung jedoch unbestritten gewesen, so namentlich die Schaffung weiterer verwaltungsunabhängiger Beschwerdeinstanzen des Bundes sowie eine Verpflichtung der Kantone, für Streitigkeiten aus dem Vollzug von Bundesverwaltungsrecht durchwegs unabhängige Rechtsschutzinstanzen einzurichten. Der neuerliche Entwurf des Bundesrates vom 18.3.1991 (BBl 1991 II 465 ff.) enthielt deshalb zwar kein Vorprüfungsverfahren mehr, lehnte sich im Übrigen aber eng an die verworfene Vorlage an. Diese Revision des OG wurde von der Bundesversammlung am 4.10.1991 beschlossen. Das Referendum wurde diesmal nicht ergriffen, und die Revision trat am 15.2.1992 teilweise und am 1.1.1994 vollständig in Kraft (AS 1992 288, 337; 1993 877).

297 Die Revision von 1991 liess allerdings gerade in der Verwaltungsrechtspflege viele Probleme ungelöst: So erfolgten die Anpassungen an die EMRK nicht vollständig; vielmehr wurde der Ausnahmenkatalog von Art. 99 ff. OG bei der Verwaltungsgerichtsbeschwerde beibehalten, obwohl er zu einem teilweise konventionswidrigen Rechtsmittelsystem führte. Weiter war die Abgrenzung zwischen der Verwaltungsgerichtsbeschwerde und der staatsrechtlichen Beschwerde sehr komplex; auch wurde weder die Anfechtung von Realakten ermöglicht noch die Vertretung öffentlicher Interessen auf dem Beschwerdeweg erleichtert.

4. Justizreform 2000 und Totalrevision der Bundesrechtspflege 2005

298 *Literatur:* AUER CHRISTOPH, Das Konzept der Rechtspflegereform, in: Tschannen, Bundesrechtspflege, S. 1 ff.; BIAGGINI, BV-Kommentar, Vorbemerkungen zu Art. 188–191c N. 12 f.; KARLEN, Bundesgerichtsgesetz, S. 1 ff.; KIENER REGINA/KUHN MATHIAS, Das neue Bundesgerichtsgesetz – eine (vorläufige) Würdigung, ZBl 2006, S. 141 ff.; KOLLER HEINRICH, in: Niggli/Uebersax/Wiprächtiger, Basler Kommentar BGG, Art. 1 N. 1 ff.; *ders.,* Grundzüge der neuen Bundesrechtspflege und des vereinheitlichten Prozessrechts, ZBl 2006, S. 57 ff., auch in: Ehrenzeller/Schweizer, Bundesrechtspflege, S. 9 ff.; MADER LUZIUS, La réforme de la justice fédérale: genèse et grands principes, in: Bellanger/Tanquerel, recours, S. 9 ff.; NAY GIUSEP, Das Bundesgerichtsgesetz im Kontext der Justizreform, in: Human Rights, Democracy and the Rule of Law. Liber amicorum Luzius Wildhaber, Zürich/St. Gallen 2007, S. 1469 ff.; SCHWEIZER RAINER J., in: Ehrenzeller/Mastronardi/Schweizer/Vallender, St. Galler Kommentar BV, Vorbemerkungen zur Justizverfassung, S. 2752 ff.; ZIEGLER PHILIPP, Von der Rechtsmittelvielfalt zur Einheitsbeschwerde, Basel 2003.

Die Teilrevision von 1991 war bereits im Bewusstsein vorgenommen worden, 299
dass die strukturellen Probleme der Bundesrechtspflege nur durch eine umfassende Justizreform behoben werden könnten; die entsprechenden Arbeiten wurden 1993 mit der Einsetzung einer Expertenkommission aufgenommen (BBl 2001 4218). Die Justizreform wurde auf *Verfassungsebene* im Rahmen der *Totalrevision der Bundesverfassung* als separate Vorlage weiterverfolgt und schliesslich in der Abstimmung vom 12.3.2000 von Volk und Ständen gutgeheissen (BBl 2000 2990). Ziele der Vorlage waren einerseits die *Sicherstellung des Rechtsschutzes* in einem möglichst einfachen Rechtsmittelsystem, andererseits die *Entlastung des Bundesgerichts* durch strukturelle Massnahmen, damit dieses seine besonderen Aufgaben als oberstes Gericht optimal erfüllen könne (BBl 1997 I 36, 494). Zum Erreichen dieser Ziele wurden namentlich folgende Neuerungen vorgesehen:
- der grundrechtliche Anspruch auf gerichtliche Beurteilung bei Rechtsstreitigkeiten (Rechtsweggarantie, Art. 29a BV);
- die Erweiterung des gerichtlichen Rechtsschutzes gegen Verletzungen der politischen Rechte auf Bundesebene (Art. 189 Abs. 1 lit. f BV);
- eine Regelung des Zugangs zum Bundesgericht, die diesen grundsätzlich gewährleistet, jedoch dem Gesetzgeber die Einführung von Streitwertgrenzen und den Ausschluss des Zugangs für bestimmte Sachgebiete gestattet (Art. 191 BV);
- die Verpflichtung zur Einführung eidgenössischer richterlicher Vorinstanzen des Bundesgerichts für Strafsachen (sofern das Gesetz diese der Gerichtsbarkeit des Bundes zuweist) und für öffentlich-rechtliche Angelegenheiten (sofern dafür die Bundesverwaltung zuständig ist)
- sowie die Kompetenz des Gesetzgebers zur Schaffung weiterer richterlicher Behörden des Bundes (Art. 191a BV);
- die Verpflichtung der Kantone, richterliche Behörden für die Beurteilung von Zivil- und Strafsachen sowie von öffentlich-rechtlichen Angelegenheiten vorzusehen (Art. 191b BV).

Als weitere wichtige Neuerung wurde die Verfassungsgrundlage für die Vereinheitlichung des Zivil- und des Strafprozessrechts geschaffen (Art. 122 f. BV). 300
Die Verfassungsgerichtsbarkeit in Form der konkreten Normenkontrolle für Bundesgesetze, die der Bundesrat hatte einführen wollen, war dagegen in der Bundesversammlung gescheitert. Ebenso wenig hatte sich der Vorschlag des Bundesrats, den Gesetzgeber zur Einführung eines Vorprüfungs- oder Annahmeverfahrens für das Bundesgericht zu ermächtigen, im Parlament durchsetzen können (zum Ganzen: BBl 2001 4220 ff.). Ziff. III Abs. 2 des Bundesbeschlusses vom 8.10.1999 über die Reform der Justiz (AS 2002 3148) ermächtigte – abweichend von Art. 195 BV – die Bundesversammlung, das Inkrafttreten zu bestimmen; diese setzte die Justizreform, koordiniert mit der Ausführungsgesetzge-

bung, gestaffelt in Kraft (vgl. Biaggini, BV-Kommentar, Vorbem. Art. 188–191c N. 12, Art. 195 N. 4; BBl 2001 4222 f.).

301   Die *Totalrevision der Bundesrechtspflege* auf *Gesetzesebene,* mit der die Justizreform umgesetzt wurde, umfasste drei neue Gesetze, BGG, VGG und SGG (wobei Letzteres mit Wirkung ab 1.1.2011 vom StBOG abgelöst wurde), und die Änderung zahlreicher weiterer Erlasse. Sie wurde am 17.6.2005 von der Bundesversammlung beschlossen; das Referendum wurde nicht ergriffen. Das BGG regelt Organisation und Verfahren des *Bundesgerichts* und löste damit das OG ab. Was die *Organisation* betrifft, wurde namentlich das Eidgenössische Versicherungsgericht mit dem Bundesgericht vereinigt. Was das *Verfahrensrecht* anbelangt, wurde ein neues Rechtsmittelsystem geschaffen: Die verschiedenen Rechtsmittel vor Bundesgericht wurden weitgehend vereinheitlicht, indem für die drei Rechtsgebiete des Zivilrechts, des Strafrechts und des öffentlichen Rechts je eine Unterart einer sogenannten Einheitsbeschwerde geschaffen wurde, für die teilweise gemeinsame Bestimmungen gelten. Erst im Lauf des Gesetzgebungsverfahrens wurde schliesslich eine subsidiäre Verfassungsbeschwerde in das Rechtsmittelsystem aufgenommen, um den Zugang an das Bundesgericht bei Verletzungen verfassungsmässiger Rechte durch die Kantone zu gewährleisten. Dies ist gerade im Bereich des öffentlichen Rechts wichtig, da die Zuständigkeit des Bundesgerichts in öffentlich-rechtlichen Angelegenheiten durch einen recht ausgedehnten Negativkatalog eingeschränkt ist. Aufgrund der Zugangs- und Kognitionsbeschränkungen im Verfahren vor dem Bundesgericht obliegt die Verwirklichung der Rechtsweggarantie grundsätzlich dessen Vorinstanzen (vgl. im Einzelnen hinten, Rz. 1384, 1749).

302   Im Bund wurde die *Organisation der Verwaltungsrechtspflege* gänzlich neu geordnet. Fast alle der zahlreichen Rekurskommissionen, die Beschwerdedienste der Departemente und teilweise auch die Schiedskommissionen wurden im neuen *Bundesverwaltungsgericht* zusammengefasst. Das Bundesverwaltungsgericht ist nun im Regelfall die erste Rechtsmittelinstanz, wenn Verfügungen der Bundesverwaltung angefochten werden; gegebenenfalls kann sein Entscheid an das Bundesgericht weitergezogen werden. Die verwaltungsinterne Verwaltungsrechtspflege ist grundsätzlich nur noch subsidiär zur Beschwerde an das Bundesverwaltungsgericht vorgesehen; die Möglichkeit zur Beschwerde an den Bundesrat wurde sehr stark eingeschränkt (vgl. Art. 31 ff. VGG und Art. 47 sowie Art. 72 ff. VwVG; vgl. hinten, Rz. 842 ff., 1267 ff.).

303   Die Rechtsweggarantie in Verbindung mit der Ausgestaltung des Verfahrens vor dem Bundesgericht bedingte zusätzliche *Eingriffe in die kantonale Organisations- und Verfahrensautonomie.* Die zulässigen Ausnahmen vom gerichtlichen Rechtsschutz auf kantonaler Ebene werden im BGG abschliessend umschrieben; verzichtbar ist ein Rechtsmittel an ein kantonales Gericht nur gegenüber Entscheiden «mit vorwiegend politischem Charakter» sowie bei der abstrakten Normenkontrolle. Ist auf kantonaler Ebene gerichtlicher Rechtsschutz zu gewähren, so muss ein «oberes» kantonales Gericht als unmittelbare

Vorinstanz des Bundesgerichts eingesetzt werden, unter Vorbehalt abweichender Bestimmungen der Bundesgesetzgebung. Zur Sicherung der Einheit des Verfahrens stellt das BGG namentlich Minimalanforderungen an die Legitimation und an die Beschwerdegründe vor den kantonalen Vorinstanzen auf; in diesem Bereich schliesst es auch Lücken, die unter dem früheren Recht in Bezug auf die Beteiligung von Bundesbehörden im kantonalen Verfahren noch bestanden hatten. All diese Anforderungen an den kantonalen Rechtsweg gelten auch in jenen Fällen, in denen nicht die Beschwerde in öffentlich-rechtlichen Angelegenheiten, sondern nur die subsidiäre Verfassungsbeschwerde zur Verfügung steht (vgl. Art. 86 ff., 111 ff. und 117 BGG sowie hinten, Rz. 1384 ff., 1771 f.). Das BGG gewährte den Kantonen eine zweijährige Übergangsfrist, um die notwendigen Ausführungsbestimmungen über die Zuständigkeit, die Organisation und das Verfahren der Vorinstanzen sowie zur Gewährleistung der Rechtsweggarantie in öffentlich-rechtlichen Angelegenheiten zu erlassen (Art. 130 Abs. 3 BGG). Das BGG trat – ebenso wie das VGG – am 1.1.2007 in Kraft; die Übergangsfrist endete somit am 31.12.2008 (AS 2006 1205, 1243).

III. Entwicklung in den Kantonen

Literatur: BUSER GUSTAV, Zur Geschichte und Reform der aarg. Verwaltungsrechtspflege, ZSR 1943, S. 241 ff., auch in: Festschrift gewidmet dem Aargauischen Obergericht, Aarau 1969, S. 1 ff.; CAVELTI URS PETER/VÖGELI THOMAS, Verwaltungsgerichtsbarkeit im Kanton St. Gallen – dargestellt an den Verfahren vor dem Verwaltungsgericht, 2. A., St. Gallen 2003, S. 3 ff.; GADOLA ATTILIO R., Das verwaltungsinterne Beschwerdeverfahren. Eine Darstellung unter Berücksichtigung der Verhältnisse im Kanton Obwalden, Zürich 1991, S. 19 ff.; HANGARTNER YVO, Die Neuordnung der Verwaltungsrechtspflege im Kanton St. Gallen, ZBl 1965, S. 441 ff.; HERZOG RUTH/FELLER RETO (Hrsg.), Bernische *Verwaltungsgerichtsbarkeit* in Geschichte und Gegenwart, Bern 2010; KISS-PETER CHRISTINA, Justizverfassung des Kantons Basel-Landschaft, Basel 1993, S. 24 ff.; KÖLZ ALFRED/BOSSHART JÜRG/RÖHL MARTIN, Kommentar zum Verwaltungsrechtspflegegesetz des Kantons Zürich (VRG), 2. A., Zürich 1999, Einleitung; KRADOLFER MATTHIAS, Justitias «Emancipation» – Zur Unabhängigkeit der Justiz in der schweizerischen Eidgenossenschaft 1798–1848. Unter besonderer Berücksichtigung der Justizgeschichte des Kantons St. Gallen, Zürich/St. Gallen 2011; KUONI ANDREAS, 20 Jahre Verwaltungsgericht Graubünden 1969–1988, ZGRG 1989, S. 20 ff.; MARTI ARNOLD, Die Verwaltungsgerichtsbarkeit im Kanton Schaffhausen (insbesondere die allgemeine Verwaltungsgerichtsbeschwerde), Zürich 1986, S. 1 ff.; MERKLI THOMAS/AESCHLIMANN ARTHUR/HERZOG RUTH, Kommentar zum Gesetz vom 23. Mai 1989 über die Verwaltungsrechtspflege des Kantons Bern, Bern 1997, S. 1 ff.; MULLER PIERRE, L'*évolution* de la juridiction administrative en Valais, in: Mélanges offerts à la Société suisse des Juristes, Genf 1976, S. 205 ff.; WEISS MARCO, Verfahren der Verwaltungsrechtspflege im Kanton Zug, Zürich 1983, S. 23 ff.; vgl. auch: Allgemeine Literatur, Ziff. 4 (Verwaltungsverfahren und Verwaltungsrechtspflege der Kantone).

1. Erste Impulse

Im 19. Jahrhundert stand man in der Schweiz dem gerichtlichen Verwaltungsrechtsschutz mehrheitlich ablehnend gegenüber. Ein praktisch wenig bedeutsamer erster Ansatz zur Verwaltungsgerichtsbarkeit findet sich im Kanton *Wallis,* der 1877 ein unabhängiges Gericht für Verwaltungsstreitigkeiten mit allerdings sehr schmalem Zuständigkeitsbereich schuf. 1976 wurde es aufgehoben, und die Verwaltungsgerichtsbarkeit wurde dem Kantonsgericht übertragen (Muller, évolution, S. 209 ff.). Den eigentlichen Beginn der Verwaltungsgerichtsbarkeit markiert eher deren Einführung im Kanton *Basel-Stadt* durch das Gesetz vom 9.3.1905 über die Verwaltungsrechtspflege. (Das Gesetz wurde durch das heute noch geltende, ursprünglich gleichnamige Gesetz vom 14.6.1928 über die Verfassungs- und Verwaltungsrechtspflege [SG 270.100] ersetzt.) Der nächste Kanton, welcher der Forderung nach einem Ausbau des Rechtsschutzes der Bürger gegenüber der Verwaltung nachkam, war *Bern.* Nachdem in Art. 40 der neuen Kantonsverfassung vom 4.6.1893 die entsprechende Grundlage geschaffen worden war, wurde die Verwaltungsgerichtsbarkeit mit dem Gesetz vom 31.10.1909 betreffend die Verwaltungsrechtspflege eingeführt (eingehend zur Vorgeschichte: Sibylle Hofer, Der lange Weg zum bernischen Verwaltungsgericht, in: Herzog/Feller, Verwaltungsgerichtsbarkeit, S. 1 ff.).

2. Entwicklung im Kanton Zürich

306 Schon zur Zeit der Regeneration entstanden das Gesetz vom 23.6.1831 über die Streitigkeiten im Verwaltungsfache, das die verwaltungsinterne Rechtspflege sowie einen Teil der zivilgerichtlichen Verwaltungsrechtspflege normierte, sowie das Gesetz über die Konflikte vom gleichen Tag, das den Entscheid in Kompetenzstreitigkeiten regelte. Das erstere Gesetz wurde mit dem Inkrafttreten des VRG ZH vom 24.5.1959, das Gesetz über die Konflikte erst mit dessen Teilrevision vom 8.6.1997 vollständig aufgehoben.

307 Zur Zeit der demokratischen Bewegung ab den 1860er-Jahren war das Bedürfnis nach verwaltungsexterner, justizmässiger Kontrolle der Verwaltung gering. Obwohl die verstärkte Mitwirkungsmöglichkeit des Volkes bei der Gesetzgebung und insbesondere bei der Wahl von Behörden und Beamten zu genügen schien, verstummte der Ruf nach einem Ausbau der Verwaltungskontrolle nicht. 1902 erfolgte dann im Kantonsrat der erste Vorstoss. Nach verschiedenen weiteren parlamentarischen Anregungen erteilte die Justizdirektion Fritz Fleiner den Auftrag, einen Gesetzesentwurf auszuarbeiten. Es verstrich eine lange Zeit, bis dieser Entwurf – vom Kantonsrat abgeschwächt – im Jahre 1933 dem Volk vorgelegt wurde. Der Regierungsrat äusserte allerdings die Befürchtung, die Verwaltungsgerichtsbarkeit werde die Regierungstätigkeit hemmen. Bei der Abstimmung überwogen knapp die Nein-Stimmen. Im Übrigen waren mittlerweile erste Spezialverwaltungsgerichte geschaffen worden: 1916 das kantonale Versicherungsgericht gemäss den Vorgaben des Bundesrechts und 1917 die Oberrekurskommission in Steuersachen (zum Ganzen: Kölz/Bosshart/Röhl, Kommentar VRG, Einleitung N. 7 ff.).

Der Kantonsrat nahm erst 1944 einen zweiten Anlauf. Aufgrund von zwei im Rat eingereichten Motionen arbeitete Max Imboden einen weiteren Entwurf aus. Auch dieser blieb geraume Zeit liegen. Nach weiteren parlamentarischen Vorstössen wurde dann auf der Grundlage der Arbeiten Imbodens das noch heute geltende *Verwaltungsrechtspflegegesetz* geschaffen. Das Volk nahm es am *24.5.1959* an. Es wurde verschiedentlich punktuell geändert: So wurden zum Beispiel 1977 die §§ 87–94 über die Ombudsperson eingefügt (vollständig in Kraft seit 1.9.1978). Am *8.6.1997* nahm das Volk eine weitergehende *Teilrevision* an (in Kraft seit 1.1.1998). Deren Ziel war einerseits die Anpassung des VRG ZH an Art. 6 Ziff. 1 EMRK und an das Bundesrecht, andererseits die Schaffung einfacher, rascher und transparenter Verfahren. Wesentliche Änderungen waren die Erweiterung der Zuständigkeit des Verwaltungsgerichts, die seither auf einer Generalklausel mit Ausnahmekatalog beruht (§§ 41 ff. VRG ZH), die entsprechende Straffung des verwaltungsinternen Instanzenzugs und die Erweiterung der Rekurs- und Beschwerdelegitimation, die der Regelung von VwVG und OG angepasst wurde (§ 21 VRG ZH; zum Ganzen: Kölz/Bosshart/Röhl, Kommentar VRG, Einleitung N. 14 ff.).

308

Die Totalrevision der Bundesrechtspflege einerseits und die neue Kantonsverfassung vom 27.2.2005 andererseits erforderten eine erneute, weitreichende Reform des kantonalen Verwaltungsverfahrens- und -prozessrechts. Die Vorlage, die eine *Teilrevision des VRG ZH* und die Änderung zahlreicher weiterer Gesetze umfasste, wurde am 22.3.2010 vom Kantonsrat beschlossen und trat weitestgehend am 1.7.2010 in Kraft, womit die Frist von Art. 130 Abs. 3 BGG nicht eingehalten werden konnte. Die Reform umfasste die notwendige Anpassung an das höherrangige Recht, namentlich mit der Ausweitung der Zuständigkeit des Verwaltungsgerichts im Beschwerdeverfahren. Gemäss der Vorgabe von Art. 79 Abs. 2 KV ZH wurde zudem ein Verfahren der abstrakten Normenkontrolle von Verordnungsrecht eingeführt (§ 19 Abs. 1 lit. d und § 41 Abs. 1 VRG ZH). Über die Anpassung an das höherrangige Recht hinaus wurden die Bestimmungen gerade der Spezialgesetzgebung über das Verwaltungsverfahren und den Verwaltungsprozess in weiten Teilen aktualisiert und vereinheitlicht sowie die Zuständigkeiten der unteren Rechtsmittelinstanzen bereinigt. Nach wie vor gilt aber im Kanton Zürich der Grundsatz des zweistufigen Rechtswegs, wobei die zweite Instanz in der Regel das Verwaltungsgericht ist. Auch blieb der Charakter des VRG als eines bewusst lückenhaften Gesetzes erhalten, was sich besonders bei der Regelung des nichtstreitigen Verwaltungsverfahrens zeigt.

309

3. Entwicklung in den anderen Kantonen

Im Jahr 1959, in dem das Zürcher Volk dem VRG zustimmte, wurde auch im Kanton Basel-Landschaft die Einführung der Verwaltungsgerichtsbarkeit be-

310

schlossen. 1961 folgte Solothurn. Dessen ursprüngliche Regelung wurde bereits nach wenigen Jahren durch das neue Verwaltungsrechtspflegegesetz vom 15.11.1970 (BGS 124.11) ersetzt; mit dem Delegationsgesetz vom 5.4.1981 (BGS 122.131) wurde in Solothurn eine weitere Verbesserung des Rechtsschutzes des Bürgers und eine Vereinfachung des Instanzenzuges vorgenommen, indem der Regierungsrat als Rechtspflegeinstanz weitgehend ausgeschaltet und der direkte Zugang zum Verwaltungsgericht ermöglicht wurde.

311   Neue Wege schlug der Kanton *St. Gallen* mit seinem Gesetz über die Verwaltungsrechtspflege vom 16.5.1965 (sGS 951.1) ein, das seither mehrfach teilrevidiert wurde. Es sieht zum Teil eine *zweistufige justizmässige Überprüfung* von Verwaltungsverfügungen vor. In erster Stufe entscheiden in St. Gallen teilweise unabhängige Gerichte, nämlich das Versicherungsgericht und die Verwaltungsrekurskommission, mit der Befugnis, auch das Ermessen zu überprüfen. In bestimmten Sachgebieten – Schätzungen, Landwirtschaft und Jagd, Kindes- und Erwachsenenschutz – wirken in der Verwaltungsrekurskommission Fachrichterinnen und -richter mit (vgl. die Verordnung vom 2.12.2010 über die Organisation der Verwaltungsrekurskommission [sGS 941.113]). In zweiter Stufe kann dann grundsätzlich das Verwaltungsgericht angerufen werden, dessen Kognition auf die Rechtskontrolle beschränkt ist. Das vorbildliche St. Galler System des zweistufigen Rechtsschutzes ermöglicht somit einen qualifizierten Rechtsschutz durch zwei unabhängige Instanzen. Es war bzw. ist allerdings an das BGG anzupassen: Dass Verwaltungsrekurskommission und Versicherungsgericht teilweise kantonal letztinstanzlich entscheiden, ist nicht vereinbar mit Art. 86 Abs. 2 (i.V.m. Art. 114) BGG, wonach als Vorinstanz des Bundesgerichts ein oberes kantonales Gericht tätig sein muss (vgl. z.B. BGer, Urteil 2C_360/2009 vom 23.6.2009).

312   1966 schuf der Kanton Tessin ein Verwaltungsgericht mit allerdings sehr beschränkten Kompetenzen. Als Kontrast ist der Kanton Graubünden zu erwähnen, der im Verwaltungsgerichtsgesetz vom 9.4.1967 (in Kraft ab 1.1.1969) dem Verwaltungsgericht einen beachtlichen Kompetenzbereich zuwies.

313   Im Jahre 1968 führten gleich zwei Kantone – Nidwalden und Aargau – die justizmässige Verwaltungskontrolle ein. Es folgten 1970 Genf und 1971 Schaffhausen, das als erster Kanton wagte, die Zuständigkeit des Verwaltungsgerichts (Obergericht) umfassend in einer Generalklausel ohne eine einzige Ausnahme festzulegen. Luzern folgte mit einer sehr klaren und eingehenden Normierung in zwei Gesetzen vom 3.7.1972, dem Gesetz über die Organisation des Verwaltungsgerichts (SRL Nr. 41, aufgehoben auf den 1.6.2013) und dem Gesetz über die Verwaltungsrechtspflege (SRL Nr. 40). Schliesslich haben auch die übrigen Kantone die Verwaltungsgerichtsbarkeit eingeführt: Obwalden 1973, Schwyz 1974, Zug 1976, Jura 1978, Neuenburg 1979, Thurgau 1981, Glarus 1986, Freiburg und Waadt 1990, Uri 1992, Appenzell Ausserrhoden 1993 und Appenzell Innerrhoden 1996. (Die Jahreszahlen bezeichnen jeweils die Schaffung der

Rechtsgrundlagen, nicht deren Inkrafttreten.) Die gesetzlichen Regelungen in den Kantonen unterlagen verschiedentlich Teil- oder auch Totalrevisionen.

Mit der Totalrevision der Bundesrechtspflege vom 17.6.2005 sahen sich die Kantone zu einer Revision ihres Verwaltungsorganisations- und -prozessrechts veranlasst. Weitere Änderungen in jüngerer Zeit erfolgten etwa aufgrund der Vereinheitlichung des Zivil- und des Strafprozessrechts sowie in manchen Kantonen zur Umsetzung einer neuen Kantonsverfassung. Zum Teil wurden die Anpassungen an die Totalrevision der Bundesrechtspflege mit diesen Revisionen oder mit weiteren Reformen verknüpft. In inhaltlicher Hinsicht sind *folgende Entwicklungen* zu vermerken: Wesentlich ist die Verstärkung des gerichtlichen Rechtsschutzes, der nun mit der Umsetzung der Rechtsweggarantie und der Vorgaben des Bundesrechts in das kantonale Recht grundsätzlich als vollständig betrachtet werden kann. Bei der Anpassung des kantonalen Rechts an die Justizreform des Bundes und die Totalrevision der Bundesrechtspflege ging es oft noch darum, die Zuständigkeit des kantonalen Verwaltungsgerichts auf den neu vom Bundesrecht geforderten Umfang auszuweiten und die verbleibenden Ausnahmen gemäss den Vorgaben des Bundesrechts neu zu definieren. Weiter war etwa der Rechtsschutz gegen Realakte innerhalb des vom Bundesrecht gewährten Spielraums zu regeln. Zudem ist eine Tendenz zur Verrechtlichung besonders auch des nichtstreitigen Verwaltungsverfahrens festzustellen, das im Kanton Waadt erst mit Wirkung ab 1.1.2009 gesetzlich geregelt wurde (vgl. Benoît Bovay, La loi vaudoise du 28 octobre 2008 sur la procédure administrative, RDAF 2009 I, S. 161 ff., 167 f.). Umgekehrt erfolgten in verschiedenen Kantonen Reformen der Verwaltungsrechtspflege zur Steigerung der Effizienz und Effektivität: Mit dem Ausbau der Verwaltungsgerichtsbarkeit korreliert oft eine Tendenz zum Abbau der verwaltungsinternen Verwaltungsrechtspflege (vgl. dazu vorne, Rz. 19). Weitere Massnahmen zur Verfahrensbeschleunigung und Effizienzsteigerung sind etwa die Verkleinerung der Spruchkörper an den Gerichten und die Ausdehnung der einzelrichterlichen Kompetenzen.

IV. Vereinheitlichung des Verwaltungsprozessrechts?

KISS CHRISTINA/KOLLER HEINRICH, in: Ehrenzeller/Mastronardi/Schweizer/Vallender, St. Galler Kommentar BV, Art. 191b Rz. 17 ff.; MARTI ARNOLD, Die *Vereinheitlichung* des Zivil- und Strafprozessrechts, die Revision des Vormundschaftsrechts und das öffentliche Recht, ZBl 2007, S. 237 ff.; SCHWEIZER RAINER J., Auf dem Weg zu einem schweizerischen Verwaltungsverfahrens- und Verwaltungsprozessrecht, ZBl 1990, S. 193 ff.; SUHR RETO, Möglichkeiten und Grenzen der Kodifizierung des allgemeinen Teils des schweizerischen Verwaltungsrechts, Basel 1975.

Das Völker- und das Bundesrecht haben eine beträchtliche Vereinheitlichung des kantonalen Verwaltungsverfahrens- und Verwaltungsprozessrechts zur Folge; zu nennen sind namentlich die Verfahrensgarantien des Völkerrechts und der Bundesverfassung, sodann die Vorschriften des Bundesgesetzgebers zur Durchsetzung der Verfahrenseinheit und des Verbots der Vereitelung von Bundesrecht sowie bestimmter Verfahrensgarantien in einzelnen Rechtsgebieten, weiter die von der Bundesgerichtspraxis entwickelten allgemeinen Rechtsgrundsätze und Koordinationsgrundsätze – die teils gesetzlich normiert wurden – und schliesslich autonome Übernahmen von Normen und Regelungen des Bundesrechts bei der Rechtsetzung und Rechtsanwendung auf kantonaler Ebene (vgl. eingehend vorne, Rz. 59 ff.).

317 In einzelnen Rechtsgebieten sorgt die Bundesgesetzgebung für ein harmonisiertes Verfahrens- und Prozessrecht; dies gilt für das Sozialversicherungsrecht (Art. 27 ff. ATSG) oder das Recht der direkten Steuern (Art. 39 ff. StHG). Relevante Bemühungen zu einer landesweiten, allgemeinen Vereinheitlichung des Verwaltungsverfahrens- und -prozessrechts sind jedoch bisher kaum auszumachen – während Zivil- und Strafprozess aufgrund der entsprechenden Bundeskompetenz, die mit der Justizreform vom 12.3.2000 geschaffen wurde (Art. 122 sowie Art. 123 Abs. 1 und 2 BV), mit Wirkung ab 1.1.2011 vereinheitlicht wurden. Der massgebliche Unterschied liegt darin, dass der kantonalen Zuständigkeit in Verwaltungsverfahren und Verwaltungsprozess immer noch beträchtliche kantonale Kompetenzen im materiellen Verwaltungsrecht entsprechen (Marti, Vereinheitlichung, S. 274 f. m.H.).

318 Die Vereinheitlichung des Verwaltungsverfahrens- und -prozessrechts würde die Schaffung einer Kompetenznorm in der BV voraussetzen. Dafür spräche die Unübersichtlichkeit des Verfahrens- und Prozessrechts, das einerseits von Kanton zu Kanton verschieden normiert ist und andererseits in der Substanz zu einem grossen Teil auf Regelungen und Grundsätzen des Bundesrechts und des internationalen Rechts beruht oder von diesen durchdrungen oder geprägt ist. Angesichts des beschränkten kantonalen Regelungsspielraums erscheint auch der Aufwand für allenfalls notwendige Anpassungen an das höherrangige Recht in jeweils allen 26 Kantonen als beträchtlich. Umgekehrt sollte die Umsetzung der Justizreform des Bundes und der Totalrevision der Bundesrechtspflege auf absehbare Zeit zu einer genügenden Harmonisierung auf kantonaler Ebene geführt haben. Gegen eine Vereinheitlichung sprechen zudem die erwähnten materiellen Kompetenzen der Kantone im Bereich des Verwaltungsrechts.

319 Die Gerichts- oder gar die Verwaltungsorganisation wäre von einer allfälligen Vereinheitlichung des Verfahrens- und Prozessrechts grundsätzlich nicht betroffen (in Analogie zu den Bundeskompetenzen im Zivil- und Strafprozessrecht; vgl. Art. 122 Abs. 2 und Art. 123 Abs. 2 BV). In diesem Zusammenhang kann aber Art. 191b Abs. 2 BV erwähnt werden, laut dem die Kantone gemeinsame richterliche Behörden einsetzen können. Es handelt sich um eine unechte und nicht abschliessende Ermächtigung. Vorteile gemeinsamer Justizbehörden wären namentlich die Entlastung der Kantone und eine Verbesserung des Rechtsschutzes, der gerade in kleineren Kantonen bei bedeutenderen Streitig-

keiten durch eine gewisse Enge der Verhältnisse, die beschränkten personellen Kapazitäten der Gerichte und die mangelnde Routine beeinträchtigt werden kann (vgl. auch Kiss/Koller, St. Galler Kommentar BV, Art. 191b Rz. 21). Weil gemeinsame Gerichtsbehörden aber ein gemeinsames Prozessrecht voraussetzen dürften, ist eher nicht anzunehmen, dass die in Art. 191b Abs. 2 BV erwähnte Kompetenz im Bereich des öffentlichen Rechts bedeutendere praktische Wirkung entfalten wird (Kiss/Koller, St. Galler Kommentar BV, Art. 191b Rz. 23; vgl. auch Biaggini, BV-Kommentar, Art. 191b N. 3). Es finden sich allerdings interkantonale Verträge gemäss Art. 48 BV, welche die Einrichtung interkantonaler Rekurs- und Schiedskommissionen vorsehen.

2. Teil

Nichtstreitiges Verwaltungsverfahren im Bund

3. Kapitel: Grundlagen und Abgrenzung

I. Gegenstand

Literatur: ABEGG ANDREAS, Die Evolution des Verwaltungsvertrags zwischen Staatsverwaltung und 320
Privaten, Bern 2010; BANGERT JAN, in: Maurer-Lambrou Urs/Vogt Nedim Peter (Hrsg.), Basler
Kommentar Datenschutzgesetz, 2. A., Basel 2006 (zitiert: Basler Kommentar DSG), Art. 25; BEUSCH
MICHAEL/MOSER ANDRÉ/KNEUBÜHLER LORENZ, Ausgewählte prozessrechtliche Fragen im Verfahren vor dem Bundesverwaltungsgericht, ZBl 2008, S. 1 ff., 4 ff.; BEYELER MARTIN, Öffentliche Beschaffung, Vergaberecht und Schadenersatz, Zürich 2004; BIAGGINI GIOVANNI, Theorie und Praxis
des Verwaltungsrechts im Bundesstaat, Basel/Frankfurt a. M. 1996, S. 281 ff.; BICKEL JÜRG/OESCHGER MAGNUS/STÖCKLI ANDREAS, Die verfahrensfreie Verfügung. Ein Beitrag zu einem übersehenen
Konzept des VwVG, ZBl 2009, S. 593 ff.; FLÜCKIGER ALEXANDRE, L'extension du contrôle juridictionnel des activités de l'administration, Bern 1998; GADOLA ATTILIO R., Das verwaltungsinterne
Beschwerdeverfahren. Eine Darstellung unter Berücksichtigung der Verhältnisse im Kanton Obwalden, Zürich 1991, S. 280 ff.; GALLI PETER/MOSER ANDRÉ/LANG ELISABETH/CLERC EVELYNE, Praxis des öffentlichen Beschaffungsrechts, 1. Band, Landesrecht, 2. A., Zürich 2007, S. 221 ff.; GAUCH
PETER, Zuschlag und Verfügung, in: Festgabe Thomas Fleiner, Freiburg i. Ue. 2002, S. 595 ff.; GENNER SUSANNE, Zur *Abgrenzung* von Rechtsakt und Realakt im öffentlichen Recht, AJP 2011,
S. 1153 ff.; GIACOMINI SERGIO, Verwaltungsrechtlicher Vertrag und Verfügung im Subventionsverhältnis «Staat–Privater», Freiburg i. Ue. 1992; GUENG URS, Zur Tragweite des Feststellungsanspruches gemäss Art. 25 VwG, SJZ 1971, S. 369 ff.; GYGI, Bundesverwaltungsrechtspflege, S. 126 ff., 144;
HÄFELIN/MÜLLER/UHLMANN, Verwaltungsrecht, Rz. 727 ff., 854 ff.; HAFNER FELIX, Verfügung als
Risiko. Unschärfen des Verfügungsbegriffs als Rechtsschutzrisiko, in: Festgabe zum Schweizerischen Juristentag 2004, Basel 2004, S. 257 ff.; HALTNER ROLF HEINRICH, Begriff und Arten der
Verfügung im Verwaltungsverfahrensrecht des Bundes (Artikel 5 VwVG), Zürich 1979; HÄNER
ISABELLE, in: Waldmann/Weissenberger, Praxiskommentar VwVG, Art. 25–25a; *dies.,* Der verwaltungsrechtliche Vertrag als effizienteres Instrument für den Umweltschutzvollzug?, URP 2001,
S. 591 ff.; HÄNER ISABELLE/WALDMANN BERNHARD (Hrsg.), Der verwaltungsrechtliche *Vertrag* in
der Praxis, Zürich 2007; HÖSLI PETER, Möglichkeiten und Grenzen der Verfahrensbeschleunigung
durch informell-kooperatives Verwaltungshandeln, Zürich 2002; IMBODEN/RHINOW/KRÄHENMANN,
Verwaltungsrechtsprechung, Nrn. 35 f.; KIENER/RÜTSCHE/KUHN, Verfahrensrecht, N. 331 ff.; KLEY
ANDREAS, Die Feststellungsverfügung – eine ganz gewöhnliche Verfügung?, in: Festschrift für Yvo
Hangartner, St. Gallen/Lachen 1998, S. 230 ff.; MACCIACCHINI SANDRO, Kann ein *Verband* im Interesse seiner Mitglieder den Erlass einer Feststellungsverfügung verlangen? BGE 124 II 193, recht
1998, S. 218 ff.; MÄCHLER AUGUST, *Vertrag* und Verwaltungsrechtspflege, Zürich 2005; MAEGLI ROLF,
Gesetzmässigkeit im kooperativen Verwaltungshandeln, URP 1990, S. 265 ff.; MARTI URSULA/
MÜLLER MARKUS, Rechtsschutz gegen Realakte verbessert, plädoyer 2007, Heft 3, S. 34 ff.; MOOR/
POLTIER, Droit administratif, Vol. II, S. 173 ff.; MÜLLER MARKUS, Rechtsschutz gegen *Verwaltungsrealakte,* in: Tschannen, Bundesrechtspflege, S. 313 ff.; *ders.,* in: Auer/Müller/Schindler, VwVG-Kommentar, Art. 5; MÜLLER-GRAF THOMAS, Entrechtlichung durch Informalisierung? Ein Beitrag zur
Handlungsformen- und zur Rechtsverhältnislehre im Verwaltungsrecht, Bern 2001; MÜLLER THOMAS P., Verwaltungsverträge im Spannungsfeld von Recht, Politik und Wirtschaft, Basel/Frankfurt
a. M. 1997; NGUYEN MINH SON, Le contrat de collaboration en droit administratif, Bern 1998;
NÜSSLE TAMARA, Demokratie in der Nutzungsplanung und Grenzen für informale Absprachen, Zürich u.a. 2005, S. 166 ff.; NÜTZI PATRICK, Rechtsfragen verhaltenslenkender staatlicher Information,
Bern 1995, S. 68 ff., 117 ff.; OESCHGER MAGNUS/BICKEL JÜRG, Vom materiellen zum formellen Verfügungsbegriff? Kritische Anmerkungen zu BGE 134 V 145, Jusletter, 30.3.2009; PAPPA CHRISTOPH/
JAGGI DANIEL, Rechtsschutz Dritter beim Abschluss von verwaltungsrechtlichen Verträgen, AJP

2012, S. 800 ff.; PFENNINGER HANSPETER, Rechtliche Aspekte des informellen Verwaltungshandelns, Freiburg i. Ue. 1996; RHINOW RENÉ A., Verfügung, Verwaltungsvertrag und privatrechtlicher Vertrag, in: Festgabe zum Schweizerischen Juristentag 1985, Basel/Frankfurt a. M. 1985, S. 295 ff.; RHINOW/KOLLER/KISS/THURNHERR/BRÜHL-MOSER, Prozessrecht, Rz. 1054 ff., 1279 ff.; RICHLI PAUL, Zum verfahrens- und prozessrechtlichen Regelungsdefizit beim verfügungsfreien Staatshandeln, AJP 1992, S. 196 ff.; *ders.*, Zu den Gründen, Möglichkeiten und Grenzen für Verhandlungselemente im öffentlichen Recht, ZBl 1991, S. 381 ff.; RICHLI PAUL/BUNDI LIVIO, in: Wiederkehr/Richli, Praxis, Rz. 2812 ff., 2940 ff.; RIVA ENRICO, Neue bundesrechtliche Regelung des Rechtsschutzes gegen *Realakte*. Überlegungen zu Art. 25a VwVG, SJZ 2007, S. 337 ff.; RÜTSCHE BERNHARD, Was sind öffentliche Rechte und Pflichten? Überlegungen zum Rechtscharakter der Verfügung, in: Festschrift für Tobias Jaag, Zürich 2012, S. 69 ff.; SALADIN, Verwaltungsverfahrensrecht, S. 25 ff., 57 ff., 96 ff.; SCHINDLER BENJAMIN, Rechtsschutz im Polizeirecht: Eine Standortbestimmung, Sicherheit & Recht 2012, S. 215 ff.; SCHWEIZER RAINER J., Die schweizerischen Gerichte und das europäische Recht, ZSR 1993 II, S. 577 ff., 686 f.; TRÜEB HANS RUDOLF, Rechtsschutz gegen Luftverunreinigung und Lärm, Zürich 1990, S. 213 ff.; TSCHANNEN PIERRE, Amtliche Warnungen und Empfehlungen, ZSR 1999 II, S. 353 ff.; TSCHANNEN/ZIMMERLI/MÜLLER, Verwaltungsrecht, §§ 28, 34 und 38; TSCHOPP-CHRISTEN MARIANNE, *Rechtsschutz* gegenüber Realakten des Bundes (Artikel 25a VwVG), Zürich 2009; UHLMANN FELIX, in: Waldmann/Weissenberger, Praxiskommentar VwVG, Art. 5; WEBER BERNHARD, Rechtsweggarantie und Totalrevision der Bundesrechtspflege: Gedanken und ungeklärte Fragen aus der Sicht der kantonalen Verwaltungsgerichtsbarkeit, ZBJV 1998, S. 177 ff., 182 ff.; WEBER-DÜRLER BEATRICE, Der Grundrechtseingriff, VVDStRL 1998, S. 57 ff.; *dies.*, in: Auer/Müller/Schindler, VwVG-Kommentar, Art. 25–25a; WIEDERKEHR RENÉ, in: Wiederkehr/Richli, Praxis, Rz. 2142 ff.; ZUFFEREY JEAN-BAPTISTE, Die verwaltungsrechtliche Verfügung – Ein Alibi, das allen dient, RVJ 2005, S. 339 ff.

1. Regelung der Handlungsformen

321 In einem weiteren Sinn bezieht sich das nichtstreitige Verwaltungsverfahren auf alle *Handlungsformen,* in welchen die Verwaltungsbehörden die erstinstanzliche Tätigkeit abwickeln. Neben die «typische» Form des Verwaltungshandelns, den Erlass einer Verfügung, treten Pläne, Allgemeinverfügungen, Verträge, Zusicherungen, Mitteilungen, informelles Handeln, Dienstanweisungen, Verwarnungen, amtliche Berichte und anderes mehr.

322 Die Regelung des nichtstreitigen Verwaltungsverfahrens im *VwVG* ist jedoch weit enger gefasst und umfasst nur den Erlass von Verfügungen. Allerdings sind in *Spezialbestimmungen* weitere Handlungsformen festgelegt. So enthalten zum Beispiel Art. 16 Abs. 2 und Art. 19 f. SuG Bestimmungen über die verwaltungsrechtlichen Verträge betreffend Finanzhilfen und Abgeltungen, und Art. 49 lit. b und c EntG enthält eine Regelung über den verwaltungsrechtlichen Vertrag betreffend die Enteignung und deren Folgen. Gemäss dem Raumplanungsgesetz regeln die Kantone das Verfahren zum Erlass der Richt- und Nutzungspläne (Art. 10 und 25 RPG). Zu erwähnen ist sodann Art. 25 DSG, wonach über das Bearbeiten von Personendaten eine Verfügung verlangt werden kann.

323 Die *Formalisierung des Verwaltungshandelns* ist verschieden stark ausgebildet. Während das VwVG die Formen und den Verfahrensablauf, der zum Erlass

der Verfügung führt, eingehend regelt, stellen gewisse Spezialnormen weniger strenge Anforderungen. Dies ist insbesondere der Fall, wenn die Verwaltungsakte in grosser Zahl ergehen, so bei Verfügungen über Leistungen des Sozialversicherungsrechts. Gemäss Art. 51 Abs. 1 ATSG können Leistungen, Forderungen und Anordnungen, die nicht erheblich sind oder mit denen die betroffene Person einverstanden ist, in einem formlosen Verfahren behandelt werden. Auch die sogenannten *Realakte* sind an sich nicht formalisiert. Ihr Zweck ist primär eine Tathandlung, wie etwa das Bauen, die Krankenpflege, die Kehrichtabfuhr und die Information. Seit 1.1.2007 kann indes zu Realakten unter bestimmten Voraussetzungen eine Verfügung verlangt werden, falls ein schutzwürdiges Interesse besteht (Art. 25a VwVG; vgl. Rz. 361 ff.). Ohne verfahrensrechtliche Formen vollzieht sich das sogenannte *informelle Verwaltungshandeln*. Es geht dabei um formlose Beziehungen zwischen Verwaltungsbehörden und Privaten, wie beispielsweise wechselseitige Kontaktaufnahme, Absprachen und Vorabklärungen. Im Vorfeld einer Verfügung gehört informelles Handeln häufig zum Alltag der Verwaltungsbehörden. Teilweise wird es auch in der neueren Gesetzgebung beachtet. So regelt etwa Art. 33b VwVG die gütliche Einigung und Mediation, und Art. 41a USG gibt eine Zusammenarbeit der Behörden mit den Organisationen der Wirtschaft vor, wobei namentlich vor Erlass von Ausführungsbestimmungen freiwillige Massnahmen der Wirtschaft geprüft werden. Ansonsten birgt das informelle Verwaltungshandeln die Gefahr in sich, dass vom Gesetz unzulässigerweise abgewichen wird oder in den Verfahrensordnungen verankerte Rechte Dritter verletzt werden. Aus diesem Grund verlangen verschiedene Bestimmungen, dass das Ergebnis von Verhandlungen in die Verfügung aufgenommen werden muss und der Vertrag als Antrag an die Behörde zu verstehen ist (vgl. etwa Art. 33b Abs. 4 VwVG; Art. 12d Abs. 1 NHG; Art. 55c Abs. 1 USG). Auch die Vorabklärungen gemäss Art. 26 KG, die der förmlichen Untersuchung vorangehen, werden als informelles Verfahren verstanden (vgl. BGE 130 II 521).

Des Weitern kann der Eidgenössische Datenschutz- und Öffentlichkeitsbeauftragte nach Abklärungen unverbindliche *Empfehlungen* an das verantwortliche Bundesorgan abgeben, das Bearbeiten von Daten zu ändern oder zu unterlassen (Art. 27 Abs. 4 DSG). Erst wenn die Empfehlung nicht befolgt oder abgelehnt wird, kann er die Angelegenheit dem zuständigen Departement zum Entscheid vorlegen. Der Entscheid wird den betroffenen Personen der Bundesorgane in Form einer Verfügung mitgeteilt (Art. 27 Abs. 5 DSG), gegen die auch der Beauftragte Beschwerde führen kann (Art. 27 Abs. 6 DSG). Die Verfügung des Departements ist insofern speziell, als die Adressaten und Adressatinnen Personen in der Verwaltung im eigenen Zuständigkeitsbereich sind.

2. Die Verfügung

A. Begriff

325 Die Verfügung kann man definieren als eine autoritative, einseitige, individuell-konkrete Anordnung der Behörde, die in Anwendung von Verwaltungsrecht ergangen, auf Rechtswirkungen ausgerichtet sowie verbindlich und erzwingbar ist (BGer, Urteil 2C_786/2010 vom 19.1.2011, E. 2.1; BGE 135 II 38 E. 4.3). Diese Umschreibung entspricht sinngemäss der Legaldefinition von Art. 5 Abs. 1 VwVG. Die Verfügung enthält somit die Begründung, Änderung oder Aufhebung von Rechten oder Pflichten; die Feststellung des Bestehens, Nichtbestehens oder Umfangs von Rechten oder Pflichten; die Abweisung von Begehren auf Begründung, Änderung, Aufhebung oder Feststellung von Rechten oder Pflichten oder das Nichteintreten auf solche (vgl. auch BGE 135 II 38 E. 4.3).

326 Die *materiellrechtliche* Funktion der Verfügung besteht in der verbindlichen Regelung eines Rechtsverhältnisses. Die Verfügung soll zum einen dem Recht zur Wirksamkeit verhelfen, indem sie die übergeordneten Rechtsnormen konkretisiert, zum andern soll sie der Klarheit und der Rechtssicherheit dienen. Die Verbindlichkeit und die daraus folgende Vollstreckbarkeit der Verfügung erfordern den Rechtsschutz ihr gegenüber. Umgekehrt wird der Rechtsschutz nach geltendem Verfahrensrecht grundsätzlich erst durch die Verfügung ermöglicht, da diese als Prozessvoraussetzung und damit als Ausgangspunkt der Verwaltungsrechtspflege ausgestaltet wurde. Darin liegen die grosse *verfahrensrechtliche* Bedeutung der Verfügung und ihre Stellung als Scharnier zwischen materiellem Verwaltungsrecht und Verwaltungsprozessrecht begründet.

B. Problematik

327 Der Gesetzgeber hat das erstinstanzliche Verfahren der Vorbereitung und des Erlasses einer Verfügung wegen des Rechtsschutzbedürfnisses der Einzelnen durchnormiert. Zudem öffnet die Verfügung als Beschwerdeobjekt den Zugang zum streitigen Verwaltungsverfahren und zur Verwaltungsgerichtsbarkeit. Wenn ein Verwaltungsrechtsverhältnis verbindlich festgelegt werden soll, ist deshalb in Verfügungsform zu handeln, es sei denn, die gesetzliche Grundlage sehe eine andere Handlungsform vor, etwa den verwaltungsrechtlichen Vertrag, oder lasse zumindest Raum dazu, vorausgesetzt, die vertragliche Handlungsform ist besser geeignet als die Verfügung (BGE 136 II 415 E. 2.6.1; 136 I 142 E. 4.1; Häfelin/Müller/Uhlmann, Verwaltungsrecht, Rz. 1071). Doch lässt das Gesetz den Verwaltungsbehörden zur Durchsetzung der öffentlichen Interessen oft keine Wahl zwischen verschiedenen Handlungsformen, sodass die Behörden verpflichtet sind, die Form der Verfügung zu wählen. Soll ein Rechtsverhältnis verbindlich festgelegt werden, besteht grundsätzlich auch ein Rechtsanspruch auf Erlass einer Verfügung (dazu Rz. 338 ff., 359 f.).

Wie angeführt, gibt es jedoch zahlreiche Verwaltungshandlungen, die nicht zu einer Verfügung führen. Auch hat die genaue gesetzliche Umschreibung der Verfügung zur Folge, dass die Verwaltungshandlungen dieser manchmal nicht genau entsprechen. 328

Die grundsätzliche Beschränkung des Rechtsschutzes auf Akte, die als Verfügung gelten, hält vor Art. 6 Ziff. 1 EMRK stand. Die Garantien des Art. 6 beziehen sich zudem grundsätzlich allein auf gerichtliche Verfahren (vgl. Rz. 75 ff.). 329

Hingegen vermittelt Art. 13 EMRK jeder Person, deren in der EMRK anerkannte Rechte oder Freiheiten verletzt worden sind, das Recht, bei einer innerstaatlichen Instanz eine wirksame Beschwerde zu erheben. Bei der genannten Instanz muss es sich nicht zwingend um ein Gericht handeln; eine hinreichend unabhängige Verwaltungsbehörde kann genügen (BGE 128 I 167 E. 4.5). Die Verletzung kann prinzipiell auch in Verwaltungshandlungen gründen, die keine Verfügung nach sich ziehen. Das Bundesgericht hat verschiedene Beschwerdewege aufgezeigt (BGE 128 I 167 E. 4.5). Die korrekte Wahl des Beschwerdewegs dürfte einer rechtsuchenden Person im konkreten Fall indes sehr schwer fallen. 330

Am 1.1.2007 trat die Rechtsweggarantie in Kraft (Art. 29a BV). Im Gegensatz zur Rechtsweggarantie gemäss Art. 6 EMRK gilt Art. 29a BV für sämtliche Rechtsgebiete. Aus dem Begriff der «Rechtsstreitigkeit» ergibt sich, dass auch Realakte unter Art. 29a BV fallen, soweit sie eine individuelle Rechtsposition berühren (vorne, Rz. 181 ff.). 331

Ebenfalls am 1.1.2007 trat Art. 25a VwVG zur Verfügung über Realakte in Kraft (vgl. Rz. 361 ff.). Aufgrund der Rechtsweggarantie gemäss Art. 29a BV sind die Kantone zudem gehalten, ihre Verwaltungsverfahrensgesetze entsprechend zu ergänzen. Zum Teil haben die Kantone die Lösung des Bundes übernommen und können die Betroffenen eine Verfügung über den Realakt verlangen (so § 10c VRG ZH) oder aber die Kantone sehen eine direkte Anfechtbarkeit der Realakte vor (so Art. 28 Abs. 4 und Art. 49 Abs. 3 VRG GR; dazu BGer, Urteile 2C_166/2009 vom 30.11.2009, E. 1.2.2, und 2C_330/2007 vom 27.7.2007, E. 1.3), was indessen zu erheblichen Rechtsunsicherheiten führt. Allerdings hält das Bundesgericht fest, dass die jeweiligen Rechte und Pflichten, welche Gegenstand von Rechtsstreitigkeiten im Sinne von Art. 29a BV sein können, nicht aus der Rechtsweggarantie selber fliessen, sondern als Rechtsfolgen für die Betroffenen aus der Normierung von Tatbeständen durch die gesamte Rechtsordnung, namentlich durch das Verfassungs-, Gesetzes- und Verordnungsrecht gelten. Es muss somit der Sache nach um rechtlich geregelte Rechte und Pflichten der rechtsuchenden Person gehen (BGE 136 I 323 E. 4.3; vgl. dazu vorne, Rz. 181). 332

In manchen Spezialgesetzen, die schon vor dem 1.1.2007 erlassen worden sind, werden bestimmte Akte, deren Zuordnung zweifelhaft ist, ausdrücklich als Verfügung bezeichnet, um ihre Anfechtung zu ermöglichen. Zum Beispiel folgt aus Art. 25 Abs. 4 DSG, dass über datenschutzrechtliche Begehren nach 333

Abs. 1–3 derselben Bestimmung in Verfügungsform zu entscheiden ist (Bangert, Basler Kommentar DSG, Art. 25 N. 15). Im Übrigen lehnt sich Art. 25a VwVG konzeptuell eng an Art. 25 DSG an (AB 2003 S 872). Weiter werden im BöB verschiedene Akte des Submissionsverfahrens ausdrücklich als anfechtbare Verfügungen bezeichnet (Art. 29 lit. a–e BöB). Ebenso legt Art. 9 Abs. 1 BGBM fest, dass «Beschränkungen des freien Zugangs zum Markt» in die Form einer Verfügung zu kleiden sind (zu BöB und BGBM vgl. Rz. 1920 ff.). Auch kann auf Art. 19 Abs. 3 SuG verwiesen werden, wonach ein Antrag der Behörde zum Vertragsschluss von dieser den beschwerdeberechtigten Dritten angezeigt wird, welche alsdann innert 30 Tagen eine anfechtbare Verfügung verlangen können. Ferner verlangt Art. 16 Abs. 5 SuG, dass die Ablehnung von Gesuchen um Finanzhilfen und Abgeltungen in der Form der Verfügung zu ergehen hat.

334 Vereinzelt sehen Spezialgesetze aber auch Beschwerden vor, die sich gegen andere Anfechtungsobjekte als gegen Verfügungen richten. Beispiele sind etwa: Art. 94 Abs. 1 RTVG (Beschwerde gegen eine Sendung oder gegen die Verweigerung des Zugangs zu einem Programm); Art. 36 Abs. 1 MG (Dienstbeschwerde der Armeeangehörigen, die der Überzeugung sind, ihnen sei «Unrecht getan» worden).

335 Die Praxis – auch die bundesgerichtliche – behilft sich teils mit einer ausdehnenden Auslegung des Verfügungsbegriffs, um dem Rechtsschutzinteresse Rechnung zu tragen (vgl. BGE 133 II 450 E. 2.1 zum Antrag eines Betroffenen auf Streichung aus der Verordnung des Bundesrates vom 2. Oktober 2000 über Massnahmen gegenüber Personen und Organisationen mit Verbindungen zu Usama bin Laden, der Gruppierung «Al-Qaïda» oder den Taliban [SR 946.203]; illustrativ auch BGE 109 Ib 253 E. 1b zur Umbenennung einer Poststelle). Das Bundesgericht erweiterte früher allmählich seine Praxis der Subsumtion von Teilen der Nutzungspläne unter den bundesrechtlichen Verfügungsbegriff, was für den Rechtsweg entscheidend war (Verwaltungsgerichtsbeschwerde statt staatsrechtliche Beschwerde; vgl. etwa BGE 132 II 209 E. 2.2.2). Mit der Totalrevision der Bundesrechtspflege entfiel diese Problematik der Rechtsweggabelung. Wird allein infolge des intensiven Rechtsschutzbedürfnisses eine Verfügung angenommen, liegt jedoch eine Fiktion der Verfügung vor (Gygi, Bundesverwaltungsrechtspflege, S. 130).

336 Manche Stimmen in der Lehre konstatieren und kritisieren die starre Fixierung des Verwaltungsverfahrens- und Verwaltungsprozessrechts auf die Verfügung als Voraussetzung des Rechtsschutzes und der Verfahrensrechte. Abhilfe könnte entweder die Ausweitung des Verfügungsbegriffs bringen oder die Ausweitung des Katalogs möglicher Anfechtungsobjekte über die Verfügung hinaus (vgl. M. Müller, Verwaltungsrealakte, S. 364 ff. m.w.H.). Ein anderer Vorschlag geht dahin, vom Anfechtungsobjekt abzusehen. Mangels Anfechtungsobjekt müsste dann jedoch das in der Schweiz – im Gegensatz zu Deutschland – wenig verankerte Klageverfahren (Leistungs-, Gestaltungs- und Feststellungsklage) zum Zuge kommen. Die nötige Begrenzung des Rechtsschutzes müsste alsdann

mittels einer strengen Regelung der Beschwerdelegitimation vorgenommen werden. Mit dem Erlass von Art. 25a VwVG wurden nun aber – nicht zuletzt mit Blick auf die bundesgerichtliche Rechtsprechung zu Art. 13 EMRK – Realakte von Gesetzes wegen insoweit rechtsschutzfähig, als über diese eine Verfügung verlangt werden kann (Art. 25a Abs. 2 VwVG). Somit kann auch gegen primär verfügungsfreies Verwaltungshandeln (indirekt) Rechtsschutz erlangt werden, was die beklagte Fixierung auf die Verfügung zumindest ein wenig aufweicht.

Trotz allem bildet die Verfügung nach wie vor die zentrale Grundform des Verwaltungshandelns. Somit ist im Folgenden (vgl. Rz. 387 ff.) auf jenes nichtstreitige Verfahren einzugehen, das im VwVG positivrechtlich festgelegt wurde und diese «typische» Form der Verwaltungstätigkeit, die Vorbereitung und den Erlass einer Verfügung, zum Gegenstand hat.

C. Feststellungsverfügung

Private können von der Verwaltungsbehörde eine verbindliche Feststellungsverfügung über Bestand, Nichtbestand oder Umfang von Rechten und Pflichten verlangen, wenn sie ein schutzwürdiges Interesse an einer Feststellung nachzuweisen vermögen (Art. 25 VwVG, vgl. auch Art. 5 Abs. 1 lit. b VwVG). Feststellungsverfügungen können aber auch von Amtes wegen ergehen. Manche Spezialerlasse sehen zudem ausdrücklich bestimmte Fälle vor, in denen Feststellungsbegehren gestellt werden können (vgl. etwa Art. 49 Abs. 2 ATSG, Art. 84 BGBB, Art. 10 WaG, Art. 44 Abs. 3 EntG, Art. 82 Abs. 1 lit. f MWSTG; Vorbescheid im Baurecht, vgl. BGE 135 II 30).

Das Instrument der Feststellungsverfügung bezweckt, den Betroffenen eine die Behörde verpflichtende Auskunft über ihre Rechtslage zu erteilen. Die Feststellungsverfügung unterscheidet sich von einfachen behördlichen Auskünften und Stellungnahmen dadurch, dass sie eine förmliche Verfügung darstellt, die auf dem Rechtsmittelweg angefochten werden kann (BGE 129 III 503 E. 3.5). Allgemein gelten die folgenden Grundsätze:

Der Begriff des *schutzwürdigen Interesses* ist nach dem Grundsatz der Prozesseinheit im gleichen Sinn auszulegen wie bei der Bestimmung der Beschwerdelegitimation nach Art. 48 Abs. 1 lit. c VwVG und Art. 89 Abs. 1 lit. c BGG (BVGE 2010/61 E. 4.5; 2010/12 E. 2.3). Die zum Begriff des schutzwürdigen Interesses gemäss Art. 25 Abs. 2 VwVG ergangene Rechtsprechung ist auch für die Auslegung des in Art. 49 Abs. 2 ATSG verwendeten Begriffs des «schützenswerten Interesses» massgebend (BGE 132 V 257 E. 1; 130 V 388 E. 2.4). Ein schutzwürdiges Interesse liegt dann vor, wenn die gesuchstellende Person ohne die verbindliche und sofortige Feststellung des Bestandes, Nichtbestandes oder Umfangs öffentlich-rechtlicher Rechte und Pflichten Gefahr liefe, dass sie oder die Behörde ihr nachteilige Massnahmen treffen oder ihr günstige unterlassen würde (BVGE 2007/47 E. 3.2.1; BGer, Urteile 1C_6/2007 vom 22.8.2007, E. 3.3, und 1C_78/2012 vom 10.10.2012, E. 2.2; BGE 108 Ib 540 E. 3). Das Bundesgericht lässt in Präzisierung seiner früheren Rechtsprechung richtigerweise nicht nur ein rechtliches, sondern auch ein bloss *tatsächliches* Interesse genügen (BGE 132 V 166 E. 7; 128 V 41 E. 3a; 125 V 21 E. 1b). Das Interesse muss sodann grundsätzlich *aktuell* sein (BGE 132 V 166 E. 7; 128 V 41 E. 3a); manchmal fordert die Rechtsprechung, dass es zusätzlich noch *besonders* und *unmittelbar* sein muss (BGer, Urteile 2A.258/2000 vom 27.10.2000, E. 2a, und H 30/00 vom 22.8.2000, E. 2; BGE 120 Ib 351 E. 3b). In gewissen Ausnahmefällen wird das Bedürfnis nach Feststellungen zur Rechtslage auch geschützt, wenn eine betroffene Person gegen einen beanstandeten Verwaltungsakt *trotz Dahinfallens des aktuellen Interesses* Beschwerde führt (BGer, 2A.258/2000 vom 27.10.2000, E. 2b; vgl. RK EVD, Entscheid vom 9.11.1995, in: VPB 1996, Nr. 56 E. 3.3 in Anlehnung an die Praxis des Bundesgerichts zur Beschwerdelegitimation). Weiter hat das Interesse *konkret* und *individuell* zu sein (BGer, Urteil 9C_707/2009 vom 18.12.2009, E. 2.1.2; BGE 131 II 13 E. 2.2; 130 V 388 E. 2.5): Die festzustellende Rechtsfrage darf nicht abstrakter, rein theoretischer Natur sein, sondern muss einen Zusammenhang mit zu beurteilenden tatsächlichen Gegebenheiten aufweisen (BGE 137 II 199 E. 6.5; 126 II 300 E. 2c; 122 II 97 E. 3). Da das Bundesverfahrensrecht vom Institut der abstrakten Normenkontrolle absieht, kann die Feststellungsverfügung auch nicht dazu benutzt werden, Normen abstrakt, also unabhängig von einer konkreten Anwendung, zu prüfen (BGer, Urteile 2A.111/1999 vom 6.7.2001, E. 3a und 4, sowie 1P.560/1999 vom 14.2.2000, E. 2c; BGE 108 Ib 540 E. 3). Hingegen kann die Prüfung der Feststellungsverfügung namentlich im gerichtlichen Anfechtungsverfahren zur vorfrageweisen (akzessorischen) Normenkontrolle führen.

341 Das schutzwürdige Interesse muss gemäss Art. 29 Abs. 2 VwVG *nachgewiesen* werden. Im Geltungsbereich des ATSG genügt es hingegen, das schützenswerte Interesse *glaubhaft* zu machen (Art. 49 Abs. 2 ATSG; BGE 132 V 257 E. 1; anders noch BGE 121 V 311 E. 4a), was einer geringeren Wahrscheinlichkeit entspricht.

342 Ein ausreichendes Interesse wurde etwa bejaht für die Feststellung der Zuständigkeit des Kantons und der allseitigen Verbindlichkeit einer Bestätigung des Regierungsrates für die Bewilligung des Betriebs von 200 Geldspielautomaten, weil gleichzeitig das Bundesamt für Polizeiwesen drohte, für den Fall einer Weiterführung des Betriebs von 72 der 200 Automaten ein Strafverfahren einzuleiten (BGer, Urteil 1A.209/1999 vom 3.3.2000, E. 1).

343 Fraglich ist, wann Drittbetroffene befugt sein sollen, Feststellungsverfügungen anzubegehren. Folgt man den Legitimationsvoraussetzungen, dürfen Dritte nicht davon ausgeschlossen werden, eine Feststellungsverfügung zu verlangen. Die Frage stellte sich dem Bundesgericht, als eine Versicherungsgesellschaft von der Eidgenössischen Steuerverwaltung eine Auskunft in der Form einer Feststellungsverfügung verlangte, und zwar über die Steuerfolgen von zwei Produkten im Bereich der freien Selbstvorsorge, die sie lancieren wollte. Es ging dabei um die Steuerfolgen, welche die zukünftig zu versichernden Personen, somit die

Vertragspartner der Versicherungsgesellschaft, zu tragen gehabt hätten (BGE 121 II 473). Das Bundesgericht liess die Frage in diesem Fall offen, weil die Eidgenössische Steuerverwaltung zum Erlass der gewünschten Feststellungsverfügung gar nicht zuständig war. Es hielt jedoch Art. 25 VwVG bei der direkten Bundessteuer für nicht anwendbar und das Feststellungsinteresse der Versicherungsgesellschaft für «sehr zweifelhaft» (BGE 121 II 473 E. 2d). In einem weiteren Entscheid bejahte es allerdings die Legitimation einer Versicherungsgesellschaft, welche von der Eidgenössischen Steuerverwaltung eine Feststellungsverfügung darüber verlangte, ob ihre Police als Einrichtung der gebundenen Vorsorge (Säule 3a) anerkannt werde (BGE 124 II 383). Dieser Entscheid hat aber eher singulären Charakter. Wie das Bundesgericht später festhielt, betraf er den Bereich der gebundenen Vorsorge, für welche die Bestimmungen zur beruflichen Vorsorge ein Anerkennungsverfahren ausdrücklich vorsehen (Art. 1 Abs. 4 BVV 3). Im Übrigen habe das Bundesgericht befunden, dass die Konsultation über die Steuerfolgen bloss geplanter Geschäfte nicht Aufgabe des Justizverfahrens sei. Darauf würde jedoch eine vorgängige konsultative Beanspruchung der Steuerjustiz hinauslaufen (BGE 126 II 514 E. 3d im Anschluss an BGE 124 II 383 E. 3g). Das schutzwürdige Interesse für eine Feststellungsverfügung zur direkten Bundessteuer wird nur *mit grösster Zurückhaltung* angenommen.

Im Gegensatz zur direkten Bundessteuer ist bei der Mehrwertsteuer, bei der Verrechnungssteuer und bei der Stempelsteuer der Erlass von Feststellungsverfügungen gesetzlich vorgesehen (Art. 82 Abs. 1 lit. f MWSTG; Art. 41 lit. b VStG; Art. 38 lit. b StG). Ein schutzwürdiges Interesse wird auch in diesen Fällen vorausgesetzt, selbst wenn es in den Gesetzen nicht ausdrücklich genannt wird (BVGE 2010/12 E. 4.3.1 und BGE 98 Ib 457 E. 6b zur Verrechnungssteuer). 344

Zwar sind auch Feststellungsverfügungen über Rechte und Pflichten zugelassen, die auf einem erst in der Zukunft zu verwirklichenden Sachverhalt beruhen; hiervon ausgenommen sind aber Gesuche, aufgrund deren sich die verfügenden Behörden und die Rechtsmittelinstanzen – unter Umständen wiederholt – zu verschiedenen theoretischen Varianten der Gestaltung künftiger Verhältnisse äussern müssten. Das Feststellungsinteresse ist in diesem Fall nur schutzwürdig, wenn es der Verwaltungsökonomie vorgeht (BGE 135 II 60 E. 3.3.3; vgl. aber zur Interessenabwägung im Rahmen der Legitimation sogleich, Rz. 347 ff.). 345

Ob ein Verband zur Wahrung der Interessen seiner Mitglieder ein Feststellungsinteresse nach Art. 25 Abs. 2 VwVG haben kann, hat das Bundesgericht offengelassen, weil es einer Spezialvorschrift des Mehrwertsteuerrechts den Vorrang zusprach (BGE 124 II 193 E. 3b). Die Eidgenössische Steuerrekurskommission hatte als Vorinstanz die Legitimation des Verbandes namentlich unter dem Aspekt der Prozessökonomie noch befürwortet (Entscheidzitat bei Macciacchini, Verband, S. 222). 346

123

347 Namentlich in sozialversicherungsrechtlichen Entscheiden findet sich zuweilen die Formulierung, dem schutzwürdigen Interesse an einer Feststellungsverfügung dürften keine überwiegenden privaten oder öffentlichen Interessen gegenüberstehen (BGer, Urteile 9C_858/2010 vom 17.5.2011, E. 2.1, 9C_327/2009 vom 29.6.2009, E. 1.3.1, und U 40/07 vom 5.10.2007, E. 3.1; vgl. auch BGE 126 II 514 E. 3d sowie BGE 135 II 60 E. 3.3.3, soeben Rz. 345 ff.). Eine solche zusätzliche Voraussetzung ist angesichts der zahlreichen Anforderungen an das Vorliegen eines schutzwürdigen Interesses unnötig; auf sie sollte verzichtet werden.

348 Soll eine Feststellungsverfügung von Amtes wegen ergehen, so ist dafür ein spezifisches, dem schutzwürdigen Interesse einer gesuchstellenden Person *analoges öffentliches Feststellungsinteresse* notwendig (BGE 137 II 199 E. 6.5.1). BGE 130 V 388 E. 2.4 postuliert fälschlicherweise ein schützenswertes Interesse auch bei Feststellungverfügungen von Amtes wegen (vgl. aber Art. 49 Abs. 2 ATSG und Art. 25 Abs. 2 VwVG, welche sich nur auf Feststellungsverfügungen auf Begehren hin beziehen). Feststellungverfügungen von Amtes wegen haben meistens zum Zweck, eine Grundsatzfrage zu klären (Weber-Dürler, VwVG-Kommentar, Art. 25 Rz. 7; illustrativ BGE 114 Ib 44 E. 3 zur Feststellung der grundsätzlichen Ersatzpflicht eines Betriebes bei einer Gewässerverschmutzung).

349 Eine besondere Art der Feststellungsverfügung von Amtes wegen enthält sodann Art. 32 FINMAG. Danach kann die FINMA eine Feststellungsverfügung erlassen, wenn der oder die Beaufsichtigte die Pflichten schwer verletzt hat, aber keine Massnahmen zur Wiederherstellung des ordnungsgemässen Zustandes mehr angeordnet werden müssen. Diese Feststellungsverfügung «wird gestützt auf das öffentliche Interesse der Aufsichtsbehörde an einer lückenlosen Einhaltung der aufsichtsrechtlichen Bestimmungen durch die Beaufsichtigten erlassen und hat damit Sanktionscharakter» (BBl 2006 2881). Damit stellt sich die Frage, ob die Feststellungsverfügung als strafrechtliche Anklage im Sinne von Art. 6 EMRK gilt. Zumindest handelt es sich um eine zivilrechtliche Streitigkeit im Sinne von Art. 6 Ziff. 1 EMRK. Das Bundesverwaltungsgericht kann den Erlass der Feststellungsverfügung im Einklang mit Art. 6 Ziff. 1 EMRK auf ihre Rechtmässigkeit hin überprüfen und hat die Frage, ob es sich um eine Sanktion mit pönalem Charakter handelt, offengelassen (BVGer, Urteil B-1215/2009 vom 9.11.2010, E. 4.3.1).

350 Wenn eine kantonale Behörde die Grösse von landwirtschaftlichen Nutzungsflächen zu bestimmen hat, diese aber von der Grösse eines Waldes abhängt, so ist die Behörde verpflichtet, von Amtes wegen ein Waldfeststellungsverfahren einzuleiten, ohne dass der Grundeigentümer ein Gesuch zu stellen hat (BGE 137 II 182 E. 3.7.3.1 f.). Diesfalls sind die Verfahren nach Art. 10 WaG und Art. 84 BGBB zu koordinieren. Feststellungsverfügungen sollen es im Ergebnis den Betroffenen erlauben, richtig zu disponieren und unliebsame Überraschungen auszuschliessen (BGE 137 II 182 E. 3.7.4.1 f.).

Die Feststellungsverfügung ist gemäss Praxis *subsidiärer Natur,* sofern das 351
schutzwürdige Interesse ebenso gut mit einer Leistungs- oder Gestaltungsverfügung gewahrt werden kann (BGE 137 II 199 E. 6.5; 132 V 166 E. 7) und der gesuchstellenden Person daraus nicht unzumutbare Nachteile entstehen (BGer, Urteile 9C_152/2007 vom 19.10.2007, E. 3.2, und 1C_6/2007 vom 22.8.2007, E. 3.3). Das Gebot der Subsidiarität gilt auch, wenn eine Behörde im Rahmen von Vollzugsaufgaben von sich aus eine Verfügung erlässt (BVGer, Urteil A-7169/2008 vom 19.2.2010, E. 2.7). Da sich ein Leistungsbegehren grundsätzlich nur auf einen abgeschlossenen Zeitraum beziehen kann, muss eine Feststellungsverfügung erlassen werden, wenn in Bezug auf ein andauerndes Rechtsverhältnis künftige Leistungen mitbeurteilt werden müssen; dies kann beispielsweise der Fall sein, wenn die Lohngleichheit gemäss Art. 8 Abs. 3 BV infrage steht und auch die künftigen Lohnzahlungen mitzubeurteilen sind (vgl. dazu OGer SH, Urteil vom 25.10.1988, in: ZBl 1989, S. 481 E. 1b, zu Art. 4 Abs. 2 BV 1874; vgl. Art. 5 Abs. 1 lit. c GlG). Im Unterschied zum Anspruch auf Feststellungsverfügung gemäss Art. 25 Abs. 2 VwVG ist der Feststellungsanspruch nach Art. 84 BGBB nicht subsidiär. Er besteht von Gesetzes wegen auch dann, wenn die Voraussetzungen für den Erlass einer Gestaltungsverfügung (Art. 83 BGBB) vorhanden wären (BGE 129 III 503 E. 3.6).

Die Subsidiarität der Feststellungsverfügung sollte jedoch, im Gegensatz 352
zum Feststellungsbegehren im Zivilprozessrecht, nicht allgemein gelten. Vielmehr müsste eine Feststellungsverfügung verlangt werden können, selbst wenn die Voraussetzungen für eine definitive und vollstreckbare Leistungs- oder Gestaltungsverfügung gegeben sind, sofern ein entsprechendes schutzwürdiges Interesse vorliegt. Dies ist insbesondere der Fall, wenn mit der Feststellungsverfügung gewisse grundlegende Rechtsfragen vorweg gelöst werden können und damit auf die Einleitung eines unter Umständen aufwendigen Verfahrens verzichtet werden kann (vgl. Häner, Praxiskommentar VwVG, Art. 25 N. 20; RK EVD, Entscheid vom 6.10.1995, in: VPB 1996, Nr. 57 E. 3.2; vgl. aber BGer, Urteil 2C_508/2010 vom 24.3.2011, E. 1.4 zum Feststellungsbegehren im Bereich der Mehrwertsteuer). Der Gedanke der Aufwandvermeidung liegt auch Art. 84 BGBB zugrunde (vgl. BGE 129 III 503 E. 3.6).

Gegenstand der Feststellungsverfügung können – dem Verfügungscharak- 353
ter entsprechend – zweifelsfrei bestimmbare sowie eindeutige individuelle und konkrete Rechte und Pflichten sein (BGE 102 V 148 E. 1; RK EVD, Entscheid vom 6.10.1995, in: VPB 1996, Nr. 57 E. 3; vgl. BGE 123 II 16 E. 2b). Es kann damit immer nur eine Rechtsfrage, nicht aber eine tatbeständliche Frage geklärt werden (BGer, Urteil 9C_707/2009 vom 18.12.2009, E. 2.1.2; BGE 130 V 388 E. 2.5). Zudem ergibt sich aus dem Gesetzmässigkeitsprinzip (Art. 5 Abs. 1 BV), dass die zuständige Verwaltungsbehörde mit der Feststellungsverfügung inhaltlich nicht weiter gehen darf, als sie dies mit einer Leistungs- oder Gestaltungsverfügung tun dürfte (vgl. BGE 108 Ib 540 E. 4).

354 Geht die rechtsfeststellende Verfügung einer gestaltenden Verfügung voraus, ist die erlassende Behörde an den Inhalt ihrer Feststellungsverfügung grundsätzlich *gebunden*. Als verbindliche behördliche Auskunft kann eine Feststellungsverfügung daher geeignet sein, den Betroffenen hinreichend Gewissheit über den Inhalt einer ihr nachgehenden Gestaltungsverfügung zu vermitteln. Dies gilt zumindest insoweit, als die in der Feststellungsverfügung enthaltenen Auskünfte klar und vollständig sind und der rechtserhebliche Sachverhalt sich nach Erlass der Feststellungsverfügung mit hoher Wahrscheinlichkeit nicht mehr ändert (BGE 129 III 503 E. 3.5).

355 Aus dem Vertrauensschutz (Art. 9 BV) folgt denn auch, dass der Partei, die aufgrund einer Feststellungsverfügung Vorkehrungen getroffen hat, keine Nachteile erwachsen dürfen (Art. 25 Abs. 3 VwVG). Weicht die Behörde später dennoch infolge zureichender öffentlicher Interessen davon ab, so hat sie die Voraussetzungen zum Widerruf einer Verfügung zu beachten und begründet unter Umständen eine Entschädigungspflicht des Staates (PRK, Entscheid vom 29.3.2005, in: VPB 2005, Nr. 83 E. 3c).

356 *Zuständig* zum Erlass einer Feststellungsverfügung ist gemäss Art. 25 Abs. 1 VwVG die in der Sachfrage kompetente Behörde (Kontrollstelle für die Bekämpfung der Geldwäscherei, Entscheid vom 5.6.2003, in: VPB 2004, Nr. 111 E. 3a; BGE 108 Ib 540 E. 4). Das gilt auch, wenn die kantonale Behörde von Bundesrechts wegen zuständig ist (BGer, Urteil 1A.209/1999 vom 3.3.2000, E. 3c; BGE 121 II 473 E. 3).

357 Ist eine Feststellungsverfügung ergangen, ohne dass die Voraussetzungen erfüllt sind, ist sie durch die Beschwerdeinstanzen aufzuheben (BGer, Urteil 2C_737/2010 vom 18.6.2011, E. 4.6).

D. Besonderheiten bei direkt anwendbaren Rechtsnormen

358 Direkt anwendbare verwaltungsrechtliche Rechtsnormen werden im Regelfall so durchgesetzt, dass bei ihrer Verletzung eine Sanktion folgt. Beispielhaft zu verweisen ist auf Art. 49a KG für den Fall von unzulässigen Wettbewerbsabreden. Das Unternehmen, welches die Wettbewerbsbeschränkung meldet, bevor diese Wirkung entfaltet, kann jedoch insoweit eine Stellungnahme des Sekretariats der Wettbewerbskommission provozieren, als dieses innerhalb von fünf Monaten (gemäss Art. 49a Abs. 5 KG-E: zwei Monate) seit der Meldung entweder die Vorabklärung oder eine Untersuchung eröffnen muss. Erfolgt innert dieser Frist keine Reaktion des Sekretariats (bzw. nach KG-E der Wettbewerbsbehörde), entfällt die (mögliche) Belastung mit einer (direkten) kartellrechtlichen Sanktion (Art. 49a Abs. 3 lit. a KG). Umgekehrt wird ein allfälliges Widerspruchsverfahren eingestellt, wenn das Unternehmen das gemeldete Vorhaben nicht umsetzt oder nach dem Widerspruch der Behörde nicht weiterführt. Die Wettbewerbskommission kann in einem späteren Zeitpunkt das Verhalten gleichwohl als kartellrechtswidrig bezeichnen, woraufhin bei Weiterführung

der unzulässigen Wettbewerbsbeschränkung nach Erlass des Entscheids der Wettbewerbskommission die Sanktionen folgen (BGE 135 II 60 E. 2.3.1). Hält das Unternehmen jedoch trotz Widerspruch am Vorhaben fest, folgt gegebenenfalls die direkte Sanktion nach Art. 49a Abs. 1 KG (Art. 49a Abs. 3 lit. a KG). Das Bundesgericht hat dieses Verfahren im Vergleich zu Art. 25 VwVG als Sonderverfahren bezeichnet und die Anwendung von Art. 25 VwVG ausgeschlossen (BGE 135 II 60 E. 3.3). Im genannten Entscheid hat das Bundesgericht somit das Risiko bis zum Erlass eines anfechtbaren Entscheids den Unternehmen zugewiesen. Ein Vorgehen nach Art. 25 VwVG wäre, soweit die Voraussetzungen erfüllt sind, jedoch geeignet, bei direkt anwendbaren Normen Rechtssicherheit zu erlangen, bevor das gegebenenfalls rechtswidrige Vorhaben umgesetzt wird. Mit der Sonderregelung im Kartellgesetz hat der Gesetzgeber diese Möglichkeit gerade ausgeschlossen, obwohl er mit Art. 49 Abs. 3 lit. a KG den Unternehmen die Risikoabschätzung eigentlich erleichtern wollte (BGE 135 II 60 E. 3.2.2). Gemäss dem KG-E wird das Risiko der Unternehmen insoweit gemildert, als die Sanktion für ein wettbewerbswidriges Verhalten nicht bereits aufgrund der Vorabklärung ausgesprochen wird, sondern erst für den Zeitraum ab Einleitung der förmlichen Untersuchung (Art. 49a Abs. 5 KG-E), die einen ausreichenden Verdacht voraussetzt (vgl. dazu auch BBl 2012 3933). Ähnliche Unsicherheiten können eintreten, wenn – wie im Steuerverfahren – der Gesetzgeber die Feststellungsverfügung nur für bestimmte Fälle vorbehält (vgl. BGE 121 II 473 E. 2d). In anderen Fällen, in denen keine Sonderregelung besteht, ist die Behörde zur Vermeidung von Sanktionen aufgrund direkt anwendbarer Normen jedoch unter Umständen auch bereit, Beratungsfunktionen zu übernehmen (vgl. BVGE 2009/36 E. 11.6.1). Solche Auskünfte sind im Rahmen des Vertrauensschutzes verbindlich, wenn die Voraussetzungen dafür gegeben sind (vgl. Häfelin/Müller/Uhlmann, Verwaltungsrecht, Rz. 669 ff.).

E. Anspruch auf Erlass einer Leistungs- oder Gestaltungsverfügung

Ein Anspruch auf Erlass einer Verfügung besteht nach der Praxis in analoger Anwendung von Art. 25 Abs. 2 VwVG nicht nur für Feststellungsverfügungen, sondern auch für Leistungs- und Gestaltungsverfügungen, wenn ein schutzwürdiges Interesse geltend gemacht werden kann (BGer, Urteile 2C_188/2010 und 2C_194/2010 vom 24.1.2011, E. 4.5; BVGE 2010/61 E. 4.4; BGE 120 Ib 351 E. 3). Dazu bedarf es zunächst eines Antrages an die zuständige Verwaltungsbehörde, tätig zu werden. Die beantragte Anordnung muss geeignet sein, ein Rechtsverhältnis im individuell-konkreten Fall festzulegen, und die antragstellende Person muss sich grundsätzlich über ein dem Rechtsschutzinteresse in Anfechtungsstreitigkeiten vergleichbares Interesse ausweisen (BVGE 2010/61 E. 4.5; BGer, Urteil 2C_175/2009 vom 13.7.2009, E. 2.2). Richtigerweise bestimmen sich die Anforderungen an das Rechtsschutzinteresse aufgrund von Art. 6

359

VwVG i.V.m. Art. 48 VwVG (BGE 110 Ib 160 E. 2a; vgl. auch VGer ZH, Urteil vom 11.6.1991, in: ZBl 1991, S. 495 E. 4, bes. E. 4b/bb).

360 Erlässt die Behörde keine Verfügung, kann dies mit Rechtsverweigerungsbeschwerde gerügt werden (Art. 46a VwVG, auch i.V.m. Art. 37 VGG; Art. 94 BGG, vgl. dazu hinten Rz. 1299 ff.). Unter Umständen liegt aber eine Nichteintretensverfügung vor (Art. 5 Abs. 1 lit. c VwVG; vgl. BVGer, Urteil A-6437/2008 vom 16.2.2009, ZBl 2010, S. 328 E. 2).

F. Verfügung über Realakte

361 Art. 25a VwVG regelt die Verfügung über Realakte und ist seit 1.1.2007 in Kraft. Nach Abs. 1 kann eine Person, die ein schutzwürdiges Interesse hat, an eine Behörde gelangen, die für Handlungen zuständig ist, welche sich auf öffentliches Recht des Bundes stützen und Rechte oder Pflichten berühren, und von dieser Behörde verlangen, dass sie widerrechtliche Handlungen unterlässt, einstellt oder widerruft (lit. a), die Folgen widerrechtlicher Handlungen beseitigt (lit. b) oder die Widerrechtlichkeit von Handlungen feststellt (lit. c). Nach Abs. 2 entscheidet die Behörde durch Verfügung.

362 Zur Definition der Realakte gibt es unterschiedliche Lehrmeinungen. Zum einen wird vertreten, Realakte seien alle behördlichen Handlungen, «die nicht in einer der Rechtsformen wie Verfügung, Vertrag, Plan oder Erlass ergehen» (Rhinow/Koller/Kiss/Thurnherr/Brühl-Moser, Prozessrecht, Rz. 1286; vgl. auch Weber-Dürler, VwVG-Kommentar, Art. 25a Rz. 6). Zum andern gelten als Realakte «alle Verwaltungsmassnahmen, die unmittelbar nur einen Taterfolg herbeiführen sollen» (Tschannen/Zimmerli/Müller, Verwaltungsrecht, § 38 Rz. 1; vgl. auch Häfelin/Müller/Uhlmann, Verwaltungsrecht, Rz. 730a).

363 «Realakte», welche der Gesetzgeber in der Marginalie von Art. 25a VwVG erwähnt, sind gemäss Gesetzestext «Handlungen». Der Gesetzgeber geht somit von einem weiten Begriff aus (Häner, Praxiskommentar VwVG, Art. 25a N. 7 f.). Eine Beschränkung dieser «Handlungen» auf Verwaltungsmassnahmen, die unmittelbar nur einen Taterfolg herbeiführen sollen, ist dem Wortlaut des Gesetzes nicht zu entnehmen. Demnach ist zumindest bei der Anwendung von Art. 25a VwVG der ersterwähnten Lehrmeinung zur Definition der Realakte der Vorzug zu geben. Somit sind Realakte im Sinne von Art. 25a VwVG *verfügungsfreie Verwaltungshandlungen* (Weber-Dürler, VwVG-Kommentar, Art. 25a Rz. 6; vgl. BVGer, Urteile A-101/2011 vom 7.9.2011, E. 4.1, und A-3144/2008 vom 27.5.2009, E.13.1; Tschopp-Christen, Rechtsschutz, S. 142). Diese Begriffsumschreibung nimmt darauf Bezug, dass in den Fällen, in denen eine Verfügung gemäss Art. 5 VwVG erlassen werden kann, grundsätzlich diese Handlungsform zu wählen ist (Häner, Praxiskommentar VwVG, Art. 25a N. 12). Sinngemäss das Gleiche muss gelten, wenn es um Tathandlungen im Rahmen des vertraglichen Handelns geht und in Bezug auf verwaltungsrechtliche Verträge das Klagever-

fahren zur Verfügung steht (Art. 35 lit. a VGG). In diesem Fall sind die Parteien auf das Klageverfahren zu verweisen (vgl. auch hinten, Rz. 370).

Vom verfügungsfreien Verwaltungshandeln ist die formlose Verfügung zu unterscheiden (vgl. etwa Art. 51 Abs. 1 ATSG). Formlose Verfügungen sind keine Realakte; die Qualifikation einer Verwaltungshandlung als Rechts- oder Realakt hängt nicht von der Form ab, in welcher die Handlung getätigt wird (Genner, Abgrenzung, S. 1156; vgl. auch hinten, Rz. 1831). 364

Werden verfügungsfreie Verwaltungshandlungen im Sinne von Art. 25a VwVG *unterlassen,* handelt es sich ebenfalls um Realakte, obwohl die Unterlassung nicht ausdrücklich im Gesetz erwähnt wird (Häner, Praxiskommentar VwVG, Art. 25a N. 11; Weber-Dürler, VwVG-Kommentar, Art. 25a Rz. 11). Mitunter kann es schwierig sein zu erkennen, ob die Behörde verfügungsfrei oder mittels Verfügung hätte handeln müssen (M. Müller, Verwaltungsrealakte, S. 330). 365

Angesprochen sind nur Realakte, die sich *auf öffentliches Recht des Bundes* stützen. Privatrechtliche Handlungen eines Verwaltungsträgers sind ausgeschlossen (Häner, Praxiskommentar VwVG, Art. 25a N. 15; Weber-Dürler, VwVG-Kommentar, Art. 25a Rz. 16). 366

Noch ungeklärt ist die Frage, ob Realakte von kantonalen Behörden, die sich auf öffentliches Recht des Bundes stützen, auch unter Art. 25a VwVG fallen (pro: M. Müller, Verwaltungsrealakte, S. 345, Anm. 115; contra: Riva, Realakte, S. 340). Die Norm wird in Art. 1 Abs. 3 VwVG jedenfalls nicht erwähnt. 367

Ungeklärt erscheint ferner die Frage, an wen sich die betroffene Person zu richten hat, wenn eine unzuständige Behörde verfügungsfrei handelt. Weil über den Realakt durch (rechtmässige) Verfügung zu entscheiden ist (Art. 25a Abs. 2 VwVG), liegt es nahe, an die effektiv zuständige Behörde zu gelangen (gl.M. Rhinow/Koller/Kiss/Thurnherr/Brühl-Moser, Prozessrecht, Rz. 1288). 368

Zur Tragweite der Voraussetzung, dass *Rechte und Pflichten berührt* sein müssen, gibt es in der Lehre unterschiedliche Ansichten. Im Allgemeinen ist davon auszugehen, dass es der Sache nach um Rechte und Pflichten gehen muss, die sich aus den Grundrechten oder aus einem anderen Rechtstitel ergeben (vgl. dazu auch vorne zur Rechtsweggarantie, Rz. 181). Die Betroffenheit in Grundrechten spielte bislang die bedeutendste Rolle (vgl. BVGer, Urteil A-101/2011 vom 7.9.2011, E. 4.3). In einem Entscheid zu einer Primarschulhauszuteilung im Kanton Schwyz hielt das Bundesgericht zudem fest, dass bei einem Realakt ein Rechtsschutzinteresse nicht nur vorliegen kann, wenn es nachgerade um Ansprüche eines Schülers geht, sondern auch dann, wenn diesem besondere Verhaltenspflichten oder sonstige besondere Nachteile zugemutet werden (BGer, Urteil 2P.324/2001 vom 28.3.2002, E. 3.3; dazu Weber-Dürler, VwVG-Kommentar, Art. 25a Rz. 26). 369

Das *«schutzwürdige Interesse»* im Sinn von Art. 25a VwVG ist grundsätzlich gleich zu verstehen wie in den anderen Artikeln des VwVG, etwa in Art. 25 Abs. 2 VwVG. Verlangt ist somit ein Sondernachteil sowie ein Interesse recht- 370 licher oder tatsächlicher Natur, das aktuell und praktisch sein muss (BVGer, Urteil A-101/2011 vom 7.9.2011, E. 4.4.1; vgl. BGer, Urteil 2C_175/2009 vom 13.7.2009, E. 2.2). Das Begehren um eine Verfügung über Realakte ist zudem *subsidiär*. Von einem schutzwürdigen Interesse ist also nur auszugehen, wenn keine Verfügung im Sinne von Art. 5 VwVG erlassen werden kann und kein anderes Rechtsmittel (z.B. auch des Zivilrechts) zur Verfügung steht bzw. wenn es unzumutbar wäre, bis zum Erlass einer anfechtbaren Verfügung zuzuwarten (BVGer, Urteil A-101/2011 vom 7.9.2011, E. 4.4.1; vgl. vorne, Rz. 363, zum Spezialfall der Staatshaftung hinten, Rz. 1978).

371 Nicht Sinn und Zweck von Art. 25a VwVG ist es, den Rechtsweg gegen Zwischenverfügungen zu öffnen, welche mangels eines nicht wieder gutzumachenden Nachteils nicht angefochten werden können. Es wäre inkonsequent, den nicht wieder gutzumachenden Nachteil zur Anfechtung der Anordnung zu verneinen und gleichzeitig ein schutzwürdiges Interesse am Erlass einer Verfügung im Sinne von Art. 25a VwVG zu bejahen (BGE 136 V 156 E. 4.3).

372 Zur *Widerrechtlichkeit* im Sinne von Art. 25a Abs. 1 VwVG führt jeder formelle und materielle Mangel des Realakts. Der engere Begriff der Widerrechtlichkeit im Staatshaftungsrecht ist somit nicht massgebend (Häner, Praxiskommentar VwVG, Art. 25a N. 13). Verlangt wird eine umfassende Prüfung der Rechtmässigkeit der Handlungen (BVGer, Urteil C-4682/2007 vom 13.3.2009, E. 2). Die Frage der Widerrechtlichkeit ist – im Gegensatz zu den oben erwähnten Merkmalen – keine Eintretensvoraussetzung, sondern wird einer materiellen Prüfung unterzogen (Häner, Praxiskommentar VwVG, Art. 25a N. 52).

373 Sinn und Zweck von Art. 25a VwVG ist nicht etwa eine (direkte) Anfechtung des Realaktes. Das Begehren des Betroffenen richtet sich vielmehr auf den *Erlass einer Verfügung* im Sinne von Art. 5 Abs. 1 VwVG (Art. 25a Abs. 2 VwVG). Dabei kann gemäss Art. 25a Abs. 1 lit. a–c VwVG verlangt werden, dass die widerrechtliche Handlung unterlassen, eingestellt oder widerrufen wird, dass die Folgen der widerrechtlichen Handlung beseitigt werden oder dass die Widerrechtlichkeit von Handlungen festgestellt wird. Die Formulierung der Begehren fällt allerdings namentlich in den beiden Fällen von Art. 25a Abs. 1 lit. a und b VwVG nicht leicht. Im Fall von Art. 25a Abs. 1 lit. a VwVG ist jedenfalls die Unterlassung, die Einstellung oder der Widerruf zu beantragen; für den Fall, dass dem Antrag gefolgt wird, muss dies in einer verbindlichen Verfügung festgestellt werden bzw. die Handlung in der Form der Verfügung widerrufen werden; für den Fall, dass die Behörde an der zu unterlassenden, einzustellenden oder zu widerrufenden Handlung festhält, muss diese Handlung in einer verbindlichen Verfügung angeordnet werden bzw. das Gesuch um Widerruf abgewiesen werden; diesen möglichen Verfügungsdispositiven entsprechend sind die Begehren zu formulieren. Bei Art. 25a Abs. 1 lit. b VwVG verhält es sich ähnlich: Zu beantragen ist die Folgenbeseitigung; im Fall der Gutheissung des Gesuchs führt dies zur Feststellung, dass die Folgen beseitigt werden, und ansonsten ist das Gesuch in der Form der Verfügung gemäss Art. 5 VwVG abzuweisen.

Das Verfahren zum Erlass dieser Verfügung richtet sich nach Art. 7 ff. VwVG. Die gesuchstellende Person hat Parteistellung. Ihr ist das rechtliche Gehör zu gewähren, soweit es in einem nachträglichen Verfahren noch möglich ist.

Der Gesetzgeber hat keine *Frist* zur Stellung des Begehrens vorgesehen, ebenso wenig wie in Art. 25 VwVG oder Art. 25 DSG. Die Frage stellt sich nicht, solange der Realakt selbst andauert. Zeitliche Grenzen ergeben sich durch die Voraussetzung des schutzwürdigen Interesses, das unter anderem aktuell und praktisch sein muss. Namentlich bei der Feststellung der Widerrechtlichkeit von Handlungen (Art. 25a Abs. 1 lit. c), bei der sich auch Eigenheiten bezüglich des aktuellen und praktischen Interesses ergeben können (BVGer, Urteil A-101/2011 vom 7.9.2011, E. 4.4.1), ist die Frage nach der Gesuchsfrist von grösserem Interesse, sobald der Realakt beendet ist. Im Mindesten ist zu fordern, dass Verjährungsfristen vor allem dann ausdrücklich im Gesetz zu regeln wären, wenn sie von relativ kurzer Dauer sind (vgl. etwa die einjährige Verjährungsfrist seit Kenntnis des Schadens nach Art. 20 Abs. 1 VG). Problematisch wäre eine Analogie zu den ordentlichen gesetzlichen Rechtsmittelfristen (vgl. dazu Häner, Praxiskommentar VwVG, Art. 25a N. 48). 374

Die Ansprüche der *Staatshaftung* und aus Art. 25a VwVG stehen in Alternativität, nicht in Subsidiarität zueinander (Rhinow/Koller/Kiss/Thurnherr/Brühl-Moser, Prozessrecht, Rz. 1292, m.w.H. auf die Lehre; vgl. auch hinten, Rz. 1978). Art. 25a Abs. 1 lit. b VwVG zielt nur auf die reale Beseitigung der Folgen der widerrechtlichen Handlungen und nicht auf Schadenersatz, weshalb bei dieser Norm keine Konkurrenz zum Staatshaftungsrecht besteht (Weber-Dürler, VwVG-Kommentar, Art. 25a Rz. 42; vgl. Bangert, Basler Kommentar DSG, Art. 25 N. 64, für die analoge Regelung im DSG). 375

3. Verfahrensvorschriften für das vertragliche Handeln

Verfahrensvorschriften in Bezug auf die verwaltungsrechtlichen Verträge fehlen im VwVG gänzlich und sind in Spezialgesetzen nur sehr punktuell ausgebildet. Eine Ausnahme hierzu bildet das Submissionsrecht, soweit es die Beschlussfassung bis zum Vertragabschluss öffentlich-rechtlich regelt, während der Vertrag meist privatrechtlicher Natur ist, wobei unter Umständen auch Leistungen im Rahmen von verwaltungsrechtlichen Verträgen auszuschreiben sind (vgl. dazu im Einzelnen hinten, Rz. 1896 ff.). Bei anderweitigen Verfahrensbestimmungen zu Verträgen geht es im Regelfall vor allem darum, das Beschwerdeverfahren zu öffnen, was – wie beim Zuschlag im Submissionsrecht – zum Beispiel in Art. 19 SuG der Fall ist, wonach über die Offerte der Behörde eine anfechtbare Verfügung verlangt werden kann. Zu beachten ist ferner, dass die personalrechtlichen Verhältnisse auf Bundesebene vertraglicher Natur sind (Art. 8 BPG). Gemäss Art. 34 BPG hat der Arbeitgeber (Bund) zu verfügen, falls bei Meinungsverschiedenheiten zwischen Arbeitgeber und an- 376 gestellter Person keine Einigung zustande kommt. In den Fällen, in welchen das Gesetz den Erlass einer Verfügung vorsieht, gelten auch die verfahrensrechtlichen Rechte und Grundsätze und namentlich der Anspruch auf rechtliches Gehör (vgl. vorne, Rz. 214 ff.). Wo hingegen keine Verfügung erlassen wird, gelten die Rechte gemäss Art. 29 BV ebenso wenig wie das VwVG (vgl. Tschannen/Zimmerli/Müller, Verwaltungsrecht, § 34 Rz. 2). In der Lehre wird jedoch auch die Auffassung vertreten, dass das vertragsschliessende Gemeinwesen gestützt auf die Grundrechtsgebundenheit (Art. 35 BV) beim Vertragsschluss sowie beim Vollzug des Vertrages gewisse verfahrensrechtliche Grundsätze zu beachten habe (Mächler, Vertrag, S. 136). Die Problematik besteht darin, dass das Gemeinwesen zum Beispiel bei Leistungsstörungen die eigene Leistung ohne Vorankündigung, ohne Abklärung des Sachverhaltes und ohne Begründung zurückhalten oder reduzieren kann und die private Partei damit in die Klägerrolle verwiesen wird (Isabelle Häner, Der verwaltungsrechtliche Vertrag in der Praxis – Verfahrensfragen, in: Häner/Waldmann, Vertrag, S. 39 ff., 44). Gleiches gilt, wenn ein Vertrag vom Gemeinwesen als ungültig oder nichtig angesehen wird oder gekündigt wird. Fraglich ist, ob in diesen Fällen gestützt auf Art. 25a VwVG eine Feststellungsverfügung verlangt werden kann (so August Mächler, Die Auflösung des verwaltungsrechtlichen Vertrages, in: Häner/Waldmann, Vertrag, S. 87 ff., 94). Soweit für verwaltungsrechtliche Verträge jedoch das Klageverfahren zur Verfügung steht, wie dies gemäss Art. 35 lit. a VGG der Fall ist, ist dies zu verneinen und das gesetzlich vorgesehene Klageverfahren zu durchlaufen (vgl. auch vorne, Rz. 363). Immerhin nicht auszuschliessen ist, dass aufgrund der Gebundenheit des Gemeinwesens an die verfassungsmässigen Rechte und Grundsätze, somit gestützt auf das Verhältnismässigkeitsprinzip und das Gebot von Treu und Glauben (Art. 5 BV) sowie das Willkürverbot (Art. 9 BV) gewisse, den Verfahrensrechten ähnliche Rechte, insbesondere Informations- und Begründungspflichten, angenommen werden können.

II. Anwendung des Verwaltungsverfahrensgesetzes

377 *Literatur:* KIENER/RÜTSCHE/KUHN, Verfahrensrecht, N. 322 ff.; KLEY-STRULLER ANDREAS, Anforderungen des Bundesrechts an die Verwaltungsrechtspflege der Kantone bei der Anwendung von Bundesverwaltungsrecht, AJP 1995, S. 148 ff.; KÖLZ ALFRED/KOTTUSCH PETER, Bundesrecht und kantonales Verwaltungsverfahrensrecht, ZBl 1978, S. 421 ff.; MAYHALL NADINE, in: Waldmann/Weissenberger, Praxiskommentar VwVG, Art. 1–4; MOOR/POLTIER, Droit administratif, Vol. II, S. 243 ff.; RHINOW/KOLLER/KISS/THURNHERR/BRÜHL-MOSER, Prozessrecht, Rz. 1152 ff.; SALADIN, Verwaltungsverfahrensrecht, S. 39 ff., TSCHANNEN PIERRE, in Auer/Müller/Schindler, VwVG-Kommentar, Art. 1–4; UEBERSAX PETER, Unabhängige Verwaltungsinstanzen und offene Gesetze im öffentlichen Wirtschaftsrecht des Bundes – ein rechtliches Risiko?, in: Festgabe zum Schweizerischen Juristentag, Basel 2004, S. 683 ff.; vgl. auch die in Rz. 129 zitierte Literatur.

1. Die massgebenden Bestimmungen

Massgebend für das nichtstreitige Verwaltungsverfahren im Bund sind die Art. 7–43 VwVG (vgl. auch Art. 78 VwVG). Auch das Beschwerdeverfahren vor dem Bundesverwaltungsgericht richtet sich nach dem VwVG, soweit das VGG nicht davon abweicht (Art. 2 Abs. 4 VwVG, Art. 37 VGG). Als allgemeine Verfahrensgrundsätze sind diese Normen zudem im (heute selteneren) verwaltungsinternen Beschwerdeverfahren anzuwenden (Art. 1 Abs. 1 VwVG), das durch die Art. 44–78 VwVG geregelt wird. Art. 1–6 VwVG regeln den Geltungsbereich des Gesetzes und bestimmen die wichtigsten Begriffe. 378

2. Anwendungsbereich des VwVG

Damit die Bestimmungen des Verwaltungsverfahrensgesetzes zur Anwendung gelangen, müssen folgende drei Voraussetzungen gegeben sein: es muss eine Behörde gemäss Art. 1 VwVG zuständig sein, es muss sich um ein Verfahren handeln, welches durch eine Verfügung im Sinn von Art. 5 VwVG zu erledigen ist, und die Anwendbarkeit des VwVG darf nicht nach Art. 2 oder 3 VwVG ausgeschlossen sein. 379

Zur ersten Voraussetzung: Art. 1 VwVG ist Art. 33 VGG zu den Vorinstanzen ähnlich. 380
- «Bundesverwaltungsbehörden» im Sinne von Art. 1 Abs. 1 und 2 VwVG sind zunächst die in die Zentralverwaltung eingegliederten Behörden oder Amtsstellen wie der Bundesrat, seine Departemente, die Bundeskanzlei und die diesen untergeordneten Ämter oder Dienstabteilungen (Art. 1 Abs. 2 lit. a VwVG; vgl. auch BGE 121 II 454 E. 2b/aa sowie Art. 7, Art. 8 Abs. 1 lit. a und Anhang 1 RVOV).
- Bei den in Art. 1 Abs. 2 lit. c VwVG genannten autonomen eidgenössischen Anstalten oder Betrieben handelt es sich etwa um die Eidgenössischen Technischen Hochschulen (Art. 5 Abs. 1 ETH-Gesetz), die SUVA (Art. 61 Abs. 1 UVG; BGE 115 V 297 E. 2b), die FINMA (Art. 4 FINMAG) oder Swissmedic, Schweizerisches Heilmittelinstitut (Art. 68 Abs. 2 und 3 HMG). Die autonomen öffentlich-rechtlichen Körperschaften und Stiftungen sollten ebenfalls eher unter lit. c als unter lit. e subsumiert werden (ebenso Tschannen, VwVG-Kommentar, Art. 1 Rz. 17; anders BVGer, Urteil B-6272/2008 vom 20.10.2010, E. 1.1 und 8, zur Stiftung «Pro Helvetia», mit Verweis auf Art. 33 lit. h VGG und Art. 1 Abs. 2 lit. e VwVG).
- Das Bundesverwaltungsgericht gilt seit seiner Einführung als Behörde im Sinne von Art. 1 Abs. 1 VwVG (Art. 1 Abs. 2 lit. c^{bis} VwVG). Durch die Errichtung des Bundesverwaltungsgerichts wurden die (meisten) früheren Beschwerdebehörden, die an das VwVG (samt Vorschriften zum Beschwerdeverfahren) gebunden waren, zusammengefasst. Dies sollte nicht eine

Umstellung des Beschwerdeverfahrens an sich zur Folge haben (BBl 2001 4256). Das Verfahren vor dem Bundesverwaltungsgericht richtet sich denn auch nach dem VwVG, soweit das VGG selbst nicht davon abweicht (Art. 2 Abs. 4 VwVG; entsprechend Art. 37 VGG).
- Als eidgenössische Kommissionen gemäss lit. d gelten etwa – nach Wegfall der allermeisten der zahlreichen Rekurs- und Schiedskommissionen durch die Einführung des Bundesverwaltungsgerichts – die Wettbewerbskommission (Art. 18 ff. KG), die Eidgenössische Spielbankenkommission (Art. 46–53 SBG) oder die Übernahmekommission (Art. 23 und 33a BEHG).
- Als Instanzen und Organisationen ausserhalb der Bundesverwaltung nach lit. e gelten Private, soweit ihnen eine öffentlich-rechtliche Aufgabe übertragen wurde und sie zur Verfügung befugt sind (BGer, Urteil 2C_715/2008 vom 15.4.2009, E. 3.1; BVGer, Urteil C-8/2006 vom 23.9.2008, E. 8.2.1). Darunter fallen beispielsweise: der als privatrechtliche Stiftung konstituierte Schweizerische Nationalfonds, soweit er Bundesgelder zu Forschungszwecken verteilt (BVGer, Urteil B-5333/2009 vom 10.11.2010, E. 1, mit Verweis auf Art. 33 lit. h VGG; Bundesamt für Justiz, Gutachten vom 4.7.1980, in: VPB 1982, Nr. 5 S. 43 f.); die SRG im Bereich der Aufgaben, die ihr im Radio- und Fernsehgesetz und in der Konzession übertragen werden (BGer, Urteil 1P.772/2005 vom 6.2.2006, E. 1.2; BGE 123 II 402 E. 2b/bb, vgl. E. 3c/cc; 119 Ib 241 E. 1b); Versicherungsunternehmen, welche im Sinne von Art. 68 Abs. 2 UVG in das Register der für die Durchführung der obligatorischen Unfallversicherung zugelassenen Versicherer eingetragen sind (BGE 135 I 169 E. 4.2); die Krankenversicherungen im Bereich der obligatorischen Versicherung (Art. 11 KVG; BGE 130 V 196 E. 3; vgl. Art. 3 lit. d^{bis} VwVG); die Gebührenerhebungsstelle, die nach Art. 69 Abs. 1 RTVG ausdrücklich als Behörde im Sinne von Art. 1 Abs. 2 lit. e VwVG gilt (derzeit Billag AG; vgl. zur früheren Rechtslage BGE 130 III 524 E. 1.2.3) oder private Anbieter der Berufsbildung, denen das Bundesamt für Berufsbildung und Technologie die Durchführung von Qualifikationsverfahren (namentlich Prüfungen) übertragen hat (Art. 40 Abs. 2 BBG). Das VwVG ist aber gegenüber diesen Instanzen nur insoweit anwendbar, als gegen die Verfügung die Beschwerde unmittelbar an eine Bundesbehörde zulässig ist (Art. 3 lit. a VwVG).
- Schliesslich sind gewisse Bestimmungen des VwVG ausnahmsweise im kantonalen Verfahren anzuwenden, nämlich wenn letzte kantonale Instanzen gestützt auf öffentliches Recht des Bundes nicht endgültig verfügen. Die Aufzählung der entsprechenden Bestimmungen in Art. 1 Abs. 3 VwVG kann nicht als abschliessend betrachtet werden (vgl. BGE 117 V 185 E. 1c; 119 V 295 E. 4; Tschannen, VwVG-Kommentar, Art. 1 Rz. 27 m.H. auf die Praxis; vgl. auch vorne Rz. 367). Die Praxis ist zum Teil inzwischen in Art. 110 f. BGG enthalten. Zur Eröffnung der Entscheide (Art. 112 BGG) enthält auch Art. 1 Abs. 3 VwVG ausdrückliche Vorgaben.

Damit das VwVG Anwendung findet, muss das Verfahren zweitens durch eine 381
Verfügung, die sich auf Bundesverwaltungsrecht abstützt, zu erledigen sein
(Art. 1 Abs. 1 i.V.m. Art. 5 VwVG). Wie erwähnt, findet das VwVG auf andere
Handlungsformen keine Anwendung. Ebenso ist es nicht anwendbar, wenn
die Verfügung aufgrund von kantonalem Recht ergeht oder sich ihre Grundlage nicht im Bundes*verwaltungsrecht,* sondern etwa im Strafrecht findet (vgl.
Eidgenössische Zollrekurskommission, Verfügung vom 3.6.1994, in: VPB 1995,
Nr. 35 E. 1.b). Auf diese Abgrenzungsfragen ist zurückzukommen (siehe hinten, Rz. 862 ff.).

Schliesslich sind, drittens, bestimmte Verfahren ganz (Art. 3 VwVG) oder 382
zum Teil (Art. 2 VwVG) vom Anwendungsbereich des Gesetzes ausgenommen. Die Ausnahmeregelungen lassen sich teilweise damit rechtfertigen, dass
das Verfahren bereits in einer spezialgesetzlichen Regelung festgelegt ist. So
gelten etwa bei Enteignungen für das Verfahren vor den Schätzungskommissionen, abgesehen von den Fristbestimmungen nach Art. 20–24 VwVG (Art. 2
Abs. 3 VwVG; vgl. BGE 113 Ib 34 E. 3), grundsätzlich das EntG und die gestützt
auf Art. 63 EntG erlassene VESchK, wobei dort allerdings in Art. 4 für das Verfahren vor den Vorsitzenden sowie vor den Kommissionen auch der zweite Abschnitt des VwVG für anwendbar erklärt wird (vgl. hingegen BGE 112 Ib 417
E. 2a zur Nichtanwendbarkeit von Art. 30 VwVG beim abgekürzten Verfahren
nach Art. 33 EntG; seit 1.1.2007 liegt die Verordnungskompetenz nach Art. 63
Abs. 2 EntG beim Bundesrat). Dass nach Art. 3 lit. b VwVG gewisse bundespersonalrechtliche, erstinstanzliche Entscheide nicht unter dieses Gesetz fallen, hängt mit dem weiten Ermessensspielraum zusammen, der bei diesen Entscheiden gegeben ist. Es handelt sich dabei etwa um die erstmalige Begründung
des Dienstverhältnisses oder die Beförderung (vgl. aber Art. 13 Abs. 1 i.V.m.
Art. 3 Abs. 2 GlG). Üblich ist heute allerdings die erstmalige Begründung des
Dienstverhältnisses durch verwaltungsrechtlichen Vertrag, der nur dann unter
das VwVG fällt, wenn die angestellte Person eine Verfügung verlangt (Art. 8
Abs. 1 und Art. 34 BPG; vorne, Rz. 376). Das Bundesverwaltungsgericht hat zudem entschieden, dass über die Nichtbegründung des Dienstverhältnisses zumindest eine Feststellungsverfügung nach Art. 25 VwVG erlassen werden muss,
wenn es die nichtberücksichtigte Bewerberin oder der nichtberücksichtigte Bewerber verlangt; die Verfahrensgarantien der Bundesverfassung sind jedenfalls
zu beachten (vgl. BVGE 2010/53 = BVGer, Urteil A-2757/2009 vom 12.10.2010;
dazu die Bemerkungen von Tobias Jaag, AJP 2011, S. 421 ff.). Ausgeschlossen ist
die Anwendung des VwVG etwa auch, soweit bei Verfahren in Sozialversicherungssachen das ATSG anwendbar ist (Art. 3 lit. d^{bis} VwVG; vgl. Art. 55 ATSG)
oder wenn die Natur der Verfügung einer ersten Instanz eine sofortige Vollstreckung verlangt (Art. 3 lit. f VwVG; vgl. BGer, Urteil 2P.143/2003 vom 19.12.2003,
E. 6.1 zum früheren Ausländerrecht).

In allgemeiner Form hält Art. 4 VwVG fest, dass bestehende spezialgesetz- 383
liche Bestimmungen nur mehr dann angewendet werden können, wenn sie

das Verfahren eingehender regeln und dem VwVG nicht widersprechen. Widersprechen die Bestimmungen aber dem VwVG, so sind sie kraft Art. 80 lit. c VwVG aufgehoben. Art. 4 VwVG bezieht sich zwar grundsätzlich nur auf älteres Recht. Ergibt sich aber ein Widerspruch zwischen dem VwVG und jüngerem Recht, muss die Normenkollision im Hinblick auf den Zweck des VwVG gelöst werden. Dieses wollte eine Vereinheitlichung der Verfahren und eine Verbesserung des Rechtsschutzes herbeiführen. Folglich darf selbst in diesem Fall von den Bestimmungen des VwVG nur abgewichen werden, wenn es der Gesetzgeber ausdrücklich erlaubt (so BGE 115 Ib 424 E. 4c beiläufig; vgl. z.B. den Ausschluss der Anwendbarkeit verschiedener Bestimmungen des VwVG, vor allem jener über das Akteneinsichtsrecht in Art. 26 Abs. 2 BöB). Allenfalls vom VwVG abweichende Regelungen in späteren Spezialerlassen sind ihrerseits möglichst VwVG-gerecht auszulegen (BGE 135 II 172 E. 2.3.2; vgl. auch BGE 135 II 60 E. 3.1.3 sowie weitere Hinweise bei Mayhall, Praxiskommentar VwVG, Art. 4 N. 5).

384 Unter den in Art. 4 VwVG genannten Bestimmungen sind sicher einmal diejenigen des Spezialverwaltungsrechts zu verstehen. Ob Art. 4 VwVG ebenso auf den BZP verweist, geht aus dem Wortlaut von Art. 4 VwVG nicht hervor. Auch wenn der Verweis auf den BZP in Bezug auf die Beweismittel in Art. 19 VwVG als abschliessend zu verstehen ist, kann dies nicht bedeuten, dass andere Bestimmungen des BZP nicht zumindest analog angewendet werden dürften (zu absolut: BGE 130 II 473 E. 2.4; vgl. auch BGer, Urteil 5A_657/2010 vom 17.3.2011, E. 3.4 zu Art. 4 VwVG und Art. 72 BZP, sowie BVGer, Urteil B-4818/2010 vom 23.5.2011, E. 1.2 zu Art. 4 VwVG und Art. 17 Abs. 1 BZP).

3. Die übergangsrechtlichen Bestimmungen

385 Für das erstinstanzliche Verfahren gilt, dass neue Bestimmungen auf hängige Verfahren sofort anzuwenden sind. Art. 81 VwVG bezieht sich nur auf Verfügungen, die vor dem Inkrafttreten geänderten Rechts erlassen wurden und gegen welche eine legitimierte Partei die Beschwerde (vor oder nach dem Inkrafttreten geänderten Rechts) anhängig gemacht hat. (Zum intertemporalen Recht vgl. auch vorne, Rz. 130 ff.).

4. Kapitel: Der Verfahrensablauf

I. Einleitung des Verfahrens und Bestimmung des Gegenstandes

Literatur: KIENER/RÜTSCHE/KUHN, Verfahrensrecht, N. 441 ff.; MOOR/POLTIER, Droit administratif, Vol. II, S. 288 ff.; UHLMANN FELIX, Die *Einleitung* eines Verwaltungsverfahrens, in: Häner/Waldmann, Verwaltungsverfahren, S. 1 ff.; vgl. auch die in Rz. 134 zitierte Literatur.

386

Entweder wird das nichtstreitige Verwaltungsverfahren durch die zuständige Behörde eingeleitet und beendet. Diese entscheidet aufgrund einer genügenden gesetzlichen Grundlage, worüber und in welchem Umfang zu verfügen ist.

387

Oder aber die Einleitung des Verfahrens erfolgt durch die Verfügungsadressatinnen und -adressaten auf Gesuch hin. Das Offizialprinzip ist im nichtstreitigen Verwaltungsverfahren demnach nicht durchgehend verwirklicht. Bei den mitwirkungsbedürftigen Verfügungen, insbesondere im Bereich der Leistungsverwaltung, lösen regelmässig die Privaten das Verfahren aus, indem sie beispielsweise ein Gesuch auf Erteilung einer Bewilligung, auf Einräumung einer Konzession, auf Steuererlass, auf den Eintritt in ein Sonderstatusverhältnis oder auf die Erteilung von Subventionen stellen. Ziehen die Betreffenden den Antrag zurück, wird das Verfahren beendet; den Behörden bleibt kein Raum mehr, eine gestaltende Verfügung zu erlassen (BGE 100 Ib 126 E. 2). Auch Feststellungsverfügungen ergehen in der Regel auf das Begehren Privater hin. Zur Einreichung eines Gesuchs sind diejenigen berechtigt, welche Anspruch auf Erlass einer Verfügung haben, somit diejenigen, welchen Parteistellung gemäss Art. 6 VwVG zukommen kann. Dementsprechend können im Kartellrecht Dritte nicht verlangen, dass mittels Verfügung entschieden wird, ob eine Untersuchung nach Art. 27 KG zu eröffnen sei (BGE 130 II 521 E. 2.7.3; vgl. dazu auch vorne, Rz. 359). In den Verfahren, die von der Offizialmaxime bestimmt sind und von Amtes wegen eingeleitet werden, ist häufig unklar, ab welchem Zeitpunkt das Verfahren eingeleitet ist. Namentlich ergeht im Verwaltungsrecht regelmässig keine Mitteilung an die Beteiligten (vgl. aber Art. 30 FINMAG). Diese erfahren von einem laufenden Verfahren oftmals erst im Rahmen der Gewährung des rechtlichen Gehörs. Uhlmann schlägt vor, die Eröffnung des Verfahrens dann anzunehmen, wenn sich der Untersuchungsgegenstand mit Blick auf Art. 5 VwVG individualisiert und konkretisiert hat und damit auch der Erlass einer Verfügung als wahrscheinlich erscheint, wenn das Rechtsschutzinteresse der betroffenen Person deren Beteiligung am Verfahren als geboten erscheinen lässt und nicht gewichtige verfahrensökonomische Gesichtspunkte entgegenstehen sowie wenn die Behörde gegen aussen Abklärungen vorzunehmen gedenkt (Uhlmann, Einleitung, S. 4 ff.).

388

In Bezug auf die Bestimmung des Verfahrensgegenstandes sind die Gesuchstellenden nicht frei. Es kann unter der Herrschaft des Legalitätsprinzips jeden-

389

falls nur angeordnet werden, was das Gesetz vorsieht. Das VwVG enthält für das nichtstreitige Verwaltungsverfahren zwar keine Bestimmung wie § 7 Abs. 4 VRG ZH, der im letzten Satz festhält, dass die Behörden an Parteibegehren nicht gebunden sind. Dies dürfte jedoch auch für das VwVG gelten. Erweitern die Behörden den Verfahrensgegenstand von Amtes wegen, ist den Verfahrensparteien das rechtliche Gehör zu gewähren.

II. Zuständigkeit

390 *Literatur:* BERGER MARKUS, Gedanken zu einer Reform der Zuständigkeitsordnung in der zürcherischen Steuerrechtspflege, Zürcher Steuerpraxis 2006, S. 95 ff.; DAUM MICHEL, in: Auer/Müller/Schindler, VwVG-Kommentar, Art. 8; GAUTHIER JEAN, Les compétences de l'administration fédérale en droit pénal administratif, in: Mélanges en l'honneur de Pierre Moor, Bern 2005, S. 261 ff.; KIENER/RÜTSCHE/KUHN, Verfahrensrecht, N. 473 ff.; MARTI ARNOLD, Zusammenlegung von privatrechtlichem und öffentlichrechtlichem Rechtsschutz bei Verwaltungsjustizbehörden und Spezialgerichten, ZBl 2000, S. 169 ff.; MOOR/POLTIER, Droit administratif, Vol. II, S. 267 ff.; MÜLLER GEORG, Zuständigkeit und Überprüfungsbefugnis der Verwaltungsgerichte, in: Festschrift für Alfred Bühler, Zürich 2008, S. 335 ff.; PETER ROGER, Das (Verwaltungs-)Verfahren bei Zuständigkeitsstreitigkeiten im Leistungsrecht der obligatorischen Unfallversicherung, SZS 2000, S. 117 ff.; SÄGESSER THOMAS, Handkommentar Regierungs- und Verwaltungsorganisationsgesetz (RVOG), Bern 2007; UHLMANN FELIX, Die Zuständigkeit zur Information innerhalb des Gemeinwesens, in: Mélanges en l'honneur de Pierre Moor, Bern 2005, S. 569 ff.

1. Begriff

391 Die Zuständigkeitsordnung gibt darüber Auskunft, wer zum Erlass einer Verfügung (oder eines Rechtsmittelentscheides) berechtigt ist. Sie bestimmt, womit sich eine Behörde zu befassen und womit sie sich nicht zu befassen hat (Unzuständigkeit). Diese Ordnung der Zuständigkeiten wird vom Gesetz nach sachlichen, örtlichen und funktionellen Kriterien festgelegt.

392 Die *sachliche Zuständigkeit* richtet sich nach der Natur des Verfahrensgegenstandes und teilt die Geschäfte innerhalb der Behörden auf, deren örtlicher Wirkungsbereich übereinstimmt und deren funktionelle Stufe die gleiche ist. Im erstinstanzlichen Verfahren gibt in der Regel das materielle Recht darüber Auskunft, welche Behörde zu verfügen hat. So ermächtigt beispielsweise Art. 27 Abs. 1 LFG das Bundesamt für Zivilluftfahrt, welches dem Eidgenössischen Departement für Umwelt, Verkehr, Energie und Kommunikation (UVEK) unterstellt ist, Unternehmen mit Sitz in der Schweiz eine Betriebsbewilligung zur gewerbsmässigen Beförderung von Personen oder Gütern zu erteilen. Für den Betrieb von Flugplätzen, die dem öffentlichen Verkehr dienen (Flughäfen), ist hingegen eine Betriebskonzession erforderlich, die das UVEK selbst erteilt (Art. 36a LFG). Die Bestimmungen des materiellen Rechts werden ergänzt durch das Verwaltungsorganisationsrecht, etwa die OV-UVEK.

Die *örtliche Zuständigkeit* regelt die räumliche Beziehung der Verwaltungsbehörde zum Verfügungsgegenstand. Sie muss dann bestimmt werden, wenn mehrere Amtsstellen sachlich und funktionell für ein bestimmtes Verwaltungsrechtsverhältnis zuständig sind. Stellt das Gesetz keine Bestimmungen auf, so gelten als Anknüpfungen der Wohnsitz, der Ort der gelegenen Sache oder der Ort des massgeblichen Vorganges. Im Verwaltungsverfahren des Bundes spielt die örtliche Zuständigkeit jedoch keine grosse Rolle, da es in der Regel nur eine einzige mit einer bestimmten Angelegenheit befasste Amtsstelle gibt. Eine Klärung der örtlichen Zuständigkeit verlangt aber zum Beispiel das Enteignungsgesetz im Bereich der Verwaltungsrechtspflege des Bundes, indem es das Gebiet der Eidgenossenschaft in Schätzungskreise einteilt und für jeden Kreis eine Schätzungskommission als zuständig erklärt (Art. 58 f. EntG).

393

Die *funktionelle Zuständigkeit* schliesslich betrifft die Abfolge der Instanzen im Rechtsmittelverfahren. Sie muss dort geklärt werden, wo nacheinander mehrere Instanzen zum Entscheid über die gleiche Sache zuständig sind (vgl. BGer, Urteil 2C_687/2007 vom 8.4.2008, E. 1.2.1; BGE 132 II 382 E. 1.2.3; RK EVD, Entscheid vom 10.9.1996, in: VPB 1997, Nr. 44 E. 4.1).

394

2. Pflicht der Behörde zur Überprüfung der Zuständigkeit

Die Verwaltungsbehörden sind verpflichtet, ihre Zuständigkeit in sachlicher, örtlicher und funktioneller Hinsicht von Amtes wegen zu prüfen (Art. 7 Abs. 1 VwVG). Aus der zwingenden Natur der Zuständigkeitsvorschriften folgt das in Art. 7 Abs. 2 VwVG ausgesprochene Verbot der Prorogation, d.h. von Abmachungen zwischen Parteien und Behörden über die Zuständigkeit (vgl. RK für das öffentliche Beschaffungswesen, Entscheid vom 4.3.2003, in: VPB 2003, Nr. 66 E. 2a). Demzufolge ist es auch ausgeschlossen, die Zuständigkeit durch sogenannte Einlassung zu begründen, worunter die Anerkennung der Zuständigkeit durch vorbehaltlose Beteiligung am Verfahren zu verstehen ist (vgl. Art. 18 ZPO). Ebenso kann den Verfügungsbetroffenen das Gebot von Treu und Glauben nicht entgegengehalten werden, wenn sie eine Unzuständigkeit wider besseres Wissen erst im Rechtsmittelverfahren geltend machen (Frage des Rechtsmissbrauchs offengelassen in BGE 103 Ib 232 E. 1). Ein solches Verhalten ist jedoch bei den Kostenfolgen zu berücksichtigen (vgl. zum Ganzen auch BVGer, Urteil B-93/2007 vom 8.6.2007, E. 3.2.2).

395

Verfügt eine unzuständige Instanz, ist regelmässig Anfechtbarkeit, ausnahmsweise Nichtigkeit die Folge. Letztere tritt dann ein, wenn eine qualifiziert unzuständige Instanz entschieden hat. Dabei muss der Mangel schwer und offensichtlich oder zumindest leicht erkennbar sein; zudem darf die Aufhebung der Verfügung die Rechtssicherheit nicht ernsthaft gefährden (BGer, Urteil 1C_270/2011 vom 29.8.2011, E. 5.1; BGE 132 II 342 E. 2.1; 132 II 21 E. 3.1).

396

397 Fällt eine Zuständigkeitsvoraussetzung nachträglich weg, wechselt beispielsweise eine Partei während des laufenden Verfahrens den Wohnsitz, ändert sich an der Zuständigkeit nichts; die einmal begründete Zuständigkeit bleibt bestehen (BGE 108 Ib 139; vgl. BGE 130 V 90 E. 3.2).

3. Überweisungspflicht

398 Ein bei einer unzuständigen Instanz eingeleitetes Verwaltungsverfahren soll nicht durch einen Nichteintretensentscheid erledigt werden (BGE 127 III 567 E. 3b; 108 Ib 540 E. 2a/aa). Auch gilt eine Frist als gewahrt, wenn die Eingabe rechtzeitig an eine unzuständige Behörde im Sinn von Art. 1 Abs. 2 VwVG gelangt (Art. 21 Abs. 2 VwVG; Art. 48 Abs. 3 BGG; vgl. etwa BVGer, Urteil A-6067/2008 vom 30.3.2009, E. 1.4; BGE 123 II 231 E. 8b). Dieser kommt die Pflicht (und nicht nur die Befugnis) zu, die Angelegenheit ohne Verzug an die zuständige Stelle zu überweisen (Art. 8 Abs. 1 VwVG; BVGer, Urteil A-459/2011 vom 26.8.2011, E. 4.1). Die genannten Bestimmungen sind Ausdruck eines in der gesamten Rechtsordnung geltenden allgemeinen Verfahrensgrundsatzes, wonach der Rechtsuchende nicht ohne Not um die Beurteilung seines Rechtsbegehrens durch die zuständige Instanz gebracht werden soll (BGer, Urteile 1P.143/2004 und 1P.561/2003 vom 17.8.2004, E. 3.3.3; BGE 121 I 93 E. 1d; 118 Ia 241 E. 3b und 3c). Die Überweisung hat auch zu erfolgen, wenn eine kantonale Behörde als zuständig erachtet wird (vgl. etwa BVGer, Urteile D-5124/2008 vom 9.4.2010, E. 4.3, und C-6126/2007 vom 18.10.2007, E. 2). Stellt sich indes heraus, dass ein Zivil- oder Strafgericht zuständig wäre, so hat ein Nichteintretensentscheid zu ergehen und keine Überweisung stattzufinden (Rhinow/Koller/Kiss/Thurnherr/Brühl-Moser, Prozessrecht, Rz. 1188; Daum, VwVG-Kommentar, Art. 8 Rz. 3).

4. Kompetenzstreitigkeiten

399 Wird die Zuständigkeit bestritten, unterscheidet das Gesetz zwei Fälle. Einerseits geht es um Kompetenzkonflikte zwischen den Behörden (Art. 9 Abs. 3 VwVG); andererseits kann eine Kompetenzstreitigkeit auch zwischen Behörden und Parteien entstehen (Art. 9 Abs. 1 und 2 VwVG; dazu auch ausführlich BGE 108 Ib 540 E. 2a/aa).

A. Kompetenzkonflikt zwischen den Behörden

400 Ist die Unzuständigkeit nicht offensichtlich, zieht die Behörde ihre Zuständigkeit aber in Zweifel, eröffnet sie zunächst ohne Verzug einen Meinungsaustausch mit der Behörde, deren Zuständigkeit auch infrage kommt (Art. 8 Abs. 2 VwVG; z.B. BVGE 2009/30 E. 1.4; BVGer, Urteil C-6126/2007 vom 18.10.2007,

E. 1.2.5 und 2; BGE 125 I 347, Sachverhalt S. 352; 122 II 204, Sachverhalt S. 205 f.). Die im Meinungsaustausch festgelegte Zuständigkeit ist laut Doktrin und Praxis endgültig (Daum, VwVG-Kommentar, Art. 8 Rz. 19 m.H.; Bundesamt für Justiz, Mitteilung vom November 1988, in: VPB 1988, Nr. 53 E. 3; vgl. aber AB 1989 N 1833 f.).

Das Bundesgericht führt in der Regel keinen Meinungsaustausch mit Vorinstanzen zu formell- oder materiellrechtlichen Fragen, die es auf Beschwerde hin noch in einem ordentlichen Verfahren zu beurteilen haben könnte, also auch nicht zur Zuständigkeit. Dies liefe im Resultat auf ein dem schweizerischen Recht unbekanntes «Vorabentscheidverfahren» hinaus. Das Bundesgericht führt einen Meinungsaustausch grundsätzlich nur, soweit neben seiner eigenen eine allfällige andere letztinstanzliche Zuständigkeit gegeben sein könnte (BGE 126 II 126 E. 3; vgl. BVGer, Urteil A-2744/2008 vom 23.3.2010, E. 1.3–1.5). 401

Kommen die Behörden in der Zuständigkeitsfrage nicht überein, entsteht ein Kompetenzkonflikt. Dieser besteht entweder darin, dass sich mehrere Stellen für die Behandlung eines Gesuchs als zuständig erklären (positiver Kompetenzkonflikt), oder aber darin, dass keine Behörde die Angelegenheit an die Hand nehmen will (negativer Kompetenzkonflikt; vgl. den illustrativen BGE 135 V 153 zur örtlichen Zuständigkeit bei einem negativen Kompetenzkonflikt zweier kantonaler Versicherungsgerichte). Zur Entscheidung zuständig ist die gemeinsame Aufsichtsbehörde, im Zweifel der Bundesrat (Art. 9 Abs. 3 VwVG). Das Bundesverwaltungsgericht ist bei Kompetenzkonflikten von der Entscheidgewalt des Bundesrates ausdrücklich ausgenommen (Art. 9 Abs. 3 VwVG). Ist die Zuständigkeit zwischen Bundesrat und Bundesgericht streitig, entscheidet gemäss Art. 173 Abs. 1 lit. i BV die Bundesversammlung darüber (vgl. BGE 138 I 61). 402

Streitigkeiten über die Zuständigkeit zwischen kantonalen Behörden und Bundesbehörden beurteilt dagegen das Bundesgericht als Kompetenzgericht (Art. 120 Abs. 1 lit. a BGG; vgl. Art. 189 Abs. 2 BV). Mittels Klage können die Behörden einen Entscheid über die Kompetenzausscheidung zwischen Bund und Kantonen herbeiführen. Die Klage ist allerdings unzulässig, wenn ein anderes Bundesgesetz eine Behörde zum Erlass einer Verfügung über solche Streitigkeiten ermächtigt; gegen die Verfügung ist letztinstanzlich die Beschwerde an das Bundesgericht zulässig (Art. 120 Abs. 2 BGG; vgl. BGE 136 IV 44 E. 1.3 m.H. auf die Besonderheit dieser Beschwerde gegenüber der Einheitsbeschwerde; BGE 136 IV 139; dazu hinten, Rz. 1810 ff.). 403

B. Kompetenzstreitigkeit zwischen Behörden und Privaten

Bei den Kompetenzstreitigkeiten zwischen Behörden und Privaten können wiederum zwei Fälle unterschieden werden. 404

Macht eine Partei eine andere Zuständigkeit geltend, als von der Behörde angenommen wurde, kommt dieser die Pflicht zu, eine mit ordentlichem 405

Rechtsmittel anfechtbare Zwischenverfügung (Art. 9 Abs. 1 i.V.m. Art. 45 Abs. 1 VwVG) zu erlassen. Es besteht indes keine Pflicht, die Zuständigkeit in einer Zwischenverfügung festzustellen, wenn der Entscheid schon vorbereitet ist (BVGer, Urteil B-8248/2008 vom 4.6.2009, E. 2.1; BGE 129 II 497 E. 2.4). Die Einrede der Unzuständigkeit muss zwar nicht ausdrücklich erfolgen; doch muss die Partei auf irgendeine Weise zu erkennen geben, dass sie ihr Begehren von einer anderen Behörde behandelt haben will.

406 Wenn sich andernfalls die Behörde entgegen der Behauptung der Betroffenen für unzuständig betrachtet, hat sie einen Nichteintretensentscheid zu fällen (Art. 9 Abs. 2 VwVG; BVGer, Urteil A-459/2011 vom 26.8.2001, E. 4.3). Das Bundesverwaltungsgericht verlangt öfters eine ausdrückliche Behauptung (BVGer, Urteile A-3260/2009 vom 16.7.2009, E. 2, und A-6437/2008 vom 16.2.2009, E. 2; BVGE 2009/1 E. 3; 2008/15 E. 3.2). Die Ausdrücklichkeit ist im Gesetz nicht vorgesehen. Sie wird indessen zu Recht verlangt, weil im Fall einer Zuständigkeitsbehauptung die Überweisung gemäss Art. 8 VwVG entfällt. Allein daraus, dass eine Eingabe an eine bestimmte Behörde gerichtet wird, ist jedenfalls noch nicht auf die Behauptung der Zuständigkeit im Sinne von Art. 9 Abs. 2 VwVG zu schliessen (BGE 108 Ib 540 E. 2a/aa; vgl. BVGer, Urteil A-3290/2011 vom 29.9.2011, E. 2.1.4; vgl. auch PRK, Entscheid vom 26.1.2000, in: VPB 2001, Nr. 42 E. 2b mit besonderen Umständen). Das Gesetz bezeichnete den Nichteintretensentscheid früher ausdrücklich als Zwischenverfügung (vgl. Art. 45 Abs. 2 lit. a VwVG, gültig bis 31.12.2006); weil damit das Verfahren abgeschlossen wurde, handelte es sich um eine atypische Zwischenverfügung. Nach geltendem Recht ist beim Nichteintretensentscheid nunmehr von einer Endverfügung auszugehen, die unter den allgemeinen Voraussetzungen anfechtbar ist (Art. 44 VwVG, auch in Verbindung mit Art. 37 VGG; Art. 90 BGG; vgl. BGE 133 V 477 E. 4.1.1).

5. Verfahrenskoordination

407 *Literatur:* BANDLI CHRISTOPH, Neue Verfahren im Koordinationsgesetz – Ausgleich von Schutz und Nutzen mittels Interessenabwägung, URP 2001, S. 511 ff.; HÄNNI PETER, Planungs-, Bau- und besonderes Umweltschutzrecht, 5. A., Bern 2008, S. 451 ff.; MARTI ARNOLD, Zum Inkrafttreten des Bundeskoordinationsgesetzes und weiteren Neuerungen im Bereich des Umwelt-, Bau- und Planungsrechts, URP 2000, S. 291 ff.; WILD FLORIAN, Die Rodungsbewilligung im Rahmen der Neuregelungen des Bundes über die Verfahrenskoordination und über die Aufsicht im Bereich der Walderhaltung, ZBl 2002, S. 113 ff.; WIPF THOMAS, Das Koordinationsgesetz des Bundes. Die Koordination, Vereinfachung und Beschleunigung von bodenbezogenen Entscheidverfahren im Bund, Zürich 2001; ZÜRCHER FRANÇOIS, Koordination zwischen Raumplanung und bäuerlichem Bodenrecht, Raum & Umwelt 2004, S. 1 ff.; vgl. auch die in Rz. 116 zitierte Literatur.

408 Das Bundesgericht hat das Gebot der Koordination der Verfahren entwickelt, dessen Adressaten die Kantone sind (vorne, Rz. 117 ff.). Mit dem Ziel, die Verfahrenskoordination bei Vorhaben, welche der Bewilligungshoheit *des Bundes*

unterliegen, zu regeln, hat das Parlament am 18. Juni 1999 das Bundesgesetz über die Koordination und Vereinfachung von Entscheidverfahren erlassen (in Kraft seit 1.1./1.3.2000). Unter diesem Sammeltitel wurden 18 Bundesgesetze – namentlich auch das RVOG – geändert, um eine Vereinfachung und Beschleunigung der Bewilligungsverfahren für Bauten und Anlagen zu erreichen. Erfasst sind militärische Bauten, Wasserkraftwerke, Nationalstrassen, Stark- und Schwachstromanlagen, Eisenbahnanlagen, Rohrleitungen, Flugplätze usw. Sieht ein Spezialerlass für Vorhaben wie Bauten und Anlagen die Konzentration von Entscheiden bei einer einzigen (Bundes-)Behörde (Leitbehörde) vor, so holt diese vor ihrem Entscheid die Stellungnahmen der betroffenen Fachbehörden ein (Art. 62a RVOG; Konzentrationsmodell, in Abgrenzung zum Koordinationsmodell, vgl. vorne, Rz. 121). Mit anderen Worten müssen die betroffenen Fachbehörden von der Leitbehörde vor deren Entscheid angehört werden (vgl. Überschrift von Art. 62a RVOG: Anhörung); sie verfügen aber nicht über ein Zustimmungsrecht (Anhörungsmodell, in Abgrenzung zum Zustimmungsmodell). Die Leitbehörde wird durch die Stellungnahmen nicht gebunden.

Bestehen zwischen den Stellungnahmen der Fachbehörden Widersprüche oder ist die Leitbehörde mit den Stellungnahmen nicht einverstanden, so führt sie mit den Fachbehörden innerhalb von 30 Tagen ein Bereinigungsgespräch (Art. 62b Abs. 1 RVOG). Gelingt diese Bereinigung, so ist das Ergebnis für die Leitbehörde verbindlich (Art. 62b Abs. 2 RVOG). Misslingt die Bereinigung, so entscheidet bei nicht wesentlichen Differenzen die Leitbehörde. Bei wesentlichen Differenzen zwischen Verwaltungseinheiten des gleichen Departements weist dieses die Leitbehörde an, wie zu entscheiden ist. Den Entscheid aufgrund der Weisung hätte die Leitbehörde auch in einem Rechtsmittelverfahren zu vertreten. Sind Verwaltungseinheiten mehrerer Departemente von einer misslungenen Bereinigung betroffen, so setzen sich diese Departemente ins Einvernehmen. In der Begründung des Entscheids sind (aus Gründen der Transparenz) die abweichenden Stellungnahmen aufzuführen (Art. 62b Abs. 3 RVOG; vgl. BVGE 2011/19 E. 21.4 f. zu einer erneuten Verletzung von Art. 62b RVOG durch dasselbe Bundesamt und zur ausnahmsweisen Heilung). Die Fachbehörden sind auch nach Durchführung eines Bereinigungsverfahrens befugt, gegenüber einer Rechtsmittelbehörde über ihre Stellungnahme selbständig Auskunft zu geben (Art. 62b Abs. 4 RVOG). Das gibt der Rechtsmittelbehörde die Möglichkeit, zu den abweichenden Stellungnahmen, welche in der Begründung des Entscheids ohnehin anzuführen sind, zusätzliche Auskünfte direkt bei den Fachbehörden einzuholen, was eine bessere Gesamtschau aller Argumente ergeben kann. Dadurch erhalten die Fachbehörden aber keine Parteistellung (AB 1999 N 57, Votum Bundesrat Leuenberger).

409

Der Rechtsschutz gegen den Entscheid der Leitbehörde richtet sich nach den Spezialerlassen oder den allgemeinen Bestimmungen der Bundesrechtspflege. Gewöhnlich ist die Beschwerde beim Bundesverwaltungsgericht (früher bei der Rekurskommission UVEK, vgl. BBl 1998 2603 ff.) mit Möglichkeit

410

des (mit dem Koordinationsgesetz damals eigens geöffneten) Weiterzugs an das Bundesgericht gegeben, soweit das Bundesgericht zuständig ist (Art. 83 BGG). Gegen ein Ergebnis des verwaltungsinternen Bereinigungsverfahrens besteht kein Rechtsschutz zugunsten der einzelnen Behörden.

6. Zuständigkeit unabhängiger Kommissionen

411 *Literatur und Materialien:* BELLANGER FRANÇOIS, Le *phénomène* des autorités administratives indépendantes, in: Bellanger François/Tanquerel Thierry (Hrsg.), Les autorités administratives indépendantes, Genf u.a. 2011; Bericht des Bundesrates vom 13.12.2006 zur Auslagerung und Steuerung von Bundesaufgaben (Corporate-Governance-Bericht), BBl 2006 8233; Botschaft vom 12.9.2007 über die Neuordnung der ausserparlamentarischen Kommissionen, BBl 2007 6641; Botschaft vom 22.9.2006 zur Änderung des Parlamentsgesetzes (Unvereinbarkeit mit Mitgliedschaft in ausserparlamentarischen Kommissionen), BBl 2006 8009; BOVET CHRISTIAN, Les autorités de *surveillance* et de régulation, in: Bellanger François/Tanquerel Thierry (Hrsg.), Les autorités administratives indépendantes, Genf u.a. 2011.

412 Im Rahmen der Bundesverwaltungsreform 05/07 beschloss der Bundesrat eine Überprüfung der ausserparlamentarischen Kommissionen des Bundes. Die rechtliche Neuordnung war ein Teil davon. Am 1.1.2009 traten die diesbezüglichen Änderungen des RVOG und der RVOV in Kraft (Art. 57g RVOG und Art. 8l–8t RVOV zur Entschädigung der Kommissionsmitglieder am 1.1.2010).

413 Der Bundesrat und die Bundesverwaltung werden bei der Wahrnehmung ihrer Aufgaben von ausserparlamentarischen Kommissionen ständig beraten (Art. 57a Abs. 1 RVOG). Entscheidbefugnis kommt diesen Kommissionen nur zu, soweit sie durch ein Bundesgesetz dazu ermächtigt werden (Art. 57a Abs. 2 RVOG). Solche Ermächtigungen finden sich etwa in Art. 24a Abs. 1 FMG (Erteilung der Funkkonzession zur Benutzung des Funkfrequenzspektrums durch die Kommunikationskommission, ComCom), in Art. 30 Abs. 1 KG (Verfügung über die zu treffenden Massnahmen bei unzulässigen Wettbewerbsbeschränkungen durch die Wettbewerbskommission, WEKO) oder in Art. 22 Abs. 2 lit. a StromVG (Entscheid im Streitfall über den Netzzugang durch die Elektrizitätskommission, ElCom).

414 Ausserparlamentarische Kommissionen sind ihrer Funktion nach entweder Verwaltungs- oder Behördenkommissionen. Verwaltungskommissionen haben nur beratende und vorbereitende Funktionen. Behördenkommissionen sind mit Entscheidungsbefugnissen ausgestattet (Art. 8a Abs. 1–3 RVOV). Die genannten ComCom und ElCom sind somit Behördenkommissionen. Ebenso zu erwähnen sind etwa die Spielbankenkommission (ESBK, Art. 46–53 SBG) oder die Schiedskommission im Eisenbahnverkehr (SKE, Art. 40a EBG) und derzeit noch die WEKO (vgl. hinten, Rz. 1986 ff.).

415 Eine ausserparlamentarische Kommission wird durch Verfügung des Bundesrates eingesetzt (Art. 8e Abs. 1 RVOV). Der Inhalt dieser Einsetzungsverfügung ist ausführlich in Art. 8e Abs. 2 RVOV geregelt. Nach Art. 8e Abs. 2 lit. j

RVOV wird in der Einsetzungsverfügung die Kommission der zuständigen Behörde (Departement oder Bundeskanzlei) zugeteilt und die Verwaltungsstelle, die für die Kommission das Sekretariat führt, bezeichnet.

Für die Erfüllung ihrer Aufgaben benötigen die Behördenkommissionen ein gewisses Mass an Unabhängigkeit von der Bundesverwaltung (vgl. Art. 57b lit. c RVOG). Sie sind jedoch keine rechtlich verselbständigten Einheiten wie etwa die FINMA, die als öffentlich-rechtliche Anstalt mit eigener Rechtspersönlichkeit konstituiert ist (Art. 4 Abs. 1 und 2 FINMAG; so auch Swissmedic, Art. 68 HMG; gemäss WBBG-E in Zukunft auch die Wettbewerbsbehörde: BBl 2012 4007). Die Zuteilung der Behördenkommissionen an eine zuständige Behörde (Departement oder Bundeskanzlei) ist lediglich administrativer Natur; somit sind sie, auch wenn sie organisatorisch nicht verselbständigt sind, nicht in die Hierarchie der Bundesverwaltung eingebunden. Der Grund der Unabhängigkeit liegt namentlich im besonderen Aufgabenbereich jener Behördenkommissionen, die in neu liberalisierten Märkten Aufgaben der Regulation übernommen haben. Das mögliche Misstrauen der Bevölkerung gegenüber dem Bund, der zuvor oft das Monopol innehatte, und die Verhütung von Missfunktionen der Märkte, etwa durch unzulässige Zugangsbeschränkungen, legten die Einführung verwaltungsunabhängiger Kommissionen nahe.

416

Die Unabhängigkeit von der Verwaltung ist normiert. So legt Art. 56 Abs. 2 FMG ausdrücklich fest, dass die ComCom in ihren Entscheiden keinen Weisungen von Bundesrat und Departement unterliegt; sie ist von den Verwaltungsbehörden unabhängig. Ähnliche Vorschriften sind in Art. 21 Abs. 2 StromVG für die ElCom und in Art. 19 Abs. 1 KG für die WEKO zu finden (vgl. für die neu vorgesehene Wettbewerbsbehörde Art. 4 Abs. 2 WBBG-E).

417

Die PostReg, die Regulationsbehörde gemäss Art. 40 Abs. 1 VPG, fungiert zwar als «fachlich unabhängige Behörde» (Art. 41 Abs. 1 Ingress VPG), ist aber keine Behördenkommission. Ihre Tätigkeit bezweckt zwar die Beaufsichtigung der Sicherstellung des Universaldienstes, die Marktaufsicht sowie die Ermöglichung eines wirksamen Wettbewerbs im Rahmen der schrittweisen Marktöffnung (Art. 40 Abs. 2 VPG). Aber sie nimmt hoheitliche Aufgaben im Postwesen lediglich zuhanden des Departementes, des UVEK, wahr (Art. 41 Abs. 2 VPG). Sie hat keine eigene Entscheidgewalt; eine entsprechende Ermächtigung findet sich im Postgesetz nicht. Die Unabhängigkeit ist demgemäss beschränkt, sodass die Doppelrolle des Bundes als Eigner der Schweizerischen Post und als Regulator des Postwesens nicht wesentlich eingeschränkt wird (Bellanger, phénomène, S. 27 f.).

418

Nebst der Unabhängigkeit von der Verwaltung wird in unterschiedlichem Masse die Unabhängigkeit der Kommissionsmitglieder verlangt. In der ComCom müssen die Mitglieder unabhängige Sachverständige sein (Art. 56 Abs. 1 FMG), ebenso in der ElCom (Art. 21 Abs. 1 StromVG, mit Präzisierung) und in der ESBK (Art. 46 Abs. 2 SBG, mit Präzisierung). Diese Kommissionen dürfen also keine Mitglieder aus dem betreffenden Wirtschaftssektor haben. Anders

419

ist die Sachlage hingegen noch bei der WEKO, in welcher nur die Mehrheit der Mitglieder unabhängige Sachverständige sein müssen (Art. 18 Abs. 2 KG, vgl. auch die gegenüber Art. 10 Abs. 1 VwVG besondere Ausstandsregel in Art. 22 Abs. 2 KG bei Vertretung übergeordneter Verbände; dazu kritisch Bovet, Surveillance, S. 71 f.). Die Behördenorganisation gemäss Kartellrecht soll allerdings vollständig neu organisiert werden. Als untersuchende Instanz soll die als öffentlich-rechtliche Anstalt organisierte Wettbewerbsbehörde eingesetzt werden, deren Unabhängigkeit ausdrücklich garantiert wird (Art. 20 WBBG-E; vgl. auch Art. 4 Abs. 2 WBBG-E).

420   Die Funktionen der Behördenkommissionen können vielfältig sein: Fällung von Entscheiden und Erlass von Verfügungen, aber auch Erlass von Verordnungen (vgl. etwa die Delegationsnormen in Art. 11a Abs. 4 und Art. 28 Abs. 4 FMG), Untersuchung (z.B. von Flugunfällen und Unfällen beim Eisenbahnbetrieb, Art. 24–26a LFG und Art. 15a–c EBG), Regulierung (etwa durch Konzessionierung der Nutzung des Funkfrequenzspektrums, Art. 22 Abs. 1 und Art. 24a Abs. 1 FMG), Schiedstätigkeit (vgl. etwa Art. 40a EBG), behördliche Kontrolle und Überwachung von Aktivitäten (vgl. etwa Art. 48 Abs. 2 SBG) oder Beobachtung und Überwachung von bestimmten Märkten (vgl. etwa Art. 22 Abs. 3 StromVG). Die (eidgenössischen) Behördenkommissionen erlassen Verfügungen im Sinne von Art. 5 VwVG (Art. 1 Abs. 2 lit. d VwVG), gegen welche gewöhnlich beim Bundesverwaltungsgericht Beschwerde erhoben werden kann (Art. 31 VGG; Vorinstanzen nach Art. 33 lit. f VGG). Manchmal steht den Behördenkommissionen ein eigenes Beschwerderecht zu (vgl. etwa Art. 48 Abs. 3 lit. e SBG zugunsten der ESBK beim Bundesgericht gegen Entscheide des Bundesverwaltungsgerichts). Den Behördenkommissionen kann auch Sanktionsgewalt zukommen (vgl. etwa Art. 51 SBG).

421   Eine besondere Stellung nimmt die unabhängige Beschwerdeinstanz für Radio und Fernsehen (UBI) ein. Diese hat ihre Grundlage in Art. 93 Abs. 5 BV. Ihre Aufgabe ist es, den Inhalt der redaktionellen Sendungen zu überwachen und die Ombudsstelle zu wählen und zu beaufsichtigen (Art. 83 RTVG). Sie ist somit zuständig, die Einhaltung des verfassungsrechtlichen Leistungsauftrages zu überwachen und die Sendungen im Hinblick auf ihre Sachgerechtigkeit und Meinungsvielfalt zu prüfen (Biaggini, BV-Kommentar, Art. 93 N. 17; BGE 137 I 340 E. 3 zum Sachgerechtigkeitsgebot, BGE 136 I 167 E. 3.2.2. zum Vielfaltsgebot). Die Zuständigkeit der UBI beschränkt sich auf eigentliche Sendungen gemäss Art. 2 lit. c RTVG und bezieht sich nicht auf im Internet publizierte Texte (BVGer, Urteil A-6603/2010 vom 21.11.2011, E. 2.2). Für die übrige Aufsicht ist das BAKOM gemäss Art. 86 ff. RTVG zuständig. Kennzeichen der UBI ist es einerseits, dass vor ihr die Popularbeschwerde zugelassen ist (Art. 94 RTVG), und andererseits, dass ihr Entscheid bei gegebenen Beschwerdevoraussetzungen unmittelbar beim Bundesgericht anzufechten ist (vgl. Art. 86 Abs. 1 lit. c BGG; dazu hinten, Rz. 1385, 1491).

III. Ausstand

Literatur: BREITENMOSER STEPHAN/SPORI FEDAIL MARION, in: Waldmann/Weissenberger, Praxiskommentar VwVG, Art. 10; FELLER RETO, in: Auer/Müller/Schindler, VwVG-Kommentar, Art. 10; JÄGER CHRISTOPH, Die Vorbefassung des Anbieters im öffentlichen Beschaffungsrecht, Zürich 2009; *ders.*, Direkte und indirekte Vorbefassung im Vergabeverfahren, Baurecht 2011, S. 4 ff.; KIENER/RÜTSCHE/KUHN, Verfahrensrecht, N. 509 ff.; LEUZINGER-NAEF SUSANNE, Die Auswahl der medizinischen Sachverständigen im Sozialversicherungsverfahren (Art. 44 ATSG), in: Festschrift für Erwin Murer, Bern 2010, S. 411 ff.; MEISSER URS, Die Neuregelung der bündnerischen Ausstandsvorschriften für vorbefasste Entscheidträger in der Verwaltung, ZGRG 2010, S. 174 ff.; MOOR/POLTIER, Droit administratif, Vol. II, S. 270 ff.; PIGUET JACQUES OLIVIER, Le choix de l'expert et sa récusation. Le cas particulier des assurances sociales, Haftung und Versicherung 2011, S. 127 ff.; RHINOW/KOLLER/KISS/THURNHERR/BRÜHL-MOSER, Prozessrecht, Rz. 1191 ff.; SCHINDLER BENJAMIN, Die *Befangenheit* der Verwaltung, Zürich u.a. 2002; STÖCKLI ANDREAS, *Behördenmitglieder* in den obersten Führungs- und Aufsichtsgremien von öffentlichen Unternehmen, Bern 2012; STOLKIN PHILIP, Vom fairen Verfahren und den Gutachten im Sozialversicherungsrechtsverfahren, Haftung und Versicherung 2009, S. 250 ff.; TÖNDURY ANDREA, Befangenheit bei Überkreuz-Beurteilungen. Zur Ausstandspflicht bei der Behandlung von Filmförderungsgesuchen, Jusletter, 31.5.2010.

422

Der Zweck der Ausstandspflicht besteht darin, jede Befangenheit oder Interessenkollision sowie jeden entsprechenden Anschein zu vermeiden. Sie soll die objektive Prüfung durch eine unbefangene Behörde gewährleisten. Dieselbe Zielsetzung gilt für die Garantie des gesetzlichen, d.h. des nach Gesetz primär zuständigen Gerichts (Art. 30 Abs. 1 BV und Art. 6 Ziff. 1 EMRK) bzw. der nach Gesetz primär zuständigen Behörde (Art. 29 Abs. 1 BV). Der Anspruch auf Ausstand Befangener steht jedoch in einem gewissen Spannungsverhältnis zum Anspruch auf gesetzmässige Zusammensetzung der Behörde; der Ausstand sollte im Verhältnis zur regelhaften Verfahrensordnung die Ausnahme bleiben (BGer, Urteil 1B_243/2009 vom 14.12.2009, E. 2; BGE 122 II 471 E. 3b; Breitenmoser/Spori Fedail, Praxiskommentar VwVG, Art. 10 N. 4; vgl. Feller, VwVG-Kommentar, Art. 10 Rz. 4).

423

Die Gründe, die zum Ausstand einer Person führen, welche eine Verfügung vorzubereiten oder zu erlassen hat, werden in Art. 10 Abs. 1 VwVG aufgezählt. Für beigezogene Sachverständige dagegen ist Art. 19 VwVG i.V.m. Art. 58 BZP anwendbar. Art. 58 BZP wiederum verweist auf Art. 34 BGG. Die Ausstandsgründe sind von Amtes wegen zu berücksichtigen. Gemäss Art. 10 Abs. 1 VwVG sind diejenigen Beamten und Behördenmitglieder ausstandspflichtig, die

424

– in der Sache ein persönliches Interesse haben (vgl. BVGer, Urteile B-1583/2011 vom 8.6.2011, E. 4.2, und B-2775/2008 vom 18.12.2008, E. 3.1.1);
– mit einer Partei durch Ehe oder eingetragene Partnerschaft verbunden sind oder mit ihr eine faktische Lebensgemeinschaft führen;
– mit einer Partei in gerader Linie oder bis zum dritten Grade in der Seitenlinie verwandt oder verschwägert sind;
– eine Partei vertreten oder für sie in der gleichen Sache tätig waren (BGE 137 II 431, E. 5.3);
– aus anderen Gründen befangen sein könnten.

425 Art. 10 VwVG und besonders die zuletzt genannte Generalklausel (Art. 10 Abs. 1 lit. d VwVG) stellen eine Konkretisierung des Anspruchs auf einen Entscheid durch eine unbefangene Verwaltungsbehörde nach Art. 29 Abs. 1 BV dar (BGE 132 II 485 E. 4.2; missverständlich BVGer, Urteil A-161/2010 vom 1.7.2010, E. 3.1). Mit dieser Bestimmung befassen sich die meisten Entscheide, weshalb nachfolgend vorab darauf einzugehen ist.

426 Der Anspruch auf eine unbefangene Behörde ist der Garantie des gesetzmässigen, unabhängigen, unparteiischen und unvoreingenommenen Gerichts nach Art. 30 Abs. 1 BV und Art. 6 Ziff. 1 EMRK nachgebildet, wobei Art. 6 Ziff. 1 EMRK in Bezug auf die richterliche Unabhängigkeit und Unvoreingenommenheit *inhaltlich* nicht weiter geht als Art. 30 Abs. 1 BV (BGE 136 I 207 E. 3.1). Allerdings kann der Gehalt von Art. 30 Abs. 1 BV insbesondere in Bezug auf die Vorbefassung bzw. in Bezug auf Art. 10 Abs. 1 lit. c VwVG nicht unbesehen auf nichtrichterliche Behörden übertragen werden. Vielmehr kommt es auf das spezifische Umfeld und den Aufgabenbereich der betroffenen Behörde bzw. des betroffenen Behördenmitglieds an. Den Unterschieden in Organisation und Funktion ist Rechnung zu tragen (BGE 137 II 431, E. 5.3; 127 I 196 E. 2b; Feller, VwVG-Kommentar, Art. 10 Rz. 1; a.M. Breitenmoser/Spori Fedail, Praxiskommentar VwVG, Art. 10 N. 19 f., die für einen gleich strengen Massstab eintreten; vgl. hingegen Schindler, Befangenheit, S. 66 ff., zu den relevanten Unterschieden zwischen Verwaltungsbehörden und Gerichten).

427 Dass sich der Grundsatz der *Unabhängigkeit* des Gerichts nicht restlos auf die Verwaltungsbehörden übertragen lässt, ergibt sich auch daraus, dass diese nicht jenen Grad der Unabhängigkeit insbesondere von der Exekutive erlangen können, wie es das Gewaltenteilungsprinzip für die Gerichte fordert. Deshalb kann Art. 30 Abs. 1 BV keine direkte Anwendung finden.

428 Bei anderen Ausstandsgründen als der Vorbefassung hingegen gelten für Exekutive und Gericht dieselben Massstäbe (vgl. BGer, Urteile 5A.5/2001 vom 23.7.2001, E. 4a, und 5A.4/2001 vom 10.7.2001, E. 2a). Die Gerichtspraxis betont denn auch immer wieder, dass beispielsweise persönliche Interessen zur Befangenheit führen können (BGer, Urteile 2C_36/2010 vom 14. Juni 2010, E. 3.3, und 1P.48/2007 vom 11.6.2007, E. 4.1). Dieser Grund wird in Art. 10 lit. a VwVG ausdrücklich erwähnt.

429 Während das Bundesgericht in Bezug auf die Staatsanwaltschaft und die untersuchungsrichterlichen Behörden dieselbe Unparteilichkeit verlangt, wie sie für die Gerichte gilt (bestätigt in BGE 127 I 196 E. 2b), sind im verwaltungsinternen Verfahren im Interesse einer beförderlichen Rechtspflege Ausstandsbegehren gegen Personen, die an einem Verwaltungsentscheid in irgendeiner Form beratend oder instruierend bereits beteiligt waren, nicht leichthin gutzuheissen. Die Tatsache beispielsweise, dass der Präsident der FINMA während Jahrzehnten bei der UBS AG gearbeitet hat, reicht in einem Verfahren gegen die UBS AG noch nicht aus, um den Ausstand zu begründen. Geht es jedoch um eine Angelegenheit, an welcher der Präsident als früherer Angestellter zumin-

dest in gewissen Teilen beteiligt war, bestehen objektive Umstände, welche den Anschein der Befangenheit zu begründen vermögen (zum Ganzen: BGE 137 II 431 E. 5; BVGer, Urteil B-1583/2011 vom 8.6.2011, E. 2.4; BVGE 2012/10 E. 2.1; vgl. Feller, VwVG-Kommentar, Art. 10 Rz. 4). Zu Verfahren vor kantonalen Behörden hält das Bundesgericht in ähnlicher Weise fest, dass für die Unabhängigkeit der entscheidenden Behörden je nach den Umständen und je nach Verfahrensart unterschiedliche Massstäbe gelten. Während für die verwaltungsinterne Rechtspflege annäherungsweise Kriterien wie für die gerichtliche Behörden gelten, ist der Massstab bei Verwaltungsbehörden milder. Amtsinterne Äusserungen im Vorfeld eines Entscheids zulasten der Verfahrenspartei reichen jedenfalls nicht aus, um den Anschein der Befangenheit zu erwecken (vgl. BGer, Urteil 8C_425/2009 vom 9.10.2009, E. 3). Es kommt ebenso auf die Funktion an. Ein Exekutivmitglied ist nur punktuell in Einzelentscheide involviert, hat aber ebenso die Aufgabe, ein Projekt politisch zu vertreten. Deshalb kann beispielsweise die Meinungsäusserung zugunsten eines Strassenprojekts im Rahmen der politischen Auseinandersetzung nicht dazu führen, dass das Exekutivmitglied in den Ausstand treten muss. Es müsste geradezu eine schwere Amtspflichtverletzung gegenüber den Betroffenen im Sinne von schweren oder wiederholten Fehlern im Verfahren oder in der Ermessensausübung vorliegen (BGE 125 I 119 E. 3 f.; 125 I 209 E. 8a). Ebenso kann ein Ausstandsgrund vorliegen, wenn das betreffende Exekutivmitglied zu einem früheren Zeitpunkt gegenüber der Partei seine persönliche Geringschätzung oder Abneigung zum Ausdruck gebracht hat (BGer, Urteile 2C_36/2010 vom 14.6.2010, E. 3.3, und 2D_29/2009 vom 12.4.2011, E. 3.3). Nicht ausreichend zur Annahme der Befangenheit ist hingegen, wenn die Behörde eines Gemeinwesens über ein Baugesuch zu entscheiden hat, das ein Grundstück dieses Gemeinwesens betrifft (BGer, 1C_198/2010 vom 11.11.2010, E. 2.2.3).

Fragwürdig ist jedoch die Praxis zum Ausstand namentlich von kantonalen Behördemitgliedern, Interessenkonflikte infolge amtlicher Tätigkeiten nicht als Befangenheitsgrund anzuerkennen. Danach ist ein Exekutivmitglied noch nicht befangen, wenn es gleichzeitig das Gemeinwesen in einem öffentlichen oder gemischtwirtschaftlichen Unternehmen vertritt und auch an den Entscheiden (selbst den Rechtsmittelentscheiden) der Exekutive mitwirkt, welche die Interessen dieses Unternehmens berühren. Dies spielt namentlich bei der Aufsichtstätigkeit der Exekutive über das betreffende Unternehmen eine Rolle. Das Bundesgericht hat in diesem Zusammenhang in älteren Entscheiden vorausgesetzt, dass Private, welche in Erfüllung öffentlicher Aufgaben Verfügungen treffen, selbst bei Interessenkonflikten «sich ihrer öffentlich-rechtlichen Aufgaben würdig zu zeigen und unter Hintanstellung von Privat- oder Verbandsinteressen objektiv zu entscheiden» wissen (BGE 105 Ib 126 E. 3). Die Praxis hat insofern daran festgehalten, als sich allein aus dem Umstand, dass eine Behörde öffentliche Interessen zu wahren hat, noch keine Befangenheit ergibt (BGer, Urteil

430

1P.48/2007 vom 11.6.2007, E. 4.1; kritisch zu dieser Praxis auch Stöckli, Behördenmitglieder, S. 625 ff.).

431 Die Frage nach der Befangenheit von Behördenmitgliedern, welche zur Wahrnehmung ganz bestimmter öffentlicher Interessen verpflichtet sind, muss richtigerweise durchwegs differenziert nach den jeweiligen konkreten Verhältnissen beurteilt werden: Sowohl die behördliche Organisation als auch die Funktionen, welche die Betreffenden insgesamt wahrzunehmen haben, sowie ihre Stellung im konkreten Verfahren müssen massgebend sein (vgl. BGer, Urteile 2D_29/2009 vom 12.4.2011, E. 3.3, und 2C_266/2010 vom 6.7.2010, E. 3.2).

432 Die neuere Rechtsprechung anerkennt, dass auch bei Verwaltungsbehörden eine Befangenheit aus der sogenannten *Vorbefassung* folgen kann – selbst wenn diese zur Wahrnehmung öffentlicher Interessen erfolgt ist. Die Vorbefassung bildet allgemein dann einen Ausstandsgrund, wenn sich die Entscheidungsbefugten durch die Mitwirkung an früheren Entscheiden in Bezug auf einzelne Fragen bereits derart festgelegt haben, dass sie nicht mehr als unvoreingenommen gelten können und das Verfahren deshalb nicht mehr als offen erscheint (BVGer, Urteile B-1583/2011 vom 8.6.2011, E. 5.2, und C-5496/2010 vom 14.6.2011, E. 4.2.4; Breitenmoser/Spori Fedail, Praxiskommentar VwVG, Art. 10 N. 71). Ein Behördenmitglied, dem die dauernde Aufsicht obliegt, verletzt die Ausstandspflicht dann nicht, wenn ihm im nachfolgenden, in die Rechtsstellung der beaufsichtigten Unternehmung eingreifenden Verfahren nur eine untergeordnete Rolle zukommt (BVGE 2012/10 E. 2).

433 Bei komplexen Sach- und Rechtslagen gerade auch im kostenintensiven Baubereich kann sich einerseits ein Bedürfnis der Privaten nach *Vorabklärungen* bei der Verwaltungsbehörde ergeben. Andererseits kann auch seitens einer Behörde der Wunsch bestehen, bei grossen Infrastrukturprojekten die potenziellen Parteien möglichst früh in den Entscheidungsprozess «einzubinden». In beiden Fällen dürfen die Äusserungen der Behörde aber nicht den Eindruck erwecken, diese habe sich bereits ihre Meinung in Bezug auf ein konkretes Verfahren gebildet. Die Äusserungen dürfen daher nicht einer abschliessenden Beurteilung gleichkommen, ansonsten die Behörde vorbefasst und ein Ausstandsgrund gegeben wäre (Schindler, Befangenheit, S. 83, 136 f.; vgl. BGer, Urteil 1C_150/2009 vom 8.9.2009, in: ZBl 2011, S. 478 E. 3.5.2).

434 Besteht die Gefahr der Befangenheit, liegt es ebenso am Gesetzgeber, Interessenkollisionen bei verschiedenen Tätigkeiten in der Verwaltung dadurch zu verhindern, dass bei gewissen Tätigkeiten Unvereinbarkeiten festgelegt werden. Dies ist insbesondere der Fall, wenn die Exekutivbehörde gleichzeitig Aufsichtsinstanz ist. Dieser Ansatz findet gerade im Hinblick auf den Grundsatz der «Corporate Governance» zunehmend Eingang in die Gesetzgebung. So darf beispielsweise ein Mitglied des Bundesrates nicht gleichzeitig ein anderes Amt des Bundes bekleiden (Art. 60 Abs. 1 RVOG; vgl. auch Art. 14 lit. f ParlG).

435 Nach der Rechtsprechung zu sämtlichen einschlägigen Bestimmungen ist es unmassgeblich, ob die Betreffenden tatsächlich befangen sind. Es genügt, dass

sie es sein könnten. Diese *potenzielle* Befangenheit muss sich aus den objektiven Umständen ergeben; auf die subjektive Empfindung einer Partei kommt es nicht an (BGer, Urteile 2C_583/2011 vom 25.10.2011, E. 4.2, und 2C_732/2008 vom 24.3.2009, E. 2.2.1 für Bundesverwaltungsbehörden; vgl. BGer, Urteile 2D_29/2009 vom 12.4.2011, E. 3.3, und 2C_1/2011 vom 7.4.2011, E. 4.1 für kantonale Behörden; vgl. auch Schindler, Befangenheit, S. 91 f.).

Der Wortlaut von Art. 10 Abs. 1 VwVG macht deutlich, dass sich Ausstandsbegehren nur gegen *Personen* richten können (vgl. auch Art. 38 VGG, Art. 34 Abs. 1 BGG, Art. 47 Abs. 1 ZPO, Art. 56 StPO). In den Ausstand treten können nur die einzelnen Behördenmitglieder als natürliche Personen und nicht die Gesamtbehörden (BGer, Urteil 2C_305/2011 vom 22.8.2011, E. 2.5; BVGer, Urteil C-2907/2008 vom 26.5.2011, E. 3.1; vgl. BGE 137 V 210 E. 1.3.3). Dies schliesst jedoch nicht aus, dass in Ausnahmefällen sämtliche Mitglieder einer Behörde befangen erscheinen können (BVGE 2008/13 E. 10.3). Ein Begehren, das formell gegen eine Gesamtbehörde gerichtet ist, darf jedenfalls nicht ohne Weiteres zurückgewiesen werden. Es muss als Ausstandsbegehren gegen die einzelnen Behördemitglieder entgegengenommen werden (Schindler, Befangenheit, S. 76 f.; Breitenmoser/Spori Fedail, Praxiskommentar VwVG, Art. 10 N. 34). Das setzt voraus, dass die Ausstandsgründe auf die einzelnen Mitglieder anwendbar sind. In neuesten Entscheiden hat das Bundesgericht diese Rechtsprechung auch auf kantonale Gerichte angewendet und festgehalten, dass ein Ausstandsbegehren gegen den Spruchkörper als solchen statt gegen dessen Mitglieder unzulässig ist (BGer, Urteile 8C_712/2011 vom 18.10.2011, E. 3.3, und 8C_102/2011 vom 27.4.2011, E. 2.2). Bei einem Ausstandsbegehren gegen die gesamte unabhängige Beschwerdeinstanz für Radio und Fernsehen (UBI) hatte das Bundesgericht einen Gesamtausstand bei ausserordentlichen Umständen noch für zulässig gehalten, in casu aber verneint (BGE 122 II 471 E. 3b; dazu Breitenmoser/Spori Fedail, Praxiskommentar VwVG, Art. 10 N. 34). Die Unabhängigkeit der UBI ist gegenüber derjenigen von gewöhnlichen Verwaltungsbehörden von besonderer Qualität, wobei die UBI nicht als Gericht qualifiziert werden kann (vgl. heute Art. 93 Abs. 5 BV und Art. 84 RTVG; BGE 122 II 471 E. 2, bestätigt in BGE 138 I 340 E. 2).

Der Anspruch auf eine unparteiische und unbefangene Behörde setzt die *Bekanntgabe der personellen Zusammensetzung* der Behörde voraus, damit die Betroffenen überhaupt beurteilen können, ob sie Ausstandsgründe vorzubringen haben. Das Bundesgericht leitet denn auch einen entsprechenden Anspruch aus Art. 30 Abs. 1 BV bzw. aus Art. 29 Abs. 1 BV ab, der aber bereits dann gewahrt ist, wenn die Namen einer allgemein zugänglichen Publikation entnommen werden können (BGer, Urteile 2C_8/2010 vom 4.10.2010, E. 2, und 1C_388/2009 vom 17.2.2010, E. 4.1; BGE 128 V 82 E. 2b; vgl. Feller, VwVG-Kommentar, Art. 10 Rz. 35). Die Geheimhaltung der Namen von amtlichen Gutachtern, wie sie in der Praxis geübt wird, widerspricht diesem Anspruch, kann aber unter besonderen Umständen, etwa im Asylverfahren, gerechtfertigt sein (hinten, Rz. 510).

438 Der *Entscheid* über den Ausstand ergeht in einer selbständig anfechtbaren Zwischenverfügung (Art. 45 Abs. 1 VwVG; BVGer, Urteil A-4580/2007 vom 17.1.2008, E. 4). Eine spätere Anfechtung im Rechtsmittelverfahren gegen den Endentscheid ist ausgeschlossen (Art. 45 Abs. 2 VwVG; vgl. BGE 132 V 93 E. 6.2).

439 Ist eine einzelne Amtsperson einer Behörde mit der Verfahrensleitung betraut, so entscheidet über ein streitiges Ausstandsbegehren zunächst deren Aufsichtsbehörde oder, wenn es sich um den Ausstand des Mitgliedes einer Kollegialbehörde handelt, diese Behörde unter Ausschluss des betreffenden Mitgliedes (Art. 10 Abs. 2 VwVG, vgl. BGE 122 II 471 E. 3a). Richtet sich das Ausstandsbegehren gegen eine Person, welche lediglich an der Vorbereitung eines Entscheids mitwirkt (wie etwa eine Sachbearbeiterin oder ein Sachbearbeiter), erscheint es aus Gründen der Verfahrensökonomie nicht sachgerecht, die Aufsichts- oder Gesamtbehörde mit dem Entscheid zu betrauen. In solchen Fällen ist es sinnvoller, den Entscheid der direkt vorgesetzten Amtsperson zu überlassen (BVGer, Urteil B-6251/2007 vom 1.10.2008, E. 3.1.7; Schindler, Befangenheit, S. 205).

440 Der Anspruch auf eine unbefangene Entscheidungsinstanz ist *formeller Natur*. Tritt ein Behördemitglied trotz bestehender Pflicht nicht in den Ausstand, ist die ergangene Verfügung daher anfechtbar. Sie wird ungeachtet der materiellen Interessenlage aufgehoben (BVGer, Urteil B-4632/2010 vom 21.4.2011, E. 2; Breitenmoser/Spori Fedail, Praxiskommentar VwVG, Art. 10 N. 103). Die bundesgerichtliche Praxis bejaht allerdings die Möglichkeit der Heilung eines derartigen Mangels, wenn die Ausstandspflichtsverletzung im Verwaltungsverfahren nicht schwer wiegt und ein Einfluss auf den Inhalt der Entscheidung praktisch ausgeschlossen werden kann (BGer, Urteil 2C_732/2008 vom 24.3.2009, E. 2.2.2; kritisch Schindler, Befangenheit, S. 215 f., auf den sich das Bundesgericht im genannten Entscheid trotzdem beruft; vgl. BVGer, Urteil B-4632/2010 vom 21.4.2011, E. 2 zur Ablehnung einer Heilung). Die Heilung eines derartigen Verfahrensmangels darf allgemein – wie bei der Verweigerung des rechtlichen Gehörs – nur mit Zurückhaltung angenommen werden (vgl. vorne, Rz. 548 ff.).

441 Bei verspäteter Geltendmachung von Ausstandsgründen kann den Parteien der Grundsatz von Treu und Glauben (Art. 5 Abs. 3 BV) entgegengehalten werden (BGer, Urteil 9C_87/2011 vom 1.9.2011, E. 4.2; BGE 132 II 485 E. 4.3). Auf der anderen Seite kann die Revision verlangt werden, wenn ein Ausstandsgrund erst nach eingetretener Rechtskraft entdeckt wird (vgl. Art. 66 Abs. 2 lit. c und Abs. 3 VwVG).

IV. Parteien

Literatur: BORENS PHILIPPE, Die Rechtsstellung Dritter im Kartellverwaltungsverfahren der Europäischen Gemeinschaft und der Schweiz, Basel u.a. 2000; BOVET CHRISTIAN, Les *tiers* devant les Commissions fédérales des banques, de concurrence et de la communication, in: Tanquerel Thierry/Bellanger François (Hrsg.), Les tiers dans la procédure administrative, Genf u.a. 2004, S. 145 ff.; GRISEL CLÉMENCE, L'obligation de collaborer des parties en procédure administrative, Zürich u.a. 2008; HÄNER ISABELLE, Die *Beteiligten* im Verwaltungsverfahren und Verwaltungsprozess. Unter besonderer Berücksichtigung des Verwaltungsverfahrens und des Verwaltungsprozesses im Bund, Zürich 2000; *dies.*, in: Auer/Müller/Schindler, VwVG-Kommentar, Art. 6; KETTIGER DANIEL, Parteien – Rechtsunterworfene oder Kundinnen und Kunden?, in: Schindler/Sutter, Akteure, S. 245 ff.; KIENER/RÜTSCHE/KUHN, Verfahrensrecht, N. 541 ff.; KIESER UELI, Dritte als Partei im Sozialversicherungsverfahren, in: Schaffhauser René/Schlauri Franz (Hrsg.), Sozialversicherungsrechtstagung 2006, St. Gallen 2006, S. 79 ff.; LEBER MARINO, Parteistellung im Verwaltungsverfahren, in: Häner/Waldmann, Verwaltungsverfahren, S. 17 ff.; MARANTELLI-SONANINI VERA/HUBER SAID, in: Waldmann/Weissenberger, Praxiskommentar VwVG, Art. 6; MERKER MICHAEL, Parteien im Verwaltungs(prozess)verfahren, in: Festschrift 100 Jahre Aargauischer Anwaltsverband, Zürich 2005, S. 137 ff.; MOOR/POLTIER, Droit administratif, Vol. II, S. 282 ff.; RHINOW/KOLLER/KISS/THURNHERR/BRÜHL-MOSER, Prozessrecht, Rz. 858 ff., 1198 ff.; SCHINDLER/SUTTER, Akteure; TANQUEREL THIERRY/BELLANGER FRANÇOIS (Hrsg.), Les tiers dans la procédure administrative, Genf/Zürich 2004; VOGT HANS-UELI/HANDLE MARCO, Parteistellung der Gesellschaft in Verwaltungsverfahren betreffend die Meldepflicht nach Börsengesetz, GesKR 2010, S. 79 ff.; ZWEIFEL MARTIN, Die Rechtsstellung der Aktiengesellschaft im Steuerveranlagungsverfahren, in: Festschrift für Peter Forstmoser, Zürich u.a. 2003, S. 713 ff.

Der Parteibegriff wird in Art. 6 VwVG näher umschrieben. Danach ist zur Teilnahme am erstinstanzlichen Verfahren berechtigt, wer durch die Verfügung in seinen Rechten oder Pflichten berührt werden soll oder wer gegen die Verfügung ein Rechtsmittel einlegen kann (Art. 6 VwVG). Art. 6 VwVG stellt somit darauf ab, ob eine Person gegebenenfalls ein Rechtsmittel gegen die Verfügung einlegen kann und ob ihr vor der Rechtspflegeinstanz Parteistellung zukommen könnte. Ob die Voraussetzungen zur Parteistellung gegeben sind, hat die Behörde von Amtes wegen zu prüfen.

Voraussetzungen der Parteistellung sind zunächst die Partei- und die Prozessfähigkeit. Diese bestimmen sich grundsätzlich auch im Verwaltungsverfahren nach dem Zivilrecht. *Parteifähig* (d.h. fähig, im Prozess als Partei aufzutreten) ist, wer rechtsfähig ist. Rechtsfähig sind die natürlichen und juristischen Personen des Privatrechts und des öffentlichen Rechts. Nicht parteifähig und deshalb auch keine Verfügungsadressatinnen sind einzelne Amtsstellen (BVGer, Urteil A-7385/2007 vom 12.3.2008, E. 1.1). Den unselbständigen öffentlich-rechtlichen Anstalten kommt die Parteifähigkeit nur zu, wenn dies im Gesetz vorgesehen ist. Entsprechend der zivilrechtlichen Regelung sind weiter auch die Kollektiv- und Kommanditgesellschaften parteifähig (vgl. Art. 562 und 602 OR). Desgleichen kommt einer Stockwerkeigentümergemeinschaft im Rahmen der ihr obliegenden Verwaltungsaufgaben Parteifähigkeit zu (vgl. Art. 712l Abs. 2 ZGB). Mit *Prozessfähigkeit* ist sodann die Handlungsfähigkeit im Verfahren gemeint, d.h. die «Fähigkeit, den Rechtsstreit selber zu führen oder durch einen gewählten Vertreter führen zu lassen» (Rhinow/Koller/Kiss/Thurnherr/Brühl-Moser, Prozessrecht, Rz. 863); sie ist gegeben, wenn die zivilrechtliche Handlungsfähigkeit nach Art. 13 ff. ZGB vorliegt. Handlungsunfähige müssen sich durch ihre gesetzlichen Vertreter vertreten lassen, es sei denn, es gehe um höchstpersönliche Rechte (vgl. etwa BVGer, Urteil E-7337/2006 vom 11.2.2008, E. 3.2). Die juristischen Personen handeln durch ihre Organe.

445 Als *Postulationsfähigkeit* wird schliesslich die Fähigkeit (der Partei oder einer Vertretung) bezeichnet, Parteihandlungen persönlich vorzunehmen (vgl. BGer, Urteil 8C_1033/2010 vom 10.6.2011, E. 2; BGE 132 I 1 E. 3.2). Fehlt die Postulationsfähigkeit bei einer Partei, so muss ihr nach Art. 41 Abs. 1 BGG eine Vertretung bestellt werden. Eine entsprechende Bestimmung findet sich im VwVG nicht (vgl. aber Art. 11a VwVG, Rz. 454), doch handelt es sich bei Art. 41 Abs. 1 BGG um den Ausdruck eines allgemeinen Rechtsgrundsatzes, der in allen Verfahrensstadien zu beachten ist (Häner, Beteiligte, Rz. 509 m.H. auf ARK, Entscheid vom 16.8.1996, in: VPB 1998, Nr. 15 E. 4c).

446 Weiter muss geprüft werden, ob die Voraussetzungen zur Legitimation gemäss Art. 48 VwVG gegeben sind (vgl. Rz. 938 ff.), wobei Art. 48 Abs. 1 lit. a VwVG nicht massgebend ist (Häner, VwVG-Kommentar, Art. 6 Rz. 2). Parteistellung erhalten somit zunächst die Adressatinnen und Adressaten einer Verfügung. Sodann ist Partei, wer durch einen in Aussicht genommenen Verwaltungsakt berührt sein und ein schutzwürdiges Interesse an dessen Aufhebung haben wird (BVGE 2010/12 E. 2.2; 2009/1 E. 3; BVGer, Urteil A-7312/2007 vom 27.5.2008, E. 3; BGE 130 II 521 E. 2.5; 128 II 168 E. 2). Die Parteistellung ist somit zu gewähren, wenn sich im Laufe des Verfahrens abzuzeichnen beginnt, dass die Verfügung nachteilig ausfallen wird. Zu weit ginge es jedoch, generell diejenigen als Parteien in das Verfahren einzubeziehen, welche je nach Verfahrensgang betroffen werden könnten (wohl im Grundsatz anders, aber im Ergebnis ähnlich: BGer, Urteil 2A.96/2000 vom 25.7.2001, E. 1c; Marantelli-Sonanini/Huber, Praxiskommentar VwVG, Art. 6 N. 20). Ist beispielsweise von vornherein klar, dass ein Bewilligungsgesuch abzulehnen ist, müssen die Nachbarn nicht in das Verfahren einbezogen werden. Zeichnet sich aber ab, dass die Bewilligung erteilt werden muss und die Nachbarn dadurch beschwert werden, sind sie als Parteien anzuerkennen. Schliesslich kommt den Personen, Organisationen oder Behörden Parteistellung zu, denen das Bundesrecht die Beschwerdebefugnis einräumt (dazu hinten, Rz. 962 ff., 977 ff.). So sind all diejenigen berechtigt, am Plangenehmigungs- und dem folgenden Einspracheverfahren teilzunehmen, die durch ein öffentliches Werk, wie zum Beispiel durch eine Eisenbahnbaute, in ihren tatsächlichen Interessen betroffen sind. Ebenso sind die zur Beschwerde berechtigten Organisationen in das Verfahren miteinzubeziehen, wenn ihnen die Beschwerdelegitimation gemäss Art. 12 NHG zukommt (BGE 115 Ib 424 E. 4c; vgl. Anhang zur VBO; vgl. ferner BGer, Urteil 1A.60/2002 vom 10.9.2002, E. 2.1). Genau genommen kann die Frage, ob die Be-

teiligten zur Beschwerde legitimiert sind, erst nach Erlass der Verfügung beurteilt werden. Nach Art. 6 VwVG müssen somit gegebenenfalls Parteien in das Verfahren einbezogen werden, welche die Beschwerdelegitimation dann doch nicht beanspruchen können.

Unter Umständen ergibt sich aus dem Spezialgesetz eine andere Lösung. Bereits im erstinstanzlichen Verfahren als Zweiparteienverfahren konzipiert ist Art. 36 Abs. 2 FMG, wonach Anbieterinnen von Fernmeldedienstleistungen auf Gesuch Dritter hin verpflichtet werden können, diesen Dritten die Mitbenutzung ihrer Fernmeldeanlage und ihrer anderen Anlagen gegen Entschädigung zu gestatten. Von einer Mobilfunkantenne betroffene Nachbarn können die Mitbenutzung jedoch nicht beantragen (vgl. BGer, Urteil 1C_492/2009 vom 20.7.2010, E. 1.3.3). In wirtschaftsverwaltungsrechtlichen Verfahren, die vor den unabhängigen Kommissionen wie zum Beispiel vor der ComCom geführt werden, sind Verfahren häufig, in welchen sich einzig Private als Parteien gegenüberstehen und die auch von Privaten einzuleiten sind (vgl. etwa Art. 11 ff. FMG). Diese Verfahren kommen den Klageverfahren sehr nahe, sie richten sich aber nach dem VwVG.

Art. 43 Abs. 1 KG als weitere spezialgesetzliche Norm bestimmt, welche Dritten sich an einer Untersuchung (nicht aber an einer Vorabklärung, BGE 130 II 521 E. 2.7.2) beteiligen können (die Bestimmung soll nicht geändert werden, vgl. BBl 2012 3996; vgl. zum Kartellverfahren auch hinten, Rz. 1992). Dies sind unter anderem Personen, die aufgrund der Wettbewerbsbeschränkung in der Aufnahme oder in der Ausübung des Wettbewerbs behindert sind (lit. a). Einerseits hält die Lehre dafür, dass diese Vorschrift nicht von den Vorgaben nach Art. 6 und 48 VwVG abweicht (Bovet, tiers, S. 155 m.H.). Andererseits wird es in Abweichung von Art. 6 VwVG auch als ausreichend angesehen, wenn die Marktteilnehmer «nicht erheblich bzw. besonders spürbar und damit stärker als andere Marktteilnehmer der gleichen Marktstufe betroffen sind» (Stefan Bilger, in: Marc Amstutz/Mani Reinert, Basler Kommentar KG, Basel 2010, Art. 43 N. 12). Zu unterscheiden ist indes das Recht zur Beteiligung am Verfahren von der eigentlichen Parteistellung nach Art. 6 und 48 VwVG (Bovet, tiers, S. 156). Die am Untersuchungsverfahren Beteiligten können zum Beispiel schriftlich Stellung nehmen. Für Gruppen von mehr als fünf Beteiligten mit gleichen Interessen kann die Beteiligung zudem auf eine Anhörung beschränkt werden. Kommt den Beteiligten aber die Parteistellung im Sinn von Art. 6 VwVG zu, bleiben allfällige Parteirechte stets vorbehalten (vgl. Art. 43 Abs. 2 KG). Die Parteiqualität und die damit verbundenen Rechte nach VwVG werden durch Art. 43 Abs. 1 KG nicht erweitert (Bovet, tiers, S. 156).

Im Verfahren der Prüfung von Unternehmenszusammenschlüssen haben demgegenüber nur die beteiligten Unternehmen Parteirechte (Art. 43 Abs. 4 KG). Sinn und Zweck dieser Norm ist eine schnelle und effiziente Verfahrensabwicklung. Fraglich ist, ob diese strikte Beschränkung der Parteirechte auch im Beschwerdeverfahren gilt (vgl. Bovet, tiers, S. 157). Im Grunde genommen beschränkt sich der Wortlaut der Norm auf das Prüfungsverfahren. Das Bundesgericht hat aber entschieden, dass Dritte nicht legitimiert sind, gegen Zusammenschlussvorhaben, denen die Wettbewerbskommission (bzw. Wettbewerbsbehörde) nicht opponiert hat, Beschwerde zu führen (BGE 131 II 497 E. 5).

450 Wer der Behörde eine Anzeige erstattet, ist nicht Partei (vgl. auch Art. 71 Abs. 2 VwVG) – ausser es hätte ordentlicherweise ein Verfahren stattfinden müssen, in welchem der anzeigenden Person die Parteistellung zugekommen wäre (vgl. Rz. 774).

451 Das Sekretariat der WEKO kann Vorabklärungen unter anderem auf Anzeige von Dritten hin durchführen (Art. 26 Abs. 1 KG; bzw. die Wettbewerbsbehörde gemäss KG-E und WBBG-E, wobei Art. 26 im Übrigen bestehen bleiben soll). Diese Dritten sind gegenüber den Wettbewerbsbehörden immerhin zur Auskunft verpflichtet (Art. 40 Abs. 1 KG). Nach dem Wortlaut dieser Norm muss ein Dritter «betroffen» sein. An die Betroffenheit werden hier aber keine besonderen Anforderungen gestellt. Es reicht bereits aus, dass der Dritte auf dem gleichen Markt wie die Hauptbeteiligten tätig ist oder mit diesen in wirtschaftlicher Verbindung steht (Bovet, tiers, S. 154 f.).

452 Die *Beiladung* ist im VwVG nicht ausdrücklich geregelt. Sie wird aber auch im erstinstanzlichen Verfahren als zulässig angesehen. Die Beiladung bedeutet, dass die Beigeladenen in das Verfahren als Parteien einbezogen werden. Ihr Zweck wird zunächst darin gesehen, dass die Rechtskraft eines Urteils bzw. einer Verfügung auf die Beigeladenen auszudehnen ist, sodass sich diese die Verfügung entgegenhalten lassen müssen. Wird der Zweck der Beiladung derart eng gefasst, bedeutet dies, dass die Beiladung nur zulässig ist, wenn die Verfügung eine Rückwirkung auf die Rechtsbeziehung zwischen der Hauptpartei und den Mitinteressenten hat (so insbesondere BGE 134 V 306 E. 3 f.; 131 V 133 E. 13 und zum Teil das Bundesverwaltungsgericht BVGer, Urteil A-194/2011 vom 25.4.2012, E. 4). Das Bundesverwaltungsgericht geht hingegen zusätzlich – zu Recht – von einem erweiterten Zweck der Beiladung aus und sieht diesen in der Gewährung des rechtlichen Gehörs. Demgemäss erfolgt die Beiladung, wenn dem Mitinteressenten bzw. der Mitinteressentin Parteistellung zukommt und er bzw. sie ein schutzwürdiges Interesse im Sinne von Art. 6 i.V.m. Art. 48 VwVG aufweist (BVGer, Urteil A-7841/2010 vom 7.2.2011, E. 2; Häner, VwVG-Kommentar, Art. 6 Rz. 10; Marantelli-Sonanini/Huber, Praxiskommentar Art. 6 N 61). Die Stellung der Personen, die aufgrund der Rechtsbeziehung zu einer Hauptpartei beigeladen wurden, ist allerdings insoweit von derjenigen der Hauptparteien zu unterscheiden, als die Beigeladenen zumindest im laufenden Verfahren nicht über den Verfahrensgegenstand verfügen können. Sie können beispielsweise ein Gesuch nicht zurückziehen. Das Bundesverwaltungsgericht qualifiziert sie deshalb als *Nebenparteien* (vgl. dazu hinten, Rz. 930 sowie BVGer, Urteil A-5646/2008 vom 13.8.1009, E. 3.4 f.). Den Beigeladenen ist aber aufgrund der Verfahrensfairness gemäss Art. 29 Abs. 1 BV im Übrigen

dieselbe Rechtsstellung im Verfahren einzuräumen (Häner, Beteiligte, N. 307). Dementsprechend steht den Beigeladenen das rechtliche Gehör gemäss Art. 18 und 26 ff. VwVG (BGE 129 II 286 E. 4.3.1; BVGer, Urteil E-7337/2006 vom 11.2.2008, E. 3.2) oder das Recht auf Eröffnung der Verfügung nach Art. 34 Abs. 1 VwVG zu. Andererseits sind sie aber auch von allen Mitwirkungspflichten betroffen (Art. 13 VwVG).

Die Teilnahme am erstinstanzlichen Verfahren bildet eine Voraussetzung zur Rechtsmittelbefugnis in der Verwaltungsrechtspflege (Voraussetzung der *formellen Beschwer;* vgl. dazu hinten, Rz. 940). Dies wird heute allgemein verlangt (Art. 48 Abs. 1 lit. a VwVG). Bereits mit dem Koordinationsgesetz wurde die formelle Beschwer für zahlreiche Plangenehmigungsverfahren eingeführt (z.B. Art. 27d Abs. 1 NSG, Art. 62e Abs. 1 WRG, Art. 18f Abs. 1 EBG): Wer keine Einsprache erhebt, ist vom weiteren Verfahren ausgeschlossen. Das gilt auch für die Gemeinden (je Abs. 3 der soeben genannten Artikel). Dem Einspracheverfahren kommt jedoch nicht nur Ausschluss-, sondern auch Einschlusswirkung zu: Wer rechtzeitig Einsprache erhebt, kann sich, soweit die Anforderungen von Art. 6 VwVG erfüllt sind, in den nachfolgenden Verfahren als Partei beteiligen, d.h., ihm sind Parteirechte gemäss den Art. 26 ff. VwVG zu gewähren; ist die Parteistellung streitig, kann darüber bereits in einem frühen Verfahrensstadium entschieden werden (BGE 129 II 286 E. 4.3.3). Das Bundesgericht hat zu Art. 18f EBG zudem festgehalten, dass mit dem im Einspracheverfahren gestellten Begehren auch der Streitgegenstand bestimmt ist. Die rechtliche Begründung darf hingegen im Beschwerdeverfahren geändert werden (BGE 133 II 30; dazu Häner, VwVG-Kommentar, Art. 48 Rz. 7). Im Übrigen kann sich das Erfordernis der formellen Beschwer nur dann auf das erstinstanzliche Verfahren beziehen, wenn die Betreffenden in rechtsgenügender Weise über das Verfahren in Kenntnis gesetzt worden sind. Insbesondere müssen sie sich im Klaren sein, welches die Folgen einer Nichtbeteiligung sein könnten. Nur dann kann ihnen im nachfolgenden Rechtsmittelverfahren das Rechtsschutzinteresse abgesprochen werden. Verpassen die möglichen Legitimierten die Beteiligung unverschuldet, sind sie im Beschwerdeverfahren als Beigeladene in das Verfahren einzubeziehen (BVGer, Urteil A-6683/2010 vom 25.8.2011, E. 2).

453

Die Parteien haben kraft Art. 11 VwVG das Recht, sich vertreten zu lassen, wenn nicht persönliches Handeln gefordert ist, oder – soweit es die Dringlichkeit einer amtlichen Untersuchung nicht ausschliesst – sich verbeiständen zu lassen. Letzteres bedeutet, dass sich die Partei durch einen Beistand unterstützen oder begleiten lassen kann (BGE 132 V 443 E. 3.3). Dieser Anspruch ergibt sich ebenso aus dem Anspruch auf rechtliches Gehör (vgl. dazu hinten, Rz. 524). Einen Zwang zur Vertretung statuiert Art. 11a VwVG für diejenigen Verfahren, in denen mehr als 20 Parteien mit kollektiven oder individuellen Eingaben auftreten, um dieselben Interessen wahrzunehmen. Bestehen verschiedene Interessengruppen, so hat jede Gruppe eine Vertretung zu bestellen. Kommen sie dieser Pflicht nicht nach, bezeichnet die Behörde die Vertretung (Art. 11a

454

Abs. 2 VwVG). Damit sollen die sogenannten Massenverfahren vereinfacht und beschleunigt werden. Die Behörde muss alsdann ihre Mitteilungen nur noch an die Vertretung richten (Art. 11 Abs. 3 VwVG). Dagegen kann die Behörde nicht gestützt auf Art. 11 VwVG die Verfahrensbeteiligten mit gleichgelagerten Interessen zwingen, sich zu einer Gruppe unter einer Rechtsvertretung zusammenzuschliessen. Dies ergibt sich bereits aus dem Zweck der Verfahrensgesetze, welche auf den Individualrechtsschutz ausgerichtet sind.

V. Feststellung des Sachverhaltes

455 *Literatur:* AEMISEGGER HEINZ/SCHERRER KARIN/HAAG STEPHAN, Die Umweltverträglichkeitsprüfung in der Praxis des Bundesgerichts, URP 2004, S. 394 ff.; ALTHAUS ANNETTE, Amtshilfe und Vor-Ort-Kontrolle, 2. A., Bern 2001; AUER CHRISTOPH, in: Auer/Müller/Schindler, VwVG-Kommentar, Art. 12–19; BELSER EVA MARIA/EPINEY ASTRID/WALDMANN BERNHARD, *Datenschutzrecht.* Grundlagen und öffentliches Recht, Bern 2011; BENEDICK GILLES, Das Aussagedilemma im parallelen Verfahren, AJP 2011, S. 169 ff.; BERGER MARKUS, Voraussetzungen und Anfechtung der Ermessensveranlagung, ASA 2006/2007, S. 185 ff.; BOLLINGER SUSANNE, Der Beweiswert psychiatrischer Gutachten in der Invalidenversicherung, Jusletter, 31.1.2011; BREITENMOSER STEPHAN/EHRENZELLER BERNHARD (Hrsg.), Aktuelle Fragen der internationalen Amts- und Rechtshilfe, St. Gallen 2009; BÜHLER ALFRED, Beweismass und Beweiswürdigung bei Gerichtsgutachten, Jusletter, 21.6.2010; *ders.,* Die Stellung von Expertinnen und Experten in der Gerichtsverfassung – insbesondere das Rechtsverhältnis zwischen Gericht und Gutachter, in: Schindler/Sutter, Akteure, S. 319 ff.; EPINEY ASTRID/FURGER DAVID/HEUCK JENNIFER, «Umweltplanungsrecht» in der Europäischen Union und Implikationen für das schweizerische Recht, Zürich 2011; FANKHAUSER SUSANNE, Sachverhaltsabklärung in der Invalidenversicherung, Zürich 2010; GÄCHTER THOMAS, Observationen im Sozialversicherungsrecht. Voraussetzungen und Schranken, in: Weber Stephan (Hrsg.), Personen-Schaden-Forum 2011, Zürich 2011, S. 179 ff.; GRISEL CLÉMENCE, L'obligation de collaborer des parties en procédure administrative, Zürich u.a. 2008; GRONER ROGER, Beweisrecht. Beweise und Beweisverfahren im Zivil- und Strafrecht, Bern 2011; GÜNGERICH ANDREAS/BICKEL JÜRG, in: Waldmann/Weissenberger, Praxiskommentar VwVG, Art. 15 f.; HÄNER ISABELLE, Die *Feststellung* des rechtserheblichen Sachverhalts, in: Häner Isabelle/Waldmann Bernhard (Hrsg.), Das erstinstanzliche Verwaltungsverfahren, Zürich u.a. 2008, S. 33 ff.; *dies.,* Die *Mindestgarantien* für Strafverfahren und ihre Bedeutung für verwaltungsrechtliche Sanktionen, in: Häner Isabelle/Waldmann Bernhard (Hrsg.), Verwaltungsstrafrecht und sanktionierendes Verwaltungsrecht, Zürich u.a. 2010, S. 19 ff.; HÄNNI JULIA/HÄGGI FURRER RETO, Amtshilfe in Steuersachen, in: Epiney Astrid/Fasnacht Tobias (Hrsg.), Schweizerisches Jahrbuch für Europarecht 2010/2011, S. 279 ff.; HÜRLIMANN-FERSCH CAROLIN, Die Voraussetzungen für die Amts- und Rechtshilfe in Steuerstrafsachen, Zürich u.a. 2010; JÖHRI YVONNE/STUDER MARCEL, in: Maurer-Lambrou Urs/Vogt Nedim Peter (Hrsg.), Basler Kommentar Datenschutzgesetz, 2. A., Basel 2006, Art. 19; KELLER PETER M., Elemente eines wirksamen Vollzugs des Umweltrechts, URP 2011, S. 397 ff.; KIENER/RÜTSCHE/KUHN, Verfahrensrecht, N. 653 ff.; KRAUSKOPF PATRICK L./EMMENEGGER KATRIN, in: Waldmann/Weissenberger, Praxiskommentar VwVG, Art. 12 f.; MEYER ULRICH, Die Beweisführung im Sozialversicherungsrecht, in: Murer Erwin (Hrsg.), Nicht objektivierbare Gesundheitsbeeinträchtigungen, Bern 2006, S. 199 ff.; MOOR/POLTIER, Droit administratif, Vol. II, S. 292 ff.; MOSER/BEUSCH/KNEUBÜHLER, Bundesverwaltungsgericht, Rz. 1.49, 3.117; MÜLLER LUCIEN, *Observation* von IV-Versicherten, Jusletter, 19.12.2011; MÜLLER URS, Das Verwaltungsverfahren in der Invalidenversicherung, Bern 2010, Rz. 937 ff., 1468 ff.; NIGGLI MARCEL ALEXANDER/RIEDO CHRISTOF, *Verwaltungsstrafrecht,* Teil 1 und 2, in: Häner Isabelle/Waldmann Bernhard (Hrsg.), Verwaltungsstrafrecht und sanktionierendes Verwaltungsrecht, Zürich u.a.

2010, S. 41 ff., 51 ff.; Rhinow/Koller/Kiss/Thurnherr/Brühl-Moser, Prozessrecht, Rz. 1207 ff.; Riemer-Kafka Gabriela, Verweigerte Mitwirkung bei Sachverhaltsabklärungen, in: Schaffhauser René/Kieser Ueli (Hrsg.), Leistungsverweigerungen im Sozialversicherungsrecht, St. Gallen 2011, S. 35 ff.; Roth Simon, Das Verhältnis zwischen verwaltungsrechtlichen Mitwirkungspflichten und dem Grundsatz nemo tenetur se ipsum accusare, ZStrR 2011, S. 296 ff.; Ruckstuhl Niklaus, Strafprozessuales Schweigerecht und verwaltungsrechtliche Mitwirkungs- respektive Auskunftspflicht – ein Gegensatz?, Versuch einer Antwort auf Prof. Dr. Hansjörg Seiler, Jahrbuch zum Strassenverkehrsrecht 2006, S. 217 ff.; Rütsche Bernhard/Schneider Danielle, Die Sachverhaltsfeststellung als arbeitsteiliger Prozess. Ein neuer Blick auf den Untersuchungsgrundsatz im öffentlichen Verfahren, in: Festgabe zum Schweizerischen Juristentag 2011, Zürich 2011, S. 67 ff.; Schär Daniel, Grundsätze der Beweislastverteilung im Steuerrecht, Bern 1998; Seiler Hansjörg, Das (Miss-)Verhältnis zwischen strafprozessualem *Schweigerecht* und verwaltungsrechtlicher Mitwirkungs- und Auskunftspflicht, recht 2005, S. 11 ff.; Simon Jürg Walter, Amtshilfe. Allgemeine Verpflichtungen, Schranken und Grundsätze, Chur/Zürich 1991; Waldmann Bernhard/Oeschger Magnus, in: Waldmann/Weissenberger, Praxiskommentar VwVG, Art. 18; Waldmann Bernhard/Weissenberger Philippe, in: Waldmann/Weissenberger, Praxiskommentar VwVG, Art. 19; Walz Felix, Der Sachverhalt als Grundlage für die Rechtsprechung, in: Festschrift für Erwin Murer, Bern 2010, S. 977 ff.; Weissenberger Philippe/Waldmann Bernhard, in: Waldmann/Weissenberger, Praxiskommentar VwVG, Art. 14 und 17; Wiget Lukas/Schoch Daniel, Das Auskunftsrecht nach DSG. Eine unkonventionelle Art der Beschaffung von Beweismitteln?, AJP 2010, S. 999 ff.

1. Geltung und Grenze der Untersuchungsmaxime

Das erstinstanzliche Verfahren ist von der Untersuchungsmaxime beherrscht. Art. 12 VwVG hält dementsprechend fest, dass die Behörde den Sachverhalt von Amtes wegen festzustellen hat. Sie muss die für das Verfahren notwendigen Sachverhaltsunterlagen beschaffen und die rechtlich relevanten Umstände abklären sowie darüber ordnungsgemäss Beweis führen (indem sie z.B. ein Gutachten einholt: BGE 136 V 254 E. 3.3.1; 132 II 257 E. 4.4.1; BVGE 2009/60 E. 2.1.1; 2010/11 E. 3). Der Sachverhaltsuntersuchung unterliegen Tatsachen und Erfahrungssätze (vgl. zu diesen auch hinten, Rz. 531). Über Letztere muss allerdings nur dann Beweis erhoben werden, wenn die Behörden keine sicheren Kenntnisse über Geschehensabläufe oder deren Ursache und Wirkung haben. Nicht bewiesen werden müssen sodann offenkundige Tatsachen (Auer, VwVG-Kommentar, Art. 12 Rz. 5; Rhinow/Koller/Kiss/Thurnherr/Brühl-Moser, Prozessrecht, Rz. 1211; vgl. auch Art. 151 ZPO). 456

Die Behörden sind in dem Ausmass zur Untersuchung verpflichtet, wie man es vernünftigerweise von ihnen erwarten kann (BGE 112 Ib 65 E. 3) bzw. soweit wie nötig (BVGer, Urteile B-3608/2009 und B-3671/2009 vom 14.7.2010, E. 6.1). *Beantragte Beweise* sind gestützt auf Art. 29 Abs. 2 BV und Art. 29 VwVG grundsätzlich abzunehmen, es sei denn, sie beträfen unerhebliche Tatsachen oder seien offensichtlich untauglich oder der Sachverhalt sei ausreichend geklärt. Der Beweisantrag ist von Gesetzes wegen an keine Form gebunden (zur antizipierten Beweiswürdigung vorne, Rz. 153 sowie BGer, Urteil 1P.365/2001 vom 19.9.2001, E. 3a; BVGer, Urteile B-2703/2010 vom 6.7.2010, E. 4.3, und A-103/2011 vom 21.9.2011, E. 2). 457

458 In besonderen Fällen hat der Gesetzgeber den Untersuchungsgrundsatz durch den Verhandlungsgrundsatz eingeschränkt. Dies ist namentlich im Widerspruchsverfahren gemäss Art. 31 ff. MSchG der Fall. Art. 32 MSchG verlangt vom Widersprechenden die Glaubhaftmachung für den Gebrauch seiner Marke oder für die wichtigen Gründe für den Nichtgebrauch der Marke (BVGer, B-3688/2010 vom 10.2.2011, E. 3.1).

459 Der Untersuchungsgrundsatz wird zwar *faktisch* durch die *objektive Beweislast* eingeschränkt, welche aus dem materiellen Recht hervorgeht und sich subsidiär nach dem allgemeinen Rechtsgrundsatz von Art. 8 ZGB richtet (BVGE 2008/24 E. 7.2; BVGer, Urteile A-4463/2011 vom 29.11.2011, E. 3, und B-3576/2007 vom 7.4.2008, E. 5.5.1). Die Behörde hat den Sachverhalt jedoch mit derselben Gewissenhaftigkeit abzuklären, selbst wenn die objektive Beweislast bei den Verfahrensparteien liegt. Es darf zum Beispiel vom Enteigneten nicht verlangt werden, dass er den schwierigen Beweis für die Rissbildung an seinem Gebäude durch einen SBB-Tunnelbau erbringt und dazu noch eine Expertise einholt, erst recht nicht, da die Eidgenössische Schätzungskommission aus Fachleuten besteht (BGE 131 II 65 E. 2.2). Namentlich dürfen aus der objektiven Beweislastverteilung keine Mitwirkungspflichten der Parteien abgeleitet werden, die sich nicht aus dem Gesetz oder dem Grundsatz von Treu und Glauben ergeben (vorne, Rz. 269). Liegt die objektive Beweislast bei den Privaten, kommt den Verwaltungsbehörden zudem eine Aufklärungspflicht zu. Dementsprechend haben sie genau anzugeben, über welche Tatsachen der Beweis geführt werden muss (BGE 112 Ib 65 E. 3; BGer, Urteil 2C_2008 vom 7.4.2008, E.4.1; BVGE 2008/24 E. 7.2; BVGer, Urteile B-3608/2009 vom 14.7.2010, E. 6.1, und B-2705/2010 vom 28.9.2010, E. 3.3; Häner, Feststellung, S. 41 f.). Die Aufklärungspflicht der Behörde hat jedoch dort ihre Grenze, wo sich die Verfahrensbeteiligten selbst treuwidrig verhalten. Wer zur Nachreichung von Unterlagen oder zur Nachbesserung eines Gesuchs aufgefordert worden ist, kann im nachfolgenden Rechtsmittelverfahren nicht mehr geltend machen, die Vorinstanz habe den Untersuchungsgrundsatz verletzt (BGE 130 II 449 E. 6.6.1; vgl. auch Art. 130 Abs. 2 DBG; BVGer, B-2237/2009 vom 15.12.2009, E. 3.6). Ändern sich im Laufe des Verfahrens entscheidwesentliche Tatsachen und hat die verfahrensbeteiligte Person davon (sichere) Kenntnis, ist sie von sich aus und unaufgefordert dazu verpflichtet, die Behörde darüber aufzuklären (vgl. BGE 132 II 113 E. 3.2).

460 Der Untersuchungsgrundsatz wird weiter von Rechts wegen dadurch eingeschränkt, dass den Beteiligten gewisse *Mitwirkungspflichten* bei der Sachverhaltsfeststellung auferlegt werden (BGE 132 II 113 E. 3.2; 130 II 449 E. 6.6.1; BGer, Urteil 1C_43/2007 vom 9.4.2008, E. 4.1, in: URP 2008, S. 576 ff.). Solche Mitwirkungspflichten werden vom Gesetzgeber vorgesehen (vgl. Art. 13 Abs. 1 VwVG) oder ergeben sich aus dem Grundsatz von Treu und Glauben. Die Mitwirkungspflichten sind von der objektiven Beweislast aber unabhängig (vorne, Rz. 459 sowie BVGer, Urteile A-4463/2011 vom 29.11.2011, E. 3.3,

und B-3576/2007 vom 7.4.2008, E. 5.1.1; zu den Mitwirkungspflichten sogleich Rz. 463 ff.).

Fraglich erscheint, ob einer *gesuchstellenden Person* eine erhöhte Substanziierungslast zukommt und der Untersuchungsgrundsatz durch eine besondere Pflicht, ein Gesuch zu begründen, eingeschränkt wird. Das Bundesgericht weist diesbezüglich zu Recht darauf hin, dass sich eine solche Pflicht aus dem Gesetz selbst ergeben müsste (vgl. BGE 131 II 200 E. 4.1 f.; vgl. auch BVGer, Urteil A-2848/2011 vom 27.10.2011, E. 5.2). Die Anforderungen, die an ein Gesuch gestellt werden, sind denn auch sehr unterschiedlich. Währenddem beispielsweise zur Erlangung einer Bankenbewilligung umfangreiche Nachweise zu erbringen sind (vgl. Art. 3 ff. BankG), genügt für eine asylsuchende Person jede Äusserung, die zu erkennen gibt, dass sie in der Schweiz um Schutz vor Verfolgung nachsucht (Art. 18 AsylG). Reicht die Begründung eines Gesuchs nicht aus, ist der gesuchstellenden Person in sinngemässer Anwendung von Art. 52 Abs. 2 VwVG eine Nachfrist anzusetzen (Häner, in: Häner/Waldmann, Feststellung, S. 42 ff.). Im Übrigen sind in den meisten Fällen Gesuchsunterlagen und Merkblätter für Konzessions- und Bewilligungsgesuche auf den entsprechenden Internetseiten der Behörden zu finden (vgl. auch BVGer, Urteil C-5496/2010 vom 14.6.2011, E. 6.2). Wird der Gesuchsteller oder die Gesuchstellerin von der Behörde ausdrücklich darauf hingewiesen, dass für das Gesuch ein Formular zu verwenden ist, können sich die Gesuchsteller im Nachhinein nicht darauf berufen, man hätte ihnen eine Nachfrist ansetzen müssen, wenn sie es verpassen, das Formular zu verwenden (BVGer, Urteil B-820/2012 vom 25.1.2011, E. 4).

461

Der Untersuchungsgrundsatz wird schliesslich ergänzt durch den *Anspruch der Parteien auf Mitwirkung,* welcher sich aus dem Anspruch auf rechtliches Gehör ergibt. Die Parteien müssen die Suche nach relevanten Tatsachen und Beweismitteln nicht allein den Behörden überlassen. Vielmehr haben sie auch das Recht, bei der Sachverhaltsabklärung mitzuwirken. Insbesondere sind sie nach Art. 33 Abs. 1 VwVG berechtigt, Beweise anzubieten, welche die Verwaltungsbehörde grundsätzlich im Rahmen der Gewährung des rechtlichen Gehörs – unter Vorbehalt der allenfalls zulässigen vorweggenommenen Beweiswürdigung – abzunehmen hat (BVGE 2008/24 E. 7.2 und 8.3; BVGer, Urteile A-4463/2011 vom 29.11.2011, E. 3, und B-3576/2007 vom 7.4.2008, E. 5.1.3). Sofern es für die vollständige und richtige Abklärung des Sachverhalts erforderlich ist, hat die Behörde die Partei auf Widersprüche in deren Aussagen aufmerksam zu machen (BVGer, Urteil D-2900/2007 vom 2.2.2009, E. 5.2; mit eingehender Begründung: ARK, Entscheid vom 24.5.1995, VPB 1995, Nr. 53 E. 3b). Ferner hat die zuständige Behörde gemäss Art. 32 Abs. 2 VwVG einen von den Parteien vorgebrachten Sachumstand, der ausschlaggebend erscheint, auch zu berücksichtigen, wenn dieser verspätet vorgebracht wird. Diese Bestimmung versteht der Gesetzgeber eher als Ausfluss des rechtlichen Gehörs. Sie dient jedoch in erster Linie der Abklärung des Sachverhalts. Aus diesem Grund geht die Praxis auch davon aus, dass die Behörde ungeachtet der «Kann»-Formulierung in

462

Art. 32 Abs. 2 VwVG verpflichtet ist, solche Sachumstände zu berücksichtigen (vgl. BGE 136 II 165 E. 4.2 f. sowie die weiteren Hinweise hinten, Rz. 547).

2. Mitwirkungspflichten der Parteien

463 Art. 13 VwVG regelt die Mitwirkungspflichten der Parteien, worunter vor allem die Auskunftspflicht, die Pflicht zur Herausgabe von Akten und die Pflicht zur Duldung von Augenscheinen fallen. Danach sind die Parteien gehalten, sich an der Feststellung des Sachverhaltes zu beteiligen, wenn sie das Verfahren durch eigenes Begehren eingeleitet haben (BGE 122 II 385 E. 4c/cc; BVGer, Urteil A-6181/2009 vom 3.2.2011, E. 7.1), wenn sie in einem Verfahren selbständige Begehren gestellt haben oder soweit ihnen ein anderes Bundesgesetz Auskunfts- und Offenbarungspflichten auferlegt (Art. 13 Abs. 1 lit. a–c VwVG). Nicht unter die Mitwirkungspflicht fällt nach Art. 13 Abs. 1bis VwVG (in Kraft seit 1.5.2013) die Herausgabe von Gegenständen und Unterlagen aus dem Verkehr einer Partei mit ihrer Anwältin bzw. ihrem Anwalt. Das materielle Recht statuiert besonders dann Mitwirkungspflichten, wenn die Betroffenen von den Tatsachen bessere Kenntnis haben als die Verwaltungsbehörden und wenn die Behörden ohne die Mitwirkung der Parteien die Tatsachen gar nicht oder nur mit unvernünftigem Aufwand abklären könnten (vgl. etwa Art. 8 AsylG; Art. 25 StromVG, dazu BGE 138 II 465 E. 8.6.4; Art. 40 KG; Art. 59 FMG; zur Mitwirkungspflicht im Steuerrecht Art. 125 f. DBG sowie BGE 137 I 273, E. 3.3.2 und zum Steuerverfahren hinten, Rz. 1868 ff.; Art. 46 USG, dazu BGer, Urteil 1C_43/2007 vom 9.4.2008, E. 4.1, in: URP 2008, S. 584 f.; Art. 22 Abs. 3 BewG; Art. 28 ATSG; vgl. auch BVGE 2008/24 E. 7.2).

464 Falls bestimmte Tatsachen für die Behörden nicht oder nur schwer zugänglich sind, können Mitwirkungspflichten der Parteien auch aus dem Grundsatz von Treu und Glauben abgeleitet werden. Alsdann sind die Parteien verpflichtet, bei der Sachverhaltsabklärung durch Auskunftserteilung oder Beibringen der Beweismittel mitzuwirken (BGE 132 II 113 E. 3.2). Geht es um den Beweis von inneren Tatsachen, kann die Behörde von bekannten Tatsachen (Vermutungsbasis) auf unbekannte Tatsachen (Vermutungsfolge) schliessen. Da Letztere der Verwaltung häufig nicht bekannt sein dürften, ist es zulässig, wenn die Behörde von den Betroffenen zwar nicht den Gegenbeweis verlangt, aber den Nachweis von Zweifeln an der Richtigkeit der Indizien und der daraus gezogenenen Schlussfolgerung. Dies gilt selbst dann, wenn Art. 13 VwVG nicht zum Tragen kommt, weil es um ein von Amtes wegen eingeleitetes Verfahren geht (Nichtigerklärung einer erleichterten Einbürgerung, BGE 135 II 161, E. 3; 130 II 482, E. 3.2).

465 Die Mitwirkungspflichten gelten selbst dann, wenn sich die betroffene Person selbst belastet (BGE 132 II 113 E. 3.2; Seiler, Schweigerecht, S. 20). Die für die betroffene Person nachteilige Mitwirkungspflicht kann allerdings mit dem

strafrechtlichen Grundsatz, sich nicht selbst belasten zu müssen (nemo tenetur se ipsum accusare) in Konflikt geraten, welcher aus der Unschuldsvermutung abgeleitet wird (insbesondere aus Art. 32 BV; Art. 14 Abs. 3 lit. g UNO-Pakt II; vgl. dazu vorne, Rz. 273). Dies ist vor allem dann der Fall, wenn dem Verwaltungsverfahren ein Strafverfahren folgt. Das häufig zitierte Beispiel bildet das Strafsteuerverfahren, welches dem Nachsteuerverfahren folgt. Art. 183 Abs. 1bis DBG sieht für Beweise, welche die Steuerpflichtigen im Nachsteuerverfahren unter Androhung von Nachteilen herausgegeben haben, ein Beweisverwertungsverbot vor. Dieselbe Problematik stellt sich im Kartellrecht. Gemäss Art. 40 KG besteht eine Auskunftspflicht. Die Sanktionen nach Art. 49a KG gelten jedoch als strafrechtliche Massnahmen, womit die Unschuldsvermutung zu beachten ist und die Auskunftspflicht nicht zu einer Selbstbelastung führen darf, was die kartellrechtliche Untersuchung wiederum infrage stellen kann (vgl. dazu hinten, Rz. 2011; Niggli/Riedo, Verwaltungsstrafrecht, S. 48 ff. und 64 ff.; zur EMRK-konformen Ausgestaltung des Auskunftsverweigerungsrechts auch BVGE 2011/32 E. 5.7.5.1.1).

Allerdings muss den Mitwirkungspflichten eine Aufklärungspflicht der Behörden gegenüberstehen: Die Verwaltungsbehörden haben die Betroffenen darüber zu informieren, worin die Mitwirkungspflichten bestehen und insbesondere welche Beweismittel sie beizubringen haben, es sei denn, die verfahrensbeteiligte Person habe Kenntnis davon, dass es sich um eine entscheidwesentliche Tatsache handelt (BGE 132 II 115 E. 3.2; vgl. vorne, Rz. 459). Dieses Wissen darf indessen nicht leichthin vorausgesetzt werden. Gibt es in einem Verfahren zudem mehrere Beteiligte und sind die Behörden dazu befugt, die Verfahrensbeteiligten zur Mitwirkung anzuhalten, haben sie sich an den Grundsatz der Gleichbehandlung der Parteien zu halten. 466

Verweigern die Parteien in einem von ihnen eingeleiteten Verfahren oder in einem Verfahren, worin sie selbständige Begehren stellen, die notwendige und zumutbare Mitwirkung, so kann die Behörde gemäss Art. 13 Abs. 2 VwVG das Eintreten verweigern. Laut Lehre und Praxis ist allerdings von dieser Möglichkeit nur zurückhaltend Gebrauch zu machen; ein Nichteintretensentscheid gestützt auf Art. 13 Abs. 2 VwVG soll nur als ultima ratio und nur dann gefällt werden, wenn eine materielle Beurteilung aufgrund der Aktenlage ausgeschlossen ist (BVGer, Urteil C-5496/2010 vom 14.6.2011, E. 6.2 ff.). Zum einen ist das Verhältnismässigkeitsprinzip zu beachten (Art. 5 Abs. 2 BV) und zum anderen gilt auch hier der Grundsatz von Treu und Glauben, indem der säumigen Partei eine Nachfrist anzusetzen ist (Auer, VwVG-Kommentar, Art. 13 Rz. 26; Krauskopf/Emmenegger, Praxiskommentar VwVG, Art. 13 N. 54; vgl. auch Art. 130 Abs. 2 DBG, wonach der Ermessenseinschätzung eine förmliche Mahnung vorangehen muss, die Steuererklärung einzureichen). Tritt die Behörde auf das Begehren ein, so kann die Verweigerung der Mitwirkung auch bei der Beweiswürdigung berücksichtigt werden (Art. 19 VwVG i.V.m. Art. 40 BZP; BGE 130 II 486 E. 3.2). Liegt die objektive Beweislast bei der betroffenen Partei, hat diese die 467

Folgen der Beweislosigkeit zu tragen, ansonsten – im umgekehrten Fall – die Verwaltung (BGE 135 II 163 E. 3; vgl. auch BVGer, Urteile C-5496/2010 vom 14.6.2011, E. 6.3.4, und A-6181/2009 vom 3.2.2011, E. 7.7). Im Rahmen des Verhältnismässigkeitsprinzips und soweit das Gesetz nicht eine andere Rechtsfolge vorsieht (z.B. Art. 19 VwVG i.V.m. Art. 50 Abs. 2 BZP), kommt zur Durchsetzung gesetzlicher Mitwirkungspflichten auch unmittelbarer Verwaltungszwang oder die Bestrafung wegen Ungehorsams gemäss Art. 292 StGB infrage, namentlich wenn es die Interessen Dritter oder öffentliche Interessen erfordern (Art. 41 Abs. 1 VwVG; Auer, VwVG-Kommentar, Art. 13 Rz. 28 mit Kritik an VPB 1987 Nr. 54 [Bundesamt für Justiz, Gutachten vom 7.4.1986]; Krauskopf/Emmenegger, Praxiskommentar VwVG, Art. 13 N. 52; vgl. auch BGE 121 II 273 E. 4 und hinten, Rz. 667 ff.).

3. Beweismittel

A. Arten und Unterscheidung

468 Das Verwaltungsverfahrensgesetz anerkennt ausdrücklich die folgenden Beweismittel: Urkunden, Auskünfte von Parteien, Auskünfte oder Zeugnis von Drittpersonen, Augenschein und Gutachten von Sachverständigen (Art. 12 VwVG); die Zeugeneinvernahme allerdings nur unter einschränkenden Voraussetzungen (Art. 14 ff. VwVG). Art. 19 VwVG enthält zudem einen allgemeinen Verweis auf die Bestimmungen des BZP über das Beweisverfahren, die sinngemäss anzuwenden sind. Grundsätzlich können auch weitere, im Gesetz nicht angeführte Beweismittel berücksichtigt werden (so auch Krauskopf/Emmenegger, Praxiskommentar VwVG, Art. 12 N. 73; Auer, VwVG-Kommentar, Art. 12 Rz. 18; Moser/Beusch/Kneubühler, Bundesverwaltungsgericht, Rz. 3.123; BVGer, Urteil A-6640/2010 vom 19.5.2011, E. 5.5.2; offengelassen in BGE 119 V 208 E. 3c). Die Beweisaussage im Sinn des Parteiverhörs bedürfte allerdings einer ausdrücklichen gesetzlichen Grundlage (vgl. Art. 42 Abs. 1 KG i.V.m. Art. 64 BZP). Eine solche fehlt im Verwaltungsverfahren, weil die Art. 62 ff. BZP im Verweis von Art. 19 VwVG nicht eingeschlossen sind (BGE 130 II 473 E. 2.4). Daran wurde auch anlässlich der Revision der Bundesrechtspflege festgehalten (vgl. Moser/Beusch/Kneubühler, Bundesverwaltungsgericht, Rz. 3.124 m.H. auf BBl 2001 4393 in Fn. 363). Auch Dritte, nicht als Parteien am Verfahren Beteiligte, können grundsätzlich immer nur insoweit in die Pflicht genommen werden, als es das Gesetz vorsieht. Die Rechtsstellung der Parteien bei der Beweiserhebung ergibt sich dagegen aus ihren Mitwirkungsrechten und Mitwirkungspflichten.

469 Die von der Behörde zu treffende Auswahl der Beweismittel richtet sich nach deren Tauglichkeit und Beweiskraft. Gemäss dem Wortlaut von Art. 12 Abs. 1 VwVG bedient sich die Behörde der aufgezählten Beweismittel nötigenfalls, woraus folgt, dass vom am wenigsten aufwendigen Beweismittel auszuge-

hen ist, soweit die Tauglichkeit und Beweiskraft gleich ist (vgl. Krauskopf/Emmenegger, Praxiskommentar VwVG, Art. 12 N. 77 ff.). Das Beweisverfahren ist somit ökonomisch durchzuführen (vgl. BGE 130 II 473 E. 2.3; zur Prozessökonomie vgl. auch vorne, Rz. 260 ff.).

Bei den *Urkunden* wird zwischen privaten und öffentlichen Urkunden unterschieden. Den öffentlichen Urkunden, welche von Mitgliedern einer Behörde, von Beamten und Personen öffentlichen Glaubens in hoheitlicher Funktion ausgestellt werden, kommt die (widerlegbare) Vermutung der Richtigkeit zu. Art. 9 ZGB legt eine solche Vermutung zwar nur für öffentliche Register und öffentliche Urkunden des *Bundesprivatrechts* fest. Es liegt allerdings nahe, in Art. 9 ZGB den Ausdruck eines allgemeinen Rechtsgrundsatzes zu sehen, der auch im öffentlichen Prozessrecht und für alle andern öffentlichen Urkunden gilt (ebenso Auer, VwVG-Kommentar, Art. 12 Rz. 27). Daneben sind jedoch ebenso private Urkunden als Beweismittel zugelassen. Dabei handelt es sich um Dokumente, die geeignet sind, rechtserhebliche Tatsachen zu beweisen. Auch digitalisierte Dateien fallen unter den Begriff der Urkunde (Auer, VwVG-Kommentar, Art. 12 Rz. 25; BVGer, Urteil A-6640/2010 vom 19.5.2011, E. 5.5.2). 470

Für die *Zeugeneinvernahme* trifft Art. 14 VwVG eine Sonderregelung. Danach sind nur folgende Behörden berechtigt, Zeugen einzuvernehmen: der Bundesrat, die Departemente, das Bundesamt für Justiz, das Bundesverwaltungsgericht – was im Rechtsmittelverfahren von Bedeutung ist –, die Wettbewerbsbehörden im Sinne des Kartellgesetzes sowie die FINMA (Art. 14 Abs. 1 lit. a–e VwVG). Zudem ist die Zeugeneinvernahme nur zulässig, wenn der Sachverhalt nicht auf andere Weise abgeklärt werden kann. Es muss somit ein Ausnahmegrund vorliegen. Dieser liegt nicht vor, wenn die angerufene Zeugin bereit ist, als Auskunftsperson auszusagen (BGE 130 II 169 E. 2.3.3; 130 II 473 E. 2.3). Die Zeugenaussage unterscheidet sich von der einfachen Auskunft dadurch, dass sie unter der Strafandrohung von Art. 309 i.V.m. Art. 307 StGB erfolgt. Sie betrifft wie die Auskunft grundsätzlich nur selber wahrgenommene Tatsachen, aber – im Gegensatz zum Gutachten – niemals wissenschaftliche Erkenntnisse oder Erfahrungssätze. 471

Auskünfte von Parteien oder Dritten (Art. 12 lit. b und c VwVG) sind schriftlich einzuholen, da sich nur so einwandfrei feststellen lässt, wie die Fragestellung und die entsprechende Antwort lautete (ausführlich BGE 117 V 282 E. 4b). Werden sie mündlich eingeholt, sind sie zu protokollieren, wobei die Niederschrift der mündlichen Äusserungen nach ihrem wesentlichen Inhalt genügt (BGE 130 II 473 E. 4.4). Grundsätzlich ist die Einvernahme von Auskunftspersonen in Anwesenheit der Parteien durchzuführen. Art. 18 VwVG gilt sinngemäss, wobei das Bundesgericht der Behörde einen weiten Ermessensspielraum einräumt (BGE 130 II 169 E. 2.3.5). Auskünfte, die – mündlich oder telefonisch – formlos eingeholt und in einer Aktennotiz festgehalten wurden, sind allenfalls zum Beweis von Nebenpunkten zulässig und tauglich (BGE 117 V 282 E. 4b). Gestützt 472 auf die Auskunftspflicht gemäss Art. 28 Abs. 2 i.V.m. Art. 43 ATSG ist es dem Versicherungsträger auch erlaubt, eine versicherte Person zu observieren, wenn es darum geht, die Bezahlung nicht geschuldeter Leistungen zu verhindern – was im öffentlichen Interesse liegt –, und soweit die Observierung verhältnismässig ist (BGE 135 I 169). Für das invalidenversicherungsrechtliche Verfahren findet sich zur Observierung in Art. 59 Abs. 5 IVG eine spezialgesetzliche Grundlage (BGE 137 I 327, E. 5.2, dazu kritisch L. Müller, Observation).

473   Während Zeugnis und Auskunft sich auf Wahrnehmungen beziehen, die ausserhalb des Verfahrens gemacht wurden, erstattet das *Sachverständigengutachten* (Art. 12 lit. e VwVG) Bericht über eine Sachverhaltsprüfung und -würdigung, welche anlässlich des Verfahrens und aufgrund besonderer Sachkenntnis erfolgte (BGE 132 II 257 E. 4.4.1). Die Sachverständigengutachten sollen Tatsachen und Erfahrungssätze feststellen, auf welche die Behörde nicht aus eigenem Sachverstand zurückgreifen kann und die demzufolge durch besondere Fachkenntnisse nachzuweisen sind (BGE 135 V 249 E. 3.4.1; BVGE 2008/32 E. 6). Im Verwaltungsverfahren dürfen zudem auch Rechtsgutachten beigezogen werden, währenddem die Gerichte die Rechtsfragen selbst zu beantworten haben und sich nicht auf Rechtsgutachten abstützen dürfen (BGE 132 II 257 E. 4.4.1; 130 I 337 E. 5.4.1; BVGE 2008/32 E. 6). Bisweilen legt das materielle Recht sogar eine Pflicht zur Einholung eines Sachverständigengutachtens fest (z.B. in Art. 43 KEG) oder sieht eine Fachkommission vor, deren Meinungsäusserung als Sachverständigengutachten gilt, wie beispielsweise die Eidgenössische Arzneimittelkommission (BGE 129 V 32 E. 3.3.2). Ein wesentlicher Unterschied zwischen dem Gutachten und der einfachen Auskunft liegt darin, dass ersteres unter der besonderen Mahnung erfolgt, streng unparteilich sowie nach bestem Wissen und Gewissen zu handeln (vgl. zum damit verbundenen erhöhten Stellenwert der Sachverständigengutachten bei der Beweiswürdigung hinten, Rz. 485; zur Gewährung des rechtlichen Gehörs bei der Gutachtenserteilung hinten, Rz. 539). Bei ungehöriger Erfüllung des Gutachtensauftrages kann eine Ordnungsbusse gemäss Art. 19 VwVG i.V.m. Art. 60 VwVG verhängt werden (vgl. Art. 19 i.V.m. Art. 59 BZP); wer vorsätzlich ein falsches Gutachten erstattet, kann zudem nach Art. 309 i.V.m. Art. 307 StGB bestraft werden. Hat die Begutachtung einen schweren Eingriff in die persönliche Freiheit zur Folge, muss sich das Gutachten auf eine unzweideutige Grundlage in einem formellen Gesetz abstützen (BGE 124 I 34 E. 3b). Inwieweit die Bestimmungen von Art. 19 VwVG i.V.m. Art. 57 ff. BZP diesen Anforderungen genügen, ist dementsprechend in solchen Fällen besonders zu prüfen. Zudem muss die Begutachtung verhältnismässig sein (BGE 124 I 40).

474   *Amtsberichte* können inhaltlich sowohl einer Auskunft als auch einem Sachverständigengutachten gleichkommen (BGE 123 V 331 E. 1b; vgl. auch BGE 135 II 94 E. 5.1; 131 II 44 E. 3.4; Art. 7 und 8 NHG, dazu BGE 136 II 214 E. 4.4 und 5). Dabei kommt den Amtsstellen grundsätzlich die Pflicht zur Amtshilfeleistung zu, wobei die Amtshilfeleistung über die Erstellung von Amtsberichten

hinausgehen kann (vgl. z.B. Art. 43 VwVG, wobei dort von Rechts- und nicht von Amtshilfe die Rede ist, vgl. Thomas Gächter/Philippe Egli, in: Auer/Müller/Schindler, VwVG-Kommentar, Art. 43 Rz. 1; vgl. zur Frage der Terminologie hinten, Rz. 2039 ff.). Zum Teil wird die Amtshilfe auch im Gesetz festgehalten (vgl. Art. 41 KG; Art. 13b FMG). Zu berücksichtigen sind in solchen Fällen aber auch die besonderen Voraussetzungen des Datenschutzes, wenn es um die Bekanntgabe personenbezogener Daten geht: Diese bedarf grundsätzlich einer gesetzlichen Grundlage, wobei Art. 19 VwVG i.V.m. Art. 49 BZP in dieser Hinsicht kaum Probleme bieten dürfte. Nach Art. 19 Abs. 1 lit. a DSG kann übrigens die Weitergabe von Daten im Rahmen der Amtshilfe im Einzelfall auch ohne gesetzliche Grundlage geschehen, sofern die Daten zur Erfüllung einer gesetzlichen Aufgabe unentbehrlich sind, die Zweckbindung der Daten erhalten bleibt (Art. 4 Abs. 3 DSG), die Grundsätze von Treu und Glauben, der Verhältnismässigkeit sowie der Subsidiarität gewahrt bleiben (Art. 4 Abs. 2 DSG; Belser/Epiney/Waldmann, Datenschutzrecht, § 12 N. 90) und dem Grundsatz der Transparenz Nachachtung verschafft wird (Art. 4 Abs. 4 DSG). Dabei regelt Art. 18a DSG Inhalt und Umfang der Information an die Betroffenen bei der Beschaffung der Daten. Die Amtshilfe im Einzelfall gestützt auf Art. 19 Abs. 1 lit. a DSG wird damit stark eingeschränkt. Amtshilfe an ausländische Behörden ist aufgrund von Art. 6 DSG nur in beschränktem Umfang zulässig. Staatsvertragliche Bestimmungen können jedoch einen weitreichenden Informationsaustausch vorsehen (vgl. etwa die Verordnung vom 15.6.1998 zum schweizerisch-amerikanischen Doppelbesteuerungsabkommen vom 2.10.1996 [SR 672.933.61]; dazu und zum Doppelbesteuerungsabkommen etwa BVGer, Urteil A-4013/2010 vom 15.7.2010). Ebenso kann der Bundesgesetzgeber spezialgesetzliche Bestimmungen aufstellen (Art. 13b Abs. 2 f. FMG; Art. 22 UWG; Art. 38 BEHG, dazu BVGE 2008/66; 2009/16; BGE 128 II 407; Art. 112 DBG, dazu BGE 134 II 318). Sodann hat das Bundesgericht die Zulässigkeit der Amtshilfeleistung an die amerikanische Steuerbehörde vom Februar 2009 betreffend UBS-Kunden gestützt auf die polizeiliche Generalklausel bejaht (BGE 137 II 431 E. 3 f.).

Die Amtshilfe vermag Sachkunde zu vermitteln und damit, insbesondere wenn ein Amtsbericht erstattet wird, das Sachverständigengutachten zu ersetzen. Dabei sollten aber die Rechte der Beteiligten gleichermassen wie bei der Begutachtung gewahrt werden. Die Ausstandsgründe müssen beachtet werden, wenn auch nicht Art. 19 i.V.m. Art. 58 BZP und Art. 34 BGG anwendbar sind, sondern Art. 10 Abs. 1 VwVG einschlägig ist (vgl. BGE 119 V 456 E. 4b). Grundsätzlich darf auch das Recht, sich zur Fragestellung zu äussern und diesbezügliche Abänderungs- und Ergänzungsanträge zu stellen, nicht eingeschränkt werden, wobei das (gerichtliche) Verfahren insgesamt der Fairness genügen muss (BGE 130 II 351 E. 3.3.3). 475

In diesem Zusammenhang ist weiter auf die Umweltverträglichkeitsprüfung (UVP) hinzuweisen, welche mehrere Schritte umfasst: Der Bericht, den die gesuchstellende Person zu erstellen und einzureichen hat (Art. 10b USG), stellt 476 gemäss seiner Rechtsnatur ein Parteigutachten dar. Hierauf nimmt die Umweltschutzfachstelle – bei bundesrechtlichen Verfahren das Bundesamt für Umwelt (Art. 42 Abs. 2 USG) – zuhanden der entscheidenden Behörde zu diesem Bericht Stellung und beantragt allenfalls Auflagen und Bedingungen (Art. 10c USG). Diese Stellungnahme hat faktisch den Charakter einer amtlichen Expertise (BGE 130 II 470 E. 3). Konkret von Bedeutung ist die UVP etwa bei der Konzessionserteilung für Flughäfen, Luftseilbahnen, Eisenbahnen, bei der Errichtung militärischer Anlagen oder beim Bau neuer Eisenbahnlinien (vgl. im Einzelnen dazu den Anhang zur UVPV).

477 Gegenstand des *Augenscheins* kann schliesslich alles sein, was sinnlich wahrnehmbar ist, allenfalls unter Beizug technischer Messgeräte (BGE 121 V 153). Zu Augenscheinen sind die Parteien grundsätzlich einzuladen. Vom Augenschein ist grundsätzlich ein Protokoll zu erstellen (vgl. BGE 130 II 473 E. 4.2; Näheres zum Augenschein hinten, Rz. 544). Die formelle Besichtigung einer Liegenschaft entspricht ebenfalls einem Augenschein. Diese Art Augenschein ist zu unterscheiden von der Hausdurchsuchung, welche eine Zwangsmassnahme des Strafprozessrechts darstellt und, als Eingriff in das Recht auf Wohnung gemäss Art. 8 EMRK, nur gestützt auf eine gesetzliche Grundlage stattfinden darf (Art. 8 Ziff. 2 EMRK; vgl. etwa Art. 42 Abs. 2 KG).

B. Die Pflichten Dritter: Zeugenaussage, Aktenherausgabepflicht und Duldung des Augenscheins

478 Dritte können grundsätzlich nur durch ausdrückliche gesetzliche Regelung zur Mitwirkung an der Beweiserhebung verpflichtet werden (vgl. BGE 119 V 208 E. 3b). Das VwVG sieht folgende Pflichten Dritter vor: die Auskunftspflicht (Art. 12 lit. c VwVG, Art. 19 i.V.m. Art. 49 BZP), die Zeugnispflicht (Art. 15 VwVG), die Pflicht zur Herausgabe der in ihren Händen befindlichen Urkunden (Aktenherausgabepflicht oder Editionspflicht, Art. 17 VwVG) und die Pflicht zur Duldung von Augenscheinen (Art. 19 VwVG i.V.m. Art. 55 BZP).

479 Den erwähnten Pflichten unterstehen grundsätzlich alle Drittpersonen (vgl. für die Zeugnispflicht Art. 15 VwVG). Allerdings ist ein Zeugnisverweigerungsrecht statuiert, auf welches grundsätzlich der BZP anwendbar ist (Art. 16 Abs. 1 VwVG i.V.m. Art. 42 Abs. 1 und 3 BZP). Dabei ist in Art. 16 Abs. 2 VwVG eine Abweichung von der Regelung des BZP vorgesehen: Nach Art. 16 Abs. 2 VwVG gilt der Verweigerungsgrund des Berufs- und Geschäftsgeheimnisses von Gesetzes wegen und nicht bloss nach Ermessen des Gerichts (anders Art. 42 Abs. 2 BZP), sofern nicht ein anderes Bundesgesetz diesen Verweigerungsgrund ausschliesst. Die Ausnahmebestimmung von Art. 16 Abs. 2 VwVG bezieht sich nach ihrem Sinn und Zweck nicht nur auf die Zeugnispflicht, sondern auch auf die Pflicht zur Aktenedition und die Duldung von Augenscheinen (vgl. Art. 17 VwVG und Art. 55 Abs. 2 BZP).

C. Verwendung widerrechtlich erlangter Beweismittel

Die Frage der Verwendbarkeit widerrechtlich erlangter Beweismittel wurde vom Bundesgericht hauptsächlich für das Strafverfahren beurteilt. Die Rechtsprechung zum strafrechtlichen Verwertungsverbot wird jedoch von Praxis und Lehre sinngemäss auch auf das Verwaltungsverfahren und die Verwaltungsrechtspflege angewendet (BGE 120 V 435 E. 3b; Krauskopf/Emmenegger, Praxiskommentar VwVG, Art. 12 N. 189 ff., 198 ff.). Für das Strafverfahren ergibt sich aus Art. 29 Abs. 1 BV und Art. 6 Ziff. 1 EMRK (BGE 137 I 218 E. 2.1; 131 I 272 E. 3.2), dass Beweismittel überhaupt nicht verwendet werden dürfen, wenn gegen eine Vorschrift verstossen wurde, die gerade die Erlangung des Beweismittels verhindern will. Die Garantien des fairen Verfahrens sind einzuhalten, und das Recht, Ergänzungsfragen an eine Zeugin bzw. einen Zeugen zu stellen, kann nicht übergangen werden, jedenfalls wenn die entsprechende Zeugenaussage für den Schuldspruch massgebend ist (BGE 133 I 33 E. 3 f.). Ist das Beweismittel an sich zulässig und hätte es auch auf gesetzmässigem Weg beschafft werden können, ist eine Güterabwägung vorzunehmen: Die Beweismittel dürfen dann nicht verwendet werden, wenn bei ihrer Beschaffung ein Rechtsgut verletzt wurde, das im konkreten Fall den Vorrang vor der Wahrheitsfindung verdient (BGE 137 I 218 E. 2.3.4). Auch wenn grundsätzlich von der Unverwertbarkeit von unrechtmässig erlangten Beweismitteln auszugehen ist, die nicht rechtmässig hätten beschafft werden können, kann bei schweren Straftaten das öffentliche Interesse an der Wahrheitsfindung mehr wiegen als das private Interesse an der korrekten Durchführung des Beweisverfahrens bzw. an der Geheimhaltung (Art. 141 Abs. 2 StPO; BGE 137 I 218 E. 2.3.5.1; 130 I 126 E. 3.1). Grenze bildet dabei der Kerngehalt der Grundrechte. Art. 140 StPO verbietet denn auch die Anwendung von Zwangsmitteln bei der Beweiserhebung (vgl. Art. 140 i.V.m. Art. 141 Abs. 1 StPO). Davon zu unterscheiden sind aber die Zwangsmassnahmen nach Art. 196 ff. StPO.

Für das Verwaltungsverfahren ergibt sich dementsprechend, dass bei Verletzung sehr wesentlicher öffentlicher Interessen unter Vorbehalt des Kerngehaltes der Grundrechte auch Beweise verwertet werden können, die nicht rechtmässig hätten beschafft werden können. Vorausgesetzt ist auch hier eine Abwägung der infrage stehenden Interessen.

D. Beweisgrad und freie Beweiswürdigung

Es lassen sich drei Beweisgrade unterscheiden. Die Verwaltungsbehörde darf eine Tatsache erst als bewiesen annehmen, wenn der *volle Beweis* erbracht ist. Dies ist der Fall, wenn sie von deren Vorhandensein derart überzeugt ist, dass das Gegenteil als unwahrscheinlich erscheint. Im Sozialversicherungsrecht gilt dagegen als Eigenheit der Beweisgrad der *überwiegenden Wahrscheinlichkeit*, sofern das Gesetz nicht etwas anderes vorsieht. Danach hat das Gericht jener

Sachverhaltsdarstellung zu folgen, welche die wahrscheinlichste aller Möglichkeiten darstellt. Die blosse Möglichkeit, dass sich ein bestimmter Sachverhalt zugetragen hat, reicht jedoch auch hier nicht aus (BGE 135 V 58 E. 3.1; vgl. auch BGE 136 V 231 E. 3.3). Herabgesetzt ist der Beweisgrad sodann gemäss Art. 6 GlG für gewisse Tatbestände der Diskriminierung nach Geschlecht im Arbeitsverhältnis, die nur *glaubhaft gemacht* werden müssen, oder aber gemäss Art. 7 AsylG, wenn es um den Nachweis der Flüchtlingseigenschaft geht. Das Bundesgericht hat zudem die Frage aufgeworfen, ob die Glaubhaftmachung der Diskriminierung allgemein bei der Anwendung von Art. 8 Abs. 2 BV ausreicht (BGE 129 I 217 E. 2.2.3). Ebenso kommt die Glaubhaftmachung bei der Anordnung von vorsorglichen Massnahmen zum Tragen (Krauskopf/Emmenegger, Praxiskommentar VwVG, Art. 12 N. 216). Bei der *Glaubhaftmachung* genügt der Eindruck, dass sich die Tatsachen so zugetragen haben wie behauptet, ohne auszuschliessen, dass sich die Verhältnisse anders gestalteten. Die Gründe, welche für die Richtigkeit der Sachdarstellung sprechen, müssen überwiegen (BVGer, Urteil D-7782/2008 vom 9.9.2010, E. 3.2).

483 Gemäss Art. 19 VwVG i.V.m. Art. 40 BZP gilt der Grundsatz der *freien Beweiswürdigung* (BGE 130 II 473 E. 3.2). Danach hat die Verwaltungsbehörde nach freier Überzeugung die Beweise zu würdigen sowie das Verhalten der Parteien im Verfahren mitzuerwägen, etwa das Nichtbefolgen einer persönlichen Vorladung, das Verweigern der Beantwortung von Fragen seitens der Verwaltungsbehörden und das Vorenthalten angeforderter Beweismittel.

484 Auf Tatsachenvermutungen darf abgestellt werden, wenn es um den Beweis von inneren Tatsachen geht und die Vermutungsbasis erstellt ist, welche auf eine zulässige Vermutungsfolge schliessen lässt. Solange Tatsachenvermutungen nicht durch den Nachweis von Zweifeln an der Richtigkeit der Indizien oder der daraus gezogenen Schlussfolgerungen umgestossen werden, sind sie somit zulässig (BGE 135 II 161 E. 3; 130 II 482 E. 3.2).

485 Bezüglich Gutachten und sachkundigen Auskünften einer Amtsstelle besteht in der Praxis die Besonderheit, dass sie nur dann inhaltlich überprüft werden und nur dann von ihnen abgewichen wird, wenn dafür triftige Gründe bestehen (BGE 136 II 214 E. 5; 135 V 465 E. 4.4). Dies ist etwa der Fall bei offensichtlichen Mängeln oder inneren Widersprüchen, was gegebenenfalls zu ergänzender Beweisaufnahme führt (BGE 132 II 257 E. 4.4.1; 125 V 351 E. 3b/aa). Einem Parteigutachten kann zudem nicht von vornherein der Beweiswert abgesprochen werden (BGE 137 II 266 E. 3.2; 125 V 351 E. 3b/dd). Für das Sozialversicherungsrecht hat das Bundesgericht zur Würdigung von Gutachten Richtlinien aufgestellt (BGE 125 V 351 E. 3b). Öffentliche Urkunden schliesslich tragen die widerlegbare Vermutung der Richtigkeit in sich, soweit der Inhalt auf eigenen Wahrnehmungen der Amtsperson beruht (vgl. vorne, Rz. 470).

486 Bei Administrativsanktionen, die strafrechtlicher Natur sind, gilt zudem die aus der Unschuldsvermutung abgeleitete strafrechtliche Beweislastregel «Im Zweifel für den Angeklagten» (in dubio pro reo): Bleibt eine Unsicherheit be-

stehen, darf sich dies nicht zulasten der von einer Sanktion Bedrohten auswirken (Häner, Mindestgarantien, S. 22).

4. Anspruch der Parteien auf rechtliches Gehör

Literatur. Zum Anspruch auf rechtliches Gehör: ALBERTINI MICHELE, Der verfassungsmässige Anspruch auf rechtliches *Gehör* im Verwaltungsverfahren des modernen Staates, Bern 2000; ALIOTTA MASSIMO, Mitwirkungsrechte der Versicherten bei Begutachtungen. Urteil der I. Kammer des Eidgenössischen Versicherungsgerichts I 686/05, vereinigt mit I 698/05, vom 14. Juli 2006, HAVE 2006, S. 351 ff.; BRUNNER STEPHAN C., in: Auer/Müller/Schindler, VwVG-Kommentar, Art. 26–28; DUBACH ALEXANDER, Das Recht auf Akteneinsicht, Zürich 1990; GERBER KASPAR, Das «rasche» kantonale Beschwerdeverfahren nach Art. 61 lit. a ATSG: einige Gedanken zum Schriftenwechsel, SZS 2011, S. 563 ff.; HÄUSLER MARC/FERRARI-VISCA RETO, Das Recht auf Akteneinsicht im Verwaltungs- und Verwaltungsjustizverfahren, Jusletter, 8.8.2011; KÄGI-DIENER REGULA, Entscheidfindung in komplexen Verwaltungsverhältnissen, Basel/Frankfurt a. M. 1994, S. 517 ff.; KELLER HELEN, Garantien fairer Verfahren und des rechtlichen Gehörs, in: Merten/Papier, Grundrechte in der Schweiz, S. 639 ff.; KIESER UELI, *ATSG-Kommentar*, 2. A., Zürich 2009, Art. 37, 42 und 44; KNEUBÜHLER LORENZ, Die Begründungspflicht, Bern 1998; ders., *Gehörsverletzung* und Heilung, ZBl 1998, S. 97 ff.; LANTER MARKUS, Zum *Replikrecht* vor Verwaltungsinstanzen, Jusletter, 18.6.2012; ders., *Formeller Charakter* des Replikrechts – Herkunft und Folgen, ZBl 2012, S. 167 ff.; MOOR/POLTIER, Droit administratif, Vol. II, S. 311 ff.; MOSER/BEUSCH/KNEUBÜHLER, Bundesverwaltungsgericht, Rz. 3.75 ff.; RÜTSCHE BERNHARD, *Rechtsfolgen* von Grundrechtsverletzungen, Basel 2002, S. 153 ff.; SCHINDLER BENJAMIN, Die «formelle Natur» von Verfahrensgrundrechten. Verfahrensfehlerfolgen im Verwaltungsrecht – ein *Abschied* von der überflüssigen Figur der «Heilung», ZBl 2005, S. 169 ff.; SCHLAURI FRANZ, Über das Verhältnis von Vorbescheid und rechtlichem Gehör im Sozialversicherungsverfahren. Bemerkungen zu BGE 134 V 97, in: Festschrift für Erwin Murer, Bern 2010, S. 725 ff.; SEILER HANSJÖRG, *Abschied* von der formellen Natur des rechtlichen Gehörs, SJZ 2004, S. 377 ff.; STEFFEN GABRIELLE, Le droit d'être entendu des collaborateurs de la fonction publique: juste une question de procédure?, RJN 2005, S. 49 ff.; SUTTER PATRICK, in: Auer/Müller/Schindler, VwVG-Kommentar, Art. 29–33; ders., Der Zugang zu gerichtlichen Informationen aus anwaltlicher Sicht, in: Schindler/Sutter, Akteure, S. 209 ff.; ders., Akteneinsicht in Administrativuntersuchungen. BGE 129 I 249 (Urteil 1A.225/2002 vom 27. Mai 2003), recht 2004, S. 31 ff.; TRECHSEL STEFAN, Akteneinsicht. Information als Grundlage des fairen Verfahrens, in: Festschrift für Jean Nicolas Druey, Zürich 2002, S. 993 ff.; WALDMANN BERNHARD, Das rechtliche Gehör im Verwaltungsverfahren, in: Häner/Waldmann, Verwaltungsverfahren, S. 55 ff.; WALDMANN BERNHARD/BICKEL JÖRG bzw. WALDMANN BERNHARD/OESCHGER MAGNUS, in: Waldmann/Weissenberger, Praxiskommentar VwVG, Art. 26–33; WIDRIG DANIEL, Studieren geht über Prozessieren. Rechtsschutz von Studierenden bei Prüfungen, Jusletter, 2.5.2011, Rz. 17 ff., 50 ff.; WIEDERKEHR RENÉ, Die Begründungspflicht nach Art. 29 Abs. 2 BV und die Heilung bei Verletzung, ZBl 2010, S. 481 ff.; ZIMMERMANN MARKUS, Die Mitwirkungsrechte des Versicherten bei der Einholung eines Gutachtens, HAVE 2004, S. 205 ff.; ZÜRCHER JOHANN, Zur Natur von Normen am Beispiel der Gehörsverweigerung, in: Festschrift 125 Jahre Kassationsgericht des Kantons Zürich, Zürich 2000, S. 147 ff.; vgl. auch die Literatur in Rz. 66, 73.

Zum Datenschutz: BELSER EVA MARIA/EPINEY ASTRID/WALDMANN BERNHARD, Datenschutzrecht. Grundlagen und öffentliches Recht, Bern 2011; EPINEY ASTRID/HOBI PATRICK (Hrsg.), Die Revision des Datenschutzgesetzes, Zürich u.a. 2009; MAURER-LAMBROU URS/VOGT NEDIM PETER (Hrsg.), Datenschutzgesetz. Basler Kommentar, 2. A., Basel 2006 (zitiert: Basler Kommentar DSG); PAGE GÉRALD, Le droit d'accès dans la jurisprudence de la Commission fédérale de la protection des données, ZBl 2007, S. 380 ff.; ROSENTHAL DAVID/JÖHRI YVONNE, Handkommentar zum Datenschutzgesetz, Zürich u.a. 2008; SCHMID WALTER, Die Beschaffung und Bekanntgabe von Personen-

487

daten durch die IV-Stelle im Verwaltungsverfahren, Au (SG) 1994; SCHWEIZER RAINER J., Das indirekte Auskunftsrecht im Datenschutzrecht der Schweiz aus grund- und menschenrechtlicher Sicht, in: Human Rights, Democracy and the Rule of Law. Liber amicorum Luzius Wildhaber, Zürich/ St. Gallen 2007, S. 775 ff.; SCHWEIZER RAINER J./KRADOLFER DEAN/SUTTER PATRICK, Das Verhältnis von datenschutzrechtlichen Persönlichkeitsrechten, Verfahrensgerechtigkeit und Amtsöffentlichkeit zueinander, in: Baeriswyl Bruno/Rudin Beat (Hrsg.), Perspektive Datenschutz, Zürich 2002, S. 235 ff.; vgl. auch die Literatur in Rz. 217.

Zum Öffentlichkeitsprinzip: vgl. die Literatur in Rz. 217.

A. Rechtsgrundlagen

488 Für das *Verwaltungsverfahren im Bund* ist das rechtliche Gehör in den *Art. 26 ff. VwVG* geregelt. Der Grundsatz ist in Art. 29 festgehalten und wird für das nichtstreitige Verfahren in folgenden Bestimmungen konkretisiert: Art. 30, 30a und 31 über die Anhörung der Parteien, Art. 32 über die Prüfung der Parteivorbringen, Art. 33 über die Beweisabnahme, Art. 18 über das Recht auf Teilnahme bei Zeugeneinvernahmen, Art. 11 über das Recht auf Vertretung und Verbeiständung sowie Art. 26–28 über das Akteneinsichtsrecht. Sodann regelt Art. 34 die Eröffnung einer Verfügung, und Art. 35 hält die Pflicht zur Begründung der Verfügung und zur Rechtsmittelbelehrung fest (zu diesen zwei Bestimmungen vgl. hinten, Rz. 629 ff., 637 f.).

489 Die Übersicht über die Bestimmungen zeigt, dass der Gesetzgeber die vom Bundesgericht aus der *Verfassung* abgeleiteten wesentlichen Elemente des rechtlichen Gehörs im VwVG ausdrücklich konkretisiert hat. Damit rechtfertigt es sich, für die Auslegung dieser Normen subsidiär auf die Rechtsprechung zum Gehörsanspruch gemäss Art. 29 Abs. 2 BV zurückzugreifen, wobei die frühere Praxis zu Art. 4 Abs. 1 BV 1874 nach wie vor massgeblich ist (vgl. dazu BGE 126 V 130 E. 2a). Umgekehrt beeinflusst die Konkretisierung des verfassungsmässigen Anspruchs im VwVG die Auslegung der Verfassungsgarantien des rechtlichen Gehörs und auch der Fairness im Allgemeinen (BGE 120 IV 242 E. 2c/aa, zum Akteneinsichtsrecht). Manche Bestimmungen des VwVG gehen allerdings über die Minimalgarantien der Bundesverfassung hinaus (vgl. BGE 126 II 111 E. 6b/aa; 104 Ib 129 E. 5; beide zu Art. 30 Abs. 2 lit. e VwVG), sodass die Rechtsprechung zu Art. 29 Abs. 2 BV und Art. 4 Abs. 1 BV 1874 für die Auslegung des VwVG nicht unbesehen übernommen werden kann.

490 Wenn die Praxis des EGMR zu *Art. 6 Ziff. 1 EMRK* weiter geht als die Garantien des Landesrechts, kann die schweizerische Praxis eine Harmonisierung herbeiführen, indem sie das Bundesverfassungsrecht entsprechend auslegt. Zu einer solchen Anpassung sah sich das Bundesgericht bezüglich des Rechts auf Stellungnahme zu Vorbringen von Gegenparteien und Vorinstanzen (Replikrecht) veranlasst (BGE 133 I 100 E. 4.6; vgl. dazu Rz. 525 ff.). Wie das Bundesgericht festhielt, gilt dieses Replikrecht nicht nur innerhalb des Anwendungsbereichs von Art. 6 Ziff. 1 EMRK, sondern aufgrund von Art. 29 Abs. 1 und 2 BV für alle Gerichtsverfahren, nach einem neueren Entscheid jedoch nicht im

Verwaltungsverfahren (BGE 138 I 154 E. 2.5; vgl. zu dieser Frage im Einzelnen hinten, Rz. 527).

B. Recht auf Orientierung

Das Recht auf Orientierung umfasst den *Anspruch der Verfahrensbeteiligten, über das Verfahren und dessen Inhalt informiert zu werden* (vgl. BGE 126 V 130 E. 2b). Der eher unscharf konturierte Anspruch bezieht sich zur Hauptsache auf jene Informationspflichten der Behörden, die den Beteiligten die Wahrnehmung ihrer Äusserungs- und Mitwirkungsrechte erst ermöglichen. Zu orientieren ist grundsätzlich über die Einleitung des Verfahrens und dessen Gegenstand, über Beweismassnahmen und Verhandlungen (BGE 131 I 185 E. 2.1 zum Strafprozess), über Stellungnahmen von Gegenparteien und Vorinstanzen, über den Beizug bestimmter Akten sowie unter Umständen über die in Aussicht genommene Rechtsanwendung. Von der Pflicht der Behörde zur *aktiven Orientierung* können jene Bereiche unterschieden werden, in denen es genügt, wenn *die Informationen bloss zur Verfügung stehen,* was grundsätzlich auf die Akten und die Identität der Behördenvertreterinnen und -vertreter zutrifft (vgl. Sutter, VwVG-Kommentar, Art. 29 Rz. 6 f. und im Einzelnen die folgenden Ausführungen zu den Teilgehalten des Anspruchs auf rechtliches Gehör). Wird das Offenhalten des Zugangs zu den Informationen – und nicht nur die Pflicht der Behörde zur aktiven Information – zum Recht auf Orientierung gezählt, so ist das Akteneinsichtsrecht diesem zuzurechnen. 491

Als Ausfluss des Anspruchs auf rechtliches Gehör (sowie des allgemeinen Fairnessgebots) anerkennt die Praxis auch die Pflicht der Behörde, die betroffene Partei *über die Möglichkeit einer Schlechterstellung im Rechtsmittelverfahren (reformatio in peius) und des Rückzugs des betreffenden Rechtsmittels zu informieren* (BGE 131 V 414 E. 1; vgl. auch Art. 62 Abs. 3 VwVG und hinten, Rz. 1166 f.). Diese behördliche Orientierungspflicht dient nicht direkt der Wahrnehmung der Äusserungs- und Mitwirkungsrechte; vielmehr bezweckt sie, die Parteien vor unerwarteten Nachteilen zu schützen. Verwandte Informationspflichten, welche die Parteien vor dem unnötigen Verlust prozessualer Rechte bewahren sollen, werden regelmässig dem Grundsatz von Treu und Glauben bzw. dem Verbot des überspitzten Formalismus zugeordnet (vgl. vorne, Rz. 202 ff.). 492

C. Akteneinsichtsrecht

a. Grundsatz

Das Akteneinsichtsrecht (Art. 26–28 VwVG) soll den Parteien dazu verhelfen, sich über alle für das Verfahren wesentlichen Unterlagen zu orientieren. Es ist gleichsam Vorbedingung einer wirksamen und sachbezogenen Ausübung des 493

Äusserungsrechts (vgl. Art. 30 VwVG). Die Parteien müssen sich über die Eingaben und Vernehmlassungen, über alle als Beweismittel dienenden Aktenstücke und über Niederschriften eröffneter Verfügungen (Art. 26 Abs. 1 VwVG) in Kenntnis setzen können, damit sie die Grundlagen zur Wahrnehmung der eigenen Interessen erarbeiten können (vgl. detailliert Albertini, Gehör, S. 225 f.). Die Schranken des Äusserungsrechts begrenzen grundsätzlich auch das Akteneinsichtsrecht (vgl. mit Bezug auf die Schranken von Art. 30 Abs. 2 VwVG: Waldmann/Oeschger, Praxiskommentar VwVG, Art. 27 N. 9 ff. m.H.; BGE 132 V 387 E. 4.1).

494 Zum *Umfang* des Akteneinsichtsrechts: Der Begriff der «Akten» bezieht sich nicht auf ein bestimmtes Trägermedium; er umfasst also nicht nur Schriftstücke (Brunner, VwVG-Kommentar, Art. 26 Rz. 32 m.H.). Das Einsichtsrecht erstreckt sich auf alle Akten, die geeignet sind, Grundlage der späteren Verfügung bzw. des späteren Entscheids in der betreffenden Sache zu bilden (BGer, Urteil 1C_148/2010 vom 6.9.2010, E. 4.1; BGE 121 I 225 E. 2a). Dass die Akten im konkreten Verfahren tatsächlich als Beweismittel herangezogen werden, ist nicht erforderlich. Die Akteneinsicht darf nicht mit der Begründung verweigert werden, die betreffenden Akten seien belanglos; es ist Sache der Einsichtsberechtigten, dies zu beurteilen (BGer, Urteil 1C_88/2011 vom 15.6.2011, E. 3.4; BGE 132 V 387 E. 3.2). Der Wortlaut von Art. 26 Abs. 1 lit. b VwVG, wonach «alle als Beweismittel dienenden Aktenstücke» dem Einsichtsrecht unterliegen, ist somit zu eng.

495 In einem gewissen Widerspruch zu diesen mittlerweile unbestrittenen Grundsätzen steht die Praxis, wonach sogenannte *verwaltungsinterne Akten* nicht dem Akteneinsichtsrecht unterliegen (z.B. BGE 132 II 485 E. 3.4; BVGer, Urteil D-6316/2006 vom 4.4.2008, E. 3). Sie wird denn auch von der Lehre überwiegend kritisiert (vgl. z.B. Müller/Schefer, Grundrechte, S. 875 f., m.w.H.). Als interne Akten gelten Unterlagen, die ausschliesslich der verwaltungsinternen Meinungsbildung dienen, wie etwa Notizen, Entwürfe, interne Stellungnahmen und Anträge (BGE 129 IV 141 E. 3.3.1; 125 II 473 E. 4a; BVGE 2008/14 E. 6.2.1). Die Praxis gewährt allerdings unter besonderen Umständen ein Einsichtsrecht; solche Umstände lagen laut dem Bundesgericht in einem Fall vor, in dem der fragliche Verfügungsantrag Auskunft über die Erhebung der wesentlichen Daten und den Einfluss externer Berater geben konnte (BGer, Urteil 2A.586/2003 vom 1.10.2004, E. 9). Sodann scheint anerkannt zu sein, dass nicht von vornherein eine ganze Kategorie von Dokumenten dem Einsichtsrecht entzogen werden darf und dass nicht die Einstufung des fraglichen Dokuments durch die Verwaltung massgeblich ist, sondern dessen Eignung zur Entscheidgrundlage (vgl. BGE 125 II 473 E. 4c/cc; BVGer, Urteil D-6316/2006 vom 4.4.2008, E. 3.2; vgl. auch hinten, Rz. 504). Die Praxis hat jedoch zum Teil inkonsequenterweise den letzten Schritt noch nicht getan, der darin bestünde, den Parteien die Beurteilung zu überlassen, ob sie das Dokument für entscheidwesentlich halten. Die Akteneinsicht könnte dann nur noch verweigert werden, wenn ihr wesentliche

Interessen im Sinn von Art. 27 VwVG entgegenstünden (ähnlich Waldmann/ Oeschger, Praxiskommentar VwVG, Art. 26 N. 64; so wohl auch BVGer, Urteil B-6177/2008 vom 4.12.2008, E. 6.3, wo vorläufig ein überwiegendes Interesse der Verwaltung, die «grossem politischem Druck der wirtschaftlichen Akteure ausgesetzt» sei, an der Vertraulichkeit einer internen Strategie für das Vergabeverfahren angenommen wurde). Dabei könnte der vorläufige Schutz der internen Meinungsbildung unter Umständen als wesentliches öffentliches Interesse im Sinn von Art. 27 Abs. 1 lit. a VwVG dem Akteneinsichtsrecht entgegengehalten werden (Brunner, VwVG-Kommentar, Art. 26 Rz. 43, Art. 27 Rz. 23). Sodann wäre es gerechtfertigt, unfertige und persönliche Dokumente im Sinn von Art. 5 Abs. 3 lit. b und c BGÖ vom Einsichtsrecht auszunehmen (vgl. dazu BBl 2003 1997 ff.; BVGE 2011/53 E. 8.3.2; gl.M. Brunner, VwVG-Kommentar, Art. 26 Rz. 38) bzw. den Begriff der verwaltungsinternen Akte entsprechend zu umschreiben.

Falls eine Behörde ihre wichtigen Verfügungen oder Entscheide nicht regelmässig oder nicht in genügendem Umfang der Öffentlichkeit bekannt macht, sollten zu den einsehbaren Akten auf Verlangen auch *frühere Verfügungen oder Entscheide* in ähnlich gelagerten Fällen gehören, da eine wirksame Geltendmachung des eigenen Standpunktes oftmals nur in Kenntnis der Praxis möglich ist. Desgleichen wären frühere unveröffentlichte Verfügungen oder Entscheide dem Einsichtsrecht zu unterstellen, wenn die Behörde die Begründung der Verfügung oder des Entscheids auf solche abzustützen gedenkt. Ein solcher Anspruch ergibt sich heute allgemein aus dem BGÖ (BBl 2003 1989), folgt aber auch aus dem Anspruch auf ein faires Verfahren nach Art. 29 Abs. 1 BV (vgl. auch BGE 133 I 106 E. 8.3 zur Publikationspraxis des Bundesgerichts). Vorbehalten bleiben vorgehende Geheimhaltungsinteressen. 496

Damit vom Akteneinsichtsrecht überhaupt Gebrauch gemacht werden kann, müssen die Akten zunächst erstellt werden. Die *Aktenführungspflicht* wird heute für alle Verfahrensarten aus Art. 29 Abs. 2 BV abgeleitet. Sämtliche im Rahmen des Verfahrens vorgenommenen Erhebungen und entscheidrelevanten Tatsachen sind vollständig festzuhalten (BGer, Urteil 8C_322/2010 vom 9.8.2010, E. 3; BGE 130 II 473 E. 4.1 f.; vgl. auch BGE 131 II 670 E. 4). Gespräche mit Verfahrensbeteiligten sind zu protokollieren, wobei von den Umständen abhängt, wie detailliert das Protokoll sein muss (BGE 130 II 473 E. 4.2–4.5). Auch die wesentlichen Ergebnisse eines Augenscheins sind in einem Protokoll festzuhalten. Das Bundesgericht lässt es allerdings – problematischerweise – jedenfalls unter besonderen Umständen genügen, wenn sie alternativ in den Erwägungen des Entscheids klar zum Ausdruck gebracht werden (zur verfassungsrechtlichen Minimalgarantie: BGer, Urteil 1C_372/2010 vom 11.2.2011, E. 7; BGE 130 II 473 E. 4.2; 106 Ia 73 E. 2a; vgl. auch BGer, Urteil 1C_82/2008 vom 28.5.2008, E. 5.1 f.). Das Augenscheinsprotokoll muss den Parteien nicht zur Stellungnahme zugesandt werden (BGer, Urteil 1C_193/2011 vom 24.8.2011, E. 2). 497

498 Zur konkreten *Handhabung* des Akteneinsichtsrechts: Das Akteneinsichtsrecht wird regelmässig nur auf Gesuch hin gewährt. Die Behörden haben die Parteien aber zu benachrichtigen, wenn sie entscheiderhebliche Akten beiziehen, welche diese nicht kennen und auch nicht kennen können (BGer, Urteil 1C_458/2009 vom 10.5.2010, E. 2.5; BGE 132 V 387 E. 6.2). Eine Mitteilung kann demnach unterbleiben, wenn das Aktenstück keine entscheiderhebliche Tatsache betrifft (vgl. Waldmann/Oeschger, Praxiskommentar VwVG, Art. 26 N. 70). Sie ist ferner nicht erforderlich, wenn mit dem Beizug der Akten zu rechnen war; dann genügt es, wenn die Verwaltung diese zur Einsicht bereithält (BGer, Urteil 2A.424/2000 vom 13.2.2001, E. 2b). Dasselbe soll auch für Internetrecherchen gelten (BGer, Urteil 1P.581/2004 vom 3.2.2005, E. 2.2.2); was diese betrifft, wäre allerdings im konkreten Fall – bzw. aufgrund zu definierender Fallgruppen – zu bestimmen, inwieweit die Parteien mit dem Beizug von im Internet auffindbaren Dokumenten rechnen mussten. Es ist darauf zu achten, dass nicht auf diese Weise die Mitwirkungsrechte – etwa in Bezug auf den Augenschein – ausgehebelt werden.

499 Art. 26 Abs. 1 VwVG sieht vor, dass die Akten am Sitz der verfügenden Behörde oder bei einer durch diese bezeichneten kantonalen Stelle eingesehen werden können. Aus Art. 26 VwVG oder Art. 29 Abs. 2 BV folgt jedoch kein Anspruch, die Akten nach Hause mitzunehmen. Auch besteht keine Pflicht der Behörden, die Akten oder Kopien davon den Betroffenen zuzustellen (BGer, 5A_146/2009 vom 1.4.2009, E. 3.1; BGE 116 Ia 325 E. 3d/aa). Hingegen hat das Bundesgericht mit Bezug auf Art. 29 Abs. 2 BV festgehalten, dass im Fall der Nichtherausgabe der Akten ein Recht besteht, auf einem Kopiergerät der Verwaltung (gegen Gebühr) Kopien herzustellen oder herstellen zu lassen. Daraus darf der Verwaltung aber kein unverhältnismässiger Aufwand erwachsen (BGer, Urteil 5A_349/2009 vom 23.6.2009, E. 3.3; BGE 116 Ia 325 E. 3d/aa). Im Bereich der Sozialversicherung bejaht das Bundesgericht einen Anspruch auf Zustellung persönlicher Daten (BGE 127 V 219 E. 1b: Anwendung von Art. 8 DSG im Verwaltungsverfahren). Angezeigt wäre eine Angleichung des Aktenzugangs nach Art. 26 VwVG – nicht aber des Minimalanspruchs nach Art. 29 Abs. 2 BV – an die grosszügigere Regelung von Art. 6 Abs. 2 BGÖ, woraus sich namentlich ein grundsätzlicher Anspruch auf die Zustellung von Kopien ergäbe (gl.M. Brunner, VwVG-Kommentar, Art. 26 Rz. 7, 24).

500 Nach Art. 26 Abs. 1bis VwVG kann die Behörde die Aktenstücke auf elektronischem Weg zur Einsichtnahme zustellen, wenn die Partei oder deren Vertreter einverstanden ist. Die Botschaft verneint zwar einen Anspruch auf elektronische Zustellung (BBl 2001 4406). Ein solcher sollte jedoch – analog zum Anspruch auf Herstellung von Kopien – bejaht werden, wenn daraus kein unverhältnismässiger Aufwand für die Verwaltung entsteht (Brunner, VwVG-Kommentar, Art. 26 Rz. 48).

501 Es ist zulässig, Rechtsanwältinnen und -anwälte bevorzugt zu behandeln und ihnen die Akten in ihr Büro zuzustellen. Dies lässt sich damit rechtfertigen, dass

sie einer strengen Disziplinaraufsicht unterstehen (BGer, Urteil 1P.193/2004 vom 8.11.2004, E. 2.3.3; BGE 108 Ia 5 E. 3). Ob eine allgemeine Pflicht der Behörden besteht, Anwältinnen und Anwälten die Akten herauszugeben oder zuzustellen, hat das Bundesgericht bisher offengelassen (BGE 122 I 109 E. 2b; 120 IV 242 E. 2c/bb). Aus der Rechtsgleichheit folgt jedoch ein solcher Anspruch des Anwalts bzw. der Anwältin, soweit die Zustellung der Akten an die Anwaltschaft einer allgemeinen Übung entspricht (BGer, Urteil 1P.55/2007 vom 15.3.2007, E. 2.5; BGE 122 I 109 E. 2b).

Im Rahmen eines laufenden Verfahrens ist die Akteneinsicht kostenlos (Art. 26 Abs. 2 VwVG e contrario). Für Aktenkopien und -zustellung können Kanzleigebühren erhoben werden (vgl. im Einzelnen Brunner, VwVG-Kommentar, Art. 26 Rz. 50 ff.; Waldmann/Oeschger, Praxiskommentar VwVG, Art. 26 N. 88 ff.).

Das Einsichtsrecht ist an die *Parteistellung* gebunden (vgl. dazu vorne, Rz. 178) und wird grundsätzlich nur gewährt, wenn das Verfahren hängig ist. Art. 29 Abs. 2 BV gibt aber *ausserhalb eines hängigen Verfahrens* einen Anspruch auf Akteneinsicht, wenn ein besonderes schutzwürdiges Interesse glaubhaft gemacht werden kann, welches sorgfältig gegen entgegenstehende öffentliche oder berechtigte private Interessen abgewogen werden muss (BGE 129 I 249 E. 3; BGer, Urteil 1P.240/2002 vom 18.10.2002, in: ZBl 2003, S. 303 E. 3.1). Ein schutzwürdiges Interesse liegt insbesondere vor, wenn die Einsichtnahme in Akten über die eigene Person verlangt wird; in diesem Fall ergibt es sich auch aus dem engen Zusammenhang mit der persönlichen Freiheit und dem Schutz der Privatsphäre (BGE 128 I 63 E. 3.1). Weiter besteht auch ein schutzwürdiges Interesse an der Akteneinsicht, wenn ein in Aussicht genommenes Verfahren sinnvollerweise nur in Kenntnis der Akten eingeleitet werden kann (BGer, Urteil 1A.253/2005 vom 17.2.2006, E. 3.6.2; BGE 129 I 249 E. 5.2; 95 I 103 E. 2a). Daraus folgt, dass analog zur Regelung der Beschwerdelegitimation in der Verwaltungsrechtspflege ein bloss tatsächliches Interesse genügen muss (vgl. BGE 129 I 249 E. 3, wonach sich das Interesse aus einer «besondern Sachnähe» ergeben kann).

b. Ausnahmen

aa. Interessenabwägung und Entscheid

Art. 27 Abs. 1 VwVG nennt die Ausnahmen vom Akteneinsichtsrecht. Das Geheimhaltungsinteresse und die Interessen der Parteien am Einsichtsrecht sind «sorgfältig gegeneinander abzuwägen» (BGer, Urteil 5A.1/2004 vom 13.2.2004, E. 2.1; BGE 129 I 249 E. 3 m.H.). Wegleitend ist dabei allgemein das Verhältnismässigkeitsprinzip (vgl. BGE 125 I 257 E. 3b). Nach dem Verhältnismässigkeitsprinzip entscheidet sich auch, ob die Einsicht aufgeschoben, eingeschränkt oder gänzlich verweigert werden soll (diese drei Möglichkeiten werden in Art. 9 DSG und in Art. 7 BGÖ ausdrücklich genannt). Die Praxis geht zu Recht davon aus, dass in jedem konkreten Fall eine *Interessenabwägung* vorzunehmen ist und nicht ganze Kategorien behördlicher Unterlagen von vornherein dem Einsichtsrecht entzogen werden können (BVGer, Urteil D-4125/2006 vom 16.2.2010, E. 3.1.2; vgl. auch BVGer, Urteil A-667/2010 vom 8.12.2010, E. 3.1; BGE 117 Ib 481 E. 7a/aa). Zudem darf gemäss dem Verhältnismässigkeitsprinzip das Einsichtsrecht nicht bezüglich des ganzen Dossiers verweigert werden, wenn sich das Geheimnis lediglich auf einzelne Aktenstücke bezieht (Art. 27 Abs. 2 VwVG; BGer, Urteil 5A.1/2004 vom 13.2.2004, E. 2.1). Gegebenenfalls ist – als mildere Massnahme gegenüber der Einsichtsverweigerung – die Einsicht durch Anonymisierung oder Abdeckung von Passagen einzuschränken, oder sie ist unter Auflagen zu gewähren. Zu denken ist etwa, je nach den Umständen, an die Einsichtnahme ohne die Möglichkeit, Kopien zu erstellen, oder unter Strafandrohung für den Fall, dass die Informationen weitergegeben werden (vgl. BVGer, Urteil A-667/2010 vom 8.12.2010, E. 5.7.4 und 5.8.2). Einschränkungen des Akteneinsichtsrechts sind zu begründen (so für seinen Anwendungsbereich ausdrücklich Art. 9 Abs. 5 DSG; vgl. auch Art. 12 Abs. 4 und Art. 15 BGÖ).

505 Liegt ein Verweigerungsgrund vor, darf ein Aktenstück *nicht zum Nachteil einer Partei verwendet werden,* es sei denn, diese werde durch die Behörde über den wesentlichen Inhalt unterrichtet und erhalte Gelegenheit, sich zu äussern und Gegenbeweismittel zu bezeichnen (Art. 28 VwVG; vgl. z.B. BGE 125 II 417 E. 5; BGer, Urteil 1C_74/2008 vom 14.5.2008, E. 2, zu Art. 29 Abs. 2 BV; BVGer, Urteil D-6682/2006 vom 28.4.2008, E. 4.3.2 f.; ARK, Entscheid vom 8.6.2004, in: VPB 2005, Nr. 28 E. 7).

506 Der Entscheid über die Akteneinsicht kann nur unter den Voraussetzungen von Art. 46 Abs. 1 VwVG als *selbständige Zwischenverfügung* mit Beschwerde *angefochten* werden. Die Praxis bejaht das Vorliegen eines nicht wieder gutzumachenden Nachteils im Sinn von Art. 46 Abs. 1 lit. a VwVG, wenn sich die Beschwerde gegen eine angeblich zu weit gehende Akteneinsicht richtet (z.B. BGer, Urteil 2A.651/2005 vom 21.11.2006, E. 1.1). Sie verneint dagegen einen nicht wieder gutzumachenden Nachteil grundsätzlich, wenn die Beschränkung der Akteneinsicht gerügt wird. Vorbehalten bleibt der Fall, dass «es rechtsstaatlich unzumutbar wäre», erst die Anfechtung des Endentscheids zuzulassen (BGer, Urteil 8C_1071/2009 vom 9.4.2010, E. 3.2 f.; vgl. auch BVGer, Urteil A-7975/2008 vom 22.6.2009, E. 3.2 f.).

bb. Entgegenstehende öffentliche Interessen

507 Die Akteneinsicht darf zunächst einmal verweigert werden, wenn wesentliche *öffentliche* Interessen, insbesondere die innere oder äussere Sicherheit des Landes, in der Abwägung überwiegen und eine Geheimhaltung erfordern (Art. 27 Abs. 1 lit. a VwVG; ausführlich zur nuklearen Sicherheit: BVGer, Urteil A-667/2010 vom 8.12.2010, E. 4; vgl. auch Bundesrat, Entscheid vom 14.6.2002,

in: VPB 2002, Nr. 87 E. V.5). Die vage Möglichkeit einer Gefährdung der Landesinteressen oder der internationalen Zusammenarbeit genügt nicht (BVGE 2012/19 E. 6, ein Verfahren der internationalen Amtshilfe betreffend). Art. 27 Abs. 1 lit. a VwVG werden auch jene Gründe zugeordnet, die in der Lehre unter dem Oberbegriff des «öffentlichen Interesses an funktionsfähigen staatlichen Institutionen» zusammengefasst werden (Brunner, VwVG-Kommentar, Art. 27 Rz. 23). So kann die Geheimhaltung der Identität von Sachverständigen oder von Personen, die einer Meldepflicht nachgekommen sind (vgl. hinten, Rz. 510), allenfalls auch mit dem öffentlichen Interesse am Funktionieren der jeweiligen Verfahren begründet werden. Aus diesem Grund kann weiter zulässig sein, Prüfungsfragebogen oder gewisse Untersuchungsmethoden nicht oder nicht detailliert offenzulegen: Andernfalls könnten die Tests und Untersuchungsmethoden nicht mehr gebraucht werden (Beispiele: BVGer, Urteil B-1621/2008 vom 3.7.2008, E. 4, zu Prüfungsfragen; BVGer, Urteil D-260/2008 vom 17.2.2010, E. 5.3 f., zu Dokumenten- und Herkunftsanalyse im Asylverfahren; ARK, Entscheid vom 8.6.2004, VPB 2005, Nr. 28 E. 7b, zum Herkunftstest «Alltagswissen Liberia»; Gegenbeispiel: BGer, Urteil 2A.651/2005 vom 21.11.2006, E. 2.7, zu Erfahrungszahlen von Steuerbehörden). Diese Fälle sind vom blossen Interesse an einem ungestörten Gang der Verwaltung abzugrenzen, das für die Einschränkung der Akteneinsicht nicht genügt (BVGer, Urteil C-4393/2007 vom 18.2.2009, E. 2.2.2).

Zu den öffentlichen Interessen, die dem Akteneinsichtsrecht entgegenstehen, gehört sodann das Interesse an einer noch nicht abgeschlossenen Untersuchung gemäss Art. 27 Abs. 1 lit. c VwVG. Das überwiegende Interesse an der Geheimhaltung besteht jedoch nur so lange, als die laufende Untersuchung durch die Einsichtsgewährung gefährdet werden könnte. Unter Umständen kann die Akteneinsicht in die Schlussphase des Verfahrens verlegt werden (vgl. zum Straf- bzw. Verwaltungsstrafverfahren: BGer, Urteil 8G.114/2003 vom 28.1.2004, E. 2.1; BGE 120 IV 242 E. 2c/bb–cc). 508

cc. *Entgegenstehende private Interessen*

Wesentliche *private* Interessen – von Gegenparteien oder von Dritten – können ebenfalls gegenüber dem Anspruch auf Akteneinsicht überwiegen (Art. 27 Abs. 1 lit. b VwVG). Infrage kommt hier vor allem der Persönlichkeitsschutz. So haben Auskunftserteilende ein Interesse daran, dass ihre Identität nicht bekannt gegeben wird, wobei sie im Falle der blossen Denunziation und des Handelns aus sachfremden Motiven grundsätzlich keinen Schutz verdienen (BGE 122 I 153 E. 6c/bb; vgl. als historisch interessantes Beispiel auch BGer, Urteil vom 18.9.1991, in: ZBl 1992, S. 362 E. 5, zur Einsicht in Staatsschutzakten nach Art. 4 Abs. 1 BV 1874). Private, welche den Behörden zur Wahrung öffentlicher Interessen Mitteilungen zukommen lassen, haben dagegen Anspruch auf Geheimhaltung ihrer Identität. 509

510 Überwiegende private Interessen an der Geheimhaltung ihrer Identität können sodann unter Umständen Personen, die einer *Meldepflicht* nachgekommen sind, geltend machen (Präsident der Eidgenössischen Rekurskommission für Heilmittel, Entscheid vom 6.11.2002, in: VPB 2003, Nr. 59 E. 2.3.2). Dasselbe kann für *Sachverständige* gelten; so wird die Identität der Gutachterinnen und Gutachter, die im Asylverfahren für die Verwaltung tätig sind, geheim gehalten, weil die Gefahr von Druck- und Retorsionsmassnahmen notorisch sei; offenzulegen ist jedoch, wie die betreffende Person ihre Sachkompetenz erworben hat (vgl. BVGer, Urteil E-5156/2007 vom 16.11.2007, E. 3.3; ARK, Entscheid vom 29.6.1999, in: VPB 2000, Nr. 90 E. 3). Generell gilt, dass die Geheimhaltung der Identität von Sachverständigen problematisch ist, weil sie die Geltendmachung von Ausstandsgründen verunmöglicht (dazu vorne, Rz. 195, 423 ff.), und nur erfolgen sollte, wenn die Unabhängigkeit der Experten und Expertinnen aus besonderen Gründen gefährdet erscheint (ähnlich Brunner, VwVG-Kommentar, Art. 27 Rz. 24). Spezialgesetze regeln die Frage unterschiedlich (vgl. einerseits Art. 13 Abs. 3 FIFG, andererseits Art. 44 ATSG und dazu BGer, Urteil 8C_547/2007 vom 19.3.2008, E. 2.3; BGE 132 V 376, E. 8.4).

511 Bei der Anfechtung negativer Prüfungsentscheide stehen der Einsicht in die *Examensleistungen anderer Prüflinge* unter anderem auch deren private Interessen gegenüber; eine Einsicht ist nur angezeigt, wenn konkrete Anhaltspunkte für eine rechtsungleiche Behandlung vorgebracht werden (BGer, Urteil 2P.83/2004 vom 9.8.2004, E. 2.4; BGE 121 I 225 E. 2c; sinngemäss gleich für die Einsicht in Lohneinstufungen Dritter: BGer, Urteil 8C_199/2010 vom 23.3.2011, E. 5.3).

512 Im *Steuerverfahren* kann keine Einsicht in die konkreten Zahlen Dritter gewährt werden, aber Einsicht in Vergleichs- bzw. Erfahrungswerte, sofern diese nicht mehr bestimmten identifizierbaren Steuerpflichtigen zugeordnet werden können. Geschäfts- oder Betriebsgeheimnisse anderer Steuerpflichtiger dürfen auch nicht in anonymisierter Form offenbart werden (umfassend BGer, Urteil 2A.651/2005 vom 21.11.2006, E. 2, bes. 2.9.1, zum Mehrwertsteuerverfahren; vgl. auch BVGE 2009/60 E. 2.8.5).

513 *Geschäfts- und Berufsgeheimnisse* können, wie soeben erwähnt, der Akteneinsicht entgegenstehen. Für das *Submissionsverfahren* enthält Art. 23 Abs. 2 BöB eine besondere Regelung: Um das Geschäftsgeheimnis der Anbietenden soweit als möglich zu wahren und namentlich auch die vertrauliche Behandlung des in den Offertunterlagen zum Ausdruck kommenden unternehmerischen Know-hows zu gewährleisten, dürfen den nicht berücksichtigten Mitbewerberinnen und Mitbewerbern nur bestimmte Angaben bekannt gegeben werden (BVGer, Urteil B-7252/2007 vom 6.2.2008, E. 12.1; vgl. auch den Verfahrensgrundsatz der Vertraulichkeit nach Art. 8 Abs. 1 lit. d BöB). Nach Art. 23 Abs. 3 BöB steht die Bekanntgabe unter dem Vorbehalt einer Interessenabwägung im Einzelfall.

Schliesslich hat das Bundesgericht offengelassen, ob das Akteneinsichtsrecht auch *im Interesse der Betroffenen selbst* eingeschränkt werden kann, zum Beispiel wenn die Einsicht in die eigene Krankengeschichte oder in psychiatrische Gutachten eine Therapie gefährden könnte (BGE 125 I 257 E. 4b; eingehend BGE 122 I 153 E. 6c/cc; vgl. aber Art. 8 Abs. 3 und Art. 9 Abs. 1 lit. b DSG).

Träger der privaten Interessen sind natürliche und juristische Personen. Selbst eine Berufung juristischer Personen des öffentlichen Rechts auf üblicherweise private Interessen (etwa einer selbständigen öffentlich-rechtlichen Anstalt auf das Geschäftsgeheimnis) erscheint denkbar. Ob sich eine juristische Person des öffentlichen Rechts auf den Persönlichkeitsschutz berufen kann, ist im konkreten Fall zu entscheiden (vgl. Rainer J. Schweizer/Nina Widmer, in: Stephan C. Brunner/Luzius Mader [Hrsg.], Handkommentar Öffentlichkeitsgesetz [BGÖ], Bern 2008, Art. 7 Rz. 68 f., zum Öffentlichkeitsprinzip). Trotz den Überschneidungen zwischen privaten und öffentlichen Interessen darf die juristische Person des öffentlichen Rechts jedoch nicht einfach wie eine Privatperson behandelt werden. Deshalb überzeugt die Annahme nicht, die verfügende selbständige öffentlich-rechtliche Anstalt könne ähnlich wie eine Privatperson ein Interesse an der Geheimhaltung eines Untersuchungsberichts haben, weil der Bericht «Aufsehen erregen» und ihr damit schaden könne (so aber BVGer, Urteil A-7021/2007 vom 21.4.2008, E. 6.4).

514

515

c. Verhältnis des Akteneinsichtsrechts zum Datenschutz

aa. Verhältnis des Akteneinsichtsrechts zum Auskunftsrecht gemäss Datenschutzgesetz

Das *Akteneinsichtsrecht,* wie es in Art. 26–28 VwVG konkretisiert wurde, wird aus dem *Anspruch auf rechtliches Gehör* nach Art. 29 Abs. 2 BV abgeleitet. Doch hat es einen engen Bezug zum Verfassungsrecht der persönlichen Freiheit nach Art. 10 Abs. 2 BV und zum Anspruch auf Schutz der Privatsphäre nach Art. 13 Abs. 2 BV und Art. 8 Ziff. 1 EMRK. Die *Datenschutzgesetzgebung* wird als Konkretisierung der *persönlichen Freiheit* und des *Schutzes der Privatsphäre* angesehen, wobei als Grundlage Art. 8 Ziff. 1 EMRK und Art. 13 Abs. 2 BV im Vordergrund stehen (vgl. BGer, Urteil 1P.362/2006 vom 23.11.2006, in: ZBl 2007, S. 407 E. 2.2). Die Garantien der persönlichen Freiheit und der Privatsphäre umfassen den Schutz vor Beeinträchtigungen durch Datenerfassungen, der auch als «informationelles Selbstbestimmungsrecht» bezeichnet wird (vgl. BGE 133 I 77 E. 5.3; 128 II 259 E. 3.2; 122 I 153 E. 6b/aa; Rainer J. Schweizer, in: Ehrenzeller/Mastronardi/Schweizer/Vallender, St. Galler Kommentar BV, Art. 13 Rz. 39). Daraus werden die datenschutzrechtlichen Einsichtsrechte abgeleitet. Diesen liegen also ähnliche Motive zugrunde wie dem Akteneinsichtsrecht. Verwandt mit dem Akteneinsichtsrecht sind deshalb auch die Einsichts- und Auskunftsrechte in Bezug auf Daten über die eigene Person, welche das Datenschutzgesetz gewährt (vgl. BGE 123 II 534 E. 2e).

516

517   Nach Art. 8 Abs. 1 DSG kann jede Person vom Inhaber einer Datensammlung Auskunft darüber verlangen, ob Daten über sie bearbeitet werden. Das *Auskunftsrecht* erstreckt sich auch auf die umstrittene Kategorie der verwaltungsinternen Akten (BGE 125 II 473 E. 4b; vgl. vorne, Rz. 495). Die Ansprüche aus Art. 8 DSG einerseits sowie aus Art. 29 Abs. 2 BV und Art. 26–28 VwVG andererseits können sich überschneiden, doch haben beide auch einen besonderen Anwendungsbereich (BGE 127 V 219 E. 1a/aa; 125 II 473 E. 4a; 123 II 534 E. 2e). Sie ergänzen sich gegenseitig und können in einem konkreten Fall unabhängig voneinander und sogar kumulativ geltend gemacht werden (ARK, Entscheid vom 30.4.1997, in: VPB 1998, Nr. 9 E. 2b m.H.; vgl. auch BGE 123 II 534 E. 2e; 122 I 153 E. 6b/ee). Dies entspricht dem Charakter des Datenschutzes als einer Querschnittsmaterie mit einheitlichen, allgemeinen Prinzipien, die jeweils von spezifischeren Regeln ergänzt werden (vgl. BGE 126 II 126 E. 5a/bb; BBl 1988 II 431 f.).

518   Das Datenschutzgesetz ist *teilweise auch im Geltungsbereich des VwVG anwendbar*. Art. 2 Abs. 2 lit. c DSG nimmt zwar hängige staats- und verwaltungsrechtliche Verfahren vom Geltungsbereich des DSG aus, macht dabei aber wiederum eine Ausnahme für erstinstanzliche Verwaltungsverfahren. Das Auskunftsrecht nach Art. 8 DSG ist einerseits weiter als das Akteneinsichtsrecht, da es auch ausserhalb eines hängigen Verfahrens – unter Vorbehalt des Rechtsmissbrauchsverbots – ohne jeden Interessennachweis geltend gemacht werden kann (vgl. Art. 8 Abs. 1 DSG; BGE 127 V 219 E. 1a/aa; 123 II 534 E. 2e). Es gewährt zudem einen Anspruch auf Mitteilung folgender Informationen: verfügbare Angaben über die Herkunft der Daten, Zweck und gegebenenfalls Rechtsgrundlagen des Bearbeitens, Kategorien der bearbeiteten Personendaten, an der Sammlung Beteiligte und Datenempfänger (Art. 8 Abs. 2 DSG). Andererseits ist es insofern enger im Vergleich zum Akteneinsichtsrecht, als es sich nicht auf alle Akten erstreckt, welche für das Verfahren wesentlich sind, sondern nur auf Daten über die betreffende Person (BGE 127 V 219 E. 1a/aa; 123 II 534 E. 2e). Die Ausnahmebestimmungen von Art. 9 Abs. 1–3 DSG stimmen weitgehend mit jenen von Art. 27 VwVG überein; die Verweigerung der Einsicht im (angeblichen) Interesse der Betroffenen selbst ist aber ausgeschlossen (Art. 8 Abs. 3, Art. 9 Abs. 1 lit. b DSG e contrario). Für die Datensammlungen des Nachrichtendienstes des Bundes (NDB) im Anwendungsbereich des BWIS bleibt der Aufschub der Auskunft mit indirektem Auskunftsrecht nach Art. 18 Abs. 2–8 BWIS (in der Fassung vom 23.12.2011) vorbehalten (zur Vereinbarkeit der früheren Fassung dieser Regelung mit Art. 8 und 13 EMRK: BGE 138 I 6 E. 5, bes. 5.7, und 7 f.). Eine analoge Regelung sieht Art. 8 BPI für bestimmte Daten der Bundeskriminalpolizei (BKP) vor.

bb.   *Verhältnis des Akteneinsichtsrechts zum Schutz der Personendaten Dritter*

519   Nach Art. 19 Abs. 1 i.V.m. Art. 17 DSG dürfen Bundesorgane Personendaten – unter Vorbehalt der in Abs. 1, 1bis und 2 aufgezählten Gründe – nur bekannt ge-

ben, wenn dafür eine gesetzliche Grundlage besteht. Als solche genügen die Art. 26–28 VwVG. Der Datenschutz bildet eines der «wesentlichen privaten Interessen», aufgrund deren gemäss Art. 27 Abs. 2 lit. b VwVG die Akteneinsicht verweigert werden kann. Die Anwendbarkeit der Art. 26–28 VwVG und besonders die Praxis zur Interessenabwägung nach Art. 27 VwVG werden dadurch, dass das Datenschutzgesetz nach Art. 2 Abs. 2 lit. c DSG im erstinstanzlichen Verwaltungsverfahren anwendbar ist, grundsätzlich nicht berührt. Doch sind die allgemeinen Bearbeitungsgrundsätze der Art. 4 ff. DSG zu beachten. Danach hat die Bekanntgabe von Personendaten, die eine Form der Bearbeitung darstellt, in Übereinstimmung mit Treu und Glauben zu geschehen (Art. 3 lit. e und f sowie Art. 4 Abs. 2 DSG). Weiter hat die Bekanntgabe verhältnismässig zu sein (Art. 4 Abs. 2 DSG), wobei das Verhältnismässigkeitsprinzip ohnehin der Interessenabwägung nach Art. 27 VwVG zugrunde liegt. Die betroffenen Personen müssen über die Beschaffung informiert worden sein (vgl. Art. 4 Abs. 4 und Art. 18a DSG). Die bekannt gegebenen Daten müssen «richtig» im Sinn von Art. 5 DSG sein. Die Behörde muss die Empfänger über die Aktualität und Zuverlässigkeit der Daten informieren, soweit diese Informationen nicht aus den Akten selbst oder den Umständen ersichtlich sind (Art. 26 VDSG). Schliesslich muss die Bekanntgabe mit dem angegebenen Zweck der Beschaffung übereinstimmen, aus den Umständen ersichtlich oder gesetzlich vorgesehen sein (vgl. Art. 4 Abs. 3 DSG). Im letzteren Zusammenhang können sich Fragen des Datenschutzes namentlich beim Beizug von Akten bzw. Dossiers aus anderen Verfahren und von anderen Behörden stellen (als Beispiele: BGer, Urteile 2A.96/2000 vom 25.7.2001, E. 6, und 2A.424/2000 vom 13.2.2001, E. 2d; vgl. zum Ganzen auch Yvonne Jöhri/Marcel Studer, in: Maurer-Lambrou/Vogt, Basler Kommentar DSG, Art. 19 N. 35 f.). Im Übrigen dürfte das Vorgehen gemäss Art. 26–28 VwVG regelmässig den Anforderungen des Datenschutzes genügen, sodass dem DSG bei der Einschränkung der Akteneinsicht im Rahmen eines hängigen Verfahrens kaum je selbständige Bedeutung zukommen dürfte.

Das Spannungsverhältnis zwischen dem Datenschutz einerseits und dem aus Art. 29 Abs. 2 BV abgeleiteten *Akteneinsichtsrecht ausserhalb eines hängigen Verfahrens* andererseits kann kaum als geklärt bezeichnet werden. Sofern die Einsicht in Daten über die eigene Person verlangt wird, entsprechen sich das Einsichtsrecht nach Art. 29 Abs. 2 BV und das Auskunftsrecht gemäss Art. 8 DSG im Ergebnis weitgehend; deren Abwägung mit entgegenstehenden öffentlichen oder privaten Interessen richtet sich nach Art. 9 DSG. Jedoch kann wohl auch der Fall nicht ausgeschlossen werden, dass Einsicht in weitere, nicht die eigene Person betreffende Akten beantragt wird und Personendaten Dritter betroffen sind. Es ist davon auszugehen, dass in einem solchen Fall Art. 19 DSG anwendbar wäre.

520

d. Verhältnis des Akteneinsichtsrechts zum Öffentlichkeitsgrundsatz

521 Während das Akteneinsichtsrecht und die Ansprüche aus dem Datenschutz vor allem dem Schutz der persönlichen Freiheit und der Privatsphäre gegenüber staatlicher (und privater) Macht dienen, will das *Öffentlichkeitsprinzip* hauptsächlich das Vertrauen in die staatlichen Institutionen, die Rückbindung der staatlichen Verwaltung an die Bürgerschaft, die gesellschaftliche Kontrolle der Verwaltung und die freie politische Willensbildung fördern (vgl. BBl 2003 1973 f.; BGE 133 II 209 E. 2.3.1 m.H.). Es erfüllt damit vornehmlich demokratische und rechtsstaatliche Funktionen. Entsprechend weist es aber auch Bezüge zu den Grundrechten der freien Kommunikation auf. Konkret weitet es den Anwendungsbereich der Informationsfreiheit nach Art. 16 Abs. 3 BV – des Rechts, sich aus allgemein zugänglichen Quellen zu informieren – aus. Darüber hinaus ist der Anspruch auf Zugang zu amtlichen Dokumenten in einigen Kantonen als selbständiges Grundrecht ausgestaltet (vgl. etwa Art. 17 Abs. 3 KV BE; Art. 17 KV ZH). Das Bundesgericht zieht eine Ausweitung des Schutzbereichs von Art. 16 Abs. 3 BV über allgemein zugängliche Quellen hinaus – die es für die Medienfreiheit nach Art. 17 BV bereits vorgenommen hat – neuerdings für die Zukunft in Betracht (BGE 137 I 8 E. 2.3 ff., besonders E. 2.7).

522 Im Ergebnis erscheinen das Akteneinsichtsrecht und das Auskunftsrecht gemäss Datenschutzgesetz gegenüber dem Öffentlichkeitsprinzip als speziellere Rechte, die nur unter besonderen Voraussetzungen geltend gemacht werden können, aber auch umfassender sind und in der Abwägung gegenüber Geheimhaltungsinteressen mehr Gewicht haben.

523 Das BGÖ gilt unter anderem nicht für den Zugang zu amtlichen Dokumenten betreffend Verfahren der Staats- und Verwaltungsrechtspflege sowie der Verfahren der internationalen Rechts- und Amtshilfe (Art. 3 Abs. 1 Ziff. 3 und 5 BGÖ). Ebenso wenig gilt es für die «Einsichtnahme einer Partei in die Akten eines erstinstanzlichen Verwaltungsverfahrens» (Art. 3 Abs. 2 BGÖ). Die Akten des erstinstanzlichen Verfahrens können damit grundsätzlich durch Dritte eingesehen werden; allerdings dürfen nach Art. 8 Abs. 2 BGÖ amtliche Dokumente, welche die Grundlage für einen politischen oder administrativen Entscheid bilden, erst zugänglich gemacht werden, nachdem dieser Entscheid gefällt wurde. Der Zugang ist damit – sofern er nicht ausnahmsweise ganz auszuschliessen ist – bis zur Rechtskraft des Entscheids aufzuschieben (BGE 133 II 209 E. 2.3.2; Waldmann/Oeschger, Praxiskommentar VwVG, Art. 26 N. 20). Der Zugang zu amtlichen Dokumenten, die persönliche Daten der Gesuchstellerin oder des Gesuchstellers enthalten, richtet sich nach dem DSG (Art. 3 Abs. 2 BGÖ). Umgekehrt handelt es sich beim Schutz der Personendaten um eines der Interessen, das dem Öffentlichkeitsprinzip entgegenstehen kann (Art. 7 Abs. 2 BGÖ; Art. 9 i.V.m. Art. 19 Abs. 1bis DSG). Im Ergebnis kommt das BGÖ vorwiegend zum Tragen, wenn Personen ohne besonderes schutzwürdiges Interesse Zugang zu Akten eines abgeschlossenen Verfahrens begehren (Rainer J. Schweizer/Nina

Widmer, in: Stephan C. Brunner/Luzius Mader [Hrsg.], Handkommentar Öffentlichkeitsgesetz [BGÖ], Bern 2008, Art. 3 Rz. 55).

D. Das Äusserungsrecht

a. Allgemein

Zum Äusserungsrecht gehört, dass sich die Parteien *vor den zuständigen Behörden äussern können und diese von der Äusserung Kenntnis nehmen müssen*. Die Behörden sind nach Art. 30 VwVG wenigstens grundsätzlich gehalten, die Parteien anzuhören, bevor sie verfügen. Die Behörde muss die Vorbringen der Betroffenen tatsächlich hören, ernsthaft prüfen und angemessen in der Entscheidfindung berücksichtigen (BGE 136 I 184 E. 2.2.1; zur besonderen Situation bei negativen Examensentscheiden vgl. BGE 121 I 225 E. 2b; 113 Ia 286 E. 2c). Leitet die Partei durch ihren Antrag das Verfahren ein, muss sie grundsätzlich zugleich das Äusserungsrecht wahrnehmen und die Beweismittel bezeichnen (BVGer, Urteil C-778/2006 vom 9.5.2007, E. 1.5). Die Parteien üben das Äusserungsrecht mündlich oder schriftlich aus. Aus dem Anspruch auf rechtliches Gehör folgt grundsätzlich *kein Anspruch auf mündliche Anhörung* (BGE 134 I 140 E. 5.3 zu Art. 29 Abs. 2 BV) – ausser wenn der persönliche Eindruck für den Entscheid unerlässlich ist (vorne, Rz. 248 f.; vgl. auch Art. 29 AsylG). Es genügt, wenn die mit der Sachbearbeitung betraute Amtsstelle die Anhörung durchführt (BGE 114 Ib 244 E. 3); ein Rechtsanspruch auf Anhörung durch die entscheidende Behörde selber ergibt sich nicht aus dem VwVG und grundsätzlich auch nicht aus der Verfassung, da das *Unmittelbarkeitsprinzip* keinen eigenständigen Verfassungsgrundsatz darstellt (BGer, Urteil 1C_232/2008 vom 16.9.2008, E. 2.2.2 sowie vorne, Rz. 251). Zwar folgt aus dem Anhörungsrecht nicht, dass sich die Parteien in der Sprache ihrer Wahl ausdrücken dürfen, doch besteht unter Umständen ein *Anspruch auf Übersetzung und Beizug eines Dolmetschers,* was insbesondere im Asylverfahren von Bedeutung ist (Albertini, Gehör, S. 342 f.; vgl. Art. 29 Abs. 1bis und 2 AsylG; BVGer, Urteil D-5760/2006 vom 30.9.2009, E. 3.2; vgl. auch Art. 31 Abs. 2 BV sowie Art. 5 Ziff. 2 EMRK). Aus dem Anspruch auf rechtliches Gehör wird sodann das *Recht auf Vertretung und Verbeiständung* abgeleitet: Eine Partei kann ihre Verfahrensrechte grundsätzlich selber wahrnehmen, durch einen Vertreter wahrnehmen lassen (Vertretung) oder sich durch einen Beistand unterstützen beziehungsweise begleiten lassen (Verbeiständung; BGE 132 V 443 E. 3.3). Dieser Anspruch wird in Art. 11 VwVG konkretisiert (vgl. auch Art. 37 ATSG). Schliesslich darf das Äusserungsrecht nicht mit *Kostenrisiken* belastet sein (BGer, Urteil 1C_233/2007 vom 14.2.2008, E. 2.1.3; BGE 122 II 274 E. 6d).

524

b. Recht auf Stellungnahme zur Sachverhaltsfeststellung und zu Eingaben der anderen Verfahrensbeteiligten

525 Aus dem Recht auf Anhörung folgt ein grundsätzlicher Anspruch auf Stellungnahme zur *Tatbestandsaufnahme,* zu den *Beweismitteln* und zum *Beweisergebnis* (vgl. BGE 136 I 265 E. 3.2). Auf erhebliche Beweismittel, von deren Aufnahme in die Akten die Parteien keine Kenntnis hatten und auch keine Kenntnis haben konnten, müssen sie ausdrücklich aufmerksam gemacht werden (vgl. vorne, Rz. 498).

526 In einem Verfahren, in welchem mehrere Parteien verschiedene Interessen verfolgen, ist eine Partei laut Art. 31 VwVG überdies auch zu den *Vorbringen der Gegenpartei,* beispielsweise des Nachbarn oder der Konkurrentin, anzuhören. Der verfassungsmässige Anspruch sollte weiter reichen als der Wortlaut von Art. 31 VwVG, der dieses Recht auf Vorbringen einschränkt, die erheblich erscheinen und nicht ausschliesslich zugunsten der anderen Partei lauten: Es ist den Parteien zu überlassen, welche Äusserungen der Gegenpartei sie als erheblich betrachten (Waldmann/Oeschger, Praxiskommentar VwVG, Art. 31 N. 14; vgl. auch Lanter, Formeller Charakter, S. 174 f.; Sutter, VwVG-Kommentar, Art. 31 Rz. 3, 6). Das Bundesgericht beschränkt den Anspruch im Verwaltungsverfahren allerdings auf die Stellungnahme zu Noven, die prozessual zulässig und materiell geeignet sind, den Entscheid zu beeinflussen («Replikrecht i.e.S.»; BGE 138 I 154 E. 2.3.2).

527 Das vom EGMR entwickelte *Replikrecht* (vom Bundesgericht «Recht auf Kenntnisnahme und Stellungnahme zu Eingaben der übrigen Verfahrensbeteiligten» genannt) stellt laut Bundesgericht einen allgemeinen Verfahrensgrundsatz dar, der aufgrund von Art. 29 Abs. 1 und 2 BV *in allen gerichtlichen Verfahren* anwendbar ist (BGer, Urteil 8C_104/2012 vom 26.6.2012, E. 3.1; BGE 133 I 100 E. 4.6; vgl. dazu hinten, Rz. 1119). Das Bundesgericht liess zunächst offen, ob es auch *im Verwaltungsverfahren* gelten soll (BGE 133 I 98 E. 2.1). In einem jüngeren Entscheid hat es diese Frage nun mit knapper Begründung verneint (BGE 138 I 154 E. 2.5; zur Kritik: Lanter, Replikrecht). Diese Praxis überzeugt nicht, weil kein Anlass besteht, in dieser Frage einen Unterschied zwischen Gerichts- und Verwaltungsverfahren zu machen (ebenso Sutter, VwVG-Kommentar, Art. 29 Rz. 2; Waldmann/Bickel, Praxiskommentar VwVG, Art. 31 N. 22). Während eine Einschränkung des Replikrechts im konkret betrachteten Verfahren – dem Popularbeschwerdeverfahren vor der UBI (Art. 94 Abs. 2 RTVG) – nachvollziehbar erscheint, ging das Bundesgericht zu weit, indem es die Geltung des Replikrechts für alle Verwaltungsverfahren verneinte.

528 Allerdings können – ausser für das Popularbeschwerdeverfahren vor der UBI – für weitere, besondere Verfahrensarten Einschränkungen des Replikrechts durchaus angebracht erscheinen (so auch Lanter, Replikrecht, Rz. 10 ff.). Sodann könnten im weniger formalisierten nichtstreitigen Verfahren weniger strenge Anforderungen an das Vorgehen der Behörde gestellt werden. So wäre

hier nicht erforderlich, dass die Verwaltungsbehörde jeweils explizit auf das Replikrecht aufmerksam macht: Wenn sie die Stellungnahmen zur Kenntnisnahme zugesandt hat, sollte sie vom Verzicht auf das Replikrecht ausgehen dürfen, sofern die betreffende Partei nicht innerhalb einer angemessenen Frist reagiert. Die Zustellung aller Stellungnahmen an die Parteien und das Abwarten einer angemessenen Frist vor dem Entscheid sollten also zur Wahrung des Replikrechts genügen. Unaufgefordert eingereichte Eingaben sind aber zu berücksichtigen. Im nichtstreitigen Verwaltungsverfahren könnte somit jene «pragmatisch» orientierte Ausgestaltung des Replikrechts angewandt werden, die das Bundesgericht vor der jüngsten Präzisierung der Rechtsprechung durch den EGMR auf das Gerichtsverfahren anwenden wollte (vgl. BGE 132 I 42 E. 3.3.3).

Schliesslich besteht ein *Anspruch auf Konfrontation mit widersprechenden Aussagen Dritter* (BVGer, Urteil D-6374/2006 vom 11.2.2008, E. 3.3). Aus dem Anspruch auf rechtliches Gehör ergibt sich allerdings keine Pflicht der Behörde, die Partei auf für den Entscheid wesentliche Widersprüche in deren eigenen Aussagen aufmerksam zu machen; dies folgt jedoch gegebenenfalls aus der Untersuchungsmaxime (vgl. vorne, Rz. 462). 529

c. Ausnahmsweise Anhörung zur Rechtsanwendung

Zur *Rechtsanwendung* sind die Parteien grundsätzlich nicht anzuhören. Das Anhörungsrecht besagt nicht, dass den Parteien die rechtliche Begründung des Entscheids vorgängig zur Stellungnahme vorzulegen ist (BGE 132 II 485 E. 3.4). Ein Anspruch auf Anhörung besteht jedoch, wenn die Rechtsanwendung *nicht voraussehbar* ist. Dieser Fall ist gegeben, wenn sich die Behörde auf Rechtsnormen oder Rechtsgründe stützen will, die im bisherigen Verfahren nicht herangezogen wurden, auf die sich die beteiligten Parteien nicht berufen haben und mit deren Erheblichkeit im konkreten Fall sie nicht rechnen konnten (BGE 131 V 9 E. 5.4.1; vgl. auch BGE 138 II 77 E. 3.4.2). Ebenso ist unter Umständen das rechtliche Gehör zu gewähren, wenn die Behörde in Anwendung einer unbestimmt gehaltenen Norm oder in Ausübung eines besonders grossen Ermessensspielraums einen Entscheid von grosser Tragweite für die Betroffenen fällt (BGE 128 V 272 E. 5b/dd). So entschied das Bundesgericht in einem Fall, in dem die Zulassung eines Heilbads als Leistungserbringer der Krankenversicherung infrage stand, dass die Betreiberin zu den massgeblichen Kriterien und zum anzuwendenden Massstab hätte angehört werden müssen, um die Rechtsunsicherheit zu kompensieren, welche die zulässigerweise offene gesetzliche Grundlage mit sich brachte (instruktiv: BGE 127 V 431). 530

Zu berücksichtigen ist ferner, dass die Trennung zwischen Sachverhaltsfeststellung und Rechtsanwendung problematisch sein kann (vgl. hinten, Rz. 1583 ff.). So geht das Bundesgericht davon aus, dass unter Umständen eine Anhörung zu einem *Rechtsgutachten* erforderlich sein könnte (BGE 128 V 272 E. 5b/cc). Im Grenzbereich liegt auch die Anwendung sogenannter *Erfahrungs-* 531 *sätze.* Diese können auf besonderer Sachkunde oder allgemeiner Lebenserfahrung beruhen; im letzteren Fall kommt ihnen Regelcharakter zu und sind sie den Rechtssätzen gleichzustellen, wenn das in ihnen enthaltene Werturteil allgemeine Geltung in gleich gelagerten Fällen für die Zukunft beansprucht (vgl. BVGer, Urteil B-5518/2007 vom 18.4.2008, E. 2.1–2.4 m.H., wo der Regelcharakter des fraglichen Erfahrungssatzes bejaht und ein Anhörungsrecht infolgedessen verneint wurde; BGE 69 II 202 E. 5).

d. Ausnahmen zum Anspruch auf Anhörung

532 Die *Ausnahmen* vom Anspruch auf vorgängige Anhörung sind in Art. 30 Abs. 2 lit. a–e VwVG abschliessend aufgezählt (BGE 112 Ib 417 E. 2a). Der Bundesgesetzgeber hat den Kreis der Fälle, in denen vor dem Entscheid keine Anhörung stattfindet, klar umschrieben und gegenüber der Rechtsprechung zur Minimalgarantie der Verfassung eingeengt (BGE 126 II 111 E. 6b/aa; 104 Ib 129 E. 5; vgl. zum verfassungsmässigen Anspruch BGE 105 Ia 193 E. 2b/cc, wiedergegeben in: BGer, Urteil 5A_386/2009 vom 31.7.2009, E. 4.2). Art. 30 VwVG spricht von der Anhörung, doch dürfte die Bestimmung auch auf andere Teilgehalte des Gehörsanspruchs als das Äusserungsrecht anwendbar sein, sofern dies überhaupt Sinn ergibt (vorbehaltlos: Waldmann/Bickel, Praxiskommentar VwVG, Art. 30 N. 51). Nach Art. 30 Abs. 2 VwVG braucht die Behörde eine Partei vorgängig nicht anzuhören, wenn:

– sie eine nicht selbständig anfechtbare Zwischenverfügung erlässt;
– eine Einsprachemöglichkeit gegen die Verfügung besteht (vgl. BGE 121 V 150 E. 5b);
– sie den Begehren der Parteien voll entspricht;
– es sich um eine Vollstreckungsverfügung handelt;
– es sich um eine andere Verfügung in einem erstinstanzlichen Verfahren handelt, deren Erlass zeitlich dringend ist, sofern den Parteien ein Beschwerderecht zusteht und ihnen keine andere Bestimmung des Bundesrechts einen Anspruch auf vorgängige Anhörung einräumt (BGE 128 V 272 E. 5b/ee). Die genannten Voraussetzungen sind kumulativ zu verstehen (BGE 104 Ib 129 E. 3 f.). Die Beschwerde muss zu einer Überprüfung mit voller Kognition führen, was für die Beschwerde an das Bundesverwaltungsgericht zutrifft (BVGE 2009/61 E. 4.1). Unter Umständen, wenn nachträglich keine Rechtsmittelinstanz mit voller Kognition angerufen werden kann, muss eine superprovisorische Massnahme angeordnet werden und ist die Anhörung im Hinblick auf die zu erlassende Anordnung nachzuholen (BGE 126 II 111 E. 6b/aa; 104 Ib 129 E. 5; BVGE 2009/61 E. 4.1.1 f.). Lässt die Dringlichkeit zwar keine schriftliche, aber eine mündliche Anhörung zu, sind die Betroffenen mündlich anzuhören (BGE 131 II 670 E. 4.2).

Daneben gibt es spezialgesetzliche Einschränkungen, welche vom VwVG abweichen, wie beispielsweise das abgekürzte Verfahren nach Art. 33 f. EntG (vgl. BGE 112 Ib 417 E. 2a).

e. Besonderes Einwendungsverfahren

Art. 30a VwVG gehört zu den Sonderregelungen über das Massenverfahren. Danach soll die vorgängige Anhörung vereinfacht werden, wenn wahrscheinlich zahlreiche Personen berührt sind oder sich die Parteien ohne unverhältnismässigen Aufwand nicht vollzählig bestimmen lassen. Alsdann kann die Behörde vor ihrer Verfügung das Gesuch oder die beabsichtigte Verfügung ohne Begründung in einem amtlichen Blatt veröffentlichen. Gleichzeitig wird das Gesuch oder die beabsichtigte Verfügung mit Begründung öffentlich aufgelegt und der Ort der Auflage bekannt gemacht. Weiter ist eine Frist für die Einwendungen zu setzen und auf die Pflicht hinzuweisen, gegebenenfalls – unter den Voraussetzungen von Art. 11a VwVG – eine Vertretung zu bestellen. Schliesslich muss in der Veröffentlichung auch darauf aufmerksam gemacht werden, dass unter Umständen die Verfahrenskosten und die Parteientschädigungen zu bezahlen sind. Wer auf Einwendungen verzichtet, ist vom weiteren Verfahren grundsätzlich ausgeschlossen (BGE 129 II 286 E. 4.3.3).

Das Einwendungsverfahren kommt vor allem bei Bewilligungen im Zusammenhang mit Grossprojekten zum Zuge, von denen ein grosser Kreis der Bevölkerung betroffen ist. Zu denken ist hier etwa an den Nationalstrassenbau, die Lagerung radioaktiver Abfälle oder den Bau von Eisenbahnlinien. Zu beachten ist aber, dass die Gesetze, die auf diese Projekte anwendbar sind, gegenüber dem Einwendungsverfahren gemäss Art. 30a VwVG detaillierter normierte Planauflageverfahren vorsehen. Diese Spezialbestimmungen wurden mit dem Koordinationsgesetz vom 18.7.1999 (in Kraft seit 1.1.2000) vereinheitlicht und sind als jüngeres, eingehenderes Recht im Sinn von Art. 4 VwVG anwendbar.

E. Mitwirkungsrechte bei der Beweiserhebung

a. Beweisanerbieten der Parteien

Im erstinstanzlichen Verfahren obliegt es der Behörde, diejenigen von den Parteien angebotenen Beweismittel abzunehmen, die ihr zur Abklärung des rechtserheblichen Sachverhaltes tauglich erscheinen (Art. 33 Abs. 1 VwVG). Art. 37 BZP, auf den Art. 19 VwVG verweist, spricht von notwendigen Beweismitteln und erwähnt ausdrücklich, dass die Behörde an die angebotenen Beweismittel nicht gebunden ist und auch nicht angebotene beiziehen kann (vgl. BGer, Urteil 1C_163/2009 vom 2.7.2009, E. 3.3; die Verweisung auf Art. 37 BZP ist eher überflüssig, weil dessen Gehalt von Art. 12 und Art. 33 Abs. 1 VwVG abgedeckt wird, wobei der Wortlaut von Art. 33 Abs. 1 VwVG den Anforderungen von Art. 29 Abs. 2 BV besser entspricht). Die Abnahme von Beweismitteln nach

Art. 33 Abs. 1 VwVG kennt zwei Voraussetzungen: Einerseits hat sich das Beweismittel auf einen rechtserheblichen Umstand zu beziehen; andererseits muss es tauglich sein, diesen Umstand zu beweisen. Bei der Beurteilung der Tauglichkeit kommt der entscheidenden Instanz ein gewisser Ermessensspielraum zu.

537 Die Behörden können von einem beantragten Beweismittel insbesondere dann absehen (vgl. Albertini, Gehör, S. 372 ff.),
– wenn der Sachverhalt, den eine Partei beweisen will, nicht rechtserheblich ist (Unerheblichkeit des Beweismittels),
– wenn bereits Feststehendes bewiesen werden soll (Überflüssigkeit des Beweismittels),
– wenn zum Voraus gewiss ist, dass der angebotene Beweis keine wesentlichen Erkenntnisse zu vermitteln vermag (Untauglichkeit des Beweismittels), oder
– wenn die verfügende Behörde den Sachverhalt aufgrund eigener Sachkunde ausreichend würdigen kann (BGer, Urteil U 410/04 vom 3.11.2006, E. 3; BGE 122 V 157 E. 1d), oder
– wenn die Behörde aufgrund bereits abgenommener Beweise ihre Überzeugung gebildet hat und ohne Willkür annehmen kann, diese werde durch weitere Beweiserhebungen nicht geändert (*vorweggenommene* bzw. *antizipierte Beweiswürdigung*). Insbesondere ist die Behörde nicht gehalten, Beweise abzunehmen, wenn die Tatsachen bereits aus den Akten genügend ersichtlich sind (vgl. vorne, Rz. 153, 456 f.).

b. Das Recht auf Teilnahme an der Beweiserhebung

538 Die Verfahrensbeteiligten sind nicht nur berechtigt, Beweisanträge zu stellen, sondern sie haben aufgrund des Gehörsanspruchs auch das Recht, sich über den Stand und den Ablauf des Verfahrens zu informieren. Die Partei hat bei Beweismassnahmen einen Anspruch auf Vertretung oder auf Verbeiständung (vgl. Art. 11 Abs. 1 VwVG). Die Vertretung kann allerdings durch eine Pflicht zum persönlichen Handeln ausgeschlossen werden. Bei der medizinischen Begutachtung einer Partei soll laut Bundesgericht auch die Verbeiständung ausgeschlossen sein, weil die Partei in erster Linie nicht kraft ihrer Parteiqualität, sondern als Gegenstand der Beweismassnahme beteiligt werde (BGE 137 V 210 E. 3.1.3.3; 132 V 443 E. 3.3–3.6; vgl. auch BGE 119 Ia 260 E. 6c; kritisch Kieser, ATSG-Kommentar, Art. 37 Rz. 9).

539 Zum Recht auf Teilnahme an der Beweiserhebung gehört, sich beim *Sachverständigengutachten* zur Fragestellung zu äussern sowie Abänderungs- und Ergänzungsanträge zu stellen (Art. 19 VwVG i.V.m. Art. 57 Abs. 2 BZP). Dies gilt auch, wenn die Sachverständigen als Auskunftspersonen mündlich befragt werden (BGE 119 V 208 E. 5b). Zudem müssen die Parteien vorgängig Einwendungen gegen die als Sachverständige vorgesehenen Personen vorbringen können (Art. 19 VwVG i.V.m. Art. 58 Abs. 2 BZP; vgl. BVGer, Urteil A-6820/2008

vom 15.4.2009, E. 3.2.6; BGE 125 V 332 E. 3b). Seit einer Praxisänderung des Bundesgerichts gelten alle diese Rechte auch im Bereich der Sozialversicherung gegenüber Administrativ- und Gerichtsgutachten bei Medizinischen Abklärungsstellen (MEDAS; vgl. BGE 137 V 210 E. 3.4.2 zur Invalidenversicherung und BGE 138 V 318 E. 6.1 zur Unfallversicherung). Zur Sicherstellung der Fairness im Verfahren und namentlich der Waffengleichheit erklärte das Bundesgericht im Ergebnis die für das Verwaltungsverfahren im Allgemeinen geltende Regelung auch im Verfahren der Sozialversicherung für anwendbar (Art. 44 ATSG, insoweit i.V.m. Art. 55 Abs. 1 ATSG, Art. 19 VwVG und Art. 57 Abs. 2 BZP; vgl. BGE 137 V 210, bes. E. 2.1.2 und 3.4.2).

Dies alles sollte übrigens auch gegenüber dem *Amtsbericht* gelten, sofern er die Funktion des Sachverständigengutachtens übernimmt (anders die sozialversicherungsrechtliche Praxis in Auslegung von Art. 44 ATSG zu den Stellungnahmen von verwaltungsinternen Ärzten: BGE 135 V 254 E. 3.4.1; 123 V 331 E. 1b; dazu kritisch Kieser, ATSG-Kommentar, Art. 44 Rz. 9 und 12; vgl. zum Ganzen auch vorne, Rz. 474 f.). 540

Ausnahmen vom Anspruch der Parteien, bei einer Einvernahme der Sachverständigen anwesend zu sein, werden in Anlehnung an die gesetzliche Regelung der Zeugeneinvernahme (Art. 18 Abs. 2 VwVG) und die Rechtsprechung zur Teilnahme der Parteien am Augenschein (BGE 116 Ia 94 E. 3b) definiert, wobei der Behörde ein grösserer Ermessensspielraum zum Ausschluss der Partei von der Anhörung zugestanden wird als bei Zeugeneinvernahmen (BGE 130 II 169 E. 2.3.5 zur Einvernahme von Auskunftspersonen im Allgemeinen und dazu vorne, Rz. 471 f.; vgl. auch BGE 119 V 208 E. 5c). Der Minimalgarantie gemäss Art. 29 Abs. 2 BV ist dagegen bereits Genüge getan, wenn die Parteien nachträglich in das Gutachten Einblick und zu dessen Schlussfolgerungen sowie zur Person des Gutachters Stellung nehmen können (BGer, Urteil 4P.151/2001 vom 19.6.2002, E. 2.1; BGE 125 V 332 E. 4b; 119 Ia 260 E. 6c). 541

Unter dem Aspekt des rechtlichen Gehörs problematisch ist, wenn die *Identität der Sachverständigen* nicht bekannt gegeben wird, was der Fall ist, wenn ein überwiegendes Interesse an der Geheimhaltung angenommen wird oder ein Spezialgesetz es vorsieht (vgl. vorne, Rz. 510). Dies verunmöglicht, Ausstandsgründe zu erkennen und geltend zu machen, obwohl auch die Sachverständigen den Ausstandsregelungen unterliegen (Art. 19 VwVG i.V.m. Art. 58 BZP; vgl. zu Art. 44 ATSG: BGer, Urteil 8C_547/2007 vom 19.3.2008, E. 2.3; BGE 132 V 376 E. 7.3 und 8 f.; zum Anspruch auf Bekanntgabe der Zusammensetzung einer entscheidenden Behörde vgl. vorne, Rz. 197, 437). 542

Was das Recht auf Teilnahme bei der *Zeugeneinvernahme* angeht, so ist dieses ausdrücklich in Art. 18 VwVG geregelt. Danach haben die Parteien einen Anspruch darauf, der Zeugeneinvernahme beizuwohnen und Ergänzungsfragen zu stellen. Drängt sich eine Zeugeneinvernahme in Abwesenheit der Parteien auf, weil wesentliche öffentliche oder private Interessen vorgehen, und wird auch die Einsicht in die Protokolle verweigert, dürfen die entsprechen- 543 den Aussagen nur unter den in Art. 28 VwVG genannten Voraussetzungen zum Nachteil der Beteiligten verwendet werden (Art. 18 Abs. 2 und 3 VwVG). Die Behörden haben die Betroffenen vom Inhalt der Aussage in Kenntnis zu setzen und ihnen Gelegenheit zur Stellungnahme und zum Anerbieten von Gegenbeweismitteln zu geben (vgl. BGE 124 V 90 E. 4b). Die Zeugeneinvernahme muss nicht von der entscheidenden Verwaltungsbehörde durchgeführt werden; vielmehr gestattet Art. 14 VwVG den Verwaltungsbehörden (nicht aber dem Bundesverwaltungsgericht), damit eine geeignete Amtsperson zu beauftragen.

544 Das Recht auf Teilnahme am *Augenschein* schliesslich ergibt sich aus Art. 19 VwVG i.V.m. Art. 56 Abs. 3 BZP und lässt sich als Teilgehalt des Anspruchs auf rechtliches Gehör auch unmittelbar auf Art. 29 VwVG abstützen (vgl. BGE 132 V 443 E. 3.3; 116 Ia 94 E. 3b; BVGer, Urteil A-4010/2007 vom 27.10.2008, E. 3.1). Schützenswerte Interessen des Staates oder Dritter können die Teilnahme am Augenschein ausschliessen. Weiter kann von einer Teilnahme der Parteien abgesehen werden, wenn der Zweck des Augenscheins erfordert, dass dieser unangekündigt erfolgt, oder wenn zeitliche Dringlichkeit besteht. Der Gehörsanspruch ist in diesen Fällen durch nachträgliche Stellungnahme zum Beweisergebnis zu wahren; grundsätzlich aber genügt die blosse Möglichkeit einer nachträglichen Stellungnahme zum Ergebnis des Augenscheins nicht (BGer, Urteil 1A.199/2000 vom 5.6.2001, E. 2b; BGE 116 Ia 94 E. 3b zu Art. 4 Abs. 1 BV 1874). Informell und ohne Beizug der Parteien dürfen Augenscheine nur mit Zurückhaltung durchgeführt werden. Unzulässig ist ein informeller Augenschein jedenfalls dann, wenn der Sachverhalt bestritten und nicht genügend abgeklärt ist. Dies gilt auch in Bezug auf Tatsachen, die allgemein zugänglich sind (vgl. BGE 116 Ia 94 E. 3a–b). Auch die Durchführung des Augenscheins kann an die sachbearbeitende Amtsstelle delegiert werden; die Anwesenheit der entscheidenden Behörde ist nicht gefordert. Allerdings müssen die Akten so geführt werden, dass sich diese ein ausreichendes Bild über die tatsächlichen Verhältnisse machen kann (vgl. BGer, Urteil 1A.30/2007 vom 9.10.2007, E. 3.2; BGE 110 Ia 81 E. 5c; zum Augenscheinprotokoll vgl. auch vorne, Rz. 497). Die Zulässigkeit von Internetrecherchen und der Umgang mit deren Ergebnissen im Verfahren hat sich an den genannten Grundsätzen zu orientieren (so auch Patrick L. Krauskopf/Katrin Emmenegger, VwVG-Kommentar, Art. 12 N. 178; problematisch: BGer, Urteil 1P.581/2004 vom 3.2.2005, E. 2.2.2).

545 Die Verweigerung der Teilnahme an Beweiserhebungen kann nach Art. 46 VwVG *angefochten* werden. Besonders weil sie grundsätzlich keinen nicht wieder gutzumachenden Nachteil im Sinn von Art. 46 Abs. 1 lit. b VwVG zur Folge haben kann, dürften die Voraussetzungen hierzu jedoch in der Regel nicht erfüllt sein (im Besonderen zur Teilnahme und Mitwirkung an Befragungen von Auskunftspersonen: BGer, Urteil 1C_473/2008 vom 9.1.2009, E. 3.2 f.; vgl. auch BGer, Urteil 8C_1071/2009 vom 9.4.2010, E. 3.2).

F. Prüfung der Parteivorbringen

Die Prüfungspflicht der Behörden bildet das Gegenstück zu den Mitwirkungsrechten der Parteien. Bevor die Behörde ein Verfahren durch Verfügung abschliesst, hat sie alle erheblichen und rechtzeitigen Parteivorbringen zu würdigen (Art. 32 Abs. 1 VwVG). Das Ergebnis dieser Würdigung muss sich zudem in der Begründung niederschlagen (Art. 35 VwVG, dazu hinten, Rz. 629 ff.). Die Behörde muss sich jedoch nicht mit jeder tatbeständlichen Behauptung und jedem rechtlichen Einwand auseinandersetzen. Sie kann sich auf die für den Entscheid wesentlichen Gesichtspunkte beschränken (vgl. BGE 136 I 184 E. 2.2.1; 133 I 270 E. 3.1). Die Behörde verletzt aber den Anspruch auf rechtliches Gehör, wenn sie zu Unrecht ihre Kognition einschränkt (BGE 133 II 35 E. 3; 131 II 271 E. 11.7.1).

546

Eine der Bestimmungen zum rechtlichen Gehör muss im Zusammenhang mit der Untersuchungsmaxime gesehen werden: Nach Art. 32 Abs. 2 VwVG *kann* die zuständige Behörde einen von den Parteien vorgebrachten Sachumstand, der sich zur Aufklärung der materiellen Wahrheit als ausschlaggebend erweist, selbst dann berücksichtigen, wenn er verspätet vorgebracht wurde. Diese Bestimmung geht allerdings zu wenig weit; nach dem Untersuchungsgrundsatz kann die Berücksichtigung ausschlaggebender Vorbringen nicht im Ermessen der Behörde stehen (vgl. BGer, Urteil 2C_388/2008 vom 16.12.2008, E. 4.2, und BGE 136 II 165 E. 4.2 f., je mit Literaturhinweisen; BVGE 2009/64 E. 7.3). Dasselbe gilt für Vorbringen rechtlicher Natur, da die verfügende Instanz an den Grundsatz der Rechtsanwendung von Amtes wegen (iura novit curia) gebunden ist.

547

G. Folgen der Verletzung des rechtlichen Gehörs

Aus der formellen Natur des Anspruchs auf rechtliches Gehör folgt, dass bei seiner Verletzung der betreffende Entscheid grundsätzlich aufzuheben ist, unabhängig davon, ob er materiell richtig ist oder nicht. Doch besteht die Möglichkeit der sogenannten *Heilung* eines derartigen Verfahrensmangels. «Heilung» bezeichnet die Behebung einer Verletzung des rechtlichen Gehörs im Beschwerdeverfahren, indem die Anhörung vor der oberen Instanz nachgeholt wird. Der positiv besetzte Begriff sollte nicht davon ablenken, dass die Heilung als Ausnahme von der Aufhebung des fehlerhaft zustande gekommenen Entscheids – wodurch die Verletzung sozusagen ungeschehen gemacht wird – konzipiert ist. Die Heilung ist nach der Praxis des Bundesgerichts dann zulässig (vgl. BGE 137 I 195 E. 2.3.2; 133 I 201 E. 2.2; 132 V 387 E. 5.1),
– wenn die Verletzung nicht besonders schwer wiegt und die Beschwerdeinstanz in Bezug auf die betreffende Frage mit der gleichen Überprüfungsbefugnis wie die vorhergehende Instanz ausgestattet ist;

548

– unter denselben Voraussetzungen sogar bei einer schwerwiegenden Verletzung, soweit die Rückweisung zu einem formalistischen Leerlauf und damit zu unnötigen Verzögerungen führen würde, die mit dem (der Anhörung gleichgestellten) Interesse der betroffenen Partei an einer beförderlichen Beurteilung der Sache nicht zu vereinbaren wären.

549 Dem schweren Mangel kann eine Häufung von Verfahrensfehlern gleichkommen, die für sich allein weniger gewichtig sind, aber zusammen doch das Verfahren als so mangelhaft erscheinen lassen, dass eine Heilung ausgeschlossen erscheint (BGer, Urteil 1A.160/2004 vom 10.3.2005, E. 2.2). Von einer an sich möglichen Heilung kann insbesondere abgesehen werden, wenn die Vorinstanz das rechtliche Gehör systematisch verletzt (BVGer, Urteil D-4408/2007 vom 19.9.2007, E. 4.4; vgl. auch BGE 126 II 111 E. 6b/aa). Zur Heilung einer Verletzung der Begründungspflicht vgl. hinten, Rz. 645).

550 Das Bundesverwaltungsgericht lässt eine Heilung nur bei nicht schwerwiegenden Verletzungen des rechtlichen Gehörs zu (BVGE 2008/47 E. 3.3.4; 2007/27 E. 10.1 f.).

551 Die Praxis zur Heilung ist in der Lehre umstritten. Eine starke Mehrheit kritisiert sie – mit unterschiedlichen Forderungen – als zu weit gehend (vgl. die zahlreichen Hinweise bei Schindler, Abschied, S. 175 f. Fn. 31). Die Begründungen lassen sich auf das Argument zurückführen, dass die nachträgliche Anhörung nur einen unvollkommenen Ersatz für das vorgängige Anhörungsrecht bildet, was übrigens auch das Bundesgericht einräumt (BGE 135 I 279 E. 2.6.1; 116 V 182 E. 3c). Umgekehrt wenden sich einige Stimmen gegen die Annahme der «formellen Natur» des Gehörsanspruchs und treten für grössere Zurückhaltung bei der Rückweisung wegen Verfahrensmängeln ein (Seiler, Abschied; vgl. auch Rütsche, Rechtsfolgen, S. 156 ff.). Mit unterschiedlicher Stossrichtung wurden verschiedene Vorschläge gemacht, wie die Voraussetzungen einer «Heilung» präziser und passender umschrieben werden könnten (vgl. Albertini, Gehör S. 464 ff.; Kneubühler, Gehörsverletzung, S. 111 ff.; Schindler, Abschied, S. 190 ff.; Seiler, Abschied, S. 381 ff.; vgl. auch Gerold Steinmann, in: Ehrenzeller/Mastronardi/Schweizer/Vallender, St. Galler Kommentar BV, Art. 29 Rz. 33, laut dem hinter den Formulierungen des Bundesgerichts eine differenzierte Interessenabwägung steht).

552 Es bestehen gute Gründe für Zurückhaltung bei der Heilung (vgl. Schindler, Abschied, S. 178 ff.). Fest steht, dass eine Heilung nicht stattfinden darf, wenn die Rechtsmittelinstanz im fraglichen Punkt über eine engere Kognition verfügt als die Vorinstanz. Eine Heilung sollte sodann grundsätzlich ausgeschlossen werden, wenn sich erstens die Gehörsverletzung möglicherweise auf den materiellen Entscheid ausgewirkt hat. Dasselbe sollte zweitens gelten, wenn die Gehörsverletzung einen schwerwiegenden Eingriff in die Rechte der Partei darstellt oder zur Folge hat (womit sie sich regelmässig auch auf den Entscheid ausgewirkt haben dürfte). In den letzteren beiden Konstellationen kann einzig

der Vorbehalt angebracht werden, dass die Rückweisung keinen prozessualen Leerlauf darstellen sollte, doch sollte ein prozessualer Leerlauf nicht leichtfertig angenommen werden. Schliesslich sollte grundsätzlich keine Heilung vorgenommen werden, wenn die Vorinstanz den Anspruch auf rechtliches Gehör regelmässig verletzt, selbst wenn es sich um leichte Gehörsverletzungen handeln sollte. Im letztgenannten Fall erscheint eine Heilung allerdings denkbar. Dies gilt umso mehr, wenn die genannten Elemente, die gegen eine Heilung sprechen, nicht gegeben sind. Soweit eine Heilung grundsätzlich zulässig erscheint, sind – neben dem öffentlichen Interesse an der Einhaltung der Verfahrensvorschriften – namentlich folgende Kriterien zu beachten: die Schwere der Gehörsverletzung, die Haltung der betroffenen Partei, deren eigene schutzwürdige Interessen sowie jene von Gegenparteien; für eine Heilung spräche auch, wenn das Rechtsmittel klar begründet oder unbegründet erscheint (dieser Ansicht wohl am nächsten: Kneubühler, Gehörsverletzung, S. 111 ff.).

Die Bejahung einer Befugnis zur Heilung führt zur Frage, ob unter bestimmten Umständen eine *Pflicht zur Heilung* anzunehmen ist (dagegen: Waldmann/ Bickel, Praxiskommentar VwVG, Art. 29 N. 110). Die Antwort muss darauf aufbauen, dass die Behörde über die Rechtsfolgen der Verletzung einer Verfahrensgarantie zu entscheiden und nicht etwa eine Abwägung zwischen widerstreitenden Verfassungsrechten und -prinzipien vorzunehmen hat. Daher steht ihr ein Entschliessungsermessen zu, auf welche Weise – ob mit einer Rückweisung oder einer Heilung – sie die Verletzung des rechtlichen Gehörs beheben will. Allerdings kann dieses Entschliessungsermessen nicht so weit gehen, dass sie eine Rückweisung vornehmen dürfte, wenn diese einen prozessualen Leerlauf darstellt, denn dies würde bedeuten, dass sie eine Rechtsverzögerung anordnen dürfte. Nur insoweit ist die Annahme zulässig, dass es rechtsverletzend sein kann, eine Rückweisung statt eine Heilung vorzunehmen (vgl. BGE 132 V 387 E. 5 und 6.1). Im Übrigen kann aus der Befugnis zur Heilung nicht auf eine Pflicht zur Heilung geschlossen werden. 553

Dem Verfahrensmangel ist bei der *Regelung der Kosten und der Parteientschädigung* des Rechtsmittelentscheids Rechnung zu tragen (BGE 126 II 111 E. 7b). Kann die betroffene Partei sich überhaupt nur durch Ergreifen eines Rechtsmittels erstmals Gehör verschaffen, dürfen ihr für das Rechtsmittelverfahren keine Kosten auferlegt werden, selbst wenn die Rechtsmittelinstanz materiell entscheidet und die Partei unterliegt (BGer, Urteil 1C_233/2007 vom 14.2.2008, E. 2.1.3, BGE 122 II 274 E. 6d – wobei das Bundesgericht die «Trölerei» und den Rechtsmissbrauch vorbehält). 554

Bei Beschwerdeentscheiden bildet die Verletzung des rechtlichen Gehörs nach Art. 66 Abs. 2 lit. c VwVG einen *Revisionsgrund*. Entsprechend besteht ein Anspruch auf Wiedererwägung der erstinstanzlichen Anordnung (vgl. hinten, Rz. 724 ff.), ausser wenn die Partei den Revisionsgrund im Rahmen des Verfahrens hätte geltend machen können (vgl. Art. 66 Abs. 3 VwVG; vgl. BGer, Urteil 555

1C_513/2008 vom 3.4.2009, E. 4). Der Verfahrensmangel wirkt sich somit auch nach der formellen Rechtskraft der Verfügung aus.

556 *Nichtigkeit* ist nur bei besonders schweren Verfahrensfehlern anzunehmen. Ein solcher liegt etwa vor, wenn die betroffene Person keine Gelegenheit erhält, am Verfahren teilzunehmen, oder wenn sie vom Entscheid nichts erfährt, weil er nicht eröffnet wurde (vgl. BGE 129 I 361 E. 2.1 f.).

H. Exkurs: Das «verfahrene Verfahren» oder der «seufzende Beamte»

557 Ratschlag eines vor etlichen Jahren pensionierten ehemaligen Beamten zum sogenannten «verfahrenen Verfahren»: «Nur zu oft kommt dieser Verfahrenstyp vor! Sie finden aber in keinem Lehrbuch etwas darüber. Vieles ist unklar, sowohl in rechtlicher wie tatsächlicher Hinsicht. Es wurden formelle und informelle Auskünfte eingeholt, Experten und Zeugen befragt, Augenscheine durchgeführt, Amtsberichte eingeholt, zahlreiche Telefonate erledigt, interne Begründungen ausgearbeitet und wieder verworfen, es sind Dienstanweisungen vorhanden und Wünsche der vorgesetzten Stelle zu berücksichtigen, ja sogar die Ombudsperson hat von Ihnen Näheres zum verfahrenen Verfahren wissen wollen. Sie sind nicht ganz sicher, was für das Verfahren relevant ist und was nicht; ein grosses Aktendossier liegt vor, das Sie, um es nicht täglich ansehen zu müssen, in einem Schrank versorgt haben. Allein, es hilft nichts, Sie müssen trotzdem bald einen haltbaren Entscheid treffen. Auch das ‹verfahrene Verfahren› muss eben erledigt werden! Wenden Sie in diesem Fall den heutigen Art. 347 Abs. 1 StPO sinngemäss als ausgezeichnete Faustregel an und geben Sie vor Ihrem Entscheid den Parteien zum ganzen Aktenberg abschliessend das ‹letzte Wort›. Zu meiner Zeit konnte dann mit Blick auf das rechtliche Gehör nicht mehr viel passieren. Heute ist dagegen im gerichtlichen Verfahren mit mehreren Parteien darauf zu achten, dass diese zu den Stellungnahmen der andern jeweils wiederum Stellung nehmen können. Sollten sie damit gar nicht aufhören wollen, wird man schliesslich zu einer mündlichen Verhandlung mit offenem Ende laden müssen.»

VI. Vorsorgliche Massnahmen

558 *Literatur:* BOVET CHRISTIAN, Le provisoire en droit de cartels, in: Borghi Marco/Caimi Carlo Luigi (Hrsg.), La nuova legge sui cartelli, Lugano 1999, S. 123 ff.; GYGI, Bundesverwaltungsrechtspflege, S. 245 ff.; HÄNER ISABELLE, *Vorsorgliche Massnahmen* im Verwaltungsverfahren und Verwaltungsprozess, ZSR 1997 II, S. 253 ff.; KIENER REGINA, in: Auer/Müller/Schindler, VwVG-Kommentar, Art. 56; KIENER/RÜTSCHE/KUHN, Verfahrensrecht, N. 462 ff.; MOOR/POLTIER, Droit administratif, Vol. II, S. 305 ff.; RHINOW/KOLLER/KISS/THURNHERR/BRÜHL-MOSER, Prozessrecht, Rz. 1175 ff.; SCHAUB CHRISTOPH, *Der vorläufige Rechtsschutz* im Anwendungsbereich des Umweltschutzgesetzes, Zürich 1990; SEILER HANSJÖRG, in: Waldmann/Weissenberger, Praxiskommentar VwVG, Art. 56; VOGEL STEFAN, *Vorsorgliche Massnahmen*, in: Häner/Waldmann Bernhard, Verwaltungsverfahren, S. 87 ff.

Vorsorgliche Massnahmen haben zum Zweck, die Wirksamkeit einer erst später 559
zu treffenden definitiven Anordnung sicherzustellen. Die vorsorglichen Massnahmen sind demnach akzessorisch zum Hauptverfahren. Sie können auch vor Einleitung eines Hauptverfahrens angeordnet werden. Dieses sollte jedoch so rasch als möglich folgen. Als Beispiel kann auf Art. 25 Abs. 2 lit. b BPG (in der Fassung vom 14.12.2012) betreffend Freistellung oder Lohnkürzung etc. verwiesen werden. Nach dem alten BPG wurde eine Freistellung im Regelfall vor Einleitung des Kündigungsverfahrens angeordnet, musste aber stets im Zusammenhang mit der Kündigung stehen (vgl. BVGer, Urteil A-1675/2010 vom 20.8.2010, E. 5). Dies dürfte auch in Bezug auf die Freistellung nach Art. 25 Abs. 2 lit. b BPG der Fall sein. Mit der Endverfügung fallen die vorsorglichen Massnahmen wieder dahin (vgl. BVGer, Urteile A-102/2010 vom 20.4.2010, E. 4.1, und B-860/2011 vom 8.9.2011, E. 4.1).

Die vorsorglichen Massnahmen dienen der Rechtssicherheit und dem 560
Rechtsfrieden. Sie können zum Entscheidungsprozess beitragen und auch Signalwirkung entfalten (Vogel, Vorsorgliche Massnahmen, S. 90 f.; daran anschliessend BVGer, Urteil A-897/2010 vom 23.8.2010, E. 6.3). Ziel der vorsorglichen Massnahmen ist vor allem die Schaffung oder Aufrechterhaltung eines Zustands, welcher die Wirksamkeit der späteren Verfügung garantiert (BGE 130 II 149 E. 2.2). Vorsorgliche Massnahmen stehen im Spannungsfeld zwischen dem Bedürfnis nach raschem Handeln einerseits sowie – da infolge der Dringlichkeit der Sachverhalt meist nur summarisch abgeklärt werden kann – der Wahrheitsfindung und damit der richtigen Rechtsanwendung andererseits. Wegen akuter Gefährdung muss eine Verfügung ganz oder teilweise vorweg, also ohne weitere Sachverhaltsabklärungen, durchgesetzt werden. Es muss etwa ein Betrieb wegen toxischer Immissionen sofort eingestellt (vgl. Art. 16 Abs. 4 USG) oder es müssen Lebensmittel sofort beschlagnahmt werden (Art. 30 LMG); es wird vorsorglich das Aufstellen von Spielautomaten verboten, bis geklärt ist, ob die Automaten Glücksspiele ermöglichen und unter das Spielbankengesetz fallen (vgl. BGer, Urteil 2A.438/2004 vom 4.12.2002, E. 2.1) oder es wird vorsorglich dem bisherigen Betreiber, dessen Konzession abgelaufen ist, eine Übergangskonzession zum Betrieb des Lokalradios erteilt, bis die vom Bundesverwaltungsgericht aufgehobene Konzessionserteilung durch das UVEK neu beurteilt werden kann (BVGer, Urteil A-897/2010 vom 23.8.2010); oder aber es werden finanzmarktrechtlich relevante Aktivitäten untersagt, bis geklärt ist, ob eine nach Banken- oder Börsengesetz bewilligungspflichtige Tätigkeit vorliegt (BGE 130 II 351).

In der Regel geht man davon aus, dass vorsorgliche Massnahmen entweder 561
einen Zustand vorläufig aufrechterhalten (*sichernde* Massnahmen) oder aber gestaltend wirken (*gestaltende* Massnahmen). Letzteres ist beispielsweise der Fall, wenn eine Bewilligung sofort entzogen werden muss oder vorläufige Sicherheitsmassnahmen zu treffen sind. Im erstinstanzlichen Verfahren werden regelmässig gestaltende Massnahmen ergriffen, mit welchen die Rechte und

Pflichten der Verfügungsadressatinnen und -adressaten vorweg geregelt werden (BVGer, Urteil A-897/2010 vom 23.8.2010, E. 6.3; BGE 130 II 149 E. 2.2). Die begriffliche Abgrenzung weist aber gewisse Unschärfen auf (vgl. dazu Häner, Vorsorgliche Massnahmen, S. 309 ff.).

562 Im Gegensatz etwa zum Verwaltungsrechtspflegegesetz des Kantons Zürich (vgl. § 6 VRG ZH) enthält das VwVG keine Regelung über vorsorgliche Massnahmen im nichtstreitigen Verwaltungsverfahren; Art. 56 VwVG bezieht sich nur auf das Beschwerdeverfahren. Geht man allerdings davon aus, dass Inhalt und Voraussetzungen der vorsorglichen Massnahmen ihre Grundlage ohnehin im materiellen Recht haben, dessen Durchsetzung die Massnahmen sichern sollen (Schaub, Der vorläufige Rechtsschutz, S. 41 ff.; BVGer, Urteil A-897/2010 vom 23.8.2010, E. 6.3 m.H.), ist eine Regelung im Verfahrensrecht insoweit hinfällig. Zum Teil wird auch von einer Lücke im Gesetz ausgegangen (vgl. BVGer, Urteil B-860/2011 vom 8.9.2011, E. 4.2). In der Praxis wird jedenfalls Art. 56 VwVG im erstinanzlichen Verfahren analog angewendet (vgl. BVGer, Urteil A-102/2010 vom 20.4.2010, E. 4.1). Hingegen wäre das Verfahren zum Erlass der Massnahmen im Verfahrensgesetz zu regeln.

563 Geht die vorsorgliche Massnahme in inhaltlicher Hinsicht über das hinaus, was die Endverfügung regeln wird, sind zudem die besonderen Anforderungen an die gesetzliche Grundlage zu beachten: Je nach Schwere des Eingriffs bedarf die vorsorgliche Massnahme selbst einer klaren und eindeutigen Grundlage im formellen Gesetz. Ein Beispiel bildet die Vorbereitungshaft gemäss Art. 75 AuG. Mit diesem schweren Eingriff in die persönliche Freiheit wird die Wegweisung aus der Schweiz, welche Inhalt der Endverfügung bildet, sichergestellt (vgl. Häner, Vorsorgliche Massnahmen, S. 313 ff., 322 ff., 332 ff.).

564 Da sich Inhalt und Voraussetzungen der vorsorglichen Massnahmen aus dem materiellen Recht ergeben, sind sie nur dann zulässig, wenn die Rechtsdurchsetzung selber gefährdet ist. Bei der Prüfung, ob der Erlass von vorsorglichen Massnahmen zulässig ist, sind die folgenden Kriterien, die das Bundesverwaltungsgericht beim Entscheid über die aufschiebende Wirkung anwendet, sinngemäss in Erwägung zu ziehen (vgl. dazu Häner, Vorsorgliche Massnahmen, S. 322 ff.; BVGer, Urteile A-102/2010 vom 20.4.2010, E. 4.3, und A-2841/2011 vom 16.8.2011, E. 3.2; das Bundesgericht prüft die Kriterien in einer etwas anderen Reihenfolge, BGE 130 II 149 E. 2.2):

565 Als Erstes ist die *Entscheidprognose* zu prüfen. Es ist zu prüfen, ob die ins Auge gefasste Endverfügung wahrscheinlich rechtens sein wird. Die Aussichten auf den *Ausgang des Verfahrens* können somit berücksichtigt werden (BVGer, Urteil B-860/2011 vom 8.9.2011, E. 4.2). Allerdings drängt sich Zurückhaltung auf, wenn noch tatsächliche oder rechtliche Unklarheiten bestehen. Diesfalls bleibt es in erster Linie Sache des Hauptverfahrens, die notwendigen Grundlagen zu beschaffen (BGE 130 II 149 E. 2.2; 127 II 132 E. 3 und 4d). Ist die Prognose jedoch eindeutig und ergibt sich, dass die ins Auge gefasste Verfügung nicht erlassen werden kann, sind auch die vorsorglichen Massnahmen nicht zu-

lässig. Umgekehrt sollte bei eindeutiger Prognose für den Verfahrensausgang möglichst in der Hauptsache entschieden und die Endverfügung erlassen werden, wobei dies in der Praxis nicht immer möglich ist, namentlich, wenn sich die Dringlichkeit als sehr hoch erweist. In diesem Fall ist die Erfolgsprognose bei der Interessenabwägung zu berücksichtigen (vgl. BGE 129 II 286 E. 3).

Als Zweites ist zu prüfen, ob *überzeugende Gründe* für den Erlass der vorsorglichen Massnahmen vorliegen. Gemäss der Praxis, die sich an diejenige zum Entzug der aufschiebenden Wirkung anlehnt (vgl. Art. 55 Abs. 2 VwVG; dazu hinten, Rz. 1076), müssen zum Erlass vorsorglicher Massnahmen somit nicht aussergewöhnliche Umstände vorhanden sein, aber die Gründe müssen überzeugen (BVGer, A-102/2010 vom 20.4.2010, E. 4.2; vgl. BGE 129 II 286 E. 3.6). In der Lehre wird zum Teil ein schwerwiegender Nachteil verlangt (Häner, Vorsorgliche Massnahmen, S. 223 ff.; Vogel, Vorsorgliche Massnahmen, S. 94; ebenso § 6 VRG ZH; dazu Alfred Kölz/Jürg Bosshart/Martin Röhl, Kommentar zum Verwaltungsrechtspflegegesetz des Kantons Zürich (VRG), 2. A., Zürich 1999, § 6 Rz. 10). 566

Als Drittes ist zu prüfen, ob die Massnahme *verhältnismässig* ist. Dabei sind die folgenden Elemente zu beachten, insbesondere bei der Frage, ob die Massnahme notwendig ist und ob überwiegende Interessen für diese sprechen: Die *zeitliche Dringlichkeit* muss insofern bestehen, als die zu schützenden Interessen den Erlass der vorsorglichen Massnahme erfordern und der Verzicht auf die Massnahme einen *nicht leicht wieder gutzumachenden Nachteil* für das bedrohte öffentliche oder private Interesse zur Folge hätte (BVGer, Urteil B-860/2011 vom 8.9.2011, E. 4.2; BGE 130 II 149 E. 2.2). Ferner ist *eine Interessenabwägung* vorzunehmen und zu prüfen, ob die überzeugenden Gründe, die für die Massnahme sprechen, gewichtiger sind, als die Gründe, die gegen die Massnahme sprechen (BVGer, Urteil B-860/2011 vom 8.9.2011, E. 4.2). Dabei können die Ergebnisse der Entscheidprognose mitberücksichtigt werden, sofern darüber eine Aussage gemacht werden kann. Je wahrscheinlicher diese zugunsten des Hauptsacheentscheids ausfällt, desto stärker fallen die mit der vorsorglichen Massnahme zu schützenden Interessen ins Gewicht (Häner, Vorsorgliche Massnahmen, S. 324; Vogel, Vorsorgliche Massnahmen, S. 93; vgl. auch BGE 129 II 286 E. 3). 567

Vorsorgliche Massnahmen werden aufgrund der Aktenlage im Zeitpunkt des Erlasses der Massnahme festgelegt. Weitere Beweiserhebungen werden nicht durchgeführt. Es erfolgt lediglich eine *summarische Prüfung der Sach- und Rechtslage* und es genügt, wenn die Tatsachen glaubhaft gemacht wurden. Es handelt sich somit um einen Prima-facie-Entscheid (BVGer, A-102/2010 vom 20.4.2010, E. 4.2; Moser/Beusch/Kneubühler, Bundesverwaltungsgericht, Rz. 3.18; BGE 130 II 149 E. 2.2). 568

Vorsorgliche Massnahmen können im Laufe des Verfahrens geändert oder aufgehoben werden, wenn sich die Umstände entsprechend geändert haben, wobei der Schutz des Vertrauens in ihren Bestand nicht ins Gewicht fällt, da 569 sie bloss auf Zusehen hin angeordnet werden (BVGer, Urteil B-1470/2010 vom 16.4.2010, E. 2). Umgekehrt können im Laufe des Verfahrens auch neue Begehren über vorsorgliche Massnahmen gestellt werden, welche unter den Voraussetzungen, die für ein Wiedererwägungsgesuch gelten, geprüft werden (BVGE 2012/7 E. 2.4.2).

570   Es gibt zahlreiche Bestimmungen über vorsorgliche Massnahmen im materiellen Recht. Ausser den bereits genannten Art. 75 AuG, Art. 26 BPG, Art. 16 Abs. 4 USG und Art. 30 LMG sind etwa Art. 16 NHG und Art. 15 OHG zu nennen. Auch ohne eine ausdrückliche gesetzliche Bestimmung ist jedoch vorsorgliches Handeln in der Regel zulässig, obwohl denkbar ist, dass das Gesetz im Einzelfall eine abschliessende Regelung enthält.

571   Vorsorgliche Massnahmen ergehen als selbständig anfechtbare Zwischenverfügungen. Sie sind unter der Bedingung, dass sie einen nicht wieder gutzumachenden Nachteil bewirken, anfechtbar (Art. 46 Abs. 1 lit. a VwVG). Dies gilt grundsätzlich auch für spezialgesetzlich geregelte vorsorgliche Massnahmen wie zum Beispiel für die vorläufige Einstellung im Dienst nach Art. 25 Abs. 2 lit. b BPG in der Fassung vom 14.12.2012 (noch zum früheren Art. 26 BPG: BVGer, Urteil A-372/2012 vom 25.5.2012, E. 1.2). Allerdings hat das Bundesgericht in einigen Fällen auch anders entschieden. Massnahmen aufgrund von Art. 16 Abs. 4 USG sowie nach Art. 16 NHG wurden bislang als Endverfügungen qualifiziert (vgl. zu diesen Fällen Seiler, Praxiskommentar VwVG, Art. 56 N. 15). Bei der Anfechtung von vorsorglichen Massnahmen vor Bundesgericht sind insbesondere Art. 93 BGG sowie Art. 98 BGG zu beachten (vgl. dazu im Einzelnen hinten, Rz. 1439 ff. sowie Rz. 1575). Zudem kann nur die Verletzung verfassungsmässiger Rechte gerügt werden (Art. 98 BGG; vgl. dazu auch Thomas Merkli, Vorsorgliche Massnahmen und die aufschiebende Wirkung bei Beschwerden in öffentlich-rechtlichen Angelegenheiten und subsidiären Verfassungsbeschwerden, ZBl 2008, S. 416 ff., 431). Sowohl im erstinstanzlichen Verfahren wie im Verfahren vor Bundesverwaltungsgericht und im bundesgerichtlichen Verfahren gelten die Regelungen über den Fristenstillstand nicht (Art. 22a Abs. 2 VwVG; Art. 46 Abs. 2 BGG).

572   Da die Anfechtung von vorsorglichen Massnahmen grundsätzlich den allgemeinen Verfahrensbestimmungen unterliegt, ist in der Verfügung die aufschiebende Wirkung eigens zu entziehen (vgl. Art. 55 Abs. 1 VwVG), soll die Massnahme sofort Wirksamkeit erlangen.

573   Erfordert es die Dringlichkeit, so darf eine vorsorgliche Massnahme ohne vorgängige Anhörung aufgrund der Akten erlassen werden. Alsdann liegt eine superprovisorische Massnahme vor (vgl. BGE 130 II 351 E. 3.2.1). Die Anhörung ist möglichst bald nachzuholen und die superprovisorische durch eine vorsorgliche Massnahme zu ersetzen.

574   Wird die vorsorgliche Massnahme ungerechtfertigterweise angeordnet und entsteht den Betroffenen dadurch ein Schaden, ist dieser gemäss den Art. 3 ff. VG geltend zu machen (vgl. dazu eingehend hinten, Rz. 1083 ff.).

VII. Fristen

Literatur: CAVELTI URS PETER, in: Auer/Müller/Schindler, VwVG-Kommentar, Art. 20–23; KIENER/ RÜTSCHE/KUHN, Verfahrensrecht, N. 292 ff.; MAITRE BERNARD/THALMANN VANESSA, in: Waldmann/ Weissenberger, Praxiskommentar VwVG, Art. 20–24; MOOR/POLTIER, Droit administratif, Vol. II, S. 303 ff.; MOSER/BEUSCH/KNEUBÜHLER, Bundesverwaltungsgericht, Rz. 2108 ff.; RHINOW/KOLLER/ KISS/THURNHERR/BRÜHL-MOSER, Prozessrecht, Rz. 1246 ff.; VOGEL STEFAN, in: Auer/Müller/Schindler, VwVG-Kommentar, Art. 24.

575

Das VwVG stellt für das Verwaltungsverfahren in Art. 20–24 Vorschriften über die Fristen auf, die weitgehend mit denjenigen von Art. 44–50 BGG übereinstimmen.

576

Art. 20 VwVG und Art. 44 BGG regeln die *Berechnung* der Fristen (vgl. auch das BG Fristenlauf). Bedarf eine Frist der Mitteilung an die Parteien, so beginnt sie an dem Tag zu laufen, der auf die Mitteilung folgt (Art. 20 Abs. 1 VwVG). Die Behörde trägt die Beweislast, dass und wann die Zustellung erfolgte (BVGer, Urteil A-4166/2010 vom 17.5.2010, E. 1.2.1). Eine Sendung gilt grundsätzlich in dem Moment als zugestellt, in welchem sie der Adressatin bzw. dem Adressaten tatsächlich übergeben wird. Gemäss einem allgemeinen Rechtsgrundsatz (BGE 122 III 316 E. 4b) genügt allerdings, wenn sie in den Machtbereich der betreffenden Person gelangt. Es genügt somit die ordnungsgemässe Zustellung. Werden behördliche Anordnungen eingeschrieben versandt, so erfolgt die Zustellung im Zeitpunkt der Entgegennahme bzw. der Abholung auf der Post. Werden sie weder entgegengenommen noch abgeholt, so gelten sie gemäss Art. 20 Abs. 2bis VwVG und Art. 44 Abs. 2 BGG als am siebten Tag nach dem ersten erfolglosen Zustellungsversuch zugestellt (Zustellungsfiktion). Die *Zustellungsfiktion* wird indessen wie bereits aufgrund der bisherigen Rechtsprechung nur dann angewendet, wenn die Sendung den Umständen entsprechend von der betreffenden Person mit einer gewissen Wahrscheinlichkeit erwartet werden musste (BGE 134 V 49 E. 4; BVGer, Urteil A-5707/2011 vom 5.1.2011, E. 2.3). Dies ist namentlich bei Postrückbehaltungsaufträgen von Bedeutung (BVGer, Urteil C-2207/2007 vom 9.7.2011, E. 2). Die Fiktion gilt auch dann, wenn eine Verfügung gestützt auf Art. 36 VwVG zulässigerweise veröffentlicht wurde, auch wenn die Betroffenen die Verfügung nicht zur Kenntnis nahmen (BVGer, Urteil A-737/2012 vom 5. April 2012, E. 2.2 f.; vgl. hinten, Rz. 622 ff.). In diesem Fall gilt Art. 20 Abs. 2 VwVG (Art. 44 Abs. 1 BGG), wonach die Frist an dem auf ihre Auslösung folgenden Tag zu laufen beginnt, somit am Tag nach der Veröffentlichung. Ein anderes Auslösungsereignis ist zum Beispiel der Wegfall des Hindernisses für das Fristwiederherstellungsgesuch, der die 30-tägige Frist zur Einreichung des Gesuchs am Folgetag beginnen lässt. Hat die Partei eine Vertretung bestellt, erfolgt die Eröffnung der Verfügung an diese, bis die Vollmacht widerrufen wird (Art. 11 Abs. 3 VwVG; Urteil B-6713/2007 vom 18. Juli 2008, E. 2;

577

vgl. auch hinten, Rz. 643). Für Dritte wird die Frist durch die effektive Kenntnisnahme ausgelöst (BGE 116 Ib 321 E. 3; vgl. auch hinten, Rz. 642).

578   Die Partei trägt die *Beweislast für die Einhaltung* der Frist (BVGer, Urteil A-6718/2007 vom 29.1.2008, E. 4.1). Haben jedoch die Behörden zu verantworten, dass der Beweis der Rechtzeitigkeit nicht erbracht werden kann, müssen die Folgen der Beweislosigkeit nicht von der Partei getragen werden. Dies ist der Fall, wenn eine Verfügung uneingeschrieben zugestellt wird und die Partei deshalb nicht in der Lage ist, das Empfangsdatum und damit die Einhaltung der Frist nachzuweisen.

579   Der Beweis einer Zustellung führt zur Vermutung, dass der zugestellte Briefumschlag die fraglichen Dokumente vollständig enthielt. Dies gilt besonders, wenn der Absender für sich ein Dossier mit den entsprechenden Kopien erstellt hat. Der Empfänger kann allerdings das Negativum, dass der Inhalt nicht vollständig war, nicht nachweisen. Die Beweislast wird deshalb zulasten des Absenders umgekehrt, wenn der Empfänger Zweifel an der Vollständigkeit glaubhaft macht. Dies gilt für Versände sowohl von Entscheiden als auch von Eingaben an Behörden (BGE 124 V 400 E. 2c; BVGer, Urteil A-6066/2007 vom 12.2.2008, E. 1).

580   Im Übrigen gilt der aus Treu und Glauben abgeleitete Grundsatz, dass den Betroffenen aus mangelhafter Eröffnung kein Nachteil entstehen darf (vgl. dazu vorne, Rz. 115 sowie ausdrücklich Art. 49 BGG).

581   Damit die *Frist eingehalten* ist, müssen schriftliche Eingaben spätestens am letzten Tag der Behörde eingereicht oder zu deren Händen der Schweizerischen Post oder einer schweizerischen diplomatischen oder konsularischen Vertretung übergeben werden (Art. 21 Abs. 1 VwVG, Art. 48 Abs. 1 BGG). In der Regel genügt der Poststempel als Beweis der Aufgabe bei der Post (BVGer, Urteil B-6713/2007 vom 18.7.2008, E. 3). Wird als Zustelldienst nicht die Schweizer Post verwendet, sondern eine ausländische Post oder ein Kurierdienst, ist die Frist nur eingehalten, wenn die Eingabe am letzten Tag der Frist bei der Behörde eintrifft oder der Schweizerischen Post zur Weiterbeförderung übergeben wird (BVGer, Urteil A-4166/2010 vom 17.5.2011, E. 1.2.1). In Bezug auf die Fristeinhaltung zur Bezahlung des Kostenvorschusses gemäss Art. 21 Abs. 3 VwVG kann nach hinten, Rz. 1022 ff. verwiesen werden.

582   Die Frist gilt auch als gewahrt, wenn die Eingabe rechtzeitig einer *unzuständigen Behörde* eingereicht worden ist (Art. 21 Abs. 2 VwVG; zur Überweisungspflicht vgl. vorne, Rz. 398).

583   Art. 21a Abs. 1 VwVG sieht vor, dass der Behörde *Eingaben elektronisch* übermittelt werden können. Gemäss Schlussbestimmung zur Änderung des VwVG vom 17.6.2005 besteht eine Übergangsfrist von 10 Jahren seit Inkrafttreten der Gesetzesnovelle am 1.1.2007, um die elektronische Übermittlung umzusetzen. Bei dieser Übermittlung ist jeweils das vom Bundesrat vorgeschriebene Format zu verwenden (Art. 21a Abs. 1 VwVG). Zudem muss die Sendung mit einer anerkannten elektronischen Signatur versehen werden (Art. 21a Abs. 2

VwVG). Die Eingabefrist gilt als gewahrt, wenn das Informatiksystem, welchem die elektronische Zustelladresse angehört, vor Ablauf der Frist den Empfang bestätigt hat (Art. 21 Abs. 3 VwVG). Der Absender oder die Absenderin trägt somit das Risiko bis zum Empfangsserver, während die Behörde das Risiko der Übermittlung vom Empfangsserver zu ihrem eigenen Informatiksystem trägt (Maitre/Thalmann, Praxiskommentar VwVG, Art. 21a N. 39). Es muss deshalb stets genügend Zeit vorhanden sein, damit gegebenenfalls die Postaufgabe der Originaleingabe noch reicht. Da sich der Vorteil von elektronischen Eingaben somit noch in Grenzen hält, sind die elektronischen Eingaben noch wenig verbreitet.

Gestützt auf Art. 21a VwVG hat der Bundesrat die *Verordnung vom 18.6.2010 über die elektronische Übermittlung* im Rahmen des Verwaltungsverfahrens erlassen. Gemäss Art. 2 VeÜ-VwV muss eine Plattform als ausreichend sicher anerkannt werden, damit darüber eine Eingabe rechtsgültig erfolgen kann. Die Anforderungen dazu sind in Art. 3 VeÜ-ZSSchKG geregelt. Gemäss Art. 3 Abs. 2 VeÜ-VwV führt die Bundeskanzlei ein Verzeichnis der Behörden, welche die elektronische Übermittlung zulassen (www.bk.admin.ch/Themen/egov). In diesem Verzeichnis sind auch die Verfahren aufgeführt, in welchen die elektronische Übermittlung zulässig und in welchen sie nicht zulässig ist (Art. 3 Abs. 2 lit. b und Abs. 3 VeÜ-VwV; sogenannte Positiv- und Negativliste, soweit eine Behörde nicht ohnehin für sämtliche Verfahren die elektronische Übermittlung vorsieht). Sodann sind im Verzeichnis der Bundeskanzlei unter anderem auch die zugelassenen Kommunikationskanäle sowie die anerkannten Zustellplattformen (zurzeit PrivatSphere, IncaMail Version 3.0, OSIS BV) und die anerkannten Dateiformate aufgeführt (im Regelfall PDF, wobei für die langfristige Archivierung die Version PDF/A entwickelt worden und zum Teil ausschliesslich zu verwenden ist; Art. 4 Abs. 2 VeÜ-VwV). Nach Art. 21a Abs. 2 VwVG ist die ganze Sendung von der Partei oder ihrem Vertreter mit einer anerkannten elektronischen Signatur zu versehen. Dies bedeutet, dass die elektronische Unterschrift das Gesamtpaket erfassen muss und nicht bloss die Gesuchseingabe oder die Stellungnahme (Maitre/Thalmann, Praxiskommentar VwVG, Art. 21a N. 28). Die elektronische Signatur muss auf einem qualifizierten Zertifikat einer anerkannten Anbieterin von Zertifizierungsdiensten nach dem BG über die elektronische Signatur beruhen (Art. 6 Abs. 1 VeÜ-VwV). Eine elektronische Signatur ist nach Art. 6 Abs. 2 VeÜ-VwV dann nicht erforderlich, wenn die Identität des Absenders oder der Absenderin und die Integrität der Übermittlung auch auf eine andere, geeignete Weise sichergestellt werden kann.

584

Gesetzliche Fristen können nicht *erstreckt* werden, während behördliche Fristen aus zureichenden Gründen erstreckbar sind, sofern eine Partei vor Ablauf der Frist darum nachsucht (Art. 22 VwVG; Art. 47 BGG). Die Praxis lässt insbesondere bei den Rechtsanwältinnen und -anwälten regelmässig eine Fristerstreckung zu, wenn einigermassen plausible Gründe vorgebracht werden

585

können (vgl. Moser/Beusch/Kneubühler, Bundesverwaltungsgericht, Rz. 2.137). Übermässig lange Fristerstreckungen verstossen gegen das Beschleunigungsgebot (vgl. BGE 126 V 244 E. 4). Während der *Gerichtsferien* stehen die nach Tagen bestimmten Fristen auch im erstinstanzlichen Verfahren still (Art. 22a VwVG; Art. 46 Abs. 1 BGG). Wird jedoch für den Fristablauf ein *festes Datum* genannt, gilt der Friststillstand nicht. Der Friststillstand bedeutet, dass der Fristenlauf gehemmt wird und sich der Ablauf der Frist um die Dauer der Gerichtsferien verlängert. Die Gerichtsferien dauern vom siebten Tag vor Ostern bis und mit dem siebten Tag nach Ostern, vom 15. Juli bis und mit dem 15. August und vom 18. Dezember bis und mit dem 1. Januar (Art. 22a VwVG, Art. 46 Abs. 1 BGG). Wird eine anfechtbare Verfügung oder ein Entscheid während des Friststillstandes eröffnet, beginnt die Frist gleichwohl am ersten Tag nach den Gerichtsferien zu laufen und ist dieser Tag somit mitzuzählen (BGE 132 II 153 E. 4.1 f.). Für Verfahren betreffend aufschiebende Wirkung und andere vorsorgliche Massnahmen gilt der Friststillstand nicht (Art. 22 Abs. 2 VwVG; Art. 46 Abs. 2 BGG, der darüber hinaus unter anderem auch die internationale Rechtshilfe in Strafsachen nennt; ebenso Art. 38 Abs. 5 BEHG; vgl. auch Art. 26 Abs. 2 BöB, der den Friststillstand für das Verfügungsverfahren ausschliesst).

586 Ändert die Behörde in Bezug auf die Fristberechnung die Praxis oder stellt sie die bisherige Rechtsanwendung klar, so gilt die neue Praxis grundsätzlich sofort, es sei denn, die Rechtsuchenden hätten sich in guten Treuen auf eine andere Praxis verlassen. Diesfalls darf die Praxisänderung nicht ohne Vorankündigung erfolgen (BGE 132 II 153 E. 5; 135 I 257 E. 1.6; vgl. vorne, Rz. 203).

587 In Art. 24 VwVG – wie auch in Art. 50 BGG – ist die Möglichkeit der *Wiederherstellung* sowohl der gesetzlichen als auch der behördlichen Fristen vorgesehen, wenn die darum ersuchende Person bzw. deren Vertretung unverschuldet nicht innert Frist gehandelt hat. Diese Regelung stellt einen allgemeinen Rechtsgrundsatz dar (BVGer, Urteil B-65/2012 vom 11. April 2012, E. 3; BGE 108 V 109; 117 Ia 297 E. 3). Gemäss Art. 24 VwVG und Art. 50 BGG muss binnen 30 Tagen nach Wegfall des Hindernisses ein begründetes Begehren um Wiederherstellung gestellt werden. Gleichzeitig ist die versäumte Rechtshandlung nachzuholen. Die Rechtzeitigkeit des Gesuchs sowie die nachzuholende Rechtshandlung innert Frist prüft das Bundesverwaltungsgericht als formelle Voraussetzungen; bei deren Nichteinhalten erfolgt ein Nichteintretensentscheid. Ob ausreichende Gründe vorliegen, bildet eine materielle Frage, die zu einer Gutheissung oder Abweisung führt (BVGer, Urteile C-8593/2010 vom 11.1.2011, E. 2.3, und B-65/2012 vom 11.4.2012, E. 2.2). Unverschuldet ist das Versäumnis, wenn dafür objektive oder subjektive Gründe im Sinne einer objektiven oder subjektiven Unmöglichkeit vorliegen und der Partei bzw. der Vertretung keine Nachlässigkeit vorgeworfen werden kann. Die subjektive Unmöglichkeit wird eng definiert: Die gesuchstellende Person wäre zwar objektiv in der Lage zu handeln, ist aber aus subjektiven Umständen, die sie nicht zu verantworten hat, an der Vornahme der Handlung verhindert (Vogel, VwVG-

Kommentar, Art. 24 Rz. 10 ff.). Eine objektive Unmöglichkeit, die nicht in einer Nachlässigkeit begründet liegt, ist beispielsweise bei derart schwerer Krankheit gegeben, dass die betroffene Person von der Rechtshandlung abgehalten wird und auch nicht in der Lage ist, eine Vertretung zu bestellen (BGE 112 V 255 E. 2a), während blosse Ferienabwesenheit oder Arbeitsüberlastung nicht genügen. Es müssen somit Gründe vorliegen, welche der Partei auch bei Aufwendung der üblichen Sorgfalt die Wahrung ihrer Interessen verunmöglicht oder unzumutbar erschwert hätten (Moser/Beusch/Kneubühler, Bundesverwaltungsgericht, Rz. 2.140 ff.). Dabei prüft das Bundesverwaltungsgericht ebenso, ob ein Fristerstreckungsgesuch hätte eingereicht werden können (BVGer, Urteil A-1715/2006 vom 9.11.2007, E. 3.3).

Die Rechtsprechung sowohl des Bundesverwaltungsgerichts wie auch des Bundesgerichts ist in Bezug auf die Fristwiederherstellung sehr *restriktiv*, und es muss ein Fall von klarer Schuldlosigkeit vorliegen (BVGer, Urteile B-65/2012 vom 11.4.2012, E. 3, und A-7284/2008 vom 20.11.2008, E. 2; BGE 119 II 86). Dies hängt auch damit zusammen, dass gemäss Art. 24 VwVG jedes Verschulden, und damit auch leichte Fahrlässigkeit, ausreicht, um die Fristwiederherstellung zu verweigern. Ob diese Formstrenge aus Gründen der Rechtssicherheit tatsächlich in allen Fällen gerechtfertigt ist, kann durchaus in Zweifel gezogen werden. Trägt die Parteivertretung das Verschulden an der Verspätung, muss sich die vertretene Partei dieses anrechnen lassen. Dasselbe gilt, wenn eine Hilfsperson beigezogen wird und zum Beispiel beim Kostenvorschuss die Zahlung über einen Bankauftrag erfolgt (BGE 114 Ib 67 E. 2 f.). Bedeutsam im Zusammenhang mit der Rechtsvertretung ist insbesondere das Organisationsverschulden (vgl. Vogel, VwVG-Kommentar, Art. 24 Rz. 11). Die Rechtsanwältinnen und Rechtsanwälte sind jedenfalls verpflichtet, sich zu vergewissern, dass beispielsweise die Bezahlung des Kostenvorschusses auch erfolgt ist, wenn sie der Klientschaft überlassen wurde (BVGer, Urteil B-65/2012 vom 11.4.2012, E. 4.3.5). 588

Wird insbesondere *im Rahmen des Schriftenwechsels* oder bei der Sachverhaltsermittlung eine Frist verpasst und handelt es sich bei den verspäteten Vorbringen um solche, die rechtserheblich sind, müssen sie gemäss der Untersuchungsmaxime und dem Grundsatz der Rechtsanwendung von Amtes wegen trotz Verspätung berücksichtigt werden (vgl. aber Art. 32 Abs. 2 VwVG und dazu vorne, Rz. 547). 589

Art. 23 VwVG sieht zugunsten der Parteien schliesslich vor, dass die Behörde, die eine Frist ansetzte, nur diejenigen *Säumnisfolgen* eintreten lassen darf, die sie zuvor angedroht hat. 590

Das *Vertrauen in eine unrichtige Rechtsmittelbelehrung* kann ebenfalls die Wiederherstellung einer Frist zur Folge haben (vgl. BGE 135 III 374 E. 1.2.2.3). 591

2. Teil Nichtstreitiges Verwaltungsverfahren im Bund

Fristberechnung und -ablauf (Spezialfälle)

Ablauf am Samstag, Sonntag oder Feiertag

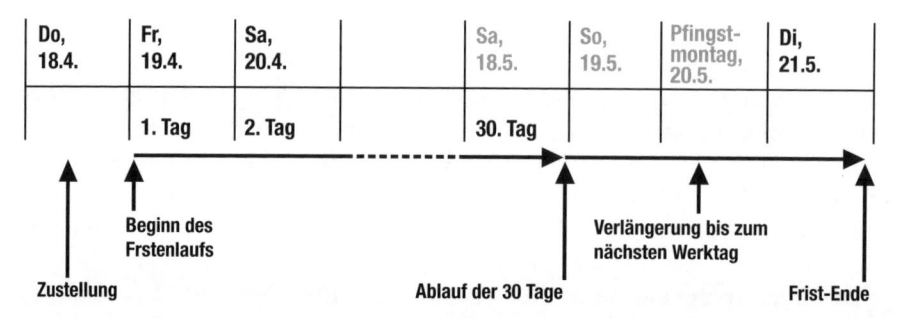

Do, 18.4.	Fr, 19.4.	Sa, 20.4.		Sa, 18.5.	So, 19.5.	Pfingst-montag, 20.5.	Di, 21.5.
	1. Tag	2. Tag		30. Tag			

↑ Zustellung
↑ Beginn des Fristenlaufs
↑ Ablauf der 30 Tage
↑ Verlängerung bis zum nächsten Werktag
↑ Frist-Ende

Zustellungsfiktion

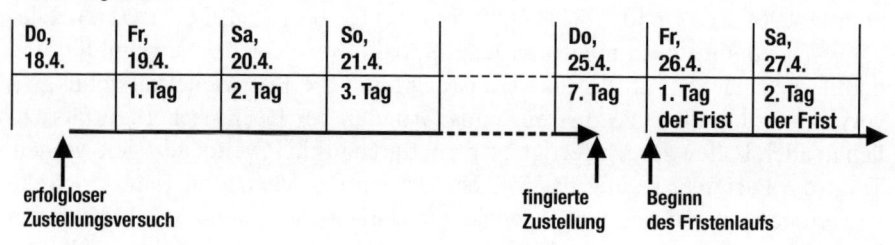

Do, 18.4.	Fr, 19.4.	Sa, 20.4.	So, 21.4.		Do, 25.4.	Fr, 26.4.	Sa, 27.4.
	1. Tag	2. Tag	3. Tag		7. Tag	1. Tag der Frist	2. Tag der Frist

↑ erfolgloser Zustellungsversuch
↑ fingierte Zustellung
↑ Beginn des Fristenlaufs

Gerichtsferien

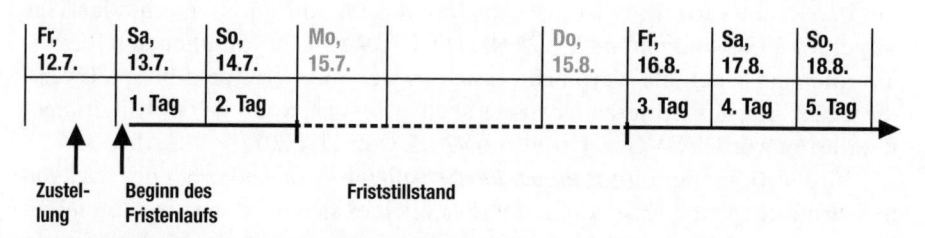

Fr, 12.7.	Sa, 13.7.	So, 14.7.	Mo, 15.7.		Do, 15.8.	Fr, 16.8.	Sa, 17.8.	So, 18.8.
	1. Tag	2. Tag				3. Tag	4. Tag	5. Tag

↑ Zustellung
↑ Beginn des Fristenlaufs
Friststillstand

Zustellung während der Gerichtsferien

Mo, 5.8.		Do, 15.8.	Fr, 16.8.	Sa, 17.8.	So, 18.8.	Mo, 19.8.	Di, 20.8.
			1. Tag	2. Tag	3. Tag	4. Tag	5. Tag

↑ Zustellung
Friststillstand
↑ Beginn des Fristenlaufs

VIII. Verfahrenssprache

Literatur: BAUMANN MAX, Die Amtssprachen des Bundes sind Deutsch, Französisch, Italienisch und *Englisch,* SJZ 2005, S. 34 ff.; CATENAZZI EMILIO, Linguaggio giuridico e lingua delle sentenze, in: Borghi Marco (Hrsg.), Lingua e diritto. La presenza della lingua italiana nel diritto svizzero, Lugano u.a. 2005, S. 93 ff.; GUCKELBERGER ANNETTE, Das Sprachenrecht in der Schweiz, ZBl 2005, S. 609 ff.; MAITRE BERNARD/THALMANN VANESSA, in: Waldmann/Weissenberger, Praxiskommentar VwVG, Art. 33a; MOSER/BEUSCH/KNEUBÜHLER, Bundesverwaltungsgericht, Rz. 2.223 ff.; PFISTERER THOMAS, in: Auer/Müller/Schindler, VwVG-Kommentar, Art. 33a; RHINOW/KOLLER/KISS/THURNHERR/BRÜHL-MOSER, Prozessrecht, Rz. 935 ff.; RICHTER DAGMAR, Sprachenordnung und Minderheitenschutz im schweizerischen Bundesstaat, Berlin u.a. 2005, S. 295 ff.; SAVOLDELLI MARCO, Die Amtssprachenregelung nach dem neuen Sprachengesetz des Bundes. Ihre Bedeutung für das öffentliche Prozessrecht, ZBl 2008, S. 478 ff.

592

Die Verfahrenssprache wird in Art. 33a VwVG geregelt. Verfassungsgrundlagen sind Art. 4 und Art. 70 Abs. 1 BV (über die Landessprachen bzw. Amtssprachen des Bundes). Bei der Auslegung können weiter massgeblich sein: erstens die Garantie der Sprachenfreiheit (Art. 18 BV), als deren Einschränkungen das Prinzip der Amtssprache und die Regelung der Verfahrenssprache zu gelten haben; zweitens die Verfahrensgarantien, namentlich die Ansprüche auf rechtliches Gehör und auf Waffengleichheit. Dabei sind im Rahmen eines Verfahrens besonders die Verfahrensgarantien für Fragen der Sprache von Bedeutung (Müller/Schefer, Grundrechte, S. 301). Anwendbar ist ferner das am 1.1.2010 in Kraft getretene Sprachengesetz (vgl. Art. 4 Abs. 1 SpG), wobei namentlich Art. 5 f. SpG zu beachten sind. Das internationale Recht sowie Spezialgesetze können abweichende Bestimmungen enthalten (vgl. etwa Art. 16 Abs. 2 AsylG oder Art. 24 Abs. 3 f. BöB, der auf Art. IX Ziff. 8 und XVII Ziff. 1 lit. b GPA zurückgeht; Art. XII Ziff. 1 GPA).

593

Zu unterscheiden ist zwischen der Sprache, in der sich die Verfahrensbeteiligten ausdrücken, und der *Verfahrenssprache,* in der die Behörde das Verfahren führt. Wer sich an eine Bundesbehörde wendet, kann grundsätzlich nach Wahl eine der vier Amtssprachen verwenden, also Deutsch, Französisch, Italienisch oder – als «Person rätoromanischer Sprache» – Rätoromanisch (Art. 6 Abs. 1, 3 und 4 SpG; Art. 70 Abs. 1 BV). Die Behörden antworten in dieser Sprache, können sich aber mit der betreffenden Person auf eine andere Amtssprache einigen (Art. 6 Abs. 2 SpG). Entsprechend ist nach Art. 33a Abs. 1 VwVG das Verfahren in einer der vier Amtssprachen zu führen, in der Regel in der Sprache, in der die Parteien ihre Begehren gestellt haben oder stellen würden. Einzelne spezialgesetzliche Grundlagen sehen allerdings vor, dass Eingaben (auch) in Englisch eingereicht werden können oder gar müssen (vgl. die Beispiele bei Baumann, Englisch, S. 35 f.).

594

Art. 33a Abs. 1 VwVG belässt der Behörde bei der *Wahl der Verfahrenssprache* einigen Ermessensspielraum, besonders wenn mehrere Parteien einzeln an sie gelangt sind und diese Verfahren vereinigt werden. Zu berücksich-

595

tigen sind vor allem die Waffengleichheit und die konkreten Interessen (vgl. BVGE 2008/31 E. 7 zum Beschwerdeverfahren). Dabei ist massgeblich, welche Amtssprache die Parteien bzw. ihre Vertretungen beherrschen oder beherrschen müssen; jedenfalls im Bereich der internationalen Rechtshilfe erwartet das Bundesgericht, dass Schweizer Anwältinnen und Anwälte die Amtssprachen des Bundes – wohl unter Vorbehalt des Rätoromanischen – zumindest passiv verstehen (z.B. BGer, Urteile 1A.186/2006 vom 5.9.2007, E. 3.2.3, und 1A.275/2003 vom 27.1.2004, E. 2.2).

596 Die Behörde verwendet die Verfahrenssprache grundsätzlich im gesamten Verkehr mit den Verfahrensbeteiligten. Die Festlegung der Verfahrenssprache schliesst nicht aus, dass die Verfahrensbeteiligten sich in einer anderen Amtssprache an die Behörde wenden (vgl. BGer, Urteil 1A.149/2002 vom 18.7.2002, E. 1.3). Ein Anspruch darauf, dass das Verfahren mehrsprachig geführt wird, dürfte sich hieraus jedoch nicht ergeben, denn insoweit dürfte Art. 33a Abs. 1 VwVG gegenüber Art. 6 Abs. 2 SpG die speziellere Bestimmung darstellen. Bundesbehörden, die am Verfahren beteiligt sind, sollten die Verfahrenssprache verwenden (vgl. Art. 6 Abs. 2 SpG; BGE 130 I 234 E. 3.5). Verwaltungsintern kann eine andere Amtssprache als die Verfahrenssprache gebraucht werden (BGE 131 V 35 E. 4.1). Auch einzelne Prozesshandlungen – etwa das Einholen von Auskünften – können in einer anderen Amtssprache erfolgen, wenn dies sachlich gerechtfertigt ist.

597 Erfolgen *Eingaben* nicht in einer Amtssprache, ist eine *Nachfrist* zur Verbesserung anzusetzen (vgl. BGer, Urteil 2C_117/2009 vom 26.2.2009, E. 1). In der Praxis werden jedoch Eingaben in einer der Behörde verständlichen Sprache, namentlich Englisch, manchmal entgegengenommen (vgl. BVGer, Urteil D-2866/2007 vom 10.3.2008, E. 1.3), was im Einzelfall durch Dringlichkeit, das Fairnessgebot oder die Prozessökonomie gerechtfertigt sein kann.

598 Erfolgt eine *Verfügung* nicht in der Verfahrenssprache oder wurde die Verfahrenssprache nicht korrekt bestimmt, liegt ein *Eröffnungsmangel* vor; nach den darauf anwendbaren Grundsätzen wäre eine solche Verfügung im Rechtsmittelverfahren aufzuheben, wenn die unzutreffende Sprachwahl einen Nachteil für die betreffende Person zur Folge hatte (dazu hinten, Rz. 639; vgl. BGer, Urteil 2A.206/2001 vom 24.7.2001, E. 3b/bb). Geeignetes Instrument zur Behebung des Mangels wäre unter Umständen die Erläuterung, die jedoch im erstinstanzlichen Verfahren nicht vorgesehen ist (vgl. hinten, Rz. 1318). Ist die in der falschen Sprache eröffnete Verfügung inhaltlich korrekt, so dürfen die Kosten des Rechtsmittelverfahrens nicht der betroffenen Person auferlegt werden, wenn diese das Rechtsmittel erhoben hat, weil sie die Verfügung nicht genügend verstand (vgl. EVED, Entscheid vom 2.5.1978, in: VPB 1979, Nr. 25 E. 7 f.). Die Wahl der Verfahrenssprache dürfte in der Regel keinen nicht wieder gutzumachenden Nachteil zur Folge haben, sodass eine entsprechende Zwischenverfügung nicht nach Art. 46 VwVG angefochten werden kann (vgl. BGer, Urteil 1A.149/2002 vom 18.7.2002, E. 1.3).

Werden *Urkunden* eingereicht, die nicht in der Verfahrenssprache und auch 599
nicht in einer Amtssprache verfasst sind, kann mit dem – auch stillschweigenden – Einverständnis aller Parteien auf eine Übersetzung verzichtet werden (Art. 33a Abs. 3 VwVG). Im Übrigen ordnet die Behörde die Übersetzung von Schriftstücken und mündlichen Äusserungen an, soweit dies nötig ist (Art. 33a Abs. 4 VwVG; vgl. z.B. BVGE 2012/19 E. 2.2, wo die Notwendigkeit verneint wurde). Infrage kommt erstens die Übersetzung fremdsprachiger Urkunden in die Verfahrenssprache (bzw. eine Amtssprache), was in erster Linie der Partei obliegt, die diese Urkunden einreicht; zweitens – ausnahmsweise – die Übersetzung aus der Verfahrenssprache, wenn die nicht anwaltlich vertretene Partei diese nicht versteht (Maitre/Thalmann, Praxiskommentar VwVG, Art. 33a N. 27 ff.). Sind Behörden am Verfahren beteiligt, ist zu unterscheiden: Bundesbehörden müssen grundsätzlich die vier Landessprachen beherrschen (Art. 6 Abs. 2 und 4 SpG), während gegenüber kantonalen Behörden bundesstaatliche Rücksichtnahme angebracht ist (vgl. auch BBl 2001 4301). Der verfahrensleitenden Behörde kommt bei der Anwendung von Art. 33a Abs. 3 und 4 VwVG ein weiter Ermessensspielraum zu.

Weder aus der Sprachenfreiheit noch aus den Verfahrensgarantien ergibt 600
sich ein Anspruch, in einer beliebigen Sprache mit den Behörden zu verkehren. Grundsätzlich ist es den Rechtsuchenden zumutbar, sich in einer Amtssprache verfasste Verfügungen, Entscheide und Dokumente übersetzen zu lassen (BGer, Urteil 1P.746/2006 vom 13.2.2007, E. 1.3). Es besteht auch *kein grundrechtlicher Anspruch auf Übersetzung* fremdsprachiger Aktenstücke (BGE 131 V 35 E. 3.3). Der Anspruch auf rechtliches Gehör oder spezifische verfassungs- oder völkerrechtliche Garantien können jedoch in bestimmten Fällen einen Anspruch auf Übersetzung und Beizug eines Dolmetschers verschaffen (vorne, Rz. 524). Aus der Sprachenfreiheit, dem Fairnessgebot und dem Diskriminierungsverbot (Art. 8 Abs. 2 BV) lässt sich je nach den Umständen auch ein Anspruch auf Gebrauch der *Gebärdensprache* ableiten, ebenso wie ein grundrechtlicher Anspruch auf Übertragung in *Blindenschrift* bzw. Verwendung anderer Hilfsmittel für Sehbehinderte bestehen kann (vgl. Müller/Schefer, Grundrechte, S. 293).

Ein *Rechtsmittel* ist grundsätzlich in der Sprache des angefochtenen Entscheids einzureichen. Verwenden die Parteien eine andere Amtssprache, kann 601
(vgl. Müler/Schdas Verfahren in dieser Sprache geführt werden (Art. 33a Abs. 2 VwVG). Die Abwägung richtet sich nach den in Rz. 595 erwähnten Kriterien.

IX. Gütliche Einigung und Mediation

Literatur: BÖSCH PETER, Bauen und Mediation in der Schweiz, in: Flucher Thomas/Kochendörfer Bernd/von Minckwitz Ursula/Viering Markus G. (Hrsg.), Mediation im Bauwesen, Berlin 2003, 602
S. 229 ff.; DENOTH SERAINA, Mediation in Verwaltungsverfahren, insbesondere in kartellrechtlichen

Verfahren, Jusletter, 31.3.2008; FLUCHER THOMAS, Status der Mediation in der Schweiz, in: Flucher Thomas/Kochendörfer Bernd/von Minckwitz Ursula/Viering Markus G. (Hrsg.), Mediation im Bauwesen, Berlin 2003, S. 251 ff.; GUY-ECABERT CHRISTINE, L'éclairage suisse sur les modes alternatifs de règlement des conflits administratifs et plus spécialement sur la médiation, in: Renders David/ Delvolvé Pierre/Tanquerel Thierry (Leitung), L'arbitrage en droit public, Brüssel 2010, S. 379 ff.; *dies.*, La médiation dans les lois fédérales de procédure civile, pénale et administrative: petite histoire d'un pari sur l'indépendance, AJP 2009, S. 47 ff.; *dies.*, La *juridicisation* du règlement amiable des conflits administratifs en droit fédéral, LeGes 2005/2, S. 97 ff.; *dies.*, Procédure administrative et médiation, Zürich u.a. 2002; HABEGGER HEINZ, *Kooperation* statt Verfahren am Beispiel von KWOplus, den Ausbauprojekten der KWO Kraftwerke Oberhasli AG, URP 2012 S. 810 ff.; MIRIMANOFF JEAN A., Une nouvelle culture: La gestion des conflits, AJP 2009, S. 157 ff.; MIRIMANOFF JEAN A./VIGNERON-MAGGIO-APRILE SANDRA (Hrsg.), La gestion des conflits. Manuel pour les praticiens, Lausanne 2008; MOSER/BEUSCH/KNEUBÜHLER, Bundesverwaltungsgericht, Rz. 2.32 ff., 3.213 ff.; OVERNEY ALEXIS, La médiation en matière administrative, in: Mirimanoff Jean A. (Hrsg.), La médiation dans l'ordre juridique suisse, Basel 2011, S. 191 ff.; PFISTERER THOMAS, *Einigung,* Mediation und Schlichtung – Einführung in Art. 33b VwVG, AJP 2010, S. 1540 ff.; *ders.*, Einigung und Mediation – Übersicht über die aktuelle Bundesgesetzgebung, AJP 2008, S. 3 ff.; *ders.*, Grundzüge von Einigung und Mediation in Art. 33b VwVG, in: Häner/Waldmann, Verwaltungsverfahren, S. 101 ff.; *ders.*, in: Auer/Müller/Schindler, VwVG-Kommentar, Art. 33b; *ders.*, Verhandeln und Konsens im Verwaltungs- und insbesondere im Umweltrecht, URP 2005, S. 99 ff.; *ders.* (Hrsg.), Konsens und Mediation im Verwaltungsbereich, Zürich u.a. 2004; *ders.*, Über Konsens- und Mediationslösungen im öffentlichen Recht («konferieren statt prozessieren»), ZSR 2002 II, S. 169 ff.; RHINOW/KOLLER/KISS/THURNHERR/BRÜHL-MOSER, Prozessrecht, Rz. 1326 ff.; RICHLI PAUL, Zu den Gründen, Möglichkeiten und Grenzen für Verhandlungselemente im öffentlichen Recht, ZBl 1991, S. 381 ff.; SALBERG ANNE-CATHERINE, Médiation, de la rupture au lien, AJP 2002, S. 1401 ff.; SIEGWART KARINE, in: Waldmann/Weissenberger, Praxiskommentar VwVG, Art. 33b; *dies.*, Umweltmediation, in: Schindler Benjamin/Schlauri Regula, Auf dem Weg zu einem einheitlichen Verfahren, Zürich 2001, S. 327 ff.

1. Grundlagen

603 *Gütliche Einigung* bezeichnet eine einvernehmliche Konfliktlösung zwischen den Konfliktparteien, die auch ohne Hilfe einer Drittperson zustande kommen kann. Unter *Mediation* wird eine Konfliktbearbeitungs- oder Konfliktvorbeugungsstrategie durch Vermittlung einer neutralen Drittperson verstanden (Siegwart, Praxiskommentar VwVG, Art. 33b N. 2). Von *Schlichtung* wird dagegen gesprochen, wenn die verfahrensleitende Behörde versucht, eine Einigung unter den Parteien zu erzielen (Pfisterer, Einigung, S. 1549 f.).

604 Die einvernehmliche Einigung bedarf grundsätzlich keiner gesetzlichen Regelung, sofern das Recht inhaltlich dafür Raum bietet. Die gütliche Konfliktbeilegung, vor allem zwischen Privaten, ist zunächst Alltagswirklichkeit. Für den Fall, dass sie nicht gelingt, kann das Prozessrecht vorsehen, dass das formalisierte, hoheitliche Entscheidverfahren dem Versuch einer Verständigung nachgehen soll oder zu dessen Gunsten sistiert werden kann. Die gütliche Einigung folgt einer anderen Logik bzw. verfolgt andere Ziele als das übliche Verfahren: Statt der autoritativen Entscheidung einer klar einzugrenzenden Frage auf der Basis der juristischen Methode wird ein für alle Beteiligten vorteilhaftes Er-

gebnis auf kreativem Weg und unter Einbezug auch zusätzlicher potenzieller bzw. künftiger Konfliktpunkte angestrebt. Man verspricht sich davon eine Lösung, die je nach den Umständen inhaltlich besser und umfassender ist, allseitig besser akzeptiert wird sowie rascher und kostengünstiger zustande kommt (vgl. etwa Pfisterer, Kommentar VwVG, Art. 33b Rz. 4). Ob sich diese Hoffnungen konkret erfüllen, hängt von zahlreichen Faktoren ab. Das subsidiär zur Verfügung stehende Entscheidverfahren wirkt bei der Konsenssuche als Druckmittel.

Im Zivilprozessrecht hat die Schlichtung Tradition (vgl. BBl 2006 7241 ff.); sie wird nun in Art. 197 ff. ZPO dem Entscheidverfahren grundsätzlich vorgeschaltet. Aber auch im Verwaltungsprozessrecht hat die gütliche Einigung zumindest punktuell eine lange Geschichte, namentlich im Rahmen der Enteignung (vgl. Art. 45 ff. EntG, bes. Art. 48). Im nichtstreitigen Verwaltungsverfahren dürften Elemente informeller Verständigung ohnehin eine nicht zu unterschätzende Rolle spielen. In jüngerer Zeit wurde – ausser in Art. 33b VwVG – in verschiedenen Bestimmungen der Spezialgesetzgebung die Suche nach Verständigungslösungen verankert bzw. geregelt (vgl. Art. 50 ATSG, Art. 26 Abs. 2, Art. 29 und 37 Abs. 2 KG, Art. 11 FMG, Art. 9 PüG, Art. 12d NHG, Art. 55c USG, Art. 13 BGÖ, Art. 34 Abs. 1 BPG). Auch im Strafprozessrecht wurden die Verhandlungselemente verstärkt, was – jedenfalls mit Bezug auf das Erwachsenenstrafrecht – heikler und umstrittener ist (vgl. Art. 316 und 358 StPO; Art. 16 f. JStPO). 605

Die Stärkung der kooperativen Elemente entspricht einem veränderten Verständnis der Rolle des Staates, der vermehrt nicht mehr als zentrale, übergeordnete Gewalt, sondern als einer von verschiedenen Handelnden aufgefasst wird, unter denen ihm vor allem die Funktion eines Koordinators zukommt. Inwieweit diese Diagnose zutrifft bzw. derartige Forderungen berechtigt sind, ist hier nicht zu diskutieren. 606

2. Anwendungsbereich und Voraussetzungen von Art. 33b VwVG

Art. 33b VwVG über «gütliche Einigung und Mediation» wurde vom Parlament aufgrund parlamentarischer Vorstösse diskussionslos in die Vorlage zur Totalrevision der Bundesrechtspflege aufgenommen, weil die Suche nach einem Vergleich – so der Kommissionssprecher im Ständerat – «sehr vernünftig» sei (AB 2003 S 872; zur Entstehungsgeschichte vgl. Siegwart, Praxiskommentar VwVG, Art. 33b N. 15 ff.). Die Bestimmung sieht die gütliche Einigung nicht als Alternative zur Verfügung, sondern als Alternative für den Weg zu deren Erarbeitung vor: Die Behörde kann das Verfahren sistieren, damit sich die Parteien über den Inhalt der Verfügung einigen können (Art. 33b Abs. 1 VwVG). 607

Zum *Anwendungsbereich* von Art. 33b VwVG: Die Bestimmung ist auf Verfahren zugeschnitten, in denen sich mehrere Parteien gegenüberstehen (vgl. BVGer, Urteil A-6085/2009 vom 22.1.2010, E. 3.2). Aber natürlich sind auch in Verfahren, die sich nur zwischen der verfügenden Behörde und einer einzigen 608

Verfahrenspartei abspielen, Verständigungslösungen nicht ausgeschlossen; das Bundesverwaltungsgericht stützt sich denn auch in solchen Fällen direkt auf Art. 33b VwVG (vgl. BVGE 2008/51 E. 2.3.1). Art. 33b VwVG gilt nicht nur für das erstinstanzliche Verfahren; das Bundesverwaltungsgericht zieht die Bestimmung auch für das Beschwerdeverfahren heran. *Sachlich* ist der Anwendungsbereich weit (vgl. etwa Habegger, Kooperation, für ein komplexes Beispiel, welches das Energie- und Umweltrecht betrifft). Das Bundesverwaltungsgericht hat Einigungen gestützt auf Art. 33b VwVG etwa in Staatshaftungsfällen genehmigt (BVGer, Urteil A-8272/2008 vom 14.1.2010). Die Praxis wendet Art. 33b VwVG in Verbindung mit Art. 2 Abs. 1 VwVG (e contrario) auch auf das Steuerverfahren an, wo die sogenannten Rulings – Verständigungen zwischen Steuerpflichtigen und Steuerbehörden über bestimmte Elemente des steuerrechtlich relevanten Sachverhalts – eine wichtige Rolle spielen (BVGE 2008/51 E. 2.3.1; vgl. auch BGer, Urteil 2C_769/2009 vom 22.6.2010, E. 2.2.2). Bestehen spezialgesetzliche Regelungen, kann Art. 33b VwVG subsidiär anwendbar sein (Pfisterer, Kommentar VwVG, Art. 33b Rz. 23).

609 Art. 33b VwVG will das einvernehmliche Vorgehen bei der Erarbeitung einer Verfügung fördern und regeln; die Bestimmung ist nicht als abschliessende Regelung des konsensualen Verwaltungshandelns aufzufassen und will auch nicht die Verfügungskompetenz der Verwaltungsbehörden ausdehnen. Die Zulässigkeit verwaltungsrechtlicher Verträge und insbesondere jene des aussergerichtlichen Vergleichs (dazu hinten, Rz. 1149) wird nicht berührt (vgl. Moser/Beusch/Kneubühler, Bundesverwaltungsgericht, Rz. 3.213 ff., bes. Rz. 3.219). Inhalt der Verfügung gemäss Art. 33b Abs. 4 VwVG kann nur das werden, was die Behörde im Rahmen von Art. 49 VwVG unabhängig von einer Vereinbarung verfügen könnte. Vertraglich vereinbarte Leistungen von Privaten, die zwar als solche zulässig sind, aber mangels ausreichend bestimmter gesetzlicher Grundlage nicht verfügt werden können, können auch nicht aufgrund von Art. 33b Abs. 4 VwVG Bestandteil einer Verfügung werden.

610 Zu den *Voraussetzungen* der Anwendung von Art. 33b VwVG: Die gütliche Einigung ist ausgeschlossen, wenn das zwingende Recht keinen Raum dafür lässt. Das anwendbare Recht muss also einen Entscheidungsspielraum zulassen, etwa indem es auf das Ermessen oder eine Interessenabwägung verweist (vgl. Siegwart, Praxiskommentar VwVG, Art. 33b N. 30, die allerdings auch die Auslegung unbestimmter Rechtsbegriffe dem Verhandlungsspielraum zuordnet). Bei weiteren «Einigungshindernissen», die in der Lehre aufgelistet werden, handelt es sich nicht um rechtliche Ausschlussgründe, sondern um Gründe, die faktisch einen Verzicht auf den Einigungsversuch nahelegen, etwa weil sie dessen Erfolgschancen vermindern oder diesen sonst nicht opportun erscheinen lassen (z.B. mangelndes Vertrauen in die andern Parteien oder das Verfahren; vgl. Siegwart, Praxiskommentar VwVG, Art. 33b N. 27 und 32).

3. Modalitäten des Verfahrens

Am Einigungsversuch zu *beteiligen* sind die *Parteien* im Sinn von Art. 6 VwVG, die je nach den Umständen im Einwendungsverfahren nach Art. 30a VwVG zu bestimmen sind. In Verfahren mit zahlreichen potenziell Betroffenen bzw. Rechtsmittellegitimierten stellt sich die praktische Frage, wie die Verhandlungen zweckmässig organisiert werden können bzw. die Zahl der Teilnehmenden reduziert werden kann (vgl. dazu Pfisterer, VwVG-Kommentar, Art. 33b Rz. 31). Der Einigungsversuch ist freiwillig; eine Partei kann jederzeit verlangen, dass die Sistierung des Verfahrens aufgehoben wird (Art. 33b Abs. 6 VwVG). Das heisst, dass der Einigungsversuch stets der Zustimmung aller Parteien bedarf. Im Gegenzug besteht auch kein Anspruch darauf, dass die Behörde eine Einigung versucht (BVGer, Urteil A-6085/2009 vom 22.1.2010, E. 3.2).   611

Zur Förderung der Einigung kann die Behörde eine neutrale und fachkundige natürliche Person als *Mediatorin* einsetzen (Art. 33b Abs. 2 VwVG). Die Beauftragung und die Tätigkeit werden vertraglich zwischen der Behörde und/oder den Parteien sowie der Mediatorin oder dem Mediator geregelt; für die Erteilung des Auftrags kommt auch eine Verfügung in Betracht (vgl. Pfisterer, VwVG-Kommentar, Art. 33b Rz. 38; Siegwart, Praxiskommentar VwVG, Art. 33b N. 46 ff., mit Abweichungen voneinander). Der Mediator ist nur an das Gesetz und den Auftrag der Behörde gebunden; er kann Beweise abnehmen, braucht jedoch für Augenscheine, Sachverständigengutachten und Zeugeneinvernahmen eine vorgängige Ermächtigung der Behörde (Art. 33b Abs. 3 VwVG). Das Gesetz räumt ihm das Zeugnisverweigerungsrecht ein (Art. 16 Abs. 1bis VwVG). Es ist davon auszugehen, dass die Verfahrensbestimmungen des VwVG auf die eigentliche Mediation grundsätzlich nicht anwendbar sind, auf die Beweisabnahme durch den Mediator jedoch schon (Guy-Ecabert, juridicisation, S. 111 f.; Siegwart, Praxiskommentar VwVG, Art. 33b N. 64).   612

Die Behörde «macht die Einigung zum Inhalt ihrer Verfügung», sofern kein Mangel im Sinn von Art. 49 VwVG vorliegt (Art. 33b Abs. 4 VwVG). Sie hat also zu prüfen, ob das Ergebnis der Einigung rechtmässig und angemessen ist und ob der zugrunde gelegte Sachverhalt vollständig und richtig ist. Sie hat sich auch zu vergewissern, dass das Verfahren den Verfassungsgrundsätzen und -garantien entsprach (vgl. Siegwart, Praxiskommentar VwVG, Art. 33b N. 64 ff.). Ist dies der Fall, so ist sie zur Aufnahme der Einigung in die Verfügung verpflichtet (Siegwart, Praxiskommentar VwVG, Art. 33b N. 77). Mit Blick auf die allfällige Rechtsmittelbefugnis Dritter ist zu fordern, dass sich aus der Verfügung zumindest eine summarische Begründung ergeben sollte, weshalb die Behörde die Einigung für rechtmässig hält (vgl. zu Art. 50 ATSG: BGer, Urteil 9C_662/2010 vom 19.10.2010, E. 2–5; BGE 135 V 65 E. 2.4–2.6).   613

Die Einigung soll die *Kostenverteilung* und einen *Rechtsmittelverzicht* umfassen (Art. 33b Abs. 1 Satz 2 VwVG). Mit der Kostenregelung von Art. 33b Abs. 5 VwVG sollen Einigungsversuche gefördert werden: Gelingt die Einigung, er-   614 hebt die Behörde keine Verfahrenskosten; misslingt die Einigung, kann die Behörde davon absehen, den Parteien die Auslagen für die Mediation aufzuerlegen. Wenn der Hinweis auf die Kostenverteilung in Art. 33b Abs. 1 VwVG nicht ins Leere laufen soll, können die «Verfahrenskosten» nach Abs. 5 die Auslagen für die Mediation nicht umfassen (gl.M. Siegwart, Praxiskommentar VwVG, Art. 33b N. 78). Kosten für Beweismassnahmen, welche die Grundlage für die Einigung erst liefern, werden in der Praxis teils den Parteien auferlegt (BVGer, Urteil A-1789/2006 vom 31.10.2007, E. 2.2; a.M. BVGer, Urteil A-8272/2008 vom 14.1.2010, E. 3.3). Der Gesetzeswortlaut dürfte hierzu jedoch keinen Raum lassen (vgl. Art. 1 und 4 VKEV). Der Rechtsmittelverzicht ist grundsätzlich zulässig, kann sich jedoch nur auf den Inhalt der Einigung und nicht auf allfällige weitere Verfügungselemente beziehen (vgl. auch BGer, Urteil 2C_769/2009 vom 22.6.2010, E. 2.2.2; BVGE 2008/51 E. 2.4.3). Er kann auch die Anfechtung wegen Verfahrensmängeln und wegen Willensmängeln im Sinn von Art. 23 ff. OR (vgl. BGE 135 V 65 E. 2.3) nicht ausschliessen. Ebenso wenig bezieht sich der Verzicht auf die ausserordentlichen Rechtsmittel der Revision und der Anpassung.

X. Eröffnung der Verfügung

615 *Literatur:* DONZALLAZ YVES, La notification en droit interne suisse, Bern 2002; EHRENZELLER BERNHARD/GOMEZ PETER/KOTZUR MARKUS/THÜRER DANIEL/VALLENDER KLAUS A. (Hrsg.), Präjudiz und Sprache, Zürich u.a. 2008; HANGARTNER YVO, Die Anfechtung nichtiger Verfügungen und von Scheinverfügungen, AJP 2003, S. 1053 ff.; IMBODEN/RHINOW/KRÄHENMANN, Verwaltungsrechtsprechung, Nrn. 84–86; KÄLIN WALTER, Rechtliche Anforderungen an die Verwendung von *Textbausteinen* für die Begründung von Verwaltungsverfügungen, ZSR 1988 I, S. 435 ff.; KNEUBÜHLER LORENZ, in: Auer/Müller/Schindler, VwVG-Kommentar, Art. 34–38; MARTIN JÜRG, Leitfaden für den Erlass von Verfügungen, Zürich 1996, S. 160 ff.; MEYER KILIAN, Die gerechte Begründung, AJP 2010, S. 1416 ff.; MOOR/POLTIER, Droit administratif, Vol. II, S. 344 ff.; PEDUZZI ROBERTO, Die elektronische Eröffnung von Verfügungen im Bundesverwaltungsverfahren, Anwaltsrevue 2009, S. 187 ff.; RHINOW/KOLLER/KISS/THURNHERR/BRÜHL-MOSER, Prozessrecht, Rz. 342 ff., 1242 ff.; SALADIN PETER, Die sogenannte *Nichtigkeit* von Verfügungen, in: Festschrift für Ulrich Häfelin, Zürich 1989, S. 539 ff.; STADELWIESER JÜRG, Die Eröffnung von Verfügungen, St. Gallen 1994; UHLMANN FELIX/SCHWANK ALEXANDRA, in: Waldmann/Weissenberger, Praxiskommentar VwVG, Art. 34–38; VILLIGER MARK E., Die Pflicht zur Begründung von Verfügungen, ZBl 1989, S. 137 ff.; WEBER-DÜRLER BEATRICE, Neuere Entwicklung des Vertrauensschutzes, ZBl 2002, S. 281 ff., 292 ff.; vgl. auch die Literatur in Rz. 487.

1. Formvorschriften

A. Schriftlichkeit und individuelle Zustellung

616 Die Behörden eröffnen die Verfügung *schriftlich* (Art. 34 Abs. 1 VwVG) und regelmässig durch *individuelle Zustellung.* Letzteres ist zwar nicht ausdrücklich

im VwVG vorgesehen, doch geht Art. 11b VwVG über das Zustellungsdomizil implizit davon aus. Sodann ergibt sich aus Art. 29 Abs. 2 BV ein grundsätzlicher Anspruch auf Eröffnung einer Verfügung an die direkt betroffenen Personen (BGE 133 I 201 E. 2.1). Anspruch auf die formgerechte Eröffnung von Verfügungen haben die Parteien im Sinn von Art. 6 VwVG. Zur Zustellung und besonders zur Auslösung des Fristenlaufs vgl. vorne, Rz. 577 ff.

Die Verfügung ist als solche zu *bezeichnen* (Art. 35 Abs. 1 VwVG) und in der von Art. 33a Abs. 1 VwVG vorgeschriebenen Amtssprache zu erlassen. 617

Laut Art. 34 Abs. 1bis VwVG kann die Eröffnung mit dem Einverständnis der Parteien *auf elektronischem Weg* erfolgen, wobei die Verfügung mit einer anerkannten elektronischen Signatur zu versehen ist (vgl. auch Art. 11b Abs. 2 VwVG; zu den Einzelheiten Art. 8–10 VeÜ-VwV). Sind die gesetzlichen Voraussetzungen nicht gegeben, vermag die Zustellung einer Verfügung per E-Mail den Fristenlauf nicht auszulösen (z.B. BVGer, Urteil C-5641/2008 vom 15.2.2010, E. 1.4.1; vgl. aber hinten, Rz. 643 zu den aus Treu und Glauben fliessenden Obliegenheiten der betreffenden Partei). 618

Die Eröffnung einer Verfügung *per Fax* gilt in der Lehre als zulässig, sofern die Verfügung keine Originalunterschrift enthalten muss (Kneubühler, VwVG-Kommentar, Art. 34 Rz. 4; Uhlmann/Schwank, Praxiskommentar VwVG, Art. 34 N. 23 m.w.H.; vgl. hinten, Rz. 627). 619

Bei *Zwischenverfügungen* genügt eine mündliche Bekanntgabe, welche aber auf Verlangen einer Partei schriftlich zu bestätigen ist (Art. 34 Abs. 2 VwVG). 620

Die Regelung der Zustellung im VwVG entspricht ohne Weiteres den Anforderungen von *Art. 6 Ziff. 1 EMRK,* die weniger weit gehen dürften als der Anspruch auf Eröffnung nach Art. 29 Abs. 2 BV. Art. 6 Ziff. 1 EMRK ist grundsätzlich nicht auf das Verfahren vor Verwaltungsbehörden anwendbar (vgl. auch BGE 123 I 87 E. 5), stellt aber indirekt gewisse Anforderungen an das Verwaltungsverfahren auf, da durch dessen Ausgestaltung der Zugang zum Gericht nicht verunmöglicht oder erschwert werden darf (EGMR, Urteil i.S. de Geouffre de la Pradelle gegen Frankreich vom 16.12.1992, Serie A Nr. 253-B, Ziff. 28 ff.; Ruth Herzog, Art. 6 EMRK und kantonale Verwaltungsrechtspflege, Bern 1995, S. 325 f.; zur Frage der Anwendbarkeit von Art. 6 Ziff. 1 EMRK auf Zwischenverfügungen, die in zivilrechtliche Ansprüche eingreifen: Kaspar Luginbühl, EMRK und wirtschaftsverwaltungsrechtliche Zwischenverfügungen, AJP 2011, S. 875 ff.). 621

B. Veröffentlichung

Die verfügende Instanz ist nicht gehalten, nach allen möglichen Betroffenen zu suchen. Vielmehr kann sie laut Art. 36 VwVG in bestimmten Fällen ihre Anordnung durch *Veröffentlichung in einem amtlichen Organ* bekannt machen (vgl. BGE 129 II 286 E. 4.3.1). Sind die Voraussetzungen zur Veröffentlichung gegeben, braucht eine Verfügung nicht mehr durch individuelle Zustellung eröffnet 622 zu werden. Die Eröffnung einer Verfügung durch amtliche Publikation stellt nicht eine alternative Eröffnungsart dar, sondern ist als ausserordentliche Form der Eröffnung nur unter den engen Voraussetzungen von Art. 36 VwVG zulässig (BVGer, Urteil C-6991/2008 vom 1.9.2010, E. 6.2).

623 Die Behörde greift in folgenden Fällen zum Mittel der Publikation:
- Eine Partei ist unbekannten Aufenthaltes und ohne erreichbare Vertretung (Art. 36 lit. a VwVG).
- Eine Partei hält sich im Ausland auf und hat ebenfalls keine erreichbare Vertretung, und die Zustellung an ihren Aufenthaltsort ist unmöglich oder die Partei hat entgegen Art. 11b Abs. 1 VwVG kein Zustellungsdomizil in der Schweiz bezeichnet (Art. 36 lit. b VwVG). Der Bestimmung lässt sich nicht klar entnehmen, in welchem Verhältnis die letztgenannten zwei Voraussetzungen zueinander stehen (eingehend, aber die Frage offenlassend: Uhlmann/Schwank, Praxiskommentar VwVG, Art. 36 N. 14 ff.; vgl. auch BGer, Urteil 9C_892/2010 vom 17.11.2010). Die Unmöglichkeit der Zustellung kann sich auch aus rechtlichen Gründen ergeben (BVGer, Urteil C-6991/2008 vom 1.9.2010, E. 6.2.2; BGE 119 Ib 429 E. 2b; vgl. auch Art. 11b Abs. 1 VwVG).
- Die Parteien sind zahlreich oder lassen sich nicht ohne unverhältnismässigen Aufwand vollzählig bestimmen (Art. 36 lit. c und d VwVG). Damit wird die Eröffnung bei den Massenverfahren erleichtert. Die Lehre spricht sich mit überzeugenden Argumenten dafür aus, den Begriff «zahlreich» in Anlehnung an Art. 11a Abs. 1 VwVG auszulegen und die Publikation zuzulassen, wenn in einer Sache mindestens 20 Parteien auftreten (Kneubühler, Kommentar VwVG, Art. 36 Rz. 10; Uhlmann/Schwank, Praxiskommentar VwVG, Art. 36 N. 22 ff.).

624 Aufgrund spezialgesetzlicher Bestimmungen (Art. 12b Abs. 1 NHG, Art. 55a Abs. 1 USG) eröffnet die Behörde den Organisationen, die zur ideellen Verbandsbeschwerde berechtigt sind, ihre Verfügungen alternativ durch Zustellung oder durch Veröffentlichung im Bundesblatt oder im kantonalen Publikationsorgan.

625 In der amtlichen Veröffentlichung müssen die *wichtigsten Punkte der Verfügung* enthalten sein, damit die Betroffenen ersehen können, ob ihre Interessen berührt sind oder nicht (BGer, Urteil 1A.175/2003 vom 27.11.2003, E. 2.2). Nicht erforderlich ist aber, dass für Laien kaum verständliche technische Angaben mitveröffentlicht werden. Es genügt, wenn die entsprechenden Unterlagen in erreichbarer Nähe zur Einsicht aufliegen (vgl. Bundesrat, Entscheid vom 22.8.1979, in: VPB 1980, Nr. 22 E. II/3: Auflage im Bezirkshauptort; vgl. auch Art. 30a Abs. 1 VwVG für Gesuche und beabsichtigte Verfügungen).

626 Aus der inhaltlich genügenden Publikation ergibt sich die Fiktion, die fragliche Verfügung sei allen Betroffenen eröffnet worden. Damit beginnt für alle Parteien die *Rechtsmittelfrist* zu laufen. Die Verfügung gilt als am Ausgabe-

datum des Publikationsorgans zugestellt, womit am Folgetag die Frist zu laufen beginnt (Bernard Maitre/Vanessa Thalmann, in: Waldmann/Weissenberger, Praxiskommentar VwVG, Art. 20 N. 47). Eine Ausnahme ist grundsätzlich für Parteien zu machen, die – etwa aufgrund der bisherigen Praxis der zuständigen Behörde – darauf vertrauen durften, dass ihnen die Verfügung individuell zugestellt würde (vgl. BVGer, Urteil A-1985/2006 vom 14.2.2008, E. 9.3). Eröffnet die Behörde einzelnen Parteien die Verfügung auch individuell, beginnt für diese Parteien die Rechtsmittelfrist mit dieser Zustellung zu laufen (zu diesen Fragen Kneubühler, Kommentar VwVG, Art. 36 Rz. 2 ff.; Uhlmann/Schwank, Praxiskommentar VwVG, Art. 36 N. 6 ff.; vgl. auch vorne, Rz. 576 ff.).

C. Unterschrift und Nennung der Entscheidenden

Zur Frage, ob bei individuell eröffneten Verfügungen eine *Unterschrift* oder sogar eine Originalunterschrift Formerfordernis sei, sind Rechtsprechung und Lehre nicht einheitlich, doch zeichnet sich wohl folgende Linie ab: Mehrheitlich verneint die Praxis die Notwendigkeit der Unterschrift bei Verfügungen, sofern das anwendbare Recht nicht ausdrücklich die Unterzeichnung verlangt; dies gilt insbesondere für Verfügungen der Massenverwaltung, die auf Formularen ergehen können (vgl. BGer, Urteile 5P.178/2003 vom 2.6.2003, E. 3.3, und 1P.330/2000 vom 12.12.2000, E. 3b; BVGer, Urteil C-2492/2008 vom 31.8.2009, E. 3.3.4–3.3.7; anders bei Gerichtsentscheiden, jedenfalls sofern Bundesrecht anwendbar ist: BGer, Urteil I 252/06 vom 14.7.2006, E. 1). Zwar verlangen die asylrechtlichen Abteilungen des Bundesverwaltungsgerichts in Analogie zu den formellen Anforderungen an Beschwerdeschriften eine Originalunterschrift, doch stützen sie sich dabei auch auf spezialgesetzliche Grundlagen (vgl. BVGer, Urteil E-5841/2009 vom 2.2.2010, E. 2.2.2 f.). Art. 34 VwVG fordert somit nicht, dass eine Verfügung unterschrieben wird. Soweit die Originalunterschrift nicht vorausgesetzt wird, ist eine Zustellung der Verfügung per Fax zulässig (vgl. vorne, Rz. 619).   627

Zudem ist für die Gültigkeit einer Verfügung nicht erforderlich, dass die *Namen der Entscheidenden* angegeben werden, ausser das Gesetz schreibe es vor. Nach bundesgerichtlicher Rechtsprechung genügt es, wenn die verfügende Behörde als solche genannt wird. Aus dem Anspruch auf Unvoreingenommenheit der Behörde ergibt sich allerdings, dass die Namen in irgendeiner Form bekannt zu geben sind, damit allfällige Ausstandsgründe geltend gemacht werden können. Laut der Praxis genügt eine allgemein zugängliche amtliche Publikation, namentlich im Staatskalender (zum Ganzen vgl. vorne, Rz. 197, 437).   628

D. Begründung

Jede schriftliche Verfügung ist zu begründen (Art. 35 Abs. 1 VwVG). Die *Begründungspflicht* folgt auch aus dem Grundsatz des rechtlichen Gehörs nach   629

Art. 29 Abs. 2 BV (BGE 134 I 83 E. 4.1; 133 I 270 E. 3.1). Die Betroffenen sollen wissen, weshalb die Behörde entgegen ihren Anträgen entschieden hat, und in die Lage versetzt werden, die Verfügung sachgerecht anzufechten. Mit der Pflicht zur Offenlegung der Entscheidungsgründe kann zudem in der Regel verhindert werden, dass sich die Behörde von unsachgemässen Motiven leiten lässt. Sie ist demnach ein Element rationaler und transparenter Entscheidfindung und dient nicht zuletzt der Selbstkontrolle der Behörde (zum Ganzen BGer, Urteil 1P.466/2003 vom 6.1.2004, E. 2.1; BGE 133 I 270 E. 3.1; 112 Ia 107 E. 2b). Die Begründung ermöglicht sodann die allfällige Kontrolle durch die Rechtsmittelinstanz und die Öffentlichkeit. Durch eine verständlich formulierte, für die Betroffenen gedanklich nachvollziehbare Begründung erhöht sich auch die Akzeptanz einer hoheitlichen Anordnung (zu einer Übersicht über die Funktionen der Begründung vgl. Uhlmann/Schwank, Praxiskommentar VwVG, Art. 35 Fn. 12 m.w.H.). In diesem Sinn hält Art. 7 SpG die Bundesbehörden zu einer sachgerechten, klaren und bürgerfreundlichen Sprache an (vgl. auch Peter Uebersax, in: Niggli/Uebersax/Wiprächtiger, Basler Kommentar BGG, Art. 54 N. 25).

630 Das VwVG stellt allerdings keine besonderen *Anforderungen an den Inhalt und den Umfang der Begründung* (vgl. BGer, Urteil 2C_426/2007 vom 22.11.2007, E. 4.2). Nach den zu Art. 29 Abs. 2 BV entwickelten Grundsätzen müssen die Betroffenen die Verfügung sachgerecht anfechten können (BGer, Urteil 1C_224/2010 vom 6.10.2010, E. 2.2; BGE 133 I 270 E. 3.1). Dies ist nur möglich, wenn sowohl sie als auch die Rechtsmittelinstanz sich ein Bild von der Tragweite des Entscheides machen können. Die verfügende Behörde muss daher kurz die Überlegungen nennen, von denen sie sich leiten liess und auf die sich der Entscheid stützt. Dabei darf sie sich auf die wesentlichen Gesichtspunkte beschränken. Dementsprechend muss sie sich nicht mit allen tatbeständlichen Behauptungen und jedem rechtlichen Einwand auseinandersetzen (BGE 136 I 229 E. 5.2; 134 I 83 E. 4.1). Die Würdigung der Parteivorbringen muss sich jedoch insoweit in der Begründung niederschlagen, als die vorgebrachten Behauptungen und Einwände für die Verfügung wesentlich sind (BGE 121 I 54 E. 2c; vgl. auch BGer, Urteil 5A_268/2009 vom 12.6.2009, E. 4).

631 Die Begründungs*dichte* richtet sich nach den Umständen des Einzelfalls. Je grösser der Spielraum, über welchen die Behörde infolge Ermessens und unbestimmter Rechtsbegriffe verfügt, und je stärker ein Entscheid in die individuellen Rechte eingreift, desto höhere Anforderungen sind an die Begründung eines Entscheides zu stellen, desto detaillierter und konkreter muss die Auseinandersetzung mit dem Tatbestand und den Rechtsfolgen ausfallen (BGer, Urteil 2A.81/2005 vom 7.2.2006, E. 2.1; BGE 125 II 369 E. 2c; vgl. eingehend BGE 112 Ia 107 E. 2b). Die Anforderungen an die Begründungsdichte sind auch umso höher, je komplexer die Sach- und Rechtslage samt Beweislage ist (BGer, Urteile I 3/05 vom 17.6.2005, E. 3.2.4, und 5P.42/2002 vom 27.5.2002, E. 2.3; BGE 111 Ia 2 E. 4b).

Diese Anforderungen setzen zugleich der Verwendung von vorgegebenen *Textbausteinen* in der Begründung eine Grenze. Textbausteine sind grundsätzlich zulässig (vgl. BGer, Urteil I 460/02 vom 26.6.2003, E. 1); sie dürfen aber nur insoweit eingesetzt werden, als sie eine dem konkreten Fall noch angemessene Begründung erlauben (vgl. Kälin, Textbausteine, S. 453, sowie BGE 105 Ib 245 E. 2b; BVGE 2008/47 E. 3.3.3; ARK, Entscheid vom 29.9.1993, in: VPB 1994, Nr. 55 E. 6b). Dasselbe gilt sinngemäss für den blossen *Hinweis auf eine Gesetzesbestimmung,* der jedenfalls bei schwereren Eingriffen wie Zwangsmassnahmen nicht genügen kann (vgl. Oberauditor, Entscheid vom 17.3.1997, in: VPB 1998, Nr. 21 E. 4). Wenn die Behörde über Entscheidungsspielräume verfügt, muss die Begründung ebenfalls auf den konkreten Fall Bezug nehmen. Dagegen kann die Nennung der Gesetzesbestimmung zum Beispiel zur Begründung einer Kostenauflage an die unterliegende Partei genügen (vgl. BGer, Urteil 1P.534/2005 vom 15.11.2005, E. 5.1; BVGer, Urteil A-3434/2010 vom 2.11.2010, E. 5.2; vgl. auch BVGE 2008/47 E. 3.3.3; wohl strenger: Uhlmann/Schwank, Praxiskommentar VwVG, Art. 35 N. 15 m.H.). 632

Eine geringere Begründungsdichte (bis hin zu einer bloss summarischen Begründung) kann allerdings trotz weitem Entscheidungsspielraum oder grosser Eingriffsintensität zulässig sein, wenn *überwiegende Geheimhaltungsinteressen,* wie beispielsweise die Sicherheit des Landes, geschützt werden müssen (Bundesrat, Entscheid vom 22.9.1997, in: VPB 1998, Nr. 28 E. III/3). Geheimhaltungsinteressen können insbesondere bei der Begründung von Verfügungen über den Zugang zu amtlichen Dokumenten zu berücksichtigen sein (vgl. Art. 15 f. i.V.m. Art. 7 Abs. 1 BGÖ). Angesichts des Ermessensspielraums der Behörde müssen jedoch die Überlegungen, die den Ausschlag zuungunsten des Zugangs gegeben haben, ersichtlich werden; insofern sollte die Begründung nicht bloss summarisch sein (Isabelle Häner, in: Stephan C. Brunner/Luzius Mader [Hrsg.], Handkommentar Öffentlichkeitsgesetz [BGÖ], Bern 2008, Art. 15 Rz. 8). 633

Nicht vorausgesetzt ist, dass die Begründung in der Verfügung selbst enthalten ist. Vielmehr kann auf eine separate schriftliche Mitteilung verwiesen werden (BVGer, Urteil A-2206/2007 vom 24.11.2008, E. 4.2.2; BGE 113 II 204 E. 2 m.H.). 634

Auf die Begründung kann *verzichtet* werden, wenn die ergangene Verfügung den Begehren der Parteien voll entspricht und diese keine Begründung verlangen (Art. 35 Abs. 3 VwVG). Sobald aber einer Anordnung Widerstand erwachsen könnte, darf von der Begründung nicht abgesehen werden. Dies ist insbesondere von Bedeutung, wenn Drittbetroffene oder beschwerdelegitimierte Gemeinwesen, Behörden oder Organisationen ein Rechtsmittel erheben wollen (vgl. BGer, Urteil 2A.268/2003 vom 7.7.2003, E. 3.2). Der Verzicht einer Partei auf die Begründung eines sie belastenden Entscheids kann nur dann erheblich sein, wenn sich die Partei der Tragweite bewusst war (vgl. BGE 125 II 369 E. 3c: eine ausländische Person, die mit dem schweizerischen Recht und namentlich mit den gesetzlichen Haftgründen nicht vertraut ist, kann nur dann 635 gültig auf eine schriftliche Begründung der Haftverfügung verzichten, wenn sie qualifiziert vertreten ist). Der Verzicht auf eine Begründung kann zudem problematisch sein, weil die Selbstkontrollfunktion für die verfügende Behörde entfällt; auch kann die angestrebte Verminderung des Aufwands dadurch relativiert werden, dass allfällige spätere Widerrufsverfahren schwerer zu führen sind (vgl. BVGer, Urteil E-3898/2006 vom 24.6.2010, E. 7.1).

636 Einen vergleichbaren Anspruch auf Begründung wie Art. 29 Abs. 2 BV gewährt auch *Art. 6 Ziff. 1 EMRK* in seinem Anwendungsbereich. Nach Ansicht der Lehre gilt die Begründungspflicht nach Art. 6 Ziff. 1 EMRK nicht nur für die Gerichte im Sinne dieser Bestimmung, sondern auch für Verwaltungsbehörden, weil eine ungenügende Begründung der Verfügung faktisch den Zugang zum Gericht einschränken und die richterliche Kontrolle infrage stellen kann (Ruth Herzog, Art. 6 EMRK und kantonale Verwaltungsrechtspflege, Bern 1995, S. 324 m.H.; vgl. vorne, Rz. 621).

E. Rechtsmittelbelehrung

637 Neben der Begründung muss die eröffnete Verfügung gemäss Art. 35 Abs. 1 VwVG eine Rechtsmittelbelehrung enthalten. Diese umfasst die Bezeichnung des zulässigen ordentlichen Rechtsmittels, der Rechtsmittelinstanz und der Rechtsmittelfrist (Art. 35 Abs. 2 VwVG). Sie muss auch für Laien klar und in ihrer Bedeutung erkennbar sein (BVGer, Urteil A-4619/2007 vom 21.12.2009, E. 4.2; BGE 111 V 149 E. 4b). Allgemein sollte die Rechtsmittelbelehrung zudem auf die Pflicht zur Begründung des Rechtsmittels und allenfalls auf die Folgen der Unterlassung hinweisen. Ein solcher Hinweis drängt sich auch deshalb auf, weil die Untersuchungsmaxime im Rechtsmittelverfahren nicht vollumfänglich gilt (vgl. BGE 123 II 552 E. 4f in Bezug auf die Einsprache nach Art. 132 Abs. 3 DBG; vgl. Art. 52 Abs. 1 VwVG). Nicht hinzuweisen ist auf ausserordentliche Rechtsmittel, auf Rechtsbehelfe sowie auf allfällige konkret sich stellende Probleme in Bezug auf die Prozessvoraussetzungen vor der nächsthöheren Instanz (vgl. BVGer, A-6743/2009 vom 3.5.2010, E. 1.3; BGE 131 I 153 E. 4). Ein Verzicht auf die Rechtsmittelbelehrung ist gemäss Art. 35 Abs. 3 VwVG wiederum zulässig, wenn die Behörde den Parteibegehren vollumfänglich entspricht.

638 Nach der fragwürdigen Praxis des Bundesgerichts ergibt sich hingegen weder aus dem Anspruch auf rechtliches Gehör nach Art. 29 Abs. 2 BV noch aus anderen Grundsätzen des Bundesverfassungsrechts ein allgemeiner Anspruch auf eine Rechtsmittelbelehrung (BGer, Urteil 2P.132/2003 vom 7.8.2003, E. 5.1; BGE 123 II 231 E. 8a; mit ausführlicher, aber kaum mehr aktueller Begründung: BGE 98 Ib 333 E. 2a). Letztinstanzliche kantonale Behörden, welche öffentliches Recht des Bundes anwenden, sind allerdings nach Art. 35 Abs. 2 i.V.m. Art. 1 Abs. 3 VwVG zur Rechtsmittelbelehrung verpflichtet (vgl. BGE 135 V 353 E. 5.3.3; BGE 121 II 72 E. 2a). Aus dem Fehlen einer Rechtsmittelbelehrung, zu der die Behörde verpflichtet ist, dürfen den Betroffenen keine Nachteile ent-

stehen. Dasselbe gilt bei Unrichtigkeit einer Rechtsmittelbelehrung, ob die Behörde zu deren Abgabe verpflichtet war oder nicht (BGE 134 I 199 E. 1.3.1; 123 II 231 E. 8b; vgl. hinten, Rz. 646).

2. Mängel

Nach Art. 38 VwVG darf aus der mangelhaften Eröffnung einer Verfügung kein Nachteil für die Betroffenen entstehen; das VwVG knüpft aber keine bestimmten Folgen an die Mangelhaftigkeit der Eröffnung. 639

Nach herkömmlicher Ansicht ist die Folge der Fehlerhaftigkeit einer Verfügung Nichtigkeit oder Anfechtbarkeit. Als Folge eines Eröffnungsmangels kommt laut der Praxis in Ausnahmefällen die *Nichtigkeit* infrage, nämlich wenn der Mangel erstens besonders schwer ist, zweitens offensichtlich oder zumindest leicht erkennbar, und wenn drittens die Rechtssicherheit nicht ernsthaft gefährdet ist. Ein Beispiel ist das gänzliche Fehlen der Eröffnung (BGE 129 I 361 E. 2.1; vgl. auch BVGer, Urteil C-6991/2008 vom 1.9.2010, E. 8). Als Regelfall der Fehlerhaftigkeit einer Verfügung gilt die blosse *Anfechtbarkeit,* wonach die fehlerhafte Verfügung im Beschwerdeverfahren aufzuheben wäre, jedoch rechtsgültig wird, wenn sie nicht angefochten wird (vgl. BGer, Urteil 2P.246/2003 vom 17.12.2003, E. 6.1; BGE 104 Ia 172 E. 2c). Auf die Rechtsfolgen mangelhafter Eröffnung von Verfügungen passt allerdings das – ohnehin fragwürdige – Schema von Nichtigkeit und Anfechtbarkeit kaum (dazu Saladin, Nichtigkeit). 640

Die Folgen eines Eröffnungsmangels werden vielmehr aufgrund einer Interessenabwägung bestimmt. Sinn und Ziel dieser Abwägung ist, die Partei vor Nachteilen, die sie infolge des Mangels erleiden würde, zu schützen. Laut der Praxis ist deshalb dem Rechtsschutzinteresse Genüge getan, wenn die objektiv mangelhafte Eröffnung trotz dem Mangel ihren Zweck erreicht hat. Gemäss den Grundsätzen über Ansprüche aus dem Vertrauensschutz ist ausschlaggebend, ob die Partei im konkreten Einzelfall tatsächlich irregeführt und benachteiligt wurde (BGer, Urteil 9C_791/2010 vom 10.11.2010, E. 2.2; BGE 122 V 189 E. 2; 102 Ib 91 E. 3 f.; vgl. Kneubühler, VwVG-Kommentar, Art. 38 Rz. 4 ff.). Die Mangelhaftigkeit der Eröffnung hat also nur Folgen, wenn die Betroffenen deswegen erstens einem Irrtum unterliegen und wenn sie zweitens infolge dieses Irrtums einen Nachteil erleiden. Die Folgen sind differenziert nach den Umständen des Einzelfalls zu beurteilen: Gegeneinander abzuwägen sind Rechtsschutzinteresse einerseits und Rechtssicherheit andererseits; Richtschnur bei der Abwägung ist der Grundsatz von Treu und Glauben. Dieser bindet auch die Privaten (Art. 5 Abs. 3 BV): Die Adressaten einer mangelhaften Verfügung müssen alles ihnen Zumutbare zur Behebung des Mangels unternommen haben, um sich auf diesen berufen zu können (BGer, Urteile 1C_55/2010 vom 9.4.2010, E. 2.3.3, und 2A.293/2001 vom 21.5.2002, E. 1b–c; BGE 102 Ib 91 E. 3). Ein Eröffnungsmangel kann – je nach den konkreten Umständen – zu unter- 641 schiedlichen Konsequenzen führen, welche sich teilweise den Wirkungen der Nichtigkeit annähern.

642 Ist beispielsweise die *Eröffnung* als solche so mangelhaft, dass die Verfügungsadressatinnen und -adressaten nicht in den Besitz aller Elemente gelangen, die zur Wahrung ihrer Interessen erforderlich sind, wird der Fristenlauf nicht ausgelöst und damit das Eintreten der formellen Rechtskraft aufgeschoben. Wird die Verfügung beschwerdeberechtigten Personen nicht eröffnet, kann diesen der Fristablauf grundsätzlich – unter Vorbehalt von Treu und Glauben – nicht entgegengehalten werden (vgl. BGer, Urteil 5A.13/2003 vom 7.11.2003, E. 2.1; BGE 116 Ib 321 E. 3a; BVGE 2008/37 E. 8.3); in der Praxis sind vor allem beschwerdeberechtigte Dritte von solchen Versäumnissen betroffen. Laut einem Entscheid des Bundesverwaltungsgerichts entfaltet die Verfügung auch dann keine Rechtswirkungen, wenn sie trotz vorgeschriebener Schriftlichkeit nur mündlich eröffnet wurde (BVGer, Urteil C-749/2010 vom 1.10.2010, E. 4.1 m.H.). Haben die Betreffenden jedoch Kenntnis von der Verfügung erhalten, erscheint es zumutbar, dass sie sich innerhalb nützlicher Frist darum bemühen, den Inhalt und die Begründung der Verfügung zu erfahren, um über die Ergreifung eines Rechtsmittels zu entscheiden (BGer, Urteil 1P.763/2006 vom 26.3.2007, E. 3.3; BGE 122 V 189 E. 2; 102 Ib 91 E. 3).

643 Ebenfalls nach Treu und Glauben sind die Rechtsfolgen zu bestimmen, wenn die Behörde um ein *Vertretungsverhältnis* weiss und eine Verfügung trotzdem *nur der Partei und nicht der Vertretung zustellt* (BGer, Urteil 9C_791/2010 vom 10.11.2010, E. 2–4; BGE 113 Ib 296 E. 2b–c; vgl. allgemein zur Eröffnung an die Vertretung vorne, Rz. 577). Wenn die Behörde die Verfügung sowohl korrekt eröffnet als auch (irrtümlich oder vorab zur Information) ohne Einhaltung der Formvorschriften mitteilt, beginnt die Rechtsmittelfrist mit der förmlichen Eröffnung zu laufen (vgl. zur vorgängigen Mitteilung per E-Mail ohne elektronische Signatur bzw. per Fax, sofern eine solche nicht formgültig ist: BGer, Urteil 5A.7/2002 vom 20.8.2002, E. 1.2; BVGer, Urteile E-5841/2009 vom 2.2.2010, E. 2.2.2 f., und A-7762/2008 vom 10.12.2009, E. 3.3). Wird eine korrekt eröffnete Verfügung zum zweiten Mal vorbehaltlos eröffnet, so beginnt die Frist nur dann mit der erneuten Eröffnung neu zu laufen, wenn die mit der ersten Eröffnung ausgelöste Frist noch nicht abgelaufen ist: Nur solange diese Frist noch läuft, kann das Verstreichenlassen die nachteilige Folge der Irreführung durch die erneute Eröffnung sein (BGE 118 V 190 E. 3).

644 In den Fällen, in denen das Fehlen der (Original-)*Unterschrift* einen Formfehler darstellt, geht das Bundesverwaltungsgericht zu Recht von einer rechtsgültigen Eröffnung aus, wenn eine Irreführung oder Benachteiligung der beschwerdeführenden Person ausgeschlossen ist (BVGer, Urteil E-5841/2009 vom 2.2.2010, E. 2.2.2). Das Bundesgericht geht davon aus, dass der Mangel durch den Versand eines unterzeichneten Exemplars geheilt werden kann, wenn er auf einen Kanzleifehler zurückgeht (BGer, Urteil C 30/06 vom 8.1.2007, E. 2.2). Es liess dagegen offen, ob das Fehlen der notwendigen Unterschrift einen Nich-

tigkeitsgrund darstellt, wenn es auf eine bewusst gesetzwidrige Praxis zurückgeht (BGE 131 V 483 E. 2.3.5, ein Gerichtsurteil betreffend, präzisiert durch BGer, Urteil C 30/06 vom 8.1.2007, E. 2.2; vgl. auch BGE 138 II 501 E. 3.2.3, wo die Nichtigkeit einer nicht unterzeichneten Verfügung im konkreten Fall verneint wurde). Eine falsche *Datierung* ist in der Regel unbeachtlich, da das Datum der Zustellung, nicht jenes des Verfügungserlasses, für die Rechtsmittelfrist massgebend ist (SRK, Entscheid vom 20.2.1996, in: VPB 1997, Nr. 66 E. 3a).

Ist die *Begründung* mangelhaft und ist im Übrigen durch entsprechende Bezeichnung gemäss Art. 35 Abs. 1 VwVG klargestellt, dass eine Verfügung ergangen ist, muss gleichwohl innert Frist die Anfechtung erfolgen und der Mangel geltend gemacht werden. Die Verfügung wird alsdann entsprechend der formellen Natur des rechtlichen Gehörs unabhängig vom materiellen Interesse der Parteien aufgehoben, es sei denn, der Mangel sei im Beschwerdeverfahren heilbar (zur umstrittenen Heilungspraxis vgl. vorne, Rz. 548 ff.). Die Praxis erachtet die Heilung für zulässig, sofern die Rechtsmittelinstanz über volle Kognition verfügt, die Begründung im Beschwerdeverfahren nachgeschoben und die Partei dazu angehört wird (vgl. BGer, Urteil 1P.534/2005 vom 15.11.2005, E. 5; vgl. auch BGer, Urteil 2C_762/2011 vom 15.6.2012, E. 4.1). 645

Ist die Verfügung mangelhaft, weil die *Rechtsmittelbelehrung* falsch ist oder unzulässigerweise fehlt, kann etwa von einer Benachteiligung dann nicht die Rede sein, wenn trotzdem das richtige Rechtsmittel fristgerecht eingelegt wird (BGer, Urteil 2A.582/2002 vom 30.4.2003, E. 2.3; BGE 114 Ib 112 E. 2a). Legt die Partei bei der falschen Behörde ein Rechtsmittel ein, erleidet sie ebenfalls keinen Nachteil, weil diese eine Überweisungspflicht trifft (Art. 8 Abs. 1 VwVG, gegebenenfalls i.V.m. Art. 37 VGG; Art. 30 Abs. 2 BGG). Ebenfalls keinen Nachteil erleidet, wer im Vertrauen auf eine unrichtige Rechtsmittelbelehrung ein Rechtsmittel ergreift, das gesetzlich gar nicht gegeben ist (vgl. zum Beispiel BGer, Urteil 1A.235/2002 vom 13.3.2003, E. 2; BGE 135 III 470 E. 1.2; 119 IV 330 E. 1c). In den beiden letztgenannten Fällen erlitten die Beschwerdeführenden allerdings dann unzulässigerweise einen Nachteil, wenn ihnen Weiterleitungs- oder Verfahrenskosten auferlegt würden (vgl. BGer, Urteil 6B_935/2009 vom 23.2.2010, E. 7.3; BGE 122 V 200 E. 3). 646

Führte die unzutreffende Rechtsmittelbelehrung zu einer Benachteiligung, ist gemäss dem Vertrauensprinzip zu erwägen, ob die Partei den Fehler hätte kennen müssen. Auf eine unrichtige Rechtsmittelbelehrung vermag sich nicht zu berufen, wer die Unrichtigkeit kennt oder bei gebührender Sorgfalt hätte kennen müssen. Doch vermögen nach bundesgerichtlicher Rechtsprechung den Parteien nur grobe Nachlässigkeiten zu schaden. So geniessen sie keinen Schutz, wenn sie oder ihre anwaltliche Vertretung die Mängel durch Konsultierung der massgebenden Verfahrensbestimmung hätten erkennen können. Ein Nachschlagen in Literatur oder Rechtsprechung wird aber nicht verlangt (zum Ganzen BGer, Urteil 1C_280/2010 vom 16.9.2010, E. 2.2 f.; BGE 135 III 374 E. 1.2.2.1; 134 I 199 E. 1.3.1). Im Allgemeinen sind die Anforderungen an 647 die Sorgfaltspflicht bei rechtskundigen Personen höher anzusetzen als bei juristischen Laien (vgl. BGer, Urteile 5D_124/2010 vom 21.12.2010, E. 1.2, und 5A_399/2010 vom 17.8.2010, E. 3.3; BGE 135 III 374 E. 1.2.2.2; anders BGer, Urteil 5A_401/2007 vom 29.8.2007, E. 4.2 – dieser Entscheid wurde in der Lehre zu Recht stark kritisiert und darf als überholt gelten).

648 Die möglichen Folgen mangelhafter Rechtsmittelbelehrungen sind von der Art des Fehlers abhängig. Besteht der Mangel beispielsweise in der irrtümlichen Angabe einer zu langen Rechtsmittelfrist, so ist die adäquate Folge die grundsätzliche Geltung der genannten Frist für die Betroffenen (vgl. BGE 135 III 374 E. 1.2.2.3). Wird aufgrund eines unzulässigen Fehlens oder aufgrund der Unrichtigkeit einer Rechtsmittelbelehrung eine Rechtsmittelfrist verpasst, führt dies zur Wiederherstellung der Frist (vgl. BGer, Urteile 2D_76/2007 vom 6.9.2007, E. 2.3.2, 6A.26/2006 vom 20.12.2006, E. 2.1); die Partei muss aber innerhalb der Wiederherstellungsfristen handeln (BGer, Urteile 6A.15/2005 vom 3.6.2005, E. 2, und 2P.293/2000 vom 6.2.2001, E. 2d; vgl. Art. 24 VwVG, gegebenenfalls i.V.m. Art. 37 VGG; Art. 50 BGG). Führen Mängel der Rechtsmittelbelehrung dazu, dass ein Rechtsmittel an die unzuständige Behörde gerichtet oder ein unzulässiges Rechtsmittel ergriffen wird, dürfen den Betroffenen keine Weiterleitungs- bzw. Verfahrenskosten auferlegt werden (vgl. BGer, Urteil 6B_935/2009 vom 23.2.2010, E. 7.3; BGE 122 V 200 E. 3).

649 Fehlt die *Bezeichnung* als Verfügung bzw. ist der Verfügungscharakter eines Schreibens ungewiss, gelten sinngemäss die gleichen Regeln wie beim Ausbleiben der Eröffnung oder beim Fehlen bzw. der Unrichtigkeit einer Rechtsmittelbelehrung: Das Schreiben darf nicht einfach ignoriert werden, sondern der Adressat bzw. die Adressatin ist nach Treu und Glauben gehalten, sich zumindest nach dem Zweck des Schreibens und allfälligen Anfechtungsmöglichkeiten zu erkundigen (BGE 129 II 125 E. 3.3; vgl. auch hinten, Rz. 888).

XI. Kosten und Anspruch auf unentgeltliche Rechtspflege

650 *Literatur:* BERNET MARTIN, Die Parteientschädigung in der schweizerischen Verwaltungsrechtspflege, Zürich 1986; BRAUNSCHWEIG THOMAS, Gebührenerhebung durch die Bundesverwaltung – Übersicht über die Neuordnung, LeGes 2005, Heft 2, S. 9 ff.; BRODARD MAURICE, La révocation de l'assistance judiciaire, RFJ 2001, S. 1 ff.; BÜHLER ALFRED, Betreibungs- und prozessrechtliches Existenzminimum, AJP 2002, S. 644 ff.; *ders.,* Die Prozessarmut, in: Schöbi Christian (Hrsg.), Gerichtskosten, Parteikosten, Prozesskaution, unentgeltliche Prozessführung, Bern 2001, S. 131 ff.; *ders.,* Die neuere Rechtsprechung im Bereich der unentgeltlichen Rechtspflege, SJZ 1998, S. 225 ff.; CORBOZ BERNARD, Le droit constitutionnel à l'assistance judiciaire, SJ 2003 II, S. 67 ff.; FORSTER MARC, Der Anspruch auf unentgeltliche Rechtsverbeiständung in der neueren bundesgerichtlichen Rechtsprechung, ZBl 1992, S. 457 ff.; GEISER THOMAS, in: Niggli/Uebersax/Wiprächtiger, Basler Kommentar BGG, Art. 64; HÄUSLER MARC/FERRARI-VISCA RETO, Der Anspruch auf einen unentgeltlichen Rechtsbeistand im Verwaltungsverfahren, Jusletter, 24.10.2011; KAYSER MARTIN, in: Auer/Müller/Schindler, VwVG-Kommentar, Art. 65; KIENER/RÜTSCHE/KUHN, Verfahrensrecht, N. 241 ff., 1586 ff.; KLEY-STRULLER ANDREAS, Der Anspruch auf unentgeltliche Rechtspflege, AJP 1995, S. 179 ff.;

MAILLARD MARCEL, in: Waldmann/Weissenberger, Praxiskommentar VwVG, Art. 65; MEICHSSNER STEFAN, Das Grundrecht auf unentgeltliche Rechtspflege (Art. 29 Abs. 3 BV), Basel 2008; *ders.*, Unentgeltliche Rechtspflege: Ein Überblick für die Praxis, plädoyer 2010, Heft 2, S. 65 ff.; RHINOW/ KOLLER/KISS/THURNHERR/BRÜHL-MOSER, Prozessrecht, Rz. 365 ff., 1267 ff.; SÄGESSER THOMAS, Handkommentar Regierungs- und Verwaltungsorganisationsgesetz (RVOG), Bern 2007 (zitiert: Handkommentar RVOG), Art. 46a; SEILER HANSJÖRG, in: Seiler/von Werdt/Güngerich, Handkommentar BGG, Art. 64; TUCHSCHMID MICHAEL, Unentgeltliche Rechtspflege für juristische Personen?, SJZ 2006, S. 49 ff.; ZEN-RUFFINEN PIERMARCO, Article 4 Cst. féd.: le point sur l'évolution de la jurisprudence du Tribunal fédéral en matière d'assistance judiciaire, in: Etudes en l'honneur de Jean-François Aubert, Basel/Frankfurt a. M. 1996, S. 693 ff.; *ders.*, Assistance judiciaire et administrative: les règles minima imposées par l'article 4 de la Constitution fédérale, in: JdT 1989 I, S. 34 ff.

1. Kosten

Das VwVG enthält keine allgemeine Grundlage für die Auferlegung von Verfahrenskosten im nichtstreitigen Verwaltungsverfahren. Hingegen besagt Art. 46a RVOG, dass der Bundesrat Bestimmungen erlässt über die Erhebung von angemessenen Gebühren für Verfügungen und Dienstleistungen. Nach Art. 46a Abs. 3 RVOG hat der Bundesrat dabei das Äquivalenz- und das Kostendeckungsprinzip zu beachten. Gestützt auf Art. 46a RVOG hat der Bundesrat am 8.9.2004 die AllgGebV erlassen und die Grundsätze der Gebührenpflicht auch für den Erlass von Verfügungen festgelegt. In Art. 4 AllgGebV werden die Bemessungsgrundlagen aufgezählt und sind die Kosten genannt, welche bei der Berechnung der Gebühr einbezogen werden dürfen. Nach Art. 5 Abs. 1 AllgGebV darf die Gebühr auch nach Zeitaufwand berechnet werden. Weiter regelt diese Verordnung unter anderem den Verzicht auf die Gebühr (Art. 3 AllgGebV), die Bevorschussung und Vorauszahlung (Art. 10 AllgGebV), die Rechnungsstellung und die Gebührenverfügung (Art. 11 AllgGebV) sowie die Fälligkeit (Art. 12 AllgGebV). Die AllgGebV gibt den einzelnen Verwaltungseinheiten vor, wie sie ihre Gebühr festzusetzen haben. Dabei ist erforderlich, dass der Bundesrat oder die Departemente – Letztere benötigen hierzu eine ausreichende Delegationsnorm (Art. 48 Abs. 1 RVOG) – für die jeweiligen Verwaltungsverfahren und Dienstleistungen die Gebühr generell-abstrakt festlegen. Die AllgGebV bildet somit für sich allein noch keine hinreichende Grundlage, um gestützt darauf eine Gebühr zu erheben, sondern enthält einzig die allgemeinen Grundsätze, nach denen die Bundesverwaltung Gebühren erheben kann (Art. 1 Abs. 1 AllgGebV). Daran ändert nichts, dass beispielsweise Art. 7 und 10 AllgGebV direkt anwendbar sind (Sägesser, Handkommentar RVOG, Art. 46a Rz. 35).

Art. 1 Abs. 4 AllgGebV behält spezialgesetzliche Regelungen vor. Solche sind in einigen Gesetzen zu finden, zum Beispiel in Art. 53a KG und der GebV-KG, in Art. 48 USG oder in Art. 40 ff. und Art. 56 Abs. 4 FMG und der GebV-FMG sowie in der Fernmeldegebührenverordnung UVEK; die Gebühren können erheblich ins Gewicht fallen (vgl. BGE 132 II 47 E. 4).

653   Im erstinstanzlichen Verwaltungsverfahren gilt grundsätzlich wie in den Rechtsmittelverfahren das Unterliegerprinzip, namentlich wenn das Verfahren wie das Interkonnektionsverfahren nach Art. 11 ff. FMG ähnlich wie ein Klageverfahren ausgestaltet ist. Gilt das Unterliegerprinzip, sind die Kosten auch im erstinstanzlichen Verwaltungsverfahren der unterliegenden Partei aufzuerlegen. Wird in diesem Fall vom Unterliegerprinzip abgewichen, ist dies zu begründen (BVGer, Urteil A-5979/2010 vom 9.6.2011, E. 4). Im Übrigen aber werden die Gebühren den Gesuchstellenden oder den Verursachenden von Kontrollhandlungen auferlegt (vgl. Art. 48 Abs. 2 USG, Art. 45 Abs. 2 LMG).

654   Nach Art. 26 Abs. 2 VwVG darf die verfügende Behörde eine Gebühr für die Einsichtnahme in Akten einer erledigten Sache erheben. Handelt es sich jedoch um ein Begehren gestützt auf das DSG, finden die Bestimmungen des DSG Anwendung und ist die Einsichtnahme im Regelfall kostenlos (Art. 8 Abs. 5 DSG; vgl. dazu BVGer, Urteil D-4591/2008 vom 17.10.2008, E. 3.2). Sodann darf gemäss Art. 33 Abs. 2 VwVG für die Abnahme angebotener Beweise ein Kostenvorschuss verlangt werden, falls die Abnahme verhältnismässig hohe Kosten verursacht und falls die Partei kostenpflichtig würde. Art. 33 Abs. 3 VwVG ist aber nur anwendbar, wenn der Partei gestützt auf die entsprechenden gesetzlichen Grundlagen (vorne, Rz. 651 f.) Kosten auferlegt werden dürfen (Bernhard Waldmann/Jürg Bickel, in: Waldmann/Weissenberger, Praxiskommentar VwVG, Art. 33 N. 30).

655   Das VwVG enthält keine Bestimmungen zur Parteientschädigung im erstinstanzlichen Verfahren. Das Bundesgericht lehnt es ab, Art. 64 VwVG über die Parteientschädigung im Beschwerdeverfahren sinngemäss anzuwenden. Eine Parteientschädigung müsste vielmehr vom Gesetzgeber vorgesehen werden (BGE 132 II 47 E. 5.2). Das Bundesverwaltungsgericht hat erwogen, dass nur dann ausnahmsweise eine Parteientschädigung gestützt auf die verfassungsrechtlichen Bestimmungen zugesprochen werden könnte, wenn die Ablehnung des Entschädigungsbegehrens in stossender Weise dem Gerechtigkeitsempfinden zuwiderliefe. In diesem Fall könne sich ein Anspruch auf Parteientschädigung aus dem Verbot der Rechtsverweigerung (Art. 9 BV) oder aus dem Rechtsgleichheitsgebot gemäss Art. 8 BV ergeben (BVGer, Urteil B-3318/2007 vom 6.3.2008, E. 8.2.3). Immerhin enthält Art. 11a Abs. 3 VwVG eine Bestimmung über die Parteientschädigung bei amtlich bezeichneter Vertretung in Massenverfahren. Danach hat die Partei, gegen deren Vorhaben sich Eingaben in einer Sache richten, in der mehr als 20 Parteien beteiligt sind, die Kosten für die amtliche Vertretung vorzuschiessen. In diesem Fall ist auf die Kosten der Vertretung Art. 64 VwVG über die Parteientschädigung im Beschwerdeverfahren sinngemäss anwendbar. Obsiegt die Partei, welcher die Pflicht zur Vorschussleistung zukommt, und werden die Kosten für die amtliche Vertretung den Gegenparteien auferlegt, so kann sie die vorgeschossenen Kosten bei diesen Gegenparteien eintreiben.

2. Unentgeltliche Rechtspflege

Das VwVG sieht die *unentgeltliche Rechtspflege* für das nichtstreitige Verfahren nicht ausdrücklich vor, während es für das Beschwerdeverfahren eine entsprechende Regelung enthält (Art. 65 VwVG). Allerdings ergibt sich ein solcher Anspruch unmittelbar aus Art. 29 Abs. 1 BV. Art. 29 Abs. 1 BV ist grundsätzlich auch im erstinstanzlichen Verfahren anwendbar. Der verfassungsrechtliche Anspruch gilt für jedes staatliche Verfahren, in welches ein Gesuchsteller einbezogen wird oder welches zur Wahrung seiner Rechte notwendig ist. Der Anspruch beschränkt sich jedoch auf Verfahren und gilt nicht ausserhalb von Verfahren oder für künftige Verfahren (BGE 128 I 225 E. 2.3 und E. 2.4.2; vgl. auch BGE 134 I 166 E. 2.2).

656

In Bezug auf die *Voraussetzungen* der unentgeltlichen Rechtspflege lässt die jüngere Rechtsprechung Differenzierungen nach den jeweiligen Verfahrensarten zusehends fallen. Das *unentgeltliche Verfahren* wird gewährt, wenn die ersuchende Partei bedürftig ist und ihr Rechtsbegehren nicht von vornherein aussichtslos erscheint (statt vieler: BGE 135 I 1 E. 7.1). *Unentgeltliche Verbeiständung* kann sodann unter den genannten Voraussetzungen beansprucht werden, wenn sie zur gehörigen Wahrung der Interessen der bedürftigen Partei notwendig ist (BGE 135 I 1 E. 7.1). Stellt eine Non-Profit-Organisation unentgeltlich einen Anwalt oder eine Anwältin zur Verfügung, besteht gleichwohl ein Anspruch auf unentgeltlichen Beistand, wenn die Non-Profit-Organisation ihre Aufwände nicht planmässig mittels zuvor erbrachter Beiträge oder Prämien derjenigen Personen deckt, die als Gegenleistung die Rechtsvertretung in Anspruch nehmen können, wie dies zum Beispiel bei Gewerkschaften, Rechtsschutzversicherungen oder Berufsverbänden der Fall ist. Zudem muss das Verfahren ein Gebiet betreffen, das aus der Sicht der Beratungsstelle einer gemeinnützigen Zweckverfolgung zugeordnet wird. In diesem Fall sind die Leistungen der Organisation gegenüber dem Anspruch an den Staat subsidiärer Natur (BGE 135 I 1 E. 7.3 und 7.4.2). Andernfalls tritt der Anspruch gegenüber dem Staat zurück (vgl. BGer, Urteile 9C_347/2007 vom 6.3.2008, E. 6, und U 66/04 vom 14.10.2004, E. 8).

657

Bedürftig ist eine Partei, welche zur Leistung der Prozess- und Parteikosten die Mittel zur Deckung des Grundbedarfs für sich und ihre Familie angreifen müsste. Massgebend ist die gesamte wirtschaftliche Situation zur Zeit der Einreichung des Gesuchs (BGE 135 I 221 E. 5.1). Auch verfallene Steuerschulden, deren Höhe und Fälligkeit feststehen, sind einzubeziehen (BGE 135 I 221 E. 5). Eine allfällige Freizügigkeitsleistung gemäss FZG wird angerechnet, wenn sie ausbezahlt werden kann. Sie wird auch angerechnet, wenn auf eine Barauszahlung verzichtet wird (BGE 135 I 288 E. 2.4). Einer juristischen Person steht der Anspruch grundsätzlich nicht zu, da diese nicht bedürftig werden kann, sondern höchstens zahlungsunfähig wird (BGE 131 II 306 E. 5.2).

658

659 *Aussichtslos* ist ein Prozess, bei dem die Gewinnchancen beträchtlich geringer sind als die Verlustgefahren und kaum als ernsthaft bezeichnet werden können. Hingegen darf nicht von Aussichtslosigkeit ausgegangen werden, wenn sich die Gewinnaussichten und die Verlustgefahren ungefähr die Waage halten. Massgebend ist, ob sich eine Partei, die über die nötigen finanziellen Mittel verfügt, vernünftigerweise zu diesem Prozess entschliessen würde (BGE 128 I 225 E. 2.5.3; 138 III 217 E. 2.2.4). Die Aussichtslosigkeit wird vorab aufgrund einer Prima-facie-Prüfung beurteilt, weshalb an den Nachweis der Nichtaussichtslosigkeit keine allzu strengen Anforderungen geknüpft werden dürfen (BVGer, Urteil A-1411/2007 vom 18.6.2007, E. 2.1.2).

660 Die *Notwendigkeit* der unentgeltlichen Verbeiständung beurteilt sich nach den Eigenheiten des Verfahrens und den konkreten Umständen des Einzelfalls; sofern nicht ein besonders starker Eingriff in die Rechtsposition der betroffenen Person droht (wie sie eine schwerwiegende freiheitsentziehende Massnahme oder Strafe darstellt: BGE 134 I 92 E. 3.1 bezüglich Ausschaffungshaft gemäss ausländerrechtlicher Regelung; BGE 130 I 180 E. 3.3.2 bezüglich Entzugs der elterlichen Obhut), wird zusätzlich zu einer relativen Schwere des Falls kumulativ vorausgesetzt, dass die gesuchstellende Person besondere tatsächliche oder rechtliche Schwierigkeiten alleine nicht meistern kann. Dabei stellt das Bundesgericht auch auf die Fähigkeit einer gesuchstellenden Person ab, sich im Verfahren zurechtzufinden (BGE 128 I 225 E. 2.5.2; vgl. auch BVGer, Urteil A-1411/2007 vom 18.6.2007, E. 2.1.3). Die Geltung der Offizialmaxime und des Untersuchungsgrundsatzes schliesst die Notwendigkeit der Verbeiständung nicht aus, doch erlaubt sie das Anlegen eines strengen Massstabes, weshalb in den betreffenden Verfahren höhere Anforderungen an die Voraussetzungen zu stellen sind (BVGer, Urteile D-4986/2006 vom 14.7.2010, E. 4.2, und C-4245/2009 vom 17.5.2011; BGE 125 V 32 E. 4; 134 I 166 E. 2.2). Dies gilt auch im Sozialversicherungsrecht und ergibt sich aus Art. 37 Abs. 4 ATSG (BVGer, Urteil C-7210/2009 vom 29.4. 2010, E. 5.1). Zur unentgeltlichen Verbeiständung werden nur patentierte Anwältinnen und Anwälte berufen, welche die persönlichen Voraussetzungen nach Art. 8 BGFA erfüllen (BGE 132 V 200 E. 4).

661 *Zum Inhalt des Anspruchs:* Sind die Voraussetzungen gegeben, befreit das Recht auf unentgeltliches Verfahren von der Leistung der *Verfahrenskosten*, also auch von der Leistung eines Kostenvorschusses (vgl. BGE 138 III 163 E. 4). Der Anspruch garantiert aber keine definitive Befreiung von den Kosten; ausbezahlte Beträge können nach Erledigung des Prozesses zurückgefordert werden, wenn sich die wirtschaftliche Situation der begünstigten Person ausreichend verbessert hat (BGE 135 I 91 E. 2.4.2.2). Ferner garantiert der Anspruch die Bezahlung der *eigenen Anwaltskosten*. Die unentgeltliche Verbeiständung ist auch zu gewähren, wenn der bedürftigen Partei eine Prozessentschädigung zugesprochen wird, sofern und soweit sich diese als nicht einbringlich erweist (BGE 122 I 322 E. 2c). Ansonsten entfällt der Anspruch im Umfang des Obsiegens. Der Anspruch entsteht ab dem Zeitpunkt der Gesuchseinreichung, wobei

die für die Gesuchstellung aufgewendete Zeit mit einzuberechnen ist (BGE 122 I 322 E. 2b). Ein Anspruch auf rückwirkende Gewährung der unentgeltlichen Rechtspflege für Kosten, die vor Einreichung des Gesuchs entstanden sind, ergibt sich aus Art. 29 Abs. 3 BV nicht (BGE 122 I 203 E. 2 zu Art. 4 BV 1874). Ebenso befreit die unentgeltliche Rechtspflege nicht von der Bezahlung einer allfälligen Parteientschädigung (BGE 122 I 322 E. 2b). Die Entschädigung des unentgeltlichen Rechtsbeistands muss höher ausfallen als die Selbstkosten der Anwältin oder des Anwalts. Eine Kürzung im Vergleich zum ordentlichen Tarif bleibt zwar zulässig. Allerdings muss aus der Entschädigung auch ein Verdienst resultieren (BGE 132 I 201 E. 8.5; vgl. auch BGE 137 III 185 E. 5 zur Entschädigung des Anwaltspraktikanten).

Die EMRK gewährt einen Anspruch auf unentgeltliche Verbeiständung grundsätzlich nur für Verfahren über strafrechtliche Anklagen im Sinne von Art. 6 EMRK (Art. 6 Abs. 3 lit. c EMRK). Das Bundesgericht hat festgehalten, dass Art. 6 EMRK keinen über Art. 29 Abs. 3 BV hinausgehenden Anspruch gewährleistet (BGE 135 I 91 E. 2.4.2.4). 662

XII. Wirkung der Verfügung

Literatur: vgl. die in Rz. 703 zitierte Literatur. 663

In *formelle Rechtskraft* erwächst die Verfügung, wenn den Parteien kein ordentliches Rechtsmittel zur Verfügung steht oder wenn die Rechtsmittelfrist unbenutzt abgelaufen ist. Formell rechtskräftig wird die Verfügung auch, wenn die Parteien endgültig auf die Einlegung eines Rechtsmittels verzichtet oder wenn sie das Rechtsmittel zurückgezogen haben (BVGE 2009/11 E. 2.1.2). Ein Verzicht auf das Rechtsmittel ist nur im Nachhinein und in voller Kenntnis der Verfügung rechtsgültig möglich; ein vor Kenntnisnahme der Verfügung erklärter Verzicht auf das Rechtsmittel ist ungültig (vgl. BGE 131 III 414 E. 2.3 m.H.; Art. 33b Abs. 1 VwVG). Formelle Rechtskraft bedeutet, dass die Verfügung innerhalb eines bestimmten Verfahrens unabänderlich geworden ist. Die Behörde darf nur noch unter den Voraussetzungen der Wiedererwägung bzw. des Widerrufs auf die Verfügung zurückkommen (BVGE 2009/11 E. 2.1.2; BGE 137 I 69 E. 2.1–2.3; vgl. dazu auch hinten, Rz. 704 ff.). Vor Eintritt der formellen Rechtskraft ist hingegen eine Abänderung der Verfügung grundsätzlich unbeschränkt zulässig, vorbehältlich des Schutzes des berechtigten Vertrauens, was sich auch aus Art. 58 VwVG ergibt (vgl. BGE 129 V 110 E. 1.2.1; BVGE 2007/29 E. 4 und 8). Zudem stellt die formelle Rechtskraft einer Verfügung eine Voraussetzung zu deren Vollstreckung dar, es sei denn, dem zur Verfügung stehenden Rechtsmittel komme keine aufschiebende Wirkung zu oder diese sei entzogen worden (Art. 39 VwVG). Die Wirksamkeit einer Verfügung tritt nach Art. 55 Abs. 1 VwVG allerdings mit der Eröffnung und nicht erst mit der for- 664 mellen Rechtskraft ein, sodass vor Ablauf der Rechtsmittelfrist von einer in der Verfügung eingeräumten Befugnis Gebrauch gemacht werden kann (vgl. dazu hinten, Rz. 1069).

665 Die *materielle Rechtskraft* dagegen hätte zur Folge, dass die Verfügung inhaltlich nicht mehr abänderbar wäre. Ob eine Verfügung überhaupt materiell rechtskräftig werden kann, ist umstritten. Da die Wiedererwägung oder der Widerruf formell rechtskräftiger Verfügungen unter bestimmten Voraussetzungen zulässig ist (BVGE 2009/11 E. 2.1.2; BGE 135 V 201 E. 6), kann die Beständigkeit einer Verfügung nicht der materiellen Rechtskraft im zivilprozessualen Sinn gleichgesetzt werden. Der Begriff der *Rechtsbeständigkeit* ist deshalb dem Begriff der materiellen Rechtskraft vorzuziehen (Gygi, Rechtsbeständigkeit, S. 149 ff.).

XIII. Vollstreckung der Verfügung

666 *Literatur:* ACKERMANN SCHWENDENER CHRISTINE, Die klassische Ersatzvornahme als Vollstreckungsmittel des Verwaltungsrechts, Zürich 2000; ALKALAY MICHAEL, Umweltstrafrecht im Geltungsbereich des USG, Zürich 1992; DUCREY PATRIK, Untersuchungs- und Sanktionskompetenzen der Wettbewerbskommission, in: Häner Isabelle/Waldmann Bernhard, Verwaltungsstrafrecht und sanktionierendes Verwaltungsrecht, Zürich u.a. 2010, S. 123 ff.; GÄCHTER THOMAS/EGLI PHILIPP, in: Auer/Müller/Schindler, VwVG-Kommentar, Art. 39–42; GASSER DOMINIK, Rechtsöffnung im Verwaltungsverfahren, Schweizerische Zeitschrift für Zivilprozess- und Zwangsvollstreckungsrecht 2005, S. 183 ff.; GEISER HANSPETER, Rechtsschutz im Verwaltungsvollstreckungsverfahren, St. Gallen 1978; HÄFELIN/MÜLLER/UHLMANN, Verwaltungsrecht, Rz. 1134 ff.; HEER BALTHASAR, Die Ersatzvornahme als verwaltungsrechtliche Sanktion, St. Gallen 1975; JAAG TOBIAS, Verwaltungsrechtliche Sanktionen: Einführung, in: Häner Isabelle/Waldmann Bernhard, Verwaltungsstrafrecht und sanktionierendes Verwaltungsrecht, Zürich u.a. 2010, S. 1 ff.; *ders.,* Verwaltungsrechtliche Sanktionen und Verfahrensgarantien der EMRK, in: Festschrift für Stefan Trechsel, Zürich u.a., 2002, S. 151 ff.; *ders.,* Sanktionen im Verwaltungsrecht, in: Festschrift für Niklaus Schmid, Zürich 2001, S. 559 ff.; *ders.,* in: Waldmann/Weissenberger, Praxiskommentar VwVG, Art. 39–42 (Art. 41 zusammen mit HÄGGI RETO); KEUSEN ULRICH/LANZ KATHRIN, Verwaltungsrechtliche Sanktionen im Bau- und Umweltrecht, in: Häner Isabelle/Waldmann Bernhard, Verwaltungsstrafrecht und sanktionierendes Verwaltungsrecht, Zürich u.a. 2010, S. 149 ff.; KIENER/RÜTSCHE/KUHN, Verfahrensrecht, Rz. 837 ff.; MARTI ARNOLD, Die Sanktionen im öffentlichen Baurecht: Geltendes Recht, Zusammenhänge und neue Fragen, in: Schweizerische Baurechtstagung, Freiburg i.Ue. 2001, S. 69 ff.; MARTIN GIAN, Universitäres Disziplinarrecht – unter besonderer Berücksichtigung der Handhabung von Plagiaten, AJP 2007, S. 473 ff.; OGG MARCEL, Die verwaltungsrechtlichen Sanktionen und ihre Rechtsgrundlagen, Zürich 2002; MOOR/POLTIER, Droit administratif, Vol. II, S. 112 ff.; MÜLLER HEINRICH ANDREAS, Der Verwaltungszwang, Zürich 1975; NIGGLI MARCEL ALEXANDER/RIEDO CHRISTOF, Verwaltungsstrafrecht, Teil 2, in: Häner Isabelle/Waldmann Bernhard, Verwaltungsstrafrecht und sanktionierendes Verwaltungsrecht, Zürich u.a. 2010, S. 51 ff.; POLEDNA TOMAS, Disziplinarverfahren und Disziplinarwesen, in: Schaffhauser René/Kieser Ueli/Poledna Tomas (Hrsg.), Das neue Medizinalberufegesetz (MedBG), St. Gallen 2008, S. 121 ff.; REINERT PETER, Die Sanktionsregelung gemäss revidiertem Kartellgesetz, in: Zäch Roger (Hrsg.), Das revidierte Kartellgesetz in der Praxis, Zürich 2006, S. 147 ff.; RHINOW/KOLLER/KISS/THURNHERR/BRÜHL-MOSER, Prozessrecht, Rz. 1273 ff.; RIEDO CHRISTOF/NIGGLI MARCEL ALEXANDER, Verwaltungsstrafrecht, Teil 1, in: Häner Isabelle/Waldmann Bernhard, Verwaltungsstrafrecht und sanktionierendes Verwaltungs-

recht, Zürich u.a. 2010, S. 41 ff.; SALADIN, Verwaltungsverfahrensrecht, S. 151 ff.; SCHMID NIKLAUS, Einziehung unrechtmässig erlangter Vorteile, in: Häner Isabelle/Waldmann Bernhard, Verwaltungsstrafrecht und sanktionierendes Verwaltungsrecht, Zürich u.a. 2010, S. 75 ff.; SCHULTHESS STEFAN/WIEDERKEHR RENÉ, Aufsicht und Legalitätsprinzip, ZBl 2009, S. 181 ff.; STADLER PETER, Ungehorsam gegen amtliche Verfügungen (Art. 292 StGB), Zürich 1990; TAGMANN CHRISTOPH, Die direkten Sanktionen nach Art. 49a Abs. 1 Kartellgesetz, Zürich 2006; TSCHANNEN/ZIMMERLI/MÜLLER, *Verwaltungsrecht*, § 32; WALDMANN BERNHARD, Das Disziplinarwesen, in: Häner Isabelle/Waldmann Bernhard, Verwaltungsstrafrecht und sanktionierendes Verwaltungsrecht, Zürich u.a. 2010, S. 95 ff.; WALTHER BEAT E., Die administrativen Rechtsnachteile im System der Verwaltungssanktionen des Bundes, Basel 1977; WENGER PETER, Die verwaltungsrechtliche Ersatzvornahme gegenüber dem Bürger, Basel 1975; WIEDERKEHR RENÉ, in: Wiederkehr/Richli, Praxis, Rz. 3069 ff.; ZÄCH ROGER/WICKY ANDREAS, Die Bemessung von Verwaltungssanktionen im Zusammenhang mit Unternehmenszusammenschlüssen nach schweizerischem Kartellrecht (Art. 51 KG), in: Festschrift für Niklaus Schmid, Zürich 2001, S. 585 ff.; ZELLER FRANZ/HÜRLIMANN MATTHIAS, Massnahmen zur Rechtsdurchsetzung im Fernmelde- und Rundfunkrecht, in: Häner Isabelle/Waldmann Bernhard, Verwaltungsstrafrecht und sanktionierendes Verwaltungsrecht, Zürich u.a. 2010, S. 127 ff.; ZIMMERLI DANIEL, Zur Dogmatik des Sanktionssystems und der «Bonusregelung» im Kartellrecht, Bern 2007; vgl. auch die in Rz. 2024 zitierte Literatur.

1. Allgemeine Bemerkungen

Für den Fall, dass einer verbindlichen Verfügung, welche auf ein Tun oder Unterlassen zielt, nicht nachgelebt wird, verfügen die Verwaltungsbehörden über Mittel zu deren Vollstreckung. Zu unterscheiden ist dabei zwischen *exekutorischen* und *repressiven* Mitteln. Die exekutorischen Zwangsmittel dienen unmittelbar der Durchsetzung der Anordnung. Dazu gehören etwa der unmittelbare Zwang, die Ersatzvornahme sowie die Schuldbetreibung. Die repressiven Zwangsmittel haben demgegenüber die Funktion einer Sanktion. Gewisse repressive Mittel dienen allerdings mittelbar der Durchsetzung der Verfügung und weisen insofern auch exekutorische Züge auf; diese Sanktionen stehen im Grenzbereich zwischen Straf- und Verwaltungsrecht. Beispiele sind hier die Ordnungsbusse oder die Ungehorsamsstrafe (Art. 292 StGB). Reiner Strafcharakter kommt hingegen den übrigen Strafbestimmungen des StGB und des Verwaltungsstrafrechts zu. Eine weitere Mischform stellen die administrativen Rechtsnachteile dar. Diese werden vor allem mit folgenden Zielen auferlegt: Wenn die Realerfüllung nicht mehr möglich ist, soll der rechtmässige Zustand gleichwohl in dem Sinn wiederhergestellt werden, dass Konsequenzen aus der Nichterfüllung gezogen werden; oder es sollen allfällige Vorteile entzogen werden, für welche die Bedingungen oder Auflagen nicht erfüllt wurden (BVGer, Urteil B-5839/2010 vom 28.2.2012, E. 4.4.1). Die Unterscheidung zwischen exekutorischen und repressiven Zwangsmitteln ist wesentlich in Bezug auf die Anforderungen an die gesetzliche Grundlage, in Bezug auf das Verschulden und bei der Frage nach der Zulässigkeit der Kumulation von Zwangsmitteln. Bei den exekutorischen Massnahmen, die vorab vollstreckenden Charakter haben, gelten dabei tendenziell die verwaltungsrechtlichen Prinzipien, bei den repressiven Sanktionen

667

eher die strafrechtlichen Grundsätze, namentlich Art. 32 BV und Art. 6 Ziff. 3 EMRK. Die Massnahmen lassen sich im Einzelnen nicht immer einfach qualifizieren (vgl. als Beispiel BGer, Urteil 2A.705/2006 vom 24.4.2007, E. 3.5 f., betreffend Fahrausweisentzug wegen nicht bezahlter Schwerverkehrsabgabe; BGE 138 I 367 E. 1.3: eine im Submissionsrecht im Zusammenhang mit der Verwarnung oder dem Widerruf angedrohte Busse erscheint in Auslegung des betreffenden kantonalen Rechts als Verwaltungsmassnahme). Die Terminologie ist dementsprechend uneinheitlich (zum Ganzen Gächter/Egli, VwVG-Kommentar, Art. 39 Rz. 6; vgl. dazu auch vorne, Rz. 81 sowie hinten, Rz. 2025 ff. m.w.H.).

2. Vollstreckungsmittel

668 Das VwVG zählt einige exekutorische und repressive Zwangsmassnahmen auf (Art. 40 f.). Das VwVG kennt als exekutorische Massnahmen die Zwangsvollstreckung von Verfügungen, die auf Geldzahlung oder Sicherheitsleistung lauten (Art. 40 VwVG m.H. auf das SchKG, dazu BVGer, Urteil C-5929/2008 vom 19.2.2009, E. 2.1; BGE 134 I 293 E. 3.2), die Ersatzvornahme und den unmittelbaren Zwang (Art. 41 Abs. 1 lit. a und b VwVG; vgl. BVGer, Urteil A-2593/2012 vom 16.8.2012, E. 1.1.1); als repressive Massnahmen sind die Überweisung an das Strafgericht zur Strafverfolgung gemäss anderen Bundesgesetzen im Allgemeinen und – subsidiär dazu – wegen Ungehorsams nach Art. 292 StGB im Besonderen (Art. 41 Abs. 1 lit. c und d VwVG) vorgesehen. Die Sanktion nach Art. 292 StGB setzt allerdings voraus, dass eine Verfügung im Rechtssinne ergangen ist. Bei Verletzung verwaltungsinterner Weisungen kann Art. 292 StGB nicht angedroht werden (BGE 131 IV 33 E. 3). Das VwVG regelt die Sanktionen allerdings nur lückenhaft, weshalb solche in den meisten verwaltungsrechtlichen Erlassen zu finden sind.

669 Neben den administrativen Rechtsnachteilen sind zum Beispiel auch die Ordnungsbussen im VwVG nicht erwähnt. Saladin führt dies auf eine Unachtsamkeit des Gesetzgebers zurück (vgl. BBl 1965 II 1369; Saladin, Verwaltungsverfahrensrecht, S. 151). Die Ordnungsbusse ist eine repressive Massnahme mit exekutorischen Zügen; im VStrR ist sie enthalten (vgl. Art. 3 VStrR; zum Verwaltungsstrafverfahren vgl. hinten, Rz. 2030 ff.). Als weitere Beispiele von Verwaltungsstrafen seien Art. 60 ff. USG oder Art. 70 ff. GSchG genannt. Als Beispiele von spezialgesetzlich vorgesehenen administrativen Rechtsnachteilen können erwähnt werden:
– Die Verweigerung oder der Entzug einer Bewilligung, wenn diese Massnahme aufgrund besonderer gesetzlicher Grundlagen disziplinarisch angeordnet werden kann (Art. 43 Abs. 1 lit. d und e MedBG; Art. 17 f. BGFA; vgl. zu den Disziplinarmassnahmen der ETH: BVGer, Urteil A-4236/2008 vom 1.4.2009, E. 6);

– die Einziehung unrechtmässig erlangter Vermögenswerte (Art. 89 Abs. 1 lit. a Ziff. 3 RTVG, dazu BVGE 2009/36 E. 10; Art. 90 RTVG sieht daneben auch die pönale Einziehung vor; ebenso als Strafe ist die Gewinneinziehung gemäss Art. 49a KG zu verstehen, BGE 137 II 199 E. 4.2);
– die Verweigerung oder Rückerstattung von Beiträgen (Art. 28 Abs. 1 SuG; zum Ganzen auch Jaag/Häggi, Praxiskommentar VwVG, Art. 41 N. 6);
– der Warnentzug des Führerscheins als strafähnliche Sanktion (BGE 133 II 331 E. 4.2).

Die Rechtshilfe durch die Kantone ist in Art. 43 VwVG ausdrücklich erwähnt. Hierzu und für die Amtshilfe sei auf Rz. 2039 ff. verwiesen. 670

3. Voraussetzungen

Die allgemeinen Voraussetzungen zur Vollstreckung einer Anordnung sind im Wesentlichen im VwVG selbst enthalten. Nach Art. 39 lit. a VwVG ist eine Verfügung dann zu vollstrecken, wenn sie nicht mehr durch ein ordentliches Rechtsmittel angefochten werden kann, also formell rechtskräftig geworden ist. Ausserdem ist sie zu vollstrecken, wenn zwar ein Rechtsmittel erhoben wurde, diesem aber keine aufschiebende Wirkung zukommt (Art. 39 lit. b VwVG, vgl. Art. 55 VwVG; vgl. auch Art. 103 Abs. 1 BGG), und schliesslich, wenn die einem Rechtsmittel innewohnende aufschiebende Wirkung entzogen wird (Art. 39 lit. c VwVG). Die in Art. 39 VwVG verwendete «Kann»-Formulierung ist missverständlich, denn die Rechtssicherheit verbietet, dass die Vollstreckung als solche im Ermessen der Behörde liegt (BVGer, Urteile A-2401/2011 vom 6.1.2012, E. 3.5, und A-2593/2012 vom 16.8.2012, E. 5.3). Davon zu unterscheiden ist das in Bezug auf Disziplinarmassnahmen und strafrechtliche Sanktionen geltende Opportunitätsprinzip, das es in das Ermessen der Behörde stellt, ob die Sanktion ergriffen werden soll. 671

In der Regel dürfen Zwangsmittel nur dann eingesetzt werden, wenn sie vorgängig *angedroht* wurden und den Verpflichteten eine angemessene Erfüllungsfrist eingeräumt wurde (Art. 41 Abs. 2 VwVG). Die Androhung kann bereits in der Sachverfügung enthalten sein. Erfolgt die Androhung selbständig, bildet nicht diese die allenfalls anfechtbare Vollstreckungsverfügung, sondern die Anordnung der Sanktion selbst. Art. 41 Abs. 2 VwVG gestaltet die Androhung nicht als Verfügung aus (BVGer, Urteil A-2593/2012 vom 16.8.2012, E. 1.1; vgl. auch BVGer, Urteil C-1872/2007 vom 20.9. 2007, E. 1.2). Ist für einen spezialgesetzlich geregelten administrativen Rechtsnachteil die Androhung nicht vorgesehen, lässt die Praxis zu, dass dieser auch ohne vorgängige Androhung angeordnet werden kann. Lediglich die repressiven Sanktionen bedürfen in jedem Fall einer vorgängigen Androhung (BVGE 2009/36 E. 10.1). Im Hinblick auf das Verhältnismässigkeitsprinzip erscheint dies nicht unproblematisch. Ist Gefahr im Verzug, gestattet Art. 41 Abs. 3 VwVG der Behörde jedoch die Er- 672 satzvornahme oder die Anwendung unmittelbaren Zwangs sofort, also ohne Androhung und Fristansetzung (BGer, Urteil 1A.60/2001 vom 26.10.2011, E. 3, betreffend Art. 53 GSchG i.V.m. Art. 41 VwVG). Ersteres wird *antizipierte* Ersatzvornahme genannt. Überdies findet das VwVG laut Art. 3 lit. f VwVG keine Anwendung auf erstinstanzliche Verfahren, die naturgemäss auf der Stelle durch eine sofort vollstreckbare Verfügung erledigt werden müssen.

673 Die *gesetzliche Grundlage* für die Einleitung der Schuldbetreibung, die Ersatzvornahme, den unmittelbaren Zwang und die Einleitung einer Strafverfolgung findet sich in Art. 40 f. VwVG. Das VwVG geht insofern teilweise über die allgemeinen Anforderungen an die gesetzliche Grundlage hinaus: Zwar brauchen grundsätzlich alle Zwangsmassnahmen eine gesetzliche Grundlage. Exekutorische Massnahmen finden ihre genügende Grundlage jedoch bereits im materiellen Recht und der daraus folgenden Vollzugskompetenz der Behörde. Sie bedürfen nur dann einer zusätzlichen, ausdrücklichen gesetzlichen Grundlage, wenn sie über die ursprüngliche Anordnung hinaus in die Rechtsposition der Einzelnen eingreifen oder über das hinausgehen, was zur Herstellung des gesetzlichen Zustandes notwendig ist. Dies gilt nach der überwiegenden Lehre nicht nur für die Ersatzvornahme, sondern auch für den unmittelbaren Zwang. Deshalb ist keine zusätzliche gesetzliche Grundlage nötig, wenn beispielsweise der Abbruch einer widerrechtlich erstellten Baute – unter Beachtung des Verhältnismässigkeitsprinzips und des Vertrauensschutzes – befohlen wird (BGE 132 II 21 E. 6.4). Hingegen bedürfen Massnahmen, denen zugleich repressiver Charakter zukommt, einer besonderen Grundlage im Gesetz. Dies gilt insbesondere für administrative Rechtsnachteile (BGer, Urteil 2A.705/2006 vom 24.4.2007). Ein Beispiel ist auch der vorübergehende Entzug einer Bewilligung. Eine solche Massnahme geht regelmässig über das in der ursprünglichen Verfügung Vorgesehene oder das zur Herstellung des gesetzlichen Zustandes Notwendige hinaus, weshalb sie insoweit einer gesetzlichen Grundlage bedarf. Demgegenüber ist der Widerruf der Bewilligung unter Beachtung des Verhältnismässigkeitsprinzips auch ohne gesetzliche Grundlage zulässig, wenn die Bewilligungsvoraussetzungen entfallen sind (BGer, Urteil 2A.705/2006 vom 24.4.2007, E. 3.7). Eine gesetzliche Grundlage ist auch notwendig, wenn die Nichtbezahlung einer öffentlich-rechtlichen Geldforderung durch einen administrativen Rechtsnachteil sanktioniert werden soll. Ansonsten bleibt nur die Vollstreckung gemäss SchKG (BGE 134 I 293 E. 3.2).

674 Das Vorliegen eines *Verschuldens* bildet eine Voraussetzung für die Verhängung von Zwangsmitteln mit ganz oder teilweise repressivem Charakter wie etwa der Ungehorsamsstrafe nach Art. 292 StGB (vgl. Art. 10 StGB). Da das Bundesgesetz über das Verwaltungsstrafrecht die allgemeinen Bestimmungen des Strafgesetzbuches für anwendbar erklärt, gilt dies – zumindest auf Bundesebene – auch für Ordnungsbussen (Art. 2 und 8 VStR; Art. 333 Abs. 1 StGB). Die exekutorischen Massnahmen setzen ihrer Natur nach kein Verschulden voraus. Hier kann allenfalls der gute Glaube von Belang sein (vgl. BGE 132

II 21 E. 6). Das Verschuldensprinzip wird allerdings bei den administrativen Rechtsnachteilen nicht angewendet und ist selbst bei verwaltungsrechtlichen Sanktionen mit Strafcharakter nicht sichergestellt (vgl. vorne, Rz. 667) sowie die Kritik zu Art. 49a KG (statt vieler: Niggli/Riedo, Verwaltungsstrafrecht Teil 2, S. 54; die vorgeschlagene neue Fassung von Art. 49a KG wird das Verschuldensprinzip ebenfalls nicht vollständig verwirklichen; sie sieht vor, dass der Nachweis ausreichender Compliance-Massnahmen seitens des Unternehmens sanktionsmindernd wirkt: BBl 2012 3959).

Jede Verwaltungszwangsmassnahme hat dem *Verhältnismässigkeitsprinzip* zu entsprechen (Art. 42 VwVG). Zudem ist auch das Rechtsgleichheitsgebot zu beachten (vgl. etwa BVGer, Urteil B-6199/2007 vom 15.1.2008, E. 8; BVGE 2009/36 E. 10.1; BGE 131 V 263 E. 5.1). Die *Kumulation* oder die *Wiederholung* von Zwangsanordnungen sind unter bestimmten Voraussetzungen zulässig. Es ist von der Zielsetzung der Zwangsmittel auszugehen, wobei die Abgrenzung im Einzelfall nicht immer einfach ist. Der Grundsatz «ne bis in idem» (der als materielles eidgenössisches Strafrecht gilt und in Art. 14 Abs. 7 UNO-Pakt II und Art. 4 Protokoll 7 zur EMRK verankert ist) kann im Verwaltungsrecht jedenfalls dort Geltung beanspruchen, wo Massnahmen mit reinem Strafcharakter verhängt werden. Sanktionen mit gemischtem Charakter sollen nach der Rechtsprechung des Bundesgerichts dagegen kumulierbar sein. Die Ungehorsamsstrafe gemäss Art. 292 StGB darf unbestrittenermassen jedenfalls dann wiederholt verhängt werden, wenn eine rechtswidrige Situation weiterbestehen würde (BGE 121 II 273 E. 4; BGer, Urteil 6B_764/2008 vom 9.3.2009, E. 2.3). Auch Ordnungsbussen können wegen andauernder oder mehrmaliger Verletzung der gleichen Anordnung nach erneuter Mahnung wiederholt ausgesprochen werden (BGE 121 II 273 E. 4). Zulässig ist ferner, exekutorische und repressive Massnahmen zu kombinieren, sofern Letztere im Gesetz vorgesehen sind (BGE 134 I 293; vgl. auch BGer, Urteil 2A.705/2006 vom 24.4.2007, E. 3.5). Auch können exekutorische Mittel im Rahmen des Verhältnismässigkeitsprinzips wiederholt angewandt oder miteinander verbunden werden.

675

4. Kosten der Ersatzvornahme

Bei den Ersatzvornahmen sind die Kosten grundsätzlich von den Privaten zu übernehmen, es sei denn, sie erweisen sich als wirtschaftlich nicht mehr tragbar. Diese Kosten sind als offentlich-rechtliche Forderungen zu qualifizieren (BGE 129 III 554 E. 3; vgl. auch BVGer, Urteil A-2593/2012 vom 16.8.2012, E. 5.2). Dabei wird an den Störerbegriff angeknüpft. Bei Haftungskonkurrenz sind die Kosten in erster Linie vom Verhaltensstörer, in letzter Linie vom Zustandsstörer zu tragen. Allerdings besteht keine Solidarhaftung; die Auseinandersetzung mit den übrigen Beteiligten darf nicht auf einen der Verursacher abgewälzt werden. Die Quoten sind vielmehr nach möglichst genauer Klärung des Hergangs

676

festzusetzen (BGer, Urteil vom 12.10.1990, in: ZBl 1991, S. 212 E. 6a, sowie zur neueren Praxis, die vor allem kantonale Entscheide betrifft: Wiederkehr, Praxis, Rz. 3132 f.).

3. Teil

Grundlagen der Verwaltungsrechtspflege; Rechtsbehelfe und Einsprache

5. Kapitel: Grundlagen

Literatur: GYGI, Bundesverwaltungsrechtspflege, S. 217 ff.; HÄFELIN/MÜLLER/UHLMANN, Verwaltungsrecht, Rz. 1741 ff.; KIENER/RÜTSCHE/KUHN, Verfahrensrecht, N. 131 ff.; MOOR/POLTIER, Droit administratif, Vol. II, S. 623 ff.; MÜLLER MARKUS, in: Auer/Müller/Schindler, VwVG-Kommentar, Art. 44 Rz. 6 ff.; RHINOW/KOLLER/KISS/THURNHERR/BRÜHL-MOSER, Prozessrecht, Rz. 626 ff.; SALADIN, Verwaltungsverfahrensrecht, S. 163 ff.

677

I. Die Rechtsmittel

1. Die Unterscheidung Rechtsmittel – Rechtsbehelf

Rechtsmittel und Rechtsbehelfe im Sinne der schweizerischen Verwaltungsrechtspflege sind Institutionen, welche den Rechtsuchenden ermöglichen, sich gegen Handlungen von Behörden zur Wehr zu setzen, sei dies bei der handelnden Instanz selbst, sei dies bei der Aufsichtsbehörde oder vor einem Gericht. Ein einheitlicher Oberbegriff für diese Institutionen hat sich zwar nicht durchgesetzt; sie lassen sich jedoch unter dem Begriff *Rechtsschutzmittel* treffend zusammenfassen. Kriterium der Unterscheidung zwischen Rechtsmitteln und Rechtsbehelfen ist das Vorliegen eines Rechtsschutzanspruches. Ein *Rechtsmittel* räumt den Beschwerdeführenden einen Erledigungsanspruch ein, d.h. einen Anspruch darauf, dass die zuständige Instanz einen (Prozess- oder Sach-) Entscheid fällt. Die *Rechtsbehelfe* vermitteln dagegen keinen Rechtsschutzanspruch: Die angerufene Instanz ist grundsätzlich nicht verpflichtet, die Begehren an die Hand zu nehmen und einen formell begründeten Entscheid zu treffen. Die Zulässigkeit von Rechtsbehelfen beschränkt sich im Allgemeinen auf den verwaltungsinternen Instanzenzug, ausser es komme verwaltungsexternen Instanzen eine Verwaltungsaufsicht zu. Die Gesuchstellenden sind nicht an bestimmte Formen oder Fristen gebunden, ihnen werden dafür regelmässig auch keine Parteirechte eingeräumt. Sofern sich ausnahmsweise aus dem Gesetz oder einer konstanten Praxis eine Behandlungspflicht ergibt (vgl. z.B. BGE 136 II 177 2.1), kommt den Betroffenen allerdings Parteistellung wie in den übrigen Rechtsmittelverfahren zu.

678

Unter die Rechtsbehelfe fallen das Wiedererwägungsgesuch, das sich an die verfügende Instanz richtet, und die Aufsichtsbeschwerde, welche von der hierarchisch übergeordneten Instanz zu beurteilen ist.

679

2. Zu den Arten von Rechtsmitteln

Die Rechtsmittel werden anhand verschiedener Kriterien unterschieden. Nach dem Kriterium der Wirkung auf die formelle Rechtskraft einer Verfü-

680

gung oder eines Entscheides werden die Rechtsmittel in *ordentliche* und *ausserordentliche* unterteilt. Ordentliche Rechtsmittel hemmen grundsätzlich die formelle Rechtskraft des angefochtenen Aktes. Sie schliessen sich an das vorangegangene Verfahren an; mit ihnen wird die Streitsache vor die nächsthöhere Instanz gemäss der Ordnung der funktionellen Zuständigkeit gebracht. Solange ein ordentliches Rechtsmittel erhoben werden kann, ist eine Verfügung nicht formell rechtskräftig; sie kann aber wirksam und unter Umständen sogar bereits vollstreckbar sein, wenn dem Rechtsmittel keine aufschiebende Wirkung zukommt oder diese entzogen wird (vgl. Art. 39 lit. b und c VwVG). Ausserordentliche Rechtsmittel dagegen hemmen den Eintritt der formellen Rechtskraft einer Verfügung oder eines Entscheides nicht; sie eröffnen ein eigenständiges, neues Verfahren mit dem Zweck, die formelle Rechtskraft wieder zu beseitigen (unklar Kiener/Rütsche/Kuhn, Verfahrensrecht, N. 135). In der Verwaltungsrechtspflege des Bundes zählen zu den ordentlichen Rechtsmitteln die Einsprache, die Beschwerde an das Bundesverwaltungsgericht und die interne Verwaltungsbeschwerde sowie die Beschwerde in öffentlich-rechtlichen Angelegenheiten an das Bundesgericht, zu den ausserordentlichen Rechtsmitteln die Revision und die Erläuterung. Zu Recht nicht durchgesetzt hat sich die Ansicht, dass die Einheitsbeschwerde an das Bundesgericht zu den ausserordentlichen Rechtsmitteln zählt (vgl. zu dieser Auffassung Göksu, Beschwerden, N. 66 m.w.H.). Die Rechtsnatur der subsidiären Verfassungsbeschwerde hingegen wird kontrovers beurteilt. Nach der hier vertretenen Auffassung handelt es sich um ein ordentliches Rechtsmittel, weil sich die Verfahrensordnung sehr eng an diejenige der ordentlichen Beschwerden anlehnt und die Beschwerdeerhebung kein neues Rechtsmittelverfahren auslöst (Giovanni Biaggini, in: Niggli/Uebersax/Wiprächtiger, Basler Kommentar BGG, Art. 113 N. 19; Misic, Verfassungsbeschwerde, N. 84 ff., bes. 109 ff., 151). Praktisch wirkt sich die Qualifizierung im Verwaltungsrecht vor allem dort aus, wo die Vollstreckung einer Verfügung an deren Rechtskraft anknüpft. Eine solche Anknüpfung wird nicht selten in den Verfügungsdispositiven festgehalten. Zudem ist die Unterscheidung bei der Vollstreckung von Geldforderungen von Bedeutung, weil zum Beispiel die Rechtsöffnung erst aufgrund einer rechtskräftigen Verfügung verlangt werden kann (Art. 88 Abs. 2 Ziff. 2 SchKG).

681 Nach dem Umfang der möglichen Rügen werden *vollkommene* und *unvollkommene* Rechtsmittel unterschieden. Mit Ersteren können sämtliche Mängel einer Verfügung oder eines Entscheides geltend gemacht werden, also sowohl Rechtsverletzungen wie auch fehlerhafte Sachverhaltsfeststellungen und Unangemessenheit. Mit unvollkommenen Rechtsmitteln können hingegen nur bestimmte Beschwerdegründe vorgebracht werden. Vollkommene Rechtsmittel sind in der Verwaltungsrechtspflege des Bundes die Einsprache, die verwaltungsinterne Beschwerde (im Grundsatz; nicht aber jene an den Bundesrat) und die Beschwerde an das Bundesverwaltungsgericht (vgl. Art. 37 VGG i.V.m. Art. 49 VwVG). Unvollkommene Rechtsmittel dagegen sind die Revision, die

Erläuterung sowie die Beschwerde in öffentlich-rechtlichen Angelegenheiten (diese in der Regel) und die subsidiäre Verfassungsbeschwerde an das Bundesgericht (vgl. Art. 95 und 97 sowie Art. 116 und 118 BGG).

Nach der urteilenden Instanz werden die Rechtsmittel in *devolutive* und *nicht devolutive* eingeteilt. Bei den devolutiven ist die übergeordnete Instanz zur Streiterledigung berufen, bei den nicht devolutiven Rechtsmitteln dagegen die Instanz, deren Verfügung oder Entscheid angefochten wird. Ist ein Rechtsmittel devolutiv, wird die Verwaltungssache der Vorinstanz entzogen. Devolutiv sind die interne Verwaltungsbeschwerde und die Beschwerden an das Bundesverwaltungsgericht sowie an das Bundesgericht, nicht devolutiv dagegen die Einsprache, die Revision und die Erläuterung. 682

Innerhalb der devolutiven Rechtsmittel unterscheidet man nach der Wirkung des Entscheides zwischen *reformatorischen* und *kassatorischen* Rechtsmitteln. Reformatorische Rechtsmittel räumen der entscheidenden Instanz die Kompetenz ein, einen neuen Entscheid zu fällen; bei kassatorischen Rechtsmitteln hingegen hebt die entscheidende Instanz lediglich den Entscheid oder die Verfügung der Vorinstanz auf und weist die Sache zur verbesserten Entscheidung zurück, ohne selbst einen neuen Entscheid zu treffen. Die vorhandenen Rechtsmittel der Verwaltungsrechtspflege im Bund lassen sich nicht eindeutig einordnen; der Entscheid kann reformatorisch oder kassatorisch ausfallen (vgl. Art. 61 Abs. 1 VwVG, Art. 107 BGG). Dies gilt auch für die subsidiäre Verfassungsbeschwerde (Art. 117 i.V.m. Art. 107 BGG). 683

Schliesslich ist noch auf die Unterscheidung zwischen *prinzipalen* und *subsidiären* Rechtsmitteln hinzuweisen. Prinzipale Rechtsmittel gehen den subsidiären vor. Das Problem der Rangfolge der Rechtsmittel muss für den Fall geklärt werden, dass für mehrere Rechtsmittel sämtliche Prozessvoraussetzungen erfüllt sind (vgl. beispielsweise Art. 74 lit. a VwVG, wonach die Verwaltungsbeschwerde an den Bundesrat gegenüber den Beschwerden an andere Bundesbehörden, insbesondere an das Bundesverwaltungsgericht und an das Bundesgericht, subsidiär ist; zum Verhältnis zur subsidiären Verfassungsbeschwerde und zur Tragweite von Art. 113 BGG vgl. hinten, Rz. 1289 ff.). 684

Ordentliche und ausserordentliche Rechtsmittel im Bund

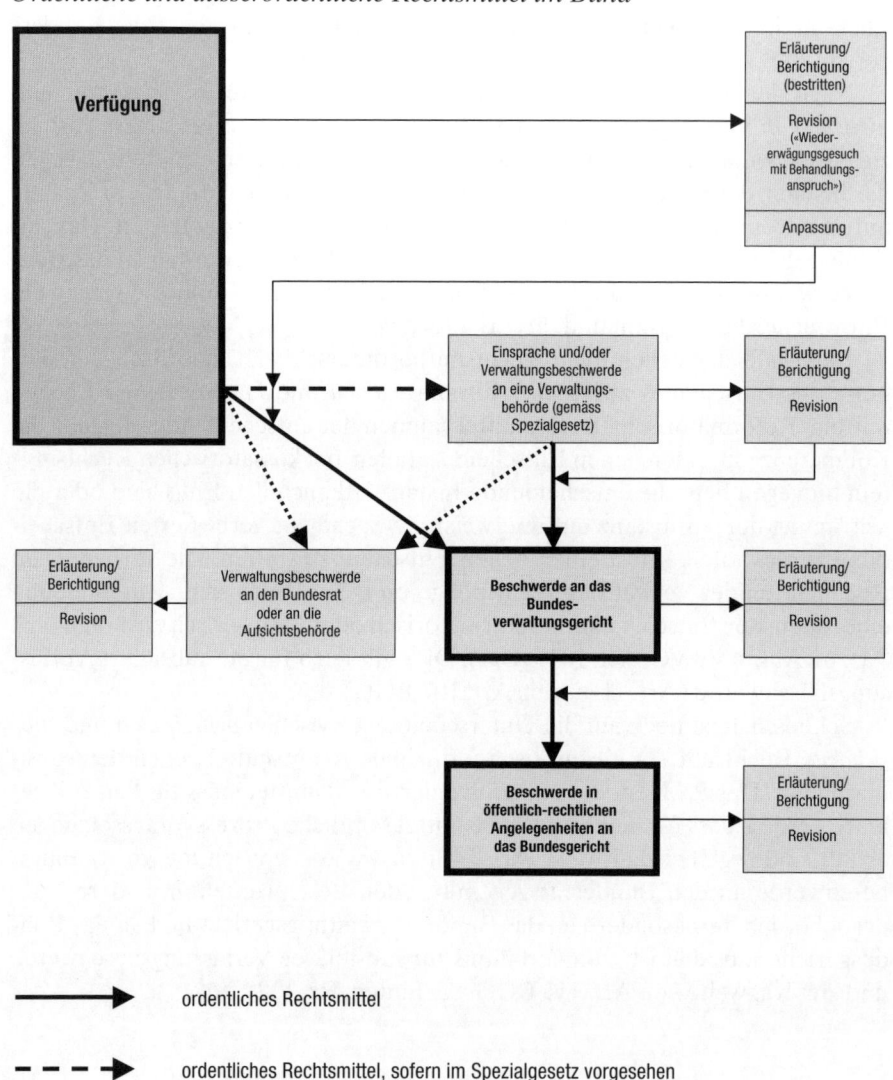

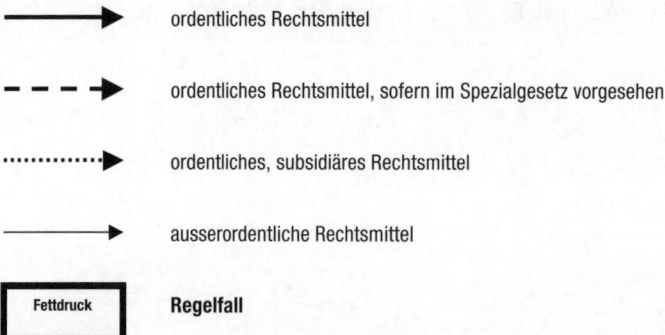

Verfügung

- Erläuterung/Berichtigung (bestritten)
- Revision («Wiedererwägungsgesuch mit Behandlungsanspruch»)
- Anpassung

Einsprache und/oder Verwaltungsbeschwerde an eine Verwaltungsbehörde (gemäss Spezialgesetz)
- Erläuterung/Berichtigung
- Revision

Verwaltungsbeschwerde an den Bundesrat oder an die Aufsichtsbehörde
- Erläuterung/Berichtigung
- Revision

Beschwerde an das Bundesverwaltungsgericht
- Erläuterung/Berichtigung
- Revision

Beschwerde in öffentlich-rechtlichen Angelegenheiten an das Bundesgericht
- Erläuterung/Berichtigung
- Revision

Legende:
- ⟶ ordentliches Rechtsmittel
- ---▶ ordentliches Rechtsmittel, sofern im Spezialgesetz vorgesehen
- ·····▶ ordentliches, subsidiäres Rechtsmittel
- → ausserordentliche Rechtsmittel
- **Fettdruck** Regelfall

II. Streitgegenstand

Literatur: AUER CHRISTOPH, *Streitgegenstand* und Rügeprinzip im Spannungsfeld der verwaltungsrechtlichen Prozessmaximen, Bern 1997; GYGI, Bundesverwaltungsrechtspflege, S. 42 ff., 253 ff.; KIENER/RÜTSCHE/KUHN, Verfahrensrecht, N. 1196 ff.; KÖLZ ALFRED, Prozessmaximen im schweizerischen Verwaltungsprozess, 2. A., Zürich 1974, S. 133 ff.; MEYER ULRICH/VON ZWEHL ISABELLE, L'objet du litige en procédure de droit administratif fédéral, in: Mélanges en l'honneur de Pierre Moor, Bern 2005, S. 435 ff.; WIDRIG DANIEL, Studieren geht über Prozessieren. Rechtsschutz von Studierenden bei Prüfungen, Jusletter, 2.5.2011, Rz. 17 ff., 50 ff.

685

Den Gegenstand des streitigen Verwaltungsverfahrens bildet der *Streitgegenstand*. Er umfasst das durch die Verfügung geregelte Rechtsverhältnis, soweit dieses angefochten wird (vgl. BGE 136 II 165 E. 4.4; 136 II 457 E. 4.2). Der Streitgegenstand wird durch zwei Elemente bestimmt: erstens durch den Gegenstand der angefochtenen Verfügung oder des angefochtenen Entscheides *(Anfechtungsgegenstand)* und zweitens durch die Parteibegehren (vgl. Gygi, Bundesverwaltungsrechtspflege, S. 45).

686

Das Anfechtungsobjekt, die Verfügung bzw. der Entscheid der unteren Instanz, bildet den Rahmen, welcher den möglichen Umfang des Streitgegenstandes begrenzt. Gegenstand des Beschwerdeverfahrens kann nur sein, was Gegenstand des erstinstanzlichen Verfahrens war oder nach richtiger Gesetzesauslegung hätte sein sollen. Gegenstände, über welche die erstinstanzlich verfügende Behörde nicht entschieden hat und über welche sie nicht entscheiden musste, darf die zweite Instanz grundsätzlich nicht beurteilen, ansonsten sie in die funktionelle Zuständigkeit der ersten Instanz eingreift (BGE 136 II 457 E. 4.2; 133 II 30 E. 2.4; 133 II 35 E. 2).

687

Im Rahmen des Anfechtungsgegenstandes wird der Streitgegenstand gemäss der Dispositionsmaxime durch die Parteibegehren definiert. Der Streitgegenstand darf sich im Laufe des Rechtsmittelzuges nicht erweitern und qualitativ nicht verändern, er darf sich jedoch verengen und um nicht mehr streitige Punkte reduzieren. Anfechtungsgegenstand und Streitgegenstand können übereinstimmen (vgl. BVGer, Urteil B-607/2009 vom 17.9.2009, E. 2.2). Es braucht aber nicht die Verfügung als Ganzes im Streit zu liegen; vielmehr können auch nur Teile des Verfügungsdispositivs angefochten werden (BGE 125 V 413 E. 1b).

688

Die Rechtsprechung geht überwiegend davon aus, dass bei der Bestimmung des Streitgegenstandes die Begehren und nicht die Beschwerdebegründungen massgebend sind (vgl. Auer, Streitgegenstand, S. 68 ff.; BGE 133 II 30 E. 2.4; vgl. auch BGE 136 II 165 E. 5.2). Dieser Praxis ist zuzustimmen: Wäre nämlich die Rechtsmittelbegründung für die Überprüfungsbefugnis der Beschwerdeinstanz entscheidend, käme dies der Geltung des Rügeprinzips gleich. Allerdings muss zur Konkretisierung des Streitgegenstandes zuweilen die Begründung der Parteibegehren herangezogen werden.

689

690 Der Streitgegenstand setzt im Rechtsmittelverfahren der Untersuchungsmaxime und dem Grundsatz der Rechtsanwendung von Amtes wegen ebenso Schranken wie der Entscheidungsbefugnis des Gerichts (BGE 136 II 457 E. 4.5). Allerdings bleiben aufsichtsrechtliche Massnahmen der übergeordneten Verwaltungsinstanz vorbehalten. Der Streitgegenstand ist bedeutsam für die Bestimmung der sachlichen Zuständigkeit, für die Frage der Rechtshängigkeit, für die Frage der Zulässigkeit von Noven und für den Umfang der materiellen Rechtskraft.

691 Der Streitgegenstand begrenzt selbst das Thema jener Verfahren, in denen die entscheidende Behörde nicht an die Parteibegehren gebunden ist, d.h. eine reformatio in peius vel melius vornehmen darf (vgl. Art. 62 Abs. 1 und 2 VwVG). Laut Lehre und Praxis darf die Behörde, welche an die Parteibegehren nicht gebunden ist, die Verfügung nur insoweit reformieren, als der Sachzusammenhang mit dem Streitgegenstand gewahrt bleibt (vgl. auch BVGer, Urteil A-7522/2006 vom 15.12. 2009, E. 3.2.2; BGer, Urteil 2A.242/2006 vom 2.2.2007, E. 3.5; BGE 104 Ib 307 E. 2d).

III. Prozessvoraussetzungen

692 *Literatur:* GADOLA ATTILIO R., Das verwaltungsinterne *Beschwerdeverfahren.* Eine Darstellung unter Berücksichtigung der Verhältnisse im Kanton Obwalden, Zürich 1991, S. 181 ff.; GYGI, Bundesverwaltungsrechtspflege, S. 71 ff.; KIENER/RÜTSCHE/KUHN, Verfahrensrecht, N. 456 ff.; RHINOW/KOLLER/KISS/THURNHERR/BRÜHL-MOSER, Prozessrecht, Rz. 1343 ff., 1506 f.

693 Damit die Rechtsmittelinstanz auf eine Beschwerde eintritt und diese materiell behandelt, müssen die Prozessvoraussetzungen – auch Sachurteilsvoraussetzungen genannt – nachgewiesen sein. Die angerufene Behörde prüft sie von Amtes wegen. Die Untersuchungsmaxime gilt allerdings auch hier nicht uneingeschränkt, wobei das Bundesverwaltungsgericht – im Gegensatz zum Bundesgericht – keine höhere Substanziierungslast (hinten, Rz. 1008) auferlegt als für die übrige Beschwerdebegründung (vgl. BVGer, Urteil A-6146/2007 vom 17.12.2007, E. 2.2). Im Verfahren vor Bundesgericht tragen die Beschwerdeführenden hingegen eine erhöhte Substanziierungslast, indem sie das Vorliegen der Prozessvoraussetzungen darzulegen haben (BGE 134 II 120 E. 1; 133 II 249 E. 1.1; vgl. hinten Rz. 1525 ff.). Wenn es an einer Prozessvoraussetzung mangelt, erledigt die Rechtsmittelinstanz das Verfahren durch Nichteintretensentscheid. Sind die Prozessvoraussetzungen gegeben, untersucht sie die Streitsache auf ihre materielle Begründetheit hin und heisst sie entweder gut oder weist sie ab. In der Regel wird das Eintreten nicht in einer Zwischenverfügung festgehalten. Eine Anfechtung wegen Fehlens einer Prozessvoraussetzung kann daher erst mit dem Endentscheid erfolgen.

Die Rechtsmittelinstanzen befinden unter Umständen auch in materieller 694
Hinsicht, selbst wenn die Prozessvoraussetzungen nicht gegeben sind, sofern
die Beschwerde ohnehin abzuweisen ist. Meistens wird dabei die Frage der Legitimation der Rechtsuchenden offengelassen, wenn das genügende Rechtsschutzinteresse nicht einwandfrei bestimmt werden kann (vgl. BGE 136 II 304
E. 2.3). Dieses Vorgehen ist im Hinblick auf das Rechtssicherheitsgebot zwar
nicht ganz unproblematisch, da es die Beurteilung der Prozesschancen durch
die Parteien erschwert. Handelt es sich jedoch um einen letztinstanzlichen Entscheid, wie dies bei internationalen Amtshilfeentscheiden des Bundesverwaltungsgerichts in der Regel der Fall ist (Art. 83 lit. h BGG), sind materielle Erwägungen zur Sache für künftige Entscheide hilfreiche Leitlinien (vgl. BVGE
2009/16 E. 2.3.4 und 3).

Die einer Rechtsmittelinstanz nachfolgende Instanz hat gleichermassen von 695
Amtes wegen zu prüfen, ob die Prozessvoraussetzungen bei der Vorinstanz gegeben waren (BGE 134 V 269 E. 2). Hat die Vorinstanz trotz Fehlens einer
Prozessvoraussetzung materiell entschieden, ist der angefochtene Entscheid
aufzuheben (BGE 132 V 93 E. 1.2; 128 V 89 E. 2a). Ging hingegen die Vorinstanz vom Fehlen einer Prozessvoraussetzung aus und macht die beschwerdeführende Person geltend, die Vorinstanz sei zu Unrecht auf ihr Rechtsmittel nicht eingetreten, tritt die übergeordnete Instanz auf die Beschwerde ein,
wenn die übrigen Prozessvoraussetzungen des Verfahrens vor der oberen Instanz erfüllt sind. Kommt sie danach zum Schluss, die Vorinstanz sei zu Recht
nicht auf das Rechtsmittel der beschwerdeführenden Person eingetreten, erfolgt eine materielle Abweisung (vgl. BGE 131 II 497). Hat hingegen die Vorinstanz das Vorliegen der Prozessvoraussetzungen zu Unrecht verneint, ist die
Beschwerde grundsätzlich gutzuheissen und die Sache an die Vorinstanz zur
materiellen Prüfung zurückzuweisen (BGE 135 II 38 E. 1.2; vgl. auch BVGE
2010/61 E. 4.9). Davon wird aus prozessökonomischen Gründen abgewichen,
sofern sich die Vorinstanz in einer Eventualbegründung zur Sache geäussert
hat. In einem solchen Fall prüft die Rechtsmittelinstanz zunächst die Prozessvoraussetzungen in Bezug auf das für sie massgebliche Verfahrensrecht. Sind
diese gegeben und ist folglich auf das Rechtsmittel einzutreten, prüft sie den
materiellen Eventualstandpunkt; entweder heisst sie das Rechtsmittel gut, oder
sie weist es ab (vgl. BGE 123 II 337 E. 9; 123 II 402 E. 4b/bb; BVGer, Urteil
B-607/2009 vom 17.9.2009, E. 3).

Die Prozessvoraussetzungen müssen auch im Zeitpunkt der Entscheidfäl- 696
lung noch gegeben sein. Fällt eine Prozessvoraussetzung nach Einreichung
des Rechtsmittels dahin, so ist zu unterscheiden: Betrifft sie – die in der Verwaltungsrechtspflege eher selten bedeutsame – örtliche Zuständigkeit, bleibt
die ursprüngliche Zuständigkeit bestehen (vgl. vorne, Rz. 397). Fällt dagegen
das aktuelle Rechtsschutzinteresse oder das Streitobjekt nach Einreichen des
Rechtsmittels weg, ist das Verfahren grundsätzlich infolge Gegenstandslosigkeit
abzuschreiben (BGE 137 I 23 E. 1.3.1, m.H. auch zum aktuellen Rechtsschutz-

interesse; vgl. BGE 136 II 101 E. 1.1; 135 II 296 E. 2.1; BVGE 2009/31 E. 4 und hinten, Rz. 1150).

697 Die Prozessvoraussetzungen können unterschieden werden in objektive und subjektive Voraussetzungen. Unter Letzteren sind Voraussetzungen an die Person des oder der Rechtsuchenden zu verstehen. Im Allgemeinen handelt es sich dabei um folgende:

Objektive Voraussetzungen:
- Zuständigkeit
- Anfechtungsobjekt
- Wahrung der Frist
- formgerechte Beschwerdeschrift
- Kostenvorschuss

Subjektive Voraussetzungen:
- Partei- und Prozessfähigkeit
- Vertretungsbefugnis der Parteivertretung
- Legitimation

IV. Rechtsgrundlagen für das interne Beschwerdeverfahren und dasjenige vor Bundesverwaltungsgericht

1. Geltungsbereich und Regelung des Beschwerdeverfahrens im VwVG

698 Bezüglich des Geltungsbereiches des VwVG kann auf das vorne zum erstinstanzlichen Verfahren Gesagte verwiesen werden (vgl. Rz. 379 ff.).

699 Das VwVG regelt im dritten und vierten Abschnitt in den Art. 44–78 das Beschwerdeverfahren vor den Verwaltungsbehörden. Es werden folgende Rechtsmittel normiert: Die Verwaltungsbeschwerde im Allgemeinen (Art. 44–65 VwVG) und diejenige an den Bundesrat (Art. 72–78 VwVG), die Rechtsverweigerungs- und Rechtsverzögerungsbeschwerde (Art. 46a VwVG), die Revision (Art. 66–68 VwVG) sowie die Erläuterung (Art. 69 VwVG). Keine ausdrückliche Regelung im VwVG erfährt das Rechtsmittel der Einsprache. Von den Rechtsbehelfen ist nur die Aufsichtsbeschwerde geregelt (Art. 71 VwVG). Die Möglichkeit der Wiedererwägung wird zwar in Art. 58 Abs. 1 VwVG erwähnt, die Behandlung eines Wiedererwägungsgesuches stützt sich aber auf die von der Praxis entwickelten Grundsätze. Gegenüber den Bestimmungen des ersten und zweiten Abschnitts des VwVG sind diejenigen des dritten und vierten Abschnitts die spezielleren. Enthalten die letzteren beiden Abschnitte keine besonderen Regelungen, gelten die Bestimmungen der ersten beiden Abschnitte.

2. Die Bestimmungen des VGG für das Beschwerdeverfahren vor Bundesverwaltungsgericht

700 Die Bestimmungen des VwVG gelten auch für das Verfahren vor Bundesverwaltungsgericht, soweit das VGG keine anderen Bestimmungen enthält (Art. 37 VGG). Auf eine eigentliche Regelung des Verfahrens verzichtet das VGG al-

lerdings. Das VGG regelt vor allem gerichtsorganisatorische Fragen (Art. 1–30 VGG), die Zuständigkeit (Art. 32 VGG) und einige wenige Besonderheiten des gerichtlichen Verfahrens (Art. 37–44). Für die Revision verweist das VGG auf die Bestimmungen von Art. 121–128 BGG (Art. 45 VGG).

Es zeigt sich, dass die Verfahrensregelungen des VwVG nicht in allen Teilen auf ein Gerichtsverfahren passen. Dies gilt namentlich für die Beschwerdegründe, welche gemäss Art. 49 lit. c VwVG auch die Unangemessenheit beinhalten. Dieser Beschwerdegrund wird in der bundesverwaltungsgerichtlichen Praxis jedoch sehr einschränkend ausgelegt, etwa wenn es um technischen Sachverstand geht; in solchen Fällen schreitet das Bundesverwaltungsgericht nicht «ohne Not» ein. Aber auch die Beschränkung der Bindung an die Parteibegehren erweist sich für ein Gericht als wenig sachgerecht (dazu hinten, Rz. 815). Eine spezifische gesetzliche Regelung für das Verfahren vor Bundesverwaltungsgericht erschiene sowohl für die Rechtsuchenden wie auch für das entscheidende Gericht hilfreich (dazu hinten, Rz. 798).

3. Übergangsrecht

Gemäss Art. 81 VwVG findet neues Recht keine Anwendung auf Streitigkeiten, die zum Zeitpunkt seines Inkrafttretens vor den Behörden der Verwaltungsrechtspflege hängig waren, oder auf Verfügungen und Entscheide, die vor dem Zeitpunkt des Inkrafttretens gefällt wurden. Für diese gilt das bisherige Prozessrecht weiter. Dasselbe gilt auch für Beschwerden, welche vor Inkrafttreten der Revision der Bundesrechtspflege am 1.1.2007 noch beim Bundesgericht oder beim Bundesrat erhoben werden mussten, neu aber in die Zuständigkeit des Bundesverwaltungsgerichts fallen (Art. 53 Abs. 1 VGG). Gemäss Art. 53 Abs. 2 VGG hatte das Bundesverwaltungsgericht jedoch die damals bei Inkrafttreten des VGG noch vor Eidgenössischen Rekurs- und Schiedskommissionen hängigen Verfahren zu übernehmen.

6. Kapitel: Das Wiedererwägungsgesuch

703 *Literatur:* BEERLI-BONORAND, Rechtsmittel; GUCKELBERGER ANNETTE, Der *Widerruf* von Verfügungen im schweizerischen Verwaltungsrecht, ZBl 2007, S. 293 ff.; GYGI FRITZ, Zur *Rechtsbeständigkeit* von Verwaltungsverfügungen, ZBl 1982, S. 149 ff.; HÄFELIN/MÜLLER/UHLMANN, Verwaltungsrecht, Rz. 990 ff.; IMBODEN/RHINOW/KRÄHENMANN, Verwaltungsrechtsprechung, Nrn. 41–45; KIENER/RÜTSCHE/KUHN, Verfahrensrecht, N. 1835 ff.; KÖLZ ALFRED/BOSSHART JÜRG/RÖHL MARTIN, Kommentar zum Verwaltungsrechtspflegegesetz des Kantons Zürich (VRG), 2. A., Zürich 1999, Vorbemerkungen zu §§ 86a–86d; MÄCHLER AUGUST, in: Auer/Müller/Schindler, VwVG-Kommentar, Art. 58 und 66–68; MOOR/POLTIER, Droit administratif, Vol. II, S. 382 ff.; MOSER/BEUSCH/ KNEUBÜHLER, Bundesverwaltungsgericht, Rz. 3.44 ff.; MÜLLER URS, Die Entschädigungspflicht beim Widerruf von Verfügungen, Bern u.a. 1984; PFLEIDERER ANDREA, in: Waldmann/Weissenberger, Praxiskommentar VwVG, Art. 58; RHINOW/KOLLER/KISS/THURNHERR/BRÜHL-MOSER, Prozessrecht, Rz. 646 ff., 1306 ff.; SALADIN PETER, *Wiedererwägung* und Widerruf formell rechtskräftiger Verfügungen, in: Festschrift 75 Jahre Eidgenössisches Versicherungsgericht, Bern 1992, S. 113 ff.; SCHERRER KARIN, in: Waldmann/Weissenberger, Praxiskommentar VwVG, Art. 66–68; TSCHANNEN/ZIMMERLI/MÜLLER, Verwaltungsrecht, § 31; WIEDERKEHR RENÉ, in: Wiederkehr/Richli, Praxis, Rz. 2644 ff.; ZEN-RUFFINEN PIERMARCO, Le réexamen et la révision des décisions administratives, in: Bohnet François (Hrsg.), Quelques actions en annulation, Neuenburg 2007, S. 195 ff.

Zum Sozialversicherungsrecht: BRUNNER ANDREAS/BIRKHÄUSER NOAH, Somatoforme Schmerzstörung – Gedanken zur Rechtsprechung und deren Folgen für die Praxis insbesondere mit Blick auf die Rentenrevision, BJM 2007, S. 169 ff.; HISCHIER ROGER, Die Wiedererwägung pendente lite im Sozialversicherungsrecht oder die Möglichkeit der späten Einsicht, SZS 1997, S. 448 ff.; JACOBI DANIEL, Der Anspruch auf *Wiedererwägung* von Verfügungen in der Sozialversicherung, ZBJV 2002, S. 458 ff.; KIESER UELI, *ATSG-Kommentar,* 2. A., Zürich u.a. 2009, Art. 17 und 53; *ders.,* Die Abänderung der formell rechtskräftigen Verfügung nach der Rechtsprechung des EVG – Bemerkungen zu Revision, Wiedererwägung und Anpassung, SZS 1991, S. 132 ff.; KRADOLFER MATTHIAS, Nachteilige Rechtsänderungen und Verfügungsanpassungen im Sozialversicherungsrecht, SZS 2011, S. 361 ff.; LENDFERS MIRIAM, Die IVV-Revisionsnormen (Art. 86ter–88bis) und die anderen Sozialversicherungen, in: Schaffhauser René/Schlauri Franz (Hrsg.), Sozialversicherungsrechtstagung 2009, St. Gallen 2010, S. 39 ff.; LOCHER THOMAS, Revision der Invalidenrente – Diskussion aktueller Fragestellungen (materiellrechtliche und formellrechtliche Aspekte), in: Schaffhauser René/Kieser Ueli (Hrsg.), Invalidität im Wandel, St. Gallen 2005, S. 113 ff.; MEYER-BLASER ULRICH, Die *Abänderung* formell rechtskräftiger Verwaltungsverfügungen in der Sozialversicherung, ZBl 1994, S. 337 ff.; MOSIMANN HANS-JAKOB, Leistungsanpassung zwischen Besitzstand und objektiver Richtigkeit, in: Festschrift für Erwin Murer, Bern 2010, S. 507 ff.; MÜLLER URS, Die materiellen Voraussetzungen der Rentenrevision in der Invalidenversicherung, Freiburg i.Ue. 2003; RÜEDI RUDOLF, Allgemeine Rechtsgrundsätze des Sozialversicherungsprozesses, in: Festschrift für Arnold Koller, Bern 1993, S. 451 ff., 471 ff.; RUMO-JUNGO ALEXANDRA, Die *Instrumente* zur Korrektur der Sozialversicherungsverfügung, in: Schaffhauser René/Schlauri Franz (Hrsg.), Verfahrensfragen in der Sozialversicherung, St. Gallen 1996, S. 263 ff.; SCHAFFHAUSER RENÉ/SCHLAURI FRANZ (Hrsg.), Die Revision von Dauerleistungen in der Sozialversicherung, St. Gallen 1999; SCHLAURI FRANZ, Sozialversicherungsrechtliche Dauerleistungen, ihre rechtskräftige Festlegung und ihre Anpassung, in: Schaffhauser René/ Schlauri Franz (Hrsg.), Sozialversicherungsrechtstagung 2008, St. Gallen 2009, S. 89 ff.; *ders.,* Die Neuverfügung lite pendente in der Rechtsprechung des Eidgenössischen Versicherungsgerichts, in: Schaffhauser René/Schlauri Franz (Hrsg.), Aktuelle Rechtsfragen der Sozialversicherungspraxis, St. Gallen 2001, S. 173 ff.; VALLAT DAMIEN, La nouvelle demande de prestations AI et les autres voies permettant la modification de décisions en force, SZS 2003, S. 391 ff.

Zum Steuerrecht: BLUMENSTEIN ERNST/LOCHER PETER, System des schweizerischen Steuerrechts, 6. A., Zürich 2002, S. 405 ff.; CASANOVA HUGO, in: Yersin Danielle/Noël Yves (Hrsg.), Commentaire romand. Impôt fédéral direct, Basel 2008, Introduction aux articles 147–153, art. 147–149; HOCHREUTENER HANS-PETER, La procédure de taxation dans le domaine des droits de timbre et de l'impôt anticipé, in: OREF – Ordre romand des experts fiscaux diplomés (Hrsg.), Les procédures en droit fiscal, 2. A., Bern u.a. 2005, S. 453 ff., 517 ff.; MEISTER THOMAS, Rechtsmittelsystem der Steuerharmonisierung. Der Rechtsschutz nach StHG und DBG, Bern u.a. 1995, S. 97 f., 211 ff.; MÜLLER-STOLL PETER A., in: Kompetenzzentrum MWST der Treuhand-Kammer (Hrsg.), Kommentar zum Bundesgesetz über die Mehrwertsteuer, Basel u.a. 2000, Art. 67; RICHNER FELIX/FREI WALTER/KAUFMANN STEFAN/MEUTER HANS ULRICH, Handkommentar zum DBG (Bundesgesetz über die direkte Bundessteuer), 2. A., Zürich 2009, Vorbemerkungen zu Art. 147–153a, Art. 147–149; VALLENDER KLAUS A./LOOSER MARTIN E., in: Zweifel Martin/Athanas Peter (Hrsg.), *Kommentar* zum schweizerischen Steuerrecht I/2b: Bundesgesetz über die direkte Bundessteuer *(DBG)*, Art. 83–222, 2. A., Basel 2008, Vorbemerkungen zu Art. 147–153, Art. 147–149; ZWEIFEL MARTIN/CASANOVA HUGO, Schweizerisches *Steuerverfahrensrecht.* Direkte Steuern, Zürich u.a. 2008, § 26.

I. Definition; Problematik

Mit einem Wiedererwägungsgesuch wird die verfügende Instanz ersucht, auf ihre Verfügung zurückzukommen. Die Wiedererwägung stellt eines der unübersichtlichsten Rechtsprobleme des Verwaltungsverfahrensrechts dar. Zum einen überschneiden sich hier Verfahrensfragen und materielle Fragen; zum andern ist die gesetzliche Regelung lückenhaft. Wegen der Unterschiede zwischen den einzelnen Verwaltungsrechtsgebieten und der uneinheitlichen Begriffsverwendung in Gesetzgebung, Lehre und Rechtsprechung ist die Systematisierung der umfangreichen Praxis schwierig.

704

II. Gesetzliche Regelung der Rücknahme von Verfügungen und Entscheiden im VwVG

1. Die Wiedererwägung von Verfügungen nach Art. 58 VwVG

Das VwVG erwähnt die Wiedererwägung einzig in Art. 58 Abs. 1 VwVG. Nach dem Wortlaut dieser Bestimmung kann die Vorinstanz – gemeint ist die erstinstanzlich verfügende Behörde – eine Verfügung, gegen die ein Rechtsmittel ergriffen wurde, bis zu ihrer Vernehmlassung im Beschwerdeverfahren «in Wiedererwägung ziehen» (vgl. auch Art. 53 Abs. 3 ATSG). Diese Wiedererwägung *lite pendente* (d.h. bei hängigem Rechtsstreit) kann auf Gesuch der Betroffenen hin oder auch von Amtes wegen geschehen. Es handelt sich um eine Ausnahme von der devolutiven Wirkung der Beschwerde (Art. 54 VwVG), wonach die Befugnis zur Streiterledigung auf die Rechtsmittelinstanz übergeht. Sie lässt sich sowohl mit der Verantwortung der verfügenden Behörde für die richtige Rechtsanwendung als auch mit deren faktischer Parteistellung begründen

705

und kann zudem der Prozessökonomie dienen (Pfleiderer, Praxiskommentar VwVG, Art. 58 N. 5 f.; Saladin, Verwaltungsverfahrensrecht, S. 204). Die Wiedererwägung kann zudem die Funktion der im VwVG nicht vorgesehenen Einsprache übernehmen (BBl 1965 II 1371). Nimmt die verfügende Behörde im Rahmen von Art. 58 Abs. 1 VwVG eine Wiedererwägung vor, so wird die Beschwerde insoweit gegenstandslos, als dem Begehren der beschwerdeführenden Person entsprochen wird (vgl. Art. 58 Abs. 3 VwVG). Das Bundesgericht zieht in Betracht – ohne die Frage abschliessend zu beantworten –, dass Art. 58 Abs. 1 VwVG analog auf Verfahren vor der zweiten Rechtsmittelinstanz angewendet werden könnte (BGE 130 V 138 E. 4.2).

706 Ungeachtet des Wortlauts von Art. 58 Abs. 1 VwVG liess die Praxis teilweise die Wiedererwägung bis zum Entscheid der Beschwerdeinstanz zu (vgl. BVGer, Urteil B-7547/2006 vom 4.5.2007; SRK, Entscheid vom 13.11.1998, in: VPB 1999, Nr. 79 E. 2). In jüngerer Zeit setzt sich jedoch die Ansicht durch, dass die verfügende Behörde nur so lange zur Wiedererwägung zuständig ist, bis die Frist zur letzten ihr ermöglichten Stellungnahme abgelaufen ist (Moser/Beusch/Kneubühler, Bundesverwaltungsgericht, Rz. 3.44; Pfleiderer, Praxiskommentar VwVG, Art. 58 N. 36; BVGE 2011/30 E. 5.3; BVGer, Urteil C-1860/2008 vom 24.11.2008, E. 2.1.1). Dies entspricht auch der Praxis des Bundesgerichts (BGer, Urteile 4A.5/2003 vom 22.12.2003, E. 2.3, und P 66/01 vom 17.1.2003, E. 3.2). Demnach sind später erlassene Wiedererwägungsverfügungen nichtig und nur als Antrag an die Beschwerdeinstanz zu betrachten (BVGer, Urteil C-1860/2008 vom 24.11.2008, E. 2.1.1; BGer, Urteil P 66/01 vom 17.1.2003, E. 3.2; vgl. auch BGE 130 V 138 E. 4.2, der allerdings eine besondere verfahrensrechtliche Konstellation vor der zweiten Rechtsmittelinstanz betrifft). Diese Ansicht verdient den Vorzug: Sie stellt eine klare Vorrangregel für den Fall auf, dass sowohl eine Wiedererwägungsverfügung als auch ein Beschwerdeentscheid erlassen werden.

707 Das *Zurückkommen auf die Verfügung zuungunsten der beschwerdeführenden Partei* während des laufenden Rechtsmittelverfahrens wird dagegen von vornherein bloss als Antrag an die Beschwerdeinstanz zur reformatio in peius (vgl. dazu Rz. 1161 ff.) aufgefasst (BGer, Urteil P 66/01 vom 17.1.2003, E. 3.2; BVGE 2007/29 E. 4.3; SRK, Entscheid vom 13.11.1998, in: VPB 1999, Nr. 79 E. 2). Die Befugnis der verfügenden Behörde zur Wiedererwägung wird insofern aufgrund des laufenden Rechtsmittelverfahrens beschränkt (vgl. Pfleiderer, Praxiskommentar VwVG, Art. 58 N. 39).

708 Soweit die während des Beschwerdeverfahrens erlassene Wiedererwägungsverfügung den Anträgen der beschwerdeführenden Partei nicht entspricht, bleibt der Rechtsstreit weiter vor der Beschwerdeinstanz hängig. Die beschwerdeführende Partei muss hierfür die Wiedererwägungsverfügung nicht eigens anfechten (BGE 107 V 250 E. 3; BVGer, Urteil C-1860/2008 vom 24.11.2008, E. 2.1.2).

Im Übrigen darf Art. 58 Abs. 1 VwVG nicht darüber hinwegtäuschen, dass eine formell rechtskräftige Verfügung unter bestimmten Voraussetzungen auch ausserhalb des ordentlichen Beschwerdeverfahrens abgeändert oder aufgehoben werden kann; und unter zusätzlichen Voraussetzungen kann selbst eine Verfügung angepasst werden, über deren Gegenstand in einem ordentlichen Beschwerdeverfahren ein Entscheid erging, der inzwischen formell und materiell rechtskräftig wurde (vgl. hinten, Rz. 742).

709

2. Zusammenhang und Abgrenzung zur Revision von Beschwerdeentscheiden nach Art. 66 VwVG

Im Gegensatz zur Änderung oder Aufhebung erstinstanzlicher Verfügungen ausserhalb des ordentlichen Beschwerdeverfahrens ist das Zurückkommen auf Beschwerdeentscheide *(Revision)* in den Art. 66–68 VwVG gesetzlich geregelt. Die Revision nach Art. 66 VwVG kann ebenfalls von Amtes wegen oder auf Begehren einer Partei erfolgen. Das Revisionsbegehren ist ein ausserordentliches Rechtsmittel; die Beschwerdeinstanz, deren Entscheid angefochten wird, ist bei gegebenen Voraussetzungen verpflichtet, auf das Revisionsbegehren einzutreten. Die Begehren um Wiedererwägung und Revision (gemäss der Begriffsbestimmung des VwVG) dienen somit beide der Anfechtung einer Verfügung bzw. eines Entscheides vor derjenigen Instanz, die den fraglichen Akt erlassen hat. Mit Revision bezeichnet das VwVG jedoch die Wiederaufnahme eines Verfahrens vor einer Beschwerdeinstanz, deren *Entscheid* als qualifiziert fehlerhaft gerügt wird. Dabei ist die Revision immer nur gegen *ursprünglich fehlerhafte* Entscheide zulässig. Demgegenüber wendet sich das Wiedererwägungsverfahren gegen eine ursprünglich fehlerhafte *oder nachträglich unrichtig gewordene Verfügung*.

710

3. Lückenhaftigkeit der gesetzlichen Regelung

Das VwVG regelt verschiedene Fragen nicht. Zwar sieht es mit der Revision ein Verfahren vor, in dem formell und materiell rechtskräftige *Beschwerdeentscheide* wegen ursprünglicher Fehlerhaftigkeit aufgehoben werden können. Es äussert sich aber nicht ausdrücklich zur Frage, ob ein Verfahren besteht, in dem solche Entscheide wegen *nachträglicher Fehlerhaftigkeit* überprüft werden können. Unter nachträglicher Fehlerhaftigkeit versteht man das nachträgliche Wegfallen der Rechtmässigkeit wegen einer späteren Änderung der tatsächlichen oder rechtlichen Gegebenheiten. Die Frage, ob und in welchem Verfahren eine formell rechtskräftige *Verfügung* erneut überprüft werden kann, behandelt das VwVG ebenfalls nicht. Die Praxis hat diese Lücken gefüllt und verschiedene Rechtsschutzmittel entwickelt, welche unter dem Begriff der Wiedererwägung zusammengefasst werden (dazu hinten, Rz. 715 ff.).

711

III. Wiedererwägung und Widerruf

712 Der Begriff der Wiedererwägung wird manchmal synonym zum Begriff des Widerrufs verwendet oder unscharf davon abgegrenzt. Unter dem Titel «Widerruf» behandeln Praxis und Lehre die Frage, unter welchen materiellen Voraussetzungen eine Verfügung abgeändert oder aufgehoben werden darf.

713 Verfügungen, die noch nicht in formelle Rechtskraft erwachsen sind, können in der Regel voraussetzungslos widerrufen werden (BGer, Urteil 4A_447/2009 vom 9.11.2009, E. 2.1; BGE 134 V 257 E. 2.2; 129 V 110 E. 1.2.1). Aber auch formell rechtskräftige und rechtsbeständige Verfügungen sind bei gegebenen Voraussetzungen abänderbar, wobei die allgemeinen Regeln des Widerrufs sinngemäss auch auf negative Verfügungen anzuwenden sind (vgl. BGE 120 Ib 42 E. 2b–c). Als Widerrufsgründe kommen sowohl ursprüngliche als auch nachträgliche Fehlerhaftigkeit infrage (vgl. BGE 135 V 201 E. 6.2). Falls das Gesetz die Voraussetzungen des Widerrufs nicht ausdrücklich regelt, hat die widerrufende Instanz stets die sich entgegenstehenden Interessen abzuwägen: Das Interesse an der richtigen Anwendung des objektiven Rechts und damit die Rechtsgleichheit auf der einen Seite gegen die Rechtssicherheit und den Vertrauensschutz auf der anderen Seite (BGer, Urteil 4A_447/2009 vom 9.11.2009, E. 2.1; BGE 135 V 201 E. 6.2; 127 II 306 E. 7a). Die letzteren Interessen fallen besonders beim Widerruf zulasten von Betroffenen ins Gewicht. Die Praxis hat Kategorien von Verfügungen entwickelt, welche grundsätzlich als unwiderruflich gelten. Besonders gewichtige öffentliche Interessen können aber dennoch zum Widerruf solcher Verfügungen führen (vgl. BGE 137 I 69 E. 2.3; 121 II 273 E. 1a/aa; Häfelin/Müller/Uhlmann, Verwaltungsrecht, Rz. 997 ff.).

714 Der Widerruf als materiellrechtliches Problem ist von der Frage des Verfahrens, in dem fehlerhafte Verfügungen oder Entscheide überprüft werden können, zu trennen. Im Verfahren stellt sich vor allem die Frage, in welchen Fällen die Behörde verpflichtet ist, ein Gesuch um Wiedererwägung zu behandeln. Deshalb wird hier unter *Wiedererwägung* das verfahrensmässige Zurückkommen auf eine Verfügung verstanden, unter *Widerruf* hingegen ihr Ergebnis, nämlich die materielle Aufhebung oder Änderung des in Wiedererwägung gezogenen Aktes (in Anlehnung an Saladin, Wiedererwägung, S. 116; vgl. auch Guckelberger, Widerruf, S. 294; teils anders Häfelin/Müller/Uhlmann, Verwaltungsrecht, Rz. 1032).

IV. Die unter dem Begriff des Wiedererwägungsgesuches zusammengefassten Rechtsschutzmittel

1. Allgemeine Bemerkungen

Das Begehren, mit dem die verfügende Behörde ersucht wird, auf ihre Verfügung zurückzukommen, gilt grundsätzlich als blosser Rechtsbehelf, der von der Behörde nicht anhand genommen werden muss (so auch Art. 53 Abs. 2 ATSG; dazu BGE 133 V 50 E. 4.1 und 4.2.1). Die Praxis betont, dass das Wiedererwägungsgesuch nicht dazu dienen dürfe, formell rechtskräftige Verfügungen fortwährend infrage zu stellen oder die Rechtsmittelfristen zu umgehen (BGE 136 II 177 E. 2.1; 120 Ib 42 E. 2b). Auch bei negativen Verfügungen ist gemäss der Praxis grundsätzlich keine Wiedererwägung möglich und ein Widerruf unzulässig, wenn kurz nach einer ablehnenden Verfügung ein identisches Gesuch eingereicht wird (BGer, Urteil 2C_339/2009 vom 5.1.2010, E. 2.1; BGE 120 Ib 42 E. 2b; ausführlich BVGer, Urteil C-3859/2007 vom 21.8.2008, E. 4.2.2). Dennoch anerkennt die Rechtsprechung unter bestimmten Voraussetzungen einen Anspruch der gesuchstellenden Person auf Behandlung des Gesuchs durch die Behörde und somit eine Behandlungspflicht der Behörde. Besteht eine solche, liegt die Anhandnahme eines Wiedererwägungsgesuchs nicht mehr im Ermessen der Behörde. Dieses stellt dann nicht bloss einen Rechtsbehelf dar, sondern ein ausserordentliches Rechtsmittel.

715

Auch in diesem Fall dürfte die Wiedererwägung zwar noch kein wirksames Rechtsmittel im Sinn von Art. 13 EMRK darstellen, weil sie sich wiederum an dieselbe Behörde richtet und diese nicht als unabhängig gelten kann (BGE 129 II 193 E. 4.1; anders EKMR, Urteil i.S. T. gegen die Schweiz vom 4.12.1991, DR 1992, S. 263 ff., in: VPB 1992, Nr. 51). Doch dürften die Anforderungen von Art. 13 EMRK erfüllt sein, wenn gegen die neue Verfügung ein Rechtsmittel ergriffen werden kann.

716

Gemäss der Praxis lassen sich folgende Gründe, die zu einer Behandlungspflicht führen, unterscheiden:
- Es besteht eine gesetzliche Regelung oder eine konstante Praxis (BGer, Urteil 1C_118/2012 vom 2.11.2012, E. 2.2.2; BGE 120 Ib 42 E. 2b).
- Es werden Revisionsgründe gemäss der verfassungsrechtlichen Minimalgarantie geltend gemacht (BGE 136 II 177 E. 2.1; 127 I 133 E. 6). Werden gesetzliche oder verfassungsmässige Revisionsgründe vorgebracht, liegt eine *Revision* im verfahrensrechtlichen Sinn vor (dazu sogleich Rz. 723 ff.).
- Die Verhältnisse haben sich seit der ersten Verfügung wesentlich geändert (BGE 136 II 177 E. 2.1; 124 II 1 E. 3a; dazu hinten Rz. 735 ff.). Auch in diesem Fall besteht ein verfassungsmässiger Behandlungsanspruch. In Anlehnung an den im Sozialversicherungsrecht verwendeten Begriff der *Anpassung* werden hier die Begriffe des *Anpassungsbegehrens* bzw. des *Anpassungsverfahrens* verwendet.

717

718 *Begrifflich* können somit die Revision und die Anpassung als ausserordentliche Rechtsmittel von der Wiedererwägung im Sinn eines blossen Rechtsbehelfs unterschieden werden. Letztere könnte auch als «Wiedererwägung im engeren Sinn» bezeichnet werden, denn in Praxis und Lehre wird die Bezeichnung «Wiedererwägung» oft als Oberbegriff für die drei erwähnten Rechtsschutzeinrichtungen und damit in einem weiteren Sinn verwendet – dies allerdings nur, soweit es um die nachträgliche Änderung erstinstanzlicher Verfügungen geht. Der Begriff der Wiedererwägung bezieht sich nicht auf die Revision von Rechtsmittelentscheiden.

719 Die Einteilung der Rechtsschutzmittel (Revision, Anpassung sowie Wiedererwägung im Sinn eines blossen Rechtsbehelfs) hängt davon ab, welcher Mangel der beanstandeten Verfügung vorgeworfen wird. Es ist vor allem danach zu unterscheiden, ob ein *ursprünglicher* Fehler der Verfügung oder eine *nachträgliche* Änderung wesentlicher Elemente behauptet wird. Zudem ist beachtlich, ob der angebliche Mangel die *Sachverhaltsfeststellung* oder die *Rechtsanwendung* betrifft (ob also *tatsächliche* oder *rechtliche* Unrichtigkeit geltend gemacht wird). Hieraus ergeben sich vier mögliche Konstellationen der Fehlerhaftigkeit einer Verfügung (vgl. BGE 135 V 201 E. 5.1; vgl. auch BVGer, Urteil E-5379/2010 vom 20.8.2010, E. 3.1):
– Ursprüngliche tatsächliche Unrichtigkeit: Die im verfassungsrechtlichen Minimalanspruch auf Revision enthaltenen Revisionsgründe (typische, auch als «klassisch» bezeichnete Revisionsgründe) sind diesem Fall zuzuordnen.
– Ursprüngliche rechtliche Unrichtigkeit: Gesetzliche Revisionsgründe können diesen Fall betreffen (vgl. Art. 66 Abs. 2 lit. b und c VwVG).
– Nachträgliche tatsächliche Unrichtigkeit, und
– nachträgliche rechtliche Unrichtigkeit: Wird einer dieser beiden Fälle vorgebracht, liegt ein Anpassungsgesuch vor, sofern ein Behandlungsanspruch besteht.

720 Sind die jeweiligen Voraussetzungen nicht gegeben, ist zudem in allen Konstellationen eine Entgegennahme des Wiedererwägungsgesuchs im Sinn eines formlosen Rechtsbehelfs, der keinen Behandlungsanspruch verschafft, grundsätzlich denkbar; sie liegt aber im Ermessen der ersuchten Behörde.

721 Die Praxis ist weder einheitlich noch vollends klar. Zu beachten sind namentlich die Besonderheiten der Praxis und der gesetzlichen Bestimmungen (Art. 17 und 53 ATSG) im Sozialversicherungsrecht (vgl. dazu hinten, Rz. 749 ff.). In Praxis und Lehre sind zudem unterschiedliche Terminologien im Umlauf. So verwenden Teile der Lehre und die asylrechtlichen Abteilungen des Bundesverwaltungsgerichts den Begriff des «qualifizierten Wiedererwägungsgesuchs» entweder für alle Gesuchkategorien, die einen Behandlungsanspruch verschaffen, oder nur für bestimmte dieser Kategorien (vgl. z.B. BVGer, Urteil D-4835/2007 vom 27.7.2011, E. 2.1).

Verschiedene *Spezialerlasse* regeln die materiellen Voraussetzungen des 722
Widerrufs bestimmter Verfügungen (vgl. z.B. Art. 30 SuG; Art. 65 WRG; Art. 24e
FMG; Art. 25 Abs. 5 und Art. 49 RTVG), aber auch Verfahrensfragen wie etwa
den Behandlungsanspruch, die Fristen, die Gewährung des rechtlichen Gehörs,
die Wirkungen der Gesuchserhebung oder die Wirkungen des Widerrufs (vgl.
z.B. Art. 112 AsylG in der derzeitigen Fassung bzw. Art. 111b und 111c AsylG
in der vom Parlament am 14.12.2012 beschlossenen Fassung [BBl 2012 9695 f.];
Art. 51 StHG; Art. 25 Abs. 5 Satz 2 und Art. 49 Abs. 2 RTVG; Art. 29 ff. PSMV).
Zur Wiedererwägung des *Einspracheentscheids* vgl. hinten, Rz. 792.

2. Die Revision von Verfügungen

A. Begründung des Behandlungsanspruchs im Einzelnen

Revisionsgründe betreffen stets die ursprüngliche Fehlerhaftigkeit einer Ver- 723
fügung oder eines Entscheides. Diese ist grundsätzlich mit den ordentlichen
Rechtsmitteln geltend zu machen, wogegen ein Zurückkommen auf einen
rechtskräftigen Entscheid bzw. eine rechtsbeständige Verfügung nur in bestimmten Ausnahmefällen gerechtfertigt ist.

Da beim Vorliegen gesetzlicher Revisionsgründe selbst Beschwerdeent- 724
scheide zu überprüfen sind, folgt aus dem Grundsatz «in maiore minus», dass
in diesen Fällen ein analoger Anspruch auf Überprüfung einer erstinstanzlichen Verfügung besteht. Das bedeutet für das Verwaltungsverfahren des Bundes, dass eine Pflicht zur Behandlung des Wiedererwägungsgesuches gegeben
ist, wenn ein Revisionsgrund nach Art. 66 VwVG geltend gemacht wird (vgl.
BGE 119 V 180 E. 3a; BVGer, Urteil A-7092/2009 vom 25.5.2010, E. 3; vgl. auch
hinten, Rz. 1328 ff.).

Im Übrigen folgt laut der Praxis aus dem Verbot der formellen Rechtsver- 725
weigerung und dem Anspruch auf rechtliches Gehör (Art. 29 Abs. 1 und 2 BV)
ein Minimalanspruch auf Behandlung eines Wiedererwägungsgesuchs bei Vorliegen gewisser typischer («klassischer») Revisionsgründe; dieser Anspruch besteht, wenn die gesuchstellende Person erhebliche Tatsachen oder Beweismittel anführt, welche ihr im früheren Verfahren nicht bekannt waren oder welche
schon damals geltend zu machen für sie rechtlich oder tatsächlich unmöglich war
oder keine Veranlassung bestand (BVGer, Urteil A-7092/2009 vom 25.5.2010,
E. 3; BGE 136 II 177 E. 2.1; 127 I 133 E. 6 und 7c). Dieser Anspruch gemäss
Art. 29 Abs. 1 und 2 BV ist auf jene kantonale Verfahrensordnungen, welche
Revisionsgründe nur in ungenügendem Masse vorsehen, gemünzt (BGer, Urteil 5A_257/2009 vom 26.10.2009, E. 3.1; BGE 113 Ia 146 E. 3a). Auch in Stimmrechtssachen des Bundes ist er direkt anwendbar (BGE 138 I 61 E. 4.3). Der Anspruch betrifft nur die anfängliche *tatsächliche* Unrichtigkeit. Er ist in Art. 66
Abs. 2 lit. a VwVG enthalten.

726 Die beiden Ansprüche, derjenige auf eine analoge Anwendung der gesetzlichen Revisionsgründe – im Bundesverwaltungsrecht also: von Art. 66 VwVG – und der Minimalanspruch nach Art. 29 Abs. 1 und 2 BV, werden in der Praxis nicht immer klar unterschieden. Sie dürfen jedoch nicht vermischt werden: Daraus ergäbe sich die Gefahr, dass der Anspruch, der analog aus Art. 66 VwVG folgt, dem Minimalanspruch von Art. 29 Abs. 1 und 2 BV angepasst wird und somit die übrigen Revisionsgründe von Art. 66 Abs. 2 lit. b und c VwVG, welche die anfängliche *rechtliche* Unrichtigkeit der Verfügung beschlagen und im Minimalanspruch nicht enthalten sind, vergessen gehen. Die Letzteren sind allerdings bei allen nicht letztinstanzlichen Entscheiden von untergeordneter Bedeutung, da derartige Fehler in aller Regel im ordentlichen Rechtsmittelverfahren vorgebracht werden können und müssen (vgl. hinten, Rz. 1340 f.).

727 Weiter gehen Praxis und Lehre im *Steuerverfahrensrecht*, wo sie in Bezug auf Art. 147 DBG und Art. 51 StHG ausser- bzw. übergesetzliche Revisionsgründe grundsätzlich zulassen (vgl. z.B. Vallender/Looser, in: Zweifel/Athanas, Kommentar DBG, Art. 147 N. 21 ff.; Zweifel/Casanova, Steuerverfahrensrecht, § 26 Rz. 50 ff.; BGer, Urteile 2P.201/2004 vom 8.2.2006, E. 3.3 f., und 2P.306/2003 vom 26.10.2004, E. 5.3; anders BGer, Urteil 2A.710/2006 vom 23.5.2007, E. 3.3). Im Steuerverfahrensrecht anerkannte die Praxis – über den Minimalanspruch nach Art. 29 Abs. 1 und 2 BV hinaus – auch Verletzungen wesentlicher Verfahrensvorschriften als ungeschriebene Revisionsgründe (vgl. BGer, Urteil 2A.508/2002 vom 4.4.2003, E. 2.2; BGE 111 Ib 209 E. 1; 71 I 101 E. 2 S. 106; zur Übersicht BGE 113 Ia 146 E. 3a); diese sind heute in den Steuergesetzen enthalten (vgl. Art. 147 DBG, Art. 51 StHG).

728 Zudem hat das Bundesgericht – in Bezug auf Steuerverfügungen – erwogen, dass eine rechtsbeständige Verfügung auch revidiert werden könnte, wenn ihre Aufrechterhaltung «zu einem stossenden und dem Gerechtigkeitsgefühl zuwiderlaufenden Ergebnis» führen würde (BGer, Urteil 2P.147/2003 vom 17.6.2004, E. 2.3 m.H.; BGE 98 Ia 568 E. 5b). In jüngeren Entscheiden schliesst das Bundesgericht allerdings aus, dass neben den Revisionsgründen von Art. 147 Abs. 1 DBG ein solcher Revisionsgrund besteht (BGer, Urteil 2A.710/2006 vom 23.5.2007, E. 3.3). In anderen Entscheiden geht es – ebenso wie das Bundesverwaltungsgericht – davon aus, dass eine Wiedererwägung aus diesem Grund gerechtfertigt werden könnte, wobei offenbleibt, ob ein entsprechender Anspruch angenommen wird (BGer, Urteil 2C_115/2011 vom 22.11.2011, E. 2.2 m.H.; BVGer, Urteile A-2391/2008 vom 22.3.2010, E. 2.3 und 3.2, und A-8636/2007 vom 23.6.2008, E. 4; vgl. auch Tschannen/Zimmerli/Müller, Verwaltungsrecht, § 31 Rz. 40). Konkret bejaht wurde das Vorliegen dieses Wiedererwägungs- oder Revisionsgrundes jedoch anscheinend noch nie.

B. Behandlung

Da bei Vorliegen der Revisionsgründe ein Anspruch auf erneute Prüfung des Sachverhaltes besteht, mithin die Revision als ausserordentliches (ungeschriebenes) Rechtsmittel auch für rechtskräftige Verfügungen anerkannt wird, rechtfertigt es sich für das Verwaltungsverfahren des Bundes, Art. 66–68 VwVG grundsätzlich analog anzuwenden.

Wird um die Revision einer Verfügung ersucht, so sind zunächst in Analogie zu Art. 66 VwVG die *Eintretensvoraussetzungen* zu überprüfen: das *Anfechtungsobjekt* (vgl. Bundesrat, Entscheid vom 13.5.1992, in: VPB 1993, Nr. 36), das Vorbringen *zulässiger Revisionsgründe* nach Art. 66 VwVG sowie die *Legitimation*. Letztere ist den Personen vorbehalten, die im früheren Verfahren Partei waren oder hätten sein sollen (vgl. Art. 66 Abs. 1 und 2 VwVG; BGer, Urteil 1C_270/2011 vom 29.8.2011, E. 6, und hinten, Rz. 1326). In analoger Anwendung von Art. 66 Abs. 3 VwVG ist die Revision unzulässig, wenn die gesuchstellende Person die vorgebrachten Gründe schon im vorhergehenden ordentlichen Verfahren hätte geltend machen können (*Subsidiarität;* vgl. etwa BGer, Urteil 2A.272/2004 vom 26.5.2004, E. 2.1; BVGer, Urteil C-1446/2009 vom 26.10.2010, E. 2.3).

Die sozialrechtlichen Abteilungen des Bundesgerichts und das Bundesverwaltungsgericht wenden die *Fristen* von Art. 67 VwVG auch auf die Revision erstinstanzlicher Verfügungen an. Für die Revision nach Art. 53 Abs. 1 ATSG lässt sich dies aus der Verweisung auf das VwVG in Art. 55 ATSG ableiten (BGer, Urteil U 561/06 vom 28.5.2007, E. 4; BVGE 2008/52 E. 3.4.1). Die sozialrechtlichen Abteilungen des Bundesgerichts gehen darüber hinaus von einem allgemeinen Rechtsgrundsatz aus, der selbst gelte, wenn das VwVG nicht anwendbar sei (BGer, Urteile 9C_1011/2008 vom 9.3.2009, E. 1, und U 170/01 vom 18.4.2002, E. 3c). Wird Art. 67 VwVG analog oder gar als Ausdruck eines allgemeinen Rechtsgrundsatzes angewendet, so ist jedenfalls der Grundsatz von Treu und Glauben (Art. 5 Abs. 3 und Art. 9 BV) gebührend zu beachten.

Sind die erwähnten Voraussetzungen gegeben, ist auf das Gesuch einzutreten. Die *materielle Behandlung* erfolgt wie bei der Revision von Beschwerdeentscheiden in zwei Stufen: Zunächst ist zu prüfen, ob die geltend gemachten Revisionsgründe rechtserheblich sind. Trifft dies nicht zu, wird das Gesuch abgewiesen. Erweisen sie sich jedoch als erheblich, ist der Sachverhalt neu zu beurteilen; alsdann wird entweder die Verfügung bestätigt und das Gesuch abgewiesen, oder aber es wird eine neue Verfügung erlassen (vgl. Art. 68 Abs. 1 VwVG; BGE 119 V 180 E. 3b; BVGer, Urteil A-2541/2008 vom 9.9.2009, E. 4.3.6). Diese wirkt grundsätzlich ex tunc (vgl. BGE 119 V 180 E. 3b; Häfelin/Müller/Uhlmann, Verwaltungsrecht, Rz. 1048 f.).

In materieller Hinsicht ist dabei eine Interessenabwägung vorzunehmen und sind die Regeln über den Widerruf von Verfügungen anzuwenden. Der Widerruf setzt eine Interessenabwägung voraus (vgl. vorne, Rz. 713); diese findet bei der Revision von Verfügungen im Rahmen des zweiten Prüfungsschritts statt (vgl. Tschannen/Zimmerli/Müller, Verwaltungsrecht, § 31 Rz. 49 ff.; vgl. auch Beerli-Bonorand, Rechtsmittel, S. 166 f.). Der Spielraum der erstinstanzlichen Behörde erscheint dabei weiter als derjenige der Beschwerdeinstanz. Auch ohne gesetzliche Grundlage, wie sie in einzelnen Kantonen mit Bezug auf die Revision im Allgemeinen existiert, erscheint eine Interessenabwägung bei der Revision von Verfügungen als zulässig und angemessen: Zum einen sind die Art. 66–68 VwVG nur analog anwendbar, zum andern verfügt die Behörde bei der Prüfung eines Widerrufs grundsätzlich über einen Beurteilungsspielraum.

C. Verhältnis zur Revision von Beschwerdeentscheiden

734 In dem Umfang, in dem über den Gegenstand einer Verfügung bereits ein Beschwerdeentscheid zur Sache erging, kann sie nicht mehr im beschriebenen Sinn revidiert werden. Ist der Beschwerdeentscheid formell und materiell rechtskräftig geworden, so ist vielmehr gegen ihn die Revision bei der Beschwerdeinstanz anzubegehren (vgl. BVGE 2007/21 E. 2.1).

3. Der Anspruch auf Anpassung wegen wesentlicher Änderung der Verhältnisse

A. Begründung und Umfang des Behandlungsanspruchs

735 Die Praxis leitet aus Art. 29 Abs. 1 und 2 BV einen Anspruch auf Behandlung eines Wiedererwägungsgesuchs ab, wenn dargelegt wird, dass sich die Verhältnisse seit der ursprünglichen Verfügung wesentlich geändert haben (BGE 136 II 177 E. 2.1 und 2.2.1; BVGE 2008/52 E. 3.2.3). Dieser Anspruch betrifft im Unterschied zur Revision die nachträgliche Fehlerhaftigkeit einer Verfügung. Er bezieht sich in aller Regel, aber nicht zwingend, auf Verfügungen mit Dauerwirkungen. Angesichts der Lückenhaftigkeit des VwVG stützt er sich auch im Verwaltungsverfahren des Bundes direkt auf Art. 29 Abs. 1 und 2 BV (vgl. immerhin Art. 17 ATSG, der die Anpassung von Dauerleistungen wegen nachträglicher Änderung des Sachverhalts regelt, und dazu hinten, Rz. 752). Die wesentliche Änderung kann sowohl den Sachverhalt als auch die Rechtsnormen betreffen. Als Beispiele von Neuentscheidungen aufgrund der geänderten Rechtslage können etwa genannt werden:
– Im Jahr 1983 wies das Bundesgericht das Eidgenössische Verkehrs- und Energiewirtschaftsdepartement (heute UVEK) an, auf ein Begehren von Drittbetroffenen einzutreten und eine bereits 1971 erteilte Bewilligung zum Bau eines Flugfeldes in Croix-de-Cœur bei Verbier erneut zu prüfen, weil ein vordringliches Interesse an der Durchsetzung der inzwischen bedeutend verschärften Umweltschutz- und Raumplanungsvorschriften bestand (BGE 109 Ib 246 E. 4; vgl. auch BGE 127 II 306 E. 7).

– Ein niedergelassener Ausländer stellte nach der Abweisung eines ersten Gesuchs um Nachzug seiner Kinder in die Schweiz ein erneutes Gesuch. Er legte zutreffend dar, dass das inzwischen in Kraft getretene neue Ausländerrecht eine für seinen Fall günstigere Regelung vorsehe. Das Bundesgericht hob den von der Vorinstanz geschützten Nichteintretensentscheid der kantonalen Behörde auf und wies die Sache zur materiellen Prüfung an diese zurück (BGE 136 II 177 E. 2).

Eine Praxisänderung genügt dagegen zur Begründung der Behandlungspflicht grundsätzlich nicht (BGE 121 V 157 E. 4; 102 Ib 45 E. 1b; BVGer, Urteil E-2187/2008 vom 30.5.2008, E. 2.7; vgl. auch BGE 135 V 215 E. 5.1.1; 135 V 201 E. 6.1.1). Eine Anpassung ist jedoch gemäss der Praxis der sozialrechtlichen Abteilungen des Bundesgerichts ausnahmsweise vorzunehmen, wenn der Praxisänderung eine so weit reichende Bedeutung zukommt, dass es stossend wäre und der Rechtsgleichheit widersprechen würde, sie nicht in allen Fällen anzuwenden (BGE 135 V 215 E. 5.1.1; 135 V 201 E. 6.1.1 und 6.4; vgl. auch BVGer, Urteil C-2108/2008 vom 22.11.2010, E. 4.5.3). Unter diesen Umständen ist auch ein Anspruch auf Behandlung eines Anpassungsgesuchs gegeben (BGE 121 V 157 E. 4 f.).

B. Rechtsnatur und Bezeichnung

Die Anpassung wegen nachträglicher Änderung der Verhältnisse wird teils ebenfalls als Revision bezeichnet (vgl. Art. 17 ATSG). Dem wird aber zu Recht entgegengehalten, dass sich die Rechtsbeständigkeit einer Verfügung bzw. die materielle Rechtskraft eines Entscheides nur auf die Sach- und Rechtslage im Zeitpunkt der Ausfällung beziehen kann (vgl. BVGer, Urteil B-2125/2006 vom 26.4.2007, E. 3.4; Gygi, Bundesverwaltungsrechtspflege, S. 323 f.). Hier wird deshalb in Anlehnung an die Begriffsbildung in der sozialversicherungsrechtlichen Lehre die Bezeichnung «*Anpassung*» verwendet (vgl. auch vorne, Rz. 717 ff.).

C. Behandlung

Bei einem Begehren um Anpassung wegen nachträglicher Änderung der Verhältnisse sind wiederum Eintretensprüfung und materielle Behandlung zu unterscheiden. In Bezug auf die *Eintretensprüfung* scheint die Frage noch offen, inwieweit die an das Revisionsbegehren gestellten Voraussetzungen sinngemäss zu beachten sind. Als *Anfechtungsobjekt* ist die bestehende Verfügung zu betrachten. Als *legitimiert* zur Stellung des Anpassungsgesuchs muss gelten, wer besonders berührt ist und ein schutzwürdiges Interesse vorbringt. Weil das Rechtsschutzinteresse grundsätzlich aktuell sein muss, kann die Legitimation nicht unbesehen allen zugesprochen werden, welche zur Anfechtung der ursprünglichen Verfügung befugt gewesen wären (vgl. auch BGE 109 Ib 246

E. 4a). Als *Anpassungsgrund* muss eine wesentliche nachträgliche Änderung der Sach- oder Rechtslage vorgebracht werden; die gesuchstellende Person muss zudem im Einzelnen darlegen, inwiefern diese Änderung nach ihrer Ansicht zu einer neuen Beurteilung führen muss (BGE 136 II 177 E. 2.2.1; im Sozialversicherungsrecht ist die massgebliche Änderung der Verhältnisse glaubhaft zu machen: BGE 130 V 64 E. 5; 130 V 71 E. 2.2). Da jedoch das Vorliegen eines Anpassungsgrundes im Rahmen der materiellen Prüfung zu klären ist, genügt es, dass die vorgebrachten Gründe geeignet erscheinen, zu einer Aufhebung oder Änderung der Verfügung zu führen. Was die *Fristwahrung* angeht, so muss der Grundsatz von Treu und Glauben (Art. 5 Abs. 3 und Art. 9 BV) wegleitend sein. Eine analoge Anwendung der Fristen gemäss Art. 67 VwVG ist nicht gerechtfertigt (vgl. BVGer, Urteil E-2890/2007 vom 27.12.2007, E. 5.1; ARK, Entscheid vom 1.12.1999, in: VPB 2000, Nr. 99 E. 3g; vgl. auch Meyer-Blaser, Abänderung, S. 357).

739 Bei der *materiellen* Prüfung ist zunächst zu untersuchen, ob ein Anpassungsgrund vorliegt, und sodann gemäss den Widerrufsregeln eine Interessenabwägung vorzunehmen und die Frage zu beantworten, ob eine Aufhebung der Verfügung gerechtfertigt ist. Die Anpassung wirkt grundsätzlich ex nunc, wobei je nach den Umständen und gegebenenfalls der anwendbaren Regelung unterschiedliche zeitliche Anknüpfungspunkte und allenfalls Übergangsfristen in Betracht kommen. In der Lehre wird zu Recht festgestellt, dass die Anpassung einer Verfügung an geänderte *rechtliche* Verhältnisse mit Wirkungen ex nunc nichts weiter als eine *unechte Rückwirkung* darstellt und unter den entsprechenden Voraussetzungen grundsätzlich zulässig ist (Gygi, Rechtsbeständigkeit, S. 168; Rumo-Jungo, Instrumente, S. 279).

740 Bei Verfügungen mit Dauerwirkungen ist die nachträgliche Anpassung an veränderte Verhältnisse oft gesetzlich vorgesehen (vgl. hinten, Rz. 752 ff.).

741 Unter Umständen kann zweifelhaft sein, ob eine Verfügung als Anpassung einer früheren Verfügung oder als selbständige neue Regelung zu bewerten ist. Massgeblich ist, ob ungeachtet der angerufenen Änderung der Verhältnisse noch grundsätzlich vom gleichen Gegenstand auszugehen ist.

D. Verfügungen, über die ein Beschwerdeentscheid erging

742 Da Beschwerdeentscheide im Unterschied zu Verfügungen in materielle Rechtskraft erwachsen, können sie unter Vorbehalt der Revision nicht mehr geändert werden. Eine Verfügung kann deshalb grundsätzlich in dem Umfang, in dem über ihren Gegenstand bereits ein Beschwerdeentscheid in der Sache erging, nicht mehr in Wiedererwägung gezogen werden. Nach der Praxis kann jedoch die erstinstanzlich zuständige Behörde ausnahmsweise auch in diesen Fällen neu verfügen, nämlich wenn ein Dauersachverhalt infrage steht und sich die tatsächlichen Verhältnisse oder die materielle Rechtslage wesentlich verändert haben (BGer, Urteil 1P.59/2002 vom 22.8.2002, E. 7; BGE 97 I 748 E. 4b;

BVGer, Urteile A-4068/2010 vom 22.10.2010, E. 5.2, und A-6381/2009 vom 16.3.2010, E. 3.4). Ersuchen die Verfügungsbetroffenen um Wiedererwägung der Verfügung wegen wesentlich veränderter Verhältnisse, so ist die Behörde zur Behandlung des Gesuchs verpflichtet, wenn diese Veränderungen dargelegt werden (BVGer, Urteil A-6381/2009 vom 16.3.2010, E. 3.4 m.H.). Werden allerdings Gründe geltend gemacht, welche die Sach- und Rechtslage im Zeitpunkt des Rechtsmittelentscheides – also die ursprüngliche Fehlerhaftigkeit der Verfügung – betreffen, so kann einzig das Revisionsverfahren vor derjenigen Behörde durchgeführt werden, welche letztinstanzlich entschieden hat (BVGer, Urteil A-6381/2009 vom 16.3.2010, E. 3.10 m.H.).

4. Das Wiedererwägungsgesuch als Rechtsbehelf

Schliesslich kann mit dem Wiedererwägungsgesuch als blossem Rechtsbehelf die verfügende Behörde ersucht werden, auf ihre Verfügung zurückzukommen, ohne dass ein Grund geltend gemacht werden könnte, der einen Behandlungsanspruch vermittelt (BVGer, Urteil A-2391/2008 vom 22.3.2010, E. 2.1; vgl. auch BGE 133 V 50 E. 4.2.1). Ein Wiedererwägungsgesuch ist ähnlich wie die Aufsichtsbeschwerde auch denkbar, wenn die übrigen Prozessvoraussetzungen nicht gegeben sind: Als Rechtsbehelf ist es weder an Fristen noch an Formen gebunden (BGE 113 Ia 146 E. 3a; BVGer, Urteil A-2391/2008 vom 22.3.2010, E. 2.1). Immerhin muss aber auch hier gelten, dass sich die gesuchstellenden Personen nach Treu und Glauben (Art. 5 Abs. 3 BV) zu verhalten haben. Die Behörde darf den Parteien nicht auf diesem Weg dazu verhelfen, eine verpasste Rechtsmittelfrist wiederherzustellen (vgl. BGer, Urteil 2C_400/2010 vom 10.9.2010, E. 3.2.1; BGE 136 II 177 E. 2.1; 120 Ib 42 E. 2b).

Die Behörde hat das Gesuch nach pflichtgemässem Ermessen zu behandeln (vgl. Rumo-Jungo, Instrumente, S. 287; vgl. auch Kieser, ATSG-Kommentar, Art. 53 N. 35). Zu unterscheiden ist auch hier zwischen der Eintretensfrage, der materiellen Prüfung der vorgebrachten Wiedererwägungsgründe und der materiellen Abwägung (vgl. BGE 117 V 8 E. 2b). Das Wiedererwägungsgesuch wird auch hier in der Regel dann materiell behandelt, wenn die vorgebrachten Wiedererwägungsgründe geeignet scheinen, zur Änderung oder Aufhebung der infrage gestellten Verfügung zu führen. Für den Entscheid sind wiederum gemäss den Regeln über den Widerruf die entgegenstehenden Interessen der Rechtssicherheit und des Vertrauensschutzes einerseits, der richtigen Rechtsanwendung und der Rechtsgleichheit andererseits gegeneinander abzuwägen (zum Widerruf formell noch nicht rechtskräftiger Verfügungen vgl. vorne, Rz. 705 ff.). Die Wiedererwägung aufgrund einer veränderten Sach- oder Rechtslage entfaltet Wirkung grundsätzlich ex nunc; die Wiedererwägung wegen ursprünglicher Fehlerhaftigkeit braucht dagegen nicht ex tunc zu erfolgen, da sie insgesamt im Ermessen der Behörde steht (vgl. BGer, Urteil 2P.291/2005 vom 2.6.2006, E. 5.5; BGE 110 V 291 E. 3c).

745 Die Abgrenzung des Bereichs, in dem die Behörde das Gesuch auf Wiedererwägung einer rechtsbeständigen Verfügung behandeln *darf,* jedoch nicht behandeln *muss,* ist besonders schwierig, wenn ursprüngliche Fehlerhaftigkeit der Verfügung geltend gemacht wird. Entsprechend wird auch der Schluss gezogen, dass sich die materiellen Voraussetzungen der Wiedererwägung und der Revision insoweit weitgehend decken (BVGer, Urteil A-4068/2010 vom 22.10.2010, E. 4.2; vgl. auch BGer, Urteil 2C_400/2010 vom 10.9.2010, E. 3.2.1). Dagegen ist ohne Weiteres denkbar, dass nachträgliche Änderungen der Verhältnisse zwar nicht die Intensität erreichen, um einen Eintretensanspruch zu begründen, aber eine erneute Überprüfung einer Ermessensentscheidung rechtfertigen.

V. Rechtsschutz

746 Das Nichteintreten auf ein Wiedererwägungsgesuch (bzw. ein Revisions- oder ein Anpassungsgesuch) oder dessen Abweisung stellt eine Verfügung im Sinn von Art. 5 VwVG und damit ein zulässiges Anfechtungsobjekt dar (z.B. BVGer, Urteil C-5947/2007 vom 23.9.2009, E. 1.1). Falls die Behörde sich formlos weigert, ein Wiedererwägungsgesuch an die Hand zu nehmen, und die gesuchstellende Person die Behandlung auf dem Rechtsweg durchsetzen will, muss sie grundsätzlich zunächst den Erlass einer Verfügung verlangen (vgl. PRK, Entscheid vom 8.4.2003, in: VPB 2003, Nr. 109 E. 2a).

747 Gegen ein *Nichteintreten* kann der Rechtsmittelweg nur mit der Begründung beschritten werden, die Behörde habe zu Unrecht die Eintretensvoraussetzungen verneint (BGer, Urteil 1P.343/2006 vom 19.7.2006, E. 2.1; BGE 126 II 377 E. 8d; 109 Ib 246 E. 4a). Gemäss dem prozessualen Grundsatz, dass sich der Streitgegenstand im Zuge des Rechtsmittelverfahrens nicht ausweiten darf, kann nur das Eintreten auf das Wiedererwägungsgesuch beantragt werden, nicht aber die Aufhebung oder Änderung der Verfügung. Wird das Rechtsmittel gutgeheissen, erfolgt eine Rückweisung an die erste Instanz mit der Anordnung, das Gesuch zu behandeln bzw. darauf einzutreten und neu zu verfügen (vgl. BVGer, Urteil C-74/2006 vom 7.5.2007, E. 3). Unter Umständen nimmt die Beschwerdeinstanz in den Erwägungen aber zugleich zur materiellen Frage Stellung. Verweist sie im Entscheiddispositiv darauf (heisst sie also die Beschwerde «im Sinn der Erwägungen» gut), sind die Erwägungen für die angewiesene Behörde verbindlich (vgl. BGE 136 II 177 E. 3). Derartige Ausdehnungen des Streitgegenstands sollten allerdings nur vorgenommen werden, wenn dafür gute Gründe vorliegen, etwa wenn die Beschwerdeinstanz im Sinn der Prozessökonomie die Tragweite der fraglichen, relevanten Rechtsänderung festhält und damit die Kriterien festlegt, anhand deren die Vorinstanzen die materielle Prüfung vorzunehmen haben (vgl. BGE 136 II 177 E. 3).

748 Anerkennt hingegen die erste Instanz den Behandlungsanspruch und tritt sie auf das Gesuch ein, steht der Rechtsmittelweg offen gegen die *Abweisung*

des Gesuchs oder gegen die allenfalls erlassene *neue Verfügung* (BGer, Urteil 1P.343/2006 vom 19.7.2006, E. 2.1; BGE 113 Ia 146 E. 3c). Wurde das Gesuch mangels Vorliegen von Wiedererwägungsgründen (bzw. Revisions- oder Anpassungsgründen) abgewiesen, so beschränkt sich der Streitgegenstand auf diese Frage. Die restriktivere Praxis der sozialrechtlichen Abteilungen des Bundesgerichts überzeugt nicht (vgl. hinten, Rz. 756).

VI. Besonderheiten der Wiedererwägung im Sozialversicherungsrecht

Das Sozialversicherungsrecht kennt eine gesetzliche Regelung der Revision, Anpassung und Wiedererwägung von Verfügungen, die auf die Praxis des damaligen Eidgenössischen Versicherungsgerichts (der heutigen sozialrechtlichen Abteilungen des Bundesgerichts) zurückgeht. Im Sozialversicherungsrecht kommt diesen Fragen aus verschiedenen Gründen besondere Bedeutung zu, unter anderem wegen der grossen Menge von Fällen und der Häufigkeit von Dauerverfügungen (vgl. Kieser, ATSG-Kommentar, Art. 53 N. 3). Obwohl die sozialversicherungsrechtliche Praxis durchaus auf weitere Rechtsgebiete Einfluss hat, sind doch auch Unterschiede hervorzuheben. Die Terminologie des ATSG entspricht in einigen Punkten nicht den hier verwendeten Begriffen.

749

Art. 53 Abs. 1 ATSG regelt die *Revision* rechtskräftiger Verfügungen und Einspracheentscheide wegen ursprünglicher tatsächlicher Unrichtigkeit; sie muss erfolgen, wenn die versicherte Person oder der Versicherungsträger nach deren Erlass erhebliche neue Tatsachen entdeckt oder Beweismittel auffindet, die beizubringen zuvor nicht möglich war (in der Praxis «prozessuale Revision» genannt; vgl. zu den Voraussetzungen im Einzelnen BGer, Urteil 8C_591/2010 vom 25.10.2010, E. 2.2).

750

Sodann regelt Art. 53 Abs. 2 ATSG die *Wiedererwägung* einer Verfügung wegen ursprünglicher rechtlicher oder tatsächlicher Unrichtigkeit (Kieser, ATSG-Kommentar, Art. 53 N. 4; dagegen nennt BGE 135 V 201 E. 5.1 nur die rechtliche Unrichtigkeit). Demnach *kann* der Versicherungsträger auf formell rechtskräftige Verfügungen oder Einspracheentscheide zurückkommen, wenn diese zweifellos unrichtig sind und wenn ihre Berichtigung von erheblicher Bedeutung ist (zur Auslegung: BGer, Urteil 8C_327/2011 vom 12.8.2011, E. 3.2). Ein Anspruch auf Wiedererwägung besteht nicht, sondern es bleibt in das Ermessen der Behörden gestellt, das Gesuch anhand zu nehmen (BGE 133 V 50 E. 4.1 und 4.2.1). Diese Regelung leidet an einem inneren Widerspruch: Sie geht von Fällen aus, in denen das Interesse an der Aufhebung oder Änderung einer Verfügung überwiegt, und doch wird den Gesuchstellenden kein Anspruch auf Behandlung ihres Begehrens eingeräumt. Ob die Verfügung aufgehoben oder geändert wird, bleibt in das Ermessen der Behörde gestellt. Konsequenterweise müsste in diesen Fällen ein Behandlungsanspruch angenommen werden (so Saladin, Wiedererwägung, S. 127 ff.; ähnlich Jacobi, Wiedererwägung, S. 477).

751

752 Art. 17 ATSG (mit dem Titel «*Revision* der Invalidenrente und anderer Dauerleistungen») betrifft die *Anpassung* wegen nachträglicher Änderung der *tatsächlichen* Verhältnisse (auch «materielle Revision» genannt; vgl. BGE 136 V 369 E. 3.1). Er bestimmt, dass Invalidenrenten und andere Dauerleistungen angepasst werden müssen, wenn sich der Invaliditätsgrad bzw. der zugrunde liegende Sachverhalt erheblich verändert hat (zur Tragweite vgl. BGE 130 V 343 E. 3.5). Ob dies nicht nur für Geldleistungen, sondern auch für Sachleistungen im Sinn von Art. 14 ATSG gilt, wurde vom Bundesgericht zunächst offengelassen (BGE 133 V 57 E. 6.8), in Bezug auf Eingliederungsmassnahmen jedoch bejaht (BGE 135 I 161 E. 4.2 betreffend ein Rollstuhl-Zuggerät). Der analogen Anwendung von Art. 17 ATSG ist zuzustimmen, da diese Bestimmung eine allgemeine Praxis kodifiziert und ihre Entstehungsgeschichte nicht darauf hindeutet, dass Sachleistungen ausgenommen werden sollten. Art. 17 Abs. 1 ATSG schliesst eine rückwirkende Anpassung von Invalidenrenten aus; das Bundesgericht hat offengelassen, ob dies auch für andere Dauerleistungen nach Abs. 2 gilt (BGE 133 V 57 E. 6.8). Die Gesuchstellenden haben die massgebliche Änderung der Verhältnisse glaubhaft zu machen (BGE 130 V 64 E. 5; 130 V 71 E. 2.2).

753 Die *Anpassung* wegen nachträglicher Änderung der *rechtlichen* Verhältnisse wird im ATSG nicht geregelt; sie wird von der Rechtsprechung jedoch im Grundsatz anerkannt (vgl. eingehend BGE 135 V 201 E. 5.1 und 6; vorne, Rz. 735 f.).

754 Ein neueres und gewichtiges *Beispiel* zur Frage der Anpassung bestehender Renten aufgrund einer Praxis- oder Gesetzesänderung betrifft die *somatoformen Schmerzstörungen* (d.h. jene körperlichen Beschwerden, für die sich keine eindeutigen körperlichen Ursachen finden lassen; BGE 130 V 396 E. 6.1). Hier führte das Bundesgericht mit BGE 130 V 352 eine restriktivere Praxis ein (vgl. auch BGE 132 V 65 E. 4; 136 V 279 – der letztere Entscheid betrifft das sogenannte Schleudertrauma). Das Bundesgericht verneinte jedoch, dass diese Präzisierung oder Änderung der Rechtsprechung die Anpassung der bestehenden Renten zulasten der Rentenbezügerinnen und Rentenbezüger zulasse (BGE 135 V 215 E. 5 f.; 135 V 201 E. 5–7), und erachtete auch den am 1.1.2008 in Kraft getretenen neuen Art. 7 Abs. 2 ATSG vom 6.10.2006 (5. IV-Revision) nicht als genügende Grundlage hierfür (BGE 135 V 215 E. 7). Mit lit. a der Schlussbestimmung der IVG-Änderung vom 18.3.2011 (6. IV-Revision, erstes Massnahmenpaket; in Kraft seit 1.1.2012) schuf der Gesetzgeber in der Folge die Grundlage zur Überprüfung der betroffenen Renten, ohne dass die Voraussetzungen von Art. 17 Abs. 1 ATSG gegeben sein müssen.

755 Einige Spezialgesetze enthalten abweichende Regelungen (vgl. z.B. Art. 77 AHVV; Art. 22 UVG; Art. 41 Abs. 4, 47 Abs. 2, 50 MVG; vgl. auch Art. 86ter–88bis IVV sowie die eben erwähnte lit. a der Schlussbestimmung der IVG-Revision vom 18.3.2011).

Was den *Rechtsweg* betrifft, so ist laut den sozialrechtlichen Abteilungen des Bundesgerichts die Anfechtung von Verfügungen, mit denen das Eintreten auf ein Wiedererwägungsgesuch abgelehnt wird, nicht zulässig, und ein erneuter, ablehnender Sachentscheid kann nur mit der Rüge angefochten werden, die Voraussetzungen für eine Wiedererwägung seien zu Unrecht verneint worden (BGer, Urteil 8C_866/2009 vom 27.4.2010, E. 2.2 f.; BGE 133 V 50 E. 4.2.1). Diese Praxis ist nicht schlüssig – wobei die Formulierungen möglicherweise irreführend sind – und wird von der Lehre zu Recht kritisiert (vgl. Rumo-Jungo, Instrumente, S. 289; Saladin, Wiedererwägung, S. 129). Zu den Anforderungen an den Rechtsschutz vgl. vorne, Rz. 746 ff.

756

Art. 52 Abs. 1 ATSG sieht die Einsprache gegen Verfügungen vor. Gemäss BGE 133 V 50 E. 4.2.2 unterliegt das Nichteintreten auf ein Wiedererwägungsgesuch im Sinn von Art. 53 Abs. 2 ATSG nicht der Einsprache, da diese «keinen Sinn» mache.

757

Laut der Praxis kann die Beschwerdeinstanz – nach Gewährung des rechtlichen Gehörs – im Sinn einer Motivsubstitution (Ersetzung der Begründung) auf Wiedererwägung nach Art. 53 Abs. 2 ATSG schliessen, wenn sie zum Schluss kommt, dass die erste Instanz zu Unrecht eine Anpassung – bzw., nach der Begriffsverwendung des ATSG, eine «Revision» – nach Art. 17 ATSG vorgenommen hat, eine Wiedererwägung im Sinne von Art. 53 Abs. 2 ATSG jedoch angebracht ist (BGer, Urteil 9C_303/2010 vom 5.7.2010, E. 4–4.5; BGE 125 V 368 E. 2–4). Die Begründung dafür lautet, dass die Änderung des Rentenanspruchs Streitgegenstand sei, wogegen die rechtliche Begründung ausgetauscht werden könne. Neuerdings scheint das Bundesgericht offenzulassen, ob ein Antrag der Behörde auf Motivsubstitution vorauszusetzen ist, weil die Wiedererwägung nach Art. 53 Abs. 2 ATSG im Ermessen des Versicherungsträgers liegt, in welches das Gericht nicht ohne Weiteres eingreifen kann (BGer, Urteil 9C_303/2010 vom 5.7.2010, E. 4.4; in diesem Sinn Kieser, ATSG-Kommentar, Art. 17 N. 5).

758

VII. Besonderheiten des Steuerrechts

Das Steuerverfahrensrecht kennt einheitliche Bestimmungen für die Änderung rechtskräftiger Verfügungen und Rechtsmittelentscheide. Die Bundesgesetze über die indirekten Steuern, zu deren Erhebung die Eidgenössische Steuerverwaltung zuständig ist, verweisen regelmässig – mit Bezug sowohl auf Verfügungen als auch auf Rechtsmittelentscheide – auf Art. 66–68 VwVG über die *Revision* (Art. 44 StG, Art. 85 MWSTG; vgl. auch Art. 59 VStG). Art. 147–149 DBG und Art. 51 StHG – die das Verfahren vor kantonalen Behörden betreffen – enthalten eigenständige Regelungen, welche die frühere Praxis des Bundesgerichts kodifizieren und namentlich auch die Verletzung wesentlicher Verfahrensvorschriften als Revisionsgrund nennen (vgl. vorne, Rz. 727).

759

760　In den zuletzt genannten beiden Gesetzen bezeichnet «Revision» das Zurückkommen auf eine rechtskräftige Verfügung oder einen rechtskräftigen Rechtsmittelentscheid zugunsten der steuerpflichtigen Person, während die Abänderung zulasten der Steuerpflichtigen im Nachsteuerverfahren geschieht (vgl. Art. 151–153a DBG, Art. 53–53a StHG). Dieses ist heute verschuldensunabhängig ausgestaltet und von allfälligen Strafsteuerverfahren getrennt (Vallender/Looser, in: Zweifel/Athanas, Kommentar DBG, Art. 147 N. 1).

761　Die Regelungen des Steuerverfahrens betonen demnach die Rechtssicherheit, was die Änderbarkeit erstinstanzlicher Verfügungen betrifft (BGE 121 II 273 E. 1a/bb). Der Unterscheidung zwischen Rechtsbeständigkeit und materieller Rechtskraft wird entweder nur geringe Bedeutung zuerkannt, oder den Veranlagungsverfügungen wird materielle Rechtskraft zugesprochen (z.B. Moor/Poltier, Droit administratif, Vol. II, S. 410 f.). Dies wird unter anderem damit begründet, dass Steuerfestsetzungen aufgrund eines Veranlagungs- oder Ermittlungsverfahrens ergingen, bei dem der Sachverhalt besonders eingehend untersucht werde (BGE 121 II 273 E. 1a/bb), was allerdings zu Recht als kaum mehr zutreffend bezeichnet wird (Vallender/Looser, in: Zweifel/Athanas, Kommentar DBG, vor Art. 147–153 N. 1a). Die Lehre kritisiert, dass Ungleiches gleich behandelt werde, wenn Verfügungen und Rechtsmittelentscheide denselben Bestimmungen über die Revision unterstellt werden (vgl. Zweifel/Casanova, Steuerverfahrensrecht, § 26 Rz. 40).

762　Ob eine *Wiedererwägung* von Steuerverfügungen zulässig ist, wenn keine Revisionsgründe vorliegen, scheint nicht geklärt zu sein, doch dürfte die Frage tendenziell verneint werden (ablehnend etwa BGE 121 II 273 E. 1a/bb; Moor/Poltier, Droit administratif, Vol. II, S. 410; Vallender/Looser, in: Zweifel/Athanas, Kommentar DBG, Art. 147 N. 4). Sie ist nicht zu verwechseln mit der Frage, ob zusätzliche, im Gesetz nicht enthaltene Revisionsgründe anzuerkennen sind (dazu Rz. 727 und 1329). Die Wiedererwägung einer Verfügung vor Eintritt der formellen Rechtskraft ist jedoch zuzulassen (so BGE 121 II 273 E. 1a; Vallender/Looser, in: Zweifel/Athanas, Kommentar DBG, Art. 147 N. 4 – je m.H. auf abweichende Meinungen).

6. Kapitel: Das Wiedererwägungsgesuch

Wiedererwägung, Anpassung und Revision

Grund des Zurückkommens auf eine rechtskräftige Verfügung/einen rechtskräftigen Entscheid		Zurückkommen auf erstinstanzliche Verfügungen (Wiedererwägung [im weiteren Sinn]) gemäss der hier verwendeten Terminologie	Zurückkommen auf Rechtsmittelentscheide	Zurückkommen auf erstinstanzliche Verfügungen gemäss Terminologie des ATSG
ursprüngliche rechtliche Fehlerhaftigkeit	Eintretensanspruch wegen Vorliegens von Revisionsgründen gemäss Verfassung, Gesetz oder Praxis (bei Verletzung von Verfahrensvorschriften)	Revision	Revision	*(im ATSG nicht vorgesehen)*
	kein Eintretensanspruch	Wiedererwägung	*(nicht gegeben)*	Wiedererwägung (Art. 53 Abs. 2 ATSG)
ursprüngliche sachliche Fehlerhaftigkeit	Eintretensanspruch wegen Vorliegens von Revisionsgründen gemäss Verfassung, Gesetz oder Praxis	Revision	Revision	(«prozessuale») Revision (Art. 53 Abs. 1 ATSG)
	kein Eintretensanspruch	Wiedererwägung	*(nicht gegeben)*	Wiedererwägung (Art. 53 Abs. 2 ATSG)
nachträgliche rechtliche Fehlerhaftigkeit	Eintretensanspruch wegen wesentlicher Änderung der Rechtsgrundlagen	Anpassung	*(nicht gegeben, aber Anpassung der erstinstanzlichen Verfügung möglich)*	(«materielle») Revision (Art. 17 ATSG analog)
	kein Eintretensanspruch	Wiedererwägung	*(nicht gegeben, aber Wiedererwägung der erstinstanzlichen Verfügung möglich)*	*(im ATSG nicht vorgesehen)*
nachträgliche sachliche Fehlerhaftigkeit	Eintretensanspruch wegen wesentlicher Änderung der Verhältnisse	Anpassung	*(nicht gegeben, aber Anpassung der erstinstanzlichen Verfügung möglich)*	(«materielle») Revision (Art. 17 ATSG)
	kein Eintretensanspruch	Wiedererwägung	*(nicht gegeben, aber Wiedererwägung der erstinstanzlichen Verfügung möglich)*	*(im ATSG nicht vorgesehen)*

7. Kapitel: Aufsichtsbeschwerde (Anzeige)

763 *Literatur:* BIAGGINI GIOVANNI, *Theorie und Praxis* des Verwaltungsrechts im Bundesstaat, Basel 1996, S. 230 ff.; BUNDESAMT FÜR JUSTIZ, *Bundesaufsicht* im Strassenverkehr. Einzelne Fragen zur Aufsicht des Bundes über die Einhaltung bundesrechtlicher Normen. Gutachten vom 31.8.2004, VPB 2005, Nr. 1; *dasselbe, Surveillance* fédérale. Notion et modalités. Gutachten vom 10.11.1998, VPB 2000, Nr. 24; GYGI, Bundesverwaltungsrechtspflege, S. 221 ff.; HÄFELIN/MÜLLER/UHLMANN, Verwaltungsrecht, Rz. 1718, 1835 ff.; HUNZIKER FELIX JAKOB, Die Anzeige an die Aufsichtsbehörde (Aufsichtsbeschwerde), Zürich 1978; IMBODEN/RHINOW/KRÄHENMANN, Verwaltungsrechtsprechung, Nr. 145; JAAG TOBIAS, Zwangsmassnahmen in der Verbandsaufsicht, ZBl 2010, S. 73 ff.; KIENER/RÜTSCHE/KUHN, Verfahrensrecht, N. 1861 ff.; KÖLZ ALFRED/BOSSHART JÜRG/RÖHL MARTIN, Kommentar zum Verwaltungsrechtspflegegesetz des Kantons Zürich (VRG), 2. A., Zürich 1999 (zitiert: Kommentar VRG), Vorbemerkungen zu §§ 19–28 N. 29 ff.; MOOR/POLTIER, Droit administratif, Vol. II, S. 616 ff.; RHINOW/KOLLER/KISS/THURNHERR/BRÜHL-MOSER, Prozessrecht, Rz. 659 ff., 1388 ff.; SALADIN, Verwaltungsverfahrensrecht, S. 218 f.; SCHULTHESS STEFAN/WIEDERKEHR RENÉ, *Aufsicht* und Legalitätsprinzip, ZBl 2009, S. 181 ff.; VOGEL STEFAN, in: Auer/Müller/Schindler, VwVG-Kommentar, Art. 71; ZIBUNG OLIVER, in: Waldmann/Weissenberger, Praxiskommentar VwVG, Art. 71.

I. Übersicht

764 Gemäss Art. 71 Abs. 1 VwVG kann jede beliebige Person jederzeit der Aufsichtsbehörde Tatsachen anzeigen, die im öffentlichen Interesse von Amtes wegen ein Einschreiten gegen eine untere Behörde erfordern. Mit einer begründeten Aufsichtsbeschwerde (Anzeige) wird die Behörde auf einen Sachverhalt aufmerksam gemacht, den sie – hätte sie darum gewusst – von Amtes wegen hätte aufgreifen müssen (vgl. BGer, Urteil 2A.415/2003 vom 19.12.2003, E. 2.3.3). Die Aufsichtsbeschwerde gilt als Sonderfall der Petition und bedürfte keiner gesetzlichen Grundlage (vgl. z.B. Vogel, VwVG-Kommentar, Art. 71 Rz. 1 f.). Sie ist weder an Formen noch an Fristen gebunden. Sie dient vorrangig öffentlichen Interessen (vgl. EJPD, Entscheid vom 21.7.1997, in: VPB 1998, Nr. 24 E. 4). Sie richtet sich an die übergeordneten Verwaltungsbehörden aufgrund von deren Aufsichts- und nicht aufgrund von deren Justizfunktion. Die Stellung der Anzeige erstattenden Person im Aufsichtsbeschwerdeverfahren einerseits und die Aufsichtskompetenz andererseits müssen auseinandergehalten werden (vgl. Biaggini, Theorie und Praxis, S. 231 ff.).

765 Die gesetzliche *Bezeichnung* «Aufsichtsbeschwerde» ist missverständlich, da es sich nicht um ein Rechtsmittel, sondern um einen blossen Rechtsbehelf handelt; Teile der Lehre bevorzugen denn auch die Bezeichnungen «Aufsichtsanzeige» oder «Anzeige». Abzugrenzen ist die Aufsichtsbeschwerde besonders von Beschwerden an die Aufsichtsbehörde, die im Gesetz vorgesehen oder von der Praxis anerkannt sind und vollwertige Rechtsmittel darstellen (vgl. etwa Art. 84 Abs. 2 ZGB und dazu BGE 107 II 385 E. 3; Art. 595 Abs. 3 ZGB; Art. 17 f.

SchKG; Art. 61 ff. BVG und dazu BGE 112 Ia 180 E. 3d sowie BVGer, Urteil C-2369/2006 vom 3.12.2009, E. 3.2).

II. Aufsichtskompetenzen

1. Verbands- und Dienstaufsicht

Auch im Fall einer Anzeige sind grundsätzlich der *Umfang der Aufsichtskompetenz* und die *Dichte* ihrer Ausübung dafür massgeblich, ob die zuständige Behörde einzuschreiten hat. Dabei ist zwischen Dienstaufsicht und Verbandsaufsicht zu unterscheiden. Erstere kommt allen oberen Instanzen innerhalb der gleichen Verwaltungshierarchie zu, Letztere dagegen dem übergeordneten Verband gegenüber denjenigen öffentlich-rechtlichen Körperschaften, autonomen Anstalten oder Stiftungen, welche Verwaltungsaufgaben für ihn besorgen.

766

Die Kompetenz des Bundes zur *Verbandsaufsicht* gegenüber den Kantonen ergibt sich unmittelbar aus Art. 49 Abs. 2 und Art. 186 Abs. 4 BV (zum Umfang vgl. Bundesamt für Justiz, Bundesaufsicht, Ziff. II.C m.H. auf die Lehre). Die einzelnen Aufsichtsmittel bedürfen nach herrschender Ansicht grundsätzlich keiner besonderen gesetzlichen Grundlage (a.M. Schulthess/Wiederkehr, Aufsicht, S. 206 ff.). Deshalb sind gesetzliche Detailregelungen einzelner Aufsichtsmittel in der Regel nicht als abschliessende Aufzählung der zulässigen Mittel aufzufassen. Für die Anwendung gewisser Aufsichtsmittel wird allerdings eine besondere gesetzliche Grundlage gefordert (Bundesamt für Justiz, Bundesaufsicht, Ziff. II.D.2). Nach einem älteren Gutachten des Bundesamts für Justiz (vom 25.6.1985, VPB 1986, Nr. 61 Ziff. 3) greift der Bund im Rahmen der Verbandsaufsicht gegenüber kantonalen Verfügungen nur dann zu Aufsichtsmassnahmen, wenn jene sich als vor dem Bundesrecht nicht haltbar erweisen und dadurch die öffentlichen Interessen in schwerwiegender Weise verletzen oder gefährden. Der Bundesrat verwendet allerdings in Bezug auf die Dichte der Verbandsaufsicht gegenüber den Kantonen dieselbe Formulierung wie für die Dienstaufsicht, nämlich dass er auf eine Aufsichtsbeschwerde nur eintrete, «wenn eine wiederholte oder wiederholbare Verletzung von klarem materiellem Recht oder von Verfahrensrecht vorliegt, die ein Rechtsstaat auf Dauer nicht tolerieren kann» (vgl. Bundesrat, Entscheide vom 16.5.2001, in VPB 2001, Nr. 100 E. 1, und vom 10.11.2004, in: VPB 2005, Nr. 58 E. 4; ebenso das Bundesgericht für die Aufsicht über die SBB als spezialgesetzliche AG: BGE 136 II 457 E. 3.1). Dabei ist nach dem Verhältnismässigkeitsprinzip ein Aufsichtsmittel zu wählen, das der Bedeutung der verletzten Norm und der Schwere des Verstosses angemessen ist (Art. 5 Abs. 2 BV; Bundesamt für Justiz, Bundesaufsicht, Ziff. II.D.2). Gegebenenfalls ist auf aufsichtsrechtliches Einschreiten ganz zu verzichten.

767

768 Die *Aufhebung kantonaler Verfügungen* kommt gemäss dem Verhältnismässigkeitsprinzip als letzte mögliche Massnahme in Betracht. Ein Anschauungsfall ist die auf Aufsichtsbeschwerde hin erfolgte Aufforderung an einen Kanton, die vom Regierungsrat beschlossene und vom Kantonsparlament gestützte Sistierung des Lehrlingsturnens aufzuheben (Bundesrat, Entscheid vom 16.5.2001, in: VPB 2001, Nr. 100 E. 6; es wird zwar nicht ersichtlich, ob der beanstandete Beschluss als Verfügung gedacht war, doch machten die Aufsichtsbeschwerdeführenden unter anderem die Verletzung individueller Ansprüche geltend). Die aufsichtsrechtliche *Aufhebung kantonaler Gerichtsentscheide* ist in der Lehre umstritten, doch muss sie als äusserstes Mittel (ultima ratio) zulässig sein, denn die richterliche Unabhängigkeit kann im Verwaltungsrecht wegen der qualifizierten öffentlichen Interessen nur im horizontalen Verhältnis absolute Geltung beanspruchen. Für die Beantwortung der Frage, ob die aufsichtsrechtliche Aufhebung einer kantonalen Verfügung möglich ist, kann nicht allein entscheidend sein, ob die Verfügung angefochten wurde oder nicht und ob der bundesrechtswidrige kantonale Akt von einem Gericht ausging oder bestätigt wurde (vgl. die – umstrittene, aber angesichts der damaligen Rechtslage als korrekt zu bezeichnende – aufsichtsrechtliche Aufhebung des rechtskräftigen Urteils eines kantonalen Verwaltungsgerichts im «Fall Fextal»: Bundesrat, Entscheid vom 4.9.1974, ZBl 1974, S. 529). Eine besondere gesetzliche Grundlage für die Aufhebung kantonaler Akte ist nicht erforderlich, da sich diese direkt auf Art. 186 Abs. 4 BV stützen lässt und ihre Schranken sich mit dem öffentlichen Interesse und dem Verhältnismässigkeitsprinzip genügend bestimmen lassen (zurückhaltend: Bundesamt für Justiz, Surveillance, Ziff. XIII m.H. auf die uneinheitliche Lehre). In der Praxis kommen derartige Fälle allerdings kaum je vor (vgl. neben dem «Fall Fextal» die vom Bundesrat am 16.11.2005 gestützt auf Art. 184 Abs. 3 BV verfügte Aufhebung der vom Bezirksgericht Martigny superprovisorisch geschützten Beschlagnahmung von Gemälden des Moskauer Puschkin-Museums; dazu BBl 2010 1574, die Kritik bei Biaggini, BV-Kommentar, Art. 49 N. 25, Art. 184 N. 13, die dort zitierte Literatur sowie Regina Kiener, Bundesrätliches «Notrecht» und Unabhängigkeit der Justiz, in: Festschrift für Tobias Jaag, Zürich u.a. 2012, S. 459 ff., bes. 460, 469 ff.).

769 Die Kassation kantonaler Entscheide ist – wenn sie allein auf die verfassungsrechtliche Kompetenz zur Verbandsaufsicht gestützt wird – gegenüber der Erhebung von Rechtsmitteln durch die hierzu legitimierten Bundesbehörden subsidiär (Bundesamt für Justiz, Bundesaufsicht, Ziff. II.D.3.b). Dies gilt insbesondere auch mit Bezug auf die direkte Klage an das Bundesgericht, die gegeben ist, wenn ein Kompetenzkonflikt vorliegt (Art. 120 Abs. 1 lit. a BGG, dazu hinten, Rz. 1803 ff.). Die denkbaren Anwendungsfälle der Kassation kantonaler Entscheide auf aufsichtsrechtlichem Weg sind jedenfalls deutlich weniger geworden, seit die Behördenbeschwerde – zwecks Schliessung der Lücken bei der Bundesaufsicht (BBl 2001 4349 f.) – auch gegen die Entscheide unterer kantonaler Instanzen vorgesehen ist (vgl. Art. 111 Abs. 2 i.V.m. Art. 89

Abs. 2 lit. a BGG). Eine Lücke stellt allerdings grundsätzlich noch der Anwendungsbereich der subsidiären Verfassungsbeschwerde dar (vgl. Art. 115 BGG; Biaggini, in: Basler Kommentar BGG, Art. 115 N. 5). Zur Klarstellung: Die vorliegenden Ausführungen beziehen sich darauf, dass der Rechtsmittelerhebung die Funktion eines Aufsichtsinstruments der Bundesbehörden zukommen kann (vgl. Bundesamt für Justiz, Bundesaufsicht, Ziff. II.D.3.b). Der Vorrang der Behördenbeschwerde und der Klageerhebung vor der Kassation kantonaler Entscheide betrifft somit das Verhältnis von Aufsichtsmitteln zueinander und bedeutet nicht, dass die Aufsichtskompetenz generell hinter dem Rechtsschutz zurückzustehen habe (vgl. dazu Rz. 777).

Die Kompetenz der jeweils übergeordneten Verwaltungseinheiten zur *Dienstaufsicht* ist in Art. 187 Abs. 1 lit. a BV sowie Art. 8 Abs. 3, Art. 38 und 45 RVOG geregelt. Auch im Rahmen der Dienstaufsicht hebt die Praxis Verfügungen oder Entscheide aufgrund einer Aufsichtsbeschwerde nur dann auf, wenn sie gegen klares Recht, wesentliche Verfahrensvorschriften oder öffentliche Interessen verstossen (vgl. BGE 136 II 457 E. 3.1; Bundesrat, Entscheid vom 10.11.2004, in: VPB 2005, Nr. 58 E. 4; EJPD, Entscheid vom 20.11.2000, in: VPB 2001, Nr. 55 E. 18; so bereits BGer, Urteil vom 7.2.1962, in: ZBl 1962, S. 465 E. 3; Fritz Fleiner, Institutionen des Deutschen Verwaltungsrechts, 8. A., Tübingen 1928, S. 229 m.H.). Bei rechtskräftigen Verfügungen und Entscheiden kann auch nach den Widerrufsregeln vorgegangen werden, was im Ergebnis allerdings wohl kaum zu Unterschieden führen wird. Die Zurückhaltung der Aufsichtsbehörden ist in Bezug auf nicht rechtskräftige Verfügungen und Entscheide jedoch problematisch, wenn man bedenkt, dass sie gegenüber den unteren Behörden voll weisungsbefugt sind. 770

2. Aufsicht durch die Gerichte

Das *Bundesgericht als Aufsichtsbehörde* über das Bundesverwaltungsgericht, das Bundesstrafgericht und das Bundespatentgericht (Art. 1 Abs. 2 BGG; Art. 3 Abs. 1 VGG; Art. 34 Abs. 1 StBOG; Art. 3 Abs. 1 PatGG) überprüft die Geschäftsführung, nicht aber die Rechtsprechung der beaufsichtigten Gerichte (Art. 2 AufRBGer). Ebenso sieht das Gesetz die Aufsicht des Bundesverwaltungsgerichts über die Geschäftsführung der Schätzungskommissionen vor (Art. 63 EntG; Art. 23 Abs. 1 VGR; vgl. BGer, Entscheid 12T_3/2012 vom 24.8.2012, E. 1.2). Ob die Einheitlichkeit der Rechtsprechung Gegenstand der Aufsicht sein kann, hat das Bundesgericht offengelassen; die Aufsicht umfasst aber jedenfalls die Prüfung, ob die Rechtsprechung entsprechend dem Geschäftsreglement durchgeführt wird und zweckmässig organisiert ist (BGer, Entscheid 12T_1/2012 vom 9.3.2012, E. 1; BGE 135 II 426 E. 4.2). In diesem Sinn prüft das Bundesgericht im Aufsichtsbeschwerdeverfahren, ob eine Rechtsverweigerung vorliegt, die auf organisatorische Mängel hinweist, und ob der Zugang zum Gericht in rechtsgleicher Weise gewährleistet ist (BGE 136 II 380 E. 2). Es setzt 771 sein Ermessen nicht an die Stelle des Ermessens der beaufsichtigten Behörde (BGer, Entscheid 12T_3/2010 vom 24.8.2012, E. 1.2).

III. Voraussetzungen und Verfahren der Aufsichtsbeschwerde

772 Die Aufsichtsbeschwerde kann sich *gegen alle Verwaltungshandlungen* richten, sowohl gegen Verfügungen und Entscheide als auch gegen nicht förmliches Verwaltungshandeln, beispielsweise gegen (unterlassene) Rechtsgeschäfte oder organisatorische Massnahmen (vgl. BGE 128 I 167 E. 4.5; Bundesrat, Entscheid vom 26.4.1995, in: VPB 1996, Nr. 20 E. 6.4 und 7). Sofern *Private* einer staatlichen Aufsicht unterliegen, ist Art. 71 VwVG analog anwendbar (Vogel, VwVG-Kommentar, Art. 71 Rz. 15; Zibung, Praxiskommentar VwVG, Art. 71 N. 38).

773 Als *Gegenstand der Rügen* in Aufsichtsbeschwerden nennt Art. 71 Abs. 1 VwVG «Tatsachen, die im öffentlichen Interesse ein Einschreiten gegen eine Behörde von Amtes wegen erfordern». Es können alle Mängel in der Amtstätigkeit einer Behörde oder von deren Mitarbeitenden vorgebracht werden, soweit sie in die Aufsichtskompetenz fallen; gerügt werden können namentlich Rechtswidrigkeit, Unzweckmässigkeit, fehlende Wirtschaftlichkeit oder auch die Umgangsformen. Es können sämtliche zulässigen Aufsichtsmassnahmen angeregt werden (zum Ganzen: Vogel, VwVG-Kommentar, Art. 71 Rz. 16; vgl. auch Kölz/Bosshart/Röhl, Kommentar VRG, Vorbemerkungen zu §§ 19–28 N. 33). Zur Prüfungsdichte, welche die Aufsichtsbehörden anwenden, vgl. vorne, Rz. 767.

774 *Jede beliebige Person* ist voraussetzungslos zur Anzeige befugt (BGer, Urteil 2P.231/2006 vom 10.1.2007, E. 7.3.1). Doch haben die Anzeigenden nach Art. 71 Abs. 2 VwVG *nicht die Rechte von Parteien* im Rechtsmittelverfahren (es sei denn, es hätte ein Verfahren stattfinden müssen, in dem sie Parteistellung gehabt hätten; vgl. VGer VD, Urteil vom 11.11.1996, in: RDAF 1997, S. 196 ff., E. 1 S. 199). So haben sie keinen Anspruch darauf, dass die Behörde sich mit der Beschwerde befasst (BGE 133 II 468 E. 2; 130 IV 140 E. 3; 123 II 402 E. 1b/bb). Immerhin hat der Bundesrat in einem früheren Entscheid festgehalten, dass ein Bescheid über die Behandlung der Anzeige erwartet werden darf (Entscheid vom 28.3.1979, in: VPB 1979, Nr. 82 E. 2; für ein Recht auf eine kurze Antwort auch Vogel, VwVG-Kommentar, Art. 71 Rz. 38; Zibung, Praxiskommentar VwVG, Art. 71 N. 34). Das Bundesgericht anerkennt dagegen nur ein Gebot der Höflichkeit, auf Anzeigen kurz zu antworten, wenn sie weder querulatorisch noch ungebührlich formuliert sind (BGer, Entscheid 12T_3/2010 vom 26.5.2010, E. 3). Sodann hat die Aufsichtsbeschwerde keinen Einfluss auf die Wirkung einer Verfügung oder eines Entscheides. Insbesondere wirkt sie nicht aufschiebend. Das öffentliche Interesse kann jedoch die Anordnung vorsorglicher Massnahmen gebieten (vgl. Bundesrat, Entscheid vom 6.3.1978, in: VPB 1978, Nr. 67 E. 4). Weiter muss den Anzeigenden keine Einsicht in die

Akten gewährt werden. Auch sind sie vorgängig nicht anzuhören (BGer, Urteil 2A.415/2003 vom 19.12.2003, E. 2.3.3; BGE 102 Ib 81 E. 3; Bundesrat, Entscheid vom 27.4.1994, in: VPB 1995, Nr. 22 E. 2). Gegen den Aufsichtsentscheid können sie grundsätzlich nur mit einer weiteren Aufsichtsbeschwerde vorgehen (vgl. dazu hinten, Rz. 783).

Von der Stellung der Anzeigenden zu unterscheiden sind die Parteirechte der *Betroffenen:* Soll aufgrund einer Aufsichtsbeschwerde eine Anordnung getroffen oder geändert werden, stehen ihnen sämtliche Parteirechte zu, namentlich der Anspruch auf rechtliches Gehör und die Rechtsmittellegitimation. 775

Dass die Anzeigenden keinen Anspruch auf behördliches Handeln haben, bedeutet nicht, dass die Aufsichtsbehörde in ihrer Reaktion frei wäre. Sie hat vielmehr nach *pflichtgemässem Ermessen* zu entscheiden, ob sie die Sache materiell behandelt, ob Aufsichtsmassnahmen zu ergreifen sind und welche gegebenenfalls angebracht sind (Bundesrat, Entscheid vom 16.5.2001, in: VPB 2001, Nr. 100 E. 1). 776

Die Aufsichtsbeschwerde gilt in der Praxis als *subsidiär;* die Behörden behandeln eine Anzeige nicht, wenn den Beschwerdeführenden ein ordentliches oder ausserordentliches Rechtsmittel zur Verfügung steht (Bundesrat, Entscheid vom 19.12.2003, in: VPB 2004, Nr. 46 E. 2.1; vgl. auch BVGer, Urteil A-78/2009 vom 16.7.2009, E. 3.2; nicht geprüft wurde die Frage, soweit ersichtlich, im Entscheid des Bundesrats vom 24.8.1999, in: VPB 2001 Nr. 100). Zu Recht wird die Frage aufgeworfen, ob diese Einschränkung angesichts des Wortlautes von Art. 71 Abs. 1 VwVG nicht zu weit geht, zumal mit Einlegung der Aufsichtsbeschwerde auch auf die Parteistellung verzichtet wird (Imboden/Rhinow/Krähenmann, Verwaltungsrechtsprechung, Nr. 145 B II f). Bei Aufsichtsbeschwerden gegen kantonale Entscheide ging der Bundesrat so weit, dass er sie nicht behandelte, weil gegen den infrage gestellten Entscheid grundsätzlich ein Rechtsmittel an das Bundesgericht zur Verfügung stand, unabhängig davon, ob die Anzeigenden zu dessen Ergreifung legitimiert waren (Bundesrat, Entscheide vom 11.9.1991, in: VPB 1992, Nr. 37 E. 2.2, und vom 15.8.1990, in: VPB 1991, Nr. 29 E. 3.3; ablehnend Biaggini, Theorie und Praxis, S. 233). Das Bundesamt für Justiz hat nun jedoch die in der Lehre vertretene Ansicht übernommen, dass die Subsidiarität selbst die Kassation kantonaler Einzelakte zulasse, wenn der Rechtsweg von vornherein nicht Erfolg versprechend beschritten werden könne, entweder weil er überhaupt nicht zur Verfügung stehe oder weil die aufsichtsrechtlich relevante Frage – etwa wegen der beschränkten Kognition des Gerichts – im Rechtsmittelverfahren nicht sachgerecht behandelt werden könne (Bundesamt für Justiz, Bundesaufsicht, Ziff. II.D.3.b m.H.). Auch das Bundesgericht geht «jedenfalls dann von geringerer Tragweite» der Subsidiarität aus, wenn «der hauptsächliche Rechtsmittelweg an eine gänzlich andere Behörde geht und womöglich anderer Rechtsnatur ist» (BGE 136 II 457 E. 3.1). Diese Ansätze zielen in die richtige Richtung: Es ist von den unterschiedlichen Funktionen des Rechtsschutzes und der Aufsicht auszugehen. Die Durchset- 777 zung des öffentlichen Interesses an einer gesetzmässigen und korrekten Verwaltung kann Aufsichtsmassnahmen unabhängig von allfälligen Rechtsschutzmöglichkeiten verlangen, wobei die richterliche Unabhängigkeit im horizontalen Verhältnis Vorrang geniesst und die Zuständigkeiten der Rechtsmittelinstanzen möglichst zu wahren sind. Dabei darf nicht vergessen werden, dass auch andere Aufsichtsmassnahmen als die Kassation des fraglichen Akts infrage kommen. Ob die Aufsichtsbehörde einzuschreiten hat oder nicht, ist bei Vorliegen von Missständen also nicht eine Frage der Eintretensvoraussetzungen der Aufsichtsbeschwerde, sondern der Kompetenzabgrenzung zwischen Aufsichts- und Rechtsmittelbehörde (vgl. Biaggini, Theorie und Praxis, S. 230 ff.; Zibung, Praxiskommentar VwVG, Art. 71 N. 11).

778   In ein *zivilrechtliches Rechtsverhältnis* darf die Aufsichtsbehörde laut Bundesgericht zwar nicht direkt eingreifen; sie darf aber Anweisungen zum Verhalten in der Vertragsbeziehung geben (vgl. BGE 136 II 457 E. 6, wonach das zuständige Bundesamt die SBB anweisen durfte, auf die Einforderung eines Zuschlags zu verzichten).

779   Laut der Praxis ist die Aufsichtsbeschwerde auch insofern subsidiär, als sie zunächst *an die direkt vorgesetzte Behörde* zu richten ist (Bundesrat, Entscheid vom 27.4.1994, in: VPB 1995, Nr. 22 E. 2). Dem ist grundsätzlich zu folgen. Massgeblich müssen allerdings die allgemeinen Regeln über die Verwaltungshierarchie sein, was bedeutet, dass die übergeordnete Behörde im Rahmen des ihr zustehenden Evokations- oder Selbsteintrittsrechts – des Rechts, anstelle einer untergeordneten Dienststelle zu handeln – Aufsichtsbeschwerden direkt materiell behandeln darf (vgl. Art. 38 und Art. 47 Abs. 4 RVOG; vgl. auch die Beispiele, in denen die Behandlung durch eine höherrangige Behörde angezeigt ist, bei Vogel, VwVG-Kommentar, Art. 71 Rz. 20, und Zibung, Praxiskommentar VwVG, Art. 71 N. 10).

780   Ob eine Aufsichtsbeschwerde zu behandeln ist, hängt schliesslich nicht von den *Motiven der anzeigenden Person* ab (Vogel, VwVG-Kommentar, Art. 71 Rz. 24). Zumindest missverständlich ist deshalb die in der Praxis anzutreffende Formulierung, die Aufsichtsbeschwerde sei unzulässig, wenn bei den Anzeigenden die privaten Interessen überwiegen (Bundesrat, Entscheide vom 12.3.2004, VPB 2004, Nr. 101 E. 4, und vom 19.12.2001, VPB 2002, Nr. 27 E. II.2).

781   Handelt es sich bei der Rechtsmittelinstanz um die Aufsichtsbehörde, so ist sie oft bereit, eine Beschwerde als Aufsichtsbeschwerde entgegenzunehmen, wenn es entweder an einem Anfechtungsobjekt oder an der Legitimation der beschwerdeführenden Person gebricht (vgl. BGer, Urteil 2C_329/2011 vom 20.4.2011, E. 3; Bundesrat, Entscheid vom 10.11.2004, in: VPB 2005, Nr. 58 E. 4). Wenn die Rechtsmittelinstanz nicht mit der Aufsichtsbehörde identisch ist, hat sie die Sache nach pflichtgemässem Ermessen allenfalls an diese weiterzuleiten. Soweit feststeht, dass kein förmliches Rechtsmittel vorliegt, ergibt sich jedoch keine Weiterleitungspflicht aus Art. 8 Abs. 1 VwVG, weil kein Fristverlust droht (vgl. BVGE 2008/37 E. 4).

Die Praxis behandelte in einzelnen Bereichen Aufsichtsbeschwerden als förmliche Beschwerden, um die *Anforderungen von Art. 13 EMRK* zu erfüllen (vgl. Bundesrat, Entscheid vom 30.6.1993, VPB 1994, Nr. 64 E. 2). Auch das Bundesgericht hat die Frage aufgeworfen, ob die Aufsichtsbeschwerde als eine der Möglichkeiten gelten könne, die je nach den konkreten Umständen – und allenfalls zusammen mit anderen Rechtsmitteln oder Rechtsbehelfen – zu einer wirksamen Beschwerde im Sinn von Art. 13 EMRK gegen Realakte verhelfen können (vgl. BGE 128 I 167 E. 4.5). Im Allgemeinen hat es diese Frage jedoch verneint (vgl. BGE 130 IV 140 E. 2; 128 II 156 E. 4a; 123 II 402 E. 4b/aa; vgl. auch BGE 130 I 369 E. 6.1). Da in solchen Fällen nach heutiger Rechtslage eine Verfügung über den Realakt verlangt werden kann (Art. 25a VwVG), dürfte sich die Frage (im Bund und ebenso in den Kantonen, welche in irgendeiner Weise den ordentlichen Rechtsmittelweg gegen Realakte öffnen) nicht mehr stellen (vgl. auch hinten, Rz. 1308, zur Rechtsverzögerung).

782

Lehnt es die Behörde ab, auf eine Anzeige einzugehen, oder leistet sie ihr keine Folge, steht den Anzeigenden lediglich die Aufsichtsbeschwerde an die nächsthöhere Verwaltungsinstanz offen. Es bleibt den Beschwerdeführenden nach wie vor verwehrt, den *Rechtsmittelweg* zu beschreiten, da keine Rechtsstreitigkeit vorliegt; es fehlt an der verbindlichen Regelung eines konkreten Rechtsverhältnisses und demzufolge am Rechtsschutzinteresse der Anzeigenden (vgl. BGE 133 II 468 E. 2). Desgleichen bleiben die Rechtsverweigerungs- und die Rechtsverzögerungsbeschwerde (Art. 46a VwVG) ausgeschlossen (BGer, Urteil 1B_207/2007 vom 16.11.2007, E. 1.1; BGE 109 Ib 246 E. 3d). Auch ein Wiedererwägungsgesuch ist nicht denkbar, da keine Verfügung erging (Bundesrat, Entscheid vom 13.5.1992, in: VPB 1993, Nr. 36). Macht die beschwerdeführende Person jedoch geltend, ihre Eingabe sei zu Unrecht als Aufsichtsbeschwerde und nicht als förmliches Rechtsmittel entgegengenommen worden, steht ihr der Rechtsmittelweg offen (BGE 135 I 265 E. 3; vgl. auch BGE 128 II 156 E. 1a, wonach die Entgegennahme eines Rechtsmittels als Aufsichtsbeschwerde das Nichteintreten auf das Rechtsmittel bedeutet). Fällt die Aufsichtsbehörde einen neuen Entscheid, ist dieser auf dem Rechtsmittelweg anfechtbar, soweit die Voraussetzungen erfüllt sind. Insbesondere muss ein ausreichendes Rechtsschutzinteresse vorhanden sein, damit die Legitimation zur Erhebung des Rechtsmittels gegeben ist (Urteil 2C_61/2010 vom 26.8.2010, E. 2.3; BGE 102 Ib 81 E. 3).

783

Gemäss Art. 10 VKEV kann die Aufsichtsbehörde die *Kosten* der anzeigenden Person auferlegen, wenn die Aufsichtsbeschwerde mutwillig erfolgte oder aussergewöhnlich umfangreich oder besonders schwierig war (Bundesrat, Entscheid vom 27.11.2009, in: VPB 2010, Nr. 6 E. II.4). Werden für die Behandlung einer Aufsichtsbeschwerde Kosten erhoben, ist die Kostenauflage mit den ordentlichen Rechtsmitteln anfechtbar (BGer, Urteil 8C_103/2010 vom 19.8.2010, E. 1.1).

784

8. Kapitel: Die Einsprache

785 *Literatur:* BLÖCHLIGER ROMAN, *Die Einsprache gegen die Ermessenseinschätzung, SteuerRevue 2008, S. 86 ff.;* BLUMENSTEIN ERNST/LOCHER PETER, System des schweizerischen Steuerrechts, 6. A., Zürich 2002, S. 419 ff. GYGI, Bundesverwaltungsrechtspflege, S. 33, 139 f.; KIENER/RÜTSCHE/KUHN, Verfahrensrecht, N. 1786 ff.; KIESER UELI, *ATSG-Kommentar,* 2. A., Zürich 2009, Art. 52; *ders.,* Schweizerisches Sozialversicherungsrecht, Zürich/St. Gallen 2008, S. 471 ff.; MEISTER THOMAS, Rechtsmittelsystem der Steuerharmonisierung. Der Rechtsschutz nach StHG und DBG, Bern u.a. 1995, S. 91 ff.; MEUTER HANS ULRICH, Einspracheverfahren, Zürcher Steuerpraxis 2004, S. 1 ff.; MÜLLER URS, Das Verwaltungsverfahren in der Invalidenversicherung, Bern 2010, S. 407 ff.; RHINOW/KOLLER/ KISS/THURNHERR/BRÜHL-MOSER, Prozessrecht, Rz. 638 ff., 1301 ff.; SCARTAZZINI GUSTAVO/HÜRZELER MARC (Begründer: Maurer Alfred), *Bundessozialversicherungsrecht,* 4. A., Basel 2012, § 22 N. 29 ff.; SCHLAURI FRANZ, Über das Verhältnis von *Vorbescheid* und rechtlichem Gehör im Sozialversicherungsverfahren. Bemerkungen zu BGE 134 V 97, in: Festschrift für Erwin Murer, Bern 2010, S. 725 ff.; SEILER HANSJÖRG, *Rechtsfragen* des Einspracheverfahrens in der Sozialversicherung (Art. 52 ATSG), in: Schaffhauser René/Schlauri Franz (Hrsg.), Sozialversicherungsrechtstagung 2007, St. Gallen 2007, S. 65 ff.; ZWEIFEL MARTIN/CASANOVA HUGO, Schweizerisches Steuerverfahrensrecht. Direkte Steuern, Zürich u.a. 2008, §§ 20 f.

786 Das Einspracheverfahren als Rechtsmittelverfahren wird nach Erlass einer Verfügung bei derselben Verwaltungsbehörde eingeleitet, welche die Anordnung getroffen hat. Die Einsprache ist also ein *nicht devolutives Rechtsmittel* (vgl. z.B. BGE 131 V 407 E. 2.1.2.1). Sie ermöglicht einerseits eine umfassende Interessenabwägung, birgt aber andererseits die Gefahr in sich, dass das Rechtsmittelverfahren unnötig verlängert wird.

787 Ihren *Ursprung* hat die Einsprache im *Steuerrecht.* Das VwVG sieht kein allgemeines Einspracheverfahren vor. Ob die Einsprache als Rechtsmittel besteht, bestimmt sich ausschliesslich nach den Spezialgesetzen. Doch richtet sich das Verfahren selber – im Rahmen von Art. 1–5 VwVG – nach den Bestimmungen des VwVG (vgl. Art. 5 Abs. 2 VwVG). Ist das Einspracheverfahren spezialgesetzlich vorgesehen, gehört es zum ordentlichen Verfahrensgang; die Verwaltungsbeschwerde oder die Beschwerde an das Bundesverwaltungsgericht kann vorerst nicht erhoben werden (vgl. Art. 32 Abs. 2 lit. a VGG; Art. 74 VwVG) – es sei denn, das Spezialgesetz sehe wiederum eine andere Regelung vor (vgl. Art. 83 Abs. 4 MWSTG, der eine Sprungbeschwerde ermöglicht, und dazu BVGer, Urteil A-6743/2009 vom 3.5.2010, E. 1.3).

788 Spezialgesetzlich verankert ist die Einsprache im *Steuerverfahren* (vgl. Art. 39 und 41 StG; Art. 83–85 MWStG – sowie die Ausnahmen von Art. 92 Abs. 3 und Art. 93 Abs. 3 MWStG –, Art. 42 und 44 VStG; vgl. auch Art. 132–135 DBG, Art. 48 StHG). Ebenso ist sie im *Sozialversicherungsverfahren* vorgesehen (Art. 52 und 56 ATSG; Art. 10–12 ATSV). Die Einsprache gemäss ATSG gilt grundsätzlich für alle Sozialversicherungszweige mit Ausnahme der Invalidenversicherung und der beruflichen Vorsorge (Scartazzini/Hürzeler, Bundessozialversicherungsrecht, § 22 N. 29; zu einer Übersicht über die Ausnahmen vgl. Seiler, Rechtsfragen, S. 72 ff.). Im Bereich der Invalidenversicherung ersetzt der Vorbescheid

nach Art. 57a IVG die Einsprache (vgl. auch Art. 69 Abs. 1 IVG und Art. 73bis–74 IVV; vgl. auch hinten, Rz. 1851). Nach dieser Bestimmung teilt die IV-Stelle der versicherten Person den vorgesehenen Endentscheid über ein Leistungsbegehren oder den Entzug oder die Herabsetzung einer bisher gewährten Leistung mittels Vorbescheid mit, wobei die versicherte Person Anspruch auf rechtliches Gehör hat (vgl. dazu BGE 135 V 254 E. 3.2; eingehend: BGE 134 V 97 E. 2, besonders auch zur Wahrung des rechtlichen Gehörs, wenn aufgrund von Art. 73bis Abs. 1 IVV kein Vorbescheidverfahren durchzuführen ist). Anders als im Verfahren der Invalidenversicherung ersetzt ein allfälliger Vorbescheid im Verfahren der Militärversicherung (Art. 32a MVV) die Einsprache nicht.

Das Einspracheverfahren hat dort seine besondere Bedeutung, wo zahlreiche Verfügungen ergehen müssen und wo dementsprechend auch die Gefahr, dass Fehler unterlaufen, grösser ist. Oftmals erfolgt in solchen Verfahren, die häufig der Massenverwaltung zuzurechnen sind, im Sinne der Prozessökonomie *keine oder nur eine eingeschränkte vorgängige Anhörung;* diese wird *durch das Einspracheverfahren ersetzt* (vgl. Art. 30 Abs. 2 lit. b VwVG; Art. 42 Satz 2 ATSG; BGE 131 V 407 E. 2.1.2.2). Im Sozialversicherungsrecht gilt dabei, dass die übrigen, im ATSG ausdrücklich normierten Aspekte des Anspruchs auf rechtliches Gehör von der Einschränkung nicht betroffen sind (BGE 136 V 113 E. 5.3 f.; 132 V 368 E. 4.1; eingehend Kieser, ATSG-Kommentar, Art. 42 N. 22 ff.). Die Anhörung muss im Einspracheverfahren vollumfänglich nachgeholt werden (vgl. BGE 132 V 387 E. 4.1). Die Verschiebung der Gehörswahrung in das Einspracheverfahren hat zur Folge, dass an die Begründung der Verfügung geringere Anforderungen zu stellen sind (BVGer, Urteil C-6702/2007 vom 31.3.2010, E. 3.1.2). Wie die sozialversicherungsrechtliche Praxis festhält, dürfen allerdings die Abklärungen, die zur Sachverhaltsfeststellung notwendig sind, nicht in das Einspracheverfahren verlagert werden. Die Verwaltung darf also nicht eine Verfügung mit einer Standardbegründung erlassen und hernach erst im Einspracheentscheid die konkrete Begründung gleichsam nachschieben (BGer, Urteil 8C_413/2008 vom 5.1.2009, E. 3.3). Soweit die Verwaltung dem Einsprachebegehren entsprechen will, kann sie auch die Verfügung in Wiedererwägung ziehen, also neu verfügen (und das Einspracheverfahren als gegenstandslos geworden abschreiben), statt einen Einspracheentscheid zu fällen. Weil die Einsprache eine erneute Prüfung durch die verfügende Behörde ermöglichen soll und die Einspracheinstanz somit mit dieser identisch ist, ergibt es dagegen keinen Sinn, im Einspracheentscheid eine Rückweisung anzuordnen. Dies gilt selbst dann, wenn die Verfügungs- und Einspracheinstanz organisatorisch in verschiedene Einheiten gegliedert ist (eingehend zum Verhältnis von Verfügung und Einspracheentscheid: BGE 131 V 407 E. 2).

Die *reformatio in peius* (die Änderung der angefochtenen Verfügung zuungunsten der Partei, die Einsprache erhoben hat) ist im Einspracheverfahren zulässig (Thomas Häberli, in: Waldmann/Weissenberger, Praxiskommentar VwVG, Art. 62 N. 6; BGer, Urteile 2C_806/2008 vom 1.7.2009, E. 2.2.4, und

2A.227/2003 vom 22.10.2003, E. 3.3 f., wobei der letztgenannte Entscheid allerdings eine gesetzlich nicht geregelte «Einsprache» betraf, die wohl als Wiedererwägungsgesuch zu qualifizieren war). Das Bundesverwaltungsgericht scheint Art. 62 Abs. 2 und 3 VwVG über die Voraussetzungen der reformatio in peius im Beschwerdeverfahren anzuwenden (BVGer, Urteil A-1630/2006 vom 13.5.2008, E. 1.3; vgl. dazu hinten, Rz. 1166). Wesentlich ist, dass das rechtliche Gehör – in analoger Anwendung dieser Bestimmungen oder gestützt auf Art. 29 Abs. 2 BV – gewährt wird.

791 Weil das Äusserungsrecht nicht mit einem Kostenrisiko belastet sein darf, dürfen im Einspracheverfahren keine *Kosten* auferlegt werden, wenn es der erstmaligen Gewährung des rechtlichen Gehörs dient (vgl. BGE 122 II 274 E. 6d). Gemäss den gesetzlichen Regelungen ist das Einspracheverfahren grundsätzlich kostenlos, wobei im Steuerrecht die Kostenauflage für schuldhaft verursachte Untersuchungsmassnahmen vorbehalten bleibt (Art. 41 StG; Art. 44 VStG; Art. 84 MWSTG; Art. 135 Abs. 3 i.V.m. Art. 123 Abs. 2 Satz 2 DBG; vgl. ferner Art. 52 Abs. 3 ATSG). Parteientschädigungen werden grundsätzlich ebenfalls nicht ausgerichtet (so ausdrücklich Art. 84 Abs. 1 MWSTG; vgl. BGer, Urteil 2A.468/2005 vom 7.4.2006, E. 3.4 zum Verfahren der direkten Bundessteuer). Im Verfahren der Sozialversicherung erhalten Einsprechende, die im Fall ihres Unterliegens die unentgeltliche Rechtspflege beanspruchen könnten, eine Parteientschädigung, wenn sie obsiegen; ob eine solche in weiteren Fällen ausgerichtet werden könnte, hat das Bundesgericht offen gelassen (BGer, Urteil 9C_370/2010 vom 12.8.2010, E. 1 und 2.1; BGE 130 V 570 E. 2).

792 Inwieweit Einspracheentscheide wie Verfügungen der *Wiedererwägung* (im Sinn eines Rechtsbehelfs; vgl. vorne, Rz. 743 ff.) zugänglich sind, hängt zunächst von der konkreten gesetzlichen Regelung ab (vgl. Art. 53 Abs. 2 ATSG). Ohne entsprechende gesetzliche Bestimmung ist davon auszugehen, dass Verfügungen, die auf einem eingehenden «Einsprache- und Ermittlungsverfahren» beruhen, als grundsätzlich unwiderruflich gelten (vgl. Häfelin/Müller/Uhlmann, Verwaltungsrecht, Rz. 1013 f., 1816). Das Bundesverwaltungsgericht lässt die Wiedererwägung von Einspracheentscheiden während der Hängigkeit des Beschwerdeverfahrens nach Art. 58 Abs. 1 VwVG zu (vgl. z.B. BVGer, Urteil A-1633/2006 vom 30.9.2009 m.H.).

793 Die Einsprache als Rechtsmittel ist abzugrenzen vom *besonderen Einwendungsverfahren* gemäss Art. 30a VwVG, das der Gewährung des rechtlichen Gehörs für eine grosse Anzahl von Betroffenen dient und *vor* Erlass der Verfügung durchgeführt wird. Ebenso werden die formalisierten Anhörungsverfahren, die in den Spezialgesetzen des Bundes für Plangenehmigungs- und Enteignungsverfahren vorgesehen sind, vor dem Erlass der Verfügung durchgeführt. Es handelt sich somit um Einwendungsverfahren; der Gesetzgeber verwendet dafür allerdings – verwirrenderweise, aber der Tradition gerade des Enteignungsrechts entsprechend – ebenfalls den Begriff «Einsprache» (vgl. z.B. Art. 18f EBG, Art. 27d NSG, Art. 62e WRG; vgl. auch Art. 35 EntG).

4. Teil

Verwaltungsrechtspflege durch das Bundesverwaltungsgericht

9. Kapitel: Grundlagen

Literatur: ALBRECHT PETER, Was zeichnet gute Richterinnen und Richter aus?, in: Schindler/Sutter, Akteure, S. 1 ff.; BANDLI CHRISTOPH, Das Bundesverwaltungsgericht als Eckpfeiler der Justizreform: Bewährtes und Anpassungsbedarf, ZBJV 2012, S. 101 ff.; *ders.*, Die Rolle des Bundesverwaltungsgerichts, in: Tschannen, Bundesrechtspflege, S. 195 ff.; BEUSCH MICHAEL, Rechtsschutz durch das Bundesverwaltungsgericht, Jusletter, 18.12.2006; BEUSCH MICHAEL/MOSER ANDRÉ/KNEUBÜHLER LORENZ, Ausgewählte prozessrechtliche Fragen im Verfahren vor dem Bundesverwaltungsgericht, ZBl 2008, S. 1 ff.; BEUSCH MICHAEL/SAVOLDELLI MARCO, Il Tribunale amministrativo federale – nuovo attore nel sistema giudiziario svizzero, RtiD 2007 I, S. 227 ff.; BIAGGINI, BV-Kommentar, Art. 191a und Art. 191c; HÄFELIN/MÜLLER/UHLMANN, Verwaltungsrecht, Rz. 1849 ff.; KAYSER MARTIN, Richterwahlen: Unabhängigkeit im Spannungsfeld von Rechtsstaatlichkeit und Demokratie, in: Schindler/Sutter, Akteure, S. 41 ff.; KIENER REGINA, Verfahren der Erneuerungswahl von Richterinnen und Richtern des Bundes, Gutachten vom 28.1.2008, VPB 2008 Nr. 26; *dies.*, Verfahren der Amtsenthebung von Richterinnen und Richtern der erstinstanzlichen Gerichte des Bundes, Gutachten vom 7.11.2007, VPB 2008 Nr. 25; *dies.*, Richterliche Unabhängigkeit, Bern 2001; KIENER/RÜTSCHE/KUHN, Verfahrensrecht, N. 150 f.; KISS CHRISTINA/KOLLER HEINRICH, in: Ehrenzeller/Mastronardi/Schweizer/Vallender, St. Galler Kommentar BV, Art. 191a; METZ MARKUS, 5 Jahre Bundesverwaltungsgericht – ein Erfolg der Justizreform?, BJM 2012, S. 237 ff.; MONNET JEAN-PIERRE, Facteurs d'hétérogénéité du tribunal, harmonisation de la jurisprudence (premières expériences), in: Ehrenzeller/Schweizer, Bundesverwaltungsgericht, S. 67 ff.; MOOR/POLTIER, Droit administratif, Vol. II, S. 658 ff.; MOSER/BEUSCH/KNEUBÜHLER, Bundesverwaltungsgericht, Rz. 1.6 ff.; POLTIER ETIENNE, L'organisation et le fonctionnement interne de l'ordre judiciaire et des tribunaux, AJP 2011, S. 1018 ff.; RHINOW/KOLLER/KISS/THURNHERR/BRÜHL-MOSER, Prozessrecht, Rz. 1431 ff.; RYTER MARIANNE, Gerichtsverwaltung und richterliche Unabhängigkeit: Überlegungen am Beispiel des Bundesverwaltungsgerichts, in: Verwaltungsorganisationsrecht – Staatshaftungsrecht – öffentliches Dienstrecht, Jahrbuch 2007, Bern 2008, S. 59 ff.; SCHWEIZER RAINER J., Zur Einleitung: Das Bundesverwaltungsgericht im System der öffentlich-rechtlichen Rechtspflege des Bundes, in: Ehrenzeller/Schweizer, Bundesverwaltungsgericht, S. 13 ff.; STEINMANN GEROLD, in: Ehrenzeller/Mastronardi/Schweizer/Vallender, St. Galler Kommentar BV, Art. 191c; WEISSENBERGER PHILIPPE, Das Bundesverwaltungsgericht, AJP 2006, S. 1491 ff.

794

I. Die anwendbaren Bestimmungen

Das Bundesverwaltungsgericht hat seine Grundlage in Art. 191a Abs. 2 BV. Diese im Rahmen der Justizreform vom 12.3.2000 aufgenommene Bestimmung besagt, dass der Bund richterliche Behörden für die Beurteilung öffentlich-rechtlicher Streitigkeiten aus dem Zuständigkeitsbereich der Bundesverwaltung bestellt. Gestützt darauf wurde am 17.6.2005 das VGG erlassen. Dieses regelt Stellung und Organisation des Gerichts, die Zuständigkeiten und einige Besonderheiten des Verfahrens. Zudem mussten mit dem VGG zahlreiche Bundesgesetze, so auch das VwVG, angepasst werden (AS 2006 2197).

795

Für das Verfahren gelten nach Art. 37 VGG die Bestimmungen des VwVG, soweit das VGG nichts anderes vorsieht. Das VGG stellt nur dort eigene Bestimmungen auf, wo dies für das Verfahren vor Bundesverwaltungsgericht notwendig ist (vgl. BBl 2001 4257). Für den Ausstand (Art. 38 VGG) sowie für Re-

796

vision und Erläuterung (Art. 45 und Art. 48 VGG) gelten hingegen sinngemäss die Bestimmungen des BGG, wobei für Inhalt, Form, Verbesserung und Ergänzung des Revisionsgesuchs in Art. 47 VGG wiederum auf Art. 67 Abs. 3 VwVG verwiesen wird. Das Klageverfahren sodann richtet sich nach den Art. 3–73 und 79–85 BZP, wobei das Bundesverwaltungsgericht den Sachverhalt von Amtes wegen feststellt und die Gerichtsgebühren und die Parteientschädigung nach Art. 63 ff. VwVG festzulegen sind (Art. 44 VGG).

797 Eigene Verfahrensbestimmungen enthält das VGG für die Zuständigkeit der Instruktion (Art. 39 VGG), für die Parteiverhandlungen (Art. 40 VGG), die Beratung und die Urteilsverkündung (41 f. VGG) sowie für den Fall, dass die Urteile des Bundesverwaltungsgerichts mangelhaft vollstreckt werden; hier ist die Beschwerde an den Bundesrat vorgesehen (Art. 43 VGG).

798 Die sehr rudimentäre Regelung des Gerichtsverfahrens hängt damit zusammen, dass das Bundesverwaltungsgericht die verwaltungsinterne Rechtspflege sowie die Rechtspflege vor den Rekurs- und Schiedskommissionen weitgehend abgelöst hatte und diese Beschwerdeinstanzen in einer Gerichtsinstanz zusammengeführt wurden. Der Gesetzgeber wollte dabei an den Verfahrensregeln möglichst wenig ändern. Um den vollständigen Rechtsschutz zu gewährleisten, blieb es auch dabei, dass das Bundesverwaltungsgericht die Angemessenheit von Verfügungen prüfen kann (Art. 49 lit. c VwVG). Gemäss der Botschaft des Bundesrates zur Totalrevision der Bundesrechtspflege soll dem Interesse am vollständigen Rechtsschutz der Vorrang gegenüber dem Interesse an der funktionellen Gewaltentrennung, wonach das Gericht nur die rechtlichen Grenzen der Ermessensausübung kontrollieren soll, eingeräumt werden (BBl 2001 4256). In der Praxis bringt dies allerdings erhebliche Schwierigkeiten mit sich, sodass das Gericht die noch vom Bundesrat begründete «Ohne-Not-Praxis» weiterführt, welche eine beschränkte Überprüfung zur Folge hat (vgl. dazu im Einzelnen hinten, Rz. 1050 ff.). Es fragt sich, ob in dieser Hinsicht nicht weitere Spezialbestimmungen notwendig gewesen wären. Ebenso ist die Zulässigkeit der reformatio in peius einem Gerichtsverfahren nicht adäquat und eignet sich diese eher für das verwaltungsinterne Beschwerdeverfahren, in welchem die Aufsichtsbehörde entscheidet (Art. 62 Abs. 2 VwVG; vgl. dazu hinten, Rz. 1161 ff.). Mitunter wären somit weitere an das gerichtliche Verfahren angepasste spezialgesetzliche Bestimmungen sinnvoll gewesen (ebenso Biaggini, BV-Kommentar, Art. 191a N. 9).

799 Es ist zu beachten, dass die Spezialgesetze in Bezug auf das Verfahren vor dem Bundesverwaltungsgericht häufig besondere Bestimmungen enthalten (z.B. Art. 77 ff. EntG; Art. 33 Abs. 2 DSG; Art. 25 und Art. 80e IRSG etc.). Eine Übersicht über die geänderten spezialgesetzlichen Bestimmungen ergibt sich aus der Publikation des VGG in der AS 2006 2197, insbesondere 2213 ff.

II. Stellung und Organisation

Das Bundesverwaltungsgericht ist als allgemeines Verwaltungsgericht ausgestaltet (Art. 1 Abs. 1 VGG), das im Regelfall zweitinstanzlich, somit als erste Beschwerdeinstanz entscheidet. Mit dem Bundesverwaltungsgericht wurde im Bund grundsätzlich die zweistufige Verwaltungsgerichtsbarkeit geschaffen (vgl. vorne, Rz. 302). Dennoch bestehen Ausnahmen: Eine solche bildet beispielsweise die Beschwerde an die ETH-Beschwerdekommission gemäss Art. 37 f. ETH-Gesetz oder die Beschwerde an die Oberzolldirektion gemäss Art. 116 ZG. Das Bundesverwaltungsgericht ist nach Art. 86 Abs. 1 lit. a BGG unmittelbare Vorinstanz des Bundesgerichts. Weil es auch den Sachverhalt überprüfen kann, sind somit auf Bundesebene die Voraussetzungen der Rechtsweggarantie gemäss Art. 29a BV erfüllt (vgl. vorne, Rz. 185). 800

Das Bundesverwaltungsgericht entscheidet dort endgültig, wo eine Angelegenheit nicht vom Bundesgericht geprüft wird (Art. 83 BGG). Dies ist in der grossen Mehrzahl der Verfahren und namentlich im Bereich des Asylwesens der Fall (Art. 83 lit. d BGG). 801

Ein einheitliches Gericht für die Bundesverwaltungsrechtspflege und die Bundesstrafrechtspflege kam nicht zustande (vgl. Weissenberger, Bundesverwaltungsgericht, S. 1494). Vielmehr wurde der Lösung mit zwei eigenständigen Gerichten der Vorzug gegeben, die je über eine eigene Organisation verfügen. Neben das Bundesverwaltungsgericht und das Bundesstrafgericht ist nun das Bundespatentgericht getreten, welches erstinstanzlich zivilrechtliche Streitigkeiten über Patente beurteilt (vgl. das PatGG). 802

Das Bundesverwaltungsgericht hat seinen Sitz in St. Gallen (Art. 4 Abs. 1 VGG). Das Gericht ist in insgesamt fünf Abteilungen aufgeteilt, die im Geschäftsreglement für das Bundesverwaltungsgericht vom 17.4.2008 geregelt werden (Art. 19 VGG, Art. 18 ff. VGR). Die Zuständigkeiten der einzelnen Abteilungen sind aus Art. 23 VGR ersichtlich. Die Verteilung der Geschäfte auf die Abteilungen erfolgt nach den Rechtsgebieten (Art. 24 VGG). Die Abteilungen sind wiederum in je zwei Kammern aufgeteilt (Art. 25 VGR). 803

Die Urteile werden im Regelfall in den Abteilungen gefällt. Praxisänderungen und Präjudizien bedürfen aber der Zustimmung der Vereinigung der betroffenen Abteilungen (Art. 25 VGG). 804

Einen wesentlichen Bestandteil der richterlichen Unabhängigkeit bildet die Justizverwaltung, welche gemäss Art. 27 VGG dem Gericht obliegt. Demgemäss regelt das Bundesverwaltungsgericht seine Organisation und die Verwaltung selbst. Die Zuständigkeit der einzelnen Justizverwaltungsorgane wird in Art. 15 ff. VGG festgelegt (Präsidium, Gesamtgericht, Präsidentenkonferenz und Verwaltungskommission). 805

III. Richterliche Unabhängigkeit

806 Die richterliche Unabhängigkeit wird in Art. 2 VGG ausdrücklich erwähnt, ergibt sich jedoch bereits aus Art. 30 Abs. 1 BV als grundrechtlich geschützte Garantie sowie aus Art. 191c BV. Die richterliche Unabhängigkeit des Bundesverwaltungsgerichts ist einerseits *in organisatorischer Hinsicht* durch die bereits erwähnte Autonomie in der Organisation geschützt und andererseits durch die Beschränkung des Aufsichtsrechts der Bundesversammlung auf die Oberaufsicht (Art. 3 Abs. 2 VGG) sowie durch die Beschränkung der Aufsicht des Bundesgerichtes auf administrative Belange (Art. 3 Abs. 1 VGG; Art. 1 Abs. 2 BGG; vgl. dazu auch vorne, Rz. 771). In Bezug auf den Umfang der administrativen Aufsicht hält Art. 2 AufRBGer fest, dass sich diese auf alle Bereiche der Geschäftsführung, insbesondere die Geschäftsleitung, die Organisation, die Fallerledigung sowie das Personal- und Finanzwesen erstreckt, wobei Art. 2 Abs. 2 AufRBGer die Rechtsprechung ausdrücklich ausnimmt (vgl. zum Umfang der Prüfung auch vorne, Rz. 772 f.). Die Rechtsprechung des Bundesverwaltungsgerichts darf auch bei der Wahl der Richterinnen und Richter nicht berücksichtigt werden. Diese werden von der Vereinigten Bundesversammlung für eine Amtsdauer von sechs Jahren gewählt (Art. 5 VGG).

807 Andererseits wird die richterliche Unabhängigkeit auch *in persönlicher Hinsicht,* d.h. in Bezug auf die Person der Richterinnen und Richter, geschützt. Art. 6 VGG sieht Unvereinbarkeiten mit verschiedenen amtlichen oder anderen Tätigkeiten der Richterinnen und Richter ausserhalb der richterlichen Funktion vor. Danach dürfen die Richterinnen und Richter weder der Bundesversammlung noch dem Bundesrat oder dem Bundesgericht angehören. Sodann dürfen sie keine Tätigkeit ausüben, welche die Erfüllung der Amtspflichten, die Unabhängigkeit oder das Ansehen des Gerichts beeinträchtigen (Art. 6 Abs. 2 VGG). Den Richterinnen und Richtern mit vollem Pensum ist es untersagt, ein Amt in einem Kanton oder eine Erwerbstätigkeit auszuüben oder als Organ oder Mitglied der Revisionsstelle in einem wirtschaftlichen Unternehmen tätig zu sein (Art. 6 Abs. 4 VGG). Art. 6 Abs. 4 VGG gilt jedoch nicht für Richterinnen und Richter mit einem Teilpensum, das gemäss Gesetz ausdrücklich als zulässig bezeichnet wird (Art. 13 Abs. 1 VGG). E contrario bedeutet Art. 6 Abs. 4 VGG weiter, dass die Richterinnen und Richter grundsätzlich eine ideelle Tätigkeit ausüben dürfen, sofern die amtliche Tätigkeit im Sinn von Art. 6 Abs. 2 VGG nicht beeinträchtigt wird. Allerdings bedarf die Ausübung von Beschäftigungen ausserhalb des Gerichts einer Genehmigung des Bundesverwaltungsgerichts (Art. 7 VGG). Darunter fallen sämtliche Nebenbeschäftigungen (Weissenberger, Bundesverwaltungsgericht, S. 1503).

808 Eine Beeinträchtigung der richterlichen Unabhängigkeit besteht gemäss Art. 6 Abs. 2 VGG generell, wenn Richterinnen oder Richter die berufsmässige Vertretung vor dem Bundesverwaltungsgericht übernehmen würden. Das

Bundesverwaltungsgericht legt diese Bestimmung streng aus und untersagt jede Rechtsberatungstätigkeit in Rechtsgebieten, die in die Zuständigkeit des Bundesverwaltungsgerichts fallen (Weissenberger, Bundesverwaltungsgericht, S. 1503).

Weiter sieht das Gesetz in Art. 8 VGG Unvereinbarkeiten in der Person für nahestehende Personen (Ehegatten, eingetragene Partnerinnen oder Partner etc.) sowie für Verwandte in gerader Linie und Verschwägerte vor. Diese Personen dürfen nicht gleichzeitig dem Gericht angehören. 809

Zu erwähnen ist schliesslich die Immunität, welche ebenso die unabhängige Amtsausübung schützt. In Bezug auf die Strafverfolgung im Zusammenhang mit der Amtstätigkeit gilt Art. 14 VG. Sie bedarf der Ermächtigung durch die eidgenössischen Räte. Geht es um Verbrechen und Vergehen ausserhalb der Amtstätigkeit, bedarf die Strafverfolgung entweder der Zustimmung der Richterin oder des Richters oder eines Beschlusses des Gesamtgerichts (Art. 12 Abs. 1 VGG). 810

Die persönliche Unabhängigkeit der Richterinnen und Richter wird schliesslich auch durch die Ausstandsbestimmungen geschützt. Darauf ist zurückzukommen (hinten, Rz. 1096 ff.). 811

10. Kapitel: Das Beschwerdeverfahren

812 *Literatur:* BAECHLER JEAN-LUC, Les conditions pour recourir – La procédure de décision, in: Ehrenzeller/Schweizer, Bundesverwaltungsgericht, S. 227 ff.; BEUSCH MICHAEL, Rechtsschutz durch das Bundesverwaltungsgericht, Jusletter, 18.12.2006; KIENER/RÜTSCHE/KUHN, Verfahrensrecht, N. 1131 ff., 1196 ff.; METZ MARKUS, Beschwerdevoraussetzungen – Parteistellung beim Bundesverwaltungsgericht, in: Ehrenzeller/Schweizer, Bundesverwaltungsgericht, S. 207 ff.; MOOR/POLTIER, Droit administratif, Vol. II, S. 799 ff.; RHINOW/KOLLER/KISS/THURNHERR/BRÜHL-MOSER, Prozessrecht, Rz. 1498 ff.; WEISSENBERGER PHILIPPE, Das Bundesverwaltungsgericht, AJP 2006, S. 1491 ff.

813 *Vorbemerkungen:* Um Doppelspurigkeiten zu vermeiden, wird in diesem Kapitel über die Beschwerde an das Bundesverwaltungsgericht auch die Praxis des Bundesgerichts zur Beschwerde in öffentlich-rechtlichen Angelegenheiten miteinbezogen, jedenfalls insoweit, als es um die Anwendung derselben Bestimmung (Art. 5 VwVG) bzw. gleichlautender Bestimmungen (insbesondere Art. 48 VwVG und Art. 89 BGG) geht.

814 Es wäre grundsätzlich nicht falsch, die Beschwerde an das Bundesverwaltungsgericht als *Verwaltungsgerichtsbeschwerde* zu bezeichnen. Die Verwendung dieses Begriffs für dieses Rechtsmittel wäre jedoch – zumindest derzeit noch – missverständlich, weil er ein spezifisches Rechtsmittel an das Bundesgericht gemäss der früheren, auf den 1.1.2007 ausser Kraft getretenen Ordnung der Bundesrechtspflege bezeichnete. Im Folgenden wird daher von der «Beschwerde an das Bundesverwaltungsgericht» gesprochen.

I. Dispositionsmaxime

815 Gemäss der Dispositionsmaxime steht es den Verfügungsbetroffenen zu, das Beschwerdeverfahren vor Bundesverwaltungsgericht einzuleiten. Der Dispositionsmaxime entspricht sodann, dass die beschwerdeführende Partei im Rahmen des Anfechtungsobjekts durch ihre Anträge den Streitgegenstand bestimmen kann und das Bundesverwaltungsgericht an diese Anträge gebunden ist (vgl. dazu vorne, Rz. 687). Im Beschwerdeverfahren vor Bundesverwaltungsgericht wird die Dispositionsmaxime allerdings von der Offizialmaxime durchbrochen, indem das Gericht unter den Voraussetzungen von Art. 62 Abs. 1 und 2 VwVG nicht an die Parteibegehren gebunden ist (vgl. dazu hinten, Rz. 1162). Aus dem Dispositionsgrundsatz ergibt sich ferner, dass die Parteien das Verfahren durch Beschwerderückzug und auch durch Anerkennung zum Abschluss bringen können. Die Beendigung des Verfahrens durch Vergleich ist insofern möglich und auch in der Praxis anzutreffen, als das materielle Recht einen ausreichenden Entscheidungsspielraum offenlässt (vgl. vorne, Rz. 610 und hinten, Rz. 1149).

II. Beschwerdevoraussetzungen

1. Zuständigkeit des Bundesverwaltungsgerichts

A. Prüfung der Zuständigkeit und Überweisungspflicht

Literatur: DAUM MICHEL, in: Auer/Müller/Schindler, VwVG-Kommentar, Art. 7–9; FLÜCKIGER THOMAS, in: Waldmann/Weissenberger, Praxiskommentar VwVG, Art. 7–9; KIENER/RÜTSCHE/KUHN, Verfahrensrecht, N. 1250 ff.; MOSER/BEUSCH/KNEUBÜHLER, Bundesverwaltungsgericht, Rz. 1.32, 3.9 ff.; RHINOW/KOLLER/KISS/THURNHERR/BRÜHL-MOSER, Prozessrecht, Rz. 1184 ff., 1509 f.; WEISSENBERGER PHILIPPE/RICHARD PASCAL, Les compétences du Tribunal administratif fédéral, in: Ehrenzeller/Schweizer, Bundesverwaltungsgericht, S. 107 ff., 116 ff. 816

Die Vorschriften über die Zuständigkeit sind zwingender Natur (Art. 37 VGG i.V.m. Art. 7 Abs. 2 VwVG; Rekurskommission für das öffentliche Beschaffungswesen, Entscheid vom 4.3.2003, in: VPB 2003, Nr. 66 E. 2a). Prorogation ist demnach unzulässig, vorbehältlich spezialgesetzlicher Normen (z.B. Art. 69 Abs. 2 EntG; früher Art. 34 Abs. 2 SuG, dazu BVGer, Urteil A-7749/2006 vom 12.11.2007, E. 1.1). Aus diesem Grund ist auch die Einlassung unzulässig (BVGer, Urteil A-5837/2010 vom 4.4.2011, E. 4; vgl. auch BVGer, Urteil B-1773/2006 vom 25.9.2008, E. 1.2). 817

Das Bundesverwaltungsgericht prüft die Zuständigkeit als Prozessvoraussetzung von Amtes wegen (Art. 7 Abs. 1 VwVG) und mit freier Kognition (BVGE 2007/6 E. 1). Erachtet sich das Gericht als unzuständig, überweist es die Sache ohne Verzug der zuständigen Behörde (Art. 8 Abs. 1 VwVG). Es handelt sich um eine Pflicht (BVGer, Urteil A-459/2011 vom 26.8.2011, E. 4.1). Die Überweisung ist nicht an ein bestimmtes Verfahrensstadium gebunden (BVGer, Urteil A-1612/2006 vom 9.7.2009, E. 1.4). Sie erfolgt im Regelfall formlos. Wenn eine Partei mehrere Begehren stellt, von denen nur ein Teil in die Zuständigkeit des Bundesverwaltungsgerichts fällt, hat das Gericht die in seine Zuständigkeit fallenden Punkte zu behandeln und die Sache anschliessend grundsätzlich von Amtes wegen an die zuständige Behörde weiterzuleiten, sofern nach dem Beschwerdeentscheid noch Aspekte offen sind, welche eine andere Behörde zu prüfen hat (BVGer, Urteil A-4898/2011 vom 20.2.2012, E. 2.1). 818

Die Weiterleitungspflicht gilt indes nicht schrankenlos. Davon ausgenommen sind namentlich Eingaben, die in keinem erkennbaren Zusammenhang zum vor dem Bundesverwaltungsgericht anhängigen Beschwerdeverfahren stehen oder von der rechtsuchenden Partei treuwidrig eingereicht wurden. Wer an eine Behörde gelangt, obwohl er deren Unzuständigkeit kennt, darf nicht mit der Weiterleitung seiner Eingabe rechnen, weil ein solches Verhalten rechtsmissbräuchlich erscheint und keinen Rechtsschutz verdient (BVGer, Urteil A-4898/2011 vom 20.2.2012, E. 2.1). Der Nachweis des Rechtsmissbrauches dürfte nicht leicht fallen; allerdings sind die Schranken der Weiterleitungspflicht 819 zu Recht hoch angesetzt, zumal sich die Zuständigkeiten häufig nicht leicht bestimmen lassen.

820 Erachtet das Gericht seine Zuständigkeit als zweifelhaft, pflegt es darüber ohne Verzug einen Meinungsaustausch mit der Behörde, deren Zuständigkeit infrage kommt (Art. 8 Abs. 2 VwVG; Beispiel für einen Meinungsaustausch mit dem Bundesgericht: BVGer, Urteil A-2744/2008 vom 23.3.2010, E. 1.3–1.5). Im Rahmen des Meinungsaustauschs müssen die Parteien nicht angehört werden, sie sind aber über das Ergebnis zu informieren (Moser/Beusch/Kneubühler, Bundesverwaltungsgericht, Rz. 3.11). Allerdings ist den Parteien das rechtliche Gehör zur Frage der Zuständigkeit zu gewähren, wenn diese für die Parteien neu ist.

821 Erachtet sich das Gericht als zuständig und wird dies von einer Partei bestritten, ergeht darüber eine mit Beschwerde anfechtbare Zwischenverfügung, welche später nicht mehr angefochten werden kann (Art. 9 Abs. 1 i.V.m. Art. 45 VwVG). Erachtet sich das Gericht als unzuständig und wird von einer Partei die Zuständigkeit behauptet, ergeht ein Nichteintretensentscheid als Endentscheid (Art. 9 Abs. 2 VwVG), wobei die Überweisung an die zuständige Instanz ausser Betracht fällt.

822 Kompetenzkonflikte zwischen den Bundesbehörden und dem Bundesverwaltungsgericht unterstehen nicht der Beurteilung durch den Bundesrat (Art. 9 Abs. 3 VwVG). Vielmehr fällt das Bundesverwaltungsgericht über seine Zuständigkeit einen Entscheid «in Anwendung von Art. 9 VwVG», der gegebenenfalls an das Bundesgericht weiterziehbar ist (BVGE 2009/30 E. 1.4). Kompetenzkonflikte zwischen den kantonalen Behörden und dem Bundesverwaltungsgericht unterliegen der Klage an das Bundesgericht (Art. 120 Abs. 1 lit. a BGG). Zu den Kompetenzstreitigkeiten siehe auch vorne, Rz. 399 ff.

B. Vorinstanzen

823 *Literatur:* Besson Michel, Die *Vorinstanzen* des Bundesverwaltungsgerichts und Anforderungen an die vorinstanzlichen Verfahren, in: Ehrenzeller/Schweizer, Bundesverwaltungsgericht, S. 167 ff.; Kiener/Rütsche/Kuhn, Verfahrensrecht, N. 1262 f.; Moser/Beusch/Kneubühler, Bundesverwaltungsgericht, Rz. 1.33 ff.; Rhinow/Koller/Kiss/Thurnherr/Brühl-Moser, Prozessrecht, Rz. 1539 ff.

824 In Art. 33 VGG werden die möglichen Vorinstanzen des Bundesverwaltungsgerichts abschliessend aufgezählt. Gegen die Verfügungen dieser Vorinstanzen ist die Beschwerde möglich (Art. 33 Ingress VGG; die Ausnahmen nach Art. 32 VGG sind vorbehalten). Dass die angefochtene Verfügung von einer im Gesetz genannten Vorinstanz stammen muss, stellt eine Eintretensvoraussetzung dar.

825 Die wichtigsten Vorinstanzen sind die Departemente und die diesen unterstellten oder administrativ zugeordneten Dienststellen der Bundesverwaltung (Art. 33 lit. d VGG), etwa das Bundesamt für Verkehr, die Schweizerische Ausgleichskasse oder die Eidgenössische Steuerverwaltung (BGE 137 II 128

E. 2.2.2 zur internationalen Amtshilfe insbesondere in Fiskalsachen). In lit. d ist zudem die Bundeskanzlei verzeichnet. Im Ergebnis betrifft lit. d sowohl die zentrale Bundesverwaltung (vgl. Art. 7 RVOV) als auch die dezentrale Bundesverwaltung (vgl. Art. 7a und 7b RVOV), aber Letztere nur insoweit, als sie nicht von den folgenden lit. e und f von Art. 33 VGG erfasst wird (Auffangfunktion; Besson, Vorinstanzen, S. 181 f.; BGE 136 II 23 E. 4.3.2).

Sodann sind die Anstalten und Betriebe des Bundes als Vorinstanzen zu erwähnen (Art. 33 lit. e VGG, etwa die FINMA, die Eidgenössische Alkoholverwaltung oder Swissmedic, Schweizerisches Heilmittelinstitut), ebenso die eidgenössischen Kommissionen (Art. 33 lit. f VGG, etwa die ETH-Beschwerdekommission, die neue Postkommission, PostCom, oder die WEKO – vgl. aber zur Änderung des Kartellgesetzes hinten, Rz. 2020 ff.). Dem Begriff des «Betriebs» nach lit. e dürfte keine eigenständige Bedeutung mehr zukommen (Besson, Vorinstanzen, S. 183). 826

Gemäss Art. 33 lit. h VGG sind die Instanzen oder Organisationen ausserhalb der Bundesverwaltung, die in Erfüllung ihnen übertragener öffentlichrechtlicher Aufgaben des Bundes verfügen, Vorinstanzen (vgl. Art. 178 Abs. 3 BV und Art. 2 Abs. 4 RVOG). Beispiele sind die Stiftung Auffangeinrichtung BVG, der Schweizerische Verein des Gas- und Wasserfaches oder Skyguide, eine Aktiengesellschaft nach Art. 620 ff. OR. 827

Das Bundesverwaltungsgericht ordnet die öffentlich-rechtliche Stiftung Pro Helvetia (Art. 31 Abs. 1 KFG) ebenfalls bei Art. 33 lit. h VGG ein (BVGer, Urteil B-6272/2008 vom 20.10.2010, E. 1.1 und 8). In Übereinstimmung mit der Auslegung von Art. 1 Abs. 2 lit. c VwVG ist aber eher eine Subsumierung unter Art. 33 lit. e VGG angezeigt (vgl. vorne, Rz. 380). Gemäss Anhang 1 Ziff. 2.2.8 RVOV ist die Stiftung Pro Helvetia Teil der dezentralen Bundesverwaltung. 828

Gemäss Art. 33 lit. g VGG sind die Schiedsgerichte aufgrund öffentlichrechtlicher Verträge des Bundes und seiner Anstalten und Betriebe Vorinstanzen des Bundesverwaltungsgerichts. Entscheide der Schiedsgerichte sind mit Beschwerde anfechtbar. Damit kann auf dem vertraglichen Weg die direkte Klage an das Bundesverwaltungsgericht umgangen werden, welches bei Streitigkeiten aus solchen Verträgen auf Klage hin entscheidet (Art. 35 lit. a mit Ausnahme in Art. 36 VGG; kritisch dazu Besson, Vorinstanzen, S. 184). 829

Beschwerden beim Bundesverwaltungsgericht gegen Verfügungen des Bundesrates, der Bundesversammlungsorgane, des Bundesstrafgerichts, des Bundespatentgerichts, des Bundesanwalts und der Aufsichtsbehörde über die Bundesanwaltschaft stellen aufgrund der eigentlichen Zuständigkeiten Ausnahmefälle dar. Es handelt sich um Bundesbehörden, deren erste Aufgabe nicht die Verwaltung ist. Bei Streitigkeiten auf personalrechtlichem Gebiet mit diesen Behörden besteht aber ein Anspruch auf gerichtliche Beurteilung (BBl 2001 4389; Art. 29a BV). Deshalb sind gemäss Art. 33 VGG auf dem Gebiet des Arbeitsverhältnisses Beschwerden möglich gegen Verfügungen: 830

- des Bundesrats und der Organe der Bundesversammlung betreffend das Bundespersonal einschliesslich der Verweigerung der Ermächtigung zur Strafverfolgung (lit. a);
- des Bundesstrafgerichts betreffend die Richterinnen, Richter und das Personal (lit. c);
- des Bundespatentgerichts betreffend die Richterinnen, Richter und das Personal (lit. c^{bis});
- der Bundesanwältin oder des Bundesanwalts betreffend die von ihr oder ihm gewählten Staatsanwältinnen, Staatsanwälte und das Personal (lit. c^{quater});
- der Aufsichtsbehörde über die Bundesanwaltschaft betreffend das Sekretariat (Art. 33 lit. c^{quinquies}).

831 Beschwerden gegen Verfügungen, die ein Arbeitsverhältnis beim Bundesverwaltungsgericht selbst betreffen, beurteilt das Bundesstrafgericht (Art. 36 Abs. 4 BPG; Art. 37 Abs. 2 lit. c StBOG). Beschwerden gegen Verfügungen, die ein Arbeitsverhältnis beim Bundesgericht betreffen, beurteilt eine spezielle Rekurskommission bestehend aus den Präsidentinnen oder Präsidenten der Verwaltungsgerichte der Kantone Waadt, Luzern und Tessin (Art. 36 Abs. 2 BPG zur richterlichen Beschwerdeinstanz). Das Bundesgericht ist somit in keinem Fall Vorinstanz des Bundesverwaltungsgerichts.

832 Der Bundesrat ist auch Vorinstanz des Bundesverwaltungsgerichts, wenn die Amtsenthebung von Organen der Nationalbank, die Abberufung oder Entlassung von Organen der FINMA, die Abberufung eines Mitglieds des Institutsrats des Eidgenössischen Instituts für Metrologie oder aber die Sperrung von Vermögenswerten gestützt auf das RuVG oder das Verbot einer Tätigkeit nach dem BWIS infrage stehen (Art. 33 lit. b Ziff. 1–5 VGG).

833 Vorinstanz ist schliesslich auch die Aufsichtsbehörde über die Bundesanwaltschaft, soweit Massnahmen gegenüber den von der Vereinigten Bundesversammlung gewählten Mitgliedern der Bundesanwaltschaft wegen Amtspflichtverletzungen betroffen sind (Art. 33 lit. c^{ter} VGG; vgl. Art. 31 Abs. 2 und 3 StBOG).

834 Das Bundesverwaltungsgericht wurde primär zur Beurteilung von öffentlich-rechtlichen Streitigkeiten aus dem Zuständigkeitsbereich der Bundesverwaltung institutionalisiert (Art. 191a Abs. 2 BV). Kantonale Instanzen sind deshalb nur ausnahmsweise Vorinstanzen, nämlich wenn ein Bundesgesetz gegen ihre Verfügungen die Beschwerde an das Bundesverwaltungsgericht vorsieht (Art. 33 lit. i VGG). Eine Verordnung genügt nicht (BBl 2001 4390). Beispiele sind Art. 125 Abs. 4 MG, Art. 166 Abs. 2 LwG, Art. 38 Abs. 2 LVG oder – von grosser Bedeutung – Art. 53 Abs. 1 KVG.

835 Art. 34 VGG, der Beschwerden auf dem Gebiet der Krankenversicherung gegen Beschlüsse der Kantonsregierungen an das Bundesverwaltungsgericht vorsah, wurde mit der Regelung der Spitalfinanzierung auf den 1.1.2009 auf-

gehoben. Die entsprechende Bestimmung findet sich heute in Art. 53 Abs. 1 KVG (am Ende des Abschnitts zu den Tarifen und Preisen), offenbar um der Systematik willen ergänzt um Art. 90a Abs. 2 KVG (in den besonderen Bestimmungen zur Rechtspflege). Anfechtbar sind danach Beschlüsse der Kantonsregierung über die Zulassung von Spitälern (Art. 39 KVG), die Sicherung der medizinischen Versorgung (Art. 45 KVG), die Genehmigung von Tarifverträgen (Art. 46 Abs. 4 und Art. 48 Abs. 1–3 KVG), die Festsetzung von Tarifen (Art. 47 und 55 KVG) sowie die Globalbudgetierung (Art. 51 und 54 KVG). Art. 53 Abs. 2 KVG sieht Abweichungen vom Verfahren vor Bundesverwaltungsgericht nach VGG und VwVG vor, etwa in lit. a bezüglich der Zulässigkeit von neuen Tatsachen und Beweismitteln (dazu BVGE 2012/18 E. 3.2) sowie in lit. e die Unzulässigkeit der Rüge der Unangemessenheit.

Entgegen dem Wortlaut von Art. 53 Abs. 1 KVG ist es nicht zwingend, dass der angefochtene Beschluss von der Kantonsregierung stammt. Diese Norm schreibt den Kantonen nicht vor, welche Behörde die Spitalplanung durchzuführen und zu erlassen hat. Dafür kommt beispielsweise auch eine kantonale Direktion infrage. Es handelt sich um ein gesetzgeberisches Versehen, das auch beim Erlass des VGG und bei der Revision des KVG zur Spitalfinanzierung nicht aufgegriffen wurde (BVGE 2012/9 E. 1.2.3.2 f.; BGE 134 V 45, mit anschliessender Überweisung an das Bundesverwaltungsgericht). 836

Obwohl sich Art. 33 lit. i VGG auf Verfügungen nach Art. 5 VwVG bezieht (vgl. Art. 31 VGG), sind nach Art. 53 Abs. 1 KVG auch «Beschlüsse» anfechtbar, deren Verfügungscharakter unter Umständen nicht eindeutig ist (z.B. Tarife, Spitallisten; BBl 2001 4391). Entscheide des Bundesverwaltungsgerichts mit einer Vorinstanz nach Art. 33 lit. i VGG in Verbindung mit Art. 53 Abs. 1 KVG sind endgültig (Art. 83 lit. r BGG). 837

C. Sachliche Zuständigkeit

Literatur: KIENER/RÜTSCHE/KUHN, Verfahrensrecht, N. 1252 f., 1264 f.; MOSER/BEUSCH/KNEUBÜHLER, Bundesverwaltungsgericht, Rz. 1.21 ff.; RHINOW/KOLLER/KISS/THURNHERR/BRÜHL-MOSER, Prozessrecht, Rz. 1536 ff.; TOPHINKE ESTHER, Bedeutung der *Rechtsweggarantie* für die Anpassung der kantonalen Gesetzgebung, ZBl 2006, S. 88 ff.; UHLMANN FELIX, Zuständigkeiten, in: Ehrenzeller/Schweizer, Bundesverwaltungsgericht, S. 141 ff., 163 ff. 838

a. Methoden der Umschreibung des Zuständigkeitsbereiches der Verwaltungsgerichte im Allgemeinen

Der Methode zur Abgrenzung der Sachzuständigkeit kommt grosse Bedeutung zu. In den einzelnen Verwaltungsverfahrens- oder Organisationsgesetzen wird der Zuständigkeitsbereich unterschiedlich umschrieben. Es kann in Form einer *Generalklausel* eine umfassende Zuständigkeit vorgesehen sein. Die Generalklausel kann aber zweitens auch durch eine negative Kompetenzausscheidung eingeschränkt werden: Die Materien, für die das Gericht nicht zuständig 839 ist, werden im Gesetz in einem *Negativkatalog* aufgezählt. Nach einer dritten Methode können die einzelnen Zuständigkeitsbereiche des Verwaltungsgerichts in Form von *Teilgeneralklauseln* positiv aufgezählt werden; schliesslich können sich die Gesetze vollends auf eine blosse *Enumeration* der punktuellen Zuständigkeiten beschränken. Bei einer solchen positiven Aufzählung der verwaltungsgerichtlichen Zuständigkeiten können ohne ausdrückliche Gesetzesänderungen keine neuen Rechtsgebiete der Verwaltungsgerichtsbarkeit zugänglich gemacht werden.

840 Angesichts der Ausdehnung der Verwaltungsgerichtsbarkeit, wie sie von Art. 6 Ziff. 1 EMRK und Art. 29a BV verlangt wird und wie sie Art. 86 Abs. 2 BGG (i.V.m. Art. 110–112 und 114 BGG) den Kantonen vorschreibt, sind die beiden letztgenannten Methoden grundsätzlich nicht mehr angebracht.

841 Die Umschreibung der Zuständigkeit des Bundesgerichts und des Bundesverwaltungsgerichts erfolgt grundsätzlich je durch eine Generalklausel mit einem Negativkatalog (Art. 82 lit. a und Art. 83 f. BGG; Art. 31 f. VGG).

b. Sachliche Zuständigkeit des Bundesverwaltungsgerichts gemäss Art. 31 f. VGG im Allgemeinen

842 Die sachliche Zuständigkeit des Bundesverwaltungsgerichts wird in Art. 31 VGG mit der sogenannten Generalklausel in allgemeiner Art und Weise umschrieben. Danach ist das Bundesverwaltungsgericht zuständig, Beschwerden gegen Verfügungen nach Art. 5 VwVG zu beurteilen. Die Tragweite dieser Bestimmung ist sehr gross. Im Rahmen der Totalrevision der Bundesrechtspflege haben zahlreiche Spezialgesetze des Bundesverwaltungsrechts in Bezug auf die Rechtspflege an Bedeutung verloren. Trotzdem dürfen die Spezialgesetze nicht aus dem Blick geraten, denn abweichende Regelungen sind nach wie vor möglich.

843 Die generelle Zuständigkeit nach Art. 31 VGG kennt folgende grundsätzlichen Ausnahmen, die im VGG selbst geregelt sind: die Regeln der Subsidiarität gegenüber anderen Instanzen (Art. 32 Abs. 2 lit. a und b VGG) sowie den Negativkatalog (Art. 32 Abs. 1 VGG).

844 Beschwerden an das Bundesverwaltungsgericht sind unzulässig gegen Verfügungen, die nach einem anderen Bundesgesetz *durch Einsprache oder durch Beschwerde* an eine Behörde im Sinne von Art. 33 lit. c–f VGG *anfechtbar* sind (Art. 32 Abs. 2 lit. a VGG; z.B. BGE 137 II 128 E. 2.2.1 zur Beschwerde an das Bundesstrafgericht bei internationaler Rechtshilfe). Diese Regelung entspricht dem Grundsatz der Ausschöpfung des Instanzenzugs. Das Bundesverwaltungsgericht ist funktionell erst zuständig, wenn allfällige Einsprache- oder Beschwerdemöglichkeiten an eine Behörde im Sinne von Art. 33 lit. c–f VGG ausgeschöpft sind. Eine vorgängige Einsprache- oder Beschwerdemöglichkeit muss sich aus dem Spezialgesetz ergeben (BBl 2001 4387). Eine Verordnung genügt mit Blick auf den unmissverständlichen Wortlaut von Art. 32 Abs. 2 lit. a VGG nicht (Moser/Beusch/Kneubühler, Bundesverwaltungsgericht, Rz. 1.22).

Der Instanzenzug muss jedoch im Fall einer *Sprungbeschwerde* nicht ausgeschöpft sein. Hat eine nicht endgültig entscheidende Beschwerdeinstanz im Einzelfall eine Weisung erteilt, dass oder wie eine Vorinstanz verfügen soll, ist die Verfügung unmittelbar an die nächsthöhere Beschwerdeinstanz weiterzuziehen; in der Rechtsmittelbelehrung ist darauf aufmerksam zu machen (Art. 47 Abs. 2 VwVG). Die Sprungbeschwerde kann auch spezialgesetzlich geregelt sein (z.B. Art. 83 Abs. 4 MWSTG und dazu BVGer, Urteile A-675/2011 vom 7.5.2012, E. 1.1, und A-6743/2009 vom 3.5.2010, E. 1.3): Mit Zustimmung oder auf Antrag der Einsprecherin oder des Einsprechers kann die Eidgenössische Steuerverwaltung die Einsprache gegen eine einlässlich begründete Verfügung als Beschwerde direkt an das Bundesverwaltungsgericht weiterleiten.

845

Beschwerden an das Bundesverwaltungsgericht sind auch unzulässig gegen Verfügungen, die nach einem anderen Bundesgesetz *durch Beschwerde an eine kantonale Behörde anfechtbar* sind (Art. 32 Abs. 2 lit. b VGG; vgl. z.B. BGE 134 II 272 E. 1.3.2). Damit wird die Konkurrenz der Beschwerde an das Bundesverwaltungsgericht zur Beschwerde an eine kantonale Behörde im Sinne des Vorrangs der Letzteren geregelt (BBl 2001 4387). Diese Regelung hat namentlich im Sozialversicherungsrecht ihre Bedeutung (vgl. Art. 56–62 ATSG zum Rechtspflegeverfahren). Die SUVA, eine öffentlich-rechtliche Anstalt nach Art. 61 Abs. 1 UVG, käme grundsätzlich als Vorinstanz im Sinne von Art. 33 lit. e VGG infrage. Wenn die SUVA aber einen Einspracheentscheid nach dem ATSG erlässt, ist das kantonale Versicherungsgericht am Wohnsitz des Versicherten die zuständige Beschwerdeinstanz (Art. 1 Abs. 1 UVG i.V.m. Art. 58 Abs. 1 ATSG; vgl. BVGer, Urteil C-3383/2007 vom 9.7.2009, E. 1.2, auch zu Art. 109 lit. a UVG). Ob der von der kantonalen Behörde gefällte Beschwerdeentscheid seinerseits beim Bundesverwaltungsgericht anfechtbar ist, ist erneut zu prüfen.

846

Der *Negativkatalog* in Art. 32 Abs. 1 VGG statuiert wenige sachliche Ausnahmen von der generellen Beschwerdemöglichkeit nach Art. 31 VGG. Der Katalog ist gesetzessystematisch vergleichbar mit Art. 83 BGG. Die Ausnahmen sind stets im Lichte von Art. 29a Satz 2 BV zu betrachten, wonach der Anspruch auf richterliche Beurteilung von Bund (und Kantonen) nur in Ausnahmefällen ausgeschlossen werden darf, was eine restriktive Auslegung nahelegt. Die Begründung für die meisten Ausnahmen von der Rechtsweggarantie in Art. 31 VGG liegt im zumindest vorwiegend politischen Charakter und damit verbunden in der geringen Justiziabilität der betroffenen Verfügungen (zu den Begründungen der einzelnen Ausnahmen hinten, Rz. 849 ff.).

847

Ist in den ausgenommenen Sachgebieten keine Beschwerde in der Hauptsache beim Bundesverwaltungsgericht möglich, kann auch gegen Zwischenverfügungen oder Vollstreckungsverfügungen der einzelnen Vorinstanzen kein Rechtsmittel beim Bundesverwaltungsgericht ergriffen werden (vgl. Art. 5 Abs. 2 VwVG; vgl. BGE 134 II 192 E. 1.3 und BBl 2001 4408 für das Bundesgericht). Ebenso gelten die Ausnahmen unabhängig davon, ob über pro-

848

zessuale oder materielle Rechtsfragen zu entscheiden wäre (vgl. BGE 137 I 128 E. 2 für das Bundesgericht) oder welche Beschwerdegründe vorgebracht würden. Dementsprechend dürfen Entscheide der Vorinstanzen des Bundesverwaltungsgerichts in den nach Art. 31 VGG ausgenommenen Sachgebieten keine Rechtsmittelbelehrung enthalten (Moser/Beusch/Kneubühler, Bundesverwaltungsgericht, Rz. 1.28). Mit dem Ausdruck «anfechtbare Verfügung» in Art. 46a VwVG wird zudem klargestellt, dass auch eine Rechtsverweigerungs- oder Rechtsverzögerungsbeschwerde entfällt, wenn die verweigerte oder verzögerte Verfügung selbst nicht anfechtbar ist (BBl 2001 4408; vgl. BVGer, Urteil A-2723/2007 vom 30.1.2008, E. 1.3).

c. Die Ausschlüsse im Einzelnen

849 Die Ausnahmen nach Art. 32 Abs. 1 VGG sollen im Folgenden vor allem auf die effektive Zuständigkeit, den Rechtsweg und die Rechtfertigung für die Aufnahme in die Liste untersucht werden.

850 *Art. 32 Abs. 1 lit. a VGG* lässt die Beschwerde gegen Verfügungen auf dem Gebiet der inneren und äusseren Sicherheit des Landes, der Neutralität, des diplomatischen Schutzes und der übrigen auswärtigen Angelegenheiten nicht zu, ausser das Völkerrecht räumt einen Anspruch auf gerichtliche Beurteilung ein. Gegen die genannten Verfügungen ist die Beschwerde an den Bundesrat zulässig, wenn der genannte Vorbehalt zugunsten der gerichtlichen Beurteilung nicht greift (Art. 72 lit. a VwVG; vgl. BGE 133 II 450 E. 2.2 und hinten, Rz. 1283). Damit ist zwar ein Rechtsmittel gegeben, aber keine Beurteilung durch eine richterliche Behörde.

851 Ein völkerrechtlicher Anspruch auf gerichtliche Beurteilung ergibt sich gegebenenfalls aus Art. 6 Ziff. 1 EMRK oder für Personen, die unter die Freizügigkeitsabkommen fallen, aus Art. 11 Abs. 3 FZA und Anhang K Art. 11 Abs. 3 EFTA-Übereinkommen (vgl. BVGer, Urteil C-5331/2009 vom 3.8.2012, E. 1.2; BGer, Urteil 2C_375/2007 vom 8.11.2007, E. 2; BGE 131 II 352 E. 1.4).

852 Der Bundesrat entscheidet letztinstanzlich (vgl. Art. 83 lit. a BGG). Die Ausnahme von der Rechtsweggarantie lässt sich damit begründen, dass es sich um Anordnungen mit vorwiegend politischem Charakter handelt, die sich für eine richterliche Überprüfung nicht eignen (BBl 2001 4387). Diese Anordnungen lassen sich als klassische Regierungsakte («actes de gouvernement») qualifizieren (vgl. BGer, Urteil 2C_127/2010 vom 15.7.2011, E. 1.1.3). Der Begriff der «übrigen auswärtigen Angelegenheiten» ist aufgrund seines Charakters einer Ausnahme von der Rechtsweggarantie restriktiv auszulegen und betrifft ebenfalls Anordnungen mit vorwiegend politischem Charakter; Entwicklungszusammenarbeit und humanitäre Hilfe gehören nicht dazu (BBl 2001 4388; anders noch Art. 100 Abs. 1 lit. a OG).

853 Räumt das Völkerrecht einen Anspruch auf gerichtliche Beurteilung ein, ist die Beschwerde an das Bundesverwaltungsgericht gegeben (z.B. BVGE 2008/36

E. 11–13), mit der Möglichkeit des Weiterzugs an das Bundesgericht (Art. 83 lit. a BGG; Moser/Beusch/Kneubühler, Bundesverwaltungsgericht, Rz. 1.25; vgl. hinten, Rz. 1414). Obwohl die Rechtsweggarantie gemäss Art. 29a BV keine zweimalige gerichtliche Überprüfung verlangt, haben die gleichlautenden Bestimmungen in Art. 32 lit. a VGG und Art. 83 lit. a BGG eine solche zur Folge, während e contrario alle übrigen Fälle, die unter die Unzuständigkeitsregelung fallen, überhaupt keiner gerichtlichen Prüfung unterliegen.

Art. 32 Abs. 1 lit. b VGG erklärt Beschwerden gegen Verfügungen betreffend die politische Stimmberechtigung der Bürger und Bürgerinnen sowie Volkswahlen und -abstimmungen als unzulässig. Gegen diese Verfügungen steht hingegen die Beschwerde in öffentlich-rechtlichen Angelegenheiten beim Bundesgericht offen (Art. 88 Abs. 1 lit. b BGG betreffend eidgenössische Angelegenheiten). Der Anspruch auf Beurteilung durch eine richterliche Behörde ist demnach gewährleistet (vgl. allerdings hinten, Rz. 1719). Das Motiv für diesen Rechtsweg liegt in der Verfahrensbeschleunigung (BBl 2001 4388), die bei Wahlen und Abstimmungen besonders wichtig ist. 854

Art. 32 Abs. 1 lit. c VGG bestimmt, dass Beschwerden gegen Verfügungen über leistungsabhängige Lohnanteile des Bundespersonals, soweit sie nicht die Gleichstellung der Geschlechter betreffen, beim Bundesverwaltungsgericht unzulässig sind. Gegen die Verfügungen steht die Beschwerde an den Bundesrat als Rechtsmittelinstanz offen (Art. 72 lit. b VwVG; z.B. BVGer, Urteil A-6086/2010 vom 16.6.2011, E. 1.2). Der Bundesrat entscheidet letztinstanzlich (Art. 83 lit. g BGG). Die Rechtfertigung für diese Ausnahme von der Rechtsweggarantie (vgl. auch Art. 36a BPG) liegt nach Ansicht der Bundesversammlung in der mangelnden Justiziabilität. Die Vereinbarkeit dieser Ausnahme mit Art. 6 Ziff. 1 EMRK ist aber fraglich (hinten, Rz. 1285). Ist hingegen die Gleichstellung der Geschlechter betroffen, steht die Beschwerde beim Bundesverwaltungsgericht offen, ebenso der Weiterzug an das Bundesgericht (Art. 83 lit. g BGG). 855

Art. 32 Abs. 1 lit. d VGG lässt die Beschwerde gegen die Verfügung über die Genehmigung der Errichtung und Führung einer Fachhochschule nicht zu. Für eine solche Verfügung ist der Bundesrat zuständig (Art. 14 Abs. 1 FHSG). Der Entscheid des Bundesrates ist nicht anfechtbar. Es besteht somit weder eine Möglichkeit zur Beurteilung durch eine richterliche Behörde noch sonst ein Rechtsmittel. Das Geschäft des Bundesrates geht auch nicht auf das in der Sache zuständige Departement über (Art. 47 Abs. 6 RVOG). Genau dies sollte mit dem Erlass von Art. 32 Abs. 1 lit. d VGG vermieden werden (vgl. BBl 2001 4388). Der Grund für die Ausnahme von der Rechtsweggarantie liegt nach offizieller Lesart darin, dass ein Bundesratsentscheid im vorliegenden Sachbereich stark politisch und kaum justiziabel ist. Indes sind die Genehmigungsvoraussetzungen in Art. 14 Abs. 2 FHSG ziemlich ausführlich, was einer richterlichen Beurteilung nicht hinderlich wäre (Tophinke, Rechtsweggarantie, S. 100). Die 856

Vereinbarkeit mit Art. 29a BV – und auch mit Art. 6 EMRK – erweist sich demzufolge als fraglich.

857   *Art. 32 Abs. 1 lit. e VGG* erklärt Verfügungen auf bestimmten Gebieten der Kernenergie als der Beschwerde an das Bundesverwaltungsgericht nicht zugänglich. Das Gericht ist nicht für das ganze Gebiet der Kernenergie unzuständig (vgl. BVGer, Urteil A-667/2010 vom 1.3.2012 zur Aufhebung der Befristung der Betriebsbewilligung für das Kernkraftwerk Mühleberg). Für die in Art. 32 Abs. 1 lit. e VGG genannten Verfügungen ist der Bundesrat zuständig, teilweise mit Genehmigung der Bundesversammlung (Art. 48 Abs. 2 KEG zur Erteilung der Rahmenbewilligung oder Art. 67 Abs. 3 KEG zum Entzug der Rahmenbewilligung), teilweise mit fakultativem Referendum (Art. 48 Abs. 4 KEG). Diese Entscheide sind nicht anfechtbar. Ein Übergang des Geschäfts des Bundesrates auf das in der Sache zuständige Departement findet mangels Zuständigkeit des Bundesverwaltungsgerichts nicht statt (Art. 47 Abs. 6 RVOG). Die Ausnahme von der Rechtsweggarantie wird damit begründet, dass die Entscheide stark politischen Charakter haben und kaum justiziabel sind (BBl 2001 4388).

858   *Art. 32 Abs. 1 lit. f und h VGG* lassen sich bezüglich der Ausnahme von der Rechtsweggarantie ähnlich begründen wie lit. e zur Kernenergie. Lit. f betrifft Verfügungen über die Erteilung, Änderung oder Erneuerung von Infrastrukturkonzessionen für Eisenbahnen und lit. h Verfügungen über die Erteilung von Konzessionen für Spielbanken (Standortkonzession; Art. 10 ff. SBG). Bei der Erteilung der Infrastrukturkonzessionen für Eisenbahnen und der Konzessionen für Spielbanken handelt es sich um nicht anfechtbare erstinstanzliche Entscheide des Bundesrates (Art. 6 Abs. 1 EBG; Art. 16 Abs. 1 SBG mit ausdrücklichem Verweis auf die Unanfechtbarkeit). Die Änderung (mit Ausnahme der Ausdehnung) und die Erneuerung von Infrastrukturkonzessionen für Eisenbahnen liegen aber seit 1.1.2010 in der Kompetenz des UVEK (Art. 3 lit. a und b KFEV). Die Überschrift von Art. 6 EBG lautet zwar «Erteilung, Änderung und Erneuerung der Konzession», die ausdrückliche Zuständigkeit des Bundesrats beschränkt sich aber auf die Erteilung (Abs. 1, vgl. Abs. 5). Nach dem Wortlaut von Art. 32 Abs. 1 lit. f VGG ergäbe sich die besondere Situation, dass die erwähnten Verfügungen des UVEK, eines Departements des Bundes, endgültig wären. Es muss sich um ein gesetzgeberisches Versehen handeln. In den anderen Fällen von Art. 32 Abs. 1 VGG entscheiden das Bundesgericht oder der Bundesrat als letzte Rechtsmittelinstanz oder aber der Bundesrat als einzige Instanz endgültig.

859   *Art. 32 Abs. 1 lit. g VGG* bestimmt, dass Beschwerden gegen Verfügungen der unabhängigen Beschwerdeinstanz für Radio und Fernsehen (UBI; Art. 82–85 RTVG) beim Bundesverwaltungsgericht unzulässig sind. Obwohl es sich bei der UBI um eine eidgenössische Kommission im Sinne von Art. 33 lit. f VGG handelt (Anhang 2 RVOV), sind Beschwerden gegen deren Entscheide beim Bundesgericht vorzubringen (Art. 86 Abs. 1 lit. c BGG, Art. 99 RTVG). Demnach besteht keine Ausnahme von der Rechtsweggarantie. Bei der UBI handelt

es sich – abgesehen von der Bundeskanzlei in Stimmrechtssachen – um die einzige nicht – oder jedenfalls nicht uneingeschränkt – richterliche Vorinstanz des Bundesgerichts auf Bundesebene (vgl. vorne, Rz. 421). Die UBI wurde nicht in das Bundesverwaltungsgericht integriert und steht im Instanzenzug neben und nicht unter diesem Gericht. Damit wird der angestrebten Unabhängigkeit und Selbständigkeit Rechnung getragen. Das besonders geregelte Verfahren vor der UBI bezweckt nicht primär den Rechtsschutz der Einzelnen; es stellt ein eigentliches Instrument der Programmaufsicht dar. Dementsprechend weit gefasst ist die Beschwerdebefugnis (Popularbeschwerde; Art. 94 RTVG; vgl. auch Art. 92 Abs. 1 RTVG: «jede Person»). Geprüft wird die Einhaltung der Programmbestimmungen (Art. 97 Abs. 2 RTVG). Das Beschwerdeverfahren vor der UBI ist grundsätzlich kostenlos (Art. 98 RTVG).

Zusammengefasst lassen sich innerhalb von Art. 32 Abs. 1 VGG folgende *Gruppen* nach der Kategorie der Ausgestaltung des Rechtswegs bilden: 860
- lit. b und g: Die Zuständigkeit liegt beim Bundesgericht. Der verfassungsrechtliche Anspruch auf richterliche Beurteilung ist erfüllt.
- lit. a und c: Die Zuständigkeit liegt beim Bundesrat, der als nicht richterliche Rechtsmittelinstanz endgültig entscheidet. Es liegt eine Ausnahme von der Rechtsweggarantie vor. Die Gegenausnahmen in lit. a und c bleiben vorbehalten.
- lit. d, e, f und h: Die Zuständigkeit liegt beim Bundesrat, der als einzige und nicht richterliche Instanz entscheidet. Es handelt sich um eine Ausnahme von der Rechtsweggarantie. Bei der Endgültigkeit der Verfügungen des UVEK nach lit. f muss es sich um ein gesetzgeberisches Versehen handeln.

2. Anfechtungsobjekt

Literatur: ABEGG ANDREAS, Der Verwaltungsvertrag zwischen Staatsverwaltung und Privaten, Zürich 2009, S. 17 ff.; AEMISEGGER HEINZ, Die Beschwerde in öffentlich-rechtlichen Angelegenheiten an das Bundesgericht. Besonderheiten im Planungs-, Bau- und Umweltrecht, Raum & Umwelt 2008, Heft 6, S. 2 ff.; BICKEL JÜRG/OESCHGER MAGNUS/STÖCKLI ANDREAS, Die verfahrensfreie Verfügung, ZBl 2009, S. 593 ff.; DUC JEAN-LOUIS, Du recours contre un tarif édicté par le Département fédéral de l'intérieur ou par l'Office fédéral de la santé publique, AJP 2010, S. 45 ff.; EGLI PATRICIA, Gerichtlicher Rechtsschutz bei Prüfungsfällen: Aktuelle Entwicklungen, ZBl 2011, S. 538 ff.; EYMANN STEPHANIE, Zur Frage der selbstständigen Anfechtung von Zwischenverfügungen gemäss IRSG, AJP 2008, S. 847 ff.; GADOLA ATTILIO R., Der *Genehmigungsentscheid* als Anfechtungsobjekt in der Staats- und Verwaltungsrechtspflege, AJP 1993, S. 290 ff.; GYGI, Bundesverwaltungsrechtspflege, S. 126 ff.; *ders.*, Über die anfechtbare Verfügung, in: Berner Festgabe zum Schweizerischen Juristentag, Bern 1979, S. 517 ff.; HALLER WALTER/KARLEN PETER, Raumplanungs-, Bau- und Umweltrecht, Band 1, 3. A., Zürich 1999, S. 59 ff.; HÄNER ISABELLE, *Transportvertrag*. Ein verwaltungsrechtlicher Vertrag im Zivilrechtskleid, in: Festschrift für Tobias Jaag, Zürich 2012, S. 401 ff.; HANGARTNER YVO, Die Anfechtung nichtiger Verfügungen und von Scheinverfügungen, AJP 2003, S. 1053 ff.; HÄNNI PETER, *Planungs-, Bau- und besonderes Umweltschutzrecht*, 5. A., Bern 2008, S. 89 ff.; HELBLING PETER, in: Portmann Wolfgang/Uhlmann Felix (Hrsg.), Handkommentar Bundespersonalgesetz (BPG), Bern 2013, Art. 34 N. 28 ff.; IMBODEN/RHINOW/KRÄHENMANN, Verwaltungs- 861 rechtsprechung, Nr. 9; JAAG TOBIAS, Die Abgrenzung zwischen Rechtssatz und Einzelakt, Zürich 1985; *ders.,* Die Allgemeinverfügung im schweizerischen Recht, ZBl 1984, S. 433 ff.; KAYSER MARTIN, in: Auer/Müller/Schindler, VwVG-Kommentar, Art. 45 f.; KIENER/RÜTSCHE/KUHN, Verfahrensrecht, N. 1163 ff.; LEUZINGER-NAEF SUSANNE, Auswirkungen der Justizreform im Sozialversicherungsrecht, plädoyer 2011, Heft 3, S. 43 ff.; LUGINBÜHL KASPAR, EMRK und wirtschaftsverwaltungsrechtliche Zwischenverfügungen. Eine systematische Auslegeordnung unter besonderer Berücksichtigung überschwelliger beschaffungsrechtlicher Rechtsmittelverfahren, AJP 2011, S. 875 ff.; *ders.,* Erweiterte Anwendbarkeit von Art. 6 Abs. 1 EMRK auf Zwischenverfügungen aufgrund des EGMR-Urteils Micallef c. Malta, Jusletter, 8.3.2010; MARTI URSULA, Actualités en droit de la fonction publique, in: Hofmann David/Waelti Fabien (Hrsg.), Actualités juridiques de droit public, Bern 2011, S. 53 ff.; MEYER ULRICH, Die Sozialrechtspflege unter dem Bundesgerichtsgesetz, in: Probst Thomas/Werro Franz (Hrsg.), Strassenverkehrsrechtstagung 2008, Bern 2008, S. 149 ff.; *ders.,* Les nouvelles Cours de droit social du Tribunal fédéral, in: Kahil-Wolff Bettina (Hrsg.), Quoi de neuf en droit social?, Bern 2009, S. 1 ff.; MEYER ULRICH/VON ZWEHL ISABEL, L'objet du litige en procédure de droit administratif fédéral, in: Mélanges en l'honneur de Pierre Moor, Bern 2005, S. 435 ff.; MOHLER MARKUS H. F., Zur Anfechtbarkeit polizeilicher intervenierender Realakte unter dem Gesichtspunkt der Rechtsweggarantie gemäss Art. 29a BV – Justizreform, AJP 2007, S. 461 ff.; MOSER/ BEUSCH/KNEUBÜHLER, Bundesverwaltungsgericht, Rz. 2.1 ff., 2.41 ff.; MOSER-SZELESS MARGIT, Le recours en matière de droit public au Tribunal fédéral dans le domaine des assurances sociales, HAVE 2010, S. 335 ff.; MÜLLER MARKUS, in: Auer/Müller/Schindler, VwVG-Kommentar, Art. 5; *ders.,* Das besondere Rechtsverhältnis. Ein altes Rechtsinstitut neu gedacht, Bern 2003; RHINOW/ KOLLER/KISS/THURNHERR/BRÜHL-MOSER, Prozessrecht, Rz. 1051 ff., 1514 ff.; SALADIN, Verwaltungsverfahrensrecht, S. 170 ff.; SCHINDLER BENJAMIN/LOUIS PATRIK, Erstinstanzlicher Rechtsschutz gegen universitäre Prüfungsentscheide, ZBl 2011, S. 509 ff.; SCHMID LUZIUS, Die Rechtskraft des negativen Verwaltungsaktes, Bern 1980; SEILER HANSJÖRG, Rechtsfragen des Einspracheverfahrens in der Sozialversicherung (Art. 52 ATSG), in: Schaffhauser René/Schlauri Franz (Hrsg.), Sozialversicherungsrechtstagung 2007, St. Gallen 2007, S. 65 ff.; *ders.,* Rückweisungsscheide in der neueren Sozialversicherungspraxis des Bundesgerichts, in: Schaffhauser René/Schlauri Franz (Hrsg.), Sozialversicherungsrechtstagung 2008, St. Gallen 2009, S. 9 ff.; SEILER GERMANIER KATHARINA, Zur Rechtsnatur und Funktion von Richtplänen, PBG aktuell 2007, Heft 4, S. 27 ff.; TRÜEB HANS RUDOLF, Rechtsschutz gegen Luftverunreinigung und Lärm, Zürich 1990, S. 70 ff.; TSCHANNEN PIERRE, Der Richtplan und die Abstimmung raumwirksamer Aufgaben, Bern 1986; *ders.,* in: Waldmann/Weissenberger, Praxiskommentar VwVG, Art. 5; UHLMANN FELIX, *Zuständigkeiten,* in: Ehrenzeller/Schweizer, Bundesverwaltungsgericht, S. 141 ff.; *ders.,* in: Waldmann/Weissenberger, Praxiskommentar VwVG, Art. 5; UHLMANN FELIX/WÄLLE-BÄR SIMONE, in: Waldmann/Weissenberger, Praxiskommentar VwVG, Art. 45 f.; WALDMANN BERNHARD/SCHMITT NICOLAS, La nature juridique controversée d'une ordonnance du Conseil d'Etat, RFJ 2009, S. 123 ff.; WEBER-DÜRLER BEATRICE, Falsche Auskünfte von Behörden, ZBl 1991, S. 1 ff.; WEISSENBERGER PHILIPPE/RICHARD PASCAL, Les *compétences* du Tribunal administratif fédéral, in: Ehrenzeller/Schweizer, Bundesverwaltungsgericht, S. 107 ff.; WIDRIG DANIEL, Studieren geht über Prozessieren. Rechtsschutz von Studierenden bei Prüfungen, Jusletter, 2.5.2011; ZUFFEREY JEAN-BAPTISTE, Die verwaltungsrechtliche Verfügung – Ein Alibi, das allen dient, RVJ 2005, S. 339 ff.; vgl. auch die in Rz. 320 zitierte Literatur.

A. Im Allgemeinen

862 Beschwerdeobjekt bildet im Beschwerdeverfahren vor Bundesverwaltungsgericht die Verfügung im Sinne von Art. 5 VwVG (Art. 31 VGG). Sie ist neben der Legitimation das wichtigste Verbindungselement zwischen nichtstreitigem und streitigem Verwaltungsverfahren, weil sie das Erstere abschliesst und den

Ausgangspunkt des Letzteren bildet. Zu ihrer begrifflichen Umschreibung kann an das vorne Ausgeführte angeknüpft werden (vorne, Rz. 325 ff.).

Art. 5 Abs. 1 VwVG besagt, dass diejenigen Anordnungen der Behörden als Verfügungen gelten, die im Einzelfall ergehen, sich auf öffentliches Recht des Bundes stützen und zum Gegenstand haben:
– die Begründung, Änderung oder Aufhebung von Rechten oder Pflichten;
– die Feststellung des Bestehens, Nichtbestehens oder Umfangs von Rechten oder Pflichten;
– die Abweisung von oder das Nichteintreten auf Begehren um Begründung, Änderung, Aufhebung oder Feststellung von Rechten oder Pflichten.

Im Falle der Abweisung oder des Nichteintretens spricht man von negativen Verfügungen (vgl. BVGer, Urteil A-12/2012 vom 7.5.2012, E. 1.1). Die Frage, ob eine negative Verfügung vorliegt, beantwortet sich danach, ob eine verfügungsmässige Rechtsbeziehung begründet worden wäre, wenn die Antwort auf das Begehren positiv ausgefallen wäre (Gygi, Bundesverwaltungsrechtspflege, S. 133).

Eine positive Verfügung liegt vor, wenn einem Gesuch vollumfänglich stattgegeben worden ist. Auch sie ist in die Form einer Verfügung zu kleiden, zumal die gesuchstellende Person die Auffassung, dass das Gesuch vollständig gutgeheissen wurde, nicht unbedingt teilen muss (z.B. ein Auskunftsbegehren gemäss Art. 8 DSG: BVGer, Urteil A-3763/2011 vom 3.7.2012, E. 1.2).

Nicht völlig geklärt ist, ob und inwieweit Abschreibungsbeschlüsse – vom Entscheid im Kostenpunkt einmal abgesehen – als (negative) Verfügungen zu gelten haben (befürwortend Müller, VwVG-Kommentar, Art. 5 Rz. 60). Jedenfalls ist der Abschreibungsbeschluss mit den ordentlichen Rechtsmitteln anfechtbar (BVGE 2009/11 E. 2.2).

In Art. 5 Abs. 2 VwVG werden verschiedene mögliche Zweifelsfälle ausdrücklich als Verfügungen bezeichnet, sofern sie – was in Abs. 2 stillschweigend vorausgesetzt wird – den Anforderungen des Abs. 1 ebenfalls entsprechen. Es handelt sich dabei um:
– Vollstreckungsverfügungen (vgl. dazu hinten, Rz. 918 ff.);
– Zwischenverfügungen (vgl. dazu hinten, Rz. 905 ff.);
– Einspracheentscheide;
– Beschwerdeentscheide;
– Entscheide im Rahmen einer Revision;
– die Erläuterung.

Nicht zu den Verfügungen gezählt werden Erklärungen von Behörden über die Ablehnung oder das Erheben von Ansprüchen, die auf dem Weg der ursprünglichen Verwaltungsgerichtsbarkeit, also mit Klage, zu verfolgen sind (Art. 5 Abs. 3 VwVG). Zu diesen gehört etwa die Erklärung des Enteigners über die Verjährung von Ansprüchen oder die Erklärung, dass kein Schaden entstanden sei und keine materielle Enteignung vorliege (BVGer, Urteil A-1247/2010 vom

19.4.2010, E. 1.2; BGE 135 II 38 E. 3.3; 122 I 328 E. 1a/aa; 118 Ib 172 E. 6g). Der direkten Klage an das Bundesgericht unterliegen nur noch die Ansprüche auf Schadenersatz und Genugtuung aus der Amtstätigkeit von Personen im Sinn von Art. 1 Abs. 1 lit. a–c^{bis} VG (Art. 10 Abs. 2 VG; Art. 120 Abs. 1 lit. c BGG) sowie von Mitgliedern der Bundesversammlung (vgl. hinten, Rz. 1809 sowie 1962). Denkbar ist allerdings auch, dass im Rahmen eines verwaltungsrechtlichen Vertrages Erklärungen der Behörden über behauptete Ansprüche ergehen. Da Streitigkeiten aus verwaltungsrechtlichen Verträgen der Klage an das Bundesverwaltungsgericht unterliegen, sind solche Erklärungen ebenfalls nicht als Verfügung zu qualifizieren (Art. 35 lit. a VGG). Im Bundespersonalrecht sind Streitigkeiten aus den vertraglich vereinbarten Anstellungsverhältnissen jedoch durch anfechtbare Verfügung zu regeln (vgl. Art. 8 Abs. 1, Art. 34 Abs. 1, Art. 36 Abs. 1 BPG i.Vm. Art. 33 lit. d VGG).

B. Die einzelnen Merkmale der Verfügung im Sinne von Art. 5 VwVG

869 Damit eine Verfügung gemäss Art. 5 Abs. 1 VwVG vorliegt, müssen bestimmte Elemente vorhanden sein: Es muss sich um eine autoritative, einseitige, individuell-konkrete, rechtsverbindliche und auf Bundesverwaltungsrecht gestützte Anordnung einer Behörde handeln. Zu den Voraussetzungen im Einzelnen:

a. Anordnung einer Behörde

870 Die Verfügung muss zunächst durch den zuständigen Träger der öffentlichen Gewalt, durch eine Behörde, welcher die Verfügungskompetenz zukommt, erlassen worden sein. Entsprechend dem in Art. 1 VwVG umschriebenen Geltungsbereich des VwVG handelt es sich dabei grundsätzlich um Bundesverwaltungsbehörden (vgl. im Einzelnen vorne, Rz. 380). Aber auch den kantonalen Behörden, welche Bundesverwaltungserlasse vollziehen, steht die Verfügungsbefugnis zu.

871 Die Kompetenz zum Erlass einer Verfügung muss sich aus dem Gesetz ergeben, namentlich auch, wenn eine öffentlich-rechtliche Aufgabe an eine verwaltungsexterne Einheit übertragen worden ist. Dabei genügt es, wenn sich die hoheitliche Befugnis durch Auslegung aus dem Gesetz erschliessen lässt und die Übertragung der öffentlichen Aufgabe die Verfügungskompetenz mitenthält (vgl. BGE 138 I 274 E. 1.4; 138 II 134 E. 5.1; 137 II 409 E. 6.2; BGer, Urteil 2C_715/2008 vom 15.4.2009, E. 3.2). Selbst wenn eine Behörde unter Art. 1 VwVG fällt, kommt ihr unter Umständen dennoch keine oder nur zum Teil Verfügungsbefugnis zu, namentlich wenn das Gesetz andere verwaltungsrechtliche Handlungsformen vorschreibt oder wenn das Rechtsverhältnis unter das Zivilrecht fällt.

872 Keine Verfügungskompetenz haben beispielsweise die Vorsorgeeinrichtungen gemäss dem Bundesgesetz über die berufliche Alters-, Hinterlassenen- und Invalidenvorsorge (BVG), selbst wenn sie öffentlich-rechtlich organisiert sind

(BVGer, Urteil C-5452/2011 vom 17.1.2012; vgl. BGE 129 V 450 E. 2; 118 V 158 E. 1). Umgekehrt sieht der Gesetzgeber diese Befugnis im Sozialversicherungsrecht etwa für die Krankenkassen und die Ausgleichskassen ausdrücklich vor (Art. 49 Abs. 1 ATSG zur schriftlichen Verfügung und Art. 51 ATSG zum formlosen Verfahren; Art. 80 KVG; Art. 63 AHVG). Der Begriff der Verfügung bestimmt sich mangels näherer Konkretisierung in Art. 49 Abs. 1 ATSG nach Massgabe von Art. 5 Abs. 1 VwVG (BGE 133 V 50 E. 4.1.2). Verfügungskompetenz hat auch die SBB, wenn es um die Nutzung von Werbefläche auf dem Bahnhofareal geht. Dementsprechend war sie berechtigt, das Aufhängen eines Plakates mit politischem Inhalt per Verfügung zu verbieten. Das Bahnhofareal ist eine öffentliche Sache. Die SBB hat den Schutz der öffentlichen Sache zu regeln und es kommen ihr bahnpolizeiliche Aufgaben zu (BGE 138 I 274 E. 1.4; das Verbot verstiess aber gegen die Meinungsfreiheit nach Art. 16 Abs. 2 BV). Nicht in hoheitlicher Funktion amtet demgegenüber eine eidgenössische Schätzungskommission, wenn sie aufgrund einer Schiedsvereinbarung einen Entscheid über eine Enteignungsentschädigung fällt, weil eine solche Funktion der Kommission in keinem Gesetz vorgesehen ist, ihr mithin keine derartige Entscheidfunktion übertragen wurde (BGE 112 Ib 538 E. 1). Dasselbe galt für die Übernahme von Aktien der UBS durch die Schweizerische Nationalbank. Aus den relevanten Rechtsgrundlagen ergab sich, dass die Nationalbank in diesem Bereich nicht hoheitlich handelte (BVGer, Urteil B-4364/2009 vom 18.11.2009, E. 2).

Weil dem Rechtsverhältnis zivilrechtliche Natur zugeschrieben wird, besteht zum Beispiel auch keine Verfügungskompetenz im Bereich des Transportvertrags, der heute in Art. 19 ff. PBG geregelt ist. Seine zivilrechtliche Natur wird daraus abgeleitet, dass Streitigkeiten von den Zivilgerichten zu beurteilen sind (Art. 56 PBG; vgl. dazu BGE 136 II 457 E. 6.2; 136 II 489 E. 2.4). Diese Folgerung ist allerdings wenig sachgerecht und nicht zwingend (Häner, Transportvertrag, S. 411). Umgekehrt hat das Bundesverwaltungsgericht festgestellt, dass die Schweizerische Post im Bereich der Universaldienste mit staatlichen Aufgaben betraut ist und hier als Behörde im Sinne von Art. 1 VwVG gilt. Der Erlass von Verfügungen war nach Art. 18 PG 1997 bei strittigen Vorzugspreisen für die Beförderung von Zeitungen und Zeitschriften als Handlungsform vorgesehen (BVGer, Urteil A-2040/2006 vom 17.4.2007, E. 2.2.1 f.). Über die Berechtigung zu dieser Preisermässigung soll die Post gemäss bundesrätlicher Botschaft auch unter dem neuen PG, in Kraft seit 1.10.2012, weiterhin mittels einer Verfügung entscheiden (BBl 2009 5223). Diese Handlungsform ist im Gesetz selbst nicht mehr ausdrücklich vorgesehen, ergibt sich jedoch wiederum aus der der Post übertragenen Grundversorgungsaufgabe.

Das Bundesamt für Kommunikation hat die Verwaltung und Zuteilung von Internet-Domain-Namen (Adressierungselementen) an eine Registerbetreiberin übertragen (Art. 28 Abs. 2 FMG). Auch wenn die Registerbetreiberin damit eine öffentlich-rechtliche Aufgabe erfüllt, schliesst sie mit den Inhabern der Domain-Namen privatrechtliche Verträge. Wenn der Bundesrat dies in verschiedenen Bestimmungen der Verordnung so vorgesehen hat, sprengt er damit den vom Gesetzgeber vorgesehenen Rahmen nicht (Art. 14b Abs. 5 und 14c Abs. 1 AEFV (BGE 131 II 162 E. 2.2 und 2.4; vgl. auch BVGer, Urteil A-6437/2008 vom 16.2.2009, in: ZBl 2010, S. 328 E. 4). Der Bundesrat hat die Vorschrift zur privatrechtlichen Handlungsform in der entsprechenden Verordnung inzwischen verdeutlicht; dennoch hat sich die Registerbetreiberin in den Verträgen «an die Grundsätze und Verpflichtungen des öffentlichen Rechts» zu halten (Art. 14c Abs. 1 AEFV, in Kraft seit 1.4.2007; dazu BVGer, Urteil A-3073/2011 vom 13.2.2012, E. 8 m.H. auf Art. 35 Abs. 2 BV).

b. Einseitigkeit

875 Das Kriterium der Einseitigkeit grenzt die Verfügungen gegenüber rechtsgeschäftlichen Handlungen ab, seien diese öffentlich-rechtlich oder privatrechtlich (z.B. die Überwälzung der Mehrwertsteuer, Art. 6 MWSTG). Für die Einseitigkeit ist der *autoritative Charakter* der Verfügung wesentlich (vgl. etwa BVGer, Urteile B-1990/2009 vom 6.2.2012, E. 1.6.3 f., A-7454/2009 vom 29.3.2011, E. 1.1.2, und A-3427/2007 vom 19.6.2007, E. 1.3). Demnach ist die Einseitigkeit auch Ausdruck des Charakters des Verwaltungsrechts als «droit inégalitaire» (Müller, VwVG-Kommentar, Art. 5 Rz. 14). Die Abgrenzung kann aber nicht immer eindeutig vorgenommen werden. Es ist darauf abzustellen, welches Element überwiegt: das rechtsgeschäftliche oder das autoritative. Mitwirkungsbedürftige Verwaltungsakte, zu deren Rechtswirksamkeit die Zustimmung der Betroffenen notwendig ist, wie dies beispielsweise bei Bewilligungen oder Konzessionen der Fall ist, werden zu den Verfügungen gezählt. Verträge dagegen, die auf einer übereinstimmenden Willensäusserung beruhen, sind keine Verfügungen (vgl. etwa BGer, Urteil 1C_61/2010 vom 2.11.2010, E. 3.3: Vertrag über abwassermässige Erschliessung von Liegenschaften ausserhalb der Bauzone; BGE 136 I 142 E. 4.3: Vertrag über Lenkungsabgabe zur Beschränkung des Zweitwohnungsbaus; BGer, Urteil 1A.266/2005 vom 13.3.2006, E. 2.8: vertragliche Regelung über die Massnahmen bei Überschreitung des Fahrtenkontingents; BGer, Urteil 5C.271/1999 vom 13.3.2000, E. 1b: verwaltungsrechtlicher Vertrag bei Enteignung; BGE 109 Ib 146 E. 1–3: Sorgfaltspflichtvereinbarung zwischen der Nationalbank und den übrigen Banken). Das Bundesverwaltungsgericht beurteilt auf Klage als erste Instanz Streitigkeiten aus öffentlich-rechtlichen Verträgen des Bundes, seiner Anstalten und Betriebe und der Organisationen ausserhalb der Bundesverwaltung, die in Erfüllung ihnen übertragener öffentlich-rechtlicher Aufgaben des Bundes verfügen (Art. 35 lit. a VGG; illustrativ BVGE 2009/49 E. 10; dazu hinten, Rz. 1215 ff.).

876 Der Vertragsabschluss ist nach der überwiegenden Praxis nicht Ausdruck autoritativer staatlicher Befehlsgewalt. Zur Verbesserung des Rechtsschutzes wurde deshalb in der Lehre die *Zweistufentheorie* entwickelt: Danach ist zwi-

schen der behördlichen Willensbildung, die dem Vertragsschluss vorangeht, und dem Vertragsschluss zu unterscheiden. Die behördeninterne Willensbildung mündet aus in eine auf öffentliches Recht abgestützte Entscheidung, mit einer bestimmten Person einen Vertrag abzuschliessen. Der abzuschliessende Vertrag kann öffentlich-rechtlicher oder privatrechtlicher Natur sein. Die Entscheidung ist in die Form der Verfügung zu kleiden, um ihre Anfechtung zu ermöglichen. Die Verfügung über den Vertragsschluss enthält für die abgewiesenen Gesuchstellenden oder Anbietenden zugleich den negativen Entscheid, den Vertrag, um welchen sie die Verwaltungsbehörde ersucht haben, nicht abzuschliessen. Wie weit ein solcher Hoheitsakt von den Abgewiesenen angefochten werden kann, ist dann eine Frage der Legitimation. In der Gesetzgebung des Bundes und der Kantone zum Submissionswesen sind die Forderungen der Zweistufentheorie heute zum Teil umgesetzt: So bezeichnen Art. 29 BöB und Art. 15 Abs. 1bis IVöB verschiedene Akte des Submissionsverfahrens, besonders den Zuschlag (Art. 29 lit. a BöB; Art. 15 Abs. 1bis lit. e IVöB), ausdrücklich als selbständig anfechtbare Verfügungen. Dabei ist allerdings zu berücksichtigen, dass Zuschläge im Bereich von öffentlichen Beschaffungen, die nicht in den Geltungsbereich des BöB fallen, keine anfechtbaren Verfügungen darstellen. Art. 32 ff. VöB verlangt für diese Fälle gleichwohl eine Ausschreibung, doch schliesst Art. 39 VöB die Anfechtung der Vergabeentscheide ausdrücklich aus. Inwiefern dieser generelle Ausschluss vor Art. 29a BV standhält, ist fraglich (vgl. BVGE 2008/48 E. 4.9 und 5). Nach Art. 9 Abs. 1 BGBM sind «Beschränkungen des freien Zugangs zum Markt» hingegen in die Form der Verfügung zu kleiden, wobei die Kantone aber – entsprechend der Regelung im Bund – vorsehen können, dass Vergaben unterhalb der Schwellenwerte gemäss Art. 7 IVöB nicht als anfechtbare Verfügungen ergehen (BGE 131 I 137 E. 2.4 und 2.7; zum Ganzen hinten, Rz. 1920 ff.).

Auch in der übrigen Spezialgesetzgebung finden sich Bestimmungen, welche zur Gewährleistung des Rechtsschutzes den Behörden das Handeln in Verfügungsform vorschreiben (so Art. 25 Abs. 4 DSG, Art. 34 BPG, Art. 16 Abs. 5 und Art. 19 Abs. 3 SuG; vgl. zum Ganzen vorne Rz. 333 ff.). Im VwVG selber finden sich ebenfalls derartige Bestimmungen. Nach der ausdrücklichen Vorschrift von Art. 25a Abs. 2 VwVG hat die Behörde bei Realakten ebenfalls durch Verfügung zu entscheiden. Schliesslich ist auch die gütliche Einigung von der Behörde in eine Verfügung zu kleiden, sofern kein Mangel im Sinn von Art. 49 VwVG vorliegt, namentlich keine Verletzung von Bundesrecht (Art. 33b Abs. 4 VwVG). Die gütliche Einigung nach Art. 33b VwVG hat demnach keinen Vertrag zur Folge. 877

c. Individuell-konkrete Anordnung

Die Verfügung besteht aus einer Anordnung, die sich an eine einzelne Person oder an mehrere bestimmte Personen richtet und einen konkreten Sachver- 878 halt oder eine bestimmte Vielzahl von Sachverhalten regelt (BVGer, Urteile B-3694/2010 vom 6.4.2011, E. 2.3.1, und A-1543/2006 vom 14.4.2009, E. 4.3; vgl. auch BVGE 2009/1 E. 5). Nach Art. 31 VGG beurteilt das Bundesverwaltungsgericht nur Verfügungen nach Art. 5 VwVG; generell-abstrakte Erlasse können nicht direkt angefochten werden (vgl. BGE 135 II 38 E. 4.3; BVGer, Urteil C-7604/2006 vom 10.7.2007, E. 9). Manchmal stellt ein Spezialgesetz klar, was für bestimmte Grenzfälle gelten soll. So kann nach Art. 53 Abs. 1 i.V.m. Art. 90a Abs. 2 KVG beim Bundesverwaltungsgericht auch gegen «Beschlüsse der Kantonsregierungen» Beschwerde geführt werden, deren Verfügungscharakter unter Umständen nicht eindeutig ist (z.B. Tarife, Spitallisten; BVGE 2012/9 E. 3; BVGer, Urteil B-8057/2007 vom 1.4.2008, E. 2.1; BBl 2001 4391). In diesem Gebiet sind die Entscheide des Bundesverwaltungsgerichts endgültig (Art. 83 lit. r BGG).

879 Das Unterscheidungsmerkmal der Einzelfallregelung lässt letztlich keine begriffslogische Unterscheidung zwischen Verfügung und Rechtssatz zu. Die Zuordnung der Grenzfälle zum Verwaltungsverfahren oder Rechtssetzungsverfahren ist jeweils nach dem Zweck dieser Verfahren vorzunehmen.

880 *Allgemeinverfügungen,* die eine generell-konkrete Anordnung darstellen, sind grundsätzlich wie Verfügungen anfechtbar, obwohl der Adressatenkreis nicht bestimmt ist (BVGE 2012/9 E. 3.2.4; BVGer, Urteile C-465/2011 vom 28.3.2012, E. 1.1, und A-1553/2007 vom 14.12.2007, E. 4.1; BGE 134 II 272 E. 3.2). Der Wortlaut von Art. 5 Abs. 1 VwVG enthält nur die Wendung «im Einzelfall» und erwähnt den Adressatenkreis grundsätzlich nicht (Uhlmann, Praxiskommentar VwVG, Art. 5 N. 43). Um als anfechtbare Verfügung zu gelten, genügt es demzufolge, dass die Anordnung konkret ist (vgl. etwa BVGE 2008/17 E. 1: Festlegung der Luftraumstruktur; BVGer, Urteil C-671/2007 vom 19.8.2008, E. 1.2 und 2.1: Liste der Pflanzenschutzmittel; BGer, Urteil 6B_113/2007 vom 16.8.2007, E. 2.6: Verkehrsanordnung). Bei Allgemeinverfügungen können das besondere Einwendungsverfahren (Art. 30a VwVG) und die amtliche Publikation (Art. 36 lit. d VwVG) zur Anwendung kommen. Da der Adressatenkreis der Allgemeinverfügung offen ist und diese deshalb nicht von jeder potenziell betroffenen Person direkt angefochten werden kann, kann sie zusätzlich wie ein Erlass akzessorisch überprüft werden (BGE 134 II 272 E. 3.3; einschränkend Tschannen/Zimmerli/Müller, Allgemeines Verwaltungsrecht, § 30 Rz. 60, wonach die akzessorische Prüfung nur zulässig sein soll, wenn die Anfechtung der Allgemeinverfügung nicht möglich war).

881 Eine *Spitalliste* kann nicht als Allgemeinverfügung qualifiziert werden, weil sie nicht einen einzelnen konkreten Sachverhalt regelt. Jedem Listenspital wird ein individueller Leistungsauftrag erteilt. Die in der Spitalliste aufgeführten Leistungsaufträge machen den Verfügungscharakter aus. Die Spitalliste ist aber auch kein Bündel von Allgemeinverfügungen, sondern ein Bündel von Individualverfügungen. Anfechtungsgegenstand ist demnach grundsätzlich nur die

Verfügung, welche das Rechtsverhältnis regelt, das die beschwerdeführende Klinik betrifft (BVGE 2012/9, E. 3.2.5 f. und 3.3).

Pläne können je nach ihrem Inhalt einer Verfügung oder einem Rechtssatz nahestehen. Sie können zudem Anordnungen enthalten, die so detailliert und verbindlich sind, dass sie als Verfügungen zu betrachten sind (BGer, Urteil 1C_118/2011 vom 15.9.2011, E. 3.2.2; BGE 135 II 328 E. 2.1). Von der jeweiligen Rechtsnatur des Planes oder seiner Bestandteile muss auch seine Anfechtbarkeit abhängen, soweit sie nicht gesetzlich ausdrücklich geregelt ist (zur Anfechtung der kantonalen Nutzungspläne, die innerkantonal und nachfolgend beim Bundesgericht anfechtbar sind, vgl. Art. 33 f. RPG sowie hinten, Rz. 1422; zudem auch sogleich, Rz. 883). Sachpläne des Bundes sind nur behördenverbindlich und können – wie die Richtpläne – nur dann angefochten werden, wenn sie Anordnungen enthalten, die derart individuell-konkret formuliert sind, dass sie einer Verfügung gleichkommen (BGE 121 II 430 E. 1c, in Bezug auf die Richtpläne, dazu hinten Rz. 1422; Bernhard Waldmann/Peter Hänni, Handkommentar Raumplanungsgesetz [RPG], Bern 2006, Art. 13 Rz. 51). Die Sachpläne und Konzepte des Bundes enthalten die Grundlagen, damit der Bund seine raumwirksamen Aufgaben erfüllen kann (Art. 13 Abs. 1 RPG). Sie bezwecken die Planung und Koordination der Bundesaufgaben, soweit sich diese erheblich auf Raum und Umwelt auswirken (Art. 14 Abs. 1 RPV). Ein bekannter Sachplan ist der Sachplan Infrastruktur der Luftfahrt (SIL).

882

Der Rechtsweg für *Plangenehmigungen* führt heute gemäss Koordinationsgesetz grundsätzlich zum Bundesverwaltungsgericht und dann zum Bundesgericht (z.B. Art. 22a Abs. 1 RLG, Art. 27d Abs. 1 NSG). Auch im vereinfachten Plangenehmigungsverfahren ist die Anfechtbarkeit gewährleistet (z.B. Art. 24 Abs. 3 RLG, Art. 28a Abs. 2 NSG). Allerdings unterstehen nicht alle Entscheide der Anfechtung, wie sich am Beispiel des Nationalstrassenbaus zeigen lässt. Über die allgemeine Linienführung und die Art der zu errichtenden Nationalstrassen entscheidet die Bundesversammlung endgültig (Art. 11 Abs. 1 NSG). Die generellen Projekte für Nationalstrassen werden vom Bundesrat genehmigt und sind nicht anfechtbar (Art. 20 NSG; BGer, Urteil 1C_544/2008 vom 27.8.2009, E. 6.2).

883

Die *Genehmigung* von Verfügungen stellt ebenfalls eine Verfügung dar. Dagegen ist die Rechtsnatur der Genehmigung von Rechtssätzen (und Plänen) nach wie vor umstritten (Müller, VwVG-Kommentar, Art. 5 Rz. 27; Gadola, Genehmigungsentscheid, S. 294 ff.). In der Lehre wird der Verfügungscharakter der Genehmigungen von Erlassen innerhalb desselben Gemeinwesens verneint. Erfolgt die Genehmigung im vertikalen Verhältnis an ein anderes Gemeinwesen, stellt der Genehmigungsakt für dieses Gemeinwesen selbst eine Verfügung dar; für die Privaten besteht hingegen keine Möglichkeit der direkten Anfechtung (Müller, VwVG-Kommentar, Art. 5 Rz. 29; zur Koordination des Rechtsmittelentscheids mit dem Plangenehmigungsentscheid vgl. BGE 135 II 22 E. 1.2). Verweigert oder widerruft eine Aufsichtsbehörde die Genehmigung eines generell-

884

abstrakten Akts einer rechtsfähigen Korporation oder Organisation, erfüllt dies gegenüber der Betreffenden die Merkmale einer Verfügung. Es wird gestaltend in die Rechtsverhältnisse des *dezentralen Verwaltungsträgers* eingegriffen, indem dem von diesem autonom beschlossenen Reglement die Rechtskraft verweigert wird. Die davon betroffene Korporation oder Organisation kann die Verweigerung oder den Widerruf der Genehmigung mit Beschwerde anfechten, in casu auch beim Bundesverwaltungsgericht (BGE 135 II 38 E. 4.6 i.S. Zentralstelle für die Einfuhr flüssiger Treib- und Brennstoffe, Carbura; vgl. Weissenberger/Richard, compétences, S. 129). Das Bundesverwaltungsgericht bejahte schon früher ohne Weiteres den Verfügungscharakter der Verweigerung der Genehmigung eines *Prämientarifs* nach Art. 61 Abs. 5 KVG, also ausserhalb des Anwendungsbereichs von Art. 53 Abs. 1 KVG, der den Verfügungscharakter gewisser Grenzfälle klarstellt (BVGer, Urteil C-7604/2006 vom 10.7.2007, E. 1.4). Demgemäss sind auch Genehmigungsentscheide über Tarife als Verfügungen anfechtbar (vgl. zur Anfechtung der Genehmigung von Tarifen der SUISA BVGE 2008/37 E. 6, sowie BVGer, Urteil B-1769/2010 vom 3.1.2012, E. 1.1).

d. Rechtsverbindlichkeit

885 Mit einer Verfügung soll ein verwaltungsrechtliches Rechtsverhältnis, das Rechtswirkungen nach aussen zeitigt, definitiv und in erzwingbarer Weise festgelegt werden (BVGer, Urteil A-6037/2011 vom 15.5.2012, E. 5.3.2.1). Die Rechtswirkungen bestehen darin, dass Rechte oder Pflichten begründet, geändert, aufgehoben oder festgestellt werden oder aber ein entsprechendes Begehren abgewiesen oder darauf nicht eingetreten wird (Art. 5 Abs. 1 lit. a–c VwVG; BVGer, Urteil B-2186/2006 vom 30.5.2007, E. 7.1). Die Rechtswirkungen entfalten sich sowohl für die Behörden als auch für die Verfügungsadressaten unmittelbar (BVGer, Urteil A-6037/2011 vom 15.5.2012, E. 5.3.2.1). Die Adressaten und Adressatinnen müssen aber von der verfügenden Behörde verschiedene Rechtspersonen sein. Mit anderen Worten sind diese Massnahmen auf das Aussenverhältnis ausgerichtet.

886 Nicht auf die Regelung von Rechten und Pflichten ausgerichtet ist im Regelfall die Eröffnung eines Verfahrens (BGE 130 II 521 E. 2.7.2 in Bezug auf die Eröffnung einer Untersuchung gemäss Art. 27 KG; BGer, Urteil 1P.555/2001 vom 3.1.2002, E. 4.1), es sei denn, es würde in die Rechtsstellung der Betroffenen eingegriffen und zum Beispiel eine psychologische Untersuchung verlangt (vgl. dazu Bernhard Waldmann, Das rechtliche Gehör im Verwaltungsverfahren, in: Häner/Waldmann, Verwaltungsverfahren, S. 55 ff., 62). Nicht auf die Regelung von Rechten und Pflichten ausgerichtet sind auch die Vorabklärungen gestützt auf Art. 26 KG (vgl. BGE 130 II 521 E. 2.5 f., wobei das Bundesgericht die Frage offenlässt).

Geht aus einem Schreiben hervor, dass die Behörde Rechte und Pflichten 887
nicht regeln will, liegt ebenfalls keine Verfügung vor, auch wenn sie zum Erlass
einer Verfügung verpflichtet wäre. In diesem Fall bleibt nur die Rechtsverweigerungsbeschwerde gestützt auf Art. 46a VwVG (BVGer, Urteil A-6437/2008
E. 1.1.5, vgl. dazu auch hinten, Rz. 1307). Eine Abmahnung bildet dann eine Verfügung, wenn sie Voraussetzung für eine spätere, schärfere Massnahme ist (so
im Bereich der Unfallverhütung: BVGE 2010/37 E. 2.3; vgl. zum Dienstrecht sogleich, Rz. 892).

Im praktischen Alltag ist bei einfachen Schreiben der Verwaltung häufig 888
schwierig zu beurteilen, ob ihnen Verfügungscharakter zukommt oder ob dies
nicht der Fall ist, weil es in erster Linie darauf ankommt, ob die Strukturmerkmale des Verfügungsbegriffs vorliegen und das Schreiben auf die verbindliche
Regelung des Rechtsverhältnisses ausgerichtet ist. Die Nichteinhaltung sämtlicher Formvorschriften nach Art. 35 VwVG spielt grundsätzlich keine Rolle (Verfügungscharakter verneint: BVGer, Urteil A-5530/2008 vom 11.12.2008, E. 2.2;
bejaht: BVGer, Urteile A-6827/2008 vom 2.3.2009, E. 1.1.4, und A-3427/2007
vom 19.6.2007, E. 1.2; bejaht selbst für ein E-Mail: BVGE 2009/43 E. 1.1.4 f.).
Da es in erster Linie auf den materiellen Verfügungscharakter ankommt, muss
die rechtsuchende Person das Schreiben mit dem verfügungsmässigen Inhalt
grundsätzlich innert Frist direkt anfechten. Vorbehalten bleibt nur der Fall der
Nichtigkeit, wie zum Beispiel bei einer telefonischen Eröffnung der Verfügung
(BVGer, Urteil A-2401/2011 vom 6.1.2012, E. 2.3 f.). Besteht Unsicherheit, ob
ein entsprechendes Schreiben (oder sogar E-Mail) eine Verfügung darstellt –
was in der Praxis sehr häufig anzutreffen ist – hat sich die rechtsuchende Person nach Treu und Glauben zu verhalten. Die für die mangelnde Rechtsmittelbelehrung entwickelte Praxis gilt hier sinngemäss (BGE 129 II 125 E. 3.3). Ist
unsicher, ob einem Schreiben Verfügungscharakter zugemessen werden kann,
hat die rechtsuchende Person somit innert angemessener Frist eine anfechtbare
Verfügung zu verlangen oder sich zumindest nach der Bedeutung des Schreibens zu erkundigen. Generell die Einleitung des Rechtsmittelverfahrens zu verlangen ginge hingegen zu weit, weil die Verwaltungsbehörden häufig bewusst
vermeiden wollen, hoheitlich aufzutreten und förmlich zu verfügen. Dies darf
aber nicht zulasten der Rechtsuchenden gehen.

Davon zu unterscheiden sind die Anordnungen, welche allein das Innen- 889
verhältnis betreffen (vgl. dazu Müller, VwVG-Kommentar, Art. 5 Rz. 41). Dazu
gehören die *organisatorischen Anordnungen und Massnahmen*. Nach Lehre
und Praxis handelt es sich dabei um interne Regelungen der Verwaltungstätigkeit, welche zwar Aussenwirkungen entfalten, jedoch keine Rechte oder Pflichten eines Privaten zu begründen vermögen (BVGer, Urteil A-7385/2007 vom
12.3.2008, E. 1.1; zur allgemeinen Kritik vgl. Moor/Poltier, Droit administratif,
Vol. II, S. 189 ff.). So gelten etwa folgende Verwaltungshandlungen als nicht beschwerdefähige organisatorische Massnahmen:

- die Verweigerung des Online-Anschlusses der Anstalt Thorberg an das Schweizerische Strafregister (BVGer, Urteil A-7385/2007 vom 12.3.2008, E. 1.2),
- die Schliessung eines kantonalen Asylzentrums (BGer, Urteil 2P.152/2006 vom 8.12.2006, E. 2.3),
- die Umbenennung einer Poststelle (BGE 109 Ib 253 E. 1); mehrheitlich auch die Umbenennung einer Strasse (Regierungsrat ZG, Entscheid vom 13.8.1991, in: ZBl 1992, S. 234, VGer ZH, Urteile VB.2007.00118 vom 12.7.2007, E. 2.1, und vom 11.3.1999, in: ZBl 2000, S. 80; anders VGer OW, Urteil vom 19.12.1980, in: ZBl 1992, S. 524),
- die Aufhebung einer Bahnhaltestelle oder einer Poststelle (vgl. den Hinweis in BGE 109 Ib 253 E. 1b; anders der Bundesrat in Bezug auf eine Bahnhaltestelle in seinem Entscheid vom 7.11.1979, in: VPB 1980, Nr. 60 E. 1), wobei heute vor der Schliessung einer Poststelle gemäss Art. 14 Abs. 6 PG die Behörden der betroffenen Gemeinde angehört werden müssen. Hingegen ist in einem solchen Fall die entsprechende Baubewilligung anfechtbar (BGE 112 Ib 70 E. 3).

890 Als anfechtbare Verfügung gilt hingegen die Zuweisung eines Schülers der ersten Primarklasse in ein 800 m statt in ein 300 m entferntes Schulhaus (BGer, Urteil 2P.324/2001 vom 28.3.2002, E. 3.4).

891 Das Ergebnis dieser Praxis ist teilweise unbefriedigend, da die genannten und andere Massnahmen durchaus einschneidende Folgen für betroffene Private haben können und sich die Aufteilung in die Innen- und Aussensphäre nicht mit ausreichender Klarheit vornehmen lässt (Müller, VwVG-Kommentar, Art. 5 Rz. 41 ff.). In der Praxis wurde deshalb zuweilen zu Recht der Verfügungsbegriff ausgedehnt, um einem intensiven Rechtsschutzinteresse Rechnung zu tragen (vgl. vorne, Rz. 327 ff.). Mittlerweile hat jedoch einerseits die Rechtsweggarantie gemäss Art. 29a BV und andererseits der gestützt darauf erlassene Art. 25a VwVG zur Entschärfung der Problematik beigetragen. In Bezug auf Realakte kann bei gegebenen Voraussetzungen der Erlass einer Verfügung verlangt und damit die Überprüfung durch ein Gericht erreicht werden.

892 *Dienstbefehle*, worunter Dienstanweisungen im konkreten Einzelfall zu verstehen sind, sind nach der Praxis grundsätzlich nicht anfechtbar, weil darin nicht die Rechte und Pflichten der Einzelnen geregelt werden. Sie sind nur für diejenigen Behörden verbindlich, die Adressaten des Dienstbefehls sind (BGE 128 I 167 E. 4.2; 121 II 473 E. 2b). Dienstbefehle im Rahmen einer dienstrechtlichen Anordnung treffen die Angestellten nicht in ihren Rechten und Pflichten. Vielmehr regelt der Dienstbefehl das Betriebsverhältnis, welches sich auf das Verhalten der angestellten Person in der Eigenschaft als Organ der Verwaltung bezieht. Berühren die Dienstbefehle jedoch ebenso die private Rechtssphäre (also das sogenannte Grundverhältnis) der bediensteten Person, ist von einer Verfügung auszugehen (BVGer, Urteil A-7309/2010 vom 7.4.2011, E. 2.3 f.). Des-

gleichen sind Mahnungen der Arbeitgeberin nicht anfechtbar, selbst wenn sie eine Voraussetzung für die Kündigung bilden (Art. 12 Abs. 6 lit. b BPG), weil die Rechte und Pflichten erst mit der Kündigung geregelt werden. Im Gegensatz dazu ist die Verwarnung gemäss Art. 25 BPG anfechtbar (BVGE 2011/31 E. 3.2). Weisungen der Aufsichtsbehörden an die beaufsichtigte ausgegliederte Verwaltungseinheit, die öffentliche Aufgaben wahrnimmt (im konkreten Fall: Krankenkasse), bilden ebenfalls Verfügungen, wenn sie in die Autonomie dieser Verwaltungseinheit eingreifen (BVGer, Urteil C-7604/2006 vom 10.7.2007, E. 1.4.2). Verwaltungsverordnungen als generell-abstrakte Dienstanweisungen können vorfrageweise überprüft werden, wenn gestützt auf sie eine Verfügung erlassen wird (vgl. zur Praxis des Bundesgerichts hinten, Rz. 1276; zu den Verwaltungsverordnungen als Rechtssätzen vgl. hinten, Rz. 1039 ff.).

Sachpläne und *Konzepte* des Bundes sind ebenfalls nur behördenverbindlich, wie die Richtpläne (Art. 9 RPG), welche auf Stufe der Kantone erlassen werden. Folglich können Dritte und Grundeigentümer die Sachpläne – wie die Richtpläne – grundsätzlich nur im Zusammenhang mit der Anfechtung einer Verfügung als rechtsverletzend rügen (anders die Behörden, soweit sie legitimiert sind, z.B. die Gemeinden, die an den Richtplan gebunden sind: BGE 136 I 265 E. 1.3; zur Richtplanüberprüfung vgl. BGE 121 II 430 E. 1c sowie vorne, Rz. 882; zur Geltendmachung von Mängeln in der von der Bundesversammlung verabschiedeten allgemeinen Linienführung und im generellen Projekt der Nationalstrassen sowie in einer auf das EBG gestützten Infrastrukturkonzession vgl. BGer, Urteil 1C_544/2008 vom 27.8.2009, E. 6.2). Soweit jedoch die Sachpläne Anordnungen enthalten, die derart individualisiert und konkretisiert sind, dass sie einer Verfügung gleichkommen, sollten sie – wie in solchen Fällen die Richtpläne – anfechtbar sein (vgl. dazu vorne, Rz. 882). 893

Durch *amtliche Gutachten, Berichte, Stellungnahmen* und *Vernehmlassungen* zuhanden anderer Behörden werden ebenfalls keine Rechte und Pflichten geregelt. Die Stellungnahme der zuständigen Bewilligungsbehörde im Rahmen der Verfahrenskoordination gemäss Art. 21 UVPV ist deshalb keine Verfügung (BGer, Urteil 1C_267/2007 vom 28.2.2008, E. 10.3.2 und 10.4; BGE 116 Ib 260 E. 1d). Demgegenüber ist der Entscheid über die Durchführung der Umweltverträglichkeitsprüfung als Verfügung zu qualifizieren (BGer, Urteil 1A.33/2007 vom 22.10.2007, E. 2; BGE 115 Ib 342 E. 1; vgl. heute Art. 10a–10d USG). Die verwaltungsinternen Empfehlungen, Stellungnahmen und Gutachten der Wettbewerbskommission nach Art. 45 ff. KG sind wiederum keine Verfügungen. 894

Nicht auf Rechtswirkung ausgerichtet sind schliesslich *Auskünfte, Mitteilungen* oder *Empfehlungen* gegenüber Privaten. Sie erzeugen grundsätzlich keine Rechtsverbindlichkeit, weder für die Empfängerin oder den Empfänger der Auskunft noch für die Verwaltung (BGE 130 V 388 E. 2.5; 121 II 473 E. 2c und 3a; vgl. dagegen BGE 138 I 6 E. 1.2, wo der Beschwerdeführer durch Mitteilungen nach Art. 18 BWIS individuell in Grundrechtspositionen betroffen war und darum ein «Rechtsschutzbedürfnis» hatte; BVGer, Urteile B-4448/2009 895 vom 21.6.2010, E. 6.8.3, und A-2723/2007 vom 30.1.2008, E. 1). Hinweise auf die Rechtslage, Ermahnungen oder Voranzeigen von Verfügungen sollten daher nicht in das Dispositiv einer Verfügung aufgenommen werden, da sonst die Betroffenen unter Umständen unnötigerweise Beschwerde erheben (vgl. Rekurskommission EVD, Entscheid vom 26.3.1997, in: VPB 1998, Nr. 71 E. 3). Ersucht eine betroffene Person um Auskunft, ist darauf abzustellen, ob sie ein Interesse an einer rechtsverbindlichen Entscheidung hat. Kann dies bejaht werden, ist eine Verfügung zu erlassen, ansonsten ist davon abzusehen (BVGer, Urteil A-3130/2011 vom 20.3.2012, E. 2.2; vgl. auch Bundesamt für Justiz, Gutachten vom 20.4.1983, in: VPB 1983, Nr. 23, bes. E. 3). Schränkt die Behörde in einer Absichtskundgebung ihren Ermessensspielraum ein, sodass künftige Entscheide präjudiziert werden, liegt ebenfalls eine anfechtbare (Feststellungs-)Verfügung vor (BGer, Urteil 1A.272/2003 vom 27.7.2004, E. 4.5; BGE 114 Ib 190 E. 1a; vgl. auch BGE 121 II 473 E. 2c). Schliesslich können auch blosse Zusicherungen und Auskünfte zwar keine Verfügungsqualität beanspruchen, aber nach dem Grundsatz von Treu und Glauben unter bestimmten Voraussetzungen Verbindlichkeit erlangen (vgl. BGE 137 II 182 E. 3.6.2 f.; 131 II 627 E. 6.1; je m.H.).

896 *Rechnungsstellungen* oder Zahlungsaufforderungen sind in der Regel nicht auf Rechtsverbindlichkeit gerichtet (BVGer, Urteil B-16/2006 vom 10.12.2007, E. 1.3; vgl. Art. 11 AllgGebV). Es handelt sich um amtliche Mitteilungen. Wird jedoch gleichzeitig eine Gebührenverfügung erlassen und die Rechnung beigelegt, ist die Verfügung anfechtbar (BVGer, Urteil A-979/2008 vom 22.10.2008, E. 1).

897 Teilnoten eines *Prüfungsergebnisses* bilden im Gegensatz zum Gesamtergebnis kein selbständiges Anfechtungsobjekt, da nicht die Teilnote, sondern das Gesamtergebnis die Rechte und Pflichten des Kandidaten oder der Kandidatin regelt. Die Teilnoten geben bloss Auskunft zur Qualität der Leistung. Ist jedoch an eine Teilnote eine Rechtsfolge geknüpft oder kommt ihr sonst gemäss Prüfungsreglement eine bestimmte Tragweite zu, zum Beispiel wenn sie für das Prädikat eine Rolle spielt, etwa um das Summa cum laude zu erreichen, nimmt das Bundesgericht ein ausreichendes Anfechtungsobjekt an (BGE 136 I 229 E. 2). Diese Praxis dürfte auch für die Rechtsprechung des Bundesverwaltungsgerichts massgebend sein (vgl. BVGer, Urteil B-385/2012 vom 8.5.2012, E. 3.8; BVGE 2009/10 E. 6.2.1).

e. Anordnung in Anwendung öffentlichen Rechts des Bundes

aa. *Abgrenzung vom übrigen Bundesrecht*

898 Eine Verfügung im Sinne von Art. 5 VwVG muss sich auf öffentliches Recht des Bundes stützen, wobei es nach der gefestigten Praxis genügt, dass sie sich richtigerweise darauf hätte stützen sollen (BVGer, Urteil A-6827/2008 vom 2.3.2009, E. 1.1.3; BGer, Urteil 8C_666/2008 vom 2.2.2009, E. 3.2.1; BGE 132 II 188 E. 1.1). Im Unterschied zu den soeben in lit. a–d beschriebenen Eigen-

schaften dient diese Voraussetzung nicht der Definition des Verfügungsbegriffs im Allgemeinen, sondern der Festlegung des Rechtsmittelweges und damit der Abgrenzung der sachlichen Zuständigkeit zwischen dem Bundesverwaltungsgericht und dem Bundesgericht.

Zur Unterscheidung zwischen *öffentlichem* und *privatem* Recht geht das Bundesgericht nach einem Methodenpluralismus vor. Je nachdem, welches Abgrenzungskriterium im Einzelfall den konkreten Gegebenheiten am besten Rechnung trägt, wird vorab auf die Interessentheorie, die Funktionstheorie oder die Subordinationstheorie abgestellt (BGE 138 I 274 E. 1.2; BGer, Urteil 2C_807/2010 vom 25.10.2011, E. 2.2; BGE 137 II 399 E. 1.1; 132 V 303 E. 4.4.2; 128 III 250 E. 2a; zu den einzelnen Abgrenzungskriterien vgl. Häfelin/Müller/Uhlmann, Verwaltungsrecht, Rz. 250 ff.). 899

Unter den Begriff «öffentliches Recht des Bundes» im Sinne von Art. 5 Abs. 1 VwVG fällt sodann nur *Verwaltungsrecht*. Davon sind das Zivilrecht (samt Schuldbetreibungs- und Konkursrecht) und das Strafrecht abzugrenzen, weil hier besondere Bundesrechtsmittel bestehen (Art. 72 Abs. 1, Art. 72 Abs. 2 lit. a und Art. 78 Abs. 1 BGG). 900

Auch das Bundesverfassungsrecht wird vom Begriff des «öffentlichen Rechts» im Sinne von Art. 5 Abs. 1 VwVG in aller Regel nicht erfasst. Dieser umfasst grundsätzlich nur öffentliches Bundesrecht *unterhalb der Verfassungsstufe*. Eine Verfügung erfüllt somit die Voraussetzungen des Art. 5 Abs. 1 VwVG nicht bereits deshalb, weil sie auf Grundsätzen der Bundesverfassung fusst. Ein Schätzungsentscheid, der – neben kantonalem Recht – die aus der Eigentumsgarantie entwickelten Grundsätze über die materielle Enteignung anwendet, ist keine Verfügung im Sinne von Art. 5 VwVG (BGE 103 Ib 210 E. 1b; vgl. auch BGE 129 I 337 E. 3.1; 128 I 46 E. 1b/aa). Von diesen Voraussetzungen an das Anfechtungsobjekt sind die möglichen Beschwerdegründe zu unterscheiden; die Verletzung verfassungsmässiger Rechte kann mit Beschwerde an das Bundesverwaltungsgericht und mit Beschwerde in öffentlich-rechtlichen Angelegenheiten an das Bundesgericht geltend gemacht werden (hinten, Rz. 1032, 1545). 901

Die Bundesverfassung enthält aber auch Bestimmungen, die materiell dem Verwaltungsrecht angehören sowie genügend bestimmt und deshalb direkt anwendbar sind, sodass sich darauf Verfügungen im Sinne von Art. 5 Abs. 1 VwVG abstützen lassen (vgl. BGE 127 II 184 E. 5b/aa zur direkten Anwendbarkeit des Art. 78 Abs. 5 BV über den Moorschutz; vgl. auch das Minarettbauverbot nach Art. 72 Abs. 3 BV und BBl 2008 7626 f., 7629 f. zu dessen Auslegung und Durchführbarkeit; weitergehend Müller, VwVG-Kommentar, Art. 5 Rz. 34). 902

bb.   *Abgrenzung vom kantonalen Recht*

Die Beschwerde an das Bundesverwaltungsgericht ist auch zulässig gegen Verfügungen nach Art. 5 VwVG von kantonalen Instanzen, soweit dies ein Bundesgesetz vorsieht (Art. 33 lit. i i.V.m. Art. 31 VGG). Praktisch bedeutsam sind 903 die Fälle gemäss KVG (z.B. Art. 39 KVG betreffend die Zulassung von Spitälern oder Art. 46 Abs. 4 KVG, Art. 49 Abs. 7 KVG betreffend die Genehmigung von Tarifen; zum Ganzen Moser/Beusch/Kneubühler, Bundesverwaltungsgericht, Rz. 1.39). Ist eine kantonale Behörde Vorinstanz des Bundesverwaltungsgerichts, so ist es möglich, dass eine Verfügung angefochten wird, die sich nicht auf Bundesverwaltungsrecht, sondern auf kantonales Verwaltungsrecht stützt. Die übrigen Vorinstanzen (Art. 33 lit. a–h VGG) wenden ausschliesslich Bundesverwaltungsrecht an. Als kantonales Verwaltungsrecht, das als «öffentliches Recht des Bundes» im Sinne von Art. 5 VwVG gilt und den Weg zur Anfechtung beim Bundesverwaltungsgericht öffnet, kommt namentlich *kantonales Ausführungsrecht zu Bundesverwaltungsrecht* infrage. Allgemein ist darauf abzustellen, ob dem kantonalen Recht gegenüber dem Bundesrecht *selbständige Bedeutung* zukommt und der kantonale Gesetzgeber eine *erhebliche Entscheidungsfreiheit* inne hat. Dazu bildete die bundesgerichtliche Rechtsprechung Kriterien heraus, die damals der Abgrenzung der früheren Verwaltungsgerichtsbeschwerde an das Bundesgericht von der staatsrechtlichen Beschwerde dienten. Es ist davon auszugehen, dass Verfügungen, die sich formell auf kantonales Recht abstützen, nach denselben Kriterien mit Beschwerde an das Bundesverwaltungsgericht angefochten werden können, falls eine Vorinstanz nach Art. 33 lit. i VGG entschieden hat:

- Die Behörde hat fälschlicherweise kantonales Recht statt Bundesrecht angewendet. Stützt sich der Entscheid zu Unrecht auf Bundesrecht statt auf kantonales Recht, liegt ebenfalls eine Verfügung im Sinne von Art. 5 VwVG vor (vgl. BGer, Urteil 1A.235/2006 vom 2.7.2007, E. 1.3).
- Die Anwendung von Bundesrecht wird ausgeschlossen durch einen auf kantonales Verfahrensrecht gestützten Nichteintretensentscheid (vgl. BGE 127 II 264 E. 1a).
- Den kantonalen Vorschriften, auf die sich der Entscheid stützt, kommt gegenüber dem direkt anwendbaren Bundesrecht keine selbständige Bedeutung zu (vgl. BGer, Urteil 1A.234/2006 vom 8.5.2007, E. 1.2). Dies trifft nicht zu, wenn sich das kantonale Recht auf eine blosse Grundsatz- oder Rahmenbestimmung des Bundesrechts stützt (vgl. BGE 123 II 56 E. 4a).
- Die Anwendung von Bundesverwaltungsrecht stellt die Hauptfrage dar, die Anwendung von kantonalem Verwaltungsrecht ist nur nebensächlich und steht in hinreichend engem Sachzusammenhang mit der Hauptfrage (vgl. BGer, Urteil 1A.32/2004 vom 30.9.2004, E. 1.1).

904 Beim Bundesgericht können Entscheide in Angelegenheiten des öffentlichen Rechts mit Beschwerde angefochten werden (Art. 82 lit. a BGG). Insofern spielt es keine Rolle, ob sich die Entscheide auf kantonales Verwaltungsrecht oder Bundesverwaltungsrecht stützen. Die genannten Kriterien haben in Bezug auf das Anfechtungsobjekt der Beschwerde in öffentlich-rechtlichen Angelegenheiten vor Bundesgericht ihre Bedeutung verloren. Differenzierungen bei

der Anwendung und Auslegung von kantonalem Recht (ausserhalb von Art. 95 BGG) sind aber nach wie vor bei der Prüfung der Beschwerdegründe vonnöten (hinten, Rz. 1555 ff.).

C. Zwischenverfügung und Vollstreckungsverfügung im Besonderen

Die *Zwischenverfügung* unterscheidet sich von der Endverfügung dadurch, dass sie das Verfahren nicht abschliesst, sondern lediglich einen Schritt in Richtung Verfahrenserledigung darstellt. Zwischenverfügungen sind akzessorisch zu einem Hauptverfahren. Sie können nur vor oder während eines Hauptverfahrens erlassen werden und nur für dessen Dauer Bestand haben bzw. unter der Bedingung, dass ein solches eingeleitet wird. Sie fallen mit dem Entscheid in der Hauptsache dahin (BVGer, Urteil C-124/2012 vom 23.4.2012, E. 3.2.3). Es ist davon auszugehen, dass der Begriff der Zwischenverfügung nach Art. 45 und 46 VwVG auch Vorverfügungen umfasst, mithin Entscheide über materiellrechtliche Vorfragen, die das Verfahren vor einer Behörde nicht im Sinn einer Endverfügung ganz bzw. im Sinne eines Teilentscheides teilweise abschliessen (BVGer, Urteil A-2970/2010 vom 22.3.2012, E. 1.1 m.H.). Vorverfügungen sind sogenannte materiell-rechtliche Grundsatzentscheide, die das Verfahren nicht – auch nicht teilweise – abschliessen (BVGer, Urteile A-3505/2011 und A-3516/2011 vom 26.3.2012, E. 7.2; vgl. BGE 136 II 165 E. 1.1). Vor- und Zwischenverfügungen sind somit abzugrenzen von den Teilverfügungen, in welchen lediglich (aber immerhin) ein Teil der materiell-rechtlich gestellten Rechtsbegehren beurteilt oder mit welchen das Verfahren nur für einen Teil der Verfahrensbeteiligten abgeschlossen wird (BVGer, Urteil B-2050/2007 vom 24.2.2010, E. 1.1.2). Diese Rechtsprechung stimmt mit der Begriffsbestimmung gemäss Art. 91 BGG überein, was im Hinblick auf den Grundsatz der Einheit des Verfahrens auch sinnvoll ist (vgl. dazu hinten, Rz. 1429 ff.). Während bei selbständig eröffneten Zwischenverfügungen zu differenzieren ist (Art. 45 und 46 VwVG), sind End- und Teilverfügungen ohne weitere Voraussetzungen anfechtbar (Art. 44 VwVG; BVGer, Urteil A-2970/2010 vom 22.3.2012, E. 1.1).

905

Gegen selbständig eröffnete Zwischenverfügungen über die *Zuständigkeit* und über den *Ausstand* ist die Beschwerde zulässig (Art. 45 Abs. 1 VwVG). Solche Zwischenverfügungen sind ungeachtet prozessökonomischer oder anderer Überlegungen anfechtbar. Betrifft die Verfügung die Zuständigkeit, ist sie unbesehen davon, ob es sich um einen positiven oder einen negativen Entscheid handelt, anfechtbar. Negative, die Zuständigkeit verneinende Entscheide stellen in der Regel Endentscheide dar, während positive Entscheide über die Zuständigkeit in der Regel als Zwischenentscheide im Sinne von Art. 45 Abs. 1 VwVG anfechtbar sind (BVGer, Urteil A-2160/2010 vom 3.1.2011, E. 2.1.1). Das Anliegen der Prozessökonomie ist im Gesetz selbst verankert, da es sich bei der Zuständigkeit und beim Ausstand um Fragen handelt, die sofort behandelt werden müssen, ohne dass der Ausgang der Sache selbst abzuwarten wäre (BGE

906

133 IV 288 E. 2.1 zu Art. 92 BGG). Zwischenverfügungen nach Art. 45 Abs. 1 VwVG können später nicht mehr angefochten werden (Art. 45 Abs. 2 VwVG). Wird die Zwischenverfügung nicht fristgerecht angefochten, verwirkt das Recht zur Geltendmachung des Ausstandsgrundes (BVGer, Urteil B-253/2012 vom 8.3.2012, E. 5.2; BBl 2001 4407).

907 Der Grundsatz der Einheit des Verfahrens gibt vor, dass die Zwischenverfügung an jene Behörde weitergezogen werden muss, die auch in der Hauptsache zuständig ist. Die Anfechtung ist somit nur zulässig, wenn das Rechtsmittel auch gegen den Endentscheid zulässig ist (BVGer, Urteil A-1411/2007 vom 18.6.2007, E. 1.1; BBl 2001 4408).

908 Gegen *andere Zwischenverfügungen,* die selbständig eröffnet werden, ist als *erste Möglichkeit* die Beschwerde zulässig, wenn solche Zwischenverfügungen einen *nicht wieder gutzumachenden Nachteil* bewirken können (Art. 46 Abs. 1 lit. a VwVG). «Andere» Zwischenverfügungen sind nach der Gesetzessystematik jene, welche weder die Zuständigkeit noch den Ausstand betreffen (BBl 2001 4408).

909 Die Beweislast für die Begründung eines nicht wieder gutzumachenden Nachteils trägt die beschwerdeführende Person (BVGer, Urteil B-5436/2011 vom 5.3.2012, E. 3.4; BGer, Urteil 4A_92/2007 vom 8.6.2007, E. 2 zu Art. 93 Abs. 1 lit. a BGG). Es ist nicht erforderlich, dass die Zwischenverfügung einen nicht wieder gutzumachenden Nachteil bewirkt, sondern nur, dass sie einen solchen bewirken kann (BVGer, Urteil B-860/2011 vom 8.9.2011, E. 2.2).

910 Mit dem Erfordernis des nicht wieder gutzumachenden Nachteils wird die Voraussetzung eines schutzwürdigen Interesses an der sofortigen Aufhebung oder Änderung des angefochtenen Zwischenentscheids umschrieben. Demnach liegt das Rechtsschutzinteresse im Schaden, der entstünde, wenn der Nachteil auch durch einen an sich günstigen Endentscheid nicht oder nur teilweise behoben werden könnte (BVGer, Urteil C-6184/2010 vom 23.2.2012, E. 4.2). Nicht nötig ist, dass der in Aussicht stehende Nachteil geradezu irreparabel ist; er muss aber von einigem Gewicht sein (BVGer, Urteil A-3043/2011 vom 15.3.2012, E. 1.2.3). Ein Nachteil, der nur vorübergehend besteht und durch einen günstigen Endentscheid vollständig behoben bzw. rückgängig gemacht werden kann, gilt als wieder gutzumachend (BVGer, Urteil A-3121/2011 vom 25.10.2011, E. 1.4).

911 Die beschränkte Anfechtbarkeit soll verhindern, dass die Beschwerdeinstanz Zwischenentscheide überprüfen muss, die durch einen günstigen Endentscheid für die betroffene Person jeden Nachteil verlieren. Die Rechtsmittelinstanz soll sich in der Regel nur einmal mit einer Streitsache befassen und sich überdies nicht bereits in einem frühen Verfahrensstadium ohne genügend umfassende Sachverhaltskenntnis teilweise materiell festlegen müssen (BVGer, Urteil C-124/2012 vom 23.4.2012, E. 3.2.1).

912 Der Nachteil nach Art. 46 Abs. 1 lit. a VwVG kann rechtlicher oder tatsächlicher, namentlich auch wirtschaftlicher Natur sein (BVGer, Urteile A-6037/2011

vom 15.5.2012, E. 1.3.2, und A-2970/2010 vom 22.3.2012, E. 1.1; BGer, Urteil 2C_86/2008 vom 23.4.2008, E. 3.2 zu Art. 46 VwVG). Ebenso können Motive der Prozessökonomie oder der Rechtssicherheit genügen (BVGer, Urteile A-1130/2011 und A-1133/2011 vom 5.3.2012, E. 5.1 f.). Ein wirtschaftlicher Nachteil genügt nicht, wenn es der beschwerdeführenden Partei bei der Anfechtung einer Zwischenverfügung lediglich darum geht, eine Verlängerung oder Verteuerung des Verfahrens – die aber noch keine Rechtsverzögerung darstellen – zu verhindern (BVGer, Urteil A-3043/2011 vom 15.3.2012, E. 1.2.3).

Mit der Totalrevision der Bundesrechtspflege sollte die Regelung der Anfechtbarkeit der Zwischenverfügungen zwischen VwVG und BGG abgestimmt werden (BBl 2001 4403 und 4407). Die Anforderungen an die Natur des nicht wieder gutzumachenden Nachteils sind gemäss der Rechtsprechung bei Art. 46 Abs. 1 lit. a VwVG weniger streng als bei Art. 93 Abs. 1 lit. a BGG, wo ein Nachteil rechtlicher Natur verlangt wird. Für die Beschwerden in öffentlich-rechtlichen Angelegenheiten ist diese enge Auslegung, die den Nachweis eines rechtlich geschützten Interesses verlangt, wenig sachgerecht. Das Bundesgericht neigt denn auch im Verwaltungsrecht zu einer weiteren Auslegung von Art. 93 Abs. 1 lit. a BGG und lässt unter Umständen auch wirtschaftliche Interessen bzw. Anliegen, die tatsächlicher Natur sind, als nicht wieder gutzumachenden Nachteil genügen (BGE 135 II 30 E. 1.3.4). Im Übrigen bewertet das Bundesgericht gegebenenfalls den Nachteil als weniger stark, wenn das Bundesverwaltungsgericht bereits über eine Zwischenverfügung der ersten Instanz entschieden hat (mit Ausnahmen; hinten, Rz. 1437; zur Differenz vgl. Uhlmann, Zuständigkeiten, S. 156 ff., und Weissenberger/Richard, compétences, S. 132 f.).

913

Beispiele zum nicht wieder gutzumachenden Nachteil:

914

– Die Verweigerung der unentgeltlichen Prozessführung bewirkt regelmässig einen nicht wieder gutzumachenden Nachteil (BVGer, Urteil D-6652/2010 vom 2.11.2010, E. 1.2).
– Bei selbständig eröffneten Zwischenentscheiden, die vorsorgliche Massnahmen zum Gegenstand hatten, bejahte das Bundesgericht regelmässig den nicht wieder gutzumachenden Nachteil (BGE 134 I 83 E. 3.1 m.H.). Ob es daran festhält, ist fraglich. Jedenfalls ist in Zukunft erforderlich, dass der Beschwerdeführer, der einen Massnahmeentscheid beim Bundesgericht anficht, in der Beschwerdebegründung aufzeigt, inwiefern ihm im konkreten Fall ein nicht wieder gutzumachender Nachteil rechtlicher Natur droht (BGE 137 III 324 E. 1.1 zu Art. 93 Abs. 1 lit. a BGG; zitiert in BVGer, Urteil C-124/2012 vom 23.4.2012, E. 3.5).
– Wenn gegen eine selbständig eröffnete Zwischenverfügung zur Verfahrenssistierung eine Verletzung des Beschleunigungsgebots geltend gemacht wird, wird das Erfordernis eines nicht wieder gutzumachenden Nachteils als erfüllt oder als verzichtbar betrachtet, namentlich wenn die Sistierung des Verfahrens für eine unbestimmte Dauer angeordnet wird oder die Wiederaufnahme des Verfahrens von einem Ereignis abhängt, auf das die betrof-

fene Partei keinen Einfluss nehmen kann. Falls die Sistierung zu einem Zeitpunkt erfolgt, in welchem klarerweise das Beschleunigungsgebot noch nicht verletzt ist, kann jedoch vom Erfordernis des nicht wieder gutzumachenden Nachteils nicht abgesehen werden (BVGer, Urteil A-1247/2010 vom 19.4.2010, E. 4.4; BGE 134 IV 43 E. 2.3–2.5 zu Art. 93 Abs. 1 lit. a BGG).
- Die Sistierung einer Invalidenrente, die als Ersatzeinkommen den Lebensbedarf zumindest teilweise decken soll, stellt einen nicht wieder gutzumachenden Nachteil dar (BVGer, Urteil B-860/2011 vom 8.9.2011, E. 2.3).
- Die Sistierung der provisorischen Zulassung eines Medikaments stellt einen nicht wieder gutzumachenden Nachteil dar, denn der Beschwerdeführerin wird ein bislang gewährtes Recht entzogen (BVGer, Urteil C-2790/2010 vom 23.2.2012, E. 1.2).
- Eine Freistellung ohne Lohnentzug ergibt keine finanziellen Nachteile, kann aber mit anhaltendem Zeitablauf eine allfällige Weiterbeschäftigung erschweren und sich zum Nachteil der Berufsaussichten auswirken (BVGer, Urteil A-372/2012 vom 25.5.2012, E. 1.2).
- Die befristete Wiederherstellung der aufschiebenden Wirkung einer Beschwerde gegen eine Verfügung auf fristlose Kündigung beendet den Anspruch auf Lohnzahlungen mit Ablauf der Frist. Der mit der Organisation des Lebensunterhalts verbundene Aufwand und die psychische Belastung durch die Einstellung der Lohnzahlungen können einen nicht wieder gutzumachenden Nachteil tatsächlicher Natur bewirken, woran die Möglichkeit einer Lohnnachzahlung bei Gutheissung der Beschwerde in der Hauptsache nichts zu ändern vermag (BVGer, Urteil A-828/2012 vom 10.5.2012, E. 1.1.2).
- Die Verweigerung einer rückwirkenden Fernmeldeüberwachung nach Art. 273 StPO stellt einen nicht wieder gutzumachenden Nachteil für die ersuchende Behörde dar, weil eine Verzögerung die Beweismassnahme vereiteln kann. Der drohende Ablauf der sechsmonatigen Rückwirkungsdauer für eine Telefonüberwachung nach Art. 273 Abs. 3 StPO ist ein nicht wieder gutzumachender Nachteil (BVGer, Urteil A-5403/2011 vom 2.5.2012, E. 1.1.2, wo offengelassen wurde, ob überhaupt eine Zwischenverfügung vorliege).
- Die Zwischenverfügung, mit der das Pflichtenheft und die Typenskizzen von SBB-Zügen genehmigt werden, präjudiziert einerseits das weitere Zulassungsverfahren und bildet andererseits Grundlage für die mit beträchtlichen Investitionen verbundene weitere Projektierung und Fahrzeugherstellung. Die Ansprüche von Behinderten können daher aus wirtschaftlichen und prozessökonomischen Gründen und im Sinn der Rechtssicherheit direkt mit Beschwerde gegen die Genehmigungsverfügung vorgebracht werden (BVGer, Urteil A-1130/2011 vom 5.3.2012, E. 5.1 f.). Ihre Geltendmachung könnte faktisch erschwert sein, wenn sie erst mit Beschwerde gegen den Endentscheid über die Fahrzeugzulassung zulässig wäre.

Die Prozessökonomie ist ein wesentlicher Zweck der *zweiten Möglichkeit* der Beschwerde gegen «andere Zwischenverfügungen» (Art. 46 Abs. 1 lit. b VwVG; BVGer, Urteil A-3997/2011 vom 13.9.2011, E. 2.2). Die Anfechtung ist auch möglich, wenn die Gutheissung der Beschwerde *sofort einen Endentscheid* herbeiführen und damit einen *bedeutenden Aufwand an Zeit oder Kosten* für ein weitläufiges Beweisverfahren *ersparen* würde (vgl. BVGer, Urteile B-3133/2009 vom 13.11.2009, E. 1.2.2, und C-6105/2009 vom 24.3.2010, E. 3.7: Eintreten bejaht bzw. verneint). Die beiden Voraussetzungen müssen kumulativ erfüllt sein (BVGer, Urteil C-3134/2007 vom 3.11.2009, E. 1.1.1). Die Rechtsmittelinstanz muss den Endentscheid selbst fällen können und darf die Angelegenheit nicht an die Vorinstanz zurückweisen (BGE 133 III 634 E. 1.1). Das Bundesgericht handhabt die entsprechende Regelung von Art. 93 Abs. 1 lit. b BGG restriktiv und beurteilt die Voraussetzung der Zeit- oder Kostenersparnis nach freiem Ermessen (BGer, Urteil 9C_446/2007 vom 5.12.2007, E. 3). 915

Anders als Zwischenverfügungen über den Ausstand und die Zuständigkeit (Art. 45 Abs. 2 VwVG) müssen «andere Zwischenverfügungen», unabhängig davon, ob eine Voraussetzung nach Art. 46 Abs. 1 VwVG zur selbständigen Anfechtung gegeben ist oder nicht, nicht sofort angefochten werden (Art. 46 Abs. 2 VwVG). Eine Verwirkungsfolge ist somit nicht vorgesehen. Sie können nachträglich unter der Voraussetzung, dass sie sich auf den Inhalt der Endverfügung auswirken (Art. 46 Abs. 2 VwVG), durch Beschwerde gegen die Endverfügung angefochten werden (BVGer, Urteil A-1247/2010 vom 19.4.2010, E. 4.4.1). Diese Voraussetzung ist im Prinzip etwa gegeben, wenn der Zwischenentscheid die Zulassung eines Beweismittels oder die Abweisung eines Fristwiederherstellungsgesuchs zum Inhalt hat, nicht aber bei der Anordnung von vorsorglichen Massnahmen (BVGer, Urteil B-3776/2009 vom 7.10.2010, E. 2.2; Kayser, VwVG-Kommentar, Art. 46 Rz. 20). Dementsprechend werden Zwischenverfügungen auch nicht rechtskräftig (vgl. Alfred Kölz/Jürg Bosshart/Martin Röhl, Kommentar zum Verwaltungsrechtspflegegesetz des Kantons Zürich [VRG], 2. A., Zürich 1999, § 19 N. 47) und können im Laufe des Verfahrens noch abgeändert werden. Das Bundesverwaltungsgericht verneint dementsprechend, dass Zwischenverfügungen Objekt der Revision bilden können (BVGE 2012/7 E. 2.4.2). 916

Über die Anfechtbarkeit von Zwischenverfügungen gibt es auch spezialgesetzliche Regelungen, zum Beispiel die Restriktionen gemäss Art. 107 AsylG oder in Art. 24 Abs. 4 FMG. 917

Die *Vollstreckungsverfügung* ist nach Art. 5 Abs. 2 i.V.m. Art. 44 VwVG grundsätzlich eine anfechtbare Verfügung (BVGer, Urteil A-5646/2009 vom 18.5.2010, E. 4.1). Zwar verweist Art. 5 Abs. 2 VwVG nur auf die Ersatzvornahme und den unmittelbaren Zwang (Art. 41 Abs. 1 lit. a und b VwVG). Diese Aufzählung ist indessen nicht abschliessend zu verstehen. Auch spezialgesetzlich vorgesehene Vollstreckungsmassnahmen können angefochten werden; dasselbe gilt für diejenigen Vollzugsmassnahmen, welche in der Vollzugskompetenz 918 der Exekutive enthalten und insoweit ohne besondere gesetzliche Grundlage zulässig sind (vgl. vorne, Rz. 673).

919 Die Beschwerde gegen die Vollstreckungsverfügung darf indessen nicht dazu dienen, die Fristen zur Beschwerde gegen die zu vollstreckende Verfügung zu umgehen. Eine Beschwerde gegen eine Vollstreckungsverfügung ist somit nur zulässig, wenn Mängel vorgebracht werden, die in der Vollstreckungsverfügung selber begründet sind, zum Beispiel diese sei unverhältnismässig oder rechtswidrig oder lege gegenüber der materiellen Anordnung weitergehende Rechte und Pflichten fest. Die Rechtmässigkeit der ursprünglichen Verfügung kann grundsätzlich nicht mehr überprüft werden. Die Rüge der Rechtswidrigkeit der materiellen Verfügung ist verspätet (BGer, Urteil 1C_15/2007 vom 27.4.2007, E. 1.3). Regelt beispielsweise ein Grundsatzbeschluss für Bundesbeiträge an Meliorationen alle wesentlichen Punkte, so muss dieser angefochten werden; die nachfolgenden Verfügungen, welche einerseits die Zusicherung eines Bundesbeitrages für eine einzelne Bauetappe und andererseits die Auszahlung eines Bundesbeitrages zum Gegenstand haben, sind lediglich Vollstreckungsverfügungen, bei deren Anfechtung Mängel der materiellen Anordnung nicht mehr geltend gemacht werden können (Bundesrat, Entscheid vom 28.11.1988, in: VPB 1989, Nr. 34 E. 1.b; vgl. heute die Strukturverbesserungsverordnung [SVV]).

920 In Bezug auf die ursprüngliche Verfügung kann aber geltend gemacht werden, es liege eine nichtige oder keine vollstreckbare Verfügung vor. Mit der Beschwerde in öffentlich-rechtlichen Angelegenheiten (und mit subsidiärer Verfassungsbeschwerde) kann weiter die Verfassungswidrigkeit der zugrunde liegenden Verfügung gerügt werden, wenn die Verletzung unverjährbarer und unverzichtbarer Grundrechte geltend gemacht wird (BGer, Urteil 1C_15/2007 vom 27.4.2007, E. 1.3; BGE 129 I 410 E. 1.1; 119 Ib 492 E. 3c/cc). Allerdings gibt es nach der Praxis des Bundesgerichts keinen numerus clausus von unverjährbaren und unverzichtbaren Grundrechten mehr; vielmehr sind die Grundrechtsgarantien unverjährbar und unverzichtbar im Falle besonders schwerwiegender Verletzungen (BGE 118 Ia 209 E. 2c–d; vgl. Häfelin/Haller/Keller, Bundesstaatsrecht, Rz. 1945 f.). Die Hürden zur Anerkennung der Unverjähr- und Unverzichtbarkeit werden vom Bundesgericht speziell hoch angesetzt (BGer, Urteil 2P.132/2005 vom 10.6.2008, E. 2.4).

3. Beschwerdefähigkeit und Beschwerdelegitimation

921 *Literatur. Legitimation und Parteistellung allgemein:* AUER CHRISTOPH, Die Beschwerdebefugnis nach dem neuen Bundesgerichtsgesetz, in: Festschrift für Heinrich Koller, Basel u.a. 2006, S. 197 ff.; BOVAY BENOÎT/BLANCHARD THIBAULT/GRISEL RAPIN CLÉMENCE, Procédure administrative vaudoise, Basel 2012, S. 263; DONZALLAZ, Commentaire, Art. 89; ERRASS CHRISTOPH, Zur Notwendigkeit der Einführung einer Popularbeschwerde im Verwaltungsrecht, AJP 2010, S. 1351 ff.; GYGI, Bundesverwaltungsrechtspflege, S. 145 ff.; *ders.,* Vom Beschwerderecht in der Bundesverwaltungsrechtspflege, recht 1986, S. 8 ff.; HÄNER ISABELLE, Die *Beteiligten* im Verwaltungsverfahren und Ver-

waltungsprozess, Zürich 2000; *dies.,* in: Auer/Müller/Schindler, VwVG-Kommentar, Art. 48; HÄNNI PETER, Personalrecht des Bundes, in: Koller Heinrich/Müller Georg/Rhinow René/Zimmerli Ulrich (Hrsg.), SBVR, Band I/2, 2. A., Basel 2004; HUBER FELIX, Die Beiladung insbesondere im Zürcher Baubewilligungsverfahren, ZBl 1989, S. 233 ff.; JAÏCO CARRANZA CARLOS/MICOTTI SÉBASTIEN, Code de procédure et de juridiction administrative fribourgeois annoté, Basel/Lausanne 2006, S. 105 ff.; KIENER/RÜTSCHE/KUHN, Verfahrensrecht, N. 1331 ff., 1336 ff., 1628 ff.; LEBER MARINO, Parteistellung im Verwaltungsverfahren, in: Häner/Waldmann (Hrsg.), Verwaltungsverfahren, S. 17 ff.; MARANTELLI-SONANINI VERA/HUBER SAID, in: Waldmann/Weissenberger, Praxiskommentar VwVG, Art. 48; MERKER MICHAEL, Parteien im Verwaltungs(prozess)verfahren, in: Festschrift 100 Jahre Aargauischer Anwaltsverband, Zürich u.a. 2005, S. 137 ff.; MERKLI THOMAS/AESCHLIMANN ARTHUR/HERZOG RUTH, Kommentar zum Gesetz vom 23. Mai 1989 über die Verwaltungsrechtspflege des Kantons Bern, Bern 1997, Art. 14; MEYER LORENZ, Wege zum Bundesgericht – Übersicht und Stolpersteine, ZBJV 146/2010 S. 797 ff., 838 ff.; MOSER ANDRÉ, in: Auer/Müller/Schindler, VwVG-Kommentar, Art. 57; MOSER/BEUSCH/KNEUBÜHLER, Bundesverwaltungsgericht, Rz. 2.60 ff., 3.1–3.6; MÜLLER GEORG, Legitimation und Kognition in der Verwaltungsrechtspflege, ZBl 1982, S. 281 ff.; MÜLLER MARKUS, Bernische Verwaltungsrechtspflege, 2. A., Bern 2011, S. 32 ff., 161 ff., 202 f.; RHINOW/KOLLER/KISS/THURNHERR/BRÜHL-MOSER, Prozessrecht, Rz. 1092 ff., 1547 ff.; ROHNER CHRISTOPH, Erlass und Anfechtung von lokalen Verkehrsanordnungen, Zürich/St. Gallen 2012; SCHAFFHAUSER RENÉ, Instanzenzug und Beschwerdelegitimation bei Verkehrsanordnungen nach Art. 3 SVG, in: Schaffhauser René (Hrsg.), Jahrbuch zum Strassenverkehrsrecht 2009, S. 493 ff.; SEILER HANSJÖRG, in: Seiler/von Werdt/Güngerich, Handkommentar BGG, Art. 89; SPÜHLER/DOLGE/VOCK, Kurzkommentar BGG, Art. 89; WALDMANN BERNHARD, in: Niggli/Uebersax/Wiprächtiger, Basler Kommentar BGG, Art. 89; WIRTHLIN MARTIN, Luzerner Verwaltungsrechtspflege, Bern 2011, Rz. 17.1 ff.; WURZBURGER ALAIN, in: Corboz/Wurzburger/Ferrari/Frésard/Aubry Girardin, Commentaire de la LTF, Art. 89.

Dritte: GLANZMANN-TARNUTZER LUCREZIA, Die Legitimation des Konkurrenten zur Verwaltungsgerichtsbeschwerde an das Bundesgericht, Bamberg 1997; INDERMAUR INGRID, Rechtsmittelmöglichkeiten Dritter gegen Bewilligungen für den Umgang mit gentechnisch verändertem Material, in: Schmithüsen Bernhard/Zachariae Jörg (Hrsg.), Aspekte der Gentechnologie im Ausserhumanbereich, Zürich u.a. 2002, S. 173 ff.; JOST ANDREAS, Zum Rechtsschutz im Wirtschaftsverwaltungsrecht, ZSR 1982 II, S. 453 ff., 538 ff.; KIENER/RÜTSCHE/KUHN, Verfahrensrecht, N. 1347 ff.; RHINOW/KOLLER/KISS/THURNHERR/BRÜHL-MOSER, Prozessrecht, Rz. 1560 ff.

Gemeinwesen und Behörden: BAUMGARTNER URS, Behördenbeschwerde – und kein Ausweg?, ZSR 1980 I, S. 301 ff.; BERTSCHI MARTIN, Die Beschwerdebefugnis der Gemeinde im Zürcher Verwaltungsprozess, in: Festschrift für Hans Michael Riemer, Bern 2007, S. 3 ff.; GADOLA ATTILIO R., Die Behördenbeschwerde in der Verwaltungsrechtspflege des Bundes – ein «abstraktes» Beschwerderecht?, AJP 1993, S. 1458 ff.; GRIFFEL ALAIN/RAUSCH HERIBERT, Kommentar zum Umweltschutzgesetz, Ergänzungsband zur 2. A., Zürich 2011, Art. 56 f.; GRODECKI STÉPHANE/PFEIFFER LAURENT, in: Moor Pierre/Favre Anne-Christine/Flückiger Alexandre (Hrsg.), Commentaire Loi sur la protection de l'environnement (LPE), Bern 2010, Art. 56 f.; GYGI FRITZ, Zur Beschwerdebefugnis des Gemeinwesens in der Bundesverwaltungsrechtspflege, ZSR 1979 I, S. 449 ff.; HOFMANN DAVID, La qualité de l'Etat pour recourir au Tribunal fédéral, in: Hofmann David/Waelti Fabien (Hrsg.), Actualités juridiques de droit public 2011, Bern 2011, S. 13 ff.; KIENER/RÜTSCHE/KUHN, Verfahrensrecht, N. 1364 ff.; KÖLZ ALFRED, Die Beschwerdebefugnis der Gemeinde in der Verwaltungsrechtspflege, ZBl 1977, S. 97 ff.; *ders.,* Vollzug des Bundesverwaltungsrechts und Behördenbeschwerde, ZBl 1975, S. 361 ff.; PFLÜGER MICHAEL, Die Legitimation des Gemeinwesens zur Beschwerde in öffentlich-rechtlichen Angelegenheiten, Zürich/St. Gallen 2013; RHINOW/KOLLER/KISS/THURNHERR/BRÜHL-MOSER, Prozessrecht, Rz. 1572 ff., 1581 ff.; TANQUEREL THIERRY, Le recours des offices fédéraux en matière d'aménagement du territoire et d'environnement, in: Mélanges en l'honneur de Pierre Moor, Bern 2005, S. 761 ff.; WALKER SPÄH CARMEN, Behördenbeschwerde – Ein Instrument zu Gunsten der Umwelt, PBG aktuell 2006, Heft 3, S. 5 ff.

Verbände: FAVRE ANNE-CHRISTINE, Les nouvelles dispositions sur le droit de recours des organisations à but idéal, in: 300 ans d'enseignement du droit à Lausanne, Genf u.a. 2010, S. 121 ff.; FLÜCKIGER ALEXANDRE/MORAND CHARLES-ALBERT/TANQUEREL THIERRY, Evaluation du droit de recours des organisations de protection de l'environnement, Bern 2000; GRABER DANIELE, La legittimazione a ricorrere delle associazioni professionali in materia di commesse pubbliche, RDAT 2001, S. 457 ff.; GREDIG MARKUS, Das Konzept der Erfüllung von *Bundesaufgaben* im Natur- und Heimatschutzrecht, in: Festschrift für Peter Hänni, Bern 2010, S. 359 ff.; GRIFFEL ALAIN, Das Verbandsbeschwerderecht im Brennpunkt zwischen Nutz- und Schutzinteressen, URP 2006, S. 95 ff.; GRIFFEL ALAIN/RAUSCH HERIBERT, Kommentar zum Umweltschutzgesetz, Ergänzungsband zur 2. A., Zürich 2011 (zitiert: Kommentar USG), Art. 55 ff.; GUNDELFINGER DANIEL ELIAS, Das Arbeitsgesetz und die Verwaltungsrechtspflege im Bund und im Kanton Zürich, Diessenhofen 1983; HÄNER ISABELLE, Die Stellung von Verbänden in der Gerichtsverfassung – unter besonderer Berücksichtigung der Ausübung des Verbandsbeschwerderechts, in: Schindler/Sutter, Akteure, S. 297 ff.; HESELHAUS SEBASTIAN, Das Verbandsbeschwerderecht im Vorfeld der Ratifikation der Aarhus-Konvention durch die Schweiz, in: Festgabe zum Schweizerischen Juristentag 2011, Zürich u.a. 2011, S. 1 ff.; KAUFMANN CLAUDIA/STEIGER-SACKMANN SABINE (Hrsg.), Kommentar zum Gleichstellungsgesetz, 2. A., Basel 2009, Art. 7 Rz. 14 ff., Art. 13 Rz. 42; KELLER HELEN/HAUSER MATTHIAS, Ideell oder wirtschaftlich – die *Gretchenfrage* im Verbandsbeschwerderecht, URP 2009, S. 835 ff.; KELLER HELEN/THURNHERR DANIELA, Verbandsbeschwerde im Kreuzfeuer der Kritik – Analyse aktueller Reformvorschläge unter Berücksichtigung der Auswirkungen auf den ländlichen Raum, in: Festgabe für Paul Richli, Zürich 2006, S. 282 ff.; KELLER PETER M., Das Beschwerderecht der Umweltorganisationen, AJP 1995, S. 1125 ff.; *ders.,* in: Keller Peter M./Zufferey Jean-Baptiste (Hrsg.), *Kommentar NHG,* Zürich 1997, Art. 12–12b; KIENER/RÜTSCHE/KUHN, Verfahrensrecht, N. 1387 ff.; KÖLZ ALFRED, Die Vertretung des öffentlichen Interesses in der Verwaltungsrechtspflege, ZBl 1985, S. 49 ff.; LORETAN THEO, in: Vereinigung für Umweltrecht/Keller Helen (Hrsg.), Kommentar zum Umweltschutzgesetz, 2. A., Zürich 2004 (zitiert: Kommentar USG), Art. 55; MAHAIM RAPHAËL, La défense des intérêts publics devant le juge: une chimère?, in: Festschrift für Peter Hänni, Bern 2010, S. 379 ff.; NUTT RETO, Das Beschwerderecht ideeller Vereinigungen, insbesondere nach Art. 14 des Bundesgesetzes über Fuss- und Wanderwege (FWG), ZBl 1992, S. 255 ff.; *ders.,* Das Beschwerderecht der Fachorganisationen nach Art. 14 des Bundesgesetzes über Fuss- und Wanderwege (FWG), Zürich 1990; PESTALOZZI MARTIN, Aktuelle Probleme des Verhandelns aus Sicht der Umweltverbände, URP 2005, S. 182 ff.; POLTIER ETIENNE, La qualité pour recourir des organisations à but idéal, in: 300 ans d'enseignement du droit à Lausanne, Genf u.a. 2010, S. 275 ff.; RHINOW/KOLLER/KISS/THURNHERR/BRÜHL-MOSER, Prozessrecht, Rz. 1569 ff., 1578 ff.; RIVA ENRICO, Die Beschwerdebefugnis der Natur- und Heimatschutzvereinigungen im schweizerischen Recht, Bern 1980; ROMY ISABELLE, Les recours de droit administratif des particuliers et des organisations en matière de protection de l'environnement, URP 2001, S. 248 ff.; SALADIN, Verwaltungsverfahrensrecht, S. 173 ff.; TANQUEREL THIERRY, Les voies de droit des organisations écologistes en Suisse et aux Etats-Unis, Basel/Frankfurt a. M. 1996; THURNHERR DANIELA, Öffentlichkeit und Geheimhaltung von Umweltinformationen, Zürich 2003; WISARD NICOLAS, in: Moor Pierre/Favre Anne-Christine/Flückiger Alexandre (Hrsg.), Commentaire Loi sur la protection de l'environnement (LPE), Bern 2010 (zit. Commentaire LPE), Art. 55–55f; WULLSCHLEGER STEPHAN, Das Beschwerderecht der ideellen Verbände und das Erfordernis der formellen Beschwer, ZBl 1993, S. 359 ff.; ZWEIDLER REINHARD, Vereinfachung der UVP – Präzisierung des Verbandsbeschwerderechts. Die Gesetzesrevision in Folge der parlamentarischen Initiative Hofmann, URP 2007, S. 520 ff.; vgl. auch die in Rz. 442 zitierte Literatur.

A. Parteien und andere Beteiligte

Es gilt wiederum der Parteibegriff von Art. 6 i.V.m. Art. 48 VwVG. Wer zur Beschwerde berechtigt ist, kann somit im Beschwerdeverfahren Partei werden (vgl. vorne, Rz. 443 ff.; BVGer, Urteile B-1379/2010 vom 30.8.2010, E. 3, B-7972/2008 vom 4.3.2010, E. 2.1, und A-7385/2007 vom 12.3.2008, E. 1). Dabei prüft das Bundesverwaltungsgericht die Parteistellung unabhängig von den entsprechenden Feststellungen der Vorinstanz (BVGer, Urteil B-446/2012 vom 19.9.2012, E. 3.2). Wer im vorinstanzlichen Verfahren als Verfahrenspartei teilgenommen hat, behält diese Eigenschaft aber grundsätzlich auch im Verfahren vor dem Bundesverwaltungsgericht. Der Verfügungsadressat wird im von Dritten angestrengten Verfahren auch dann zur Gegenpartei, wenn er selbst – obwohl die Legitimation dazu gegeben wäre – die für ihn nachteilige Verfügung nicht anficht und akzeptiert, jedenfalls wenn er das Verfahren mit einem Gesuch eingeleitet hat. Dies ist auch dann der Fall, wenn eine Partei die Verfügung zugunsten des Adressaten, somit als Legitimierte pro Adressat, anficht (BVGer, Urteil A-5646/2008 vom 13.8.2009, E. 3.2; ebenso BGE 128 II 90 E. 2b; vgl. auch BGer, Urteil 2C_491/2009 vom 18.5.2011, E. 6). Die konkreten Rechte und Pflichten der jeweiligen Verfahrensbeteiligten sind jedoch im Einzelnen zu bestimmen, insbesondere auch, was die Kosten- und Entschädigungsfolgen angeht (vgl. BVGer, Urteile B-2702/2011 vom 6.12.2011, E. 6.4, und C-7498/2008 vom 12.8. 2012, E. 2.3; vgl. zu den Kosten- und Entschädigungsfolgen hinten, Rz. 1170 ff.). 922

Grundsätzlich ist das Beschwerdeverfahren als eigentliches *Zweiparteienverfahren* ausgestaltet: Die Verfügungsadressatin als die «klägerische Partei» in der aktiven Rolle steht der in der Regel erstinstanzlich verfügenden Verwaltungseinheit als Prozessgegnerin in der passiven Rolle gegenüber. Da Letztere nur ausnahmsweise zur Rechtsmittelerhebung legitimiert ist (Art. 48 Abs. 2 VwVG; vgl. dazu hinten, Rz. 972, 978) und zudem das Bundesverwaltungsgericht im Regelfall als erste Rechtsmittelinstanz entscheidet, bildet diese Rollenverteilung zumindest vor Bundesverwaltungsgericht den häufigsten Fall. Die Beschwerde an das Bundesgericht ist demgegenüber insofern weiter gefasst, als bei gegebenen Voraussetzungen gestützt auf Art. 89 BGG auch das Gemeinwesen, welchem die verfügende Behörde angehört, das Bundesgericht anrufen und damit als «klägerische Partei» auftreten kann (als Beispiel kann auf BGer, Urteil 2C_1016/2011 vom 3.5.2012, E. 1.2, verwiesen werden; weiteres Beispiel einer beschwerdeführenden Gemeinde: BGE 138 I 143 E. 1.3). Zudem ist dort die Beschwerde der Bundesbehörden vorgesehen (Art. 89 Abs. 2 lit. a BGG). 923

Strenggenommen ist die *verfügende Behörde* mangels Rechtsfähigkeit nicht Partei im eigentlichen Sinn und fällt auch nicht unter den Parteibegriff gemäss Art. 6 VwVG. Die Begriffsverwendung des VwVG ist zwar nicht konsequent, doch ist die verfügende Behörde in der Regel nicht mitgemeint, wenn das Gesetz von Parteien spricht. Die Regelung der Bindung an Parteibegehren gemäss 924

Art. 62 VwVG ergibt zum Beispiel nur dann einen Sinn, wenn unter dem Begriff «Partei» oder «Gegenpartei» nicht auch die verfügende Instanz verstanden wird. Auch ist die verfügende Behörde nicht Partei im Sinne von Art. 29 VwVG. Vielmehr nimmt sie gestützt auf Art. 57 VwVG vernehmlassungsweise Stellung. Desgleichen meint Art. 31 VwVG mit «Gegenpartei» nicht die verfügende Behörde, sondern bezieht sich auf das Mehrparteienverfahren. Ebenso wird die verfügende Behörde in Bezug auf die Kosten- und Entschädigungsfolgen von den Parteien unterschieden (Art. 63 und 64 VwVG). Dennoch kommen der verfügenden Behörde aus praktischen Gründen, selbst wenn sie sich mangels Parteistellung gemäss Art. 6 i.V.m. Art. 48 VwVG nicht auf den Anspruch auf rechtliches Gehör berufen kann, grundsätzlich dieselben Parteirechte zu wie der beschwerdeführenden Partei. Dies drängt sich auch deshalb auf, weil die verfügende Behörde die den privaten Interessen entgegenstehenden öffentlichen Interessen zu vertreten hat (vgl. auch vorne, Rz. 177). So ist sie beispielsweise an einem weiteren Schriftenwechsel nach ausdrücklicher Regelung in Art. 57 Abs. 2 VwVG zu beteiligen. Auch kann die verfügende Behörde die Beschwerde im Rahmen des Gesetzes anerkennen und ihre Verfügung in Wiedererwägung ziehen (Art. 58 Abs. 1 VwVG); sie kann somit in diesem Umfang über den Streitgegenstand bestimmen. Behauptet sie, ihre «Parteirechte» seien verletzt worden, ist sie jedoch nicht wie die Privaten zur Beschwerde legitimiert (BGE 136 II 383 E. 3).

925 Ist das Bundesverwaltungsgericht als zweite Rechtsmittelinstanz tätig und ist ein verwaltungsinternes Beschwerdeverfahren vorangegangen, beteiligt das Bundesverwaltungsgericht grundsätzlich allein die Vorinstanz am Verfahren und nicht ebenso die Vor-Vorinstanz, es sei denn, bei der Vor-Vorinstanz handle es sich um eine Institution, welcher die Parteifähigkeit zukommt, was zum Beispiel bei Verfahren der ETH zutrifft, in welchen als erste Beschwerdeinstanz die ETH-Beschwerdekommission entscheidet (vgl. Moser, VwVG-Kommentar, Art. 57 Rz. 5).

926 Ein *Mehrparteienverfahren* liegt einerseits vor, wenn eine Verfügung mehrere Adressaten betrifft, wie dies beispielsweise im Submissionsrecht der Fall ist (vgl. Art. 23 BöB) oder bei Allgemeinverfügungen denkbar ist (vgl. dazu vorne, Rz. 880). Andererseits wird ein Mehrparteienverfahren auch eingeleitet, wenn gemäss Art. 48 Abs. 1 VwVG Drittbetroffene oder nach Art. 48 Abs. 2 VwVG Legitimierte das Rechtsmittel erheben (vgl. in diesem Sinn beispielsweise Art. 31 und Art. 57 Abs. 1 VwVG; BVGer, Urteil A-5646/2008 vom 13.8.2009, E. 3.2; ebenso BGE 128 II 90 E. 2b sowie vorne, Rz. 922). Eine Besonderheit, die insbesondere bei Mehrparteienverfahren anzutreffen ist, besteht darin, dass die Gerichtspraxis nicht die Legitimation sämtlicher Drittbeschwerdeführenden prüft, wenn sie in Bezug auf eine oder mehrere Beteiligte bejaht werden kann (BVGer, Urteile A-667/2010 vom 1.3.2012, E. 1.2, und A-5466/2008 vom 3.6.3009, E. 1.2.1; BGE 136 II 281 E. 2.5.4). Dies erscheint problematisch, wenn – wie in den zitierten Fällen – die Beschwerden gutgeheissen werden. Alsdann er-

halten auch solche Parteien, auf deren Beschwerde eigentlich nicht hätte eingetreten werden dürfen, eine Entschädigung und müssen keine Gerichtskosten tragen.

Angesichts des weiten Parteibegriffs ist nach einhelliger Lehre und Rechtsprechung das Institut der *(Neben- oder Haupt-)Intervention* (vgl. Art. 15 BZP) – worunter der Eintritt interessierter Dritter in den Prozess zu verstehen ist – im Verwaltungsbeschwerdeverfahren überflüssig und deshalb nicht vorgesehen (Gygi, Bundesverwaltungsrechtspflege, S. 183; Saladin, Verwaltungsverfahrensrecht, S. 187). Der Begriff der *Streitgenossenschaft* ist im Verwaltungsprozessrecht ebenfalls wenig geläufig. Er wird aber im Zusammenhang mit der notwendigen Streitgenossenschaft dennoch verwendet. Es handelt sich dabei um eine Rechtsgemeinschaft, die selbst nicht parteifähig ist, wie zum Beispiel die einfache Gesellschaft oder die Erbengemeinschaft (Marantelli-Sonanini/Huber, Praxiskommentar VwVG, Art. 6 N. 11; Beispiele: BVGE 2010/23 E. 2.1: Erbengemeinschaft; BVGer, Urteil A-1275/2011 vom 20.9.2010, E. 3.1.2: Gesamthandverhältnis; Urteil B-2561/2009 vom 20.7.2009, E. 3.3: Konsortium [einfache Gesellschaft] im öffentlichen Beschaffungswesen). Die freiwillige Streitgenossenschaft, bei welcher sich beschwerdeführende Parteien zusammenschliessen, weil es um dieselbe Verfügung oder denselben Rechtsgrund geht, ist ein Mehrparteienverfahren und weist keine Besonderheiten auf. Immerhin ist zu beachten, dass die Gerichte die Verfahren auch vereinigen können, wenn sich die verschiedenen Parteien nicht zu einer freiwilligen Streitgenossenschaft zusammengefunden haben (Art. 4 VwVG i.V.m. Art. 24 BZP; Moser/Beusch/Kneubühler, Bundesverwaltungsgericht, Rz. 3.17). Die Verfahrensvereinigung ist allerdings nicht in allen Fällen zulässig, namentlich nicht, wenn es um die Wahrung von Geschäftsgeheimnissen geht. In diesem Fall ist das Interesse an der Verfahrensökonomie gegen die schutzwürdigen Interessen der Beteiligten abzuwägen.

In Art. 57 Abs. 1 VwVG sind auch *«andere Beteiligte»* erwähnt. Diese werden vom Bundesverwaltungsgericht bezeichnet. Unter den Begriff fallen in erster Linie diejenigen, welche, ohne Parteistellung beanspruchen zu können, in den Schriftenwechsel einbezogen werden dürfen. Dabei handelt es sich häufig um weitere Amtsstellen (vgl. dazu im Einzelnen hinten, Rz. 1115). Unter die «anderen Beteiligten» im Sinn von Art. 57 Abs. 1 VwVG fallen jedoch nicht auch Drittbeschwerdeführende, welche mit dem Entscheid der unteren Instanz einverstanden sind oder sich damit abgefunden haben, ansonsten unter Umständen verpasste Fristen geheilt würden. Diese Dritten nehmen aber dann die Stellung von Gegenparteien ein, wenn sie im vorinstanzlichen Verfahren mit ihren Anträgen obsiegt haben. Bei der Festlegung der Kosten- und Entschädigungsfolgen wird jedoch wiederum berücksichtigt, ob sich diese Drittbetroffenen mit eigenen Anträgen beteiligt haben. Wie erwähnt, gilt dies nicht für die Verfügungsadressaten und -adressatinnen. Diese werden auch kostenpflichtig, wenn sie keine Anträge gestellt haben (BGE 128 II 90 E. 2b; 123 V 156 E. 3; vgl. vorne,

Rz. 922). Wer eine Anzeige erstattet, gehört in der Regel nicht zu den «anderen Beteiligten» (BGE 118 Ib 356 E. 2c zu Art. 110 Abs. 1 OG). Die Anzeigenden haben keine Parteistellung (BGE 133 II 468 E. 2; vgl. auch vorne, Rz. 774).

929 Art. 57 Abs. 1 VwVG dürfte gegenüber allfälligen Drittbeschwerdeführenden nur zum Tragen kommen, wenn die Beschwerdeerhebung nicht zulässig war, sich jedoch ein schutzwürdiges Interesse abzuzeichnen beginnt. Insoweit kann die Bestimmung als Grundlage einer allfälligen *Beiladung* dienen (vgl. dazu auch vorne, Rz. 452). Mit der Beiladung kann zum einen die Streitverkündung gemeint sein (zur Streitverkündung: Art. 16 BZP); alsdann treten die Beigeladenen als Streithelfer einer Verfahrenspartei in das Verfahren ein. Die Beizuladenden können aber auch durch das Gericht beigezogen werden. In diesen Fällen geht es häufig darum, die Rechtskraftwirkung auf die beigeladene Partei zu erstrecken. Diese Folge tritt auch ein, wenn sie sich nicht am Verfahren beteiligen wollen (vgl. Kiener/Rütsche/Kuhn, Verfahrensrecht, N. 572 f. m.H. auf BVGer, Urteil A-7454/2009 vom 29.3.2011, Sachverhalt; ferner BVGer, Urteil B-2702/2011 vom 6.12.2011). Zum andern können die Beizuladenden selbst ein Gesuch um Beiladung stellen oder von Amtes wegen beigeladen werden, weil sie durch den Entscheid in ihren schutzwürdigen Interessen betroffen sein könnten. Die Beiladung ermöglicht damit auch die Wahrung der Interessen derjenigen, deren rechtliche oder tatsächliche Interessen durch den Ausgang des Verfahrens berührt sein könnten. Insoweit ist die Beiladung ebenso Ausfluss des rechtlichen Gehörs (vgl. vorne, Rz. 214 ff., 487 ff.). Das Bundesverwaltungsgericht anerkennt beide Gründe und lässt es auch genügen, dass die beizuladende Person die Voraussetzungen der Legitimation insbesondere von Art. 48 Abs. 1 lit. b und c VwVG erfüllt (BVGer, Urteile B-2702/2011 vom 6.12.2011, E. 6.4, A-6683/2010 vom 25.8.2011, E. 2, und A-5646/2008 vom 13.8.2009, E. 3.4). Geht es jedoch darum, die Rechtskraftwirkung des Urteils auf die Beigeladenen zu erstrecken, werden die Beiladungsvoraussetzungen enger gefasst und wird verlangt, dass der Entscheid eine Rückwirkung auf die Rechtsbeziehung zwischen der Hauptpartei und der beizuladenden Person hat (so das Bundesgericht in Bezug auf das Sozialversicherungsrecht, BGE 134 V 306 E. 3 f.; 132 V 166 E. 3; 131 V 133 E. 13 sowie Moser/Beusch/Kneubühler, Bundesverwaltungsgericht, Rz. 3.2; ebenso enger: BVGer, Urteil B-3987/2011 vom 5.12.2011, E. 1.5).

930 Die Beigeladenen erlangen unabhängig vom Zweck ihrer Beiladung Parteistellung. Ihnen kommen grundsätzlich die gleichen Rechte und Pflichten zu wie den bisherigen Parteien. Soweit sie nicht über den Streitgegenstand verfügen können, werden sie gemäss der Praxis des Bundesverwaltungsgerichts nicht zur Hauptpartei, sondern bleiben Nebenpartei (BVGer, Urteil A-5646/2008 vom 13.8.1009, E. 3.5). Im Gegensatz dazu bleiben die Adressaten einer Verfügung stets Hauptparteien, auch wenn sie sich im vorinstanzlichen Verfahren nicht mit eigenen Anträgen beteiligt haben (BGer, Urteil 2C_491/2009 vom 18.5.2011, E. 6).

Die Beiladung lässt sich im Verfahren vor Bundesverwaltungsgericht – wie 931
erwähnt – auf Art. 57 Abs. 1 VwVG abstützen. In den Kantonen ist die Frage
teils ausdrücklich gesetzlich geregelt (vgl. Art. 14 VRPG BE; zum Kanton Aargau vgl. BGer, Urteil 2C_491/2009 vom 18.5.2011, E. 4).

Der Überblick über die möglichen Parteien und anderen Verfahrensbeteiligten ergibt, dass die Begriffsverwendung des Gesetzes uneinheitlich ist und 932
insbesondere mit Art. 6 VwVG nicht immer übereinstimmt. Es ist im konkreten Fall anhand der anwendbaren Rechtsnorm zu bestimmen, welche Beteiligten jeweils unter den Parteibegriff der jeweiligen Norm fallen und welche weiteren Beteiligten zur Mitwirkung am Verfahren befugt sind. Insoweit relativiert sich auch die begriffliche Unterscheidung zwischen Zwei- und Mehrparteienverfahren erheblich.

Was den *Parteiwechsel* angeht, so hängt dessen Zulässigkeit im Verwaltungs- 933
recht in erster Linie davon ab, ob die verwaltungsrechtlichen Rechte und Pflichten übertragbar sind. Dies ist nur soweit möglich, als sie nicht höchstpersönlicher Natur sind (z.B.: Bewilligung, die von persönlichen Fähigkeiten abhängt, wie eine Berufsausübungsbewilligung). Auf der anderen Seite sind aber Fälle denkbar, in welchen eine Rechtsübertragung möglich ist, namentlich wenn es um objektbezogene Bewilligungen geht, wie zum Beispiel eine Baubewilligung bzw. Projektgenehmigung. In solchen Fällen kann sich durchaus die Frage stellen, ob Rechtsnachfolger anstelle der bisher Berechtigten in das Verfahren eintreten sollen. Die Praxis des Bundesverwaltungsgerichts stellt auf Art. 17 BZP i.V.m. Art. 4 VwVG ab und lässt bei einer Einzelnachfolge, zum Beispiel beim Verkauf eines Grundstücks, den Parteiwechsel mit Zustimmung der Gegenpartei zu, wobei die Zustimmung auch konkludent erfolgen kann (BGer, Urteil 1C_231/2010 vom 24.8.2010, E. 1.2; in Bezug auf die Veräusserung einer Marke: BVGer, Urteil B-1611/2007 vom 7.10.2008, E. 1). Die Anwendung von Art. 17 BZP ist allerdings beschränkt. Insbesondere kann die verfügende Verwaltungsbehörde nicht als Gegenpartei im Sinne von Art. 17 BZP verstanden werden. Es wäre nicht zulässig, prozessrechtlich die Zustimmung der Bewilligungsbehörde zu verlangen, wenn ein Rechtsverhältnis ohne Zustimmung der verfügenden Verwaltungsbehörde übertragbar ist (Häner, Beteiligte, Rz. 376). Unzulässig ist der Parteiwechsel jedoch, wenn diejenige Partei, die neu in das Verfahren eintreten will, legitimiert gewesen wäre, die angefochtene Verfügung selbst anzufechten (BGer, Urteil 1C_280/2007 vom 13.3.2008, E. 1.2). Umgekehrt ist ein Parteiwechsel bei einer Veräusserung des Streitobjekts nicht zwingend. Verweigert die Gegenpartei die Zustimmung zum Parteiwechsel, bleibt der Verkäufer weiterhin Partei (Art. 21 Abs. 2 BZP; BGer, Urteil 1C_32/2007 vom 18. Oktober 2007, E. 1.1). Bei einer Gesamtnachfolge, zum Beispiel einer Erbschaft oder einer Fusion, tritt die Erbengemeinschaft bzw. das fusionierte Unternehmen in das Verfahren ein. Voraussetzung ist wiederum, dass übertragbare Rechte und Pflichten infrage stehen.

B. Partei- und Prozessfähigkeit

934 Die Partei- und Prozessfähigkeit bestimmt sich, wie vorne in Rz. 444 erwähnt, nach dem Zivilrecht. Zur Parteifähigkeit ist weiter Folgendes anzumerken:

935 Den Gesamthandschaften als notwendige Streitgenossenschaften, wie etwa der einfachen Gesellschaft, der Erbengemeinschaft oder der Miteigentümergemeinschaft, kommt keine Parteifähigkeit zu, weshalb sämtliche Mitglieder im Verfahren gemeinsam als Parteien aufzutreten haben. Die einzelnen Mitglieder sind in der Verwaltungsrechtspflege aber ohne Zustimmung der andern befugt, eine belastende oder pflichtbegründende Anordnung anzufechten, um für die Gemeinschaft allfällige Nachteile abzuwehren. Wesentlich ist, dass die jeweiligen Beschwerdeführenden ein aktuelles Interesse an der Anfechtung geltend machen können. Die Zustimmung der übrigen Mitglieder des Gesamthandverhältnisses ist jedoch dann einzuholen, wenn durch die Erhebung des Rechtsmittels die Interessen der Gemeinschaft oder anderer Mitglieder beeinträchtigt werden könnten (BGer, Urteil 1C_278/2011 vom 17.4.2012, E. 1.2). Die Legitimation der einzelnen Gesellschafter bei Bietergemeinschaften im Rahmen eines Submissionverfahrens wird differenziert gehandhabt. Das Bundesverwaltungsgericht bejaht im Anschluss an die Rechtsprechung des Bundesgerichts die Legitimation eines einzelnen Gesellschafters nur dann, wenn der Vertrag bereits abgeschlossen ist und es bloss noch um die Feststellung der Widerrechtlichkeit geht. Ist der Vertrag zwischen dem Zuschlagsempfänger und der ausschreibenden Stelle jedoch noch nicht abgeschlossen, kann die Bietergemeinschaft nur gemeinschaftlich Beschwerde erheben (BVGE 2008/7 E. 2.2.2; BGE 131 I 153 E. 5.3 ff.; vgl. auch hinten, Rz. 1931).

936 Die Parteifähigkeit fehlt regelmässig auch der Vorinstanz, auch wenn sie – wie erwähnt (Rz. 924) – aus praktischen Gründen eine ähnliche Stellung wie eine Gegenpartei einnimmt (vgl. auch BVGer, A-7385/2007 vom 12.3.2008, E. 1.1). Eine Verwaltungseinheit kann daher gestützt auf Art. 48 Abs. 1 VwVG oder Art. 89 Abs. 1 BGG nur dann Beschwerde führen, wenn sie als Vertretung des Gemeinwesens handelt, welchem sie zugehört (BVGer, Urteil C-8730/2010, E. 2.2; vgl. auch BGer, Urteil 2C_1016/2011 vom 3.5.2012, E. 1.2; BGE 134 II 45 E. 2.2.3), oder wenn ihr die Partei- und Prozessfähigkeit von Gesetzes wegen zukommt (vgl. dazu vorne, Rz. 444 sowie BGE 135 II 384 E. 1.2). In der Regel vertritt der Regierungsrat als oberste Exekutivbehörde den Kanton (BGE 137 V 143 E. 1.1; 136 V 351 E. 2.4). Eine nachgeordnete Behörde muss die Vertretungsbefugnis dartun, sei es mit Hinweis auf besondere kantonale Vorschriften oder durch einen speziellen Ermächtigungsbeschluss der Kantonsregierung (BGE 135 II 12 E. 1.2.3).

C. Legitimation

a. Allgemein

Die Beschwerdelegitimation ist in Art. 48 VwVG geregelt. Von Art. 48 Abs. 1 VwVG werden diejenigen Beschwerdeführenden erfasst, welche aus eigenem Rechtsschutzinteresse Beschwerde erheben. Art. 48 Abs. 2 VwVG hingegen regelt die Beschwerderechte, welche der Gesetzgeber Personen, Organisationen oder Behörden speziell einräumt.

Art. 48 Abs. 1 VwVG zählt die einzelnen Voraussetzungen der Legitimation aus eigenem Recht auf. Zusammenfassend geht es um die formelle Beschwer, die besondere Berührtheit und das schutzwürdige Interesse. Diese Bestimmung dient in erster Linie dem Individualrechtsschutz. Die genannten Voraussetzungen müssen kumulativ erfüllt sein (BGE 133 II 249 E. 1.3). Art. 48 Abs. 1 VwVG stimmt mit den Legitimationsvoraussetzungen nach Art. 89 Abs. 1 BGG zur Erhebung der Beschwerde in öffentlich-rechtlichen Angelegenheiten überein. Das Bundesgericht hat denn auch festgehalten, dass Art. 48 Abs. 1 VwVG in Anlehnung an Art. 89 Abs. 1 BGG auszulegen ist (BGE 135 II 172 E. 2.1). Das Bundesgericht hat Art. 89 BGG weiter dahingehend präzisiert, dass die Legitimationsvoraussetzungen nicht rügespezifisch beurteilt werden dürfen. Vielmehr kann bei Bejahung der Legitimation jeder zulässige Beschwerdegrund gemäss Art. 95 ff. BGG vorgebracht werden, wenn durch die Gutheissung der Beschwerde ein praktischer Nutzen für die betreffende Partei entsteht (BGE 137 II 30 E. 2.3; BGer, Urteil 1C_236/2010 vom 16.7.2010, E 1.4 f., in: ZBl 2011, S. 608). Dies ist auch bei der Auslegung und Anwendung von Art. 48 Abs. 1 VwVG zu beachten. Zudem haben das Bundesverwaltungsgericht und das Bundesgericht festgehalten, dass sie sich grundsätzlich an der aufgrund des früheren Art. 103 OG entwickelten Praxis orientieren (BVGE 2009/1 E. 6; BGE 136 II 281 E. 2.2). Auch wenn das Bundesgericht festgestellt hat, dass die Voraussetzung der besonderen Berührtheit nach Art. 89 Abs. 1 lit. b BGG enger ist als die entsprechende Voraussetzung in Art. 103 lit. a OG, der bloss die Berührtheit verlangt hatte, verwendet es nach wie vor dieselbe Legitimationsformel (vgl. insbesondere BGE 137 II 40 E. 2.3; vgl. auch BGer, Urteil 1C_346/2011 vom 1.2.2012, E. 2.2, sowie hinten, Rz. 942). Die engere Fassung von Art. 89 Abs. 1 lit. b BGG hat somit keine praktischen Auswirkungen gezeigt. Eine generelle Verschärfung der Praxis ist jedenfalls nicht feststellbar: In einer differenzierten Auseinandersetzung mit seiner bisherigen Praxis – die zudem zu einer Praxisänderung führte – hat das Bundesgericht zum Beispiel die Legitimation des Mandanten bejaht, das gegen seinen Anwalt verhängte Vertretungsverbot aus einem eigenen schutzwürdigen Interesse anzufechten (vgl. BGE 138 II 162 E. 2, Praxisänderung gegenüber BGE 135 II 145 E. 6).

Im Unterschied zum Zivilprozessrecht, wo die Legitimation eine Frage des materiellen Rechts darstellt, ist sie in der Verwaltungs- wie in der Staatsrechtspflege rein prozessualer Natur. Ist hier die Legitimation nicht gegeben, ergeht deshalb ein Nichteintretensentscheid, während im Zivilprozess die Klage abgewiesen wird.

b. Vertretung schutzwürdiger Interessen

aa. Formelle Beschwer

940 Als erste Legitimationsvoraussetzung nennt Art. 48 Abs. 1 lit. a VwVG das Erfordernis, dass die beschwerdeführende Person entweder am Verfahren vor der Vorinstanz teilgenommen hat oder keine Möglichkeit zur Teilnahme hatte. Da es sich dabei um ein formelles Element handelt, wird dieses Erfordernis auch als «formelle Beschwer» bezeichnet. Notwendig ist dabei die Teilnahme am Verfahren; sodann muss die beschwerdeführende Person mit ihren Anträgen ganz oder teilweise unterlegen sein. Das Koordinationsgesetz hat die Pflicht zur Teilnahme für sämtliche Plangenehmigungsverfahren aufgenommen (vgl. Koordinationsgesetz sowie vorne, Rz. 446, 793). Zudem gilt die Teilnahmepflicht auch für die Ausübung von Beschwerderechten gemäss Art. 48 Abs. 2 VwVG, wie insbesondere für die ideellen Verbandsbeschwerden nach Art. 12c Abs. 1 und 3 NHG und Art. 55b USG oder für die Gemeinden (Art. 12c Abs. 2 NHG; vgl. auch Art. 14 Abs. 3 und 4 FWG). Die Pflicht zur Teilnahme entfällt, wenn der beschwerdeführenden Person die Möglichkeit der Teilnahme verwehrt ist. Dies ist zum Beispiel der Fall, wenn eine drittbetroffene Person wegen eines Fehlers der Behörde keine Kenntnis vom Verfahren hatte, weil das Gesuch um Erlass einer Verfügung nicht veröffentlicht wurde (BVGer, Urteil C-6975/2010 vom 2.5.2011, E. 4.2.1; vgl. BGE 138 V 161 E. 2.5.1; 134 V 306 E. 3.3.1). Ein anderes Beispiel ist der Gutachter, der keine Möglichkeit zur Teilnahme am Verfahren hatte, als die Vorinstanz die Herabsetzung seines Honorars entschied; zur Anfechtung des entsprechenden Entscheids war er aus eigenem Recht legitimiert (BGE 134 I 159 E 1.3). Das Erfordernis der formellen Beschwer führt dazu, dass der Streitgegenstand bereits im Einspracheverfahren zu bestimmen ist, soweit ein solches vorgesehen ist (BGE 133 II 30 E. 2).

bb. Materielle Beschwer

941 Zwar müssen, wie vorne, Rz. 938 erwähnt, sämtliche Voraussetzungen von Art. 48 Abs. 1 lit. a–c VwVG kumulativ erfüllt sein. Allerdings lassen sich die im Gesetz erwähnten Erfordernisse des «Berührtseins» und des «schutzwürdigen Interesses» nicht immer voneinander abgrenzen, da es kaum möglich sein dürfte, ein schutzwürdiges Interesse darzutun, ohne auch von der Verfügung berührt zu sein (vgl. BGE 133 V 188 E 4.3.1). Auch wenn diese beiden Kriterien unabdingbar miteinander verbunden sind, zeigt die Gerichtspraxis dennoch, dass ihnen auch je ein eigenständiger Gehalt in dem Sinne zukommt, als bei der Bestimmung der materiellen Beschwer je nachdem das schutzwürdige Interesse oder das besondere Berührtsein im Vordergrund steht.

Die beschwerdeführende Person muss zunächst *mehr betroffen sein als die* 942
Allgemeinheit. Dieses Kriterium dient der Abgrenzung zur sogenannten Popularbeschwerde und betrifft namentlich das besondere Berührtsein im Sinne von Art. 48 Abs. 1 lit. b VwVG (Art. 89 Abs. 1 lit. b BGG). Es reicht nicht, wenn nur ein allgemeines Interesse oder ein Interesse Dritter geltend gemacht wird (BVGer, Urteil A-98/2011 vom 27.9.2011, E. 2.10; BGE 135 II 145 E. 6). Die beschwerdeführende Person muss vielmehr in einer beachtenswerten, nahen Beziehung zur Streitsache stehen (BVGE 2007/20 E 2.4.1; BGE 135 II 430 E. 1; 133 II 400 E. 2.2; vgl. ebenso die bisherige Legitimationsformel: BGE 121 II 176 E. 2a). Der Nachteil, den es abzuwenden gilt, muss für die beschwerdeführende Person von einigem Gewicht und der Schadenseintritt relativ wahrscheinlich sein. Bloss geringfügige und unwahrscheinliche Beeinträchtigungen reichen nicht aus (BVGE 2007/20 E 2.4.1). E contrario bedeutet dies gleichzeitig, dass im Rahmen der Darlegung der Legitimation nicht der volle Beweis der besonderen Betroffenheit erbracht werden muss.

Dafür können die folgenden Beispiele angeführt werden: Gegen die frei- 943
händige Vergabe von Lizenzen und darauf aufbauenden Anwendungen, Wartung und Support an Microsoft führten elf Anbieterinnen von Open-Source-Software Beschwerde beim Bundesgericht. Die Beschwerdeführerinnen hätten dabei als potenzielle Anbieterinnen nachweisen müssen, dass sie in der Lage waren, ein Produkt anzubieten, das dem von der Vergabestelle definierten Beschaffungsgegenstand entsprach und nicht ein anderes Produkt darstellte. Nur in diesem Fall hätten sie einen Nachteil durch die freihändige Vergabe erlitten. Mit Blick auf das Zivilprozessrecht hat das Bundesgericht zum Nachweis der Legitimation verlangt, dass diese sogenannte doppelrelevante Tatsache bzw. der doppelrelevante Sachverhalt zumindest mit einer gewissen Wahrscheinlichkeit gegeben sein muss. Doppelrelevant ist dieser Sachverhalt deshalb, weil die Fähigkeit zum Angebot eines adäquaten Produktes ebenso bei der Prüfung der materiellen Zulässigkeit der freihändigen Vergabe entscheidend ist (BGE 137 II 313 E. 3.3; vgl. dazu vorne, Rz. 43 sowie hinten, Rz. 1929). Die Beweislast beim Nachweis der Legitimation liegt bei den Beschwerdeführenden, was aber im Regelfall auch in Bezug auf den materiellen Entscheid nicht zu einer unzulässigen Umkehr der Beweislast führt (vgl. dazu BGE 137 II 313 E. 3.5). Weniger weit ging das Bundesgericht in einem Fall, als ein Grundeigentümer geltend machte, durch geplante Sondierbohrungen werde die Stabilität des Hanges oberhalb seines Grundstückes gefährdet. Das Bundesgericht ging davon aus, das schutzwürdige Interesse sei glaubhaft zu machen, und bejahte in der Folge die Legitimation des gegebenenfalls betroffenen Grundeigentümers, weil die räumliche Beziehung bei einer Entfernung von rund 50 m genügend eng war und weil die Sondierbohrungen «nach den Ausführungen des Beschwerdeführers geeignet» erschienen, die Hangstabilität zu beeinträchtigen. Es verlangte somit nicht bereits bei der Legitimation den Nachweis zumindest einer gewissen Wahrscheinlichkeit der Gefahr, die ebenfalls als doppelrelevante Tatsache

zu qualifizieren ist (BGer, Urteil 1C_249/2010 vom 7.2.2011, E. 3.3 f.). Auch die Abklärung von Immissionen erfolgt grundsätzlich im Rahmen der materiellen Prüfung, selbst wenn sie bereits zur Bestimmung des besonderen Berührtseins relevant ist und ebenfalls als doppelrelevante Tatsache zu qualifizieren ist. Solange die Unwahrscheinlichkeit des Schadenseintritts weiter abgeklärt werden muss und nicht auf der Hand liegt, kann auch die Legitimation nicht verneint werden. Dies war zum Beispiel der Fall, als das Lärmgutachten über eine Windkraftanlage noch unvollständig war und zur Ergänzung zurückgewiesen werden musste (BGer, Urteil 1C_33/2011 vom 12.7.2011, E. 2.3 ff., teilweise publiziert in: ZBl 2011, S. 620). Diese weniger strenge Praxis in Bezug auf die doppelrelevanten Sachverhalte entspricht unseres Erachtens der bisherigen, eher grosszügigen Legitimationspraxis weit mehr als die vom Bundesgericht in Bezug auf das Submissionsrecht vertretene Auffassung, die den Nachweis der gewissen Wahrscheinlichkeit verlangt und wohl auf eine unbesehene Übernahme aus der zivilrechtlichen Praxis zurückgeht. Ist die Verwirklichung eines doppelrelevanten Sachverhalts nicht geradezu unwahrscheinlich, ist die Legitimation bis zur vollständigen Klärung des Sachverhaltes zu bejahen.

944 Was sodann das *Rechtsschutzinteresse* gemäss Art. 48 Abs. 1 lit. c VwVG (sowie nach Art. 89 Abs. 1 lit. c BGG) angeht, so wird, anders als bei der Legitimation zur subsidiären Verfassungsbeschwerde (Art. 115 lit. b BGG; dazu hinten, Rz. 1765), für die Legitimation zur Beschwerde an das Bundesverwaltungsgericht und für die Legitimation zur Beschwerde in öffentlich-rechtlichen Angelegenheiten an das Bundesgericht kein rechtlich geschütztes Interesse vorausgesetzt. Vielmehr kann die beschwerdeführende Person die Beeinträchtigung *rechtlicher oder tatsächlicher Interessen* geltend machen. Das Rechtsschutzinteresse im Sinne des schutzwürdigen Interesses besteht im *praktischen Nutzen,* der sich ergibt, wenn mit der Gutheissung der Beschwerde ein Nachteil in wirtschaftlichen, materiellen, ideellen oder anderen Interessen abgewendet werden kann. Die rechtliche oder tatsächliche Situation muss durch den Ausgang des Verfahrens unmittelbar beeinflusst werden können (BVGer, Urteil B-385/2012 vom 8.5.2012, E. 3.2; BVGE 2009/31 E. 3.1). Dies bedeutet, dass zum Beispiel bei einem Bauvorhaben *Nachbarn* die Verletzung derjenigen Rechtssätze rügen können, die sich auf ihre rechtliche oder tatsächliche Stellung auswirken (BGE 133 II 249 E 1.3.2). Dementsprechend müsste es auch zulässig sein, dass bei einem Windpark, der 1,2 km entfernt liegt und der zu Lärmimmissionen führt, die Verletzung von Natur- und Heimatschutzbestimmungen oder Ästhetikvorschriften gerügt werden kann, soweit dies zur Aufhebung der Baubewilligung führen kann (vgl. BGer, Urteile 1C_18/2008 vom 15.4.2008, E. 5.1, und 1C_33/2011 vom 12.7.2011, E. 2.3 ff.; vgl. dazu die Bemerkungen von Arnold Marti, in: ZBl 2011, S. 620 ff.). So verstanden erweckt die Formel des Bundesgerichts, dass Nachbarn die Verletzung derjenigen Rechtssätze rügen können, die sich auf ihre rechtliche oder tatsächliche Stellung auswirken, auch nicht den Anschein, dass die Legitimation rügespezifisch zu beurteilen ist. Im Zusammen-

hang mit dem praktischen Nutzen hat diese Formel den Sinn, dass nicht die Verletzung von Rechtsnormen geltend gemacht wird, die den beschwerdeführenden Nachbarn bei einem Obsiegen keine Vorteile bringen (vgl. zu dieser Diskussion Waldmann, Basler Kommentar BGG, Art. 89 N. 3a m.H.). Dementsprechend genügt es nicht, wenn die beschwerdeführende Person ohne eigenen praktischen Nutzen nur öffentliche Interessen oder Interessen Dritter verfolgt (BVGer, Urteil A-1619/2011 vom 20.12.2011, E. 2.3).

Das Interesse muss weiter *unmittelbar und konkret* sein. Dies bedeutet, dass bereits mit dem Obsiegen der praktische Nutzen eintreten muss bzw. der drohende Nachteil unmittelbar abgewendet werden kann. Es reicht nicht aus, wenn noch weitere Entscheide dazwischengeschaltet sind (vgl. BGE 135 I 43 E 1.4). Kein ausreichendes Rechtsschutzinteresse besteht auch dann, wenn die Interessen in einem anderen Verfahren gewahrt werden können, z.B. im Staatshaftungsverfahren (BGer, Urteil 2A.288/2006 vom 28.8.2006, E. 1.4) oder in einem Zivilprozess (BGE 131 II 587 E. 4.1.1). 945

Das Interesse muss ferner *aktuell* sein. Dies ist dann nicht mehr der Fall, wenn der angefochtene Akt im Zeitpunkt des Urteils keine Rechtswirkungen mehr entfalten kann und der Nachteil auch bei einer Gutheissung der Beschwerde nicht mehr behoben werden kann, zum Beispiel weil das Ereignis, auf welches er sich bezogen hat, bereits stattgefunden hat, wie etwa die bereits vollzogene und erst im Nachhinein angefochtene Lieferung von Bankkundendaten (BVGE 2009/31 E. 3.1). Bestehen jedoch Unsicherheiten über die Tragweite von neuen Tatsachen, was zum Beispiel der Fall war, als nach der Erteilung der streitigen Baubewilligung eine Planungszone erlassen und ein zweites Baugesuch eingereicht wurde, geht das Bundesgericht vom Fortbestehen eines aktuellen Interesses aus (BGE 138 II 331 E. 1.2.2 f.). Die Praxis sieht vom Erfordernis des aktuellen Interesses ab, wenn sich die aufgeworfenen Fragen jederzeit unter gleichen oder ähnlichen Umständen wieder stellen könnten, ohne dass im Einzelfall rechtzeitig eine gerichtliche Prüfung stattfinden könnte. Weiter muss ein öffentliches Interesse an der Beantwortung der Frage bestehen, was namentlich der Fall ist, wenn eine Grundsatzfrage zu entscheiden ist (BVGE 2009/31 E. 4.1; BVGer, Urteil A-5403/2011 vom 2.5.2012, E. 1.4; BGer, Urteil 2C_89/2007 vom 14.11.2007, E. 1; vgl. auch BGE 138 II 42 E. 1.3; 135 II 430 E. 2.2; 131 II 670 E. 1.2). Das Interesse an der Feststellung der Widerrechtlichkeit, das mit Blick auf ein späteres Staatshaftungsverfahren vorgebracht wird, reicht allerdings grundsätzlich nicht aus (BGer, Urteil 2A.288/2006 vom 28.8.2006, E. 1.4). Die Konstruktion des *virtuellen* Interesses ist der Verwaltungsrechtspflege fremd, es sei denn, es wird ein kantonaler Erlass angefochten (vgl. BGE 133 I 286 E. 2.2; hinten, Rz. 1691 ff.). Die Rechtsprechung des EGMR tendiert dazu, das aktuelle und praktische Rechtsschutzinteresse weit auszulegen; dementsprechend könnte die Einschränkung des gerichtlichen Rechtsschutzes durchaus als unverhältnismässig qualifiziert werden, wenn infolge weggefallenen Rechtsschutzinteresses auf eine Beschwerde nicht eingetreten wird (so EGMR, Urteil i.S. 946

Micallef gegen Malta vom 15.10.2009, CEDH 2009, bes. Ziff. 44 ff., 88, in Bezug auf die Anwendung von Art. 34 EMRK, sowie EGMR, Urteil i.S. Camenzind gegen die Schweiz vom 16.12.1997, CEDH 1997-VIII, bes. Ziff. 51 ff., in Bezug auf die Anwendung von Art. 13 EMRK; zum Ganzen: Kaspar Luginbühl, EMRK und wirtschaftsverwaltungsrechtliche Zwischenverfügungen, AJP 2011, S. 875 ff., 882; vgl. auch BVGE 2009/31 E. 5; 2007/12 E. 2.5).

947 Die offene Umschreibung der Legitimation hat zur Folge, dass eine streng rechtslogische, begrifflich fassbare Eingrenzung der Beschwerdebefugnis nicht möglich ist. Wo die Grenze zur Popularbeschwerde liegt, wird dementsprechend für jedes Rechtsgebiet gesondert beurteilt. Gesichtspunkte, welche gegen die Zuerkennung einer Parteistellung sprechen, sind gemäss der bundesgerichtlichen Praxis zum Beispiel die Möglichkeit, den angestrebten Erfolg auf anderem Weg zu erreichen, das nur mittelbare Betroffensein oder Aspekte der Praktikabilität. Der blosse Umstand, dass allenfalls zahlreiche Personen besonders berührt sein können, bildet zwar noch keinen Grund, ihnen die Parteistellung abzusprechen. Dennoch soll die Verwaltungstätigkeit nicht übermässig erschwert werden. Zum Teil bestimmt auch das Spezialgesetz den Ausschluss der Legitimation Dritter. Beispielsweise sind Dritte nicht befugt, gegen die Genehmigung von Unternehmenszusammenschlüssen Beschwerde zu erheben. Aufgrund des Interesses an der Verfahrensbeschleunigung ist ihre Legitimation ausgeschlossen (Art. 43 Abs. 4 KG; BGer, Urteil 2C_762/2010 vom 2.2.2011, E 4.4; zu den Unternehmenszusammenschlüssen vorne, Rz. 449; ferner zur eingeschränkten Legitimation gemäss Art. 24 Abs. 2 BankG: BVGE 2009/31 E. 2.4.1).

948 Nachfolgend ist auf die verschiedenen Kategorien der Beschwerdebefugten einzugehen. Neben den Adressatinnen und Adressaten der Verfügung sind unter gewissen weiteren Voraussetzungen auch Dritte, Verbände sowie öffentlichrechtliche Körperschaften und andere Verwaltungseinheiten zur Beschwerde berechtigt.

cc. Verfügungsadressatinnen und Verfügungsadressaten

949 Zunächst einmal sind diejenigen zur Erhebung der Beschwerde befugt, deren Rechtsbeziehungen von der Verwaltungsbehörde verbindlich festgelegt bzw. deren Rechte und Pflichten in der Verfügung geregelt werden. Voraussetzung ist dementsprechend, dass überhaupt eine Verfügung vorliegt, was zum Beispiel bei innerdienstlichen Anweisungen nicht der Fall ist (offengelassen in Bezug auf die Verweigerung des Onlinezugangs zum Strafregister durch das Bundesamt für Justiz gegenüber dem kantonalen Amt für Freiheitsentzug und Betreuung: BVGer, Urteil A-7385/2007 vom 12.3.2008, E. 1). Die Verfügungsadressaten bilden die Anordnungssubjekte, die *materiellen bzw. primären Adressatinnen und Adressaten* der Verfügung. Sie sind zu unterscheiden von den Drittbetroffenen, die in rechtlichen *(sekundäre Adressatinnen und Adressaten)* oder tatsächlichen Interessen betroffen sein können. Die primären Adressaten

erfüllen in der Regel ohne Weiteres das Erfordernis, dass sie durch den angefochtenen Hoheitsakt besonders berührt sein müssen (vgl. z.B. BVGer, Urteil B-1100/2007 vom 6.12.2007, E. 3.3.1). Die Adressateneigenschaft bestimmt sich grundsätzlich nach dem Inhalt der angefochtenen Verfügung. Beigeladene sind ebenso wenig Verfügungsadressaten (BGer, Urteil 8C_816/2010 vom 7.2.2011, E. 3.2) wie die in ihren tatsächlichen Interessen betroffenen Nachbarn eines Bauprojekts (Waldmann, Basler Kommentar BGG, Art. 89 N. 18a). Wem jedoch die Legitimation durch die Vorinstanz abgesprochen wird, der ist wie Verfügungsadressaten berechtigt, diesen Entscheid anzufechten, soweit die Beschwerde im Übrigen auch in der Hauptsache zulässig wäre (BGE 135 II 145 E. 3.1 f.). Vorausgesetzt ist weiter, dass die Adressaten und Adressatinnen ein schutzwürdiges Interesse aufweisen und sie mit ihren Anträgen im vorinstanzlichen Verfahren ganz oder teilweise unterlegen sind. Dies ist auch dann der Fall, wenn den Verfügungsadressaten im Einspracheverfahren die Parteistellung aberkannt wurde (BVGE 2010/12 E 1.3).

Bei öffentlichen *Vergabeverfahren* im Anwendungsbereich des GPA und der entsprechenden Erlasse gehören die nicht berücksichtigten oder ausgeschlossenen Mitbietenden zu den primären Adressaten (BVGE 2012/13 E. 3.2.3; Moser/Beusch/Kneubühler, Bundesverwaltungsgericht, Rz. 2.75). Anders verhält es sich beim *nichtberücksichtigten Stellenbewerber*. Dieser hat nicht die Anstellungsverfügung des berücksichtigten Bewerbers anzufechten, sondern er hat Anspruch auf Erlass einer Nichtanstellungsverfügung bzw. zumindest auf Feststellung der Nichtanstellung, deren primärer Adressat er ist (BVGE 2010/53 E. 7.2; vgl. dazu auch vorne, Rz. 382). Steht eine Verletzung des Gebots der Geschlechtergleichbehandlung infrage, ergibt sich die Legitimation der nichtberücksichtigten Mitbewerberin bereits aus dem GlG selbst (Art. 5 i.V.m. Art. 3 GlG), wobei lediglich ein Anspruch auf Entschädigung geltend gemacht werden kann (Art. 5 Abs. 2 GlG).

950

Eine Besonderheit gilt bei der Anfechtung von *Allgemeinverfügungen*, welche eine unbestimmte Anzahl von Verfügungsadressaten betreffen. In diesen Fällen verlangt die Praxis nicht nur von Drittbetroffenen den Nachweis der besonderen Berührtheit, sondern auch von den primären Adressatinnen und Adressaten. Dabei wird zwischen Spezialadressaten und Normaladressaten unterschieden. Spezialadressaten sind diejenigen, welchen das besondere Berührtsein zukommt, weil sie beispielsweise wegen ihrer örtlichen Nähe in stärkerem Masse betroffen sind als die Allgemeinheit und insbesondere als die Normaladressaten, welche diese Betroffenheit nicht aufweisen (vgl. BVGE 2008/18 E. 2.1). Die Praxis ist in Bezug auf Verkehrsbeschränkungen unterschiedlich streng. Das Bundesgericht verlangt für die Legitimation, dass eine Person die betreffende Strasse regelmässig und über eine längere Zeitspanne benützt, wie dies bei Anwohnern oder Pendlern der Fall ist (vgl. BGer, Urteil 1A.73/2004 vom 6.7.2004, E. 2; weitere Hinweise bei Waldmann, Basler Kommentar BGG, Art. 89 N. 18c). Davon zu unterscheiden ist die materiellrechtliche Frage, ob sich

951

333

Anstösser, welche in der Rolle als Drittbetroffene oder Verfügungsadressaten auftreten können, auf die Eigentumsgarantie berufen können. Dies ist gemäss Rechtsprechung nur dann der Fall, wenn die Zufahrt erheblich erschwert oder sogar aufgehoben wird (vgl. BGE 131 I 12 E. 1.3).

dd.   Drittbetroffene

952 Eine Verfügung kann indirekt in die rechtliche oder tatsächliche Stellung Dritter eingreifen (vgl. Tobias Jaag, Abgrenzung zwischen Rechtsschutz und Einzelakt, Zürich 1985, S. 41 f.). Bei der Beschwerde durch Drittbetroffene kommt dem Kriterium der *besonderen, beachtenswerten, nahen Beziehung* zum Streitgegenstand spezielle Bedeutung zu. Die Betroffenheit muss sich laut der Praxis insbesondere von jener der Allgemeinheit abheben. Damit soll die Popularbeschwerde ausgeschlossen werden. Die Praxis bestimmt in jedem Einzelfall, worin die besondere Beziehungsnähe besteht. Diese muss jedenfalls nach objektiven Kriterien bestimmt werden. Subjektive, in der Person der Beschwerdeführenden liegende Gründe wie etwa besondere Empfindlichkeit oder ein besonderes weltanschauliches Interesse an den aufgeworfenen Fragen vermögen nicht zu genügen (vgl. BGE 123 II 376 E. 4). Hingegen bezieht das Bundesgericht durchaus auch Sinn und Zweck des anwendbaren Rechts mit ein, wie beispielsweise im Fall, als es um den Kauf eines massgebenden Aktienpakets ging und die Zielgesellschaft die Beteiligung am Verfahren über die Offenlegungs- und Meldepflicht gemäss Art. 20 BEHG verlangte (BGer, Urteil 2C_77/2009 vom 2.6.2009 in: Pra 2010 Nr. 50, E. 4.4; vgl. auch BGE 136 II 304 E. 2).

953 Unbefriedigend gelöst ist die Frage der Beschwerdelegitimation Dritter insbesondere, wenn die Beschwerdeführenden zwar durchaus eine besondere Beziehungsnähe zur Streitsache darlegen können, jedoch nicht stärker berührt sind als die Allgemeinheit. Die Praxis anerkennt zwar zu Recht, dass eine grosse Anzahl von Personen betroffen sein kann, ohne dass dadurch die Beschwerdebefugnis der Einzelnen infrage gestellt würde (BGE 121 II 176 E. 2b; 120 Ib 379 E. 4c). Dennoch verneint das Bundesgericht das Vorliegen eines schutzwürdigen Interesses, wenn die Beschwerdeführenden nicht stärker als die Allgemeinheit betroffen sind (vgl. BGE 123 II 376 E. 4, wonach Konsumentinnen und Konsumenten nicht zur Beschwerde gegen die Zulassung gentechnisch veränderter Nahrungsmittel legitimiert sind; ähnlich BGE 121 II 176 E. 2b, wo die Beschwerdelegitimation von Anwohnern und Anwohnerinnen einer Eisenbahnlinie gegen die Bewilligung zum Transport radioaktiver Rückstände verneint wurde). Mit dieser Argumentation vermischt das Bundesgericht in problematischer Weise die Intensität der Beziehungsnähe und die Anzahl der betroffenen Personen, obwohl diese beiden Grössen durchaus unabhängig voneinander Bestand haben können. Dieser Rechtsprechung schloss sich im Ergebnis auch das Bundesverwaltungsgericht an, das festhielt, dass es an der besonders beachtenswerten Beziehung zur Streitsache fehlte, als Beschwerdeführer versuchten,

sich auf dem gerichtlichen Weg gegen die Luftverunreinigung durch Motorfahrzeuge in der Schweiz zu wehren. Weil die Grenzwerte praktisch flächendeckend im gesamten Siedlungsgebiet der Schweiz überschritten sind, waren die Beschwerdeführenden nicht stärker betroffen als andere Einwohner und Einwohnerinnen (BVGE 2009/1 E. 6). Das Kriterium der im Vergleich zur Allgemeinheit grösseren Betroffenheit ist letztlich untauglich. Denn damit kann in Fällen, in welchen nur wenige Betroffene vorhanden sind, auf das Rechtsmittel eingetreten werden, während gleich intensiv Betroffene einen Verwaltungsakt mit einer grossen Breitenwirkung nicht anfechten können und somit dessen Rechtmässigkeit nicht geprüft werden kann. Die in dieser Hinsicht rechtsungleiche Anwendung der Legitimationsbestimmung kann dementsprechend auch eine rechtsungleiche Anwendung des materiellen Rechts nach sich ziehen. Hinzu kommt, dass bei Immissionen wie etwa Lärm ohne Weiteres in Kauf genommen wird, dass eine grosse Anzahl von Personen beschwerdelegitimiert ist (vgl. insbesondere BGE 136 II 281 E. 2.3.1). Obwohl sich das Kriterium als problematisch erweist, hat der Gesetzgeber mit dem Erfordernis des besonderen Berührtseins diese Rechtsprechung implizit gutgeheissen.

In der Regel richten sich Drittbeschwerden gegen Verfügungen, welche die Adressaten oder Adressatinnen begünstigen (Beschwerde *contra Adressat*). Häufig auftretende Fälle sind:

– Beschwerden der *Nachbarn,* zum Beispiel gegen die Erteilung von Bewilligungen: Deren besondere Betroffenheit ergibt sich aus der räumlichen Beziehungsnähe. Die rechtliche oder tatsächliche Situation der beschwerdeführenden Person muss durch den Ausgang des Verfahrens beeinflusst werden (BGE 136 II 281 E. 2.2). Dabei stellt die örtliche Distanz zwischen dem Bauvorhaben und der Liegenschaft ein gewichtiges, aber nicht das einzige Kriterium für die Beurteilung der Legitimation dar. Die besondere Betroffenheit muss näher begründet werden, wenn die räumliche Distanz mehr als 100 m beträgt, während eine Distanz von weniger als 100 m grundsätzlich ausreicht, soweit sich der Verfahrensausgang auf die Stellung der beschwerdeführenden Person auswirken kann (BGer, Urteil 1C_346/2011 vom 1.2.2012, E. 2.5 = URP 2012, S. 692; BVGer, Urteil A-2517/2008 vom 11.8.2008, E. 4.3). Die räumliche Distanz ist nicht entscheidend, wenn es um *Immissionen* geht; in diesem Fall ist massgeblich, ob die Anlage mit Sicherheit oder mit grosser Wahrscheinlichkeit zu Immissionen wie Lärm, Staub, Erschütterungen oder anderen Einwirkungen führt und die beschwerdeführende Person dadurch betroffen wird (BGE 136 II 281 E. 2.3.1). So sind etwa die Bewohnerinnen und Bewohner im Bereich von An- und Abflugschneisen von *Flughäfen* zur Beschwerde legitimiert (BVGer, Urteil A-1936/2006 vom 10.12.2009, E. 3.1 f.; BGE 124 II 293 E. 3a; betreffend Luftraumstruktur für die Warteräume der Flugzeuge im Bereich eines Flughafens BVGer, Urteil A-78/2009 vom 16.7.2009, E. 2.2). Dasselbe gilt für Nachbarn einer *Schiessanlage,* wenn der Lärm hörbar ist und die Beschwerdeführenden in ihrer Ruhe gestört werden (BGE 133 II 181 E. 3.2.2). Geht es um eine Anlage, bei welcher mit *zusätzlichem Verkehrsaufkommen* zu rechnen ist, lässt es die Rechtsprechung für die Legitimation der Nachbarn genügen, dass die Verkehrszunahme 10% beträgt. Nimmt der durchschnittliche Tagesverkehr (DTV) um 25% zu, entspricht dies einer Erhöhung des Lärmpegels um 1 dB(A). In diesem Fall ist die Verkehrszunahme jedenfalls deutlich wahrnehmbar (BGE 136 II 281 E. 2.3.2). Liegt die Zunahme darunter, geht das Bundesgericht dann von einer deutlichen Wahrnehmbarkeit aus, wenn sich die Zusammensetzung des Verkehrs ändert, der Zusatzverkehr allein aus Lastwagen besteht und Sicht- sowie Hörverbindung zur entsprechenden Zufahrtsstrasse besteht (BGE 136 II 281 E. 2.5.4; BVGE 2007/1 E. 3). Ist die Wahrscheinlichkeit der Immissionen noch nicht ausreichend geklärt und ein Gutachten ausstehend, sind die Nachbarn zur Beschwerdeerhebung berechtigt, so lange die Lärmeinwirkung auf ihr Grundstück noch nicht festgestellt werden konnte (BGer, Urteil 1C_33/2011 vom 12.7.2011, E. 2.8; vgl. auch vorne, Rz. 943). Bei *Mobilfunkanlagen* wird die Betroffenheit dann bejaht, wenn die beschwerdeführenden Personen innerhalb des Perimeters wohnen, in dem eine Strahlung von bis zu 10% des Anlagegrenzwerts bestehen kann (BVGer, Urteil A-70/2010 vom 31.8.2010, E. 1.2; BGE 128 II 168 E. 2.3). Werden *Strassen* redimensioniert oder umgestaltet, stellt die Praxis des Bundesgerichts auf die Legitimationsvoraussetzungen zu funktionellen Verkehrsbeschränkungen ab (vgl. dazu vorne, Rz. 951). Dies bedeutet, dass die Beschwerdeführenden die betreffende Strasse mehr oder weniger regelmässig benützen müssen, wenn sie ein konkretes Strassenprojekt anfechten wollen (BGer, Urteil 1C_317/2010, E. 5.6 f., in: ZBl 2011, S. 612). Zur Anfechtung einer *Rodungsbewilligung* sind die Nachbarn legitimiert, wenn sie durch die wegfallende Schutz- und Wohlfahrtsfunktion des Waldes berührt sind (BGE 116 Ib 321 E. 2).

956 – Häufig sind Drittbeschwerden gegen *Grossprojekte*. Zu erwähnen sind hier etwa Beschwerden gegen Kernkraftwerke (BVGer, A-667/2010 vom 1.3.2012, E. 1.2; vgl. die Zusammenfassung der Rechtsprechung in BGE 121 II 176 E. 2c), gegen den Umbau einer biotechnischen Anlage (BGE 120 Ib 379 E. 4), gegen ein Eisenbahnprojekt (BGE 120 Ib 431 E. 1; 120 Ib 59 E. 1c) oder gegen das Ausführungsprojekt einer Nationalstrasse (BGer, Urteil vom 7.12.1995, in: ZBl 1997, S. 137), gegen Hochspannungsleitungen (BVGer, Urteil A-7365/2009 vom 9.11.2010, E. 2) oder Trolleybuslinien (BVGE 2007/1 E. 3). Beim Strassen- oder Eisenbahnbau können betroffene Private allerdings nur in Bezug auf den ihr Grundstück betreffenden Abschnitt Beschwerde erheben, nicht jedoch gegen das Werk als solches. An dieser Rechtsprechung hält die Praxis fest (BVGer, Urteil A-486/2009 vom 4.11.2009, E. 2; BGer, Urteil vom 7.12.1995, in: ZBl 1997, S. 137 E. 3a; BGE 120 Ib 59 E. 1c; 118 Ib 206 E. 8d).

- Dritte können insbesondere auch betroffen sein, wenn zwar von einer Anlage normalerweise keine Emissionen ausgehen, sie aber einen besonderen Gefahrenherd darstellt und die Anwohner und Anwohnerinnen einem *besonderen Risiko* ausgesetzt werden (BGE 120 Ib 379 E. 4d; 120 Ib 431 E. 1). Das Bundesgericht macht einen Unterschied zwischen stationären Anlagen und mobilen Gefahrenquellen; es hat die Legitimation von Anwohnerinnen und Anwohnern einer Eisenbahnstrecke zur Beschwerde gegen die Bewilligung des Transports radioaktiver Rückstände verneint (BGE 121 II 176 E. 3a.). Diese Unterscheidung kann nicht prinzipieller Natur sein (vgl. zur Kritik auch soeben, Rz. 953). Allerdings knüpft das Bundesverwaltungsgericht an diese Praxis des Bundesgerichts an, wenn es festhält, dass ein mit der Ausübung einer bewilligungspflichtigen Tätigkeit verbundenes Risiko die Legitimation Dritter nur begründe, wenn die Beschwerdeführenden einem nicht unwesentlich höheren Risiko ausgesetzt seien als die Allgemeinheit (BVGE 2007/20 E. 2.4.1).

957

- Bei den Beschwerden von *Konkurrierenden* im wirtschaftlichen Wettbewerb gilt eine Besonderheit: Nach der Praxis des Bundesgerichts genügt es nicht, dass die Betroffenen in einem Konkurrenzverhältnis zueinander stehen und bloss befürchten, einer verstärkten Konkurrenz ausgesetzt zu sein. Vielmehr müssen die Beschwerdeführenden eine weitere besondere Beziehungsnähe zum Streitgegenstand aufweisen. Diese Beziehungsnähe kann sich aus einer einschlägigen wirtschaftspolitischen oder sonstigen speziellen Regelung ergeben, z.B. durch Kontingentierungen (BGer, Urteil 2C_854/2011 vom 10.5.2012, E. 3.2), Bedürfnisklauseln (BGE 127 II 264 E. 2h) oder Monopoleinräumung (BVGer, Urteil A-7312/2007 vom 27.5.2008, E 4.1; BGer, Urteil 2C_485/2010 vom 3.7.2012, E. 1.2).

958

Ebenso ist der Konkurrent oder die Konkurrentin zur Beschwerde legitimiert, soweit sie geltend machen, andere Konkurrierende würden privilegiert, und sich damit auf das Verbot der Ungleichbehandlung der Konkurrenten berufen (BGE 125 I 7 E. 3g/cc). Dabei muss jedoch dargelegt werden, inwiefern die verfügende Instanz die Beschwerdeführenden im Vergleich zu den Konkurrierenden ungleich behandelt (BVGer, Urteil B-4405/2011 vom 12.12.2011, E. 2.7).

Steht nicht spezifisch das Gebot der Ungleichbehandlung der Konkurrenten infrage, wird die Legitimation nicht bereits bejaht, wenn es um die Frage geht, ob allgemein geltende Vorschriften gegenüber den anderen Wirtschaftsteilnehmerinnen korrekt angewendet werden (BGer, Urteil 2C_485/2010 vom 3.7.2012 E. 1.2; BGer, Urteil 2C_94/2012 vom 3.7.2012, E. 2.3 mit zahlreichen Hinweisen). Dementsprechend verneinte das Bundesgericht beispielsweise die Legitimation der landwirtschaftlichen Produzenten bezüglich Zulassung von Lebensmitteln gemäss Art. 16a ff. THG (BGer, Urteil 2C_348/2011 vom 22.8.2011, E. 2.3). Ebenso waren Herstellende bzw. Vertreibende von Sojaprodukten nicht legitimiert, gegen die Zulassung von Lebensmitteln aus gen-

technisch veränderter Soja Beschwerde zu erheben (BGE 123 II 376 E. 5b). Das Bundesgericht befürchtet, dass ansonsten jeder Konkurrent oder jede Konkurrentin gegen jeden Rechtsanwendungsakt, der eine konkurrierende Tätigkeit erlaubt, Beschwerde erheben wird. Eine generelle Zulassung der Konkurrentenbeschwerde widerspreche dem Sinn des Gesetzes (BGer, Urteil 2C_457/2011 vom 26.10.2011, E. 3.3). Deshalb verneinte es auch die Legitimation der Konkurrentinnen, die Bewilligung für eine Kies- und Betonwerkanlage anzufechten (BGer, Urteil 1C_191/2011 vom 7.9.2011, E. 2). Mit Bezug auf Spitallisten hat das Bundesverwaltungsgericht festgehalten, ein Spital habe kein schutzwürdiges Interesse daran, dass ein anderes Spital von der Spitalliste im Sinne von Art. 39 Abs. 1 lit. e KVG gestrichen oder dessen Leistungsauftrag reduziert wird (BVGE 2012/9 E. 4). Die Beaufsichtigung eines Marktes allein (z.B. bei Versicherungen durch die Finanzmarktaufsicht) bildet ebenfalls noch keine wirtschaftspolitische Sonderordnung, welche eine besondere Beziehungsnähe unter den Marktteilnehmern entstehen liesse (BVGer, Urteil B-4405/2011 vom 12.12.2011, E. 2.6). Steht aber die Verwendung einer kontrollierten Ursprungsbezeichnung von Wein infrage, ist die Legitimation zu bejahen (BGE 135 II 243 E. 1.2), weil diese Regelung spezifisch der Absatzförderung dient und damit auch unmittelbar die Marktregulierung bezweckt (BGer, Urteil 2C_457/2011 vom 26.10.2011, E. 3.3 m.H. auf BGE 137 II 152 E. 4.3). Bejaht wurde auch die Legitimation der Apothekerinnen und Apotheker im Verfahren der abstrakten Normenkontrolle betreffend die Zulassung der Selbstdispensation der Ärzte im Kanton Zürich, weil sie sich auf eine Schutznorm zugunsten der Apotheker gemäss kantonalem Gesundheitsgesetz stützen konnten bzw. gerade deren Abschaffung streitig war (BGer, Urteil 2C_53/2009 vom 23.9.2011, in: ZBl 2012, S. 194 E. 1.3, mit Anmerkungen von Markus Schott).
Geht es um die Anfechtung von Entscheiden der WEKO durch Konkurrierende, verlangt das Bundesverwaltungsgericht, dass eine erhebliche Behinderung der wirtschaftlichen Position der beschwerdeführenden Person durch wettbewerbsbeschränkende Massnahmen vorliegt. Die Einräumung der Parteistellung im vorinstanzlichen Verfahren gestützt auf Art. 43 KG genügt nicht (BVGer, Urteil B-446/2012 vom 19.9.2012, E. 3).
Die im Vergleich zur Nachbarbeschwerde sehr eng definierten Legitimationsvoraussetzungen vermögen nicht vollständig zu überzeugen, auch wenn die Zurückhaltung im Hinblick auf das folgenschwere Missbrauchspotenzial dieser Beschwerde zumindest vom Ergebnis her nachvollziehbar ist. Die in der Lehre immer wieder vertretene Auffassung, dass sinnvollerweise auf die spürbare Beeinträchtigung der Wettbewerbsstellung abzustellen ist, wurde von der Rechtsprechung nur bei der Anfechtung von Entscheiden im Bereich des KG aufgenommen (Häner, Beteiligte, S. 343 ff.).
Als besondere Art von Konkurrierendenbeschwerde kann an dieser Stelle nochmals auf die Anfechtung einer Verfügung durch unterlegene Mitbewer-

bende bei öffentlichen Beschaffungen hingewiesen werden. Diese zählen genaugenommen zu den primären Verfügungsadressaten (vgl. vorne, Rz. 950). Vorausgesetzt ist aber grundsätzlich, dass die Mitbewerberin am Ausschreibungsverfahren teilgenommen und nicht auf die Offerteinreichung verzichtet hat (vgl. BVGer, Urteil B-2197/2011 vom 18.10.1011, E. 2.2). Die neuere Praxis des Bundesverwaltungsgerichts bejaht zudem die Legitimation des abgewiesenen Mitbewerbers bei der Besetzung von öffentlichen Stellen, auch wenn Art. 3 lit. b VwVG die Anwendung des VwVG bei der erstmaligen Begründung des Dienstverhältnisses von Bundespersonal ausschliesst. Das Bundesverwaltungsgericht leitet die Legitimation aus der Rechtsweggarantie gemäss Art. 29a BV ab und bejaht, dass zumindest eine Feststellungsverfügung gemäss Art. 25a VwVG verlangt werden kann (BVGE 2010/53 E. 7; vgl. vorne, Rz. 382).

- Die Beschwerdelegitimation von *Konsumentinnen und Konsumenten* wurde vom Bundesgericht nicht grundsätzlich verneint, doch muss sich deren Betroffenheit von derjenigen der Allgemeinheit abheben (BGE 123 II 376 E. 4; daran anschliessend BVGer, Urteil C-465/2011 vom 28.3.2012, E. 2.3.5). Das Bundesgericht verwies zwar im genannten Entscheid darauf, dass den Konsumentinnen und Konsumenten namentlich die Möglichkeit der Aufsichtsanzeige bleibe. Allerdings erlangen die Anzeigenden keine Parteistellung (BGE 133 II 468 E. 2). Soll den Konsumentinnen und Konsumenten Parteistellung eingeräumt werden, wäre dies über die ideelle Verbandsbeschwerde zu lösen und müsste der Gesetzgeber den Verbänden die Legitimation einräumen (vgl. etwa die den Konsumentinnenorganisationen eingeräumten Mitwirkungsrechte im kartellrechtlichen Untersuchungsverfahren; Art. 43 Abs. 1 lit. c KG). Damit wäre gestützt auf Art. 48 Abs. 2 VwVG die Legitimation gegeben. 959

- Im Zusammenhang mit der zunehmenden Regulierung im Bereich des Finanzmarktes hat die *Abwendung von anderen wirtschaftlichen Nachteilen* durch Dritte an Bedeutung gewonnen. So bejahte das Bundesgericht die Parteistellung und somit die Legitimation der Zielgesellschaft eines Hedgefonds, als es um die Offenlegungs- und Meldepflicht der Letzteren nach Art. 20 BEHG ging, wonach unter anderem Beteiligungen an Gesellschaften von einer gewissen Bedeutung sowohl der Zielgesellschaft wie der Börsenaufsicht zu melden sind (BGer, Urteil 2C_77/2009 vom 2.6.2009, in: Pra 2010, Nr. 50 E. 4.4; BGE 136 II 304 E. 2; vgl. auch BGE 131 II 649). Geht es um die Aufsicht über Stiftungen, sind die Destinatäre einer Stiftung legitimiert, den Entscheid über die gesetzes- und statutenkonforme Zusammensetzung des Stiftungsrates anzufechten (BVGer, Urteil B-3867/2007 vom 29.4.2008, E. 1.3). In einem Verfahren zur Invalidität wird für die Versicherungen die Legitimation dann bejaht, wenn der im betreffenden Verfahren festzustellende Invaliditätsgrad für sie verbindlich ist. Dies betrifft insbesondere die 960

Berufsvorsorgeeinrichtung im Verfahren über die Rentenverfügung der eidgenössischen Invalidenversicherung (BGE 134 V 153 E. 5.2).

961 Nicht selten sind jedoch namentlich im wirtschaftlichen Bereich auch Fälle, in denen Dritte Verfügungen anfechten, welche die Verfügungsadressaten belasten (Beschwerde *pro Adressat*). Sofern ein eigenständiges Rechtsschutzinteresse besteht, kann das Rechtsmittel auch dann eingelegt werden, wenn der Adressat selbst keine Beschwerde erhebt. Die beschwerdeführende Person muss ein eigenständiges und unmittelbares Interesse an der Gutheissung der Beschwerde aufweisen. Ein unmittelbares, eigenständiges Interesse ist beispielsweise gegeben, wenn die gegen den Eigentümer einer Mietliegenschaft gerichtete Stromliefersperre von den mitbetroffenen Mieterinnen und Mietern angefochten wird (BGE 137 I 120 E. 2). Die Legitimation der für die Zollzahlungspflicht solidarisch haftenden Gesellschaft wird ebenso bejaht (BVGer, Urteile A-1757/2006 vom 21.6.2007, E. 1.2, und A-1883/2007 vom 4.9.2007, E. 1.3) wie jene der solidarisch haftenden Gesellschaftsorgane einer Gesellschaft in Liquidation, auch wenn diesen keine Vertretungsbefugnis mehr zukommt (BGE 131 II 306 E. 1.2.1; 98 Ib 269 E. 1). Ein bloss mittelbares oder allgemeines Interesse genügt demgegenüber nicht. Nicht legitimiert waren dementsprechend die Südanwohner des Flughafens, die Nichtgenehmigung des gekröpften Nordanflugs anzufechten, weil dieser nicht unmittelbar die Entlastung des Südens zur Folge gehabt hätte, sondern vorerst über ein neues Anflugverfahren zu entscheiden gewesen wäre (BVGer, Urteil A-5646/2008 vom 13.8.2009, E. 4.4). Eine bloss faktische Auswirkung auf eine vertragliche Beziehung reicht ebenfalls nicht aus (vgl. BVGer, Urteil A-5646/2008 vom 13.8.2009, E. 4.4.3). Der Nachteil darf nicht bloss einen eintretenden Reflex darstellen (vgl. BGE 134 V 153 E. 5.3.2). So kann der Lieferant den für den Abnehmer negativen Vergabeentscheid nicht anfechten (BGer, Urteil 2P.42/2001 vom 8.6.2001, in: ZBl 2002, S. 146 E. 2e/bb). Auch ist etwa der Gläubiger in einem Verfahren gegen den Schuldner nicht legitimiert, weil ihm nur ein faktisches wirtschaftliches Interesse zukommt (BVGE 2009/31 E. 2.3). Gleiches gilt für die Aktionäre einer Gesellschaft, die ihre Rechte über die von ihnen beherrschte Gesellschaft wahren können (BGer, Urteil 2C_762/2010 vom 2.2.2011, E. 4.3.2 mit zahlreichen weiteren Hinweisen auf die Rechtsprechung; BGE 131 II 306 E. 1.2.2). Ebenso wenig genügen hypothetische Nachteile. Ein allfälliges Haftungs- oder Strafverfahren gegen die Organe einer Gesellschaft reicht nicht aus, um die Legitimation der betreffenden Organe in einem verwaltungsrechtlichen Verfahren gegen die Gesellschaft zu begründen (BGer, Urteil 2A.573/2003 vom 30.7.2004, E. 2.3). Gleiches gilt für die faktische Möglichkeit, dass die Konzernleitung einer Gesellschaft infolge des versicherungsrechtlichen Aufsichtsverfahrens in einen Zivilprozess hineingezogen wird (BGE 131 II 587 E. 4.1). Ein selbständiges und eigenes, unmittelbares Rechtsschutzinteresse besteht jedoch, wenn es um die Leistungspflicht einer Versicherung geht und deren Verneinung unmittelbar

die Leistungspflicht der beschwerdeführenden Versicherung zur Folge hat, also unmittelbare vermögensrechtliche Konsequenzen nach sich zieht. Der Arbeitgeber oder die Arbeitgeberin ist in einem sozialversicherungsrechtlichen Verfahren den Arbeitnehmer bzw. die Arbeitnehmerin betreffend dann legitimiert, wenn die Versicherungsleistung unmittelbar die Lohnfortzahlungspflicht nach Art. 324a und 324b OR betrifft, was bei Verfahren über Taggeldleistungen zutrifft, aber nicht in Bezug auf Verfahren über Rentenansprüche (zu diesen und weiteren sozialversicherungsrechtlichen Besonderheiten, die sich auch aus der materiell-koordinationsrechtlichen Regelung ergeben, eingehend BGE 134 V 153 E. 5; vgl. zur Legitimation in den Amts- und Rechtshilfeverfahren hinten, Rz. 2068 ff., 2089).

ee. *Egoistische Verbandsbeschwerde*

Die *Verbandsbeschwerde* ist zu unterscheiden von der Beschwerde juristischer Personen, welche diese als Adressatinnen von Verfügungen erheben. Ist eine juristische Person, etwa ein Verein, in den eigenen Interessen betroffen, richtet sich die Legitimation nach den Regeln des allgemeinen Beschwerderechts. Dabei muss der Verband oder Verein in seinem Tätigkeitsfeld eingeschränkt werden und in seiner Autonomie tangiert sein. Dies ist nicht der Fall, wenn einschränkende Massnahmen getroffen werden, deren Themenbereich den statutarischen Zweck betrifft: Das hindert den Verein im Regelfall nicht, sich weiterhin im betreffenden Bereich, z.B. Konsumentenschutz, einzusetzen (vgl. dazu beispielhaft BVGer, Urteil C-465/2011 vom 28.3.2012, E. 2.4.1). 962

Die Berechtigung zur *egoistischen* Verbandsbeschwerde steht den – regelmässig als Vereine organisierten (vgl. BVGer, Urteil C-465/2011 vom 28.3.2012, E. 2.3.1) – Verbänden dagegen dann zu, wenn eine grosse Anzahl ihrer Mitglieder durch eine Verfügung betroffen wird und die Beschwerdeerhebung ihrem statutarischen Zweck nicht zuwiderläuft. Rechtlich liegt eine Form der Prozessstandschaft vor, da der Verband in eigenem Namen, aber im Interesse der Mitglieder Beschwerde führt, weshalb man von der «egoistischen» Verbandsbeschwerde spricht. Im Gegensatz dazu steht die «ideelle» Verbandsbeschwerde, bei welcher öffentliche Interessen vertreten werden. 963

Die Voraussetzungen dafür, dass ein Verband für seine Mitglieder Beschwerde erheben kann, sind die folgenden (vgl. BVGE 2007/20 E. 2.3; BGE 136 II 539 E. 1.1; BGer, Urteil 2C 186/2010 vom 18.1.2011, E. 3.3.1): 964
– die Vereinigung besitzt juristische Persönlichkeit;
– sie ist statutarisch zur Wahrung der infrage stehenden Interessen der Mitglieder befugt;
– die Interessen sind der Mehrheit der Mitglieder oder einer grossen Anzahl von Mitgliedern gemeinsam;
– jedes dieser Mitglieder wäre zur Geltendmachung des Interesses auf dem Beschwerdeweg befugt.

965 Eine besondere gesetzliche Grundlage ist nicht erforderlich (unzutreffend BGE 123 II 376 E. 4c).

966 Was den *statutarischen Zweck* des Verbandes angeht, so muss dieser in engem Zusammenhang mit dem Sachgebiet stehen, in welchem die Verfügung ergangen ist. Eine politische Partei ist deshalb – anders als bei der Stimmrechtsbeschwerde nach Art. 89 Abs. 3 BGG – nicht befugt, allgemeine öffentliche Interessen zu wahren, auch dann nicht, wenn sie in ihren Zielsetzungen Interesse an solchen Fragen bekundet (vgl. BGer, Urteil vom 24.7.1991, in: ZBl 1993, S. 44 E. 1a = URP 1992, S. 646; vgl. auch BGer, Urteil 8C_949/2011 vom 4.9.2012, E. 2.2.1). Sie kann deshalb keine Verkehrsbeschränkungen anfechten. Hingegen steht es den Verkehrsverbänden (BGE 136 II 539 E. 1.1) oder dem Interessenverein eines Quartiers zu, gegen derartige Massnahmen Beschwerde zu führen, wenn eine grosse Anzahl der Mitglieder betroffen ist (BGE 113 Ia 426 E. 2a). Kann ein Verein nach den Statuten nur öffentliche Interessen oder solche der Allgemeinheit geltend machen, ist er nicht zur Beschwerde befugt (BVGer, Urteil C-465/2011 vom 28.3.2012, E. 2.3.5; BGE 137 II 40 E. 2.6.4).

967 Zur *Anzahl der beschwerdeberechtigten Mitglieder:* Die Legitimation wurde etwa verneint, als Gewerkschaften des Verkaufspersonals gegen die Ladenöffnungszeiten im Hauptbahnhof Zürich Beschwerde erhoben, da nur wenige Gewerkschaftsmitglieder direkt betroffen waren; eine potenzielle Betroffenheit der Verbandsmitglieder liess das Bundesgericht nicht gelten (BGE 119 Ib 374 E. 2a/cc). Hingegen war die Legitimation des Schweizer Casino Verbandes zu bejahen, als es um die Qualifikation von Lotterieautomaten als Glücks- oder Lotteriespiele ging, weil der Schweizer Casino Verband 17 der 19 Casinos vertritt (BGer, Urteil 2C_186/2010 vom 18.1.2011, E. 3.3.1).

968 Zum *schutzwürdigen Interesse der Mitglieder:* Das spezifische Rechtsschutzbedürfnis muss gegeben sein. Tritt der Verband für seine Mitglieder als Drittbeschwerdeführender auf, muss ein unmittelbares und konkretes Interesse an der Aufhebung oder Änderung der Verfügung bestehen. Allgemeine oder öffentliche Interessen genügen nicht (BVGer, Urteil C-465/2011 vom 28.3.2012, E. 2.3.5).

ff. Allgemeine Beschwerdebefugnis öffentlich-rechtlicher Körperschaften und anderer Verwaltungseinheiten mit Rechtspersönlichkeit

969 Bund, Kantone, Gemeinden und andere Träger von Verwaltungsaufgaben (vgl. BGer, Urteil 2C_856/2011 vom 18.1.2012, E. 2.3, santésuisse betreffend) – diese grundsätzlich nur, wenn ihnen Rechtspersönlichkeit zukommt –, sind zunächst zur Beschwerde berechtigt, wenn sie in gleicher oder ähnlicher Weise betroffen sind *wie eine Privatperson.* Daneben sind Gemeinwesen bzw. andere Träger von Verwaltungsaufgaben aber auch legitimiert, wenn sie durch die angefochtene Verfügung *in ihren hoheitlichen Befugnissen betroffen sind* und als Träger öffentlicher Aufgaben schutzwürdige, spezifische öffentliche Interessen geltend machen können (BVGer, Urteil C-8730/2010 vom 12.8.2011, E. 2; BGE

123 II 371 E. 2c m.H.). In diesen Fällen kommt ihnen als Adressaten oder Drittbetroffenen einer Verfügung die allgemeine Beschwerdebefugnis nach Art. 48 Abs. 1 VwVG und Art. 89 Abs. 1 BGG zu. Betroffen sein kann aber nur die öffentlich-rechtliche Körperschaft als solche, nicht eine Behörde. Dieser fehlt es bereits an der Parteifähigkeit (vgl. vorne, Rz. 444).

Laut der Praxis entspricht die Betroffenheit des Gemeinwesens derjenigen einer *Privatperson*, wenn es in seinen vermögensrechtlichen Interessen betroffen ist (BGE 127 II 32 E. 2d m.H.). So wurde etwa die Legitimation des Kantons bejaht, der gegen die Auferlegung von Kosten für Schallschutzmassnahmen als Adressat der Verfügung und Strasseneigentümer Beschwerde erhob (BGE 122 II 33 E. 1a). Ebenso sind die Flughafen AG als Konzessionärin wie auch der Kanton Zürich befugt, sich gegen eine Enteignungsentschädigung zu wehren, wobei das Bundesverwaltungsgericht offenlässt, ob es sich in dieser Hinsicht um die Betroffenheit wie eine Privatperson oder um eine solche in hoheitlichen Befugnissen handelt (BVGer, Urteil A-4474/2009 vom 11.10.2010, E. 1.2). In Bezug auf den Schutz seines Verwaltungs- oder Finanzvermögens ebenfalls wie ein Privater betroffen ist ein Gemeinwesen auch als öffentlicher Arbeitgeber oder in Fällen der Staatshaftung. Dabei muss es sich um Konstellationen handeln, in denen es um finanzielle Leistungen aus Rechtsverhältnissen geht, die zwar öffentlich-rechtlich geregelt sind, aber Analogien haben zu entsprechenden privatrechtlichen Instituten – wie zum Beispiel das öffentliche Dienstrecht, das Staatshaftungsrecht oder das Enteignungsrecht (BGE 135 II 156 E. 3.1 sowie BGE 138 II 506 E. 2.1.2 und 2.3, je mit zahlreichen Hinweisen; 135 I 28 E. 3.4; 134 I 204 E. 2.3).

970

Die Rechtsprechung des Bundesgerichts lässt aber auch zu, dass das Gemeinwesen gestützt auf die allgemeinen Legitimationsbestimmungen Beschwerde erheben kann, wenn es in seinen *hoheitlichen Befugnissen* betroffen ist. Dabei wird vorausgesetzt, dass das Gemeinwesen im Bereich seiner spezifischen eigenen Sachanliegen in qualifizierter Weise betroffen ist. Dies ist bei wesentlichen öffentlichen Interessen der Fall, beispielsweise wenn es um wesentliche vermögensrechtliche Interessen geht, wie um Fragen des Finanzausgleichs (BGE 135 I 43 E. 1.3), oder falls der Hoheitsakt wesentliche öffentliche Interessen in einem Politikbereich betrifft, der dem Gemeinwesen zur Regelung zugewiesen wurde, was zum Beispiel für die *Kantone* zutrifft, wenn es um die Bewilligung für Psychotherapeuten geht. Dabei vermag eine einzelne Zulassung noch kein wesentliches öffentliches Interesse des Kantons zu begründen. Dies ist erst dann der Fall, wenn der Entscheid präjudizielle Wirkung hat, was im erwähnten Beispiel zutraf, weil es um Zulassungsansprüche nach BGBM ging (BGE 135 II 12 E. 1.2.2; vgl. auch BGE 137 IV 269, E. 1.4; 138 II 506 E. 2.1. m.H.). Um die präjudizielle Wirkung ging es auch in Bezug auf die Gebührenerhebung durch die kantonale Behörde für deren Mitwirkung in Plangenehmigungsverfahren des Bundes (BGer, Urteil 1C_78/2012 vom 10.10.2012, E. 1). Das Bundesgericht hat sodann die Legitimation des Kantons Genf bejaht, als

971

es um die gesetzliche Grundlage zur Auslagerung der vereidigten Übersetzer ging. Die Auslagerung dieser Aufgabe war lediglich in einem durch den Staatsrat erlassenen Reglement vorgesehen. Das Bundesgericht kam zum Schluss, dass wesentliche öffentliche Interessen infrage standen, namentlich weil es um die verfassungsrechtliche Kompetenzordnung von Legislative und Exekutive ging und das Funktionieren der Verwaltung in Bezug auf die vereidigten Übersetzer infrage stand (BGer, Urteil 2C_1016/2011 vom 3.5.2012, E. 1.2.1). Auch ist die Kompetenzordnung zwischen Bund und Kantonen Anlass genug, den Kantonen Parteistellung als Beigeladene einzuräumen, insbesondere wenn sie ebenso das Klageverfahren einleiten könnten (Art. 120 BGG; dazu BGer, Urteil 2A.597/2005 vom 4.4.2006, E. 3.6). Dabei muss nicht eine Betroffenheit im Autonomiebereich nachgewiesen sein, sondern es genügt die qualifizierte Betroffenheit bei der Wahrnehmung spezifischer öffentlicher Aufgaben (BGer, Urteil 2C_856/2011 vom 18.1.2012, E. 3.3, nunmehr auch in Bezug auf die Krankenkassen; anders noch z.B. BGE 127 V 80 E. 3 a/bb sowie BGE 134 I 204 E. 2.2). Dementsprechend bejahte das Bundesgericht die Legitimation einer *Gemeinde,* die im Rahmen der Ausschreibung des Neubaus des Gemeindehauses ein «public voting» durchführte, nicht nur aufgrund der Gemeindeautonomie gemäss Art. 89 Abs. 2 lit. c BGG (vgl. dazu aber sogleich, Rz. 976). Vielmehr war die Gemeinde auch in ihrem Kernbereich betroffen, nämlich der öffentlichen Aufgabe, ein Gemeindehaus zu bauen, weshalb sie auch gestützt auf Art. 89 Abs. 1 BGG legitimiert war (BGE 138 I 143 E. 1.3.1). Auch der Schutz der Gemeindebevölkerung vor Immissionen – z.B. vor Fluglärm – begründet die Legitimation der Gemeinden (BVGE 2008/18 E. 2.2, wo auch die Legitimation lärmbetroffener Kantone bejaht wurde; BVGer, Urteil A-954/2009 vom 1.7.2010, E. 2.2 f.; vgl. auch BVGer, Urteil A-55/2008 vom 6.6.2008, E. 2, insbesondere in Bezug auf den Ortsbild- und Landschaftsschutz).

972 Da es um die Abgrenzung zur spezialgesetzlichen Gemeindebeschwerde sowie zur Autonomiebeschwerde (vgl. auch Art. 89 Abs. 2 lit. c BGG) geht, betont die Rechtsprechung, dass die Legitimation aufgrund einer Betroffenheit in hoheitlichen Befugnissen nur restriktiv zuzulassen ist. Das allgemeine Interesse an der richtigen Rechtsanwendung genügt nicht, namentlich auch dann nicht, wenn die verfügende Instanz im Rechtsmittelverfahren desavouiert wurde (BGE 136 II 383 E. 2.4, 136 V 346 E. 3.3.2 und 135 II 156 E. 3.1 je m.H.; BGer, Urteil 2C_856/2011 vom 18.1.2012, E. 3 m.H.). Nach der Praxis muss ein geltend gemachtes (finanzielles) Interesse zudem konkreter Natur sein und unmittelbar aus dem angefochtenen Akt folgen (BGE 133 II 400 E. 2.4). Keine ausreichende Betroffenheit in öffentlichen Interessen liegt vor, wenn das Gemeinwesen zur Bezahlung einer Parteientschädigung verpflichtet wird, weil es bloss um allgemeine vermögensrechtliche Interessen geht. Die Kostenfolgen von Rechtsmittelentscheiden sind einzig als finanzielle Folgen der Verwaltungstätigkeit zu qualifizieren. Es kann nicht jedes beliebige, mit der Erfüllung öffentlicher Aufgaben direkt oder indirekt verbundene finanzielle Interesse geltend gemacht

werden (BGer, Urteile 1C_79/2011 vom 10.3.2011, E 1.4, und 1C_306/2011 vom 27.9.2011, E. 1.4; vgl. auch BGE 131 II 58 E. 1). Das Bundesgericht verlangt, dass über die finanziellen Folgen hinaus die Erfüllung öffentlicher Aufgaben tangiert werden könnte (BGE 138 II 506 E. 2.4).

Ebenso wendet das Bundesgericht auf die Gemeinwesen die «Star-Praxis» nicht an, wonach die Beschwerdeführenden unabhängig von der Legitimation in der Sache das Rechtsmittel einlegen können, wenn sie die Verletzung von Parteirechten rügen, welche ihnen von Verfassung wegen zustehen. Das Gemeinwesen als verfügende Instanz sei in der Regel nicht Gegenpartei und übe die Verfahrensrechte nur «ähnlich» einer Partei aus (BGE 136 II 383 E. 3.3). Umgekehrt muss aber nach der hier vertretenen Ansicht die Legitimation bejaht werden, wenn sie auch in der Hauptsache bejaht werden kann. 973

Die bundesgerichtliche Praxis hat sich im Vergleich zum in der 2. Auflage erläuterten Rechtszustand verfestigt und an Konturen gewonnen, auch wenn die Abgrenzungen in jedem einzelnen Fall vorgenommen werden müssen. Das Bundesgericht, dessen Praxis das Bundesverwaltungsgericht übernimmt, kommt damit dem Anliegen der bereits in der älteren Lehre vertretenen Auffassung entgegen, auch die Betroffenheit in eigenen schutzwürdigen Interessen als genügend anzusehen (vgl. Gadola, Behördenbeschwerde, S. 1468; Kölz, Gemeinde, S. 123 f.; vgl. BGE 123 II 425 E. 3c m.H.). Die vom Bundesgericht entwickelte Praxis mag auf den ersten Blick restriktiv erscheinen. Im Hinblick auf Art. 89 Abs. 1 BGG, welcher die Legitimation in erster Linie Privaten zuerkennen will und damit die Funktion des Individualrechtsschutzes in den Vordergrund stellt, erweist sie sich jedoch als konsequent. Allerdings scheint die Rechtsprechung nicht in allen Fällen der Forderung nach einer engen Auslegung von Art. 89 Abs. 1 BGG zu entsprechen. So hat das Bundesgericht in einem Verfahren über die Zuständigkeit zur Leistung von Sozialhilfe die Legitimation eines Kantons gegen den Entscheid eines anderen Kantons ohne Weiteres bejaht, ohne sich zur besonderen qualifizierten Betroffenheit in spezifischen öffentlichen Interessen zu äussern. Es genügte, dass der beschwerdeführende Kanton Adressat des angefochtenen Entscheids war (BGE 136 V 351 E. 2.3). Die Legitimationspraxis hat auch zur Folge, dass – wie der Fall betreffend das Genfer Reglement der vereidigten Übersetzer zeigt (vgl. vorne, Rz. 971) –, die kantonalen Regierungen zunehmend ebenso Entscheide der eigenen kantonalen Verwaltungsgerichte anfechten können. Dies ist insofern nicht problematisch, als die Regierung zur Vertretung des Kantons befugt ist und mit dem Verwaltungsgericht eine verwaltungsexterne Instanz entschieden hat (Häner, Beteiligte, Rz. 873). Im Übrigen sollen die Meinungsverschiedenheiten zwischen Behörden des gleichen Gemeinwesens aber nicht auf dem Weg der Verwaltungsrechtspflege, sondern durch die übergeordnete politische Behörde gelöst werden (vgl. BGE 127 II 32 E. 2f). 974

Hat der Bundesgesetzgeber das Beschwerderecht des Gemeinwesens abschliessend geregelt, ist die Legitimation im betreffenden Bereich einzig nach 975

Art. 89 Abs. 2 lit. d BGG zu prüfen (BGE 136 II 274 E. 4.2 in Bezug auf Art. 73 Abs. 2 StHG und Art. 146 DBG).

976 Art. 89 Abs. 2 lit. c BGG ist im Verfahren vor dem Bundesverwaltungsgericht nicht anwendbar. Eine besondere Legitimation für die Rüge der Verletzung von verfassungsmässigen Garantien der Gemeinden und anderer öffentlich-rechtlicher Körperschaften – namentlich ihrer Autonomie – ist im VwVG nicht vorgesehen. Dennoch ist den Gemeinden und anderen öffentlich-rechtlichen Körperschaften die Legitimation zuzugestehen, wenn sie die Verletzung verfassungsmässiger Garantien rügen, auch wenn keine besonders qualifizierte Betroffenheit im Sinne der Rechtsprechung geltend gemacht werden kann. Immerhin lässt sich auch argumentieren, dass die Rüge, die verfassungsmässigen Garantien seien verletzt, durchaus für sich genommen als Geltendmachung einer qualifizierten Betroffenheit angesehen werden kann. Wenn die Kompetenzordnung zwischen Bund und Kantonen oder zwischen den staatlichen Organen eines Gemeinwesens betroffen ist, gilt dies regelmässig als ausreichendes Berührtsein in wichtigen öffentlichen Interessen und begründet die Legitimation (vgl. die in Rz. 971 zitierten Entscheide).

c. Besondere Beschwerdebefugnis

aa. Im Allgemeinen

977 Bei der Beschwerdelegitimation aufgrund schützenswerter Interessen steht, wie gezeigt, der Individualrechtsschutz im Vordergrund. Keinesfalls vermögen die Interessen an der richtigen Anwendung des objektiven Verwaltungsrechts die Legitimation zu begründen. Die Verwirklichung des in der anwendbaren Verwaltungsrechtsnorm objektivierten öffentlichen Interesses wird allein durch das Gesetzmässigkeitsprinzip garantiert. Eine besondere Vertretung dieser öffentlichen Interessen ist im VwVG im Gegensatz zu Art. 89 Abs. 2 lit. a–c BGG nicht vorgesehen. Die parteimässige Vertretung öffentlicher Interessen kann aber gemäss Art. 48 Abs. 2 VwVG in einem bundesrechtlichen Spezialerlass enthalten sein. Inwiefern das Spezialgesetz ein Beschwerderecht einräumt, ist nicht immer klar und muss durch seine Auslegung ermittelt werden (verneint für santésuisse gestützt auf Art. 53 Abs. 1 KVG: BVGE 2010/51 E. 7).

978 Es ist zu beachten, dass Art. 89 Abs. 2 lit. a–c BGG vor dem Bundesverwaltungsgericht nicht anwendbar ist, weil die Anwendung von Art. 89 Abs. 2 BGG in Art. 111 BGG nur für die kantonalen Verfahren und nicht ebenso für die Verfahren vor anderen Bundesinstanzen als dem Bundesgericht vorgeschrieben wird. In Bezug auf die nach Art. 89 Abs. 2 lit. a und b BGG legitimierten Bundesbehörden spielt dies insofern keine Rolle, als diese im Verfahren vor Bundesverwaltungsgericht im Regelfall ohnehin verfügende Vorinstanzen sind. Ist eine andere, insbesondere verwaltungsinterne Beschwerdeinstanz Vorinstanz des Bundesverwaltungsgerichts, soll die desavouierte verfügende Bundesbehörde gestützt auf den Grundsatz, dass die Verwaltungsinstanzen desselben

Gemeinwesens nicht gegeneinander prozessieren sollen, ohnehin keine Beschwerde erheben können. Immerhin ist jedoch anzumerken, dass der Grundsatz der Einheit des Verfahrens auch ohne ausdrückliche gesetzliche Regelung gilt. Ob allein aus der Tatsache, dass Art. 48 VwVG keine Art. 89 Abs. 2 lit. a–c BGG ähnliche Bestimmung aufweist, geschlossen werden darf, der Bundesgesetzgeber habe auf den Grundsatz der Einheit des Verfahrens im Verhältnis zwischen Bundesverwaltungsgericht und Bundesgericht verzichten wollen, erscheint fraglich (vgl. aber BGE 127 II 32 E. 2e). In Bezug auf Art. 89 Abs. 1 lit. c BGG, wo die Beschwerdebefugnis eigens den Gemeinden und anderen öffentlich-rechtlichen Körperschaften eingeräumt wird, wenn sie die Verletzung von verfassungsmässigen Garantien rügen, ist die Legitimation wie erwähnt bereits deshalb zu bejahen, weil damit ausreichend wichtige öffentliche Interessen betroffen sind.

Die besondere Vertretung von öffentlichen Interessen rechtfertigt sich vor allem dadurch, dass im Verwaltungsrecht Ziel- und Zweckbestimmungen, unbestimmte Rechtsbegriffe und Ermächtigungen zur Ermessensausübung immer häufiger anzutreffen sind, was eine mehr oder weniger starke Offenheit der verwaltungsrechtlichen Erlasse bewirkt. Weiter üben die Beschwerdeführenden als Parteien auf die Feststellung des Sachverhalts einen beträchtlichen Einfluss aus. Ferner werden Betroffene eine Verfügung, die sie zulasten des öffentlichen Interesses begünstigt, nicht anfechten, sodass die unrichtige Rechtsanwendung und damit die Beeinträchtigung des öffentlichen Interesses ungeahndet bleiben. Schliesslich räumen die Verwaltungsrechtsnormen wegen ihrer Ausgleichsfunktion den öffentlichen und den privaten Interessen die gleiche Legitimität ein, was auch in der gleichrangigen Vertretung der verschiedenen Interessen zum Ausdruck kommen muss, namentlich wenn Gefahr besteht, dass gewisse öffentliche Interessen systematisch benachteiligt werden könnten. 979

Art. 48 Abs. 2 VwVG besagt, dass Personen, Organisationen oder Behörden zur Beschwerde berechtigt sind, denen ein anderes Bundesgesetz dieses Recht einräumt. Wird eine solche Beschwerdebefugnis durch Bundesrecht eingeräumt, muss somit kein schutzwürdiges Interesse im Sinn einer materiellen Beschwer dargetan sein. Das Beschwerderecht von Behörden wird deshalb als «abstraktes» bezeichnet. Der Begriff ist allerdings nicht ganz treffend, weil das Beschwerderecht nicht völlig voraussetzungslos ausgeübt werden kann. Vielmehr muss als allgemeine Mindestvoraussetzung gelten, dass der angefochtene Akt die Bundesgesetzgebung im Aufgabenbereich der beschwerdeführenden Behörde verletzen kann (so ausdrücklich Art. 89 Abs. 2 lit. a BGG). Gemäss der Praxis muss ein mit Blick auf die einheitliche Anwendung des Bundesrechts in vergleichbaren Fällen zureichendes Interesse an der Beurteilung der aufgeworfenen Probleme bestehen. Sodann muss die Durchsetzung des öffentlichen Interesses jedenfalls im konkreten Fall gefährdet sein, da diese Beschwerden bezwecken, das objektive Recht zu verwirklichen und das öffentliche Interesse zu schützen. Es ist deshalb unzulässig, bloss eine theoretische Rechtsfrage über- 980 prüfen zu lassen (zum Ganzen BGE 135 II 338 E. 1.2.1 m.H.). Gestützt auf eine besondere Beschwerdebefugnis können auch nicht lediglich private Interessen vertreten werden (BGE 123 II 16 E. 2c).

981 Was die *formelle Beschwer* betrifft, so gilt diese jeweils bloss aufgrund der Spezialgesetze, welche die Beschwerdebefugnis einräumen. Art. 48 Abs. 1 lit. a VwVG ist hingegen nicht anwendbar (vgl. BGE 136 II 359 E. 1.2). Die Pflicht zur Teilnahme ist beispielsweise in Art. 55b USG für die Umweltverbände und in Art. 12c NHG für die Gemeinden und die Umweltverbände vorgesehen. Ebenso sieht zum Beispiel Art. 9 BehiG für die Behindertenorganisationen eine solche Pflicht vor.

bb. Besondere Behördenbeschwerde – Beschwerde von Gemeinwesen und anderen öffentlich-rechtlichen Körperschaften

982 Die Beschwerdelegitimation kann aufgrund eines bundesrechtlichen Erlasses Bundesbehörden, kantonalen oder kommunalen Behörden zustehen. Die Behörde tritt jeweils als Organ der betreffenden Körperschaft auf, weshalb treffender von der Beschwerde von Gemeinwesen und anderen öffentlich-rechtlichen Körperschaften gesprochen werden sollte, zumindest in Bezug auf die Kantone und Gemeinden.

983 Die Beschwerdeberechtigung von *Bundesbehörden* wird vom Verwaltungsverfahrensgesetz im Gegensatz zu Art. 89 Abs. 2 lit. a und b BGG nicht allgemein vorgesehen. Vielmehr braucht es dazu gemäss Art. 48 Abs. 2 VwVG für alle Bundesbehörden eine spezialgesetzliche Regelung. Richtet sich das Beschwerderecht gemäss dem Spezialgesetz auch gegen erstinstanzliche Verfügungen und gegen Entscheide unterer kantonaler Rechtsmittelinstanzen und muss somit nicht zuerst ein letztinstanzlicher kantonaler Entscheid abgewartet werden, wird die Beschwerde als «integrale Behördenbeschwerde» bezeichnet. Die integrale Behördenbeschwerde ist wichtig, wo der Vollzug von Bundesverwaltungsrecht an die Kantone delegiert ist (vgl. nun allgemein Art. 111 Abs. 2 BGG). Im Verfahren vor Bundesverwaltungsgericht spielt die integrale Behördenbeschwerde allerdings keine grosse Rolle, weil der Rechtsmittelweg gegen kantonale Rechtsmittelentscheide im Regelfall an das Bundesgericht führt (vgl. Art. 33 lit. i VGG).

984 Es sind einige spezialgesetzliche Bestimmungen auszumachen, in denen eine Behörde der Bundesverwaltung an das Bundesverwaltungsgericht gelangen kann. Zunächst ist auf das Beschwerderecht des Eidgenössischen Datenschutz- und Öffentlichkeitsbeauftragten (EDÖB) hinzuweisen. Gemäss Art. 28 Abs. 3 und 4 DSG kommt ihm das Recht zu, bei Nichtbefolgung einer Empfehlung durch ein Bundesamt die Angelegenheit dem Departement oder der Bundeskanzlei zum Entscheid vorzulegen. Diese entscheiden in Form einer Verfügung an die betroffene Person. Der EDÖB ist berechtigt, diese Verfügung vor dem Bundesverwaltungsgericht und anschliessend vor dem Bundesgericht anzufechten. Dabei geht es darum, dass der EDÖB eine Vielzahl möglicherweise

betroffener Personen und damit öffentliche Interessen vertritt (zum Privatbereich vgl. BGE 138 II 346 E. 1.1 und 10; 136 II 508 E. 1.1). Ebenso kann beispielsweise die WEKO Beschwerde erheben, wenn sie der Ansicht ist, eine Verfügung einer Bundesbehörde verstosse gegen das BGBM (Art. 9 Abs. 2bis BGBM). Weiter besteht ein Beschwerderecht der WEKO aufgrund von Art. 20a Abs. 3 THG, das sich gegen bestimmte Allgemeinverfügungen von Bundesämtern richten kann. Ferner kann als Beispiel das ZDG erwähnt werden. Gemäss diesem Gesetz hat das EVD das Recht, Entscheide der Zulassungskommission über die Zulassung zum Zivildienst anzufechten (Art. 64 Abs. 1bis ZDG; BVGer, Urteil B-2112/2006 vom 22.5.2007, E. 1). Sodann ist auch das Bundesamt für Landwirtschaft im Bereich der Milchkontingentierung berechtigt, gegen erstinstanzliche Verfügungen und Entscheide regionaler Rekurskommissionen Beschwerde beim Bundesverwaltungsgericht und gegebenenfalls beim Bundesgericht zu erheben (Art. 167 Abs. 2 LwG; dazu BVGer, Urteil B-5534/2009 vom 11.3.2011, E. 1.2.1 f.).

Einige Bestimmungen, die bereits für die Verfahren vor Bundesverwaltungsgericht bedeutsam sein können, ermächtigen auch die *Kantone* zur Beschwerde. Zu erwähnen ist zum Beispiel Art. 51 BüG, wonach die betroffenen Kantone (und Gemeinden) auch zur Beschwerde gegen Verfügungen von Verwaltungsbehörden des Bundes berechtigt sind. Art. 12g Abs. 1 NHG legt fest, dass die Kantone gegenüber Verfügungen der Bundesbehörden zur Beschwerde legitimiert sind. Dieses Beschwerderecht lässt sich vor allem daraus erklären, dass nach Art. 78 Abs. 1 BV der Natur- und Heimatschutz Sache der Kantone und demnach als kantonales öffentliches Interesse anzusehen ist. Die angefochtene Verfügung muss in Erfüllung einer Bundesaufgabe im Sinn von Art. 2 NHG ergehen und Auswirkungen auf die Natur- und Heimatschutzinteressen haben. Die Aufzählung in Art. 2 NHG ist jedoch nicht abschliessend. Es handelt sich beim Begriff der Bundesaufgabe um einen unbestimmten Rechtsbegriff. Eine Bundesaufgabe liegt dann vor, wenn die angefochtene Massnahme natur- und heimatschutzrelevant ist, eine gewisse räumliche Wirkung aufweist und sich auf öffentliches Bundesrecht abstützt oder hätte abstützen müssen. Dabei ist nicht erforderlich, dass sich die Massnahme direkt oder ausschliesslich auf Bundesrecht abstützt. Ein enger sachlicher Zusammenhang zu einer Bundesaufgabe genügt ebenfalls (vgl. Gredig, Bundesaufgaben, S. 365 ff., 367 mit zahlreichen Hinweisen). Die Einschränkung des Beschwerderechts durch die Praxis erweist sich in verschiedener Hinsicht als problematisch, lässt sich aber mit der Gesetzessystematik des NHG sowie der bundesverfassungsrechtlichen Kompetenzordnung begründen: Die Bestimmungen von Art. 12 ff. NHG sind im 1. Abschnitt (Naturschutz, Heimatschutz und Denkmalpflege bei Erfüllung von Bundesaufgaben) untergebracht. Weiter ist nachzuweisen, dass Belange des Natur- und Heimatschutzes betroffen sind; diese Voraussetzung gilt für sämtliche Beschwerderechte gemäss Art. 12 ff. NHG. In örtlicher Hinsicht lässt sich bei den Kantonen (und Gemeinden) eine weitere Einschränkung rechtfertigen, indem das

Hoheitsgebiet des beschwerdeführenden Kantons betroffen sein muss (Keller, Kommentar NHG, Art. 12b Rz. 3). Weiter kommt den Kantonen ein Beschwerderecht aufgrund von Art. 46 Abs. 3 WaG zu. Da diese Bestimmung auf die Legitimation gemäss Art. 12 NHG verweist, hat sie keine selbständige Bedeutung. Der Hinweis, welche Verfügungen anfechtbar sind, soll lediglich allfällige Unklarheiten ausräumen; die Voraussetzungen von Art. 12g Abs. 1 NHG müssen jeweils ebenfalls gegeben sein (vgl. BBl 1988 III 173 ff., 214). Schliesslich ist auf Art. 14 Abs. 2 FWG hinzuweisen, der den Kantonen ebenfalls ein Beschwerderecht gegen Verfügungen von Bundesbehörden einräumt. Weitere Bestimmungen, welche den Kantonen ein Beschwerderecht einräumen, beschränken sich auf die Beschwerde in öffentlich-rechtlichen Angelegenheiten (vgl. dazu hinten, Rz. 1501 ff.).

986 Kommunale öffentliche Interessen können den öffentlichen Interessen des Kantons durchaus entgegenstehen, weshalb es sinnvoll sein kann, auch den *Gemeinden* die besondere Beschwerdelegitimation einzuräumen. Sie ist etwa in Art. 12 Abs. 1 lit. a NHG vorgesehen, wonach die Gemeinden legitimiert sind, gegen Verfügungen der Bundesbehörden Beschwerde zu führen. Dabei muss die Verfügung gemäss der Praxis aber wiederum eine Bundesaufgabe betreffen, bei deren Erfüllung die Interessen des Natur- und Heimatschutzes zu wahren sind (vgl. vorne, Rz. 985). Art. 46 Abs. 3 WaG verweist für die Gemeindebeschwerde ebenfalls auf Art. 12 NHG. Die Gemeindebeschwerde ist weiter in Art. 14 Abs. 1 lit. a FWG vorgesehen, wenn das Gebiet der Gemeinde betroffen ist. Wie für die ideelle Verbandsbeschwerde wird in allen genannten Beispielen bezüglich der Gemeinden die formelle Beschwer vorausgesetzt (Art. 12c NHG, Art. 14 Abs. 3 und 4 FWG). Weiter räumt auch Art. 51 Abs. 2 BüG den Gemeinden ein Beschwerderecht ein.

987 Art. 57 USG sieht ebenfalls die Gemeindebeschwerde vor, doch wollte der Gesetzgeber mit dieser Norm nicht über die allgemeinen Verfahrensbestimmungen der Bundesrechtspflege hinausgehen und die besondere Behördenbeschwerde einführen. Dies ergibt sich bereits aus dem Wortlaut von Art. 57 USG, der grundsätzlich mit Art. 48 Abs. 1 VwVG und Art. 89 Abs. 1 BGG übereinstimmt und laut dem die Gemeinde durch eine Verfügung berührt sein und ein schützenswertes Interesse an deren Änderung oder Aufhebung haben muss. Art. 57 USG entspricht allerdings immer noch der alten Formulierung von Art. 48 VwVG und Art. 103 OG. Dennoch wird ihm nach wie vor keine selbständige Bedeutung zugemessen. Das Bundesverwaltungsgericht nimmt jedenfalls nicht immer auf diese Bestimmung Bezug (vgl. z.B. BVGE 2008/18 E. 2.2; BVGer, Urteil A-954/2009 vom 1.7.2010, E. 2.2 f.; anders BVGer, Urteil A-1813/2009 vom 21.9.2011, E. 2.3). Immerhin ist nicht auszuschliessen, dass das Bundesgericht und im gleichen Zuge auch das Bundesverwaltungsgericht aufgrund einer engen Auslegung von Art. 89 Abs. 1 BGG bzw. Art. 48 Abs. 1 VwVG dem Art. 57 USG mit der Zeit eine selbständige Bedeutung beimessen werden.

cc. Ideelle Verbandsbeschwerde

Die ideelle Verbandsbeschwerde ist ein weiteres Mittel, um dem öffentlichen Interesse in der Verwaltungsrechtspflege mehr Geltung zu verschaffen. Die Beschwerde, mit welcher ein Verband ein öffentliches Anliegen vertritt, ist von der bereits erwähnten Beschwerde zugunsten der Mitglieder, der egoistischen Verbandsbeschwerde, zu unterscheiden. Sie kommt vor allem dort vor, wo die Vertretung der öffentlichen Interessen tendenziell geschwächt ist, weil gleichzeitig von derselben Behörde sich widersprechende öffentliche Interessen zu berücksichtigen und Interessenkollisionen – vor allem zwischen Nutz- und Schutzinteressen – zu lösen sind. Sie ist aber auch dort anzutreffen, wo sich ein sozialpolitisches Interesse nur schwer durchsetzen kann. Die ideelle Verbandsbeschwerde bezweckt, im Verfahren vorhandene Chancenungleichheiten auszugleichen. Sie dient demgemäss insbesondere der chancengleichen Vertretung von öffentlichen Interessen (Häner, Beteiligte, Rz. 1025 f.). Das Bestehen des Verbandsbeschwerderechts hat aber ebenso eine erhebliche präventive Wirkung erlangt, mit der Folge, dass namentlich im Umweltbereich die Verbände bereits in den Baugesuchsverfahren begrüsst werden. Im Umweltbereich, aber auch im Bereich des GlG, haben die Verbände eine starke Stellung erlangt.

988

Im Umweltbereich ist die Verbandsbeschwerde allerdings massiv unter politischen Druck geraten, weil gewisse Umweltverbände insbesondere in den Kantonen den Bauherrschaften immer wieder Zugeständnisse abrangen, zu welchen jene nicht verpflichtet waren. Damit wurde über das Ziel hinausgeschossen, den Umweltinteressen zu einer chancengleichen Vertretung im Verfahren zu verhelfen. Demgemäss wurden die Bestimmungen von Art. 12 ff. NHG und Art. 55 ff. USG mit der Gesetzesnovelle vom 20.12.2006 revidiert. Diese Revision ist im Ergebnis moderat ausgefallen, doch sind die neuen Bestimmungen nicht in jeder Hinsicht schlüssig und spiegeln die damals sehr umstrittene politische Ausgangslage wider. Der politische Druck gegen das sehr sinnvolle Instrument hält trotz der Gesetzesrevision zudem weiterhin an. Die Revision trat am 1.7.2007 bzw. 1.7.2010 in Kraft (vgl. dazu Griffel/Rausch, Kommentar USG, Art. 55 N. 11).

989

Die ideelle Verbandsbeschwerde ist einerseits in Art. 55 USG vorgesehen. Gemäss dieser Bestimmung sind gesamtschweizerische Umweltschutzorganisationen, die einen rein ideellen Zweck verfolgen, zur Beschwerde berechtigt gegen Verfügungen der Bundesbehörden (und der kantonalen Behörden) über die Planung, Errichtung oder Änderung von Anlagen, für die eine Umweltverträglichkeitsprüfung nach Art. 10a USG erforderlich ist. Einen wirtschaftlichen Zweck dürfen sie nur verfolgen, wenn dieser den ideellen Zwecken dient. Die beschwerdeberechtigten Organisationen können zudem nur Rügen in denjenigen Rechtsbereichen vorbringen, die seit zehn Jahren Gegenstand ihres statutarischen Zwecks bilden (Art. 55 Abs. 2 USG). Diese Bestimmung ist nicht restlos klar. Sie soll jedoch verhindern, dass die Organisation kurzfristig ihre

990

Statuten ändert. Soweit ersichtlich spielte dies bis anhin aber keine Rolle. Eine Rügebeschränkung besteht zudem bereits der Sache nach, indem die Umweltorganisationen nur die Verletzung von Umweltvorschriften rügen dürfen. Bislang wurde die Grenze der zulässigen Rüge weit gezogen. Mit Art. 55 Abs. 2 USG dürfte sie sich aber verengen (vgl. zur bisherigen Praxis Loretan, Kommentar USG, Art. 55 N. 27 f.). Ausserdem schränkt das begrenzte Rügerecht die Rechts- und Chancengleichheit und damit die Waffengleichheit der Vertretung der öffentlichen Interessen im Verfahren ein. Mit Art. 29 Abs. 1 BV ist diese Einschränkung jedenfalls nicht ohne Weiteres vereinbar (vgl. Häner, Beteiligte, Rz. 1035). Art. 55b Abs. 3 USG hält zudem noch einmal den ohnehin und für sämtliche Beschwerdeführenden geltenden Grundsatz ausdrücklich fest, dass Nutzungspläne mit Verfügungscharakter zu einem späteren Zeitpunkt nicht mehr akzessorisch geprüft werden und eine allfällige Widerrechtlichkeit im nachfolgenden Verfahren nicht mehr geltend gemacht werden kann (vgl. dazu vorne, Rz. 882).

991 Andererseits ist die ideelle Verbandsbeschwerde in Art. 12 Abs. 1 lit. b NHG vorgesehen. Danach sind gesamtschweizerische Organisationen beschwerdeberechtigt, die sich dem Natur- und Heimatschutz, der Denkmalpflege oder verwandten ideellen Zielen widmen. Allfällige wirtschaftliche Tätigkeiten müssen der Erreichung des ideellen Zwecks dienen. Mit der Beschwerde können Verfügungen von Bundesbehörden (wie auch von kantonalen Behörden) angefochten werden. Wie bei der Beschwerdebefugnis der Kantone und Gemeinden erwähnt wurde, muss die Verfügung in Anwendung von Bundesrecht ergehen oder zumindest ein enger sachlicher Zusammenhang zu einer Bundesaufgabe vorhanden sein (vgl. vorne, Rz. 985). Dabei muss eine gewisse Wahrscheinlichkeit nachgewiesen sein, dass eine Bundesaufgabe tangiert sein könnte. Eine Bundesaufgabe steht beispielsweise infrage, wenn ein Biotop betroffen ist, weil der Biotopschutz eine Bundesaufgabe darstellt (Art. 78 Abs. 4 BV, Art. 18 ff. NHG; BGE 120 Ib 27 E. 2c; vgl. auch BGer, Urteil 1C_393/2011 vom 3.7.2012, wo das Biotop allerdings während des Verfahrens aus der TwwV gestrichen worden war; aus der neueren Praxis vgl. zudem Entscheide, die das Jagdgesetz betreffen und die Bundesaufgabe bejahen: BGE 136 II 101 E. 1.1; 131 II 58 E. 1.3). Auch mit Bezug auf die ideelle Verbandsbeschwerde verweist Art. 46 Abs. 3 WaG auf Art. 12 NHG. Nach Art. 12 Abs. 2 NHG können die Natur- und Heimatschutzverbände ebenfalls nur Rügen in denjenigen Rechtsbereichen vorbringen, die seit mindestens zehn Jahren Gegenstand ihres statutarischen Zwecks bilden (vgl. soeben, Rz. 990). Die zulässigen Rügen sind auf solche beschränkt, welche die Natur- und Heimatschutzinteressen betreffen. Zudem bezeichnet Art. 12a NHG die Beschwerde in Verfahren über die Gewährung von Bundesbeiträgen als unzulässig, wenn über die Planung, das Werk oder die Anlage bereits in einer für den Verband anfechtbaren Verfügung entschieden worden ist. Art. 12c Abs. 3 NHG regelt wie Art. 55b Abs. 3 USG ausdrücklich die beschränkte Anfechtbarkeit von Nutzungsplänen.

Die ideelle Verbandsbeschwerde nach Art. 55 ff. USG und jene nach 992
Art. 12 ff. NHG wurden zunächst mit der Revision des NHG vom 24. März 1995
(in Kraft seit 1.2.1996) und weiter mit der Revision vom 20.12.2006 (in Kraft
seit 1.7.2007/1.7.2010) vereinheitlicht. Beide Beschwerden stehen nur gesamtschweizerischen Organisationen zu, nicht jedoch kantonalen oder regionalen
Verbänden. Kantonale Sektionen gesamtschweizerischer Organisationen sind
im Verfahren vor Bundesbehörden ebenfalls nicht beschwerdeberechtigt (BGE
123 II 289 E. 1e/bb), können aber, wenn sie rechtlich verselbständigt sind, für ihr
örtliches Tätigkeitsgebiet generell zur Erhebung von Einsprachen und im Einzelfall zur Erhebung von Beschwerden ermächtigt werden (Art. 55 Abs. 5 USG,
Art. 12 Abs. 5 NHG). Zuständig für die Beschwerdeerhebung ist das oberste
Exekutivorgan der Organisation (Art. 55 Abs. 3 USG und Art. 12 Abs. 4 NHG).

Den Vereinigungen kommt ein integrales Beschwerderecht zu (Art. 55 993
Abs. 1 USG, Art. 12 Abs. 1 NHG), wobei sie verpflichtet sind, die vorinstanzlichen Rechtsmittel zu ergreifen, ansonsten sie das Beschwerderecht verwirken
(Art. 55b USG und Art. 12c NHG; formelle Beschwer). Am erstinstanzlichen
Verfahren haben sie sich dann zu beteiligen, wenn ein Einspracheverfahren vorgesehen ist (Art. 55b Abs. 2 USG und Art. 12c Abs. 2 NHG). Als Korrelat zur
Beteiligungspflicht der Organisationen muss die Behörde die Verfügung oder
das Gesuch den beschwerdeberechtigten Verbänden direkt mitteilen oder im
Bundesblatt oder im kantonalen Publikationsorgan veröffentlichen (Art. 55a
USG, Art. 12b NHG).

Nach Art. 55 Abs. 3 USG und Art. 12 Abs. 3 NHG bezeichnet der Bundes- 994
rat die zur Beschwerde befugten Organisationen. Die Liste findet sich im Anhang zur VBO. Sie umfasst derzeit insgesamt 28 Organisationen. Nach der überwiegenden Lehre ist diese Liste allerdings nur deklaratorischer Natur, da den
Organisationen das Beschwerderecht zusteht, wenn sie die gesetzlichen Voraussetzungen erfüllen (vgl. Keller/Hauser, Gretchenfrage, S. 860 f. m.H.; anders
offenbar die neuere Praxis, vgl. Wisard, Commentaire LPE, Art. 55 N. 52 ff.).
Für die nicht in die Liste aufgenommenen Organisationen bedeutet dies allerdings, dass sie die Legitimation nachzuweisen haben. Die Liste hat nach wohl
überwiegender Ansicht die Rechtsnatur einer Verordnung, weshalb sie nur akzessorisch zum Prozessgegenstand gemacht werden kann. Keller/Hauser stellen zu Recht eine erhebliche Rechtsschutzlücke fest (Keller/Hauser, Gretchenfrage, S. 896). Gemäss Art. 4 VBO haben die Verbände eine Statistik über die
Beschwerdetätigkeit zu führen, welche sie zu veröffentlichen haben und die
auch vom BAFU als Gesamtstatistik veröffentlicht wird (www.bafu.admin.ch/
Themen/Recht/Verbandsbeschwerde/Evaluation und Statistik; vgl. auch www.
verbandsbeschwerderecht.ch). Die Zahlen belegen, dass nach wie vor eine
überdurchschnittliche Erfolgsquote besteht.

Art. 12d NHG und Art. 55c USG enthalten besondere Bestimmungen für 995
den Fall, dass sich die Umweltverbände mit der Bauherrschaft einigen. Die
Vereinbarung muss in die Verfügung oder den Entscheid aufgenommen wer-

den, wobei sie keine Mängel nach Art. 49 VwVG aufweisen darf. Auch wird das Recht der Umweltverbände, Forderungen an die Bauherrschaft zu stellen, beschränkt. Konventionalstrafen sind ebenso unzulässig wie die Vereinbarung finanzieller oder anderer Leistungen zur Abgeltung eines Rechtsmittelverzichts oder für Massnahmen, die das öffentliche Recht nicht vorsieht oder die in keinem Zusammenhang mit dem Vorhaben stehen. Hat die Organisation unzulässige Forderungen gemäss Art. 12d Abs. 2 NHG oder Art. 55c Abs. 2 USG gestellt, darf auf eine entsprechende Beschwerde nicht eingetreten werden (Art. 12 Abs. 3 NHG, Art. 55 Abs. 3 USG). Dass auch die rechtsmissbräuchliche Beschwerdeerhebung zu einem Nichteintreten führt, wird ebenfalls erwähnt. Diese Nennung ist unnötig.

996 Das Beschwerderecht der Umweltverbände soll – so die Bundesversammlung die Aarhus-Konvention genehmigen wird (BBl 2012 4323 ff.; vorne, Rz. 94) – für die Schweiz auch völkerrechtlich gesichert werden. Gemäss Art. 9 Abs. 2 Aarhus-Konvention haben Nichtregierungsorganisationen (d.h. die Umweltverbände) ein Recht auf Zugang zu verwaltungsbehördlichen oder gerichtlichen Verfahren, um Verstösse gegen die innerstaatlichen Umweltvorschriften anzufechten. Der Bundesrat ist der Ansicht, dass die schweizerischen Legitimationsvoraussetzungen die Aarhus-Konvention erfüllen, weil die Verbände auch Verfügungen über nicht UVP-pflichtige Anlagen gestützt auf Art. 12 NHG anfechten könnten (BBl 2012 4348). In Bezug auf die Kernenergie soll ein Vorbehalt angebracht werden.

997 Eine besondere Regelung des Verbandsbeschwerderechts gegen Bewilligungen von Organismen enthält Art. 55f USG. Diese Beschwerde ist weniger restriktiv geregelt und wurde auch von der am 1.7.2010 in Kraft gesetzten Gesetzesänderung in Bezug auf den Ausschluss wirtschaftlicher Tätigkeiten der Verbände nicht erfasst. Ebenfalls von besagter Novellierung verschont blieb die Verbandsbeschwerde nach Art. 28 GTG. Gemäss Art. 28 Abs. 2 GTG werden die zur Beschwerde befugten Organisationen ebenfalls in der VBO aufgelistet.

998 Verschont geblieben von der in den Jahren 2007 und 2010 in Kraft gesetzten Revision ist schliesslich das Verbandsbeschwerderecht nach Art. 14 Abs. 1 lit. b FWG, das in der Praxis allerdings auch kaum eine Rolle spielt. Den legitimierten Verbänden obliegt aber ebenfalls die Erhebung einer allfälligen Einsprache sowie der Rechtsmittel, ansonsten das Beschwerderecht verwirkt (Art. 14 Abs. 3 und 4 FWG). Die zur Beschwerde berechtigten Organisationen von gesamtschweizerischer Bedeutung werden in Art. 1 der Verordnung des Eidgenössischen Departements des Innern vom 16.4.1993 über die Bezeichnung der beschwerdeberechtigten Fachorganisationen für Fuss- und Wanderwege (SR 704.5) aufgeführt. Es handelt sich dabei zurzeit um 6 Vereinigungen. Im Unterschied zur Liste im Anhang der VBO hat diese Liste konstitutive Wirkung, da das Gesetz die Voraussetzungen, welche die Organisationen erfüllen müssen, nicht näher umschreibt, sondern die Anerkennung ins Ermessen des Departements stellt (vgl. Art. 14 Abs. 1 lit. b FWG).

Weiter können nach Art. 7 GlG Organisationen, welche die Gleichstellung von Frau und Mann fördern oder die Interessen der Arbeitnehmenden wahren, im Klage- und Beschwerdeverfahren nach Art. 13 GlG feststellen lassen, dass eine Diskriminierung vorliegt, wenn der Ausgang des Verfahrens sich voraussichtlich auf eine grössere Zahl von Arbeitsverhältnissen auswirken wird. Der Zweck dieses Verbandsbeschwerderechts liegt darin, die individuellen Leistungsbegehren zu erleichtern, weshalb bereits das Feststellungsurteil festhalten sollte, wie gross der nicht gerechtfertigte Teil der Lohndifferenz ist (BGE 125 II 530 E. 6). 999

Sodann ist auf das Beschwerderecht gemäss Art. 58 ArG hinzuweisen. Nach dieser Bestimmung sind die Verbände der beteiligten Arbeitgebenden und Arbeitnehmenden zur Beschwerde gegen Verfügungen von Bundesbehörden wie auch von kantonalen Behörden berechtigt. Der beschwerdeführende Verband muss die Verteidigung der beruflichen, wirtschaftlichen, sozialen oder kulturellen Interessen seiner Mitglieder zum Zweck haben und die Interessen der Arbeitnehmenden in den von der Verfügung betroffenen Sektoren oder Branchen verfolgen. Die Arbeitnehmenden müssen jedoch nicht selbst Mitglied des Verbandes sein und auch kein spezifisches Interesse an der Rechtsmitteleinlegung bekunden (als Beispiel die Beschwerde der Gewerkschaft UNIA gegen eine Arbeitszeitbewilligung, BVGer, Urteil B-1967/2007 vom 28.3.2008 E. 1). 1000

Ferner ist das Beschwerderecht der Konsumentinnen- und Konsumentenorganisationen gemäss Art. 21 PüG zu erwähnen. Danach sind Organisationen von nationaler oder regionaler Bedeutung, die sich statutengemäss dem Konsumentenschutz widmen, zur Beschwerdeerhebung gegen Verfügungen der Preisüberwachung berechtigt. 1001

Neueren Datums ist die Verbandsbeschwerde gemäss Art. 9 BehiG. Danach können Behindertenorganisationen von gesamtschweizerischer Bedeutung Rechtsansprüche aufgrund von Benachteiligungen, die sich auf eine grosse Zahl Behinderter auswirken, geltend machen. Art. 9 Abs. 3 BehiG zählt die Verfahren auf, in welchen den Organisationen das Beschwerderecht zukommt. Dieses betrifft insbesondere den Bau oder die Erneuerung von Bauten und Anlagen, Verfahren der Bundesbehörden zur Plangenehmigung sowie zur Zulassung oder Prüfung von Fahrzeugen sowie die Erteilung von bestimmten Konzessionen, nach LFG, FMG und RTVG. Den Behindertenorganisationen obliegt gemäss Art. 9 Abs. 4 und 5 BehiG in den Fällen von Art. 9 Abs. 3 lit. c und d BehiG die Rechtsmittelerhebung, ansonsten sie die Rechtsmittelbefugnis verwirken. Gestützt auf Art. 9 Abs. 2 BehiG hat der Bundesrat in Anhang 1 der BehiV die zur Beschwerde berechtigten Organisationen bezeichnet. Die Liste ist nicht konstitutiv (vgl. BVGer, Urteil A-1130/2011 vom 5.3.2012, E. 3; BGer, Urteil 1C_394/2010 vom 10.6.2011, E. 2.3). 1002

4. Beschwerdefrist und Beschwerdeschrift

A. Beschwerdefrist

1003 Gemäss Art. 50 VwVG hat die durch eine Verfügung betroffene Person innerhalb von 30 Tagen die Beschwerde einzureichen. Dies gilt ebenso für Zwischenverfügungen. Für den Fristenlauf, für die Einhaltung, den Stillstand, die Erstreckung und die Wiederherstellung der Frist sowie für die Säumnisfolgen sind die Art. 20–24 VwVG anzuwenden (vgl. vorne, Rz. 576 ff.). Ist die Eröffnung der Verfügung jedoch so mangelhaft, dass die Adressaten nicht in den Besitz aller Elemente gelangen, die zur Wahrung ihrer Interessen erforderlich sind, wird der Fristenlauf nicht ausgelöst und die Verfügung nicht formell rechtskräftig – es sei denn, der Grundsatz von Treu und Glauben lege eine andere Folgerung nahe (Art. 38 VwVG; vgl. im Einzelnen vorne, Rz. 642). Die elektronische Zustellung wurde vom Bundesverwaltungsgericht noch nicht eingeführt. Gemäss der hier sinngemäss anwendbaren Schlussbestimmung zur Änderung des VwVG vom 17.6.2005 gilt die dort vorgesehene Übergangsfrist von 10 Jahren ab Inkrafttreten der Gesetzesrevision am 1.1.2007 (vgl. Rhinow/Koller/Kiss/Thurnherr/Brühl-Moser, Prozessrecht, Rz. 916).

1004 In Spezialgesetzen sind zum Teil kürzere Fristen vorgesehen. Gemäss Art. 20 BöB gilt im öffentlichen Beschaffungswesen zum Beispiel eine Frist von 20 Tagen.

1005 Reicht die beschwerdeführende Partei die Eingabe vor Fristablauf ein, darf gleichwohl noch kein Entscheid getroffen werden, da die Eingabe innert laufender Frist jederzeit ergänzt werden kann (Stefan Vogel, in: Auer/Müller/Schindler, VwVG-Kommentar, Art. 50 Rz. 9).

B. Beschwerdeschrift

1006 *Literatur:* AUER CHRISTOPH, Streitgegenstand und Rügeprinzip im Spannungsfeld der verwaltungsrechtlichen Prozessmaximen, Bern 1997; CAVELTI URS PETER, in: Auer/Müller/Schindler, VwVG-Kommentar, Art. 21; GRISEL CLÉMENCE, *L'obligation* de collaborer des parties en procédure administrative, Zürich u.a. 2008, S. 227 ff.; HÄNER ISABELLE, Die Anforderungen an eine Beschwerde, in: Häner/Waldmann, Brennpunkte, S. 27 ff.; KIENER/RÜTSCHE/KUHN, Verfahrensrecht, N. 1207 ff.; MAILLART MARCEL, in: Waldmann/Weissenberger, Praxiskommentar VwVG, Art. 63; MERZ LAURENT, in: Niggli/Uebersax/Wiprächtiger, Basler Kommentar BGG, Art. 42; MOSER ANDRÉ, in: Auer/Müller/Schindler, VwVG-Kommentar, Art. 52 f.; MOSER/BEUSCH/KNEUBÜHLER, Bundesverwaltungsgericht, Rz. 1.5, 2.169, 2.219 ff.; RHINOW/KOLLER/KISS/THURNHERR/BRÜHL-MOSER, Prozessrecht, Rz. 913, 1609 ff.; SEETHALER FRANK/BOCHSLER FABIA, in: Waldmann/Weissenberger, Praxiskommentar VwVG, Art. 52 f.

a. Anforderungen an die Beschwerdeschrift

1007 In der Beschwerdeschrift ist gemäss Art. 52 Abs. 1 VwVG ein *Begehren* zu stellen, das auf Aufhebung oder Abänderung der Verfügung oder, im Fall der Abweisung eines entsprechenden Gesuchs durch die Vorinstanz, auf Erlass der

Verfügung lautet. Bei der Anfechtung von Feststellungsverfügungen geht das Begehren auf Kassation oder Reformation der Feststellung. Das gestellte Begehren hat sich auf das Dispositiv der angefochtenen Verfügung zu beziehen. Damit bestimmen die Parteien entsprechend der *Dispositionsmaxime* den Streitgegenstand (vgl. vorne, Rz. 688). Es sind sämtliche Begehren und Eventualbegehren in der Beschwerdeschrift zu stellen; insoweit gilt die *Eventualmaxime* (vorne, Rz. 147). Einzig Nebenbegehren wie zum Beispiel Begehren um Erlass von vorsorglichen Massnahmen, um unentgeltliche Prozessführung oder um Verfahrenssistierung können auch während des laufenden Verfahrens gestellt werden (BVGE 2012/7 E. 2.4). Lässt das Begehren die Absicht der beschwerdeführenden Partei nicht eindeutig erkennen, kann zur Auslegung auch die Begründung beigezogen werden (BVGer, Urteil A-52/2011 vom 28.4.2011, E. 1.1 f.). Es wird sogar als genügend erachtet, wenn das Begehren lediglich aus der Begründung hervorgeht, sich aber genügend klar ermitteln lässt, inwiefern die angefochtene Verfügung geändert werden soll (vgl. BVGer, Urteil B-1658/2008 vom 17.7.2008).

Ferner ist das Rechtsmittel nach der angeführten Bestimmung zu *begründen*. Die zulässigen Beschwerdegründe decken sich mit der Prüfungszuständigkeit des Bundesverwaltungsgerichts und umfassen insbesondere auch die Unangemessenheit (vgl. Art. 49 lit. c VwVG). Die Beschwerdegründe müssen ausreichend substanziiert werden. Die Begründung bezieht sich auf den Sachverhalt sowie auf die massgebenden Rechtsnormen und deren Auslegung. Das Bundesverwaltungsgericht verlangt dabei in Abgrenzung zum Grundsatz der Rechtsanwendung von Amtes wegen und zur Untersuchungsmaxime eine «gewisse» Substanziierung. Diese Minimalanforderung an die Begründung der Beschwerde bildet eine Eintretensvoraussetzung und damit die Voraussetzung dazu, dass der Untersuchungsgrundsatz und der Grundsatz der Rechtsanwendung von Amtes wegen überhaupt zur Anwendung gelangen (vgl. BGE 134 II 244 E. 2.1). Es werden somit keine strengen Anforderungen an die Begründung gestellt. Das Bundesverwaltungsgericht geht den Rechtsfragen insoweit nach, als es Anhaltspunkte in den Parteivorbringen findet oder sich solche aus den Akten ergeben (BVGer, Urteil A-5101/2011 vom 5.3.2012, E. 6). Dabei erachtet es die Substanziierung einer Beschwerde in rechtlicher Hinsicht aber nicht als zwingend erforderlich. Namentlich ist es nicht notwendig, dass die beschwerdeführende Person die rechtlichen Bestimmungen bezeichnet oder eine konkrete Norm zitiert. Es reicht aus, wenn die Beschwerdeführenden konkret auf die angefochtene Verfügung Bezug nehmen und erkennbar ist, aus welchen Gründen sie die Verfügung als nicht stichhaltig erachten (Grisel, l'obligation, S. 244). Diese eher geringen Anforderungen an die Substanziierung lassen sich dadurch rechtfertigen, dass das Bundesverwaltungsgericht die verwaltungsinternen Beschwerdeinstanzen abgelöst hat und damit die Rechtmässigkeit und Angemessenheit von Verfügungen als erste Rechtsmittelinstanz überprüft.

1008

1009 *Verweise* im Rahmen der Beschwerdeschrift auf Schriftstücke und andere Eingaben – auch solche an die Vorinstanz – sind dann zulässig, wenn sich daraus ein gegen die angefochtene Verfügung gerichtetes Vorbringen klar erkennen lässt oder sich das Vorbringen auf eindeutig bezeichnete Teile der betreffenden Eingabe bezieht (BVGer, Urteil B-5840/2010 vom 22.5.2012, E. 2). Wird ein Nichteintretensentscheid angefochten, hat sich die beschwerdeführende Person mit dem Nichteintreten zu befassen und nicht nur mit der materiellen Seite des Falls (Moser/Beusch/Kneubühler, Bundesverwaltungsgericht, Rz. 2.219). Strenger in Bezug auf die Substanziierung ist die Praxis aber dann, wenn das Bundesverwaltungsgericht nicht «ohne Not» in den vorinstanzlichen Beurteilungsspielraum eingreift. Geht es zum Beispiel um Prüfungsergebnisse, ist mit objektiven Argumenten und mit Beweismitteln darzulegen, dass die Prüfungsbewertung offensichtlich unangemessen oder fehlerhaft ist, ansonsten auf die Fachmeinung der Experten abgestellt wird (BVGE 2010/21 E. 5.1; BGer, Urteil B-4385/2008 vom 16.2.2009, E. 3). Auch wenn die Minimalanforderungen an die Beschwerdeschrift nicht hoch sind, zeigt dieser Entscheid, dass die Begründung der Beschwerde mit Vorteil sämtliche zulässigen Beschwerdegründe anführt und sich an dem vom Gericht angelegten Prüfungsmassstab sowie den Regeln der Beweiswürdigung ausrichtet. In Bezug auf die Begründung der Prozessvoraussetzungen stellt das Bundesverwaltungsgericht keine strengeren Anforderungen als an die Begründungspflicht im Allgemeinen. Das Bundesverwaltungsgericht hält fest, dass im Gegensatz zum Verfahren vor Bundesgericht auch in Bezug auf die Legitimationsvoraussetzungen grundsätzlich von Amtes wegen der Sachverhalt abzuklären und das Recht anzuwenden ist (BVGer, Urteil A-6156/2007 vom 17.12.2007, E. 2.3, vgl. auch hinten, Rz. 1044, 1135; demgegenüber BGE 133 II 249 E. 1.3.2; 134 II 120 E. 1).

1010 Sodann sind die *Beweismittel* zu *bezeichnen;* der Beschwerde beizulegen sind die als Beweismittel bezeichneten Urkunden, soweit sie sich in den Händen der beschwerdeführenden Partei befinden, sowie die angefochtene Verfügung. Dabei handelt es sich grundsätzlich um eine Ordnungsvorschrift (vgl. aber hinten, Rz. 1021).

1011 Die Beschwerdeschrift ist zu *unterschreiben* (Art. 52 Abs. 1 VwVG). Eine fotokopierte oder per Telefax übermittelte Unterschrift ist ungültig; die Unterschrift hat grundsätzlich im Original zu erfolgen (BGE 121 II 252 E. 4). Das Bundesverwaltungsgericht nimmt jedoch, vorbehältlich des Rechtsmissbrauchs, per Fax eingereichte Beschwerden entgegen und setzt eine kurze Nachfrist zur Verbesserung an (Art. 52 Abs. 2 VwVG), soweit nur ein Rechtsverhältnis zwischen der beschwerdeführenden Person und dem Staat infrage steht und sich nicht weitere Verfahrensbeteiligte gegenüberstehen, die auf die Rechtskraft der angefochtenen Verfügung vertrauen dürfen (BVGer, Urteil B-7123/2009 vom 26.5.2010). Diese vom Bundesverwaltungsgericht begründete Praxis lehnt sich an Art. 108 Abs. 5 AsylG an. Sie ist weniger streng als diejenige des Bundesgerichts, wonach Faxeingaben stets als eine rechtsmissbräuchliche Umgehung der Einhaltung der Frist angesehen werden, da sie bewusst ohne Unterschrift erfolgen (BGer, Urteil 9C-739/2007 vom 28.11.2007, E. 1.2). Weshalb das Bundesgericht davon ausgeht, die beschwerdeführende Person würde sich so stets eine Verlängerung der Frist erwirken, ist nicht einleuchtend. Der Inhalt der Eingabe kann nicht mehr geändert werden und es kann bloss derselbe Schriftsatz, der bereits per Fax zugestellt wurde, mit der Originalunterschrift versehen per Post nachgesendet werden (in diese Richtung auch Merz, Basler Kommentar BGG, Art. 42 N. 35).

Unter den vorne genannten Voraussetzungen ist sodann auch die *elektronische Übermittlung* zulässig (Art. 21a VwVG; VeÜ-VwV). Das Bundesverwaltungsgericht hat die elektronische Übermittlung allerdings noch nicht eingeführt. Hierfür besteht eine Übergangsfrist von 10 Jahren (vgl. vorne, Rz. 1003). 1012

b. Sanktionen bei Mängeln der Beschwerdeschrift

Genügt die Beschwerdeschrift den Anforderungen von Art. 52 Abs. 1 VwVG nicht, sind die Begehren oder die Begründung unklar oder ist die Beschwerde sonst mangelhaft (BGE 121 II 252 E. 2), räumt die Rechtsmittelinstanz eine *kurze Nachfrist* zur Verbesserung ein. Zugleich droht sie an, nach unbenutztem Ablauf aufgrund der Akten zu entscheiden. Fehlen das Begehren, die Begründung oder die Unterschrift, droht sie der beschwerdeführenden Partei an, das Verfahren durch Nichteintreten zu erledigen (Art. 52 Abs. 2 f. VwVG). Da es sich dabei um eine formelle Vorschrift handelt, ist die Beschwerdeinstanz grundsätzlich zur Nachfristansetzung verpflichtet. Mit der Pflicht korreliert der Anspruch der Beschwerdeführenden auf die Nachfristansetzung (Seethaler/Bochsler, Praxiskommentar VwVG, Art. 52 N. 110). 1013

Bevor es die Beschwerde zur Nachbesserung zurückweist, prüft das Bundesverwaltungsgericht – soweit es die Aktenlage erlaubt –, ob die übrigen Beschwerdevoraussetzungen erfüllt sind (BVGer, Urteile B-4364/2009 vom 18.11.2009, E. 1.3 und 2, und B-5185/2011 vom 23.11.2011). Da die Einhaltung der Beschwerdefrist erst aufgrund der Vorakten geprüft werden kann und diese im Zeitpunkt der Beschwerdeerhebung noch bei der Vorinstanz sind, ist es denkbar, dass die Beschwerdeinstanz die Nachfrist ansetzt, bevor sie die Einhaltung der Beschwerdefrist geprüft hat. Mit der Nachfristansetzung wird keine Vertrauensgrundlage geschaffen, dass die Beschwerdefrist eingehalten ist (BVGer, Urteil A-1274/2008 vom 1.9.2009, E. 3). 1014

Der Wortlaut von Art. 52 Abs. 1 und 2 VwVG erscheint missverständlich, scheint er doch auszusagen, dass für eine zunächst gültige Beschwerdeerhebung weder ein Begehren noch eine Begründung oder Unterschrift nötig sei. Dies kann aber nicht dem Sinn der Bestimmung entsprechen. Aus einer Eingabe muss zumindest der Wille der betreffenden Person klar hervorgehen, als beschwerdeführende Partei aufzutreten und eine sie berührende Verfügung anzufechten. Nur dann muss eine Nachfrist zur Mängelbehebung angesetzt werden. 1015

Wird unzweideutig nur eine Dispositivziffer einer Verfügung angefochten, ist das Bundesverwaltungsgericht dementsprechend auch nicht verpflichtet, Frist zur Nachbesserung anzusetzen (BVGer, Urteil B-3113/2008 vom 23.7.2008, E. 2.2; zur strengeren Praxis bei der Beschwerde in öffentlich-rechtlichen Angelegenheiten an das Bundesgericht hinten, Rz. 1532). Da die Eingabe aufschiebende Wirkung hat und deshalb mit der Vollstreckung zugewartet werden muss, ist von der beschwerdeführenden Partei ein Mindestmass an Sorgfalt zu verlangen, selbst wenn das VwVG keine hohen Anforderungen an die Beschwerdeschrift stellt (vgl. BGE 123 II 552 E. 4d; Rhinow/Koller/Kiss/Thurnherr/Brühl-Moser, Prozessrecht, Rz. 1619).

1016 Werden Mängel, deren Behebung die Behörde unter Ansetzung einer Nachfrist verlangt, nicht verbessert, wird *aufgrund der Akten entschieden;* fehlen Begehren, Begründung oder Unterschrift nach wie vor, wird ein *Nichteintretensentscheid* gefällt (BVGer, Urteil B-5185/2011 vom 23.11.2011). Das Nichteintreten wie auch der Entscheid aufgrund der Akten müssen ausdrücklich angedroht werden (Moser, VwVG-Kommentar, Art. 52 Rz. 17; Moser/Beusch/Kneubühler, Bundesverwaltungsgericht, Rz. 2.239; Seethaler/Bochsler, Praxiskommentar VwVG, Art. 52 N. 116 ff.). Die damalige Rekurskommission EVD erledigte allerdings eine Beschwerde durch Nichteintreten, als der – durch einen Rechtsanwalt vertretene – Beschwerdeführer die angefochtene Verfügung auch innerhalb der Nachfrist ohne ersichtlichen Grund nicht einreichte (Entscheid vom 28.3.1996, in: VPB 1997, Nr. 46). Das Bundesverwaltungsgericht weicht nunmehr von dieser Praxis ab und tritt auf eine Beschwerde ein, sofern der angefochtene Entscheid mit vernünftigem Aufwand bestimmbar ist (Moser, VwVG-Kommentar, Art. 52 Rz. 18).

1017 Ersucht die beschwerdeführende Partei die Rechtsmittelinstanz, ihre *Begründung ergänzen* zu dürfen, wird diesem Begehren stattgegeben, wenn die Beschwerde sonst ordnungsgemäss eingereicht wurde und die Beschwerdesache einen aussergewöhnlichen Umfang oder einen besonderen Schwierigkeitsgrad aufweist (Art. 53 VwVG; vgl. BVGer, Urteil A-1274/2008 vom 1.9.2009, E. 2.1.1). Diese Bestimmung wird in der Praxis zurückhaltend angewendet und bildet einen Ausnahmefall. Die angesetzte Nachfrist ist dabei länger als diejenige nach Art. 52 Abs. 2 VwVG, der nur eine kurze Nachfrist erlaubt. Die Frist darf aber nicht länger ausfallen als die Rechtsmittelfrist. Keine Anwendung findet im Fall einer solchen Ergänzung Art. 32 Abs. 2 VwVG, der die Berücksichtigung verspäteter, ausschlaggebend erscheinender Parteivorbringen vorsieht. Anstelle der Nachfristansetzung zur Beschwerdeergänzung drängt sich hingegen die Anordnung eines zweiten Schriftenwechsels vor allem dann auf, wenn die angefochtene Verfügung nur eine knappe Begründung enthält oder die umfangreichen Akten dem Rechtsvertreter erst kurz vor Ablauf der Frist zugestellt wurden (zu Letzterem Seethaler/Bochsler, Praxiskommentar VwVG, Art. 53 N. 18 m.H.). Lässt die beschwerdeführende Partei die Frist verstreichen, wird aufgrund der Akten entschieden (zum Ganzen auch Moser/Beusch/Kneubühler, Bundesverwaltungsgericht, Rz. 2.242).

c. Änderung des Begehrens, Novenrecht

In der Beschwerdeschrift sind sämtliche Begehren und Eventualbegehren vorzubringen. Deren Änderung ist gesetzlich nicht vorgesehen. Insoweit gilt somit die Eventualmaxime (vorne, Rz. 1007). 1018

Unter *Noven* sind Rechtsbegehren, Tatsachen und Beweismittel sowie rechtliche Begründungen zu verstehen, welche vor der Vorinstanz nicht vorgebracht wurden und deshalb *neu* sind. Der Streitgegenstand bildet den Rahmen, innerhalb dessen sie im Beschwerdeverfahren vorgebracht werden können. Er darf im Laufe des Rechtsmittelzuges nicht ausgeweitet oder qualitativ verändert werden, weil die funktionelle Zuständigkeit sowohl der erstinstanzlich verfügenden Behörde als auch der Rechtsmittelinstanzen einzuhalten ist und nicht durch die Änderung der Begehren durchbrochen werden darf (BVGE 2012/18 E. 3.2.2; BGE 131 II 200 E. 3.2). Auch dürfen die Rechtsmittelinstanzen grundsätzlich nur Streitiges entscheiden (vgl. BGE 136 II 457 E. 4.2). Es ist den Parteien daher verwehrt, vor der nächsthöheren Instanz *neue Rechtsbegehren* zu stellen oder ihre Begehren zu ändern (vgl. als Beispiel, den Datenschutz betreffend, BVGer, Urteil A-3763/2011 vom 3.7.2012, E. 1.4; vgl. immerhin die Ausnahme in Art. 77 Abs. 3 EntG, dazu hinten, Rz. 1949). Sofern die Vorinstanz aber nicht an die Begehren der Parteien gebunden war und in ihrem Entscheid von diesen abgewichen ist (vgl. Art. 62 VwVG), müssen die Beschwerdeanträge unter Umständen angepasst und die Begehren geändert werden. In allen Fällen einer Änderung der Parteibegehren ist der Sachzusammenhang zum Streitgegenstand zu wahren (vgl. dazu hinten, Rz. 1165). Das Bundesverwaltungsgericht lässt ausnahmsweise eine Änderung oder Erweiterung des Streitgegenstandes zu, wenn sich dies aus prozessökonomischen Gründen aufdrängt und die Vorinstanz Gelegenheit erhielt, sich dazu zu äussern. Auch hier muss der enge Sachzusammenhang zum Streitgegenstand gewahrt werden. Dies war der Fall, als die Vorinstanz über die Kostentragung für eine Studie zu Varianten der Verlegung einer Rohrleitung für Gas (Hochdruckgasleitung) sowie für die zusätzlichen Massnahmen zwar nicht im Dispositiv der angefochtenen Verfügung entschieden, sich dazu aber eingehend geäussert hatte (BVGE 2009/37 E. 1.3.1; dazu auch Moser/Beusch/Kneubühler, Bundesverwaltungsgericht, Rz. 2.210; vgl. auch BGE 130 V 138 E. 2.1; zur Spezialregelung in Art. 53 Abs. 2 lit. a KVG vgl. BVGE 2012/18 E. 3.2). 1019

Die von der Lehre gestützte Praxis, wonach sich der Streitgegenstand vorrangig aus den Parteibegehren und nicht aus deren Begründung ergibt (vgl. vorne, Rz. 689), erleichtert das Vorbringen von Noven, welche Tatsachen und Beweismittel oder die rechtliche Begründung betreffen. Dies zeigt insbesondere der Fall, in welchem die beschwerdeführende Partei den Entscheid der 1020 eidgenössischen Schätzungskommission vorerst nur mit der Begründung angefochten hatte, dass die Fluglärmimmissionen beim Erwerb des Grundstückes unvorhersehbar waren, sich in der Replik dann aber gleichzeitig auf den eigentumsbeschränkenden direkten Überflug berief (BGE 136 II 165).

1021 Im Rahmen des Streitgegenstandes dürfen somit *neue Tatsachen* geltend gemacht werden. Dabei spielt es keine Rolle, zu welchem Zeitpunkt sie sich verwirklicht haben. Es sind folglich sowohl echte wie auch unechte Noven zulässig. Bei echten Noven handelt es sich Sachumstände, die sich zeitlich nach Einleiten des Rechtsmittelverfahrens ereignet haben, bei den unechten Noven geht es um Tatsachen, die sich zeitlich vor dem Rechtsmittelverfahren zugetragen haben (BVGer, Urteil B-1583/2011 vom 8.6.2011, E. 3.1). Ob eine behauptete Tatsache neu ist, ergibt sich aus dem Vergleich mit den Vorbringen im vorausgehenden Verfahren (BVGE 2012/18 E. 3.2.2). Sodann können *neue Beweismittel* vorgelegt (BVGer, Urteil B-2227/2011 vom 3.1.2012, E. 3.2) oder es kann auch eine *neue rechtliche Begründung* geltend gemacht werden (BVGer, Urteile A-1355/2011 vom 5.10.2011, E. 2.2, und A-3713/2008 vom 15.6.2011, E. 2.1). Es ist dabei nicht ausschlaggebend, ob die Noven vor der Vorinstanz hätten geltend gemacht werden können. Sie können selbst nach Ablauf der Rechtsmittelfrist vorgebracht werden, denn verspätete Vorbringen sind zu berücksichtigen, wenn sie ausschlaggebend erscheinen (Art. 32 Abs. 2 VwVG, zu dieser Bestimmung vorne, Rz. 462; BVGer, Urteil B-1583/2011 vom 8.6.2011, E. 3). Dies folgt aus der behördlichen Untersuchungspflicht und der Rechtsanwendung von Amtes wegen und ergibt sich auch daraus, dass der Entscheidung der Sachverhalt so zugrunde zu legen ist, wie er sich im Zeitpunkt der Entscheidung verwirklicht hat und bewiesen ist. Das Bundesverwaltungsgericht kann gemäss Art. 32 Abs. 2 VwVG jedoch durchaus ausser Acht lassen, was wegen nachlässiger Prozessführung oder gar zur Prozessverschleppung verspätet vorgebracht wird (BGE 136 II 165 E. 4). Noven sind auch zulässig in einem Rechtsstreit, der vom Bundesgericht an das Bundesverwaltungsgericht zurückgewiesen worden ist. An den Rückweisungsentscheid ist das Bundesverwaltungsgericht im Übrigen aber gebunden (BVGer, Urteil A-1998/2011 vom 8.6.2012, E. 1.2).

5. Kostenvorschuss

1022 Die rechtzeitige Bezahlung des Kostenvorschusses bildet eine Eintretensvoraussetzung und ist deshalb zu den Prozessvoraussetzungen zu zählen. Gemäss Art. 63 Abs. 4 VwVG erhebt die Beschwerdeinstanz von der beschwerdeführenden Partei einen Kostenvorschuss in der Höhe der mutmasslichen Verfahrenskosten. Das Gericht setzt eine angemessene Frist an, im Regelfall 20 Tage, mit der Androhung des Nichteintretens, falls der Kostenvorschuss nicht rechtzeitig geleistet wird. Wird die Frist versäumt, erfolgt – anders als nach Art. 62 Abs. 3 BGG – sogleich ein Nichteintretensentscheid (vgl. BVGer, Urteil B-7759/2009 vom 20.4.2010). Es stellt sich die Frage, ob diese Vorschrift nicht überspitzt formalistische Auswirkungen hat und zu unverhältnismässigen Folgen führen kann, da jede Nachlässigkeit aufseiten der beschwerdeführenden Partei einer Fristwiederherstellung gemäss Art. 24 Abs. 1 VwVG entgegensteht (BVGer, Urteil C-2991/2005 vom 13.10.2008). Gleichwohl hält das Bundesverwaltungsgericht an einer eng am Wortlaut orientierten Auslegung von Art. 24 Abs. 1 VwVG fest (BVGer, Urteil B-65/2012 vom 11.4.2012, E. 3). Das Verhalten der Hilfsperson (z.B. der Bank; BVGer, Urteil B-7948/2007 vom 7.1.2008, E. 5) oder der Rechtsvertretung muss sich der kostenpflichtige Beschwerdeführer anrechnen lassen (Cavelti, VwVG-Kommentar, Art. 21 Rz. 21). Kein Kostenvorschuss ist zu leisten, wenn das Verfahren kostenfrei ist (wie z.B. das Verfahren nach Gleichstellungsgesetz, Art. 13 Abs. 5 GlG) oder wenn die unentgeltliche Prozessführung gewährt wird. Wird rechtzeitig eine Herabsetzung des Kostenvorschusses oder Ratenzahlung verlangt, setzt das Bundesverwaltungsgericht eine neue Zahlungsfrist an (Maillart, Praxiskommentar VwVG, Art. 63 N. 21 ff., 36, 46). Auf die Erhebung eines Kostenvorschusses wird sodann verzichtet, wenn besondere Gründe vorliegen. Bei Zahlungsunvermögen ist in erster Linie die unentgeltliche Rechtspflege zu gewähren. Die besonderen Gründe können mit den Gründen für den Erlass der Verfahrenskosten gleichgesetzt werden (Art. 6 VGKE; Moser/Beusch/Kneubühler, Bundesverwaltungsgericht, Rz. 4.32).

Gemäss Art. 21 Abs. 3 VwVG gilt die Frist als gewahrt, wenn der Betrag rechtzeitig zugunsten der Behörde der Schweizerischen Post übergeben wurde (Einzahlungsdatum) oder einem Post- oder Bankkonto in der Schweiz belastet worden ist (Valutadatum). Wer die Zahlung am letzten Tag aufgeben möchte, muss sich somit zum Postschalter begeben. Für den Friststillstand gilt Art. 22a VwVG (vgl. dazu vorne, Rz. 585). 1023

Obsiegt die kostenpflichtige Partei, wird ihr der Vorschuss zurückerstattet. Unterliegt sie, erfolgt eine Anrechnung an die Gerichtsgebühr (vgl. Art. 5 Abs. 3 VKEV, die vor Bundesverwaltungsgericht allerdings nicht direkt anwendbar ist), wobei der Vorschuss meistens mit der Gerichtsgebühr übereinstimmt. 1024

III. Beschwerdegründe und Kognition

Literatur: AUBERT MARTIN, Bildungsrechtliche Leistungsbeurteilungen im Verwaltungsprozess, Bern u.a. 1997; BERTOSSA FRANCESCO D. A., Der Beurteilungsspielraum. Zur richterlichen Kontrolle von Ermessen und unbestimmten Gesetzesbegriffen im Verwaltungsrecht, Bern 1984; BEUSCH MICHAEL, in: Zweifel Martin/Athanas Peter (Hrsg.), Kommentar zum schweizerischen Steuerrecht I/2b: Bundesgesetz über die direkte Bundessteuer (DBG), Art. 83–222, 2. A., Basel 2008, Art. 102 N. 109 ff.; BIAGGINI GIOVANNI, Die vollzugslenkende Verwaltungsverordnung: Rechtsnorm oder Faktum?, ZBl 1997, S. 1 ff.; EGLI PATRICIA, Verwaltungsverordnungen als Rechtsquellen des Verwaltungsrechts?, AJP 2011, S. 1159 ff.; FELLER RETO/MÜLLER MARKUS, Die Prüfungszuständigkeit des Bundesverwaltungsgerichts – Probleme in der praktischen Umsetzung, ZBl 2009, S. 442 ff.; GYGI, Bundesverwaltungsrechtspflege, S. 265 ff., 300 ff.; HÄFELIN/MÜLLER/UHLMANN, Verwaltungsrecht, 1025

Rz. 123 ff., 427 ff.; HANGARTNER YVO, Richterliche *Zurückhaltung* in der Überprüfung von Entscheiden der Vorinstanzen, in: Schindler/Sutter, Akteure, S. 159 ff.; *ders.,* Behördenrechtliche Kognitionsbeschränkungen in der Verwaltungsrechtspflege, in: Mélanges en l'honneur de Pierre Moor, Bern 2005, S. 319 ff.; HELG FELIX, Kognition bei der Überprüfung von Prüfungsentscheiden. Anmerkungen zur Praxis im Kanton Zürich, in: Festschrift für Tobias Jaag, Zürich u.a. 2012, S. 209 ff.; IMBODEN/ RHINOW/KRÄHENMANN, Verwaltungsrechtsprechung, Nr. 143; KIENER/RÜTSCHE/KUHN, Verfahrensrecht, N. 1425 ff.; KNEUBÜHLER LORENZ, Verfahren vor dem Bundesverwaltungsgericht – Spruchkörperbestimmung und Kognition, in: Ehrenzeller/Schweizer, Bundesverwaltungsgericht, S. 293 ff., 304 ff.; MANFRINI PIERRE-LOUIS, Nature et effets juridiques des ordonnances administratives, Genève 1978; METZ MARKUS, *Koordination* der Rechtsprechung und Ermessenskontrolle am Bundesverwaltungsgericht, in: Häner/Waldmann, Brennpunkte, S. 123 ff., 127 ff.; MOOR/FLÜCKIGER/ MARTENET, Droit administratif, Vol. I, S. 734 ff.; MOSER/BEUSCH/KNEUBÜHLER, Bundesverwaltungsgericht, Rz. 2.149 ff.; MÜLLER GEORG, *Zuständigkeit* und Überprüfungsbefugnis der Verwaltungsgerichte, in: Festschrift für Alfred Bühler, Zürich u.a. 2008, S. 335 ff.; *ders.,* Legitimation und Kognition in der Verwaltungsrechtspflege, ZBl 1982, S. 281 ff.; PFISTERER LUKAS, Verwaltungsverordnungen des Bundes, Genf u.a. 2007; RHINOW RENÉ, Vom *Ermessen* im Verwaltungsrecht: eine Einladung zum Nach- und Umdenken, recht 1983, S. 41 ff., 83 ff.; RHINOW/KOLLER/KISS/THURNHERR/BRÜHL-MOSER, Prozessrecht, Rz. 703 ff., 1109 ff., 1585 ff.; SALADIN, Verwaltungsverfahrensrecht, S. 188 ff.; SCHIESSER FRIDOLIN, Die akzessorische Prüfung, Zürich 1984; SCHINDLER BENJAMIN, *Beschwerdegründe,* Kognition und Prüfungsdichte, in: Häner/Waldmann, Brennpunkte, S. 47 ff.; *ders.,* Verwaltungsermessen, Zürich/St. Gallen 2010; *ders.,* in: Auer/Müller/Schindler, VwVG-Kommentar, Art. 49; *ders.,* Zum richterlichen Ermessen, in: Schindler/Sutter, Akteure, S. 133 ff.; SCHOTT MARKUS, in: Niggli/Uebersax/Wiprächtiger, Basler Kommentar BGG, Art. 95 N. 12a ff., 27 ff.; SEILER HANSJÖRG, in: Seiler/von Werdt/Güngerich, Handkommentar BGG, Art. 95 N. 12 ff.; STAMPFLI KURT, Rechtliche Probleme allgemeiner Dienstanweisungen, Freiburg i.Ue. 1982; TANQUEREL THIERRY, De l'opportunité de l'opportunité, in: Essais en l'honneur de Charles-Albert Morand, Basel 2001, S. 447 ff.; UHLMANN FELIX/BINDER IRIS, Verwaltungsverordnungen in der Rechtsetzung: Gedanken über Pechmarie, LeGes 2009, S. 151 ff.; VALLENDER KLAUS A., Unbestimmter Rechtsbegriff und Ermessen, in: Mélanges André Grisel, Neuenburg 1983, S. 819 ff.; ZIBUNG OLIVER/HOFSTETTER ELIAS, in: Waldmann/Weissenberger, Praxiskommentar VwVG, Art. 49.

Zur Verfassungsgerichtsbarkeit: vgl. die Literatur in Rz. 46, 1563.

1. Prüfungsbefugnis und Prüfungsdichte

1026 Zu den Prozessvoraussetzungen gehört das Vorbringen eines zulässigen *Beschwerdegrundes.* Fehlt ein solcher, wird nicht auf die Beschwerde eingetreten. Im Laufe des Rechtsmittelverfahrens können sich die zulässigen Beschwerdegründe höchstens verengen, nicht aber ausweiten. Andernfalls müssten die Beschwerdeführenden eine Stufe des Rechtsmittelzuges ohne Erfolgsaussicht durchlaufen, nur um die Rüge, die diese Instanz nicht geprüft hat, vor der nächsthöheren Instanz vorbringen zu können.

1027 Die Umschreibung der Beschwerdegründe bezeichnet auch den Umfang der *Prüfungsbefugnis (Kognition)* und damit der Prüfungspflicht: Die zulässigen Beschwerdegründe geben Aufschluss darüber, was die Rechtsmittelinstanz materiell zu prüfen hat; Beschwerdegründe und Prüfungsbefugnis bzw. -pflicht entsprechen sich. Es sind keine Kognitionsbeschränkungen zulässig, welche nicht durch die Ordnung der sachlichen Zuständigkeit gerechtfertigt sind. Die

Rechtsmittelinstanzen sind demnach grundsätzlich verpflichtet, ihre Kognition voll auszuschöpfen. Bei unzulässiger Kognitionsbeschränkung verletzen sie den Anspruch auf rechtliches Gehör bzw. begehen sie eine formelle Rechtsverweigerung (BGE 131 II 271 E. 11.7.1; vgl. auch BGE 133 II 35 E. 3).

Dennoch finden sich verschiedene Beispiele, wo sich die Praxis bei der Überprüfung an sich zulässiger Beschwerdegründe *Zurückhaltung* auferlegt (vgl. dazu ausführlich hinten, Rz. 1050 ff.). Die Rechtsmittelbehörde tritt also auf die Beschwerde ein, überprüft aber bestimmte Erwägungen der Vorinstanz materiell nur in eingeschränktem Mass. Man spricht in diesem Zusammenhang von einer Reduktion der *Prüfungsdichte* (z.B. Schindler, VwVG-Kommentar, Art. 49 Rz. 3), die von der Prüfungsbefugnis (bzw. der Kognition i.e.S.) abgegrenzt wird. 1028

Teilweise wird die Prüfungsdichte implizit als faktische Erscheinung qualifiziert, indem sie als *«Genauigkeit* bzw. *Intensität»* der Kognitionsausübung definiert wird (Kiener/Rütsche/Kuhn, Verfahrensrecht, N. 1476). Damit stellt sich die Frage ihrer rechtlichen Grundlage: Bei dieser Definition bleibt die Frage offen, inwiefern eine ungenaue Prüfung etwas anderes ist als eine Rechtsverweigerung bzw. inwiefern eine Verringerung der Prüfungsintensität etwas anderes darstellt als eine Abweichung von der Prüfungspflicht. 1029

Teils wird die Prüfungsdichte als rechtliches Phänomen oder als Methode verstanden: Sie wird als Prüfungsmassstab definiert, der «innerhalb» der Prüfungszuständigkeiten angewandt werden kann, bzw. als «Feinabstufungen» zur Konkretisierung des «schematischen Grundraster[s]» der gesetzlichen Kognitionsbestimmung (Schindler, VwVG-Kommentar, Art. 49 Rz. 5), als «rechtlich gebotene, differenzierende Konkretisierung der Kognitionsvorschriften in der Rechtspraxis» (Schindler, Beschwerdegründe, S. 48). Die Unterscheidung von Prüfungsbefugnis und Prüfungsdichte sollte aber nicht darüber hinwegtäuschen, dass die Rechtsprechung nicht nur innerhalb eines gesetzlichen «Grundrasters» Differenzierungen vornimmt, sondern diesen Raster selbst verändert. Sie ist entsprechend begründungsbedürftig: Ob es eine «rechtlich gebotene» Zurücknahme der Prüfungsdichte gibt, ist erst noch zu prüfen (vgl. dazu hinten, Rz. 1057 ff.). 1030

2. Die zulässigen Beschwerdegründe

A. Vollkommenes Rechtsmittel

Die Beschwerde an das Bundesverwaltungsgericht ist ein vollkommenes Rechtsmittel. Das Bundesverwaltungsgericht überprüft sowohl die Verletzung von Bundesrecht als auch die unrichtige und unvollständige Feststellung des Sachverhalts und schliesslich die Ermessensbetätigung der Vorinstanz (Art. 37 VGG i.V.m. Art. 49 VwVG). Die für ein Gericht atypische Angemessenheitskontrolle geht darauf zurück, dass das Bundesverwaltungsgericht an die Stelle 1031 der verwaltungsinternen Beschwerdeinstanzen – sowie der eidgenössischen Rekurskommissionen – trat. Der Gesetzgeber gewichtete das Argument, den Rechtsschutz nicht zu verkürzen und wenigstens eine Rechtsmittelinstanz die Angemessenheit der angefochtenen Verfügungen überprüfen zu lassen, höher als die Bedenken, dass die Angemessenheitskontrolle der Funktion eines Gerichts nicht entspreche (BBl 2001 4256; kritisch z.B. Müller, Zuständigkeit, S. 344 f.; vgl. vorne, Rz. 798).

B. Bundesrechtsverletzung

a. Bundesrecht

1032 Mit Verwaltungsbeschwerde kann nach Art. 37 VGG i.V.m. Art. 49 lit. a VwVG die Verletzung von Bundesrecht «einschliesslich Überschreitung oder Missbrauch des Ermessens» gerügt werden. Der Begriff des Bundesrechts ist umfassend zu verstehen und meint Rechtsnormen aller Stufen und Quellen: Darunter fallen die *Bundesverfassung,* die *Bundesgesetze,* sämtliche *Rechtsverordnungen,* allgemeinverbindliche *Pläne* sowie das *ungeschriebene Recht* (vgl. BVGer, Urteil A-1175/2011 vom 28.3.2012, E. 1.3). Zum Bundesrecht zählen sodann die *Erlasse öffentlich-rechtlicher Körperschaften und Anstalten des Bundes* sowie *Reglemente von Privaten,* soweit diese öffentliche Aufgaben erfüllen und vom Bund zur Rechtsetzung ermächtigt wurden (BGer, Urteil 2C_585/2009 vom 31.3.2010, E. 5.3.2) oder soweit sich die Reglemente auf eine staatliche Akkreditierung des betreffenden Bereichs stützen können (BGer, Urteil 2A.536/2004 vom 27.4.2005, E. 1.2; vgl. zu diesen Fragen Schott, Basler Kommentar BGG, Art. 95 N. 40, und Seiler, Handkommentar BGG, Art. 95 N. 27, je m.w.H.; unter Akkreditierung ist eine Qualitätsbescheinigung zu verstehen; vgl. namentlich Art. 22 ff. MedBG). Die Abgrenzungen können im Einzelnen schwierig sein. Zum Bundesrecht gehört ferner *das unmittelbar anwendbare Völkerrecht* (vgl. BVGer, Urteil E-2324/2011 vom 6.2.2012, E. 5.1, und hinten, Rz. 1548). Infrage kommen Bestimmungen aus sämtlichen Rechtsgebieten (vgl. zum Ganzen Beusch/Moser/Kneubühler, Bundesverwaltungsgericht, Rz. 2.167 ff.; Schindler, VwVG-Kommentar, Art. 49 Rz. 24 f.; Zibung/Hofstetter, Praxiskommentar VwVG, Art. 49 N. 7 f.).

1033 Die Rüge der Verletzung von bundesverwaltungsrechtlichen Normen bildet den häufigsten Beschwerdegrund, weil das Anfechtungsobjekt in einer Verfügung besteht, die sich auf Bundesverwaltungsrecht stützt bzw. hätte stützen sollen, oder im Umstand, dass zu Unrecht keine solche Verfügung ergangen ist. Die Frage, ob sich die Verfügung auf Bundesverwaltungsrecht abstützt und somit das Erfordernis einer anfechtbaren Verfügung erfüllt ist, ist jedoch von der Frage des zulässigen Beschwerdegrundes zu unterscheiden.

1034 Ausgeschlossen ist grundsätzlich die Überprüfung der Anwendung von *kantonalem Recht.* Ausnahmen wären insoweit gegeben, als die Anwendung kantonalen Rechts einer Bundesrechtsverletzung gleichkommt. Dies ist der Fall bei verfassungswidriger, insbesondere willkürlicher Anwendung, bei engem Zusammenhang mit Bundesrecht oder bei Vereitelung von Bundesrecht durch die Anwendung kantonalen Verfahrensrechts (Zibung/Hofstetter, Praxiskommentar VwVG, Art. 49 N. 10, vgl. im Einzelnen Rz. 903, 1554 ff.). Schliesslich muss die Verletzung kantonaler verfassungsmässiger Rechte und interkantonalen Rechts gerügt werden können, soweit der Entscheid des Bundesverwaltungsgerichts ans Bundesgericht weitergezogen werden kann (Schindler, VwVG-Kommentar, Art. 49 Rz. 24). Aufgrund der Regelung der sachlichen und funktionellen Zuständigkeit ist dies alles im Verfahren vor dem Bundesverwaltungsgericht praktisch nicht relevant (Beusch/Moser/Kneubühler, Bundesverwaltungsgericht, Rz. 2.172; vgl. vorne, Rz. 842 ff.).

b. Rechtsverletzung

Eine Rechtsverletzung liegt vor, wenn der richtige Rechtssatz *nicht oder nicht richtig angewendet* wird. Richtschnur bei der Prüfung sind die Erkenntnisse der juristischen Methodenlehre. Die Darstellungen der Formen möglicher Rechtsverletzungen in der Lehre weichen in Einzelheiten der Systematik, nicht aber im Inhalt voneinander ab (vgl. namentlich Rhinow/Koller/Kiss/Thurnherr/Brühl-Moser, Prozessrecht, Rz. 1115 ff.; Zibung/Hofstetter, Praxiskommentar VwVG, Art. 49 N. 11 ff.). 1035

Erstens kann eine Rechtsverletzung darin bestehen, dass ein *falscher Rechtssatz* angewendet wird. Hier sind folgende Formen denkbar: 1036
- Es wird ein *ungültiger Rechtssatz* angewendet, der höherem Recht widerspricht (vgl. dazu hinten, Rz. 1062 f.);
- Der richtige Rechtssatz gelangt nicht zur Anwendung, weil der Sachverhalt *unter eine falsche Norm subsumiert* wird. Dies ist der Fall, wenn der zeitliche, örtliche, personelle oder sachliche Geltungs- oder Anwendungsbereich der infrage kommenden Normen verkannt wird. Eine Norm wird nicht nur dann verletzt, wenn sie zu Unrecht nicht angewandt wird, sondern auch dann, wenn sie zu Unrecht angewandt wird, weil in diesem Fall ihr Anwendungsbereich zu weit gezogen wird.
Als Beispiel kann auf BVGE 2008/8 E. 10 verwiesen werden, worin es um die Anpassung einer Bewilligung für ein Kernkraftwerk ging. Die Kernkraftwerkbetreiberin hatte darum ersucht, die darin enthaltene Befristung zu streichen. Da diese Befristung nicht polizeilicher, sondern politischer Natur war, handelte es sich nicht um eine Befristung im Sinn von Art. 21 Abs. 2 KEG, weshalb sich ihre Aufhebung nicht nach Art. 65 KEG richtete. Die Vorinstanz hatte also diese Bestimmungen zu Unrecht angewandt (vgl. zu diesem Fall auch BVGer, Urteil A-667/2010 vom 1.3.2012, in: ZBl 2012 S. 358, mit Bemerkungen von Johannes Reich; als weiteres Beispiel zur falschen Rechtsanwendung: BVGer, Urteil E-3898/2006 vom 24.6.2010, E. 4).

1037 Zweitens liegt eine Rechtsverletzung vor, wenn die an sich zutreffende Norm *fehlerhaft angewandt* wird. Zu dieser Kategorie sind auch jene Fehler bei der Ermessensausübung zu zählen, die so qualifiziert sind, dass sie Rechtsverletzungen darstellen: Es handelt sich um *Ermessensmissbrauch* und *Ermessensüberschreitung,* die in Art. 49 lit. a VwVG genannt werden, sowie die in diesem Artikel nicht erwähnte, aber von ihm ebenfalls erfasste *Ermessensunterschreitung.* Ermessensmissbrauch liegt dann vor, wenn die Behörden zwar die Voraussetzungen und Grenzen des ihnen zustehenden Ermessens beachten, sich aber von unsachlichen, dem Zweck der massgebenden Vorschriften fremden Erwägungen leiten lassen oder allgemeine Rechtsprinzipien wie das Willkürverbot, die Rechtsgleichheit, das Gebot von Treu und Glauben oder den Grundsatz der Verhältnismässigkeit verletzen. Ermessensüberschreitung liegt vor, wenn die Behörden Ermessen ausüben, wo das Gesetz kein oder nur ein geringeres Ermessen einräumt. Ermessensunterschreitung ist gegeben, wenn sich die Behörde als gebunden erachtet, obwohl ihr das Gesetz einen Ermessensspielraum einräumt; die Behörden können nicht auf die Ermessensausübung verzichten (BGer, Urteil 8C_546/2011 vom 14.11.2011, E. 4.2; BGE 137 V 71 E. 5.1; 116 V 307 E. 2). Zur Kritik in der Lehre vgl. hinten, Rz. 1056 ff.

1038 Drittens liegt eine Rechtsverletzung vor, wenn die angefochtene Verfügung unter *Verletzung von Verfahrensbestimmungen* zustande gekommen ist (zu deren allfälliger Heilung im Rechtsmittelverfahren vgl. vorne, Rz. 173 ff., 548 ff., 639 ff.).

c. Einzelne umstrittene Kategorien

1039 *Als Verwaltungsverordnungen* werden Dienstanweisungen der übergeordneten Verwaltungs- oder der Aufsichtsbehörde zuhanden der verfügenden Behörde verstanden. Hier interessieren die *vollzugslenkenden* (oder *verhaltenslenkenden*) Verwaltungsverordnungen, mit denen die Rechtsgrundlagen konkretisiert werden, um eine einheitliche und rechtsgleiche Auslegung zu ermöglichen (BGE 136 V 295 E. 5.7). Verwaltungsverordnungen entfalten laut der Praxis grundsätzlich keine Rechtswirkungen und begründen keine Rechte und Pflichten Privater (BGE 128 I 167 E. 4.3; BVGE 2008/22 E. 3.1.1). Selbst für die Verwaltungsbehörden, an die sie gerichtet sind, sind sie nur beschränkt verbindlich (vgl. hinten, Rz. 1276). Jedenfalls binden sie die Gerichtsbehörden nicht, die sie immerhin bei der Auslegung mitzuberücksichtigen haben (BGE 133 V 394 E. 3.3; BVGer, Urteil B-8009/2010 vom 29.11.2011, E. 4.3; BVGE 2008/22 E. 3.1.1).

1040 Ein Verstoss gegen eine Verwaltungsverordnung stellt daher grundsätzlich keine Rechtsverletzung und damit auch keinen Beschwerdegrund dar (BVGer, Urteil B-8009/2010 vom 29.11.2011, E. 4.3). Er kann jedoch unter folgenden Umständen einen Beschwerdegrund darstellen: Zunächst kann er unter dem Gesichtspunkt der Unangemessenheit geprüft werden (Art. 49 lit. c VwVG; BVGer, Urteil A-509/2011 vom 18.7.2011, E. 4.2, vgl. dazu aber hinten, Rz. 1052). Sodann kann ein Verstoss gegen das Gebot der Rechtsgleichheit vorliegen, wenn sich eine Behörde im Einzelfall nicht an eine allgemein angewandte Verwaltungsverordnung hält (vgl. BVGer, Urteil B-8009/2010 vom 29.11.2011, E. 4.3), oder es kann allenfalls der Vertrauensschutz angerufen werden. Schliesslich ist eine Verwaltungsverordnung wie eine Rechtsverordnung zu behandeln, wenn sie sogenannte Aussenwirkungen zeitigt, d.h., wenn sie sich auf die Rechtsstellung der Privaten auswirkt (vgl. BVGE 2007/25 E. 4.2; BGE 98 Ia 508 E. 1). Die hier zusammengefasste Praxis zur Verwaltungsverordnung erscheint in den Grundzügen gefestigt, obwohl sie in der Lehre verschiedentlich kritisiert wird.

Von der Anrufung einer Verwaltungsverordnung zu unterscheiden ist die vorfrageweise Überprüfung der Verwaltungsverordnungen selbst; diese ist zulässig (vgl. BGE 121 II 473 E. 2b; BVGE 2007/41 E. 7.4.2; vgl. auch hinten, Rz. 1276). 1041

Ob die Verletzung einer *Allgemeinverfügung* einen Beschwerdegrund darstellt, ist in der Lehre umstritten (bejahend: Markus Schott, Basler Kommentar BGG, Art. 95 N. 38; verneinend: Schindler, VwVG-Kommentar, Art. 49 Rz. 25). Die Frage ist zu unterscheiden vom Problem der direkten oder vorfrageweisen Anfechtung von Allgemeinverfügungen. Soweit ersichtlich, hat die Frage praktisch wenig Bedeutung. Die Verletzung einer Allgemeinverfügung durch eine darauf gestützte Verfügung oder einen Realakt betrifft den generellen Charakter und muss daher als Rechtsverletzung gerügt werden können; im Übrigen dürfte sie in aller Regel als Verletzung der gesetzlichen Grundlagen, des Rechtsgleichheitsgebotes oder des Vertrauensschutzes einen Beschwerdegrund darstellen. 1042

C. Unrichtige Feststellung des Sachverhalts

Einen weiteren Beschwerdegrund bildet nach Art. 49 lit. b VwVG die Verletzung der behördlichen Untersuchungspflicht, die unrichtige oder unvollständige Feststellung des rechtserheblichen Sachverhalts. Dies entspricht der Rechtsnatur der Beschwerde an das Bundesverwaltungsgericht, die ein vollkommenes Rechtsmittel darstellt (vorne, Rz. 1031). *Unrichtig* ist die Sachverhaltsfeststellung, wenn der Verfügung ein falscher und aktenwidriger Sachverhalt zugrunde gelegt wird (BVGer, Urteil A-8603/2010 vom 23.8.2011, E. 4.3). Ferner ist dies der Fall, wenn die Vorinstanz nicht alle entscheidwesentlichen Gesichtspunkte des Sachverhalts prüfte, etwa weil sie die Rechtserheblichkeit einer Tatsache zu Unrecht verneinte (vgl. BVGer, Urteil A- 8233/2010 vom 27.12.2011, E. 2) oder weil Beweise falsch gewürdigt wurden (zu den Tatfragen vgl. auch hinten, Rz. 1583 ff.). *Unvollständig* ist die Sachverhaltsfeststellung demgegenüber, wenn nicht über alle rechtswesentlichen Sachumstände Beweis erhoben wurde (BVGE 2008/43 E. 7.5.6; BVGE 2007/37 E. 2.3; BVGer, Urteil B-6787/2011 vom 11.4.2012). Dies ist häufig dann der Fall, wenn die Vorinstanz gleichzeitig den 1043

Anspruch auf rechtliches Gehör verletzte (verneint: BVGE 2009/35 E. 6.4.2; BVGer, Urteil B-6200/2011 vom 13.2.2012, E. 5).

1044 Die Beschwerdeinstanz kann die vorinstanzliche Sachverhaltsfeststellung uneingeschränkt überprüfen (vgl. dagegen Art. 105 Abs. 1 f. BGG; vgl. zudem zur besonderen Frage der Bindung der Verwaltungsbehörde an die Sachverhaltsfeststellung der Strafbehörde: BVGer, Urteil A-4615/2009 vom 16.3.2010, E. 4.6). Die Beschwerdeinstanzen sind daneben befugt, Sachverhaltsabklärungen von sich aus zu treffen, da das Verwaltungsbeschwerdeverfahren von der Untersuchungsmaxime beherrscht wird. Bestreiten die Parteien die Sachverhaltsfeststellung nicht oder anerkennen sie den Sachverhalt sogar ausdrücklich, ist die Behörde nicht verpflichtet, weitere Untersuchungen anzustellen, es sei denn, die Akten würden erhebliche Zweifel an der Richtigkeit der vorinstanzlichen Untersuchung hervorrufen (vgl. zur Beschwerdebegründung hinten, Rz. 1135 und vorne, Rz. 1008 f.).

1045 Da der Sachverhalt im Zeitpunkt des Beschwerdeentscheids massgebend ist, sind auch Tatsachen zu berücksichtigen, die sich nach dem Entscheid der Vorinstanz zugetragen haben. Selbst verspätet vorgebrachte Umstände sind zu berücksichtigen, wenn sie ausschlaggebend erscheinen (Art. 32 Abs. 2 VwVG; vgl. dazu vorne, Rz. 1021).

D. Unangemessenheit

a. Grundsatz

1046 Im Verfahren vor Bundesverwaltungsgericht ist auch die Rüge der Unangemessenheit zulässig (Art. 37 VGG i.V.m. Art. 49 lit. c VwVG). Nach Art. 49 lit. c VwVG kann die Ermessensbetätigung der Vorinstanz nur dann nicht überprüft werden, wenn eine *kantonale* Behörde als Beschwerdeinstanz entschieden hat (z.B. BVGer, Urteil B-503/2009 vom 10.11.2010, E. 6.3). Vorbehalten bleiben auch spezialgesetzliche Regelungen: So wird mit der vom Parlament am 14.12.2012 beschlossenen Revision des AsylG Art. 106 Abs. 1 lit. c AsylG, der die Angemessenheitskontrolle vorsieht, gestrichen (BBl 2012 9693; vgl. zur Kritik Benjamin Schindler, Die Bundesrechtspflege als Spielball tagespolitischer Launen, ZBl 2012, S. 565 f.; als weitere Beispiele vgl. Art. 31 BöB; BVGer, Urteil C-4291/2009 vom 9.5.2012, E. 3 m.H. zu Art. 62 BVG).

1047 Das *Ermessen* kann verstanden werden als die Befugnis zur individualisierenden Zumessung von Rechtsfolgen. Den Verwaltungsbehörden kommt ein Entscheidungsspielraum zu, ob, wann und wie im konkreten Einzelfall gehandelt werden soll. Dabei wird unterschieden zwischen *Entschliessungsermessen* und *Auswahlermessen*. Ersteres liegt vor, wenn die Verwaltungsbehörden nach Zweckmässigkeitsüberlegungen entscheiden, ob die Rechtsfolge eintreten soll; beim Letzteren hingegen besteht der Ermessensspielraum in der Wahl zwischen mehreren Massnahmen oder Vorgehensweisen (vgl. z.B. BGE 138 II 77 E. 6.4

zur Wahl zwischen zwei Bewertungsmodellen). In der Lehre werden diese beiden Ermessensarten unter den Oberbegriff des *Rechtsfolgeermessens* subsumiert, dem das *Tatbestandsermessen* gegenübergestellt wird (vgl. Häfelin/Müller/Uhlmann, Verwaltungsrecht, Rz. 436 ff.). Auf diese nicht aussagekräftige Unterscheidung sollte verzichtet werden (vgl. die eingehende Kritik bei Schindler, Verwaltungsermessen, Rz. 242 ff.).

Handelt die Verwaltungsbehörde unangemessen, begeht sie, wie bei der rechtsverletzenden Ermessensbetätigung, ebenfalls einen Ermessensfehler. Sie übt das Ermessen in unzweckmässiger Weise aus und trifft keine dem Sachverhalt adäquate Lösung (vgl. BGE 137 V 71 E. 5.2; 126 V 75 E. 6). Allerdings ist die Verfügung oder der Entscheid nicht derart unhaltbar, dass ein Ermessensmissbrauch vorliegt. Auch bleibt die Behörde, gleich wie beim Ermessensmissbrauch, aber im Unterschied zur Ermessensüberschreitung, beim unangemessenen Handeln innerhalb des gesetzlich eingeräumten Entscheidungsspielraumes. Die Rechtsmittelbehörde hat zwar eine unangemessene Entscheidung zu korrigieren, aber der Vorinstanz die Wahl zwischen mehreren angemessenen Lösungen zu belassen (BGE 133 II 35 E. 3; BVGer, Urteil A-2684/2010 vom 19.1.2011, E. 5.6.3). Die Grenze zwischen Unangemessenheit und Ermessensmissbrauch – insbesondere in der Form des Verstosses gegen das Verhältnismässigkeitsprinzip – ist im Einzelfall jedoch schwer zu ziehen. Die Typologie der Ermessensfehler wird in der Lehre neuerdings grundsätzlich kritisiert (vgl. hinten, Rz. 1056 ff.). 1048

b. Abgrenzung des Ermessens vom unbestimmten Rechtsbegriff

Ausnahmsweise kann die Ermessensbetätigung der Vorinstanz nicht überprüft werden. Dies ist dann der Fall, wenn eine *kantonale* Behörde als Beschwerdeinstanz entschieden hat (Art. 49 lit. c VwVG) oder wenn ein Spezialgesetz die Angemessenheitsprüfung ausschliesst. Dann wird – gleich wie bei der Beschwerde in öffentlich-rechtlichen Angelegenheiten an das Bundesgericht – die Unterscheidung zwischen Ermessen und *unbestimmten Rechtsbegriffen* bedeutsam. Die Auslegung und Anwendung der Letzteren stellt eine Rechtsfrage dar. Es ist durch Auslegung zu ermitteln, ob der Behörde die Befugnis zusteht, nach Ermessen zu entscheiden; dabei ist jeweils zu berücksichtigen, dass mit der Einräumung von Ermessen auch die Zuständigkeit zwischen der erstinstanzlich entscheidenden Verwaltungsbehörde und der Rechtsmittelinstanz aufgeteilt werden soll (für eine am Normzweck orientierte Abgrenzung zwischen Ermessen und unbestimmtem Rechtsbegriff auch Häfelin/Müller/Uhlmann, Verwaltungsrecht, Rz. 453 f.; BVGE 2009/35 E. 4). Gefestigt ist, dass das öffentliche Interesse zu den unbestimmten Rechtsbegriffen gehört; dasselbe gilt von der Verhältnismässigkeit (vgl. BGE 124 II 114 E. 1b; 114 Ib 1 E. 1b). Auch die Abwägung öffentlicher und privater Interessen stellt, damit zusammenhängend, eine Rechtsfrage dar und wird aus diesem Grund frei überprüft (vgl. BGE 121 II 378 1049

E. 1e/bb). In der neueren Lehre wird der Verzicht auf die Unterscheidung zwischen Ermessen und unbestimmtem Rechtsbegriff vorgeschlagen (vgl. hinten, Rz. 1056).

3. Zurücknahme der Prüfungsdichte

1050 Ungeachtet dessen, dass die Nichtausschöpfung der Kognition eine formelle Rechtsverweigerung darstellt, haben sich die Rechtsmittelbehörden in bestimmten Konstellationen seit jeher *Zurückhaltung* bei der Überprüfung auferlegt. Dies gilt für das Bundesgericht (vgl. hinten, Rz. 1576 ff.) wie auch für den Bundesrat, die obersten Bundesverwaltungsbehörden und die früheren eidgenössischen Rekurskommissionen; das Bundesverwaltungsgericht führt deren Praxis im Grundsatz weiter. Diese Rechtsprechung wird auch *«Ohne-Not-Praxis»* genannt, weil die Rechtsmittelinstanz «nicht ohne Not» den Entscheid der Vorinstanz korrigiert (vgl. z.B. BGE 133 II 35 E. 3; BVGE 2008/14 E. 3.1). Der Begriff geht auf die föderalistische Rücksichtnahme des Bundesgerichts bei der Auslegung kantonalen Rechts zurück (vgl. BGE 25 I 459 E. 3; vgl. auch BGE 1, 314 E. 4; weitere Hinweise bei Schindler, Verwaltungsermessen, Rz. 234 m.H.). In der Lehre wird die Praxis teils als gesetzeswidrig oder fragwürdig bezeichnet, zumindest in jüngerer Zeit aber wohl überwiegend als sachlich gerechtfertigt oder unausweichlich hingenommen (Hinweise bei Schindler, VwVG-Kommentar, Art. 49 Rz. 3; so auch die Vorauflage des vorliegenden Werks). Diese Spannung weist auf die Probleme hin, die Praxis dogmatisch befriedigend zu erfassen. Die neuere Literatur zeigt hierfür jedoch überzeugende Wege auf (vgl. hinten, Rz. 1057 ff.).

1051 In einigen Entscheiden ist zwar nur von der Angemessenheitsprüfung die Rede, weil dort eine solche infrage stand. Die Zurückhaltung beschränkt sich jedoch nicht nur auf die Prüfung der Ermessensausübung, sondern auch auf die Auslegung unbestimmter Rechtsbegriffe und die Sachverhaltswürdigung (BVGE 2010/25 E. 2.4.1; vgl. auch BVGer, Urteil A-954/2009 vom 1.7.2010, E. 13.1, mit Bezug auf eine Interessenabwägung).

1052 Die Praxis des Bundesverwaltungsgerichts entspricht in den Grundzügen der früheren Praxis des Bundesrats sowie derjenigen des Bundesgerichts. Die Umschreibungen der jeweiligen Fälle decken sich allerdings nicht ganz. Das Bundesverwaltungsgericht auferlegt sich Zurückhaltung in folgenden Konstellationen (für detaillierte Darstellungen der Praxis vgl. Moser/Beusch/Kneubühler, Rz. 2.154 ff.; Schindler, VwVG-Kommentar, Art. 49 Rz. 8 ff.; Zibung/Hofstetter, Praxiskommentar VwVG, Art. 49 N. 42 ff.):

– Die Vorinstanz verfügt über ein besonderes *Fachwissen,* zum Beispiel bei der Beurteilung technischer Sachfragen (BVGer, Urteil A-5814/2009 vom 24.8.2010, E. 6.5 m.H.; BVGE 2009/64 E. 5.3; 2009/35 E. 4). Hierfür wird auch der Begriff des *«technischen Ermessens»* verwendet. Teils spricht das Bundesverwaltungsgericht von hochstehenden, spezialisierten technischen, wissenschaftlichen oder wirtschaftlichen Kenntnissen, bei deren Vorliegen es sich Zurückhaltung auferlegt (BVGE 2010/25 E. 2.4.1 zur Tariffestsetzung bei der Krankenversicherung). Zurückhaltung mangels Fachkenntnissen auferlegt sich das Gericht auch bei Entscheiden über Subventionen, namentlich in den Bereichen Kunst und Forschung (z.B. BVGer, Urteil B-5333/2009 vom 10.11.2010, E. 3.2).

– Der Entscheid setzt besondere Fachkenntnisse voraus, über die das Gericht nicht verfügt, und die Vorinstanz hat gestützt auf die *Berichte von Fachbehörden* entschieden (BVGer, Urteil A-3628/2011 vom 20.3.2012, E. 2).
– Es ist eine *Schätzung* zu prüfen (als Beispiel der festen Praxis zur Ermessenseinschätzung bei der Mehrwertsteuer: BVGer, Urteil A-689/2012 vom 31.5.2012, E. 2.8.2; vgl. auch BGer, Urteil 2C_426/2007 vom 22.11.2007, E. 4.3; für ein Beispiel aus dem Sozialversicherungsrecht vgl. BVGer, Urteil C-920/2007 vom 4.9.2009, E. 5.5.1).
– Es geht um die Beurteilung *örtlicher Verhältnisse,* mit denen die Vorinstanz besser vertraut ist und wofür Sachkunde erforderlich ist (BVGE 2008/10 E. 4 zur Zuordnung einer Vorweide zum Sömmerungsgebiet). Wenn das Bundesverwaltungsgericht einen Augenschein vorgenommen hat, sieht es jedoch keinen Anlass zur Zurückhaltung bei der Beurteilung der Örtlichkeiten (BVGer, Urteil A-699/2011 vom 9.2.2012, E. 7).
– Es sind *planerische Aspekte* zu überprüfen (vgl. z.B. BVGer, Urteil A-5646/2008 vom 13.8.2009, E. 8.3).
– Im Bereich *öffentlich-rechtlicher Anstellungen* nennt das Gericht Leistungsbeurteilungen, verwaltungsorganisatorische Fragen, Probleme der betriebsinternen Zusammenarbeit und des Vertrauensverhältnisses (z.B. BVGer, Urteil A-372/2012 vom 25.5.2012, E. 2). Zurückhaltung auferlegt sich das Bundesverwaltungsgericht auch bei der materiellen Beurteilung von *Prüfungsentscheiden.* Auch eine Vorinstanz, die als Rechtsmittelinstanz tätig wird, darf ihre Prüfungsdichte entsprechend einschränken (BVGE 2008/14 E. 3 und 4.2.1; vgl. auch BGE 136 I 229 E. 5.4.1). Man könnte diese beiden Bereiche unter die Beurteilung *persönlicher* (und interner) *Verhältnisse* subsumieren.
– Die Vorinstanz hat sich an eine *vollzugslenkende Verwaltungsverordnung* gehalten. In diesem Fall hält sich das Gericht zurück, sofern die Verwaltungsverordnung mit dem übergeordneten Recht vereinbar ist, weil diese eine einheitliche und rechtsgleiche Praxis gewährleiste und regelmässig «Ausdruck des Wissens und der Erfahrung einer Fachstelle» sei (BVGE 2008/22 E. 3.1.1). Dies gilt insbesondere, wenn sie unter Mitwirkung interessierter Fachverbände verfasst worden ist, sodass ein sachgerechter und ausgewogener Interessenausgleich vermutet werden kann (BVGer, Urteil A-509/2011 vom 18.7.2011, E. 4.2).

1053 Als gemeinsame Klammer über all diesen Fallkonstellationen lässt sich die *Sachkenntnis* bzw. die *Sachnähe* der Vorinstanz ausmachen. Darauf muss die Zurückhaltung allerdings in der Regel auch zurückführbar sein, damit sie als gesetzeskonform gelten kann (vgl. dazu hinten, Rz. 1057 ff.).

1054 In den genannten Fällen prüft das Bundesverwaltungsgericht grundsätzlich nur, ob die Vorinstanz die erforderlichen Abklärungen sorgfältig und umfassend vornahm, ob sie alle massgeblichen Gesichtspunkte bzw. berührten Interessen ermittelte und beurteilte, ob sie die möglichen Auswirkungen des Entscheids berücksichtigte und ob sie sachgerecht argumentierte (vgl. BVGer, Urteil A-3628/2011 vom 20.3.2012, E. 2). Die Rüge, es seien Verfahrensfehler gemacht worden, wird dagegen stets ohne Einschränkung geprüft (BVGer, Urteil B-5333/2009 vom 10.11.2010, E. 3.2; BVGE 2011/32 E. 5.6.6.1; 2008/14 E. 3.3).

1055 Die Beschwerdeinstanz darf jedoch ihre Kognition auch ausschöpfen (BGer, Urteil 2A.327/2006 vom 22.2.2007, E. 4.2). So kann das Bundesverwaltungsgericht im Einzelfall auf die üblicherweise geübte Zurückhaltung *verzichten*, um eine Verletzung des Anspruchs auf rechtliches Gehör durch die Vorinstanz zu heilen (vgl. BVGer, Urteil A-2684/2010 vom 19.1.2011, E. 5.6.3, grundsätzlich geschützt in BGE 138 II 77 E. 4).

1056 In der Lehre wurde bereits vor einiger Zeit gefordert, Ansatzpunkt zur methodischen Erfassung des Ermessens solle die Frage sein, inwieweit das Gesetz der Verwaltung Entscheidungsbefugnisse delegiere (Rhinow, Ermessen, S. 47). In diesem Sinn setzt die neuere Lehre für die dogmatisch befriedigende Einordnung der Zurückhaltung bei der Kognitionsausübung überzeugend beim *Zweck einer offenen Normierung* und bei den *Funktionen der Behörden* an. Ein ähnlicher Ansatz lässt sich auch in der Bundesgerichtspraxis ausmachen (BGE 135 II 384 E. 2.2.2; 132 II 257 E. 3.2; 127 II 184 E. 5a/aa m.H.). Massgebend sollte gemäss dieser Lehrmeinung der Zweck sein, dessentwegen der Gesetzgeber mittels offener Normierungen Ermessens- bzw. Beurteilungsspielräume vorsieht; je nachdem wäre anhand der Funktionen der beteiligten Behörden zu entscheiden, wer primär für die Interpretation der offenen Norm zuständig sein soll. Mit Blick auf diesen Entscheid werden Ermessenstypen voneinander abgegrenzt, die auf verschiedene Gründe Bezug nehmen, der Verwaltung bzw. den Vorinstanzen einen Ermessensspielraum einzuräumen, nämlich: Sachverstand, politische Fragen, wirtschaftliche Effizienz bei der Umsetzung des Gesetzes und Bedürfnis nach Flexibilität (vgl. Schindler, Verwaltungsermessen, Rz. 420 ff., 531). Auf die Unterscheidungen zwischen Ermessen und unbestimmtem Rechtsbegriff sowie auf die Typologie der Ermessensfehler könnte demnach ganz verzichtet werden (Schindler, Verwaltungsermessen, Rz. 242 ff., 267 ff., 423; zustimmend Häfelin/Müller/Uhlmann, Verwaltungsrecht, Rz. 428aa, 446, 474a ff.).

1057 Die Identifikation von Fallgruppen der Ermessensausübung und ihre Zurückführung auf bestimmte, mit der Rechtsordnung vereinbare Zwecke erscheint als ein gangbarer Weg, um die Reduktion der Prüfungsdichte durch die Beschwerdeinstanzen zu erfassen. Auf diese Weise kann ein Massstab aufgestellt werden, der den zulässigen Umfang der Zurückhaltung bei den verschiedenen Fallkategorien abzustecken erlaubt. Dabei lassen sich die Gründe, mit denen die Zurückhaltung gerechtfertigt wird, zusammenfassend unter Fachwissen, Gewaltenteilung und Föderalismus bzw. Autonomie subsumieren (vgl. Hangartner, Zurückhaltung, S. 166 ff.; vgl. auch Rhinow, Ermessen, S. 86 f.; ferner Schindler, Beschwerdegründe, S. 54 ff. – wobei der Föderalismus im Verfahren vor Bundesverwaltungsgericht kaum eine Rolle spielt). Zu berücksichtigen ist jedoch, dass einige verfassungsmässige Rechte und Prinzipien für eine Ausschöpfung der Kognition sprechen: So das Legalitätsprinzip, die Rechtsgleichheit, die Rechtssicherheit und insbesondere die Rechtsweggarantie (vgl. Schott, Basler Kommentar BGG, Art. 95 N. 12c). Letztere setzt der Zurückhaltung jedenfalls in Bezug auf die Sachverhaltsfeststellung und die Rechtsanwendung sehr rasch Grenzen (vgl. zur Rechtsweggarantie vorne, Rz. 185).

Zudem ist die Konzeption der gesetzlichen Regelung massgeblich: Zum einen erwähnt Art. 49 lit. a VwVG ausdrücklich die rechtsverletzenden Ermessensfehler, sodass sich fragt, ob der Verzicht auf diese Einteilung nicht eine Gesetzesänderung verlangen würde (vgl. auch Schindler, Verwaltungsermessen, Rz. 270). Zum andern böte die vorgeschlagene Konzeption zwar einen Massstab zur Prüfung der «Ohne-Not-Praxis», nicht aber ohne Weiteres deren Rechtfertigung in der heutigen Form; zu berücksichtigen ist namentlich, dass das Gesetz bei der Kognition des Bundesverwaltungsgerichts gerade nicht an die typische Funktionsabgrenzung zwischen Gericht und Verwaltung anknüpft (Art. 37 VGG i.V.m. Art. 49 lit. c VwVG; vgl. vorne, Rz. 1031). Damit kommt die Gewaltenteilung als Begründung der Zurückhaltung von vornherein nicht infrage; als mögliche Gründe verbleiben Sachverstand bzw. Sachnähe und gegebenenfalls die Gemeindeautonomie. Die Fallkategorien der Praxis lassen sich wohl weitgehend diesen Kriterien zuordnen; allein deswegen ist die Zurückhaltung bei der Prüfung aber nicht gerechtfertigt. Im Übrigen spielen bei der Entscheidung, sich auf das Fachwissen der Vorinstanz zu verlassen, immer auch Aspekte der Prozessökonomie eine Rolle, weil das Gericht sich dieses Wissen – namentlich über Gutachten – grundsätzlich auch selber aneignen könnte. 1058

Festzuhalten ist somit in diesem Zusammenhang: Die offene Normierung bildet den Ansatzpunkt zur Reduktion der Prüfungsdichte durch die Rechtsmittelinstanz, nicht aber deren Begründung. Die allfällige Zurückhaltung ist in einem zweiten Schritt anhand der Zwecke der offenen Normierung und der Funktionen der beteiligten Behörden zu umschreiben. Daraus folgt, dass die Begründung besonders in jenen Fällen zu vertiefen ist, wo sie zumindest vordergründig an die Mittel der Entscheidfindung – Verwaltungsverordnung, Schätzung – und nicht an den Inhalt des Entscheids anknüpft. Abzulehnen ist auch die Auffassung, die Komplexität einer Interessenabwägung bilde an sich bereits einen Grund zur Reduktion der Prüfungsdichte (so aber anscheinend Schindler, 1059

VwVG-Kommentar, Art. 49 Rz. 7 und 12). Auch hier sind der Zweck der Regelung und die Funktionen der Behörden massgeblich; in den als Beleg angeführten Fällen – Streckenführung einer Nationalstrasse, Betriebsbeschränkungen für den Flughafen Zürich – können die planerischen Aspekte und das für die Koordination der unterschiedlichen Interessen notwendige technische Fachwissen eine gewisse Zurückhaltung rechtfertigen.

1060 Dabei ist allerdings zu berücksichtigen, dass die Beschwerde an das Bundesgericht durch den Ausschlusskatalog von Art. 83 BGG zum Teil gerade bei Materien im hochtechnischen Bereich nicht gegeben ist und eine gerichtliche Überprüfung insoweit einzig durch das Bundesverwaltungsgericht stattfindet. Zu verweisen ist insbesondere auf Art. 83 lit. p Ziff. 2 BGG, der die Beschwerde bei Streitigkeiten im Bereich der fernmeldetechnischen Interkonnektion wegen der Technizität der Materie ausschliesst. Das Bundesverwaltungsgericht bemüht sich somit zu Recht darum, sich das Fachwissen soweit als möglich anzueignen (vgl. Metz, Koordination, S. 130). Für die künftige wettbewerbsgerichtliche Funktion soll zudem vorgesehen werden, dass im jeweiligen Spruchkörper Richterinnen und Richter mit wirtschaftlichen Kenntnissen angemessen vertreten sind (Art. 21 Abs. 3 VGG in der Fassung des KG-E, BBl 2012 4001), womit sich keine Zurückhaltung mehr aufdrängt.

1061 Zudem ist festzuhalten, dass das Gericht die Zurückhaltung unter Umständen selbst dann ablegen muss, wenn diese grundsätzlich infrage kommen könnte. Dies ist der Fall, wenn eine Verletzung des rechtlichen Gehörs zu heilen ist (vgl. vorne, Rz. 1043 f., 1055), aber auch etwa dann, wenn Anzeichen bestehen oder glaubhaft dargetan wird, dass die Vorinstanz ihr Fachwissen in sachfremder Weise benutzt hat. In diesem Fall hat sich das Gericht, gegebenenfalls mit externen Gutachten, das Fachwissen selber zu beschaffen.

4. Normenkontrolle

A. Vorgesehene Formen

1062 *Normenkontrolle* bezeichnet die Prüfung, ob eine Norm mit dem höherrangigen Recht übereinstimmt (Rhinow/Koller/Kiss/Thurnherr/Brühl-Moser, Prozessrecht, Rz. 703 sowie – auch zum Folgenden – Rz. 704 ff.). Im Verfahren vor Bundesverwaltungsgericht ebenso wie im verwaltungsinternen Beschwerdeverfahren ist nur die *konkrete (akzessorische, inzidente, vorfrageweise) Normenkontrolle* gegeben, d.h. die vorfrageweise Überprüfung einer Norm, deren Anwendung auf den konkreten Einzelfall infrage steht, auf ihre Rechtmässigkeit. Die *abstrakte Normenkontrolle,* d.h. die Prüfung der Gültigkeit einer Norm in einem besonderen Verfahren unabhängig von einer konkreten Anwendung, ist auf Bundesebene gegenüber kantonalen Erlassen im Rahmen der Beschwerde in öffentlich-rechtlichen Angelegenheiten an das Bundesgericht gegeben (Art. 82 lit. b BGG; hinten, Rz. 1675 ff.; vgl. dagegen Art. 31 VGG und

Art. 44 VwVG; vgl. auch Art. 189 Abs. 4 BV). Die konkrete Normenkontrolle ist in der Schweiz *diffus* organisiert (und nicht *konzentriert*), was bedeutet, dass grundsätzlich alle rechtsanwendenden Behörden zur Überprüfung von Normen auf ihre Rechtmässigkeit befugt und verpflichtet sind.

B. Einschränkungen

Art. 190 BV stellt ausdrücklich klar, dass Bundesgesetze (und Völkerrecht) nicht nur für das Bundesgericht, sondern auch für die anderen rechtsanwendenden Behörden verbindlich sind. Zum Inhalt dieser Bestimmung gemäss der Praxis des Bundesgerichts vgl. hinten, Rz. 1564 ff. Weitere Einschränkungen betreffen nur verwaltungsinterne Instanzen (vgl. hinten, Rz. 1274 ff.). 1063

IV. Wirkungen der Beschwerde und vorsorgliche Massnahmen

1. Devolutive Wirkung

Literatur: KIENER REGINA, in: Auer/Müller/Schindler, VwVG-Kommentar, Art. 54; KIENER/RÜTSCHE/KUHN, Verfahrensrecht, N. 1203 ff.; MOSER/BEUSCH/KNEUBÜHLER, Bundesverwaltungsgericht, Rz. 3.7, 3.44 ff.; RHINOW/KOLLER/KISS/THURNHERR/BRÜHL-MOSER, Prozessrecht, Rz. 1624; SEILER HANSJÖRG, in: Waldmann/Weissenberger, Praxiskommentar VwVG, Art. 54. 1064

Art. 54 VwVG besagt, dass die Behandlung der Sache, die Gegenstand der mit Beschwerde angefochtenen Verfügung bildet, mit Einreichung der Beschwerde auf die Beschwerdeinstanz übergeht. Die verfügende Instanz verliert somit die Herrschaft über den Streitgegenstand sowohl in Bezug auf die tatsächlichen Verfügungsgrundlagen wie auch in Bezug auf die Entscheidgrundlagen. Die Devolutivwirkung beschränkt sich dabei auf den Streitgegenstand (vgl. BVGer, Zwischenverfügung A-667/2010 vom 6.4.2011; Urteil B-4818/2010 vom 23.5.2011, E. 8; BGE 130 V 138 E. 2.1). 1065

Die Vorinstanz kann allerdings gemäss Art. 58 Abs. 1 VwVG die angefochtene Verfügung *bis zur Vernehmlassung in Wiedererwägung* ziehen bzw. widerrufen. Die Devolutivwirkung ist insofern beschränkt (BVGer, Urteile A-37/63/2011 vom 3.6.2011, E. 1.3, und A-6381/2009 vom 16.3.2010, E. 3.10). Bislang wurde die Wiedererwägung auch nach der Vernehmlassung noch zugelassen. Gemäss der neueren Lehre und Praxis soll Art. 58 VwVG wieder dem Wortlaut entsprechend angewendet werden und die Zuständigkeit zum Entscheid nach Abschluss der Schriftenwechsel ausschliesslich der Rechtsmittelinstanz zukommen (vgl. die Ausführungen vorne, Rz. 705 ff.). Art. 58 Abs. 1 VwVG gilt zudem nur bei Wiedererwägungen zugunsten der Beschwerdeführenden, ansonsten von einem Antrag an die Rechtsmittelinstanz ausgegangen wird (vorne, Rz. 707). Erlässt die Vorinstanz eine neue Verfügung, so sind die Parteien und 1066 die Beschwerdeinstanz sogleich in Kenntnis zu setzen (Art. 58 Abs. 2 VwVG). Die in Wiederwägung gezogene Verfügung muss nicht erneut angefochten werden, wenn die Wiedererwägung nicht in allen Punkten den Anträgen der beschwerdeführenden Person entspricht. Vielmehr setzt die Beschwerdeinstanz, d.h. das Bundesverwaltungsgericht, das Verfahren fort, soweit dieses nicht gegenstandslos geworden ist (Art. 58 Abs. 3 VwVG; vorne, Rz. 708). Ein Schriftenwechsel über die neue Verfügung muss nach Art. 58 Abs. 3 VwVG nur durchgeführt werden, wenn diese auf einem erheblich veränderten Sachverhalt beruht oder eine erheblich veränderte Rechtslage schafft. Die Bestimmung ist allerdings im Lichte von Art. 29 Abs. 1 und 2 BV sowie Art. 6 Ziff. 1 EMRK auszulegen. Die Parteien sind grundsätzlich vor Erlass einer neuen Verfügung bzw. des Entscheids anzuhören, es sei denn, es dürfe nach den vorne angeführten Ausnahmen darauf verzichtet werden (Art. 30 VwVG; vgl. vorne Rz. 532 f.).

1067 Die Tragweite von Art. 54 VwVG ist nicht ganz klar. Die Bestimmung sollte offenbar den Verzicht auf eine Verankerung der Einsprache im VwVG kompensieren (BBl 1965 II 1371). Jedenfalls kann daraus nicht abgeleitet werden, die erste Instanz dürfe nach einem Beschwerdeentscheid in der gleichen Sache keine neue Verfügung treffen, wenn sich bei Dauersachverhalten die Umstände wesentlich geändert haben (ebenso nun Seiler, Praxiskommentar VwVG, Art. 54 N. 22).

2. Aufschiebende Wirkung und weitere vorsorgliche Massnahmen

1068 *Literatur:* BAUMBERGER XAVER, *Aufschiebende Wirkung* bundesrechtlicher Rechtsmittel im öffentlichen Recht, Zürich 2006; *ders.*, Entzug und Erteilung der aufschiebenden Wirkung vor Bundesverwaltungs- sowie vor Bundesgericht, Jusletter, 18.12.2006; CASANOVA HUGO, Die Haftung der Parteien für prozessuales Verhalten, Freiburg i.Ue. 1982; GADOLA ATTILIO R., Die unbegründete Drittbeschwerde im öffentlichrechtlichen Bauprozess – Korrektive zum Schutz des Baubewilligungspetenten, ZBl 1994, S. 97 ff.; GRISEL, Traité, S. 922 ff.; GYGI, Bundesverwaltungsrechtspflege, S. 240 ff.; *ders.*, Aufschiebende Wirkung und vorsorgliche Massnahmen in der Verwaltungsrechtspflege, ZBl 1976, S. 1 ff. = RDAF 1976, S. 145 ff.; HÄNER ISABELLE, *Vorsorgliche Massnahmen* im Verwaltungsverfahren und Verwaltungsprozess, ZSR 1997 II, S. 253 ff.; KIENER REGINA, in: Auer/Müller/Schindler, VwVG-Kommentar, Art. 55 f.; KUHN HANS RUDOLF, Der vorläufige Rechtsschutz im verwaltungsgerichtlichen Beschwerdeverfahren, ohne Ortsangabe, 1981; KUSTER SUSANNE, *Aktuelle Probleme* des provisorischen Rechtsschutzes bei Kündigungen nach Bundespersonalrecht, in: Verwaltungsorganisationsrecht – Staatshaftungsrecht – öffentliches Dienstrecht, Jahrbuch 2007, Bern 2008, S. 151 ff.; LUGINBÜHL KASPAR, EMRK und wirtschaftsverwaltungsrechtliche Zwischenverfügungen, AJP 2012, S. 875 ff.; MERKLI THOMAS, *Vorsorgliche Massnahmen* und die aufschiebende Wirkung bei Beschwerden in öffentlich-rechtlichen Angelegenheiten und subsidiären Verfassungsbeschwerden, ZBl 2008, S. 416 ff.; MOSER/BEUSCH/KNEUBÜHLER, Bundesverwaltungsgericht, Rz. 3.18 ff.; REYMOND JEAN-MARC, Mesures provisionnelles injustifiées ou effet suspensif en cas de recours infondé: Quelle responsabilité?, in: Rapp Jean-Marc/Jaccard Michel (Hrsg.), Le droit en action, Lausanne 1996, S. 385 ff.; RHINOW/KOLLER/KISS/THURNHERR/BRÜHL-MOSER, Prozessrecht, Rz. 1626 ff., Rz. 1323 ff.; SALADIN, Verwaltungsverfahrensrecht, S. 204 ff.; SCARTAZZINI GUSTAVO, Zum Institut der aufschiebenden Wirkung der Beschwerde in der Sozialversicherungsrechtspflege, SZS 1993, S. 313 ff.; SCHMID PETER, Die Verwaltungsbeschwerde an den Bundesrat, Bern u.a. 1997,

S. 203 ff.; SEILER HANSJÖRG, in: Waldmann/Weissenberger, Praxiskommentar VwVG, Art. 55 f.; STEINMANN GEROLD, Vorläufiger Rechtsschutz im Verwaltungsbeschwerdeverfahren und im Verwaltungsgerichtsverfahren, ZBl 1993, S. 141 ff.; WEISSENBERGER PHILIPPE/HIRZEL ASTRID, Suspensiveffekt und andere vorsorgliche Massnahmen, in: Häner/Waldmann, Brennpunkte, S. 61 ff.; ZOLLIKOFER GEROLD, Aufschiebende Wirkung und vorsorgliche Massnahmen im Verwaltungsrechtspflegeverfahren des Bundes und des Kantons Aargau, Zürich 1981; vgl. auch die in Rz. 558 zitierte Literatur.

A. Im Allgemeinen

Art. 55 Abs. 1 VwVG verleiht der Beschwerde an das Bundesverwaltungsgericht aufschiebende Wirkung. Wird Beschwerde erhoben, wird die Wirksamkeit und damit die Vollstreckbarkeit der Verfügung aufgeschoben (vgl. Art. 39 lit. b VwVG; BGE 129 V 370 E. 2.2). Die laufende Rechtsmittelfrist an sich hemmt nach Art. 55 Abs. 1 VwVG zwar nur die Vollstreckbarkeit, nicht auch die Wirksamkeit einer Verfügung. Solange kein Rechtsmittel eingelegt wird, könnte der Verfügungsadressat somit beispielsweise von einer erteilten Bewilligung Gebrauch machen. Um irreversible Handlungen zu verhindern, untersagen die Behörden in der Verfügung deshalb die entsprechenden Handlungen, bis die Verfügung rechtskräftig geworden ist. Das Bundesgericht hält dazu fest, dass dies dem Sinn und Zweck von Art. 55 VwVG entspreche (BGE 98 Ib 269 E. 1). Zum Teil hat jedoch der Gesetzgeber Spezialregelungen geschaffen (vgl. etwa Art. 47 WaG und dazu BGE 119 Ib 302). 1069

Im Übrigen gilt auch im umgekehrten Fall, wenn die aufschiebende Wirkung von Gesetzes wegen entzogen ist, dass keine irreversiblen Handlungen vorgenommen werden dürfen, bis über einen allfälligen Antrag über die Erteilung der aufschiebenden Wirkung entschieden ist. Dies gilt jedenfalls im Submissionsrecht und sollte in sämtlichen Fällen Gültigkeit haben (vgl. zur sogenannten Stand-still-Regel im Submissionsrecht hinten, Rz. 1933). 1070

Nicht in allen Fällen kommt die aufschiebende Wirkung zum Tragen: Bei *negativen Verfügungen* bleibt die Beschwerdeerhebung ohne Wirkung. Es kann nicht angenommen werden, bis zum Beschwerdeentscheid gelte eine Bewilligung als erteilt oder seien Versicherungsleistungen auszubezahlen, wenn die Vorinstanz ein entsprechendes Gesuch abgelehnt hat. Werden sozialversicherungsrechtliche Dauerleistungen aufgehoben oder herabgesetzt, liegt allerdings keine negative, sondern eine positive Verfügung vor (vgl. BGE 123 V 39 E. 3a sowie 126 V 407 E. 3 zum besonderen Fall des Arbeitslosengeldes). Um den Zustand während des Verfahrens zu ändern, ist in diesem Fall die Anordnung vorsorglicher Massnahmen erforderlich. Bei *Feststellungsverfügungen* reicht die aufschiebende Wirkung nur so weit, als die Feststellungswirkung gehemmt wird. Soll gleichzeitig eine Tätigkeit verboten werden, sind vorsorgliche Massnahmen anzuordnen (vgl. Seiler, Praxiskommentar VwVG, Art. 55 N. 29; Isabelle Häner, in: Waldmann/Weissenberger, Praxiskommentar VwVG, Art. 25 N. 28; BVGer, Urteil B-547/2008 vom 19.3. 2008, E. 4). 1071

1072 Der Entzug der aufschiebenden Wirkung bedeutet, dass die Verfügung vollstreckt oder dass von einer eingeräumten Befugnis Gebrauch gemacht werden kann, auch wenn die Verfügung noch nicht in formelle Rechtskraft erwachsen ist (BGE 129 V 370 E. 2.2; vgl. auch BGE 133 II 130 E. 3.3; BGer, Urteil 2C_137/2011 vom 30.4.2012, E. 3.3).

1073 Bereits die Vorinstanz kann in der Verfügung oder im Entscheid anordnen, dass einer allfälligen Beschwerde die *aufschiebende Wirkung entzogen* ist. Der Entzug hat ausdrücklich im Dispositiv zu erfolgen (BGE 109 V 232). Dieselbe Befugnis steht auch dem Bundesverwaltungsgericht zu (Art. 55 Abs. 2 VwVG), wobei darüber grundsätzlich der Instruktionsrichter oder die Instruktionsrichterin entscheidet (Art. 39 VGG). Es kann auch in Dreierbesetzung darüber entschieden werden, wenn der Angelegenheit die entsprechende Bedeutung zukommt (Art. 55 Abs. 2 VwVG). Hat die Vorinstanz die aufschiebende Wirkung entzogen, so kann sie durch das Bundesverwaltungsgericht wieder hergestellt werden (Art. 55 Abs. 3 VwVG). Der verfügenden Behörde kommt bei der Interessenabwägung zwar ein Ermessensspielraum zu (vgl. dazu BGE 129 II 286 E. 3). Das Bundesverwaltungsgericht prüft jedoch ebenso die Angemessenheit der Anordnungen (Art. 49 lit. c VwVG: vgl. BVGer, Urteil A-515/2008 vom 4.6.2008, E. 3).

1074 Voraussetzung für den Entzug der aufschiebenden Wirkung ist in all diesen Fällen, dass die Verfügung keine *«Geldleistung zum Gegenstand»* hat (Art. 55 Abs. 2 VwVG). Die Praxis legt diese Bestimmung so aus, dass die angefochtene Verfügung eine Geldzahlungspflicht des Adressaten oder der Adressatin beinhalten muss, damit die aufschiebende Wirkung nicht entzogen werden kann. Das Gesetz kann aber Gegenausnahmen vorsehen (z.B. Art. 97 AHVG, womit auch die Beitragszahlungen an die AHV erfasst werden; vgl. BGE 124 V 82 E. 3b).

1075 Das Gesetz nennt keine weiteren *Voraussetzungen für den Entzug oder die Wiederherstellung* der aufschiebenden Wirkung. Das Bundesverwaltungsgericht geht nach der Systematik vor, dass es zunächst die Entscheidprognose trifft, alsdann nach dem Anordnungsgrund fragt und schliesslich die Verhältnismässigkeit der Massnahme überprüft sowie die infrage stehenden Interessen abwägt (BVGer, Urteil A-667/2010 vom 31.5.2011, E. 3.2.3; zur vom Bundesgericht vorgezogenen Systematik vgl. BGE 130 II 149 E. 2.2). Die *Entscheidprognose,* welcher eine summarische Prüfung der Sach- und Rechtslage zugrunde liegt, hilft zu vermeiden, dass eine dem Beschwerdeergebnis entgegengesetzte Lösung angeordnet wird. So darf beispielsweise der Beschwerde gegen eine Kündigung des Arbeitsverhältnisses die aufschiebende Wirkung nur entzogen werden, wenn die Rechtmässigkeit der Kündigungsverfügung eher wahrscheinlich ist. Die Entscheidprognose hilft dann nicht weiter, wenn sich die Argumente für und gegen die Rechtmässigkeit die Waage halten. Alsdann kann sie auch bei der Interessenabwägung nicht einbezogen werden (vgl. dazu BVGer, Urteile

A-385/2007 vom 29.3.2007, E. 4.2 f., und A-515/2008 vom 4.6.2008, E. 4; zur Entscheidprognose Häner, Vorsorgliche Massnahmen, S. 325 ff.).

Zwar bildet die aufschiebende Wirkung gemäss Art. 55 Abs. 1 VwVG die Regel, der Entzug die Ausnahme. Dies bedeutet aber nicht, dass für den Entzug ausserordentliche Umstände vorliegen müssen; laut dem Bundesgericht genügen überzeugende Gründe (BGE 129 II 286 E. 3.2 f.; vgl. auch vorne, Rz. 566). Das Bundesverwaltungsgericht hingegen verlangt zwar ebenfalls keine ausserordentlichen Umstände, versteht aber unter den überzeugenden Gründen einen drohenden schweren Nachteil (BVGer, Urteile A-1251/2012 vom 31.72012, E. 3, und A-515/2008 vom 4.6.2008, E. 6.2). Sind *überzeugende Gründe* im Sinne des schweren Nachteils für den Entzug der aufschiebenden Wirkung vorhanden, ist weiter zu prüfen, ob der Entzug der aufschiebenden Wirkung verhältnismässig ist; insbesondere sind die sich gegenüberstehenden *Interessen gegeneinander abzuwägen* (BGE 129 II 286 E. 4). Nach dem Verhältnismässigkeitsprinzip drängt sich unter Umständen auch auf, eine mildere Massnahme gemäss Art. 56 VwVG zu ergreifen. Bei der Interessenabwägung geht es in der Regel um private und öffentliche Interessen, die sich gegenüberstehen. Die einander entgegenstehenden Interessen können aber auch ausschliesslich privater Natur sein oder es können sich verschiedene öffentliche Interessen gegenüberstehen. Letzteres war zum Beispiel der Fall, als es um den Entzug der aufschiebenden Wirkung einer Beschwerde gegen die Bewilligung von Freisetzungsversuchen, die der ETHZ erteilt worden war, ging. Hier waren die Interessen an der sofortigen Aussaat, und damit die Forschungsinteressen, gegen die Gesundheits- und Umweltinteressen abzuwägen. Gleichzeitig standen aber auch private Interessen infrage: Die beschwerdeführenden Eheleute A. und B. führten in einer Entfernung von 350–500 m einen Landwirtschaftsbetrieb. Das Bundesgericht kam zum Schluss, dass der Entzug der aufschiebenden Wirkung nicht zulässig war, weil damit eine unzulässige Präjudizierung des Hauptsacheentscheids erfolgen würde, selbst wenn die Fortsetzung des Freisetzungsversuchs gefährdet war. Wenn die Aussaat erfolgt ist, kann sie nicht mehr rückgängig gemacht werden (BGE 129 II 286 E. 4.1 und 4.4; vgl. auch BVGer, Urteil A-515/2008 vom 4.6.2008, E. 3).

Die *Prozessaussichten* werden bei der Interessenabwägung miterwogen, wenn ihre Beurteilung zu einem eindeutigen Ergebnis führt (BGE 129 II 286 E. 3).

Lautet der Endentscheid anders als das aufgrund von Art. 55 VwVG angeordnete oder von Gesetzes wegen geltende Rechtsregime, stellt sich die Frage der *Rückabwicklung*. Dabei ist vorab auf den Einzelfall und die materiell- und prozessrechtliche Rechtslage abzustellen. Hemmt die aufschiebende Wirkung eine auf ein bestimmtes Datum in Kraft zu setzende Massnahme und wird die Beschwerde erst nachher abgewiesen, erfolgt die Inkraftsetzung rückwirkend. Deshalb sind Geldleistungen, die zu viel bezogen wurden, zurückzuerstatten bzw. die zu wenig bezahlten Leistungen nachzuzahlen (vgl. BGE 135 V 382

E. 12.2). Bei Geldleistungen gilt der Grundsatz, dass nur die Vollstreckbarkeit der Verfügung gehemmt wird. Die durch die aufschiebende Wirkung begünstigte Partei soll aus dem Verfahren keinen Nutzen ziehen. Wurde die aufschiebende Wirkung entzogen und stellt sich im Nachhinein heraus, dass die Verfügung nicht rechtens war, erfolgt die Restitution grundsätzlich ex tunc, soweit eine Rückabwicklung möglich und verhältnismässig ist (Häner, Vorsorgliche Massnahmen, S. 387 ff.; Weissenberger/Hirzel, Suspensiveffekt, S. 79). Dennoch sind Differenzierungen notwendig, um die Umstände des Einzelfalles, die sich insbesondere auch aus dem materiellen Recht ergeben, zu berücksichtigen. Hatte eine erfolglose Beschwerde gegen eine Kündigung aufschiebende Wirkung, besteht zum Beispiel kein Rückforderungsanspruch der Arbeitgeberin, wenn der Arbeitnehmer seine Arbeitsleistung weiterhin erbrachte. Dies gilt auch bei der Freistellung oder bei Krankheit (vgl. dazu Kuster, Aktuelle Probleme, S. 161; BVGer, Urteil A-515/2008 vom 4.6.2008, E. 6.2; vgl. zur Problematik Häner, Vorsorgliche Massnahmen, S. 384 ff.; Seiler, Praxiskommentar VwVG, Art. 55 N. 68 ff.; Baumberger, Aufschiebende Wirkung, S. 99 ff.). Unter Umständen ist der beschwerdeführenden Person eine neue Frist anzusetzen, insbesondere wenn ihr eine Handlungspflicht (z.B. das Beibringen von Sicherheitsnachweisen für die Bewilligung von Hausinstallationen) auf ein bestimmtes, im Entscheidzeitpunkt aber abgelaufenes Datum auferlegt wurde (BVGer, Urteil A-3606/2011 vom 24.10.2011, E. 5).

1079 Art. 55 Abs. 5 VwVG (in Kraft seit 1.1.1979) behält Bestimmungen des (jüngeren) Bundesrechts vor, nach denen der Beschwerde keine aufschiebende Wirkung zukommt. Das wohl bekannteste Beispiel findet sich im *Submissionsrecht* (Art. 28 BöB, in Kraft seit 1.1.1996). Beschwerden aufgrund des BöB haben keine aufschiebende Wirkung. Diese kann aber vom Bundesverwaltungsgericht auf Gesuch hin erteilt werden. Weil Art. 28 Abs. 2 BöB keine Kriterien nennt, unter welchen Voraussetzungen die aufschiebende Wirkung erteilt werden kann, wendet das Bundesverwaltungsgericht die Grundsätze an, die in Anwendung von Art. 55 Abs. 2 VwVG entwickelt worden sind. Es geht davon aus, dass der Gesetzgeber eine individuelle Prüfung vorbehalten wollte und die aufschiebende Wirkung nicht nur ausnahmsweise zu gewähren ist (BVGE 2007/13 E. 2.1). Bei der Interessenabwägung hat es jedoch auch schon dem raschen Vollzug grundsätzlich ein erhebliches Gewicht eingeräumt (BVGE 2008/7 E. 3.4; zum Submissionsrecht vgl. die weiteren Hinweise hinten, Rz. 1933 f.). Weitere Beispiele für den Entzug der aufschiebenden Wirkung von Gesetzes wegen bilden Art. 111 UVG und Art. 24 Abs. 2 BankG. Art. 24 BankG regelt die Beschwerde der Gläubiger und der Eigner an das Bundesverwaltungsgericht betreffend Massnahmen bei Insolvenzgefahr und Bankenkonkurs. Die Beschwerde ist nur gegen die Genehmigung des Sanierungsplanes durch die FINMA sowie gegen Verwertungshandlungen zulässig. Die Erteilung der aufschiebenden Wirkung für Beschwerden gegen die Genehmigung des Sanierungsplanes ist ausgeschlossen (vgl. zu Art. 24 Abs. 2 BankG auch BVGer, Urteil B-1523/2009 vom 26.3.2009, E. 1 f.).

Über die aufschiebende Wirkung kann das Bundesverwaltungsgericht zwar auch von Amtes wegen entscheiden. Den Regelfall bildet jedoch ein entsprechender *Antrag in der Beschwerde* oder in der Vernehmlassung. Der Antrag kann aber jederzeit gestellt werden, somit auch noch während des laufenden Verfahrens, wobei in diesem Fall unter Umständen das überwiegende Interesse an der Gutheissung des Antrags besonders zu begründen ist (Moser/Beusch/Kneubühler, Bundesverwaltungsgericht, Rz. 2.218). Besteht für den entsprechenden *Antrag grosse Dringlichkeit,* sodass die 30-tägige Beschwerdefrist nicht abgewartet werden kann, ist es zulässig, zunächst bloss die Hauptanträge zu stellen sowie die Anträge um Anordnung über die aufschiebende Wirkung. Mit den Hauptanträgen wird erreicht, dass die Zuständigkeit infolge der Devolutivwirkung an das Bundesverwaltungsgericht übergeht (vgl. Seiler, Praxiskommentar VwVG, Art. 55 N. 116; vgl. demgegenüber Art. 80 Abs. 2 BZP, der aber im Verfahren vor Bundesverwaltungsgericht nicht anwendbar ist, Art. 19 VwVG). Die Begründung der Hauptanträge kann innert Rechtsmittelfrist nachgereicht werden (Art. 52 Abs. 1 VwVG). Allerdings sollte zumindest in den Hauptpunkten dargelegt werden, weshalb die Anfechtung erfolgt. Sodann sollten auch die wesentlichen Akten beigelegt werden (Merkli, Vorsorgliche Massnahmen, S. 420). Dieses Vorgehen drängt sich insbesondere auch dann auf, wenn derart grosse Dringlichkeit besteht, dass gleichzeitig der Erlass einer superprovisorischen Anordnung, somit vorab ohne Anhörung der Gegenpartei, beantragt werden muss.

1080

Das Bundesverwaltungsgericht urteilt über den Entzug oder die Wiederherstellung der aufschiebenden Wirkung in einem *summarischen Verfahren* aufgrund der Aktenlage und stützt sich auf den Sachverhalt, wie er sich aus den Akten ergibt. Die summarische Prüfung bedeutet, dass keine Beweise erhoben werden und die Beweisanforderungen herabgesetzt sind, indem die Glaubhaftmachung der Tatsachen genügt (BVGer, Urteile A-2841/2011 vom 16.8.2011, E. 3.3, A-4684/2010 vom 5.11.2010, E. 6.3, und A-515/2008 vom 4.6.2008, E. 3). Es ist zu beachten, dass entgegen der früheren Praxis die Rechtsprechung des EGMR dahin tendiert, Art. 6 Ziff. 1 EMRK auch auf Verfahren über vorsorgliche Massnahmen anzuwenden, was zu Weiterungen des Verfahrens führt, weil die Garantien von Art. 6 Ziff. 1 EMRK einzuhalten sind (EGMR, Urteil i. S. Micallef gegen Malta vom 15.10.2009 [Grosse Kammer], Nr. 17056/06). Dies steht im Widerspruch zu Sinn und Zweck der vorsorglichen Anordnungen, die regelmässig rasches Handeln erfordern. Der EGMR erlaubt jedoch, eine Güterabwägung zwischen der Dringlichkeit und dem Anspruch auf rechtliches Gehör vorzunehmen (vgl. BVGE 2012/6 E. 3.6). Der Entscheid über die aufschiebende Wirkung stellt eine Zwischenverfügung dar, die unter den Voraussetzungen von Art. 82 ff. BGG mit Beschwerde in öffentlich-rechtlichen Angelegenheiten beim Bundesgericht angefochten werden kann (vgl. BGE 138 II 501 E. 1.1).

1081

Dabei muss jedoch einerseits ein nicht wieder gutzumachender Nachteil gemäss Art. 93 Abs. 1 lit. a BGG nachgewiesen werden, und es kann andererseits aufgrund von Art. 98 BGG bloss die Verletzung verfassungsmässiger Rechte gerügt werden (vgl. dazu vorne, Rz. 571).

1082 Nach Art. 1 Abs. 3 VwVG sind die Absätze 2 und 4 von Art. 55 VwVG auch auf die letztinstanzlichen kantonalen Verfahren anwendbar, wenn über eine Verfügung im Sinn von Art. 5 VwVG entschieden wird. Das Bundesgericht hielt aufgrund des Wortlautes von Art. 1 Abs. 3 VwVG fest, dass die Kantone frei seien, ihren letztinstanzlichen Rechtsmittelentscheiden keine aufschiebende Wirkung zuzuerkennen, weshalb Art. 55 Abs. 1 VwVG nicht zur Anwendung komme (BGer, Urteil 2A.173/2005 vom 29.3.2005, E. 2.1). Ein klarer Wille des Gesetzgebers, Art. 55 Abs. 1 und 3 VwVG in der Aufzählung des Art. 1 Abs. 3 VwVG bewusst auszuschliessen, ist entgegen den Erwägungen des Bundesgerichts den Materialien allerdings nicht zu entnehmen (vgl. AB 1967 S 163, AB 1968 N 321). Sachlich vermag der Entscheid nicht zu überzeugen, weil er nicht beachtet, dass die aufschiebende Wirkung den Regelfall darstellen soll, und weil er verkennt, dass nicht nur private, sondern auch öffentliche Interessen gegen die sofortige Vollstreckbarkeit sprechen können.

B. Folgen des willkürlichen Entzugs

1083 Wird die aufschiebende Wirkung willkürlich entzogen oder in willkürlicher Weise nicht oder verspätet wiederhergestellt, so hat die Körperschaft oder die autonome Anstalt, in deren Namen die Behörde verfügt hat, dem Beschwerdeführer den entstandenen Schaden zu ersetzen (Art. 55 Abs. 4 VwVG). Diese Bestimmung ist nach der herrschenden Praxis und Lehre eine Spezialnorm zum Verantwortlichkeitsgesetz (vgl. Art. 3 Abs. 2 VG), obwohl unklar ist, ob der Gesetzgeber beim Erlass dieser Norm überhaupt vom Verantwortlichkeitsgesetz abweichen wollte (vgl. BBl 1965 II 1371). Im Gegensatz zu Art. 3 Abs. 1 VG verlangt der Wortlaut von Art. 55 Abs. 4 VwVG nicht bloss Widerrechtlichkeit, sondern Willkür als Voraussetzung der Haftung (vgl. BGE 100 Ib 494 E. 1; BGer, Urteil vom 17.9.1995, in: VPB 1986, Nr. 31 E. 3c). Die Praxis sieht den Grund für diese Einschränkung darin, dass die Behörden bei der Interessenabwägung, ob die aufschiebende Wirkung zu entziehen oder wiederherzustellen sei, über einen gewissen Spielraum verfügen und soweit als möglich aufgrund der Akten ohne zusätzliche Beweiserhebung zu entscheiden haben (vgl. BGE 100 Ib 494 E. 2). Das Bundesgericht macht jedoch die Haftung für einen Rechtsakt in Ausübung einer amtlichen Befugnis nach Art. 3 Abs. 1 VG von einer qualifizierten Widerrechtlichkeit abhängig. Der Rechtsakt muss danach nicht nur mit einem Rechtsmangel behaftet sein, sondern es muss gleichzeitig die Verletzung einer *wesentlichen* Amtspflicht vorliegen (BGE 132 II 305 E. 4.1; noch strenger BVGE 2009/57 E. 2.3.3; vgl. hinten, Rz. 1970). Damit dürfte jedoch eher Willkür im Sinne von Art. 55 Abs. 4 VwVG gegeben sein als die qualifizierte Widerrechtlichkeit gemäss Art. 3 Abs. 1 VG.

Diese Praxis zu Art. 3 Abs. 1 VG steht auch in Zusammenhang mit Art. 12 VG, wonach formell rechtskräftige Verfügungen im Verantwortlichkeitsverfahren nicht erneut geprüft werden sollen. Geht man davon aus, dass Art. 55 Abs. 4 VwVG eine Spezialbestimmung zum VG darstellt, ist Art. 12 VG allerdings nicht anwendbar. Die Widerrechtlichkeit der Anordnung über die aufschiebende Wirkung kann somit auch im Verantwortlichkeitsverfahren nach Art. 55 Abs. 4 VwVG überprüft werden, selbst wenn die Verfügung oder der Entscheid in der Hauptsache formell rechtskräftig geworden sind bzw. die Anordnung über die aufschiebende Wirkung nicht angefochten wurde (BGer, Urteil vom 17.9.1985, in: VPB 1986, Nr. 31 E. 3b). 1084

Nach dem Wortlaut von Art. 55 Abs. 4 VwVG ist die Staatshaftung demgegenüber ausgeschlossen, wenn die aufschiebende Wirkung in ungerechtfertigter Weise nicht entzogen oder ihre Wiederherstellung unzulässigerweise angeordnet wird. Die Tragweite dieses Ausschlusses ist nicht klar. Seiler (Praxiskommentar VwVG, Art. 55 N. 159 f. m.H. auf die verschiedenen Auffassungen) sieht darin eine Lücke im Gesetz: Der Wortlaut erwähne deshalb nur den Entzug oder die Nichtwiederherstellung bzw. verspätete Wiederherstellung der aufschiebenden Wirkung, weil der Gesetzgeber übersehen habe, dass ein Schaden auch wegen der aufschiebenden Wirkung einer Drittbeschwerde eintreten könne, und nicht, weil er diesen Fall abweichend regeln wollte. Im Hinblick darauf, dass die Staatshaftung im Bereich des öffentlichen Prozessrechts nur mit Zurückhaltung bejaht werden sollte, kann jedoch nicht ohne Weiteres eine Gesetzeslücke angenommen werden. 1085

Art. 55 Abs. 4 VwVG gilt nach Art. 1 Abs. 3 VwVG auch für die letztinstanzlichen kantonalen Verfahren. 1086

Art. 55 Abs. 4 VwVG bezweckt den Schutz der Einzelnen durch die Staatshaftung. Eine Verantwortlichkeit der privaten Parteien ist demgegenüber nicht vorgesehen. Im Zivilprozessrecht besteht – je nach Ausgang des Verfahrens – eine Kausalhaftung der unterliegenden Partei (vgl. etwa Art. 84 Abs. 1 BZP). Angesichts der unterschiedlichen Interessenlage im öffentlich-rechtlichen Streitverfahren kann aber nicht von einer Lücke im Gesetz ausgegangen und eine den zivilprozessualen Regeln entsprechende Haftung angenommen werden. Eine allfällige Haftung der Privaten richtet sich somit ausschliesslich nach Art. 41 OR (vgl. Häner, Vorsorgliche Massnahmen, S. 402 f.; ebenso Kiener, VwVG-Kommentar, Art. 55 Rz. 34; Baumberger, Aufschiebende Wirkung, S. 234 ff.). 1087

C. Andere vorsorgliche Massnahmen

Der Entzug der aufschiebenden Wirkung gehört nach dem VwVG zwar zu den vorsorglichen Massnahmen (vgl. Randtitel zu Art. 55 VwVG). Diese Mass- 1088 nahme genügt aber nicht in allen Fällen, um einen tatsächlichen oder rechtlichen Zustand unverändert zu erhalten, das Streitobjekt zu sichern oder einen gefährlichen Zustand zu beseitigen. Deshalb kann das Bundesverwaltungsgericht auch andere vorsorgliche Massnahmen anordnen (Art. 56 VwVG; vgl. dazu auch vorne, Rz. 559 ff.).

1089 Art. 56 VwVG erlaubt, im Beschwerdeverfahren eine dem Einzelfall angepasste Lösung zu treffen, während bei der aufschiebenden Wirkung kaum Differenzierungen möglich sind (ausser bei deren Teilentzug). Mit dem Erlass vorsorglicher Massnahmen kann allenfalls eine weniger weit reichende Lösung getroffen werden. Sodann ist die Anordnung von vorsorglichen Massnahmen unter Umständen bei negativen Verfügungen notwendig, bei welchen die aufschiebende Wirkung nicht zum Tragen kommt, zum Beispiel, wenn das BAKOM die Aufschaltverpflichtung des Kabelnetzbetreibers für die Verbreitung eines Fernsehprogrammes verneint hat (BVGer, Urteil A-8624/2007 vom 15.1.2008, E. 4; vgl. auch BVGer, Urteil A-667/2010 vom 31.5.2011, E. 3.2.1). Bei Feststellungsverfügungen können sich vorsorgliche Massnahmen aufdrängen, wenn die Feststellungsverfügung keine direkte Rechtsfolge zeitigt und damit auch die aufschiebende Wirkung nicht weiterhilft. So hat das Bundesverwaltungsgericht geprüft, ob Pokerturniere gestützt auf Art. 56 VwVG zu verbieten sind, bis über deren rechtliche Qualifikation entschieden ist. Dies hat es im Zwischenentscheid B-547/2008 vom 19.3.2008, E. 4, jedoch abgelehnt.

1090 Wie vorne ausgeführt, wird die Zulässigkeit der vorsorglichen Massnahmen sinngemäss nach den Kriterien geprüft, wie sie für die Anordnungen über die aufschiebende Wirkung gelten (vgl. dazu vorne, Rz. 564 ff.): Es ist zu prüfen, ob die Erfolgsprognose in Bezug auf den Hauptsacheentscheid für den Erlass der vorsorglichen Massnahmen spricht, ob überzeugende Gründe für deren Anordnung vorhanden sind und ob die Massnahme verhältnismässig ist. Inhaltlich wird die vorsorgliche Massnahme zudem durch den Streitgegenstand beschränkt. Es kann mit der vorsorglichen Massnahme nicht mehr erreicht werden als in der Hauptsache (BVGer, A-4471/2007 vom 18.3.2008, E. 1). Die vorsorglichen Massnahmen müssen in einem sachlichen Zusammenhang mit dem Streitgegenstand stehen.

1091 Da Art. 56 VwVG keine Norm über die Verantwortlichkeit enthält, richtet sich die Haftung bei widerrechtlicher Anordnung ausschliesslich nach Art. 3 VG, wobei die Haftung bei einem Vermögensschaden nach der Praxis nur bei besonders schweren Fehlern, die in keiner Weise vertretbar sind, zum Tragen kommt und gleichzeitig eine Amtspflichtverletzung vorliegen muss (BGE 123 II 577 E. 4d). Zudem ist Art. 12 VG zu beachten. Die Haftung von Privaten kommt wiederum nur unter den Voraussetzungen von Art. 41 OR in Betracht.

1092 Art. 56 VwVG wird auch auf das letztinstanzliche kantonale Verfahren angewendet (BGE 117 V 185 E. 1c), wobei eine ausdrückliche gesetzliche Grundlage für die Anordnung von vorsorglichen Massnahmen auch im Beschwerdeverfahren nicht zwingend ist, wenn sich deren Zulässigkeit aus dem materiellen Recht ergibt.

V. Das Verfahren vor dem Bundesverwaltungsgericht

Literatur: BEUSCH MICHAEL, Rechtsschutz durch das Bundesverwaltungsgericht, Jusletter, 18.12.2006; COTTIER BERTIL, Le TAF face aux enjeux d'une communication judiciaire moderne: des activités transparentes, une jurisprudence accessible et des égards pour la presse, in: Ehrenzeller/Schweizer, Bundesverwaltungsgericht, S. 373 ff.; HEER MARIANNE/URWYLER ADRIAN (Hrsg.), Justiz und Öffentlichkeit, Bern 2007; KNEUBÜHLER LORENZ, Verfahren vor dem Bundesverwaltungsgericht – Spruchkörperbestimmung und Kognition, in: Ehrenzeller/Schweizer, Bundesverwaltungsgericht, S. 293 ff.; METZ MARKUS, Die Verwaltungsrechtspflege am Bundesverwaltungsgericht, in: Häner/Waldmann, Brennpunkte, S. 123 ff.; MOSER/BEUSCH/KNEUBÜHLER, Bundesverwaltungsgericht; SAXER URS, Transparenz und Öffentlichkeit des Bundesverwaltungsgerichts – Verwaltungsgerichtsbarkeit in der demokratischen Mediengesellschaft, in: Ehrenzeller/Schweizer, Bundesverwaltungsgericht, S. 403 ff.; STEIGER JÜRG, Verfahrensmaximen vor dem Bundesverwaltungsgericht. Dargestellt am Mehrwertsteuerverfahren, Der Schweizer Treuhänder 2011, S. 173 ff.; STUDER PETER, Medien, Gerichte und Kritik an Gerichten, in: Schindler/Sutter, Akteure, S. 339 ff.; WEISSENBERGER PHILIPPE, Das Bundesverwaltungsgericht, AJP 2006, S. 1491 ff.

1093

1. Grundsatz: Anwendbarkeit des VwVG

Gemäss Art. 37 VGG richtet sich das Verfahren vor dem Bundesverwaltungsgericht nach dem VwVG, soweit das VGG keine anderen Bestimmungen enthält (vgl. auch vorne, Rz. 796 f.). Dies ist in Bezug auf das Verfahren denn auch einzig für den Ausstand (Art. 38 VGG), für den Instruktionsrichter oder die Instruktionsrichterin (Art. 39 VGG), für die Parteiverhandlung (Art. 40 VGG) sowie für die Beratung (Art. 41 VGG) und die Urteilsverkündung (Art. 42 VGG) der Fall. Für den Ausstand verweist das VGG auf das BGG. In Bezug auf das weitere Verfahren gelten hingegen die Art. 54 ff. VwVG sowie die allgemeinen Verfahrensgrundsätze des VwVG, insbesondere Art. 12 ff. VwVG (unter dem Titel D, Feststellung des Sachverhalts) sowie die Bestimmungen über die Akteneinsicht nach Art. 26 ff. (Titel G) und über das rechtliche Gehör nach Art. 29 ff. (Titel H), soweit die Bestimmungen nicht spezifisch auf das erstinstanzliche Verfahren zugeschnitten sind (wie namentlich Art. 30a VwVG betreffend besondere Einwendungsverfahren).

1094

2. Ausstand

Literatur: GÜNGERICH ANDREAS, in: Seiler/von Werdt/Güngerich, Handkommentar BGG, Art. 34–38; HÄNER ISABELLE, in: Niggli/Uebersax/Wiprächtiger, Basler Kommentar BGG, Art. 34–38; KIENER REGINA, Richterliche Unabhängigkeit, Bern 2001; KIENER/RÜTSCHE/KUHN, Verfahrensrecht, N. 518 ff., 1322 ff.; MOSER/BEUSCH/KNEUBÜHLER, Bundesverwaltungsgericht, Rz. 3.58 ff.; RHINOW/KOLLER/KISS/THURNHERR/BRÜHL-MOSER, Prozessrecht, Rz. 459 ff.; RYTER MARIANNE, Gerichtsver-

1095

waltung und richterliche Unabhängigkeit: Überlegungen am Beispiel des Bundesverwaltungsgerichts, in: Verwaltungsorganisationsrecht – Staatshaftungsrecht – öffentliches Dienstrecht, Jahrbuch 2007, Bern 2008, S. 59 ff.

1096 Die Ausstandsbestimmungen schützen die richterliche Unabhängigkeit, wenn diese in einem konkreten Fall gefährdet ist (vgl. auch vorne, Rz. 806 ff.). Nach Art. 38 VGG sind dabei die Bestimmungen von Art. 34–38 BGG massgebend. Diese Bestimmungen gelten sowohl für die Richterinnen und Richter als auch für die Gerichtsschreiber und Gerichtsschreiberinnen. Art. 34 BGG spricht dementsprechend von Gerichtspersonen. Art. 34 ff. BGG unterscheiden nicht zwischen Ausstandsgründen, die von Amtes wegen zu beachten sind, und Ablehnungsgründen, die nur bei Einwänden der Parteien berücksichtigt werden müssen (Moser/Beusch/Kneubühler, Bundesverwaltungsgericht, Rz. 3.60).

1097 Die *Ausstandsgründe* sind in Art. 34 BGG ausnehmend detailliert geregelt und lehnen sich an diejenigen von Art. 10 VwVG an. Moser/Beusch/Kneubühler (Bundesverwaltungsgericht, Rz. 3.63) weisen indessen zu Recht darauf hin, dass die Ausstandsgründe funktioneller oder organisatorischer Natur selten sein dürften, weil die Unvereinbarkeitsbestimmungen von Art. 6 und Art. 8 VGG sehr eng sind und anderweitige Erwerbstätigkeiten, namentlich auch die berufsmässige Rechtsvertretung vor Gericht, ausgeschlossen sind (Art. 6 Abs. 2–4 VGG). Damit steht der Auffangtatbestand von Art. 34 Abs. 1 lit. e BGG im Vordergrund, wonach der Ausstand aus anderen Gründen geboten sein kann. Bei der Auslegung und Konkretisierung von Art. 34 Abs. 1 lit. e BGG kann auf die aufgrund von Art. 30 BV ausgebildete Praxis zurückgegriffen werden (BVGE 2007/5 E. 2.2).

1098 Demzufolge genügt jeder Grund, welcher den *Anschein der Befangenheit* oder objektive Zweifel an der Unvoreingenommenheit des Gerichts erweckt. Es kann diesbezüglich auf die bundesgerichtliche Praxis verwiesen werden (BGE 138 I 1 E. 2.2). Das Bundesverwaltungsgericht hat sich bereits in zahlreichen Urteilen mit Ausstandsbegehren auseinandergesetzt, die sich gegen seine Gerichtspersonen richteten (grundlegend BVGE 2007/5). In Anlehnung an die Praxis des Bundesgerichts betont auch das Bundesverwaltungsgericht das Spannungsfeld zwischen der Ausstandsregelung und dem Anspruch auf das gesetzmässige Gericht, auf welchen sich insbesondere eine private Gegenpartei berufen kann. Der Ausstand muss deshalb die Ausnahme bleiben. Die persönliche Unabhängigkeit der Richterinnen und Richter ist zu vermuten (BVGer, Urteil A-4650/2011 vom 10.10.2011, E. 1.2). Das Ausstandsbegehren kann sich nicht gegen das Gericht als Ganzes oder gegen eine Abteilung des Bundesverwaltungsgerichts richten, sondern nur gegen die einzelnen Gerichtspersonen. Unter ausserordentlichen Umständen können allerdings alle Mitglieder einer Behörde – bzw. des Gerichts oder einer Abteilung – befangen sein (vgl. BGer, Urteil 8C_712/2011 vom 18.10.2011, E. 3; BGE 122 II 471 E. 3b; BVGE 2008/13; Moser/Beusch/Kneubühler, Bundesverwaltungsgericht, Rz. 3.70). Weil die gesetzliche Verfahrensordnung vorgeht, ist es auch unzulässig, dass eine Gerichtsperson in den Ausstand tritt, ohne dass ein Ausstandsgrund tatsächlich gegeben ist, um beispielsweise Schwierigkeiten zu vermeiden (Moser/Beusch/Kneubühler, Bundesverwaltungsgericht, Rz. 3.71).

Die vom Bundesverwaltungsgericht entschiedenen Fälle betreffen häufig die Frage der *Vorbefassung,* weil eine Richterin oder ein Richter bereits in einem anderen Verfahren mit derselben oder einer sehr ähnlichen Sache befasst war. Die Mitwirkung beispielsweise an einem Pilotfall stellt indessen keinen ausreichenden Ausstandsgrund dar. Eine angeblich falsche Rechtsauffassung begründet ebenfalls noch keine Ausstandspflicht. Es müssten vielmehr krasse und wiederholte Irrtümer in der Beurteilung vorliegen (BVGer, Urteil A-6947/2010 vom 14.1.2011, E. 2.2 und 3.3). Ebenfalls keine unzulässige Vorbefassung liegt vor, wenn der betreffende Richter den beantragten Entzug der aufschiebenden Wirkung mit einer Zwischenverfügung abgelehnt und damit über vorsorgliche Massnahmen entschieden hat. Auch dies entspricht der bundesgerichtlichen Rechtsprechung (BVGE 2007/5 E. 3; BVGer, Urteil A-6354/2010 vom 16.9.2010, E. 3; BGE 131 I 113 E. 3.6). Dasselbe gilt, wenn ein Entscheid über die unentgeltliche Rechtspflege ergangen ist (BVGer, Urteil C-5128/2011 vom 21.11.2011, E. 3; BGE 131 I 113 E. 3.7). Das Bundesverwaltungsgericht beruft sich in all diesen Fällen jeweils auch auf Art. 34 Abs. 2 BGG. Danach bildet die Mitwirkung in einem früheren Verfahren des Bundesgerichts für sich allein keinen Ausstandsgrund. 1099

Keine unzulässige Vorbefassung sieht das Bundesgericht sodann im Referentensystem, bei welchem der Referent bzw. die Referentin der Kammer aufgrund der Akten einen Antrag unterbreitet. Dieser Antrag wird vorerst allein aufgrund der Akten erstellt und steht unter dem Vorbehalt der Erkenntnis der Parteiverhandlung und der Meinungsbildung in der Kammer. Der Antrag bildet somit einen Teil des Erkenntnisprozesses. Problematisch ist es jedoch, diese Ansicht Dritten oder den nicht vertretenen Prozessparteien mitzuteilen, weil diesen der Prozess der richterlichen Entscheidfindung wenig geläufig ist (vgl. BGE 134 I 238 E. 2.3). Unzulässig war es jedenfalls, dass der Referent im konkreten Fall auf eigene Initiative mit dem Rechtsvertreter Kontakt aufgenommen und seine Ansicht kundgetan hatte (E. 2.6). 1100

Nach Art. 36 Abs. 1 BGG ist das *Ausstandsbegehren* schriftlich zu stellen, sobald die Verfahrenspartei vom Ausstandsgrund Kenntnis erhalten hat. Erfolgt die Geltendmachung nicht unmittelbar und lässt sich die gesuchstellende Partei auf das Gerichtsverfahren ein, ist der Anspruch verwirkt (vgl. dazu vorne, Rz. 205). 1101

Die den Ausstand begründenden Tatsachen sind glaubhaft zu machen. Die betroffene Gerichtsperson hat sich zu den Ausstandsgründen zu äussern. Bestreitet die betreffende Gerichtsperson die Ausstandspflicht, so entscheidet die zuständige Abteilung unter Ausschluss der betreffenden Gerichtsperson. Der Entscheid über den Ausstand ergeht in einer anfechtbaren Zwischenverfügung, 1102 die unter den Voraussetzungen von Art. 82 ff. und insbesondere Art. 92 BGG vor Bundesgericht anfechtbar ist. Wird die Zwischenverfügung nicht angefochten, kann später nicht mehr darauf zurückgekommen werden (Art. 92 Abs. 2 BGG). Aus diesem Grund entscheidet das Bundesverwaltungsgericht über ein Ausstandsbegehren in Dreierbesetzung, wie wenn ein Endentscheid gefällt wird (Art. 32 VGR; BVGer, Urteil A-6354/2010 vom 16.9.2010, E. 1.2). Dabei kann über das Ausstandsbegehren ohne Anhörung der Gegenpartei entschieden werden (Art. 37 Abs. 2 BGG). Amtshandlungen, an denen eine zum Ausstand verpflichtete Gerichtsperson mitgewirkt hat, sind aufzuheben, sofern dies eine Partei innert fünf Tagen verlangt, nachdem sie vom Ausstandsgrund Kenntnis erhalten hat. Sind jedoch Beweismassnahmen nicht wiederholbar, darf darauf abgestellt werden. Wenn der Ausstandsgrund erst nach Abschluss des Verfahrens entdeckt wird, gelten die Bestimmungen über die Revision (Art. 38 BGG). Die *formelle Natur* des Anspruchs auf ein unabhängiges und unparteiliches Gericht hat das Bundesgericht in einem Fall, der allerdings eine besondere Konstellation betraf, präzisiert (vgl. BGE 124 I 255 E. 5d). Doch führt die Verletzung der Ausstandsregeln nicht ohne Weiteres zur Annahme der Nichtigkeit des Entscheids. So verneinte das Bundesgericht die Nichtigkeit eines kantonalen Entscheids über Nachlasssteuern, an dem ein Richter mitgewirkt hatte, der in bedeutendem Mass persönlich betroffen war, weil er ein Verfahren zu gewärtigen hatte, in dem sich die zu beantwortende Rechtsfrage ebenfalls stellte. Es begründete dies damit, dass der persönliche Vorteil nur indirekter Natur und zudem in steuerrechtlichen Verfahren eine gewisse Reflexwirkung ohnehin systemimmanent sei. Dabei spielte aber auch eine Rolle, dass die betreffende Steuer aufgehoben worden war und die kantonalen Behörden, die den Ausstand geltend gemacht hatten, einen neuen Entscheid in der Sache provozieren konnten (BGE 136 II 383 E. 4.4 f.).

1103   Auch wenn das Bundesgericht gestützt auf Art. 30 BV die Praxis entwickelt hat, dass eine *Bekanntgabe des Spruchkörpers* vor der Urteilsfällung nicht notwendig ist, entspricht es zumindest teilweise der Praxis des Bundesverwaltungsgerichts, die Zusammensetzung des Spruchkörpers vorweg bekannt zu geben und den Verfahrensbeteiligten Frist zur Stellungnahme einzuräumen. Art. 32 Abs. 4 VGR überlässt die vorgängige Bekanntgabe der Zusammensetzung des Spruchkörpers den Abteilungen (vgl. Moser/Beusch/Kneubühler, Bundesverwaltungsgericht, Rz. 3.56). Dieses Vorgehen des Bundesverwaltungsgerichts ist nicht nur im Hinblick auf die Prozessökonomie geboten, sondern ebenso zur effektiven Durchsetzung von Art. 30 Abs. 1 BV. Gemäss der bundesgerichtlichen Praxis genügt es zur Geltendmachung von Ausstandsgründen, wenn die Namen der – möglicherweise – im Spruchkörper mitwirkenden Richterinnen und Richter aus einer Publikation hervorgehen. Mit andern Worten genügt es, die Mitglieder des Gerichts aufzulisten und diese Liste zu veröffentlichen (BGer, Urteile 2C_8/2010 vom 4.10.2010, E. 2, und 1C_388/2009 vom 17.2.2010, E. 4.1; BGE 128 V 82 E. 2b; vgl. vorne, Rz. 197, 437).

3. Instruktion und Beweisverfahren

Literatur: KIENER/RÜTSCHE/KUHN, Verfahrensrecht, N. 1143 ff.; MOSER/BEUSCH/KNEUBÜHLER, Bundesverwaltungsgericht, Rz. 3.8 ff., 3.37, 3.56; RHINOW/KOLLER/KISS/THURNHERR/BRÜHL-MOSER, Prozessrecht, Rz. 1641 ff.; WEISSENBERGER PHILIPPE, Das Bundesverwaltungsgericht, AJP 2006, S. 1491 ff., 1513 f.

1104

Die Instruktion umfasst die Abwicklung des Verfahrens vom Beginn der Rechtshängigkeit bis zur Entscheidung. Das Instruktionsverfahren hat einerseits gemäss der Untersuchungsmaxime die Sammlung des Tatsachenmaterials, andererseits die Anhörung der Parteien zum Gegenstand. Im Einzelnen sind der Schriftenwechsel durchzuführen und die Vernehmlassungsfristen anzusetzen; die Beweise müssen gesammelt werden, und es ist Antrag zum Beschwerdentscheid zu stellen. Die Instruktion obliegt, als Ausdruck des Amtsbetriebs, der Beschwerdeinstanz.

1105

Gemäss Art. 39 Abs. 1 VGG obliegt die Instruktion der Präsidentin oder dem Präsidenten der Abteilung. Es kann aber auch eine andere Richterin oder ein anderer Richter damit betraut werden, was in der Praxis der Regelfall ist (Moser/Beusch/Kneubühler, Bundesverwaltungsgericht, Rz. 3.56).

1106

Der Instruktionsrichter bzw. die Instruktionsrichterin ist zuständig zum Erlass der prozessleitenden Zwischenverfügungen, wobei über die selbständig anfechtbaren Zwischenverfügungen gemäss Art. 45 Abs. 1 VwVG der gesamte Spruchkörper zu entscheiden hat (vgl. vorne, Rz. 1102). Das Instruktionsverfahren beginnt im Regelfall damit, dass der Kostenvorschuss gemäss Art. 63 Abs. 4 VwVG eingezogen wird. Ist der Kostenvorschuss geleistet, wird der Vorinstanz und allfälligen Gegenparteien Frist zur Vernehmlassung angesetzt (Art. 57 VwVG). Ob die Fristansetzung zur Stellungnahme gleichzeitig mit der Einforderung des Kostenvorschusses angesetzt wird, steht im Ermessen des Instruktionsrichters bzw. der Instruktionsrichterin. Wenn die beschwerdeführende Partei vorsorgliche Massnahmen beantragt hat (Art. 55 f. VwVG; vorne, Rz. 1080), wird der Gegenpartei bzw. der Vorinstanz regelmässig vor Eingang des Kostenvorschusses Frist zur Stellungnahme angesetzt. Die instruierende Gerichtsperson ist ebenso zuständig, um über die vorsorglichen Massnahmen zu entscheiden. Erachtet sie nach Eingang der Vernehmlassung zur Hauptsache bzw. der Beschwerdeantwort die Ausführungen der Parteien als ausreichend zur Entscheidung des Falles, stellt sie die Vernehmlassung bzw. Beschwerdeantwort der beschwerdeführenden Partei zur Kenntnisnahme zu, allenfalls mit einem entsprechenden Hinweis (z.B. «der Schriftenwechsel ist grundsätzlich geschlossen»; es ist indessen aufgrund des Replikrechts bei solchen Hinweisen Vorsicht geboten: BGE 133 I 100 E. 4.8). Im Regelfall werden in dieser Zustellungverfügung keine weiteren Anordnungen getroffen. Das Gericht behält sich aber regelmässig vor, weitere Instruktionsmassnahmen zu treffen (Frank Seethaler/Kaspar Plüss, in:

1107

Waldmann/Weissenberger, Praxiskommentar VwVG, Art. 57 N. 1). Das Replikrecht bleibt stets vorbehalten (vgl. nachfolgend Rz. 1119 sowie vorne, Rz. 527).

1108 Der Instruktionsrichter oder die Instruktionsrichterin leitet insbesondere auch das Beweisverfahren, welches im Regelfall nach Abschluss des Schriftenwechsels durchgeführt wird, es sei denn, es gehe um eine einzelne Frage, von deren Beantwortung das weitere Verfahren abhängt. Dies kann insbesondere Eintretensfragen betreffen.

1109 In Bezug auf die Beweismittel kann auf das für das erstinstanzliche Verfahren Ausgeführte verwiesen werden (vgl. vorne, Rz. 468 ff.). Auch im Beschwerdeverfahren wird primär auf den Aktenbeweis abgestellt und ist namentlich die Zeugeneinvernahme subsidiärer Natur (Art. 14 Abs. 1 VwVG). Da die Einvernahme von Zeugen nur durch die in Art. 14 Abs. 1 VwVG aufgezählten Behörden vorgenommen werden kann, ist sie indessen unter Umständen durch das Bundesverwaltungsgericht nachzuholen (vgl. z.B. BVGE 2008/6, wo eine umfassende Zeugeneinvernahme stattgefunden hat, wie sich insbesondere aus E. 3.2.5 ergibt).

1110 Sind Zeugen einzuvernehmen oder ist ein Augenschein oder ein Parteiverhör durchzuführen, hat der Instruktionsrichter oder die Instruktionsrichterin eine zweite Richterin oder einen zweiten Richter zuzuziehen (Art. 39 Abs. 2 VGG). Das Bundesverwaltungsgericht behält sich vor, dass bei Bedarf der gesamte Spruchkörper anwesend sein kann (Bernhard Waldmann/Philippe Weissenberger, in: Waldmann/Weissenberger, Praxiskommentar VwVG, Art. 14 N. 42).

4. Schriftenwechsel und Parteiverhandlung

1111 *Literatur:* KIENER/RÜTSCHE/KUHN, Verfahrensrecht, N. 1147 ff.; LANTER MARKUS, *Formeller Charakter* des Replikrechts – Herkunft und Folgen, ZBl 2012, S. 167 ff.; MOSER ANDRÉ, in: Auer/Müller/Schindler, VwVG-Kommentar, Art. 57; MOSER/BEUSCH/KNEUBÜHLER, Bundesverwaltungsgericht, Rz. 3.161 ff.; SEETHALER FRANK/PLÜSS KASPAR, in: Waldmann/Weissenberger, Praxiskommentar VwVG, Art. 57; vgl. auch die in Rz. 1104 zitierte Literatur.

A. Schriftenwechsel

1112 Bevor die Beschwerdeinstanz den Schriftenwechsel anordnet, hat sie zu prüfen, ob die Beschwerde nicht von vornherein unzulässig ist (Art. 57 Abs. 1 VwVG). Dabei darf jedoch nur in offensichtlichen Fällen auf die Durchführung des Schriftenwechsels verzichtet werden, zumal in der Regel die Rechts- und Sachlage erst aus der Vernehmlassung und dem anschliessenden Beweisverfahren klar wird. Ist lediglich die Beschwerdeschrift mangelhaft, wird eine Nachfrist zur Verbesserung angesetzt (Art. 52 Abs. 2 und 3 VwVG; vorne, Rz. 1013).

1113 Zur *Vernehmlassung* werden die Vorinstanz und allfällige Gegenparteien (vgl. zum Mehrparteienverfahren vorne, Rz. 926) sowie allenfalls andere Beteiligte eingeladen. Im Gegensatz zu Art. 102 Abs. 2 BGG nennt Art. 57 Abs. 1 VwVG die beschwerdeberechtigten Behörden nicht. Diese können aber grundsätzlich als «weitere Beteiligte» ebenfalls eingeladen werden.

Ist dem Verfahren vor Bundesverwaltungsgericht ein internes Beschwerdeverfahren vorgeschaltet, wird die *Vor-Vorinstanz* nicht in die Vernehmlassung einbezogen, sondern allein die Vorinstanz, es sei denn, die Vor-Vorinstanz sei parteifähig (vgl. z.B. Art. 37 Abs. 2 ETH-Gesetz; vgl. auch vorne, Rz. 925). Die Vorinstanz wird gleichzeitig aufgefordert, die Akten nummeriert und mit einem Aktenverzeichnis versehen dem Bundesverwaltungsgericht zu überweisen. 1114

Die in Art. 57 Abs. 1 VwVG genannten *anderen Beteiligten* sind einerseits Personen, welche eine ausreichende Beziehungsnähe zum Streitgegenstand haben, die jedoch nicht zur Anerkennung der Parteistellung genügt. Sie können weder Anträge stellen noch kommen ihnen Parteirechte zu. Ihre Stellungnahmen können als Auskünfte von Drittpersonen im Sinn von Art. 12 lit. c VwVG berücksichtigt werden (BVGer, Urteil B-2257/2010 vom 15.10.2010, E. 2.2). Andererseits fallen unter den Begriff auch Behörden, welche sich im vorinstanzlichen Verfahren geäussert haben, was insbesondere in den koordinierten Verfahren (Art. 62a f. RVOG) häufig anzutreffen ist (zu den koordinierten Verfahren vorne, Rz. 408 ff.). Sodann fallen darunter auch Behörden, welche aufgrund einer besonderen gesetzlichen Bestimmung anzuhören sind. Kommissionen von Sachverständigen, die im erstinstanzlichen Verfahren anzuhören sind, können aufgrund von Art. 57 Abs. 1 VwVG ebenfalls in die Vernehmlassung einbezogen werden (vgl. Art. 47 Abs. 1 KVG; dazu BVGE 2010/25 E. 2.3.1; zum gleichlautenden Art. 102 Abs. 1 BGG: BGE 135 II 384 E. 1.2). 1115

Der Beizug von *Beigeladenen* kann sich ebenfalls auf Art. 57 Abs. 1 VwVG abstützen (BVGer, Urteile A-194/2011 und A-212/2011, je vom 25.4.2012, E. 4). Anspruchsgrundlage für die Betroffenen bildet jedoch der Anspruch auf rechtliches Gehör (dazu vorne, Rz. 929; BVGer, Urteil A-6154/2010 vom 21.10.2011, E. 3). 1116

Den zur Vernehmlassung Eingeladenen setzt das Gericht eine *Frist* an, die – um die Gleichbehandlung der Parteien zu gewährleisten – gleich lang sein sollte wie die Rechtsmittelfrist. Das Bundesgericht hat festgehalten, dass es gegen den Grundsatz der Waffengleichheit sowie gegen das Beschleunigungsgebot verstosse, wenn eine Beschwerdeinstanz im AHV/IV-Bereich eine viermonatige Vernehmlassungsfrist ansetzt (BGE 126 V 244 E. 4). Das Bundesverwaltungsgericht setzt die Vernehmlassungsfristen regelmässig auf ein bestimmtes Datum und nicht nach Tagen an, sodass die Gerichtsferien gemäss Art. 22a VwVG nicht gelten. Inwiefern es diese gleichwohl berücksichtigt, hängt vom konkreten Verfahren ab (aufgrund der Praxiserfahrung erscheint die Formulierung bei Moser/Beusch/Kneubühler, Bundesverwaltungsgericht, Rz. 3.39, wohl zu allgemein). 1117

Das Vernehmlassungsverfahren dient einerseits der *Wahrung des rechtlichen Gehörs*. Andererseits aber dient der Schriftenwechsel der Rechtsmittelinstanz der *Sachverhaltsabklärung*. Den Vorakten kommt dabei ein besonderer Stel- 1118 lenwert zu (BVGE 2010/11 E. 3). Ebenso kann das Vernehmlassungsverfahren zur richtigen Norminterpretation beitragen, wenn die Parteien rechtliche Ausführungen vortragen. An die Vernehmlassungen sind aus Gründen der Verfahrensfairness und der Gleichbehandlung der Verfahrensparteien (Art. 29 Abs. 2 BV) grundsätzlich dieselben inhaltlichen Anforderungen zu stellen wie an die Beschwerdeschrift (vgl. dazu vorne, Rz. 1007 ff.). Die zur Vernehmlassung Eingeladenen sind jedoch auch berechtigt, auf eine Vernehmlassung zu verzichten, sodass aufgrund der Akten entschieden wird. Bei den Vorinstanzen ist der Verzicht häufig anzutreffen; es wird alsdann auf die angefochtene Verfügung oder den angefochtenen Entscheid verwiesen.

1119   Art. 57 VwVG geht davon aus, dass im Regelfall ein einmaliger Schriftenwechsel genügt. Da gemäss der neueren Praxis des Bundesgerichts gestützt auf Art. 29 Abs. 1 BV in allen Gerichtsverfahren ein Recht besteht, sich zu jeder Eingabe der Gegenseite zu äussern, und der Schriftenwechsel einen Ausfluss des Anspruchs auf rechtliches Gehör darstellt, steht es den Verfahrensparteien zu, auf jede Eingabe wiederum eine weitere Eingabe einzureichen (Replikrecht). Das Bundesgericht – das hier die Praxis des EGMR zu Art. 6 Ziff. 1 EMRK übernimmt – hat diesen Anspruch mehrfach bestätigt (vgl. BGE 138 I 154 E. 2.3). Die Anforderungen an Gericht und Parteien dürften von der neueren Praxis geklärt worden sein: Das Gericht muss ausdrücklich auf das Replikrecht aufmerksam machen, wenn die Partei andernfalls nicht effektiv in der Lage ist, auf die ihr zugestellte Stellungnahme spontan zu replizieren. Dies kann namentlich der Fall sein, wenn die Partei nicht rechtskundig oder rechtskundig vertreten ist und das anwendbare Verfahrensgesetz einen zweiten (bzw. weiteren) Schriftenwechsel nicht als Regelfall vorsieht (vgl. EGMR, Urteil i.S. Schaller-Bossert gegen die Schweiz vom 28.10.2010, Nr. 41718/05, Ziff. 42 f.). Wenn von den Parteien indessen erwartet werden kann, dass sie die Praxis zum Replikrecht kennen – was auf rechtskundige bzw. rechtskundig vertretene Parteien zutrifft –, genügt dagegen eine Zustellung mit dem Vermerk «zur Kenntnisnahme» (jeweils auch zum Ganzen: BGE 138 I 484, E. 2; EGMR, Urteil i.S. Joos gegen die Schweiz vom 15.11.2012, Nr. 43245/07, Ziff. 27 ff.).

1120   Die Parteien sind gehalten, innert einer kurzen Frist – diese wird auf 10–15 Tage angesetzt – entweder die weitere Stellungnahme einzureichen oder aber beim Gericht eine Fristansetzung zur Stellungnahme zu verlangen. Andernfalls darf von einem Verzicht auf das Replikrecht ausgegangen werden. Die Lehrmeinungen sind hierzu etwas verschieden. So halten Moser/Beusch/Kneubühler (Bundesverwaltungsrecht, Rz. 3.49) eine zweiwöchige Frist für angemessen, gehen aber davon aus, dass die Parteien keine Fristansetzung verlangen sollten (zum Letzteren ebenso Moser, VwVG-Kommentar, Art. 57 Rz. 16). Seethaler/Plüss (Praxiskommentar VwVG, Art. 57 N. 51) sprechen von einer 10- bis 15-tägigen Frist. Erfahrungsgemäss ist das Bundesverwaltungsgericht indessen durchaus bereit, auf Antrag eine weitere (kurze) Frist anzusetzen (ebenso für das Bundesgericht BGE 132 I 42 E. 3.3.4).

Wenn eine Partei ihrer Gegenpartei eine Kopie ihrer Eingabe zur Information zustellt, ist die Gegenpartei gegebenenfalls nach Treu und Glauben zu einer Reaktion angehalten, weshalb sie sich etwa bei der Behörde nach der Eingabe zu erkundigen hätte, wenn ihr diese von der Behörde nicht zugestellt wird. Die Zustellung unter den Parteien kann aber nicht die Frist zur Replik auslösen. 1121

Es steht den zur Vernehmlassung Eingeladenen wie erwähnt frei, auf eine Vernehmlassung zu verzichten. Die Gegenparteien bleiben indessen als Parteien beteiligt und damit kostenpflichtig. Dies gilt auch für die Verfügungsadressaten, selbst wenn sie auf die Anfechtung einer sie benachteiligenden Verfügung verzichtet haben und die Beschwerdeführenden für die Verfügungsadressaten auftreten (Beschwerden pro Adressat). Die Verfügungsadressaten, die nicht selber Beschwerde führen, bezeichnet das Bundesverwaltungsgericht ebenfalls als Gegenpartei (BVGer, Urteil A-5646/2008 vom 13.8.2009, E. 3.2). Vgl. zur Kostenpflicht hinten, Rz. 1175. 1122

Das VwVG kennt das Instrument der *Anschlussbeschwerde* nicht; diese kann aber in der Spezialgesetzgebung vorgesehen sein. Unter «Anschlussbeschwerde» ist eine Beschwerde zu verstehen, welche während einer zusätzlichen Frist eingereicht werden kann, falls die Gegenpartei Beschwerde erhoben hat. Die Anschlussbeschwerde fällt typischerweise dahin, wenn die Gegenpartei die Beschwerde zurückzieht oder auf jene nicht eingetreten wird (vgl. Art. 78 Abs. 2 EntG; dazu hinten, Rz. 1951). 1123

Die Vernehmlassung kann demzufolge nicht die Funktion einer Anschlussbeschwerde übernehmen. Die Anträge haben sich folglich am Streitgegenstand zu orientieren (vgl. BGE 136 II 508 E. 1.3). Jedoch dürfen, soweit die reformatio in peius nach Art. 62 Abs. 2 VwVG zulässig ist, auch Anträge zuungunsten der beschwerdeführenden Partei gestellt werden. Dabei muss allerdings der Sachzusammenhang zum Streitgegenstand, wie er von der beschwerdeführenden Partei bestimmt wird, gewahrt werden. Solche Anträge haben eher den Charakter einer prozessualen Anregung. Kann auf das Rechtsmittel nicht eingetreten werden oder wird die Beschwerde zurückgezogen, so fallen sie dahin. Der Gegenpartei steht es jedoch frei, bei gegebenen Voraussetzungen das Rechtsmittel selbständig einzulegen. 1124

Im Schriftenwechsel dürfen im Rahmen des Streitgegenstandes neue Tatsachen und Beweismittel vorgebracht werden, die berücksichtigt werden müssen, wenn sie ausschlaggebend sind. Dies ist selbst dann der Fall, wenn sie verspätet vorgebracht werden, sofern keine nachlässige Prozessführung vorliegt (BGE 136 II 165 E. 4; zum Wortlaut von Art. 32 Abs. 2 VwVG vgl. vorne, Rz. 547). Unter diesem Vorbehalt steht auch das Replikrecht (vgl. zur strengeren Praxis des Bundesgerichts entsprechend dem engeren bundesgerichtlichen Verfahren: BGE 132 I 42 E. 3.3.4). 1125

B. Parteiverhandlung

1126 Nach Art. 57 Abs. 2 VwVG kann das Gericht eine mündliche Parteiverhandlung anberaumen. Anlässlich dieser Verhandlung kann das Bundesverwaltungsgericht insbesondere eine mündliche Befragung der Parteien im Sinn von Art. 12 lit. b VwVG durchführen. Der Vorteil der mündlichen Parteiverhandlung besteht darin, dass sich das Gericht über bestimmte Sachverhaltselemente ein differenzierteres Bild machen kann, als wenn bloss schriftliche Stellungnahmen eingeholt werden (vgl. BVGer, Urteil A-6567/2008 vom 7.4.2009, E. 5.2). Parteiverhandlungen können somit wesentlich zur Verbesserung des Rechtsschutzes beitragen.

1127 Art. 57 Abs. 2 VwVG ist von Art. 40 VGG zu unterscheiden, welcher in Konkretisierung von Art. 6 Ziff. 1 EMRK die grundsätzlich öffentliche Parteiverhandlung vorsieht, wobei eine solche laut Art. 40 Abs. 1 und 2 VGG nur in jenen Verfahren, welche in den Geltungsbereich von Art. 6 Ziff. 1 EMRK fallen, zwingend anzuordnen ist, sofern eine Partei es verlangt oder gewichtige öffentliche Interessen es rechtfertigen. Ansonsten steht die Anordnung einer öffentlichen Verhandlung im Ermessen des Gerichts. Die Beschränkung auf den Anwendungsbereich von Art. 6 Ziff. 1 EMRK ist ebenso fragwürdig wie die Bundesgerichtspraxis zu Art. 30 Abs. 3 BV (dazu vorne, Rz. 224).

1128 Häufig teilt das Bundesverwaltungsgericht das mündliche Verfahren in zwei Teile auf und führt zunächst eine Instruktionsverhandlung durch, indem es den Sachverhalt mittels Parteibefragung vervollständigt. Sofern sich eine Sache dafür eignet, führt das Gericht unter Umständen auch Vergleichsverhandlungen durch (vgl. Art. 33b VwVG; dazu hinten, Rz. 1149). Alsdann folgen die mündlichen Stellungnahmen bzw. Plädoyers. Das Gericht lässt regelmässig eine kurze Replik und eine Duplik zu. Das Besondere an diesen Verhandlungen ist, dass ausser den gestellten Anträgen die Stellungnahmen nicht protokolliert werden und das Gericht nur zuhört. Die Plädoyernotizen dürfen indessen dem Gericht eingereicht werden. Der Zweck der mündlichen Verhandlung wird denn auch vor allem darin gesehen, dass sich die Parteien noch einmal abschliessend zu einer Rechtssache äussern können, die bereits zur Entscheidungsreife gediehen ist (BVGer, Urteil A-4751/2011 vom 21.6.2012, E. 15.2). Zudem dient es dem Gericht auch, einzelne Punkte allenfalls in einem anderen Licht zu sehen (Moser/Beusch/Kneubühler, Bundesverwaltungsgericht, Rz. 3.175). Die Öffentlichkeit kann von den Verhandlungen ausgeschlossen werden, wenn es die Sicherheit, die öffentliche Ordnung, die Sittlichkeit oder das Interesse einer beteiligten Person erfordern (Art. 40 Abs. 3 VGG).

5. Verfahrensdisziplin

1129 Zur Wahrung der Verfahrensdisziplin kann die Beschwerdeinstanz Parteien oder deren Vertretung Verweise erteilen oder Ordnungsbussen bis zur Höhe von 500 Franken auferlegen (Art. 60 VwVG), wenn die Parteien oder deren Vertretung den Anstand verletzen oder den Geschäftsgang stören (Art. 60 Abs. 1 VwVG). Unnötige und unsachliche Äusserungen, die den Anstand verletzen, sind zu unterlassen, während Polemiken und Übertreibungen hinzunehmen sind, sofern sie sachbezogen erfolgen. Die verfahrensbeteiligten Verwaltungsbehörden haben, auch wenn sie als Partei auftreten, zudem eine gewisse Objektivität und im Vergleich zu Privaten erhöhte Zurückhaltung in der Ausdrucksweise zu üben. So stellte sich das Bundesverwaltungsgericht gegen ungebührliche Äusserungen einer Vorinstanz, da es auch darum geht, einer Verrohung des Stils der gerichtlichen Auseinandersetzung Einhalt zu gebieten. Das Gericht hat die betreffende Vorinstanz verwarnt (BVGer, Urteil A-372/2012 vom 25.5.2012, E. 3; vgl. auch BVGer, Urteil A-1454/2006 vom 26.9.2007, E. 1.5.1).

Aufgrund von Art. 60 Abs. 2 VwVG können im Fall von böswilliger oder mutwilliger Prozessführung auch Ordnungsbussen auferlegt werden. Art. 60 Abs. 3 VwVG bildet schliesslich die gesetzliche Grundlage zur Durchsetzung der Sitzungsordnung.

Wird ein Anwalt oder eine Anwältin disziplinarisch bestraft, löst dies die Meldepflicht an die zuständige kantonale Aufsichtsbehörde aus (Art. 15 Abs. 2 BGFA; Philippe Weissenberger, in: Waldmann/Weissenberger, Praxiskommentar VwVG, Art. 60 N. 71 ff.; Moser/Beusch/Kneubühler, Bundesverwaltungsgericht, Rz. 3.158).

6. Untersuchungsmaxime und Grundsatz der Rechtsanwendung von Amtes wegen

Literatur: vgl. die in Rz. 134 zitierte Literatur.

Im Beschwerdeverfahren vor Bundesverwaltungsgericht gilt, wie im nichtstreitigen Verwaltungsverfahren, der Grundsatz der *Untersuchung des Sachverhalts von Amtes wegen* (Art. 12 VwVG; BVGE 2010/11 E. 3). Das Bundesverwaltungsgericht legt seinem Entscheid den Sachverhalt zugrunde, wie er sich im Zeitpunkt des Entscheids verwirklicht hat und bewiesen ist.

Die richterliche Untersuchungspflicht wird zunächst durch den *Streitgegenstand begrenz*t. Sodann wird sie durch die *Mitwirkungspflichten* der Parteien gemäss Art. 13 VwVG eingeschränkt. Diese Bestimmung hat im Beschwerdeverfahren besonderes Gewicht, weil hier das Verfahren regelmässig durch eigenes Begehren eingeleitet wird oder Gegenparteien darin eigene Begehren stellen (Art. 13 lit. a–b VwVG). Sodann wirkt sich die *objektive Beweislastverteilung faktisch* einschränkend auf die Abklärungspflicht des Gerichts aus (vgl. aber vorne, Rz. 459 f.). Ferner kann das Bundesverwaltungsgericht eine Angelegenheit an die Vorinstanz zur weiteren Sachverhaltsermittlung zurückweisen, wenn es diese als unvollständig erachtet (vgl. als Beispiel: BVGer, Urteil B-6787/2011 vom 11.4.2012).

1135 Die Pflicht der Parteien, die *Beschwerde zu begründen,* begrenzt die Untersuchungspflicht ebenfalls (Art. 52 Abs. 1 VwVG). Dabei ist allerdings zu berücksichtigen, dass das Bundesverwaltungsgericht keine allzu strengen Anforderungen an die Substanziierung einer Beschwerde stellt (vgl. vorne, Rz. 1008), was die Pflicht, den Sachverhalt von Amtes wegen abzuklären, verstärkt, es sei denn, das Bundesverwaltungsgericht entscheide mit eingeschränkter Kognition (vgl. BVGE 2010/21 E. 5.1). Grundsätzlich ist das Bundesverwaltungsgericht aber nicht verpflichtet, Rechtsfragen nachzugehen, für welche sich weder aus den Parteivorbringen noch aus den Akten Anhaltspunkte ergeben. Dies gilt auch für die Untersuchung des Sachverhaltes (BVGer, Urteil 5101/2011 vom 5.3.2012, E. 6). Es ist somit nicht verpflichtet, die angefochtene Verfügung unter schlechthin allen infrage kommenden Aspekten zu prüfen. Ausgangspunkt der Prüfung bilden folglich stets die Parteivorbringen und die Akten (BVGer, Urteil C-376/2008 vom 27.11.2009, E. 2.2.3).

1136 Der Grundsatz der *Rechtsanwendung von Amtes wegen* ist Art. 62 Abs. 4 VwVG zu entnehmen. Der Wortlaut dieser Bestimmung besagt, dass die Rechtsmittelinstanz an die rechtliche Begründung der Parteibegehren nicht gebunden ist (Art. 62 Abs. 4 VwVG). Das Bundesverwaltungsgericht darf also seinen Entscheid anders begründen als die Parteien oder die Vorinstanz. Es kann dabei die Verfügung im Ergebnis gleich belassen, dieser aber andere Motive zugrunde legen (Motivsubstitution). Aus Art. 62 Abs. 4 VwVG folgt allerdings auch, dass sich die Beschwerdeinstanz bei der Rechtsanwendung grundsätzlich nicht auf die geltend gemachten Rügen beschränken darf (BVGE 2007/41 E. 2). Sie ist andererseits aber auch in dieser Hinsicht – wie in Bezug auf den Untersuchungsgrundsatz – nicht gehalten, nach allen möglichen Rechtsfehlern zu suchen; es müssen sich zumindest Anhaltspunkte aus den Parteivorbringen oder den Akten ergeben. Wiederum wird der Grundsatz der Rechtsanwendung von Amtes wegen in erster Linie vom Streitgegenstand, wie er von den Parteien bestimmt wird, begrenzt (vgl. BGE 136 II 457 E. 4.2; Thomas Häberli, in: Waldmann/Weissenberger, Praxiskommentar VwVG, Art. 62 N. 39). Die Parteien sind auf der anderen Seite befugt, im Rahmen der weiteren Rechtsschriften ihre *rechtliche Begründung zu ändern* (BGE 136 II 165 E. 4.2). Grundsätzlich wendet das Bundesverwaltungsgericht dasjenige Recht an, das im Zeitpunkt Geltung beanspruchte, in dem sich der rechtlich relevante Sachverhalt verwirklichte (Moser/Beusch/Kneubühler, Bundesverwaltungsgericht, Rz. 2.202). Das Übergangsrecht kann jedoch etwas anderes bestimmen. Die Praxis ist nicht immer eindeutig. Ist keine Übergangsbestimmung vorhanden, sollte das neue Recht nur dann Anwendung finden, wenn dies aus Gründen der öffentlichen Ordnung geboten ist (vgl. zum Ganzen eingehend Häfelin/Müller/Uhlmann, Verwaltungsrecht, Rz. 325 ff., die davon ausgehen, dass die Anwendung von neuem materiellen Recht nur zulässig ist, wenn auch der Widerruf der Verfügung zulässig wäre; zum intertemporalen Verfahrensrecht vgl. vorne, Rz. 130 ff.).

7. Besetzung des Spruchkörpers

Die Verteilung der Geschäfte überlässt das Gesetz dem Gericht (Art. 24 VGG). Das Bundesverwaltungsgericht geht nach einem EDV-gestützten Verfahren vor, das den Zuteilungsschlüssel gemäss Art. 31 Abs. 3 VGR berücksichtigt. Dieses Verfahren ist nicht ganz unproblematisch, weil damit eine Berücksichtigung von Sonderfällen ausgeschlossen ist. Auf der anderen Seite wird als Vorteil genannt, dass es nicht manipulierbar ist, was der Fairness im Verfahren diene (vgl. dazu Moser/Beusch/Kneubühler, Bundesverwaltungsgericht, Rz. 3.54 m.H.; vgl. auch die Revisionsbestrebungen im Kartellrecht, wonach die Fachkompetenz der Richterinnen und Richter zu berücksichtigen sein soll, BBl 2012 4001).

1137

Im Regelfall entscheidet das Gericht in Dreierbesetzung (Art. 21 Abs. 1 VGG). In Fünferbesetzung entscheidet das Gericht, wenn der Präsident oder die Präsidentin der Abteilung dies im Interesse der Rechtsfortbildung oder der Einheit der Rechtsprechung anordnet (Art. 21 Abs. 2 BGG; gemäss der Botschaft des Bundesrates zum KG-E soll dies auch für die erstinstanzlichen Entscheide über Anträge der Wettbewerbsbehörden gelten, BBl 2012 4001 f.). Den Mitgliedern des Spruchkörpers kommt in dieser Hinsicht ein Antragsrecht zu, so lange das Urteil noch nicht zustande gekommen ist (Art. 32 Abs. 2 VGR).

1138

Die Abteilungen des Gerichts sind je in zwei Kammern unterteilt (Art. 25 VGR). Dem jeweiligen Kammerpräsidenten bzw. der jeweiligen Kammerpräsidentin kommen im Wesentlichen die gleichen Kompetenzen zu wie dem Abteilungspräsidenten oder der Abteilungspräsidentin, welche ihrerseits gleichzeitig ein Kammerpräsidium innehaben (Art. 25 Abs. 3 VGR). Diese Bestimmungen im VGR stützen sich auf Art. 24 VGG ab.

1139

Der Instruktionsrichter oder die Instruktionsrichterin ist nach Art. 23 Abs. 1 VGG dann als Einzelrichter bzw. Einzelrichterin zuständig, wenn es um die Abschreibung von gegenstandslos gewordenen Verfahren oder das Nichteintreten auf offensichtlich unzulässige Rechtsmittel geht (vgl. etwa BVGer, Urteile B-1658/2008 vom 17.7.2008 und D-4425/2010 vom 25.6.2010). Art. 23 Abs. 2 VGG verweist zudem auf die spezialgesetzliche Regelung von Art. 85bis Abs. 3 AHVG sowie auf Art. 111 AsylG (vgl. Moser/Beusch/Kneubühler, Bundesverwaltungsgericht, Rz. 3.52).

1140

Geht es um eine *Praxisänderung* oder um ein *Präjudiz*, ist die Zustimmung aller betroffenen Abteilungen einzuholen (Art. 25 Abs. 1 und 2 VGG). Der Entscheid der betroffenen Abteilungen ist für die entscheidende Abteilung verbindlich (Art. 25 Abs. 3 VGR). Da es sich dabei um eine interne Meinungsbildung handelt, werden die Parteien dazu nicht angehört. Art. 25 Abs. 3 VGG weist ausdrücklich darauf hin, dass bei der Beschlussfassung keine Parteiver-

1141

handlung stattfindet, selbst wenn nicht der Zirkulationsweg gewählt wird. Allerdings bildet dieses Verfahren nicht allein eine gerichtsinterne Angelegenheit und sind die rechtsstaatlichen Garantien zu wahren, wie zum Beispiel die richterliche Unabhängigkeit gemäss Art. 30 BV. Der Beschluss der Abteilungen, der infolgt seiner Verbindlichkeit für den Entscheid relevant ist, gehört zu den Akten. Die beschwerdeführende Partei muss Gelegenheit erhalten, sich dazu zu äussern, falls für sie die Praxisänderung oder das gebildete Präjudiz unerwartet erfolgt. Nur in diesem Fall besteht auch die Möglichkeit des Beschwerderückzugs (zur sinngemäss gleichen Bestimmung von Art. 23 BGG: Giovanni Biaggini/Stephan Haag, in: Niggli/Uebersax/Wiprächtiger, Basler Kommentar BGG, Art. 23 Rz. 34 f.; zum Anspruch auf rechtliches Gehör in Bezug auf Rechtsfragen vgl. vorne, Rz. 530 f.).

8. Entscheidverfahren

1142 Im Regelfall entscheidet das Bundesverwaltungsgericht auf dem Weg der Aktenzirkulation. Das Zirkulationsverfahren leitet der Instruktionsrichter oder die Instruktionsrichterin (Art. 33 Abs. 2 VGR). Eine mündliche Beratung können der Abteilungspräsident oder die Abteilungspräsidentin bzw. eine Richterin oder ein Richter verlangen. Entscheidet eine Abteilung in Fünferbesetzung und ergibt sich keine Einstimmigkeit, hat das Gericht ebenfalls mündlich zu beraten. In diesem Fall kann der Abteilungspräsident oder die Abteilungspräsidentin anordnen, dass die Beratung öffentlich stattfindet (zum Ganzen Art. 41 VGG; Anschauungsbeispiel: BVGer, Urteil B-517/2008 vom 30.6.2009, Sachverhalt lit. H). Art. 41 VGG geht demnach weiter als Art. 6 Ziff. 1 EMRK (dazu vorne, Rz. 75 ff. sowie Rz. 224 ff.).

1143 Gemäss Art. 22 Abs. 1 VGG trifft das Gericht die Entscheide, Beschlüsse und Wahlen mit der absoluten Mehrheit der Stimmen. Einstimmigkeit ist nicht vorausgesetzt. Bei Entscheiden in den Rechtsmittelverfahren ist Stimmenthaltung nicht zulässig (Art. 22 Abs. 3 VGG). Zur Entscheidpublikation vgl. hinten, Rz. 1190.

VI. Beschwerdeentscheid

1144 *Literatur:* AUER CHRISTOPH, Streitgegenstand und Rügeprinzip im Spannungsfeld der verwaltungsrechtlichen Prozessmaximen, Bern 1997, S. 45 ff., 53 ff.; BEUSCH MICHAEL, in: Auer/Müller/Schindler, VwVG-Kommentar, Art. 63 f.; BÖCKLI PETER, Reformatio in pejus – oder der Schlag auf die hilfesuchende Hand, ZBl 1980, S. 97 ff.; CAMPRUBI MADELEINE, in: Auer/Müller/Schindler, VwVG-Kommentar, Art. 61 f.; CAVELTI ULRICH, Gütliche Verständigung vor Instanzen der Verwaltungsrechtspflege, AJP 1995, S. 175 ff.; GADOLA ATTILIO R., Die reformatio in peius vel melius in der Bundesverwaltungsrechtspflege – eine Übersicht der neuesten Rechtsprechung, AJP 1998, S. 59 ff.; GUCKELBERGER ANNETTE, Zur *reformatio* in peius vel melius in der schweizerischen Bundesverwaltungsrechtspflege nach der Justizreform, ZBl 2010, S. 96 ff.; GYGI, Bundesverwaltungsrechtspflege,

S. 320 ff.; HÄBERLI THOMAS, in: Waldmann/Weissenberger, Praxiskommentar VwVG, Art. 62; KAYSER MARTIN, in: Auer/Müller/Schindler, VwVG-Kommentar, Art. 65; KEISER DAGOBERT, Die reformatio in peius in der Verwaltungsrechtspflege, Zürich 1979; KIENER/RÜTSCHE/KUHN, Verfahrensrecht, N. 1538 ff., 1565 ff.; KNAPP BLAISE, L'effectivité des décisions de justice, ZBl 1985, S. 465 ff.; KNEUBÜHLER LORENZ, Die Kostenverlegung im Beschwerdeverfahren des Bundes, ZBl 2005, S. 449 ff.; MÄCHLER AUGUST, *Vertrag* und Verwaltungsrechtspflege, Zürich u.a. 2005, S. 155 ff.; MAILLARD MARCEL, in: Waldmann/Weissenberger, Praxiskommentar VwVG, Art. 63–65; MOOR/POLTIER, Droit administratif, Vol. II, S. 822 ff.; MOSER/BEUSCH/KNEUBÜHLER, Bundesverwaltungsgericht, Rz. 3.181 ff., 4.1 ff.; RHINOW/KOLLER/KISS/THURNHERR/BRÜHL-MOSER, Prozessrecht, Rz. 1676 ff., 1690 ff.; VOGEL OSCAR, *Eure Rede* aber sei: ja, ja, nein, nein; was darüber ist, das ist vom Übel (Matth. 5, 37) oder Die Bindung an den Rückweisungsentscheid, in: Festschrift 125 Jahre Kassationsgericht des Kantons Zürich, Zürich 2000, S. 133 ff.; WEISSENBERGER PHILIPPE, in: Waldmann/Weissenberger, Praxiskommentar VwVG, Art. 61; ZIMMERLI ULRICH, Zur reformatio in peius vel melius im Verwaltungsrechtspflegeverfahren des Bundes, in: Mélanges Henri Zwahlen, Lausanne 1977, S. 511 ff.; vgl. auch die Literatur in Rz. 615, 650, 666.

1. Formeller Entscheid

Fehlt es an den Prozessvoraussetzungen, fällt das Gericht einen *Nichteintretensentscheid*. Sind die Prozessvoraussetzungen nur für Teile der Beschwerde nicht erfüllt, ergeht insoweit ein Nichteintretensentscheid. Sind die Prozessvoraussetzungen aber gegeben, ergeht darüber in der Regel kein Zwischenentscheid. Will eine Gegenpartei ihr Vorliegen bestreiten, so hat sie den Endentscheid anzufechten, sofern die Beschwerde an das Bundesgericht ergriffen werden kann. (Zu den Prozessvoraussetzungen, namentlich auch zur Behandlung von Beschwerden gegen Nichteintretensentscheide vgl. auch vorne, Rz. 747 f.).

1145

Abschreibungsentscheide ergehen, soweit das Beschwerdeverfahren infolge Beschwerderückzugs, Anerkennung, Vergleichs oder wegen nachträglichen Dahinfallens des Streitgegenstandes oder des Rechtsschutzinteresses gegenstandslos wird. Die Gegenstandslosigkeit führt nicht unmittelbar zur Beendigung des Verfahrens; hierzu bedarf es des Abschreibungsentscheids (BVGer, Urteil A-2913/2010 vom 8.9.2010, E. 3.2; vgl. auch Art. 72 BZP). Zuständig ist der Instruktionsrichter als Einzelrichter (Art. 23 Abs. 1 lit. a VGG).

1146

Mit dem *Rückzug* der Beschwerde verzichtet die beschwerdeführende Partei auf die Überprüfung des Rechtsbegehrens mit der Folge, dass die Verfügung rechtskräftig wird. Die Zulässigkeit des Rückzugs ergibt sich aus der Dispositionsmaxime. Der Beschwerderückzug muss ausdrücklich, unmissverständlich und bedingungslos erfolgen (BGE 119 V 36 E. 1b). Zudem ist er endgültig unter Vorbehalt des Vertrauensschutzes (vgl. BGE 109 V 234 E. 3: Rückzug der Beschwerde nach dem Erlass einer erneuten, *nichtigen* Verfügung durch die erstinstanzliche Behörde) und sonstiger Willensmängel (vgl. auch zum Ganzen: BGer, Urteil 1C_19/2010 vom 17.9.2010, E. 3.1; BVGer, Urteil A-2913/2010 vom 8.9.2010, E. 3.1). Im letzteren Fall ist auf den Abschreibungsbeschluss zurückzukommen und das Verfahren wieder aufzunehmen, sofern für die Partei, die sich auf Willensmängel beruft, schwerwiegende Nachteile auf dem Spiel stehen

1147

und die Rechtssicherheit nicht in unannehmbarer Weise beeinträchtigt wird (BVGer, Urteil D-6006/2006 vom 18.3.2008, E. 1.2).

1148 Die verfügende Instanz *anerkennt* die Beschwerde, indem sie die Verfügung im Sinn der Beschwerdeanträge widerruft (vgl. vorne, Rz. 705).

1149 Der *Vergleich* zeichnet sich dadurch aus, dass die Parteien über den Streitgegenstand einen Vertrag schliessen, was voraussetzt, dass sie über den Gegenstand verfügen können. Infolge der zwingenden Natur des Verwaltungsrechts ist der Spielraum zwar eingeschränkt. Der Vergleich kann aber dort zugelassen werden, wo das materielle Recht vertragliches Handeln zulässt (vgl. vorne, Rz. 609). Auch einem Beschwerderückzug oder einer Wiedererwägung kann im Übrigen ein Vergleich zugrunde liegen. Zu unterscheiden ist zwischen dem *gerichtlichen* und dem *aussergerichtlichen* Vergleich (kritisch zur Eignung dieser Unterscheidung im Verwaltungsprozessrecht: Mächler, Vertrag, S. 283 f.; vgl. zum Folgenden Moser/Beusch/Kneubühler, Bundesverwaltungsgericht, Rz. 3.213 ff.):

– Beim gerichtlichen Vergleich schliessen die Parteien unter Mitwirkung des Gerichts einen verwaltungsrechtlichen Vertrag ab. Der gerichtliche Vergleich wird in Art. 33b VwVG (i.V.m. Art. 37 VGG) über die gütliche Einigung und die Mediation geregelt. Das bedeutet, dass das Bundesverwaltungsgericht die Vereinbarung auf ihre Übereinstimmung mit Art. 49 VwVG, also auch auf ihre Angemessenheit, überprüft (vgl. BVGer, Urteil A-8272/2008 vom 14.1.2010, E. 3.1). Analog geht das Gericht vor, wenn die Gegenpartei Beschwerdeanträgen zustimmt (BVGer, Urteil A-6522/2010 vom 18.3.2011, E. 5.2). Wird der Inhalt des Vergleichs gemäss Art. 33b Abs. 4 VwVG in den Abschreibungsentscheid aufgenommen, ist dieser wie ein Urteil vollstreckbar.

– Beim aussergerichtlichen Vergleich einigen sich die Parteien ohne Zutun des Gerichts, dem sie den Vergleich bloss mitteilen und die entsprechenden Anträge stellen. Der aussergerichtliche Vergleich stellt keinen Vollstreckungstitel dar.

1150 Eine Abschreibung wegen Gegenstandslosigkeit erfolgt schliesslich auch, wenn das Rechtsschutzziel nicht mehr erreicht werden kann. Dies ist der Fall, wenn das *Streitobjekt dahinfällt* – etwa wenn zum Beispiel auf eine Bewilligung, gegen deren Erteilung Dritte Beschwerde erhoben haben, verzichtet wird (vgl. Bundesrat, Entscheid vom 25.3.1992, in: VPB 1993, Nr. 16 E. 2; vgl. auch BGer, Urteil 1C_180/2012 vom 13.6.2012, E. 2.5), wenn ein Haus, für welches eine Umbaubewilligung erteilt wurde, zerstört wird oder wenn eine Person, deren höchstpersönliche Rechte im Streit liegen, stirbt (vgl. BGer, Urteil 2C_140/2012 vom 2.8.2012, E. 3). Dasselbe gilt, wenn das *aktuelle Rechtsschutzinteresse dahinfällt,* sofern nicht dennoch die Voraussetzungen für einen Sachentscheid gegeben sind (vgl. vorne, Rz. 946). Die Veräusserung des Streitgegenstandes führt nicht zur Gegenstandslosigkeit (BGer, Urteil 1C_231/2009 vom 7.5.2010, E. 1.2;

BGE 116 Ia 221 E. 1b; vgl. auch Art. 21 Abs. 2 BZP). Das Beschwerdeverfahren, das nicht berücksichtigte Anbietende gegen den Zuschlag im Vergabeverfahren anstrengen, wird mit dem Abschluss des Vertrags ebenfalls nicht gegenstandslos; vielmehr hat die Rechtsmittelinstanz einen Feststellungsentscheid zu fällen (Art. 32 Abs. 2 BöB; vgl. auch Art. 9 Abs. 3 BGBM, BGE 131 I 153 E. 1.2 sowie hinten, Rz. 1937, 1976).

2. Materieller Entscheid

A. Gutheissung oder Abweisung der Beschwerde; reformatorischer oder kassatorischer Entscheid

Der *materielle Sachentscheid* kann auf *Abweisung* oder *Gutheissung* der Beschwerde lauten. Dabei ist grundsätzlich auf den Sachverhalt abzustellen, wie er im Zeitpunkt des Entscheides vorliegt und bewiesen ist (vgl. BGE 136 II 165 E. 5.2; BVGer, Urteil C-8718/2007 vom 13.3.2009, E. 2.1). Es sind somit alle bis dahin eingetretenen Tatsachen und die Beweismittel zu berücksichtigen, soweit sie wesentlich sind und in Zusammenhang mit dem Streitgegenstand stehen. 1151

Weist das Bundesverwaltungsgericht die Beschwerde ab, wird der Abweisungsentscheid formell an die Stelle des vorinstanzlichen Entscheides gesetzt; inhaltlich stimmen der vorinstanzliche Entscheid und der Rechtsmittelentscheid aber überein. 1152

Heisst das Bundesverwaltungsgericht die Beschwerde hingegen ganz oder teilweise gut, so ist es grundsätzlich gehalten, in der Sache selbst zu entscheiden. Aus prozessökonomischen Gründen hat der Gesetzgeber die Beschwerde grundsätzlich *reformatorisch* ausgestaltet (vgl. als Beispiel: BVGer, Urteil A-667/2010 vom 1.3.2012, in: ZBl 2012, S. 358 E. 5.3). Es ist davon auszugehen, dass das kantonale Recht für kantonale Vorinstanzen nicht davon abweichen darf (vgl. Bundesrat, Entscheid vom 25.2.1987, in: VPB 1987, Nr. 51 E. 3). 1153

Das Bundesverwaltungsgericht darf gemäss Art. 61 Abs. 1 VwVG i.V.m. Art. 37 VGG nur ausnahmsweise *kassatorisch* entscheiden und die Sache an die Vorinstanz zurückweisen – wobei auch eine Aufhebung der vorinstanzlichen Entscheide ohne Rückweisung zulässig sein muss. Hat die unmittelbare Vorinstanz ihrerseits als Rechtsmittelinstanz entschieden, so kann auch an eine mittelbare Vorinstanz zurückgewiesen werden (sogenannte Sprungrückweisung). Die Rückweisung muss verbindliche Weisungen für den Einzelfall enthalten (BGer, Urteil 9C_476/2010 vom 24.11.2010, E. 3.3). Sofern diese nicht im Dispositiv enthalten sind, hat das Dispositiv auf die betreffenden Erwägungen zu verweisen. Dagegen sind in den Entscheid keine generellen Anweisungen, die nicht den konkreten Fall regeln, aufzunehmen. 1154

Die Beschwerdeinstanz verfügt bei der Anwendung von Art. 61 Abs. 1 VwVG gleichwohl über einigen Ermessensspielraum, ob sie eine *Rückweisung* an eine Vorinstanz vornehmen will (BGer, Urteil 2A.327/2006 vom 22.2.2007, E. 4.2). In 1155 der Regel ist dies angezeigt, wenn die Ermessensausübung betroffen ist, die das Bundesverwaltungsgericht nicht überprüft, oder auch, wenn weitere Tatsachen festgestellt werden müssen, namentlich wenn ein umfassendes Beweisverfahren durchzuführen ist: Obwohl der Rechtsmittelinstanz die Befugnis zusteht, weitere Sachverhaltsabklärungen zu treffen, ist es unter Umständen sachgerecht, wenn in diesem Fall die mit den örtlichen Verhältnissen besser vertraute oder sachlich kompetentere Behörde über die Angelegenheit entscheidet (vgl. BGer, Urteil 1C_277/2007 vom 30.6.2008, E. 2.2; BVGE 2010/21 E. 8.4). Im Verhältnis zwischen Gericht und Verwaltung darf die Rückweisung jedenfalls nicht einer Verweigerung des gerichtlichen Rechtsschutzes gleichkommen, was der Fall wäre, wenn es zur Abklärung des Sachverhalts gerichtlicher Beweismassnahmen bedarf (vgl. BGE 131 V 407 E. 2.1.1). Die Dauer des Verfahrens ist zu berücksichtigen (BVGE 2010/21 E. 8.4). Eine sachlich nicht gerechtfertigte Rückweisung kann unverhältnismässig sein und eine Rechtsverzögerung darstellen (BGer, Urteil 9C_476/2010 vom 24.11.2010, E. 3.3; BGE 131 V 407 E. 2.1.1).

1156 Zur Rückweisung kommt es ferner grundsätzlich immer dann, wenn die Vorinstanz einen Nichteintretensentscheid gefällt und keine materielle Prüfung vorgenommen hat (z.B. BVGer, Urteil B-6372/2010 vom 31.1.2011, E. 4.1). Hat sich die Vorinstanz jedoch in einer Eventualbegründung materiell zur Sache geäussert, kann die Beschwerdeinstanz auf die Rückweisung verzichten und in der Sache entscheiden (vgl. BVGer, Urteil C-8/2006 vom 23.9.2008, E. 6.2). Schliesslich ist eine Rückweisung grundsätzlich vorzunehmen, wenn die Vorinstanz Verfahrensgarantien, denen «formelle Natur» zugeschrieben wird, verletzt hat (vgl. eingehend vorne, Rz. 548 ff.).

1157 Gemäss der Praxis, die seit der Totalrevision der Bundesrechtspflege angewandt wird, sind Rückweisungsentscheide *den Zwischenentscheiden zuzuordnen* und demnach nur unter den Voraussetzungen von Art. 46 Abs. 1 VwVG bzw. Art. 93 Abs. 1 BGG anfechtbar (grundlegend: BGE 133 V 477 E. 4.2; vgl. auch BVGer, Urteil B-3133/2009 vom 13.11.2009, E. 1.1). Wenn jedoch der unteren Instanz kein Entscheidungsspielraum mehr verbleibt und die Rückweisung nur noch der Umsetzung der Anordnungen der oberen Instanz dient – etwa der Ausführung einer Berechnung –, liegt ein Endentscheid vor (BGE 138 I 143 E. 1.2; 134 II 124 E. 1.3; BVGer, Urteil A-7745/2010 vom 9.6.2011, E. 1.2.1). Der aufgrund der Rückweisung getroffene neue Entscheid der Vorinstanz kann mit allen zulässigen Rechtsmitteln angefochten werden. Fällt die Vorinstanz keinen neuen Entscheid, begeht sie eine formelle Rechtsverweigerung, wogegen sich die betroffene Partei mit Rechtsverweigerungsbeschwerde zur Wehr setzen kann (BGE 102 Ib 231 E. 2b).

1158 Unsicherheiten bestehen in Bezug auf den *Umfang der Bindungswirkung*. Die sozialversicherungsrechtlichen Abteilungen des Bundesgerichts und das Bundesverwaltungsgericht gehen davon aus, dass sie sich nur auf das Dispositiv des Rückweisungsentscheids und auf die Erwägungen, auf welche dieses verweist, erstreckt (BGE 113 V 159 E. 1c; BVGer, Urteil A-813/2010 vom 7.9.2011,

E. 1.3). Nach zutreffender Ansicht bezieht sie sich jedoch auf alle entscheidrelevanten Erwägungen des Rückweisungsentscheids, wobei sich aus dessen Begründung ergibt, wie weit sie reicht (vgl. Weissenberger, Praxiskommentar VwVG, Art. 61 N. 28; BGE 122 I 250 E. 2; 94 I 384 E. 2). Entgegen einer in Praxis und Lehre zum Verwaltungsprozessrecht häufig anzutreffenden Ansicht *ergibt sich die Bindung an den Rückweisungsentscheid* nämlich *nicht aus der Rechtskraft* und ist nicht mit dieser zu verwechseln: Der Rückweisungsentscheid entfaltet keine materielle Rechtskraft, soweit er einen Zwischenentscheid darstellt. Die Bindung an den Rückweisungsentscheid folgt vielmehr aus der Hierarchie der Instanzen und der Einheit des Verfahrens (vgl. Vogel, Eure Rede, S. 135 f.). Wird der neue Entscheid der Vorinstanz wiederum angefochten, ist auch die Rechtsmittelbehörde gemäss der Praxis des Bundesgerichts und des Bundesverwaltungsgerichts an die entscheidwesentlichen Erwägungen im Rückweisungsentscheid gebunden (BGer, Urteil 2C_465/2011 vom 10.2.2012, E. 1.4; BVGer, Urteil A-7745/2010 vom 9.6.2011, E. 1.2.2 m.H.). Die Praxis scheint Ausnahmen allenfalls zuzulassen, wenn andernfalls das Ergebnis höchst stossend wäre (Weissenberger, Praxiskommentar VwVG, Art. 61 N. 28); jedenfalls müssten eigentliche Revisionsgründe vorbehalten bleiben.

Bei allen Entscheidformen ist denkbar, dass sachlich notwendige *zusätzliche Feststellungen und Anordnungen* ins Dispositiv aufgenommen werden, zum Beispiel die Anordnung zuhanden der erstinstanzlichen Behörde, eine neue Frist zur Ausreise aus der Schweiz oder zur Wiederherstellung des rechtmässigen Zustands anzusetzen, wenn die Beschwerde gegen eine entsprechende Verfügung abgewiesen wird. 1159

Zum besonderen Fall des *Appellentscheids* im Fall der Normenkontrolle vgl. hinten, Rz. 1644 ff. Die entsprechende Praxis kann nicht nur vom Bundesgericht angewandt werden (vgl. BGer, Urteil 2C_670/2008 vom 27.11.2008, E. 6.1, mit Bezug auf kantonale Gerichte). Allerdings kann das Bundesverwaltungsgericht nur die konkrete Normenkontrolle ausüben. 1160

B.   Reformatio in peius vel melius; keine Bindung an Parteibegehren

Art. 62 VwVG i.V.m. Art. 37 VGG regelt die Frage, ob sich der Entscheid des Bundesverwaltungsgerichts innerhalb der Grenzen halten muss, die einerseits durch den vorinstanzlichen Entscheid und andererseits durch die Begehren der beschwerdeführenden Partei abgesteckt werden. Geht der Beschwerdeentscheid zugunsten der beschwerdeführenden Partei über deren Begehren hinaus, spricht man von einer *reformatio in melius*. Lautet er dagegen für die beschwerdeführende Partei ungünstiger als der Entscheid der Vorinstanz, liegt eine *reformatio in peius* vor. 1161

Die reformatio in peius vel melius ist nach Art. 62 VwVG i.V.m. Art. 37 VwVG grundsätzlich zulässig. Damit wird die Dispositionsmaxime zugunsten der Offizialmaxime eingeschränkt und die Verwirklichung des objektiven Rechts über 1162 die individuellen Rechtsschutzinteressen gestellt. Dies schliesst nicht aus, dass einer solchen Regelung auch eine Schutzfunktion zugunsten der schwächeren Partei – wie sie namentlich im sozialversicherungsrechtlichen Verfahren anzutreffen ist – zukommt. Eine *reformatio in melius* ist in jedem Fall zulässig (Art. 62 Abs. 1 VwVG, wobei die Formulierung dieser Bestimmung unglücklich ist). Bei einer *reformatio in peius* dagegen müssen bestimmte gesetzliche Voraussetzungen erfüllt sein: Die angefochtene Verfügung muss Bundesrecht verletzen oder auf einer unrichtigen oder unvollständigen Sachverhaltsfeststellung beruhen. Wegen Unangemessenheit darf hingegen die Rechtsstellung einer Partei nur dann zu deren Nachteil geändert werden, wenn sich die Änderung zugunsten einer Gegenpartei auswirkt (Art. 62 Abs. 2 VwVG). Eine reformatio in peius wegen Unangemessenheit ist somit nur im Mehrparteienverfahren zulässig.

1163 Als «*Gegenparteien*» im Sinn von Art. 62 Abs. 2 VwVG gelten insbesondere private Parteien sowie Behörden bzw. Gemeinwesen, die eigene Interessen vertreten (so wohl auch Moser/Beusch/Kneubühler, Bundesverwaltungsgericht, Rz. 3.200 Fn. 500 m.H.; vgl. auch BGE 120 V 95 E. 5b), ferner andere am vorinstanzlichen Verfahren Beteiligte, soweit sie im Beschwerdeverfahren eigene Anträge gestellt haben (vgl. Art. 6 VwVG i.V.m. Art. 48 VwVG). Die verfügende Behörde als Vorinstanz ist nicht mitgemeint.

1164 Ob eine reformatio in peius vel melius vorzunehmen ist, ist eine Ermessensfrage (vgl. BGE 119 V 241 E. 5; BVGer, Urteil B-532/2010 vom 13.4.2011, E. 8; a.M. Häberli, Praxiskommentar VwVG, Art. 62 N. 15 und 24). Praxis und Lehre haben allerdings hierfür bestimmte Kriterien entwickelt. Die reformatio in melius ist im Mehrparteienverfahren mit Zurückhaltung vorzunehmen, wenn sie zu einer Verschlechterung für eine private Gegenpartei führen würde (BGer, Urteil 2A.325/2006 vom 13.2.2007, E. 5.2). Eine reformatio in peius nimmt die Praxis generell nur zurückhaltend vor: Es wird vorausgesetzt, dass der angefochtene Entscheid offensichtlich unrichtig und die Korrektur von erheblicher Bedeutung ist (BGE 108 Ib 227 E. 1b; BVGer, Urteil A-1518/2006 vom 6.11.2008, E. 6.2). Das Bundesverwaltungsgericht spricht von einer «Notbremse» gegen Fehlentscheide (BVGer, Urteil A-6000/2008 vom 13.7.2010, E. 6.1). Sämtliche relevanten Aspekte sind in die Abwägung einzubeziehen (BVGer, Urteil A-3143/2010 vom 10.11.2010, E. 15.3; vgl. zum Ganzen auch Guckelberger, reformatio, S. 110 ff.). Dazu gehören auch die Rechtsgleichheit – nicht zuletzt in der Form der Gleichbehandlung im Unrecht – und der Vertrauensschutz (Beispiel: EVD, Entscheid vom 7.5.1991, in: VPB 1992, Nr. 23A E. 6 f.).

1165 Sowohl bei der reformatio in peius als auch bei der reformatio in melius ist der *Sachzusammenhang zum Streitgegenstand* zu wahren (BVGer, Urteil A-7522/2006 vom 15.12.2009, E. 3.2.2; BGE 104 Ib 307 E. 2d).

1166 Die Beschwerdeinstanz hat eine beabsichtigte Änderung zuungunsten einer Partei anzuzeigen und der betroffenen Partei *Gelegenheit* zu geben, *sich zu äussern*. Diese in Art. 62 Abs. 3 VwVG festgehaltene Regel folgt auch direkt aus dem Anspruch auf rechtliches Gehör gemäss Art. 29 Abs. 2 BV (BGE 129 II 385

E. 4.4.3). Sie gilt nicht gegenüber der Behörde, die zur Wahrung öffentlicher Interessen Beschwerde führt (BGE 120 V 95 E. 5b–c; Häberli, Praxiskommentar VwVG, Art. 62 N. 17, 28). Die Kenntnis der drohenden Schlechterstellung ermöglicht der beschwerdeführenden Partei, das Rechtsmittel zurückzuziehen (vgl. z.B. BVGer, Urteil C-4758/2008 vom 14.12.2009, E. 1.7.1). Gemäss Bundesgerichtspraxis zum Sozialversicherungsprozess ist die von einer Verschlechterung ihrer Rechtslage bedrohte Partei zudem *ausdrücklich auf die Möglichkeit des Rückzugs hinzuweisen* (BGE 122 V 166 E. 2; so explizit Art. 12 Abs. 2 ATSV und Art. 61 lit. d ATSG für den Versicherer bzw. das kantonale Versicherungsgericht). Das Bundesverwaltungsgericht wendet diese Praxis ebenfalls generell an, was zu begrüssen ist (BVGer, Urteil A-365/2008 vom 25.11.2008, E. 1.5.1; vgl. z.B. Moser/Beusch/Kneubühler, Bundesverwaltungsgericht, Rz. 3.201). Der von der Schlechterstellung bedrohten Partei, die nicht über die Beendigung des Verfahrens bestimmen kann, nützt der Rückzug ihrer Beschwerde jedoch nichts, weshalb sie nicht auf die Möglichkeit des Rückzugs hingewiesen werden muss (vgl. BGE 129 II 125 E. 3.4). Dies gilt für die Partei in einem Mehrparteienverfahren, in dem die Gegenpartei selbständig Beschwerde erhoben hat. In diesem Fall genügt die Gewährung des rechtlichen Gehörs zu den Vorbringen der Gegenpartei.

Gemäss einer kürzlich erfolgten Praxisänderung muss die beschwerdeführende Partei nicht nur dann Gelegenheit zum Rückzug der Beschwerde erhalten, wenn eine reformatio in peius durch einen reformatorischen Entscheid der Beschwerdeinstanz droht, sondern auch dann, wenn die Beschwerdeinstanz eine Rückweisung an die Vorinstanz vornimmt und eine Schlechterstellung möglich erscheint (BGE 137 V 314 E. 3.2.3 f. zu Art. 61 lit. d ATSG und in Bezug auf Verfügungen, die eine Rente zusprechen). 1167

Die verfügende Behörde kann während des Rechtsmittelverfahrens ihre Verfügung nicht zuungunsten der beschwerdeführenden Partei wiedererwägen (vgl. im Einzelnen vorne, Rz. 707). Soweit das Verfahren nicht zu einem rechtskräftigen Beschwerdeentscheid führt, ist ein späterer Widerruf bei Vorliegen der entsprechenden Voraussetzungen jedoch zulässig. Die Bedeutung der Rückzugsmöglichkeit ist im Übrigen eingeschränkt, wenn die Rechtsmittelinstanz zugleich Aufsichtsbehörde ist, denn in diesem Fall ist sie befugt, unabhängig von einer Beschwerde einen Entscheid aufzuheben, wenn die Vorinstanz klares Recht oder wesentliche öffentliche Interessen verletzt hat (restriktiver Camprubi, VwVG-Kommentar, Art. 62 Rz. 11). 1168

3. Form des Entscheides

Der Beschwerdeentscheid enthält nach Art. 61 Abs. 2 VwVG eine Zusammenfassung des erheblichen Sachverhalts, die Begründung (Erwägungen) sowie die Entscheidungsformel (Dispositiv), wobei grundsätzlich nur Letztere Ver- 1169 bindlichkeit erlangt. Art. 61 Abs. 2 VwVG stellt eine Präzisierung von Art. 35 VwVG dar. Dementsprechend muss der Entscheid auch eine Rechtsmittelbelehrung enthalten. Ebenso sind die Anforderungen an die Begründung des Rechtsmittelentscheids sinngemäss dieselben wie bei der Verfügung (vgl. vorne, Rz. 629 ff.). Unter Umständen kann auf die vorinstanzliche Begründung verwiesen werden, wenn die beschwerdeführende Person keine neuen Tatsachen oder Argumente vorzubringen vermochte. Sodann können besondere gesetzliche Bestimmungen summarische Begründungen vorsehen (vgl. Art. 111a Abs. 2 i.V.m. Art. 111 AsylG; vgl. auch Art. 72 BZP). Gerichtsentscheide, somit auch jene des Bundesverwaltungsgerichts, sind zu unterzeichnen (vgl. BGer, Urteil I 252/06 vom 14.7.2006, E. 1, sowie die Regelung der Unterzeichnung in Art. 35 VGR).

4. Verfahrenskosten und Parteientschädigung; unentgeltliche Rechtspflege

A. Anwendbares Recht

1170 Im Gegensatz zur Regelung des erstinstanzlichen Verfahrens enthält das VwVG für das Beschwerdeverfahren eine detaillierte Regelung der Verfahrenskosten und der Parteientschädigung (Art. 63 und 64 VwVG), die aufgrund des Verweises von Art. 37 VGG auch für das Verfahren vor dem Bundesverwaltungsgericht gilt. Die Beschwerdeinstanz entscheidet über die Kosten- und Entschädigungsfolgen von Amtes wegen und nimmt den Entscheid über die Kosten- und Entschädigungsfolgen ins Dispositiv auf. Der Kostenentscheid ist selbständig mit denselben Rechtsmitteln anfechtbar, die gegen den Beschwerdeentscheid zur Sache angestrengt werden können. Das Bundesgericht hat allerdings festgehalten, dass die Kostenfolgen von Zwischenentscheiden betreffend die Zuständigkeit nicht selbständig angefochten werden können, wie dies in Art. 92 BGG vorgesehen ist. Vielmehr sind die Kostenfolgen eines solchen Zwischenentscheides gestützt auf Art. 93 Abs. 2 BGG erst mit dem Endentscheid geltend zu machen (BGE 138 III 94 E. 3). Auch sonst hat es das Bundesgericht abgelehnt, bei in einem Zwischenentscheid geregelten Kosten- und Entschädigungsfolgen einen nicht wieder gutzumachenden Nachteil anzunehmen (BGer, Urteil 4A_632/2010 vom 3.1.2011, E. 1.6).

1171 Das Bundesverwaltungsgericht hat gestützt auf Art. 16 Abs. 1 lit. a VGG das VGKE erlassen. Dieses enthält Regelungen einerseits über die Bemessung der Kostenfolgen und andererseits über die Bemessung der Parteientschädigung für Verfahren vor dem Bundesverwaltungsgericht. Für besondere Dienstleistungen der Kanzlei, der wissenschaftlichen Dienste und der Verwaltungsdienste gilt das GebR-BVGer; darin geregelt ist zum Beispiel der Tarif für die Rechtskraftbescheinigungen.

B. Verfahrenskosten

Gemäss Art. 63 Abs. 1 VwVG auferlegt das Bundesverwaltungsgericht der unterliegenden Partei die *Verfahrenskosten,* bestehend aus Gerichtsgebühr und Auslagen (Art. 1 VGKE). Art. 1 Abs. 2 und 3 VGKE präzisieren, welche Kosten in der Gerichtsgebühr und den Auslagen enthalten sind. Der Gebührenrahmen wird in Art. 63 Abs. 4bis VwVG ausdrücklich festgelegt: Die Gebühr richtet sich nach dem Umfang und der Schwierigkeit der Streitsache, der Art der Prozessführung und der finanziellen Lage der Parteien. Bei Streitigkeiten ohne Vermögensinteressen betragen die Gebühren 100–5000 Franken, in den übrigen Fällen 100–50 000 Franken. Das Bundesverwaltungsgericht hat den Tarif für Streitigkeiten mit einem Streitwert in Art. 4 VGKE festgelegt. Dieser Kostenrahmen darf nicht unbegründet unterschritten werden (vgl. BGE 138 V 122 E. 1). Von einem Streitwert ist auszugehen, wenn die Streitigkeit Vermögensinteressen betrifft (Art. 4 VGKE). Dies ist dann der Fall, wenn der Entscheid unmittelbar finanzielle Auswirkungen zeitigt oder mittelbar ein Streitwert konkret beziffert werden kann – wenn es somit um finanzielle Interessen geht (BGE 135 II 172 E. 3.1). Unter Umständen muss dabei auf Erfahrungswerte abgestellt werden (BVGer, Urteil B-789/2007 vom 27.11.2007, E. 6; BGE 133 III 490). Jedenfalls ist das Bundesverwaltungsgericht gehalten, den Kostenentscheid und insbesondere die Festsetzung des Streitwerts zu begründen, wenn dieser nicht ohne Weiteres bestimmt werden kann (BGE 135 II 172 E. 3.2).

1172

Art. 63 Abs. 1 VwVG statuiert ausdrücklich das *Unterliegerprinzip* (vgl. BVGer, Urteil A-5979/2010 vom 9.6.2011, E. 4.2; BGE 132 II 47 E. 3.3). Danach trägt die Kosten in der Regel die unterliegende Partei. Bei teilweisem Unterliegen werden die Verfahrenskosten ermässigt. Eine Rückweisung zur ergänzenden Abklärung und neuen Beurteilung gilt aber als Obsiegen (vgl. BGE 137 V 57 E. 2; 137 V 210 E. 7.1). Eine obsiegende Partei darf zur Bezahlung der Verfahrenskosten verpflichtet werden, wenn sie Verfahrenspflichten verletzt hat (Art. 63 Abs. 3 VwVG; vgl. BVGer, Urteil E-4157/2012 vom 4.10.2012, E. 5; BGE 125 II 321 E. 4). Zum Teil sieht das VwVG bei Verletzung von Verfahrenspflichten weitergehende Sanktionen vor: So braucht die Beschwerdeinstanz gemäss Art. 13 Abs. 2 VwVG auf ein Begehren nicht einzutreten, wenn die notwendige und zumutbare Mitwirkung verweigert wird. Bei *Beschwerderückzug* trägt grundsätzlich die rückziehende Partei die Kosten. Diese werden reduziert oder erlassen, wenn das Verfahren ohne erheblichen Aufwand für das Gericht erledigt werden kann (vgl. 6 VGKE; BVGer, Urteil C-7212/2007 vom 20.12.2007). Wird das Verfahren infolge *Gegenstandslosigkeit* abgeschrieben, so werden die Verfahrenskosten in der Regel jener Partei auferlegt, deren Verhalten die Gegenstandslosigkeit bewirkt hat, da diese grundsätzlich als unterliegende Partei gilt (BVGer, Urteil B-8243/2010 vom 9.2.2011). Tritt die Gegenstandslosigkeit aber ohne Zutun der Parteien ein, ist auf die Sachlage vor Eintritt des Erledigungsgrundes abzustellen (Art. 5 VGKE). In diesem Fall ist

1173

summarisch zu prüfen, wie der Prozess mutmasslich ausgegangen wäre (BVGer, Urteil A-7342/2008 vom 5.3.2009, E. 9).

1174 Bei einer *Parteienmehrheit* tragen laut Art. 6a VGKE die Parteien ihre gemeinsamen Verfahrenskosten zu gleichen Teilen und haften dafür solidarisch, soweit die Beschwerdeinstanz nichts anderes verfügt.

1175 Wenn die *unterliegende Gegenpartei* als Dritte nicht mit eigenen Anträgen am Verfahren beteiligt war, werden ihr grundsätzlich keine Kosten auferlegt (vgl. BVGer, Urteil C-7498/2008 vom 31.8.2012, E. 2.3). Dies gilt nicht für die Hauptparteien, insbesondere nicht für die Verfügungsadressatinnen. Diese können sich der Kostenpflicht nicht dadurch entziehen, dass sie keine Anträge stellen (BVGer, Urteil A-5646/2008 vom 13.8.2009, E. 3; BGE 128 II 90 E. 2b; vgl. im Einzelnen Moser/Beusch/Kneubühler, Bundesverwaltungsgericht, Rz. 4.41; vgl. auch vorne, Rz. 922).

1176 Den *Vorinstanzen* oder beschwerdeführenden und unterliegenden *Bundesbehörden* werden keine Kosten auferlegt. Führen dagegen andere Behörden als Bundesbehörden Beschwerde, beispielsweise eine Gemeindebehörde, so werden die Kosten auferlegt, wenn es um vermögensrechtliche Interessen der vertretenen Körperschaft oder autonomen Anstalt geht (Art. 63 Abs. 2 VwVG; vgl. BVGer, Urteile A-5613/2007 vom 21.12.2007, E. 7, und C-520/2012 vom 10.8.2012, E. 2.1, in Bezug auf eine Gemeinde). Bestehen jedoch keine Vermögensinteressen, können gemäss Art. 63 Abs. 2 VwVG keine Kosten auferlegt werden (BVGer, Urteil A-7385/2007 vom 12.3.2008, E. 4).

1177 Auch die von Amtes wegen in den Schriftwechsel einbezogenen weiteren Beteiligten im Sinne von Art. 57 Abs. 1 VwVG haben keine Verfahrenskosten zu tragen, es sei denn, es handle sich um in das Verfahren Beigeladene, jedenfalls soweit sie sich am Verfahren mit Anträgen beteiligen (vgl. e contrario BVGer, Urteil B-2702/2011 vom 6.12.2011, E. 6.4; vgl. auch BVGE 2011/19 E. 60 in Bezug auf die SWISS, welche in diesem Verfahren Beigeladene war: BVGer, Urteil A-1936/2006 vom 10.12.2009, Rubrum).

1178 *Erlass der Verfahrenskosten:* Die Beschwerdeinstanz kann die Kosten ganz oder teilweise erlassen, wenn eine Beschwerde ohne erheblichen Aufwand für die Beschwerdeinstanz durch Rückzug oder Vergleich erledigt wurde oder wenn andere Gründe in der Sache oder in der Person der Partei die Auferlegung von Verfahrenskosten als unverhältnismässig erscheinen lassen (Art. 63 Abs. 1 VwVG, Art. 6 lit. b VGKE). Solche Gründe liegen zum Beispiel vor, wenn die Verfügung ungenügend begründet war und die Vorinstanz die Begründung erst in der Vernehmlassung nachgereicht hat (BVGE 2008/47 E. 5) oder wenn sich die beschwerdeführende Person in guten Treuen auf die unrichtige Rechtsmittelbelehrung verlassen durfte (BVGer, Urteil A-4580/2007 vom 17.1.2008, E. 5). Dasselbe gilt auch, wenn die Rechtslage unklar war und die Beschwerdeerhebung aus Sicht der beschwerdeführenden Person als durchaus gerechtfertigt und aussichtsreich erscheinen musste (BVGer, Urteil E-918/2007 vom 16.8.2007, in: ZBl 2008, S. 44 E. 6; vgl. auch BGE 133 II 209 E. 5). Gleichermassen erlassen werden der privaten Partei die Kosten, wenn die Vorinstanz eine nichtige Verfügung erlassen hat (BVGer, Urteil A-6630/2010 vom 19.7.2011, E. 4.3). Sodann ist auf die spezialgesetzlich vorgesehene Kostenfreiheit hinzuweisen, wie sie zum Beispiel gemäss Art. 34 PBG oder Art. 13 Abs. 5 GlG besteht.

Die Beschwerdeinstanz erhebt von der beschwerdeführenden Partei einen *Kostenvorschuss* in der Höhe der mutmasslichen Verfahrenskosten. Bei Vorliegen besonderer Gründe kann sie darauf ganz oder teilweise verzichten. Zur Leistung des Kostenvorschusses setzt sie eine Frist an unter der Androhung, dass bei Ausbleiben der Zahlung nicht auf die Beschwerde eingetreten wird (Art. 63 Abs. 4 VwVG; dazu vorne, Rz. 1022 ff.). 1179

C. Parteientschädigung

Gemäss Art. 64 Abs. 1 VwVG kann die Beschwerdeinstanz der ganz oder teilweise obsiegenden Partei von Amtes wegen oder auf Begehren hin eine *Parteientschädigung* für die ihr erwachsenen notwendigen und verhältnismässig hohen Kosten zusprechen. Notwendig sind die Kosten, wenn sie zur sachgerechten und wirksamen Rechtsverfolgung oder Rechtsverteidigung unerlässlich sind (BVGer, Urteil A-4556/2011 vom 27.3.2012, E. 2.2.2). Welches die *notwendigen Kosten* sind, wird in Art. 9 ff. VGKE geregelt. Art. 10 VGKE bestimmt, dass das Anwaltshonorar und die Entschädigung für eine nichtanwaltliche berufsmässige Vertretung nach dem Zeitaufwand berechnet werden. Dabei legt Art. 10 VGKE für Anwälte und Anwältinnen einen Stundensatz von 200–400 Franken und für eine nichtanwaltliche Vertretung einen solchen von 100–300 Franken fest. Zum notwendigen Zeitaufwand gehört gegebenenfalls auch der Aufwand im Zusammenhang mit der Prozessvorbereitung. Auf der anderen Seite sind Reduktionsgründe denkbar, etwa wenn die obsiegende Partei selber schuldhaft unnötige Kosten verursacht hat, was zum Beispiel bei unnötigen Wiederholungen in Rechtsschriften zutrifft (BVGer, Urteil A-4556/2011 vom 27.3.2012, E. 2.2.2 und 2.5). Sind infolge mangelhafter Gesuchseingabe weitere Abklärungen nötig und wird deshalb ein zusätzlicher Austausch von Rechtsschriften ausgelöst, hat sich dies die anspruchsberechtigte Partei selbst zuzuschreiben, sodass sie hierfür keine Entschädigung verlangen kann (BGE 131 II 200 E. 7). Bei der Festsetzung der Parteientschädigung kommt dem Bundesverwaltungsgericht ein Ermessensspielraum zu, weshalb das Bundesgericht eine angefochtene Parteientschädigung nur beschränkt, nämlich im Rahmen von Art. 95 lit. a BGG, prüft (BGer, Urteil 8C_329/2011 vom 29.7.2011, E. 6.1). 1180

Art. 64 Abs. 1 VwVG bestimmt sodann, dass die auszugleichenden Kosten *verhältnismässig hoch* sein müssen. Doch lässt Art. 11 VGKE Spesenentschädigungen bereits in geringer Höhe zu (z.B. 25 Franken für ein Essen). 1181

Art. 64 Abs. 1 VwVG ist als «Kann-Vorschrift» formuliert. Allerdings begründet diese Norm nach ständiger Praxis bei gegebenen Voraussetzungen einen Rechtsanspruch auf Parteientschädigung (vgl. BVGer, Urteil A-4556/2011 vom 1182

27.3.2012, E. 2.1). Sie stellt eine Spezialbestimmung zum Verantwortlichkeitsgesetz dar (vgl. Art. 3 Abs. 2 VG, BGE 112 Ib 353 E. 3a).

1183 Gestützt auf Art. 14 Abs. 1 VGKE besteht zwar keine ausdrückliche Pflicht des Gerichts, bei der Rechtsvertretung die Kostennote anzufordern. Allerdings wird dies von einem Teil der Abteilungen des Bundesverwaltungsgerichts dennoch so gehandhabt. Diese Situation ist unbefriedigend und führt zu erheblichen Unsicherheiten. Grundsätzlich sollte das Gericht zur Einreichung der Kostennote auffordern oder zumindest eine einheitliche Praxis verfolgen. Dass das Gericht zum Teil davon absieht, kontrastiert auch damit, dass die Parteientschädigung gemäss Art. 64 Abs. 1 VwVG von Amtes wegen zugesprochen werden muss. Daraus kann abgeleitet werden, dass das Gericht den betreffenden Sachverhalt von Amtes wegen abklären muss und sich aktiv darum zu bemühen hat, die Höhe der Honorarforderung in Erfahrung zu bringen.

1184 Als *anspruchsberechtigt* gilt die ganz oder teilweise obsiegende Partei. Es gilt somit auch in Bezug auf die Parteientschädigung grundsätzlich das Unterliegerprinzip bzw. das *Erfolgsprinzip*. Es kann insoweit auf das zu den Kosten Ausgeführte verwiesen werden (vgl. vorne, Rz. 1173; zudem BVGer, Urteil B-2143/2006 vom 2.6.2008, E. 5.2; BGE 137 II 284 E. 5.4). Eine Rückweisung kommt ebenfalls einem Obsiegen gleich (BGer, Urteil 6B_720/2011 vom 27.12.2011, E. 2.6). Bei Gegenstandslosigkeit gilt Art. 15 VGK. Danach ist ebenfalls wie bei der Festlegung der Kostenfolgen vorzugehen (dazu vorne, Rz. 1173). Der Parteibegriff ist hier unter Ausschluss staatlicher Instanzen zu verstehen (vgl. Art. 7 Abs. 3 VGKE). Ausnahmsweise wird jedoch kleineren und mittleren Gemeinwesen, die über keinen Rechtsdienst verfügen und daher auf eine anwaltliche Vertretung angewiesen sind, dennoch eine Parteientschädigung zugesprochen (BVGE 2011/19 E. 60). *Verpflichtet* zur Bezahlung der Parteientschädigung ist nach Art. 64 Abs. 2 VwVG die Körperschaft oder autonome Anstalt, in deren Namen die Vorinstanz verfügt hat. Dies gilt auch für die Bundesbehörden. Die Kosten sind jedoch nur dann von der verfügenden Instanz zu bezahlen, wenn die Kosten nicht einer unterliegenden Gegenpartei auferlegt werden können (BVGer, Urteil B-4263/2008 vom 5.8.2008, E. 4). Sind mehrere unterliegende Parteien beteiligt, so werden ihnen die Parteikosten anteilsmässig auferlegt (BVGer, Urteil A-1985/2006 vom 14.2.2008, E. 33). Sie haften dafür solidarisch (vgl. Moser/Beusch/Kneubühler, Bundesverwaltungsgericht, Rz. 4.70). Nach Art. 64 Abs. 3 VwVG ist die Auferlegung einer Parteientschädigung jedoch nur möglich, wenn sich die Gegenpartei mit selbständigen Begehren am Verfahren beteiligt hat. Allerdings gilt auch hier, dass sich eine gesuchstellende Person als Hauptpartei der Entschädigungspflicht nicht entziehen kann (BGE 128 II 90 E. 2c).

D. Unentgeltliche Rechtspflege

Vom Erlass der Verfahrenskosten zu unterscheiden ist der Anspruch auf unentgeltliche Rechtspflege. Die Bestimmung von Art. 65 VwVG konkretisiert diejenige von Art. 29 Abs. 3 BV. Es kann deshalb auf die Ausführungen zum erstinstanzlichen Verfahren verwiesen werden (vorne, Rz. 656 ff.; BVGer, Urteil A-1411/2007 vom 18.6.2007, E. 2.1). Gemäss Art. 65 Abs. 1 VwVG hat eine bedürftige Partei, deren Begehren nicht von vornherein als aussichtslos erscheint, nach Einreichen der Beschwerde Anspruch auf ein *unentgeltliches Verfahren,* also auf *Befreiung von den Verfahrenskosten.* Im Anspruch auf ein unentgeltliches Verfahren gemäss Art. 29 Abs. 3 BV ist überdies die Befreiung von der Kostenvorschusspflicht enthalten. Hingegen kann die bedürftige Partei weder gemäss Art. 29 Abs. 3 BV noch gemäss den Bestimmungen des VwVG von der Bezahlung einer Parteientschädigung an die anspruchsberechtigte Gegenpartei befreit werden. Bei der Bedürftigkeit ist vom betreibungsrechtlichen Notbedarf auszugehen, der um rund 10–30% zu erhöhen ist (vgl. Thomas Geiser, in: Niggli/Uebersax/Wiprächtiger, Basler Kommentar BGG, Art. 64 N. 17; BBl 2006 7301; vgl. auch Maillard, Praxiskommentar BGG, Art. 65 Rz. 20 f., der von 25% ausgeht).

Ein Anspruch auf *unentgeltliche Vertretung* besteht nach Art. 65 Abs. 2 VwVG, wenn die bedürftige Partei nicht imstande ist, ihre nicht aussichtslose Sache selbst zu vertreten (vgl. BVGer, Urteil A-1411/2007 vom 18.6.2007, E. 2). Dabei kann die Vertretung frei gewählt werden. Zu den Voraussetzungen der *Bedürftigkeit* und der *Nicht-Aussichtslosigkeit* vgl. vorne, Rz. 658 f. Für die amtlich bestellten Anwältinnen und Anwälte gelten die gleichen Ansätze wie für die vertragliche Vertretung (Art. 12 VGKE).

Die Unentgeltlichkeit des Verfahrens wird auf Gesuch hin gewährt. Der Entscheid über das Gesuch kann in einem selbständig eröffneten Zwischenentscheid gefällt werden (vgl. Art. 46 Abs. 1 VwVG; BGE 131 V 483). Die Ablehnung dürfte im Regelfall einen nicht wieder gutzumachenden Nachteil bewirken und beim Bundesgericht angefochten werden können, soweit auch der Hauptsacheentscheid anfechtbar ist.

Gelangt die ehemals bedürftige Partei später zu hinreichenden Mitteln, so ist sie verpflichtet, Honorar und Kosten des Anwalts an diejenige Körperschaft oder autonome Anstalt zu vergüten, die diese bezahlt hat (Art. 65 Abs. 4 VwVG).

5. Eröffnung des Entscheides, Verkündung und Information der Öffentlichkeit

Art. 61 Abs. 3 VwVG bestimmt, dass der Entscheid den Parteien und der Vorinstanz zu eröffnen ist. Die Anforderungen, welche an die Entscheideröffnung zu stellen sind, richten sich nach Art. 34 und 36 VwVG: Der Entscheid ist individuell zuzustellen oder bei gegebenen Voraussetzungen zu veröffentlichen (vgl. vorne, Rz. 622 ff.). Weil der Entscheid im Original zu unterzeichnen ist (vgl. Art. 35 VGR), löst die vorgängige Mitteilung per Fax den Lauf der Beschwerdefrist nicht aus (vgl. vorne, Rz. 619, 627, 644).

1190 Das Bundesverwaltungsgericht legt Rubrum und Dispositiv seiner Entscheide während 30 Tagen nach der Eröffnung öffentlich auf (Art. 42 VGG; Art. 4 Abs. 1 InformationsR BVGer). Es veröffentlicht zudem seine Entscheide – grundsätzlich anonymisiert – zu einem grossen Teil in einer elektronischen Datenbank und unter bestimmten Voraussetzungen in einer amtlichen Entscheidsammlung (Art. 5–8 InformationsR BVGer). Zwar kritisiert die Lehre zum Teil, dass damit den Anforderungen von Art. 30 Abs. 3 BV und Art. 6 Ziff. 1 EMRK nicht ganz entsprochen werde, weil diese Bestimmungen die öffentliche Auflage des nicht anonymisierten Urteils samt der Begründung verlangen würden (Moser/Beusch/Kneubühler, Bundesverwaltungsgericht, Rz. 3.180). Die Anonymisierung bildet jedoch eine sinnvolle Lösung, um dem Schutz der Persönlichkeit Rechnung tragen zu können (vgl. zum Ganzen vorne, Rz. 235 f.). Entscheide, die für die Öffentlichkeit von besonderem Interesse sind, stellt das Gericht den akkreditierten Journalistinnen und Journalisten zu (Art. 16 Abs. 1 lit. d InformationsR BVGer). Dabei setzt es in der Regel eine Sperrfrist an (Art. 16 Abs. 3 und Art. 17 InformationsR BVGer). Diese trägt dem berechtigten Anliegen Rechnung, dass die Öffentlichkeit den Entscheid nicht vor den Parteien zur Kenntnis nehmen soll. Im Übrigen kann für die Information durch das Bundesverwaltungsgericht auf das InformationsR BVGer verwiesen werden, das gestützt auf Art. 29 Abs. 3 VGG die betreffenden Fragen regelt, namentlich auch die Information auf Anfrage und die Gerichtsberichterstattung (vgl. Art. 10 f. und Art. 12–18).

6. Wirkung des Entscheides

1191 Ein Beschwerdeentscheid wird *formell rechtskräftig,* wenn er endgültig ist, wenn die Rechtsmittelfrist unbenutzt abgelaufen ist, wenn die Parteien rechtsgültig auf die Einlegung eines Rechtsmittels verzichtet haben oder wenn sie das Rechtsmittel zurückgezogen haben. Spätestens mit der formellen Rechtskraft wird der Entscheid vollstreckbar (vgl. dazu Art. 39 VwVG sowie vorne, Rz. 671).

1192 Im Gegensatz zu Verfügungen werden Rechtsmittelentscheide, auch wenn sie von einer Verwaltungsbehörde erlassen wurden, *materiell rechtskräftig.* Das heisst:
- Rechtsmittelentscheide können unter Vorbehalt der Revision nicht widerrufen werden (vgl. Art. 66 VwVG);
- die betreffende Sache darf nicht in einem neuen Verfahren beurteilt werden (BVGer, Urteil E-2405/2011 vom 4.10.2011, E. 4.3.2);

– die Behörden sind an den Entscheid gebunden, wenn die Sache als Vorfrage in einem anderen Verfahren zu behandeln ist.

Die erstinstanzlich zuständige Behörde darf jedoch bei einem Dauersachverhalt eine neue Verfügung erlassen, wenn eine Änderung der tatsächlichen Umstände oder der Rechtslage eingetreten ist (vgl. vorne, Rz. 742). Auch wenn die Beschwerdeinstanz eine Verfügung aufhebt, ohne diese durch eine neue zu ersetzen, kann die Vorinstanz in derselben Sache neu verfügen; es liegt keine res iudicata vor (vgl. BGer, Urteil 2P.376/1993 vom 12.12.1995, in: ZBl 1996, S. 467 E. 3a). 1193

Materiell rechtskräftig werden auch Nichteintretensentscheide, soweit das Fehlen einer Prozessvoraussetzung festgestellt wurde. Im Übrigen erwächst im Fall des Nichteintretens die angefochtene Verfügung in Rechtskraft. Dem Abschreibungsentscheid infolge Gegenstandslosigkeit kommt keine materielle Rechtskraft zu; doch entfaltet die ursprüngliche Verfügung dann überhaupt keine Wirkung, wenn ihr Gegenstand dahingefallen ist. Einen Spezialfall stellt die Beschwerde dar, die bei der Erhebung bereits gegenstandslos geworden ist. Auf eine solche Beschwerde ist mangels Vorliegens einer Prozessvoraussetzung nicht einzutreten. In bestimmten Spezialfällen, in denen die angefochtene Verfügung trotzdem noch Rechtsfolgen zeitigen könnte, muss allerdings vermieden werden, dass sie infolge des Nichteintretens rechtskräftig wird. Um dies zu vermeiden, sollte gegebenenfalls diese Folge in den Erwägungen ausgeschlossen und im Dispositiv darauf verwiesen werden (vgl. BGer, Urteil 2C_746/2007 vom 7.2.2008, E. 4; VGer ZH, Urteil VB.2012.00705 vom 21.12.2012, E. 6). 1194

Beim Beschwerderückzug durch die beschwerdeführende Person wird die angefochtene Verfügung rechtskräftig, während bei der Anerkennung durch die Verwaltungsbehörde die neue Verfügung in Rechtskraft erwächst. Wird ein Vergleich in den Abschreibungsentscheid aufgenommen, wie es Art. 33b Abs. 4 VwVG vorsieht, so wird der Entscheid rechtskräftig. Die formelle Rechtskraft tritt mit Ablauf der Rechtsmittelfrist nach Abschreibung des Rechtsmittelverfahrens ein (BVGE 2009/11 E. 2.2, zum Beschwerderückzug). Zwischenverfügungen werden nicht materiell rechtskräftig (vgl. BGE 110 Ib 201 E. 1a; BGer, Urteil 8C_400/2011 vom 8.7.2011, E. 4.1). 1195

Die Rechtskraft bezieht sich nur auf das *Dispositiv.* Verweist dieses aber auf die *Erwägungen,* haben diese an der Rechtskraft teil (vgl. BGE 120 V 233 E. 1a; BVGer, Urteil A-7745/2010 vom 9.6.2011, E. 1.2.2). Auch andernfalls sind allerdings die Erwägungen unter Umständen zur Bestimmung des Inhalts des Dispositivs heranzuziehen (vgl. z.B. BGE 136 V 369 E. 3.1.2). Von vornherein keine Rechtskraft entfalten nicht entscheidwesentliche Erwägungen, die sogenannten obiter dicta (BGE 112 Ib 280 E. 6). 1196

In *persönlicher Hinsicht* erstreckt sich die materielle Rechtskraft in der Regel auf die Parteien und deren Rechtsnachfolger (Gygi, Bundesverwaltungsrechtspflege, S. 323). 1197

7. Vollstreckung

1198 Zuständig für die Vollstreckung ist grundsätzlich die Behörde, die den Sachentscheid gefällt hat (Art. 39 VwVG; vgl. vorne, Rz. 667). Wegen mangelhafter Vollziehung von Entscheiden des Bundesverwaltungsgerichts, die nicht zur Zahlung einer Geldsumme oder zur Sicherheitsleistung in Geld verpflichten, kann beim Bundesrat Beschwerde erhoben werden. Der Bundesrat ist verpflichtet und befugt, die zum Vollzug erforderlichen Verfügungen zu treffen (Art. 43 VGG; vgl. hinten, Rz. 1288, 1314). Urteile auf Geldzahlung oder Sicherheitsleistung sind nach SchKG zu vollstrecken (Art. 40 VwVG i.V.m. Art. 37 VGG).

11. Kapitel: Erläuterung und Berichtigung sowie Revision

Literatur: MOSER/BEUSCH/KNEUBÜHLER, Bundesverwaltungsgericht, Rz. 5.36 ff., 5. 78 ff.; vgl. auch die Literatur in Rz. 1317, 1323, 1784. 1199

I. Erläuterung und Berichtigung von Rechnungs- und Kanzleifehlern

Gemäss Art. 48 Abs. 1 VGG ist auf die Erläuterung sowie die Berichtigung von Rechnungs- und Kanzleifehlern durch das Bundesverwaltungsgericht Art. 129 BGG, der für das Bundesgericht gilt, sinngemäss anwendbar. Es kann hier auf die Ausführungen zum Verwaltungsverfahren in Rz. 1318 ff. verwiesen werden. 1200

II. Revision

Auf die Revision von Entscheiden des Bundesverwaltungsgerichts sind nach Art. 45 VGG die Art. 121–128 BGG sinngemäss anwendbar. Auf Inhalt, Form, Verbesserung und Ergänzung des Revisionsgesuchs sind hingegen die entsprechenden Bestimmungen des VwVG anzuwenden (Art. 47 VGG i.V.m. Art. 67 Abs. 3 VwVG). Soweit die Art. 121–128 BGG keine Regelung enthalten, ist zudem aufgrund der allgemeinen Verweisung von Art. 37 VGG das VwVG subsidiär anwendbar (Moser/Beusch/Kneubühler, Bundesverwaltungsgericht, Rz. 5.67). Richtet sich das Revisionsbegehren gegen ein Urteil einer Vorgängerbehörde des Bundesverwaltungsgerichts, so ist es nach dem VwVG zu behandeln, und zwar unabhängig davon, ob das Revisionsgesuch *vor oder nach Inkrafttreten des VGG* am 1.1.2007 eingereicht wurde (BVGE 2007/21 E. 4.1 f. und 5; 2007/11 E. 4.5 f.; vgl. Art. 37 VGG). Zur Revision vgl. Rz. 1324 ff., 1786 ff. 1201

12. Kapitel: Das Klageverfahren vor Bundesverwaltungsgericht

1202 *Literatur:* ABEGG ANDREAS, Der Verwaltungsvertrag zwischen Staatsverwaltung und Privaten, Zürich 2008; GELZER PHILIPPE, *Klage,* in: Geiser/Münch/Uhlmann/Gelzer, Bundesgericht, Rz. 7.1 ff.; HÄFELIN/MÜLLER/UHLMANN, Verwaltungsrecht, Rz. 778, 1997; HÄNER ISABELLE, Der verwaltungsrechtliche *Vertrag* – Verfahrensfragen, in: Häner Isabelle/Waldmann Bernhard (Hrsg.), Der verwaltungsrechtliche Vertrag in der Praxis, Zürich 2007, S. 39 ff.; KIENER/RÜTSCHE/KUHN, Verfahrensrecht, N. 1124, 1127; MERKER MICHAEL, Die verwaltungsrechtliche *Klage,* in: Häner/Waldmann, Brennpunkte, S. 85 ff.; METZ MARKUS, Der direkte Verwaltungsprozess in der Bundesrechtspflege, Basel 1980; MOSER/BEUSCH/KNEUBÜHLER, Bundesverwaltungsgericht, Rz. 5.1 ff.; PAPPA CHRISTOPH/ JAGGI DANIEL, Rechtsschutz Dritter beim Abschluss von verwaltungsrechtlichen Verträgen, AJP 2012, S. 800 ff.; RHINOW/KOLLER/KISS/THURNHERR/BRÜHL-MOSER, Prozessrecht, Rz. 1709 f., 1713 f., 1717; ROSENTHAL DAVID, in: Rosenthal David/Jöhri Yvonne, Handkommentar zum Datenschutzgesetz, Zürich 2008 (zitiert: Handkommentar DSG), Art. 29; WALDMANN BERNHARD, in: Niggli/Uebersax/Wiprächtiger, Basler Kommentar BGG, Art. 120; WEISSENBERGER PHILIPPE, in: Waldmann/ Weissenberger, Praxiskommentar VwVG, Art. 60 f.

I. Allgemeines

1203 Die Klage hat im Verhältnis zum Beschwerdeverfahren eine geringe Bedeutung erlangt und kommt nur in Ausnahmefällen zum Tragen. Dies zeigt sich auch darin, dass von 2007 bis 2011 beim Bundesverwaltungsgericht gerade einmal 16 Klagen eingereicht wurden (Geschäftsbericht 2011 des Bundesverwaltungsgerichts, S. 85).

1204 Es handelt sich bei der Klage um einen Fall der ursprünglichen Verwaltungsgerichtsbarkeit (vgl. vorne, Rz. 22 ff.). Das Bundesverwaltungsgericht entscheidet als erste Instanz, ohne dass vorgängig eine Verfügung erlassen wurde.

1205 Klageverfahren sind wesentlich aufwendiger als Beschwerdeverfahren, da im Vorfeld keine Behörde den Sachverhalt festgestellt hat und sich das Gericht somit nicht auf die Vorarbeit einer Verwaltungsbehörde abstützen kann. Das Bundesverwaltungsgericht muss den Sachverhalt vielmehr von Grund auf selber ermitteln und den Prozessstoff sammeln.

1206 Im Klageverfahren vor Bundesverwaltungsgericht kommen die Verfahrensbestimmungen des BZP zur Anwendung (Art. 44 Abs. 1 VGG).

1207 Dem Klageverfahren vor Bundesverwaltungsgericht ist kein Vorverfahren vorgeschaltet. Dies bedeutet, dass auch die Verwaltung vorgängig keine Stellung nehmen muss und ihr Standpunkt bis zur Klageantwort unbekannt bleibt. Ein Vorverfahren wäre jedoch sinnvoll, weil damit aussergerichtliche Einigungen erleichtert würden (Merker, Klage, S. 107 f.). Es wäre auch dazu geeignet, die im Verwaltungsverfahren geltenden rechtsstaatlichen Garantien zur Geltung zu bringen (Häner, Vertrag, S. 54 f.).

II. Prozessvoraussetzungen

1. Allgemeines

Die Prozessvoraussetzungen bzw. Sachurteilsvoraussetzungen im Klageverfahren richten sich nach den zivilprozessualen Grundsätzen. Im Allgemeinen sind folgende Prozessvoraussetzungen einzuhalten (Merker, Klage, S. 103 f.): 1208
– Zulässigkeit des Klageweges
– Zuständigkeit des Bundesverwaltungsgerichts
– Anforderungen an die Parteien: Partei- und Prozessfähigkeit sowie Postulationsfähigkeit, Rechtsschutzinteresse
– Wahrung allfälliger Klagefristen
– Keine Rechtshängigkeit in der gleichen Sache sowie keine res iudicata
– Kein ausdrücklicher Klageverzicht und keine Schiedsabrede
– Sicherstellung der Prozesskosten
– Formrichtige Erhebung der Klage.

Nachfolgend wird auf die wesentlichsten Prozessvoraussetzungen eingegangen. In Bezug auf die Rechtshängigkeit in der gleichen Sache und die res iudicata kann auf Rz. 1192 sowie auf die zivilprozessuale Literatur verwiesen werden, in Bezug auf den Klageverzicht und die Schiedsabrede auf Rz. 829. Was schliesslich die Sicherstellung der Prozesskosten angeht, so gilt das zum Beschwerdeverfahren Ausgeführte, weil die Regelungen über die Prozesskosten im Beschwerdeverfahren auch im Klageverfahren anwendbar sind (Art. 44 Abs. 3 VGG i.V.m. Art. 63 Abs. 4 VwVG; vorne, Rz. 1022 ff.). 1209

2. Zulässigkeit des Klageverfahrens

A. Abgrenzung zum Verfügungsverfahren

Gemäss Art. 5 Abs. 3 VwVG gelten Erklärungen von Behörden über Ablehnung oder Erhebung von Ansprüchen, die auf dem Klageweg zu verfolgen sind, nicht als Verfügungen (vgl. vorne, Rz. 868). Durch diese Bestimmung soll verhindert werden, dass die wenigen Klageverfahren über den Verfügungsbegriff ausgehebelt werden (Felix Uhlmann, in: Waldmann/Weissenberger, Praxiskommentar VwVG, Art. 5 N. 119; vgl. auch BVGer, Urteil A-5237/2008 vom 15.7.2009, E. 1.4.1 und 8). Dabei ist zu beachten, dass die allgemeine Verwaltungsbefugnis die Verfügungsbefugnis einschliesst, womit das Verwaltungsverfahren bereits gestützt auf diesen Grundsatz den Vorrang geniesst (vgl. Tschannen/Zimmerli/Müller, Verwaltungsrecht, § 28 Rz. 19 ff.; Merker, Klage, S. 95 m.w.H.). 1210

Die Frage, ob in einem gewissen Bereich eine Verfügung erlassen werden kann oder ob das Klageverfahren eingeleitet werden muss, ist unter Umständen nicht immer eindeutig beantwortbar. Die Gerichtspraxis neigt jedenfalls 1211 dazu, dem Verfügungsverfahren den Vorzug zu geben. Dazu folgendes Beispiel: Nach Art. 39 lit. c LVG entscheidet das Bundesverwaltungsgericht auf Klage hin Streitigkeiten zwischen dem Bund und Pflichtlagerorganisationen. In einem Streitfall bezüglich des Widerrufs eines Genehmigungsentscheids zwischen dem zuständigen Bundesamt für wirtschaftliche Landesversorgung und einer Pflichtlagerorganisation entschied das Bundesgericht, dass es sich nicht um einen Fall der verwaltungsrechtlichen Klage handle, da das Bundesamt bei der Genehmigung von Reglementen von Pflichtlagerorganisationen hoheitlich und nicht als Vertragspartei auftrete. Das Klageverfahren fiel in dieser Konstellation somit ausser Betracht, obwohl der Gesetzeswortlaut von Art. 39 lit. c LVG keine solche Einschränkung vorsieht (BGE 135 II 38 E. 3.3 ff.).

B. Subsidiarität

1212 Nach Art. 36 VGG ist die Klage unzulässig, wenn ein anderes Bundesgesetz die Erledigung des Streites einer in Art. 33 VGG erwähnten Behörde überträgt. Das bedeutet, dass nicht geklagt werden kann, wenn verfügt werden darf (BBl 2001 4392).

1213 Diese Ausnahme betrifft vor allem Streitigkeiten aus öffentlich-rechtlichen Verträgen im Sinne von Art. 35 lit. a VGG (Kiener/Rütsche/Kuhn, Verfahrensrecht, N. 1124). Arbeitsverhältnisse des Bundespersonals im Sinne von Art. 1 BPG beispielsweise entstehen vertraglich (vgl. Art. 8 Abs. 1 BPG) und nicht wie früher durch eine mitwirkungsbedürftige Verfügung. Wenn bei Streitigkeiten aus dem Arbeitsverhältnis keine Einigung zustande kommt, erlässt der Arbeitgeber eine Verfügung (Art. 34 Abs. 1 BPG). Diese Verfügung wird nach der neuesten Revision des BPG (vom 14.12.2012) unmittelbar, gestützt auf Art. 36 Abs. 1 BPG i.V.m. Art. 33 lit. d VGG (BBl 2012 9715), beim Bundesverwaltungsgericht angefochten werden können.

1214 Eine weitere Ausnahme enthält auch das SuG. Nach Art. 16 Abs. 2 SuG kann ein öffentlich-rechtlicher Vertrag abgeschlossen werden, wenn die zuständige Behörde über einen erheblichen Ermessensspielraum verfügt oder wenn bei Finanzhilfen ausgeschlossen werden soll, dass der Empfänger einseitig auf die Erfüllung einer Aufgabe verzichtet. Nach den Vertragsverhandlungen stellt die Behörde dem Gesuchsteller einen befristeten Antrag (Art. 19 Abs. 2 SuG). Der Gesuchsteller kann nach Art. 19 Abs. 3 SuG innert 30 Tagen eine anfechtbare Verfügung verlangen.

3. Zuständigkeit des Bundesverwaltungsgerichts

1215 Das Bundesverwaltungsgericht beurteilt auf Klage als erste Instanz Streitigkeiten aus den nachfolgend genannten vier Gebieten:

A. Öffentlich-rechtliche Verträge

Gemäss Art. 35 lit. a VGG werden im Klageverfahren vor Bundesverwaltungsgericht Streitigkeiten aus öffentlich-rechtlichen Verträgen des Bundes, seiner Anstalten und Betriebe und der Organisationen im Sinne von Art. 33 lit. h VGG beurteilt. Dazu zählen sowohl Verträge zwischen öffentlich-rechtlichen Organisationen (koordinationsrechtliche Verträge) wie auch Verträge zwischen öffentlich-rechtlichen Organisationen und Privaten (subordinationsrechtliche Verträge). Das Bundesverwaltungsgericht ist nur zur Beurteilung von öffentlich-rechtlichen Verträgen zuständig, während bei Streitigkeiten aus privatrechtlichen Vereinbarungen die Zivilgerichte anzurufen sind. Im Einzelfall kann es unklar sein, ob ein Vertrag öffentlich-rechtlicher oder privatrechtlicher Natur ist. Ein öffentlich-rechtlicher Vertrag hat direkt die Erfüllung einer öffentlichen Aufgabe zum Inhalt oder betrifft einen im öffentlichen Recht geregelten Gegenstand, z.B. eine Erschliessung, Enteignung oder Subvention. Eine privatrechtliche Vereinbarung liegt demgegenüber vor, wenn sich der Staat durch Kauf, Werkvertrag oder Auftrag bloss die Hilfsmittel beschafft, derer er zur Erfüllung seiner öffentlichen Aufgaben bedarf (BGE 134 II 297 E. 2.2; BVGer, Urteil A-5237/2008 vom 15.7.2009, E. 1.4.2). Allerdings ist diese rechtliche Einordnung nicht zwingend. Der zuständige Gesetzgeber hat es in der Hand, die Rechtsnatur solcher Verträge festzulegen (BGE 134 II 297 E. 3.3).

1216

B. Empfehlungen des Datenschutzbeauftragten

Der eidgenössische Datenschutz- und Öffentlichkeitsbeauftragte (EDÖB) hat die Aufsicht über Datenbearbeitungen durch private Personen. Dabei klärt der EDÖB die datenschutzrelevanten Sachverhalte ab und würdigt sie rechtlich. Er kann die Akten herausverlangen und Auskünfte einholen (Art. 29 DSG). Falls eine Person jedoch nicht mitwirkt, stehen ihm keine direkten Zwangsmassnahmen offen (vgl. dagegen z.B. die Kompetenzen der Wettbewerbskommission, welche gemäss Art. 42 KG i.V.m Art. 14 Abs. 1 lit. d VwVG Zeugen einvernehmen darf und Hausdurchsuchungen anordnen kann). Der EDÖB kann im Rahmen seiner Untersuchungsbefugnisse keine Verfügungen treffen (Rosenthal, Handkommentar DSG, Art. 29 N. 15).

1217

Wenn der EDÖB aufgrund seiner Sachverhaltsabklärungen zur Erkenntnis kommt, dass die Datenbearbeitung rechtswidrig ist oder eine rechtswidrige Persönlichkeitsverletzung droht, kann er dem Datenbearbeiter eine Empfehlung abgeben (Art. 29 Abs. 3 DSG). In dieser fordert er den Datenbearbeiter auf, ihm innert 30 Tagen mitzuteilen, ob er die Empfehlung annehme oder ablehne. Die Frist von 30 Tagen hat den Zweck einer Bedenkfrist, vor deren Ablauf der Datenbearbeiter nicht mit einer Klage beim Bundesverwaltungsgericht rechnen muss. Der Datenbearbeiter ist nicht verpflichtet, dieser Aufforderung nachzukommen. Selbst wenn er gegenüber dem EDÖB kundtut, er nehme die

1218

Empfehlung an, erwächst die Empfehlung nicht in Rechtskraft. In Rechtskraft erwächst eine Empfehlung nur durch einen Entscheid des Bundesverwaltungsgerichts, welcher die Empfehlung für verbindlich erklärt (Rosenthal, Handkommentar DSG, Art. 29 N. 37 f.).

1219 Nach Art. 35 lit. b VGG werden Streitigkeiten über Empfehlungen des Datenschutzbeauftragten im Privatrechtsbereich im Sinne von Art. 29 Abs. 4 DSG im Klageverfahren beurteilt. Klageberechtigt sind sowohl der EDÖB wie auch der Adressat oder die Adressatin (Datenbearbeiterin) der Empfehlung des EDÖB.

1220 Der EDÖB kann eine abgelehnte oder nicht befolgte Empfehlung dem Bundesverwaltungsgericht zur Beurteilung vorlegen. Seine Rechtsbegehren kann er auch auf einzelne Teilaspekte seiner Empfehlung beschränken. Er darf jedoch gemäss Art. 44 Abs. 1 VGG i.V.m. Art. 3 Abs. 2 BZP inhaltlich nicht weiter gehende Massnahmen verlangen, als er sie in seiner Empfehlung verlangt hat (BVGer, Urteil A-7040/2009 vom 30.3.2011, E. 2.3). Wenn den betroffenen Personen durch die Datenbearbeitung ein nicht leicht wieder gutzumachender Nachteil droht, kann der EDÖB gemäss Art. 33 Abs. 2 DSG beim Präsidenten oder bei der Präsidentin der auf dem Gebiet des Datenschutzes zuständigen Abteilung des Bundesverwaltungsgerichts vorsorgliche Massnahmen beantragen (vgl. hinten, Rz. 1864).

1221 Ein Aufsehen erregendes Beispiel einer Klage an das Bundesverwaltungsgericht bildet der Fall von Google Street View (BGE 138 II 346 sowie BVGer, Urteil A-7040/2009 vom 30.3.2011).

C. Streitigkeiten zwischen dem Bund und der SNB

1222 Das Klageverfahren kommt ebenfalls zur Anwendung bei Streitigkeiten zwischen Bund und Nationalbank betreffend die Vereinbarungen über Bankdienstleistungen und die Vereinbarung über Gewinnausschüttung (Art. 35 lit. c VGG).

1223 Bei den Vereinbarungen über Bankdienstleistungen handelt es sich um solche im Sinne von Art. 11 Abs. 1 NBG mit dem Bund, bei der Vereinbarung über die Gewinnausschüttung um diejenige gemäss Art. 31 NBG. Diese Vereinbarung schliesst die SNB mit dem Departement ab, um die Gewinnausschüttungen mittelfristig zu verstetigen.

D. Einziehung von Vermögenswerten

1224 Nach Art. 33 lit. d VGG urteilt das Bundesverwaltungsgericht auf Klage hin über Ersuchen um Einziehung von Vermögenswerten nach dem RuVG. Das RuVG regelt Sperrung, Einziehung und Rückerstattung von Vermögenswerten politisch exponierter Personen oder ihres Umfelds, wenn aufgrund des Versagens staatlicher Strukturen im ersuchenden Staat, in dem die politisch exponierte Person ihr öffentliches Amt ausübt oder ausgeübt hat (Herkunftsstaat), ein internationales Rechtshilfeersuchen in Strafsachen zu keinem Ergebnis führt (Art. 1 RuVG).

Das RuVG soll:
- der Praxis des Bundesrates bei der Sperrung von Vermögenswerten eine formell-gesetzliche Grundlage geben, damit sich dieser nicht mehr auf das Verordnungsrecht nach Art. 184 Abs. 3 BV stützen muss;
- durch die Möglichkeit der Einziehung verhindern, dass politisch exponierten Personen unrechtmässig erworbene Vermögenswerte, die in einem Rechtshilfeverfahren aufgrund des Versagens der staatlichen Strukturen des ersuchenden Landes blockiert sind, zurückerstattet werden;
- eine formell-gesetzliche Grundlage sowie Leitlinien für die Rückerstattung der Vermögenswerte schaffen (BBl 2010 3323).

Das RuVG kommt nur subsidiär zum Rechtshilfegesetz (IRSG) zur Anwendung. Es geht dabei um Fälle, in welchen ein Rechtshilfeverfahren eingeleitet wurde und es nach Art. 74a IRSG möglich wäre, diese Vermögenswerte einzuziehen und rückzuerstatten, jedoch der ersuchende Staat aufgrund der mangelnden Funktionsfähigkeit seines Justizsystems nicht in der Lage ist, ein Rechtshilfeverfahren durchzuführen, das die Standards und Bedingungen des IRSG erfüllt (BBl 2010 3318, 3323).

Nach Art. 2 RuVG kann der Bundesrat im Hinblick auf die Einleitung eines Einziehungsverfahrens die Sperrung von Vermögenswerten in der Schweiz unter bestimmten Voraussetzungen verfügen. Diese *Sperrungsverfügung* kann mit *Beschwerde* an das Bundesverwaltungsgericht angefochten werden (Art. 11 Abs. 1 RuVG i.V.m. Art. 33 lit. b Ziff. 3 VGG). Die Beschwerde hat in Abweichung vom Grundsatz gemäss Art. 55 Abs. 1 VwVG keine aufschiebende Wirkung (Art. 11 Abs. 2 und Art. 3 Abs. 1 RuVG i.V.m. Art. 55 Abs. 5 VwVG). Dadurch wird verhindert, dass die betreffenden Vermögenswerte während des laufenden Verfahrens abgezogen werden (BBl 2010 3343). Die Rüge der Unangemessenheit ist in Abweichung von Art. 49 lit. c VwVG im Beschwerdeverfahren vor Bundesverwaltungsgericht unzulässig (Art. 11 Abs. 3 RuVG).

Nach erfolgter Sperrung kann der Bundesrat das Eidgenössische Finanzdepartement (EFD) beauftragen, vor dem Bundesverwaltungsgericht *Klage auf Einziehung der gesperrten Vermögenswerte* zu erheben (Art. 5 Abs. 1 RuVG i.V.m Art. 35 lit. d VGG). Die formelle Zuständigkeit, die Schweiz vor dem Gericht zu vertreten, wurde an das EFD delegiert, da es in solchen Gerichtsverfahren Erfahrung hat und auch über die notwendigen personellen Ressourcen verfügt (BBl 2010 3335).

4. Anforderung an die Parteien

Das Klageverfahren unterscheidet sich in Bezug auf die Anforderungen an die Parteien wesentlich vom Anfechtungsstreitverfahren.

1230   Gleich geregelt sind zwar die Postulations- sowie die Partei- und Prozessfähigkeit. Letztere wird in Art. 14 BZP ausdrücklich genannt (vgl. vorne, Rz. 444 f.). Auch muss die klägerische Partei ein ausreichendes Rechtsschutzinteresse aufweisen. Dies wird im BZP nicht ausdrücklich erwähnt, ergibt sich jedoch bereits aus dem allgemeinen Grundsatz der Verfahrensökonomie. Sinnlose Prozesse sind zu vermeiden (vgl. Art. 59 Abs. 2 lit. a ZPO). Weitere Anforderungen an das Rechtsschutzinteresse bestehen aber nicht. Hingegen muss die Sachlegitimation bei der materiellen Prüfung des eingeklagten Anspruchs nachgewiesen sein, und zwar in aktiver und in passiver Hinsicht: Die Anspruchsberechtigung muss der klägerischen Partei und die Verpflichtung der beklagten Partei zukommen.

1231   Dieser zivilrechtliche Ansatz vermag den verwaltungsrechtlichen Gegebenheiten dann nicht ausreichend Rechnung zu tragen, wenn von einem Rechtsverhältnis, insbesondere von einem verwaltungsrechtlichen Vertrag, auch Dritte betroffen sind. Da verwaltungsrechtliche Rechtsverhältnisse häufig Drittbetroffenheiten auslösen, dürfte die erschwerte Wahrung der Rechte Drittbetroffener mit ein Grund sein, weshalb das Klageverfahren im Verwaltungsprozess nur eine untergeordnete Rolle zu spielen vermag. Dem mangelnden Drittrechtsschutz wird entweder dadurch begegnet, dass der Gesetzgeber gleichwohl den Erlass einer Verfügung vorsieht, gegebenenfalls aufgrund der Zweistufentheorie wie im Submissionsrecht (vgl. dazu vorne, Rz. 876 sowie hinten, Rz. 1920 ff.). Oder aber es wird den Drittbetroffenen gestützt auf die Rechtsweggarantie zumindest eine Feststellungsverfügung zugestanden, wie zum Beispiel den abgewiesenen Mitbewerbern bei einer Stellenbewerbung (dazu vorne, Rz. 950; zum Ganzen auch Häner, Vertrag, S. 45 ff.). Eine weitere, namentlich im Bau- und Umweltrecht häufig verwirklichte Möglichkeit besteht darin, dass der Vertragsinhalt in die Verfügung aufgenommen wird (vgl. Art. 33b Abs. 4 VwVG, Art. 12d Abs. 1 NHG, Art. 55c Abs. 1 USG).

1232   Welche Schwierigkeiten sich ergeben können, wenn Dritte einen Vertrag anfechten, zeigte sich auch im Fall der Sterbehilfevereinbarung zwischen der Oberstaatsanwaltschaft Zürich und einer Sterbehilfeorganisation. Die Beschwerdeführenden waren Ärzte und eine Vereinigung, die sich für die Erhaltung des Lebens einsetzte, somit Dritte, die nicht am Vertragsverhältnis beteiligt waren. Den Beschwerdeführenden war es nicht möglich, den Vertrag direkt anzufechten, weil Verträge keine ausreichenden Anfechtungsobjekte gemäss Art. 82 BGG sind (vgl. dazu vorne, Rz. 875 ff.). Sie stellten sich deshalb auf den Standpunkt, dass eine Verwaltungsverordnung vorliege. Das Bundesgericht lehnte diesen Parteistandpunkt zwar ab und qualifizierte das Anfechtungsobjekt als Vertrag. Es trat aber auf die Beschwerde wegen des erheblichen Rechtsschutzinteresses gleichwohl ein. Das Bundesgericht erklärte den Vertrag für nichtig und hiess die Beschwerde gut (BGE 136 II 415). Dieser Fall ist bis heute einmalig geblieben (vgl. dazu Pierre Moor, «La nullité doit être constatée en tout temps et par toute autorité», in: Festschrift für Tobias Jaag, Zürich u.a. 2012, S. 41 ff.).

Im BZP sind weiter geregelt: der Parteiwechsel (Art. 17 BZP, der im Beschwerdeverfahren sinngemäss Anwendung findet), die Intervention, die zulässig ist, soweit der Intervenient ein rechtliches Interesse glaubhaft machen kann (Art. 15 BZP), sowie die Streitverkündung (Art. 16 BZP; zur Tragweite dieser Bestimmungen im Beschwerdeverfahren vgl. vorne, Rz. 927).

5. Frist

Die Klageerhebung ist grundsätzlich an keine Frist gebunden. Zu beachten ist jedoch, dass die Verjährung öffentlich-rechtlicher Ansprüche als allgemeiner Rechtsgrundsatz gilt (BGer, Urteil 1C_406/2011 vom 7.3.2012, E. 2.6 m.H.). Zudem kann das materielle Recht Verwirkungsfristen vorsehen. Beispielsweise fällt eine Sperrungsverfügung des Bundesrates über Vermögenswerte im Sinne von Art. 2 RuVG dahin, wenn innert zehn Jahren nach Eintritt der Rechtskraft der Sperrungsverfügung kein Einziehungsverfahren eingeleitet worden ist (Art. 3 Abs. 2 RuVG).

6. Anforderungen an die Klage

Auch im Klageverfahren gilt die Dispositionsmaxime. Der Streitgegenstand wird ausschliesslich durch die gestellten Anträge (und allenfalls die entsprechende Begründung) definiert. Nach Art. 3 Abs. 2 BZP darf das Gericht über die Rechtsbegehren der Parteien nicht hinausgehen. Einer Partei darf nicht mehr oder nichts anderes zugesprochen werden, als sie beantragt hat (BVGE 2008/16 E. 2.2). Im Klageverfahren hat die *Dispositionsmaxime* somit grössere Bedeutung als im Beschwerdeverfahren vor Bundesverwaltungsgericht (vgl. vorne, Rz. 815). Sodann gilt die *Eventualmaxime,* allerdings nur in abgeschwächter Form. Tatsachenvorbringen und Beweismittel können bis zum Beginn der Beweisführung in der Vorbereitungsverhandlung zugelassen werden. Spätere Vorbringen müssen jedoch, weil die Untersuchungsmaxime gilt (Art. 44 Abs. 2 VGG), berücksichtigt werden, wenn sie ausschlaggebend erscheinen (vgl. auch Art. 32 Abs. 2 VwVG, sowie vorne, Rz. 1021).

Die Klagebegehren können auf Leistung, Gestaltung oder Feststellung lauten. In Bezug auf die Feststellungsklage gilt Art. 25 BZP. Dieser verlangt zwar ein rechtliches Interesse; die Praxis lässt aber auch ein tatsächliches schutzwürdiges Interesse gelten (BGE 120 II 20 E. 3a), was vor allem in Bezug auf künftige Leistungen von Bedeutung ist.

In Bezug auf die Form der Klageschrift sind die Anforderungen nach Art. 23 BZP zu beachten (dazu Gelzer, Klage, Rz. 737 ff.). Die Rechtsbegehren müssen so formuliert werden, dass sie zum Urteilsdispositiv erhoben werden können (Moser/Beusch/Kneubühler, Bundesverwaltungsgericht, Rz. 5.10). Art. 23 lit. e BZP verlangt zudem die Nennung der Beweismittel, wobei das Gericht gestützt auf den Untersuchungsgrundsatz Beweise auch von Amtes wegen erheben kann (Art. 44 Abs. 2 VGG) und somit an die Beweisanträge nicht gebunden ist. Dies wird allgemein auch in Art. 37 BZP festgehalten.

1238 Die Klageänderung ist unter den Voraussetzungen von Art. 26 Abs. 1 BZP zulässig. Es muss ein Zusammenhang mit dem bisher geltend gemachten Anspruch bestehen. Neue tatsächliche Vorbringen sind bei der Klageänderung unter den Voraussetzungen von Art. 19 BZP zulässig.

1239 Die objektive und subjektive Klagehäufung ist in Art. 24 BZP vorgesehen. Bei der subjektiven Klagehäufung ist vorausgesetzt, dass die Aktivlegitimation besteht. Die subjektive Klagehäufung unterscheidet sich folglich wesentlich vom Mehrparteienverfahren im Verwaltungsprozess (vgl. dazu vorne, Rz. 926).

III. Verfahren

1. Anwendbare Normen

1240 Gemäss Art. 44 Abs. 1 VGG richtet sich das Klageverfahren nach den Art. 3–73 und 79–85 der BZP. Im Beschwerdeverfahren finden gemäss Art. 37 VGG i.V.m. Art. 19 VwVG die Art. 37, 39–41 und 43–61 BZP sinngemäss Anwendung. Die wesentlichen Unterschiede zum Beschwerdeverfahren sind somit, dass die Art. 3–36, 38, 42, 62–73 und 79–85 BZP ebenfalls anwendbar sind.

1241 Die Anwendung von BZP-Bestimmungen drängt sich deshalb auf, weil das Klageverfahren, ähnlich dem Zivilprozess, durch die kontradiktorischen Positionen von Kläger und Beklagtem gekennzeichnet wird (Moser/Beusch/Kneubühler, Bundesverwaltungsgericht, Rz. 5.8; Rhinow/Koller/Kiss/Thurnherr/Brühl-Moser, Prozessrecht, Rz. 1713).

2. Schriftenwechsel

1242 Nach Art. 44 Abs. 1 VGG i.V.m. Art. 28 BZP wird die Klage der beklagten Partei unter Fristansetzung zur Beantwortung zugestellt. Die beklagte Partei ist gemäss Art. 28 Abs. 2 BZP berechtigt, die Sicherstellung der Parteikosten zu beantragen. Zwar verweist Art. 28 Abs. 2 BZP auf Art. 62 Abs. 2 BGG. Diese Bestimmung wird in Bezug auf das Klageverfahren vor Bundesverwaltungsgericht jedoch nicht direkt für anwendbar erklärt, weil Art. 44 Abs. 3 VGG für die Gerichtsgebühren und die Parteientschädigung nur auf Art. 63–65 VwVG verweist. Allerdings enthalten die Verweisungen in Art. 44 Abs. 1 und Abs. 3 VGG keinen Ausschluss der Sicherstellung, weshalb die Zulässigkeit eines entsprechenden Antrags der Beklagtenseite mit guten Gründen bejaht werden kann.

Die formellen Anforderungen an die Klageantwort sind in Art. 29 BZP enthalten. Art. 29 lit. d und e BZP enthalten insbesondere Substanziierungspflichten in Analogie zu denjenigen, die für die Klage selbst vorgesehen sind (Art. 23 lit. d und e BZP). 1243

Eine Widerklage vor Bundesverwaltungsgericht ist nur zulässig, wenn dieses als letzte Instanz entscheidet. Dies ergibt sich aus Art. 31 Abs. 1 BZP. 1244

Eine schriftliche Replik ist nur einzuholen, wenn dies aufgrund der Klageantwort geboten erscheint. Gleiches gilt für die schriftliche Duplik (Art. 32 BZP). Es ist zu beachten, dass die Parteien in der mündlichen Hauptverhandlung noch einmal Gelegenheit erhalten, sowohl ihre Anträge zu begründen wie auch zu replizieren, womit der Anspruch auf rechtliches Gehör ausreichend gewahrt wird (Art. 68 BZP; Gelzer, Klage, Rz. 7.43). 1245

3. Vorbereitungsverfahren

Art. 34 f. BZP regeln das Vorbereitungsverfahren. Anlässlich der mündlichen Vorbereitungsverhandlung erörtert der Instruktionsrichter oder die Instruktionsrichterin mit den Parteien den Streitfall und veranlasst Erläuterungen zu den Parteivorbringen. Auf die Vorverhandlung können die Parteien im gegenseitigen Einvernehmen zwar verzichten (Art. 35 Abs. 4 BZP; vgl. als Beispiel BGE 137 III 593 E. 1). Es ist jedoch zu beachten, dass in der Vorbereitungsverhandlung noch neue Tatsachen und Beweismittel vorgebracht werden können, weshalb im Regelfall ein Verzicht darauf ausser Betracht fallen dürfte (vorne, Rz. 1235; Art. 19 Abs. 2 BZP). 1246

4. Beweisverfahren – Sachverhaltsfeststellung

A. Besonderheiten des Beweisverfahrens

Unmittelbar im Anschluss an das Vorbereitungsverfahren folgt das Beweisverfahren (Art. 35 Abs. 2 BZP) und wird der Sachverhalt abgeklärt. Das Beweisverfahren wird wie das Vorbereitungsverfahren durch den Instruktionsrichter oder die Instruktionsrichterin geleitet (Art. 35 Abs. 2 BZP). Das Gericht kann die Beweisabnahme jedoch auch auf die Hauptverhandlung verschieben (Art. 35 Abs. 3 BZP), sodass das Gesamtgericht am Verfahren teilnimmt. Zudem können die Parteien die Wiederholung der durch den Instruktionsrichter oder die Instruktionsrichterin erhobenen Beweise beantragen. Dieser Antrag ist allerdings innert der kurzen Frist von zehn Tagen seit dem Abschluss des Vorbereitungsverfahrens zu stellen (Art. 67 Abs. 2 BZP). Gelzer bezeichnet diese Frist als eigentliche *Prozessfalle* (Gelzer, Klage, Rz. 7.57). 1247

B. Untersuchungsmaxime

1248 Ein wesentlicher Unterschied gegenüber dem BZP besteht darin, dass im Klageverfahren die Untersuchungsmaxime nach Art. 44 Abs. 2 VGG vollumfänglich gilt, weshalb die Verhandlungsmaxime, die auch in Art. 3 Abs. 2 BZP (BBl 2001 4396) nur in beschränkter Form vorgesehen ist, nicht zur Anwendung gelangt. Es besteht diesbezüglich somit kein Unterschied zum Beschwerdeverfahren (Art. 12 VwVG), in welchem der Sachverhalt ebenfalls von Amtes wegen festgestellt wird (zur Untersuchungsmaxime vgl. vorne, Rz. 456 ff., 1133 ff.). Art. 37 BZP hält auch für den Zivilprozess ausdrücklich fest, dass das Gericht zusätzlich von den Parteien nicht angebotene Beweismittel beiziehen kann. Im verwaltungsrechtlichen Klageverfahren ergibt sich dies bereits aus der Geltung der Untersuchungsmaxime.

C. Beweismittel

1249 Nach Art. 42 ff. BZP kommen als Beweismittel Zeugen, Urkunden, Augenschein, Sachverständigengutachten und Parteiverhör infrage. Die zulässigen Beweismittel sind weiter gefasst als in Art. 12 VwVG. Dies betrifft das Parteiverhör und die Zeugeneinvernahme. Insofern soll nachfolgend kurz darauf eingegangen werden. Im Übrigen wird auf die Ausführungen vorne, Rz. 468 ff. verwiesen.

1250 Beim *Parteiverhör* nach Art. 62 ff. BZP kann der Richter oder die Richterin eine Partei zur Beweisaussage mit Straffolge bei falscher Aussage anhalten. Die Partei ist unter Hinweis auf die Straffolgen zur Wahrheit zu ermahnen (Art. 64 BZP i.V.m. Art. 306 StGB). Im Beschwerdeverfahren können die Parteien hingegen nur als Auskunftspersonen befragt werden (Art. 12 lit. b VwVG; vorne, Rz. 471 f.).

1251 Gemäss Art. 42 ff. BZP i.V.m. Art. 44 Abs. 1 VGG ist sodann auch *die Zeugeneinvernahme* ein Beweismittel im Klageverfahren. Eine schriftliche Auskunft einer Privatperson kann nur ausnahmsweise eine Zeugenbefragung ersetzen (Art. 49 BZP). Im Verwaltungsverfahren und im Beschwerdeverfahren ist die Zeugeneinvernahme hingegen subsidiärer Natur (vgl. vorne, Rz. 471, 1109; Art. 14 Abs. 1 VwVG). Die Einvernahme von Zeugen wird dort nur angeordnet, wenn sich der Sachverhalt nicht auf andere Weise hinreichend abklären lässt. Das ist etwa der Fall, wenn die Auskünfte einer Drittperson unerlässlich sind und diese sich weigert zu erscheinen oder Auskunft zu geben (BGE 130 II 169 E. 2.3.3). Im Klageverfahren (wie im Zivilprozess) ist die Zeugeneinvernahme die Regel, während der Einzug von Auskünften die Ausnahme bildet. Im Klageverfahren sind somit grundsätzlich Zeugeneinvernahmen durchzuführen. Sowohl im Klageverfahren nach Art. 38 BZP wie auch im Verwaltungsverfahren nach Art. 18 Abs. 1 VwVG dürfen die Parteien grundsätzlich der Zeugeneinvernahme beiwohnen und Ergänzungsfragen stellen. Nach Art. 38 BZP ist ein

Ausschluss der Parteien von der Zeugeneinvernahme zwar nur zwecks Wahrung von Geschäftsgeheimnissen möglich. Diese Bestimmung erweist sich indessen als zu eng, weshalb in analoger Anwendung von Art. 56 Abs. 2 BGG der Ausschluss auch zur Wahrung wesentlicher öffentlicher oder privater Interessen zugelassen werden muss (Gelzer, Klage, Rz. 7.56 bejaht die Anwendung von Art. 56 BGG in Bezug auf das Klageverfahren vor Bundesgericht ebenfalls).

5. Zum vorläufigen Rechtsschutz

Die vorsorglichen Verfügungen sind in Art. 79 ff. BZP geregelt. Nach Art. 79 Abs. 1 BZP können vorsorgliche Anordnungen einerseits zum Schutz des Besitzes und gegen widerrechtliche Vorenthaltungen getroffen werden. Andererseits können sie zur Abwehr eines drohenden, nicht leicht wieder gutzumachenden Nachteils beantragt werden, insbesondere bei Veränderung des bestehenden Zustandes vor oder während der Rechtshängigkeit des Anspruchs. 1252

In Bezug auf die Voraussetzungen für den Erlass von vorsorglichen Massnahmen kann auf das zum Beschwerdeverfahren Ausgeführte hingewiesen werden (vorne, Rz. 1075 ff.). Art. 79 ff. BZP sehen jedoch nicht vor, dass das Gericht von Amtes wegen einschreiten kann (vgl. demgegenüber Art. 55 f. VwVG). 1253

Es ist zulässig, das Gesuch zum Erlass von vorsorglichen Massnahmen bereits vor Rechtshängigkeit der Klage zu stellen (Art. 80 Abs. 1 BZP). Sodann sieht Art. 80 Abs. 2 BZP die Möglichkeit vor, dass der Entscheid des Abteilungspräsidenten bzw. des Instruktionsrichters innert zehn Tagen an das Gericht weitergezogen werden kann. Dieses gerichtsinterne Rechtsmittel ist zwar vor allem darauf ausgerichtet, dass das Bundesgericht als einzige Instanz urteilt. Weil Art. 44 Abs. 1 VGG jedoch integral auf Art. 79 ff. BZP verweist, besteht kein Grund, dieses Rechtsmittel vor Bundesverwaltungsgericht auszuschliessen. 1254

Im Klageverfahren kommt die Schadenersatzpflicht der unterlegenen Partei gemäss Art. 84 BZP zum Tragen, wenn der Anspruch, für den die vorsorgliche Massnahme bewilligt wurde, nicht zu Recht bestand oder nicht fällig war. Die gesuchstellende Partei hat dafür Sicherheit zu leisten (vgl. Art. 84 Abs. 3 BZP). Der Schadenersatzanspruch ist ebenfalls klageweise beim Bundesverwaltungsgericht anhängig zu machen. Dies geht aus Art. 84 Abs. 3 BZP hervor, wonach das Gericht Frist zu Klage ansetzt. Auch in dieser Hinsicht enthält Art. 44 VGG keine Ausnahme (vgl. zur vergleichbaren Rechtslage vor Bundesgericht Gelzer, Klage, Rz. 7.15). 1255

6. Hauptverhandlung und Urteil

A. Hauptverhandlung

Im Anschluss an die Vorbereitungsverhandlungen und die Beweisabnahme findet die mündliche Hauptverhandlung statt. Nach der abschliessenden Be- 1256 weisabnahme räumt das Gericht den Parteien Gelegenheit ein, ihre Anträge zu begründen sowie zu replizieren bzw. zu duplizieren (Art. 68 BZP). Nach Abschluss der Verhandlungen folgen Urteilsberatung und Abstimmung. Gemäss Art. 68 BZP soll das Urteilsverfahren soweit tunlich nach der Hauptverhandlung stattfinden. Verzichten die Parteien auf eine mündliche, öffentliche Verhandlung, kann das weitere Verfahren auf dem Weg der Aktenzirkulation erfolgen (vgl. BGE 137 III 593 E. 1 m.H. auf Art. 58 BGG).

B. Prüfungsbefugnis des Gerichts

1257 Die Prüfungsbefugnis des Bundesverwaltungsgerichts im Klageverfahren ist umfassend (Moser/Beusch/Kneubühler, Bundesverwaltungsgericht, Rz. 5.14 in Anlehnung an das unter dem OG geltende Klageverfahren vor Bundesgericht; BGE 131 I 266 E.2.3; 129 I 419 E. 1). Dies entspricht dem Wesen des erstinstanzlichen Klageverfahrens und ist von der Kognition zu unterscheiden. Letztere setzt ein zu überprüfendes Anfechtungsobjekt voraus (Merker, Klage S. 103; ungenau deshalb BGE 136 IV 139 E. 1.1).

1258 Es gilt der Grundsatz der Rechtsanwendung von Amtes wegen (BGE 130 I 156 E. 1.3, noch zum OG).

C. Urteil und Kostenfolgen

1259 Nach Art. 70 Abs. 1 BZP wird das Urteil im Klageverfahren mündlich eröffnet. Jeder Partei wird zusätzlich eine Ausfertigung mit den vollständigen Entscheidungsgründen zugestellt (Art. 70 Abs. 2 BZP). Im Beschwerdeverfahren hingegen sind die Bestimmungen über die Eröffnung von Verfügungen nach Art. 34 ff. VwVG massgebend. Danach ist der Beschwerdeentscheid schriftlich zu eröffnen (vgl. dazu vorne, Rz. 616 ff.).

1260 Nach Art. 73 BZP besteht im Klageverfahren die Möglichkeit, einen gerichtlichen Vergleich abzuschliessen, wie dies in Zivilverfahren üblich ist. Bei Vergleich oder Abstandserklärung ist das Verfahren infolge Gegenstandslosigkeit abzuschreiben und über die Höhe der Parteientschädigung und die Gerichtskosten zu entscheiden. Dieser Entscheid fällt in die Zuständigkeit der Instruktionsrichterin oder des Instruktionsrichters, sofern der Vergleich oder die Abstandserklärung vor der Hauptverhandlung erfolgen (Art. 5 Abs. 2 BZP).

1261 Nach Art. 44 Abs. 3 VGG richten sich die Gerichtsgebühren und die Parteientschädigung nach den Art. 63–65 VwVG. Trotz des Verweises von Art. 44 Abs. 1 VGG auf Art. 69 Abs. 1 BZP, der auf Art. 65, 66 und 68 BGG verweist, sind demnach Art. 65 ff. BGG nicht anwendbar. Dies gilt seit dem 1.2.2011. Zuvor verwies Art. 44 Abs. 3 auf das BGG. Im Übrigen bestehen keine grossen Unterschiede zwischen den Gerichtsgebühren nach VwVG und jenen nach BGG. Eine Besonderheit besteht bezüglich der Verfahrenskosten nach RuVG. Gemäss Art. 10 Abs. 1 RuVG kann ein Pauschalbetrag von höchstens 2,5 % der eingezogenen Vermögenswerte zugunsten des Bundes oder der Kantone zur Deckung der Kosten für die Sperrung und Rückerstattung abgezogen werden. Der Bundesrat legt den Pauschalbetrag im Einzelfall fest (Art. 10 Abs. 2 RuVG).

Da gemäss Art. 44 Abs. 1 VGG die Bestimmungen von Art. 74–78 BZP im Klageverfahren nicht anwendbar sind, richtet sich die Vollstreckung aufgrund des Generalverweises von Art. 37 VGG nach Art. 39 ff. VwVG (Kiener/Rütsche/Kuhn, Verfahrensrecht, N. 1127; Rhinow/Koller/Kiss/Thurnherr/Brühl-Moser, Prozessrecht, Rz. 1714). 1262

Urteile, die das Bundesverwaltungsgericht im Klageverfahren fällt, unterliegen grundsätzlich der Beschwerde in öffentlich-rechtlichen Angelegenheiten an das Bundesgericht. Entgegen dem Wortlaut von Art. 71 Abs. 1 BZP wird ein Urteil nur sofort rechtskräftig, wenn es nicht nach Art. 82 ff. BGG an das Bundesgericht weitergezogen werden kann. 1263

7. Unterschiede zwischen dem BZP und der ZPO

Die Schweizerische Zivilprozessordnung vom 19.12.2008 (ZPO), welche am 1.1.2011 in Kraft trat, löste nur die 26 kantonalen Zivilprozessordnungen ab. Der Bundesrat hält es für denkbar, dereinst den BZP aufzuheben und somit das gesamte Zivilverfahrensrecht des Bundes zu vereinheitlichen (BBl 2006 7244). Gelzer weist jedoch zu Recht darauf hin, dass der BZP besser auf öffentlich-rechtliche Streitigkeiten zugeschnitten ist und die ZPO allein mit Blick auf zivilrechtliche Rechtsverhältnisse erlassen wurde (Gelzer, Klage, Rz. 7.22). Weil sich sowohl die BZP wie auch die ZPO an die frühere Berner ZPO anlehnen und sich in der ZPO somit ebenfalls das Berner Verfahren mit dem an die mündliche Verhandlung anschliessenden Beweisverfahren durchgesetzt hat, sind die Gesetze in ihrem Verfahrensablauf ähnlich (vgl. Gelzer, Klage, Rz. 7.21 sowie Art. 231 ZPO). Besser auf die öffentlich-rechtlichen Rechtsverhältnisse zugeschnitten sind aber zweifellos die beschränkte Geltung der Eventualmaxime wie auch die zwischengeschaltete Vorbereitungsverhandlung. Aufgrund von Art. 229 ZPO ist die Eventualmaxime weit strenger und liegt die Durchführung von Instruktionsverhandlungen gemäss Art. 226 Abs. 1 ZPO im Ermessen des Gerichts. 1264

Folgende weitere Unterschiede bestehen zwischen dem BZP und der ZPO: 1265
– Nach dem BZP gibt es kein Schlichtungsverfahren, wie es grundsätzlich im Geltungsbereich der ZPO nach Art. 202 ff. ZPO vorgesehen ist.
– Nach Art. 23 BZP muss eine begründete Klage eingereicht werden, während dies nach Art. 220 f. ZPO nur für das ordentliche Verfahren, nicht aber für das vereinfachte Verfahren gemäss Art. 244 Abs. 2 ZPO gilt.
– Nach dem BZP gibt es nur eine Verfahrensart, während es nach der ZPO verschiedene Verfahrensarten (ordentliches, vereinfachtes und summarisches Verfahren) gibt.
– Im BZP ist keine Mediation vorgesehen, anders als in Art. 213 ff. ZPO.

5. Teil

Verwaltungsinternes Rechtsmittelverfahren

13. Kapitel: Besonderheiten der verwaltungsinternen Beschwerde

Literatur: BOLZ MARCEL, Die verwaltungsinterne Rechtspflege – Bedeutung und Funktion im heutigen Umfeld, in: Festschrift 100 Jahre Aargauischer Anwaltsverband, Zürich u.a. 2005, S. 83 ff.; HÄFELIN/MÜLLER/UHLMANN, Verwaltungsrecht, Rz. 1735 ff.; KEUSEN ULRICH/LANZ KATHRIN, Der Sprungrekurs im Kanton Bern, BVR 2005, S. 49 ff.; KIENER/RÜTSCHE/KUHN, Verfahrensrecht, N. 1288 ff.; LUDWIG PETER, Kein Sprungrekurs im Kanton Bern?, BVR 2005, S. 241 ff.; SCHWANK ALEXANDRA, Das verwaltungsinterne Rekursverfahren des Kantons Basel-Stadt, Basel 2003.

I. Zuständigkeiten

Die verwaltungsinterne Rechtspflege hat stark an Bedeutung eingebüsst, nachdem das Bundesverwaltungsgericht geschaffen worden ist (vgl. dazu vorne, Rz. 16 ff.). Verwaltungsinterne Rechtsmittelinstanzen nach Art. 47 Abs. 1 VwVG sind grundsätzlich nur noch dann zuständig, wenn sie in einem anderen Bundesgesetz spezifisch bezeichnet werden oder das Bundesverwaltungsgericht unzuständig ist und das Bundesrecht keine andere Rechtsmittelinstanz bezeichnet. Im letzteren Fall ist die Aufsichtsbehörde zuständig (Art. 47 Abs. 1 lit. c und d VwVG; Art. 32 VGG). Als Beispiele verwaltungsinterner Rechtspflegebehörden gemäss Art. 47 Abs. 1 lit. c VwVG können etwa die Oberzolldirektion gemäss Art. 116 ZG oder die ETH-Beschwerdekommission nach Art. 37 Abs. 3 ETHG genannt werden. Abgeschafft ist hingegen das verwaltungsinterne Beschwerdeverfahren gemäss Art. 32 Abs. 2 FiG (seit dem 1.1.2012); ebenso wird jenes gemäss Art. 35 BPG abgeschafft werden (Änderung des BPG vom 14.12.2012; BBl 2012 9715).

Bei Art. 47 Abs. 1 lit. d VwVG handelt es sich um einen Auffangtatbestand, falls die Zuständigkeit des Bundesverwaltungsgerichts nicht gegeben ist. Alsdann ist die Aufsichtsbehörde im Sinne der hierarchisch übergeordneten Instanz zuständig.

Damit ist das Bundesverwaltungsgericht die primäre Rechtsmittelinstanz, während die verwaltungsinternen Instanzen nur subsidiär, entweder ausschliesslich oder als Vorinstanzen, zuständig sind.

II. Besonderheiten

1. Sprungbeschwerde

Für das Verfahren gilt grundsätzlich das VwVG, weshalb auf die Ausführungen zum Bundesverwaltungsgericht verwiesen werden kann.

1271 Als Besonderheit sei immerhin zunächst auf Art. 47 Abs. 2 und 4 VwVG hingewiesen. Danach ist die *Sprungbeschwerde* zulässig, wenn eine nicht endgültig entscheidende Beschwerdeinstanz im Einzelfall eine Weisung erteilt hat, dass oder wie eine Vorinstanz verfügen soll. Die Beschwerdeführenden sind alsdann berechtigt, an die nächsthöhere Beschwerdeinstanz zu gelangen. In der Rechtsmittelbelehrung sollte darauf aufmerksam gemacht werden. Nicht als Weisungen gelten gemäss Art. 47 Abs. 4 VwVG Anordnungen in Rückweisungsentscheiden an die Vorinstanz.

1272 Das Bundesverwaltungsgericht hat festgehalten, dass für die Zulässigkeit der Sprungbeschwerde aus den gesamten Umständen feststehen muss, wie die Beschwerdeinstanz entscheiden wird. Meinungsäusserungen oder Auskünfte genügen dabei nicht. Ist jedoch eine solche Weisung ergangen, ist aus prozessökonomischen Gründen von der Wahrung des Instanzenzuges abzusehen. Von einer Weisung gemäss Art. 47 Abs. 2 VwVG ist auszugehen, wenn die Beschwerdeinstanz beispielsweise an der Entscheidfindung der Vorinstanz beteiligt war. Die Weisung muss zudem von der zuständigen Beschwerdeinstanz stammen. Ist die Sprungbeschwerde zulässig, entscheidet das Bundesverwaltungsgericht mit gleicher Kognition wie die übersprungene Instanz, wobei dies keine Rolle spielt, weil das Bundesverwaltungsgericht Rechts- wie Ermessensfehler prüft (Art. 49 VwVG; BVGE 2009/30 E. 1.2.1 ff.). Kann eine Verfügung mittels Einsprache angefochten werden, ist die Sprungbeschwerde hingegen ausgeschlossen (Moser/Beusch/Kneubühler, Bundesverwaltungsgericht, Rz. 2.57), es sei denn, das Spezialgesetz sehe die Sprungbeschwerde eigens vor (Art. 83 Abs. 4 MWSTG, dazu vorne, Rz. 787, 845). Das Überspringen einer Instanz kann auch von Amtes wegen erfolgen, indem das Verfahren gestützt auf Art. 7 f. VwVG an die nächsthöhere Instanz überwiesen wird (vgl. auch Art. 59 VwVG).

2. Kognition

1273 Im verwaltungsinternen Beschwerdeverfahren hat die Beschwerdeinstanz mit *voller Kognition* zu entscheiden. Es sind keine Gründe ersichtlich, welche die vom Bundesverwaltungsgericht angewendete «Ohne-Not-Praxis» rechtfertigen würden. Vielmehr ist davon auszugehen, dass die verwaltungsinterne Rechtsmittelinstanz als Aufsichtsbehörde über das entsprechende Fachwissen und die Sachnähe verfügt (vgl. dazu vorne, Rz. 1050 ff.). Allerdings kann der Sachverstand nicht von vornherein vorausgesetzt werden, wenn die instruierende Behörde aus lauter Juristinnen und Juristen zusammengesetzt ist.

1274 Im Gegensatz zur verwaltungsexternen Verwaltungsrechtspflege stellt sich im verwaltungsinternen Verfahren die Frage, ob die *Verwaltungshierarchie* zu zusätzlichen *Einschränkungen der Normenkontrolle* führt, konkret: ob die untergeordnete Verwaltungsbehörde befugt ist, Erlasse der vorgesetzten Behörden, d.h. insbesondere Rechtsverordnungen, zu prüfen. Mit der Einsetzung des

Bundesverwaltungsgerichts als regelmässig zuständige Rechtsmittelbehörde hat die Frage im Bund an Bedeutung verloren. Das Bundesgericht liess sie offen. Es ging davon aus, dass die untergeordnete Instanz unter Vorbehalt der offensichtlichen Rechtswidrigkeit den Erlassen der vorgesetzten Behörde die Anwendung nicht versagen werde. Im Zweifel werde sie vielmehr in der Regel die Weisungen der vorgesetzten Behörde einholen und gemäss diesen über die Anwendung einer Norm befinden (BGE 108 Ib 540 E. 4c; vgl. auch BGE 104 Ib 412 E. 3 und dazu BGE 131 II 271 E. 11.7.1).

Jedenfalls ist die übergeordnete Instanz befugt und verpflichtet, Erlasse der untergeordneten Behörden zu überprüfen. Auch kann eine Behörde ihre eigenen Verordnungen akzessorisch überprüfen; so tritt der Bundesrat im Verwaltungsbeschwerdeverfahren auf die Rüge ein, eine bundesrätliche Verordnung sei rechtswidrig (Bundesrat, Entscheide vom 21.4.2004, in: VPB 2004, Nr. 103 E. 6, und vom 18.10.1995, in: VPB 1996, Nr. 88 E. 2). Ferner sind die Bundesbehörden zur akzessorischen Kontrolle kantonaler Erlasse befugt (vgl. aber zu den Kantonsverfassungen hinten, Rz. 1573 f.). 1275

Die *vorfrageweise Überprüfung von Verwaltungsverordnungen*, auch von solchen vorgesetzter Behörden, ist – im Unterschied zur vorfrageweisen Prüfung von Rechtsverordnungen – zulässig. Laut Bundesgericht haben sich die Behörden nur an Verwaltungsverordnungen zu halten, sofern diese den richtig verstandenen Sinn des Gesetzes wiedergeben (eingehend BGE 121 II 473 E. 2b). Immerhin geht angesichts dessen die Formulierung zu weit, die Verwaltungsbehörden seien nicht an die Verwaltungsverordnungen gebunden (so aber BGE 133 II 305 E. 8.1; 119 Ib 33 E. 3d). Laut der Praxis des Bundesverwaltungsgerichts binden Verwaltungsverordnungen dagegen die Behörden, an die sie sich richten, wenn sie nicht klarerweise verfassungs- oder gesetzwidrig sind (BVGer, Urteile A-2470/2011 vom 6.2.2012, E. 2.5.2, und B-8009/2010 vom 29.11.2011, E. 4.3; BVGE 2010/33 E. 3.3.1). Die Betonung liegt damit einmal eher auf der Bindung, einmal eher auf deren Grenzen. Ob dies im Ergebnis Unterschiede zeitigt, erscheint fraglich. (Zu den Verwaltungsverordnungen vgl. im Übrigen vorne, Rz. 1039 ff.) 1276

3. Verfahrensinstruktion und Kosten

Art. 59 VwVG gewährleistet, dass die *Verfahrensinstruktion* generell unabhängig zu erfolgen hat. Danach darf die Beschwerdeinstanz damit weder Personen im Dienste der Vorinstanz noch andere Personen betrauen, die sich an der Vorbereitung der angefochtenen Verfügung beteiligt haben. Weil die instruierende Behörde aber unter Umständen auf den Sachverstand der Fachbehörde zurückgreifen muss, darf sie deren Stellungnahme einholen (Bundesrat, Entscheid vom 28.4.2004, in: VPB 2004, Nr. 137 E. 2.3). Dies ergibt sich ebenso aus Art. 57 VwVG und dem Charakter des Beschwerdeverfahrens als 1277

«Zweiparteienverfahren». Zu diesen Stellungnahmen ist selbstverständlich das rechtliche Gehör zu gewähren. Hingegen kann die Beschwerdeinstanz den Beschwerdeentscheid nicht gestützt auf Art. 59 VwVG durch die verfügende Fachbehörde vorbereiten lassen (Reto Feller, in: Auer/Müller/Schindler, VwVG-Kommentar, Art. 59 Rz. 3).

1278 Schliesslich ist in Bezug auf die *Verfahrenskosten und die Parteientschädigung* darauf hinzuweisen, dass der Bundesrat für das verwaltungsinterne Verfahren die Verordnung über Kosten- und Entschädigungen im Verwaltungsverfahren (VKEV) erlassen hat. Diese entspricht im Wesentlichen den Regelungen, wie sie für das Bundesverwaltungsgericht gelten, weshalb auf die dortigen Ausführungen verwiesen werden kann (vgl. vorne, Rz. 1170 ff.).

III. Verwaltungsbeschwerde an den Bundesrat im Besonderen

1279 *Literatur:* HÄBERLI THOMAS, in: Niggli/Uebersax/Wiprächtiger, Basler Kommentar BGG, Art. 83 N. 17 ff.; HELBLING PETER, in: Portmann Wolfgang/Uhlmann Felix (Hrsg.), Handkommentar Bundespersonalgesetz (BPG), Bern 2013, Art. 36a; KIENER/RÜTSCHE/KUHN, Verfahrensrecht, N. 1288 ff.; KOLLER HEINRICH, Die Verwaltungsrechtspflege des Bundesrates als Residuat, in: Festschrift für Arnold Koller, Bern u.a. 1993, S. 359 ff.; LANTER MARKUS, Gerichtliche *Kontrolle* von Verfügungen über leistungsabhängige Lohnanteile von Bundespersonal, AJP 2009, S. 1518 ff.; LEBER MARINO, in: Auer/Müller/Schindler, VwVG-Kommentar, Art. 72–77 und 79; MOOR/POLTIER, Droit administratif, Vol. II, S. 685 ff.; PFLEGHARD HEINZ, Regierung als Rechtsmittelinstanz, Zürich 1984; *ders.,* Die Instruktion von Beschwerden und Rekursen durch den Bundesrat und die kantonalen Regierungen, ZBl 1985, S. 445 ff.; RHINOW/KOLLER/KISS/THURNHERR/BRÜHL-MOSER, Prozessrecht, Rz. 1377 ff.; SCHEYLI MARTIN, in: Waldmann/Weissenberger, Praxiskommentar VwVG, Art. 72–77 und 79; SCHMID PETER, Die Verwaltungsbeschwerde an den Bundesrat, Bern u.a. 1997; WALDMANN BERNHARD/KRAEMER RAPHAEL, Die Ausgestaltung des Rechtsschutzes im öffentlichen *Personalrecht,* in: Häner/Waldmann, Brennpunkte, S. 189 ff., 252 f.; ZIMMERLI ULRICH, Die subsidiäre *Verfassungsbeschwerde,* in: Tschannen, Bundesrechtspflege, S. 281 ff.

1. Zur Bedeutung der Beschwerde an den Bundesrat

1280 Die Zuständigkeit des Bundesrates im Bereich der Verwaltungsrechtspflege stellt den Überrest einer einstmals umfassenden Kompetenz dar. Die Rechtsprechungskompetenzen der Exekutive wurden zusehends infrage gestellt (vgl. BBl 1997 I 491) und schliesslich mit der Totalrevision der Bundesrechtspflege auf den heutigen geringen Umfang reduziert. Damit wurde einerseits der Rechtsweggarantie von Art. 29a BV und der Garantie eines gerichtlichen Verfahrens namentlich gemäss Art. 6 Ziff. 1 EMRK Rechnung getragen; andererseits wurde der Bundesrat als Exekutivspitze des Bundes und damit als Landesregierung von den mehr oder weniger alltäglichen Rechtsstreitigkeiten entlastet. Auch entfällt die frühere komplizierte Abgrenzung der Zuständigkeiten zwischen Bundesrat und Bundesgericht weitgehend. Die aktuelle Fassung der Art. 72–77 VwVG, welche die Verwaltungsbeschwerde an den Bundesrat normieren, steht seit 1.1.2007 in Kraft. Die Besonderheiten sind in den Art. 72–76 VwVG geregelt; im Übrigen finden die allgemeinen Bestimmungen des Verwaltungsbeschwerdeverfahrens Anwendung (Art. 77 VwVG).

2. Zuständigkeit des Bundesrates

A. Sachliche und funktionelle Zuständigkeit

Laut Art. 187 Abs. 1 lit. d BV und Art. 9 Abs. 2 RVOG übt der Bundesrat die Verwaltungsrechtspflege aus, soweit sie ihm durch die Gesetzgebung übertragen ist. 1281

Die *sachliche Zuständigkeit* des Bundesrats richtet sich nach Art. 72 VwVG. Diese Bestimmung ist – unter Vorbehalt der Spezialgesetzgebung – abschliessend (Bundesrat, Entscheid vom 2.2.2011, in: VPB 2011, Nr. 1 E. 1). 1282

Laut Art. 72 lit. a VwVG ist die Beschwerde an den Bundesrat gegeben gegen Verfügungen auf dem Gebiet der inneren und äusseren Sicherheit des Landes, der Neutralität, des diplomatischen Schutzes und der übrigen auswärtigen Angelegenheiten, soweit das Völkerrecht keinen Anspruch auf gerichtliche Beurteilung einräumt (vgl. Bundesrat, Entscheid vom 18.4.2007, in: VPB 2007, Nr. 6 E. II.4; BGE 133 II 450 E. 2.2; BVGE 2008/36 E. 11 f.). Entsprechend schliessen Art. 32 Abs. 1 lit. a VGG und Art. 83 lit. a BGG die Beschwerde an das Bundesverwaltungsgericht bzw. Bundesgericht in diesen Fällen aus. Es genügt nicht, dass eine Verfügung irgendeinen Bezug zu den genannten Gebieten aufweist; sie muss eines dieser Sachgebiete betreffen und zudem vorwiegend oder in ausgeprägtem Masse durch politische Überlegungen motiviert sein (Leber, VwVG-Kommentar, Art. 72 Rz. 8). Der Begriff der «übrigen auswärtigen Angelegenheiten» ist nach einhellig vertretener Ansicht restriktiv auszulegen (BGE 137 I 371 E. 1.2; vgl. auch die detaillierte Übersicht über die Praxis bei Leber, VwVG-Kommentar, Art. 72 N. 9 f., und Häberli, Basler Kommentar BGG, Art. 83 N. 20 ff.). Entwicklungszusammenarbeit und humanitäre Hilfe sind nicht unter den Begriff zu subsumieren (BBl 2001 4388). Dagegen ordnete das Bundesgericht eine Intervention der Schweiz bei der Bank für Internationalen Zahlungsausgleich den auswärtigen Angelegenheiten zu (BGE 137 I 371 E. 1.2). 1283

Art. 72 lit. b VwVG erklärt die Beschwerde an den Bundesrat gegen erstinstanzliche Verfügungen über leistungsabhängige Lohnanteile des Bundespersonals für zulässig. Dies gilt allerdings nur, soweit nicht die Gleichstellung der Geschlechter betroffen ist (Art. 74 VwVG i.V.m. Art. 32 Abs. 1 lit. c VGG bzw. Art. 36 Abs. 1 und Art. 36a BPG; vgl. auch Art. 83 lit. g BGG). Die Bundesversammlung war der Ansicht, es handle sich um nicht justiziable Ermessensentscheide (AB 2003 S 872). 1284

Der Ausschluss der gerichtlichen Beurteilung in Art. 72 lit. b VwVG ist jedoch sachlich nicht angebracht. Die Lehre stellt ihn denn auch zu Recht infrage und weist zudem darauf hin, dass er vor Art. 6 Ziff. 1 EMRK womöglich kei- 1285 nen Bestand hat (dezidiert Lanter, Kontrolle, S. 1523 f.; zurückhaltender Rhinow/Koller/Kiss/Thurnherr/Brühl-Moser, Prozessrecht, Rz. 1381; Waldmann/Kraemer, Personalrecht, S. 252 f.; vgl. EGMR, Urteil i.S. Vilho Eskelinen u.a. gegen Finnland vom 19.4.2007, CEDH 2007-IV, Ziff. 62). Nicht vollends geklärt erscheint allerdings, ob bzw. inwieweit eine Rechtsstreitigkeit im Sinn von Art. 6 Ziff. 1 EMRK vorliegt. Soweit dies der Fall ist, wäre statt der subsidiären Beschwerde an den Bundesrat die Beschwerde an das Bundesverwaltungsgericht gegeben (Art. 36 Abs. 1 BPG bzw. Art. 33 lit. a VGG i.V.m. Art. 74 VwVG; anders Leber, VwVG-Kommentar, Art. 72 N. 15).

1286   Die *funktionelle Zuständigkeit* des Bundesrates als Beschwerdeinstanz regelt Art. 73 VwVG. Die Bestimmung zählt die Vorinstanzen auf, gegen deren Verfügungen die Beschwerde an den Bundesrat grundsätzlich zulässig ist: Es handelt sich um die Departemente und die Bundeskanzlei (lit. a), letzte Instanzen autonomer Anstalten und Betriebe des Bundes (lit. b; vgl. auch Art. 1 Abs. 2 lit. c VwVG) sowie letzte kantonale Instanzen (lit. c). Mitgemeint sein dürften auch kommunale und interkantonale Instanzen (vgl. zu Art. 113 BGG: Giovanni Biaggini, in: Niggli/Uebersax/Wiprächtiger, Basler Kommentar BGG, Art. 113 N. 26 f.). Der Anwendungsbereich von lit. b und c erscheint sehr schmal (vgl. zu möglichen Anwendungsfällen: Scheyli, Praxiskommentar VwVG, Art. 73 N. 3 ff.). Aus der Aufsichtskompetenz des Bundesrats ergibt sich keine Zuständigkeit zur Rechtspflege (BGE 136 II 23 E. 4.2).

1287   Schliesslich kann auch ein *Spezialgesetz* dem Bundesrat die Kompetenz zur Behandlung von Beschwerden zuweisen, was sehr selten vorkommt. So ist der Bundesrat nach Art. 26 i.V.m. Art. 17 Abs. 1 und Art. 1a IRSG Beschwerdeinstanz, wenn das Departement in einem Entscheid die internationale Zusammenarbeit in Strafsachen beschränkt, um den Hoheitsrechten, der Sicherheit, der öffentlichen Ordnung oder anderen wesentlichen Interessen der Schweiz Rechnung zu tragen (vgl. z.B. Bundesrat, Entscheide vom 8.4.2009, in: VPB 2009, Nr. 8 E. 7–9, und vom 26.10.2005, in: VPB 2006, Nr. 5; ähnlich Art. 18 Abs. 1 i.V.m. Art. 4 BG-RVUS). In der Praxis warten die Exekutivbehörden mit dem Entscheid ab, bis die Justizbehörden im Rahmen ihrer Kompetenzen über die Sache entschieden haben (vgl. BGer, Urteil 1A.155/2006 vom 25.10.2006, E. 6.2; vgl. auch hinten, Rz. 2082). In der Sache liegen hier Anwendungsfälle von Art. 72 lit. a VwVG vor.

1288   Auf einer anderen Verfassungsgrundlage als die Beschwerde nach Art. 72 ff. VwVG beruht die Beschwerde an den Bundesrat wegen mangelhafter Vollstreckung von Entscheiden des Bundesgerichts und des Bundesverwaltungsgerichts, die nicht zu einer Geldleistung verpflichten (Art. 70 Abs. 4 BGG; Art. 43 VGG). Sie stützt sich auf Art. 182 Abs. 2 BV, laut dem der Bundesrat unter anderem für den Vollzug der Urteile richterlicher Behörden des Bundes sorgt (vgl. auch hinten, Rz. 1314).

B. Subsidiarität der Verwaltungsbeschwerde an den Bundesrat

Art. 74 VwVG sieht die Subsidiarität der Beschwerde an den Bundesrat gegenüber Beschwerden an andere Bundesbehörden und der Einsprache vor. *Relative Subsidiarität* besteht gegenüber ordentlichen Rechtsmitteln an Bundesverwaltungsbehörden: Sind solche gegeben, kann der Bundesrat erst im Anschluss daran angerufen werden. *Absolute Subsidiarität* besteht jedenfalls gegenüber den Einheitsbeschwerden an das Bundesgericht und der Beschwerde an das Bundesverwaltungsgericht: Kann eine solche Beschwerde ergriffen werden, ist die Anrufung des Bundesrats ausgeschlossen. 1289

Umstritten ist, ob auch die *Verfassungsbeschwerde* an das Bundesgericht nach Art. 113–119 BGG die Beschwerde an den Bundesrat nach Art. 72–77 VwVG ausschliessen soll (dafür: Scheyli, Praxiskommentar VwVG, Art. 74 N. 2 f.; dagegen: Giovanni Biaggini, in: Niggli/Uebersax/Wiprächtiger, Basler Kommentar BGG, Art. 113 N. 31, und Leber, VwVG-Kommentar, Art. 74 Rz. 3, je m.w.H.). Der Wortlaut von Art. 74 VwVG und Art. 113 BGG legt den Vorrang der Verfassungsbeschwerde nahe; dafür spricht auch deren Zweck, den Weg zum Bundesgericht im Fall der Verletzung verfassungsmässiger Rechte offenzuhalten, wenn die Einheitsbeschwerden wegen Fehlens der sachlichen Zuständigkeit nicht gegeben sind. Von den Argumenten, welche die Lehre zur Zweckmässigkeit und Stringenz der Rechtsmittelordnung anführt, erscheinen jene bedeutsam, welche Art und Umfang des Rechtsschutzes betreffen, doch sind sie schwierig gegeneinander abzuwägen: der Bundesrat besässe die umfassendere Kognition, das Bundesgericht böte gerichtlichen Rechtsschutz. Massgeblich erscheint allerdings, dass sich aufgrund der Umschreibung der sachlichen Zuständigkeit in Art. 72 VwVG und der Vorinstanzen in Art. 73 VwVG die Frage der Rechtsmittelkonkurrenz nur in Bezug auf Entscheide kantonaler Instanzen auf dem Gebiet der inneren und äusseren Sicherheit des Landes, der Neutralität, des diplomatischen Schutzes und der übrigen auswärtigen Angelegenheiten stellt, soweit sie sich auf öffentliches Recht des Bundes stützen (Art. 5 Abs. 1 VwVG) und sofern das Völkerrecht keinen Anspruch auf gerichtliche Beurteilung einräumt. Werden solche nicht justiziablen Entscheide von Bundesbehörden getroffen, ist der Bundesrat letztinstanzlich zuständig; dies erscheint auch als passende Lösung, wenn kantonale nichtrichterliche Behörden entschieden haben (so auch Zimmerli, Verfassungsbeschwerde, S. 288 f.). Hat jedoch auf kantonaler Ebene ein Gericht entschieden, ist davon auszugehen, dass kein Regierungsakt im Sinn von Art. 72 lit. a VwVG gegeben ist, sodass grundsätzlich Beschwerde an das Bundesgericht erhoben werden kann (im Ergebnis gleich: Misic, Verfassungsbeschwerde, N. 498 ff., bes. 503, der seine Ansicht sinngemäss als pragmatischen Mittelweg bezeichnet). Weil das Bundesgericht zum Entscheid zuständig ist, ob ein angefochtener kantonaler Akt vorwiegend politischen Charakter hat (Art. 86 Abs. 3 BGG, gegebenenfalls i.V.m. Art. 114 BGG), wäre eine Beschwerde stets an das Bundesgericht zu richten. Wenn die 1290

Beschwerde in öffentlich-rechtlichen Angelegenheiten nach Art. 83 lit. a BGG ausgeschlossen ist, hätte dieses jedoch die Sache nicht im Verfahren der subsidiären Verfassungsbeschwerde zu beurteilen, sondern an den Bundesrat weiterzuleiten. Dies dürfte allerdings nur ausgesprochene Ausnahmefälle betreffen. Im Sinn der Rechtsweggarantie ist zudem zu fordern, dass der Kreis der nicht justiziablen Entscheide eng gezogen wird.

1291 Für die *Kompetenzattraktion,* die vor der Totalrevision der Bundesrechtspflege bei der Bestimmung der Zuständigkeiten von Bundesrat und Bundesgericht wichtig war, dürfte in diesem Bereich kaum noch Raum bestehen (vgl. Thomas Flückiger, in: Waldmann/Weissenberger, Praxiskommentar VwVG, Art. 7 N. 36).

3. Instruktion und Ausstand

1292 Die *Instruktion* der Beschwerde besorgt das Eidgenössische Justiz- und Polizeidepartement, sofern sich die Beschwerde nicht gegen dieses Departement selbst richtet (Art. 75 Abs. 1 und 2 VwVG). In solchen Fällen ist das Eidgenössische Finanzdepartement zuständig (vgl. Art. 3 Abs. 3 OV-EFD; Leber, VwVG-Kommentar, Art. 75 Rz. 5). Das instruierende Departement übt bis zum Beschwerdeentscheid die Befugnisse aus, die dem Bundesrat als Beschwerdeinstanz zukommen, und stellt diesem Antrag (Art. 75 Abs. 3 VwVG).

1293 Innerhalb der instruierenden Departemente sind für die Instruktion zuständig: das Bundesamt für Justiz im Eidgenössischen Justiz- und Polizeidepartement (Art. 7 Abs. 8 OV-EJPD; die dort genannten Ausnahmen sind dahingefallen) und das Generalsekretariat im Eidgenössischen Finanzdepartement (Art. 5 lit. e OV-EFD). Zwischenverfügungen, wie beispielsweise Verfügungen über den Entzug oder die Wiederherstellung der aufschiebenden Wirkung, sind durch das Departement bzw. in dessen Namen zu erlassen (vgl. zur Unterschriftsberechtigung: Art. 49 Abs. 1 RVOG; Leber, in: VwVG-Kommentar, Art. 75 Rz. 3).

1294 Art. 76 VwVG über den *Ausstand* ergänzt Art. 10 VwVG (i.V.m. Art. 20 Abs. 2 RVOG) und Art. 59 VwVG. Danach hat dasjenige Mitglied des Bundesrates, gegen dessen Departement sich die Beschwerde richtet, beim Beschwerdeentscheid des Bundesrates in den Ausstand zu treten. Dies sollte zur Folge haben, dass es jeweils den Raum verlässt (in diesem Sinn auch Leber, VwVG-Kommentar, Art. 76 Rz. 3 f., und Scheyli, Praxiskommentar VwVG, Art. 76 N. 5, je m.w.H. und Kritik an der Praxis).

1295 Dem betreffenden Departement kommen weitgehende Mitwirkungsrechte zu: Es kann nach Art. 76 Abs. 2 VwVG wie eine beschwerdeführende Partei am Verfahren teilnehmen und sich ausserdem am *Mitberichtsverfahren* nach Art. 15 RVOG beteiligen, in welchem alle Departemente zu einem Entscheidantrag an den Bundesrat schriftlich Stellung nehmen können. Führt jedoch das

Departement, gegen das sich die Beschwerde richtet, im Mitberichtsverfahren neue tatsächliche oder rechtliche Vorbringen an, ist das rechtliche Gehör zu wahren und sind die Gegenparteien anzuhören. Ebenso sind andere Beteiligte zu diesen Vorbringen anzuhören (Art. 76 Abs. 3 VwVG).

4. Endgültigkeit der Beschwerdeentscheide

Der Bundesrat entscheidet *als Rechtsmittelbehörde letztinstanzlich.* Zwar können einige seiner erstinstanzlichen Verfügungen beim Bundesverwaltungsgericht angefochten werden (Art. 33 lit. a und b VGG), nicht aber seine Beschwerdeentscheide. 1296

Laut Art. 79 Abs. 1 VwVG ist die Beschwerde an die *Bundesversammlung* gegen Beschwerdeentscheide und Verfügungen gegeben, wenn ein Bundesgesetz dies vorsieht. Soweit ersichtlich, sieht das Bundesrecht derzeit nirgends mehr eine Beschwerde an die Bundesversammlung vor. 1297

14. Kapitel: Rechtsverweigerungs- und Rechtsverzögerungsbeschwerde

1298   *Literatur:* FELLER RETO, Das Prinzip der *Einmaligkeit* des Rechtsschutzes im Staatshaftungsrecht, Zürich/St. Gallen 2007, S. 203 ff.; GÄCHTER THOMAS, Durchsetzung von Sanierungspflichten mittels Rechtsverweigerungsbeschwerde, URP 2005, S. 775 ff.; MEYER LORENZ, Das Rechtsverzögerungsverbot nach Art. 4 BV, Bern ohne Jahresangabe (1985); MOSER/BEUSCH/KNEUBÜHLER, Bundesverwaltungsgericht, Rz. 5.18 ff.; MÜLLER MARKUS, in: Auer/Müller/Schindler, VwVG-Kommentar, Art. 46a; TRÜEB HANS RUDOLF, Rechtsschutz gegen Luftverunreinigung und Lärm, Zürich 1990, S. 205 ff.; *ders.,* Die Vollzugsklage im Umweltrecht, URP 1990, S. 423 ff; UHLMANN FELIX/WÄLLE-BÄR SIMONE, in: Waldmann/Weissenberger, Praxiskommentar VwVG, Art. 46a; *dies.,* Vollstreckung, in: Geiser/Münch/Uhlmann/Gelzer, Bundesgericht, Rz. 9.13 ff.; vgl. auch die Literatur in Rz. 252.

1299   Die *Rechtsverweigerungs- und Rechtsverzögerungsbeschwerde* (Art. 46a VwVG; ursprünglich verankert in Art. 70 VwVG, in Kraft bis 31.12.2006) weist gegenüber der Verwaltungsbeschwerde im Allgemeinen (Art. 44 ff. VwVG) einige Besonderheiten auf.

1300   Eine *Rechtsverweigerung im Sinn von Art. 46a VwVG* liegt vor, wenn die Behörde trotz rechtlicher Verpflichtung keine Verfügung bzw. keinen Entscheid erlässt (vgl. BVGer, Urteil A-1247/2010 vom 19.4.2010, E. 3.2.2). Art. 46a VwVG bezieht sich insofern auf die formelle Rechtsverweigerung im engeren Sinn (vgl. vorne, Rz. 168, 199 f.). *Rechtsverzögerung* ist gegeben, wenn die Behörde eine Beschwerde oder ein Gesuch nicht innert angemessener Frist behandelt und abschliesst, also «verschleppt» (BVGer, E-6681/2010 vom 4.11.2010, E. 4.1).

1301   Art. 29 Abs. 1 BV garantiert jeder Person in Verfahren vor Gerichts- und Verwaltungsbehörden einen unmittelbaren Anspruch auf Behandlung der Sache und auf Beurteilung innert angemessener Frist. Damit werden die Rechtsverweigerung im engeren Sinne und die Rechtsverzögerung im Verwaltungsgerichts- und auch im Verwaltungsverfahren verboten. Ein Anspruch auf Entscheidung innert angemessener Frist ist auch in Art. 6 Ziff. 1 EMRK enthalten. Zwar hat Art. 29 Abs. 1 BV einen weiteren Anwendungsbereich als diese Bestimmung, da er sich auf sämtliche Gerichts- und Verwaltungsverfahren bezieht. Obwohl Art. 6 Ziff. 1 EMRK nicht direkt auf das Verwaltungsverfahren anwendbar ist, ist er jedoch in diesem Zusammenhang grundsätzlich zu beachten, da der EGMR bei der Prüfung der Verfahrensdauer verwaltungsinterne Verfahren oder wenigstens Beschwerdeverfahren teilweise mitberücksichtigt, wenn sie dem Gerichtsverfahren vorgeschaltet sind. In sachlicher Hinsicht geht der Anspruch auf Entscheidung innert angemessener Frist nach Art. 6 Ziff. 1 EMRK grundsätzlich nicht über jenen des Landesrechts hinaus, doch wird die Praxis des Bundesgerichts zu Art. 29 Abs. 1 BV von derjenigen des EGMR zu Art. 6 Ziff. 1 EMRK beeinflusst. (Vgl. zum Ganzen, insbesondere auch für die Kriterien zur Bestimmung der Rechtsverzögerung sowie für Praxisbeispiele, in denen eine Rechtsverzögerung aufgrund der Verfahrensdauer bejaht oder verneint wurde, vorne, Rz. 254 f.; vgl. auch Uhlmann/Wälle-Bär, Praxiskommentar VwVG, Art. 46a N. 20 ff.)

Seit der Totalrevision der Bundesrechtspflege ist die Rechtsverweigerungs- und Rechtsverzögerungsbeschwerde in Art. 46a VwVG und damit im Abschnitt über das Beschwerdeverfahren im Allgemeinen geregelt. *Zuständig* zur Behandlung ist demnach die ordentliche Beschwerdeinstanz, also nicht mehr wie früher die Aufsichtsinstanz (vgl. BGer, Urteil 2C_45/2009 vom 26.5.2009, E. 2.1; BVGer, Urteil E-6681/2010 vom 4.11.2010, E. 1.2). Der Rechtsweg ist jedoch dann nicht derselbe wie bei der Anfechtung einer ordnungsgemäss ergangenen Verfügung, wenn gegen diese eine Einsprache zulässig wäre. In diesem Fall ist die Einspracheinstanz, bei der es sich definitionsgemäss gerade um die Behörde handelt, der Säumnis vorgeworfen wird, zu überspringen (BVGE 2008/15 E. 3.1.1 in analoger Anwendung von Art. 47 Abs. 2 VwVG über die Sprungbeschwerde).

Eine Verfügung als *Anfechtungsobjekt* kann bei der Rechtsverweigerungs- und Rechtsverzögerungsbeschwerde nicht vorausgesetzt werden: Diese Sonderform der Beschwerde wird gerade deswegen vorgesehen, weil die Rechtsverletzung, gegen welche die Beschwerde gegeben sein muss, das Ausbleiben einer Verfügung zur Folge hat. Die Beschwerde richtet sich direkt gegen das unrechtmässige Verweigern oder Verzögern der Verfügung.

Wenn jedoch die Behörde das Eintreten wegen Fehlens von Prozessvoraussetzungen *ausdrücklich abgelehnt* hat, liegt in der Regel eine Verfügung im Sinn von Art. 5 Abs. 1 lit. c VwVG vor. Ist eine solche Verfügung ergangen, so ist nicht die Rechtsverweigerungs- bzw. Rechtsverzögerungsbeschwerde zu ergreifen, sondern die normale Beschwerde nach Art. 44 ff. VwVG (BVGE 2010/53 E. 1.2.3; 2010/29 E. 1.2.2). Dies gilt ungeachtet dessen, dass die Verfügung materiell unter Umständen eine Rechtsverweigerung im engeren Sinn enthalten und die Rechtsverweigerung deshalb als Beschwerdegrund vorgebracht werden kann (vgl. dazu vorne, Rz. 199 f.).

Sodann kann eine Rechtsverzögerung ausnahmsweise *als Folge einer positiven Anordnung absehbar* sein; Beispiele wären die Anordnung unnötiger Beweismassnahmen, die Einräumung überlanger Fristen oder eine sachlich nicht gerechtfertigte Sistierung oder Rückweisung. Die Rüge der Rechtsverzögerung kann in diesem Fall schon gegen die betreffende Anordnung vorgebracht werden; es muss nicht abgewartet werden, bis die Verzögerung tatsächlich eingetreten ist (BGE 131 V 407 E. 1.1). Anfechtungsobjekt ist die fragliche Anordnung, die gegebenenfalls aufgehoben werden kann und muss; die Rechtsverzögerung ist der geltend gemachte Beschwerdegrund (anders Müller, VwVG-Kommentar, Art. 46a N. 6). Handelt es sich bei der Anordnung um eine Zwischenverfügung, so wird unter den genannten Umständen die Voraussetzung des nicht wieder gutzumachenden Nachteils (Art. 46 Abs. 1 lit. a VwVG) als gegeben erachtet oder für entbehrlich erklärt (vgl. BGE 126 V 244 E. 2c–d; 134 IV 43 E. 2.2 und 2.5). Die Anfechtbarkeit der Anordnung schliesst je nach den Umständen nicht aus, dass erst später, nachdem tatsächlich eine Verzögerung eingetreten ist, Rechtsverzögerungsbeschwerde erhoben wird (a.M. Müller, VwVG-Kommentar, Art. 46a N. 10). Zur Beurteilung der Zulässigkeit späterer Beschwerden wären der Grundsatz von Treu und Glauben sowie analog die Regeln über die Anpassung von Dauerverfügungen (vorne, Rz. 738) heranzuziehen.

1306 Die Rechtsverweigerungs- bzw. Rechtsverzögerungsbeschwerde ist nur zulässig, wenn geltend gemacht wird, dass eine Verweigerung oder Verzögerung einer anfechtbaren *Verfügung* durch die *zuständige Behörde* vorliegt und ein *Anspruch auf Erlass* dieser Verfügung besteht (vgl. BGE 135 II 60 E. 3.1.2). Andernfalls wird die Beschwerde durch Nichteintreten erledigt. Von einem Anspruch auf Erlass einer Verfügung ist immer dann auszugehen, wenn die Behörde nach dem anzuwendenden Recht verpflichtet ist, in Verfügungsform zu handeln. Dieser Anspruch ist zu unterscheiden vom Anspruch der Beschwerdeführenden in der Sache: Die Behörde, die um eine Verfügung ersucht wird, hat eine Nichteintretensverfügung zu erlassen, wenn ihre Zuständigkeit behauptet wird, sie sich jedoch für unzuständig hält (vgl. Art. 9 Abs. 2 VwVG) oder wenn sie die Parteieigenschaft der betreffenden Personen verneint (BGE 130 II 521 E. 2.5; BVGE 2009/1 E. 3; 2008/15 E. 3.2). Das Verweigern oder Verzögern einer solchen Verfügung kann ebenfalls mit Beschwerde angefochten werden (vgl. BVGE 2009/1 E. 4.1).

1307 Nach dem Gesagten kann die Rechtsverweigerungsbeschwerde von Personen mit schutzwürdigem Interesse am Erlass einer Verfügung verwendet werden, um gegen eine *Unterlassung bzw. Untätigkeit* der zuständigen, zum Handeln in Verfügungsform verpflichteten Behörde vorzugehen. Vorauszusetzen ist allerdings, dass die Rechtsuchenden zunächst ein Begehren auf Erlass der Verfügung bei der erstinstanzlich zuständigen Behörde gestellt haben (BGer, Urteil 1C_165/2009 vom 3.11.2009, E. 2.2; BVGE 2009/1 E. 3 m.H.). Ein Anschauungsbeispiel stellt der folgende Fall dar, wobei die Beschwerdeführenden zwar die Feststellung einer formellen Rechtsverweigerung, nicht aber einen Entscheid in der Sache erlangen konnten: Verschiedene Privatpersonen verlangten vom Bundesamt für Umwelt Massnahmen zur Luftreinhaltung und gelangten gegen den abschlägigen Bescheid ans Bundesverwaltungsgericht. Das Gericht bejahte zwar eine Rechtsverweigerung, weil das Amt keine förmliche Nichteintretensverfügung erlassen hatte. Mangels Zuständigkeit der Behörde und Parteistellung der Betreffenden verneinte es jedoch, dass der Verzicht auf die beantragten Massnahmen eine Rechtsverweigerung darstelle (BVGE 2009/1 E. 4–9; geschützt durch: BGer, Urteil 1C_108/2008 vom 3.3.2009; vgl. auch BVGer, Urteil A-6437/2008 vom 16.2.2009, E. 1 f. und 4.7).

1308 Die Beschwerde wegen Rechtsverweigerung oder Rechtsverzögerung setzt voraus, dass auch *die verweigerte oder verzögerte Verfügung selber anfechtbar* wäre (BBl 2001, 4408; vgl. BVGer, Urteil D-4600/2009 vom 9.10.2009, E. 2.2). Die Beschwerde ist also nicht gegeben, wenn sie in der Hauptsache nicht zulässig wäre. Es handelt sich um eine Eintretensvoraussetzung (Uhlmann/Wälle-

Bär, Praxiskommentar VwVG, Art. 46a N. 5; a.M. Müller, VwVG-Kommentar, Art. 46a N. 8 f.). Wird ein *letztinstanzlicher Entscheid* verweigert oder verzögert, kann dies nur mit der Aufsichtsbeschwerde gerügt werden (Uhlmann/ Wälle-Bär, in: Waldmann/Weissenberger, Praxiskommentar VwVG, Art. 46a N. 5 m.H.). Laut EGMR ist allerdings Art. 13 EMRK verletzt, sofern nicht ein innerstaatliches Verfahren besteht, mit dem im Fall einer Verletzung des Beschleunigungsgebots von Art. 6 Ziff. 1 EMRK deren Beseitigung oder eine Entschädigung verlangt werden kann (Meyer-Ladewig, Handkommentar, Art. 13 Rn. 26 ff.; EGMR, Urteil i.S. Kudła gegen Polen vom 26.10.2000, CEDH 2000-XI, Ziff. 146 ff., bestätigt z.B. in: EGMR, Urteil i.S. Ortuño Ortuño gegen Spanien vom 27.9.2011, Nr. 30350/07, Ziff. 44). Das Staatshaftungsverfahren – in dem über die Widerrechtlichkeit der Rechtsverweigerung bzw. Rechtsverzögerung befunden werden kann (vgl. Feller, Einmaligkeit, S. 205) – müsste diesen Anforderungen genügen.

Die Rechtsverweigerungs- bzw. Rechtsverzögerungsbeschwerde kann *jederzeit* erhoben werden (Art. 50 Abs. 2 VwVG). Das Bundesgericht und die wohl vorherrschende Meinung gehen jedoch davon aus, dass die säumige Behörde vorher zu *mahnen* ist (vgl. SRK, Entscheid vom 4.5.2004, VPB 2004 Nr. 123; Moser/Beusch/Kneubühler, Bundesverwaltungsgericht, Rz. 5.20 m.w.H.). Wenn bereits ein Verfahren hängig ist, so erscheint eine solche Mahnung – oder zumindest eine Erkundigung nach dem Stand des Verfahrens – als angemessene und in der Regel zumutbare Massnahme zur Vermeidung unnötiger Beschwerdeverfahren. Ihr Ausbleiben kann daher bei der Kostenverteilung im Beschwerdeverfahren sowie in einem allfälligen Staatshaftungsverfahren berücksichtigt werden (BGE 107 Ib 155 E. 2b/bb; 125 V 373 E. 2b, kritisiert von Jost Gross, Haftung des Staates wegen Rechtsverzögerung. Mitwirkungspflicht der Parteien bei der Beschleunigung des Verfahrens, AJP 2000, S. 334 f.). Als Eintretensvoraussetzung für die Rechtsverweigerungs- bzw. Rechtsverzögerungsbeschwerde sollte die Mahnung aber nicht aufgefasst werden (gl.M. Uhlmann/ Wälle-Bär, Praxiskommentar VwVG, Art. 46a N. 11). Ist noch kein Verfahren hängig, so ist allerdings vorauszusetzen, dass zunächst ein Gesuch um Erlass der betreffenden Verfügung gestellt wird. Unbestreitbar muss dies jedenfalls dann gelten, wenn die Behörde nur auf Gesuch hin – und nicht auch von Amtes wegen – tätig werden kann.

Wenn die zuständige Behörde ausdrücklich den Erlass einer Verfügung verweigert (was einen Ausnahmefall darstellen dürfte), so ist die Beschwerde nach der Praxis aufgrund von Treu und Glauben grundsätzlich innerhalb der gesetzlichen Beschwerdefrist (vgl. Art. 50 Abs. 1 VwVG) zu erheben (BGer, Urteil 2P.16/2002 vom 18.12.2002, E. 2.2; BVGE 2008/15 E. 3.2).

Ergeht die Verfügung, während die Beschwerde hängig ist, ist das Beschwerdeverfahren grundsätzlich mangels eines aktuellen Interesses als *gegenstandslos* geworden abzuschreiben (BGE 125 V 373 E. 1). Zumindest soweit die Feststellung der Rechtsverweigerung bzw. Rechtsverzögerung beantragt wurde, kann dies allerdings nicht gelten, da die Feststellung eine Wiedergutmachung darstellt (BGE 130 I 312 E. 5.3 m.H.).

1312 Wird die Beschwerde *gutgeheissen,* kann die Rechtsmittelinstanz nicht in der Sache selbst entscheiden. Vielmehr enthält der Beschwerdeentscheid eine verbindliche Weisung an die Vorinstanz, die Sache an die Hand zu nehmen. Auf weiter gehende Anträge ist grundsätzlich nicht einzutreten (vgl. BVGer, Urteil C-806/2008 vom 16.11.2009, E. 1.4; BVGE 2008/15 E. 3.1.2). Eine Ausnahme kann etwa gemacht werden, um prozessuale Leerläufe zu vermeiden (vgl. BVGE 2009/1 E. 4.2). Sodann genügt unter Umständen die Feststellung der Rechtsverweigerung bzw. Rechtsverzögerung nicht zur Wiedergutmachung, sodass weitere Anordnungen zu treffen sind (vgl. im Einzelnen vorne, Rz. 256).

1313 Art. 10 VKEV sieht eine besondere *Regelung der Nebenfolgen* für die Rechtsverweigerungs- und Rechtsverzögerungsbeschwerde vor; danach sind unter anderem die Bestimmungen über die Parteientschädigung und über die unentgeltliche Rechtspflege (Art. 8 f. VKEV; vgl. Art. 64 f. VwVG) auf dieses Verfahren nicht anwendbar. Eine gesetzliche Grundlage hat diese Regelung seit dem Ausserkrafttreten von Art. 70 Abs. 3 VwVG am 31.12.2006 nicht mehr; insbesondere wird sie von den Delegationsnormen der Art. 64 Abs. 5 und Art. 65 Abs. 5 VwVG nicht abgedeckt. Zudem widerspricht sie der Garantie der unentgeltlichen Rechtspflege in Art. 29 Abs. 3 BV. Es ist davon auszugehen, dass Art. 10 VKEV mit der Zuordnung der Rechtsverweigerungs- und Rechtsverzögerungsbeschwerde zur Beschwerde im Allgemeinen für diese Beschwerdeform obsolet geworden ist und Art. 64 f. VwVG bzw. Art. 8 f. VKEV anwendbar sind.

1314 Eine besondere Rechtsverweigerungs- und Rechtsverzögerungsbeschwerde enthalten schliesslich Art. 70 Abs. 4 BGG und Art. 43 VGG (vgl. auch Art. 182 Abs. 2 BV): Werden *Entscheide des Bundesgerichts oder Bundesverwaltungsgerichts,* die keine Geldleistung nach Art. 69 BGG bzw. Art. 43 VGG betreffen, *mangelhaft vollstreckt,* kann Beschwerde an den Bundesrat erhoben werden, der die erforderlichen Massnahmen trifft. Auf solche Beschwerden werden die Art. 75–77 VwVG analog angewandt. Dabei gelten unter Vorbehalt von Treu und Glauben keine Form- und Fristvorschriften (Bundesrat, Entscheid vom 27.11.2009, in: VPB 2010, Nr. 6 E. II.1.3; Paul Tschümperlin, in: Niggli/Uebersax/Wiprächtiger, Basler Kommentar BGG, Art. 70 N. 27; a.M. Florence Aubry Girardin, in: Corboz/Wurzburger/Ferrari/Frésard/Aubry Girardin, Commentaire de la LTF, Art. 70 N. 36). Das Fortdauern einer Rechtsverzögerung, nachdem das Bundesgericht eine solche festgestellt hat, fällt nicht unter die mangelhafte Vollstreckung eines Bundesgerichtsentscheids (zum Begriff der Vollstreckung vorne, Rz. 667 ff.). Der EGMR bejahte daher in einem derartigen Fall die Erschöpfung des innerstaatlichen Instanzenzugs und liess eine Beschwerde wegen Verletzung des Beschleunigungsgebots nach Art. 6 Ziff. 1 EMRK zu, der keine Beschwerde an den Bundesrat vorausgegangen war (EGMR, Urteil i.S. Munari gegen die Schweiz vom 12.7.2005, in: VPB 2005, Nr. 137 Ziff. 24 ff.).

Im Übrigen ist auf Art. 56 Abs. 2 ATSG hinzuweisen, der ebenfalls die 1315
Rechtsverweigerungsbeschwerde – und sinngemäss die Rechtsverzögerungsbeschwerde – vorsieht (vgl. auch Art. 52 Abs. 2 ATSG; BGE 131 V 407 E. 1.1).

Das *Verhältnis* von Rechtsverweigerungs- bzw. Rechtsverzögerungsbe- 1316
schwerde *zum Feststellungsverfahren* und *zum Erlass einer Verfügung über einen Realakt* (Art. 25 und 25a VwVG), soweit die Voraussetzungen für mehrere von diesen Verfahren gegeben sind, kann noch nicht als geklärt gelten (Müller, VwVG-Kommentar, Art. 46a N. 15, laut dem die Verfahren grundsätzlich wahlweise zur Verfügung stehen sollen). Die Frage einer Rechtsverweigerung oder Rechtsverzögerung kann sich jedenfalls nur stellen, wenn der Behörde ein Gesuch um Erlass einer Verfügung gestellt wurde oder wenn sie von Amtes wegen hätte tätig werden müssen. Auch im letzteren Fall sollte verlangt werden, dass zunächst um Erlass einer Verfügung ersucht wird, wenn die entsprechenden Voraussetzungen gegeben sind (vgl. vorne, Rz. 1307). Im *Staatshaftungsverfahren* wird zwar auf eine Entschädigungsforderung wegen Rechtsverweigerung oder Rechtsverzögerung eingetreten, wenn zuvor keine Rechtsverweigerungs- bzw. Rechtsverzögerungsbeschwerde ergriffen wurde. Der Verzicht auf diese wird aber im Staatshaftungsprozess als Selbstverschulden berücksichtigt, das eine Haftung ausschliessen kann (BGE 107 Ib 155 E. 2b/bb; Feller, Einmaligkeit, S. 205 f.).

15. Kapitel: Erläuterung sowie Berichtigung von Rechnungs- und Kanzleifehlern

1317 *Literatur:* BEERLI-BONORAND, Rechtsmittel, S. 188 ff.; IMBODEN/RHINOW/KRÄHENMANN, Verwaltungsrechtsprechung, Nr. 44; KIENER/RÜTSCHE/KUHN, Verfahrensrecht, N. 1848 ff.; RHINOW/KOLLER/KISS/THURNHERR/BRÜHL-MOSER, Prozessrecht, Rz. 697 ff., 1410 ff., 1734 ff.; SCHERRER KARIN, in: Waldmann/Weissenberger, Praxiskommentar VwVG, Art. 69; VOGEL STEFAN, in: Auer/Müller/Schindler, VwVG-Kommentar, Art. 69; vgl. auch die Literatur in Rz. 1199, 1784.

1318 Bei der *Erläuterung* handelt es sich um ein ausserordentliches, nicht devolutives Rechtsmittel. Gesetzliche Grundlagen finden sich in Art. 69 Abs. 1 und 2 VwVG (sowie Art. 48 VGG für das Bundesverwaltungsgericht und Art. 129 BGG für das Bundesgericht). Zudem anerkennt das Bundesgericht einen verfassungsrechtlichen Minimalanspruch auf Erläuterung (BGE 130 V 320 E. 2.3). Somit müssten auch erstinstanzliche Verfügungen – und nicht nur die in Art. 69 VwVG erwähnten Beschwerdeentscheide – der Erläuterung zugänglich sein (a.M. Vogel, VwVG-Kommentar, Art. 69 Rz. 3, und die dort zitierte Literatur, die – teils ausdrücklich bedauernd – bei erstinstanzlichen Verfügungen nur die Wiedererwägung gegeben sieht).

1319 Die Erläuterung dient dazu, Unklarheiten oder Widersprüche im Dispositiv oder zwischen diesem und der Begründung zu beseitigen (vgl. Art. 69 Abs. 1 VwVG). Sie dient dagegen nicht zur inhaltlichen Änderung eines Entscheids, zu dessen Diskussion oder zur Behandlung neuer Fragen, die im Entscheid nicht zu prüfen waren. Für die Erwägungen allein darf grundsätzlich keine Erläuterung verlangt werden, es sei denn, Sinn und Tragweite des Dispositivs ergäben sich erst aus den Erwägungen (zum Ganzen BGer, Urteil 4G_2/2009 vom 21.10.2009, E.1.1; BGE 110 V 222 E. 1). Dies ist bei Rückweisungen «im Sinne der Erwägungen» in Bezug auf die entscheidrelevanten Erwägungen der Fall (vgl. BGE 104 V 51 E. 1).

1320 Art. 69 VwVG sieht im Gegensatz zu Art. 129 Abs. 1 BGG (auf den auch Art. 48 Abs. 1 VGG verweist) keine Erläuterung von Amtes wegen vor; in der Lehre wird allerdings die Zulassung dieser Möglichkeit zumindest unter bestimmten Umständen gefordert (Vogel, in: Auer/Müller/Schindler, VwVG-Kommentar, Art. 69 Rz. 7). Die Erläuterung wird durch die Parteien bei der Behörde, die entschieden hat, anbegehrt. Ob die Vorinstanz zum Erläuterungsbegehren legitimiert ist, hat das Bundesgericht offengelassen (BGer, Urteil 4G_1/2009 vom 5.5.2009, E. 1.1 m.H., zu Art. 129 BGG). Zu Recht wird in der Lehre die Legitimation betroffener Behörden, etwa von Vollzugsbehörden und Vorinstanzen, gefordert (Vogel, VwVG-Kommentar, Art. 69 Rz. 8). Eine Frist für die Gesuchstellung ist nicht vorgesehen. Teile der Lehre befürworten die analoge Anwendung von Art. 67 Abs. 1 VwVG (vgl. die Übersicht bei Vogel,

VwVG-Kommentar, Art. 69 Rz. 15). Jedenfalls bildet der Grundsatz von Treu und Glauben eine Schranke der zulässigen Rechtsmittelerhebung.

Die Erläuterung führt dazu, dass die Rechtsmittelfrist für jene Teile des Dispositivs, die erläutert werden, neu zu laufen beginnt (Art. 69 Abs. 2 VwVG; Art. 48 Abs. 2 VGG; Vogel, VwVG-Kommentar, Art. 69 N. 18). Der Erläuterungsentscheid kann sodann im ordentlichen Rechtsmittelverfahren weitergezogen werden (vgl. auch Art. 5 Abs. 2 VwVG; BGer, Urteil 1E.6/2005 vom 25.8.2005, E. 4.3). Das Erläuterungsbegehren hemmt jedoch den Lauf der Rechtsmittelfrist zur Anfechtung der ursprünglichen Verfügung nicht, sodass gegebenenfalls zusätzlich zum Erläuterungsbegehren vorsorglich Beschwerde erhoben werden muss (vgl. BGE 130 V 320 E. 3.4; 117 II 508 E. 1a; Vogel, VwVG-Kommentar, Art. 69 Rz. 11). 1321

Die *Berichtigung* von Redaktions- und Rechnungsfehlern sowie von Kanzleiversehen, die keinen Einfluss auf die Entscheidungsformel oder den erheblichen Inhalt der Begründung haben, darf die Beschwerdeinstanz jederzeit vornehmen (vgl. als Beispiel BVGer, Berichtigung vom 12.11.2009 im Verfahren C-3713/2007). Die gesetzlichen Grundlagen sind Art. 69 Abs. 3 VwVG bzw. Art. 48 VGG und Art. 129 BGG; zudem anerkennt die Praxis einen entsprechenden allgemeinen Verfahrensgrundsatz (BGer, Urteil 1P.661/2002 vom 14.7.2003, E. 2.2; BVGer, Urteil A-5612/2007 vom 1.3.2010, E. 2.5; vgl. auch BGE 130 V 320 E. 2.3). Es können nur Fehler berichtigt werden, die sich offenkundig aus dem Text des Entscheids selber ergeben (BGer, Urteil 5F_3/2011 vom 4.5.2011, E. 3.1). Fehler bei der Sachverhaltsermittlung oder Rechtsanwendung können nicht auf dem Weg der Berichtigung korrigiert werden, so offensichtlich sie auch sein mögen (vgl. BGer, Urteile 5A_860/2010 vom 25.8.2011, E. 2, und 2A.451/2005 vom 21.4.2006, E. 5.8). Zuständig zur Berichtigung ist die Behörde, die den Entscheid gefällt hat, doch kommt es in der Praxis vor, dass auch die Rechtsmittelbehörde im Rechtsmittelverfahren Berichtigungen vornimmt (vgl. BGer, Urteil 2C_795/2010 vom 1.3.2011, E. 2; BGE 119 Ib 366 E. 2; anders BGer, Urteil 6B_89/2009 vom 29.10.2009, E. 3.3). 1322

16. Kapitel: Revision

1323 *Literatur:* AUER MATTHIAS, Das ausserordentliche Rechtsmittel der Revision nach schweizerischem Steuerrecht im Vergleich zur Revision nach dem Verwaltungsverfahrensgesetz des Bundes, Zürich 1981; BEERLI-BONORAND, Rechtsmittel, S. 33 ff.; MÄCHLER AUGUST, in: Auer/Müller/Schindler, VwVG-Kommentar, Art. 66–68; RHINOW/KOLLER/KISS/THURNHERR/BRÜHL-MOSER, Prozessrecht, Rz. 700 ff., 1395 ff., 1719 ff.; SCHERRER KARIN, in: Waldmann/Weissenberger, Praxiskommentar VwVG, Art. 66–68; vgl. auch die Literatur in Rz. 703, 1199, 1784.

Zur Revision wegen Verletzung der EMRK: BESSON SAMANTHA, Les effets et l'exécution des arrêts de la Cour européenne des droits de l'homme – Le cas de la Suisse, in: Breitenmoser Stephan/Ehrenzeller Bernhard (Hrsg.), EMRK und die Schweiz, St. Gallen 2010, S. 125 ff.; FROWEIN JOCHEN ABR./PEUKERT WOLFGANG, Europäische MenschenRechtsKonvention. EMRK-Kommentar, 3. A., Kehl 2009, Art. 41 f., 44 und 46; HASS SOLVEIG, Die Urteile des Europäischen Gerichtshofs für Menschenrechte. Charakter, Bindungswirkung und Durchsetzung, Frankfurt a.M. 2006; HERTIG RANDALL MAYA/RUEDIN XAVIER-BAPTISTE, L'exécution des arrêts de la Cour européenne des droits de l'homme à la lumière de l'arrêt *Verein gegen Tierfabriken c. Suisse* du 4 octobre 2007, AJP 2008, S. 651 ff.; MEYER-LADEWIG JENS, EMRK. Europäische Menschenrechtskonvention. *Handkommentar*, 3. A., Baden-Baden 2011, Art. 41 f., 44 und 46; POLAKIEWICZ JÖRG, Die Verpflichtungen der Staaten aus den Urteilen des Europäischen Gerichtshofs für Menschenrechte, Berlin u. a. 1993; RUEDIN XAVIER-BAPTISTE, Exécution des arrêts de la Cour européenne des droits de l'homme, Basel 2009; VILLIGER MARK E., Das Urteil des Europäischen Gerichtshofs für Menschenrechte. Zustandekommen, Bedeutung und Wirkungen, ZSR 2008 I, S. 453 ff.

I. Zuständigkeit, Anfechtungsobjekt, Legitimation

1324 Die Art. 66–68 VwVG regeln die *Revision* von Beschwerdeentscheiden (zur Revision von Verfügungen vgl. vorne, Rz. 723 ff.). Die Revision ist ein ausserordentliches Rechtsmittel, das sich gegen formell rechtskräftige Entscheide richtet. *Zuständig* zur Behandlung eines Revisionsbegehrens ist diejenige Beschwerdeinstanz, die sich zuletzt im fraglichen Punkt mit der Sache befasst hat. Das Rechtsmittel ist somit nicht devolutiv (vgl. Art. 66 Abs. 1 und 2 VwVG).

1325 Die Revision kann auch gegen einen Nichteintretensentscheid angestrengt werden (vgl. ARK, Entscheid vom 22.9.1995, in: VPB 1997, Nr. 14 E. 3: Vorbringen eines neuen Beweismittels im Sinne von Art. 66 Abs. 2 lit. a VwVG, welches die Einhaltung der Beschwerdefrist belegen sollte). Sie kann sich dagegen gemäss der älteren Praxis des Bundesgerichts nicht gegen Abschreibungsbeschlüsse richten (BGE 114 Ib 74 E. 1; offengelassen: BGer, Urteil 2F_7/2009 vom 14.10.2009, E. 2.1). Zulässig ist schliesslich ein Revisionsbegehren, das sich einzig gegen die Kosten- und Entschädigungsregelung richtet, wenn der angerufene Revisionsgrund sich direkt auf diese bezieht (vgl. BGer, Urteil 4C.305/2004 vom 8.11.2004, E. 1; BGE 111 Ia 154 E. 2).

Das Begehren kann durch *eine am früheren Verfahren beteiligte Partei* gestellt werden (vgl. RK EVD, Entscheid vom 3.4.1996, in: VPB 1997, Nr. 50 E. 5.2.5; Bundesrat, Entscheid vom 27.5.1992, in: VPB 1993, Nr. 22 B E. 2 und 5). Diese muss allerdings ein schutzwürdiges und aktuelles Interesse an der Wiederaufnahme haben (vgl. zum Verfahren vor Bundesgericht: BGer, Urteil 4A_596/2008 vom 6.10.2009, E. 3.5; BGE 121 IV 317 E. 1a; 114 II 189 E. 2). Die erstinstanzlich verfügende Behörde ist nur zur Stellung des Revisionsbegehrens berechtigt, wenn sie im vorangegangenen Verfahren kraft besonderer gesetzlicher Bestimmung zur Beschwerde berechtigt war (Art. 48 Abs. 2 VwVG) und ihr deshalb Parteistellung im Sinne von Art. 6 VwVG zukam (gl.M. Mächler, VwVG-Kommentar, Art. 66 Rz. 11; vgl. auch ARK, Entscheid vom 21.3.1995, in: VPB 1996, Nr. 36 E. 3). Doch darf die erstinstanzlich verfügende Behörde in Angelegenheiten, in denen ein Rechtsmittelentscheid ergangen ist, neu entscheiden, wenn bei einem Dauersachverhalt eine wesentliche Änderung der tatsächlichen Verhältnisse oder der materiellen Rechtslage eingetreten ist (vgl. vorne, Rz. 742).

Gemäss Art. 66 Abs. 1 VwVG revidiert die Beschwerdeinstanz einen Entscheid *von Amtes wegen* und nicht nur auf Gesuch einer Partei hin, wenn er durch ein Verbrechen oder Vergehen beeinflusst worden ist.

II. Revisionsgründe

Mit dem Revisionsgesuch können nur ganz bestimmte Rügen erhoben werden. Vorgebracht werden können (abgesehen von Art. 66 Abs. 2 lit. d VwVG)
– einerseits *bestimmte nachträglich entdeckte Elemente* («klassische» Revisionsgründe), nämlich unter gewissen Umständen die Abstützung des Entscheids auf eine unrichtige Feststellung des Sachverhaltes (die auch im verfassungsrechtlichen Minimalanspruch auf Revision enthalten ist; vgl. dazu vorne, Rz. 725), sodann die Beeinflussung des Entscheids durch ein Verbrechen oder Vergehen (die in der Lehre manchmal dem erstgenannten Grund zugeordnet wird);
– andererseits *bestimmte Verfahrensmängel* (auch «relative Nichtigkeitsgründe» oder «kassatorische Revisionsgründe» genannt; vgl. Gygi, Bundesverwaltungsrechtspflege, S. 260; BGE 136 I 341 E. 2.3).

Die in Art. 66 Abs. 1 und 2 VwVG enthaltene Aufzählung der Revisionsgründe ist *abschliessend* (vgl. z.B. BVGer, Urteil A-1625/2006 vom 15.12.2008, E. 3.2.1). Die Revision ist demnach (mit der Ausnahme von Art. 66 Abs. 2 lit. d VwVG) nicht gegeben, wenn ausschliesslich eine neue rechtliche Würdigung von bereits bekannten Tatsachen oder eine neue Beurteilung von Rechtsfragen angestrebt wird (vgl. z.B. BVGer, Urteil A-3517/2008 vom 29.9.2008, E. 6.2). Im Steuerverfahrensrecht lassen dagegen Praxis und Lehre zu Art. 147 DBG und Art. 51 StHG bestimmte ungeschriebene Revisionsgründe zu (vgl. vorne, Rz. 759).

1330 Art. 66 Abs. 1 VwVG nennt als Revisionsgrund die Beeinflussung des Beschwerdeentscheids durch ein *Verbrechen oder Vergehen*. Die Bestimmung ist analog zu Art. 123 Abs. 1 BGG auszulegen (BGer, Urteil 1C_513/2008 vom 3.4.2009, E. 3; vgl. hinten, Rz. 1789).

1331 Art. 66 Abs. 2 lit. a–c VwVG zählt sodann folgende Revisionsgründe auf:
– Die Partei bringt neue erhebliche Tatsachen oder Beweismittel vor (die Neuheit und die Erheblichkeit sind kumulative Anforderungen; vgl. BVGer, Urteil D-6361/2006 vom 20.6.2008, E. 3.2).
– Die Beschwerdeinstanz hat aktenkundige erhebliche Tatsachen oder bestimmte Begehren übersehen.
– Die Beschwerdeinstanz hat die Bestimmungen über den Ausstand, das Akteneinsichtsrecht oder das rechtliche Gehör verletzt.

1332 *Tatsachen* gelten unter folgenden Voraussetzungen als *neu* im Sinne von Art. 66 Abs. 2 lit. a VwVG: Sie haben sich vor dem letzten Zeitpunkt verwirklicht, in welchem es im Beschwerdeverfahren prozessual noch zulässig war, sie vorzubringen; sie sind aber trotz hinreichender Sorgfalt der gesuchstellenden Person unentdeckt geblieben (BVGer, Urteil B-3610/2009 vom 3.11.2009, E. 3.1.1 m.H.; Scherrer, Praxiskommentar VwVG, Art. 66 N. 25). Es handelt sich also genaugenommen nicht um neue, sondern um *neu entdeckte* Tatsachen (*unechte Noven;* vgl. BVGer, Urteil E-3464/2006 vom 16.10.2008, E. 4.4). Tatsachen, die sich erst nachträglich zugetragen haben *(echte Noven)*, können allenfalls den Erlass einer neuen Verfügung (im Rahmen eines Wiedererwägungs- bzw. Anpassungsverfahrens) durch die erstinstanzliche Behörde rechtfertigen, bilden jedoch keinen Grund zur Revision eines Beschwerdeentscheids (BVGer, Urteil A-1670/2006 vom 23.10.2008, E. 3.4.1). *Erheblich* im Sinn von Art. 66 Abs. 2 lit. a VwVG sind die neuen Tatsachen, wenn sie geeignet sind, die tatbeständliche Grundlage des Entscheides zu ändern und bei zutreffender rechtlicher Würdigung zu einem anderen, für die gesuchstellende Person günstigeren Entscheid zu führen (BVGer, Urteil A-1670/2006 vom 23.10.2008, E. 3.4.1; vgl. auch BVGer, Urteil D-4921/2006 vom 10.12.2010, E. 2.2).

1333 Neue *Beweismittel* sind dann erheblich, wenn sie geeignet erscheinen, den vorangegangenen Entscheid zugunsten der gesuchstellenden Person zu ändern, weil sie entweder neue erhebliche Tatsachen erhärten oder dem Beweis von Tatsachen dienen, die zwar im früheren Verfahren bekannt gewesen, aber zum Nachteil der gesuchstellenden Person unbewiesen geblieben sind (z.B. BVGer, Urteil D-4921/2006 vom 10.12.2010, E. 2.1). Die neuen Beweismittel müssen im Gegensatz zu den neuen Tatsachen nicht aus der Zeit vor der Entscheidfällung stammen (z.B. BVGer, Urteil D-4921/2006 vom 10.12.2010, E. 2.1; a.M. Bundesrat, Entscheid vom 21.8.2002, in: VPB 2003, Nr. 15 E. 3; anders in diesem speziellen Punkt Art. 123 Abs. 2 lit. a BGG – i.V.m. Art. 45 VGG –; vgl. dazu BVGer,

Urteil D-5401/2008 vom 16.10.2008, E. 3.1; Art. 328 Abs. 1 lit. a ZPO). Sie müssen sich aber auf Tatsachen beziehen, die sich vor dem betreffenden Entscheid zugetragen haben (BVGer, Urteil D-4921/2006 vom 10.12.2010, E. 2.1). Auch müssen sie die Ermittlung und nicht bloss die Würdigung des Sachverhalts betreffen (vgl. z.B. BGer, Urteil 8F_4/2010 vom 24.3.2011, E. 2.2, zu Art. 123 Abs. 2 lit. a BGG). Ein Gutachten zum Beispiel muss somit neue tatbeständliche Gesichtspunkte zutage fördern; es genügt nicht, wenn es den Sachverhalt nur anders bewertet. Es muss etwa neue wissenschaftliche oder tatsächliche Erkenntnisse enthalten, welche die Entscheidungsgrundlagen als objektiv mangelhaft erscheinen lassen (BVGer, Urteil E-5106/2006 vom 4.9.2007, E. 5.1.1; vgl. auch BGE 110 V 138 E. 2; 108 V 170 E. 1).

Ein Revisionsgrund nach Art. 66 Abs. 2 lit. b VwVG liegt erstens vor, wenn eine aktenkundige *Tatsache* übersehen wurde und diese erheblich ist. Es muss ein *Versehen* vorliegen; der Revisionsgrund ist daher abzugrenzen von den Fällen, in denen die Behörde das Vorliegen der betreffenden Tatsache bewusst verneint hat (vgl. BVGer, Urteil D-5657/2006 vom 9.1.2009, E. 3.2). Der Revisionsgrund ist nicht gegeben, wenn die Behörde nicht verpflichtet war, das fragliche Aktenstück zur Kenntnis zu nehmen (vgl. BGer, Urteil 1F_29/2012 vom 20.11.2012, E. 1.2). Ebenso liegt kein Revisionsgrund vor, wenn die Behörde bewusst eine bestimmte Tatsache nicht berücksichtigte, weil sie diese für nicht entscheidend oder das betreffende Vorbringen für unzulässig hielt (vgl. BVGer, Urteil B-3610/2009 vom 3.11.2009, E. 3.2; Bundesrat, Entscheid vom 7.9.1988, in: VPB 1989, Nr. 4 II E. 3); in diesen Fällen ist eine Rechtsfrage und nicht die Sachverhaltsfeststellung strittig (vgl. BVGer, Urteil A-16/2007 vom 27.7.2007, E. 5.3; vgl. auch BGer, Urteil 5F_5/2010 vom 7.7.2010, E. 4.1; BGE 122 II 17 E. 3). Der Revisionsgrund ist abzugrenzen von der falschen Beweiswürdigung und der falschen rechtlichen Würdigung erstellter Tatsachen. Wurde eine bestimmte Tatsache bewusst nicht berücksichtigt, so liegt auch keine Verweigerung des rechtlichen Gehörs und damit auch kein Revisionsgrund nach Art. 66 Abs. 2 lit. c VwVG vor.

1334

Um die Vollständigkeit der Entscheide zu garantieren, erwähnt Art. 66 Abs. 2 lit. b VwVG zweitens *Begehren,* die übersehen wurden. Nach der neueren Praxis kann es sich grundsätzlich auch um prozessuale Begehren handeln (BGE 133 IV 142 E. 2.3). Insbesondere kann der Revisionsgrund etwa dann gegeben sein, wenn die Beschwerdeinstanz Anträge auf Parteientschädigung oder unentgeltliche Rechtspflege unbeachtet liess. Dies ist allerdings von der bewussten, aber stillschweigenden Abweisung von Anträgen abzugrenzen, die besonders bei Anträgen auf Parteientschädigung und bei prozessualen Begehren, namentlich Beweisanträgen, denkbar ist (vgl. BGE 133 IV 142; BGer, Urteil 1F_10/2007 vom 2.10.2007, E. 4.3; BVGE 2011/18 E. 4 und 6; vgl. auch BVGer, Urteil E-4853/2006 vom 13.3.2009, E. 3.1.2).

1335

Art. 66 Abs. 2 lit. c VwVG nennt die Verletzung der Bestimmungen über den *Ausstand,* die *Akteneinsicht* und das *rechtliche Gehör* als Revisionsgrund. In der

1336

455

Lehre wird folgerichtig festgehalten, dass bei diesem Revisionsgrund aufgrund der «formellen Natur» dieser Verfahrensrechte kein Nachteil darzutun ist, den die gesuchstellende Person durch die Verletzung der Verfahrensvorschriften erlitten hat (Mächler, VwVG-Kommentar, Art. 66 Rz. 20).

1337 Schliesslich kann sich aus der *Verletzung der EMRK* ein Revisionsgrund ergeben (Art. 66 Abs. 2 lit. d VwVG). Bei Entscheiden des Bundesgerichts und des Bundesverwaltungsgerichts richtet sich die Revision in diesen Fällen nach Art. 122 BGG (gegebenenfalls i.V.m. Art. 45 VGG). Nicht jede Verurteilung der Schweiz durch den EGMR führt allerdings ohne Weiteres zu einer Revision des betreffenden Entscheids (BGE 137 III 332 E. 2.4; 137 I 86 E. 3.2.1). Nach Art. 66 Abs. 2 lit. d VwVG bzw. Art. 122 BGG ist ein Entscheid in Revision zu ziehen, wenn der EGMR in einem endgültigen Urteil die Verletzung der EMRK oder der Protokolle festgestellt hat, sofern folgende, kumulative Voraussetzungen erfüllt sind: Eine Entschädigung ist nicht geeignet, um die Folgen der Verletzung auszugleichen, und die Revision ist notwendig, um die Verletzung zu beseitigen. Der Gerichtshof kann in seinen Entscheiden eine Verletzung der Garantien der EMRK nur feststellen und gegebenenfalls in einem Leistungsurteil eine gerechte Entschädigung («satisfaction équitable») zulasten der betreffenden Vertragspartei zusprechen (Art. 41 EMRK). Die Entscheide haben weder reformatorische noch kassatorische Wirkung (vgl. Art. 41 und 46 EMRK); zusehends nimmt der EGMR aber in seine Urteile – auch ins Dispositiv – Hinweise und Anordnungen auf, wie sie umzusetzen sind. Gemäss dem Wortlaut von Art. 41 EMRK spricht der EGMR eine Entschädigung zu, wenn diese notwendig ist und wenn das jeweilige Landesrecht nur eine unvollkommene Wiedergutmachung für die Folgen der Verletzung gestattet; doch kann der EGMR laut seiner Praxis eine Entschädigung auch zusprechen, wenn eine Wiedergutmachung nach nationalem Recht grundsätzlich möglich ist (vgl. zum Ganzen z.B. Meyer-Ladewig, Handkommentar, Art. 41 Rn. 4, Art. 42 Rn. 4 f., Art. 46 Rn. 4 ff.). Die Schweiz ist als Vertragspartei verpflichtet, in allen Rechtssachen, in denen sie Partei ist, das endgültige Urteil des Gerichtshofs zu befolgen (Art. 46 Ziff. 1 EMRK).

1338 Die Revision nach Landesrecht ist *zur Entschädigung durch den EGMR subsidiär* (vgl. den Wortlaut von Art. 122 BGG; BGE 137 I 86 E. 3.2). Sie wird zwar nicht von vornherein dadurch ausgeschlossen, dass der EGMR eine Entschädigung zuspricht, doch kommt sie nur infrage, wenn sie geeignet und erforderlich ist, um andernfalls fortbestehende, konkrete Nachteile der Konventionsverletzung zu beseitigen. Stehen materielle Interessen zur Diskussion, so fällt eine Revision ausser Betracht, wenn der EGMR eine Entschädigung – zum Beispiel mangels Schadens – abgelehnt hat oder wenn ihm kein Entschädigungsbegehren gestellt wurde (BGE 137 I 86 E. 3.2.2 und 7.1 f.; Bundesrat, Entscheid vom 19.5.1999, in: VPB 1999, Nr. 86 E. III.6). Die Wiederaufnahme des Verfahrens muss zudem notwendig sein, was der Fall ist, wenn eine reale Möglichkeit besteht, dass das Verfahren ohne die festgestellten EMRK-Verletzungen einen anderen, für die betroffene Person positiven Verlauf genommen hätte (BGE 137 I 86 E. 3.2.3). Innerstaatlich ist auch bei diesem Revisionsgrund jene Instanz zuständig, die sich zuletzt im fraglichen Punkt mit der Sache befasst hat.

Es stellt keine Lücke dar, dass das Gesetz die Mitteilungen des Ausschusses der Vereinten Nationen gegen die Folter – der von Einzelpersonen angerufen werden kann (Art. 22 Anti-Folter-Konvention) – nicht einem Urteil des EGMR gleichstellt. Dies schliesst eine Revision aufgrund von neuen Tatsachen oder Beweismitteln, die aufgrund jenes Verfahrens beigebracht werden, nicht aus (ARK, Entscheid vom 31.7.1998, in: VPB 1999, Nr. 11 E. 5 f.).

III. Unzulässigkeit der Revision

Nach Art. 66 Abs. 3 VwVG ist die Revision *ausgeschlossen,* wenn die Revisionsgründe von Art. 66 Abs. 2 lit. a–c VwVG bereits im Verfahren, das zu dem angefochtenen Beschwerdeentscheid führte, oder in einem ordentlichen Beschwerdeverfahren gegen diesen Entscheid hätten vorgebracht werden können (*Subsidiarität* der Revision). Dies ist der Fall, wenn eine gesuchstellende Person im vorangehenden Beschwerdeverfahren die ihr *zumutbare Sorgfalt* vermissen liess und die Revisionsgründe deshalb nicht rügte. Die Gesuchstellenden haben darzutun, dass die Beweismittel oder Tatsachen im früheren Verfahren trotz hinreichender Sorgfalt nicht beigebracht werden konnten (vgl. BGer, Urteil 8F_9/2010 vom 10.3.2011, E. 3.3, zu Art. 123 Abs. 2 lit. a BGG). Namentlich in Asylverfahren ist bedeutsam, dass ein verspätetes Vorbringen etwa aufgrund einer Traumatisierung entschuldbar sein kann (vgl. ARK, Entscheid vom 14.5.2003, in: VPB 2004, Nr. 3 E. 4).

Aus der Subsidiarität der Revision folgt auch, dass Verfahrensmängel im Sinn von Art. 66 Abs. 2 lit. c VwVG nur dann einen selbständigen Revisionsgrund darstellen können, wenn sie den letztinstanzlichen Entscheid des ordentlichen Verfahrens betreffen. Verfahrensfehler der damaligen Vorinstanzen können nicht mehr vorgebracht werden (vgl. BVGer, Urteil D-5657/2006 vom 9.1.2009, E. 3.1) – es sei denn, die gesuchstellende Person könne diesbezüglich neue erhebliche Tatsachen oder Beweismittel oder die Beeinflussung des vorinstanzlichen Entscheids durch ein Verbrechen oder Vergehen vorbringen (vgl. BGer, Urteil 4F_8/2010 vom 18.4.2011, E. 1.3 und 2).

Obwohl die Praxis teils von der Abweisung des Revisionsbegehrens spricht, überzeugt die in der Lehre vertretene Auffassung, dass die Subsidiarität der Revision eine *Prozessvoraussetzung* darstellt (Mächler, VwVG-Kommentar, Art. 66 Rz. 31). Demnach ist auf ein Revisionsgesuch *nicht einzutreten,* wenn es zumutbar gewesen wäre, den betreffenden Revisionsgrund im ordentlichen Verfahren vorzubringen (anders noch die Vorauflage).

Wenn jedoch glaubhaft gemacht wird, dass die Anwendung von Art. 66 Abs. 3 VwVG einen Verstoss gegen zwingendes Völkerrecht zur Folge hätte, muss das Revisionsbegehren materiell geprüft werden (ARK, Entscheid vom 16.3.1995, in: VPB 1996, Nr. 38 E. 7 ff., bes. 7g und 8; in jenem Fall ergab sich aus den im Sinn von Art. 66 Abs. 3 VwVG verspätet vorgebrachten Beweismitteln, dass der Vollzug des ursprünglichen Entscheides das Gebot des Non-Refoulement nach Art. 33 FK verletzt hätte; bestätigt z.B. in BVGer, Urteil E-5063/2006 vom 6.8.2006, E. 2.6). In einem solchen Fall ist somit Art. 66 Abs. 3 VwVG im Ergebnis nicht oder nur eingeschränkt anwendbar.

IV. Frist und Verfahren

1344 Das Revisionsbegehren ist innert 90 Tagen nach Entdecken des Revisionsgrundes schriftlich zu stellen *(relative Revisionsfrist)*. Nach Ablauf von 10 Jahren ab Eröffnung des Beschwerdeentscheids kann grundsätzlich keine Revision mehr verlangt werden *(absolute Revisionsfrist)*. Nur wenn der Entscheid durch ein Verbrechen oder Vergehen beeinflusst wurde, besteht keine absolute Frist (Art. 67 Abs. 1 und 2 VwVG). Die 90-tägige relative Frist muss aber immer eingehalten werden (vgl. zum Ganzen etwa BVGer, Urteil A-2541/2008 vom 9.9.2009, E. 4.3.7). Für das Vorbringen eines Revisionsgrundes gemäss Art. 66 Abs. 2 lit. b und c VwVG beginnt die Frist bereits in dem Zeitpunkt zu laufen, in dem der Revisionsgrund hätte entdeckt werden können, nämlich im Zeitpunkt der vollständigen Eröffnung des angefochtenen Entscheids (so zu Recht ARK, Entscheid vom 8.8.1997, in: VPB 1998, Nr. 14 m.H.; vgl. Art. 124 Abs. 1 lit. b BGG). Bei Verletzung der EMRK ist das Revisionsbegehren innert 90 Tagen einzureichen, nachdem das Urteil des EGMR gemäss Art. 44 EMRK endgültig geworden ist (Art. 67 Abs. 1bis VwVG).

1345 Die Wahrung der Frist ist im Revisionsbegehren darzulegen (Art. 67 Abs. 3 VwVG). Weiter sind die Revisionsgründe zu *substanziieren,* wobei allerdings nicht nachgewiesen werden muss, dass sie tatsächlich bestehen (z.B. BVGE 2007/21 E. 8.1). Die gesuchstellende Person hat etwa darzutun, warum sie ein Beweismittel nicht im früheren Verfahren beibringen konnte. Ferner sind die Begehren im Hinblick auf einen neuen Beschwerdeentscheid zu stellen (Art. 67 Abs. 3 Satz 2 VwVG). Die Vorschriften des ordentlichen Beschwerdeverfahrens finden Anwendung (Art. 67 Abs. 3 und Art. 68 Abs. 2 VwVG). Dies gilt grundsätzlich auch für die Vorschriften über die Begründung des Begehrens; allerdings stellt Art. 67 Abs. 3 VwVG insofern erhöhte Anforderungen auf, als die Rechtzeitigkeit des Begehrens und der Revisionsgrund darzutun sind (BVGE 2007/21 E. 8.1). Es genügt jedoch, wenn sich sinngemäss aus der Begründung ergibt, welcher Revisionsgrund angerufen wird und inwiefern Anlass besteht, gerade diesen Grund geltend zu machen (BVGer, Urteil D-640/2007 vom 18.8.2010, E. 1.5; eingehend ARK, Entscheid vom 29.4.1993, in: VPB 1994, Nr. 35 E. 2 und 4a). Von den Verweisungen in Art. 67 Abs. 3 und Art. 68 Abs. 2 VwVG nicht erfasst sind die Bestimmungen über die Devolutiv- und die Suspensivwirkung der Beschwerde (vgl. Art. 54 und 58 sowie Art. 55 VwVG); das Revisionsgesuch als solches ändert deshalb an Wirksamkeit und formeller Rechtskraft des fraglichen Beschwerdeentscheides nichts (vgl. BGE 119 Ib 208 E. 4a).

Die Revisionsinstanz erledigt das Verfahren durch *Nichteintreten,* wenn der vorgebrachte Revisionsgrund unzulässig ist oder bereits im vorangehenden Verfahren hätte vorgebracht werden können oder wenn es an den übrigen Zulässigkeitsvoraussetzungen fehlt, wie etwa der Fristeinhaltung oder der Legitimation. Das Revisionsgesuch wird *abgewiesen,* wenn sich die vorgebrachten Revisionsgründe als nicht rechtserheblich herausstellen. Sind sie rechtserheblich, wird der angefochtene Beschwerdeentscheid *aufgehoben* und *in der Sache neu entschieden* (Art. 68 Abs. 1 VwVG; vgl. zum Ganzen auch BVGer, Urteil A-2541/2008 vom 9.9.2009, E. 4.3.6). 1346

Entscheide im Rahmen der Revision können *mit den ordentlichen Rechtsmitteln angefochten* werden (Art. 5 Abs. 2 VwVG). Hat die Revisionsinstanz einen neuen Entscheid gefällt, bildet dieser den Gegenstand des Rechtsmittelverfahrens. Wurde das Revisionsbegehren hingegen abgewiesen, kann nur Gutheissung der Revision und nicht die Änderung oder Aufhebung des ursprünglichen Beschwerdeentscheids verlangt werden (BVGer, Urteil A-1670/2006 vom 23.10.2008, E. 3.3). 1347

Wird in der Sache neu entschieden, ist die Sach- und Rechtslage massgebend, wie sie im Zeitpunkt des ursprünglichen Entscheids bestand. Sie ist aber anhand der erweiterten Kenntnisse, welche aufgrund des Revisionsverfahrens im Zeitpunkt des Revisionsentscheides vorliegen, zu beurteilen (vgl. Beerli-Bonorand, Rechtsmittel, S. 166). Eine nachträgliche Änderung der tatsächlichen Verhältnisse kann hingegen bei Dauersachverhalten eine Anpassung der ursprünglichen Verfügung zur Folge haben (BVGer, Urteil A-8636/2007 vom 23.6.2008, E. 4.1; vgl. vorne, Rz. 742). Mehrere Revisionsverfahren in derselben Sache sind grundsätzlich zulässig, sofern die jeweiligen Revisionsgründe weder im ordentlichen Verfahren noch in den vorhergehenden Revisionsverfahren vorgebracht werden konnten (ARK, Entscheid vom 29.4.1993, in: VPB 1994, Nr. 35 E. 2e). 1348

6. Teil

Verwaltungs- und Staatsrechtspflege durch das Bundesgericht

17. Kapitel: Grundlagen

Literatur: AEMISEGGER, HEINZ, Der *Beschwerdegang* in öffentlich-rechtlichen Angelegenheiten, in: Ehrenzeller/Schweizer, Bundesrechtspflege, S. 103 ff.; AESCHLIMANN ARTHUR, Justizreform 2000 – Das Bundesgericht und sein Gesetz, ZBl 2008, S. 397 ff.; DONZALLAZ, Commentaire, Art. 5–8; FELBER MARKUS, Traditionelles Richterbild und Wirklichkeit am Bundesgericht, SJZ 2007, S. 435 ff.; HALLER WALTER in: Ehrenzeller/Mastronardi/Schweizer/Vallender, St. Galler Kommentar BV, Art. 189; HÄNER ISABELLE, in: Niggli/Uebersax/Wiprächtiger, Basler Kommentar BGG, Art. 34; KIENER REGINA, in: Niggli/Uebersax/Wiprächtiger, Basler Kommentar BGG, Art. 5–7; *dies.,* Verfahren der Erneuerungswahl von Richterinnen und Richtern des Bundes, Gutachten vom 28.1.2008, VPB 2008 Nr. 26; *dies.,* Die *Beschwerde* in öffentlich-rechtlichen Angelegenheiten, in: Tschannen, Bundesrechtspflege, S. 219 ff.; KIENER/RÜTSCHE/KUHN, Verfahrensrecht, N. 146 ff.; KIESER UELI/LENDFERS MIRIAM, Wie gut muss das Gericht ins Gesetz blicken? Einige Überlegungen zum Grundsatz «iura novit curia» mit Blick auf die Rechtsprechung des Bundesgerichts zum Sozialversicherungsrecht, in: Festschrift für Ivo Schwander, Zürich/St. Gallen 2011, S. 965 ff.; KISS CHRISTINA/KOLLER HEINRICH, in: Ehrenzeller/Mastronardi/Schweizer/Vallender, St. Galler Kommentar BV, Art. 188 und 191a; KISS-PETER CHRISTINA, *Justizverfassung* des Kantons Basel-Landschaft, Basel/Frankfurt a. M. 1993, S. 44 ff.; KOLLER HEINRICH, in: Niggli/Uebersax/Wiprächtiger, Basler Kommentar BGG, Art. 2; KOTTUSCH PETER, Zum *Verhältnis* von Verfassungs- und Verwaltungsgerichtsbarkeit, Zürich 1973, S. 7 ff.; MAHON PASCAL, in: Aubert/Mahon, Petit commentaire, Art. 188 ff.; MEYER ULRICH, Der Einfluss des BGG auf die Sozialrechtspflege. Die sozialrechtlichen Abteilungen am Standort Luzern als Nachfolgeorganisation des EVG, SZS 2007, S. 222 ff.; MOOR/POLTIER, Droit administratif, Vol. II, S. 666 ff.; POLTIER ETIENNE, L'organisation et le fonctionnement interne de l'ordre judiciaire et des tribunaux, AJP 2011, S. 1018 ff.; POUDRET, Commentaire, Vol. I, Art. 1–28; RHINOW RENÉ A., *Verwaltungsgerichtsbarkeit* im Wandel, in: Festschrift für Kurt Eichenberger, Basel/Frankfurt a.M. 1982, S. 657 ff.; RHINOW/KOLLER/KISS/THURNHERR/BRÜHL-MOSER, Prozessrecht, Rz. 1853 ff.; RHINOW/SCHEFER, Verfassungsrecht, Rz. 2905 ff.; RIEDO CHRISTOF, in: Niggli/Uebersax/Wiprächtiger, Basler Kommentar BGG, Art. 8; SEILER HANSJÖRG, in: Seiler/von Werdt/Güngerich, Handkommentar BGG, Art. 2, 5–8 und 82; SPÜHLER/DOLGE/VOCK, Kurzkommentar BGG, Art. 5–8; STEINMANN GEROLD, in: Ehrenzeller/Mastronardi/Schweizer/Vallender, St. Galler Kommentar BV, Art. 191c; SUTER MATTHIAS, Der neue Rechtsschutz in öffentlich-rechtlichen Angelegenheiten vor dem Bundesgericht, Zürich/St. Gallen 2007; TANQUEREL THIERRY/VARONE FRÉDÉRIC/BOLKENSTEYN ARUN/BYLAND KARIN (Hrsg.), Le contentieux administratif judiciaire en Suisse: une analyse empirique, Genf u.a. 2011; VARONE FRÉDÉRIC/BYLAND KARIN/TANQUEREL THIERRY/BOLKENSTEYN ARUN, Succès des recours au Tribunal fédéral: analyse du contentieux administratif de 1990 à 2008, LeGes 2011, Heft 1, S. 55 ff.; WALDMANN BERNHARD, in: Niggli/Uebersax/Wiprächtiger, Basler Kommentar BGG, Art. 82; WURZBURGER ALAIN, Le Tribunal fédéral, Genf u.a. 2011; *ders.,* in: Corboz/Wurzburger/Ferrari/Frésard/Aubry Girardin, Commentaire de la LTF, Art. 5–8; vgl. auch die Literatur zu den Verfahrensgarantien, Rz. 164.

1349

I. Die anwendbaren Bestimmungen

Das Bundesgericht, seine Zuständigkeit sowie die Garantie der Unabhängigkeit finden ihre Grundlage in Art. 188 f. und 191c BV. Art. 191 Abs. 2 BV räumt dem Gesetzgeber die Kompetenz ein, den Zugang zum Bundesgericht durch Streitwertgrenzen zu beschränken, soweit keine Rechtsfrage von grundsätzlicher Bedeutung vorliegt. Art. 191 Abs. 3 BV enthält sodann die Grundlage da-

1350

für, dass für bestimmte Sachgebiete der Zugang zum Bundesgericht gänzlich ausgeschlossen werden kann. Diese Bestimmung ist insbesondere bedeutsam für die Beschwerde in öffentlich-rechtlichen Angelegenheiten. Der Gesetzgeber hat nämlich von dieser Kompetenz in Art. 83 BGG umfangreichen Gebrauch gemacht.

1351 Für die Staats- und Verwaltungsrechtspflege sieht das BGG im Einzelnen die folgenden Rechtsmittel vor: die Beschwerde in öffentlich-rechtlichen Angelegenheiten (Art. 82–89 BGG), die subsidiäre Verfassungsbeschwerde (Art. 113–119 BGG) sowie die Klage an das Bundesgericht, die sich zur Hauptsache auf öffentlich-rechtliche Angelegenheiten bezieht (Art. 120 BGG). Für die Beschwerde in öffentlich-rechtlichen Angelegenheiten sowie für die subsidiäre Verfassungsbeschwerde gelten die allgemeinen Verfahrensbestimmungen gemäss Art. 29–71 BGG. Art. 71 BGG verweist ergänzend auf die Vorschriften des BZP. Diese Bestimmung spielt allerdings im Verfahren der Beschwerde in öffentlich-rechtlichen Angelegenheiten keine wesentliche Rolle und betrifft insoweit nur einzelne verfahrensleitende Vorkehrungen. Immerhin ist Art. 81–84 BZP beim Erlass vorsorglicher Massnahmen gemäss Art. 104 BGG zu beachten (vgl. Philipp Gelzer, in: Niggli/Uebersax/Wiprächtiger, Basler Kommentar BGG, Art. 71 N. 18). Bei der Klage hingegen richtet sich das Verfahren vollumfänglich nach dem BZP. Für Verfahren der Beschwerde in öffentlich-rechtlichen Angelegenheiten gelten weiter die allgemeinen Bestimmungen von Art. 90–112 BGG. Auf das Verfahren der subsidiären Verfassungsbeschwerde sind nach Art. 117 BGG nur folgende allgemeine Bestimmungen anwendbar: Art. 90–94, 99, 100, 102, 103 Abs. 1 und 3, 104, 106 Abs. 2 sowie 107–112 BGG.

1352 Die Beschwerde in öffentlich-rechtlichen Angelegenheiten bildet das ordentliche Rechtsmittel, die subsidiäre Verfassungsbeschwerde ist dementsprechend nur zulässig, wenn die Beschwerde in öffentlich-rechtlichen Angelegenheiten ausgeschlossen ist. Sie richtet sich allein gegen Entscheide letzter kantonaler Instanzen (Art. 113 BGG). Das Klageverfahren gemäss Art. 120 BGG bildet grundsätzlich das prinzipale Rechtsmittel (vgl. zum Ganzen Giovanni Biaggini, in: Niggli/Uebersax/Wiprächtiger, Basler Kommentar BGG, Art. 120 N. 3 sowie hinten, Rz. 1810).

1353 In Bezug auf die Beschwerde in öffentlich-rechtlichen Angelegenheiten können weiter drei Typen unterschieden werden, für welche leicht unterschiedliche Voraussetzungen gelten (dazu Waldmann, Basler Kommentar BGG, Art. 82 N. 2): Die Beschwerde gegen Entscheide in Angelegenheiten des öffentlichen Rechts, die Beschwerde gegen kantonale Erlasse sowie die Beschwerde wegen Verletzung des Stimmrechts. Dieser Systematik wird vorliegend gefolgt.

1354 Die Unterschiede zwischen diesen drei Typen lassen sich wie folgt skizzieren:
– Die Beschwerde in öffentlich-rechtlichen Angelegenheiten gegen Entscheide ist der Hauptanwendungsfall. Der Negativkatalog von Art. 83 BGG bezieht sich nur auf sie.

- Für die Anfechtung von kantonalen Erlassen, die im Verfahren der Beschwerde in öffentlich-rechtlichen Angelegenheiten erfolgt (Art. 82 lit. b BGG), besteht folglich eine umfassende sachliche Zuständigkeit des Bundesgerichts. In Bezug auf die Beschwerdeverfahren über Erlasse gelten zudem andere Anforderungen an die Vorinstanzen (Art. 87 BGG) sowie eine besondere Regelung in Bezug auf die Fristen (Art. 101 BGG).
- Bei der Beschwerde in Stimmrechtssachen bestehen sodann besondere Regelungen in Bezug auf die Vorinstanzen (Art. 88 BGG), die Legitimation (Art. 89 Abs. 3 BGG) und die Kognition, welche die freie Prüfung des kantonalen Rechts über die politische Stimmberechtigung sowie Volkswahlen und -abstimmungen mitumfasst (Art. 95 lit. d BGG).

Die Rechtsverweigerungs- und Rechtsverzögerungsbeschwerde ist in den allgemeinen Bestimmungen über das Beschwerdeverfahren vorgesehen (Art. 94 BGG). Revision und Erläuterung sowie Berichtigung sind in Art. 121–129 BGG enthalten. Für den Ausstand sind die allgemeinen Bestimmungen von Art. 34–38 BGG zu beachten.

Die spezialgesetzlichen Regelungen wurden mit dem Erlass von BGG und VGG erheblich reduziert, indem in den Spezialgesetzen namentlich für die Beschwerde in öffentlich-rechtlichen Angelegenheiten nunmehr allgemein auf die Bestimmungen über die Bundesrechtspflege verwiesen wird (vgl. z.B. Art. 21 BewG). Die Mehrheit der spezialgesetzlichen Regelungen betrifft heute die Beschwerde an das Bundesverwaltungsgericht (vgl. vorne, Rz. 799). Art. 34 RPG enthält seit der Anpassung nur noch in Bezug auf die Legitimation von Kanton und Gemeinden eine Spezialregelung (Art. 34 Abs. 2 RPG).

II. Stellung und Organisation

Das Bundesgericht ist die oberste Recht sprechende Behörde des Bundes (Art. 188 BV; Art. 1 Abs. 1 BGG) und urteilt dementsprechend letztinstanzlich. Weil das Bundesgericht in seiner Funktion als oberstes Gericht grundsätzlich nur noch Rechtsfragen prüft, hat der Bundesgesetzgeber einige Anforderungen an die Vorinstanzen des Bundesgerichts aufgestellt. Dies betrifft die kantonale Gerichtsbarkeit und die entsprechenden Verfahren ebenso (vgl. insbesondere Art. 191b BV sowie Art. 86 Abs. 2 und Art. 110 BGG) wie das Verfahren vor Bundesverwaltungsgericht. Mit Erlass des VGG hat der Bund diese Vorgaben umgesetzt. Damit wird auch Art. 29a BV Rechnung getragen.

Das Bundesgericht hat seinen Sitz in Lausanne und verfügt über einen Standort in Luzern mit einer oder mehreren Abteilungen (Art. 4 BGG). Luzern war der Standort des ehemaligen Eidgenössischen Versicherungsgerichts, welches heute vollständig in der Form von Abteilungen in das Bundesgericht integriert ist. Die beiden sozialrechtlichen Abteilungen sind aber nach wie vor in Luzern stationiert (Art. 26 Abs. 2 BGerR). Das Bundesgericht ist in sieben Abteilungen aufgeteilt. Die Geschäftsverteilung auf die Abteilungen ist gestützt auf Art. 15 Abs. 1 lit. d BGG in Art. 29 ff. BGerR nach Sachgebieten geregelt. Verwaltungsrechtliche Angelegenheiten beurteilen die erste und zweite öffentlich-rechtliche Abteilung (Art. 29 f. BGerR), die sozialrechtlichen Angelegenheiten die erste und zweite sozialrechtliche Abteilung (Art. 34 f. BGerR). Der ersten sozialrechtlichen Abteilung sind auch die Beschwerden im Bereich des öffentlichen Personalrechts zugeteilt (Art. 34 lit. h BGerR). Die strafrechtliche Abteilung entscheidet ebenfalls über öffentlich-rechtliche Angelegenheiten (Art. 33 BGerR), nämlich wenn sich diese aus dem Strafrecht ergeben, insbesondere beim Straf- und Massnahmenvollzug. Die Zuordnung zum Verwaltungsrecht wird allerdings unterschiedlich gehandhabt (vgl. dazu vorne, Rz. 276 ff.). Über subsidiäre Verfassungsbeschwerden entscheiden hingegen sämtliche Abteilungen, jeweils soweit die den Abteilungen zugeteilten Rechtsgebiete betroffen sind (vgl. je Abs. 1 von Art. 29 ff. BGerR).

1359 In Bezug auf die Praxisänderungen und die Präjudizien enthält Art. 23 BGG eine gleichlautende Regelung wie Art. 25 VGG. Dementsprechend kann eine Abteilung von einem früheren Entscheid einer oder mehrerer anderer Abteilungen abweichen, wenn die Vereinigung der betroffenen Abteilungen zustimmt. Ist zudem eine Rechtsfrage zu beurteilen, welche die entscheidende Abteilung für die Rechtsfortbildung oder die Einheit der Rechtsprechung für bedeutsam hält und sind eine oder mehrere Abteilungen betroffen, ist ebenfalls die Zustimmung dieser Abteilungen einzuholen.

1360 Dass das Bundesgericht für seine Justizverwaltung zuständig ist, ergibt sich bereits aus Art. 188 Abs. 3 BV, entsprechend der Bedeutung dieser Regelung für die richterliche Unabhängigkeit. Die gesetzliche Regelung findet sich in Art. 13–28 BGG, einschliesslich der Regelung der Zuständigkeit der einzelnen Verwaltungsjustizorgane.

III. Richterliche Unabhängigkeit

1361 Die richterliche Unabhängigkeit ist auf Verfassungsstufe einerseits als Grundrecht in Art. 30 BV sowie andererseits als institutionelle Garantie in Art. 191c BV enthalten. Art. 2 BGG wiederholt in Abs. 1 die verfassungsrechtliche Bestimmung von Art. 191c BV und hält in Abs. 2 fest, dass die Entscheide des Bundesgerichts nur von diesem selbst nach Massgabe der gesetzlichen Bestimmungen aufgehoben oder geändert werden können. Die Urteile des EGMR haben keine kassatorische Wirkung. Eine allfällige Verletzung der EMRK wird grundsätzlich nur festgestellt. Ein Urteil des EGMR bildet allenfalls einen Revisionsgrund, der von den Parteien geltend gemacht werden muss (Art. 122 BGG; dazu vorne, Rz. 1337 f.).

Aufgrund der *organisatorischen Unabhängigkeit* des Bundesgerichts bezieht sich die parlamentarische Oberaufsicht bzw. Aufsicht nur auf die Geschäftsführung im Sinne der korrekten Funktionsweise und Mittelverwaltung (Art. 169 BV; Art. 3 BGG). Gemäss Art. 3 Abs. 2 BGG übt die Bundesversammlung das Oberaufsichtsrecht insbesondere über die Genehmigung des Voranschlags, der Rechnung und des Geschäftsberichts des Bundesgerichts aus. Die materielle Rechtsprechung fällt nicht darunter; sie darf auch bei der Wahl der Bundesrichterinnen und Bundesrichter, welche durch die Bundesversammlung erfolgt (Art. 168 BV; Art. 5 BGG), keine Rolle spielen. Dies ergibt sich ebenso aus der institutionellen Garantie von Art. 191c BV. Ausdruck der organisatorischen Unabhängigkeit ist auch, dass das Bundesgericht seine Organisation in den Reglementen im Rahmen des Gesetzes selber regelt (Art. 13 BGG) und sich selbst verwaltet (Art. 188 Abs. 3 BV).

1362

Die *persönliche Unabhängigkeit* der Richterinnen und Richter wird durch verschiedene Unvereinbarkeitsbestimmungen sichergestellt. Nach Art. 144 Abs. 1 BV sowie nach Art. 6 BGG ist die Mitgliedschaft beim Bundesgericht mit der Zugehörigkeit zu den eidgenössischen Räten und dem Bundesrat sowie mit einem anderen Arbeitsverhältnis beim Bund nicht vereinbar. Allgemein dürfen die Richter und Richterinnen keine Tätigkeit ausüben, welche die Erfüllung der Amtspflichten beeinträchtigt. Insbesondere ist die berufsmässige Vertretung von Dritten vor Bundesgericht untersagt (Art. 6 Abs. 2 BGG). Nicht ausgeschlossen ist folglich die Tätigkeit als Anwältin oder Anwalt, was für die nebenamtlichen Richterinnen und Richter von Bedeutung ist (vgl. zur Rechtsvertretung durch diese vor unteren Instanzen: BGE 133 I 1 E. 6.4 ff.). Untersagt ist auch die Übernahme einer amtlichen Funktion für einen ausländischen Staat (Art. 6 Abs. 3 BGG). Nur auf die ordentlichen Richterinnen und Richter und nicht auf die nebenamtlichen ist Art. 6 Abs. 4 BGG anwendbar. Ordentliche Richterinnen und Richter dürfen gemäss dieser Bestimmung keiner Erwerbstätigkeit nachgehen – weshalb sie auch nicht gleichzeitig als Anwälte oder Anwältinnen tätig sein dürfen – und sie dürfen kein Amt in einem Kanton bekleiden oder leitende Funktionen in einer wirtschaftlichen Unternehmung ausüben. Interessenkollisionen bei nebenamtlichen Richterinnen und Richtern sind demzufolge über die Unvereinbarkeiten zu lösen. Die Zulassung der nebenamtlichen Richterinnen und Richter wird unter dem Aspekt der richterlichen Unabhängigkeit zu Recht kritisiert (Kiener, Basler Kommentar BGG, Art. 6 N. 29; anders denn auch die Regelung für das Bundesverwaltungsgericht, vorne, Rz. 807 f.). Nicht auf einen Erwerbszweck ausgerichtete Tätigkeiten in juristischen Personen sind auch für die ordentlichen Richterinnen und Richter zulässig. Nebenbeschäftigungen können bewilligt werden, wenn sie nicht auf einem Erwerbszweck beruhen und die Ausübung der richterlichen Tätigkeit oder die Unabhängigkeit und das Ansehen des Gerichts in keiner Weise beeinträchtigen (Art. 7 BGG). Art. 18 ff. BGerR enthalten dazu konkretisierende Richtlinien und regeln das Bewilligungsverfahren. Schliesslich können

1363

nach Art. 8 BGG Ehegatten, eingetragene Partnerinnen oder Partner und Personen, die in dauernder Lebensgemeinschaft leben, sowie Ehegatten oder eingetragene Partnerinnen oder Partner von Geschwistern und Personen, die mit Geschwistern in dauernder Lebensgemeinschaft leben, sowie auch Verwandte und Verschwägerte in gerader Linie bis und mit dem dritten Grad in der Seitenlinie nicht gleichzeitig dem Bundesgericht angehören.

1364 Die persönliche Unabhängigkeit der Mitglieder des Bundesgerichts wird zudem durch die Ausstandsregelung von Art. 34 ff. BGG sichergestellt. Darauf ist zurückzukommen (vgl. hinten, Rz. 1605 ff.).

18. Kapitel: Die Beschwerde in öffentlich-rechtlichen Angelegenheiten an das Bundesgericht

Literatur. Allgemein: AEMISEGGER HEINZ, Der Beschwerdegang in öffentlich-rechtlichen Angelegenheiten, in: Ehrenzeller/Schweizer, Bundesrechtspflege, S. 103 ff.; BELLANGER FRANÇOIS, Le recours en matière de droit public, in: Foëx/Hottelier/Jeandin, recours, S. 133 ff., und in: Bellanger/Tanquerel, recours, S. 43 ff.; BOVAY BENOÎT, Le recours en matière de droit public et le recours constitutionnel subsidiaire, in: Bernasconi/Petralli Zeni, Tribunale federale, S. 119 ff.; BRAHIER FRANCHETTI DANIÈLE, Recours au Tribunal fédéral – guide à l'usage du praticien, RJJ 2010, S. 273 ff.; DAUM MICHEL/MARTI URSULA, Die öffentlichrechtliche Einheitsbeschwerde, plädoyer 2006, Heft 3, S. 34 ff.; GÖKSU, Beschwerden; HALLER WALTER, Das Rechtsmittelsystem des Bundesgerichtsgesetzes im öffentlichen Recht, Jusletter, 18.12.2006; KARLEN, Bundesgerichtsgesetz, S. 34 ff., 48 ff.; KIENER REGINA, Die Beschwerde in öffentlich-rechtlichen Angelegenheiten, in: Tschannen, Bundesrechtspflege, S. 219 ff.; MAHON, Droit constitutionnel, Vol. I, S. 217 ff.; MEYER LORENZ, Wege zum Bundesgericht: Übersicht und Stolpersteine, ZBJV 2010, S. 797 ff.; MISIC, Verfassungsbeschwerde, N. 109 ff.; MOOR PIERRE, De l'accès au juge et de l'unification des recours, in: Bellanger/Tanquerel, recours, S. 153 ff.; MOOR/POLTIER, Droit administratif, Vol. II, S. 666 ff.; MOSIMANN HANS-JAKOB, Beschwerde in öffentlich-rechtlichen Angelegenheiten, in: Geiser/Münch/Uhlmann/Gelzer, Bundesgericht, S. 183 ff.; POLTIER ETIENNE, Le recours en matière de droit public, in: Portmann, Tribunal fédéral, S. 131 ff.; SUTER MATTHIAS, Der neue Rechtsschutz in öffentlich-rechtlichen Angelegenheiten vor dem Bundesgericht, Zürich/St. Gallen 2007; ZIEGLER PHILIPP, Von der Rechtsmittelvielfalt zur Einheitsbeschwerde, Basel 2003; vgl. auch die Literatur in Rz. 1349.

Zu besonderen Sachgebieten: AEMISEGGER HEINZ, in: Aemisegger Heinz/Moor Pierre/Ruch Alexander/Tschannen Pierre (Hrsg.), Kommentar zum Bundesgesetz über die Raumplanung, 3. Nachlieferung, Zürich u.a. 2010, Art. 34 (Separatdruck in: Aemisegger Heinz/Haag Stephan, Praxiskommentar zum Rechtsschutz in der Raumplanung, Zürich u.a. 2010); *ders.*, Die Beschwerde in öffentlich-rechtlichen Angelegenheiten an das Bundesgericht. Besonderheiten im Planungs-, Bau- und Umweltrecht, Raum & Umwelt 2008, Heft 6, S. 2 ff.; BEUSCH MICHAEL, Die Einheitsbeschwerde im Steuerrecht, IFF Forum für Steuerrecht 2006, S. 249 ff., und 2007, S. 3 ff.; EGLI PATRICIA, Gerichtlicher Rechtsschutz bei Prüfungsfällen: Aktuelle Entwicklungen, ZBl 2011, S. 538 ff.; KIESER UELI, Auswirkungen des Bundesgesetzes über das Bundesgericht auf die Sozialversicherungsrechtspflege, in: Ehrenzeller/Schweizer, Bundesrechtspflege, S. 439 ff.; MAURO GISELLA/MESSI MICHELA, Verfahrensstraffung und Einführung des neuen Bundesgesetzes über das Bundesgericht, Soziale Sicherheit 2008, S. 168 ff.; MOSER-SZELESS MARGIT, Le recours en matière de droit public au Tribunal fédéral dans le domaine des assurances sociales, Haftung und Versicherung 2010, S. 335 ff.; SPORI NIKLAUS, Rechtsschutz in der Raumplanung, Raum & Umwelt 2007, Heft 1, S. 2 ff.

I. Der (durchbrochene) Grundsatz der Einheitsbeschwerde

Mit der Totalrevision der Bundesrechtspflege wurde die historisch gewachsene Vielfalt der Rechtsmittel an das Bundesgericht zahlenmässig reduziert und durch ein *einheitliches System* ersetzt. Damit sollte die Abgrenzung zwischen den einzelnen Rechtsmitteln sowohl für die Rechtsuchenden als auch für das Bundesgericht erleichtert werden (vgl. zum Konzept BBl 2001 4233 ff.). Für die drei Rechtsgebiete Zivilrecht, Strafrecht und öffentliches Recht ist nun je eine sogenannte Einheitsbeschwerde vorgesehen, nämlich die Beschwerde in Zivilsachen (Art. 72 ff. BGG), die Beschwerde in Strafsachen (Art. 78 ff. BGG) und die Beschwerde in öffentlich-rechtlichen Angelegenheiten (Art. 82 ff. BGG). Grundsätzlich einheitlich geregelt sind namentlich die Beschwerdegründe (Art. 95 ff. BGG), sodann die anfechtbaren Entscheide (Art. 90 ff. BGG), die Noven (Art. 99 BGG), die Fristen (Art. 100 BGG), das Verfahren (Art. 29 ff., 102 ff. BGG), Urteilswirkung und -vollstreckung (Art. 61, 69 f. BGG) sowie die Anforderungen an das vorangehende kantonale Verfahren (Art. 110 ff. BGG).

1367 Weil einige Regeln auf ein bestimmtes Rechtsgebiet beschränkt sind, wurde jedoch von Beginn weg *keine umfassende Vereinheitlichung* angestrebt: Vor die Wahl gestellt, eine einzige Beschwerde mit Sonderbestimmungen für die einzelnen Rechtsgebiete oder aber *drei Einheitsbeschwerden mit teilweise gemeinsamen Bestimmungen* zu schaffen, entschied sich der Gesetzgeber für die letztere Lösung (BBl 2001 4234 f.). Bereits die vom Gesichtspunkt der Logik her etwas irritierende, aber gebräuchliche Verwendung des Begriffs «Einheitsbeschwerde» im Plural weist darauf hin, dass dem Gesetz ein pragmatisches Konzept zugrunde liegt. Stringenter wäre, die drei Beschwerdearten als Unterformen desselben Rechtsmittels aufzufassen und die Bezeichnung «Einheitsbeschwerde» als Oberbegriff im Singular zu verwenden (so Karlen, Bundesgerichtsgesetz, S. 21 ff.); im Ergebnis spielen diese Differenzierungen in Bezug auf die Konzeption jedoch keine Rolle. Unterschiedliche Regelungen sind namentlich mit Bezug auf das Anfechtungsobjekt, die Vorinstanzen und die Beschwerdelegitimation vorgesehen. Sodann besteht in Zivil- und Strafsachen weiterhin ein Anwaltsmonopol (Art. 40 Abs. 1 BGG). Besondere Bestimmungen bestehen im Übrigen nicht nur für die drei Rechtsgebiete des Zivil-, Straf- und öffentlichen Rechts als solche, sondern auch für einzelne Teilbereiche. Im öffentlichen Recht sind die Sonderregelungen im Bereich des Stimm- und Wahlrechts, für die internationale Rechtshilfe in Strafsachen sowie für die Anfechtung kantonaler Erlasse zu nennen, die sich von der Grundform der Beschwerde in öffentlich-rechtlichen Angelegenheiten abheben (vgl. hinten, Rz. 1675 ff., 1709 ff., 2078 ff.).

1368 Der Gesetzgeber erkannte sodann eine *Ergänzung der Einheitsbeschwerden* als notwendig, weil die Ausnahmebestimmungen in Bezug auf die sachliche Zuständigkeit die Lückenlosigkeit der Anfechtung kantonaler Entscheide vor Bundesgericht selbst in jenen Fällen verhindert hätten, in denen die Verletzung verfassungsmässiger Rechte gerügt wird. Im Laufe des Gesetzgebungsverfahrens wurde daher die *subsidiäre Verfassungsbeschwerde* (Art. 113 ff. BGG) in das Gesetz aufgenommen (vgl. BGE 134 III 520 E. 1.2; 133 I 185 E. 2.1; dazu hinten, Rz. 1749 ff.). Anzumerken ist, dass das Bundesgericht auch weiterhin in besonderen Fällen mit der Klage (Art. 120 BGG) angerufen werden kann (vgl. hinten, Rz. 1797 ff.).

1369 In der *Praxis* wird das Konzept der Einheitsbeschwerde zudem durch *Unterschiede der Auslegung* punktuell relativiert. Dies gilt etwa für die funktionelle

Zuständigkeit zur Revision (vgl. dazu hinten, Rz. 1790 f.), womit im Ergebnis den Bundesgerichtsurteilen je nachdem, in welchem Beschwerdeverfahren sie ergangen sind, unterschiedliche Wirkungen zukommen.

Die notwendige *Abgrenzung* zwischen den drei Einheitsbeschwerden richtet sich nach dem Rechtsgebiet, auf welches die jeweilige Rechtssache letztlich zurückgeht (BGer, Urteil 1C_368/2011 vom 6.9.2011, E. 1; BGE 135 I 313 E. 1.1; vgl. im Einzelnen hinten, Rz. 1444 ff.). Die falsche Bezeichnung des Rechtsmittels schadet allerdings nicht, sofern die Anforderungen an das richtige Rechtsmittel erfüllt sind, in das die Beschwerde sodann insgesamt umzudeuten ist (BGE 134 III 379 E. 1.2; Laurent Merz, in: Niggli/Uebersax/Wiprächtiger, Basler Kommentar BGG, Art. 42 N. 10; vgl. auch hinten, Rz. 1529). 1370

Art. 119 BGG bezeichnet die Einheitsbeschwerden im Verhältnis zur subsidiären Verfassungsbeschwerde als *ordentliche Beschwerden.* «Ordentlich» steht hier allerdings nicht für den Gegensatz zu «ausserordentlich», sondern für «prinzipal» im Gegensatz zu «subsidiär» (vgl. Misic, Verfassungsbeschwerde, N. 112; vgl. dazu Rz. 684). Den Einheitsbeschwerden ist jedoch ordentliche Natur zuzuschreiben, weil sie das Verfahren vor den Vorinstanzen fortsetzen, woraus auch folgt, dass sie die formelle Rechtskraft des angefochtenen Entscheids hemmen; sie eröffnen nicht etwa ein neues Verfahren, mit dem die Rechtskraft des angefochtenen Entscheids wieder beseitigt werden soll (vgl. vorne, Rz. 680). Gleiches gilt für die subsidiäre Verfassungsbeschwerde (dazu hinten, Rz. 1751). 1371

Wichtigste Rechtswege

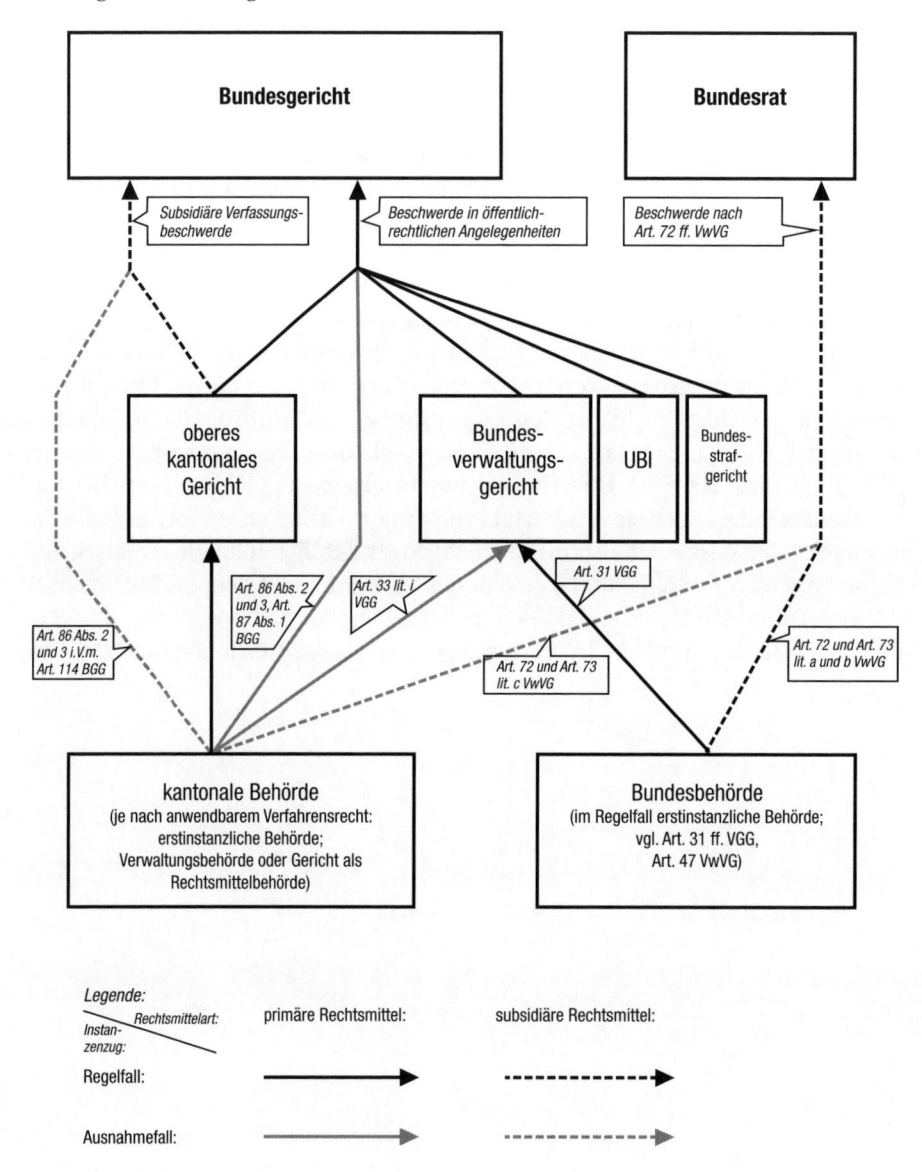

II. Dispositionsmaxime

1372 Das Beschwerdeverfahren ist geprägt durch die Dispositionsmaxime. Die Beschwerdeführenden leiten das Verfahren ein und bestimmen durch ihre Anträge den Streitgegenstand. Das Gericht darf den Parteien zudem gemäss

Art. 107 Abs. 1 BGG grundsätzlich nicht mehr und nichts anderes zuerkennen, als sie beantragt haben; auch darf es grundsätzlich nicht weniger zusprechen, als die Gegenpartei anerkannt hat bzw. im angefochtenen Entscheid zuerkannt wurde (vgl. zum Ganzen hinten, Rz. 1634 ff.). Die Parteien können das Verfahren durch Rückzug oder Anerkennung sowie – nach Massgabe des materiellen Verwaltungsrechts – durch Vergleich beenden.

III. Beschwerdevoraussetzungen

1. Zuständigkeit des Bundesgerichts

A. Prüfung der Zuständigkeit und Überweisungspflicht

Literatur: AMSTUTZ KATHRIN/ARNOLD PETER, in: Niggli/Uebersax/Wiprächtiger, Basler Kommentar BGG, Art. 48 N. 21 ff.; AUBRY GIRARDIN FLORENCE, in: Corboz/Wurzburger/Ferrari/Frésard/Aubry Girardin, Commentaire de la LTF, Art. 29–30; BOOG MARKUS, in: Niggli/Uebersax/Wiprächtiger, Basler Kommentar BGG, Art. 29–30; DONZALLAZ, Commentaire, Art. 29–30 und Art. 48 Ziff. 1222 ff.; FRÉSARD JEAN-MAURICE, in: Corboz/Wurzburger/Ferrari/Frésard/Aubry Girardin, Commentaire de la LTF, Art. 48 N. 20 ff.

1373

Das Bundesgericht prüft seine *Zuständigkeit* von Amtes wegen (Art. 29 Abs. 1 BGG) und mit freier Kognition (z.B. BGE 136 II 436 E. 1). Bestehen Zweifel, ob das Bundesgericht oder eine andere Behörde zuständig ist, so führt das Gericht mit dieser Behörde einen Meinungsaustausch (Art. 29 Abs. 2 BGG). Die Bestimmung ist auf Kompetenzkonflikte zwischen den obersten Bundesbehörden zugeschnitten; mit den kantonalen Behörden führt das Bundesgericht als übergeordnete Instanz in der Regel keinen Meinungsaustausch durch (BGer, Urteil 1B_239/2011 vom 15.7.2011, E. 1.1; als Beispiel für einen Meinungsaustausch mit dem Bundesverwaltungsgericht vgl. BGE 134 II 272 E. 1.3.5). Hält sich das Bundesgericht für nicht zuständig, so tritt es auf die Sache nicht ein (Art. 30 Abs. 1 BGG). Bei offensichtlicher Unzuständigkeit erfolgt der Nichteintretensentscheid im vereinfachten Verfahren nach Art. 108 Abs. 1 lit. a BGG.

1374

Für den Fall, dass sich in einem Meinungsaustausch die Zuständigkeit einer anderen Behörde – des Bundes oder eines Kantons – ergeben hat, hat das Bundesgericht dieser die Sache zu *überweisen* (Art. 30 Abs. 2 BGG). Dasselbe gilt nach der genannten Bestimmung, wenn die Zuständigkeit einer anderen Bundesbehörde als wahrscheinlich erscheint; diese Regelung kann analog im Verhältnis zu kantonalen Behörden angewandt werden (vgl. z.B. BGer, Urteil 2D_101/2008 vom 28.10.2008), weil die Überweisungspflicht auf einen allgemeinen Rechtsgrundsatz zurückgeht (vgl. vorne, Rz. 398). Dem liegt folgender Gedanke zugrunde: Sofern der Staat – infolge einer fehlerhaften Rechtsmittelbelehrung oder unklaren Regelung des Rechtswegs – für die unzutreffende Adressierung verantwortlich ist, würde den Rechtsuchenden ein Nachteil zugemu-

1375

tet, wenn ihnen nur die Möglichkeit bliebe, nach dem Nichteintretensentscheid der unzuständigen Behörde ein Gesuch um Fristwiederherstellung zu stellen (BGer, Urteil 2D_89/2008 vom 30.9.2008, E. 3.1). Wenn es sich bei der wahrscheinlich zuständigen Behörde um eine kantonale oder ausländische Instanz handelt, ist das Bundesgericht gemäss Praxis, Materialien und Lehre zur Weiterleitung allerdings nur befugt, aber nicht verpflichtet (BGer, Urteil 2D_89/2008 vom 30.9.2008, E. 3.1; BBl 2001 4290; Boog, Basler Kommentar BGG, Art. 30 N. 8). Dies erscheint fragwürdig: Gewiss trifft zu, dass das Bundesgericht in einem solchen Fall nicht gehalten ist, das kantonale oder ausländische Recht auszulegen, um die Zuständigkeit zu klären. Angesichts dessen, dass die Überweisungspflicht als allgemeiner Rechtsgrundsatz gilt, und angesichts der dafür gegebenen Begründung wäre allerdings folgende Lösung überzeugender: Das Bundesgericht hat zwar das kantonale oder ausländische Recht nicht näher abzuklären; es hat eine Sache jedoch weiterzuleiten, sofern die Zuständigkeit einer bestimmten kantonalen Behörde ohne nähere Prüfung als wahrscheinlich gelten kann. Es darf angenommen werden, dass sich das Bundesgericht in der Praxis ohnehin so verhält (so jedenfalls BGE 134 I 199 E. 1.3.2).

1376 Der Überweisungsentscheid ist für die Behörde, der die Sache weitergeleitet wird, nicht bindend; sie hat ihre Zuständigkeit ihrerseits von Amtes wegen zu prüfen (Boog, Basler Kommentar BGG, Art. 30 N. 7 m.H.).

1377 Eingaben, die *bei der Vorinstanz oder bei einer anderen unzuständigen eidgenössischen oder kantonalen Behörde eingereicht* wurden, sind unverzüglich dem Bundesgericht zu übermitteln. Weil der Bundesgesetzgeber in Wahrung der kantonalen Autonomie im Regelfall die Gemeinden nicht unmittelbar nennt, sind unter den kantonalen Behörden auch die Gemeindebehörden zu verstehen (a.M. Amstutz/Arnold, Basler Kommentar BGG, Art. 48 N. 23). Die Frist gilt als gewahrt, wenn die Eingabe rechtzeitig der unzuständigen Behörde zugestellt wurde (Art. 48 Abs. 3 BGG). Dies gilt allerdings nur, wenn die betreffende Partei ihrer Obliegenheit zur sorgfältigen Prozessführung nachgekommen ist (BGer, Urteil 1C_427/2009 vom 16.11.2009, E. 1.5) und sich die beschwerdeführende Partei nach Treu und Glauben auf eine unzutreffende Rechtsmittelbelehrung verlassen durfte (Art. 49 BGG). Daraus lässt sich folgern, dass an die rechtskundige oder rechtskundig vertretene Partei durchaus höhere Anforderungen gestellt werden können (vgl. BGer, Urteil 1C_104/2008 vom 13.3.2008, E. 1.2.2; vgl. auch BGE 134 I 199 E. 1.3). Keine Überweisungspflicht besteht, wenn jemand bewusst an eine unzuständige Behörde gelangt (BGer, Urteil 2D_23/2009 vom 24.7.2009, E. 2.2) – es sei denn aufgrund des Vertrauensschutzes, wenn die unzuständige Behörde die Eingabe entgegennimmt und sich zur Weiterleitung bereit erklärt (vgl. BGer, Urteil U 179/01 vom 3.8.2001, E. 2d; vgl. auch BGer, Urteil 1C_379/2008 vom 12.1.2009, E. 1.2).

B. Vorinstanzen

Literatur: AUER CHRISTOPH, Auswirkungen der Reorganisation der Bundesrechtspflege auf die Kantone, ZBl 2006, S. 121 ff.; DONZALLAZ, Commentaire, Art. 86; HERZOG RUTH, *Auswirkungen* auf die Staats- und Verwaltungsrechtspflege in den Kantonen, in: Tschannen, Bundesrechtspflege, S. 43 ff.; KAYSER MARTIN, Verwaltungsgerichte und Politik. Der lange Abschied von den *actes de gouvernement,* in: Festschrift für Tobias Jaag, Zürich u.a. 2012, S. 443 ff.; LEUZINGER-NAEF SUSANNE, Auswirkungen der Justizreform im Sozialversicherungsrecht, plädoyer 2011, Heft 3, S. 43 ff.; LUGON JEAN-CLAUDE/POLTIER ETIENNE/TANQUEREL THIERRY, Les conséquences de la réforme de la justice fédérale pour les cantons, in: Bellanger/Tanquerel, recours, S. 103 ff.; MOSIMANN HANS-JAKOB, Die Auswirkungen des BGG auf die kantonalen Versicherungsgerichte, SZS 2007, S. 243 ff.; PFISTERER THOMAS, Der kantonale Gesetzgeber vor der Reform der Bundesrechtspflege, in: Ehrenzeller/Schwander, Bundesrechtspflege, S. 257 ff.; TAPPY DENIS, L'épuisement des voies de droit antérieures *(Letztinstanzlichkeit)* comme condition du recours au Tribunal fédéral. Droit actuel et futures procédures unifiées, Schweizerische Zeitschrift für Zivilprozessrecht 2009, S. 419 ff.; TOPHINKE ESTHER, in: Niggli/Uebersax/Wiprächtiger, Basler Kommentar BGG, Art. 86; *dies.,* Bedeutung der Rechtsweggarantie für die Anpassung der kantonalen Gesetzgebung, ZBl 2006, S. 88 ff.; WALDMANN BERNHARD, in: Niggli/Uebersax/Wiprächtiger, Basler Kommentar BGG, Art. 82; WURZBURGER ALAIN, in: Corboz/Wurzburger/Ferrari/Frésard/Aubry Girardin, Commentaire de la LTF, Art. 86; vgl. auch die Literatur in Rz. 1365.

1378

a. Erschöpfung des Instanzenzugs

Art. 86 Abs. 1 BGG bezeichnet die *Vorinstanzen,* deren Entscheide im Rahmen der Beschwerde in öffentlich-rechtlichen Angelegenheiten vom Bundesgericht überprüft werden. Damit werden der *Instanzenzug* und die *funktionelle Zuständigkeit* des Bundesgerichts festgelegt. Der vorgängige Instanzenzug und mithin die ordentlichen Rechtsmittel müssen ausgeschöpft worden sein, bevor das Bundesgericht auf die Beschwerde eintritt. Nicht zu diesen ordentlichen Rechtsmitteln gehört die sogenannte kassatorische Revision, mit der bestimmte Verfahrensmängel im Revisionsverfahren gerügt werden können (BGE 136 I 341 E. 2.3; vgl. vorne, Rz. 1328 ff.). Zu beachten ist, dass im Bereich der interkantonalen Doppelbesteuerung der Instanzenzug nur in einem (nämlich dem zuletzt verfügenden) Kanton durchlaufen werden muss (vgl. BGE 133 I 300 E. 2.4 und hinten, Rz. 1382 f.).

1379

Eine *Sprungbeschwerde* an das Bundesgericht erscheint nicht denkbar, zumindest soweit es sich bei dessen Vorinstanzen um Gerichte handelt, die ihren Vorinstanzen keine materiellen Weisungen im Einzelfall erteilen können, was selbst dann gilt, wenn sie zugleich Aufsichtsbehörden sind (vgl. Art. 63 EntG).

1380

b. Besonderheiten bei der Doppelbesteuerung

Literatur: BEUSCH MICHAEL/BROGER URBAN, Rechtsmittelverfahren, in: Zweifel Martin/Beusch Michael/Mäusli-Allenspach Peter (Hrsg.), Kommentar zum schweizerischen Steuerrecht: Interkantonales Steuerrecht, Basel 2011, S. 485 ff.; LOCHER PETER, Die *Beschwerde* in öffentlich-rechtlichen Angelegenheiten wegen Verletzung des Doppelbesteuerungsverbots von Art. 127 Abs. 3 BV, ASA 77/2008–2009, S. 497 ff.; MEIER ALFRED/CLAVADETSCHER DIEGO, Prozessuale Klippen bei der Durchsetzung des interkantonalen Doppelbesteuerungsverbots, IFF Forum für Steuerrecht 2007, S. 135 ff.; STÄHLIN WALO/KÖNIG ALINE DOMINIQUE, Doppelbesteuerungsbeschwerden unter dem neuen Ver-

1381

fahrensrecht, Der Schweizer Treuhänder 2009, S. 370 ff.; DE VRIES REILINGH DANIEL, Steiniger Weg ans Bundesgericht in Doppelbesteuerungssachen unter dem Bundesgerichtsgesetz, in: Beusch Michael/ISIS (Hrsg), Entwicklungen im Steuerrecht 2009. Urteile – Aktuelle Themen – Hintergründe, Zürich 2009, S. 247 ff.; ZIMMERMANN MARKUS, Der Rechtsschutz im Gebiet der interkantonalen Doppelbesteuerung unter der Geltung des BGG, Jusletter, 14.4.2008.

1382 Unter dem früheren Recht (Art. 86 Abs. 2 OG) musste bei Beschwerden auf dem Gebiet der interkantonalen Doppelbesteuerung der kantonale Instanzenzug nicht ausgeschöpft werden. Gemäss Art. 86 Abs. 1 lit. d BGG ist die Beschwerde in öffentlich-rechtlichen Angelegenheiten nur noch gegen Entscheide letzter kantonaler Instanzen zulässig; eine Ausnahme auf dem Gebiet der interkantonalen Doppelbesteuerung ist nicht mehr vorgesehen (BGE 133 I 300 E. 2.3). Bei Beschwerden wegen interkantonaler Kompetenzkonflikte beginnt die Beschwerdefrist spätestens dann zu laufen, wenn in beiden (bzw. allen infrage kommenden) Kantonen Entscheide getroffen worden sind, gegen die beim Bundesgericht Beschwerde geführt werden kann (Art. 100 Abs. 5 BGG). Zusammen mit dem kantonal letztinstanzlichen Entscheid über die Veranlagung eines Kantons kann eine allenfalls bereits rechtskräftige Veranlagung eines anderen Kantons für dieselbe Steuerperiode vor Bundesgericht angefochten werden, obwohl diese in der Regel keinen Entscheid im Sinne von Art. 86 BGG darstellt. Wenn die steuerpflichtige Person mit der Besteuerung desjenigen Kantons nicht einverstanden ist, in welchem sie den Instanzenzug durchläuft, ergeben sich keine weiteren Probleme. Es ist aber denkbar, dass sie die Steuerhoheit des zuletzt veranlagenden Kantons anerkennen will. Es bleibt ihr in diesem Fall dennoch keine andere Wahl, als den Instanzenzug im zuletzt veranlagenden Kanton zu durchlaufen, um schliesslich vor Bundesgericht die Aufhebung der eine Doppelbesteuerung bewirkenden Veranlagungen übriger Kantone beantragen zu können. Dieser Rechtsmittelweg muss den doppelt Besteuerten trotz der Besonderheit der Konstellation offenstehen (BGE 133 I 300 E. 2.4).

1383 Das Bundesgericht prüft nicht von Amtes wegen, ob eine unangefochten gebliebene konkurrierende Veranlagung das Verbot der Doppelbesteuerung verletzt. Es nimmt aber zumindest bei Laienbeschwerden an, dass eine bereits erfolgte Veranlagung eventualiter mitangefochten wird, wenn die doppelt besteuerte Person Beschwerde mit dem Antrag erhebt, im zuletzt veranlagenden Kanton nicht steuerpflichtig zu sein (BGer, Urteil 2C_26/2012 vom 8.5.2012, E. 1.2). Dies gilt jedoch nicht, wenn die beschwerdeführende Person auf der Zuständigkeit eines vorher veranlagenden Kantons beharrt (BGer, Urteil 2C_199/2011 vom 14.11.2011, E. 1.2) oder wenn kein Rechtsschutzinteresse an der Anfechtung der zuerst ergangenen Veranlagung besteht (BGer, Urteil 2C_91/2012 vom 17.8.2012, E. 1.3, wo der zuerst veranlagende Kanton die steuerbaren Faktoren auf null Franken festgesetzt hatte). Die steuerpflichtige Person verwirkt das Recht auf eine Doppelbesteuerungsbeschwerde gegenüber einem bestimmten Kanton, wenn sie ihre dortige Steuerpflicht in Kenntnis des kollidierenden Steueranspruchs eines anderen Kantons vorbehaltlos anerkennt. Die Verwirkung wird aber nicht von Amtes wegen berücksichtigt, sondern nur auf Einrede des Kantons, dessen Steueranspruch auf diese Weise anerkannt wurde (BGE 137 I 273 E. 3.3.3; 123 I 264 E. 2d, je m.H.). Die steuerrechtliche Lehre wendet sich gegen die Weiterführung dieser Praxis unter der Herrschaft des BGG (vgl. z.B. Locher, Beschwerde, S. 516).

c. Gerichte als Vorinstanzen

Art. 86 BGG setzt den Grundsatz um, dass es sich bei den Vorinstanzen des Bundesgerichts um *richterliche Behörden* handeln muss (dazu Tophinke, Basler Kommentar BGG, Art. 86 N. 1 ff.; vgl. auch Art. 75 und 80 sowie Art. 114 i.V.m. Art. 75 Abs. 2 und Art. 86 Abs. 2 BGG). Das Gesetz sieht nur wenige, eng definierte Ausnahmen vor (vgl. Art. 86 Abs. 3 und Art. 87 f. BGG sowie die Übergangsbestimmung von Art. 132 Abs. 2 BGG). Vorgesehen ist somit grundsätzlich ein *zweistufiger gerichtlicher Rechtsschutz*. Dies dient der Entlastung des Bundesgerichts, damit es seine «Kernaufgaben» («Gewährleistung einheitlicher Rechtsanwendung, Rechtsfortbildung, Garantie verfassungsmässiger Rechte») wahrnehmen kann (Tophinke, Basler Kommentar BGG, Art. 86 N. 2; vgl. auch BBl 2001 4225 f.). Die Einsetzung richterlicher Vorinstanzen ermöglicht zugleich die Umsetzung der Rechtsweggarantien des Verfassungs- und Völkerrechts (namentlich Art. 29a BV und Art. 6 Ziff. 1 EMRK) und die Konzentration des Bundesgerichts auf die Rechtskontrolle. Dadurch kann das Bundesgericht grundsätzlich von der Feststellung des Sachverhalts und der Prüfung von Noven entlastet werden (Art. 97 und 105 sowie Art. 99 BGG).

1384

Die Vorinstanzen des Bundesgerichts sind laut Art. 86 Abs. 1 BGG
- das Bundesverwaltungsgericht;
- das Bundesstrafgericht, das für bestimmte Entscheide zuständig ist, die nicht oder nicht vorwiegend dem Strafrecht oder Strafprozessrecht, sondern dem öffentlichen Recht zuzuordnen sind, so im Bereich der internationalen Rechtshilfe, des Personalrechts oder des Zugangs zu amtlichen Dokumenten (vgl. Art. 37 Abs. 2 lit. a und c sowie Art. 64 StBOG);
- die unabhängige Beschwerdeinstanz für Radio und Fernsehen (UBI; vgl. Art. 82–85 und Art. 99 Satz 2 RTVG, wobei die Rechtsweggarantie nur dann als gewahrt gelten kann, wenn die UBI – anders als im Popularbeschwerdeverfahren [BGE 138 I 154 E. 2.7] – als Gericht fungiert, soweit sie über Rechtsstreitigkeiten entscheidet);
- letzte kantonale Instanzen, sofern gegen deren Entscheide nicht die Beschwerde an das Bundesverwaltungsgericht zulässig ist.

1385

Die *Spezialgesetzgebung* kann weitere Vorinstanzen bezeichnen, wobei Art. 189 Abs. 4 BV ausdrücklich festhält, dass Akte der Bundesversammlung und des Bundesrats nicht beim Bundesgericht angefochten werden können, sofern das

1386

Gesetz dies nicht ausnahmsweise vorsieht. Eine derartige Spezialnorm stellt Art. 21a Abs. 3 ParlG dar (vgl. dazu hinten, Rz. 1962).

1387 Im *Bund* besteht der Instanzenzug in der Regel aus einem zweistufigen gerichtlichen Rechtsschutz ohne vorangehendes verwaltungsinternes Rechtsmittel (vgl. Art. 31 und 33 VGG): Gegen eine Verfügung ist die Beschwerde an das Bundesverwaltungsgericht gegeben, dessen Entscheid mit Beschwerde an das Bundesgericht angefochten werden kann. Die Regel, die auch als Modellinstanzenzug bezeichnet wird, kennt zahlreiche Ausnahmen. Die *Kantone* regeln die Anfechtung von Verfügungen unterschiedlich; vor der Beschwerde an die letzte Gerichtsinstanz im Sinn von Art. 86 Abs. 2 BGG kann etwa – je nach Kanton und Materie – ein Rechtsmittel an eine obere Verwaltungsbehörde oder an ein erstinstanzliches Gericht, beides nacheinander oder keines von beidem vorgesehen sein (vgl. vorne, Rz. 16 ff., 310 ff.). In Zivil- und Strafsachen schreiben Art. 75 Abs. 2 und Art. 80 Abs. 2 BGG den Kantonen dagegen grundsätzlich einen zweistufigen gerichtlichen Rechtsschutz vor.

d. Letzte kantonale Instanzen im Besonderen

1388 Art. 86 Abs. 2 BGG schreibt vor, dass die Kantone als unmittelbare Vorinstanzen des Bundesgerichts *obere Gerichte* einsetzen, soweit nicht nach einem anderen Bundesgesetz die Beschwerde an das Bundesgericht gegen Entscheide anderer richterlicher Behörden erhoben werden kann. Die zweijährige Übergangsfrist von Art. 130 Abs. 3 BGG lief am 1.1.2009 ab. Wenn das Bundesgericht die gerichtliche Vorinstanz selber zu bestimmen vermag, überweist es die Sache an diese (BGE 136 I 42 E. 2). Lässt sich die Zuständigkeit nicht auf das kantonale Recht stützen, wird sie direkt aus Art. 86 Abs. 2 BGG abgeleitet (vgl. BGer, Urteil 1D_9/2010 vom 4.1.2011, E. 3.2). Stehen allerdings verschiedene Möglichkeiten der Behördenorganisation offen, überweist das Bundesgericht die Sache an jene Behörde, die geeignet erscheint, eine vorsorgliche Regelung – unter Umständen in Abstimmung mit anderen Behörden – zu treffen (vgl. BGE 135 II 94 E. 6.3 f.).

1389 Die Anforderungen von Art. 86 Abs. 2 und 3 BGG gelten aufgrund der Verweisung in Art. 114 BGG auch im Anwendungsbereich der subsidiären Verfassungsbeschwerde und damit für das gesamte öffentliche Recht. Aufgrund der Zuständigkeits- und Kognitionsbeschränkungen des Bundesgerichts obliegt die Gewährleistung der Rechtsweggarantie nach Art. 29a BV den richterlichen Vorinstanzen der Kantone. Gesetzliche Ausschlüsse der richterlichen Beurteilung in Ausnahmefällen nach Art. 29a Satz 2 BV dürfen die Kantone nur im Rahmen von Art. 86 Abs. 3 (i.V.m. Art. 114) BGG vornehmen.

1390 Ein *Gericht* im Sinn von Art. 86 Abs. 2 BGG liegt vor, wenn die Voraussetzungen von Art. 30 Abs. 1 und Art. 191c BV sowie Art. 6 Ziff. 1 EMRK erfüllt sind (BGE 134 I 125 E. 3.5). Zudem ist den Anforderungen von Art. 110–112 BGG zu entsprechen; namentlich muss das letztinstanzliche kantonale Gericht oder eine richterliche Vorinstanz den Sachverhalt frei prüfen und das massgebende Recht von Amtes wegen anwenden (Art. 110 BGG).

Um ein *oberes Gericht* handelt es sich, wenn es für das ganze Kantonsgebiet zuständig und hierarchisch keiner anderen Gerichtsinstanz unterstellt ist. Die letztere Voraussetzung ist nicht erfüllt, wenn gegen Entscheide der betreffenden Justizbehörde eine ordentliche Beschwerde an eine andere kantonale Instanz erhoben werden kann. Dabei ist nicht massgeblich, ob die Behörde im fraglichen Sachbereich als letzte kantonale Instanz entscheidet; ihre Entscheide dürfen vielmehr allgemein keinem ordentlichen kantonalen Rechtsmittel unterliegen (vgl. BGer, Urteil 2C_360/2009 vom 23.6.2009 zur St. Galler Verwaltungsrekurskommission, bei der es sich nicht um ein oberes kantonales Gericht handelt). Dagegen muss es sich nicht um ein einheitliches Gericht für alle öffentlich-rechtlichen Materien handeln; infrage kommen also sowohl die höchsten kantonalen Gerichte in Verwaltungs-, Zivil- oder Strafsachen als auch besondere Fachgerichte für bestimmte Materien. Auch wird nicht verlangt, dass das Gericht als Rechtsmittelinstanz tätig wird; es wird also kein doppelter gerichtlicher Rechtsschutz im Kanton vorgeschrieben und auch das Klageverfahren zugelassen (vgl. zum Ganzen BGE 136 II 470 E. 1.1; 136 II 233 E. 2.1; 135 II 94 E. 4.1). Nicht entscheidend kann sein, wer Wahlorgan für die Mitglieder des betreffenden Gerichts ist (Tophinke, Basler Kommentar BGG, Art. 86 N. 14 m.H. auf die unterschiedlichen Lehrmeinungen). Schliesslich kann es sich auch um ein *interkantonales Organ* handeln (z.B.: BGE 136 II 470 E. 1.1; 135 II 338 E. 1.1; vgl. auch Art. 191b Abs. 2 BV, laut dem die Kantone gemeinsame richterliche Behörden einsetzen können).

1391

Eine Ausnahme vom Erfordernis eines *oberen* kantonalen Gerichts sieht Art. 86 Abs. 2 BGG vor, soweit nach einem anderen Bundesgesetz Entscheide anderer richterlicher Behörden der Beschwerde an das Bundesgericht unterliegen. Der Bundesgerichtspraxis dürfte zu entnehmen sein, dass nur dann kein oberes Gericht eingesetzt werden muss, wenn der Bundesgesetzgeber dies so vorsieht; zur Begründung einer Ausnahme dürfte dagegen nicht genügen, wenn er den Kantonen die Einrichtung einer gerichtlichen Instanz vorschreibt, ohne dass sich deren hierarchische Stellung aus der bundesgesetzlichen Regelung ergibt. Die Frage wurde aber noch nicht entschieden (vgl. BGE 135 II 94 E. 5.3–5.6; vgl. auch BGer, Urteil 2C_221/2009 vom 21.1.2010, E. 1.2; Tophinke, Basler Kommentar BGG, Art. 86 N. 15).

1392

Schliesslich erlaubt Art. 86 Abs. 3 BGG, für «Entscheide mit vorwiegend politischem Charakter» eine *nicht gerichtliche Behörde als Vorinstanz* des Bundesgerichts einzusetzen. Als Kriterien zur Auslegung des unbestimmten Rechtsbegriffs nennt das Bundesgericht entsprechend der Lehre und den Materialien erstens die fehlende Justiziabilität und zweitens Argumente der Gewaltenteilung im Zusammenhang mit speziellen Ausgestaltungen der demokratischen Mitwirkungsrechte in einem Kanton (BGer, Urteile 8C_103/2010 vom 19.8.2010, E. 1.3, und 8C_54/2011 vom 17.2.2011, E. 2.1, je m.H.; BBl 1997 I 524). Beim Kri-

1393

terium der «fehlenden Justiziabilität» ist allerdings zu differenzieren: Es kann offensichtlich nicht bedeuten, dass eine gerichtliche Kontrolle überhaupt nicht möglich erscheint, weil das Gesetz zugleich die Überprüfung durch das Bundesgericht – gegebenenfalls im beschränkten Rahmen der subsidiären Verfassungsbeschwerde – vorsieht. Das Gesetz geht also nicht davon aus, dass die Justiz für bestimmte Entscheide generell ungeeignet sein könnte. Der Grund, dass der letztinstanzliche Entscheid auf kantonaler Ebene nicht einer Justizbehörde anvertraut werden muss, muss vielmehr im Aufbau der kantonalen Staatsorganisation bzw. im Verhältnis der Staatsgewalten auf der kantonalen Ebene zu suchen sein. Nicht justiziabel im Sinn des BGG sind allerdings gemäss Art. 32 lit. a VGG, Art. 83 lit. a BGG und Art. 72 lit. a VwVG kantonale Entscheide auf dem Gebiet der inneren oder äusseren Sicherheit des Landes, der Neutralität, des diplomatischen Schutzes und der übrigen auswärtigen Angelegenheiten, wenn sie sich auf öffentliches Recht des Bundes nach Art. 5 Abs. 1 VwVG stützen. Sie müssen mit Beschwerde an den Bundesrat angefochten werden, wenn das Völkerrecht keine gerichtliche Behandlung vorsieht (vgl. vorne, Rz. 1281 ff.).

1394   Das Bundesgericht geht bei der Auslegung von Art. 86 Abs. 3 BGG tendenziell kasuistisch vor (BGE 136 I 42 E. 1.5.1). Nach Bundesgericht und Lehre ist der Begriff des «vorwiegend politischen Charakters» eng zu fassen, da Ausnahmen von der Rechtsweggarantie nur restriktiv vorzusehen sind (z.B. BGer, Urteil 8C_54/2011 vom 17.2.2011, E. 2.1 m.H.). Eine politische Konnotation genügt nicht; der politische Charakter muss vielmehr offensichtlich sein und die allenfalls beteiligten privaten Interessen klar überwiegen (BGE 136 I 42 E. 1.5.4). Der politische Charakter tritt in den Hintergrund, wenn im Rechtsetzungsprozess konkrete Rechtspositionen geschaffen wurden, besonders wenn nicht Akte höchster kantonaler Staatsorgane betroffen sind (BGer, Urteil 2C_761/2012 vom 12.4.2013, E. 2 f. m.H., bes. 2.3, zum interkommunalen Finanzausgleich). Ein Entscheid ist nicht bereits deshalb politisch, weil er von der Regierung oder vom Parlament gefällt wird oder weil der Behörde Ermessen zusteht (BGE 136 II 436 E. 1.3; BGer, Urteil 8C_103/2010 vom 19.8.2010, E. 1.3). Auch können Bewilligungen, Konzessionen und Leistungen, auf die kein Rechtsanspruch besteht, nicht aus diesem Grund von der gerichtlichen Beurteilung ausgenommen werden (vgl. z.B. Tophinke, Basler Kommentar BGG, Art. 86 N. 23).

1395   Als *Beispiele von Entscheiden vorwiegend politischen Charakters* werden in Praxis und Lehre genannt (vgl. zum Ganzen Tophinke, Basler Kommentar BGG, Art. 86 N. 22 f.):
– unter Umständen sicherheitspolitische Massnahmen (vgl. auch Art. 83 lit. a BGG);
– Begnadigungen (deren Zuordnung zu den öffentlich-rechtlichen Angelegenheiten allerdings nicht restlos feststeht; vgl. Waldmann, Basler Kommentar BGG, Art. 82 N. 19 m.H.);
– bestimmte gesundheits- und bildungspolitische Entscheide (Herzog, Auswirkungen, S. 88);

- die Ermächtigung zur Strafverfolgung von Mitgliedern der Vollziehungs- und Gerichtsbehörden (BGE 135 I 113 E. 1), die heute in Art. 7 Abs. 2 lit. b StPO vorgesehen ist (vgl. auch Art. 83 lit. e BGG).
- Die Verweigerung des Zugangs zu amtlichen Informationen hielt das Bundesgericht in einem konkreten Fall nicht für vorwiegend politisch; es deutete jedoch an, dass in diesem Bereich auch der gegenteilige Fall vorliegen könnte (BGer, Urteil 8C_113/2011 vom 16.3.2011, E. 3.3). Dies trifft jedenfalls insofern zu, als hier die äussere oder innere Sicherheit betroffen sein könnte.
- Die Erteilung einer Wasserkraftkonzession wurde in einem konkreten Fall ebenfalls nicht als vorwiegend politisch betrachtet, namentlich weil die detaillierte Regelung der Rechte und Pflichten der Konzessionärin im Vordergrund stand (BGE 136 II 436 E. 1.3).

Möglich erschiene auch eine Ausnahme für bestimmte Rechtsstreitigkeiten zwischen kantonalen Behörden und Personen, die politische Ämter bekleiden, im Zusammenhang mit der Amtstätigkeit, sofern es nicht um zivilrechtliche Angelegenheiten im Sinn von Art. 6 Ziff. 1 EMRK geht (nicht aber allgemein in Bezug auf personalrechtliche Rechtsstreitigkeiten mit Trägerinnen und Trägern hoheitlicher Funktionen ausserhalb des Anwendungsbereichs von Art. 6 Ziff. 1 EMRK; vgl. Herzog, Auswirkungen, S. 101; Tophinke, Basler Kommentar BGG, Art. 86 N. 23). Ein Beispiel könnte je nach den Umständen die Massregelung eines Regierungsmitglieds durch die Gesamtbehörde sein.

Ob für die genannten Entscheide vorwiegend politischen Charakters die Beschwerde in öffentlich-rechtlichen Angelegenheiten, die subsidiäre Verfassungsbeschwerde oder allenfalls (im Bereich von Art. 83 lit. a BGG) die Beschwerde an den Bundesrat gegeben ist, folgt aus den übrigen Eintretensvoraussetzungen dieser Rechtsmittel.

Den Richtplänen wird vorwiegend politischer Charakter zuerkannt, doch stellen sie keine Entscheide dar, sondern sind durch die Adressaten, insbesondere durch die Gemeinden, als Erlasse im Sinn von Art. 82 lit. b und Art. 87 BGG vor Bundesgericht anfechtbar (BGE 136 I 265 E. 1.1).

Keinen vorwiegend politischen Charakter haben gemäss Bundesgericht etwa:
- Einbürgerungsentscheide (vgl. Art. 50 BüG; BGE 137 I 235 E. 2.5; BGer, Urteil 1D_9/2010 vom 4.1.2011, E. 3.2);
- Entscheide über die Steuerbefreiung gemeinnütziger Stiftungen, selbst wenn diese öffentliche Aufgaben fördern (BGE 136 I 42 E. 1.6);
- Entscheide über die ausländerrechtliche Administrativhaft (BGE 135 II 94 E. 3.4).

Gemäss Art. 86 Abs. 3 (i.V.m. Art. 114) BGG ist im Fall einer Anfechtung letztlich das Bundesgericht auch zuständig, den Ausschluss der Beschwerde an ein kantonales oberes Gericht gemäss dem kantonalen Recht zu überprüfen (vgl. z.B. § 44 VRG ZH). Allerdings dürften solche Ausschlusskataloge vielfach unechte Ausnahmen enthalten, also Akte, die gar nicht als Verfügungen zu qualifizieren sind und auch sonst kein Rechtsschutzinteresse auslösen.

1401 Weitere Ausnahmen vom Erfordernis der gerichtlichen Vorinstanz bestehen bei der Anfechtung kantonaler Erlasse und bei der Stimmrechtsbeschwerde (vgl. Art. 87 f. BGG sowie hinten, Rz. 1686 f., 1722, 1724).

C. Sachliche Zuständigkeit

1402 *Literatur:* AEMISEGGER HEINZ/FORSTER MARC, in: Niggli/Uebersax/Wiprächtiger, Basler Kommentar BGG, Art. 84; BEYELER MARTIN, *«Rechtsfrage* von grundsätzlicher Bedeutung». Zur beachtlichen Karriere des Art. 83 lit. f Ziff. 2 BGG, Jusletter, 4.5.2009; DONZALLAZ, Commentaire, Art. 83–84; HÄBERLI THOMAS, in: Niggli/Uebersax/Wiprächtiger, Basler Kommentar BGG, Art. 83; HUNGERBÜHLER ADRIAN, Das Bundesgericht als Rechtsmittelinstanz in Vergabesachen, in: Zufferey Jean-Baptiste/Stöckli Hubert (Hrsg.), Aktuelles Vergaberecht 2008, S. 343 ff.; MISIC, Verfassungsbeschwerde, N. 237 ff.; SUTTER KASPAR, Gerichtlicher Rechtsschutz in auswärtigen Angelegenheiten. Mit einer Rechtsvergleichung zum französischen «acte de gouvernement», Zürich/St. Gallen 2012; THURNHERR DANIELA, in: Caroni Martina/Gächter Thomas/Thurnherr Daniela (Hrsg.), Handkommentar Bundesgesetz über die Ausländerinnen und Ausländer (AuG), Bern 2010, Art. 112 N. 39 ff., 80 ff.; WURZBURGER ALAIN, in: Corboz/Wurzburger/Ferrari/Frésard/Aubry Girardin, Commentaire de la LTF, Art. 83–84; vgl. auch die Literatur in Rz. 1279, 1365.

a. Generalklausel mit Negativkatalog

1403 Laut Art. 191 BV gewährleistet das Gesetz den Zugang zum Bundesgericht (Abs. 1). Es kann jedoch für Streitigkeiten, die keine Rechtsfrage von grundsätzlicher Bedeutung betreffen, eine Streitwertgrenze vorsehen (Abs. 2), und es kann für bestimmte Sachgebiete den Zugang zum Bundesgericht ausschliessen (Abs. 3). Diese in der Verfassung vorgesehenen Ausnahmen werden für die Beschwerde in öffentlich-rechtlichen Angelegenheiten in Art. 83–85 (und Art. 88) BGG geregelt.

1404 Die Zuständigkeit des Bundesgerichts zur Kontrolle von Entscheiden im Verfahren der Beschwerde in öffentlich-rechtlichen Angelegenheiten wird durch eine *Generalklausel* mit einem *Negativkatalog* festgelegt. Die Generalklausel umfasst alle Angelegenheiten des öffentlichen Rechts (Art. 82 lit. a BGG). Im Gegensatz zum früheren Recht ist nicht mehr massgeblich, ob sich der angefochtene Entscheid auf eidgenössisches oder aber auf kantonales bzw. kommunales Recht stützt (vgl. BGE 134 II 186 E. 1.3; 134 I 313 E. 1.1; 133 II 249 E. 1.2).

1405 Der Ausschlusskatalog von Art. 83 BGG bezieht sich nur auf Entscheide, wie sich aus dem Wortlaut der Bestimmung klar ergibt. Bei der Anfechtung kantonaler Erlasse auf dem Weg der abstrakten Normenkontrolle nach Art. 82 lit. b BGG kommt er nicht zur Anwendung (vgl. Art. 87 BGG und dazu hinten, Rz. 1677; BGE 136 I 49 E. 1.1).

1406 Im *Negativkatalog von Art. 83 BGG* werden Sachgebiete ganz oder teilweise oder aber punktuell einzelne Entscheidkategorien von der Beschwerde in öffentlich-rechtlichen Angelegenheiten ausgenommen. Teils sind wiederum Gegenausnahmen vorgesehen. Zu den in Art. 83 BGG genannten Ausschlussgründen sind jene Ausschlüsse des Zugangs zum Bundesverwaltungsgericht hinzuzurechnen, aus denen die Unzuständigkeit auch des Bundesgerichts abzuleiten ist (Art. 32 Abs. 1 lit. c–f und lit. h VGG i.V.m. Art. 82 lit. a BGG; vgl. im Einzelnen Häberli, Basler Kommentar BGG, Art. 83 N. 10a). Ferner wird die Zuständigkeit des Bundesgerichts in vermögensrechtlichen Angelegenheiten auf den Gebieten der Staatshaftung und der öffentlich-rechtlichen Arbeitsverhältnisse davon abhängig gemacht, dass entweder ein bestimmter *Streitwert* erreicht wird oder sich eine Rechtsfrage von grundsätzlicher Bedeutung stellt (Art. 85 BGG, dazu hinten, Rz. 1462 ff.). Im Gegensatz dazu ist im Bereich des öffentlichen Beschaffungswesens kumulativ das Erreichen eines Schwellenwerts und das Vorliegen einer Rechtsfrage von grundsätzlicher Bedeutung erforderlich (Art. 83 lit. f BGG; dazu hinten, Rz. 1938).

Der Negativkatalog sollte gemäss seiner Funktion die Ausnahmen vollständig aufzählen und vom Gesetzgeber gegebenenfalls ergänzt werden; dies schliesst aber nicht aus, dass die *Spezialgesetzgebung* weitere Ausnahmen vorsieht (vgl. Häberli, Basler Kommentar BGG, Art. 83 N. 8). Das *internationale Recht* kann dazu führen, dass trotz einem Ausschlussgrund gemäss Art. 83 BGG auf eine Beschwerde einzutreten ist; dies gilt auch, wenn das Völkerrecht nicht wie in Art. 83 lit. a BGG ausdrücklich vorbehalten wird. (Zu einem Beispiel im Ausländerrecht vgl. hinten, Rz. 1415). 1407

Soweit der Ausschlusskatalog von Art. 83 BGG Entscheide von *Bundesbehörden* betrifft, ist der Zugang zum Bundesgericht ganz versperrt. Soweit jedoch *kantonale Instanzen* entschieden haben, kann – bei Vorliegen der spezifischen Prozessvoraussetzungen – die subsidiäre Verfassungsbeschwerde ergriffen werden (vgl. Art. 113 BGG). Der Unterschied liegt darin begründet, dass man die einheitliche Auslegung und Anwendung namentlich der Grundrechte nur im Bereich der kantonalen Zuständigkeiten gefährdet sah und nicht im Zuständigkeitsbereich des Bundesverwaltungsgerichts (vgl. auch BBl 2001 4321 f.). 1408

Art. 84 BGG regelt gesondert, welche Entscheide auf dem Gebiet der *internationalen Rechtshilfe in Strafsachen* vor dem Bundesgericht angefochten werden können. Weil diese Materie einen starken Bezug zum Straf- und Strafprozessrecht aufweist – weshalb sie auch als «hybrid» bezeichnet wird –, liegt die Bedeutung von Art. 84 BGG nicht nur darin, dass er Ausnahmen von der Zuständigkeit festlegt. Vielmehr weist er zunächst die internationale Rechtshilfe in Strafsachen der Beschwerde in öffentlich-rechtlichen Angelegenheiten zu (vgl. Aemisegger/Forster, Basler Kommentar BGG, Art. 84 N. 1 und 10; hinten, Rz. 2079 f.). 1409

Eine besondere Regelung enthält schliesslich Art. 88 BGG für die Stimmrechtsbeschwerde (dazu hinten, Rz. 1723 ff.). 1410

b. Kriterien und Motive des Ausschlusses

1411 Bei den Ausschlüssen des Zugangs zum Bundesgericht handelt es sich vielfach um Übernahmen aus der Regelung der Verwaltungsgerichtsbeschwerde im früheren Recht, wobei verschiedene Vereinheitlichungen, Vereinfachungen und Anpassungen vorgenommen wurden. Die Praxis zum alten Recht ist aber allenfalls noch zu beachten. Inhaltliche Leitlinien lassen sich schwer erkennen; massgebliches Motiv des Gesetzgebers war die Entlastung des Bundesgerichts (vgl. BBl 2001 4321 f.). Dabei wird der gerichtliche Rechtsschutz durch die vorgeschalteten eidgenössischen und kantonalen Gerichte grundsätzlich garantiert und die Rechtseinheit gegenüber den kantonalen Behörden durch die subsidiäre Verfassungsbeschwerde gesichert. Ein allfälliger politischer Charakter der ausgeschlossenen Materien kann nicht entscheidend sein, da eine gerichtliche Prüfung auf unterer Stufe in der Regel stattfindet (vgl. auch Rhinow/Koller/Kiss/Thurnherr/Brühl-Moser, Prozessrecht, Rz. 1880) – vorbehalten bleiben die eigentlichen Regierungsakte gemäss Art. 83 lit. a BGG (vgl. Art. 32 lit. a VGG, Art. 72 lit. a VwVG und hinten, Rz. 1414). Teilweise werden die Ausschlüsse damit begründet, dass es um Ermessensfragen oder technische Materien gehe oder dass ein rascher Abschluss der Verfahren angezeigt sei. Mit dem Ermessen und der Technizität der Materie wird etwa der Ausschluss von bestimmten Entscheiden über die Zollveranlagung sowie von Entscheiden über das Ergebnis von Prüfungen und anderen Fähigkeitsausweisen begründet (Art. 83 lit. l und t BGG); unter anderem mit der Raschheit der technischen Entwicklung werden die Ausnahmen auf den Gebieten des Fernmeldeverkehrs und von Radio und Fernsehen gerechtfertigt (Art. 83 lit. p BGG), mit der Verfahrensbeschleunigung wird zum Beispiel die Ausnahme bezüglich der Börsenaufsicht erklärt (Art. 83 lit. u BGG; vgl. Häberli, Basler Kommentar BGG, Art. 83 N. 208, 245, 297, 305, teils kritisch). Letzteres Argument wird vom Gesetzgeber zunehmend aufgegriffen (vgl. etwa die vorgeschlagene Ausnahme im Bereich der Plangenehmigung für Stark- und Schwachstromanlagen im Zusammenhang mit der Energiestrategie 2050 des Bundes, vgl. Erläuternder Bericht zur Energiestrategie 2050 [Vernehmlassungsvorlage] vom 28.9.2012, S. 103).

1412 Die Ausschlüsse gelten unabhängig vom verfahrensrechtlichen Charakter des Entscheids (sie betreffen also Zwischen-, End- und Vollzugsentscheide; vgl. BGE 134 II 192 E. 1.3). Sie hängen nicht davon ab, ob im angefochtenen Entscheid prozessuale oder materielle Rechtsfragen behandelt werden (vgl. BGE 137 I 128 E. 2), und ebenso wenig kommt es auf die vorgebrachten Beschwerdegründe an. Nicht massgeblich ist namentlich auch, auf welcher Rechtsgrundlage der angefochtene Entscheid beruht (ob er sich also auf eidgenössisches oder auf kantonales Recht stützt) und welches Gemeinwesen ihn gefällt hat (ob er also von einer eidgenössischen oder einer kantonalen Behörde stammt). Ist die Beschwerde in der Hauptsache ausgeschlossen, so ist sie mit Bezug auf die Nebenfolgen (Kosten, unentgeltliche Rechtspflege und Rechtsverbeiständung) und zur Rüge von Verfahrensmängeln ebenso wenig gegeben. Gegebenenfalls steht die subsidiäre Verfassungsbeschwerde zur Verfügung. (Vgl. zum Ganzen BBl 2001 4320 f.; Häberli, Basler Kommentar BGG, Art. 83 N. 9.)

c. Hinweise auf einzelne Sachgebiete

Aus dem langen Negativkatalog von Art. 83 lit. a–v BGG sollen hier einige wichtige Bereiche erwähnt werden (vgl. auch hinten, Rz. 2083, zur internationalen Amtshilfe nach Art. 83 lit. h und Art. 84a BGG): 1413

– Die Entscheide auf dem Gebiet der inneren oder äusseren Sicherheit des Landes, der Neutralität, des diplomatischen Schutzes und der übrigen auswärtigen Angelegenheiten sind gemäss Art. 72 lit. a VwVG, Art. 32 lit. a VGG und Art. 83 lit. a BGG grundsätzlich nicht von der Justiz, sondern vom Bundesrat letztinstanzlich zu prüfen. Gemeint sind eigentliche Regierungsakte (*«actes de gouvernement»*), die nicht justiziabel sind (vgl. Häberli, Basler Kommentar BGG, Art. 83 N. 20, sowie vorne, Rz. 1283). Soweit das Völkerrecht keinen doppelten gerichtlichen Rechtsschutz verlangt – den namentlich Art. 6 Ziff. 1 EMRK nicht vorschreibt –, stellt sich die Frage des Verhältnisses von Art. 32 lit. a VGG und Art. 83 lit. a BGG, die den Zugang zum Bundesverwaltungsgericht und zum Bundesgericht in gleichlautenden Worten öffnen: Gewährt das Bundesverwaltungsgericht aufgrund von Art. 32 lit. a VGG den gerichtlichen Rechtsschutz, so wird der Weiterzug an das Bundesgericht vom Völkerrecht nicht mehr vorgeschrieben; der Wortlaut von Art. 83 lit. a BGG liesse sich so interpretieren, dass der Zugang zum Bundesgericht dann nicht mehr offenstünde. Es ist jedoch davon auszugehen, dass Art. 83 lit. a BGG den Zugang zum Bundesgericht stets dann öffnet, wenn grundsätzlich ein Anspruch auf gerichtliche Beurteilung gegeben ist, sodass in diesen Fällen ein doppelter gerichtlicher Instanzenzug besteht (Häberli, Basler Kommentar BGG, Art. 83 N. 30). Umgekehrt liegen keine ausreichenden Gründe vor, entgegen dem Gesetzeswortlaut den Zugang an das Bundesverwaltungsgericht auszuschliessen, selbst wenn der fragliche Entscheid vom Bundesrat stammt, sofern das Völkerrecht die gerichtliche Prüfung eines Entscheids erfordert (gl.M. Wurzburger, Commentaire de la LTF, Art. 83 N. 30; a.M. Häberli, Basler Kommentar BGG, Art. 83 N. 39 ff., bes. 42). Die Frage dürfte sich allerdings nicht stellen, weil Geschäfte des Bundesrats nach Art. 47 Abs. 6 RVOG automatisch auf das Departement übergehen, wenn sie (z.B. nach Art. 32 lit. a VGG) der Beschwerde an das Bundesverwaltungsgericht unterliegen (vgl. Häberli, Basler Kommentar BGG, Art. 83 N. 44). Weiter fragt sich, ob der Zugang zu den Gerichten nach Art. 32 lit. a VGG und Art. 83 lit. a BGG auch geöffnet wird, wenn das Völkerrecht zwar eine Beschwerdemöglichkeit auf nationaler Ebene, aber keinen gerichtlichen Rechtsschutz verlangt, was namentlich für Art. 13 EMRK zutrifft. Die Materialien lassen nicht den Schluss zu, dass der Gesetzgeber 1414 eine Völkerrechtsverletzung in Kauf nehmen wollte, sodass der Zugang zu den Gerichten zu öffnen ist, wenn sonst kein Rechtsweg gegeben ist, der sich sinnvoll in das Rechtsschutzsystem einfügen liesse und zudem Art. 13 EMRK entspräche (gl.M. Wurzburger, Commentaire de la LTF, Art. 83 N. 32; a.M. Häberli, Basler Kommentar BGG, Art. 83 N. 45). Zu diesem Ergebnis führt auch die Praxis des Bundesgerichts, das allerdings darüber hinaus und insofern zu weit geht: Anscheinend will es sich im Sachbereich von Art. 83 lit. a BGG stets für zuständig erklären, sofern ein Rechtsmittel an einen internationalen Gerichtshof oder jedenfalls an den EGMR gegeben ist – und dies offenbar unabhängig davon, ob ein anderer Rechtsweg bestünde, der Art. 13 EMRK genügen würde (BGE 138 I 6 E. 1.3.2). Ungeachtet dessen, dass die Prüfung durch das Bundesgericht im konkreten Fall wohl gerechtfertigt war, ist diese Interpretation von Art. 83 lit. a BGG problematisch, weil sie dem Willen des historischen Gesetzgebers widerspricht (vgl. BBl 2001 4387 f.), sich nicht mit der Lehre auseinandersetzt und Art. 13 EMRK einen Gehalt zuerkennt, der über den völkerrechtlichen Inhalt hinausgeht.

1415 – Art. 83 lit. b–d BGG schliessen die Beschwerde gegen Entscheide auf dem Gebiet der *ordentlichen Einbürgerung* sowie gegen verschiedene *ausländer- und asylrechtliche Entscheide* aus. Aus dem internationalen Recht können sich Gegenausnahmen ergeben; so steht aufgrund der Abkommen zur Personenfreizügigkeit mit den EU- und EFTA-Staaten, die ein zweistufiges Beschwerdeverfahren vorsehen, trotz Art. 83 lit. c Ziff. 1 BGG die Beschwerde gegen Entscheide über die Einreise für Personen offen, die sich auf diese Verträge stützen können (vgl. Art. 11 FZA und Art. 11 Anhang K EFTA-Übereinkommen; BGer, Urteil 2C_591/2011 vom 18.7.2011, E. 2.1 m.H.; Häberli, Basler Kommentar BGG, Art. 83 N. 56 ff.). Teils hängt das Eintreten auf die Beschwerde in öffentlich-rechtlichen Angelegenheiten davon ab, ob materiell ein Anspruch auf die betreffende Bewilligung besteht (Art. 83 lit. c Ziff. 2 und lit. d Ziff. 2 BGG). In diesen Fällen genügt für das Eintreten ein potenzieller Anspruch, der auf eine haltbare Begründung abgestützt wird (BGE 136 II 497 E. 3.3). Die Entscheide, die nach Art. 83 lit. b–d BGG vor Bundesgericht nicht anfechtbar sind, haben in der Regel keinen politischen Charakter, sodass der Rechtsweg an die gerichtlichen Vorinstanzen des Bundesgerichts gegeben ist. Dies gilt namentlich mit Bezug auf die Einbürgerung. Politischen Charakter hat dagegen insbesondere die Ausweisung wegen Gefährdung der Sicherheit des Landes nach Art. 121 Abs. 2 BV, deren Anfechtung durch Art. 83 lit. c Ziff. 4 BGG ausgeschlossen wird.

1416 – Nach Art. 83 lit. f BGG ist die Beschwerde gegen Entscheide auf dem Gebiet der *öffentlichen Beschaffungen* nur zulässig, wenn der geschätzte Wert des zu vergebenden Auftrags den gesetzlichen bzw. staatsvertraglichen *Schwellenwert* erreicht und wenn eine *Rechtsfrage von grundsätzlicher Bedeutung* vorliegt. Die beiden Eintretensvoraussetzungen müssen also kumulativ erfüllt sein (BGE 134 II 192 E. 1.2; 133 II 396 E. 2.1). Die Rechtsfrage von grundsätzlicher Bedeutung muss das Submissionswesen betreffen (BGE 138 I 143 E. 1.1.2; 134 II 192 E. 1.3). Gemäss Bundesgericht hat eine Rechtsfrage nicht bereits dann grundsätzliche Bedeutung, wenn sie noch nie entschieden wurde; das Gericht verlangt vielmehr, dass die Entscheidung in dieser Frage für die Praxis wegleitend sein kann und von ihrem Gewicht her nach einer höchstrichterlichen Klärung ruft (BGE 138 I 143 E. 1.1.2 m.H.; kritisch zur Praxis Beyeler, Rechtsfrage, Rz. 31 ff.; vgl. auch Misic, Verfassungsbeschwerde, N. 311 ff.). Die grundsätzliche Bedeutung der Rechtsfrage ist gemäss Art. 42 Abs. 2 BGG in der Beschwerdeschrift auszuführen (vgl. BGE 133 II 396 E. 2.2). Art. 83 lit. f BGG ist auf alle Entscheide in Submissionsverfahren anwendbar, nicht aber allgemein auf formalisierte Vergabeverfahren (Häberli, Basler Kommentar BGG, Art. 83 N. 153 f.). Das Bundesgericht hat offengelassen, ob die Bestimmung auch für Entscheide gilt, die sich nicht direkt auf eine öffentliche Vergabe beziehen, wie etwa auf eine Verwaltungssanktion, die gestützt auf öffentliches Beschaffungsrecht ausgesprochen wurde (BGer, Urteil 2C_1022/2011 vom 22.6.2012, E. 2.1). Zum Rechtsweg im Submissionswesen vgl. allgemein hinten, Rz. 1918 ff.

– Art. 83 lit. g BGG schliesst die Beschwerde gegen Entscheide auf dem Gebiet des öffentlichen Personalrechts aus. Vorbehalten bleiben Entscheide, welche die Gleichstellung der Geschlechter betreffen, sowie Entscheide in vermögensrechtlichen Angelegenheiten. Bei Letzteren ist aber Art. 85 Abs. 1 lit. b und Abs. 2 BGG zu beachten, wonach die Beschwerde nur zulässig ist, wenn der Streitwert mindestens 15 000 Franken beträgt oder wenn sich eine Rechtsfrage von grundsätzlicher Bedeutung stellt (vgl. hinten, Rz. 1462). Im Geltungsbereich des BPG schliesst die Gesetzgebung wiederum die gerichtliche Kontrolle von Streitigkeiten über leistungsrelevante Lohnbestandteile aus, soweit nicht die Gleichstellung der Geschlechter betroffen ist (vgl. im Einzelnen vorne, Rz. 1284 f.). Ob eine Streitigkeit vermögensrechtlicher Natur ist, prüft das Bundesgericht für die gestellten Anträge jeweils einzeln (vgl. BGer, Urteile 8C_559/2010 vom 5.10.2010, E. 2.3, und 8C_1065/2009 vom 31.8.2010, E. 1.2; zum Begriff vgl. hinten, Rz. 1463). 1417

– Entscheide über das Ergebnis von *Prüfungen und anderen Fähigkeitsbewertungen,* namentlich auf den Gebieten der Schule, der Weiterbildung und der Berufsausübung, können nach Art. 83 lit. t BGG nicht mit Beschwerde in öffentlich-rechtlichen Angelegenheiten angefochten werden. Gemeint sind Prüfungsergebnisse im eigentlichen Sinn sowie alle Entscheide, die auf einer Bewertung der geistigen und körperlichen Fähigkeiten einer Person beruhen. Dazu gehören auch Entscheide über Berufszulassungen, sofern die persönlichen Fähigkeiten und nicht andere Umstände – wie ein Bedürfnisnachweis oder die Vertrauenswürdigkeit – massgeblich sind (vgl. BGer, Urteile 2C_438/2008 vom 16.10.2008, E. 2.1, und 2C_927/2011 vom 8.5.2012, E. 1.1). Der Ausschluss bezieht sich aber nicht auf andere Entscheide im Zusammenhang mit Prüfungen wie insbesondere solche organisatorischer 1418

Natur (BGE 138 II 42 E. 1.2; 136 I 229 E. 1) oder über die Anerkennung von Ausbildungsabschlüssen (BGE 136 II 470 E. 1.2; vgl. auch BGer, Urteil 2C_895/2011 vom 10.4.2012, E. 1.1 sowie im Einzelnen Häberli, Basler Kommentar BGG, Art. 83 N. 294 ff.). Das Bundesgericht tritt auch auf Beschwerden ein, mit denen ein Anspruch auf staatliche Schulleistungen trotz oder wegen einer Behinderung geltend gemacht wird (BGer, Urteil 2C_930/2011 vom 1.5.2012, E. 1.1).

2. Anfechtungsobjekt

A. Entscheide

1419 *Literatur:* AEMISEGGER HEINZ/HAAG STEPHAN, *Praxiskommentar* zum Rechtsschutz in der Raumplanung, Zürich 2010, Separatdruck von: *dies.,* in: Aemisegger Heinz/Moor Pierre/Ruch Alexander/Tschannen Pierre (Hrsg.), Kommentar zum Bundesgesetz über die Raumplanung, 3. Nachlieferung, Zürich u.a. 2010, Art. 33 f.; KIENER/RÜTSCHE/KUHN, Verfahrensrecht, N. 1172 ff.; RHINOW/KOLLER/KISS/THURNHERR/BRÜHL-MOSER, Prozessrecht, Rz. 1856 ff.; RÜETSCHI DAVID, Zur Bedeutung der Dorénaz-Praxis unter dem BGG, Jusletter 15.7.2007; SEILER HANSJÖRG, in: Seiler/von Werdt/Güngerich, Handkommentar BGG, Art. 82; UHLMANN FELIX, in: Niggli/Uebersax/Wiprächtiger, Basler Kommentar BGG, Art. 90–93; WALDMANN BERNHARD, in: Niggli/Uebersax/Wiprächtiger, Basler Kommentar BGG, Art. 82; VON WERDT NICOLAS, in: Seiler/von Werdt/Güngerich, Handkommentar BGG, Art. 90–93; vgl. auch die Literatur in Rz. 320, 861, 1365.

1420 Im Gegensatz zur früheren Verwaltungsgerichtsbeschwerde gemäss Art. 97 ff. OG ist ein Anfechtungsobjekt nicht mehr allein dann gegeben, wenn erstinstanzlich eine Verfügung vorliegt. Das Bundesgericht betont in der neueren Praxis denn auch, dass der Begriff des Entscheids jedenfalls autonom, d.h. unabhängig vom Verfügungsbegriff nach Art. 5 VwVG, auszulegen ist (BGE 138 I 6 E. 1.2). Wohl bildet die Verfügung nach wie vor den wichtigsten Gegenstand der anfechtbaren Entscheide gemäss Art. 82 lit. a BGG. Doch richtet sich der Begriff «Entscheid» eher nach dem früheren Art. 84 OG, welcher das Anfechtungsobjekt der staatsrechtlichen Beschwerde regelte. Massgebend ist demzufolge, dass der vorinstanzliche Entscheid die *Elemente der Hoheitlichkeit, der individuell-konkreten Anordnung und der Verbindlichkeit* aufweist (BGE 135 II 22 E. 1; 135 II 328 E. 2.1; vgl. zu diesen Elementen, die auch die Verfügung typisieren, vorne, Rz. 869 ff.). Demzufolge können auch vorinstanzliche Entscheide beispielsweise über Realakte oder über verwaltungsrechtliche Verträge vor Bundesgericht angefochten werden. In diesen Fällen entscheidet das vorinstanzliche Gericht *hoheitlich und verbindlich* über das entsprechende Rechtsverhältnis. Behandelt das vorinstanzliche Gericht jedoch eine Angelegenheit, die nicht auf eine Rechtswirkung ausgerichtet ist und *nicht in einen verbindlichen Entscheid* mündet, wie zum Beispiel Entscheide über Empfehlungen, liegt kein Entscheid i.S. von Art. 82 lit. a BGG vor (BGE 135 II 30 E. 1.1). Das Bundesgericht hält im Anschluss an die Lehre jedoch fest, dass gerade bei Realakten ebenso auf das Rechtsschutzbedürfnis abzustellen ist, wenn Grundrechtspositionen betroffen sind. Aus diesem Grund bildete eine auf Art. 18 Abs. 2 BWIS abgestützte Mitteilung des EDÖB bzw. die in der Folge aufgrund von Art. 18 Abs. 6 BWIS ergangene Mitteilung des Abteilungspräsidenten des Bundesverwaltungsgerichts ein ausreichendes Anfechtungsobjekt, auch wenn gegen die Mitteilung des EDÖB ausdrücklich keine Beschwerde vorgesehen ist und diejenige des Abteilungspräsidenten keinen Beschwerdeentscheid darstellt (BGE 138 I 6 E. 1.2). Der Begriff des Anfechtungsobjekts dürfte insgesamt aufgrund der in Art. 86 Abs. 1 BGG genannten Vorinstanzen wenig Probleme bieten (vgl. zum Ganzen Waldmann, Basler Kommentar BGG, Art. 82 N. 6 ff.; Seiler, Handkommentar BGG, Art. 82 N. 8 ff.).

Die Praxis, kraft *Rechtsschutzbedürfnisses* ein Anfechtungsobjekt zu bejahen, selbst wenn die Kriterien für den Entscheid im Sinne von Art. 82 lit. a BGG nicht erfüllt sind, dürfte zwar in gewissen Fällen nach wie vor von Bedeutung sein (vgl. BGE 136 II 415 E. 1.1 sowie im Einzelnen vorne, Rz. 327 ff.). Im Hinblick auf die Geltung der Rechtsweggarantie gemäss Art. 29a BV haben jedoch die Kantone gerade für diese Fälle einen ausreichenden gerichtlichen Rechtsschutz einzurichten. Waldmann (Basler Kommentar BGG, Art. 82 N. 13) weist deshalb zu Recht darauf hin, dass die Beschwerde in öffentlich-rechtlichen Angelegenheiten zu den vorinstanzlichen Rechtsschutzmöglichkeiten subsidiär ist.

Ferner muss es sich beim Anfechtungsobjekt um einen *individuell-konkreten Akt* handeln. Generell-abstrakte Erlasse sind nach den Regeln von Art. 82 lit. b BGG anzufechten. Individuell-konkret sind ohne Weiteres Verfügungen im Sinn von Art. 5 VwVG (BGE 135 II 38 E. 4.3). In Bezug auf die *Nutzungspläne* knüpft das Bundesgericht an seine bisherige Rechtsprechung an. Sind die Nutzungspläne genügend detailliert und geeignet, das Baubewilligungsverfahren zu präjudizieren, ist von einem individuell-konkreten Akt auszugehen. Dies gilt regelmässig für Nutzungspläne der Gemeinden (BGE 133 II 353 E. 3.3; Aemisegger/Haag, Praxiskommentar, Art. 34 Rz. 24), aber auch für Sondernutzungspläne und Schutzzonen (BGE 135 II 328 E. 2.1). Als individuell-konkrete Anordnungen werden ebenso die Bauvorschriften in den Bau- und Zonenordnungen angesehen, wenn sie mit dem Zonenplan derart eng verbunden sind, dass man sie als Teil des Nutzungsplanes betrachten muss (BGE 133 II 353 E. 3.3). Nutzungspläne können jedoch erst dann mit Beschwerde in öffentlich-rechtlichen Angelegenheiten angefochten werden, wenn sie – im Regelfall durch die kantonale Regierung – genehmigt sind. Dabei muss der Genehmigungsentscheid im Sinn der Verfahrenskoordination spätestens von der letzten kantonalen Instanz in das Verfahren einbezogen werden (BGE 135 II 22 E. 1.2 f.). *Richtpläne* hingegen, die nur behördenverbindlich sind (Art. 9 Abs. 1 RPG), sind keine ausreichenden Anfechtungsobjekte und deshalb durch Dritte und Grundeigentümer nicht anfechtbar. Ausnahmsweise lässt das Bundesgericht die Anfechtung auch durch Dritte sowie durch Grundeigentümerinnen und Grundeigentümer zu, wenn die Richtpläne Anordnungen enthalten, die derart individuell-konkret formuliert sind, dass sie einer Verfügung gleichkommen (BGE 121 II 430 E. 1c). Gemeinden hingegen können die Richtpläne wie Erlasse anfechten (Aemisegger/Haag, Praxiskommentar, Art. 34 Rz. 29; BGE 136 I 265 E. 1.2).

1423 *Allgemeinverfügungen* sind grundsätzlich anfechtbar, wenn sie unmittelbar angewendet werden (BGE 125 I 313 E. 2b; dazu auch vorne, Rz. 880, mit Hinweisen).

1424 *Vollstreckungsentscheide* können wie vor Bundesverwaltungsgericht nur dann angefochten werden, wenn die vorgebrachten Rechtsmängel im Vollstreckungsentscheid selbst begründet sind. Das Bundesgericht lässt aber die Anfechtung der Vollstreckungsverfügung auch dann zu, wenn die beschwerdeführende Person besonders schwere Grundrechtsverletzungen geltend macht oder die Nichtigkeit der ursprünglichen Verfügung infrage steht (BGer, Urteil 1C_15/2007 vom 27.4.2007, E. 1.3; zum Ganzen auch vorne, Rz. 919 f.).

1425 In Bezug auf die *Genehmigungsentscheide* kann auf die Ausführungen zum Anfechtungsobjekt der Beschwerde an das Bundesverwaltungsgericht verwiesen werden (vorne, Rz. 883 f.).

1426 Art. 82 lit. a BGG sieht als weitere Voraussetzung vor, dass es sich um eine *Angelegenheit des öffentlichen Rechts* handeln muss (vgl. BGE 134 V 443 E. 2.1). Dieses Begriffselement grenzt die Beschwerde in öffentlich-rechtlichen Angelegenheiten von den Beschwerden in Zivil- und Strafsachen ab. Zu dieser Abgrenzung kann auf Rz. 1448 ff., 1452 f., 898 ff. und die dort zitierten Entscheide verwiesen werden. Öffentlich-rechtlicher Natur sind auch Kostenentscheide, wenn es in der Hauptsache um eine öffentlich-rechtliche Angelegenheit geht, zum Beispiel um das Gutachterhonorar in einem Verfahren über die Kostenübernahme einer Zahnbehandlung durch die Krankenkasse. Das Gericht hatte dem beauftragten Gutachter das Honorar gekürzt, sodass der Gutachter das Bundesgericht anrief. Das Bundesgericht hielt überdies fest, dass der Gutachtensauftrag öffentlich-rechtlicher Natur sei (BGE 134 I 159 E. 1.1 und 3). Nicht massgebend ist, ob sich der angefochtene Entscheid auf Bundesverwaltungsrecht oder auf kantonales Verwaltungsrecht abstützt. Wesentlich ist, dass es sich um eine öffentlich-rechtliche Angelegenheit handelt. Stützt sich der angefochtene Entscheid allein auf kantonales Verwaltungsrecht, kann jedoch nur die Verletzung verfassungsmässiger Rechte geltend gemacht werden (in Bezug auf die Raumplanung: BGE 133 II 249 E. 1.2; 135 II 30 E. 1.1; in Bezug auf das Steuerrecht: vgl. BGE 134 II 207 E. 1; 136 I 65 E. 1.1).

1427 Anfechtungsobjekt bildet der letztinstanzliche Entscheid. Die erstinstanzliche Verfügung oder Rechtsmittelentscheide unterer Instanzen sind hingegen nicht mitanzufechten. Wenn aber Rügen vorgebracht werden, welche das obere kantonale Gericht nicht oder mit engerer Kognition geprüft hat, wäre die erstinstanzliche Verfügung ausnahmsweise mitanzufechten (vgl. dazu Uhlmann, Basler Kommentar BGG, Art. 90 N. 8; sogenannte «Dorénaz-Praxis»: BGE 134 III 141 E. 2 m.H.). Aufgrund des in Art. 86 Abs. 2 BGG und insbesondere in

Art. 111 BGG statuierten Gebotes der Einheit des Verfahrens dürfte die Mitanfechtung von erstinstanzlichen Verfügungen oder Rechtsmittelentscheiden unterer Instanzen jedoch kaum je praktische Bedeutung erlangen.

B. End-, Teil- und Zwischenentscheide

Gemäss Art. 90 BGG muss es sich beim anzufechtenden Entscheid um einen Endentscheid handeln. Nach Art. 90 Abs. 1 BGG liegt ein Endentscheid dann vor, wenn dieser das Verfahren abschliesst, sei dies materiell, sei dies durch einen Nichteintretensentscheid (BGE 133 V 477 E. 4.1; 135 II 310 E. 1.2). Dabei lässt die Praxis den rein formellen Abschluss genügen. Der Sinn der Regelung besteht darin, dass sich das Bundesgericht als oberste Recht sprechende Behörde des Bundes in der Regel nur einmal mit der gleichen Sache befassen soll (BGE 134 I 83 E. 3.1; 133 III 629 E. 2.1).

1428

Den *Teilentscheid* sodann definiert Art. 91 BGG als Variante zum Endentscheid. In einem Teilentscheid wird danach entweder nur ein Teil der gestellten Begehren behandelt und nur so weit, als diese Begehren unabhängig von den anderen beurteilt werden können, oder aber das Verfahren wird nur für einen Teil einer Streitgenossenschaft abgeschlossen. Von einem Teilentscheid kann gemäss Art. 91 BGG somit nur noch ausgegangen werden, wenn es um verschiedene Rechtsbegehren geht und eine objektive oder subjektive Klagehäufung vorliegt (BGE 138 V 106 E. 1.1; vgl. auch BGE 135 III 212 E. 1.2.1). Diese Bestimmung ist sehr stark auf den Zivilprozess zugeschnitten. Die subjektive «Klagehäufung» ist in der Beschwerde in öffentlich-rechtlichen Angelegenheiten gemäss Art. 91 Abs. 1 lit. b BGG bei Mehrparteienverfahren denkbar. Die endgültige Abweisung eines Ersuchens um Beiladung bildet ebenfalls einen Teilentscheid im Sinne von Art. 91 Abs. 1 lit. b BGG (BGE 134 III 379 E. 1.1). In Bezug auf Verfahren mit mehreren Begehren gilt: Teilentscheide können nach Art. 91 Abs. 1 lit. a BGG nur gefällt werden, wenn die Begehren voneinander unabhängig sind. Dies ist dann der Fall, wenn jedes Begehren auch Gegenstand eines eigenen Prozesses hätte bilden können sowie wenn ein Teil des gesamten Prozessgegenstands abschliessend beurteilt werden kann, sodass keine Gefahr der widersprüchlichen Entscheide entsteht. Ein Beispiel ist die selbständig eröffnete Abweisung eines Hauptbegehrens (BGE 135 III 212 E. 1.2.2 f.). Das Bundesgericht bejaht im Sozialversicherungsrecht die Selbständigkeit verschiedener Begehren auch in Bezug auf die verschiedenen zeitlichen Perioden eines Dauersachverhaltes, etwa bei IV-Renten. Sind verschiedene Zeitperioden zu beurteilen, kann für die Rente einer bestimmten Periode, die den anderen vorangeht, ein Teilentscheid gefällt werden (BGE 135 V 141 E. 1.4.5). Das Gegenteil gilt, wenn das Gericht die Sache für eine vorangehende Teilperiode zum Neuentscheid zurückweist und im gleichen Entscheid für eine darauf folgende Teilperiode einen Entscheid fällt; in diesem Fall ist gesamthaft von einem Zwischenentscheid auszugehen. Der Unterschied liegt darin begründet, dass eine

1429

einmal festgelegte Rente grundsätzlich für die Zukunft verbindlich bleibt; deshalb kann sie für eine folgende Teilperiode nicht bindend festgelegt werden, solange sie für die vorangehende Teilperiode nicht rechtskräftig bestimmt wurde (BGE 135 V 148 E. 5).

1430 Das Bundesgericht legt Art. 91 BGG dessen Wortlaut entsprechend aus. Es hat entschieden, dass *materielle Grundsatzentscheide,* die einen Teilaspekt einer Streitsache (z.B. eine von mehreren materiellrechtlichen Anspruchsvoraussetzungen wie etwa die Haftungsvoraussetzungen) regeln, im Gegensatz zur bisherigen Praxis keine Teilentscheide darstellen, sondern Zwischenentscheide (bzw. Vorentscheide). Deshalb müssen für deren Anfechtung die Voraussetzungen von Art. 93 Abs. 1 BGG erfüllt werden. Es tröstet die Rechtsuchenden damit, dass ein Eintreten auch nach Art. 93 Abs. 1 lit. b BGG erfolge, wenn sofort ein Endentscheid herbeigeführt und ein bedeutender Aufwand an Zeit oder Kosten gespart werden könne (BGE 133 V 477 E. 4.1). Allerdings tragen nunmehr die Beschwerdeführenden die Beweislast dafür, dass diese spezifische Prozessvoraussetzung erfüllt ist. Gemäss früherer Praxis war dies nicht der Fall.

1431 Als Zwischenentscheide und nicht als Teilentscheide hat das Bundesgericht dementsprechend zum Beispiel die Entscheide des Bundesverwaltungsgerichts betreffend Entschädigung infolge Lärmimmissionen aus dem Betrieb des Flughafens Kloten bezeichnet, in welchen lediglich Grundsatzfragen entschieden wurden (BGE 136 II 165 E. 1.1; vgl. auch BGer, Urteil 1C_281/2008 vom 7.4.2009, in: ZBl 2010, S. 289 E. 1). Anders verhält es sich hingegen, wenn das Enteignungsverfahren gemäss kantonalem Recht zweistufig abläuft und in einer ersten Stufe über die Zulässigkeit der Enteignung und in der zweiten Stufe über die Entschädigung entschieden wird. In diesem Fall liegt ein Endentscheid vor (BGE 135 II 310 E. 1.2).

1432 *Rückweisungsentscheide* gelten ebenfalls nicht als Teilentscheide, sondern als Zwischenentscheide, weil es sich im Regelfall nicht um Entscheide über Begehren handelt, die unabhängig von den anderen Fragen beurteilt werden können (BGE 133 V 477 E. 4.2 f.). Sie sind aber dann als Endentscheide anfechtbar, wenn der Vorinstanz kein Entscheidungsspielraum zukommt und der Entscheid nur noch der Umsetzung des oberinstanzlich Angeordneten dient (BGE 138 I 143 E. 1.2; 134 II 124 E. 1.3; BGer, 2C_571/2011 vom 12.10.2011, E. 2.2; zur Besonderheit bei teilweisem Obsiegen vgl. hinten, Rz. 1442).

1433 Baurechtliche *Vorentscheide,* die im kantonalen Baubewilligungsverfahren zum Teil vorgesehen sind, bilden ebenfalls keine Teilentscheide im Sinn von Art. 91 BGG, weil es sich dabei nicht um unabhängige Begehren handelt. Sie schliessen das Baubewilligungsverfahren zudem auch nicht ab. Vielmehr erweist sich der Vorentscheid als wichtiger Zwischenschritt im Baubewilligungsverfahren. Vorentscheide sind somit als Zwischenverfügungen anzufechten, wobei das Bundesgericht den nicht wieder gutzumachenden Nachteil auch bejaht, wenn er tatsächlicher Natur ist (vgl. dazu auch sogleich, Rz. 1437). Dem Bundesgericht ist es ein Anliegen, dass im Baurecht zahlreicher Kantone enthaltene

Institut nicht seines Gehalts zu entleeren (BGE 135 II 30 E. 1.3.2; dazu auch sogleich). Früher waren die baurechtlichen Vorentscheide als Endentscheide anfechtbar.

Vor- und Zwischenentscheide sind hingegen Entscheide, welche das Verfahren nicht abschliessen, also keine End- oder Teilentscheide darstellen, sondern eine formell- oder materiellrechtliche Frage im Hinblick auf die Verfahrenserledigung regeln. Dabei kommt es nicht auf die Bezeichnung an, sondern auf den materiellen Gehalt des Entscheids. Kennzeichen der Vor- und Zwischenentscheide ist, dass sie zu einem Hauptverfahren akzessorisch sind und nur für die Dauer des Verfahrens Bestand haben oder unter der Bedingung stehen, dass ein solches eingeleitet wird. Anordnungen hingegen, die in einem selbständigen Verfahren ergehen, sind als Endentscheide zu qualifizieren, selbst wenn sie nur vorläufig gelten (BGE 136 V 131 E. 1.1.2; 134 I 83 E. 3.1; 133 V 477 E. 4.1). Dazu zählt zum Beispiel der Entscheid über die Sicherstellung der Steuern (BGE 134 II 349 E. 1.2). Mit dem Endentscheid fallen die Zwischenentscheide wieder dahin. Sie sind während der Dauer des Verfahrens grundsätzlich abänderbar und werden nicht rechtskräftig (vgl. vorne, Rz. 905).

Vor- und Zwischenentscheide sind unter den Voraussetzungen von Art. 92 und 93 BGG selbständig anfechtbar. Jedenfalls selbständig anfechtbar sind Vor- und Zwischenentscheide über die *Zuständigkeit* und über *Ausstandsbegehren,* soweit sie selbständig eröffnet werden (Art. 92 Abs. 1 BGG). Diese Entscheide sind zu einem späteren Zeitpunkt nicht mehr anfechtbar. Das Anfechtungsrecht ist im Nachhinein verwirkt (Art. 92 Abs. 2 BGG; vgl. BGE 133 IV 288 E. 2.1). Die Voraussetzung der selbständigen Eröffnung ist erfüllt, wenn der Entscheid formgültig, schriftlich und vor dem Endentscheid eröffnet wird (Art. 112 Abs. 1 BGG; Uhlmann, Basler Kommentar BGG, Art. 92 N. 5). Nichteintretensentscheide infolge Unzuständigkeit können entweder als selbständig anfechtbare Zwischenentscheide oder als Endentscheide qualifiziert werden (BGE 135 V 124 E. 1), wobei die Qualifikation als Endentscheid im Sinn von Art. 90 BGG wohl die sachrichtigere ist, jedenfalls wenn keine Weiterleitung an die zuständige Instanz erfolgt. Ist Letzteres der Fall, liegt ein Zwischenentscheid vor, wobei das Bundesgericht die Frage offengelassen hat (BGE 136 I 80 E. 1.2). Positive Entscheide über die Zuständigkeit sind in der Regel Zwischenentscheide gemäss Art. 92 BGG (Uhlmann, Basler Kommentar BGG, Art. 92 N. 6).

Unter Art. 93 BGG fallen alle *übrigen Zwischenentscheide,* die nicht die Zuständigkeit oder den Ausstand betreffen. Diese Zwischenentscheide sind nur ausnahmsweise anfechtbar. Der Sinn und Zweck der Eintretensvoraussetzungen gemäss Art. 93 Abs. 1 BGG besteht darin, dass sich das Bundesgericht nur einmal mit der Sache befassen soll und sich nicht ohne genügend umfassende Sachverhaltskenntnisse bereits in einem frühen Verfahrensstadium festlegen muss (BGer, Urteil 2C_105/2012 vom 29.2.2012, E. 2.2.1). Gemäss Art. 93 Abs. 1 muss entweder ein nicht wieder gutzumachender Nachteil gegeben sein (lit. a) oder es muss durch die Gutheissung der Beschwerde sofort ein Endentscheid herbeigeführt und damit ein bedeutender Aufwand an Zeit oder Kosten für ein weitläufiges Beweisverfahren erspart werden können (lit. b).

1437 Was den *nicht wieder gutzumachenden Nachteil* betrifft, so ist nach der Rechtsprechung des Bundesgerichts ein Vor- oder Zwischenentscheid nur anfechtbar, wenn ein konkreter rechtlicher Nachteil droht, der auch durch einen (für die rechtsuchende Partei) günstigen Endentscheid nachträglich nicht mehr behoben werden könnte (BGE 135 I 261 E. 1.2; vgl. auch die Übersicht in BGer, 2C_105/2012 vom 29.2.2012, E. 2.2.2). Diese Rechtsprechung knüpft an die Praxis zu Art. 87 Abs. 2 OG betreffend die staatsrechtliche Beschwerde an. Damit wäre jedoch im Gegensatz zu Art. 89 Abs. 1 BGG ein rechtlich geschütztes Interesse nachzuweisen, was für die Beschwerde in öffentlich-rechtlichen Angelegenheiten nicht ohne Weiteres sachgerecht ist (vgl. dementsprechend auch die Praxis des Bundesverwaltungsgerichts, welches den tatsächlichen Nachteil genügen lässt, vorne, Rz. 912 ff.). Dementsprechend hat das Bundesgericht eine weite Auslegung von Art. 89 Abs. 1 BGG zugelassen. Sofern es der beschwerdeführenden Person nicht nur darum geht, eine Verlängerung oder Verteuerung des Verfahrens zu verhindern, kann gemäss dem Bundesgericht ein anderes schutzwürdiges Interesse, das durchaus auch wirtschaftliche Anliegen beinhalten kann, als nicht wieder gutzumachender Nachteil angeführt werden. Damit kann das Bundesgericht auch vermeiden, die Frage des nicht wieder gutzumachenden Nachteils offenzulassen, wenn es die Beschwerde ohnehin abweisen will (BGE 135 II 30 E. 1.3.4 m.H. auf BGE 134 II 137 E. 1.3.3; vgl. auch vorne, Rz. 1433). Hat ein kantonales Gericht oder das Bundesverwaltungsgericht bereits über eine Zwischenverfügung entschieden, kann sich die Intensität des nicht wieder gutzumachenden Nachteils vor Bundesgericht dadurch verringern und das Rechtsschutzinteresse vor Bundesgericht entsprechend weniger ins Gewicht fallen, wie das Bundesgericht in Bezug auf die Anordnung von Gutachten in sozialversicherungsrechtlichen Angelegenheiten entschieden hat (BGE 138 V 271 E. 3.2; 138 V 318 E. 6.2). Kein ausreichendes schutzwürdiges Interesse, sondern bloss ein nicht relevantes Interesse an der Vermeidung einer Verlängerung oder Verteuerung des Verfahrens, sah das Bundesgericht in folgendem Fall: Verschiedene Zürcher Gemeinden hatten Beschwerde gegen einen Rückweisungsentscheid des kantonalen Verwaltungsgerichts in einem Rechtsstreit um allfällige Staatsbeiträge erhoben. Sie hatten eine verspätete Ausrichtung der Staatsbeiträge als Folge dieses Entscheids geltend gemacht, weil die Beiträge erst nach Rechtskraft der angefochtenen Verfügung bezahlt werden durften. Der Rückweisungsentscheid konnte mangels eines nicht wieder gutzumachenden Nachteils nicht angefochten werden (BGer, Urteil 2C_571/2011 vom 12.10.2011, E. 2.2 ff., wobei auch die Voraussetzungen von Art. 93 Abs. 2 lit. b BGG nicht erfüllt waren). Ähnlich entschied das Gericht, als es um die Bezahlung der Stromrechnung gestützt auf Tarife ging, welche die ElCom einer Überprüfung unterzogen hatte. Der Stromkunde erleidet keinen nicht wieder gutzumachenden Nachteil, wenn er gegebenenfalls vorübergehend zu viel bezahlen muss, weshalb die Ablehnung des Sistierungsgesuchs im Verfahren um die Stromkosten nicht angefochten werden konnte (BGE 137 III 522 E. 1). Das verfassungsrechtliche Gebot, im Rahmen eines fairen Verfahrens innert angemessener Frist einen wirksamen Rechtsschutz zu gewähren, kann laut Bundesgericht jedoch erfordern, dass der nicht wieder gutzumachende Nachteil bejaht wird. Dies ist insbesondere dann der Fall, wenn es rechtsstaatlich unzumutbar wäre, die Parteien auf die Anfechtung des Endentscheids zu verweisen, wie es bei den damals bereits seit sechs Jahren hängigen (und heute noch immer nicht abgeschlossenen) enteignungsrechtlichen Verfahren infolge Fluglärmimmissionen aus dem Betrieb des Flughafens Kloten geschehen war (BGE 136 II 165 E. 1.2.1; vgl. auch BGer, Entscheid 2C_57/2011 vom 3.5.2011, in: ZBl 2011, S. 660 E. 1.2, betreffend Art. 3 Abs. 4 BGBM, der ein rasches und einfaches Verfahren vorsieht). Ebenso liegt ein nicht wieder gutzumachender Nachteil vor, wenn ein vom Konkurs bedrohtes Unternehmen eine durch Zwischenentscheid angeordnete altlastenrechtliche Detailuntersuchung ohne Prüfung der Rechtmässigkeit des Entscheids durchführen müsste (BGE 136 II 370 E. 1.5; vgl. zudem die Übersicht in BGer, Urteil 2C_105/2012 vom 29.2.2012, E. 2.2.2). Geht es in einem Verfahren um den Widerruf eines Zuschlages und um den Abbruch des Vergabeverfahrens, kann der Entscheid über die Nichterteilung der aufschiebenden Wirkung angefochten werden. Im konkreten Fall drohte dem Beschwerdeführer, dass dem ausschreibenden Gemeinwesen ansonsten der Weg geöffnet wurde, die Beschaffung anderweitig durchzuführen. Damit würde der Rechtsschutz für den Beschwerdeführer illusorisch. Ihm bliebe einzig die Möglichkeit des Schadenersatzes, während er seiner Chance, den Vertrag mit dem Gemeinwesen abzuschliessen, verlustig ginge. Das Bundesgericht erachtete diesen Nachteil als ausreichend, auch wenn es sich nicht um einen rechtlichen Nachteil handelte, weil keine Kontrahierungspflicht bestand (BGE 134 II 192 E. 1.4; zum Submissionsrecht vgl. auch hinten, Rz. 1933 ff.). Wird ein Gemeinwesen in einem Rückweisungsentscheid verpflichtet, entgegen seiner eigenen Rechtsauffassung zu entscheiden, gilt dies ebenfalls als nicht wieder gutzumachender Nachteil. Dieser Fall war zum Beispiel gegeben, als das Glarner Verwaltungsgericht den Kanton verpflichtete, entgegen seiner Rechtsauffassung den vertraglichen Inhalt einer Wassernutzungskonzession auszuhandeln (BGer, Urteil 2C_812/2011 vom 18.1.2012, E. 1.3).

1438 Die Anfechtbarkeit von Vor- und Zwischenentscheiden gemäss Art. 93 Abs. 1 lit. b BGG hat in erster Linie *prozessökonomische Gründe.* Sie beruht auf zwei kumulativen Voraussetzungen: *Erstens* muss mit dem Entscheid des Bundesgerichts ein sofortiger Endentscheid herbeigeführt werden können. Der Entscheid muss somit geeignet sein, das Verfahren endgültig abzuschliessen. *Zweitens* muss kumulativ gerade dadurch ein bedeutender Aufwand an Zeit oder Kosten für ein weitläufiges Beweisverfahren eingespart werden können. Das Vorliegen dieser Voraussetzungen wurde etwa bejaht:

- bei der Anfechtung eines Vorentscheids über die Grundsatzfrage, ob es sich bei der Zuweisung eines Grundstücks zur Freihaltezone um eine materielle Enteignung handle, weil bei Verneinung dieser Frage das Verfahren zur Ermittlung der Entschädigungshöhe dahinfiele (BGer, Urteil 1C_281/2008 vom 7.4.2009, in: ZBl 2010, S. 289 E. 1);
- als sich die Trägerschaft des KKL (Kultur- und Kongresszentrum Luzern) gegen eine Zwischenverfügung wandte, die sie zur Erstellung einer Machbarkeitsstudie zur Reduktion der Kupferabschwemmung vom Dach des KKL verpflichtete (BGE 134 II 142 E. 1.2.4);
- wenn streitig ist, ob ein zweites Baubewilligungsgesuch unzulässig ist, weil bereits eine in Rechtskraft erwachsene Baubewilligung besteht, kann im gutheissenden Fall, somit bei Unzulässigkeit des zweiten Baubewilligungsgesuchs, ein langwieriges Baubewilligungsverfahren vermieden werden (dass nicht zwei sich ausschliessende Baubewilligungsgesuche gestellt werden dürfen, ergibt sich aus dem Baurecht des Kantons Bern, BGer 1C_180/2012 vom 13.6.2012, E. 1.2).

1439 Eine Anfechtung gestützt auf Art. 93 Abs. 1 lit. b BGG wurde dagegen nicht zugelassen,
- als die Beschwerdeführenden einen Rückweisungsentscheid des Bundesgerichts beantragten, weil damit offensichtlich das Verfahren nicht hätte abgeschlossen werden können (BGer, Urteil 2C_571/2011 vom 12.10.2011, E. 2.4.2);
- in einem Zivilprozess, in dem die Gutheissung der Beschwerde zwar einen Endentscheid hätte herbeiführen können, die Beweise jedoch bereits erhoben worden waren (BGE 133 III 629 E. 2.4.1).
- Als die Anordnung einer altlastenrechtlichen Detailuntersuchung streitig war, deren Vorfinanzierung das dazu verpflichtete Unternehmen in den Konkurs hätte treiben können, verneinte das Bundesgericht zwar das Vorliegen der Voraussetzungen von Art. 93 Abs. 1 lit. b BGG; es trat jedoch wegen eines nicht wieder gutzumachenden Nachteils im Sinn von Art. 93 Abs. 1 lit. a BGG auf die Beschwerde ein (BGE 136 II 370 E. 1.5).

1440 Ob die Voraussetzung von Art. 93 Abs. 1 lit. b BGG gegeben ist, prüft das Bundesgericht frei. Dies muss wohl auch für Art. 93 Abs. 1 lit. a BGG gelten (BGE 134 II 142 E. 1.2.3), wobei der nicht wieder gutzumachende Nachteil darzulegen ist, wenn er nicht offensichtlich ist (BGer, Urteil 2C_105/2012 vom 29.2.2012 E. 2.2.1).

1441 Auf dem Gebiet der internationalen Rechtshilfe in Strafsachen und auf dem Gebiet des Asyls ist die Anfechtung von Vor- und Zwischenentscheiden überhaupt ausgeschlossen. Vorbehalten bleiben Beschwerden gegen Entscheide über die Auslieferungshaft sowie über die Beschlagnahmung von Vermögenswerten und Wertgegenständen, sofern die Voraussetzungen nach Art. 93 Abs. 1

BGG gegeben sind (Art. 93 Abs. 2 BGG; zur internationalen Rechtshilfe in Strafsachen vgl. hinten, Rz. 2079 ff.).

Vor- und Zwischenentscheide gemäss Art. 93 Abs. 1 und 2 BGG, die nicht angefochten werden konnten oder nicht angefochten wurden, können auch noch mit dem Endentscheid angefochten werden, sofern sie sich auf den Inhalt des Endentscheides auswirken (Art. 93 Abs. 3 BGG). Die Bestimmung entspricht Art. 46 Abs. 2 VwVG (vgl. dazu vorne, Rz. 916). Wird ein Rückweisungsentscheid, in welchem beide Parteien teilweise unterliegen, nur von der einen Partei vor Bundesgericht angefochten, schadet es der anderen Partei nicht, wenn sie vorerst von einer Anfechtung an das Bundesgericht absieht. Sie kann beispielsweise in der Beschwerdevernehmlassung auch diejenigen Punkte thematisieren, bezüglich derer sie vor der Vorinstanz unterlegen ist (BGE 138 V 106 E. 2). 1442

3. Abgrenzungen

A. Beschwerden in Zivil- und Strafsachen

Literatur: BOMMER FELIX, Ausgewählte Fragen der Strafrechtspflege nach Bundesgerichtsgesetz, in: Tschannen, Bundesrechtspflege, S. 153 ff.; CHEVALIER MARCO, Die Beschwerde in Zivilsachen an das Bundesgericht, Basel 2009, N. 150 ff.; CORBOZ BERNARD, in: Corboz/Wurzburger/Ferrari/Frésard/Aubry Girardin, Commentaire de la LTF, Art. 72; DONZALLAZ, Commentaire, Art. 72 und Art. 78 Ziff. 2449 ff., 2489 ff.; KELLER STEFAN/WIPRÄCHTIGER HANS, Beschwerde in *Strafsachen,* in: Geiser/Münch/Uhlmann/Gelzer, Bundesgericht, S. 135 ff., Rz. 3.5 f., 3.15 ff.; KLETT KATHRIN/ESCHER ELISABETH, in: Niggli/Uebersax/Wiprächtiger, Basler Kommentar BGG, Art. 72; TAPPY DENIS, Le recours en matière civile, in: Portmann, Tribunal fédéral, Lausanne 2007, S. 51 ff.; THOMMEN MARC, in: Niggli/Uebersax/Wiprächtiger, Basler Kommentar BGG, Art. 78 N. 1 ff., 38; WALDMANN BERNHARD, in: Niggli/Uebersax/Wiprächtiger, Basler Kommentar BGG, Art. 82 N. 17 ff.; WALTER HANS PETER, Neue Zivilrechtspflege, in: Tschannen, Bundesrechtspflege, S. 113 ff., 123 ff.; vgl. auch die Literatur in Rz. 1365. 1443

a. Im Allgemeinen

Die Abgrenzung zwischen den drei Einheitsbeschwerden richtet sich nach dem *betroffenen Rechtsgebiet:* Massgeblich ist, ob der angefochtene Entscheid in einer Zivilsache, einer Strafsache oder einer öffentlich-rechtlichen Angelegenheit erging (BGE 137 IV 269 E. 1.2; BBl 2001 4235). Das Gesetz verringert die Abgrenzungsschwierigkeiten, indem es bestimmte Zweifelsfälle – namentlich öffentlich-rechtliche Materien, die in engem Zusammenhang mit dem Zivil- oder Strafrecht stehen – ausdrücklich einer der drei Beschwerden zuordnet (vgl. Art. 72 Abs. 2 lit. b, Art. 78 Abs. 2 lit. b und Art. 84 BGG; BBl 2001 4235). 1444

Massgeblich ist das Recht, das den jeweiligen Streitgegenstand sachlich regelt (BGE 136 II 489 E. 2.3; 135 III 483 E. 1.1.1; BBl 2001 4319). Dies gilt auch, wenn der angefochtene Entscheid ausschliesslich auf Prozessrecht beruht (BGE 137 I 128 E. 2). Bei Zwischenentscheiden folgt der Rechtsweg jenem der Hauptsache (z.B. BGE 137 III 380 E. 1.1). 1445

1446 *Nicht entscheidend* ist namentlich (vgl. BGE 136 II 489 E. 2.3; 135 III 483 E. 1.1.1),
– ob eine Verfügung ergangen ist,
– welche Vorinstanz entschieden hat – wobei der vom Gesetzgeber vorgesehene Rechtsweg immerhin als Indiz für die Rechtsnatur der Sache gilt (BGer, Urteil 2C_807/2010 vom 25.10.2011, E. 2.6),
– welches Recht die Vorinstanz angewendet hat,
– welches die Parteien sind (BGer, Urteil 5A_375/2010 vom 25.11.2010, E. 1.2).

1447 Die falsche Bezeichnung des Rechtsmittels schadet nicht (vgl. vorne, Rz. 1370). Das Bundesgericht *konvertiert* die Eingabe von Amtes wegen in das zutreffende Rechtsmittel, wobei dessen Prozessvoraussetzungen insgesamt erfüllt sein müssen (BGE 133 III 462 E. 2.1). Für die Beschwerdeführenden relevante Unterschiede zwischen den Einheitsbeschwerden sind namentlich das Anwaltsmonopol in Zivil- und Strafsachen (Art. 40 Abs. 1 BGG) oder die Streitwertgrenzen in Zivilsachen und öffentlich-rechtlichen Angelegenheiten (Art. 74 und 85 BGG).

b. Beschwerde in Zivilsachen

1448 Nicht nur Entscheide in Zivilsachen sowie in Schuldbetreibungs- und Konkurssachen, sondern auch *öffentlich-rechtliche Entscheide, die in unmittelbarem Zusammenhang mit Zivilrecht stehen,* unterstehen der Beschwerde in Zivilsachen (zur Abgrenzung zwischen Zivilrecht und öffentlichem Recht vgl. BGE 128 III 250 E. 2a; Häfelin/Müller/Uhlmann, Verwaltungsrecht, Rz. 247 ff.). Die Aufzählung dieser Entscheide in Art. 72 Abs. 2 lit. b BGG ist nicht abschliessend, wie der Einleitung der Liste mit «insbesondere» zu entnehmen ist. Art. 72 Abs. 2 lit. b Ziff. 1–6 BGG (in der Fassung vom 19.12.2008, in Kraft seit 1.1.2013) nennt beispielhaft die Anerkennung und Vollstreckung von Entscheiden sowie die Rechtshilfe in Zivilsachen, die Registersachen, die Bewilligung von Namensänderungen, die Stiftungsaufsicht – soweit sie nicht die Vorsorge- und Freizügigkeitseinrichtungen betrifft –, die Aufsicht über die erbrechtliche Vertretung sowie den Kindes- und Erwachsenenschutz (vgl. auch vorne, Rz. 278 ff.).

1449 Die Aufsicht über das Handeln Privater in anderen Sachbereichen wird dagegen der Beschwerde in öffentlich-rechtlichen Angelegenheiten zugeordnet (vgl. Art. 83 lit. u BGG zur Börsenaufsicht). Mit Beschwerde in öffentlich-rechtlichen Angelegenheiten sind auch die Entscheide auf dem Gebiet des bäuerlichen Bodenrechts anzufechten (Art. 89 BGBB; vgl. BBl 2006 6488).

1450 Aus der *Praxis* können folgende *Beispiele* genannt werden, in denen die Abgrenzung zwischen den Beschwerden in Zivilsachen und in öffentlich-rechtlichen Angelegenheiten infrage stand:
– *Staatshaftungsansprüche* sind grundsätzlich mit Beschwerde in öffentlich-rechtlichen Angelegenheiten vorzubringen (BGer, Urteil 2C_550/2011 vom 28.11.2011, E. 1; BGE 135 IV 43 E. 1.1.2; vgl. Art. 85 Abs. 1 lit. a BGG), die Haftung aus medizinischer Tätigkeit jedoch mit Beschwerde in Zivilsachen,

selbst wenn sie vom jeweiligen Kanton dem öffentlichen Recht zugeordnet wird (BGE 133 III 462 E. 2.1; vgl. auch Art. 31 Abs. 1 lit. d BGerR).
- Ansprüche aus *Gesamtarbeitsverträgen* gelten als zivilrechtlich, auch wenn sie auf Bestimmungen beruhen, die für allgemein verbindlich erklärt wurden und gegenüber Aussenseitern geltend gemacht werden (BGer, Urteil 4A_300/2007 vom 6.5.2008, E. 1).
- Dem Zivilrecht zuzuordnen sind Streitigkeiten über den Fahrpreis eines *öffentlichen Verkehrsmittels* sowie den Kontrollzuschlag für dessen Benutzung ohne gültigen Fahrschein (BGE 136 II 489 E. 2.4).
- Streitigkeiten über *Abklärungen und Empfehlungen des Eidgenössischen Datenschutz- und Öffentlichkeitsbeauftragten im Privatrechtsbereich* nach Art. 29 DSG entscheidet das Bundesgericht im Verfahren der Beschwerde in öffentlich-rechtlichen Angelegenheiten (BGE 138 II 346 E. 1.1; 136 II 508 E. 1.1; vgl. dazu hinten, Rz. 1862 f.).

Dreht sich der Streit darum, ob der geltend gemachte Anspruch dem Zivilrecht oder dem öffentlichen Recht untersteht, so handelt es sich um eine zivilrechtliche Frage (BGE 135 III 483 E. 1.1.1). 1451

c. Beschwerde in Strafsachen

«*Entscheide in Strafsachen*» sind sämtliche Entscheidungen, die auf materiellem Strafrecht oder Strafprozessrecht beruhen, d.h. die Verfolgung oder Beurteilung einer Straftat betreffen (BGE 134 IV 36 E. 1.1; 133 I 270 E. 1.1). Mit der Definition der «strafrechtlichen Anklage» nach Art. 6 Ziff. 1 EMRK stimmt der Anwendungsbereich der Beschwerde in Strafsachen nicht überein (vgl. im Einzelnen Thommen, Basler Kommentar BGG, Art. 78 N. 2 und 13 ff.). 1452

Entscheide über den *Straf- und Massnahmenvollzug* sind nach Art. 78 Abs. 2 lit. b BGG ebenfalls mit Beschwerde in Strafsachen anzufechten. Die *internationale Rechtshilfe in Strafsachen* fällt dagegen in den Anwendungsbereich der Beschwerde in öffentlich-rechtlichen Angelegenheiten (Art. 84 BGG). Diese ist gemäss der Spezialgesetzgebung auch bei *Steuerhinterziehungen* gegeben (Art. 182 Abs. 2 DBG; Art. 57bis Abs. 2 StHG). Sodann können folgende Abgrenzungen der Rechtsprechung angeführt werden: 1453
- *Polizeiliche Massnahmen,* die keinen Zusammenhang mit einem Straf- oder Zivilverfahren haben, sind mit Beschwerde in öffentlich-rechtlichen Angelegenheiten vor das Bundesgericht zu bringen (BGE 136 I 87 E. 3.4). Dies gilt etwa für den Schutz vor häuslicher Gewalt, der weder an einen Straf- noch an einen Zivilprozess, namentlich ein Eheschutzverfahren, geknüpft ist (BGE 134 I 140 E. 2).
- Die Teilung *eingezogener Vermögenswerte* unter den beteiligten Gemeinwesen nach dem rechtskräftigen Abschluss des Strafverfahrens (vgl. Art. 3 ff. TEVG) ist eine öffentlich-rechtliche Angelegenheit im Sinn von Art. 82 lit. a BGG (BGE 135 IV 162 E. 1). Dagegen ist der Entscheid über die Zuspre-

chung des Erlöses aus der Verwertung eingezogener Gegenstände an die der Geschädigten nach Art. 73 StGB ein Entscheid in Strafsachen (BGer, Urteil 6B_906/2010 vom 31.1.2011, E. 1.1 m.H.).
- Im Gegensatz zu Streitigkeiten um Kosten und Parteientschädigungen im Strafverfahren wurden Ansprüche aus *Staatshaftung* aufgrund kantonaler strafprozessualer Normen – zum Beispiel der Anspruch eines freigesprochenen Beschuldigten auf Schadenersatz und Genugtuung – ebenfalls der Beschwerde in öffentlich-rechtlichen Angelegenheiten zugewiesen (BGer, Urteil 6B_387/2012 vom 25.2.2013, E. 1.1; BGE 135 IV 43 E. 1.1.1 f.). Soweit sie sich auf die eidgenössische StPO – und nicht mehr auf das von dieser abgelöste kantonale Strafprozessrecht – stützen, werden sie nun aber im Rahmen der Beschwerde in Strafsachen behandelt (BGer, Urteil 6B_169/2012 vom 25.6.2012, E. 1; Beat Rudin, in: Niggli/Uebersax/Wiprächtiger, Basler Kommentar BGG, Art. 85 N. 14 mit Fn. 21). Zuständig ist stets die strafrechtliche Abteilung (Art. 30 Abs. 1 lit. c Ziff. 1 und Art. 33 BGerR).
- *Disziplinarstrafen* werden im Verfahren der Beschwerde in öffentlich-rechtlichen Angelegenheiten behandelt (z.B. BGer, Urteil 2C_247/2010 vom 16.2.2011, E. 1), ausser wenn sie im Strafvollzug ergehen (z.B. BGer, 6B_589/2010 vom 28.9.2010, E. 1.2).
- Geht es um *Verwaltungssanktionen,* so ist die Beschwerde in öffentlich-rechtlichen Angelegenheiten gegeben (vgl. BGE 138 I 367 E. 1.3; BGer, Urteil 2C_949/2010 vom 18.5.2011, E. 1.1). Dies gilt auch mit Bezug auf den Führerausweisentzug zu Warnzwecken, der als Strafe im Sinn von Art. 6 Ziff. 1 EMRK gilt (BGer, Urteil 1C_130/2009 vom 1.9.2009, E. 1). Es gilt ebenso für kartellrechtliche Verwaltungssanktionen nach Art. 49a ff. KG (vgl. BGer, Urteil 2C_343/2010 vom 11.4.2011, E. 2.1) – ungeachtet dessen, dass diese vom grössten Teil der Lehre als strafrechtliche Sanktionen betrachtet werden (Keller/Wiprächtiger, Strafsachen, Rz. 3.19, und hinten, Rz. 2018).
- Streitigkeiten um die *Einsichtnahme Dritter in die Einstellungsverfügung in einem Strafverfahren* sind öffentlich-rechtlicher Natur, jedenfalls wenn sie nach dem Abschluss des Strafverfahrens gestellt wurden oder nur die Gebührenhöhe zum Gegenstand haben (BGE 136 I 80 E. 1.1 und 2.1; BGer, Urteil 2C_437/2012 vom 31.5.2012, E. 2.2).

B. Subsidiäre Verfassungsbeschwerde

1454 *Literatur:* BIAGGINI GIOVANNI, in: Niggli/Uebersax/Wiprächtiger, Basler Kommentar BGG, Art. 113 N. 29 ff.; DONZALLAZ, Commentaire, Art. 113 Ziff. 4536 f., 4539 ff.; FRÉSARD JEAN-MAURICE, in: Corboz/Wurzburger/Ferrari/Frésard/Aubry Girardin, Commentaire de la LTF, Art. 113 N. 22 ff.; MISIC, Verfassungsbeschwerde, N. 154 ff., 236 ff., 492 ff.; RHINOW/KOLLER/KISS/THURNHERR/BRÜHL-MOSER, Prozessrecht, Rz. 2093 ff.

Nach Art. 113 BGG beurteilt das Bundesgericht Verfassungsbeschwerden gegen Entscheide letzter kantonaler Instanzen, soweit keine Einheitsbeschwerde zulässig ist. Werden beide Rechtsmittel gegen einen Entscheid erhoben, sind sie in derselben Rechtsschrift vorzubringen. Sie werden im selben Verfahren, je nach den Vorschriften für die jeweilige Beschwerdeart, geprüft (Art. 119 BGG). Die subsidiäre Verfassungsbeschwerde kann nur dann gegeben sein, wenn die jeweilige Einheitsbeschwerde ausgeschlossen ist (BGE 135 I 113 E. 1; zum Zweck der Verfassungsbeschwerde vgl. hinten, Rz. 1749 f.). Die falsche Bezeichnung des Rechtsmittels schadet nichts (BGE 133 II 396 E. 3.1; vgl. vorne, Rz. 1370 ff.). 1455

Im Ergebnis kommt die subsidiäre Verfassungsbeschwerde infrage, wenn grundsätzlich die Beschwerde in Zivilsachen oder jene in öffentlich-rechtlichen Angelegenheiten gegeben wäre, diese jedoch durch eine besondere Bestimmung ausgeschlossen wird. Bei der Beschwerde in öffentlich-rechtlichen Angelegenheiten kann dies in den folgenden zwei Fällen zutreffen: 1456
- Erstens, wenn ein Ausschlussgrund nach Art. 83, 84 oder 84a BGG vorliegt;
- zweitens, wenn die Streitwertgrenze gemäss Art. 85 BGG nicht erreicht wird und sich zugleich auch keine Rechtsfrage von grundsätzlicher Bedeutung stellt.

Bildet die Rechtsfrage von grundsätzlicher Bedeutung oder der besonders bedeutende Fall eine Eintretensvoraussetzung und geht es um die Anfechtung eines kantonalen Entscheids, empfiehlt es sich, gleichzeitig subsidiäre Verfassungsbeschwerde gemäss Art. 113 ff. BGG einzulegen. Dabei ist allerdings eine Konstellation zu beachten, in der das Bundesgericht im Ergebnis die gesetzliche Rangordnung der Rechtsmittel umkehrt: Wenn das Eintreten auf die Einheitsbeschwerde davon abhängt, dass eine Rechtsfrage von grundsätzlicher Bedeutung vorliegt, und wenn das Bundesgericht eben diese Rechtsfrage im Rahmen der subsidiären Verfassungsbeschwerde mit derselben Kognition überprüfen kann, tritt es nur auf die Verfassungsbeschwerde ein (vgl. hinten, Rz. 1476). 1457

Im Gegensatz zum früheren Recht hängt die Abgrenzung der Rechtsmittel an das Bundesgericht nicht mehr davon ab, ob sich der angefochtene Entscheid auf eidgenössisches oder aber auf kantonales bzw. kommunales Recht stützt (vgl. BGE 134 I 313 E. 1.1; 134 II 186 E. 1.3; 133 II 249 E. 1.2). 1458

C. Klage

Literatur: DONZALLAZ, Commentaire, Art. 120 Ziff. 4628 ff.; WALDMANN BERNHARD, in: Niggli/Uebersax/Wiprächtiger, Basler Kommentar BGG, Art. 120 N. 3 ff.; WURZBURGER ALAIN, in: Corboz/Wurzburger/Ferrari/Frésard/Aubry Girardin, Commentaire de la LTF, Art. 120 N. 14 ff. 1459

Ist die *Klage* nach Art. 120 Abs. 1 BGG gegeben, so geht sie den Beschwerden an das Bundesgericht vor. Sie kann jedoch ihrerseits nicht ergriffen werden, wenn ein anderes Bundesgesetz als das BGG eine Behörde zum Erlass einer 1460

Verfügung innerhalb des Anwendungsbereichs von Art. 120 Abs. 1 BGG ermächtigt (Art. 120 Abs. 2 BGG). Abgrenzungsfragen stellen sich zum Beispiel mit Bezug auf kantonale Erlasse; die Lehre geht davon aus, dass Bundesbehörden diese mit Klage anzufechten haben (Waldmann, Basler Kommentar BGG, Art. 120 N. 5 m.H.; zum Anwendungsbereich der Klage vgl. im Einzelnen hinten, Rz. 1800 ff.).

4. Streitwertgrenzen

1461 *Literatur:* BELSER EVA MARIA/BACHER BETTINA, in: Niggli/Uebersax/Wiprächtiger, Basler Kommentar BGG, Art. 109 N. 23 ff.; BEYELER MARTIN, «Rechtsfrage von grundsätzlicher Bedeutung». Zur beachtlichen Karriere des Art. 83 lit. f Ziff. 2 BGG, Jusletter, 4.5.2009; BIAGGINI GIOVANNI, in: Niggli/Uebersax/Wiprächtiger, Basler Kommentar BGG, Art. 113 N. 37 ff.; BRENCI ALESSANDRO, La «question juridique de principe». Aperçu en droit suisse et en droit comparé, in: Cashin Ritaine Eleanor/Maître Arnaud Elodie (Hrsg.), Notions-cadre, concepts indéterminés et standards juridiques en droits interne, international et comparé, Genf u.a. 2008, S. 443 ff.; CHEVALIER MARCO, Die *Beschwerde* in Zivilsachen an das Bundesgericht, Basel 2009, N. 254 ff., 309 ff.; *ders.,* Die Rechtsfrage von grundlegender Bedeutung gemäss Art. 74 Abs. 2 Bst. a BGG, Schweizerische Zeitschrift für Zivilprozess- und Zwangsvollstreckungsrecht 2006, S. 325 ff.; CORBOZ BERNARD, in: Corboz/Wurzburger/Ferrari/Frésard/Aubry Girardin, Commentaire de la LTF, Art. 74 N. 30 ff.; DONZALLAZ, Commentaire, Art. 51–53 und 85; FRÉSARD JEAN-MAURICE, in: Corboz/Wurzburger/Ferrari/Frésard/Aubry Girardin, Commentaire de la LTF, Art. 51–53; GÖKSU, Beschwerden, N. 158 ff.; MISIC, Verfassungsbeschwerde, N. 171 ff., 343 ff.; MÜLLER KARIN, Einige *Gedanken* zum Begriff der «Rechtsfrage von grundsätzlicher Bedeutung» bei der Beschwerde in Zivilsachen nach dem neuen Bundesgerichtsgesetz, in: Meier Isaak/Jent-Sørensen Ingrid/Diggelmann Peter/Müller Karin, Wege zum Bundesgericht in Zivilsachen nach dem Bundesgerichtsgesetz, Zürich/St. Gallen 2007, S. 113 ff.; MÜNCH PETER/LUCZAK CHRISTIAN, Beschwerde in *Zivilsachen,* in: Geiser/Münch/Uhlmann/Gelzer, Bundesgericht, S. 79 ff., Rz. 2.14 ff.; NOVIER MERCEDES, La question juridique de principe dans la LTF: quelques pistes, Schweizerische Zeitschrift für Zivilprozessrecht 2006, S. 421 ff.; RHINOW/KOLLER/KISS/THURNHERR/BRÜHL-MOSER, Prozessrecht, Rz. 1841 ff.; RUDIN BEAT, in: Niggli/Uebersax/Wiprächtiger, Basler Kommentar BGG, Art. 51–53, Art. 74 N. 31 ff. und Art. 85; WURZBURGER ALAIN, in: Corboz/Wurzburger/Ferrari/Frésard/Aubry Girardin, Commentaire de la LTF, Art. 85.

A. Grundsatz und Anwendungsbereich

1462 Nach Art. 191 Abs. 2 BV kann das Gesetz für Streitigkeiten, die keine Rechtsfrage von grundsätzlicher Bedeutung betreffen, eine *Streitwertgrenze* vorsehen. Entsprechend steht laut Art. 85 Abs. 1 BGG die Beschwerde in öffentlich-rechtlichen Angelegenheiten für bestimmte vermögensrechtliche Streitigkeiten nur zur Verfügung, wenn ein minimaler Streitwert erreicht wird. Dieser beträgt 30 000 Franken auf dem Gebiet der Staatshaftung (lit. a) und 15 000 Franken auf dem Gebiet der öffentlich-rechtlichen Arbeitsverhältnisse (lit. b). Erreicht der Streitwert diesen Betrag nicht, so ist die Beschwerde nur zulässig, wenn sich eine Rechtsfrage von grundlegender Bedeutung stellt (Art. 85 Abs. 2 BGG). Eine Streitwertgrenze besteht nur für diese zwei Sachgebiete und nicht allgemein wie bei der Beschwerde in Zivilsachen (vgl. Art. 74 Abs. 1 lit. b BGG). Im

Übrigen gilt Art. 74 BGG, der die Streitwertgrenzen für die Beschwerde in Zivilsachen vorsieht, auch für diejenigen öffentlich-rechtlichen Angelegenheiten, die mit jener Beschwerde vorzubringen sind (BGE 133 III 368 E. 1.3.1; vgl. zu den Vorbehalten Art. 74 Abs. 2 BGG und zur Abgrenzung der Beschwerden vorne, Rz. 1448 ff.).

Nur *vermögensrechtliche* Angelegenheiten können einen Streitwert haben. 1463
Massgebend ist der Rechtsgrund des streitigen Anspruchs: «Vermögensrechtlich» ist eine Sache, wenn mit dem Rechtsmittel letztlich ein wirtschaftlicher Zweck verfolgt wird (Rudin, Basler Kommentar BGG, Art. 51 N. 12, nach der Praxis zum früheren Recht, z.B. BGE 118 II 528 E. 2c). Nicht vermögensrechtlich sind dagegen Streitigkeiten über Ansprüche, «die ihrer Natur nach nicht in Geld geschätzt werden können» bzw. «die weder zum Vermögen einer Person gehören noch mit einem vermögensrechtlichen Rechtsverhältnis eng verbunden sind» (BGE 108 II 77 E. 1a; Rudin, Basler Kommentar BGG, Art. 51 N. 15).

Das Bundesgericht legt den Begriff *«Staatshaftung»* in Art. 85 Abs. 1 lit. a 1464
BGG weit aus (BGE 135 V 98 E. 5.1 m.H., auch auf eine abweichende Lehrmeinung). Er umfasst nicht nur die Haftung des Staates sowie diejenige seiner Bediensteten gegenüber Dritten. Er umfasst vielmehr auch die Haftung anderer juristischer Personen des öffentlichen Rechts sowie von natürlichen Personen, die bei der Ausübung öffentlicher Aufgaben, die ihnen übertragen wurden, Dritte widerrechtlich schädigen. Nicht entscheidend ist, ob allgemeines Staatshaftungsrecht oder ein Spezialgesetz einschlägig ist; nicht massgeblich ist auch, nach welchen Grundsätzen die Haftung ausgestaltet ist, wer sie übernimmt und wer geschädigt ist (zum Ganzen: BGE 135 V 98 E. 5.1 f.; Rudin, Basler Kommentar BGG, Art. 85 N. 11 f.). Ob die Regressforderung des Staates gegenüber den Bediensteten (interne Beamtenhaftung) der Staatshaftung nach Art. 85 Abs. 1 lit. a BGG oder den öffentlich-rechtlichen Arbeitsverhältnissen nach lit. b derselben Bestimmung zuzuordnen ist, ist in der Lehre umstritten (vgl. einerseits Rudin, Basler Kommentar BGG, Art. 85 N. 11, andererseits Misic, Verfassungsbeschwerde, N. 351 m.w.H.). Die Zuordnung zu den personalrechtlichen Angelegenheiten erscheint sachgerechter.

Beispiele aus der Praxis, in denen die Anwendbarkeit von Art. 85 Abs. 1 lit. a 1465
BGG bejaht wurde, betreffen etwa die Verantwortlichkeit für Schäden, die von Versicherungsträgern verursacht wurden, nach Art. 78 ATSG (BGE 134 V 138 E. 1.2.2), die Haftung der Trägerschaft der Arbeitslosenkassen gegenüber dem Bund nach Art. 82 AVIG (BGE 135 V 98 E. 5) und die Arbeitgeberhaftung nach Art. 52 AHVG (BGE 137 V 51 E. 4.3). Keine Staatshaftung im Sinn von Art. 85 Abs. 1 lit. a BGG stellen dagegen die Entschädigung für formelle und materielle Enteignung oder Ansprüche aus der Opferhilfe dar (BGE 135 V 98 E. 5.1).

Laut der fast einhelligen Lehre fallen Beschwerden betreffend Schadener- 1466
satz für rechtswidrige Verfügungen im Submissionswesen unter Art. 85 Abs. 1 lit. a BGG und nicht unter Art. 83 lit. f BGG (für weitere Positiv- und Negativ-

beispiele gemäss der Lehre vgl. Rudin, Basler Kommentar BGG, Art. 85 N. 14 f.; vgl. auch vorne, Rz. 1453 zu Entschädigungen aufgrund von Strafverfahren).

1467 Ein *Arbeitsverhältnis* ist öffentlich-rechtlich im Sinn von Art. 85 Abs. 1 lit. b BGG, wenn es nicht auf Privatrecht beruht (Rudin, Basler Kommentar BGG, Art. 85 N. 19). Bei nicht vermögensrechtlichen Streitigkeiten steht die Beschwerde in öffentlich-rechtlichen Angelegenheiten nicht zur Verfügung (Art. 83 lit. g BGG; vgl. vorne, Rz. 1417); bei bundespersonalrechtlichen Streitigkeiten über leistungsabhängige Lohnanteile ist eine gerichtliche Kontrolle überhaupt ausgeschlossen (Art. 36a BPG; vgl. vorne, Rz. 1284 f.). Vorbehalten bleiben in beiden Fällen Entscheide, welche die Gleichstellung der Geschlechter betreffen.

B. Bestimmung des Streitwerts

1468 Der Streitwert wird nach Art. 51 f. BGG bestimmt. Im Einzelnen gilt:
- Bei *Beschwerden gegen Endentscheide* richtet sich der Streitwert nach den Begehren, die vor der Vorinstanz streitig geblieben waren (Art. 51 Abs. 1 lit. a BGG). Somit sind die Änderungen des Streitgegenstands im Lauf des Verfahrens vor den Vorinstanzen zu berücksichtigen (BGer, Urteil 9C_125/2011 vom 7.6.2011, E. 1.4 f.). Massgeblich ist, welcher Betrag im letzten Zeitpunkt, in dem das Rechtsbegehren vor der unmittelbaren Vorinstanz des Bundesgerichts noch geändert werden konnte, zwischen den Beteiligten konkret umstritten geblieben ist (BGer, Urteile 9C_463/2011 vom 14.7.2011, E. 1, und 9C_125/2011 vom 7.6.2011, E. 1.6). Dies gilt auch, wenn vor Bundesgericht nur der Kostenentscheid der Vorinstanz angefochten wird (BGE 137 III 47 E. 1.2.2 f.).
- Bei *Beschwerden gegen Teilentscheide* sind die gesamten Begehren massgeblich, die vor der Instanz streitig waren, die den Teilentscheid gefällt hat (Art. 51 Abs. 1 lit. b BGG).
- Bei *Beschwerden gegen Vor- und Zwischenentscheide* sind die Begehren massgeblich, die vor der Instanz streitig sind, wo die Hauptsache hängig ist (Art. 51 Abs. 1 lit. c BGG). Analog wird bei Rechtsverweigerungs- und Rechtsverzögerungsbeschwerden nach Art. 94 BGG vorzugehen sein (vgl. auch BGer, Urteile 5A_140/2009 vom 6.7.2009, E. 1.1 f., und 5A_177/2009 vom 15.5.2009, E. 1.1.2 f., betreffend die Anfechtung eines Zwischenentscheids wegen Rechtsverzögerung bzw. eines Zwischenentscheids über eine Rechtsverzögerungsbeschwerde).

1469 Der Entscheid der Vorinstanz ist insofern für die Bestimmung des Streitwerts nicht massgeblich, als einzig darauf abzustellen ist, was die Vorinstanz zu entscheiden hatte, und nicht darauf, was die Vorinstanz entschieden hat (zur Begründung Chevalier, Beschwerde, N. 254 ff.; kritisch Rudin, Basler Kommentar BGG, Art. 51 N. 23).

Nebenrechte wie Zinsen, Früchte, Gerichtskosten und Parteientschädigungen fallen bei der Bestimmung des Streitwerts nicht in Betracht (Art. 51 Abs. 3 BGG). 1470

Lautet das Begehren auf Bezahlung einer bestimmten Geldsumme, so bildet dieser Betrag den Streitwert. Andernfalls setzt das Bundesgericht den Streitwert nach Ermessen fest (Art. 51 Abs. 2 BGG); dies bedeutet, dass es ihn nach einem objektiven Massstab zu schätzen hat. Massgeblich für den *Wert* ist der Zeitpunkt, in dem die Rechtshängigkeit begründet wurde, während mit Bezug auf den *Umfang* spätere Änderungen des Streitgegenstands zu berücksichtigen sind (vgl. BGE 116 II 431 E. 1 und zum Ganzen Rudin, Basler Kommentar BGG, Art. 51 N. 47 ff.). Nach Ermessen ist der Streitwert etwa zu bestimmen, wenn ein Arbeitszeugnis streitig ist (BGer, Urteile 8C_151/2010 vom 31.8.2010, E. 2 m.H., und 1C_195/2007 vom 17.12.2007, E. 2 f.; vgl. zum Arbeitszeugnis auch Donzallaz, Commentaire, Art. 51 Ziff. 1415; Frésard, Commentaire de la LTF, Art. 51 N. 39). 1471

Die Berechnung des Streitwerts *periodischer Nutzungen oder Leistungen* wird in Art. 51 Abs. 4 BGG geregelt. Demnach gilt als Wert der Kapitalwert. Bei ungewisser oder unbeschränkter Dauer gilt als Kapitalwert der zwanzigfache Betrag der einjährigen Leistung oder Nutzung, bei Leibrenten jedoch der Barwert. 1472

Werden mehrere Begehren von der gleichen Partei oder von Streitgenossinnen und Streitgenossen geltend gemacht, so werden sie zusammengerechnet, wenn sie sich nicht gegenseitig ausschliessen (Art. 52 BGG). In diesem Fall werden die vor Bundesgericht nicht mehr streitigen Begehren nur insofern hinzugerechnet, als sie mit den noch streitigen Begehren zusammenhängen (BGE 134 III 237 E. 1.2, die Praxis zum früheren Recht fortführend). 1473

C. Vorbehalt: Rechtsfrage von grundsätzlicher Bedeutung

Der Streitwert steht der Zulässigkeit der Beschwerde nicht entgegen, wenn sich eine Rechtsfrage von grundsätzlicher Bedeutung stellt (Art. 85 Abs. 2 BGG; vgl. auch Art. 191 Abs. 2 BV und Art. 74 Abs. 2 lit. a BGG). 1474

Die «Rechtsfrage von grundsätzlicher Bedeutung» stellt einen *unbestimmten Rechtsbegriff* dar, der im Einzelfall zu konkretisieren ist (BGE 134 I 184 E. 1.2; BBl 2001 4309). Die Rechtsprechung erfolgt vor allem zu Art. 74 Abs. 2 lit. a BGG, dessen Gehalt mit jenem von Art. 85 Abs. 2 BGG übereinstimmt. Ihr zufolge ist der Begriff *restriktiv* oder sogar «sehr restriktiv» *auszulegen* (BGE 135 III 1 E. 1.3; 133 III 493 E. 1.1). Das Bundesgericht begründet dies unter anderem mit der Einführung der subsidiären Verfassungsbeschwerde (BGE 134 I 184 E. 1.3.3; 133 III 493 E. 1.1). Allerdings besteht kein direkter Zusammenhang zwischen der Verfassungsbeschwerde und der Auslegung des Begriffs «Rechtsfrage von grundsätzlicher Bedeutung». Zudem kann die subsidiäre Verfassungsbeschwerde nur gegen kantonale Akte erhoben werden. Dementspre- 1475 chend sind mit der Verfassungsbeschwerde die bundesgerichtliche Prüfung und die Rechtseinheit im Bereich des Grundrechtsschutzes nur beschränkt gewährleistet; entsprechend ist das Argument fragwürdig, die Auslegung von Art. 74 Abs. 2 lit. a und Art. 85 Abs. 2 BGG müsse nicht darauf abzielen, entsprechende Lücken zu schliessen (vgl. Chevalier, Beschwerde, N. 325).

1476 Wenn die Rechtsfrage, deren grundsätzliche Bedeutung zu prüfen wäre, im Rahmen der *subsidiären Verfassungsbeschwerde* vorgebracht und vom Bundesgericht mit derselben Kognition überprüft werden kann, wie sie im Verfahren der Einheitsbeschwerde bestünde, tritt das Bundesgericht nur auf die Verfassungsbeschwerde ein. Weil die beschwerdeführende Person nicht auf die Beschwerde in öffentlich-rechtlichen Angelegenheiten angewiesen sei, wird die grundsätzliche Bedeutung der Rechtsfrage entweder verneint oder offengelassen (BGE 134 I 184 E. 1.3.3 und 1.4 f.; BGer, Urteile 8C_177/2012 vom 20.3.2012, E. 1.4, und 4A_36/2007 vom 3.5.2007, E. 1.3). Das Bundesgericht stellt also immerhin zwei Voraussetzungen auf: Gerade jene Rechtsfrage, um deren grundsätzliche Bedeutung es geht, kann erstens im Verfahren der Verfassungsbeschwerde überprüft werden; und dies geschieht zweitens mit derselben Kognition, wie sie auch bei der Einheitsbeschwerde gegeben wäre. Dennoch erscheint die Praxis fragwürdig, weil letztlich aus Gründen der Zweckmässigkeit die klare gesetzliche Rangfolge der Rechtsmittel umgestossen wird. Zudem entstehen Spannungen zu Art. 20 Abs. 2 BGG, wonach über Rechtsfragen von grundsätzlicher Bedeutung in Fünferbesetzung zu entscheiden ist. Die Lehre ist gespalten (ablehnend z.B. Rudin, Basler Kommentar BGG, Art. 74 N. 53 f., Art. 85 N. 35; zustimmend z.B. Belser/Bacher, Basler Kommentar BGG, Art. 109 N. 29a und 30g; Münch/Luczak, Zivilsachen, Rz. 2.21).

1477 Die *Botschaft* vom 28.2.2001 zur Totalrevision der Bundesrechtspflege nennt *zwei Voraussetzungen* einer Rechtsfrage von grundsätzlicher Bedeutung: Erstens müsse das Bundesgericht zu deren Klärung zuständig sein (was selbstverständlich ist), und zweitens müsse ein Bedarf nach höchstrichterlicher Klärung bestehen. Dieser Bedarf wird mit drei «Hypothesen» illustriert, deren Abgrenzungen aber zweifelhaft wirken (BBl 2001 4309 f.; zur Kritik Rudin, Basler Kommentar BGG, Art. 74 N. 38 ff.).

1478 Bestimmend muss letztlich die *inhaltliche Tragweite* bzw. das Gewicht der anbegehrten Entscheidung sein (so zu Recht Rudin, Basler Kommentar BGG, Art. 74 N. 46). Deren Bedeutung hängt auch davon ab, inwieweit im betreffenden Rechtsgebiet ein Bedürfnis nach Rechtseinheit besteht (vgl. Biaggini, Basler Kommentar BGG, Art. 113 N. 37 ff.). Dies bedeutet aber nicht, dass der Begriff «Rechtsfrage von grundsätzlicher Bedeutung» je nach betroffenem Rechtsgebiet oder anwendbarer Bestimmung enger oder weiter auszulegen wäre. Es bedeutet nur, dass die Anwendung derselben Auslegungsgrundsätze je nach Rechtsgebiet mehr oder weniger häufig zum Eintreten führt.

1479 Laut *Bundesgericht* hat eine Rechtsfrage dann grundsätzliche Bedeutung, wenn ein allgemeines Interesse besteht, dass sie höchstrichterlich geklärt wird, um eine einheitliche Anwendung und Auslegung des Bundesrechts herbeizuführen und damit Rechtssicherheit herzustellen (BGE 135 III 1 E. 1.3). Es muss eine spezifische Unsicherheit («incertitude caractérisée») bestehen, die nach einer solchen Klärung ruft (BGE 135 III 397 E. 1.2). Zu Recht wird allerdings in der Lehre darauf hingewiesen, dass gegebenenfalls eine Rechtsfrage von grundsätzlicher Bedeutung auch bejaht werden könnte, um die Aufgabe der Rechtsfortbildung zu erfüllen (Müller, Gedanken, S. 124 ff.; vgl. auch BBl 2001 4309). Gemäss einem der Leitentscheide kann das Bundesgericht sodann eine neue Rechtsfrage beurteilen, wenn sein Entscheid für die Praxis wegleitend sein kann, namentlich wenn von unteren Instanzen viele gleichartige Fälle zu beurteilen sind. Weiter kann sich – so das Bundesgericht – die erneute Überprüfung einer bereits entschiedenen Rechtsfrage aufdrängen, etwa wenn die Rechtsprechung nicht einheitlich oder in der massgebenden Lehre auf erhebliche Kritik gestossen sei oder wenn in der Zwischenzeit neue Gesetzesbestimmungen in Kraft getreten seien (BGE 135 III 1 E. 1.3).

Aus den erwähnten Ausführungen und aus weiteren Entscheiden lassen sich die folgenden *Abwägungsgesichtspunkte* entnehmen: 1480
- Das Bundesgericht hat die Frage noch nie entschieden, oder es drängt sich wegen neuer Gesichtspunkte eine erneute Überprüfung auf, zum Beispiel, weil wie erwähnt die Rechtsprechung uneinheitlich ist, weil sie in der Lehre kritisiert wird oder weil zu berücksichtigende gesetzliche Grundlagen geändert haben (vgl. BGE 135 III 1 E. 1.3; 134 III 354 E. 1.3). Wurden die massgeblichen gesetzlichen Grundlagen inhaltlich geändert, wird allerdings die Frage ohnehin als neu zu bezeichnen sein.
- Die betreffende Frage wird in der kantonalen Praxis unterschiedlich entschieden oder ist in der Lehre umstritten (vgl. BGE 134 III 267 E. 1.2.3; 133 III 645 E. 2.4).
- Der Entscheid kann für die Praxis wegleitend sein, namentlich wenn von unteren Instanzen viele gleichartige Fälle zu beurteilen sein werden (BGE 135 III 1 E. 1.3; 134 III 115 E. 1.2). Umgekehrt spricht gegen die grundsätzliche Bedeutung einer Frage, wenn sie auf den konkreten, speziell gelagerten Einzelfall bezogen ist.
- Es ist nicht wahrscheinlich, dass die Frage vom Bundesgericht in einem Fall beurteilt werden kann, in dem die Streitwertgrenze erreicht wird (BGE 135 III 397 E. 1.2; 134 III 267 E. 1.2.3). In der Lehre wird teilweise bestritten, dass dieser Gesichtspunkt erheblich sei. Dieser Kritik ist zuzustimmen: Wenn sich die Frage wahrscheinlich in weiteren Fällen stellen wird, ist dies in der Regel ein Argument dafür, die grundsätzliche Bedeutung der Rechtsfrage zu bejahen. Die Klärung sollte dann nicht aufgeschoben werden (so Münch/Luczak, Zivilsachen, Rz. 2.20; vgl. auch Rudin, Basler Kommentar, Art. 74 N. 52, Art. 85 N. 34; vgl. weiter BGer, Urteil 4A_562/2010 vom 3.5.2011, E. 1, wo das Gericht eine sofortige Klärung für angezeigt hielt).

1481 *Nicht massgeblich* ist etwa die subjektive Bedeutung des Falls für die beschwerdeführende Person (Rudin, Basler Kommentar BGG, Art. 74 N. 48 m.H.). Zu den Besonderheiten der «Rechtsfrage von grundsätzlicher Bedeutung» auf dem Gebiet der öffentlichen Beschaffungen nach Art. 83 lit. f Ziff. 2 BGG vgl. vorne, Rz. 1416).

1482 Die Lehre ist sich nicht einig darüber, in welchem Verhältnis die vom Bundesgericht entwickelten Gesichtspunkte zueinander stehen. Es ist davon auszugehen, dass die vom Bundesgericht genannten Argumente als Abwägungskriterien zu verstehen sind und die zusammenfassenden Formulierungen Fallgruppen umschreiben (a.M. Belser/Bacher, Basler Kommentar BGG, Art. 109 N. 30, und Chevalier, Beschwerde, N. 348 ff., die annehmen, dass das Bundesgericht kumulative Voraussetzungen aufstelle). Demnach würde das Bundesgericht das Vorliegen einer Rechtsfrage von grundsätzlicher Bedeutung aufgrund einer *Gewichtung der relevanten Abwägungskriterien im Einzelfall* klären (vgl. Rudin, Basler Kommentar, Art. 74 N. 47 ff. und Art. 85 N. 29 ff., der von Parametern spricht) und auf dieser Grundlage wiederum *Fallgruppen* bilden (vgl. Rudin, Basler Kommentar, Art. 74 N. 51b). Ein solches Vorgehen erschiene jedenfalls überzeugend. Nicht als Abwägungskriterium, sondern als unabdingbare Voraussetzung muss jedoch gelten, dass die Rechtsfrage *entscheidrelevant* ist (vgl. dazu BGer, Urteil 4A_81/2008 vom 14.3.2008, E. 1.4).

1483 Aus den genannten Kriterien folgt, dass eine Rechtsfrage von grundsätzlicher Bedeutung vorliegt, wenn sich aus dem Bundesrecht eine *offene Zuständigkeitsfrage* ergibt (BGer, Urteil 5A_53/2010 vom 25.6.2010, E. 1.3; BGE 133 III 645 E. 2.4). Geht es um eine Frage des kantonalen Organisationsrechts im Autonomiebereich, kann es sich wiederum nicht um eine Frage handeln, die vom Bundesgericht zu klären wäre (BGE 134 I 184 E. 1.3.2). Keine Rechtsfrage von grundsätzlicher Bedeutung liegt vor, wenn nur die Anwendung von Prinzipien der Rechtsprechung auf den konkreten Fall zu beurteilen ist (BGE 134 V 138 E. 1.3; 135 III 1 E. 1.3).

1484 Bejaht das Bundesgericht eine Rechtsfrage von grundsätzlicher Bedeutung, hat es auf die Beschwerde bzw. den betreffenden Antrag – sofern die übrigen Prozessvoraussetzungen erfüllt sind – einzutreten. Es prüft sodann die geltend gemachten Rügen gemäss den Bestimmungen zur jeweiligen Beschwerde; es beschränkt sich also nicht auf die Klärung der betreffenden Rechtsfrage (vgl. BGer, Urteil 4A_562/2010 vom 3.5.2011, E. 2; Rudin, Basler Kommentar, Art. 85 N. 47 m.H. auf eine abweichende Ansicht). Stellt sich eine Rechtsfrage von grundsätzlicher Bedeutung, entscheidet das Gericht in Fünferbesetzung (Art. 20 Abs. 2 BGG).

D. Anforderungen an die Beschwerdebegründung und die Rechtsmittelbelehrung der Vorinstanz

Die *Beschwerdebegründung* hat folgende Anforderungen zu erfüllen: Liegt eine vermögensrechtliche Streitigkeit vor und lauten die Anträge nicht auf Bezahlung einer bestimmten Geldsumme, so ist das Erreichen der Streitwertgrenze darzulegen bzw. es sind die Elemente aufzuzeigen, die dem Bundesgericht die Bestimmung des Streitwerts erlauben – es sei denn, diese Feststellungen ergäben sich ohne Weiteres aus den Feststellungen des angefochtenen Entscheids oder den Akten (BGE 136 III 60 E. 1.1.1; BGer, Urteile 8C_151/2010 vom 31.8.2010, E. 2.3, und 4A_465/2008 vom 28.11.2008, E. 1.5). Gegebenenfalls ist das Vorliegen einer Rechtsfrage von grundsätzlicher Bedeutung darzulegen (Art. 42 Abs. 2 Satz 2 BGG).

1485

Entsprechend lauten die Anforderungen an die *Rechtsmittelbelehrung der Vorinstanz*. Wenn das BGG eine Streitwertgrenze vorsieht, hat sie den Streitwert anzugeben (Art. 112 Abs. 1 lit. d BGG). Wenn als Eintretensvoraussetzung vor Bundesgericht eine Rechtsfrage von grundsätzlicher Bedeutung darzulegen ist, so ist darauf hinzuweisen (z.B. Bernhard Ehrenzeller, in: Niggli/Uebersax/Wiprächtiger, Basler Kommentar BGG, Art. 112 N. 10 m.H.; vgl. auch BGE 123 II 552 E. 4f).

1486

5. Beschwerdelegitimation

Literatur: AEMISEGGER HEINZ/HAAG STEPHAN, Praxiskommentar zum Rechtsschutz in der Raumplanung, Zürich 2010, Separatdruck von: *dies.*, in: Aemisegger Heinz/Moor Pierre/Ruch Alexander/Tschannen Pierre (Hrsg.), Kommentar zum Bundesgesetz über die Raumplanung, 3. Nachlieferung, Zürich u.a. 2010, Art. 33 f.; AUER CHRISTOPH, Die Beschwerdebefugnis nach dem neuen Bundesgerichtsgesetz, in: Festschrift für Heinrich Koller, Basel u.a. 2006, S. 197 ff.; EHRENZELLER BERNHARD, in: Niggli/Uebersax/Wiprächtiger, Basler Kommentar BGG, Art. 111 f.; GRIFFEL ALAIN/RAUSCH HERIBERT, Kommentar zum Umweltschutzgesetz, Ergänzungsband zur 2. A., Zürich u.a. 2011, Art. 56 f.; MERZ LAURENT, in: Niggli/Uebersax/Wiprächtiger, Basler Kommentar BGG, Art. 40; SEILER HANSJÖRG, in: Seiler/von Werdt/Güngerich, Handkommentar BGG, Art. 89 und 111; TANQUEREL THIERRY, Le recours des offices fédéraux en matière d'aménagement du territoire et d'environnement, in: Mélanges en l'honneur de Pierre Moor, Bern 2005, S. 761 ff.; WALDMANN BERNHARD, in: Niggli/Uebersax/Wiprächtiger, Basler Kommentar BGG, Art. 89; vgl. auch die in Rz. 442, 921, 1365 zitierte Literatur.

1487

Einleitend sei auf Rz. 922 ff. verwiesen. Die dortigen Ausführungen gelten auch für die Beschwerde in öffentlich-rechtlichen Angelegenheiten an das Bundesgericht. Nachfolgend sollen in erster Linie die Besonderheiten der Beschwerde in öffentlich-rechtlichen Angelegenheiten beleuchtet werden. Bei der Vertretung der öffentlichen Interessen spielt insbesondere eine Rolle, dass das Bundesgericht als letzte Rechtsmittelinstanz auch für die Überprüfung kantonaler Entscheide zuständig ist, somit kantonale Verfahren betroffen sind.

1488

A. Parteivertretung vor Bundesgericht

1489 Während in Zivil- und Strafsachen nur Anwältinnen und Anwälte, die gemäss BGFA oder einem Staatsvertrag zur Rechtsvertretung befugt sind, die Parteien vertreten dürfen (Art. 40 Abs. 1 BGG), sind im Verfahren der Beschwerde in öffentlich-rechtlichen Angelegenheiten beliebige Dritte, auch ausländische Staatsangehörige, zur Parteivertretung zugelassen. Diese Unterscheidung gilt auch im Rahmen der subsidiären Verfassungsbeschwerde (vgl. hinten, Rz. 1775). Art. 72 Abs. 2 BGG zur Beschwerde in Zivilsachen enthält ebenfalls öffentlich-rechtliche Angelegenheiten, ebenso die Beschwerde in Strafsachen gemäss Art. 78 Abs. 2 lit. b BGG. Umstritten ist, ob sich der Geltungsbereich des Anwaltsmonopols auch auf diese beiden Bestimmungen bezieht (vgl. zu den Abgrenzungen vorne, Rz. 1448 ff., 1452 f.). Das Bundesgericht hat sich für eine generelle Ausdehnung des Anwaltsmonopols auf die Bereiche des gesamten Art. 72 BGG ausgesprochen (BGE 134 III 520 E. 1). Die Lehre vertritt demgegenüber den gegenteiligen Standpunkt und möchte das Anwaltsmonopol auf die Zivil- und Strafsachen beschränken (vgl. Merz, Basler Kommentar BGG, Art. 40 N. 15 ff. und 29 ff. m.H.). Für die Lösung des Bundesgerichts spricht, dass sie mehr Rechtssicherheit schafft.

B. Legitimation der Betroffenen

1490 Art. 89 Abs. 1 BGG lautet gleich wie Art. 48 Abs. 1 VwVG und bestimmt, dass zur Beschwerde legitimiert ist, wer am Verfahren vor der Vorinstanz teilgenommen hat oder keine Möglichkeit zur Teilnahme hatte (formelle Beschwer), durch die angefochtene Verfügung besonders berührt ist und ein schutzwürdiges Interesse an deren Aufhebung oder Änderung hat (vgl. dazu ausführlich vorne, Rz. 940 ff.). Dadurch, dass die Legitimationsvoraussetzungen im Beschwerdeverfahren vor Bundesverwaltungsgericht dieselben sind wie im Verfahren der Beschwerde in öffentlich-rechtlichen Angelegenheiten, wird auch dem Grundsatz Genüge getan, dass die Legitimation jeweils nicht enger formuliert werden darf als im Verfahren vor der nächsthöheren Instanz. Sowohl den Adressatinnen und Adressaten der Verfügung als auch Drittbetroffenen und Verbänden, welche die Interessen ihrer Mitglieder verfolgen, kommt im Verfahren der Beschwerde in öffentlich-rechtlichen Angelegenheiten die Beschwerdeberechtigung im vorne aufgezeigten Umfang zu. Die bundesrechtlichen Legitimationsvorschriften gelten auch als Mindestgarantien für sämtliche kantonalen Verfahren. Sofern der letztinstanzliche kantonale Entscheid mit Beschwerde an das Bundesgericht anfechtbar ist, ergibt sich dies aus Art. 111 Abs. 1 BGG (BGE 135 II 145 E. 5; 136 II 281 E. 2.1), gegebenenfalls i.V.m. Art. 117 BGG (und sonst – vgl. Art. 86 Abs. 1 lit. d BGG – jedenfalls aus dem Grundsatz der Verfahrenseinheit). Zudem hat das Bundesgericht entschieden, dass diese Mindestgarantien für an interkantonale Instanzen übertragene Verfahren gelten, wie zum Beispiel für Verfahren vor der interkantonalen Lotterie- und Wettkommission (BGE 135 II 338 E. 2.1).

Einer besonderen Abgrenzung bedarf jeweils die Legitimation von Beschwerdeführenden, wenn diese einen Entscheid der UBI anfechten (Art. 86 Abs. 1 lit. c BGG). Vor der UBI ist die Popularbeschwerde zulässig. Gemäss Art. 94 Abs. 2 RTVG können natürliche Personen, die keine enge Beziehung zum Gegenstand der Sendung aufweisen, Beschwerde bei der UBI erheben, wenn sie mindestens 20 Unterschriften beibringen. Vor Bundesgericht muss jedoch die Legitimationsbestimmung nach Art. 89 Abs. 1 BGG eingehalten und namentlich das besondere Berührtsein nachgewiesen werden (BGE 137 II 40 E. 2.2 m.H.). In Bezug auf das Popularbeschwerdeverfahren hat das Bundesgericht verneint, dass die UBI als Gericht amtet (BGE 138 I 154 E. 2.7). Sollte die UBI allgemein nicht als Gericht bezeichnet werden können, wäre die Rechtsweggarantie nicht gewahrt, soweit die UBI über Rechtsstreitigkeiten entscheidet. 1491

C. Die Vertretung des öffentlichen Interesses

a. Behördenbeschwerden – Beschwerden von Gemeinwesen und öffentlich-rechtlichen Körperschaften

aa. Beschwerderecht von Bundesbehörden

Das Beschwerderecht von Bundesbehörden kann sich auf verschiedene Bestimmungen abstützen. Zum einen statuiert das BGG in Art. 89 Abs. 2 lit. a und b selbst ein Beschwerderecht von Bundesbehörden. Ebenso sehen Art. 76 Abs. 2 BGG und Art. 81 Abs. 3 BGG ein solches Beschwerderecht vor. Zum andern enthalten aber auch Spezialgesetze weiterhin Beschwerderechte verschiedener Bundesbehörden. Die Abgrenzung im Einzelnen ist nicht restlos geklärt. Zudem erweisen sich die Regelungen in den Spezialgesetzen als wenig kohärent und eher auf konkrete Bedürfnisse zugeschnitten. Zum Teil erlangen sie kaum je praktische Bedeutung. Es wäre sinnvoller, anstelle der spezialgesetzlichen Regelungen die allgemeinen Bestimmungen der Legitimation nach Art. 89 Abs. 2 lit. a und b BGG zum Tragen kommen zu lassen und spezialgesetzliche Beschwerderechte nur noch vorzusehen, wenn sich Art. 89 Abs. 2 lit. a und b BGG mit grosser Wahrscheinlichkeit als zu eng erweisen werden. 1492

Für die Beschwerdeberechtigung von *Bundesbehörden* enthält *Art. 89 Abs. 2 lit. a* BGG eine Besonderheit. Danach sind die Bundeskanzlei, die Departemente des Bundes oder, soweit das Bundesrecht es vorsieht, die ihnen unterstellten Dienststellen zur Beschwerde berechtigt, wenn der angefochtene Akt die Bundesgesetzgebung in ihrem Aufgabenbereich verletzt. Bei den Dienststellen handelt es sich um Verwaltungseinheiten der zentralen Bundesverwaltung im Sinne von Art. 43 RVOG. Es sind dies im Regelfall die Bundesämter. Für Stellen der dezentralisierten Verwaltung gilt hingegen Art. 89 Abs. 2 1493 lit. d BGG; sie verfügen nur über das Beschwerderecht, wenn es in einem Bundesgesetz eingeräumt wird. Aufgrund des Wortlautes von Art. 89 Abs. 2 lit. a BGG ist es hingegen zulässig, dass die Ermächtigung einer unterstellten Dienststelle zur Beschwerde auch auf Verordnungsstufe erfolgt (vgl. dazu Waldmann, Basler Kommentar BGG, Art. 89 N. 50). Zu erwähnen ist zum Beispiel Art. 48 Abs. 4 RPV mit Bezug auf das Bundesamt für Raumentwicklung (ARE; vgl. dazu BGE 136 II 359 E. 1.2) oder Art. 141 MWSTV, welcher der ESTV das Beschwerderecht an das Bundesgericht einräumt. Ein weiteres Beispiel bildet die SVAV, welche in Verbindung mit der OV-EFD die Zollverwaltung ermächtigt, Entscheide betreffend die Veranlagung der Schwerverkehrsabgabe beim Bundesgericht anzufechten (BGer, Urteil 2C_802/2009 vom 19.4.2010, E. 1.2; vgl. auch BGE 134 II 45 E. 2.1 betreffend Legitimation des BFM). Wesentlich ist jedenfalls, dass das Beschwerderecht der untergeordneten Dienststelle eine gesetzliche Grundlage aufweist, ansonsten nur das Departement beschwerdebefugt ist (vgl. BGE 136 V 106 E. 3.2.1). Häufig erfolgt die Delegation auf der Stufe der Organisationsverordnungen der Departemente (z.B. Art. 4 Abs. 1 OV-EFD; Art. 14 Abs. 5 OV-UVEK für das ASTRA). In einem Entscheid zu Art. 76 Abs. 2 BGG (der Art. 89 Abs. 2 lit. a BGG entspricht), hat das Bundesgericht umgekehrt bejaht, dass die übergeordnete Verwaltungsbehörde aufgrund ihres Selbsteintrittsrechts das auf Verordnungsstufe einer unterstellten Behörde eingeräumte Beschwerderecht wahrnehmen könne (BGE 138 III 90).

1494 Die allgemeine Legitimation der Bundesbehörden gemäss Art. 89 Abs. 2 lit. a BGG soll eine einheitliche Anwendung der im *öffentlichen Interesse* des Bundes erlassenen Normen gewährleisten. Die Legitimation dieser Behörden ist deshalb nicht an die Voraussetzungen von Art. 89 Abs. 1 BGG gebunden und reicht weiter. Aus diesem Grund wird sich die Frage nicht stellen, ob der Bund auch gestützt auf Art. 89 Abs. 1 BGG Beschwerde erheben kann. Die Behördenbeschwerde ist abstrakter und autonomer Natur (BGE 136 II 359 E. 1.2; vgl. zur Begrifflichkeit vorne, Rz. 980). Es muss kein schutzwürdiges Interesse dargetan werden. Vielmehr geht es um die objektive Anwendung des Bundesrechts. Allerdings verlangt Art. 89 Abs. 2 lit. a BGG ausdrücklich, dass der angefochtene Akt die Bundesgesetzgebung im Aufgabenbereich der beschwerdeführenden Behörde betrifft, wobei die Verletzung des Bundesrechts nicht nachgewiesen werden muss. Das Departement bzw. das betreffende Bundesamt muss jedoch sachlich zuständig sein, und die richtige Durchsetzung von Bundesrecht muss als gefährdet erscheinen. Mit dieser Minimalvoraussetzung wird vermieden, dass mit der Behördenbeschwerde private Interessen verfolgt werden. Das Bundesgericht hat gestützt auf den früheren Art. 103 lit. b OG zudem verlangt, dass das infrage stehende öffentliche Interesse in einem konkreten Fall gefährdet ist (BGE 123 II 16 E. 2c). In einem neueren Entscheid prüfte das Bundesgericht ebenso, ob es trotz weggefallenem Rechtsschutzinteresse beim Verfügungsadressaten auf die Beschwerde des UVEK gegen einen Entscheid des Bundesverwaltungsgerichts eintreten solle, was es in der Folge bejahte (BGE

138 II 42 E. 1.3). Ob das Rechtsmittel ergriffen werden soll, entscheidet das zuständige Departement oder die zuständige Dienstabteilung. Eine Anfechtung erfolgt insbesondere, wenn die Verfügung wegen der präjudiziellen Tragweite oder wegen der Bedeutung des Einzelfalls weitergezogen und durch das Bundesgericht eine andere Gesetzesinterpretation erreicht werden soll.

Aufgrund von Art. 89 Abs. 2 lit. a i.V.m. Art. 111 Abs. 2 BGG bildet das Beschwerderecht der Bundesbehörden ein integrales Beschwerderecht, indem die Bundesbehörden die Rechtsmittel des kantonalen Rechts ergreifen dürfen, gestützt auf diese Bestimmung dazu jedoch nicht verpflichtet sind (BGE 136 II 359 E. 1.1). Mit Art. 111 Abs. 2 BGG wird somit nicht das Erfordernis der formellen Beschwer statuiert. Die Behördenbeschwerde ermöglicht in Bezug auf die kantonalen Verfahren eine sinnvolle Kontrolle und eine Garantie der richtigen und einheitlichen Anwendung und Durchsetzung des Bundesrechts, ohne dass der Bund zu den allgemeinen aufsichtsrechtlichen Mitteln (Verbandsaufsicht; vgl. dazu vorne, Rz. 767 ff.) greifen muss. Auch wird damit nicht unverhältnismässig in die Verfahrens- und Organisationsautonomie der Kantone eingegriffen. Mit der Einführung des integralen Beschwerderechts für die allgemeine Behördenbeschwerde des Bundes gemäss Art. 89 Abs. 2 lit. a BGG trägt der Gesetzgeber einem wichtigen Anliegen Rechnung, weil der frühere Art. 103 lit. b OG das integrale Beschwerderecht noch nicht vorsah.

1495

Gestützt auf Art. 112 Abs. 7 BGG hat der Bundesrat zudem die Verordnung vom 8.11.2006 über die Eröffnung letztinstanzlicher kantonaler Entscheide in öffentlich-rechtlichen Angelegenheiten (SR 173.110.47) an die beschwerdeberechtigte Bundesbehörde erlassen. Die Informationspflicht ist zur Ausübung des Beschwerderechts unabdingbar. Die Informationspflicht beschränkt sich allerdings auf letztinstanzliche kantonale Entscheide, was das integrale Beschwerderecht schwächt, im Hinblick auf die Verwaltungsökonomie aber verständlich erscheint. Dass Entscheide, die der subsidiären Verfassungsbeschwerde unterliegen, dort nicht genannt werden, hängt damit zusammen, dass die Behördenbeschwerde mangels ausdrücklicher gesetzlicher Regelung ausgeschlossen ist (Art. 115 BGG; unklar Ehrenzeller, Basler Kommentar BGG, Art. 112 N. 23).

1496

Auf welche Grundlage sich heute im Einzelnen die nachfolgenden, bereits vor der Inkraftsetzung des BGG bestehenden Beschwerderechte abstützen, ist nicht eindeutig. Zum einen wird dafürgehalten, dass sie sich auf *Art. 89 Abs. 2 lit. d BGG* abstützen. Nach dieser Ansicht kann auch von der Voraussetzung abgesehen werden, dass der Aufgabenbereich der beschwerdeführenden Behörde betroffen ist, wobei gleichwohl verlangt wird, dass ein konkretes Rechtsproblem vorliegt, an dessen Beurteilung ein öffentliches Interesse besteht (Waldmann, Basler Kommentar BGG, Art. 89 N. 65 ff.). Nach anderer Ansicht handelt es sich eher um eine Konkretisierung von *Art. 89 Abs. 2 lit. a BGG,* da die Spezialgesetze regelmässig andere Behörden als die Departemente für zuständig erklären. Die spezialgesetzliche Norm wird deshalb als Grundlage für die Regelung der Zuständigkeit der Bundesämter zur Beschwerdeerhebung angesehen

1497

(Seiler, Handkommentar BGG, Art. 89 Rz. 48). Es ist wohl im Einzelfall durch Auslegung zu ermitteln, aus welchen Gründen das spezialgesetzlich vorgesehene Beschwerderecht belassen wurde. Unter dem OG hatten diese spezialgesetzlichen Beschwerderechte deshalb eine besondere Bedeutung, weil sie im Gegensatz zu Art. 103 lit. b OG zum Teil auch das integrale Beschwerderecht vorsahen und insoweit weiter reichten. Ihre Rechtsgrundlage war Art. 103 lit. c OG, der dem heutigen Art. 89 Abs. 2 lit. d BGG entspricht. Dies spricht eher für die erste, von Waldmann vertretene Auffassung. Die praktische Auswirkung dürfte jedoch angesichts des erweiterten, allgemeinen Beschwerderechts der Bundesbehörden nach Art. 89 Abs. 2 lit. a BGG eher gering sein.

1498 Als Beispiele seien erwähnt:
- Die Eidgenössische Steuerverwaltung kann nach Art. 141 und 146 DBG Veranlagungsverfügungen und Einspracheentscheide an die kantonalen Steuerrekurskommissionen und hernach mit Beschwerde in öffentlich-rechtlichen Angelegenheiten an das Bundesgericht weiterziehen. Sie kann sodann aufgrund von Art. 73 Abs. 2 i.V.m. Abs. 1 StHG Beschwerde in öffentlich-rechtlichen Angelegenheiten erheben.
- Ferner enthalten Art. 56 Abs. 1 USG, Art. 12g Abs. 2 i.V.m. Art. 12 Abs. 1 NHG, Art. 29 Abs. 1 GTG und Art. 67a Abs. 1 GSchG sowie Art. 46 Abs. 2 WaG das Recht des jeweils zuständigen Bundesamtes, die Rechtsmittel gegen kantonale Verfügungen zu erheben.
- Art. 25 Abs. 1 TSchG ermächtigt die zuständige Bundesbehörde, die Rechtsmittel gegen kantonale Verfügungen betreffend Tierversuche zu ergreifen.
- Art. 20 Abs. 2 lit. b i.V.m. Art. 21 Abs. 2 BewG sieht nur eine gegenüber der Kantonsbeschwerde subsidiäre Beschwerdebefugnis des Bundesamtes für Justiz vor. Diese Beschwerde richtet sich gegen Verfügungen der Bewilligungsbehörde, des Grundbuchverwalters, des Handelsregisterführers und der Steigerungsbehörde. Gegenüber Art. 89 Abs. 2 lit. a BGG ist das Beschwerderecht damit eingeschränkt. Als das speziellere Gesetz dürfte Art. 20 Abs. 2 lit. b BewG vorgehen.

1499 Handelt es sich demgegenüber um dezentrale, von der Verwaltung unabhängige Einheiten, ist nach Art. 89 Abs. 2 lit. d BGG jedenfalls eine spezialgesetzliche Regelung erforderlich. Folgenden dezentralisierten Verwaltungseinheiten des Bundes wurde ein solches Beschwerderecht an das Bundesgericht eingeräumt:
- Der FINMA gestützt auf Art. 54 Abs. 2 FINMAG; meistens dürfte es sich um Beschwerden gegen Entscheide des Bundesverwaltungsgerichts handeln (vgl. Art. 86 Abs. 1 lit. a BGG).
- Der WEKO gestützt auf Art. 9 Abs. 2bis BGBM und Art. 20a Abs. 3 THG.
- Der Eidgenössischen Spielbankenkommission (ESBK) gestützt auf Art. 48 Abs. 3 lit. c SBG gegen Entscheide des Bundesverwaltungsgerichts (BGer, Urteil 2C_186/2010 vom 18.1.2011, E. 3.2).

Ferner kommt dem zuständigen Organ der Bundesversammlung auf dem Gebiet des Bundespersonals das Beschwerderecht zu *(Art. 89 Abs. 2 lit. b BGG)*, wenn es um Anstellungsverhältnisse der Bundesversammlung geht.

bb. Beschwerderecht der Kantone bzw. von kantonalen Behörden und Gemeinden

Besondere Beschwerderechte der *Kantone, gegebenenfalls spezifischer kantonaler Behörden* sieht der Bundesgesetzgeber ebenfalls vor. Es zeigt sich, dass diese Beschwerderechte wenig praktische Bedeutung erlangt haben. Das zum Beschwerderecht der Bundesbehörden Ausgeführte gilt hier sinngemäss (vgl. vorne, Rz. 1492 ff.): Es wäre sinnvoller, auf die Gemeinwesen ausschliesslich Art. 89 Abs. 1 BGG anzuwenden und von den zahlreichen Spezialregelungen abzusehen, auch wenn die in den Spezialgesetzen vorgesehenen besonderen Beschwerderechte regelmässig an weniger strenge Voraussetzungen anknüpfen, als wenn die Kantone ihre Legitimation aufgrund von Art. 89 Abs. 1 BGG nachweisen müssen, und deshalb «rechtsmittelfreundlicher» ausfallen (vgl. dazu vorne, Rz. 969 ff.; zudem beispielhaft BGE 133 II 400 E. 2.4.2). Das Bundesgericht hält in Bezug auf die spezialgesetzliche Beschwerde gemäss Art. 73 Abs. 2 StHG und Art. 146 DBG zudem fest, dass das allgemeine Beschwerderecht nach Art. 89 Abs. 2 BGG in Fiskalsachen im Regelfall nicht zusätzlich angerufen werden könne (BGE 136 II 274 E. 4).

An dieser Stelle seien als Beispiele die folgenden Spezialgesetze erwähnt:
– Art. 34 Abs. 2 RPG: Danach kommt den Kantonen ein Beschwerderecht zu gegen Entscheide letzter kantonaler Instanzen über Entschädigungen als Folge von Eigentumsbeschränkungen sowie betreffend die Zonenkonformität von Bauten und Anlagen ausserhalb von Bauzonen und über Bewilligungen im Sinne von Art. 24–24d und Art. 37a RPG (verneint etwa in BGE 129 II 225 E. 1.4 zur alten Fassung von Art. 34 RPG sowie in BGE 133 II 400 E. 2.4.1 betreffend Widerruf einer Baubewilligung, der gegebenenfalls Entschädigungsansprüche auslöst).
– Art. 56 USG: Danach kann sich ein Kanton mit kantonalen und eidgenössischen Rechtsmitteln beschweren, wenn eine Anlage im Nachbarkanton unzulässige Einwirkungen auf sein Gebiet verursacht, wobei nur kantonale Verfügungen anfechtbar sind (verneint in BGE 129 II 225 E. 1.4). Ein gleiches Beschwerderecht der Kantone sieht Art. 29 Abs. 2 GTG vor.
– Ferner ist auf Art. 12g Abs. 1 NHG, auf Art. 46 Abs. 3 WaG und auf Art. 14 Abs. 2 FWG hinzuweisen, welche den Kantonen das Beschwerderecht gegen Verfügungen der Bundesbehörden einräumen.
– Art. 24 Abs. 2 lit. a SVG sieht ein Beschwerderecht der verfügenden kantonalen Behörde gegen Entscheide einer verwaltungsunabhängigen kantonalen Instanz vor. Art. 24 Abs. 2 lit. b SVG berechtigt sodann eine kantonale Behörde zur Beschwerde, wenn sie einem anderen Kanton eine Verfügung beantragt hat.

- Weitere Beschwerderechte kantonaler Behörden werden etwa in Art. 20 Abs. 2 lit. b BewG i.V.m. Art. 21 BewG vorgesehen.
- Schliesslich kommt den zuständigen kantonalen Behörden gestützt auf Art. 146 DBG und Art. 73 Abs. 2 StHG ein Beschwerderecht zu (dazu BGE 134 II 124 E. 2.3.; vgl. auch BGE 136 II 274 E. 4; 134 I 303 E. 1.2; 134 II 186 E. 1.4).

1503 Während sich die Kantone jedenfalls gegenüber Entscheiden ihrer eigenen Gerichte wohl nicht auf Art. 89 Abs. 2 lit. c BGG berufen können (BGE 133 II 400 E. 2.4.1; vgl. auch BGer, Urteil 2C_1016/2011 vom 3.5.2012, E. 1.2.1 m.H.), ergibt sich ein besonderes Beschwerderecht der Gemeinden zunächst aus Art. 89 Abs. 2 lit. c BGG. Danach sind *Gemeinden und andere öffentlich-rechtliche Körperschaften* zur Beschwerde berechtigt, wenn sie die Verletzung von Garantien rügen, die ihnen die Kantons- oder Bundesverfassung einräumt. Andere öffentlich-rechtliche Körperschaften sind beispielsweise Zweckverbände (BGE 134 I 204 E. 2.2). Dieses Beschwerderecht steht wiederum neben demjenigen gemäss Art. 89 Abs. 1 BGG (vgl. dazu im Einzelnen vorne, Rz. 969 ff.). Die Bestimmung knüpft an die Praxis zur staatsrechtlichen Beschwerde an (BGE 134 I 204 E. 2.2). Der Gesetzgeber wollte damit ausdrücklich festhalten, dass die Behauptung ausreicht, als Trägerin hoheitlicher Gewalt im Autonomiebereich (Art. 50 BV) tangiert zu sein, und es eine Frage der materiellen Prüfung ist, ob die Autonomie tatsächlich besteht (BGE 135 I 43 E. 1.2; 136 I 404 E. 1.1.3). Notwendig ist aber, dass ein aktuelles und praktisches Interesse besteht (Waldmann, Basler Kommentar BGG, Art. 89 N. 63). Die Gemeinden können im Zusammenhang mit der Geltendmachung der Gemeindeautonomie auch weiterhin eine Verletzung des Willkürverbots nach Art. 9 BV rügen (BGE 134 I 204 E. 2.2; 131 I 91 E. 1 zur bisherigen Rechtsprechung). Die Bestimmung bildet auch die Grundlage zur Berechtigung, Richtpläne anzufechten (BGE 136 I 265 E. 1.3).

1504 Daneben gibt es wiederum zahlreiche Spezialgesetze, welche den Gemeinden aufgrund von Art. 89 Abs. 2 lit. d BGG ein Beschwerderecht einräumen:
- Art. 34 Abs. 2 RPG analog zu demjenigen der Kantone (dazu vorne, Rz. 1502 sowie BGE 133 II 409 E. 1.3.2 zu einer Mobilfunkanlage ausserhalb der Bauzone);
- Art. 12 Abs. 1 lit. a NHG, Art. 46 Abs. 3 WaG und Art. 14 Abs. 1 lit. a FWG analog dem Beschwerderecht der Verbände (dazu vorne, Rz. 986, 991);
- Art. 57 USG (dazu vorne, Rz. 987);
- Art. 3 Abs. 4 SVG (letzter Satz), wenn gestützt auf diese Bestimmung Verkehrsmassnahmen auf dem Gemeindegebiet angeordnet werden;
- Art. 20 Abs. 2 lit. c i.V.m. Art. 21 Abs. 2 lit. b BewG, wenn das betreffende Grundstück auf dem Gemeindegebiet liegt, gegen eine Bewilligung oder gegen die Feststellung, dass der Erwerber keiner Bewilligung bedarf oder aber gegen den Widerruf einer Auflage.

b. Verbandsbeschwerde

Für die Vertretung des öffentlichen Interesses durch die Verbände kann ebenfalls auf das bei der Beschwerde an das Bundesverwaltungsgericht Ausgeführte verwiesen werden (vgl. vorne, Rz. 988 ff.).

Im Rahmen der Beschwerde in öffentlich-rechtlichen Angelegenheiten richtet sich das Verbandsbeschwerderecht auch gegen kantonale Entscheide. Häufiges Prozessthema bilden insbesondere Ausnahmebewilligungen nach Art. 24 RPG i.V.m. Art. 12 NHG (vgl. BGE 136 II 214) sowie Baubewilligungen für Grossüberbauungen wegen Lärmimmissionen und wegen Luftverschmutzung i.V.m. Art. 55 ff. USG (vgl. BGE 131 II 81; 131 II 103).

Die kantonalen Verfahrensvorschriften sind einzuhalten, sofern dies den Organisationen die Erfüllung der ihnen übertragenen Aufgaben nicht verunmöglicht oder übermässig erschwert (BGE 121 II 224 E. 2a).

6. Beschwerdefrist und Beschwerdeschrift

Literatur: AMSTUTZ KATHRIN/ARNOLD PETER, in: Niggli/Uebersax/Wiprächtiger, Basler Kommentar BGG, Art. 100; AUBRY GIRARDIN, in: Corboz/Wurzburger/Ferrari/Frésard/Aubry Girardin, Commentaire de la LTF, Art. 42; BÜHLER JACQUES, *Der elektronische Geschäftsverkehr* mit dem Schweizerischen Bundesgericht, in: Ehrenzeller/Schweizer, Bundesrechtspflege, S. 391 ff.; CORBOZ BERNARD, in: Corboz/Wurzburger/Ferrari/Frésard/Aubry Girardin, Commentaire de la LTF, Art. 97, 99 f., 105 f.; DONZALLAZ, Commentaire, Art. 42, 97, 99 f., 105 f.; GÜNGERICH ANDREAS, in: Seiler/von Werdt/Güngerich, Handkommentar BGG, Art. 42; HÄNER ISABELLE, Die Anforderungen an eine Beschwerde, in: Häner/Waldmann, Brennpunkte, S. 27 ff.; MERZ LAURENT, in: Niggli/Uebersax/Wiprächtiger, Basler Kommentar BGG, Art. 42; MEYER ULRICH/BÜHLER ALFRED, Eintreten und Kognition nach BGG, Anwaltsrevue 2008, S. 491 ff.; MEYER ULRICH/DORMANN JOHANNA, in: Niggli/Uebersax/Wiprächtiger, Basler Kommentar BGG, Art. 99, 105 f., 107 N. 1 ff.; MEYER ULRICH/VON ZWEHL ISABEL, L'objet du litige en procédure de droit administratif fédéral, in: Mélanges en l'honneur de Pierre Moor, Bern 2005, S. 435 ff.; POUDRET, Commentaire, Vol. I, Art. 29–35; RHINOW/KOLLER/KISS/THURNHERR/BRÜHL-MOSER, Prozessrecht, Rz. 1968 ff., 1978 ff.; SCHOTT MARKUS, in: Niggli/Uebersax/Wiprächtiger, Basler Kommentar BGG, Art. 97; SCHWANDER DANIEL, Die *Sachverhaltsrüge* vor Bundesgericht unter besonderer Berücksichtigung der Schweizerischen ZPO, in: Fellmann Walter/Weber Stephan (Hrsg.), Haftpflichtprozess 2012. Rechtsmittel nach neuer ZPO und BGG, Zürich 2012, S. 91 ff.; SEILER HANSJÖRG, in: Seiler/von Werdt/Güngerich, Handkommentar BGG, Art. 97; SPÜHLER/DOLGE/VOCK, Kurzkommentar BGG, Art. 42, 97, 99 f., 105 f.; VON WERDT NICOLAS, in: Seiler/von Werdt/Güngerich, Handkommentar BGG, Art. 99 f., 105 f.; WISARD NICOLAS, Les faits nouveaux en recours de droit administratif au Tribunal fédéral, AJP 1997, S. 1369 ff.

A. Beschwerdefrist

Die Beschwerde gegen einen Entscheid ist innert 30 Tagen nach der Eröffnung der vollständigen Ausfertigung beim Bundesgericht einzureichen (Art. 100 Abs. 1 BGG). Diese Bestimmung gilt für alle Arten von Entscheiden, namentlich auch für Zwischenentscheide und Teilentscheide (vgl. Art. 91 ff. BGG). Die Ausnahmen dazu sind in Art. 100 Abs. 2 und 3 BGG festgehalten. In Bezug auf die internationale Rechtshilfe in Strafsachen gilt gemäss Art. 100 Abs. 2 lit. a BGG eine zehntägige Frist und in Bezug auf Abstimmungen in eidgenössischen Angelegenheiten eine fünftägige Frist (Art. 100 Abs. 3 lit. b BGG).

1510   Bei Beschwerden wegen interkantonaler Kompetenzkonflikte beginnt die Beschwerdefrist nach Art. 100 Abs. 5 BGG spätestens dann zu laufen, wenn in beiden Kantonen Entscheide getroffen worden sind, gegen welche beim Bundesgericht Beschwerde geführt werden kann. Diese Bestimmung ist zum Beispiel bei Kompetenzkonflikten betreffend die Unterstützungspflicht eines Kantons anwendbar (vgl. Art. 34 ZUG). Ebenso ist die Bestimmung in Bezug auf das Doppelbesteuerungsverbot relevant, wobei das Bundesgericht bloss das Durchlaufen eines Instanzenzugs verlangt (BGE 133 I 300 E. 2.4; dazu vorne, Rz. 1379; Amstutz/Arnold, Basler Kommentar BGG, Art. 100 N. 20).

1511   Massgeblich ist nach Art. 100 Abs. 1 BGG die Eröffnung der vollständigen Ausfertigung. Diese Regelung bezieht sich auf Art. 112 Abs. 2 BGG und trägt allfälligen – im öffentlichen Prozessrecht allerdings wenig gängigen – kantonalen Vorschriften Rechnung, laut denen zunächst nur das Urteilsdispositiv eröffnet wird. Kraft Bundesrecht kann die im vorinstanzlichen Verfahren unterliegende Partei bei der kantonalen Instanz innert 30 Tagen die Begründung verlangen. Enthält der Entscheid eine Begründung, die als unzureichend angesehen wird, ist er innert Frist anzufechten. Gegebenenfalls kann das Bundesgericht den Entscheid an die kantonale Instanz zur Verbesserung zurückweisen (Art. 112 Abs. 3 BGG; vgl. dazu auch vorne, Rz. 108 ff.). Fehlt jedoch zum Beispiel das Dispositiv vollständig, ist der Entscheid nicht ausreichend eröffnet (BGE 134 I 159 E. 1.4). Die Beschwerdefrist beginnt damit zwar nicht zu laufen; die betroffene Partei hat sich aber nach Treu und Glauben zu verhalten und das Dispositiv gegebenenfalls, wenn sie dessen Fehlen erkennen muss, innert angemessener Frist nachzufordern (vgl. zum Grundsatz von Treu und Glauben vorne, Rz. 202 ff.).

1512   Im Gegensatz zum Bundesverwaltungsgericht kennt das Bundesgericht die elektronische Zustellung von Eingaben bereits. Im Falle der elektronischen Zustellung ist die Frist gemäss Art. 48 Abs. 1 BGG gewahrt, wenn der Empfang bei der Zustelladresse des Bundesgerichts vor Ablauf der Frist durch das betreffende Informatiksystem bestätigt worden ist. Das Bundesgericht hat gestützt auf Art. 42 Abs. 4 BGG und Art. 60 Abs. 3 BGG das entsprechende Reglement (ReRBGer) erlassen. In Bezug auf die Zustellungsplattformen verweist Art. 2 lit. b ReRBGer auf die vorinstanzlich anerkannten Plattformen (vgl. dazu vorne, Rz. 583 f.). Die Rechtsschriften sind im PDF-Format und als XML-Datei, versehen mit einer anerkannten elektronischen Signatur, zuzustellen (Art. 4 Abs. 1 und 3 ReRBGer).

1513   Für die Berechnung und Verlängerung der Frist, für den Stillstand und die Wiederherstellung gelten die Art. 44–50 BGG, welche Art. 20–24 VwVG entsprechen (vgl. dazu vorne, Rz. 576 ff., 585 ff.).

Art. 48 Abs. 3 BGG statuiert die Pflicht zur Überweisung, wenn die Eingabe rechtzeitig bei der Vorinstanz oder bei einer unzuständigen eidgenössischen oder kantonalen Behörde eingereicht worden ist. Der beschwerdeführenden Partei darf aber keine nachlässige Prozessführung vorgeworfen werden (vgl. im Einzelnen dazu vorne, Rz. 1377; zur Überweisung durch das Bundesgericht vorne, Rz. 1375).

1514

B. Beschwerdeschrift

a. Im Allgemeinen

Gemäss Art. 42 Abs. 1 BGG ist die Beschwerdeschrift in einer Amtssprache abzufassen. Sie hat die Begehren, deren Begründung mit Angabe der Beweismittel und die Unterschrift zu enthalten (zur Verfahrenssprache hinten, Rz. 1619). Die Anforderungen an die Begründung sind in Art. 42 Abs. 2 BGG festgehalten, wobei gegebenenfalls die besonderen Anforderungen zu beachten sind. Solche gelten zunächst in Bezug auf die Zuständigkeit des Bundesgerichts: Wenn das Vorliegen einer Rechtsfrage von grundsätzlicher Bedeutung eine Eintretensvoraussetzung darstellt, so ist dies darzulegen; dasselbe gilt, wenn das Eintreten vom Vorliegen eines besonders bedeutenden Falles abhängt, was für die Bereiche der internationalen Rechtshilfe in Strafsachen und neuerdings der internationalen Amtshilfe in Steuersachen zutrifft (Art. 84 und 84a BGG). Sodann ist bei der Geltendmachung einer Verletzung der Grundrechte, des kantonalen sowie des interkantonalen Rechts gemäss Art. 106 Abs. 2 BGG das Rügeprinzip zu beachten. Soweit die Parteien über die Urkunden verfügen, sind diese beizulegen. Wenn sich die Rechtsschrift gegen einen Entscheid richtet, so ist auch dieser beizulegen (Art. 42 Abs. 2 BGG). Ferner haben die Parteivertreter und -vertreterinnen die Vollmacht beizulegen (Art. 40 Abs. 2 BGG). Die Begründungsanforderungen sind aufgrund der gesetzlichen Grundlagen sehr differenziert ausgestaltet. Dazu kommen die indirekten Anforderungen, die sich zum Teil aus den Eintretensvoraussetzungen (z.B. bezüglich der Legitimation, vgl. sogleich, Rz. 1525), aus den Beschwerdegründen nach Art. 95 ff. und 105 BGG sowie aus der Kognition des Bundesgerichts ergeben (vgl. dazu sogleich, Rz. 1521 ff.; Meyer/Bühler, Kognition, S. 492). Die Rechtsschriften der Gegenparteien haben den gleichen Anforderungen zu genügen (vgl. dazu vorne, Rz. 1118; Merz, Basler Kommentar BGG, Art. 42 N. 8, 37).

1515

Sämtliche *Begehren* und *Rügen* sowohl in rechtlicher wie auch in tatsächlicher Hinsicht sind in der Beschwerdeschrift zu erheben, wenn sie bereits vor Ablauf der Beschwerdefrist erhoben werden können, was sich daraus ergibt, dass ein weiterer Schriftenwechsel in der Regel nicht stattfindet (Art. 102 Abs. 3 BGG; BGE 135 I 19 E. 2.2; 132 I 42 E. 3.3.4; 131 I 291 E. 3.5). Dies gilt auch für Eventualbegehren (BGE 134 IV 156 E. 1.7). Die Eventualmaxime bezieht sich somit ebenso auf die Tatsachen und Beweismittel, was sich insoweit rechtferti-

1516

gen lässt, als das Bundesgericht an die Feststellung des Sachverhalts durch die Vorinstanz gebunden ist (vgl. dagegen zur Beschwerde an das Bundesverwaltungsgericht, Rz. 1007, 1021). Anders als bei Erscheinen der Vorauflage, worin diese Anforderung kritisiert wurde (2. A., Rz. 944), sind die Vorinstanzen nach heute geltendem Recht regelmässig – mit wenigen Ausnahmen – unabhängige Gerichte (Art. 86 ff. BGG), weshalb sich die Anwendung der Eventualmaxime rechtfertigt. Eine Ergänzung lässt das Bundesgericht gemäss den genannten Entscheiden allerdings zu, wenn die Vernehmlassung eines anderen Verfahrensbeteiligten dazu Anlass gibt. Verzichten die Verfahrensbeteiligten jedoch auf eine Vernehmlassung, kann zum Beispiel ein Rechtsgutachten, welches erst nach Ablauf der Beschwerdefrist fertiggestellt wurde, nicht zur Vertiefung der eigenen Begründung nachgereicht werden (vgl. BGE 138 II 217 E. 2.5).

1517 Mit den *Rechtsbegehren* bestimmen die Parteien entsprechend der Dispositionsmaxime den Streitgegenstand. Dabei ist der vorinstanzliche Entscheid massgebend. Hat etwa das Bundesverwaltungsgericht den Streitgegenstand im Vergleich zur Verfügung geändert, ist der bundesverwaltungsgerichtliche Entscheid massgebend (BGE 138 II 42 E. 1.2). Das Rechtsbegehren richtet sich nach der reformatorischen Natur der Beschwerde in öffentlich-rechtlichen Angelegenheiten. Ein kassatorischer Antrag, somit ein Antrag auf Aufhebung und – soweit erforderlich – auf Rückweisung ist grundsätzlich nur zulässig, wenn das Bundesgericht selbst nicht reformatorisch entscheiden kann, weil zum Beispiel die erforderlichen Sachverhaltsfeststellungen fehlen (Art. 107 Abs. 2 BGG; vgl. dazu hinten, Rz. 1642). Diese strenge Praxis, die insbesondere für Beschwerden in zivilrechtlichen Angelegenheiten gilt (BGE 133 II 409 E. 1.4.2; 134 III 237 E. 2), hat das Bundesgericht bei der Beschwerde in öffentlich-rechtlichen Angelegenheiten jedoch differenziert. Es knüpft an die Praxis zur bisherigen Regelung von Art. 114 Abs. 2 OG an. Stellte die beschwerdeführende Partei *keinen ausdrücklichen Antrag auf einen reformatorischen Entscheid,* ging das Bundesgericht davon aus, dass sie es ins Ermessen des Gerichts stellen wollte, reformatorisch oder kassatorisch zu entscheiden. In der Beschwerde in öffentlich-rechtlichen Angelegenheiten ist zwar grundsätzlich ein reformatorischer Antrag zu stellen. Wird nur ein kassatorischer Antrag gestellt, stellt das Bundesgericht jedoch auf die Beschwerdebegründung ab. Ergibt sich aus dieser zweifelsfrei, dass die beschwerdeführende Partei einen reformatorischen Entscheid anstrebt, ist das Bundesgericht gewillt, einen entsprechenden Entscheid zu fällen. Ist aber die Begründung nicht ausreichend klar, tritt das Bundesgericht auf die Beschwerde nicht ein (BGE 133 II 409 E. 1.4.1; zur Praxis zum früheren Art. 114 Abs. 2 OG: BGE 133 II 370 E. 2.2; vgl. auch BGE 136 V 131 E. 1.2). Nach Auffassung der Lehre ist auch dann auf die Begründung der Beschwerde abzustellen, wenn ein Antrag überhaupt fehlt, aber aus der Begründung hinreichend klar wird, welches Urteil vom Gericht verlangt wird (Merz, Basler Kommentar BGG, Art. 42 N. 18). Richtet sich die Beschwerde jedoch gegen einen *Nichteintretensentscheid* in einer Stimmrechtsangelegenheit, wendet das Bundesgericht eine grössere Formstrenge an und lässt einen kassatorischen Antrag nicht genügen, selbst wenn der angefochtene Entscheid keine Eventualbegründung zum Materiellen enthält (vgl. BGer, Urteil 1C_253/2009 vom 1.10.2009, E. 3.2). Der letztere Entscheid unterscheidet sich deutlich von der sonstigen Praxis des Bundesgerichts bei Beschwerden in öffentlich-rechtlichen Angelegenheiten. Zwar ist das Interesse an Rechtssicherheit bei Wahlen und Abstimmungen wohl im Regelfall höher als bei anderen verwaltungsrechtlichen Angelegenheiten. Es stellt sich aber gleichwohl die Frage, ob diese Formstrenge nicht zu weit geht. Im konkreten Fall handelte es sich zudem um eine Laienbeschwerde. Wird ein Nichteintretensentscheid angefochten, bildet die Rückweisung überdies den Regelfall (Merz, Basler Kommentar BGG, Art. 42 N. 16). Die besagte Praxis des Bundesgerichts lässt sich grundsätzlich nur anwenden, wenn sich die Vorinstanz trotz Nichteintreten mit einer Eventualbegründung gleichzeitig zu den materiellen Fragen geäussert hat (BGE 123 II 337 E. 9; 118 Ib 26 E. 2; BGer, Urteil 2C_331/2011 vom 25.1.2012, E. 1.4). Da das Bundesgericht nunmehr nicht nur in Bezug auf die verschiedenen Arten der Einheitsbeschwerde unterscheidet, sondern auch innerhalb der Beschwerden in öffentlich-rechtlichen Angelegenheiten unter den verschiedenen Typen, besteht mittlerweile eine nicht unerhebliche Rechtsunsicherheit. Immerhin lässt das Bundesgericht aber eine allfällige Praxisänderung oder Präzisierung der Praxis – wie im erwähnten Fall der Stimmrechtsbeschwerde – nicht zuungunsten der Beschwerdeführenden gelten und behandelt die Beschwerde nach Treu und Glauben gleichwohl. Es stellte dabei in materieller Hinsicht auf die Vorbringen der Beschwerdeführenden vor der Vorinstanz ab (BGer, Urteil 1C_253/2009 vom 1.10.2009, E. 3.2 f.). Es empfiehlt sich, grundsätzlich Rückweisungsanträge neben Anträgen zur Hauptsache zu stellen. Gleiches gilt, wenn die Verletzung von Verfahrensrechten, insbesondere des Anspruchs auf rechtliches Gehör, gerügt wird. Weil das Bundesgericht unter Umständen nur mit beschränkter Kognition entscheidet und den Mangel nicht selbst beheben kann, wird jedenfalls ein Antrag auf Aufhebung des angefochtenen Entscheids und auf Rückweisung zu stellen sein (vgl. auch hinten, Rz. 1640).

Unzulässig ist es, die unterinstanzlichen Entscheide mitanzufechten. Diese sind durch den vorinstanzlichen Entscheid ersetzt worden und gelten inhaltlich als mitangefochten (BGE 134 II 142 E. 1.4 m.H.; vgl. auch vorne Rz. 1427). 1518

An die *Begründung* der Beschwerde werden – selbst wenn das Rügeprinzip nicht gilt (Art. 106 Abs. 2 BGG) – hohe Anforderungen gestellt. Die Fülle allein der publizierten Entscheide zeigt, dass die Hürden nicht leicht zu nehmen sind. Sie sollten allerdings nicht derart hoch gesteckt werden, dass juristischen Laien das Wort abgeschnitten wird und den Parteivertretern und -vertreterinnen die verschiedenen, im Gesetz angelegten Stolpersteine zu unüberwindbaren Hindernissen werden. Dies gilt namentlich im Bereich des öffentlichen Prozessrechts, wo es stets auch um die Durchsetzung des öffentlichen Interesses geht. Gemäss Art. 42 Abs. 2 BGG ist in der Begründung in gedrängter Form darzulegen, inwiefern der angefochtene Akt Recht verletzt. Es wird verlangt, dass sich 1519 die Beschwerdeführenden mit den Erwägungen des angefochtenen Entscheids und den anwendbaren Rechtsnormen auseinandersetzen (Meyer/Bühler, Kognition, S. 493). Das Bundesgericht verlangt, dass die Vorbringen sachbezogen sind und aus der Beschwerde ersichtlich wird, in welchen Punkten und weshalb der angefochtene Entscheid beanstandet wird (BGE 134 I 303 E. 1.3). Beruht der angefochtene Entscheid auf mehreren selbständigen Begründungen, muss für jede von ihnen einzeln dargelegt werden, inwieweit sie Recht verletzt (z.B. BGer, Urteil 2C_1096/2012 vom 7.11.2012, E. 2.1). Auf rein appellatorische Kritik, d.h. auf allgemein gehaltene, rechtlich nicht relevante Kritik, tritt das Bundesgericht nicht ein (BGE 137 V 57 E. 1.3).

1520 *Verweise auf Eingaben* sind dann zulässig, wenn damit die Punkte substanziiert werden sollen, in denen der vorinstanzliche Entscheid nicht rechtens sei. Das Bundesgericht lässt weder pauschale Verweise auf Rechtsschriften (BGE 134 I 303 E. 1.3) noch solche auf andere Akten, wie zum Beispiel fachtechnische Publikationen und Unterstützungsschreiben, genügen (BGE 135 II 384 E. 2.2.1). Unzulässig ist es demnach ohnehin und zu Recht, die der Vorinstanz eingereichte Rechtsschrift beim Bundesgericht praktisch wortgleich erneut einzureichen (BGE 134 II 244 E. 2.3). Nicht notwendig ist jedoch, dass die Rechtsnorm oder ein ungeschriebener Rechtsgrundsatz ausdrücklich genannt werden, wenn aus der Beschwerdeschrift ausreichend hervorgeht, welche Rechtsvorschriften die Vorinstanz verletzt haben soll (BGE 134 V 53 E. 3.3). Diese minimalen Anforderungen sind einzuhalten; ansonsten wird auf das Rechtsmittel nicht eingetreten und es kann folglich auch keine Rechtsanwendung von Amtes wegen gemäss Art. 106 Abs. 1 BGG stattfinden (BGE 134 II 244 E. 2.1; vgl. auch vorne, Rz. 160). Das Bundesgericht geht allfälligen anderen, nicht ausdrücklich gerügten Rechtsmängeln im vorinstanzlichen Entscheid nur nach, wenn diese offensichtlich sind (vgl. die in dieser Hinsicht weniger strenge Praxis des Bundesverwaltungsgerichts, das jedoch als erste gerichtliche Instanz entscheidet, vorne Rz. 1135). Das Bundesgericht will damit vermeiden, wie eine erste Instanz sämtliche sich stellenden rechtlichen Fragen zu untersuchen, obwohl diese dem Gericht nicht mehr vorgetragen werden. Insoweit wird der Grundsatz der Rechtsanwendung von Amtes wegen (Art. 106 Abs. 1 BGG) eingeschränkt. Im Übrigen behält sich das Bundesgericht aber vor, die Beschwerde aus anderen als den vorgebrachten Gründen gutzuheissen oder abzuweisen (BGE 133 II 249 E. 1.4.1). Auch hier zeigt sich somit, dass mit Vorteil auf eine vollständige Beschwerdeschrift, welche sich mit sämtlichen möglichen Beschwerdegründen auseinandersetzt, geachtet wird (vgl. vorne, Rz. 1007 ff.). Für die Rechtsuchenden bleibt bei dieser bundesgerichtlichen Praxis aber die Unwägbarkeit, ob das Bundesgericht gewillt ist, die Vorbringen in der Beschwerde auf ein anderes Rechtsfundament zu stellen, als es in der Beschwerdeschrift dargelegt worden ist.

1521 In Bezug auf die Rüge der Verletzung von Grundrechten, von kantonalem Recht oder von interkantonalem Recht gilt das sogenannte *Rügeprinzip,* welches aus Art. 106 Abs. 2 BGG abgeleitet wird (vgl. dazu auch vorne, Rz. 155 ff.). Dies bedeutet, dass sich das Bundesgericht ausschliesslich mit denjenigen Rechtsnormen befasst, welche als verletzt gerügt worden sind (BGE 137 II 305 E. 3.3 m.H.). Die als verletzt gerügte Norm wird sodann nur insoweit geprüft, als ihre Verletzung präzis geltend gemacht wird (BGE 133 II 249 E. 1.4.2). Es ist somit auszuführen, worin genau die Rechtsverletzung besteht, zum Beispiel inwiefern und in welchen Tatbestandsmerkmalen die verfassungsmässigen Rechte verletzt worden sind (vgl. BGE 134 I 83 E. 3.2; 134 V 138 E. 2.1). Im Ergebnis muss sich die Begründung auf die Tatbestandselemente der als verletzt gerügten Norm beziehen. In Bezug auf das kantonale und das interkantonale Recht erweist sich die Formulierung von Art. 106 Abs. 2 BGG allerdings als etwas missverständlich, weil eine Verletzung von kantonalem Recht grundsätzlich nur im Hinblick auf die Verletzung von Bundesrecht gerügt werden kann. Dabei steht die Rüge der Verletzung verfassungsmässiger Rechte und namentlich des *Willkürverbots* im Vordergrund (BGE 137 V 143 E. 1.2; vgl. im Einzelnen zudem hinten, Rz. 1543). Somit muss dargelegt werden, «dass und inwiefern der angefochtene Entscheid beziehungsweise die beanstandete Rechtsanwendung unhaltbar ist, mit der tatsächlichen Situation in klarem Widerspruch steht, eine Norm oder einen unumstrittenen Rechtsgrundsatz krass verletzt oder in stossender Weise dem Gerechtigkeitsgedanken zuwiderläuft. Auch muss aufgezeigt werden, dass sich die behauptete willkürliche Rechtsanwendung auf das Ergebnis des Rechtsstreits auswirkt» (so die präzise Wiedergabe des Willkürverbots in der Rechtsanwendung bei Merz, Basler Kommentar BGG, Art. 42 N. 53 m.H. auf BGE 133 II 396 E. 3.2). Das Rügeprinzip ist zudem – über die Fälle von Art. 106 Abs. 2 BGG hinaus – überall dort zu beachten, wo allein eine Verletzung der verfassungsmässigen Rechte (z.B. das Legalitätsprinzip im Abgaberecht gemäss Art. 127 Abs. 1 BV oder die derogatorische Kraft des Bundesrechts nach Art. 49 Abs. 1 BV) gerügt werden kann. Wie die subsidiäre Verfassungsbeschwerde (vgl. Art. 117 BGG) ist auch die Beschwerde gegen vorsorgliche Massnahmen nur zulässig, wenn die Verletzung verfassungsmässiger Rechte geltend gemacht wird (Art. 98 BGG; BGE 134 II 349 E. 3). Sodann fallen die Rügen der offensichtlich unrichtigen Sachverhaltsfeststellung sowie der auf einer Verletzung der verfassungsmässigen Rechte beruhenden Sachverhaltsfeststellung ebenfalls unter das Rügeprinzip (Art. 97 Abs. 1 und Art. 105 Abs. 2 BGG; dazu sogleich).

Wird die vorinstanzliche *Sachverhaltsfeststellung* gerügt, hat die beschwerdeführende Person aufgrund von Art. 97 Abs. 1 BGG darzulegen, inwiefern diese *offensichtlich unrichtig* und *geeignet* sei, den *Endentscheid zu beeinflussen* (Art. 97 Abs. 1 BGG; BGE 135 II 313 E. 5.2.2; 136 II 101 E. 3; zum Beschwerdegrund der unrichtigen Sachverhaltsfeststellung vgl. hinten, Rz. 1587). Blosse Zweifel genügen nicht (BGE 135 I 279 E. 2.6.2). Weil das Bundesgericht diesen Beschwerdegrund mit der willkürlichen Sachverhaltsfeststellung gleichsetzt, gilt auch für ihn das Rügeprinzip (BGE 137 I 58 E. 4.1.2; vgl. zur Problematik 1522 und für weitere Hinweise hinten, Rz. 1587). Um ein Fehlurteil zu vermeiden, nimmt das Bundesgericht aufgrund von Art. 105 Abs. 2 BGG die Sachverhaltsabklärung immerhin dann von Amtes wegen vor, wenn es aufgrund von substanziierten Rügen zum Sachverhalt, die entweder Art. 42 Abs. 2 BGG oder Art. 106 Abs. 2 BGG genügen, auf offensichtliche Mängel in der Sachverhaltsermittlung stösst oder aber qualifizierte Sachverhaltsmängel geradezu ins Auge springen (Meyer/Dormann, Basler Kommentar BGG, Art. 105 N. 65; für eine weniger strikte Anwendung des Rügeprinzips: Seiler, Handkommentar BGG, Art. 97 N. 9; vgl. BGE 136 I 184 E. 1.2).

1523 Einen weiteren Beschwerdegrund bildet nach Art. 97 Abs. 1 BGG die auf *Rechtsverletzung gemäss Art. 95 BGG* beruhende Feststellung des Sachverhalts. Auch insofern ist darzulegen, dass der Mangel für das Verfahren entscheidend ist (Art. 97 Abs. 2 BGG). Steht die Sachverhaltsermittlung im kantonalen Verfahren infrage, können die Parteien nur die Verletzung der verfassungsmässigen Rechte, insbesondere des Willkürverbots, geltend machen (BGE 137 V 57 E. 1.3). In dieser Hinsicht ist wiederum das Rügeprinzip massgebend. Dieses gilt aber dann nicht, wenn die Sachverhaltsfeststellung auf einer Bundesrechtsverletzung unterhalb der Verfassungsstufe beruht, zum Beispiel auf einer Verletzung der Verfahrensrechte des VwVG. In diesem Fall richten sich die Anforderungen an die Begründung der Beschwerde nach Art. 42 Abs. 2 BGG. Was den *Einfluss auf den Ausgang des Verfahrens* angeht, so ist es hingegen ausreichend, wenn *glaubhaft* gemacht wird, dass ohne die Rechtsverletzung, beispielsweise ohne die Verletzung des rechtlichen Gehörs, ein anderer Entscheid in der Sache erwirkt worden wäre (vgl. BGE 137 II 122 E. 3.4). Auch insoweit besteht aber eine Rügepflicht (Seiler, Handkommentar BGG, Art. 97 N. 26).

1524 Für die Abfassung von Beschwerdeschriften folgt daraus, dass eine Sachverhaltsdarstellung dem Gericht nur zu unterbreiten ist, wenn die mangelhafte Sachverhaltsermittlung auch gerügt werden soll, wobei die jeweiligen Rügen der unrichtigen Sachverhaltsfeststellung nicht zwingend von den Rügen der Rechtsverletzungen zu trennen sind. Selbstverständlich sind die Rügen gesetzeskonform gemäss Art. 42 Abs. 2, Art. 105 Abs. 2 i.V.m. Art. 97 Abs. 1 und Art. 106 Abs. 2 BGG zu substanziieren und muss demzufolge zwischen Tat- und Rechtsfragen unterschieden werden (vgl. dazu hinten, Rz. 1582 ff.).

1525 Im Gegensatz zum Bundesverwaltungsgericht verlangt das Bundesgericht zudem, dass auch die *Legitimationsvoraussetzungen* ausreichend begründet werden (vgl. vorne, Rz. 1009). Das Bundesgericht hält fest, dass die Beschwerdebefugnis bei Nachbarbeschwerden eine besondere Bedeutung hat, weshalb die beschwerdeführende Person diese darzulegen hat, soweit die Legitimationsvoraussetzungen nicht ohne Weiteres ersichtlich sind. In diesem Fall ist es nicht Aufgabe des Gerichts, anhand der Akten oder weiterer, noch beizuziehender Unterlagen nachzuforschen, ob die Legitimationsvoraussetzungen erfüllt sind (BGE 134 II 120 E. 1; 133 II 249 E. 1.1; 133 II 400 E. 2). Es wendet diese Praxis auch auf Beschwerden kantonaler Behörden an (BGE 134 II 45 E. 2.2.3;

135 II 12 E. 1.2.3). Sodann ist auch der *nicht wieder gutzumachende Nachteil* entsprechend den Anforderungen gemäss Art. 42 Abs. 2 BGG darzulegen bzw. es ist darzutun, inwiefern sofort ein Endentscheid herbeigeführt werden könnte, wenn ein Vor- oder Zwischenentscheid gemäss Art. 92 Abs. 1 lit. a oder lit. b BGG angefochten wird (BGE 134 II 137 E. 1.3.3). Ebenso muss beim *Vorbringen neuer Tatsachen und Beweismittel* nach Art. 99 Abs. 1 BGG begründet werden, inwiefern der vorinstanzliche Entscheid Anlass dazu gegeben hat (BGE 137 V 446 E. 6.2.5).

Genügend darzulegen ist sodann einerseits der Streitwert, wenn dieser gemäss Art. 83 lit. f Ziff. 1 BGG und Art. 85 Abs. 1 BGG massgebend ist. Dabei ist anzugeben, aus welchen Elementen dieser ermittelt wird. Es genügt nicht, lediglich einen Mindestwert zu behaupten (vgl. Merz, Basler Kommentar BGG, Art. 42 Rz. 70). 1526

Andererseits ist gegebenenfalls auch die *Rechtsfrage von grundsätzlicher Bedeutung* darzulegen, welche zum Teil Voraussetzung dafür ist, dass das Bundesgericht seine Zuständigkeit bejaht (Art. 42 Abs. 2 BGG; vgl. etwa in Bezug auf das öffentliche Personalrecht und das Staatshaftungsrecht: Art. 85 Abs. 2 BGG; in Bezug auf das Recht der öffentlichen Beschaffung: Art. 85 lit. f Ziff. 2 BGG; zum Letzteren BGE 137 II 313 E. 1.1.1 m.H.). Die Beschwerdeführenden sind somit gestützt auf Art. 42 Abs. 2 BGG gehalten, dem Gericht darzulegen, inwiefern die Rechtsfrage grundsätzliche Bedeutung hat und für die Praxis wegleitend ist sowie von ihrem Gewicht her der höchstrichterlichen Klärung bedarf. Ebenso ist gegebenenfalls das Vorliegen eines besonders bedeutenden Falles darzutun (vgl. dazu vorne, Rz. 1515). 1527

Im Übrigen prüft das Bundesgericht die Prozessvoraussetzungen aber von Amtes wegen. Dies gilt grundsätzlich auch für die Prozessvoraussetzungen im vorinstanzlichen Verfahren (vgl. Meyer/Dormann, Basler Kommentar BGG, Art. 107 N. 1; BGer, Urteil 8C_852/2011 vom 12.6.2012, E. 4.1 m.H.; vgl. auch BGE 127 II 32 E. 2a). Dabei dürfte sich die Prüfung der Prozessvoraussetzungen nach kantonalem Recht grundsätzlich auf die willkürliche Rechtsanwendung beschränken. 1528

Sind die *Parteien ungenau bezeichnet,* so tritt das Bundesgericht auf eine Beschwerde gleichwohl ein, sofern sie einwandfrei bestimmt werden können (vgl. BGE 103 Ib 76 E. 1.). Die *unrichtige Bezeichnung des Rechtsmittels* schadet ebenfalls nicht (BGE 133 I 308 E. 4.1), sofern die übrigen Eintretensvoraussetzungen erfüllt sind. Dies gilt namentlich auch für die subsidiäre Verfassungsbeschwerde (BGE 133 II 399 E. 3.1), wobei die Umdeutung nicht ohne Weiteres möglich ist, wenn keine Verletzung von verfassungsmässigen Rechten geltend gemacht wurde. 1529

Die Beschwerde ist zu *unterschreiben* (Art. 42 Abs. 1 BGG), wobei das Bundesgericht stets die Originalunterschrift verlangt und Faxeingaben nicht genügen lässt (vgl. dazu sogleich, Rz. 1532). Bei elektronischen Eingaben ist eine an- 1530 erkannte elektronische Signatur zu verwenden (Art. 4 Abs. 1 und 3 ReRBGer; vorne, Rz. 1512). Die Zustellung per E-Mail genügt nicht.

1531 Art. 42 Abs. 3 BGG bestimmt sodann, dass die Urkunden, auf welche sich die Partei als *Beweismittel* beruft, beizulegen sind. Diese Bestimmung ist vor allem von Bedeutung, wenn die Sachverhaltsfeststellung gerügt werden soll. Genaue Verweise auf die Vorakten nimmt das Bundesgericht jedoch ebenfalls entgegen (Merz, Basler Kommentar BGG, Art. 42 N. 30). Die Vorinstanz ist verpflichtet, dem Bundesgericht die Vorakten zu überweisen (Art. 102 Abs. 2 BGG).

1532 Gemäss Art. 42 Abs. 5 BGG hat das Gericht *Frist zur Nachbesserung* einer mangelhaften Rechtsschrift anzusetzen, wenn die Unterschrift der Partei oder ihrer Vertretung, deren Vollmacht oder die vorgeschriebenen Beilagen (insbesondere der angefochtene Entscheid) fehlen oder wenn die Vertretung nicht zugelassen ist. Eine Nachbesserung kann das Gericht sodann verlangen, wenn die Rechtsschrift unleserlich, ungebührlich, unverständlich, übermässig weitschweifig oder nicht in einer Amtssprache verfasst ist (Art. 42 Abs. 6 BGG). E contrario ergibt sich daraus, dass eine ungenügende Begründung keinen Grund darstellt, Frist zur Nachbesserung anzusetzen (BGE 134 II 244 E. 2.4.2). Eine Ausnahme ist jedoch denkbar, wenn die Vorinstanz eine falsche Rechtsmittelbelehrung angebracht hatte und sich die beschwerdeführende Partei nach Treu und Glauben darauf verlassen durfte (so Merz, Basler Kommentar BGG, Art. 42 N. 10a, 94). Sodann steht die Nachfristansetzung unter dem Vorbehalt des Rechtsmissbrauchsverbots, wobei das Bundesgericht problematischerweise stets einen Rechtsmissbrauch annimmt, wenn eine Eingabe per Fax eingereicht wird und die Originalunterschrift damit fehlt (vgl. dazu vorne, Rz. 1011; BGer, Urteil 9C_739/2007 vom 28. November 2007, E. 1.2). Wird der Mangel nicht innert Frist behoben, so wird auf eine entsprechende Beschwerde gegebenenfalls im vereinfachten Verfahren nach Art. 108 Abs. 1 lit. a BGG nicht eingetreten.

1533 Art. 42 Abs. 7 BGG schliesslich bezeichnet querulatorische oder rechtsmissbräuchliche Rechtsschriften als unzulässig. Auf entsprechende Beschwerden wird ebenfalls nicht eingetreten (vgl. Art. 108 Abs. 1 lit. c BGG).

b. Änderung des Begehrens, Novenrecht

1534 Art. 99 Abs. 2 BGG besagt, dass neue *Rechtsbegehren* unzulässig sind. Wie vor Bundesverwaltungsgericht gilt auch vor Bundesgericht in Bezug auf die Rechtsbegehren die Eventualmaxime (vgl. vorne, Rz. 1516). Dabei ist vom Streitgegenstand auszugehen (vgl. vorne, Rz. 1019, 1517). Die Neuheit des Begehrens bemisst sich im Verhältnis zu den vor der Vorinstanz gestellten Begehren (BGE 136 V 362 E. 4.2) sowie am Dispositiv des vorinstanzlichen Entscheids (BGE 134 V 418 E. 5.2). Es ist somit – wie Meyer/Dormann treffend festhalten – der Gegenstand des dispositivmässigen vorinstanzlichen Entscheids massgebend (Meyer/Dormann, Basler Kommentar BGG, Art. 99 N. 58). Dementsprechend dürfen die Begehren nur insofern geändert werden, als gegenüber dem vorinstanzlichen Verfahren weniger (minus) verlangt wird. Unzulässig ist es hingegen, das Begehren auszuweiten (plus) oder dieses zu ändern (aliud). Geht es um die Zusprechung einer Rente und beantragt die IV-Stelle im bundesgerichtlichen Verfahren deren Kürzung, ist dies kein aliud, sondern im Verhältnis zum Streitgegenstand ein minus (BGE 136 V 362 E. 3; vgl. auch BGer, Urteil 2C_25/2011 vom 2.7.2012 E. 1.4). Führte der vorinstanzliche Entscheid im Vergleich zu den von der beschwerdeführenden Partei in jenem Verfahren gestellten Begehren zu einer Verschlechterung, muss es vor Bundesgericht zulässig sein, die Begehren dem Entscheid der Vorinstanz anzupassen. Das Bundesgericht stellt bei der Beurteilung, ob ein Begehren neu ist, jedenfalls auf das Dispositiv des vorinstanzlichen Entscheids ab (vgl. BGE 134 V 418 E. 5.2). Erhebt eine legitimierte Bundesbehörde, z.B. das ARE gestützt auf Art. 89 Abs. 2 lit. a BGG, erstmals vor Bundesgericht Beschwerde, so kann sie allerdings auch zulasten des Verfügungsadressaten Anträge auf Abänderung der erstinstanzlichen Verfügung stellen (BGE 136 II 359 E. 1.2; zum Letzteren hinten, Rz. 1636).

Soweit der Zusammenhang zum Streitgegenstand gewahrt bleibt, darf die *rechtliche Begründung* geändert werden, solange sich diese auf den von der Vorinstanz festgestellten Sachverhalt abstützen kann (BGE 136 V 362 E. 4; BGer, Urteil 2C_25/2011 vom 3.7.2012, E. 2). Die rechtliche Begründung ist in Art. 99 BGG nicht erwähnt und fällt deshalb nicht unter das Novenverbot. Dementsprechend dürfen nach der hier vertretenen Auffassung die Rügen der Verletzung verfassungsmässiger Rechte auch erstmals vor Bundesgericht vorgebracht werden (vgl. auch Meyer/Dormann, Basler Kommentar BGG, Art. 99 N. 28; anders in Bezug auf strafrechtliche Kassationsentscheide BGE 135 I 91 E. 2.1). Zur rechtlichen Begründung gehört auch die Bezugnahme auf die Materialien zur Auslegung von Gesetzesnormen. Werden solche der Beschwerde beigelegt, handelt es sich nicht um Noven (BGE 134 V 208 E. 3.6.1). Zur Stützung des eigenen Rechtsstandpunktes kann auch ein Rechtsgutachten eingereicht werden. Weil grundsätzlich die Eventualmaxime auch in Bezug auf die rechtliche Begründung gilt, kann ein Rechtsgutachten aber nicht nachgereicht werden; dies wäre höchstens im Rahmen eines zweiten Schriftenwechsels denkbar. Ein solcher findet aber nicht statt, wenn sämtliche Mitbeteiligten auf eine Replik verzichten (BGE 138 II 217 E. 2).

Inwieweit neue *Tatsachen* und *Beweismittel* zulässig sind, hängt vom vorinstanzlichen Entscheid ab. Gemäss Art. 99 Abs. 2 BGG dürfen neue Tatsachen und Beweismittel nur dann vorgebracht werden, wenn der Entscheid der Vorinstanz dazu Anlass gibt. Dabei gilt ebenfalls die Eventualmaxime (vgl. vorne, Rz. 1516). Ob die Tatsachen neu sind, ergibt sich aus einem Vergleich mit den Vorbringen vor der Vorinstanz (BGE 135 II 385 E. 2.1). Nicht neu sind Tatsachen somit, wenn sie sich bereits aus den Akten ergeben (BGE 137 V 446 E. 6.2.3 und 6.2.5; 136 V 362 E. 3.3.1). Nicht als durch den vorinstanzlichen Entscheid verursacht gelten Vorbringen, welche die Verjährungseinrede begründen sollen, wenn die Einrede bereits im vorinstanzlichen Verfahren hätte vorgebracht werden können, dies aber unterlassen worden war und erst nach Unterliegen im vorinstanzlichen Verfahren geschah (BGE 134 V 223 E. 2.2.1). Stellt die Vorinstanz erstmals auf einen bestimmten Umstand ab, zum Beispiel auf die Integration eines Beschwerdeführers, der gegen die Verweigerung einer Anwesenheitsbewilligung Beschwerde ans Bundesgericht erhoben hat, ist der Beschwerdeführer befugt, dazu neue Tatsachen geltend zu machen und Beweismittel einzureichen, im konkreten Fall, um seine angeblich mangelnde Integration zu widerlegen (BGE 135 I 143 E. 1.5). Neue Tatsachen und Beweismittel lässt das Bundesgericht in analoger Anwendung von Art. 99 Abs. 1 BGG auch zu, wenn eine Behörde gestützt auf Art. 89 Abs. 2 lit. a BGG erstmals vor Bundesgericht als Partei auftritt. Zum einen darf die beschwerdeführende Behörde ihre neuen Begehren mit neuen Tatsachen und Beweismitteln untermauern. Zum anderen darf aber auch die beschwerdegegnerische Partei, gestützt auf den Anspruch auf rechtliches Gehör, neue Tatsachen und Beweismittel vorbringen, zu denen erst die Begehren der beschwerdeführenden Behörde Anlass gaben (vgl. BGE 136 II 359 E. 1.3).

1537   An die *Sachverhaltsfeststellung* durch eine richterliche Vorinstanz ist das Bundesgericht gebunden (Art. 105 Abs. 1 BGG). Dementsprechend ist der Sachverhalt massgebend, wie er sich im Zeitpunkt des Entscheides der Vorinstanz darstellte. Aus diesem Grund können grundsätzlich keine echten Noven vorgebracht werden (BGE 135 I 221 E. 5.2.4; zum Begriff vorne, Rz. 1332). Besonderheiten gelten für Sachverhaltselemente, die zugleich Eintretensvoraussetzungen der Beschwerde in öffentlich-rechtlichen Angelegenheiten darstellen (sogenannte doppelrelevante Tatsachen, dazu vorne, Rz. 943). Ein wichtiges Beispiel betrifft die Voraussetzungen des ausländerrechtlichen Anwesenheitsanspruchs (Art. 83 lit. c Ziff. 2 BGG). Wenn nur eine neue Tatsache – etwa die Heirat der beschwerdeführenden Person oder die Einbürgerung von Angehörigen – diesen Anspruch begründet, tritt das Bundesgericht auf die Beschwerde nicht ein; die Betroffenen müssen ein neues Gesuch vor der ersten Instanz einreichen. Fällt der Anspruch aufgrund einer neuen Tatsache – etwa der Scheidung – weg, wendet das Bundesgericht dagegen den Grundsatz an, dass die Prozessvoraussetzungen im Zeitpunkt des bundesgerichtlichen Entscheids gegeben sein müssen, und tritt ebenfalls nicht ein. Beim Nachzug von Kindern ist jedoch massgeblich, ob die Voraussetzungen im Zeitpunkt der Gesuchseinreichung vor erster Instanz gegeben waren; es ist nicht relevant, wenn sie im Lauf des Verfahrens wegfallen, weil das Kind das Höchstalter überschreitet bzw. weil die Nachzugsfrist abläuft (zum Ganzen: BGE 136 II 497 E. 3.3 f.). Bei der Darlegung der Prozessvoraussetzungen, zum Beispiel bei der Berechnung des Streitwertes, müssen echte Noven jedoch zugelassen und berücksichtigt werden, soweit sie relevant sind (vgl. dazu Meyer/Dormann, Basler Kommentar BGG, Art. 99 N. 45; BGE 138 II 331 E. 1.2.2 f.).

7. Kostenvorschuss

Nach Art. 62 Abs. 2 BGG erhebt das Bundesgericht einen Kostenvorschuss in der Höhe der mutmasslichen Gerichtskosten. Aus besonderen Gründen verzichtet das Gericht auf dessen Erhebung. Letzteres ist der Fall, wenn entweder das Verfahren nicht kostenpflichtig ist oder aber ein Anspruch auf unentgeltliche Rechtspflege besteht. Anderweitige Gründe werden nur mit Zurückhaltung anerkannt.

1538

Der Instruktionsrichter oder die Instruktionsrichterin setzen der vorschusspflichtigen Partei, d.h. derjenigen, die Beschwerde einlegt, eine Frist zur Leistung des Vorschusses. Lässt die vorschusspflichtige Partei die Frist verstreichen, wird eine Nachfrist angesetzt. Erst wenn diese ungenutzt abläuft und der Vorschuss nicht rechtzeitig eintrifft (vgl. dazu vorne, Rz. 1022), tritt das Bundesgericht auf die Eingabe, d.h. im Regelfall die Beschwerde, nicht ein (Art. 62 Abs. 3 BGG). Eine zweite Nachfrist ist grundsätzlich nicht zulässig (vgl. dazu auch vorne, Rz. 206). Leistet der Beschwerdeführer den Kostenvorschuss an eine unzuständige Behörde und verpasst er deshalb die Frist zur rechtzeitigen Leistung des Vorschusses an das Bundesgericht, ist ein Fristwiderherstellungsgesuch gemäss Art. 50 BGG zu stellen (BGer, Urteil 2F_4/2012 vom 26.4.2012, E. 2.2).

1539

IV. Beschwerdegründe und Kognition

Literatur: AUBERT JEAN-FRANÇOIS, *Willkürverbot* und Vertrauensschutz als Grundrechte, in: Merten/Papier, Grundrechte in der Schweiz, S. 723 ff., Rz. 39 ff.; AUER ANDREAS, Die schweizerische *Verfassungsgerichtsbarkeit,* Basel 1984; BIAGGINI, BV-Kommentar, Art. 9 N. 10 und Art. 189 N. 2 ff.; CORBOZ BERNARD, in: Corboz/Wurzburger/Ferrari/Frésard/Aubry Girardin, Commentaire de la LTF, Art. 95–98; DONZALLAZ, Commentaire, Art. 95–98; HALLER WALTER, in: Ehrenzeller/Mastronardi/Schweizer/Vallender, St. Galler Kommentar BV, Art. 189 Rz. 12 ff.; MOOR/POLTIER, Droit adminstratif, Vol. II, S. 782 ff.; MÜLLER/SCHEFER, Grundrechte, S. 20 ff.; OESCH MATTHIAS, Das *Verhältnismässigkeitsprinzip* in der Einheitsbeschwerde, Anwaltsrevue 2008, S. 271 ff.; *ders.,* Gewaltenteilung und Rechtsschutz im schweizerischen Aussenwirtschaftsrecht, ZBl 2004, S. 285 ff.; RHINOW/KOLLER/KISS/THURNHERR/BRÜHL-MOSER, Prozessrecht, Rz. 1956 ff.; ROHNER CHRISTOPH, in: Ehrenzeller/Mastronardi/Schweizer/Vallender, St. Galler Kommentar BV, Art. 9 Rz. 30 ff.; SCHOTT MARKUS, in: Niggli/Uebersax/Wiprächtiger, Basler Kommentar BGG, Art. 95–98; SEILER HANSJÖRG, in: Seiler/von Werdt/Güngerich, Handkommentar BGG, Art. 95–98; SUTER MATTHIAS, Der neue Rechtsschutz in öffentlich-rechtlichen Angelegenheiten vor dem Bundesgericht, Zürich/St. Gallen 2007, S. 234 ff.; UHLMANN FELIX, Das Willkürverbot (Art. 9 BV), Bern 2005, Rz. 557 ff.; URSPRUNG RUDOLF/FLEISCHANDERL PETRA, Die Kognition des Eidgenössischen Versicherungsgerichts nach dem neuen Bundesgesetz über des Bundesgericht (BGG), in: Festschrift 100 Jahre Aargauischer Anwaltsverband, Zürich u.a. 2005, S. 415 ff.; WÜGER DANIEL, Anwendbarkeit und Justiziabilität völkerrechtlicher Normen im schweizerischen Recht, Bern 2005; vgl. auch die Literatur in Rz. 58, 1025, 1365.

1540

1. Im Allgemeinen

1541 Art. 95–98 BGG regeln die zulässigen *Beschwerdegründe* grundsätzlich für alle drei Einheitsbeschwerden (zur Ausnahme bei der Beschwerde in Zivilsachen vgl. Art. 77 Abs. 2 BGG). Allerdings kommen die einzelnen Beschwerdegründe nicht – oder zumindest nicht gleichermassen – bei allen drei Einheitsbeschwerden zur Anwendung. In Art. 95 f. BGG sind die Rechtsverletzungen aufgeführt, die vor Bundesgericht gerügt werden können; Art. 95 BGG entspricht sinngemäss Art. 189 Abs. 1 BV. Art. 97 BGG legt fest, unter welchen Voraussetzungen die unrichtige Sachverhaltsfeststellung angefochten werden kann, und Art. 98 BGG schränkt die Beschwerdegründe bei der Anfechtung von Entscheiden über vorsorgliche Massnahmen ein. Zur Frage, inwieweit das Bundesgericht das Recht von Amtes wegen anwendet und inwieweit nur auf Rüge hin, vgl. hinten, Rz. 1621 ff.

1542 Die Regelung der Beschwerdegründe – und damit grundsätzlich auch der Kognition – lässt sich auf Stellung und Funktionen des Bundesgerichts als oberste Justizbehörde der Schweiz zurückführen. Daraus folgt zum einen, dass das Bundesgericht vorwiegend auf die Rechtskontrolle beschränkt ist. So kann die Unangemessenheit eines Entscheids beim Bundesgericht nicht gerügt werden, da es sich bei der Ermessensausübung grundsätzlich um eine Verwaltungsfunktion handelt und es jedenfalls der Funktion des höchsten Rechtsprechungsorgans nicht entspricht, eine erneute Kontrolle der Angemessenheit vorzunehmen (vgl. BBl 2001 4335 f.). Sodann überprüft das Bundesgericht die Sachverhaltsfeststellung nur eingeschränkt bzw. ausnahmsweise (vgl. Art. 97 BGG und hinten, Rz. 1582 ff.). Zum andern obliegt dem Bundesgericht als einer Bundesbehörde die Überprüfung, ob kantonales Recht richtig angewendet wurde, nur in Ausnahmefällen (vgl. zum Ganzen Schott, Basler Kommentar BGG, Art. 95 N. 8 ff.).

1543 Den Beschwerdegründen entspricht die *Kognition* im Sinn der *Prüfungsbefugnis* des Gerichts. Von dieser kann die *Prüfungsdichte* unterschieden werden (vgl. vorne, Rz. 1050 ff.). Von dieser Begriffsverwendung ist diejenige des Bundesgerichts abzugrenzen, das zwischen *«freier Kognition»* und *Kognition «unter dem Gesichtswinkel des Willkürverbots»* unterscheidet (vgl. BGE 137 I 235 E. 2.2). Gemeint ist allerdings nicht, dass das Bundesgericht verschiedene Prüfungsmassstäbe anwenden würde. Vielmehr handelt es sich nur um eine missverständliche Bezugnahme auf die gesetzlichen Einschränkungen der Beschwerdegründe: Das Bundesgericht ist nach Art. 95 lit. a–e BGG zur Überprüfung von Verletzungen des Bundesrechts, des Völkerrechts und bestimmter kantonaler Rechtsgrundlagen befugt; diese Prüfung nennt es «frei». Wenn nun die Verletzung einer kantonalen Rechtsgrundlage vorgebracht wird, die das Bundesgericht nach Art. 95 lit. c–e BGG grundsätzlich nicht überprüfen darf, bleibt ihm nur die Prüfung, ob der Rechtsfehler so gravierend ist, dass er einer Verfassungsverletzung gleichkommt, wobei die Verletzung des Willkürverbots von Art. 9 BV im Vordergrund steht. Für diese Prüfung auf Willkür wird der

Begriff der «Willkürkognition» verwendet (vgl. auch Schott, Basler Kommentar BGG, Art. 95 N. 3). Nach herrschender, überzeugender Lehre liegt also der Grund für die Unterschiede bei der Kognition letztlich bei den verschiedenen Arten von Rechtsverletzungen, zu deren Überprüfung das Bundesgericht nach Art. 95 f. BGG nur teilweise zuständig ist. Insoweit sind die in Art. 95 f. BGG aufgezählten Beschwerdegründe und damit letztlich das materielle Recht dafür massgebend, wie weit eine behauptete Rechtsverletzung geprüft wird (a.M. Aubert, Willkürverbot, Rz. 40 f.; offenlassend Müller/Schefer, Grundrechte S. 20 ff.). Die Unterscheidung des Bundesgerichts zwischen «freier Kognition» und Willkürkognition – die auf das Prozessrecht vor Inkrafttreten des BGG zurückgeht und damals schon kritisiert wurde – sollte nicht weiter verwendet werden, da sie zu Unrecht suggeriert, das Bundesgericht wende unterschiedliche Prüfungsmassstäbe an, während die Unterschiede sich tatsächlich aus den zulässigen Beschwerdegründen ergeben.

2. Rechtsverletzungen im Einzelnen

A. Bundesrechtsverletzung

Nach Art. 95 lit. a BGG kann die Verletzung von Bundesrecht gerügt werden. Der Begriff umfasst die von den Bundesorganen erlassenen *Rechtsnormen aller Erlassstufen,* insbesondere Bundesverfassung, Bundesgesetze und Verordnungen (BGE 133 I 201 E. 1 m.H.; vgl. dazu vorne, Rz. 1032). 1544

Zum Bundesrecht gehört namentlich auch das *Bundesverfassungsrecht* (BGE 136 II 5 E. 1.4). Die Verletzung von Verfassungsnormen stellt allerdings nur dann einen selbständigen Beschwerdegrund dar, wenn diese justiziabel sind (Schott, Basler Kommentar BGG, Art. 95 N. 47). Verfassungsprinzipien, namentlich das Legalitätsprinzip, das Verhältnismässigkeitsprinzip, das Erfordernis des öffentlichen Interesses und das Gewaltenteilungsprinzip, können ebenfalls selbständig vorgebracht werden, soweit sie justiziabel sind; das Bundesgericht prüft ihre Verletzung frei, soweit die Anwendung von Bundesrecht infrage steht (BGE 134 I 153 E. 4.2). 1545

Zwar können die Verletzung kantonalen Rechts und die unrichtige Sachverhaltsfeststellung nur ausnahmsweise bzw. eingeschränkt als Beschwerdegründe vor Bundesgericht vorgebracht werden (vgl. Art. 95 lit. c–e und Art. 97 BGG). Besondere Verletzungen können jedoch einer Verletzung des Bundesrechts, insbesondere der Grundrechte, gleichkommen. Im Vordergrund stehen das Willkürverbot (Art. 9 BV) sowie – in Bezug auf die unrichtige Sachverhaltsfeststellung – die Verfahrensgarantien (vgl. dazu hinten, Rz. 1555 ff., 1588). Sodann prüft das Bundesgericht in bestimmten Fällen die Anwendung und Auslegung kantonalen Rechts aufgrund des engen Zusammenhangs mit dem Bundesrecht (vgl. hinten, Rz. 1557 ff.). Als Bundesrechtsverletzung gilt nicht nur die Anwendung von kantonalem Recht statt Bundesrecht, sondern auch die Anwen- 1546 dung von Bundesrecht statt kantonalem Recht (BGer, Urteil 2A.246/2004 vom 21.12.2004, E. 1.2; BGE 131 V 314 E. 5.3; 116 Ib 169 E. 1).

B. Verletzung von Völkerrecht

1547 Gerügt werden kann die Verletzung von *Völkerrecht aus sämtlichen Rechtsquellen,* sofern es für die Schweiz verbindlich ist: Staatsverträge, Völkergewohnheitsrecht, allgemeine Rechtsgrundsätze, völkerrechtliches Sekundärrecht (verbindliche Rechtsakte internationaler Organisationen). Zum Völkerrecht zählen auch einseitige Rechtsakte von Völkerrechtssubjekten, die in der verfahrensrechtlichen Lehre meist nicht erwähnt werden; es besteht kein Grund, sie auszuklammern. Als Hilfsmittel sind auch die Judikatur und die anerkannte Lehre beizuziehen (zu den Rechtsquellen des Völkerrechts vgl. Art. 38 IGH-Statut; vgl. auch BBl 2010, 2277 ff.; Haller, St. Galler Kommentar BV, Art. 189 Rz. 17). Weitere Normtypen, die in der Lehre genannt werden (Schott, Basler Kommentar BGG, Art. 95 N. 51; Seiler, Handkommentar BGG, Art. 95 N. 29), dürften nur unter Art. 95 lit. b BGG fallen, soweit sie den oben genannten Rechtsquellen zugeordnet werden können. Ist das Recht der Europäischen Union aufgrund einer Verweisung in einem Staatsvertrag anwendbar, gilt es als Völkerrecht im Sinn von Art. 95 lit. b BGG (vgl. BGer, Urteil 8C_263/2011 vom 31.10.2011, E. 5; BGE 131 V 390 E. 5.2).

1548 Das Bundesgericht lässt die Rüge der Verletzung von Völkerrecht nur zu, wenn die betreffenden Normen direkt anwendbar *(«self-executing»)* sind. Die Bestimmung muss justiziabel sein, also inhaltlich hinreichend bestimmt und klar, um im Einzelfall Grundlage eines Entscheides zu bilden. Konkret heisst dies, dass die Rechte und Pflichten der Einzelnen umschrieben werden müssen und die rechtsanwendenden Behörden Adressatinnen der Norm sein müssen (BGE 136 I 297 E. 8.1; 133 I 286 E. 3.2). Dies trifft nicht zu auf Programmartikel sowie auf Bestimmungen, die eine Materie nur in Umrissen regeln, den Staaten einen beträchtlichen Ermessens- oder Entscheidungsspielraum lassen oder blosse Leitgedanken enthalten (BGer, Urteil 2C_738/2010 vom 24.5.2011, E. 3.2.1; BGE 105 II 49 E. 3 m.w.H.). Selbst wenn eine Völkerrechtsnorm nicht direkt anwendbar ist, so ist sie gegebenenfalls bei der Auslegung des massgeblichen Rechts zu berücksichtigen (vgl. BGE 132 I 286 E. 3.2).

1549 Steht die *Vereinbarkeit jüngeren innerstaatlichen Rechts mit dem Völkerrecht* infrage, so kann dessen Verletzung auch dann geltend gemacht werden, wenn die betreffenden Normen nicht direkt anwendbar sind (BGE 135 II 243 E. 3.1). In diesem Fall geht es um die Auslegung von eidgenössischem oder kantonalem Recht im Licht des Völkerrechts, die unabhängig von der Struktur des Letzteren vorgenommen werden kann.

C. Verletzung kantonalen Rechts

a. Verletzung kantonaler verfassungsmässiger Rechte

Die Verletzung kantonalen Rechts kann nur in zwei Bereichen gerügt werden: Zum einen geht es um kantonale verfassungsmässige Rechte, zum andern um kantonale Bestimmungen über die politischen Rechte (Art. 95 lit. c und d BGG; zu Letzterem vgl. hinten, Rz. 1718).

Der Begriff des *verfassungsmässigen Rechts* gehört dem Bundesrecht an und ist vom Bundesgericht zu konkretisieren. Dieses orientiert sich dabei vor allem am Rechtsschutzbedürfnis und an der Justiziabilität. Verfassungsmässige Rechte ergeben sich demnach aus jenen Verfassungsbestimmungen, die den Einzelnen einen Schutzbereich gegen staatliche Eingriffe sichern wollen oder die zwar vorwiegend im öffentlichen Interesse erlassen werden, daneben aber auch individuelle Interessen schützen. Bestimmungen rein organisatorischer Natur oder bloss programmatischen Charakters erfüllen diese Voraussetzungen nicht (BGE 137 I 77 E. 1.3.1 m.H.). So verneinte das Bundesgericht die direkte Anwendbarkeit einer kantonalen Verfassungsbestimmung, welche die Gesamtbevölkerung vor dem Passivrauchen schützen soll (BGE 136 I 241 E. 2.2 f.); es liess umgekehrt die Berufung auf eine Wählbarkeitsgarantie zu (BGE 137 I 77 E. 1.3.2). Die direkte Anwendbarkeit der Verfassungsbestimmung wird durch eine weitere Konkretisierung im Gesetz nicht ausgeschlossen (BGer, Urteil 1C_284/2010 vom 29.10.2010, E. 3.2.1). Den Grundsatz der *Gewaltenteilung* anerkennt das Bundesgericht «seit jeher» als in allen Kantonsverfassungen explizit oder implizit enthaltenes Prinzip, das als verfassungsmässiges Individualrecht vor Bundesgericht geltend gemacht werden kann (BGE 138 I 378 E. 7.1; 131 I 291 E. 2.1; vgl. bereits BGE 5, 339 E. 1), wobei das Recht in den neueren Entscheiden nicht mehr klar der kantonalen Ebene zugeordnet wird.

Die Rüge hat nur dann selbständige Bedeutung, wenn die kantonalen verfassungsmässigen Rechte über das Bundesverfassungs- und Völkerrecht hinausgehen (BGer, Urteil 4A_443/2009 vom 17.12.2009, E. 2.1).

Zu den kantonalen verfassungsmässigen Rechten zählt auch die Garantie der *Gemeindeautonomie* (vgl. BGE 138 I 143 E. 2; vgl. auch Art. 50 Abs. 1 BV). Zwar gilt auch in diesem Zusammenhang, dass die Verletzung kantonalen Rechts unterhalb der Verfassungsstufe nur geltend gemacht werden kann, sofern sie zugleich eine Verletzung des Willkürverbots darstellt (vgl. BGE 136 I 316 E. 2.2.1). Das Bundesgericht geht jedoch von Willkür aus, wenn die kantonale Vorinstanz einen in den Anwendungsbereich der Gemeindeautonomie fallenden Beurteilungsspielraum nicht respektiert hat und deswegen eine «eigentliche Kognitionsverletzung» vorliegt (z.B. BGE 136 I 395 E. 2; BGer, Urteil 1P.678/2004 vom 21.6.2005, in: ZBl 2006, S. 430 E. 4.3).

b. Prüfung weiteren kantonalen Rechts

1554 Die folgenden Ausführungen betreffen das *kantonale Recht, das nicht in Art. 95 BGG genannt wird* – das also weder verfassungsmässige noch politische Rechte betrifft. Sie gelten auch mit Bezug auf Bundesrecht, soweit es aufgrund einer Verweisung im kantonalen öffentlichen Recht als ergänzendes kantonales Recht zur Anwendung gelangt (BGer, Urteile 8C_664/2011 vom 5.1.2012, E. 1.2, und 2C_162/2011 vom 17.10.2011, E. 3.1). Ebenso fallen Grundsätze darunter, die das Bundesgericht entwickelt hat, sofern sie mangels einer kantonalen Regelung als kantonales Recht anerkannt werden (BGer, Urteil 1C_300/2011 vom 3.2.2012, E. 3.1, zu den Grundsätzen über den Widerruf).

1555 Die Auslegung und Anwendung kantonalen Rechts, das nicht in Art. 95 BGG genannt wird, kann vom Bundesgericht nur insoweit überprüft werden, als eine *Verletzung des Bundes- oder Völkerrechts* geltend gemacht wird (BGE 133 II 249 E. 1.2.1). Infrage kommt insbesondere Willkür im Sinn von Art. 9 BV, weil die fehlerhafte Auslegung und Anwendung des kantonalen Rechts als solche grundsätzlich nur dann gerügt werden kann, wenn sie willkürlich ist (BGE 137 V 143 E. 1.2; 137 V 57 E. 1.3). Sodann prüft das Bundesgericht, ob eine vertretbare Auslegung der kantonalen Vorschriften im Ergebnis gegen andere Bestimmungen des Bundesrechts verstösst (vgl. BGE 135 V 124 E. 3, wo das Bundesgericht prüfte, ob die Auslegung des kantonalen Rechts mit Art. 30 Abs. 1 BV und Art. 89 KVG vereinbar war). Nur im genannten Rahmen tritt das Bundesgericht auch auf die Rüge ein, die kantonale Rechtsetzung oder Rechtsanwendung verletze die *Verfassungsprinzipien*. Es prüft geltend gemachte Verletzungen der Verfassungsprinzipien also nur daraufhin, ob sie so gravierend sind, dass sie das Willkürverbot verletzen (zum Verhältnismässigkeitsprinzip: BGE 135 V 172 E. 7.3.2; 134 I 153 E. 4.2 f.; zum Legalitätsprinzip: BGer, Urteil 8C_263/2011 vom 31.10.2011, E. 4.2; vgl. auch BGE 135 I 43 E. 1.3). Dies lässt sich damit begründen, dass die Grundrechtsgarantien und die Einschränkungen der Beschwerdegründe in Art. 95 BGG andernfalls ihren Sinn verlören (BGE 134 I 153 E. 4.2.2; zustimmend Oesch, Verhältnismässigkeitsprinzip, S. 272; kritisch Yvo Hangartner, Bemerkungen, AJP 2008, S. 1592 ff.).

1556 Steht ein schwerer Grundrechtseingriff infrage, prüft das Bundesgericht die Auslegung und Anwendung des kantonalen Rechts «frei» (BGE 137 I 209 E. 4.3). Dies bedeutet, dass in diesem Fall nicht erst eine willkürliche, sondern bereits eine unrichtige Auslegung oder Anwendung des kantonalen Rechts eine Grundrechtsverletzung darstellt (Auer, Verfassungsgerichtsbarkeit, Nr. 495 a.E.; differenzierende Kritik bei Rohner, St. Galler Kommentar BV, Art. 9 Rz. 34 ff.).

1557 Schliesslich überprüft das Bundesgericht auch die Auslegung und Anwendung *kantonalen Rechts, das eng mit dem Bundesrecht zusammenhängt*. So prüft es – wie bereits unter dem früheren Recht – das kantonale und kommunale Recht der beruflichen Vorsorge weiterhin «frei», jedenfalls soweit es um die Bewilligung oder Verweigerung von Versicherungsleistungen geht. Es begründet dies damit, dass es sich um «konkretisierende Gesetzgebung im Rahmen der weitgehend bundesrechtlich geregelten beruflichen Vorsorge» handle (BGE 134 V 199 E. 1.2). Die fraglichen Normen werden also als unselbständiges Ausführungsrecht aufgefasst, sodass ihre Verletzung zugleich eine Verletzung der zugrunde liegenden bundesrechtlichen Normen bedeutet (was sie allerdings noch nicht zu Bundesrecht macht; so aber Schott, Basler Kommentar BGG, Art. 95 N. 46; Seiler, Handkommentar BGG, Art. 95 N. 16). Ebenso überprüft das Bundesgericht das harmonisierte kantonale Steuerrecht, soweit das StHG den Kantonen keinen Gestaltungsspielraum gewährt (BGer, Urteil 2C_645/2011 vom 12.3.2012, E. 1.5; BGE 134 II 207 E. 2). Verletzungen eines Erlasses, der eine gemischte Grundlage im Recht des Bundes und eines Kantons aufweist, würde das Bundesgericht ebenfalls prüfen (vgl. BGer, Urteil 2C_585/2009 vom 31.3.2010, E. 5.3.2, als Eventualbegründung mit Bezug auf das Betriebsreglement des Flughafens Zürich).

Ferner prüft das Bundesgericht kantonales Recht, wenn dessen fehlerhafte Anwendung die *Durchsetzung des Bundesrechts vereiteln* würde (BGE 129 II 497 E. 5.2 mit Bezug auf kantonales Recht, das von Art. 3 Abs. 1 KG vorbehalten wurde; das Bundesgericht begründete sein Vorgehen zudem damit, dass erstinstanzlich eine Bundesbehörde das kantonale Recht angewandt hatte). 1558

Alle genannten Fälle folgen letztlich dem gleichen Schema: *Beschwerdegrund* ist die *Verletzung von Bundesrecht* (oder allenfalls Völkerrecht). Die Verletzung des kantonalen Rechts kann nicht als solche gerügt werden, sondern nur insofern, als sie zugleich eine Verletzung von Bundesrecht darstellt. Das kann der Fall sein, wenn sie der Verletzung verfassungsmässiger Rechte gleichkommt, aber auch, wenn das kantonale Recht eng mit dem Bundesrecht verbunden ist. Dem entspricht die *Kognition* des Bundesgerichts: Im genannten Rahmen überprüft es die Auslegung und Anwendung des kantonalen Rechts. In einer missverständlichen Terminologie bezeichnet das Bundesgericht diese Prüfung als «frei», wenn andere Bundesrechtsverletzungen als das Willkürverbot nach Art. 9 BV infrage stehen. Seine Prüfungsbefugnis geht jedoch nicht auf unterschiedliche Kognitionsmassstäbe zurück, sondern richtet sich stets danach, inwieweit Bundesrecht anwendbar ist (vgl. vorne, Rz. 1543). 1559

D. Interkantonales Recht

Nach Art. 95 lit. e BGG kann die Verletzung interkantonalen Rechts gerügt werden. Unter interkantonalem Recht sind zunächst die interkantonalen Vereinbarungen (Konkordate) zu verstehen. Sodann zählen auch die Rechtsnormen, welche von den Organen interkantonaler Organisationen und Einrichtungen geschaffen wurden, zum interkantonalen Recht. Als subsidiäres interkantonales Recht gilt schliesslich Bundesrecht oder kantonales Recht, wenn das interkantonale Recht darauf verweist (zum Ganzen: BGer, Urteil 8C_818/2010 vom 2.8.2011, E. 2.2 m.H.). Als ein Beispiel, wo sich die Frage stellte, vgl. BGer, Ur- 1560 teil 2C_800/2008 vom 12.6.2009, E. 5.1. Hier wurde allerdings der angerufenen Wegleitung einer interkantonalen Organisation – der Schweizerischen Steuerkonferenz, eines Vereins nach Art. 60 ff. ZGB, dem die Steuerverwaltungen von Bund und Kantonen als Mitglieder angehören – die Qualität als Rechtsnorm abgesprochen, weil sie als Verwaltungsverordnung zu qualifizieren war.

E. Nichtanwendung oder unrichtige Anwendung ausländischen Rechts

1561 Art. 96 BGG lässt die Rügen zu, dass ausländisches Recht nicht gemäss dem schweizerischen internationalen Privatrecht angewandt worden sei oder dass das nach dem schweizerischen internationalen Privatrecht massgebliche ausländische Recht nicht richtig angewendet worden sei. Die letztere Rüge kann nur vorgebracht werden, wenn der Entscheid keine vermögensrechtliche Sache betrifft. Art. 96 BGG dürfte bei der Beschwerde in öffentlich-rechtlichen Angelegenheiten zwar selten zum Zug kommen; seine Anrufung zumindest bezüglich einer Vorfrage ist jedoch nicht ausgeschlossen (zu restriktiv: Schott, Basler Kommentar BGG, Art. 95 N. 6). Beispiele der (vorfrageweisen) Anwendung ausländischen Privatrechts in öffentlich-rechtlichen Angelegenheiten betreffen etwa die Partei- und Prozessfähigkeit, die Handlungsfähigkeit oder – als Voraussetzung des Familiennachzugs – die Adoption (vgl. BGer, Urteile 2C_303/2010 vom 24.10.2011, E. 2.3.2, und 2A.655/2004 vom 11.4.2005, E. 2.3; BGE 108 V 121 E. 3a).

1562 Unter Vorbehalt von Art. 96 BGG prüft das Bundesgericht die Anwendung ausländischen Rechts nur auf ihre Übereinstimmung mit Verfassungsrecht, namentlich dem Willkürverbot (BGE 136 II 304 E. 5.3). Ausländisches Recht kann im Übrigen auch für die Feststellung von Sachverhaltselementen massgeblich sein, wobei die Abgrenzung wenig geklärt erscheint (vgl. BVGE 2009/31 E. 3.3.1).

3. Besondere Einschränkungen der Prüfungsbefugnis

A. Massgeblichkeit von Bundesgesetzen und Völkerrecht (Art. 190 BV)

1563 *Literatur:* BAUMANN ROBERT, Die Tragweite der Schubert-Praxis, AJP 2010, S. 1009 ff.; BIAGGINI GIOVANNI, *Ausbau* der Verfassungsgerichtsbarkeit: ersatzlose Aufhebung von Art. 190 BV als optimaler Weg?, ZBJV 2012, S. 241 ff.; *ders.,* BV-Kommentar, Art. 190; HANGARTNER YVO, in: Ehrenzeller/Mastronardi/Schweizer/Vallender, St. Galler Kommentar BV, Art. 190; HERTIG RANDALL MAYA, L'internationalisation de la juridiction constitutionnelle: défis et perspectives, ZSR 2010 II, S. 221 ff., 248 ff.; LOOSER MARTIN E., Verfassungsgerichtliche Rechtskontrolle gegenüber schweizerischen Bundesgesetzen, Zürich/St. Gallen 2011; MEYER TOBIAS D., Die Rolle der Verfassungsgerichtsbarkeit zwischen Recht und Politik, Bern 2011, S. 338 ff.; RHINOW/SCHEFER, Verfassungsrecht, Rz. 2853 ff.; SCHERRER THOMAS, Geschichte und Auslegung des Massgeblichkeitsgebots von Art. 190 BV, St. Gallen 2001; SEILER HANSJÖRG, *Verfassungsgerichtsbarkeit* zwischen Verfassungsrecht, Richterrecht und Politik, ZSR 2010 II, S. 381 ff., 394 ff.; TSCHANNEN, Staatsrecht, § 9 Rz. 27 ff.

Zur Verfassungsgerichtsbarkeit im Allgemeinen: vgl. die Literatur in Rz. 46.

Art. 190 BV (in der Fassung vom 12.3.2000, in Kraft seit 1.1.2007; ursprünglich 1564
Art. 191 BV), der an Art. 113 Abs. 3 und Art. 114bis Abs. 3 BV 1874 anschliesst,
erklärt Bundesgesetze und Völkerrecht als für das Bundesgericht und die anderen rechtsanwendenden Behörden massgebend (vgl. zu den anderen Behörden
vorne, Rz. 1062 f.). Ob und wie – unter Aufhebung oder Änderung dieser Bestimmung – die Verfassungsgerichtsbarkeit mit Bezug auf Bundesgesetze ausgebaut werden soll, ist politisch umstritten und wird in der Staatsrechtslehre
breit debattiert. Auf diese Diskussion soll hier nicht eingegangen werden (vgl.
zu den jüngsten, gescheiterten politischen Vorstössen: BBl 2011, 7271, 7595; AB
2011 N 1517 ff., 2012 S 431 ff., N 1967 ff.; vgl. für Literaturhinweise in neueren Beiträgen: Biaggini, Ausbau, S. 241 Fn. 4; Seiler, Verfassungsgerichtsbarkeit,
S. 399 f.).

Gegenüber *kantonalen Erlassen* ist sowohl die *abstrakte* als auch die *konkrete* 1565
Normenkontrolle gegeben (vgl. zu Ersterer im Einzelnen hinten, Rz. 1675 ff.).
Während Art. 189 Abs. 4 BV die Anfechtung von Akten der Bundesversammlung und des Bundesrats und damit auch die abstrakte Normenkontrolle der
Erlasse dieser Organe grundsätzlich ausschliesst, schreibt Art. 190 BV vor, dass
die rechtsanwendenden Behörden den *Bundesgesetzen* die Anwendung nicht
versagen dürfen, nicht einmal gestützt auf eine akzessorische Prüfung der Verfassungsmässigkeit. Art. 190 BV stellt allerdings nur ein *Anwendungsgebot* und
kein Prüfungsverbot auf: Das Bundesgericht ist befugt, vorfrageweise die Verfassungsmässigkeit eines Bundesgesetzes zu prüfen; verneint es diese, hat es
das Gesetz dennoch anzuwenden und kann nur gegebenenfalls den Gesetzgeber einladen, die betreffende Bestimmung zu ändern (BGE 136 II 120 E. 3.5.1
m.H.). Insoweit dürfte die Praxis weitgehend unbestritten sein. Ob es die Verfassungsmässigkeit überprüft, macht das Bundesgericht von den Umständen
des Einzelfalls abhängig (BGE 136 I 65 E. 3.2 f.; 136 I 49 E. 3.1 f.). Als anerkannte Einschränkung des Anwendungsgebots darf der Grundsatz gelten, dass
die jüngere, unmittelbar anwendbare Verfassungsbestimmung dem Bundesgesetz vorgeht (BBl 1997 I 429 mit der verzichtbaren Relativierung, dass dadurch
«die Funktionsfähigkeit der Rechtsordnung» nicht «schwer beeinträchtigt»
werden dürfe; Biaggini, BV-Kommentar, Art. 190 N. 14; Hangartner, St. Galler
Kommentar BV, Art. 190 Rz. 13 m.w.H.).

Sodann können Kollisionen im Einzelfall oft durch die *verfassungskonforme* 1566
Auslegung von Bundesgesetzesnormen entschärft werden. Das Bundesgericht
wendet sie im Rahmen des von ihm geübten Methodenpluralismus bei der Auslegung an (BGE 134 II 249 E. 2.3; 131 V 305 E. 4.4; vgl. auch BGE 135 I 161
E. 2.3). Angesichts dessen ist die Formulierung missverständlich, wonach die
verfassungskonforme Auslegung zum Zug komme, wenn die üblichen Auslegungsmethoden einen Zweifel über den Sinn der fraglichen Norm offenliessen
(BGE 137 I 128 E. 4.3.1): Es handelt sich nicht um eine subsidiäre Auslegungsmethode, sondern um einen Anwendungsfall der systematischen Auslegung
(Häfelin/Haller/Keller, Bundesstaatsrecht, N. 148). Allerdings darf die verfas-

sungskonforme Auslegung nicht dazu dienen, vom klaren Wortlaut und Sinn einer Gesetzesnorm abzuweichen (vgl. BGE 134 II 249 E. 2.3; 131 II 217 E. 2.3).

1567 Zu erwähnen ist ferner die Konstellation, dass die fragliche Gesetzesnorm im konkreten Einzelfall nicht zum Zuge kommt, weil sich aus einem verfassungsmässigen Recht, zum Beispiel aus Treu und Glauben (Art. 9 BV), eine andere Lösung ergibt (vgl. Biaggini, BV-Kommentar, Art. 190 N. 15). Die Gesetzesnorm wird also – unabhängig davon, ob sie verfassungskonform ist oder nicht – nicht angewendet, weil sie im Einzelfall nicht einschlägig ist. Art. 190 BV kann dies nicht ausschliessen.

1568 Im *Verhältnis zwischen Bundesgesetzen und Völkerrecht* schaffen laut dem Bundesgericht weder Art. 190 BV noch Art. 5 Abs. 4 BV – wonach Bund und Kantone das Völkerrecht beachten – eine Hierarchie. Die Bundesgerichtspraxis bei einer Normenkollision ist nicht einheitlich. Jedenfalls gilt das zwingende Völkerrecht, und weiter ist vom Vorrang der jüngeren Völkerrechtsnorm vor der älteren bundesgesetzlichen Bestimmung auszugehen (Hangartner, St. Galler Kommentar BV, Art. 190 Rz. 29 f.). Im Übrigen nimmt das Bundesgericht einerseits grundsätzlich einen Vorrang des internationalen Rechts an, besonders wenn es sich dabei um Menschenrechtsgarantien handelt (BGE 131 II 352 E. 1.3.1; 125 II 417 E. 4d). Auch im Bereich des Sozialversicherungsrechts geht es vom prinzipiellen Vorrang des Völkerrechts, namentlich der bilateralen Abkommen mit der Europäischen Union und ihren Mitgliedstaaten, aus (BGE 133 V 367 E. 11.1.1; 119 V 171 E. 4a). Gemäss jüngeren Entscheiden gibt nun das Bundesgericht im Fall eines Normenkonflikts generell dem Völkerrecht den Vorrang (BGE 138 II 524 E. 5.1 und BGer, Urteil 2C_828/2011 vom 12.10.2012, E. 5.1). Anderseits hielt das Bundesgericht in einigen Entscheiden an der «Schubert-Praxis» fest (BGE 136 III 168 E. 3.3.4; differenzierend BGE 136 II 120 E. 3.5; anders z.B.: BGE 133 V 367 E. 11.2–6; BGer, Urteil 4A_238/2011 vom 4.1.2012, E. 3.1.1): Nach dieser Praxis ist bei einem Normenkonflikt ein Bundesgesetz, das dem Völkerrecht widerspricht, anzuwenden, wenn der Bundesgesetzgeber bewusst den Verstoss gegen eine Norm des Völkerrechts in Kauf genommen hat (BGE 99 Ib 39 E. 4; vgl. zum Ganzen BGE 133 V 367 E. 11.1). Das Bundesgericht geht allerdings meist davon aus, dass die «Schubert-Praxis» nicht anwendbar ist, wenn eine landesrechtliche Norm mit internationalen Grundrechtsgarantien in Konflikt steht, was es in einem neuesten Leitentscheid – in einem obiter dictum – wiederum bekräftigt hat (BGer, Urteil 2C_828/2011 vom 12.10.2012, E. 5.1 m.H. zu Art. 121 Abs. 3 BV, der mit der Annahme der «Ausschaffungsinitiative» am 28.11.2010 in die BV eingefügt worden war; offengelassen in BGE 136 III 168 E. 3.3.4). Die Literatur interpretiert und bewertet die Bundesgerichtspraxis unterschiedlich und diskutiert das Verhältnis von Völkerrecht und Landesrecht kontrovers (vgl. auch BBl 2010 2263, bes. 2310 ff.).

Der Begriff des *Bundesgesetzes* (vgl. Art. 163 Abs. 1 BV) umfasst auch die dringlichen Bundesgesetze nach Art. 165 BV, nicht aber weitere Erlassformen (Biaggini, BV-Kommentar, Art. 190 N. 10 f.). 1569

Verordnungen des Bundesrates binden das Bundesgericht unbeschadet ihrer allfälligen Verfassungswidrigkeit, soweit sie durch ein Gesetz gedeckt sind. *Unselbständige bundesrätliche Verordnungen,* die sich auf eine gesetzliche Delegation stützen, muss das Bundesgericht somit nur anwenden, wenn sie sich an die Grenzen der dem Bundesrat gesetzlich eingeräumten Rechtsetzungsbefugnis halten. Zudem ist das Ermessen des Bundesrates für das Bundesgericht verbindlich, soweit der Gesetzgeber dem Bundesrat einen Ermessensspielraum eingeräumt hat. In diesem Fall besteht das Anwendungsgebot insoweit, als die Verordnung den Rahmen der delegierten Kompetenz nicht offensichtlich sprengt und nicht aus andern Gründen gesetzes- oder verfassungswidrig ist (zum Ganzen: BGE 137 III 217 E. 2.3; 136 II 337 E. 5.1; 131 II 562 E. 3.2). Die entsprechenden Grundsätze müssten auch in Bezug auf das Datum der Inkraftsetzung durch den Bundesrat gelten (zurückhaltender: BGer, Urteil 6P.136/2005 vom 27.2.2006, E. 12.1, kritisiert von Hangartner, St. Galler Kommentar BV, Art. 190 Rz. 24 m.H.). Ob die Verordnung zweckmässig ist, überprüft das Bundesgericht nicht; es prüft jedoch, ob sie das im Gesetz festgelegte Ziel mit verhältnismässigen Mitteln erreicht (BGer, Urteil 2C_46/2011 vom 7.6.2011, E. 4; BGE 122 I 411 E. 3b). In anderen Entscheiden ist allerdings nur von der Prüfung der Eignung die Rede, die wohl als Prüfung auf Willkür aufgefasst wird (BGE 136 V 24 E. 7.1; 130 V 472 E. 6.1). Wurde eine Verordnung von der Bundesversammlung genehmigt, was mit einfachem Bundesbeschluss erfolgt (Art. 29 Abs. 1 ParlG), ändert dies an der Prüfungsbefugnis des Bundesgerichts nichts; es stellt jedoch ein Indiz dar, dass die Verhältnismässigkeit gegeben ist (BGE 116 Ib 410 E. 3b; vgl. auch BGE 104 Ib 412 E. 4). Für *selbständige Verordnungen,* worunter insbesondere Vollziehungsverordnungen fallen, gilt das Gesagte sinngemäss: Die Verordnung darf nur insoweit wegen Verfassungswidrigkeit nicht angewendet werden, als damit nicht zugleich auch dem zu vollziehenden Bundesgesetz die Anwendung versagt wird. Das Bundesgericht prüft, ob die selbständige Verordnung mit den sachbezogenen Vorgaben der Verfassungsvorschrift, auf welcher sie beruht, harmoniert und ob sie andere Verfassungsnormen verletzt. Es greift nicht in den Gestaltungsspielraum des Bundesrates ein, sondern prüft nur, ob der Bundesrat seine Kompetenzen überschritten hat, und ermittelt den Umfang dieser Kompetenzen (BGE 128 II 222 E. 3.2.1 m.H.), welche sich aus dem zu vollziehenden Gesetz ergeben. Sinngemäss dasselbe wie für Verordnungen des Bundesrats müsste auch für *Parlamentsverordnungen* gelten. 1570

Kantonale Erlasse werden vom Anwendungsgebot ebenfalls erfasst, soweit sie bloss ein Bundesgesetz umsetzen (BGE 136 I 49 E. 3.2). Art. 190 BV bindet das Bundesgericht jedoch nicht an die kantonale Regelung, wenn zwischen dieser und dem verfassungswidrigen Bundesgesetz kein besonders enger Konnex in dem Sinn besteht, dass das Bundesgesetz den kantonalen Gesetzgeber 1571 zwingt, eine Regelung so und nicht anders zu treffen (BGE 135 V 172 E. 5; 132 I 68 E. 4.3.2). In diesem Sinn ist das Bundesgericht etwa an bestimmte kantonale Normen gebunden, die vom eidgenössischen Steuerharmonisierungsgesetz zwingend verlangt werden (BGE 136 I 49 E. 4–6; 130 II 509 E. 9; vgl. auch BGE 130 I 26 E. 2.2; Gegenbeispiele: BGE 136 I 87 E. 3.3 [Zürcher Polizeigesetz vom 23.4.2007]; 132 I 68 E. 4.3.4; 126 I 1 E. 2g; vgl. auch hinten, Rz. 1701 f.). Die kantonale Regelung ist dagegen nicht anzuwenden bzw. (wenn es sich um ein abstraktes Normenkontrollverfahren handelt) aufzuheben, wenn sie sich auf ein verfassungswidriges Bundesgesetz stützt oder diesem entspricht, ohne dass dies vom Bundesgesetz vorgeschrieben würde (vgl. zum Ganzen auch Biaggini, BV-Kommentar, Art. 190 N. 12).

B. Bindung an die Gewährleistung von Kantonsverfassungen

1572 *Literatur:* BIAGGINI GIOVANNI, BV-Kommentar, Art. 51 N. 25 f.; RUCH ALEXANDER, in: Ehrenzeller/Mastronardi/Schweizer/Vallender, St. Galler Kommentar BV, Art. 51 Rz. 19; SIDLER LISBETH, Gewährleistung von Kantonsverfassungen, in: Festschrift für Heinrich Koller, Basel 2006, S. 281 ff.; TÖNDURY ANDREA MARCEL, Bundesstaatliche Einheit und kantonale Demokratie. Die Gewährleistung der Kantonsverfassungen nach Art. 51 BV, Zürich u.a. 2004, S. 133 ff., 335 ff.

1573 Das Bundesgericht überprüft kantonale Verfassungsbestimmungen auch nicht vorfrageweise auf ihre Vereinbarkeit mit übergeordnetem älterem Recht, weil es sich an die Gewährleistung durch die Bundesversammlung – die heute in Art. 51 Abs. 2 und Art. 172 Abs. 2 BV vorgesehen ist – gebunden sieht (BGE 121 I 138 E. 5c). Es prüft die Kantonsverfassungen dagegen auf ihre Übereinstimmung mit nachträglich geändertem übergeordnetem Recht, worunter auch die Weiterentwicklung ungeschriebener Verfassungsprinzipien durch die Praxis fällt (BGer, Urteil 1C_407/2011 vom 19.3.2012, E. 3; BGE 131 I 126 E. 3.1; 121 I 138 E. 5c/aa–bb). Das Inkrafttreten der Bundesverfassung von 1999 allein, soweit sich diese auf die Nachführung des geltenden Verfassungsrechts beschränkte, soll dagegen die Überprüfungsbefugnis nicht auslösen (BGE 131 I 85 E. 2.4; kritisch Biaggini, BV-Kommentar, Art. 51 N. 25 m.H.).

1574 Die Praxis reicht weit zurück, wurde aber auch vielfach kritisiert und verschiedentlich modifiziert (vgl. zur Übersicht über die Entwicklung: BGE 121 I 138 E. 5c/aa; 104 Ia 215 E. 1b). In einem jüngeren Entscheid liess das Bundesgericht ausdrücklich offen, ob es an ihr festhalten wolle (BGE 131 I 85 E. 2.4). Sie bezieht sich nur auf die Gewährleistung von Kantonsverfassungen, nicht aber auf die Genehmigung anderer Erlasse durch die Bundesversammlung (vgl. BGE 104 Ib 412 E. 4).

C. Anfechtung vorsorglicher Massnahmen

1575 Laut Art. 98 BGG kann bei der Anfechtung vorsorglicher Massnahmen nur die Verletzung verfassungsmässiger Rechte gerügt werden. Der Bundesrat führte für diese Einschränkung drei Gründe an: Erstens solle sich das Bundesgericht nicht mehrmals mit identischen Fragen in derselben Angelegenheit befassen müssen; zweitens sollten die vorsorglichen Massnahmen nicht mit voller Kognition überprüft werden, weil sie nicht auf einer vollständigen Abklärung aller Tat- und Rechtsfragen beruhten; drittens drohe andernfalls eine unnötige Erhöhung der Geschäftslast des Bundesgerichts vor allem in Zivilsachen (BBl 2001, 4336 f.; vgl. auch Schott, Basler Kommentar BGG, Art. 98 N. 9; zu den vorsorglichen Massnahmen vgl. hinten, Rz. 1601, zu den verfassungsmässigen Rechten hinten, Rz. 1760 ff.). Dass der Bundesgesetzgeber nicht zwischen der Beschwerde in Zivilsachen und der Beschwerde in öffentlich-rechtlichen Angelegenheiten unterschieden hat, ist sachlich nicht gerechtfertigt. In öffentlich-rechtlichen Angelegenheiten, namentlich wenn es um die Anwendung von Art. 55 f. VwVG geht, sollte dem Bundesgericht dieselbe Kognition wie in der Hauptsache zukommen.

4. Lockerungen der Prüfungsdichte

Das Bundesgericht überprüft die Ausübung von *Ermessen* nicht (Art. 95–98 BGG; z.B. BGE 137 V 71 E. 5.1). Im Gegensatz dazu ist die Auslegung und Konkretisierung *unbestimmter Rechtsbegriffe* grundsätzlich eine Aufgabe des Gerichts (BGE 135 II 384 E. 2.2.2). Die Grenzlinie kann allerdings nicht klar gezogen werden (zum Ganzen vgl. vorne, Rz. 1046 ff.). 1576

Wenn die Gesetzesauslegung ergibt, dass der Gesetzgeber mit der offenen Normierung der Verwaltungsbehörde einen zu respektierenden Beurteilungsspielraum einräumen wollte, schränkt das Bundesgericht seine Kognition entsprechend ein (BGE 135 II 384 E. 2.2.2). Es handelt sich um eine Reduktion der *Prüfungsdichte* (vgl. vorne, Rz. 1050 ff.; Schott, Basler Kommentar BGG, Art. 95 N. 12a). Zurückhaltung bei der Überprüfung des angefochtenen Entscheids übt das Bundesgericht namentlich in folgenden typischen Fällen: 1577
– Einer Vorinstanz kommt in der betreffenden Frage *besonderes Fachwissen* zu, oder eine Fachkommission hat eine gesetzlich vorgesehene *Begutachtung* vorgenommen. In diesem Zusammenhang wird der Begriff des «technischen Ermessens» verwendet, der neben eigentlichem Ermessen auch Beurteilungsspielräume bei der Ausfüllung unbestimmter Rechtsbegriffe umfasst. Beispiele sind etwa: der Antrag der kantonalen Tierversuchskommission (heute Art. 34 Abs. 2 TSchG; BGE 135 II 384 E. 3.4.1) oder ein Spielraum, welcher der Kommunikationskommission (vgl. Art. 56 f. FMG) in «Fachfragen sowohl übermittlungstechnischer als auch ökonomischer Ausrichtung» eingeräumt wird (BGE 132 II 257 E. 3.2). Bei der Überprüfung der Entscheide fachlich spezialisierter Vorinstanzen und der Begutachtungen durch sachkundige Spezialbehörden orientiert sich das Bundesgericht an der Pra-

xis zur Prüfung von Gutachten (BGE 135 II 384 E. 3.4.1; vgl. dazu vorne, Rz. 485).
- Es sind *örtliche Verhältnisse* beachtlich, welche die zuständigen kantonalen Behörden besser kennen (BGE 136 II 539 E. 3.2: Tempo-30-Zone; BGer, Urteil 1C_200/2009 vom 19.2.2010, E. 5: Rodungsbewilligung; BGer, Urteil 2C_38/2007 vom 9.7.2007, E. 2: Schätzung eines Immobilienwerts). Jedenfalls bei kantonalen Entscheiden im Bereich des Denkmalschutzes legt das Bundesgericht seine Zurückhaltung selbst dann nicht ab, wenn es einen Augenschein vorgenommen hat (BGer, Urteil 1C_300/2011 vom 3.2.2012, E. 5.1.1). Es hat damit seine frühere Praxis zur staatsrechtlichen Beschwerde übernommen.
- Es sind *planerische Aspekte* einzubeziehen (BGer, Urteil 1A.168/2005 vom 1.6.2006, E. 2.2).
- Es sind *Schätzungen* oder *Modelle für schematische Bewertungen* zu prüfen (BGE 138 II 77 E. 6.4: Modell für die schematische Beurteilung immissionsbedingter Wertverluste; BGer, Urteil 2C_38/2007 vom 9.7.2007, E. 2).
- Es sind *persönliche Verhältnisse* zu beurteilen (BGer, Urteil 1A.275/2006 vom 23.7.2007, E. 2.3). In diese Kategorie eingereiht werden kann etwa die Bewertung von Arbeitsleistungen (BGer, Urteil 8C_818/2010 vom 2.8.2011, E. 3.4; BGE 118 Ib 164 E. 4b). Zurückhaltung auferlegt sich das Bundesgericht auch bei der Beurteilung von *Prüfungen* (BGE 136 I 229 E. 6.2), die aber im Verfahren der subsidiären Verfassungsbeschwerde geschieht (vgl. Art. 83 lit. t BGG).

1578 In diesen Fällen beschränkt sich das Bundesgericht auf die Prüfung, ob die Vorinstanzen die wesentlichen Gesichtspunkte berücksichtigten und die erforderlichen Abklärungen sorgfältig und umfassend durchführten, wenn sie einen unbestimmten Rechtsbegriff zu konkretisieren hatten (BGE 135 II 384 E. 2.2.2), bzw. ob sie die betroffenen Interessen vollständig erfassten sowie sachgerecht und sorgfältig gewichteten, wenn eine Interessenabwägung vorzunehmen war (BGer, 1C_200/2009 vom 19.2.2010, E. 5). Die Zurückhaltung ist nicht angezeigt, soweit sich die Vorinstanzen oder Fachkommissionen nicht auf ihre besonderen Kenntnisse gestützt haben, sondern auf allgemeine oder rechtliche Überlegungen (vgl. BGE 136 I 121 E. 4.2; 114 V 153 E. 4b).

1579 Ansatzpunkt der Zurückhaltung ist die *offene Normierung* namentlich in Form des unbestimmten Rechtsbegriffs oder des Vorschreibens einer Interessenabwägung. In diesen Fällen lautet die massgebliche Frage, wer zur Konkretisierung zuständig sein soll. Die Antwort ist aufgrund des Normzwecks und der Funktionen der betreffenden Behörden zu geben. Erst wenn sich aus dieser Prüfung ergibt, dass die Aufgabe einer Vorinstanz obliegen soll, ist das Bundesgericht zur Reduktion der Prüfungsdichte berechtigt. Dabei sind jedoch die verfassungsmässigen Rechte und Prinzipien zu berücksichtigen (vgl. zum Ganzen sinngemäss vorne, Rz. 1050 ff.).

Bei der *Auslegung des kantonalen Rechts,* soweit sie überhaupt zulässig ist, sind noch Reste einer einstmals starken, föderalistisch begründeten Zurückhaltung festzustellen (vgl. BGE 1, 314 E. 4). Heute schliesst sich das Bundesgericht bei der Auslegung kantonalen Rechts über das Stimm- und Wahlrecht in «ausgesprochenen Zweifelsfällen» der von den obersten kantonalen Organen (Volk und Parlament) vertretenen Auffassung an (BGE 135 I 19 E. 4). Bei der Auslegung kantonalen Verfassungsrechts wird die Auslegung durch kantonale Behörden mitberücksichtigt (vgl. BGE 131 I 366 E. 2.4).

1580

5. Feststellung des Sachverhaltes

Literatur: KIENER/RÜTSCHE/KUHN, Verfahrensrecht, N. 1480 ff.; MEYER ULRICH/BÜHLER ALFRED, Eintreten und *Kognition* nach BGG, Anwaltsrevue 2008, S. 491 ff.; MEYER ULRICH/DORMANN JOHANNA, in: Niggli/Uebersax/Wiprächtiger, Basler Kommentar BGG, Art. 105 f.; RHINOW/KOLLER/KISS/THURNHERR/BRÜHL-MOSER, Prozessrecht, Rz. 1963 ff.; RÜTSCHE BERNHARD/SCHNEIDER DANIELLE, Die Sachverhaltsfeststellung als arbeitsteiliger Prozess. Ein neuer Blick auf den Untersuchungsgrundsatz im öffentlichen Verfahren, in: Bommer Felix/Berti Stephen V. (Hrsg.), Verfahrensrecht am Beginn einer neuen Epoche, Festgabe zum Schweizerischen Juristentag 2011, Zürich u.a. 2011, S. 67 ff.; SCHOTT MARKUS, in: Niggli/Uebersax/Wiprächtiger, Basler Kommentar BGG, Art. 95 N. 27 ff., Art. 97; SEILER HANSJÖRG, in: Seiler/von Werdt/Güngerich, Handkommentar BGG, Art. 97; VON WERDT NICOLAS, in: Seiler/von Werdt/Güngerich, Handkommentar BGG, Art. 105; ZEITER LIONEL, La distinction du fait et du droit dans les recours de droit administratif auprès du Tribunal fédéral, Lausanne 2005.

1581

Zur Bindung des Bundesgerichts an die Sachverhaltsfeststellung äussert sich das BGG an verschiedenen Stellen. Art. 97 BGG besagt unter dem Titel Beschwerdegründe, dass die Feststellung des Sachverhalts nur gerügt werden kann, wenn sie offensichtlich unrichtig ist oder auf einer Rechtsverletzung im Sinn von Art. 95 BGG beruht und wenn die Behebung des Mangels für den Ausgang des Verfahrens entscheidend sein kann. Art. 97 BGG stellt eine Eintretensvoraussetzung auf, indem er den zulässigen Beschwerdegrund umschreibt. Gleichzeitig ist die Beschwerde ausreichend zu begründen, damit das Bundesgericht auf die entsprechende Rüge eintritt (vgl. zum grundsätzlich geltenden Rügeprinzip auch in Bezug auf die Sachverhaltsfeststellung hinten, Rz. 1621 f.). Art. 105 Abs. 2 BGG, der mit Art. 97 BGG korrespondiert, gibt dem Bundesgericht auf, die Sachverhaltsfeststellung der Vorinstanz von Amtes wegen zu berichtigen oder zu ergänzen, wenn sie offensichtlich unrichtig ist oder auf einer Rechtsverletzung im Sinn von Art. 95 BGG beruht. Die Untersuchungsmaxime gilt damit nur in sehr beschränkten Umfang (dazu hinten, Rz. 1621). Art. 97 Abs. 1 und Art. 105 Abs. 2 BGG gelten auch, wenn die Vorinstanz keine richterliche Behörde ist, was in den Fällen von Art. 86 Abs. 3 und Art. 88 BGG der Fall sein kann (Seiler, Handkommentar BGG, Art. 97 N. 6).

1582

Weil das Bundesgericht grundsätzlich an die Sachverhaltsfeststellung der Vorinstanz gebunden ist (Art. 105 Abs. 1 BGG) und diese nur aus den in Art. 97

1583

Abs. 1 BGG genannten Gründen als unrichtig gerügt werden kann, sind Tat- und Rechtsfragen voneinander zu trennen. Tatfrage ist, ob sich die rechtserheblichen Tatsachen verwirklicht haben; die Rechtsfrage dagegen beschlägt die rechtliche Würdigung der Tatsachen (anschaulich dazu BGE 116 Ib 299 E. 2d).

1584 Zur *Sachverhaltsfrage* gehört zum Beispiel:
- die Beweiswürdigung wie auch die antizipierte Beweiswürdigung;
- die Bestimmung und Abschätzung von Wahrscheinlichkeiten (Schott, Basler Kommentar BGG, Art. 95 N. 29);
- die Würdigung von Expertisen (Seiler, Handkommentar BGG, Art. 97 N. 12; BGE 136 II 539 E. 3.2);
- das Wissen und Verstehen einer Person (BGE 137 II 222 E. 7.4);
- die Feststellung der tatsächlichen Umstände, welche auf das Vorliegen eines Wohnsitzes im Sinne der Absicht des dauernden Verbleibens schliessen lassen können (BGE 136 II 405 E. 4.3 und 4.5; vgl. auch BGE 137 V 415 E. 4.3.2).

1585 Als *Rechtsfrage* qualifiziert hat die neuere Rechtsprechung zum Beispiel:
- die Frage, ob die festgestellte Tatsache entscheidwesentlich ist (Schott, Basler Kommentar BGG, Art. 95 N. 30);
- die Frage des Beweismasses und der Beweislast (Seiler, Handkommentar BGG, Art. 97 N. 13);
- die Schlussfolgerung aus den tatsächlichen Umständen, ob der Wohnsitz in der Schweiz gegeben ist – bzw. dass er im konkreten Fall gerade nicht vorlag (BGE 136 II 405 E. 4.3 und 4.5);
- die Frage, ob ein bestimmter Umstand in die Interessenabwägung einzubeziehen ist, zum Beispiel die Angewiesenheit auf das Fahrzeug für die Berufsausübung bei der Beurteilung eines Führerausweisentzugs (BGE 136 II 447 E. 2.2);
- die Beurteilung, ob die Anordnung einer Tempo-30-Zone – die gestützt auf ein Gutachten erfolgt – nötig, zweck- und verhältnismässig ist, wobei sich das Gericht bei der Beurteilung der örtlichen Verhältnisse Zurückhaltung auferlegt (BGE 136 II 539 E. 3.2; vgl. dazu vorne, Rz. 1577).

1586 Allgemein ist davon auszugehen, dass namentlich bei der Interessenabwägung, welcher im Verwaltungsrecht eine grosse Bedeutung zukommt, Sachverhalts- und Rechtsfragen eng verflochten sind (vgl. Häfelin/Müller/Uhlmann, Verwaltungsrecht, Rz. 217).

1587 Als Beschwerdegrund nennt das Gesetz die *offensichtlich unrichtige Sachverhaltsfeststellung*. Es geht dabei um einen Beschwerdegrund, der nicht mit der Willkür gleichgesetzt werden sollte, sondern eine eigenständige Ausprägung hat (Meyer/Dormann, Basler Kommentar BGG, Art. 105 N. 52; vgl. auch vorne, Rz. 1522). In der Praxis hat sich diese – an sich richtige Sichtweise – aber nicht durchgesetzt. Das Bundesgericht setzt die offensichtlich unrichtige Sachverhaltsfeststellung mit der willkürlichen Sachverhaltsfeststellung gleich (BGE 137 I 58 E. 4.1.2; 135 II 145 E. 8.1; noch unklar BGE 133 II 249 E. 1.4.3; vgl. dazu

Meyer/Dormann, Basler Kommentar BGG, Art. 105 Rz. 56 und Art. 106 Rz. 20; Meyer/Bühler, Kognition, S. 493). Willkürlich ist die Sachverhaltsfeststellung, wenn diese offensichtlich unhaltbar ist, in offensichtlichem Widerspruch zu den Akten steht oder dem Gerechtigkeitsempfinden widerspricht, wenn die Behörde ohne vernünftigen Grund eine wesentliche Tatsache unberücksichtigt lässt, sich über deren Sinn und Tragweite täuscht oder wenn sie aufgrund des Tatsachenfundamentes unhaltbare Feststellungen trifft (BGE 137 I 58 E. 4.1.2; vgl. als Beispiel einer offensichtlichen Aktenwidrigkeit: BGE 132 II 290 E. 3.2.2). Geht es – z.B. im Arzneimittelrecht – um die Würdigung von wissenschaftlichen Studien, müssen die aus den Studien gezogenen Schlüsse eindeutig und augenfällig unzutreffend sein (BGE 136 I 184 E. 1.2). Ein Abweichen von einem Gutachten muss sich auf triftige Gründe abstützen. Ergibt sich jedoch aus den Umständen, dass die Glaubwürdigkeit (bzw. Glaubhaftigkeit) des Gutachtens ernsthaft erschüttert ist, verfällt die Vorinstanz in Willkür, wenn sie keine ergänzenden Abklärungen anordnet (BGE 130 I 337 E. 5.4.2).

1588 Den anderen Beschwerdegrund bildet *die auf einer Rechtsverletzung im Sinne von Art. 95 BGG* beruhende Sachverhaltsfeststellung. Die Rechtsverletzung kann in einer Verletzung von Bundesrecht bestehen, zum Beispiel von Vorschriften des VwVG oder spezialgesetzlichen Verfahrensvorschriften, oder aber in der Verletzung von verfassungsmässigen Rechten, insbesondere von Verfahrensgrundrechten (Art. 29 BV; Art. 6 EMRK). Geht es um die Sachverhaltsermittlung im kantonalen Verfahren und somit um die Anwendung von kantonalen Verfahrensvorschriften, werden die Parteien nur die Verletzung verfassungsmässiger Rechte (insbesondere des Willkürverbots) geltend machen können, weil die Verletzung von kantonalem Recht vor Bundesgericht nur im Hinblick auf Bundesrechtsverletzungen gerügt werden kann (BGE 137 V 57 E. 1.3). Lässt die Vorinstanz erhebliche Tatsachenvorbringen unberücksichtigt, verletzt sie das rechtliche Gehör gemäss Art. 29 BV, was zugleich zu einer unvollständigen Sachverhaltsfeststellung führt (BGE 137 II 122 E. 3.6 f. betreffend Feststellung des Wohnsitzes).

1589 Als rechtsverletzend gilt denn auch, wenn der *Sachverhalt unvollständig* festgestellt wird (BGE 137 I 58 E. 4.1.2). Ist der Sachverhalt unvollständig, betrifft dies die materielle Rechtsverwirklichung, weshalb eine Rechtsfrage und nicht eine Tatfrage vorliegt. Auch wenn die unvollständige Sachverhaltsfeststellung nicht ausdrücklich im Gesetz steht, wird sie vom Bundesgericht geprüft, soweit dieses zur Rechtskontrolle befugt ist (BBl 2001 4338; Seiler, Handkommentar BGG, Art. 97 N. 24; Meyer/Bühler, Kognition, S. 496; vgl. beispielhaft den eben zitierten BGE 137 II 122 E. 3.6 f.; zudem BGE 135 II 369 E. 3.1).

1590 Nach Art. 97 Abs. 1 BGG kann der Beschwerdegrund der offensichtlich unrichtigen oder auf einer Rechtsverletzung im Sinne von Art. 95 BGG beruhenden Sachverhaltsfeststellung nur geltend gemacht werden, wenn die Behebung des Mangels *für den Ausgang des Verfahrens entscheidend* sein kann. Dabei muss der Einfluss auf das Verfahren nur glaubhaft gemacht werden (vgl. dazu vorne, Rz. 1522; BGE 137 II 122 E. 3.4). Als Beispiel kann auf den erwähnten BGE 137 II 122 E. 3.6 f. verwiesen werden, wo die Verletzung des rechtlichen Gehörs für den Ausgang des Verfahrens entscheidend war, weil die vom Beschwerdeführer vorgebrachten, aber von der Vorinstanz unberücksichtigten Umstände für die Beurteilung der massgeblichen Frage des Wohnsitzes relevant waren. Das Erfordernis, dass der geltend gemachte Mangel in der Sachverhaltsfeststellung Einfluss auf den Ausgang des Verfahrens hat, fällt mit dem aufgrund von Art. 89 BGG geltend zu machenden Rechtsschutzinteresse zusammen (so zu Recht Schott, Basler Kommentar BGG, Art. 97 Rz. 22). Fraglich ist jedoch, wie sich diese Voraussetzung mit der formellen Natur des rechtlichen Gehörs (vgl. vorne, Rz. 174, 216) vereinbaren lässt. Es ist nicht ersichtlich, dass der Bundesgesetzgeber diesen Anspruch aufheben wollte (BBl 2001 4338). Wenn die Sachverhaltsfeststellung unter Verletzung des rechtlichen Gehörs zustande gekommen ist, sollte das Bundesgericht deshalb grundsätzlich unabhängig von der Prüfung der Bedeutung für den Verfahrensausgang auf die Rüge der Verletzung des Gehörsanspruchs eintreten. Das Bundesgericht kann die Verletzung des rechtlichen Gehörs gegebenenfalls selbst heilen, soweit es seine eingeschränkte Kognition zulässt und dies keinen Nachteil für die beschwerdeführende Partei bedeutet (BGE 135 I 279 E. 2.6.2), oder aber das Verfahren an die Vorinstanz zurückweisen (Art. 107 Abs. 2 BGG; a.M. Seiler, Handkommentar BGG, Art. 97 N. 26).

1591 Art. 97 Abs. 2 BGG sieht in einem eng beschränkten Rahmen die freie Prüfung des Sachverhalts vor, nämlich wenn es um die Zusprechung oder Verweigerung von Geldleistungen der Militär- oder Unfallversicherung geht. Der Gesetzgeber wollte mit dieser Bestimmung mangelhafte Sachverhaltsfeststellungen vermeiden, weil Letztere einen grossen Einfluss auf die Höhe der Geldleistung (d.h. Renten, Taggelder etc.) haben können (BGE 135 V 194 E. 3.4; 135 V 413 E. 1.2.2; Seiler, Handkommentar BGG, Art. 97 N. 28). Es ist sachlich nicht einsichtig, weshalb diese Ausnahme nur für die Militär- und Unfallversicherung zugelassen wurde, jedoch nicht auch für die Invaliditätsversicherung. Die Bestimmung bildet das Ergebnis eines politischen Kompromisses, wobei Bestrebungen im Gang sind, die Bestimmung zu ändern (dazu eingehend Schott, Basler Kommentar BGG, Art. 97 Rz. 26 f.; vgl. hinten, Rz. 1843).

V. Wirkungen der Beschwerde und vorsorgliche Massnahmen

1. Devolutive Wirkung

1592 Die Beschwerde in öffentlich-rechtlichen Angelegenheiten ist ein *devolutives Rechtsmittel,* da die Befugnisse der Vorinstanz, über den Streitgegenstand zu entscheiden, an das Bundesgericht übergehen. Das BGG enthält im Gegensatz zum VwVG keine Vorschrift, welche die Wiedererwägung der vorinstanzlichen Verfügung während des Verfahrens vor Bundesgericht vorsieht (vgl. Art. 58 VwVG). Art. 58 VwVG wird jedoch analog angewendet. Dabei wird die Wiedererwägung bis zum Ablauf der Vernehmlassungsfrist zugelassen (vgl. die Ausführungen dazu vorne, Rz. 705 ff.). Eine Anerkennung der Anträge der beschwerdeführenden Partei durch die Verwaltungsbehörde ist demzufolge nach Ablauf der Vernehmlassungsfrist ausgeschlossen und wird vom Bundesgericht nur noch als Antrag entgegengenommen.

2. Aufschiebende Wirkung und andere vorsorgliche Massnahmen

Literatur: CORBOZ BERNARD, in: Corboz/Wurzburger/Ferrari/Frésard/Aubry Girardin, Commentaire de la LTF, Art. 103 f.; DONZALLAZ, Commentaire, Art. 103 f.; HÄNER ISABELLE, *Vorsorgliche Massnahmen* im Verwaltungsverfahren und Verwaltungsprozess, ZSR 1997 II, S. 253 ff.; KIENER/RÜTSCHE/KUHN, Verfahrensrecht, N. 1233 ff.; MERKLI THOMAS, *Vorsorgliche Massnahmen* und die aufschiebende Wirkung bei Beschwerden in öffentlich-rechtlichen Angelegenheiten und subsidiären Verfassungsbeschwerden, ZBl 2008, S. 416 ff.; MEYER ULRICH/DORMANN JOHANNA, in: Niggli/Uebersax/Wiprächtiger, Basler Kommentar BGG, Art. 103 f.; RHINOW/KOLLER/KISS/THURNHERR/BRÜHL-MOSER, Prozessrecht, Rz. 1997 ff.; SPÜHLER/DOLGE/VOCK, Kurzkommentar BGG, Art. 103 f.; STEINMANN GEROLD, *Vorläufiger Rechtsschutz* im Verwaltungsbeschwerdeverfahren und im Verwaltungsgerichtsverfahren, ZBl 1993, S. 141 ff.; VON WERDT NICOLAS, in: SEILER/VON WERDT/GÜNGERICH, Handkommentar BGG, Art. 103 f.; vgl. auch die in Rz. 558, 1068 zitierte Literatur.

1593

A. Keine aufschiebende Wirkung

Die Beschwerde an das Bundesgericht hat grundsätzlich keine aufschiebende Wirkung (Art. 103 Abs. 1 BGG). Diese ist nur in Ausnahmefällen vorgesehen, zum Beispiel unter gewissen Voraussetzungen im Verfahren auf dem Gebiet der internationalen Rechtshilfe in Strafsachen (Art. 103 Abs. 2 lit. c BGG; vgl. zudem Art. 21 Abs. 4 IRSG, dazu hinten, Rz. 2081). Das Bundesgericht spricht sich allerdings für eine enge Auslegung der Ausnahmen in Abs. 2 aus (BGer, Urteil 4A_116/2007 vom 27.6.2007, E. 2). Der Instruktionsrichter oder die Instruktionsrichterin kann über die aufschiebende Wirkung von Amtes wegen oder auf Antrag einer Partei eine andere Anordnung treffen. Die Anordnung ist nicht anfechtbar (Art. 32 Abs. 3 BGG).

1594

Das Bundesgericht hat festgestellt, dass Art. 103 Abs. 1 BGG gegenüber dem früheren Art. 111 OG keine Änderung bewirkt (BGE 133 II 132 E. 3.1), ausser dass Entscheide über die Verpflichtung zu einer Geldleistung nicht mehr von Gesetzes wegen aufschiebende Wirkung haben, sondern ebenfalls unter Art. 103 Abs. 1 BGG fallen. Der Gesetzgeber wollte mit dem grundsätzlichen Entzug der aufschiebenden Wirkung der Beschwerde an das Bundesgericht einer «falschen Attraktivität» des Rechtsmittels entgegenwirken (BGer, Urteil 4A_116/2007 vom 27.6.2007, E. 2).

1595

Nach der bisherigen Rechtsprechung zu Art. 111 OG – das Bundesgericht publiziert die Zwischenentscheide nicht, sodass die Praxis nicht zugänglich ist –

1596

ging das Bundesgericht davon aus, dass für die Anordnung der aufschiebenden Wirkung ein Nachteil vorliegen muss, der die Interessen an der sofortigen Wirksamkeit der Verfügung überwiegt (vgl. BGE 115 Ib 64 S. 67; 117 Ib 51 E. 5b). Das Bundesgericht geht somit davon aus, dass nicht vorweg sehr gewichtige Gründe vorliegen müssen; aber die Gründe müssen von einigem Gewicht sein. Bei überwiegendem Interesse ist die aufschiebende Wirkung zu gewähren. In der Literatur wird betont, dass es auf den einzelnen Fall und die konkrete rechtliche Ausgangslage ankommt. Die Auffassung, dass die Abweichung vom Grundsatz gemäss Art. 103 Abs. 1 BGG bzw. die Gewährung der aufschiebenden Wirkung nur unter strengen Voraussetzungen erlaubt sei, wird in der Lehre überwiegend abgelehnt (Meyer/Dormann, Basler Kommentar BGG, Art. 103 N. 12; Merkli, Vorsorgliche Massnahmen, S. 423; a.M. Xaver Baumberger, Aufschiebende Wirkung bundesrechtlicher Rechtsmittel im öffentlichen Recht, Zürich 2006, S. 177). Die Entscheidprognose wird einbezogen, wenn sie eindeutig ist. Bei der abstrakten Normenkontrolle wird die aufschiebende Wirkung selten gewährt, weil das Interesse an der Inkraftsetzung des Erlasses meistens vorgeht (Merkli, Vorsorgliche Massnahmen, S. 425 f.).

1597 Das Bundesgericht prüft den Entzug der aufschiebenden Wirkung ebenfalls in einem summarischen Verfahren. Gegebenenfalls drängen sich superprovisorische Anordnungen auf, wenn Dringlichkeit besteht. Auch im Verfahren vor Bundesgericht können sofort nach Erlass des vorinstanzlichen Entscheids vorsorgliche Massnahmen beantragt werden, vorausgesetzt, die Beschwerde wird zuvor anhängig gemacht und die ausreichende Begründung innert Rechtsmittelfrist nachgereicht (vgl. dazu vorne, Rz. 1080).

1598 Kann im vereinfachten Verfahren ein Entscheid gefällt werden, erübrigt sich unter Umständen der Entscheid über die aufschiebende Wirkung (vgl. als Beispiel BGer, Urteil 8C_916/2009 vom 4.12.2009, E. 3).

1599 Wird die aufschiebende Wirkung angeordnet, hindert dies die Vollstreckung des vorinstanzlichen Entscheids (vgl. BGE 119 V 503 E. 2; vgl. dazu auch vorne, Rz. 1069).

1600 Die Ausnahmen, die in Art. 103 Abs. 2 BGG genannt werden, sind nicht abschliessend zu verstehen. Dem Bundesgesetzgeber steht es nach wie vor frei, von Art. 103 Abs. 1 BGG abweichende Bestimmungen zu erlassen. Dementsprechend blieben die herkömmlichen Ausnahmen in den Sachgesetzen auch weitgehend bestehen (zum Beispiel Art. 47 WaG, vgl. dazu BGE 119 Ib 302; Art. 21 Abs. 4 IRSG, dazu auch hinten, Rz. 2081).

B. Vorsorgliche Massnahmen

1601 Der Instruktionsrichter bzw. die Instruktionsrichterin können überdies nach Eingang der Beschwerdeschrift auf Antrag einer Partei hin oder von Amtes wegen auch andere *vorsorgliche Massnahmen* anordnen. Diese haben gestützt auf den Wortlaut von Art. 104 BGG zum Zweck, einen bestehenden Zustand zu erhalten oder bedrohte Interessen sicherzustellen. Im Hinblick auf diese Zwecksetzung müssen die angeordneten vorsorglichen Massnahmen dem Verhältnismässigkeitsprinzip entsprechen. Sie müssen in einem sachlichen Zusammenhang mit dem Regelungsgegenstand stehen und dürfen nicht weiter gehen als das Prozessergebnis (Merkli, Vorsorgliche Massnahmen, S. 418). Der Hauptsacheentscheid sollte weder präjudiziert noch vorweggenommen werden (vgl. dazu auch vorne, Rz. 561 ff., 1090).

C. Haftung bei ungerechtfertigter Anordnung

Die *Staatshaftung* für die ungerechtfertigte Gewährung oder Nichtgewährung der aufschiebenden Wirkung und für ungerechtfertigte vorsorgliche Massnahmen richtet sich ausschliesslich nach dem Verantwortlichkeitsgesetz, weil das BGG keine Art. 55 Abs. 4 VwVG entsprechende Spezialnorm enthält. Fragwürdig scheint indessen die Anwendung von Art. 12 VG, wonach im Verantwortlichkeitsverfahren formell rechtskräftige Verfügungen und Entscheide nicht mehr überprüft werden können. Die Unterstellung des Bundesgerichts unter das Verantwortlichkeitsgesetz würde dadurch weitgehend illusorisch (Häner, Vorsorgliche Massnahmen, S. 399; offengelassen in BGE 118 Ia 488 E. 1c; für die Nichtanwendbarkeit von Art. 12 VG auch Merkli, Vorsorgliche Massnahmen, S. 428 f.). 1602

Geht der Prozess für die *privaten Parteien* ungünstig aus, stellt sich die Frage, ob diese für die von ihnen beantragten vorsorglichen Massnahmen vermögensrechtlich zur Verantwortung gezogen werden können. Infrage kämen die Haftung nach Art. 41 ff. OR und die Kausalhaftung nach Art. 84 BZP i.V.m. Art. 71 BGG. Das Bundesgericht hat die Anwendung von Art. 84 BZP bei staatsrechtlichen Beschwerden im Zusammenhang mit zivilrechtlichen Verfahren auch schon bejaht (vgl. zuletzt BGE 112 II 34). In der Lehre wird die Anwendung von Art. 84 BZP zu Recht überwiegend verneint (verneinend Häner, Vorsorgliche Massnahmen, S. 402 f.; Steinmann, Vorläufiger Rechtsschutz, S. 154 f.; Merkli, Vorsorgliche Massnahmen, S. 429; bejahend Attilio R. Gadola, Die unbegründete Drittbeschwerde im öffentlichrechtlichen Bauprozess, ZBl 1994, S. 97 ff., 112 ff.). 1603

VI. Das Verfahren vor Bundesgericht

Literatur: AEMISEGGER HEINZ, Vereinfachtes Verfahren, Art. 108 und Art. 109 BGG. Instruktionsverfahren, Art. 32 BGG, in: Ehrenzeller/Schweizer, Bundesrechtspflege, S. 475 ff.; *ders.,* Öffentlichkeit und Justiz, in: Tschannen, Bundesrechtspflege, S. 375 ff.; AUBRY GIRARDIN FLORENCE, in: Corboz/Wurzburger/Ferrari/Frésard/Aubry Girardin, Commentaire de la LTF, Art. 32–38; BELSER EVA MARIA/BACHER BETTINA, in: Niggli/Uebersax/Wiprächtiger, Basler Kommentar BGG, Art. 108 f.; CORBOZ BERNARD, in: Corboz/Wurzburger/Ferrari/Frésard/Aubry Girardin, Commentaire de la LTF, Art. 57–59; DONZALLAZ, Commentaire, Art. 32–38, 57–59 und 108 f.; FRÉSARD JEAN-MAURICE, 1604 in: Corboz/Wurzburger/Ferrari/Frésard/Aubry Girardin, Commentaire de la LTF, Art. 57–59; GELZER PHILIPP, in: Niggli/Uebersax/Wiprächtiger, Basler Kommentar BGG, Art. 55 N. 33; GRÜNVOGEL ROGER, Das einzelrichterliche Verfahren nach Art. 108 BGG, AJP 2011, S. 59 ff.; GÜNGERICH ANDREAS, in: Seiler/von Werdt/Güngerich, Bundesgerichtsgesetz, Art. 32–38; HÄNER ISABELLE, in: Niggli/Uebersax/Wiprächtiger, Basler Kommentar BGG, Art. 34–38; HÄRRI MATTHIAS, in: Niggli/ Uebersax/Wiprächtiger, Basler Kommentar BGG, Art. 32 f.; HEIMGARTNER STEFAN/WIPRÄCHTIGER HANS, in: Niggli/Uebersax/Wiprächtiger, Basler Kommentar BGG, Art. 57–59; KIENER/RÜTSCHE/ KUHN, Verfahrensrecht, N. 1163 ff.; MEYER ULRICH/DORMANN JOHANNA, in: Niggli/Uebersax/Wiprächtiger, Kommentar BGG, Art. 102 und 105 f.; MERZ LAURENT, in: Niggli/Uebersax/Wiprächtiger, Basler Kommentar BGG, Art. 42 N. 3 f.; RHINOW/KOLLER/KISS/THURNHERR/BRÜHL-MOSER, Prozessrecht, Rz. 1997 ff.; POUDRET, Commentaire, Vol. I, Art. 17, 22 ff., 36a und 36b; SEILER HANSJÖRG, in: Seiler/von Werdt/Güngerich, Handkommentar BGG, Art. 108 f.; SPÜHLER/DOLGE/VOCK, Kurzkommentar BGG, Art. 32–38, 57–59 und 108 f.; UEBERSAX PETER, in: Niggli/Uebersax/Wiprächtiger, Basler Kommentar BGG, Art. 54; vgl. auch die Literatur in Rz. 189, 592, 1093.

1. Ausstand

1605 Für den Ausstand kann im Wesentlichen auf die Ausführungen zum Verfahren vor Bundesverwaltungsgericht verwiesen werden, für welches ebenfalls die Bestimmungen von Art. 34–38 BGG gelten (vgl. vorne, Rz. 1096 ff.). Weil die für das Bundesgericht geltenden Unvereinbarkeitsbestimmungen weniger eng gefasst sind als diejenigen für das Bundesverwaltungsgericht und das Bundesgericht namentlich auch nebenamtliche Richterinnen und Richter kennt, haben die Bestimmungen über den Ausstand in den Verfahren vor Bundesgericht eine grössere Bedeutung. Der Ausstandspflicht unterstehen alle «Gerichtspersonen»; dieser Oberbegriff umfasst sowohl die Richterinnen und Richter als auch die Gerichtsschreiberinnen und -schreiber (Art. 34 Abs. 1 BGG).

1606 Die in Art. 34 Abs. 1 BGG aufgezählten Ausstandsgründe betreffen einerseits die persönlichen Interessen (lit. a). Persönliche Interessen waren zum Beispiel in folgendem Fall betroffen: Ein kantonales Verwaltungsgericht hatte eine steuerrechtliche Übergangsbestimmung betreffend Nachlasssteuern auszulegen, was Auswirkungen auf ein Steuerverfahren hatte, in welchem ein mitwirkender Richter selbst Partei war, wobei das gerichtliche Urteil zu beträchtlichen Steuerfolgen für den betreffenden Richter führen konnte (BGE 136 II 383 E. 4.4). Sodann wird die Tätigkeit in einer anderen Stellung, zum Beispiel als Mitglied einer Behörde, in der gleichen Sache erwähnt (Art. 34 Abs. 1 lit. b BGG). Damit dieser Ausstandsgrund erfüllt ist, muss die Gerichtsperson in der gleichen Sache tätig gewesen sein (Häner, Basler Kommentar BGG, Art. 34 N. 9), während die Tätigkeit für oder gegen eine Prozesspartei in einer anderen Sache, insbesondere als Anwalt oder Anwältin, vom Auffangtatbestand der anderen Gründe gemäss Art. 34 Abs. 1 lit. e BGG erfasst wird. Das Bundesgericht hat seine diesbezügliche Praxis weiter verfeinert. In Anknüpfung an die bisherige Praxis hält das Bundesgericht zunächst fest, dass ein noch offenes Mandat für eine Prozesspartei oder eine zwar abgeschlossene, aber mehrmalige Vertretung (oder Beratung) oder ein erst vor Kurzem abgeschlossenes Mandatsverhältnis den Anschein der Befangenheit erwecke (BGE 135 I 14 E. 4.1 m.H.). Auf der anderen Seite werde aber auch der Anschein der Befangenheit erweckt, wenn der Richter oder die Richterin eine Gegenpartei eines Prozessbeteiligten in einem anderen Verfahren vertritt oder vor Kurzem vertreten habe (BGE 135 I 14 E. 4.3). Im Übrigen verneint das Bundesgericht den Anschein der Befangenheit, wenn die Gerichtsperson im unterinstanzlichen Verfahren als Anwalt oder Anwältin auftritt (vgl. die Zusammenfassung der Rechtsprechung dazu in BGE 133 I 1 E. 6.4). Dort (E. 6.4.4) stand die Frage zum Entscheid, ob die Gerichtspersonen der unteren Instanz befangen sein könnten, wenn der Richter der oberen Instanz als Anwalt auftritt, was im Ergebnis verneint wurde (E. 6.7).

Art. 34 Abs. 1 lit. c und d BGG betreffen schliesslich die verwandtschaftlichen Beziehungen und die Beziehungen durch Ehe, Partnerschaften und Lebensgemeinschaften zu den Parteien, ihren Vertretungen sowie zu den Mitgliedern der Vorinstanz. Hinzuweisen ist sodann auf Art. 34 Abs. 2 BGG, der ausdrücklich festhält, dass die Mitwirkung in einem früheren Verfahren des Bundesgerichts für sich allein keinen Ausstandsgrund bildet (vgl. dazu vorne, Rz. 1099). 1607

Grundsätzlich sind die Ausstandsgründe von Amtes wegen zu beachten (Art. 35 BGG). Nach Art. 36 Abs. 1 BGG ist ein Ausstandsbegehren schriftlich zu stellen, sobald die Partei Kenntnis vom Ausstandsgrund erhalten hat. Die Ausstandsgründe sind glaubhaft zu machen. Weil das Bundesgericht die am Verfahren beteiligten Gerichtspersonen nicht vorweg bekannt gibt, muss dementsprechend die publizierte Liste konsultiert werden (vgl. dazu vorne, Rz. 1103). Wenn die betreffende Gerichtsperson oder aber eine Richterin bzw. ein Richter der Abteilung den Ausstand bestreiten, entscheidet die Abteilung unter Ausschluss der betroffenen Gerichtsperson und ohne Anhörung der Gegenpartei über das Begehren (Art. 37 Abs. 1 und Abs. 2 BGG). Dieser Entscheid ist endgültig. 1608

Die Rechtsfolgen einer Verletzung der Ausstandspflicht sind Art. 38 BGG zu entnehmen. Grundsätzlich sind die Amtshandlungen zu wiederholen, wobei nicht wiederholbare Beweisabnahmen berücksichtigt werden dürfen. Erhalten die Verfahrensbeteiligten aber erst nach Abschluss des Verfahrens Kenntnis vom Ausstandsgrund, gelten die Bestimmungen über die Revision (Art. 38 Abs. 3 BGG; vgl. dazu auch vorne, Rz. 1102 sowie zur Revision hinten, Rz. 1788). 1609

2. Instruktion

Die Instruktion des Verfahrens vor Bundesgericht obliegt dem Präsidenten oder der Präsidentin der Abteilung, wobei eine Delegation an einen anderen Richter oder an eine andere Richterin zulässig ist (Art. 32 Abs. 1 BGG). Art. 32 Abs. 3 BGG bestimmt sodann, dass die Verfügungen des Instruktionsrichters 1610 oder der Instruktionsrichterin nicht anfechtbar sind (Ausnahme: Art. 120 Abs. 3 BGG i.V.m. Art. 80 BZP). Aufgabe des Instruktionsrichters bzw. der Instruktionsrichterin ist es, das Verfahren bis zum Entscheid zu leiten. Der Instruktionsrichter bzw. die Instruktionsrichterin zieht den Kostenvorschuss ein, leitet den Schriftenwechsel und entscheidet insbesondere auch über beantragte vorsorgliche Massnahmen (Art. 104 BGG) oder die Gewährung der aufschiebenden Wirkung (Art. 103 Abs. 3 BGG). Er oder sie entscheidet über die Gewährung der unentgeltlichen Rechtspflege (Art. 62 Abs. 3 BGG). Sodann leitet er oder sie das Beweisverfahren (Art. 55 BGG), soweit das Bundesgericht ein solches überhaupt durchführt (vgl. Art. 105 Abs. 1 und Art. 107 Abs. 2 BGG). Das Beweisverfahren kann der Instruktionsrichter auch der zuständigen eidgenössischen oder kantonalen Behörde übertragen (Art. 55 Abs. 1 BGG). Gelzer (Basler Kommentar BGG, Art. 55 N. 33) wendet dagegen zu Recht ein, dass davon nur ausnahmsweise Gebrauch gemacht werden sollte, weil das Unmittelbarkeitsprinzip gerade das Kernelement namentlich von Zeugeneinvernahme, Augenschein und Parteiverhör darstellt. Zu den Zeugeneinvernahmen, dem Augenschein und dem Parteiverhör hat der Instruktionsrichter oder die Instruktionsrichterin denn auch einen zweiten Richter oder eine zweite Richterin beizuziehen (Art. 55 Abs. 3 BGG; vgl. auch Art. 39 Abs. 2 VGG).

1611 In Bezug auf das Beweisverfahren, falls ein solches überhaupt durchgeführt wird, gelten die Bestimmungen von Art. 36, 37 und 39–65 BZP. Die Beweismittel sind in Art. 42–65 BZP geregelt und betreffen Zeugen, Urkunden, Augenschein und das Parteiverhör. Art. 56 BGG hält den bereits aus dem Anspruch auf rechtliches Gehör abgeleiteten Grundsatz fest, dass die Parteien berechtigt sind, den Beweiserhebungen beizuwohnen und in die vorgelegten Urkunden Einsicht zu nehmen. Gehen Geheimhaltungsinteressen vor und muss das rechtliche Gehör verweigert werden, darf das Gericht das Beweismittel nur dann zum Nachteil einer Partei verwenden, wenn es dieser Partei den für die Sache wesentlichen Inhalt mitgeteilt und Gelegenheit gegeben hat, sich zu äussern und Gegenbeweismittel zu nennen (vgl. zum Anspruch auf rechtliches Gehör vorne, Rz. 505).

3. Schriftenwechsel und Parteiverhandlung

A. Schriftenwechsel

1612 Soweit erforderlich, stellt das Bundesgericht die Beschwerde der Vorinstanz sowie den allfälligen anderen Parteien, Beteiligten oder zur Beschwerde berechtigten Behörden zu und setzt Frist zur Einreichung einer Vernehmlassung an (Art. 102 Abs. 1 BGG). Dass der Schriftenwechsel nur soweit als notwendig durchgeführt werden muss, bedeutet, dass er dann nicht angeordnet werden muss, wenn es voraussichtlich beim vorinstanzlichen Entscheid bleibt – solange sich diese Einschätzung im Lauf des Verfahrens nicht ändert, sondern verfestigt. Der Verzicht auf den Schriftenwechsel gilt also nicht nur dann, wenn das vereinfachte Verfahren nach Art. 108 oder 109 BGG durchzuführen ist, sondern ist auch im ordentlichen Verfahren möglich, wenn eine Beschwerde zwar nicht offensichtlich unzulässig bzw. unbegründet ist, aber dennoch aller Voraussicht nach abzuweisen ist. Der Entscheid sollte jedoch auch in diesen Fällen möglichst rasch gefällt werden (Meyer/Dormann, Basler Kommentar BGG, Art. 102 N. 5).

Die in die Vernehmlassung einzubeziehenden Adressaten und Adressatinnen sind grundsätzlich dieselben wie diejenigen im Verfahren vor Bundesverwaltungsgericht (vgl. dazu vorne, Rz. 1113 ff.): Es sind dies die Gegenparteien, d.h. entweder das die Verfügung erlassende Gemeinwesen (Gemeinde, Kanton oder Bund) oder Private (z.B. Nachbarn, Konkurrenten etc.). Zu beachten ist, dass stets das betreffende Gemeinwesen als Partei auftritt und nicht die einzelne Behörde. Die Gegenparteien werden in Art. 102 Abs. 1 BGG zwar nicht ausdrücklich erwähnt, sind aber selbstverständlich zur Beschwerdeantwort einzuladen. Einzuladen ist sodann die Vorinstanz; diese hat gleichzeitig die Vorakten einzureichen (Art. 102 Abs. 2 BGG). Die in Art. 102 Abs. 1 BGG genannten weiteren Beteiligten sind diejenigen, welche durch den Entscheid direkt oder indirekt betroffen sein könnten und somit eine ausreichende Beziehungsnähe zur Streitsache aufweisen, ohne dass ihnen Parteistellung zukäme (BGE 135 II 384 E. 1.2; vgl. dazu auch vorne, Rz. 1115). Parteirechte können diese Beteiligten denn auch nicht beanspruchen. Immerhin stellt sich aber die Frage, ob gestützt auf Art. 102 BGG Beizuladenden, soweit dies vor Bundesgericht überhaupt noch bedeutsam werden kann (vgl. Art. 89 Abs. 1 lit. a BGG), die Parteistellung nicht einzuräumen wäre. Schliesslich nennt Art. 102 Abs. 1 BGG – im Gegensatz zu Art. 57 Abs. 1 VwVG – auch die zur Beschwerde berechtigten Behörden (gemäss Art. 89 Abs. 2 lit. a–d BGG). Zwar erscheint es fragwürdig, diese auch einzubeziehen, wenn sie selbst das Rechtsmittel nicht eingelegt und damit die Beschwerdefrist versäumt haben. Da es aber um die Vertretung öffentlicher Interessen geht, ist dieses Vorgehen grundsätzlich gerechtfertigt. Parteistellung kann ihnen in diesem Fall jedoch nicht eingeräumt werden. Anders verhält es sich nur dann, wenn die genannten Behörden gleichzeitig beigeladen werden können, weil sich das Urteil des Bundesgerichts zum Nachteil der von ihnen vertretenen öffentlichen Interessen auswirken könnte, mithin das Bundesgericht anders als die Vorinstanz entscheiden könnte. Für die Beiladung kann Art. 102 BGG als Grundlage dienen (vgl. dazu vorne, Rz. 452, 929 ff.). 1613

In den Vernehmlassungsschriften können – soweit die zur Vernehmlassung Eingeladenen auch Parteistellung haben oder es sich um die Vorinstanz handelt – auch Anträge gestellt werden. Dabei sind diese aber wiederum nur beachtlich, soweit sie den Zusammenhang mit dem Streitgegenstand wahren. Auch in dieser Hinsicht ist zu berücksichtigen, dass die *Anschlussbeschwerde* nicht vorgesehen ist und die Vernehmlassung nicht deren Funktion übernehmen kann (BGE 136 II 508 E. 1.3). Eine Ausnahme gilt jedoch bei Rückwei- 1614 sungsentscheiden, die beiden Parteien teilweise Recht geben. Erhebt nur eine Partei Beschwerde gegen einen Rückweisungsentscheid an das Bundesgericht und die andere nicht und tritt das Bundesgericht auf die Beschwerde ein, hätte dies zur Folge, dass die nicht beschwerdeführende Partei den Rückweisungsentscheid nicht mehr mit dem Hauptentscheid anfechten könnte (wie dies in Art. 93 Abs. 3 BGG vorgesehen ist), namentlich wenn die Beschwerde gutzuheissen ist. Aus diesem Grund lässt das Bundesgericht in diesen Fällen die nicht beschwerdeführende Partei vernehmlassungsweise mit Anträgen zu, die sich gegen den für sie nachteiligen Rückweisungsentscheid richten (BGE 138 V 106 E. 2.2).

1615 Es gilt auch hier, dass an die Vernehmlassungsschriften dieselben Anforderungen zu stellen sind wie an die Beschwerdeschriften, soweit sich die Eingeladenen vernehmen lassen wollen. Die Gegenparteien und die anderen Vernehmlassungsbeteiligten haben folglich die Begründungsanforderungen gemäss Art. 42 Abs. 2 und Art. 97 i.V.m. Art. 105 Abs. 2 BGG sowie Art. 106 Abs. 2 BGG zu beachten.

1616 Ein zweiter Schriftenwechsel vor Bundesgericht bildet die Ausnahme (Art. 102 Abs. 3 BGG). Allerdings beachtet auch das Bundesgericht entsprechend seiner Praxis das Replikrecht (vorne, Rz. 214, 1119).

B. Parteiverhandlung

1617 Art. 57 BGG sieht vor, dass der Abteilungspräsident oder die Abteilungspräsidentin mündliche Parteiverhandlungen anordnen kann. Diese sind – so sie anberaumt werden – öffentlich (Art. 59 Abs. 1 BGG). Diese Bestimmung dürfte, weil das Bundesgericht im Regelfall nur eine Rechtsüberprüfung vornimmt, sehr selten angewendet werden. Nimmt aber das Bundesgericht aufgrund von Art. 105 Abs. 1 BGG eigene Sachverhaltsabklärungen vor, ist eine mündliche und damit öffentliche Parteiverhandlung denkbar. Art. 6 Ziff. 1 EMRK wird dadurch, dass im Regelfall keine mündliche Parteiverhandlung stattfindet, nicht verletzt, weil gerade in den Art. 6 Ziff. 1 EMRK betreffenden Fällen gerichtliche Vorinstanzen mit voller Kognition entscheiden. Art. 30 Abs. 3 BV steht dem ebenfalls nicht entgegen, weil diese Bestimmung nur gilt, falls das Gesetz mündliche Parteiverhandlungen vorsieht. Im schriftlichen Verfahren kommt sie nicht zur Anwendung (vgl. BGE 133 I 106 E. 8.2; vgl. zur Kritik vorne, Rz. 224). Als einzige Instanz entscheidet das Bundesgericht allerdings im Klageverfahren (Art. 120 BGG). Mündliche öffentliche Verhandlungen sind dort somit durchzuführen (vgl. dazu hinten, Rz. 1797 ff.).

1618 Infolge seiner beschränkten Kognition kann das Bundesgericht auch nur in seltenen Fällen eine Verletzung von Art. 6 Ziff. 1 EMRK durch das vorinstanzliche Gericht heilen.

4. Verfahrenssprache

Rechtsschriften an das Bundesgericht sind in einer Amtssprache abzufassen (Art. 42 Abs. 1 BGG). Private sind bei deren Wahl grundsätzlich frei, während Bundesbehörden die von den Betroffenen verwendete Amtssprache gebrauchen sollten (BGE 130 I 234 E. 3.5). Handelt es sich um Beschwerden gegen ausländerrechtlichen Freiheitsentzug, nimmt das Bundesgericht regelmässig auch fremdsprachige Beschwerden entgegen (Laurent Merz, in: Niggli/Uebersax/Wiprächtiger, Basler Kommentar BGG, Art. 41 N. 16). Unabhängig von der Sprache der Rechtsschrift wird im Beschwerdeverfahren in der Regel die Sprache des angefochtenen Entscheids als *Verfahrenssprache* verwendet. Benützen die Parteien eine andere Amtssprache, kann das Verfahren in dieser Sprache geführt werden (Art. 54 Abs. 1 BGG). Die Regelung der Verfahrenssprache im Beschwerdeverfahren gemäss Art. 54 BGG entspricht jener von Art. 33a Abs. 2–4 VwVG (in Verbindung mit Art. 37 VGG) für das verwaltungsinterne streitige Verfahren und das Beschwerdeverfahren vor Bundesverwaltungsgericht (vgl. dazu vorne, Rz. 595 ff.).

1619

5. Verfahrensdisziplin

Die gesetzliche Grundlage für Disziplinarmassnahmen findet sich in Art. 33 BGG. Diese Bestimmung entspricht im Wesentlichen derjenigen von Art. 60 VwVG (vgl. dazu vorne, Rz. 1129 ff.). Als böswillig im Sinn des heutigen Art. 33 Abs. 2 BGG erachtete es das Bundesgericht, als ein Anwalt wichtige Tatsachen verheimlichte, um für seine Mandantin einen günstigen Entscheid zu erwirken und Geld aus der Opferhilfe zu erlangen: Er hatte verheimlicht, dass seine Mandantschaft zivilrechtlich entschädigt worden war und keine zivilrechtliche Forderung mehr bestand, weshalb es bereits an der Beschwerdelegitimation fehlte (BGE 121 IV 317 E. 4). Auch für das Bundesgericht gilt die Meldepflicht gemäss Art. 15 Abs. 2 BGFA, wenn sich eine Disziplinarmassnahme gegen einen Anwalt oder eine Anwältin richtet.

1620

6. Untersuchungsmaxime und Grundsatz der Rechtsanwendung von Amtes wegen

Das Bundesgericht ist grundsätzlich an die Feststellung des Sachverhalts durch die Vorinstanz gebunden (Art. 105 Abs. 1 BGG). Der Untersuchungsgrundsatz gilt nur ausnahmsweise, nämlich wenn die Voraussetzungen gemäss Art. 105 Abs. 2 BGG erfüllt sind. Der Sachverhalt muss demnach offensichtlich unrichtig sein oder auf einer Rechtsverletzung gemäss Art. 95 BGG beruhen. Der Untersuchungsgrundsatz kommt einerseits auf entsprechende Rüge hin zur Anwen-

1621

dung. Es sind andererseits aber auch Fälle denkbar, in welchen das Bundesgericht von Amtes wegen einschreitet.

1622 Das Bundesgericht tritt nur auf entsprechende *Rügen* ein, wenn diese den Anforderungen von Art. 42 Abs. 2 i.V.m. 97 BGG und allenfalls Art. 106 Abs. 2 BGG entsprechen (dazu vorne, Rz. 1515 f., 1519 ff.), wenn also die Parteien ihre Mitwirkungspflichten erfüllt haben. Der Untersuchungsgrundsatz gilt somit nur insoweit, als einerseits eine ausreichend begründete Beschwerde vorliegt, die Parteien somit ihrer Mitwirkungspflicht nachgekommen sind, und die Voraussetzungen nach Art. 105 Abs. 2 BGG tatsächlich erfüllt sind. Zudem muss das Bundesgericht, wenn es einen offensichtlich unrichtigen oder auf Rechtsverletzung beruhenden Sachverhalt feststellt, nicht zwingend die weiteren Beweise erheben, sondern kann die Sache an die Vorinstanz zurückweisen (Art. 107 Abs. 2 BGG). Selbst entscheiden dürfte das Bundesgericht dann, wenn sich sämtliche Beweismittel ausreichend aus den Akten ergeben (vgl. dazu auch hinten, Rz. 1642).

1623 *Von Amtes wegen* untersucht das Bundesgericht den Sachverhalt – ohne dass die Parteien die Mitwirkungspflichten vollumfänglich erfüllen – um ein Fehlurteil zu vermeiden, falls es entweder aufgrund von substanziierten Rügen zum Sachverhalt auf die offensichtlichen Mängel in der Sachverhaltsermittlung stösst oder aber qualifizierte Sachverhaltsmängel geradezu ins Auge springen, (vgl. dazu vorne, Rz. 1582 ff. m.H.).

1624 Die *Rechtsanwendung* erfolgt hingegen grundsätzlich von Amtes wegen (Art. 106 Abs. 1 BGG). Sie bestimmt sich nach dem Streitgegenstand (BGE 136 II 457 E. 4.2). Die Begründungspflicht für die Beschwerdeführenden gemäss Art. 42 Abs. 2 BGG schränkt jedoch den Grundsatz der Rechtsanwendung von Amtes wegen wiederum ein. Das Bundesgericht geht allfälligen Rechtsmängeln im vorinstanzlichen Entscheid von sich aus nur nach, wenn diese offensichtlich sind (vgl. BGE 133 II 249 E. 1.4, sowie vorne, Rz. 1520). An die *rechtliche Begründung* der Beschwerde durch die Parteien ist das Bundesgericht ebenso wenig gebunden wie an diejenige des vorinstanzlichen Entscheids. Es kann somit die Beschwerde aus anderen als den vorgebrachten Gründen gutheissen oder abweisen; es kann aber auch den Entscheid der Vorinstanz mit anderer Begründung bestätigen (BGE 134 V 250 E. 1.2; 135 I 91 E. 2.1; Motivsubstitution). Unter Umständen hat die Motivsubstitution Auswirkungen auf die Sachverhaltsfeststellung. In diesem Fall muss die Bindung gemäss Art. 105 Abs. 1 BGG entfallen (so Meyer/Dormann, Basler Kommentar BGG, Art. 106 N. 14). Der Grundsatz der Rechtsanwendung von Amtes wegen wird schliesslich auch durch das aus Art. 106 Abs. 2 BGG abgeleitete *Rügeprinzip* eingeschränkt. In Bezug auf die Verletzung von Grundrechten und von kantonalem und interkantonalem Recht ist es notwendig, dass diese Rügen in der Beschwerde vorgebracht werden. Das Bundesgericht verlangt eine detaillierte, den Tatbestandselementen der als verletzt gerügten Norm folgende Begründung (vgl. dazu vorne, Rz. 1521). Wird nur eine teilweise Verletzung der Norm gerügt, prüft das Bundesgericht die übrigen Tatbestandselemente nicht von Amtes wegen.

7. Ordentliches Verfahren und Zusammensetzung des Spruchkörpers

Die Urteile werden in den Abteilungen gefällt. Die Abteilung entscheidet in der Regel in der Besetzung mit drei Richtern (Art. 20 Abs. 1 BGG). Über Rechtsfragen von grundsätzlicher Bedeutung oder auf Anordnung des Präsidenten oder der Präsidentin der Abteilung entscheidet die Abteilung in Fünferbesetzung (Art. 20 Abs. 2 BGG). In Fünferbesetzung tagt die Abteilung nach Art. 20 Abs. 3 BGG sodann, wenn es um Beschwerden gegen referendumspflichtige kantonale Erlasse geht oder um solche gegen kantonale Entscheide über die Zulässigkeit einer Initiative oder über das Erfordernis eines Referendums. Liegen Angelegenheiten einer Gemeinde oder anderer Körperschaften des kantonalen Rechts im Streit, gilt wiederum die Besetzung mit drei Richtern bzw. Richterinnen (Art. 20 Abs. 3 BGG). 1625

Der Spruchkörper wird jeweils vom Abteilungspräsidenten oder der Abteilungspräsidentin bestimmt (Art. 40 Abs. 1 BGerR). Dabei haben er oder sie die Kriterien gemäss Art. 40 Abs. 2 BGerR zu beachten wie zum Beispiel die Ausgewogenheit der Belastung, die Ausgewogenheit nach Sprache und Geschlecht, die Fachkenntnisse etc. Art. 42 BGerR verlangt eine jährliche Berichterstattung über die Zusammensetzung des Spruchkörpers sowie die Erhebung von statistischen Angaben durch das Generalsekretariat, die von allen ordentlichen Richterinnen und Richtern eingesehen werden können. 1626

Das Bundesgericht berät den Entscheid mündlich, wenn der Abteilungspräsident oder die Abteilungspräsidentin dies anordnet oder eine Richterin oder ein Richter dies verlangt oder wenn keine Einstimmigkeit herrscht. Im Übrigen aber entscheidet das Gericht auf dem Weg der Aktenzirkulation (Art. 58 BGG). Wird eine mündliche Beratung infolge mangelnder Einstimmigkeit durchgeführt, entscheidet die Mehrheit der Stimmen des Spruchkörpers. 1627

Mündliche Beratungen und Abstimmungen sind – wie die mündliche Parteiverhandlung – stets *öffentlich,* es sei denn, es bestünden überwiegende Geheimhaltungsinteressen (Art. 59 Abs. 1 und Abs. 2 BGG). Allerdings werden die meisten Entscheide ohne öffentliche Beratung im vereinfachten Verfahren oder im Zirkularverfahren gefällt (Art. 108 f. und 58 Abs. 2 BGG). Die Bestimmung von Art. 59 Abs. 2 BGG über die Geheimhaltungsinteressen soll restriktiv ausgelegt werden (Heimgartner/Wiprächtiger, Basler Kommentar BGG, Art. 59 N. 55). Zur Verkündung und zur Publikation der Entscheide vgl. hinten, Rz. 1668 ff. 1628

8. Vereinfachtes Verfahren

A. Kompetenz des Einzelrichters oder der Einzelrichterin

1629 Der Präsident oder die Präsidentin der Abteilungen entscheidet als Einzelrichter bzw. als Einzelrichterin in den in Art. 108 Abs. 1 BGG genannten Fällen. Er bzw. sie kann auch eine andere Richterin oder einen anderen Richter damit betrauen (Art. 108 Abs. 2 BGG).

1630 Die einzelrichterlichen Kompetenzen betreffen Nichteintretensentscheide in offensichtlichen Fällen. Zum einen geht es um Entscheide über Nichteintreten auf offensichtlich unzulässige Beschwerden (Art. 108 Abs. 1 lit. a BGG); dies ist der Fall, wenn die Eintretensvoraussetzungen offensichtlich fehlen. Dabei sollte allerdings dort, wo die Eintretensvoraussetzungen aufgrund von unbestimmten Rechtsbegriffen zu prüfen sind, Zurückhaltung bei der Anwendung von Art. 108 Abs. 1 lit. a BGG geübt werden. Dies gilt namentlich, wenn die Zuständigkeit des Bundesgerichts vom Vorliegen einer Rechtsfrage von grundsätzlicher Bedeutung bzw. eines besonders bedeutenden Falles abhängt (vgl. Art. 83 lit. f Ziff. 1, Art. 84, 84a und Art. 85 Abs. 2 BGG; Belser/Bacher, Basler Kommentar BGG, Art. 108 N. 7a m.H.), kann aber auch für die Legitimationsvoraussetzungen bei Drittbeschwerden gelten. Zum andern erwähnt Art. 108 Abs. 1 lit. b BGG die offensichtlich nicht gemäss Art. 42 Abs. 2 BGG hinreichend begründeten Beschwerden und Art. 108 Abs. 1 lit. c BGG die querulatorischen oder rechtsmissbräuchlichen Beschwerden. Art. 108 BGG gilt nicht für das Klageverfahren.

B. Dreierbesetzung

1631 Nach Art. 109 Abs. 1 BGG entscheidet das Bundesgericht im vereinfachten Verfahren in Dreierbesetzung über Nichteintreten auf Beschwerden, bei denen sich keine Rechtsfrage von grundsätzlicher Bedeutung stellt (vgl. dazu z.B. Art. 83 lit. f Ziff. 2 BGG) oder kein besonders bedeutender Fall (Art. 84 Abs. 2 BGG) vorliegt, wenn die Beschwerde nur unter dieser Bedingung zulässig ist (Art. 83–85 BGG; zu den Begriffen vgl. vorne, Rz. 1416, 1474 ff. sowie hinten, Rz. 2079). Art. 109 Abs. 1 BGG kommt in Abgrenzung zu Art. 108 BGG somit zur Anwendung, wenn die Eintretensvoraussetzungen nicht offensichtlich fehlen.

1632 Ferner können in Dreierbesetzung bei Einstimmigkeit offensichtlich unbegründete Beschwerden abgewiesen oder offensichtlich begründete Beschwerden gutgeheissen werden (Art. 109 Abs. 2 BGG). Art. 109 kommt im Klageverfahren nach Art. 120 BGG nicht zur Anwendung.

VII. Beschwerdeentscheid

Literatur: AUBRY GIRARDIN FLORENCE, in: Corboz/Wurzburger/Ferrari/Frésard/Aubry Girardin, Commentaire de la LTF, Art. 69 f.; BESSON MICHEL, Praxisänderung des Bundesgerichts bei der Auferlegung von Gerichtskosten, Jusletter, 18.2.2008; BÜHLER JACQUES, in: Niggli/Uebersax/Wiprächtiger, Basler Kommentar BGG, Art. 60 N. 15 ff.; CORBOZ BERNARD, in: Corboz/Wurzburger/Ferrari/Frésard/Aubry Girardin, Commentaire de la LTF, Art. 62–68 und 107; DONZALLAZ, Commentaire, Art. 59 Ziff. 1642 ff., Art. 60–70 und 107; FRÉSARD JEAN-MAURICE, in: Corboz/Wurzburger/Ferrari/Frésard/Aubry Girardin, Commentaire de la LTF, Art. 59 N. 17 f., Art. 60 f.; GEISER THOMAS, in: Niggli/Uebersax/Wiprächtiger, Basler Kommentar BGG, Art. 62–68; HEIMGARTNER STEFAN/WIPRÄCHTIGER HANS, in: Niggli/Uebersax/Wiprächtiger, Basler Kommentar BGG, Art. 59 N. 76 ff., Art. 60 f.; MEYER ULRICH/DORMANN JOHANNA, in: Niggli/Uebersax/Wiprächtiger, Basler Kommentar BGG, Art. 107; RHINOW/KOLLER/KISS/THURNHERR/BRÜHL-MOSER, Prozessrecht, Rz. 1997 ff., 2038 ff.; RÜTSCHE BERNHARD, Rechtsfolgen von *Normenkontrollen,* ZBl 2005, S. 273 ff.; SEILER HANSJÖRG, Rückweisungsentscheide in der neueren Sozialversicherungspraxis des Bundesgerichts, in: Schaffhauser René/Schlauri Franz (Hrsg.), Sozialversicherungsrechtstagung 2008, St. Gallen 2009, S. 9 ff.; *ders.,* in: Seiler/von Werdt/Güngerich, Handkommentar BGG, Art. 62–68; SPÜHLER/DOLGE/Vock, Kurzkommentar BGG, Art. 62–68; TSCHÜMPERLIN PAUL, in: Niggli/Uebersax/Wiprächtiger, Basler Kommentar BGG, Art. 69 f.; UHLMANN FELIX/WÄLLE-BÄR SIMONE, Vollstreckung, in: Geiser/Münch/Uhlmann/Gelzer, Bundesgericht, Rz. 9.1 ff.; vgl. auch die Literatur in Rz. 615, 1144.

1633

1. Keine reformatio in peius vel melius

Im Verfahren der Beschwerde in öffentlich-rechtlichen Angelegenheiten gilt grundsätzlich die Dispositionsmaxime. Das Bundesgericht darf nicht über die Begehren der Parteien hinausgehen (Art. 107 Abs. 1 BGG) und den angefochtenen Entscheid auch nicht zum Nachteil der beschwerdeführenden Partei abändern (z.B. BGer, Urteil 8C_719/2011 vom 15.11.2011, E. 5). Im Gegensatz zum früheren Recht kennt das BGG keine Ausnahmen mehr; vorbehalten bleibt immerhin die Spezialgesetzgebung. Diese kann im Übrigen auch die Anschlussbeschwerde gestatten, die eine ähnliche Wirkung haben kann wie die Zulassung der reformatio in peius (z.B.: Art. 78 Abs. 2 EntG; vgl. dazu BGE 131 II 137 E. 1.2). Die Verletzung des Verbots der reformatio in peius vel melius stellt einen Revisionsgrund dar (Art. 121 lit. b BGG).

1634

Das Bundesgericht kann allerdings einen reformatorischen Entscheid fällen, sofern die Voraussetzungen dafür erfüllt sind, selbst wenn der Beschwerdeantrag nur auf Kassation des angefochtenen Entscheids lautete. Es muss sich jedoch aus der Beschwerdebegründung zweifelsfrei ergeben, dass die beschwerdeführende Person einen reformatorischen Antrag stellen wollte (vgl. vorne, Rz. 1517; Art. 107 Abs. 2 BGG; vgl. auch Meyer/Dormann, Basler Kommentar BGG, Art. 107 N. 3 m.H.). Sodann spricht das Gericht Parteientschädigungen von Amtes wegen zu, sodass kein entsprechender Antrag vorliegen muss (BGer, Urteil 5A_783/2009 vom 5.8.2010, E. 5, gestützt auf Art. 71 BGG i.V.m. Art. 69 Abs. 1 BZP).

1635

1636 Zudem ist die besondere Stellung von Bundesbehörden zu beachten, die sich nach Art. 89 Abs. 2 lit. a und Art. 111 Abs. 2 BGG erst mit *Behördenbeschwerde* an das Bundesgericht gegen den letztinstanzlichen kantonalen Entscheid am Verfahren beteiligen: Weil sie ein Mittel der Bundesaufsicht wahrnehmen, sind sie nicht an eine allfällige Einschränkung des Streitgegenstands im kantonalen Verfahren gebunden und können auch beantragen, die Gegenpartei sei gegenüber der ursprünglichen Verfügung schlechter zu stellen (BGE 136 II 359 E. 1.2; vgl. auch – mit anderer, nicht überzeugender Begründung – BGE 135 V 23 E. 4). Das Bundesamt für Raumentwicklung war daher befugt, mit einer Beschwerde gegen den letztinstanzlichen kantonalen Entscheid den Abbruch sämtlicher widerrechtlicher Bauten auf einem Grundstück zu beantragen, während im kantonalen Verfahren nur der Abbruch einzelner Bauten streitig gewesen war (BGE 136 II 359 E. 1.2; vgl. auch BGE 113 Ib 219 E. 1c).

1637 In diesem Zusammenhang ist sodann die spezielle Konstellation zu erwähnen, dass die *verfügende Instanz* im Beschwerdeverfahren vor der Vorinstanz zulässigerweise eine reformatio in peius gegenüber ihrer eigenen Verfügung beantragt hat (vgl. Art. 61 lit. d ATSG; Art. 62 Abs. 2 VwVG) und mit diesem Begehren erfolglos geblieben ist. Erhebt sie hierauf Beschwerde an das Bundesgericht – wozu eine *spezialgesetzliche Legitimationsbestimmung* im Sinn von Art. 89 Abs. 2 lit. d BGG erforderlich ist –, kann sie das Begehren in der Folge auch vor dem Bundesgericht vorbringen (BGE 138 V 339 E. 2.3.2 f. m.w.H. zum Sozialversicherungsrecht, eine IV-Stelle betreffend).

1638 Der Ausschluss der reformatio in peius vel melius ändert nichts daran, dass das Bundesgericht an die *Begründung der Parteibegehren* nicht gebunden ist, soweit es den Streitgegenstand nicht verändert. Ist etwa die Festlegung der Enteignungsentschädigung streitig, so gilt die Bindung an die Parteibegehren nur bezüglich der beantragten Gesamtsumme. Die einzelnen Entschädigungsposten kann das Bundesgericht hingegen selbst dann korrigieren, wenn einige Posten unbestritten geblieben sind (BGE 131 II 137 E. 1.2; 114 Ib 286 E. 9; 29 II 217 E. 5).

2. Form und Inhalt des Entscheides

1639 Nur das *Dispositiv* des Entscheids erlangt Verbindlichkeit. Der Beschluss über die Verteilung der Gerichtskosten und die Parteientschädigung (vgl. Art. 65–68 BGG) ist ins Dispositiv aufzunehmen. Die *Erwägungen* dienen dagegen der Entscheidbegründung. Sie nehmen nur an der Rechtskraft teil, soweit das Dispositiv auf sie verweist. Im vereinfachten Verfahren genügt eine kurze Angabe des Unzulässigkeitsgrundes (Art. 108 Abs. 3 BGG) bzw. eine summarische Begründung, die aus einer Verweisung auf die Ausführungen im angefochtenen Entscheid bestehen kann (Art. 109 Abs. 3 BGG). Das vollständige Urteil hat die *mitwirkenden Gerichtspersonen* anzugeben (Art. 60 Abs. 1 BGG). Dies ist deshalb notwendig, weil die Verletzung der Vorschriften über die Besetzung des Gerichts oder den Ausstand einen Revisionsgrund bildet (Art. 38 Abs. 3 und Art. 121 lit. a BGG).

Bezüglich der Prozessentscheide kann auf das vorne Ausgeführte verwiesen werden (vgl. vorne, Rz. 1145 ff.). Trifft das Gericht einen materiellen Entscheid, heisst es also die Beschwerde gut und hebt es die Verfügung oder den vorinstanzlichen Entscheid auf, kann es *reformatorisch* entscheiden, also in der Sache selbst Anordnungen treffen, oder aber *kassatorisch,* also den angefochtenen Entscheid bloss aufheben oder die Angelegenheit an die Vorinstanz zur Neubeurteilung zurückweisen. Überdies ist es zulässig, die Sache direkt an die erstinstanzlich verfügende Behörde oder eine untere Rechtsmittelinstanz zurückzuweisen (Art. 107 Abs. 2 BGG; BGer, Urteil 2C_780/2008 vom 15.6.2009, E. 4.1).

1640

Seit dem Inkrafttreten des BGG ist ein reformatorischer Entscheid auch im Bereich des harmonisierten kantonalen Steuerrechts zulässig, da der anders lautende Art. 73 Abs. 3 StHG nicht als lex specialis zu Art. 107 Abs. 2 BGG aufgefasst werden kann (BGE 135 II 260 E. 1.3.2; 134 II 186 E. 1.5; vgl. auch hinten, Rz. 1886 ff.).

1641

Für einen reformatorischen Entscheid müssen gewisse Voraussetzungen gegeben sein: So erfolgt eine Rückweisung, wenn der rechtserhebliche Sachverhalt unvollständig festgestellt wurde und die Voraussetzungen einer Sachverhaltsfeststellung durch das Bundesgericht nach Art. 105 Abs. 2 BGG nicht erfüllt sind (vgl. BGer, Urteil 2C_50/2010 vom 17.6.2010, E. 2.3.4). Eine Rückweisung ist sodann angezeigt, wenn der Vorinstanz ein Beurteilungsspielraum verbleibt (vgl. BBl 2001 4345). Ebenso ist die Sache zurückzuweisen, wenn die Vorinstanz unzulässigerweise einen Nichteintretensentscheid gefällt und die Beschwerde noch nicht materiell behandelt hat – es sei denn, sie habe sich in ihrem Nichteintretensentscheid in einer Eventualbegründung zur Sache geäussert; in diesem Fall kann das Bundesgericht im Sinn der Prozessökonomie von einer Rückweisung absehen und in der Sache entscheiden (z.B. BGer, Urteil 2C_331/2011 vom 25.1.2012, E. 1.4; BGE 123 II 337 E. 9; 118 Ib 26 E. 2b). Weiter kommt es grundsätzlich zu einer Rückweisung, wenn eine Verfahrensgarantie mit «formeller Natur» verletzt wurde (vgl. vorne, Rz. 174, 548, 1517). Schliesslich liess das Bundesgericht offen, ob es ohne gesetzliche Ermächtigung einen reformatorischen Entscheid treffen dürfte, der sich allein auf kantonales Recht zu stützen hätte, oder ob es eine Rückweisung vorzunehmen hätte (BGE 134 III 379 E. 1.3).

1642

Bei einer Rückweisung sind die entscheidwesentlichen Erwägungen für die Vorinstanz verbindlich (BBl 2001 4346). Auch das Bundesgericht erachtet sich als an die rechtlichen Vorgaben im Rückweisungsentscheid gebunden, wenn es sich in einem weiteren Rechtsgang wieder mit der Sache zu befassen hat (BGE 135 III 334 E. 2.1; BGer, Urteil 2C_465/2011 vom 10.2.2012, E. 1.4; vgl. zum Ganzen auch vorne, Rz. 1158).

1643

1644 Schliesslich kann in bestimmten Ausnahmefällen gemäss der Rechtsprechung ein sogenannter *Appellentscheid* gefällt werden, nämlich wenn aus besonderen Gründen die Aufhebung eines verfassungswidrigen Erlasses oder eines Entscheides auf verfassungswidriger Rechtsgrundlage unterbleiben muss. Als Spezialfall kann betrachtet werden, wenn das Bundesgericht bzw. die rechtsanwendenden Behörden aufgrund von Art. 190 BV eine verfassungswidrige Norm der Bundesgesetzgebung anzuwenden haben. Im Übrigen ist gemäss der Praxis auf die Aufhebung des fraglichen Erlasses oder Entscheids zu verzichten, wenn folgende Voraussetzungen erfüllt sind (vgl. BGer, Urteil 2C_670/2008 vom 27.11.2008, E. 6.1; BGE 123 I 56 E. 3c):
- Durch die Aufhebung würde ein eigentlicher rechtsfreier Raum geschaffen oder die Rechtsgemeinschaft würde auf andere Weise der Gefahr eines übermässigen Nachteils ausgesetzt, namentlich weil ein ganzes Regelwerk aus den Angeln gehoben würde, die betreffende wichtige öffentliche Aufgabe vorübergehend nicht mehr erfüllt werden könnte oder eine frühere, ebenfalls verfassungswidrige Regelung wieder in Kraft treten würde;
- das Gericht kann – was als kumulative Voraussetzung aufgefasst werden muss – die entstehende Regelungslücke aufgrund seiner Funktion nicht mit einer Ersatzregelung füllen.

1645 Die genannten Voraussetzungen beruhen auf einer Abwägung der involvierten Interessen. Bei geringfügigeren Verfassungsverletzungen soll laut Bundesgericht eher auf die Aufhebung des Entscheids oder Erlasses verzichtet werden können. Gegebenenfalls begnügt sich das Gericht mit der Feststellung der Verfassungswidrigkeit (BGer, Urteil 2C_670/2008 vom 27.11.2008, E. 6.1; BGE 123 I 56 E. 3c; 110 Ia 7 E. 6; zum Ganzen Rütsche, Normenkontrollen, bes. S. 273 ff., 297 ff., sowie die dort – namentlich S. 275 Fn. 10 – zitierte Literatur). Darin liegt ein Appell an den Gesetzgeber, eine verfassungskonforme Regelung zu erlassen. Das Urteil kann darüber hinaus ausdrücklich an den Gesetzgeber appellieren und allenfalls Hinweise zur verfassungskonformen Umsetzung enthalten. Die Praxis ist nicht einheitlich in Bezug auf die Formulierung des Dispositivs: Es kann auf teilweise Gutheissung und auf Feststellung der Verfassungswidrigkeit lauten, aber auch auf Abweisung, allenfalls «im Sinn der Erwägungen». Die förmliche Feststellung der Verfassungswidrigkeit im Dispositiv will das Bundesgericht – jedenfalls in Stimmrechtssachen – auf Fälle beschränken, in denen konkrete Verpflichtungen des Gesetzgebers zur Herstellung des verfassungsmässigen Zustands festzuhalten sind; wenn jedoch hierfür keine besonderen Vorkehrungen zu treffen sind, soll die Abweisung «im Sinn der Erwägungen» genügen (BGE 138 I 61 E. 8.7). Bei einer Abweisung sollte je nach den Umständen die beschwerdeführende Partei nicht mit den Gerichtskosten belastet werden (vgl. BGE 138 I 61 E. 9). Typische Fälle, in denen Appellentscheide ergehen, betreffen Steuer- und Gebührenerhebungen oder Wahlen auf verfassungswidriger Rechtsgrundlage (vgl. mit Bezug auf Wahlen etwa BGE 136 I 352 E. 5.2; 129 I 185 E. 8.3 und 9).

Beim Appellentscheid handelt es sich um ein tendenziell problematisches Instrument, weil eine verfassungswidrige Rechtslage nicht beseitigt wird. Er sollte daher restriktiv gehandhabt werden und auf die Fälle beschränkt bleiben, in denen erstens die Aufhebung des verfassungswidrigen Erlasses oder Entscheides gravierende Nachteile im Sinn der Bundesgerichtspraxis zur Folge hätte und in denen zweitens die Judikative zur Behebung dieser Konsequenzen aus funktionellen Gründen nicht in der Lage ist. Diese Voraussetzungen müssen kumulativ gegeben sein. Sie sind bereits als Ergebnis einer Abwägung der involvierten Interessen zu verstehen (vgl. zu diesen Interessen Rütsche, Rechtsfolgen, S. 278 ff.). Dem Gericht bleibt zwar dennoch durchaus Beurteilungsspielraum bei der Festsetzung der Rechtsfolgen einer festgestellten Verfassungsverletzung. Dies gilt insbesondere mit Bezug auf die Abschätzung der Folgen eines reformatorischen oder kassatorischen Gerichtsentscheids. Keinesfalls darf der Appellentscheid aber in dem Sinn missverstanden werden, dass der gerichtliche Schutz bei Verfassungsverletzungen unter den Vorbehalt des Überwiegens widersprechender öffentlicher Interessen gestellt werden dürfte.

3. Kosten und Parteientschädigung, unentgeltliche Rechtspflege

A. Anwendbares Recht

Das BGG enthält in Art. 62–68 eine umfassende Regelung der Kosten- und Entschädigungsfolgen. Die Bestimmungen entsprechen im Wesentlichen denjenigen von Art. 63–65 VwVG, weshalb auf diese Ausführungen verwiesen werden kann (vgl. vorne, Rz. 1170 ff.). Auch das Bundesgericht entscheidet über die Kosten und Entschädigungsfolgen von Amtes wegen (Seiler, Handkommentar BGG, Art. 68 Rz. 3; vgl. auch vorne, Rz. 1635).

Das Bundesgericht hat gestützt auf Art. 15 Abs. 1 lit. a und Art. 65 BGG einerseits den Tarif für die Gerichtsgebühren im Verfahren vor Bundesgericht erlassen. Ferner hat es ein Reglement über die Verwaltungsgebühren erlassen und schliesslich sind die Parteientschädigung und die Entschädigung für die amtliche Vertretung im Verfahren in einem separaten Reglement geregelt (Entschädigungsreglement). Dieses Reglement stützt sich auf Art. 15 Abs. 1 lit. a und Art. 68 BGG. (Vgl. SR 173.110.210 1–3; alle Erlasse datieren vom 31.3.2006.)

B. Verfahrenskosten

Art. 65 BGG regelt die Bemessungsgrundlagen für die Gerichtsgebühr. Diese bestimmt sich gemäss Art. 65 Abs. 2 BGG nach dem Streitwert, dem Umfang und der Schwierigkeit der Sache, nach der Art der Prozessführung und der finanziellen Lage der Partei. Nach Art. 65 Abs. 3 BGG beträgt der Gebührenrahmen für Streitigkeiten ohne Vermögensinteressen 200–5000 Franken und für die übrigen Streitigkeiten 200–100 000 Franken. 200–1000 Franken beträgt die Gebühr in Streitigkeiten über Sozialversicherungsleistungen (vgl. BGer, Urteil 8C_241/2008 vom 25.3.2009, E. 9: gilt nicht, wenn sich zwei Sozialversicherungen gegenüberstehen), über Diskriminierungen aufgrund des Geschlechts, aus einem Arbeitsverhältnis mit einem Streitwert bis zu 30 000 Franken und bei Streitigkeiten nach Art. 7 und 8 BehiG. Art. 65 Abs. 5 BGG erlaubt dem Bundesgericht, den Gebührenrahmen in besonderen Fällen zu überschreiten. Dies war der Fall, als das Bundesgericht die Begutachtungspraxis der MEDAS auf ihre Rechtmässigkeit hin überprüfte, was einen überdurchschnittlichen Aufwand zur Folge hatte (BGE 137 V 210 E. 7.2).

1650 Für die Stimmrechtsbeschwerde gemäss Art. 82 lit. c BGG ist kein Erlass der Gerichtsgebühren mehr vorgesehen, wie dies im OG noch der Fall war. Das Bundesgericht hat die Gerichtsgebühr in diesen Fällen somit gemäss Art. 65 Abs. 3 BGG festzulegen. Es berücksichtigt dabei aber die besondere Natur der Streitsache (BGE 133 I 141 E. 4 = Pra 2007 Nr. 100).

1651 Art. 66 Abs. 1 BGG statuiert das *Unterliegerprinzip*. Danach werden die Gerichtskosten grundsätzlich der unterliegenden Partei auferlegt, wobei das Bundesgericht die Kosten auch anders verteilen oder auf die Kostenerhebung verzichten kann (zum Begriff des Obsiegens vgl. vorne, Rz. 1184). Diese Bestimmung ist auch bei Überprüfungsklagen eines Gesellschafters gestützt auf das Fusionsgesetz gegen die Verteilung der Anteils- und Mitgliedschaftsrechte anwendbar. Art. 105 Abs. 3 FusG, welcher die Gerichtskosten grundsätzlich dem übernehmenden Rechtsträger überbindet, kommt im Verfahren vor Bundesgericht deshalb nicht mehr zur Anwendung, weil dem Bundesgericht im Gegensatz zum erstinstanzlichen Verfahren nur noch eine beschränkte Überprüfungsbefugnis zukommt. Art. 105 Abs. 3 FusG wird somit gleich wie Art. 759 Abs. 2 OR ausgelegt (BGE 137 III 577 E. 8). Auf die Auferlegung der Kosten verzichtet hat das Bundesgericht hingegen im Fall über das vorläufige Betriebsreglement des Flughafens Zürich. Es begründete diesen Entscheid mit der unsicheren Rechtslage aufgrund der staatsvertraglichen Situation mit Deutschland, derentwegen erheblicher Klärungsbedarf bestand, weshalb die Beschwerden in guten Treuen erhoben worden waren (BGE 137 II 58 E. 14.2.3). Auch Verfahrensfehler der Vorinstanz können zu einem Verzicht auf die Erhebung von Gerichtskosten führen (BGE 136 II 214 E. 7).

1652 Das Bundesgericht kann im Fall einer Abstandserklärung oder eines Vergleichs auf die Auferlegung der Gerichtskosten ganz oder teilweise verzichten (Art. 66 Abs. 2 BGG). Es hat entschieden, dass die Bestimmung auch bei einem Rückzug der Beschwerde anwendbar ist (BGer, Verfügung 1C_215/2009 vom 13.1.2010, E. 12).

1653 Die Kostenpflicht setzt Parteistellung voraus. Parteien sind in der Regel die privaten Beschwerdeführenden und gegebenenfalls Behörden oder Gemeinwesen (Art. 89 BGG; dazu vorne, Rz. 1490 ff.). Als Gegenparteien kommen Private in Betracht, die sich mit eigenen Anträgen am vorinstanzlichen Verfahren beteiligt haben, sowie die Gemeinwesen, deren Verfügung angefochten ist (vgl. Seiler, Kommentar BGG, Art. 66 Rz. 6 ff.; vgl. aber die Ausnahme von der Kostentragungspflicht für Gemeinwesen und andere Träger öffentlicher Aufgaben in Art. 68 Abs. 4 BGG). Die weiteren Beteiligten gemäss Art. 102 BGG gelten hingegen nicht als Partei (vgl. dazu hinten, Rz. 1659 ff.).

Unnötige Kosten hat zu bezahlen, wer sie verursacht hat (Art. 66 Abs. 3 BGG). Dies gilt beispielsweise, wenn die Kantone einen negativen Kompetenzkonflikt provozieren und die betroffenen Privaten deshalb ans Bundesgericht gelangen müssen (BGE 138 III 471 E. 7). Dasselbe entschied das Bundesgericht, als eine Gemeinde das rechtliche Gehör verletzt hatte und aus diesem Grund unnötige Kosten provozierte (BGer, Urteil 8C_830/2009 vom 4.1.2010, E. 3). Unnötige Kosten verursacht auch diejenige beschwerdeführende Partei, die vor der Volksabstimmung Beschwerde gegen ein Gesetz erhebt, das in der Folge vom Volk verworfen wird (BGer, Urteil 2C_816/2011 vom 13.7.2012, E. 4). Verkennt die Rechtsvertretung elementare Sorgfaltspflichten und gelangt sie mit einer offensichtlich unzulässigen Beschwerde ans Bundesgericht, auferlegt ihr dieses gestützt auf Art. 66 Abs. 3 BGG die Gerichtskosten (BGer, Urteil 2C_223/2010 vom 19.11.2010, E. 4).

1654

Den Gemeinwesen sowie mit öffentlichen Aufgaben betrauten Organisationen werden aber in der Regel dann keine Gerichtskosten auferlegt, wenn sie in ihrem amtlichen Wirkungskreis und ohne Vermögensinteressen an das Bundesgericht gelangen oder wenn gegen ihre Entscheide in solchen Angelegenheiten Beschwerde geführt wird (Art. 66 Abs. 4 BGG). Keine Vermögensinteressen vertritt zum Beispiel das Amt für Wirtschaft und Arbeit in Leistungsstreitigkeiten der Arbeitslosenversicherung, da es selbst keine Leistungen ausrichtet (BGE 133 V 640 E. 4.5). Keine Vermögensinteressen vertraten auch die gegen das Betriebsreglement des Flughafens Zürich prozessierenden Gemeinden (BGE 137 II 58 E. 14.2). Das Bundesgericht liess aber offen, ob die Flughafen Zürich AG eine mit einer öffentlichen Aufgabe betraute Organisation ist. Vermögensinteressen bejahte es hingegen in Bezug auf die SBB, als es um die Frage der Zulässigkeit eines Zuschlages für Passagiere ging, die mit einem Billett für die 2. Klasse in der 1. Klasse reisten, wobei im konkreten Fall der aufsichtsrechtliche Charakter der Streitigkeit überwog, weshalb keine Gerichtskosten auferlegt wurden (BGer, Urteil 2C_61/2010 vom 26.8.2010, E. 8.2). In Vermögensinteressen betroffen ist auch das Gemeinwesen als Arbeitgeber (BGE 136 I 39 E. 8). Ebenso ist ein Kanton, der in einem Staatshaftungsverfahren (BGE 134 I 331 E. 3.2) oder bei der (unzulässigen) Anfechtung einer ihm auferlegten Parteientschädigung (BGE 134 II 45 E. 2.2.2 ff.) unterliegt, in seinen Vermögensinteressen betroffen. Auch kantonalen und privaten Arbeitslosenkassen, die eine öffentliche Aufgabe wahrnehmen und bei Leistungsstreitigkeiten in ihrem Wirkungskreis betroffen sind, können die Kosten auferlegt werden (BGE 133

1655

V 637 E. 4.4 ff.; vgl. auch BGE 133 V 642 E. 5.3 ff. bezüglich Unfallversicherer; BGE 137 V 210 E. 7.1. f. bezüglich unterlegener IV-Stelle).

1656 Mehrere Personen haben die ihnen gemeinsam auferlegten Gerichtskosten grundsätzlich zu gleichen Teilen und unter solidarischer Haftung zu tragen (Art. 66 Abs. 5 BGG). Eine solidarische Haftung lehnt das Bundesgericht allerdings ab, wenn die Kosten und die Entschädigung zwischen einer privaten Partei und dem Kanton aufgeteilt werden müssen, insbesondere wenn dem Kanton die Gerichtskosten erlassen werden (BGer, Urteil 6B_588/2007 vom 11.4.2008, E. 5.4).

1657 Das Bundesgericht verlangt gestützt auf Art. 62 BGG einen Kostenvorschuss für die Gerichtsgebühr und gegebenenfalls gemäss Art. 63 BGG auch für die Barauslagen. Wird der Vorschuss nicht innert Frist bezahlt, setzt das Gericht eine Nachfrist. Verstreicht diese ungenutzt, tritt das Bundesgericht auf die Beschwerde nicht ein (vgl. dazu auch vorne, Rz. 1538 f.; BGer, Urteil 6B_229/2011 vom 28.6.2011, E. 1).

1658 Wird der angefochtene Entscheid geändert, so kann das Bundesgericht gestützt auf Art. 67 BGG die Kosten des vorangegangenen Verfahrens anders verteilen. Es weist die Angelegenheit entweder an die Vorinstanz zurück, damit diese über die Kostenverteilung entscheidet (vgl. etwa BGE 136 II 337 E. 6.6), oder entscheidet selbst (vgl. z.B. BGE 137 II 284 E. 5.4; 136 II 214 E. 7).

C. Parteientschädigung

1659 In Art. 68 BGG ist die Parteientschädigung geregelt. Gemäss Art. 68 Abs. 2 BGG gilt das Unterlieger- bzw. das Erfolgsprinzip. Die Parteientschädigung setzt Parteistellung voraus (vgl. dazu vorne, Rz. 443 ff.). Nicht anspruchsberechtigt sind hingegen Beteiligte im Sinn von Art. 102 BGG (BGer, Urteil 2C_421/2008 vom 7.10.2009, E. 5.2.2). In Bezug auf das Obsiegen kann auf das zu den Kostenfolgen Ausgeführte verwiesen werden (vorne, Rz. 1180 ff.). Ein überdurchschnittlicher Aufwand rechtfertigt es, über die im Entschädigungsreglement vorgesehenen Tarife hinauszugehen (vgl. Art. 8 Entschädigungsreglement). Das Bundesgericht entscheidet in diesem Fall ex aequo et bono (BGE 137 V 270 E. 7.3). Die Parteientschädigung steht auch einer Partei zu, deren Anwalt oder Anwältin durch eine Rechtsschutzversicherung bezahlt wird (BGE 135 V 473 E. 3). Gemäss Art. 68 Abs. 2 BGG sowie Art. 1 und Art. 2 Abs. 1 Entschädigungsreglement sind alle durch den Rechtsstreit verursachten notwendigen Kosten zu ersetzen. Das Bundesgericht prüft dabei den Zeitaufwand der Rechtsvertretung und geht von einem Normalsatz von 250 Franken aus (BGer, Urteil 9C_502/2007 vom 22.4.2008, E. 5). Wird die Mehrwertsteuer separat ausgewiesen, wird diese in die Parteientschädigung miteinbezogen (BGE 125 V 201, E. 4b).

1660 Keine Parteientschädigung können im Regelfall die Gemeinwesen sowie die mit öffentlichen Aufgaben betrauten Organisationen beanspruchen, wenn sie in ihrem amtlichen Wirkungskreis obsiegen (Art. 68 Abs. 3 BGG). Weil der Wortlaut von Art. 68 Abs. 3 BGG nicht zwischen grösseren und kleineren Gemeinwesen unterscheidet, können auch kleinere Gemeinwesen im Gegensatz zum OG keine Parteientschädigung mehr geltend machen (BGE 134 II 117 E. 7).

Keine Parteientschädigung kann sodann beanspruchen, wer sich nicht anwaltlich vertreten lässt (BGE 133 III 439 E. 4) oder wer als Anwalt oder Anwältin in eigener Sache prozessiert (BGE 134 I 184 E. 6.3 = Pra 2008 Nr. 138).

1661

Art. 68 Abs. 4 BGG verweist sodann auf die sinngemässe Anwendung von Art. 66 Abs. 3 und 5 BGG. Somit sind der Gegenpartei unnötig verursachte Kosten zu ersetzen (vgl. dazu vorne, Rz. 1180, 1654). Zudem haften mehrere verpflichtete Gegenparteien für die zugesprochene Parteientschädigung solidarisch.

1662

In Ausnahmefällen, die jedoch sehr selten sind, kann die Sicherstellung der Parteientschädigung verlangt werden (Art. 62 Abs. 2 BGG).

1663

D. Unentgeltliche Rechtspflege

Der Anspruch auf unentgeltliche Rechtspflege vor Bundesgericht wird in Art. 64 BGG konkretisiert (vgl. dazu auch vorne, Rz. 656 ff., 1185 ff.). Danach wird diejenige Partei von der Bezahlung der Gerichtskosten und von der Sicherstellung der Parteientschädigung befreit, die nicht über die erforderlichen Mittel verfügt, sofern ihr Begehren nicht aussichtslos erscheint (Art. 64 Abs. 1 BGG). Die unentgeltliche Rechtspflege muss nach dieser Bestimmung formell beantragt werden. Zudem ist sie zu begründen und zu belegen. Materiell ist die Bedürftigkeit nachzuweisen. Letztere bejaht das Bundesgericht (BGer, Urteil 6B_588/2007 vom 11.4.2008, E. 6.2, auch zum Folgenden), wenn die prozessführende Partei die Mittel angreifen muss, die zur Deckung des Grundbedarfs für sich und ihre Familie notwendig sind. Es wird dafürgehalten, von einem um 10–30% erhöhten betreibungsrechtlichen Notbedarf auszugehen (Geiser, Basler Kommentar BGG, Art. 64 Rz. 17; BBl 2006 7301). Die antragstellende Person hat die Einkommens- und Vermögensverhältnisse zu belegen. Kommt sie dieser Obliegenheit nicht nach, ist das Gesuch abzuweisen. Was schliesslich das Nichtvorhandensein der Aussichtslosigkeit angeht, so stellt das Bundesgericht – entsprechend der besonderen Begründungspflicht für die Beschwerdeschrift gemäss Art. 42 BGG – nicht nur auf die Beschwerdeanträge, sondern ebenso auf die Begründung ab.

1664

Aufgrund des Wortlautes von Art. 64 Abs. 1 BGG entbindet die unentgeltliche Rechtspflege im Fall des Unterliegens nicht von der Bezahlung einer Parteientschädigung an die Gegenpartei.

1665

Gemäss Art. 64 Abs. 4 BGG hat die Partei, welcher die unentgeltliche Rechtspflege zugesprochen wurde, Ersatz zu leisten, wenn sie dazu später in der Lage ist.

1666

1667 Nach Art. 64 Abs. 2 BGG kann das Bundesgericht auch amtlich einen Anwalt oder eine Anwältin bestellen, wenn es zur Wahrung der Parteirechte notwendig ist. Sie werden durch die Gerichtskasse angemessen entschädigt, soweit der Aufwand nicht durch eine ihnen zugesprochene Parteientschädigung gedeckt ist.

4. Eröffnung und Verkündung des Entscheids; Information der Öffentlichkeit

1668 Das vollständig ausgefertigte Bundesgerichtsurteil wird – in der Verfahrenssprache – sowohl den Parteien als auch der Vorinstanz und allfälligen anderen Beteiligten *schriftlich eröffnet* (Art. 60 Abs. 1 f. BGG; Art. 47 Abs. 1 BGerR). Wurde der Entscheid in einer mündlichen Beratung getroffen, so muss den Beteiligten ohne Verzug das Dispositiv schriftlich mitgeteilt werden (Art. 60 Abs. 2 BGG). Dies schliesst weder eine vorgängige mündliche Verkündung noch eine schriftliche Mitteilung des Dispositivs in anderen Fällen aus (vgl. Heimgartner/Wiprächtiger, Basler Kommentar BGG, Art. 60 N. 10 f.; Art. 38 Abs. 3 lit. e BGerR). Dass Urteile zunächst nur im Dispositiv mitgeteilt werden, kommt nicht selten vor (vgl. auch BGer, Urteil 4F_7/2010 vom 29.6.2010, E. 6). Mit dem Einverständnis der Partei kann das Urteil auf elektronischem Weg eröffnet werden (Art. 60 Abs. 3 BGG). Urteile und Urteilsdispositive sind zu unterzeichnen oder – im Fall der elektronischen Mitteilung – elektronisch zu signieren (Art. 47 Abs. 2–5 BGerR).

1669 Rubrum und Dispositiv aller Urteile werden während 30 Tagen öffentlich und in nicht anonymisierter Form aufgelegt, soweit das Gesetz nicht eine Anonymisierung verlangt (Art. 60 BGerR; vgl. auch Art. 59 Abs. 3 BGG).

1670 Der Publikation der begründeten Entscheide des Bundesgerichts kommt eine grosse Bedeutung zu. Sie ist in Art. 58 f. BGerR geregelt. Entscheide von grundsätzlicher Bedeutung werden in der Amtlichen Sammlung veröffentlicht. Diese sowie alle End- und Teilentscheide werden zudem unter Wahrung des Persönlichkeitsschutzes im Internet veröffentlicht (vgl. zum Ganzen BGE 133 I 106 E. 8; sowie vorne, Rz. 1190). Für eine genügende Berichterstattung über die Parteiverhandlungen und Beratungen des Bundesgerichts sorgen zudem die am Bundesgericht akkreditierten Journalisten und Journalistinnen (Art. 61 BGerR).

5. Wirkung und Vollstreckung des Beschwerdeentscheides

1671 Weil das Bundesgericht als letzte ordentliche Rechtsmittelinstanz entscheidet, wird das Urteil mit seiner *Ausfällung* formell und materiell *rechtskräftig* (Art. 61 BGG). Die nur historisch erklärbare Regelung ist problematisch; es wäre kohärenter, die Rechtskraft im Zeitpunkt der Eröffnung eintreten zu lassen (ähnlich Heimgartner/Wiprächtiger, Basler Kommentar BGG, Art. 61 N. 2). Dies würde nicht heissen, dass an den Zeitpunkt der Urteilsfällung keine Rechtswirkungen angeknüpft werden dürften (vgl. BGE 130 IV 101 E. 2 zum Strafrecht; vgl. auch Art. 126 BGG). Weil nicht eröffnete Entscheide nichtig sind (vgl. vorne, Rz. 639 ff.), muss Art. 61 BGG so interpretiert werden, dass die Rechtskraft unter der Bedingung der Eröffnung des Urteils eintritt. Im Zirkularverfahren (Art. 58 Abs. 2 BGG) gilt der Entscheid nach der Lehre als gefällt, wenn das letzte für den Entscheid erforderliche Gerichtsmitglied seine Zustimmung erteilt hat (Heimgartner/Wiprächtiger, Basler Kommentar BGG, Art. 60 N. 2). Folgt man dieser – allerdings nicht zwingend erscheinenden – Auffassung, müsste Art. 46 BGerR, wonach Dispositiv und Begründung im Zirkularverfahren auch noch nach Abschluss der Zirkulation geändert werden können, als unvereinbar mit Art. 61 BGG gelten.

Die Beschwerde an den EGMR ändert nichts an der Rechtskraft und Vollstreckbarkeit der Urteile (vgl. BGer, Urteil 2C_744/2010 vom 13.1.2011, E. 2.1). Zur Rechtskraft vgl. vorne, Rz. 664 f. 1672

Die Kantone sind verpflichtet, die Entscheidungen der mit der Bundesrechtspflege betrauten Behörde in gleicher Weise zu *vollziehen* wie die rechtskräftigen Urteile ihrer eigenen Gerichte und Verwaltungsbehörden (Art. 70 Abs. 1 BGG). Hat das Bundesgericht in einer Sache entschieden, die erstinstanzlich in die Zuständigkeit einer Bundesverwaltungsbehörde fällt, erfolgt die Vollstreckung nach Art. 41–43 VwVG (Art. 70 Abs. 2 lit. a BGG; vgl. vorne, Rz. 667 ff.). Wegen mangelhafter Vollziehung kann beim Bundesrat Beschwerde erhoben werden. Der Bundesrat ist verpflichtet und befugt, die zum Vollzug erforderlichen Verfügungen zu treffen (Art. 70 Abs. 4 BGG; vgl. vorne, Rz. 1288, 1314). Urteile auf Geldzahlung oder Sicherheitsleistung in Geld sind nach SchKG zu vollstrecken (Art. 69 BGG). 1673

VIII. Beschwerde gegen kantonale Erlasse im Besonderen

Literatur: AEMISEGGER HEINZ/SCHERRER REBER KARIN, in: Niggli/Uebersax/Wiprächtiger, Basler Kommentar BGG, Art. 82 N. 23 ff., Art. 87 und 101; DONZALLAZ, Commentaire, Art. 82 N. 2694 ff. und Art. 87; HÄFELIN/HALLER/KELLER, Bundesstaatsrecht, N. 1953 ff.; HANGARTNER YVO, Rechtsfragen der Aufhebung kantonaler Erlasse durch das Bundesgericht, ZSR 2009 I, S. 431 ff.; KIENER/ RÜTSCHE/KUHN, Verfahrensrecht, N. 1614 ff.; MARTI ARNOLD, Abstrakte Normenkontrolle, Klageverfahren und weitere besondere Verfahren, in: Alain Griffel/Tobias Jaag (Hrsg.), Reform der Zürcher Verwaltungsrechtspflege, Zürich/St. Gallen 2010, S. 103 ff.; RÜTSCHE BERNHARD, Rechtsfolgen von Normenkontrollen, ZBl 2005, S. 273 ff.; SEILER HANSJÖRG, in: Seiler/von Werdt/Güngerich, Handkommentar BGG, Art. 82 und 87; WURZBURGER ALAIN, in: Corboz/Wurzburger/Ferrari/Frésard/Aubry Girardin, Commentaire de la LTF, Art. 82 N. 80 ff. und Art. 87. 1674

1. Allgemeines

1675 Die Beschwerde gegen kantonale Erlasse ist in Art. 82 lit. b BGG vorgesehen. Sie ermöglicht die abstrakte Normenkontrolle und bedeutet, dass eine kantonale Norm vom Bundesgericht unabhängig von einem konkreten Anwendungsfall auf ihre Bundesrechtmässigkeit gemäss Art. 95 BGG hin geprüft werden kann. Darin unterscheidet sich die abstrakte Normenkontrolle von der konkreten Normenkontrolle (vgl. dazu vorne, Rz. 1062). Die abstrakte Normenkontrolle gegen kantonale Erlasse war auch in Art. 84 OG vorgesehen. Sie konnte im Verfahren der staatsrechtlichen Beschwerde beantragt werden. Heute untersteht sie der Beschwerde in öffentlich-rechtlichen Angelegenheiten, während die subsidiäre Verfassungsbeschwerde nur gegen *Entscheide* letzter kantonaler Instanzen zur Verfügung steht (Art. 113 BGG).

1676 Die Beschwerde in öffentlich-rechtlichen Angelegenheiten bringt im Vergleich zur staatsrechtlichen Beschwerde namentlich die Erleichterung, dass für die Legitimation nach Art. 89 Abs. 1 BGG kein rechtlich geschütztes Interesse mehr nachzuweisen ist (vgl. Art. 115 BGG), sondern ein tatsächliches Interesse genügt.

1677 Die Beschwerde in öffentlich-rechtlichen Angelegenheiten enthält jedoch in Bezug auf die Anfechtung von kantonalen Erlassen Besonderheiten (vgl. auch BGE 136 I 17 E. 1.1). Dies gilt insbesondere bei der Zuständigkeit des Bundesgerichts, die im Gegensatz zur Anfechtung von Entscheiden umfassend ist, indem sich die Ausnahmen nach Art. 83 ff. BGG einzig auf Entscheide und nicht auch auf Erlasse beziehen. Sodann enthält das BGG besondere Regelungen in Bezug auf die kantonalen Vorinstanzen (Art. 87 BGG). Besonderheiten bestehen auch bei der Beschwerdefrist (Art. 101 BGG). Hinzu kommen die bereits im Verfahren der staatsrechtlichen Beschwerde bekannten Abweichungen in Bezug auf Legitimation, Kognition sowie die im Urteil getroffenen Anordnungen. Auf all diese Punkte ist nachfolgend näher einzugehen.

1678 In Abgrenzung zur Stimmrechtsbeschwerde (dazu hinten, Rz. 1709 ff.) kommt die Anfechtung eines Erlasses dann infrage, wenn eine Verletzung des Gewaltenteilungsprinzips geltend gemacht werden soll. Soweit jedoch geltend gemacht wird, der Inhalt des Erlasses selbst verletze die politischen Rechte, ist Stimmrechtsbeschwerde nach Art. 82 lit. c BGG zu erheben (Aemisegger/Scherrer Reber, Basler Kommentar BGG, Art. 82 N. 71 f. m.H.).

2. Anfechtungsobjekt

1679 Anfechtungsobjekt sind kantonale Gesetze, Dekrete und Verordnungen, aber auch interkantonale Verträge. Bei den Letzteren ist vorausgesetzt, dass sie direkt verbindliches und direkt anwendbares Recht enthalten (BGE 137 I 31 E. 1.3; vgl. auch BGer, Urteil 2C_561/2007 vom 6.11.2008, in: ZBl 2009, S. 571

E. 1). Anfechtbar sind kantonale (oder interkantonale) Anordnungen generellabstrakter Natur, welche die Rechtsstellung der Einzelnen berühren, indem sie diese verbindlich und in erzwingbarer Weise zu einem Tun, Dulden oder Unterlassen verpflichten oder sonstwie die Rechtsbeziehungen zum Staat verbindlich festlegen (BGer, Urteil 2C_561/2007 vom 6.11.2008, in: ZBl 2009, S. 571 E. 1; BGE 133 I 286 E. 2.1). Zur Abgrenzung der Erlasse zu den anderen Hoheitsakten kann auf die Ausführungen zu den Anfechtungsobjekten im Beschwerdeverfahren vor Bundesverwaltungsgericht (vgl. vorne, Rz. 878 ff.) sowie vor Bundesgericht (vgl. vorne, Rz. 1420 ff.) verwiesen werden. Ergänzend dazu ist festzuhalten, dass die Allgemeinverbindlicherklärung von Gesamtarbeitsverträgen und deren Ausdehnung als Erlasse qualifiziert werden (BGE 128 II 13 E. 1d/cc).

Es ist zu unterscheiden, ob die generell-abstrakte Anordnung vollständig neu erlassen worden ist, also eine *Totalrevision* stattgefunden hat, oder ob eine *Teilrevision* des angefochtenen Erlasses vorliegt. Die Rechtsprechung lässt im Fall einer Totalrevision auch die Anfechtung von Normen zu, die Bestandteil des bisherigen Rechts bildeten (BGE 137 I 77 E. 1.2). Bei einer Partialrevision hingegen können bisherige Bestimmungen nur insoweit angefochten werden, als ihnen im Rahmen des modifizierten Gesetzes eine veränderte Bedeutung zukommt, ihr Rechtssinn geändert hat und sie in einem anderen Licht erscheinen (BGE 135 I 28 E. 3.1).

1680

Laut der neueren Praxis kann auch die *Schaffung eines Erlasses* mit Beschwerde vor Bundesgericht beantragt werden. Vorausgesetzt wird allerdings, dass vertretbar begründet wird, es ergebe sich aus dem Bundes- oder Völkerrecht – ausdrücklich oder aufgrund der Auslegung – potenziell ein klarer und bestimmter Auftrag an den kantonalen Gesetzgeber. Es ist auch zu substanziieren, dass dem Gesetzgeber nicht nur ein allgemeiner Auftrag erteilt wird, sondern dass ihm inhaltliche Vorgaben zur Umsetzung gemacht werden. Ob ein solcher Gesetzgebungsauftrag tatsächlich vorliegt und ob seine Voraussetzungen gegeben sind, ist jedoch eine Frage der materiellen Beurteilung. Mit den genannten Anforderungen soll verhindert werden, dass das Bundesgericht ohne genügende rechtliche Kriterien über die Umsetzung von Zielbestimmungen entscheiden muss und damit zum Austragungsort politischer Streitigkeiten wird (BGE 137 I 305 E. 2.5; vgl. auch E. 2.1–2.4 zur bisherigen Praxis, zur Literatur und mit rechtsvergleichenden Hinweisen betreffend die Anfechtung der Untätigkeit des Gesetzgebers; vgl. auch Häfelin/Haller/Keller, Bundesstaatsrecht, N. 2006a).

1681

Kantonale Rechtsmittelentscheide über Erlasse sind ebenfalls im Rahmen der abstrakten Normenkontrolle gemäss Art. 82 lit. b BGG anzufechten und werden nicht als Beschwerden gegen Entscheide nach Art. 82 lit. a BGG behandelt. Dementsprechend ist auch in diesen Fällen die Aufhebung des Erlasses zu beantragen (BGer, Urteil 2C_809/2011 vom 29.7.2012, E. 1; Aemisegger/Scherrer Reber, Basler Kommentar BGG, Art. 82 N. 28).

1682

1683 *Kantonsverfassungen* können nicht angefochten werden. Sie unterliegen der Gewährleistung durch die Bundesversammlung. Damit wird die abstrakte Prüfung durch diese sichergestellt (Art. 52 Abs. 2 und Art. 172 Abs. 2 BV). Die akzessorische Prüfung wurde bis anhin vom Bundesgericht jedoch zugelassen, wenn das übergeordnete Recht im Zeitpunkt der Gewährleistung durch die Bundesversammlung noch nicht in Kraft war (BGE 121 I 138 E. 5c; Aemisegger/Scherrer, Basler Kommentar BGG, Art. 82 N. 40; vgl. vorne, 1573 f.).

1684 Unterliegt der kantonale Erlass der *Genehmigung* des Bundes, schliesst dies weder die abstrakte noch die konkrete Normenkontrolle aus. Muss ein Erlass von einer kantonalen Behörde genehmigt werden, bildet nach wie vor der genehmigte Erlass und nicht der Genehmigungsentscheid das Anfechtungsobjekt (Aemisegger/Scherrer Reber, Basler Kommentar BGG, Art. 82 N. 41 f.; zur Frist vgl. hinten, Rz. 1704).

1685 *Kantonale Verwaltungsverordnungen,* die sich an untergeordnete Behörden oder Personen wenden und als generelle Dienstanweisungen zu qualifizieren sind, können unter bestimmten Voraussetzungen ebenfalls der abstrakten Normenkontrolle unterzogen werden. Verwaltungsverordnungen regeln aufgrund ihres Adressatenkreises nicht unmittelbar die Rechte und Pflichten der Einzelnen, sondern enthalten Regeln über das Verhalten der Behörden und Ämter. Entfalten solche Verwaltungsverordnungen jedoch Aussenwirkung in dem Sinne, dass die Einzelnen zumindest mittelbar in ihren rechtlichen oder tatsächlichen Interessen betroffen werden, und kann gestützt auf die Verwaltungsverordnung keine Verfügung ergehen, sind Verwaltungsverordnungen direkt anfechtbar (BGE 128 I 167 E. 4.3 zu Art. 84 Abs. 1 OG; gestützt auf Art. 88 OG brauchte es jedoch eine rechtliche Betroffenheit). An diese zur staatsrechtlichen Beschwerde entwickelte Rechtsprechung knüpft das Bundesgericht auch bei der Anwendung von Art. 82 lit. b BGG an (BGer, Urteil 2C_218/2007 vom 9.10.2007, E. 1.1 ff.). Ein verwaltungsrechtlicher Vertrag, der das Verhalten der Behörde regelt, kann eine ähnliche Wirkung auf die Rechte und Pflichten drittbetroffener, nicht am Vertrag beteiligter Parteien entfalten. Ein solcher Vertrag kann aber nicht leichthin als Verwaltungsverordnung qualifiziert werden. So lehnte es das Bundesgericht ab, einen Vertrag zwischen der Oberstaatsanwaltschaft Zürich und einer Sterbehilfeorganisation als Verwaltungsverordnung zu qualifizieren. Es trat indessen auf die Beschwerde trotz mangelndem Anfechtungsobjekt ein und erklärte den Vertrag für nichtig (BGE 136 II 415 E. 1.1; vgl. dazu auch vorne, Rz. 1232).

3. Vorinstanzen

1686 Art. 87 BGG sieht vor, dass gegen kantonale Erlasse direkt die Beschwerde in öffentlich-rechtlichen Angelegenheiten zulässig ist, wenn kein kantonales Rechtsmittel ergriffen werden kann. Art. 87 BGG stellt es somit den Kantonen anheim, ob sie die abstrakte Normenkontrolle innerkantonal zulassen wollen. Sehen die Kantone die abstrakte Normenkontrolle vor, müssen die Kantone jedenfalls die Anforderungen von Art. 111 BGG beachten und einerseits die Legitimation gleich umschreiben wie Art. 89 BGG und andererseits dieselben Rügen zulassen, wie sie vor Bundesgericht vorgebracht werden können (Art. 89 BGG). Umstritten ist jedoch, ob sie verpflichtet sind, ebenfalls die obersten Gerichte hierfür als zuständig zu erklären und somit die Anforderungen an Art. 86 Abs. 2 BGG zu erfüllen. Der Wortlaut von Art. 87 Abs. 2 BGG sieht ausdrücklich vor, dass Art. 86 BGG gilt. Zum Teil hält die Lehre aber dafür, dass es sich bei der abstrakten Normenkontrolle um Entscheide mit vorwiegend politischem Charakter handle, weshalb wiederum die Ausnahme von Art. 86 Abs. 3 BGG greife (Seiler, Handkommentar BGG, Art. 87 Rz. 6). Auf der anderen Seite wird der politische Charakter der abstrakten Normenkontrolle jedoch zu Recht abgelehnt, weil es sich bei der abstrakten Normenkontrolle gerade um eine rechtliche Prüfung handelt (Aemisegger/Scherrer Reber, Basler Kommentar BGG, Art. 87 N. 4; wohl auch das Bundesgericht, Urteil 1C_140/2008 vom 17.3.2009, in: ZBl 2010, S. 42 E. 1.1, ohne sich allerdings endgültig festzulegen). Spezialnormen des Bundesrechts können eine von Art. 86 f. BGG abweichende Regelung treffen und andere Behörden als Vorinstanzen des Bundesgerichts einsetzen. Dies ist insbesondere gestützt auf Art. 61 Abs. 1 i.V.m. Art. 62 Abs. 1 lit. a BVG der Fall. Danach hat die kantonale Aufsichtsbehörde auch die reglementarischen Vorschriften der öffentlich-rechtlichen Vorsorgeeinrichtungen und damit die Erlasse des kantonalen Gesetzgebers oder der kantonalen Regierung zu prüfen, wobei sich der Gegenstand der Prüfung auf Art. 50 Abs. 1 BVG beschränkt. Für die dort nicht aufgezählten Gebiete ist gleichwohl die direkte Beschwerde an das Bundesgericht gegeben (BGE 135 I 28 E. 3.2; 134 I 23 E. 3).

Zu den Anforderungen an die Erschöpfung des Instanzenzuges kann nach vorne, Rz. 1379 f. verwiesen werden. 1687

4. Beschwerdelegitimation

Die Beschwerdelegitimation richtet sich nach Art. 89 BGG. Nachfolgend sollen die besonderen Fragen der Legitimation im Zusammenhang mit der abstrakten Normenkontrolle aufgegriffen werden. Im Übrigen wird nach vorne, Rz. 1488 ff. verwiesen. 1688

Das Erfordernis der *formellen Beschwer* entfällt dann, wenn die Kantone keine Rechtsmittelinstanz vorsehen (BGE 133 I 286 E. 2.2). In diesen Fällen genügt die materielle Beschwer nach Art. 89 Abs. 1 lit. b und c BGG. 1689

In Bezug auf die *materielle Beschwer* ergeben sich Besonderheiten daraus, dass die Adressaten und Adressatinnen eines Erlasses – anders als diejenigen einer Anordnung – durch dessen Inhalt oft nicht aktuell, unmittelbar und mit Gewissheit betroffen werden. Dies ist eine Folge des generell-abstrakten Cha- 1690 rakters des Erlasses. Die spezifischen Anforderungen an die materielle Beschwer, die sich hieraus ableiten, ändern aber nichts daran, dass das Rechtsschutzinteresse insofern *aktuell und praktisch* zu sein hat, als es einen aktuellen Anfechtungsgegenstand voraussetzt, dessen Beseitigung der beschwerdeführenden Person den angestrebten Nutzen einbringt. Vor allem muss der Erlass im Zeitpunkt der Beurteilung des Bundesgerichts noch bestehen (vgl. dazu Aemisegger/Scherrer Reber, Basler Kommentar BGG, Art. 82 N. 56).

1691 Gemäss den allgemeinen Voraussetzungen von Art. 89 Abs. 1 lit. b und c BGG kann das schutzwürdige Interesse rechtlicher oder tatsächlicher Natur sein (vgl. dazu vorne, Rz. 944). Was die Anforderungen an die Betroffenheit durch den Inhalt des angefochtenen Erlasses betrifft, so ist vor allem charakteristisch, dass ausser einer aktuellen und unmittelbaren Betroffenheit auch eine *virtuelle Betroffenheit* genügt. Virtuelle Betroffenheit liegt vor, wenn die beschwerdeführende Person künftig – früher oder später – mit einer minimalen Wahrscheinlichkeit von der angefochtenen Norm unmittelbar betroffen wird (BGE 137 I 77 E. 1.4; 135 II 243 E. 1.2; 133 I 286 E. 2.2).

1692 Gemäss einer neueren Formulierung des Bundesgerichts ist zur Anfechtung eines kantonalen Erlasses legitimiert, wer durch den Erlass «aktuell oder virtuell besonders berührt ist und ein schutzwürdiges Interesse an dessen Änderung oder Aufhebung hat» (BGE 137 I 77 E. 1.4 m.H.). Laut einer früher häufig verwendeten Formulierung war legitimiert, wer «unmittelbar oder virtuell» betroffen war (BGE 135 I 28 E. 3.4.1 m.H.). Dazu ist anzumerken, dass sich diese Festlegungen nur auf die Betroffenheit durch den Inhalt des angefochtenen Erlasses beziehen; sie ändern nichts an der Voraussetzung, dass ein aktuelles Anfechtungsobjekt vorliegen muss. In der bundesgerichtlichen Praxis kommt nicht immer zum Ausdruck, dass das aktuelle und praktische Interesse insoweit durchaus eine eigenständige Dimension aufweist (vgl. z.B. BGer, Urteil 2C_348/2011 vom 22.8.2011, E. 3.2).

1693 Schliesslich ist auf ein weiteres mögliches Missverständnis hinzuweisen: Weil die virtuelle Betroffenheit ausreicht, ist zwar nicht erforderlich, dass die beschwerdeführende Person *durch den Erlass unmittelbar* betroffen ist (wobei nach der Begriffsverwendung des Bundesgerichts auch dieser Fall vorliegen kann). Auch die virtuelle Betroffenheit setzt jedoch voraus, dass die beschwerdeführende Person zumindest *durch potenzielle zukünftige Anwendungsakte unmittelbar betroffen* wäre. Deshalb verneint das Bundesgericht die Beschwerdelegitimation von Privatpersonen, die sich gegen kantonale Finanzausgleichsgesetze zur Wehr setzen; die bloss mittelbare Betroffenheit durch die Auswirkungen auf die Steuerbelastung genügt nicht (BGE 135 I 43 E. 1.4).

1694 Ein weiteres Charakteristikum der Beschwerde gegen Erlasse ist, dass die Anforderungen an das *besondere Berührtsein* gemäss Art. 89 Abs. 1 lit. b BGG weniger weit gehen als bei der Beschwerde gegen Entscheide (dazu vorne, Rz. 942 ff.). Wie weit der Kreis der Anfechtungsberechtigten gezogen wird, hängt letztlich vom Inhalt der angefochtenen Norm ab. Daraus kann sich ergeben, dass die gesamte Kantonsbevölkerung oder sogar ein noch weiterer Kreis unmittelbar oder virtuell betroffen ist. Je nach dem Inhalt der angefochtenen Norm kann daher die Voraussetzung, dass die beschwerdeführende Person im Vergleich zu anderen Adressaten besonders berührt sein muss, im Ergebnis wegfallen (anders bei der Anfechtung von Allgemeinverfügungen, dazu vorne, Rz. 951. So wurde beispielsweise in den folgenden Fällen kein besonderes Berührtsein verlangt:

– Sämtliche Steuerpflichtige, die in einem Kanton Wohnsitz haben, sind zur Anfechtung eines Steuertarifs legitimiert. Das Bundesgericht hat festgehalten, dass der im konkreten Fall angefochtene Steuertarif ein unteilbares Ganzes darstelle, der als solches den verfassungsrechtlichen Anforderungen genügen müsse, und deshalb jede steuerpflichtige Person die Missachtung der verfassungsrechtlichen Grundsätze im Verfahren der abstrakten Normenkontrolle rügen könne. Dies sei selbst dann der Fall, wenn sich ein Vorteil zugunsten anderer Steuerpflichtiger nicht unmittelbar zum Nachteil der Beschwerdeführenden auswirke (BGE 136 I 49 E. 2.1 in Anwendung von Art. 89 Abs. 1 lit. b und c BGG; so aber bereits BGE 133 I 206 E. 2.2–2.4 zur früheren staatsrechtlichen Beschwerde). Die ohnehin in Zweifel gezogene Praxis zur Befugnis, die rechtsungleiche Privilegierung Dritter geltend zu machen («AVLOCA-Praxis»), wird in Bezug auf die Anfechtung von Steuertarifen somit nicht angewandt (vgl. dazu hinten, Rz. 1696).

– Richtet sich die Beschwerde gegen die Untätigkeit des Gesetzgebers (vgl. zu den Voraussetzungen vorne, Rz. 1681), lässt es das Bundesgericht unter Umständen ebenfalls genügen, dass die Beschwerdeführenden im Kanton wohnen. Im konkreten Fall rügten die Beschwerdeführerinnen eine Verletzung des Grundrechts auf Gleichstellung im Sinn von Art. 8 Abs. 3 BV sowie von § 5 Abs. 2 KV ZG, aus welchem sich ein Anspruch auf Einrichtung einer Gleichstellungskommission oder -fachstelle ergebe. Das Bundesgericht verlangt in Bezug auf den Antrag zur Schaffung eines Erlasses, der eine generell-abstrakte Regelung beinhaltet und definitionsgemäss alle Kantonseinwohnerinnen und -einwohner betrifft, kein besonderes Berührtsein (BGE 137 I 305 E. 2.6).

– Als Beschwerden gegen die Genfer Gesetzgebung zum Schutz vor Passivrauchen in öffentlichen Räumen erhoben wurden, bejahte das Bundesgericht die Legitimation der privaten Beschwerdeführenden ebenso allein deswegen, weil sie im Kanton Genf wohnhaft waren. Es bezeichnete es ausdrücklich als unerheblich, ob die Betreffenden selber rauchten oder nicht, und liess offen, ob ein im nahen Ausland wohnhafter Ausländer ebenfalls beschwerdeberechtigt sei (BGE 136 I 241 E. 1.2.2; BGer, Urteil 1C_155/2008 vom 5.9.2008, E. 1.3).

– Das Bundesgericht bejahte ohne Weiteres, dass natürliche Personen durch eine Vereinbarung über die organisierte Sterbehilfe virtuell betroffen waren (BGE 136 II 415 E. 1.3). Ebenso sind die Einwohnerinnen und Einwohner eines Kantons zur Anfechtung des Einführungsgesetzes zum Kindes- und Erwachsenenschutzrecht legitimiert (BGer, Urteil 5C_2/2012 vom 17.12.2012, E. 1.2). Strenger wurde die Legitimation bei der Anfechtung eines Sozialhilfeerlasses beurteilt (BGer, Urteil 8C_949/2011 vom 4.9.2012, E. 2.2.2).

1695 Bei bestimmten Materien kann jedoch ein virtuelles Berührtsein grösserer Bevölkerungskreise verneint werden; dies kann etwa auf Normen im Bereich der Sozialhilfe zutreffen (vgl. BGE 130 I 82 E. 1.3 f. zu Fürsorgeleistungen an Asylsuchende). Als eine Jugendstrafprozessordnung angefochten wurde, liess das Bundesgericht offen, ob Erwachsene im Hinblick auf eine allfällige Elternschaft beschwerdelegitimiert seien (BGE 133 I 286 E. 2.2, noch zur staatsrechtlichen Beschwerde).

1696 Eine Erweiterung der Beschwerdelegitimation gegenüber der früheren Praxis zur staatsrechtlichen Beschwerde wird mit Bezug auf die Legitimation zur Anfechtung der rechtsungleichen Privilegierung Dritter erwartet (vgl. Aemisegger/Scherrer Reber, Basler Kommentar BGG, Art. 82 N. 57 f.). Das Bundesgericht hat sich allerdings (noch) nicht endgültig dafür ausgesprochen, dass die diesbezügliche «AVLOCA-Praxis» keine unveränderte Anwendung mehr finden kann, und dazu lediglich Zweifel geäussert. Diese Praxis war auf Art. 88 OG zugeschnitten, der ein rechtlich geschütztes Interesse verlangte. Sie ging dahin, dass ein Erlass, der Dritte begünstigte, ausser bei Vorliegen einer Schutznorm nur angefochten werden konnte, wenn sich die beschwerdeführende Person in einer vergleichbaren Lage befand wie die Begünstigten und sich der den Dritten gewährte Vorteil für sie als Nachteil auswirkte, d.h., sofern zwischen der beanstandeten Drittprivilegierung und ihrer eigenen Situation ein relevanter Zusammenhang bestand (BGE 131 I 198 E. 2.6 m.H.; 109 Ia 252). Noch in einem Entscheid zum OG hielt das Bundesgericht jedenfalls fest, dass die «AVLOCA-Praxis» auf die Anfechtung von Steuertarifen durch Steuerpflichtige nicht anwendbar sei (BGE 133 I 206 E. 2.2–2.4; vgl. auch BGE 136 I 49 E. 2.1 und vorne, Rz. 1694).

1697 Die *egoistische Verbandsbeschwerde* ist im Zusammenhang mit der Anfechtung von Erlassen nicht selten anzutreffen. Was deren Voraussetzungen betrifft, so ist besonders darauf zu achten, dass eine grosse Anzahl Mitglieder die genannten besonderen Anforderungen an die Legitimation erfüllt (vgl. zur Verbandsbeschwerde im Übrigen vorne, Rz. 963 ff.). Als Beispiel sei auf BGer, Urteil 2C_53/2009 vom 23.9.2011, E. 1.3, verwiesen. In diesem Fall haben Apothekervereinigungen die im Kanton Zürich im Gesundheitsgesetz vorgesehene Selbstdispensation der Ärzte angefochten (vgl. auch BGer, Urteil 2C_561/2007 vom 6.11.2008, in: ZBl 2009, S. 571 E. 1.4.3). Das Vorliegen der Legitimationsvoraussetzungen ist zu substanziieren, was auch dann gilt, wenn die virtuelle Betroffenheit natürlicher Personen als ohne Weiteres gegeben erscheint (vgl. BGer, Urteil 5C_2/2012 vom 17.12.2012, E. 1.2; vgl. auch vorne, Rz. 1525).

Desgleichen sind *Gemeinden* unter der Voraussetzung von Art. 89 Abs. 1 BGG zur Anfechtung von Erlassen legitimiert. Dabei müssen sie aber, wie bei der Anfechtung von Entscheiden, qualifizierte schutzwürdige Interessen geltend machen können, wenn es um eine Betroffenheit in ihren hoheitlichen Befugnissen geht. Ebenso können sie sich, wenn sie eine Verletzung ihrer Autonomie rügen, auf Art. 89 Abs. 2 lit. c BGG abstützen (dazu vorne, Rz. 1503 sowie BGE 135 I 43 E. 1.2 f.). Ist die Gemeinde hingegen wie eine Privatperson betroffen, z.B. als Arbeitgeberin, bestimmt sich die Legitimation nach den Kriterien, wie sie für private Beschwerdeführende gelten, und genügt eine virtuelle Betroffenheit (BGE 135 I 28 E. 3.4). 1698

Schliesslich sei auf die Behördenbeschwerde im Fall von Kompetenzkonflikten zwischen den verschiedenen Gemeinwesen hingewiesen. Weil für Kompetenzkonflikte zwischen dem Bund und den Kantonen sowie unter den Kantonen gemäss Art. 120 Abs. 1 lit. a und b BGG das Klageverfahren vorgesehen ist und das Klageverfahren als das prinzipale Rechtsmittel gilt, dürfte eine Behördenbeschwerde durch Bundesbehörden gegen einen kantonalen Erlass oder durch kantonale Behörden gegen einen Erlass eines anderen Kantons kaum praktische Bedeutung erlangen. Die Qualifikation der Klage als das prinzipale Rechtsmittel ist jedoch nicht ganz unproblematisch. Darauf wird in Kapitel 22 näher eingegangen (hinten, Rz. 1810 ff.). 1699

5. Beschwerdegründe und Kognition

Bei der abstrakten Normenkontrolle können grundsätzlich sämtliche Beschwerdegründe nach Art. 95 BGG geltend gemacht werden. Die einschränkende Präzisierung in Bezug auf die Anwendung des Verhältnismässigkeitsprinzips gemäss Art. 5 Abs. 2 BV betrifft auch die Überprüfung von Erlassen: Das Bundesgericht hat festgehalten, dass es gestützt auf Art. 5 Abs. 2 BV nur interveniere, wenn der Erlass das Gebot der Verhältnismässigkeit ganz offensichtlich missachte und damit zugleich ein Verstoss gegen das Willkürverbot gemäss Art. 9 BV vorliege (BGE 134 I 153 E. 4). Das föderalistische Prinzip in der Bundesverfassung lässt diese Zurückhaltung als verständlich erscheinen (vgl. Aemisegger/Scherrer Reber, Basler Kommentar BGG, Art. 82 N. 66). Sie entspricht auch dem Grundsatz eingeschränkter Beschwerdegründe gemäss Art. 95 BGG (vgl. dazu vorne, Rz. 1554 ff.). Damit bleibt die Verantwortung dem Gesetzgeber überlassen, der sich allerdings häufig wenig Zurückhaltung auferlegt (vgl. Markus Müller, Individuelle Selbstbestimmung und staatliche Fürsorge, ZSR 2012 I, S. 63 ff., 80 ff.). 1700

Das Bundesgericht übt bei der abstrakten Normenkontrolle aus föderalistischen Gründen und insbesondere aus Gründen der föderalistisch begründeten Verhältnismässigkeit allgemein Zurückhaltung und hebt eine Norm nur auf, sofern sie sich jeglicher mit dem übergeordneten Recht – insbesondere BV und 1701

EMRK – konformen Auslegung entzieht oder wenn der Normtext lückenhaft, zweideutig oder unklar ist. Die Norm wird aber nicht aufgehoben, wenn ihr nach den anerkannten Auslegungsregeln ein Sinn zugemessen werden kann, der sich mit den angerufenen Verfassungs- oder EMRK-Garantien vereinbaren lässt (vgl. BGE 138 I 321 E. 2 m.H.). Der klare und eindeutige Wortsinn darf allerdings gemäss der bundesgerichtlichen Praxis nicht beiseitegeschoben werden (BGE 137 I 31 E. 2; 135 II 243 E. 2). Bei der Prüfung berücksichtigt das Bundesgericht auch die Tragweite der geltend gemachten Rechte sowie die Möglichkeit, im konkreten Anwendungsfall Rechtsschutz zu erhalten (BGE 135 II 243 E. 2). Das Bundesgericht untersucht die Möglichkeit einer verfassungskonformen Auslegung somit nicht nur abstrakt, sondern bezieht auch die Wahrscheinlichkeit verfassungstreuer Anwendung mit ein. Erscheint eine generell-abstrakte Regelung unter normalen Verhältnissen, wie sie der Gesetzgeber voraussetzen durfte, als verfassungsrechtlich zulässig, so greift das Bundesgericht nicht ein, auch wenn sich der Erlass in besonderen Einzelfällen als verfassungswidrig herausstellen könnte. Erklärungen der kantonalen Behörden über die künftige Anwendung der betreffenden Bestimmung werden mitberücksichtigt (BGer, Urteil 2C_485/2010 vom 3.7.2012, E. 2.3).

1702 Das Anwendungsgebot für die Bundesgesetze gemäss Art. 190 BV schliesst grundsätzlich aus, dass kantonale Normen, welche das Bundesrecht bloss vollziehen und nicht über eine in einem Bundesgesetz enthaltene Norm hinausgehen, vom Bundesgericht geprüft werden. Dies ist häufig der Fall bei Gesetzesdelegationen an die Kantone, wenn der Inhalt der kantonalen Norm durch ein Bundesgesetz vorgegeben bzw. abgedeckt wird. Der Zusammenhang zwischen der kantonalen und bundesgesetzlichen Norm muss dabei zwingend oder zumindest sehr eng sein. Sobald es den Kantonen aber frei steht, eine eigene Regelung zu erlassen und die bundesgesetzliche Delegation nicht zwingend nach der vorgesehenen kantonalen Lösung ruft, prüft das Bundesgericht die kantonale Norm auf ihre Verfassungsmässigkeit hin. Es nimmt in Kauf, dass sich bei einer solchen Prüfung allenfalls auch Zweifel an der Verfassungs- und Konventionsmässigkeit von Bundesgesetzen ergeben können (BGE 136 I 87 E. 3.3 betreffend das Zürcher Polizeigesetz vom 23.4.2007; vgl. auch BGE 132 I 68 E. 4.3.2; 126 I 1 E. 2g). Das Bundesgericht hielt aber betreffend Zulassungsstopp für Ärztinnen und Ärzte als Leistungserbringer zulasten der obligatorischen Krankenversicherung fest, dass die angefochtene kantonale Einführungsverordnung nicht aufgehoben werden könne, soweit sie durch Art. 55a KVG abgedeckt sei, was sodann für die geltend gemachten Rügen einzeln geprüft wurde, weil Art. 55a KVG den Kantonen Spielräume bei der Umsetzung belässt (BGE 130 I 26 E. 2.2.2; vgl. auch BGE 135 V 172 E. 5). In Bezug auf das StHG erwog das Bundesgericht, dass das kantonale Recht vom Anwendungsgebot gemäss Art. 190 BV erfasst werde, soweit das kantonale Steuergesetz unmittelbar das Harmonisierungsrecht des Bundes umsetze (BGE 136 I 49 E. 3.2; 130 II 509 E. 9; vgl. auch vorne, Rz. 1557).

Bei der Überprüfung eines kantonalen Gesetzes kann das Bundesgericht überdies auch einer nachträglichen Änderung der Rechtslage Rechnung tragen und neu in Kraft getretenes, übergeordnetes Recht mitberücksichtigen. Dies gilt jedoch nur insoweit, als das neue Recht in sachlicher und zeitlicher Hinsicht in engem Zusammenhang mit dem bisherigen Recht steht (BGE 136 I 49 E. 3.3.).

6. Frist – Rechtzeitige Anfechtung

Nach Art. 101 BGG ist die Beschwerde gegen den Erlass innert 30 Tagen nach der nach dem kantonalen Recht massgebenden Veröffentlichung des Erlasses einzureichen. In der Praxis bestehen immer wieder Unsicherheiten, zu welchem Zeitpunkt der Fristenlauf ausgelöst wird. Gemäss ständiger Rechtsprechung des Bundesgerichts ist dabei nicht der Zeitpunkt der Publikation des Erlasses massgebend, sondern der Erwahrungsbeschluss im Sinne der Feststellung, dass dieser – zum Beispiel nach nicht benützter Referendumsfrist oder Annahme in einer Volksabstimmung – zustande gekommen ist (BGE 135 I 28 E. 3.3). Häufig erfolgt die Erlasspublikation zusammen mit dem Erwahrungsbeschluss im Amtsblatt oder sogar in der Gesetzessammlung (Aemisegger/Scherrer Reber, Basler Kommentar BGG, Art. 101 N. 1). Bei Verordnungen entfällt zudem der Erwahrungsbeschluss. In all diesen Fällen ist somit das Publikationsdatum massgebend. Die relevante Publikation in den einzelnen Kantonen lässt sich nicht immer leicht feststellen. Das Bundesgericht lässt dementsprechend auch gelten, dass eine Beschwerde zu früh eingereicht wird. In der Regel führt dies lediglich zu einer Sistierung des Verfahrens, bis der Erwahrungsbeschluss ergeht bzw. die massgebliche Publikation erfolgt ist (BGE 136 I 17 E. 1.2; 133 I 286 E. 1). Wird die Beschwerde vor einer Volksabstimmung eingereicht und das Gesetz von den Stimmberechtigten abgelehnt, muss das Verfahren infolge Gegenstandslosigkeit abgeschrieben werden, was gegebenenfalls gestützt auf Art. 66 Abs. 3 BGG zur Kostenauflage an die Beschwerdeführenden führt (BGer, Urteil 2C_816/2011 vom 13.7.2012, E. 4; vgl. auch vorne, Rz. 1654).

In einigen Kantonen besteht zwar eine Rechtsmittelinstanz für die abstrakte Normenkontrolle, doch ist die Anfechtung an keine Frist gebunden. Das Bundesgericht hat seine unter dem OG entwickelte Praxis bestätigt, dass die Anfechtung des Erlasses vor der kantonalen Rechtsmittelinstanz innert einer üblichen Rechtsmittelfrist zu erfolgen hat, ansonsten eine Anfechtung vor Bundesgericht nicht mehr möglich ist. In einem neuen Entscheid hat es die «übliche» Rechtsmittelfrist dahingehend präzisiert, dass die Anfechtung innert 30 Tagen nach Inkrafttreten des betreffenden Erlasses zu erfolgen hat. Vor der Inkraftsetzung besteht noch kein Bedürfnis, die *Geltung* unzulässiger Regelungen zu verhindern. Auch kann die Normenkontrolle im konkreten Anwendungsfall vor

Inkrafttreten der Regelung noch nicht erwirkt werden (dazu BGE 137 I 107 E. 1.4.1 ff.; vgl. zur alten Praxis BGE 128 I 155 E. 1.1).

1706 Nach der bisherigen, unter dem OG entwickelten Praxis wurde der Fristbeginn bei Erlassen, die von einer kantonalen Behörde zu genehmigen sind, auf den Zeitpunkt der Bekanntgabe des Genehmigungsentscheides festgelegt (BGE 128 I 155 E. 1.1 zu Art. 84 OG). Ein neuerer Entscheid ist – soweit ersichtlich – dazu noch nicht ergangen.

7. Urteil

1707 Das Bundesgericht kann im Fall der abstrakten Normenkontrolle nicht reformatorisch entscheiden. Es kann den Erlass demnach nicht abändern (Aemisegger/Scherrer Reber, Basler Kommentar BGG, Art. 82 N. 67). Treffen die in der Beschwerde vorgebrachten Rügen zu, hat das Gericht somit grundsätzlich kassatorisch zu entscheiden und die rechtswidrigen Normen aufzuheben. Im Rahmen der abstrakten Normenkontrolle fällt das Bundesgericht aber unter Umständen nur einen sogenannten Appellentscheid und hebt den Erlass nicht auf, sondern richtet eine Aufforderung an den Gesetzgeber, den Erlass zu ändern. Dies ist insbesondere der Fall, wenn mit der Aufhebung des Erlasses bloss eine neue rechtswidrige Situation geschaffen würde. Im Einzelnen ist eine Abwägung der infrage stehenden Interessen vorzunehmen (vgl. zur Problematik der Appellentscheide vorne, Rz. 1644 ff.). Ein Spezialfall des Appellentscheides liegt vor, wenn das Bundesgericht an das Anwendungsgebot von Art. 190 BV gebunden ist und die kantonale Norm aus diesem Grund nicht aufheben kann. In diesem Fall kann es aber die Verfassungswidrigkeit feststellen und auch den Bundesgesetzgeber zur Änderung des Gesetzes auffordern. Ob das Bundesgericht eine solche Feststellung trifft, hängt ebenfalls von den Umständen des Einzelfalls ab (BGE 136 I 49 E. 3.2; vgl. die weiteren Hinweise vorne, Rz. 1644 f.).

IX. Die Stimmrechtsbeschwerde im Besonderen

1708 *Literatur:* BESSON MICHEL, Legitimation zur Beschwerde in Stimmrechtssachen, ZBJV 2011, S. 843 ff.; *ders.,* Praxisänderung des Bundesgerichts bei der Auferlegung von Gerichtskosten, Jusletter, 18.2.2008; *ders.,* Die *Beschwerde* in Stimmrechtssachen, in: Ehrenzeller/Schweizer, Bundesrechtspflege, S. 403 ff.; *ders.,* Der Schutz der politischen Rechte auf Bundesebene, in: Festschrift für Heinrich Koller, Basel 2006, S. 219 ff.; *ders.,* Behördliche *Information* vor Volksabstimmungen, Bern 2003, S. 46 ff., 387 ff.; BIAGGINI GIOVANNI, Eine *verzwickte Angelegenheit:* Die nachträgliche Überprüfung der Regularität einer eidgenössischen Volksabstimmung, ZBl 2012, S. 429 ff.; DONZALLAZ, Commentaire, Art. 82 Ziff. 2714 ff., Art. 88, Art. 89 Ziff. 3189 ff., Art. 95 Ziff. 3555 ff. und Art. 100 Ziff. 4107 f.; EUSEBIO IVO/CRAMERI TIZIANO, L'attuale tutela giuridica dei diritti politici, con particolare riferimento a cause ticinesi, e quella prevista dalla legge sul Tribunale federale, in: Studi in onore di Marco Borghi, Basel u.a. 2006, S. 371 ff.; GRISEL ETIENNE, Initiative et référendum populaires, 3. A., Bern 2004; HÄFELIN/HALLER/KELLER, Bundesstaatsrecht, N. 1962 ff., 1978 ff., 2004 ff.; HAN-

GARTNER YVO/KLEY ANDREAS, Die demokratischen Rechte in Bund und Kantonen der Schweizerischen Eidgenossenschaft, Zürich 2000; HILLER CHRISTOPH, Die Stimmrechtsbeschwerde, Zürich 1990; KIENER/RÜTSCHE/KUHN, Verfahrensrecht, N. 1668 ff.; STEINMANN GEROLD, in: Niggli/Uebersax/Wiprächtiger, Basler Kommentar BGG, Art. 82 N. 75 ff., Art. 88, Art. 89 N. 71 ff. und Art. 100 N. 16 ff.; TORNAY BÉNÉDICTE, La démocratie directe saisie par le juge, Genf u.a. 2008, S. 17 ff.; TSCHANNEN, Staatsrecht, §§ 48–52; *ders.*, Stimmrecht und politische Verständigung, Basel 1995; WURZBURGER ALAIN, in: Corboz/Wurzburger/Ferrari/Frésard/Aubry Girardin, Commentaire de la LTF, Art. 82 N. 110 ff., Art. 88, Art. 89 N. 56 ff.; vgl. auch die Literatur in Rz. 1365.

1. Grundlagen

Stimmrechtssachen sind justiziabel und unterstehen grundsätzlich der Rechtsweggarantie von Art. 29a BV (vgl. BGE 137 II 177 E. 1.2.3; 136 II 132 E. 2.5.2). Die Beschwerde wegen *Verletzung der politischen Rechte* stellt eine Form der Beschwerde in öffentlich-rechtlichen Angelegenheiten dar; sie weist einige Besonderheiten auf. Sie dient der Durchsetzung der Garantie der politischen Rechte nach Art. 34 BV; die entsprechende Zuständigkeit des Bundesgerichts ist in Art. 189 Abs. 1 lit. f BV vorgesehen. Das Rechtsmittel wird auch Beschwerde *in Stimmrechtssachen* oder *Stimmrechtsbeschwerde* genannt; es ist aber nicht zu verwechseln mit der Stimmrechtsbeschwerde nach Art. 77 Abs. 1 lit. a BPR. Diese stellt – neben der Abstimmungs- und der Wahlbeschwerde – eine der drei Kategorien der Beschwerde an die Kantonsregierung wegen Verletzung der politischen Rechte in eidgenössischen Angelegenheiten dar (vgl. dazu hinten, Rz. 1728). 1709

Gewichtige Unterschiede bestehen in Bezug darauf, ob die politischen Rechte auf *kantonaler* oder auf *eidgenössischer* Ebene infrage stehen. Für Beschwerden wegen Verletzung der politischen Rechte in *kantonalen Angelegenheiten* ist das Bundesgericht seit 1912 zuständig (AS 28 52 f., 56); insoweit besteht heute ein weitreichender gerichtlicher Rechtsschutz. (Pro memoria: Bei den Ständeratswahlen handelt es sich um kantonale Wahlen – vgl. Art. 150 Abs. 3 BV; BGer, Urteil 1C_243/2011 vom 15.9.2011, E. 1.2.) In *eidgenössischen Angelegenheiten* war der gerichtliche Rechtsschutz rudimentär, bevor mit dem Inkrafttreten der Totalrevision der Bundesrechtspflege am 1.1.2007 die Beschwerde ans Bundesgericht in Bezug auf eidgenössische Abstimmungen und die Nationalratswahlen zugelassen wurde (vgl. Art. 82 lit. c, Art. 88 Abs. 1 lit. b BGG; Art. 77 und Art. 79 f. BPR). Noch heute bestehen allerdings wesentliche Ausnahmen, weil Akte von Bundesrat und Bundesversammlung nicht angefochten werden können (vgl. dazu hinten, Rz. 1721). Dieser Ausschluss wird in der Lehre wohl überwiegend kritisiert; entgegen der Ansicht von Teilen der Lehre ist er jedoch nicht verfassungswidrig. Während das Anliegen eines möglichst vollständigen Rechtsschutzes für die Öffnung des Rechtswegs spricht, ist umgekehrt die Gefahr zu beachten, dass es dann zu einer Instrumentalisierung der Justiz in den Abstimmungskämpfen kommen könnte. In diesem Sinn wären bei einer Erweiterung des Rechtsschutzes die möglichen Auswirkungen auf das 1710

Verhältnis zwischen Politik und Justiz mitzubedenken (vgl. Biaggini, verzwickte Angelegenheit, S. 440 f.).

2. Beschwerdegrund und Kognition

1711 Beschwerdegrund ist die *Verletzung der Garantie der politischen Rechte* (bzw. der *Wahl- und Abstimmungsfreiheit*) im Sinn des heutigen Art. 34 BV. Der konkrete Gehalt der politischen Rechte ergibt sich in erster Linie aus dem spezifischen Organisationsrecht des Bundes bzw. der Kantone (BGE 136 I 352 E. 2 m.w.H.). Für die Umschreibung dieser Rechte ist allerdings auch die in Jahrzehnten gewachsene Praxis des Bundesgerichts – das an die noch ältere Praxis von Bundesrat und Bundesversammlung anknüpfen konnte – gegenüber den Kantonen sehr bedeutsam. Die Garantie der politischen Rechte setzt sich aus verschiedenen, mehr oder weniger scharf abgrenzbaren Teilgehalten zusammen, die in der Lehre unterschiedlich eingeteilt werden. Als übergreifende Bereiche können genannt werden: das allgemeine, gleiche, freie und (unter Vorbehalt der Versammlungsdemokratie) geheime Stimm- und Wahlrecht, die ungehinderte Ausübung der Volksrechte, die freie und unverfälschte Willensbildung und -kundgabe vor bzw. in Wahlen und Abstimmungen (vgl. Art. 34 Abs. 2 BV) sowie die korrekte Anwendung aller Vorschriften, die das Stimm- und Wahlrecht regeln oder eng mit ihm zusammenhängen (vgl. BGE 129 I 185 E. 2).

1712 Als Voraussetzung der Stimmrechtsbeschwerde wird verlangt, dass unmittelbar die Ausübung der politischen Rechte durch die Stimmberechtigten betroffen sein muss (Steinmann, Basler Kommentar BGG, Art. 82 N. 82 f. und 85 ff., auch zum Folgenden). Typische Rügen sind:
- die Aktivbürgerschaft sei unrichtig zusammengesetzt, etwa weil gewissen Personen die Stimmberechtigung unzulässigerweise anerkannt oder aberkannt worden sei oder weil Stimmberechtigte an der Wahl- bzw. Abstimmungsteilnahme gehindert worden seien;
- Vorlagen seien zu Unrecht der Volksabstimmung unterstellt oder aber entzogen worden, etwa aufgrund rechtswidriger Entscheide über die Gültigkeit von Initiativen;
- das Ergebnis einer Wahl oder Abstimmung sei unzulässigerweise beeinflusst worden, etwa durch irreführende Titel oder Abstimmungsfragen, durch Mängel der Abstimmungserläuterungen oder durch unstatthafte Eingriffe von Behörden oder Privaten in den Wahl- oder Abstimmungskampf;
- die Wirkungen eines Volksbegehrens seien durch unzulässiges Vorgehen der Behörden verhindert worden;
- eine Wahlkreiseinteilung oder die Methode zur Berechnung der Sitzzahl bei Proporzwahlen verletze die Wahlrechtsgleichheit;
- Vorschriften über die Wählbarkeit oder Unvereinbarkeit seien rechtswidrig, oder sie seien falsch angewendet worden;
- das Wahl- oder Abstimmungsresultat sei falsch ermittelt worden.

Gerügt werden kann auch eine Rechtsverweigerung oder Rechtsverzögerung. Eine solche kann sich sowohl aus der Verschleppung des Verfahrens ergeben als auch aus der Untätigkeit der Behörden nach der Abstimmung, sofern Umsetzungsakte erforderlich sind (BGer, Urteil 1P.179/1994, in: ZBl 1995 S. 419; vgl. BGE 137 I 305 E. 2.1.4; als Übersicht über den Gehalt der Wahl- und Abstimmungsfreiheit vgl. Biaggini, BV-Kommentar, Art. 34 N. 9 ff.).

1713

Der unmittelbare Zusammenhang der Beschwerde zum Stimm- und Wahlrecht wird verneint, wenn die Verletzung von Vorschriften betreffend die *Organisation und Geschäftstätigkeit anderer staatlicher Organe* (als des Volks) gerügt wird (vgl. BGer, Urteile 1C_175/2007 vom 13.11.2007, E. 1.1, und 1P.571/2000 vom 16.11.2000, E. 1 m.H.). So sind Wahlen, die von Parlamenten vorzunehmen sind, nicht Gegenstand der Stimmrechtsbeschwerde (BGE 137 I 77 E. 1.1; 99 Ia 444 E. 1; 38 I 19 S. 24; vgl. aber hinten, Rz. 1716). Wenn allerdings generelle Ausstandsbestimmungen für bestimmte Parlamentsmitglieder (etwa für kantonale Angestellte) so weit gehen, dass sie eine partielle Unvereinbarkeit mit sich bringen, tangieren sie laut Bundesgericht das aktive und das passive Wahlrecht, sodass dagegen die Stimmrechtsbeschwerde ergriffen werden kann (BGE 123 I 97 E. 1b/ee).

1714

Noch aktuell ist die unter dem früheren Verfahrensrecht entwickelte Abgrenzung zwischen der Beschwerde wegen Verletzung der politischen Rechte und der Rüge einer *Verletzung des Gewaltenteilungsprinzips*. Die Unterscheidung beruht ebenfalls darauf, dass die Stimmrechtsbeschwerde einen unmittelbaren Bezug zum Stimm- und Wahlrecht haben muss. Dieser fehlt gemäss der Praxis, wenn geltend gemacht wird, die Exekutive habe ihre Rechtsetzungskompetenz überschritten und das Referendumsrecht ausgehöhlt, indem sie auf dem Verordnungsweg Normen erlassen habe, die vom Gesetz nicht gedeckt seien: Diese Rüge ist nicht mit Stimmrechtsbeschwerde, sondern mit der allgemeinen Beschwerde in öffentlich-rechtlichen Angelegenheiten zu erheben (BGE 105 Ia 349 E. 4b). Dasselbe gilt, wenn vorgebracht wird, eine Regelung sei auf Gesetzes- statt auf Verfassungsebene getroffen worden, sodass das obligatorische Referendum umgangen worden sei (BGE 131 I 386 E. 2.2). Die Abgrenzung ist heikel; letztlich beruht sie auf dem praktischen Gesichtspunkt, dass die Stimmrechtsbeschwerde nicht allgemein für die Rüge der Verletzung höherrangigen Rechts zur Verfügung stehen soll (vgl. BGE 131 I 386 E. 2.2). Die Stimmrechtsbeschwerde ist wiederum gegeben, wenn gerügt wird, der fragliche Erlass verletze politische Rechte, die auf höherer Stufe garantiert würden (BGer, Urteil 1P.523/2003 vom 12.5.2004, E. 2.1; BGE 131 I 386 E. 2.2; 123 I 41 E. 6b m.w.H.).

1715

Die Rüge, Behördemitglieder seien zu Unrecht vom Parlament statt vom Volk gewählt worden, kann ebenfalls mit Stimmrechtsbeschwerde vorgebracht werden (BGer, Urteil 1P.487/2003 vom 27.1.2004, E. 1.1; BGE 97 I 24 E. 2c). Dasselbe gilt für die Rüge, das Parlament habe einen Beschluss oder Erlass zu Unrecht nicht dem Referendum unterstellt. Als ein hierzu legitimierter Be-

1716

schwerdeführer Letzteres jedoch zugleich als Verletzung des Gewaltenteilungsprinzips rügte, prüfte das Bundesgericht die Frage unter dem letzteren Aspekt (vgl. BGer, Urteil 1P.91/2002 vom 26.8.2002, E. 1.3).

1717 Streitigkeiten um den Bestand des *Bürgerrechts* sind nicht mit Stimmrechtsbeschwerde vorzubringen (vgl. BGer, Urteil 1C_451/2008 vom 4.5.2009, E. 1.1).

1718 Bei Stimmrechtsbeschwerden überprüft das Bundesgericht nicht nur die Auslegung und Anwendung des Bundesrechts und der kantonalen verfassungsmässigen Rechte, sondern auch jene des *kantonalen Rechts,* das den Inhalt des Stimm- und Wahlrechts normiert oder mit diesem in engem Zusammenhang steht (Art. 95 lit. d BGG). Es handelt sich um den verfahrensrechtlichen Ausdruck der Besonderheit, dass der Schutzbereich der Garantie der politischen Rechte die korrekte Anwendung allen einschlägigen Rechts umfasst. In ausgesprochenen Zweifelsfällen schliesst sich das Bundesgericht allerdings der vom obersten kantonalen Organ – Volk und Parlament – vertretenen Auffassung an; insbesondere weicht es nicht leichthin von der Beurteilung des kantonalen Parlaments ab (zum Ganzen BGE 135 I 19 E. 4).

1719 Das Bundesgericht überprüft den *Sachverhalt* nur in eingeschränktem Mass (Art. 97 Abs. 1 und Art. 105 Abs. 2 BGG; vgl. vorne, Rz. 1582 ff.). Weil es sich bei den Vorinstanzen verschiedentlich nicht um Gerichte handelt, ist deshalb in Stimmrechtssachen die Rechtsweggarantie nicht durchgehend gewährleistet. Dies geht auf einen bewussten Entscheid des Gesetzgebers zurück (BBl 2001 4327). Die Feststellung des Sachverhalts ist allerdings unausweichlich, wenn Realakte direkt beim Bundesgericht angefochten werden; im Übrigen fordert die Lehre zu Recht, dass das Bundesgericht die Sachverhaltskontrolle angemessen ausweiten solle, wenn es sich bei der Vorinstanz nicht um ein Gericht handelte (Besson, Beschwerde, S. 417 f.; Steinmann, Basler Kommentar BGG, Art. 82 N. 92).

3. Anfechtungsobjekt

1720 Die Stimmrechtsbeschwerde kann sich gegen sämtliche Gefährdungen der politischen Rechte richten; innerhalb dieses Rahmens kommen grundsätzlich *beliebige Akte* als Anfechtungsobjekte infrage. Es kann sich dabei um Verfügungen beliebiger Behörden, um Erlasse sowie um behördliche Realakte (wie etwa Abstimmungserläuterungen oder -informationen) handeln. Handlungen Privater können zwar die Willensbildung unzulässigerweise beeinflussen. Dies muss aber mit Beschwerde gegen das Wahl- oder Abstimmungsergebnis vorgebracht werden; private Handlungen bilden kein Anfechtungsobjekt (vgl. Besson, Information, S. 51).

1721 Nach Art. 189 Abs. 4 BV können *Akte der Bundesversammlung und des Bundesrats* beim Bundesgericht *nicht angefochten* werden; das Gesetz, das nach dieser Verfassungsbestimmung Ausnahmen bestimmen könnte, sieht keine solchen vor (vgl. Art. 88 Abs. 1 lit. b BGG, Art. 77 ff. BPR). Nicht anfechtbar sind somit namentlich der Entscheid der Bundesversammlung über die Gültigkeit von Initiativen (Art. 173 Abs. 1 lit. f BV) und die Abstimmungserläuterungen des Bundesrats (Art. 11 Abs. 2 BPR).

Das Bundesgericht ist allerdings in einem Revisionsverfahren auf den Antrag eingetreten, die eidgenössische Abstimmung vom 24.2.2008 über das sogenannte Unternehmenssteuerreformgesetz II (BBl 2008 2781) wegen nachträglich entdeckter Fehler der Abstimmungserläuterungen für ungültig zu erklären. Es begründete dies damit, zwar könnten die Abstimmungserläuterungen nicht angefochten werden, doch könne die «Informationslage im Vorfeld einer Abstimmung», deren Bestandteil die Abstimmungserläuterungen bildeten, «in allgemeiner Weise zum Gegenstand eines Verfahrens gemacht werden» (BGE 138 I 61 E. 7.4); die Prüfung dieser Informationslage, die das Bundesgericht im betreffenden Fall hierauf vornahm, kam der Überprüfung der Abstimmungserläuterungen praktisch gleich (zur berechtigten Kritik an diesem Vorgehen vgl. Biaggini, verzwickte Angelegenheit, S. 437 ff., 441). Problematisch ist, dass das Bundesgericht in diesem Revisionsverfahren trotz Art. 189 Abs. 4 BV auf eine Beschwerde eintrat, die sich gegen die Abstimmungserläuterungen des Bundesrats richtete und die es im ordentlichen Beschwerdeverfahren nicht hätte an die Hand nehmen dürfen. Daran ändert der Hinweis auf die Informationslage nichts. Dies bedeutet aber nicht, dass aus dem Ausschluss der direkten Anfechtbarkeit ein Verbot der vorfrageweisen Überprüfung herzuleiten wäre (so aber Teile der Lehre, z.B. Biaggini, verzwickte Angelegenheit, S. 439). Eine solche käme dann infrage, wenn sich eine Beschwerde gegen eine anfechtbare Intervention in den Abstimmungskampf richtete.

1722

4. Rechtsweg

A. In kantonalen Angelegenheiten

Als *kantonale Angelegenheiten* gelten Wahlen und Abstimmungen auf kantonaler Ebene, aber auch in Bezirken, Gemeinden und anderen Körperschaften, soweit sie dem öffentlichen Recht unterstehen (BGE 120 Ia 194 E. 1a). Nach Art. 88 Abs. 2 BGG sehen die Kantone gegen behördliche Akte, welche die politischen Rechte der Stimmberechtigten in kantonalen Angelegenheiten verletzen können, ein Rechtsmittel vor. Die Rechtsprechung hat die Frage nach der Art dieser Rechtsmittelinstanz beantwortet: Es muss sich aufgrund der Rechtsweggarantie (Art. 29a BV) und der Justiziabilität der politischen Rechte um ein Gericht handeln (BGE 134 I 199 E. 1.2; ausführlich: BGer, Urteil 1P.338/2006 vom 12.2.2007, in: ZBl 2007, S. 313 E. 3.10), allerdings anscheinend nicht zwingend um ein oberes Gericht im Sinn von Art. 86 Abs. 2 BGG. Im Übrigen sind die Kantone frei, einen mehrstufigen Rechtsweg einzurichten.

1723

1724 In Bezug auf erstinstanzliche Akte des Kantonsparlaments und der Kantonsregierung müssen die Kantone jedoch kein Rechtsmittel vorsehen. Dies gilt auch für die im Gesetzestext nicht erwähnten kantonalen Landsgemeinden (Steinmann, Basler Kommentar BGG, Art. 88 N. 12). Das Bundesgericht hat klargestellt, dass die genannte Ausnahme vom Erfordernis eines kantonalen Rechtsmittels jedenfalls gegenüber Rekurs- bzw. Beschwerdeentscheiden des Kantonsparlaments oder der Kantonsregierung über Akte anderer Behörden nicht zum Tragen kommt. Dabei hat es offengelassen, was in Bezug auf Einspracheentscheide und Wiedererwägungsverfügungen des Kantonsparlaments und der Kantonsregierung gilt (BGer, Urteil 1C_82/2009 vom 29.6.2009, E. 2.2.1). Weil diesen Entscheiden ein erstinstanzlicher Akt des Parlaments bzw. der Regierung zugrunde liegt, müsste die Ausnahme vom Erfordernis eines (weiteren) kantonalen Rechtsmittels auch ihnen gegenüber gelten (vgl. auch Steinmann, Basler Kommentar BGG, Art. 88 N. 13a, mit Ausführungen zu weiteren Spezialfällen). Entsprechend dürfte Art. 88 Abs. 2 den Kantonen auch die Möglichkeit belassen, gegen erstinstanzliche Akte der Regierung ein Rechtsmittel an das Parlament vorzusehen, ohne dass zusätzlich eine Beschwerde an ein Gericht einzuräumen wäre (wohl gl.M. Besson, Beschwerde, S. 435; anscheinend a.M. Steinmann, Basler Kommentar BGG, Art. 88 N. 12).

1725 Werden Mängel erst im Nachhinein entdeckt, so richtet sich die *Revision* nach den verfassungsmässigen Minimalgarantien (vgl. vorne, Rz. 725) sowie nach dem kantonalen Verfahrensrecht (BGE 113 Ia 146 E. 3); liegt bereits ein Bundesgerichtsurteil vor, so sind die Revisionsvorschriften des BGG anwendbar (vgl. hinten, Rz. 1731 f.).

B. In eidgenössischen Angelegenheiten

1726 Der Rechtsweg bei Stimmrechtsbeschwerden in eidgenössischen Angelegenheiten weist einige Ungereimtheiten und Schwierigkeiten auf, die vom Gesetzgeber behoben werden sollten.

1727 Das Bundesgericht ist zuständig für Beschwerden gegen Verfügungen der Bundeskanzlei und gegen Entscheide der Kantonsregierungen (Art. 88 Abs. 1 lit. b BGG; vgl. auch Art. 32 Abs. 1 lit. b VGG). Art. 80 Abs. 2 und 3 BPR regeln, gegen welche *Verfügungen der Bundeskanzlei* die Beschwerde offensteht oder ausgeschlossen ist. Es ist im Sinn der Rechtsweggarantie nach Art. 29a BV wohl davon auszugehen, dass die Beschwerde gegen allfällige weitere Verfügungen der Bundeskanzlei im Bereich der politischen Rechte, deren Anfechtung das Gesetz nicht ausdrücklich oder sinngemäss ausschliesst, direkt auf Art. 88 Abs. 1 lit. b BGG gestützt werden kann (vgl. BGE 131 II 449 E. 1.1; 129 II 305 E. 1.1; vgl. auch Steinmann, Basler Kommentar BGG, Art. 88 N. 3; wohl a.M. Tschannen, Staatsrecht, § 48 Rz. 42a).

1728 Im Übrigen erklärt Art. 88 Abs. 1 lit. b BGG *Beschwerdeentscheide der Kantonsregierungen* als vor Bundesgericht anfechtbar. Nach Art. 77 Abs. 1 BPR ist

die Beschwerde an die Kantonsregierung wegen Verletzung politischer Rechte in folgenden Fällen zulässig:
- Stimmrechtsbeschwerde (lit. a): wegen Verletzung der Bestimmungen über die Stimmberechtigung bzw. den Eintrag ins Stimmregister, die Stimmabgabe sowie die Stimmrechtsbescheinigung bei Volksbegehren (die Liste der infrage kommenden Verfügungsgrundlagen in lit. a kann nicht als abschliessend betrachtet werden);
- Abstimmungsbeschwerde (lit. b): wegen Unregelmässigkeiten bei Abstimmungen;
- Wahlbeschwerde (lit. c): wegen Unregelmässigkeiten bei der Vorbereitung und Durchführung der Nationalratswahlen.

Die Zuständigkeit der Kantonsregierung ist sachgerecht und wirft keine Probleme auf, soweit Unregelmässigkeiten infrage stehen, die sich nur innerhalb des betreffenden Kantons auswirken (BGE 137 II 177 E. 1.2.2). Die Kantonsregierung ist jedoch dann als Beschwerdeinstanz ungeeignet, wenn die Anträge oder die Sachverhaltsfeststellung über ihre Kompetenz hinausgehen, etwa wenn die Verschiebung oder Absetzung einer eidgenössischen Abstimmung beantragt wird oder wenn kantonsübergreifende unzulässige Eingriffe in den Abstimmungskampf beanstandet werden. Dennoch ist auch in diesen Fällen in erster Instanz die Kantonsregierung anzurufen. Sie hat gegebenenfalls einen Nichteintretensentscheid zu fällen, der sodann beim Bundesgericht anzufechten ist (BGE 137 II 177 E. 1.2.3). Die direkte Einreichung einer Beschwerde beim Bundesgericht, wie sie zunächst erwogen wurde (BGE 136 II 132 E. 2.5.2 f.), hat das Gericht schliesslich ausdrücklich verworfen (BGE 137 II 177 E. 1.2 f.). Das Bundesgericht ruft den Gesetzgeber auf, den Rechtsweg neu zu gestalten (BGE 137 II 177 E. 1.2.3); dies ist tatsächlich dringend erforderlich. 1729

Der Rechtsmittelentscheid ist abzugrenzen von der *Erwahrung,* der verbindlichen Feststellung des Wahl- oder Abstimmungsergebnisses. Nach Art. 15 Abs. 1 BPR erwahrt der Bundesrat das Ergebnis einer eidgenössischen Abstimmung, sobald feststeht, dass beim Bundesgericht keine Abstimmungsbeschwerden eingegangen sind, oder sobald über diese entschieden wurde. Zu Beginn der neuen Legislatur stellt der Nationalrat die Gültigkeit der Nationalratswahlen fest (Art. 53 Abs. 1 BPR); es gelten sinngemäss die gleichen Voraussetzungen (vgl. Art. 53 Abs. 2 i.V.m. Art. 52 Abs. 2 BPR; Art. 4 lit. a GRN). Die Erwahrung folgt somit der gerichtlichen Entscheidung nach (BGE 138 I 61 E. 3.2). Ihr Verhältnis zu rechtskräftigen Beschwerdeentscheiden der Kantonsregierungen erscheint nicht geklärt (weiterführend Besson, Legitimation, S. 856). 1730

Werden Mängel der Abstimmung erst *nach Ablauf der Beschwerdefristen* bekannt, richtet sich die Anfechtung direkt nach dem verfassungsmässigen Anspruch auf Wiedererwägung bzw. – gemäss der hier verwendeten Terminologie – *Revision* gemäss Art. 29 Abs. 1 BV. Die Rechtsweggarantie nach Art. 29a BV gilt auch für diesen Fall; der Rechtsweg führt in letzter Instanz an das Bun- 1731

desgericht (BGE 138 I 61 E. 4.3 f.). Auf das Revisionsbegehren ist einzutreten, wenn folgende Voraussetzungen erfüllt sind (im Einzelnen: BGE 138 I 61 E. 4.5; 113 Ia 146 E. 3b–d):
- Es müssen gravierende Mängel vorgebracht werden, welche die Abstimmung massiv und entscheidwesentlich beeinflusst haben;
- es müssen unechte Noven vorgebracht werden (vgl. vorne, Rz. 1332), die zur Zeit der Abstimmung bereits vorhanden, aber noch unbekannt waren bzw. unbeachtet bleiben durften;
- im Interesse der Rechtssicherheit kann die Revision nach einer bestimmten Zeitspanne nicht mehr verlangt werden; diese absolute Revisionsfrist ist gegebenenfalls im Einzelfall zu bestimmen.

1732 Wenn die Revisionsgründe zutage treten, ohne dass bereits zuvor eine Abstimmungsbeschwerde ergriffen worden wäre, ist das Verfahren gemäss BPR neu einzuleiten. Liegt bereits ein rechtskräftiger Rechtsmittelentscheid vor, so richtet sich das Verfahren nach den Bestimmungen über die Revision. Der Bundesrat hat im Fall einer Gutheissung der Abstimmungsbeschwerde auf seinen Erwahrungsbeschluss zurückzukommen (vgl. BGE 138 I 61 E. 4.6; Biaggini, verzwickte Angelegenheit, S. 430 f.; anders: Bundesrat, Entscheid vom 29.6.2011, in: VPB 2012, Nr. 5 = ZBl 2012, S. 420 E. 2).

5. Beschwerdelegitimation

1733 Zur Beschwerde legitimiert ist jede Person, die in der fraglichen Sache stimmberechtigt ist (Art. 89 Abs. 3 BGG) oder geltend macht, ihre Stimmberechtigung sei zu Unrecht nicht anerkannt worden (BGE 116 Ia 359 E. 3a). Nach vorherrschender, überzeugender Ansicht können also auch Ausländerinnen und Ausländer die Stimmrechtsbeschwerde ergreifen, soweit sie über politische Rechte verfügen (Biaggini, BV-Kommentar, Art. 34 N. 4 m.H.).

1734 Eine weitere persönliche Betroffenheit ist nicht erforderlich und in keiner Weise relevant: Weder schliesst sie die Beschwerdelegitimation Stimmberechtigter aus (BGer, Urteil vom 18.12.1988, in: ZBl 1989, S. 491 E. 3b) noch eröffnet sie nicht stimmberechtigten Dritten den Zugang zu dieser Beschwerdeform. Letzteren verbleibt die Beschwerde nach Art. 89 Abs. 1 und 2 BGG (vgl. BGE 134 I 172 E. 1.3.3; zum Ganzen Steinmann, Basler Kommentar BGG, Art. 89 N. 72). Die besondere Legitimation ergibt sich daraus, dass das Stimmrecht (auch) eine Organkompetenz darstellt und eine öffentliche Funktion erfüllt. Daher kann auch die Rüge, die Aktivbürgerschaft – das verfassungsmässige Organ «Volk» – sei unrichtig zusammengesetzt, von allen Stimmberechtigten vorgebracht werden (BGE 116 Ia 359 E. 3b zur Legitimation der stimmberechtigten Männer, den Ausschluss der Frauen von der Landsgemeinde in Appenzell Innerrhoden zu rügen; BGE 109 Ia 41 E. 3a; 38 I 466 E. 1). Eine in einem jüngeren Entscheid angedeutete Einschränkung der Legitimation ist in sich widersprüchlich und dürfte als blosses Versehen aufzufassen sein (vgl. BGer, Urteil 1C_16/2012 vom 25.4.2012, E. 1.4).

Die Stimmrechtsbeschwerde schützt auch das *passive Wahlrecht*, sodass Kandidierende auch dann beschwerdelegitimiert sind, wenn sie nicht über das aktive Wahlrecht verfügen (BGE 128 I 34 E. 1e). Diese Konstellation tritt ein, wenn das anwendbare Recht Kandidaturen von Personen zulässt, die nicht im betreffenden Wahlkreis oder gar nicht stimmberechtigt sind.

1735

Juristischen Personen – ob sie privat- oder öffentlich-rechtlich konstituiert sind – kommt die Legitimation grundsätzlich nicht zu, da sie nicht Trägerinnen der politischen Rechte sind. Beschwerdelegitimiert sind aber *politische Parteien und Organisationen mit politischem Charakter* (auch Komitees, die ad hoc für eine bestimmte politische Aktion gebildet wurden), sofern sie als juristische Personen konstituiert sind, ihre Aktivität im betroffenen Gemeinwesen ausüben und ihre Mitglieder ihnen in erster Linie in der Eigenschaft als Stimmberechtigte angehören (BGE 134 I 172 E. 1.3.1; die neuere Praxis scheint auf eine Öffnung hinzusteuern, vgl. BGer, Urteil 1C_22/2010 vom 6.10.2010, E. 1.2). Die Voraussetzung, dass das Komitee eine juristische Person sein müsse, wurde jedoch zu Recht entschärft: Das Bundesgericht nimmt eine Beschwerde andernfalls als Beschwerde der stimmberechtigten Komiteemitglieder entgegen und lässt diese im «Sinn einer Vereinfachung» auch zur gemeinsamen Beschwerde unter dem Namen des Komitees zu (BGer, Urteile 1C_174/2010 vom 14.12.2010, E. 1.2, und 1C_395/2010 vom 7.2.2011, E. 1.1). Das Bundesgericht lässt sodann die egoistische Verbandsbeschwerde bei der Stimmrechtsbeschwerde zu; entsprechend bejahte es die Legitimation zweier Verbände, welche in den Statuten unter anderem die Vertretung der staatspolitischen Interessen ihrer Mitglieder vorsahen (vgl. BGE 130 I 290 E. 1.3; vgl. bereits BGE 99 Ia 535 E. 2; kritisch z.B. Steinmann, Basler Kommentar BGG, Art. 89 N. 73).

1736

Gemeinden und andere öffentlich-rechtliche Körperschaften sind nicht Trägerinnen der politischen Rechte und damit nicht zur Stimmrechtsbeschwerde befugt. Eine Ausnahme muss gelten, soweit ihnen Initiativ- und Referendumsrechte zustehen (Besson, Legitimation, S. 854 f. m.H.). Ferner können sie sich gegebenenfalls gemäss Art. 89 Abs. 2 lit. c BGG gegen Verletzungen verfassungsmässiger Garantien zu ihren Gunsten wehren und dabei auch eine Verletzung ihrer Autonomie im Bereich der politischen Rechte rügen (BGE 136 I 404).

1737

Bei *eidgenössischen Abstimmungen* liegt die Legitimation von Stimmberechtigten sowie politischen Parteien und Organisationen jedenfalls dann vor, wenn der angefochtene Akt – unabhängig von der Urheberschaft – ihren eigenen Kanton oder die ganze Abstimmung betrifft (wobei daran zu erinnern ist, dass Akte von Bundesrat und Bundesversammlung der Stimmrechtsbeschwerde nicht unterliegen). Weil das Gesamtergebnis massgeblich ist, ist jedoch folgerichtig, dass auch Akte, die ausschliesslich andere Kantone betreffen, vor den betreffenden Kantonsregierungen angefochten werden können. Das Bundesgericht hat die Frage offengelassen (BGE 137 II 177 E. 1.2.2; BGer, Urteil 1C_253/2009 vom

1738

1.10.2009, E. 2.2 m.H. auf die unterschiedlichen Lehrmeinungen). Dagegen ist bei *Nationalratswahlen* anzunehmen, dass nur Unregelmässigkeiten gerügt werden können, die den eigenen Kanton oder die gesamten Wahlen betreffen, nicht aber solche in anderen Kantonen, weil die Kantone eigene Wahlkreise bilden (vgl. Steinmann, Basler Kommentar BGG, Art. 89 N. 78 m.H.; a.M. Besson, Legitimation, S. 868 f.).

1739 Das Erfordernis der *formellen Beschwer* gilt auch bei der Stimmrechtsbeschwerde (Besson, Legitimation, S. 850 f.; vgl. vorne, Rz. 940). Die Beschwerdebefugnis setzt sodann grundsätzlich ein *aktuelles Interesse* an der Beschwerdeerhebung voraus; auf das aktuelle Interesse kann unter denselben Voraussetzungen, wie sie bei der Legitimation im Allgemeinen gelten, verzichtet werden (vgl. vorne, Rz. 946; BGer, Urteil 1C_127/2010 vom 20.12.2010, E. 3.1). Dies ist etwa der Fall, wenn unzulässige Verzerrungen des Stimmrechts durch die Wahlkreiseinteilung gerügt werden. Fehlerhafte Einträge in den Stimmregistern können unabhängig von einer konkreten Wahl oder Abstimmung gerügt werden (BGE 109 Ia 41 E. 3a; 38 I 466 E. 1).

1740 Das Gesetz kennt weitere *besondere Legitimationsvorschriften;* so sind nur die Mitglieder des Initiativkomitees befugt, gegen Verfügungen der Bundeskanzlei über die formelle Gültigkeit der Unterschriftenliste und betreffend den Titel der Initiative die Beschwerde zu ergreifen (Art. 80 Abs. 3 i.V.m. Art. 69 Abs. 1 und 2 BPR). Die *Bundeskanzlei* ist nach Art. 89 Abs. 2 lit. a BGG zur Beschwerde gegen die Entscheide der Kantonsregierungen in eidgenössischen Stimmrechtssachen berechtigt (Besson, Legitimation, S. 855 f. m.H. auf eine abweichende Ansicht; Steinmann, Basler Kommentar BGG, Art. 88 N. 7).

1741 Die Legitimation nach Art. 89 Abs. 3 BGG gilt aufgrund des Grundsatzes der Einheit des Verfahrens – den Art. 111 BGG für die kantonalen Verfahren verankert – auch vor den Vorinstanzen.

6. Fristen und Verfahren

1742 Die *Fristen* für die Beschwerden *in eidgenössischen Angelegenheiten* sind sehr kurz bemessen: Art. 77 Abs. 2 BPR sieht eine dreitägige Frist für die Beschwerde an die Kantonsregierung vor, die mit der Entdeckung des Beschwerdegrundes, spätestens jedoch mit der Veröffentlichung der Ergebnisse zu laufen beginnt. Art. 100 Abs. 3 lit. b und Abs. 4 BGG statuieren für Beschwerden an das Bundesgericht gegen eidgenössische Abstimmungen und Nationalratswahlen eine fünf- bzw. dreitägige Frist. Der Grund liegt darin, dass Mängel, soweit möglich, noch vor dem Urnengang behoben werden sollen und dass die definitiven Wahl- und Abstimmungsresultate möglichst bald feststehen sollen (Steinmann, Basler Kommentar BGG, Art. 100 N. 17). Im Übrigen gilt für die Beschwerde an das Bundesgericht die ordentliche Frist von 30 Tagen (Art. 100 Abs. 1 BGG).

Auch für Beschwerden an das Bundesgericht in *kantonalen Stimmrechts-* 1743
sachen gilt die Frist von 30 Tagen nach Art. 100 Abs. 1 BGG. Richtet sich die
Beschwerde direkt an das Bundesgericht, so sind *Mängel behördlicher Vorbereitungshandlungen zu einer Wahl oder Abstimmung* grundsätzlich direkt anzufechten und nicht erst mit Beschwerde gegen die Abstimmung selber zu rügen (BGer, Urteil 1C_62/2012 vom 18.4.2012, E. 4; BGE 110 Ia 176 E. 2a). Diese
Praxis gilt aber ausdrücklich nicht für die Rechtsmittel auf kantonaler Ebene.
Diese regeln die Kantone selbst (BGer, Urteil 1C_217/2008 vom 3.12.2008,
E. 1.2; BGE 118 Ia 271 E. 1d–e). Die Frist beginnt grundsätzlich mit der Möglichkeit der Kenntnisnahme des Mangels zu laufen (im Einzelnen: BGer, Urteil
1C_62/2012 vom 18.4.2012, E. 3; BGE 121 I 1 E. 4a/dd). Findet die Wahl oder
Abstimmung statt, während das Verfahren hängig ist, wird die Beschwerde so
verstanden, dass sinngemäss auch der Antrag auf Aufhebung der Wahl oder
Abstimmung gestellt wird. Reicht die Frist zur Anfechtung von Vorbereitungshandlungen über das Wahl- oder Abstimmungsdatum hinaus, kann das Ziel, die
Mängel noch vorher zu beseitigen, ohnehin nicht erreicht werden, sodass den
Stimmberechtigten nicht zuzumuten ist, den fraglichen Vorbereitungsakt gesondert anzufechten. In diesem Fall kann die Anfechtung von Vorbereitungshandlungen somit noch mit fristgerechter Beschwerde gegen die Wahl oder Abstimmung erfolgen (BGE 110 Ia 176 E. 2a).

Gelten die kurzen Fristen, so dürfen an die *Beschwerdebegründung* keine 1744
allzu hohen Anforderungen gestellt werden (BGer, Urteil 1C_62/2012 vom
18.4.2012, E. 3; BGE 121 I 1 E. 3b und 4a/dd).

Das Bundesgericht behandelt Beschwerden gegen kantonale Entscheide 1745
über die Zulässigkeit einer Initiative oder das Erfordernis eines Referendums
in Fünferbesetzung (Art. 20 Abs. 3 BGG).

7. Entscheid

Die Entscheidformen richten sich nach Art. 107 Abs. 2 BGG. Oft lässt das mate- 1746
rielle Recht nur die *Aufhebung* des angefochtenen Aktes zu (vgl. BGE 137 I 200
E. 5, wo die Anordnung einer Volksabstimmung, die das Gebot der Einheit der
Materie verletzt hatte, aufgehoben wurde). In gewissen Fällen kann das Bundesgericht allerdings selbst dann von der Gutheissung der Beschwerde absehen,
wenn es eine Verletzung der politischen Rechte annimmt. Dies ist zum Beispiel
der Fall, wenn infolge von Unregelmässigkeiten bei der *Auszählung der Stimmen* eine Nachzählung beantragt wurde und der Anspruch auf Nachzählung
dem Interesse am Festhalten eines einmal ausgezählten und veröffentlichten
Ergebnisses nicht vorgeht (vgl. BGE 131 I 442 E. 3, bes. 3.8). Kommt das Bundesgericht zum Schluss, durch Mängel des Wahl- oder Abstimmungskampfes sei
die *Willensbildung verfälscht* worden, so hebt es die Wahl oder die Abstimmung
nur dann auf, wenn die gerügten Unregelmässigkeiten *erheblich* sind und *mög-*

licherweise das Ergebnis beeinflusst haben. Bei der Beurteilung, welchen Einfluss ein Verfahrensmangel auf das Ergebnis hatte, werden die gesamten Umstände berücksichtigt, namentlich die Schwere des Mangels, dessen Bedeutung im Rahmen der gesamten Wahl oder Abstimmung sowie der Stimmenunterschied. Erscheint die Möglichkeit, dass die Abstimmung ohne den Mangel anders ausgefallen wäre, nach den gesamten Umständen als derart gering, dass sie nicht mehr ernsthaft in Betracht fällt, so kann von der Aufhebung der Abstimmung abgesehen werden (zum Ganzen BGE 135 I 292 E. 4.4). Bei der Anfechtung einer Wahl oder Abstimmung im Revisionsverfahren kann zudem die Rechtssicherheit dazu führen, dass von der Aufhebung abgesehen wird. Hebt das Bundesgericht trotz einer Verletzung der politischen Rechte die Wahl oder Abstimmung nicht auf, so kann es *die Verletzung förmlich im Urteilsdispositiv feststellen.* So will es allerdings nur vorgehen, wenn das Urteil einen ausgesprochenen Appellcharakter aufweist, was der Fall ist, wenn Vorkehren zur Wahrung der Verfassungsmässigkeit zukünftiger Wahlen oder Abstimmungen zu treffen sind. Andernfalls *weist es die Beschwerde im Sinn der Erwägungen ab* (vgl. zum Ganzen BGE 138 I 61 E. 8.7). Dies hat zwar ebenfalls Appellwirkung, doch wäre es jedenfalls bei Vorliegen erheblicher Mängel angebracht, keine Abweisung, sondern ein gutheissendes Feststellungsurteil auszusprechen (gl.M. Steinmann, Basler Kommentar BGG, Art. 82 N. 99; weitergehend Jörg Paul Müller/Markus Schefer/Michel Besson, in: Müller/Schefer, Grundrechte, S. 635 ff.).

1747 Das BGG enthält keine besondere Regelung der *Gerichtskosten* für die Stimmrechtsbeschwerde. Mit der Totalrevision der Bundesrechtspflege hat der Gesetzgeber die Kostenfreiheit bei Stimmrechtsbeschwerden aufgehoben (BBl 2001 4305, 4356; vgl. Art. 86 BPR und Art. 65 BGG). Die Kostenerhebung ist allerdings problematisch, weil mit der Stimmrechtsbeschwerde öffentliche Interessen vertreten werden. Das Bundesgericht trägt aber in Bezug auf die Kostenhöhe der besonderen Natur der Stimmrechtsbeschwerde Rechnung (BGE 133 I 141 E. 4.1). Wenn das Bundesgericht eine Verletzung der politischen Rechte bejaht, aber auf die Aufhebung der Wahl oder Abstimmung verzichtet, sollten in der Regel keine Kosten erhoben werden, was sich auf Art. 66 Abs. 1 Satz 2 BGG stützen lässt (vgl. BGE 138 I 61 E. 9).

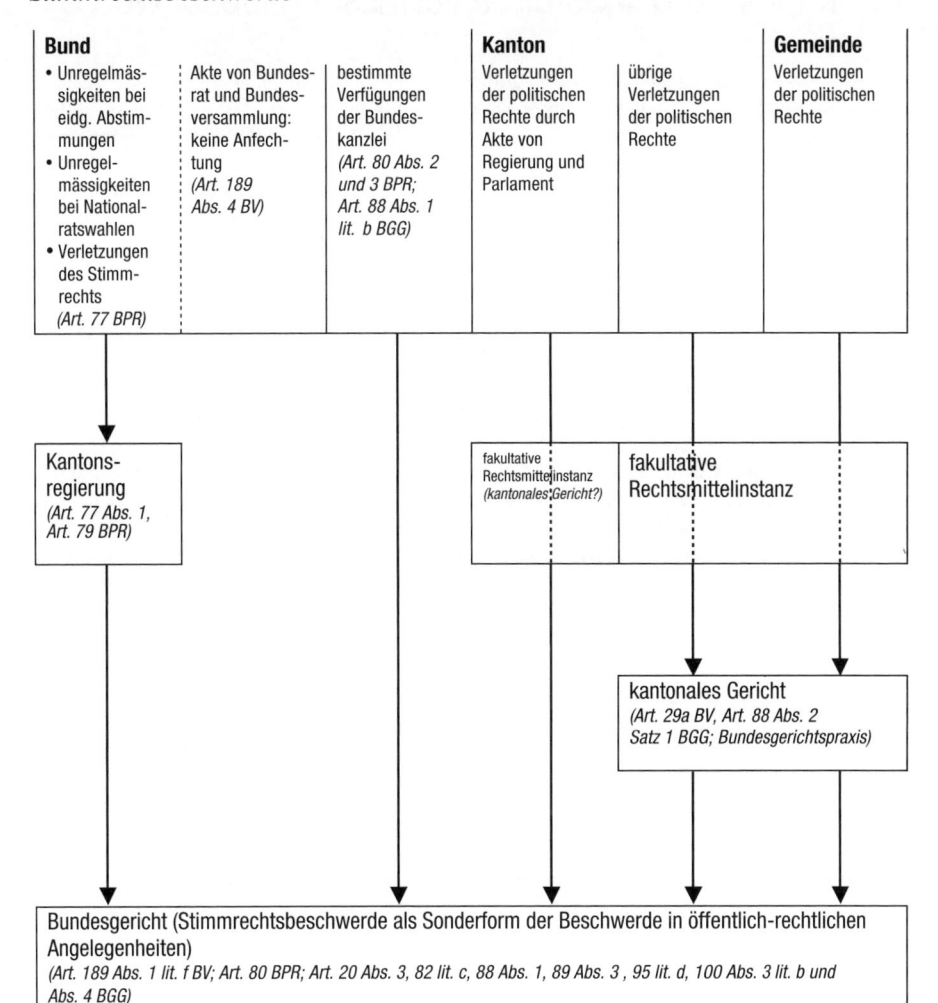

Stimmrechtsbeschwerde

Bund			Kanton		Gemeinde
• Unregelmässigkeiten bei eidg. Abstimmungen • Unregelmässigkeiten bei Nationalratswahlen • Verletzungen des Stimmrechts *(Art. 77 BPR)*	Akte von Bundesrat und Bundesversammlung: keine Anfechtung *(Art. 189 Abs. 4 BV)*	bestimmte Verfügungen der Bundeskanzlei *(Art. 80 Abs. 2 und 3 BPR; Art. 88 Abs. 1 lit. b BGG)*	Verletzungen der politischen Rechte durch Akte von Regierung und Parlament	übrige Verletzungen der politischen Rechte	Verletzungen der politischen Rechte

Kantonsregierung
(Art. 77 Abs. 1, Art. 79 BPR)

fakultative Rechtsmittelinstanz *(kantonales Gericht?)*

fakultative Rechtsmittelinstanz

kantonales Gericht
(Art. 29a BV, Art. 88 Abs. 2 Satz 1 BGG; Bundesgerichtspraxis)

Bundesgericht (Stimmrechtsbeschwerde als Sonderform der Beschwerde in öffentlich-rechtlichen Angelegenheiten)
(Art. 189 Abs. 1 lit. f BV; Art. 80 BPR; Art. 20 Abs. 3, 82 lit. c, 88 Abs. 1, 89 Abs. 3 , 95 lit. d, 100 Abs. 3 lit. b und Abs. 4 BGG)

19. Kapitel: Die subsidiäre Verfassungsbeschwerde

1748 *Literatur:* AUER ANDREAS, Le recours constitutionnel – *terra incognita,* in: Foëx/Hottelier/Jeandin, recours, S. 157 ff.; BIAGGINI GIOVANNI, in: Niggli/Uebersax/Wiprächtiger, Basler Kommentar BGG, Art. 113–119; BOVAY BENOÎT, Le recours en matière de droit public et le recours constitutionnel subsidiaire, in: Bernasconi/Petralli Zeni, Tribunale federale, S. 119 ff.; DONZALLAZ, Commentaire, Art. 113–119; EHRENZELLER BERNHARD, Die subsidiäre Verfassungsbeschwerde, Anwaltsrevue 2007, S. 103 ff.; FRÉSARD JEAN-MAURICE, in: Corboz/Wurzburger/Ferrari/Frésard/Aubry Girardin, Commentaire de la LTF, Art. 113–119; GERBER PHILIPPE, Le *recours* constitutionnel subsidiaire: un dérivé du recours unifié, in: Festschrift für Heinrich Koller, Basel 2006, S. 245 ff.; HÄBERLI THOMAS/MERZ LAURENT, Subsidiäre *Verfassungsbeschwerde,* in: Geiser/Münch/Uhlmann/Gelzer, Bundesgericht, S. 223 ff.; HOTTELIER MICHEL, Entre tradition et modernité: le recours constitutionnel subsidiaire, in: Bellanger/Tanquerel, recours, S. 71 ff.; KIENER/RÜTSCHE/KUHN, Verfahrensrecht, N. 1734 ff.; MISIC, Verfassungsbeschwerde; MOSIMANN HANS-JAKOB, Subsidiäre Verfassungsbeschwerde: Anwendungsbereich und Verhältnis zur früheren staatsrechtlichen Beschwerde, ZBl 2007, S. 597 ff.; RHINOW/KOLLER/KISS/THURNHERR/BRÜHL-MOSER, Prozessrecht, Rz. 2076 ff.; ROHNER CHRISTOPH, Die Legitimation zur Willkürrüge im Verfahren der subsidiären Verfassungsbeschwerde, AJP 2007, S. 1269 ff.; SCHEIBER NICOLE/PEDRETTI RAMONA, *Willkürrüge* vor Bundesgericht – nur in Einbürgerungsangelegenheiten?, Jusletter, 4.2.2013; SCHWEIZER RAINER J., Die subsidiäre *Verfassungsbeschwerde* nach dem neuen Bundesgerichtsgesetz, in: Ehrenzeller/Schweizer, Bundesrechtspflege, S. 211 ff.; ZIMMERLI ULRICH, Die subsidiäre *Verfassungsbeschwerde,* in: Tschannen, Bundesrechtspflege, S. 281 ff.; vgl. auch die Literatur in Rz. 1365.

I. Grundlagen

1749 Die *subsidiäre Verfassungsbeschwerde* wurde erst im Lauf des Gesetzgebungsverfahrens in das BGG eingefügt, um bestimmte Lücken beim Zugang zum Bundesgericht, die als unannehmbar betrachtet wurden, zu schliessen (zur Entstehungsgeschichte vgl. z.B. Biaggini, Basler Kommentar BGG, Art. 113 N. 1 ff.; Gerber, recours, S. 245 ff.). Dabei sollte weder die lückenlose Anrufung des Bundesgerichts garantiert werden noch ging es darum, den Anforderungen der Rechtsweggarantie nach Art. 29a BV zu entsprechen: Diese werden nach dem Konzept von BV und BGG grundsätzlich durch die gerichtlichen Vorinstanzen des Bundesgerichts gewährleistet, während das Verfahren vor Bundesgericht ihnen aufgrund der eingeschränkten Kognition ohnehin nicht zu entsprechen vermag (vgl. vorne, Rz. 185, 301). Die Verfassungsbeschwerde sichert vielmehr die einheitliche Auslegung und Anwendung der Grundrechte und der übrigen verfassungsmässigen Rechte gegenüber den Kantonen sowie den entsprechenden Rechtsschutz (vgl. Biaggini, Basler Kommentar BGG, Art. 113 N. 8).

1750 Die Verfassungsbeschwerde weist in Bezug auf die Funktion und die Prozessvoraussetzungen einige Gemeinsamkeiten mit der *staatsrechtlichen Beschwerde* gemäss dem früheren Recht auf. Deshalb wird von Teilen der Lehre und auch vom Bundesgericht die Ansicht vertreten, sie sei grundsätzlich «der staatsrechtlichen Beschwerde nachgebildet» (BGE 136 I 229 E. 2.3). Allerdings bestehen auch Unterschiede, nicht zuletzt mit Bezug auf die Konzeption: Einerseits gilt das Verfahren der Verfassungsbeschwerde weit eher als Fortsetzung der Verfahren vor den kantonalen Vorinstanzen und weit weniger als eigenständiger Prozess, mit dem ein kantonal abgeschlossenes Verfahren auf Bundesebene neu aufgerollt wird (vgl. Zimmerli, Verfassungsbeschwerde, S. 310, und zur staatsrechtlichen Beschwerde BGE 107 Ia 269 E. 1) – wobei bereits die staatsrechtliche Beschwerde, entsprechend den Zentralisierungstendenzen innerhalb des Bundesstaats, zumindest im Verständnis der Rechtsuchenden den selbständigen Charakter zusehends verloren haben dürfte. Andererseits ist die Verfassungsbeschwerde im Gegensatz zur staatsrechtlichen Beschwerde nicht als Rechtsmittel konzipiert, das von den anderen Beschwerden an das Bundesgericht unabhängig wäre, sondern gewissermassen als deren Ersatz in bestimmten Fällen; sie wird denn auch in der Lehre als verkürzte Form oder als Variante der Einheitsbeschwerden bezeichnet (vgl. Biaggini, Basler Kommentar BGG, Art. 113 N. 11 Fn. 28 m.H.; vgl. auch BGE 134 III 520 E. 1.2). Die Praxis zur staatsrechtlichen Beschwerde kann somit nicht unbesehen auf die Verfassungsbeschwerde übertragen werden (vgl. zum Ganzen eingehend Biaggini, Basler Kommentar BGG, Art. 113 N. 9 ff.; Misic, Verfassungsbeschwerde, N. 82 ff.).

In der Lehre wird die Frage diskutiert, ob die Verfassungsbeschwerde ein *ordentliches* oder ein *ausserordentliches Rechtsmittel* darstellt. Weil sie mit den Einheitsbeschwerden zusammenhängt, sollte sie gleich wie diese qualifiziert werden; weil sie das Verfahren vor den Vorinstanzen – wenn auch mit stark eingeschränktem Gegenstand – weiterführt, sollte sie als ordentliches Rechtsmittel gelten (vgl. vorne, Rz. 680 m.H., 1371). Die Bedeutung dieser Zuordnung sollte nicht überschätzt werden, weil die massgeblichen Fragen, die damit in Zusammenhang gebracht werden können, gesetzlich geregelt sind. Namentlich haben die kantonalen Instanzen in der *Rechtsmittelbelehrung* auf die Verfassungsbeschwerde hinzuweisen (Art. 112 Abs. 1 lit. d i.V.m. Art. 117 BGG; BGer, Urteil 5D_134/2010 vom 3.12.2010, E. 2).

1751

II. Subsidiarität gegenüber den Einheitsbeschwerden

Die absolute *Subsidiarität* gegenüber den Einheitsbeschwerden ist das Markenzeichen des Rechtsmittels, das im Titel des 5. Kapitels des BGG als «subsidiäre Verfassungsbeschwerde», in den einzelnen Artikeln hingegen als «Verfassungsbeschwerde» bezeichnet wird. Die Verfassungsbeschwerde ist nur gegeben, soweit keine der Einheitsbeschwerden zulässig ist (Art. 113 BGG). Dies bedeutet natürlich nicht, dass die Verfassungsbeschwerde stets ergriffen werden kann, wenn eine der Prozessvoraussetzungen einer Einheitsbeschwerde nicht erfüllt ist. Sie ist vielmehr grundsätzlich dann gegeben, wenn die Einheitsbeschwerde aufgrund der jeweiligen spezifischen Bestimmungen über den Anwendungsbereich ausgeschlossen wird. Die Verfassungsbeschwerde kann also nur zum

1752

Zuge kommen, wenn der betreffende Gegenstand entweder unter eine der Ausnahmebestimmungen fällt, welche die jeweilige Einheitsbeschwerde ausschliessen, oder wenn eine vorgeschriebene Streitwertgrenze nicht erreicht wird und auch die alternativen Voraussetzungen der Einheitsbeschwerde nicht gegeben sind (vgl. Auer, terra incognita, S. 164 ff.).

1753 Im Bereich der Beschwerde in Strafsachen verbleibt grundsätzlich kein Raum für die Verfassungsbeschwerde (Biaggini, Basler Kommentar BGG, Art. 113 N. 29 m.w.H.). Zu einer fragwürdigen Durchbrechung der Subsidiarität in der Praxis vgl. vorne, Rz. 1476.

1754 Im Verhältnis zur *Klage* an das Bundesgericht ist wie bei den Einheitsbeschwerden Art. 120 Abs. 2 BGG massgebend (vgl. dazu hinten, Rz. 1810 ff.). Die *Beschwerde an das Bundesverwaltungsgericht* geht der Verfassungsbeschwerde ebenfalls vor (Art. 114 i.V.m. Art. 86 Abs. 1 lit. d BGG). Zur Abgrenzung gegenüber der *Beschwerde an den Bundesrat* vgl. vorne, Rz. 1289 f.

III. Anfechtungsobjekt

1755 Die Verfassungsbeschwerde richtet sich gemäss Art. 113 BGG ausschliesslich gegen *Entscheide letzter kantonaler Instanzen*. Die Anforderungen an die kantonalen Vorinstanzen, die für die Beschwerden in Zivilsachen und in öffentlich-rechtlichen Angelegenheiten aufgestellt wurden, gelten sinngemäss (Art. 114 i.V.m. Art. 75 bzw. 86 BGG).

1756 Der Begriff des *Entscheids* entspricht demjenigen von Art. 82 lit. a BGG. Er umschreibt das Anfechtungsobjekt, den letztinstanzlichen kantonalen Rechtsmittelentscheid, und sagt grundsätzlich nichts aus über die Beschaffenheit des erstinstanzlichen Akts, der am Beginn des streitigen Verfahrens steht (vgl. im Einzelnen Biaggini, Basler Kommentar BGG, Art. 113 N. 24, und vorne, Rz. 1420 ff.). Kantonale *Erlasse* – bzw. die sie betreffenden Rechtsmittelentscheide – sind allerdings stets mit Beschwerde in öffentlich-rechtlichen Angelegenheiten anzufechten (vgl. vorne, Rz. 1679 ff.).

1757 Die Verfassungsbeschwerde ist grundsätzlich auch gegen *Teil-, Vor- und Zwischenentscheide* sowie gegen *Rechtsverweigerung und -verzögerung* zulässig, sofern sie in der Hauptsache gegeben ist (vgl. BGE 135 I 265 E. 1.2). Die Voraussetzungen der Art. 90–94 BGG gelten aufgrund der Verweisung von Art. 117 BGG auch für die Verfassungsbeschwerde (vgl. vorne, Rz. 1428 ff., 1575).

1758 Der Begriff der *letzten kantonalen Instanz* entspricht ebenfalls demjenigen, der für die Einheitsbeschwerden gilt. Auch die Ausnahmen richten sich nach jenen Bestimmungen (Art. 114 i.V.m. Art. 75 und 86 BGG). In der Regel muss die letzte kantonale Instanz in öffentlich-rechtlichen Angelegenheiten ein oberes Gericht sein (vgl. vorne, Rz. 1388 ff.). Für Zivilsachen sieht Art. 75 Abs. 2 BGG vor, dass das obere Gericht grundsätzlich als Rechtsmittelinstanz zu entscheiden hat. Die Bestimmung nennt einige Ausnahmen, in denen das obere Gericht als einzige Instanz entscheidet. Im Gegensatz zur Beschwerde in öffentlich-rechtlichen Angelegenheiten sind in Zivilsachen also Ausnahmen nur vom doppelten Instanzenzug, nicht aber vom gerichtlichen Rechtsschutz vorgesehen (vgl. Biaggini, Basler Kommentar BGG, Art. 114 N. 4 f.).

Der Begriff «kantonal» umfasst auch die kommunale und die interkantonale Ebene. Kommunale Entscheide können aber wohl höchstens in ausgesprochenen Ausnahmefällen direkt beim Bundesgericht angefochten werden. Mit Bezug auf die interkantonale Ebene ist an die Befugnis der Kantone zu erinnern, gemeinsame richterliche Behörden einzusetzen, die in Art. 191b Abs. 2 BV ausdrücklich festgehalten wird (vgl. auch Art. 16 Abs. 1 FiLaG). Unerheblich ist die Rechtsgrundlage des angefochtenen Entscheids (vgl. Biaggini, Basler Kommentar BGG, Art. 113 N. 26 f.). 1759

IV. Beschwerdegrund

Nach Art. 116 BGG kann mit der Verfassungsbeschwerde die Verletzung von *verfassungsmässigen Rechten* gerügt werden. Das Bundesgericht definiert die verfassungsmässigen Rechte als Verfassungsbestimmungen, die den Einzelnen einen Schutzbereich gegen staatliche Eingriffe sichern wollen oder die neben öffentlichen auch individuelle Interessen schützen. Dabei sind das Rechtsschutzbedürfnis und die Justiziabilität die massgeblichen Bestimmungselemente; zudem muss das Gewicht der Rechte so gross sein, dass sie nach dem Willen des Verfassungsgebers verfassungsrechtlichen Schutz benötigen. Vorschriften mit bloss programmatischem oder organisatorischem Gehalt gehören nicht dazu. Die verfassungsmässigen Rechte können sich aus der Bundesverfassung und den Kantonsverfassungen, aber auch aus internationalen Menschenrechtsabkommen ergeben (BGE 137 I 77 E. 1.3.1). Die Bezeichnung meint also die Verfassung im materiellen Sinn und ist insofern missverständlich. 1760

Der Begriff umfasst nicht nur die *Grundrechte,* die allerdings einen sehr wichtigen Teil der verfassungsmässigen Rechte ausmachen. Als Grundrechte der *Bundesverfassung* werden die im 1. Kapitel des 2. Titels (Art. 7 ff.) enthaltenen Garantien bezeichnet. Die Anerkennung ungeschriebener Grundrechte durch das Bundesgericht erscheint allerdings auch unter der geltenden BV weiterhin möglich. Sodann leitet das Bundesgericht aus folgenden Normen der BV verfassungsmässige Individualrechte ab (vgl. im Einzelnen Biaggini, Basler Kommentar BGG, Art. 116 N. 13 m.H.): Art. 5 Abs. 1 und Art. 127 (Legalitätsprinzip im Abgabe- und Strafrecht), Art. 37 Abs. 2 (Verbot der Diskriminierung wegen des Bürgerrechts), Art. 49 Abs. 1 (Vorrang oder derogatorische Kraft des Bundesrechts), Art. 82 Abs. 3 (Gebührenfreiheit bei der Benützung öffentlicher Strassen), Art. 95 Abs. 2 Satz 2 bzw. Art. 196 Ziff. 5 BV (berufliche Freizügigkeit), Art. 127 Abs. 3 (Verbot der interkantonalen Doppelbesteuerung). Weiter erschiene denkbar, den Grundsatz der Gewaltenteilung, der als kantonales 1761 verfassungsmässiges Recht gilt (vgl. vorne, Rz. 1551), dem Bundesverfassungsrecht zuzuordnen. Das Verhältnismässigkeitsprinzip, der Grundsatz von Treu und Glauben sowie das Legalitätsprinzip (Art. 5 Abs. 1–3 BV) werden nicht generell als verfassungsmässige Rechte anerkannt. Bestimmte Teilgehalte haben aber individualrechtlichen Charakter; dies gilt für das soeben erwähnte Legalitätsprinzip im Straf- und Abgabenrecht sowie für den Vertrauensschutz im Sinn von Art. 9 BV (vgl. Biaggini, Basler Kommentar BGG, Art. 116 N. 16). Anzumerken ist, dass die Verletzung des Legalitäts- und des Verhältnismässigkeitsprinzips auch im Rahmen der Rüge einer Grundrechtsverletzung von Bedeutung ist (vgl. Art. 36 Abs. 1 und 3 BV).

1762 Unter den *völkerrechtlichen Garantien* sind diejenigen der EMRK am wichtigsten, doch fallen auch die Individualgarantien weiterer Menschenrechtsabkommen unter den Begriff der verfassungsmässigen Rechte. Hier dürften sich Abgrenzungsfragen stellen, da nicht jede Völkerrechtsnorm, die bei den Einheitsbeschwerden gemäss Art. 95 lit. b BGG angerufen werden kann, unter die «verfassungsmässigen Rechte» nach Art. 116 BGG zu subsumieren ist (Biaggini, Basler Kommentar BGG, Art. 116 N. 21 m.H.). Zu den *kantonalen verfassungsmässigen Rechten* vgl. vorne, Rz. 1550 ff.

1763 Sofern *unrichtige Feststellungen des Sachverhalts* auf einer Rechtsverletzung im Sinn von Art. 116 BGG – also auf einer Verletzung verfassungsmässiger Rechte – beruhen, kann das Bundesgericht sie gemäss Art. 118 BGG berichtigen oder ergänzen. Im Ergebnis ist die Kognition bezüglich der Sachverhaltsfeststellung wohl nur unwesentlich enger als bei der Beschwerde in öffentlich-rechtlichen Angelegenheiten (z.B. Misic, Verfassungsbeschwerde, N. 520 ff.).

V. Beschwerdelegitimation

1764 Art. 115 BGG nennt zwei kumulative *Voraussetzungen* der Beschwerdelegitimation: Beschwerdebefugt ist, wer erstens vor der Vorinstanz am Verfahren teilgenommen hat oder keine Möglichkeit zur Teilnahme erhalten hat (*formelle Beschwer*; vgl. vorne, Rz. 940) und wer zweitens ein *rechtlich geschütztes Interesse* an der Aufhebung oder Änderung des angefochtenen Entscheids hat. Nicht erwähnt wird die Voraussetzung des *aktuellen Interesses.* In Bezug auf die formelle Beschwer und das aktuelle Interesse bestehen jedoch keine Unterschiede zu den Einheitsbeschwerden, sodass auf die Ausführungen zur Beschwerde in öffentlich-rechtlichen Angelegenheiten verwiesen werden kann (vorne, Rz. 1490 ff.).

1765 Der Hauptunterschied zur Beschwerde in öffentlich-rechtlichen Angelegenheiten besteht darin, dass Art. 115 lit. b BGG ein *rechtlich geschütztes Interesse* an der Aufhebung oder Änderung des angefochtenen Entscheids verlangt. Die Norm knüpft an die Regelung der früheren staatsrechtlichen Beschwerde an. Sie entspricht damit der Regelung für die Beschwerde in Strafsachen (Art. 81

Abs. 1 lit. b BGG) und der ursprünglichen Fassung der Legitimationsbestimmung für die Beschwerde in Zivilsachen. Mit dem Inkrafttreten der ZPO am 1.1.2011 wurde allerdings für die Beschwerde in Zivilsachen die vorher nur für die Beschwerde in öffentlich-rechtlichen Angelegenheiten geltende Regelung eingeführt, wonach die Beschwerdebefugnis ein besonderes Berührtsein und ein schutzwürdiges Interesse voraussetzt (Art. 76 Abs. 1 lit. b und Art. 89 Abs. 1 lit. b und c BGG; vgl. dazu vorne, Rz. 1490).

Die Voraussetzung des rechtlich geschützten Interesses besagt, dass die Verletzung einer Rechtsnorm darzutun ist, die gerade (auch) die betreffende Person schützen soll. Die Legitimation ist damit enger gefasst als bei den Beschwerden in Zivilsachen und in öffentlich-rechtlichen Angelegenheiten. Werden *spezielle verfassungsmässige Rechte* angerufen, ergibt sich die Legitimation aus der Grundrechtsträgerschaft und dem Inhalt des als verletzt gerügten Rechts (BGE 135 I 265 E. 1.3). In Bezug auf das *Willkürverbot* (Art. 9 BV) beschloss das Bundesgericht, seine frühere, zu Recht mehrheitlich kritisierte Praxis zur staatsrechtlichen Beschwerde weiterzuführen (BGE 133 I 185 E. 4–6; vgl. auch BGE 136 I 229 E. 3.2). Demnach verschafft das Willkürverbot, für sich allein genommen, noch keine geschützte Rechtsstellung im Sinn von Art. 115 lit. b BGG; vorausgesetzt wird vielmehr, dass das Gesetzesrecht, dessen willkürliche Anwendung gerügt wird, der beschwerdeführenden Person einen Rechtsanspruch einräumt oder den Schutz der angeblich verletzten Interessen bezweckt (BGE 133 I 185 E. 4.1, die Praxis zur staatsrechtlichen Beschwerde zusammenfassend). Gleich wie das Willkürverbot wird die Rechtsgleichheit (in der Rechtsanwendung) nach Art. 8 Abs. 1 BV behandelt (vgl. BGer, Urteil 8C_1077/2009 vom 17.12.2010, E. 6.2; BGE 129 I 113 E. 1.5). Eine Öffnung der Rechtsprechung deutet sich nun an, indem nach neuer Praxis die Verweigerung der ordentlichen Einbürgerung auch unter Berufung auf Art. 8 Abs. 1 und Art. 9 BV angefochten werden kann, weil sich die Betroffenen auf eine «hinreichend klar umschriebene Rechtsposition» berufen können (BGE 138 I 305 E. 1.4). Entsprechend ist auch in anderen Fällen vorzugehen, in denen die Beschwerdeführenden über eine vergleichbare Rechtsstellung verfügen (vgl. Scheiber/Pedretti, Willkürrüge, Rz. 22 ff.).

Die *Verletzung von Verfahrensgarantien* – bzw., in der Formulierung des Bundesgerichts, die Verletzung von Parteirechten, deren Missachtung einer formellen Rechtsverweigerung gleichkommt – kann auch gerügt werden, wenn keine Legitimation in der Sache besteht. Unzulässig sind allerdings Vorbringen, die im Ergebnis wiederum auf eine materielle Überprüfung des angefochtenen Entscheids abzielen (BGE 137 II 305 E. 2; 137 I 128 E. 3.1.1; 114 Ia 307 E. 3c; sogenannte «Star-Praxis»). Diese Rügemöglichkeit besteht nur, wenn der betreffenden Person im kantonalen Verfahren Parteirechte zukamen; andernfalls bleibt dieser nur die Rüge, sie sei im Sinn von Art. 115 lit. a BGG zu Unrecht nicht als Partei am Verfahren beteiligt worden (BGE 137 I 128 E. 3.1.2; BGer, Urteil 2D_113/2008 vom 19.12.2008, E. 3). Die Verletzung des Anspruchs auf *unentgeltliche Rechtspflege* (Art. 29 Abs. 3 BV) kann ebenfalls unabhängig von der Legitimation in der Sache geltend gemacht werden, sofern die betreffende Person im fraglichen Verfahren Parteistellung hatte (BGer, Urteile 2D_3/2009 vom 27.3.2009, E. 1.1 und 2, sowie 2D_113/2008 vom 19.12.2008, E. 3; differenzierend Häberli/Merz, Verfassungsbeschwerde, Rz. 5.161).

1768 Beschwerdeberechtigt sind auch *Gemeinden und andere öffentlich-rechtliche Körperschaften,* die eine Verletzung ihrer verfassungsmässigen Rechte geltend machen. Zum einen können sie sich – wie bei der Beschwerde in öffentlich-rechtlichen Angelegenheiten gemäss Art. 89 Abs. 2 lit. c BGG (vgl. vorne, Rz. 1503) – auf Garantien berufen, die ihnen die Bundes- oder Kantonsverfassung gewährt, namentlich auf die Gemeindeautonomie. Zum andern müssten sie, gemäss der Praxis zur staatsrechtlichen Beschwerde, beschwerdelegitimiert sein, wenn sie wie Private betroffen (Frésard, Commentaire de la LTF, Art. 115 N. 13) und zudem Trägerinnen des angerufenen verfassungsmässigen Rechts sind. Dies trifft etwa zu für das Willkürverbot (vgl. BGE 132 I 140 E. 3.1) und für die Eigentumsgarantie (BGE 112 Ia 356 E. 5b; anscheinend offengelassen: BGer, Urteil 1C_33/2007 vom 21.4.2008, E. 5.4). In den genannten Fällen können öffentlich-rechtliche Körperschaften die Verletzung von Verfahrensgarantien geltend machen. Sie sind hierzu allerdings nicht befugt, soweit sie in der Sache nicht legitimiert sind; die «Star-Praxis» ist auf sie nicht anwendbar (vgl. BGE 136 II 383 E. 3 zur Beschwerde in öffentlich-rechtlichen Angelegenheiten sowie vorne, Rz. 973).

1769 Die *allgemeine Behördenbeschwerde* (vgl. Art. 89 Abs. 2 lit. a BGG) ist bei der Verfassungsbeschwerde nicht vorgesehen; das Beschwerderecht kann den Behörden aber durch Spezialgesetz eingeräumt werden. Weil die Verfassungsbeschwerde verfassungsmässige Individualrechte schützt, würde eine derartige Behördenbeschwerde allerdings dem System der Bundesrechtspflege nicht entsprechen, zumindest sofern der betreffenden Behörde nicht gerade der Grundrechtsschutz – etwa der Schutz vor Diskriminierung im Sinn von Art. 8 Abs. 2 BV – aufgetragen ist. In diesem Sinn hat das Parlament eine Ergänzung von Art. 9 Abs. 2bis BGBM abgelehnt, welche die Wettbewerbskommission auch zur Verfassungsbeschwerde ermächtigt hätte (vgl. AB 2005 N 891 ff., 1620 ff., 1785; S 765 ff., 1048 ff.).

1770 Die *ideelle Verbandsbeschwerde* könnte ebenfalls nur ergriffen werden, wenn sie spezialgesetzlich vorgesehen wäre; sie würde allerdings der Funktion der Verfassungsbeschwerde grundsätzlich nicht entsprechen (vgl. auch BGer, Urteil 8C_236/2010 vom 7.12.2010, E. 3.2.1 f. zu Art. 58 ArG). Parteien des vorinstanzlichen Verfahrens können aber gemäss der «Star-Praxis» die Verletzung von Verfahrensgarantien, die einer formellen Rechtsverweigerung gleichkommen, rügen (BGer, Urteil 1C_531/2008 vom 10.3.2009, E. 4, zur Beschwerde in öffentlich-rechtlichen Angelegenheiten). Die *egoistische Verbandsbeschwerde* ist im Verfahren der Verfassungsbeschwerde zulässig; ihre Voraussetzungen dürften jedoch nur selten gegeben sein.

VI. Verfahren und Entscheid

1. Verweisung auf die Regelung der Einheitsbeschwerde

Art. 117 BGG *verweist* für das Verfahren der Verfassungsbeschwerde *auf bestimmte Normen des 4. Kapitels des Gesetzes*, welches das Verfahren der Einheitsbeschwerden regelt. Genannt werden ausser den Bestimmungen über das Anfechtungsobjekt (Art. 90–94) die Bestimmungen über das Vorbringen von Noven (Art. 99), die Beschwerdefrist (Art. 100), den Schriftenwechsel (Art. 102), den grundsätzlichen Ausschluss der aufschiebenden Wirkung (Art. 103 Abs. 1 und 3), die vorsorglichen Massnahmen (Art. 104), das Rügeprinzip (Art. 106 Abs. 2), den Entscheid (Art. 107), das vereinfachte Verfahren (Art. 108–109) sowie die Anforderungen an das Verfahren vor den Vorinstanzen (Art. 110–112). Diese Bestimmungen werden für «sinngemäss» anwendbar erklärt, wobei diese Differenzierung nicht bei allen genannten Normen zum Tragen kommt.

1771

Die in Art. 117 BGG *nicht genannten Normen* des 4. Kapitels wurden bewusst nicht erwähnt: Teils sind die betreffenden Materien für die Verfassungsbeschwerde explizit ganz oder teilweise abweichend geregelt; dies gilt für die Art. 95–98 (Beschwerdegründe), Art. 105 (massgeblicher Sachverhalt) und Art. 106 Abs. 1 (Rechtsanwendung von Amtes wegen; vgl. aber hinten, Rz. 1776 f.). Art. 101 BGG, der die Frist für die Beschwerde gegen Erlasse regelt, kann bei der Verfassungsbeschwerde nicht zum Tragen kommen. Art. 103 Abs. 2 BGG, der in bestimmten Fällen die aufschiebende Wirkung vorsieht, sollte anscheinend nach dem Willen des Gesetzgebers bei der Verfassungsbeschwerde nicht zur Anwendung gelangen.

1772

2. Verbindung mit der Einheitsbeschwerde

Nach Art. 119 BGG hat eine Partei, die gegen einen Entscheid sowohl eine Einheitsbeschwerde als auch eine Verfassungsbeschwerde ergreifen will, beide Rechtsmittel in der gleichen Rechtsschrift einzureichen (Abs. 1). Das Bundesgericht behandelt beide Beschwerden im gleichen Verfahren (Abs. 2) und prüft die vorgebrachten Rügen nach den Vorschriften für die entsprechende Beschwerdeart (Abs. 3). Das Einreichen zweier verbundener Beschwerden kann notwendig sein, wenn die Einheitsbeschwerde nicht für alle Streitgegenstände gegeben ist oder wenn ihre Zulässigkeit unsicher ist (Biaggini, Basler Kommentar BGG, Art. 119 N. 1).

1773

Die unrichtige Bezeichnung des Rechtsmittels schadet nichts, wenn die Prozessvoraussetzungen des zulässigen Rechtsmittels gegeben sind und die Eingabe als Ganzes in dieses konvertiert werden kann (BGE 134 III 379 E. 1.2; 133 II 396 E. 3.1), was aber angesichts der strengen Eintretensvoraussetzungen bei der Verfassungsbeschwerde insbesondere in Bezug auf die Legitimation

1774

und das Rügeprinzip eher schwierig ist, weshalb sich empfiehlt, im Zweifelsfall beide Beschwerden einzulegen (vgl. auch vorne, Rz. 1529).

3. Anwaltsmonopol in Zivilsachen

1775 Gemäss der Praxis des Bundesgerichts gilt das *Anwaltsmonopol* im Rahmen von Art. 40 Abs. 1 BGG auch im Verfahren der Verfassungsbeschwerde. Das bedeutet, dass es bei der Verfassungsbeschwerde zu beachten ist, sofern eine Zivilsache vorliegt, nicht jedoch in öffentlich-rechtlichen Angelegenheiten. (In Strafsachen besteht, wie erwähnt, kein Raum für die Verfassungsbeschwerde.) Dies wird damit begründet, dass die Verfassungsbeschwerde die jeweilige Einheitsbeschwerde ersetzt, sofern deren Voraussetzungen nicht gegeben sind (BGE 134 III 520 E. 1.2). Die Praxis ist in der Lehre aber nicht unumstritten (vgl. dazu auch vorne, Rz. 1489). Anzumerken ist, dass Art. 40 Abs. 1 BGG kein Vertretungsobligatorium bzw. keinen Anwaltszwang aufstellt – jede Person kann grundsätzlich selber oder durch ihre gesetzlichen Vertreter handeln –, sondern den Kreis der Vertretungsberechtigten für den Fall, dass sich eine Partei vertreten lassen will, umschreibt.

4. Rügeprinzip

1776 Nach Art. 117 in Verbindung mit Art. 106 Abs. 2 BGG prüft das Bundesgericht die Verletzung von Grundrechten nur insofern, als eine solche Rüge in der Beschwerde vorgebracht und begründet worden ist. Art. 106 Abs. 1 BGG, der den Grundsatz der Rechtsanwendung von Amtes wegen festhält, wird von der Verweisung bewusst nicht erfasst. Dies ändert allerdings nichts daran, dass das Bundesgericht das Vorliegen der *Prozessvoraussetzungen grundsätzlich von Amtes wegen* prüft (Biaggini, Basler Kommentar BGG, Art. 117 N. 10; vgl. auch vorne, Rz. 1525).

1777 Laut der Praxis und der Mehrheit der Lehre gilt das *Rügeprinzip* nicht nur mit Bezug auf die in Art. 106 Abs. 2 BGG genannten Grundrechte, sondern auch mit Bezug auf die weiteren verfassungsmässigen Rechte, namentlich den Vorrang des Bundesrechts nach Art. 49 Abs. 1 BV (BGE 133 III 638 E. 2; a.M. Biaggini, Basler Kommentar BGG, Art. 117 N. 12 ff. m.H.). Diese Lösung erscheint folgerichtig, weil eine Privilegierung aller weiteren verfassungsmässigen Rechte – die teils wenig bedeutsam sind – sachlich nicht gerechtfertigt ist und die Privilegierung einzelner dieser Rechte, etwa des Vorrangs des Bundesrechts, vom Gesetz nicht abgedeckt wird. Die Rügen müssen gemäss der Formulierung des Bundesgerichts ausdrücklich vorgebracht sowie klar und detailliert begründet werden (BGE 136 I 332 E. 2.1 m.H.). Werden die Anforderungen des Rügeprinzips nicht erfüllt, tritt das Bundesgericht nicht auf die Beschwerde ein (BGE 134 V 138 E. 2.1; vgl. dazu auch vorne Rz. 1622).

Art. 118 Abs. 2 BGG sieht vor, dass das Bundesgericht die *Sachverhaltsfest-* 1778
stellung von Amtes wegen berichtigen oder ergänzen kann, wenn sie auf der Verletzung eines verfassungsmässigen Rechts im Sinn von Art. 116 BGG beruht. Infrage kommen namentlich die Verfahrensgarantien sowie das Willkürverbot (Art. 9 BV). Dies bedeutet aber nicht, dass das Bundesgericht die Sachverhaltsfeststellung von Amtes wegen auf derartige Mängel hin überprüft. Es bedeutet nur, dass es von Amtes wegen Sachverhaltsfeststellungen vornehmen kann, wenn gerügt wird, die vorinstanzliche Feststellung eines erheblichen Sachverhaltselements sei infolge der Verletzung eines verfassungsmässigen Rechts unrichtig, und dies auch zutrifft (Frésard, Commentaire de la LTF, Art. 118 N. 5). Gemäss Bundesgericht muss diese Rüge in allen Punkten klar und detailliert erfolgen. Wegen des grundsätzlich bestehenden Novenverbots ist zudem mit Aktenhinweisen darzulegen, dass die entsprechenden rechtsrelevanten Tatsachen und tauglichen Beweismittel bereits vor den Vorinstanzen genannt wurden (BGer, Urteil 4D_1/2012 vom 24.5.2012, E. 1.2 m.H.).

5. Entscheid

Für den Entscheid verweist Art. 117 BGG auf Art. 107 BGG. Das Bundesge- 1779
richt kann demnach sowohl reformatorisch wie kassatorisch entscheiden (vgl. Art. 107 Abs. 2 BGG). Weil die verfassungsmässigen Rechte den rechtsanwendenden Behörden in der Regel einen Entscheidungsspielraum belassen, dürfte aber die Kassation im Vordergrund stehen (vgl. Biaggini, Basler Kommentar BGG, Art. 117 N. 17).

20. Kapitel: Rechtsverweigerungs- und Rechtsverzögerungsbeschwerde

1780 *Literatur:* AMSTUTZ KATHRIN/ARNOLD PETER, in: Basler Kommentar BGG, Art. 100 N. 24 f.; CORBOZ BERNARD, in: Corboz/Wurzburger/Ferrari/Frésard/Aubry Girardin, Commentaire de la LTF, Art. 94; DONZALLAZ, Commentaire, Art. 94; UHLMANN FELIX, in: Basler Kommentar BGG, Art. 94; vgl. auch die in Rz. 1298 zitierte Literatur.

1781 Nach Art. 94 BGG, der sich im Abschnitt über die Anfechtungsobjekte der Beschwerden an das Bundesgericht befindet, kann gegen das unrechtmässige Verweigern oder Verzögern einer Verfügung Beschwerde geführt werden. Es kann grundsätzlich auf die Bemerkungen über die Rechtsverweigerungs- und Rechtsverzögerungsbeschwerde nach Art. 46a VwVG verwiesen werden (vgl. vorne, Rz. 1299 ff.).

1782 Die *Zuständigkeit* des Bundesgerichts bestimmt sich nach der Zuständigkeit, die bestünde, wenn rechtzeitig ein Entscheid ergangen wäre. Es ist jene Beschwerde zu ergreifen, die gegen den verweigerten oder verzögerten Entscheid zu erheben wäre (BGer, Urteil 1B_32/2007 vom 18.6.2007, E. 2; Uhlmann, Basler Kommentar BGG, Art. 94 N. 5). Die Beschwerde ist nur zulässig, wenn sie auch in der Hauptsache gegeben wäre (Uhlmann, Basler Kommentar BGG, Art. 94 N. 5). Wenn das Bundesgericht mit Aufsichtsanzeige gegen ein eidgenössisches Gericht angerufen wird, überprüft es jedoch das Vorliegen von Rechtsverweigerung und Rechtsverzögerung als Beeinträchtigung des ordentlichen Geschäftsgangs der beaufsichtigten Instanz (z.B. BGer, Entscheid 12T_3/2011 vom 21.12.2011; Uhlmann/Wälle-Bär, Praxiskommentar VwVG, Art. 46a N. 5).

1783 Art. 100 Abs. 7 BGG hält fest, dass die Beschwerde wegen Rechtsverweigerung und Rechtsverzögerung *jederzeit* erhoben werden kann. Das Bundesgericht verlangt, dass die betreffende Vorinstanz zunächst zur rascheren Verfahrensabwicklung aufzufordern ist (z.B. BGer, Urteile 8C_957/2010 vom 1.4.2011, E. 10, und 5A_516/2010 vom 22.9.2010, E. 2.2; a.M. Amstutz/Arnold, Basler Kommentar BGG, Art. 100 N. 25; BGer, Urteil I 760/05 vom 24.5.2006, E. 4; vgl. auch vorne, Rz. 1309). Liegt eine förmliche Verfügung vor, so ist die gesetzliche Beschwerdefrist zu wahren (Amstutz/Arnold, Basler Kommentar BGG, Art. 100 N. 24).

21. Kapitel: Erläuterung und Berichtigung sowie Revision

Literatur: DONZALLAZ, Commentaire, Ziff. 4632 ff. und Art. 121–129; ESCHER ELISABETH, *Revision*, Erläuterung und Berichtigung, in: Geiser/Münch/Uhlmann/Gelzer, Bundesgericht, S. 351 ff.; *dies.*, in: Niggli/Uebersax/Wiprächtiger, Basler Kommentar BGG, Art. 121–129; FERRARI PIERRE, in: Corboz/Wurzburger/Ferrari/Frésard/Aubry Girardin, Commentaire de la LTF, Art. 121–129; FORNI ROLANDO, Svista manifesta, fatti nuovi e prove nuove nella procedura di revisione davanti al Tribunale federale, in: Festschrift für Max Guldener, Zürich 1973, S. 83 ff.; RHINOW/KOLLER/KISS/THURNHERR/ BRÜHL-MOSER, Prozessrecht, Rz. 2161 ff.; vgl. auch die Literatur in Rz. 1199, 1317, 1323.

1784

I. Erläuterung und Berichtigung von Redaktions- und Rechnungsfehlern

Die *Erläuterung* von Bundesgerichtsentscheiden ist in Art. 129 BGG geregelt. Demnach nimmt das Bundesgericht auf schriftliches Gesuch einer Partei oder von Amtes wegen eine Erläuterung vor, wenn das Dispositiv eines Bundesgerichtsentscheids unklar, unvollständig, zweideutig oder in sich widersprüchlich ist oder wenn ein Widerspruch zwischen dem Dispositiv und den Entscheidgründen besteht. Nach Art. 129 Abs. 2 BGG ist die Erläuterung eines Rückweisungsentscheids nur zulässig, solange die Vorinstanz den neuen Entscheid noch nicht getroffen hat. Enthält der Rechtsspruch Redaktions- oder Rechnungsfehler, so nimmt das Bundesgericht auf Gesuch einer Partei oder von Amtes wegen deren *Berichtigung* vor (Art. 129 Abs. 1 BGG). In Bezug auf Erläuterung und Berichtigung kann auf die Ausführungen zum Verwaltungsverfahren verwiesen werden (vgl. vorne, Rz. 1318 ff.), unter Vorbehalt der Bemerkungen zur Anfechtung, da sich diese Frage bei der Erläuterung von Entscheiden des Bundesgerichts als der höchsten Gerichtsinstanz nicht stellt.

1785

II. Revision

Die Zulässigkeit und das Verfahren der *Revision* rechtskräftiger bundesgerichtlicher Entscheide sind in den Art. 121–128 BGG geregelt. Grundsätzlich kann auf die Ausführungen zum Verwaltungsverfahren verwiesen werden (vgl. vorne, Rz. 1324 ff.); allerdings sind die gesetzlichen Regelungen von Art. 66–68 VwVG und Art. 121–128 BGG nicht deckungsgleich.

1786

Die Revision als unvollkommenes Rechtsmittel ist ausschliesslich aus den in Art. 121–123 BGG aufgezählten Gründen zulässig. Diese stimmen nicht in jeder Hinsicht mit denjenigen von Art. 66 VwVG überein. Im Gegensatz zum VwVG unterscheidet das BGG klar zwischen der Revision wegen bestimmter

1787

Verfahrensmängel (relative Nichtigkeitsgründe; Art. 121 BGG) und jener wegen nachträglicher Entdeckung bestimmter Elemente («klassische» Revisionsgründe; Art. 123 BGG).

1788 Art. 121 BGG nennt in lit. a bis d folgende Revisionsgründe:
- Verletzung der Vorschriften über die *Besetzung des Gerichts oder den Ausstand* (Art. 34 BGG). Der Revisionsgrund der fehlerhaften Besetzung ist gegeben, wenn das Gericht nicht mit der gesetzlich vorgesehenen Anzahl Personen besetzt ist oder wenn Personen mitwirken, die nicht gültig gewählt wurden oder nicht mehr Mitglieder des Gerichts sind (vgl. BGE 136 I 207 E. 5.6). Er kann jedoch nicht angerufen werden, um die Auslegung von Zuständigkeitsbestimmungen zu rügen. Unzulässig sind zum Beispiel die Rügen, es hätte wegen des Vorliegens einer Rechtsfrage von grundsätzlicher Bedeutung in Fünferbesetzung entschieden werden müssen (Art. 20 Abs. 2 BGG) oder die Voraussetzungen des vereinfachten Verfahrens (Art. 108 f. BGG) seien nicht gegeben gewesen. Praxis und Lehre verwenden hierfür die – missverständliche – Formulierung, die Revision sei nicht gegeben, wenn die Besetzung auf einer «materiell-rechtlichen Beurteilung» und nicht auf der «Anwendung von Verfahrensrecht» beruhe (zum Ganzen Escher, Basler Kommentar BGG, Art. 121 N. 5; vgl. auch BGer, Urteil 4F_7/2010 vom 29.6.2010, E. 6; BVGer, Urteil D-5075/2010 vom 16.8.2010, E. 4.1). Auch die Anwendung der Kriterien von Art. 40 BGerR zur Bildung des konkreten Spruchkörpers kann nicht auf dem Weg der Revision beanstandet werden (Escher, Basler Kommentar BGG, Art. 121 N. 5; vgl. dagegen zum Bundesverwaltungsgericht Moser/Beusch/Kneubühler, Bundesverwaltungsgericht, Rz. 5.56).
- Nichtbeachtung des Verbotes der *reformatio in peius vel in melius* (Art. 107 Abs. 1 BGG).
- Nichtbeachtung von *Anträgen* (vgl. dazu vorne, Rz. 1335).
- Versehentliche Nichtberücksichtigung von aktenkundigen *erheblichen Tatsachen* (vgl. dazu vorne, Rz. 1334).

1789 Art. 123 BGG regelt die Revisionsgründe der Einwirkung auf den Entscheid durch Vergehen oder Verbrechen sowie der nachträglich beigebrachten Tatsachen und Beweismittel:
- Nach Art. 123 Abs. 1 BGG liegt ein Revisionsgrund vor, wenn durch ein *Verbrechen oder Vergehen* zum Nachteil der Partei auf den Entscheid eingewirkt wurde. Dies muss sich primär aus einem Strafverfahren ergeben haben, wobei die Verurteilung durch das Strafgericht nicht erforderlich ist (etwa wenn die angeklagte Person verstorben oder schuldunfähig ist; vgl. Escher, Basler Kommentar BGG, Art. 123 N. 4 m.H.); ist das Strafverfahren nicht durchführbar, kann der Beweis auf andere Weise erbracht werden.
- Art. 123 Abs. 2 lit. a BGG sieht für Zivilsachen und öffentlich-rechtliche Angelegenheiten den Revisionsgrund vor, dass die gesuchstellende Person

nachträglich *erhebliche Tatsachen* erfährt oder *entscheidende Beweismittel* auffindet, die sie im früheren Verfahren nicht beibringen konnte. (Für Strafsachen verweist Art. 123 Abs. 2 lit. b BGG insoweit auf den in verschiedenen Punkten abweichenden Art. 410 Abs. 1 lit. a StPO.) Art. 123 Abs. 2 lit. a BGG schliesst ausdrücklich Tatsachen und Beweismittel aus, die erst nach dem Entscheid entstanden sind (echte Noven). Aus der EMRK kann sich allerdings ein Recht auf die Prüfung technisch neuartiger Beweismittel ergeben (vgl. EGMR, Urteil i.S. Tavli gegen die Türkei vom 9.11.2006, Nr. 11449/02, Ziff. 36, zum Vaterschaftsnachweis; vgl. auch Spühler/Dolge/Vock, Kurzkommentar BGG, Art. 123 N. 3).

Auch unter der Geltung des BGG führt das Bundesgericht in Zivilsachen und öffentlich-rechtlichen Angelegenheiten seine Praxis fort, wonach es unter bestimmten Voraussetzungen über die Revision wegen nachträglich vorgebrachter Tatsachen oder Beweismittel entscheidet, obwohl es diese im ordentlichen Verfahren wegen seiner Kognitionsbeschränkungen nicht hätte berücksichtigen dürfen. Es begründet dies damit, dass es sich bei den Beschwerden an das Bundesgericht um ordentliche Rechtsmittel handle (Art. 107 Abs. 2 BGG). Der Entscheid des Bundesgerichts trete demnach an die Stelle desjenigen der Vorinstanz und stelle somit den einzigen in Rechtskraft erwachsenen Entscheid dar, der im Zeitpunkt der Revision einer solchen zugänglich sei. Dies gilt, soweit das Gericht eine Beschwerde in Zivilsachen oder öffentlich-rechtlichen Angelegenheiten gutgeheissen oder auf der Grundlage der im angefochtenen Entscheid festgestellten Tatsachen abgewiesen hat. Das Revisionsgesuch ist dagegen bei der Vorinstanz zu stellen, wenn das Bundesgericht auf die Beschwerde nicht eingetreten ist – es sei denn, der Revisionsgrund betreffe die Prozessvoraussetzungen vor Bundesgericht (vgl. BGer, Urteile 8C_602/2011 vom 30.9.2011, E. 1.3, und 8C_775/2010 vom 14.4.2011, E. 4.2.1; BGE 134 III 669 E. 2.2). Diese Praxis müsste das Bundesgericht konsequenterweise auch auf die subsidiäre Verfassungsbeschwerde anwenden, die ebenfalls als ordentliches Rechtsmittel zu qualifizieren ist (vgl. vorne, Rz. 1751). Anzufügen ist, dass das Bundesgericht in Strafsachen dagegen das Vorbringen neuer Tatsachen und Beweise weiterhin nur zulässt, wenn es selber im ordentlichen Verfahren ausnahmsweise den Sachverhalt festgestellt hat oder wenn sie sich auf die Prozessvoraussetzungen vor Bundesgericht beziehen. In allen übrigen Fällen muss die Revision des vorinstanzlichen Entscheids verlangt werden (vgl. BGer, Urteil 6F_12/2011 vom 19.10.2011, E. 2.1; BGE 134 IV 48 E. 1.5).

1790

Die unterschiedliche Praxis in Bezug auf die verschiedenen Beschwerdearten überzeugt nicht. In erster Linie richtet sich die funktionelle Zuständigkeit nach den Wirkungen des letztinstanzlichen Entscheids: Wenn der Entscheid der Vorinstanz aufgehoben wurde, kommt nur das Bundesgericht als Revisionsinstanz in Betracht, womit – wie soeben erwähnt – die im ordentlichen Verfahren geltenden Kognitionsbeschränkungen entfallen müssen. In den Fällen, in denen

1791

das Bundesgericht eine Beschwerde materiell behandelt und abgewiesen hat, sollte die funktionelle Zuständigkeit zur Revision dagegen von der Kognition abhängig gemacht werden: Das Bundesgericht wäre demnach zuständig, wenn es im ursprünglichen Verfahren zur Feststellung des Sachverhalts befugt war (ähnlich Donzallaz, Commentaire, Art. 123 Ziff. 4691; Escher, Basler Kommentar BGG, Art. 123 N. 6). Unbestritten ist, dass die Vorinstanz zur Revision zuständig ist, wenn das Bundesgericht auf eine Beschwerde nicht eingetreten ist, es sei denn, der Revisionsgrund betreffe die Prozessvoraussetzungen vor Bundesgericht.

1792   Art. 122 BGG regelt den Revisionsgrund der *Verletzung der EMRK* (vgl. dazu vorne, Rz. 1337 f.), der sich für Strafsachen auch aus Art. 410 Abs. 2 StPO i.V.m. Art. 123 Abs. 2 lit. b BGG ergibt.

1793   Das Revisionsverfahren wird nicht von Amtes wegen eingeleitet. Vielmehr wird das Bundesgericht nur *auf Gesuch hin* tätig (vgl. demgegenüber Art. 66 Abs. 1 VwVG). Zur Stellung des Revisionsbegehrens sind die Parteien des früheren Verfahrens *legitimiert,* sofern sie ein schutzwürdiges und aktuelles Interesse an der Wiederaufnahme haben (vgl. BGer, Urteil 4A_596/2008 vom 6.10.2009, E. 3.5; BGE 138 V 161 E. 2.5.2 m.H.; 121 IV 317 E. 1a; 114 II 189 E. 2). Die *Begründung* des Gesuchs hat den allgemeinen Anforderungen von Art. 42 BGG zu genügen. Namentlich muss zumindest sinngemäss ein Revisionsgrund angerufen und dessen Vorliegen dargetan werden (BGer, Urteile 5F_9/2009 vom 2.2.2010, E. 5, und 4A_596/2008 vom 6.10.2009, E. 3.6; Escher, Revision, Rz. 8.11). Die absoluten und relativen *Fristen* regelt Art. 124 BGG. Wird ein möglicher Revisionsgrund gegenüber einem vorinstanzlichen Entscheid während des Beschwerdeverfahrens vor Bundesgericht entdeckt, so muss dieser mit Revision bei der betreffenden Vorinstanz geltend gemacht und um die Sistierung des Verfahrens vor Bundesgericht ersucht werden (Art. 125 BGG; vgl. BGE 138 II 386 E. 6; Escher, Basler Kommentar BGG, Art. 125 N. 3).

1794   Die Revision hat als ausserordentliches Rechtsmittel grundsätzlich *keine Suspensivwirkung.* Das Gericht oder dessen Präsidentin bzw. Präsident kann jedoch während des Verfahrens den Vollzug des angefochtenen Entscheids aufschieben oder andere vorsorgliche Massnahmen treffen (Art. 126 BGG).

1795   Tritt das Bundesgericht auf das Revisionsbegehren ein und ist es der Ansicht, dass der Revisionsgrund zutreffe, hebt es in einem zweiten Schritt die frühere Entscheidung auf und entscheidet sodann neu in der Sache (Art. 128 Abs. 1 BGG; BGer, Urteil 2F_11/2008 vom 6.7.2009, E. 4.1). Betrifft die Revision einen Rückweisungsentscheid, so bestimmt es gleichzeitig die Wirkung dieser Aufhebung auf einen allfälligen neuen Entscheid der Vorinstanz (Art. 128 Abs. 2 BGG).

22. Kapitel: Das Klageverfahren vor Bundesgericht

Literatur: Donzallaz, Commentaire, Art. 120; Gelzer Philippe, *Klage*, in: Geiser/Münch/Uhlmann/Gelzer, Bundesgericht, Rz. 7.1 ff.; Häfelin/Haller/Keller, Bundesstaatrecht, N. 2045 ff.; Jaag Tobias, Rechtsschutz bei *Kompetenzstreitigkeiten* zwischen Bund und Kantonen, in: Mélanges en l'honneur de Piermarco Zen-Ruffinen, Basel 2011, S. 521 ff.; Kiener/Rütsche/Kuhn, Verfahrensrecht, N. 1103 ff.; Mahon Pascal, Réclamation de droit public et recours de droit administratif – A propos de subsidiarité(s), in: Mélanges en l'honneur de Pierre Moor, Bern 2005, S. 415 ff.; Rhinow/Koller/Kiss/Thurnherr/Brühl-Moser, Prozessrecht, Rz. 2140 ff.; von Werdt Nicolas, in: Seiler/von Werdt/Güngerich, Kommentar BGG, Art. 120; Wurzburger Alain, in: Corboz/Wurzburger/Ferrari/Frésard/Aubry Girardin, Commentaire de la LTF, Art. 120; vgl. auch die in Rz. 1202 zitierte Literatur.

1796

I. Allgemeines und anwendbare Bestimmungen

Mit der Revision der Bundesrechtspflege im Jahr 2005 wurde der Direktprozess vor Bundesgericht stark eingeschränkt (BBl 2001 4351 f.). Heute ist er nur noch in Fällen vorgesehen, in welchen es um Streitigkeiten zwischen Bund und Kantonen geht oder aber Schadenersatz- und Genugtuungsansprüche aus der Amtstätigkeit von Personen im Sinn von Art. 1 Abs. 1 lit. a–c^{bis} VG streitig sind. Zu den Streitigkeiten zwischen den Kantonen hält das Bundesgericht fest, dass es in einem Bundesstaat von zentraler Bedeutung sei, dass die Kantone als souveräne Gliedstaaten ihre Streitigkeiten untereinander direkt vor dem Bundesgericht als neutraler Instanz in einem Verfahren anhängig machen können, welches die Gleichberechtigung der Parteien sicherstellt (BGer, Urteil 2E_3/2009 vom 11.7.2011, E. 2.1).

1797

Dass Kompetenzkonflikte zwischen den verschiedenen staatlichen Ebenen in einem gerichtlichen Verfahren vor dem Bundesgericht auszutragen sind, ergibt sich zudem aus Art. 189 Abs. 2 BV. Auffallend ist, dass die verschiedenen Klagen zu einer Einheitsklage verschmolzen worden sind (Waldmann, Basler Kommentar BGG, Art. 120 N. 1).

1798

Art. 120 Abs. 3 BGG bestimmt, dass sich das Klageverfahren nach dem BZP richtet. Es kann somit grundsätzlich auf das zur Klage an das Bundesverwaltungsgericht Ausgeführte verwiesen werden (vorne, Rz. 1240 ff.). Nachfolgend sollen die Besonderheiten des Klageverfahrens vor Bundesgericht aufgezeigt werden.

1799

II. Zuständigkeit des Bundesgerichts

1. Sachliche Zuständigkeit

A. Zwischenstaatliche Streitigkeiten

1800 Die Zuständigkeit des Bundesgerichts, im Klageverfahren zu entscheiden, ist in Art. 120 Abs. 1 BGG geregelt. Art. 120 Abs. 1 lit. a und b BGG regeln die Streitigkeiten zwischen Bund und Kantonen bzw. unter den Kantonen.

1801 In diesen Verfahren können nur die Kantone und gegebenenfalls der Bund als Parteien auftreten, wobei die jeweils zuständige Behörde zur Vertretung des Gemeinwesens befugt ist. In der Regel werden der Bund vom Bundesrat und die Kantone von den kantonalen Regierungen vertreten (BGE 136 IV 139 E. 1.3 = Pra 2011 Nr. 58). Es wird als zulässig angesehen, betroffene Private als weitere Beteiligte in den Schriftenwechsel miteinzubeziehen (BGE 117 Ia 202 E. 1d). Privaten steht aber die Klagebefugnis nicht zu (BGer, Urteil 5A_396/2008 vom 27.6.2008).

1802 Die Klage lautet häufig auf Feststellung. Sie kann aber auch eine Leistung in dem Sinne beinhalten, dass der beklagten Partei eine Pflicht aufzuerlegen oder etwas zu verbieten sei. Das Bundesgericht trifft diejenige Massnahme, welche am besten geeignet ist, die Kompetenzordnung wieder herzustellen (BGE 125 I 458 E. 1d zum früheren Art. 83 lit. b OG).

1803 Art. 120 Abs. 1 lit. a BGG erwähnt zunächst *Kompetenzkonflikte* zwischen *Bundesbehörden und kantonalen Behörden*. Für den Bund bildet die Klage im Fall eines Kompetenzkonfliktes auch ein Mittel der Verbandsaufsicht (vgl. dazu vorne, Rz. 767 ff.). Bei diesen Kompetenzkonflikten geht es um die bundesstaatliche Kompetenzordnung und damit um die Frage, ob ein Gegenstand in die Kompetenz des Bundes oder des Kantons fällt. Die übrigen Streitigkeiten zivilrechtlicher oder öffentlich-rechtlicher Natur zwischen Bund und Kantonen fallen hingegen unter Art. 120 Abs. 1 lit. b BGG. Ein Kompetenzkonflikt lag beispielsweise vor, als es um die Frage der Zuständigkeit zum Erlass einer Kollisionsregel bei einer gemeinsamen Beschaffung ging. Streitig war, ob Art. 2c VöB kompetenzgemäss erlassen worden war (BGE 130 I 156 E. 1.2 zum früheren Art. 83 lit. a OG). Das Bundesgericht hielt im betreffenden Entscheid fest, dass allein die Frage der Auslegung einer bundesrechtlichen Norm nicht Gegenstand eines Kompetenzkonflikts sein könne. Doch genügt es, wenn sich die klägerische Partei auf eine Verletzung der bundesstaatlichen Kompetenzordnung beruft. Ob die Kompetenzordnung verletzt worden ist, ist eine Frage der materiellen Beurteilung und nicht eine Eintretensfrage (vgl. auch BGE 125 II 152 E. 1 zum früheren Art. 83 lit. a OG; BGE 125 I 458 E. 1c/bb zum früheren Art. 83 lit. b OG).

1804 Der Kompetenzkonflikt kann *positiver oder negativer* Natur sein. Positiver Natur ist er, wenn beide Gemeinwesen die Kompetenz beanspruchen (BGE 130

I 156 E. 1.1). Negativer Natur ist er hingegen, wenn keines der Gemeinwesen entscheiden will (BGE 136 IV 139 = Pra 2011 Nr. 58: weder die kantonale Behörde noch das Bundesstrafgericht wollten über ein Entsiegelungsgesuch der Staatsanwaltschaft Tessin entscheiden; vgl. auch BGE 129 I 419 E. 1).

Die Klage kann entweder konkrete Anwendungsakte oder Erlasse betreffen, wobei deren Aufhebung nicht beantragt werden kann (vgl. zu den Anträgen vorne, Rz. 1235). Vorausgesetzt ist, dass der Kompetenzkonflikt *konkret und aktuell* ist (BGE 136 IV 139 E. 1.4 = Pra 2011 Nr. 58), wobei es als zulässig angesehen wird, bereits dann Klage zu erheben, wenn das Verfahren zum Erlass einer kompetenzwidrigen Massnahme erst eingeleitet worden ist. 1805

Grundsätzlich ist Art. 190 BV zu beachten. Allerdings weist Waldmann zu Recht darauf hin, dass das Anwendungsgebot von Art. 190 BV das Bundesgericht nicht hindern sollte, eine Verfassungswidrigkeit festzustellen (Waldmann, Basler Kommentar BGG, Art. 120 N. 11). 1806

Nach Art. 120 Abs. 1 lit. b BGG beurteilt das Bundesgericht sodann *zivilrechtliche und öffentlich-rechtliche Streitigkeiten zwischen Bund und Kantonen oder zwischen Kantonen*. Weil die Bestimmung sowohl zivil- wie auch öffentlich-rechtliche Streitigkeiten erfasst, hat die Unterscheidung grundsätzlich keine weitere Bedeutung. Die Praxis geht aber von einer weiten Auslegung der öffentlich-rechtlichen Streitigkeiten aus. Erfasst werden sowohl verwaltungsrechtliche wie auch staatsrechtliche Streitigkeiten (vgl. Gelzer, Klage, Rz. 7.8; Waldmann, Basler Kommentar BGG, Art. 120 N. 17a). Es wird verlangt, dass dem Streit ein Rechtsverhältnis zwischen Bund und Kantonen oder zwischen den Kantonen zugrunde liegen muss, damit die Direktklage zulässig ist. Dies kann zum Beispiel ein Konkordat zwischen den Kantonen sein (BGer, Urteil 2E_3/2009 vom 11.7.2011, E. 2.1 betreffend NOK-Vertrag als öffentlich-rechtliches Konkordat). Zudem können gestützt auf Art. 120 Abs. 1 lit. b BGG auch Kompetenzkonflikte zwischen den Kantonen geltend gemacht werden. Als Beispiele von Kompetenzkonflikten können genannt werden: Grenzstreitigkeiten zwischen den Kantonen (BGE 120 Ib 512 E. 1) oder Verstösse gegen die Bundestreue (BGE 118 Ia 195; weitere Beispiele bei Waldmann, Basler Kommentar BGG, Art. 120 N. 16). 1807

Ist die Klage nicht zulässig, hat der Bund entweder die Behördenbeschwerde gemäss Art. 89 Abs. 2 lit. a BGG zu ergreifen (Waldmann, Basler Kommentar BGG, Art. 120 N. 17) oder die Kantone sind auf die Rechtsmitteleinlegung gestützt auf Art. 89 Abs. 1 BGG verwiesen (zur Problematik der prinzipalen Natur der Klage vgl. sogleich, Rz. 1810 ff.). 1808

B. Verantwortlichkeitsansprüche

Nach Art. 120 Abs. 1 lit. c BGG entscheidet das Bundesgericht über Verantwortlichkeitsansprüche aus der Amtstätigkeit von Personen gemäss Art. 1 Abs. 1 lit. a–c^{bis} VG. Die Mitglieder der Bundesversammlung sind mitgemeint, auch 1809 wenn Art. 1 Abs. 1 lit. a VG mit dem Erlass des ParlG aufgehoben und später durch Art. 21a ParlG ersetzt wurde. Die Rechtsgrundlagen sind wenig klar. Es handelt sich jedoch um ein gesetzgeberisches Versehen (vgl. Waldmann, in: Niggli/Uebersax/Wiprächtiger, Basler Kommentar BGG, Art. 120 N. 18; BBl 2008 1877). Die Besonderheit dieses Verfahrens besteht darin, dass das Vorverfahren nach Art. 20 Abs. 2 VG einzuhalten ist. Das Begehren Dritter um Schadenersatz oder Genugtuung ist folglich nach Art. 20 Abs. 1 VG innert der Verwirkungsfrist von einem Jahr seit der schädigenden Handlung beim Finanzdepartement einzureichen. Bestreitet der Bund die Haftung oder lässt er sich innert drei Monaten nicht vernehmen, ist innert weiterer sechs Monate Klage beim Bundesgericht einzureichen (Art. 20 Abs. 3 VG, Art. 10 Abs. 2 VG). Anzufügen ist, dass bei Ansprüchen aus der Tätigkeit anderer Amtsträger über das Begehren in der Form einer Verfügung zu entscheiden ist (Art. 10 Abs. 1 VG; vgl. auch hinten, Rz. 1962).

2. Verhältnis zu anderen Rechtsmitteln

1810   Die Lehre geht davon aus, dass die Klage an das Bundesgericht gemäss Art. 120 BGG ein *prinzipales* oder primäres Rechtsmittel darstellt (vgl. statt vieler Waldmann, Basler Kommentar BGG, Art. 120 N. 5). Die Frage, ob dies zutrifft, stellt sich in den Fällen, in welchen für mehrere Rechtsmittel die Prozessvoraussetzungen erfüllt sind (vgl. dazu vorne, Rz. 684).

1811   Art. 120 Abs. 2 BGG stellt klar, dass die Klage *ausnahmsweise* unzulässig ist, wenn ein anderes Bundesgesetz eine Behörde zum Erlass einer Verfügung über «solche Streitigkeiten» – d.h. Streitigkeiten im Sinn von Abs. 1 – ermächtigt. Gegen die Verfügung ist letztinstanzlich die Beschwerde an das Bundesgericht zulässig. Somit stellt sich die Frage der Subsidiarität in diesen Fällen nicht. Vielmehr fehlt es an der Klagevoraussetzung, dass keine Verfügung aufgrund eines Bundesgesetzes ergangen ist.

1812   Eine solche Verfügungskompetenz bei Kompetenzstreitigkeiten ist beispielsweise im neuen Erwachsenenschutzrecht vorgesehen, wenn die interkantonale Zuständigkeit in Bezug auf Erwachsenenschutzmassnahmen streitig ist (Art. 444 ZGB; noch zum alten Recht m.H. auf das neue Recht: BGE 137 III 593 E. 1; zu Art. 91 Abs. 4 i.V.m. Art. 104 Abs. 1 IRSG: BGE 136 IV 44 E. 1.2 f.). Im Sozialhilferecht ist, soweit die Vergütungen vom Bund bezahlt werden, wie dies bei Auslandschweizern der Fall ist, das SuG anwendbar und dementsprechend aufgrund von Art. 16 Abs. 2 SuG zu verfügen (BGer, Urteil 8C_148/2012 vom 17.9.2012, E. 1; zu den ebenfalls dem SuG unterstellten Programmvereinbarungen zwischen Bund und Kantonen zur Umsetzung des Bundesrechts vgl. Waldmann, Basler Kommentar BGG, Art. 120 N. 21; vgl. auch BGE 136 V 351 E. 2.3 zu Art. 31 Abs. 2 ZUG, der jedoch aufgehoben wurde). Fraglich ist, ob die Klage in diesen Fällen doch wieder zulässig ist, wenn das Bundesgericht gestützt auf

Art. 83 oder 84 BGG nicht zuständig ist. Das Bundesgericht legt sich dazu nicht eindeutig fest (BGE 136 IV 139 E. 2.4 = Pra 2011 Nr. 58). Zum letzteren Fall ist allerdings anzufügen, dass sich aus Art. 120 Abs. 2 BGG letzter Satz ergibt, dass die Beschwerde an das Bundesgericht ohne Einschränkung zuzulassen ist und damit Art. 83 und 84 BGG nicht gelten.

Die Bestimmung von Art. 120 Abs. 2 BGG bereitet aber dennoch einige Mühe und ist in der praktischen Anwendung insbesondere nicht klar, weil sie nichts darüber aussagt, wie es sich verhält, wenn eine auf kantonales Recht abgestützte kompetenzwidrige Verfügung ergeht oder wenn eine Verfügung gestützt auf Bundesrecht erlassen wird, die aber nicht in erster Line die Regelung einer Kompetenzstreitigkeit bezweckt, sondern die Regelung einer Rechtsbeziehung zu einer Privatperson (z.B. die Zusprechung von Beiträgen). Die Bestimmung ist erst in der parlamentarischen Beratung aufgenommen worden (vgl. die Hinweise bei Waldmann, Basler Kommentar BGG, Art. 120 N. 21). Wendet man Art. 120 Abs. 2 BGG gemäss dem Wortlaut an, hat dies zur Folge, dass in allen Fällen, in welchen eine Verfügung ergangen ist, die keine Kompetenzstreitigkeit im Sinn von Abs. 1 lit. a regelt, das Klageverfahren einzuleiten ist. Genau genommen ist es jedoch gerade ein Kennzeichen der Klage, dass sie nur dann zulässig ist, wenn keine Verfügung ergeht. Wird zulässigerweise eine Verfügung erlassen, ist das Anfechtungsstreitverfahren zu durchlaufen. Insoweit würde sich die Frage der Subsidiarität nicht stellen und wäre aufgrund dieses allgemeinen Grundsatzes der Klageweg ausgeschlossen. Mit Art. 120 Abs. 2 BGG wird jedoch der Anschein erweckt, dass in allen anderen Fällen, in denen es nicht um Kompetenzstreitigkeiten im Sinn von Abs. 1 lit. a geht, vom Bund bzw. von den Kantonen Klage zu erheben ist und die Klage somit das prinzipale Rechtsmittel darstellt. 1813

Besonders problematisch ist die Regelung von Art. 120 Abs. 2 BGG – und die Annahme, das Klageverfahren sei auch anwendbar, wenn es um kantonale Entscheide gehe –, wenn in den betreffenden Kantonen bereits ein rechtskräftiger Gerichtsentscheid gefällt wurde. Dies ist umso mehr der Fall, wenn am Verfahren auch Private beteiligt waren. Geht man davon aus, dass in diesen Fällen die Klage ebenfalls zulässig ist, hätte dies zur Folge, dass die frist*un*gebundene Klage selbst nach Rechtskraft eines angeblich kompetenzwidrigen Entscheides ergriffen werden könnte. Jaag hält deshalb zu Recht dafür, dass die Klage in solchen Fällen ebenfalls unzulässig sein soll und von ihrer Subsidiarität auszugehen ist, falls eine rechtskräftige Verfügung oder ein rechtskräftiger Entscheid vorliegt, unabhängig davon, ob sich diese Verfügung oder dieser Entscheid auf eine Verfügungskompetenz in einem Bundesgesetz oder in einem kantonalen Gesetz abstützt (Jaag, Kompetenzstreitigkeiten, S. 528 ff.). Im Hinblick darauf, dass es sich bei Art. 120 Abs. 2 BGG um eine ohne weitere Diskussion im Parlament aufgenommene Ergänzung handelt, spricht vieles dafür, von einer planwidrigen Unvollständigkeit auszugehen, die im Rahmen der Rechtsanwendung behoben werden darf. Diese Auslegung stünde auch damit im Einklang, dass 1814 die Klage als Rechtsmittel der ursprünglichen Verwaltungsgerichtsbarkeit regelmässig nicht zulässig ist, wenn eine Verfügung erlassen worden ist. In diesen Fällen müsste man allerdings die Beschwerde gestützt auf Art. 120 Abs. 2 Satz 2 BGG auch in den Bereichen von Art. 83 und 84 BGG zulassen.

1815 Der Grundsatz, dass die Verfügungskompetenz den Klageweg ausschliesst, muss bei Art. 120 BGG auch deshalb greifen, weil in den Fällen, in welchen das Bundesgericht letztinstanzlich entschieden hat, die Klage durch den Bund oder einen Kanton ohnehin nicht denkbar ist, selbst wenn der Entscheid unter Umständen die bundesstaatliche Kompetenzordnung verletzt. Eine Klage gegen einen höchstrichterlichen Entscheid ist bereits aufgrund der Funktion des Bundesgerichts nicht denkbar.

1816 Soll die Kompetenzwidrigkeit eines kantonalen Erlasses geltend gemacht werden, sollte dasselbe gelten und das Beschwerdeverfahren durchlaufen werden, weil Art. 82 lit. b BGG den Beschwerdeweg und damit das Anfechtungsstreitverfahren vorsieht. Die Lehre hält jedoch dafür, kantonale Erlasse, wenn sie durch den Bund angefochten werden sollen, generell dem Klageverfahren zu unterstellen (dazu Waldmann, Basler Kommentar BGG, Art. 120 N. 5), wenn eine Kompetenzstreitigkeit vorliegt. Weil dies bei einer Erlassanfechtung den Regelfall bilden dürfte, bleibt in diesem Fall kaum Raum für die Behördenbeschwerde (dazu Waldmann, Basler Kommentar BGG, Art. 120 N. 5; Heinz Aemisegger/Karin Scherrer Reber, in: Niggli/Uebersax/Wiprächtiger, Basler Kommentar BGG, Art. 82 N. 61a).

1817 Wird die Klage im Sinne einer Prozessvoraussetzung generell ausgeschlossen, wenn zulässigerweise eine Verfügung ergeht, wäre sie auch nicht zulässig, wenn im Beschwerdeverfahren zum Beispiel die Voraussetzungen der Beschwerdelegitimation nach Art. 89 BGG nicht erfüllt wären. Dabei ist allerdings zu beachten, dass einerseits das Beschwerderecht der Bundesbehörden gemäss Art. 89 Abs. 2 lit. a BGG weit gefasst ist. Enger gefasst ist zwar die Legitimation der Kantone, die sich nur auf Art. 89 Abs. 1 BGG berufen können. Das Bundesgericht tendiert jedoch andererseits dazu, bei möglichen Kompetenzkonflikten die Voraussetzungen von Art. 89 Abs. 1 BGG zu bejahen. Jedenfalls hat es die Beiladung eines Kantons zum Verfahren zugelassen, weil der beigeladene Kanton gegebenenfalls gestützt auf Art. 120 BGG auch hätte klagen können (vorne, Rz. 971); BGer, Urteil 2A.597/2005 vom 4.4.2006, E. 3.6). Mit dieser Auslegung von Art. 89 Abs. 1 BGG können auch Rechtsschutzlücken vermieden werden.

III. Weitere besondere Fragen

1. Sachlegitimation und drittbetroffene Gemeinwesen

1818 Da es sich um ein Klageverfahren handelt, gilt wiederum, dass Aktiv- und Passivlegitimation eine Frage des materiellen Rechts darstellen.

Bei Kompetenzkonflikten kann es allerdings nicht darauf ankommen. Es genügt vielmehr, wenn ein Gemeinwesen auf die Kompetenz des anderen Gemeinwesens einwirkt. In Bezug auf Drittbetroffenheiten von Bund und Kantonen durch Verträge unter den Kantonen hält Art. 172 BV eine weitere Lösung bereit: Sowohl der Bund wie auch andere Kantone können gegenüber Verträgen unter den Kantonen bei der Bundesversammlung Einsprache erheben. Diese ist auch zuständig, die Verträge zu genehmigen (Art. 186 Abs. 3 und Art. 172 Abs. 3 BV). Die Lehre hält aber dafür, dass bis zum Entscheid durch die Bundesversammlung die Klage auch für das drittbetroffene Gemeinwesen offenstehen sollte (Waldmann, Basler Kommentar BGG, Art. 120 Fn. 31 mit zahlreichen Hinweisen; a.M. in Bezug auf den Bund als Drittbetroffener Gelzer, Klage, Rz. 7.6).

2. Prüfungsbefugnis des Bundesgerichts

Wie vorne ausgeführt, gehört es zum Wesen des erstinstanzlichen Klageverfahrens, dass das Gericht sowohl Sach- wie Rechtsfragen frei prüft (vorne, Rz. 1257 f.). Das Bundesgericht hat jedoch auch schon festgehalten, dass es sich bei der Beurteilung von Kompetenzkonflikten Zurückhaltung auferlege, wenn es um technische oder politische Fragen oder um Ermessensfragen geht (BGE 130 I 156 E. 1.3). Im Hinblick auf den besonderen Zweck der Klage an das Bundesgericht, nämlich dass sich die Parteien gleichgeordnet gegenübertreten sollen (vgl. vorne, Rz. 1797), ist eine solche Zurückhaltung problematisch. Die klägerische Partei wird damit – namentlich wenn es um politische Fragen oder Ermessensfragen geht – im Regelfall deshalb benachteiligt, weil sie es ist, die sich gegen die Massnahme zur Wehr setzt, die politischer Natur ist oder eine Ermessensausübung bedeutet.

7. Teil

Besondere Verfahrensregelungen in bestimmten Verwaltungsrechtsmaterien

23. Kapitel: Sozialversicherungsrecht

Literatur: BICKEL JÜRG/OESCHGER MAGNUS, Vom materiellen zum formellen *Verfügungsbegriff.* Kritische Anmerkungen zu BGE 134 V 145, Jusletter, 30.3.2009; DUC JEAN-LOUIS, La Loi sur le Tribunal fédéral administratif (LTAF) du 17 juin 2005 et la Loi sur le Tribunal fédéral (LTF) du 17 juin 2005: leurs conséquences pour le droit des assurances sociales, SZS 2007, S. 206 ff.; EGLI PHILIPP, *Rechtsverwirklichung* durch Sozialversicherungsverfahren, Zürich u.a. 2012; FREIVOGEL ANDREAS, Zu den Verfahrensbestimmungen des ATSG, in: Schaffhauser René/Schlauri Franz (Hrsg.), Bundesgesetz über den Allgemeinen Teil des Sozialversicherungsrechts (ATSG), St. Gallen 2003, S. 89 ff.; GÄCHTER THOMAS, *Entwicklung* und Organisation der Sozialversicherungsgerichtsbarkeit im Bund und im Kanton Bern, in: Herzog Ruth/Feller Reto (Hrsg.), Bernische Verwaltungsgerichtsbarkeit in Geschichte und Gegenwart, Bern 2010, S. 89 ff.; *ders., Rechtsmissbrauch* im öffentlichen Recht. Unter besonderer Berücksichtigung des Bundessozialversicherungsrechts, Zürich etc. 2005, S. 455 ff.; GERBER PHILIPPE, Les relations entre la loi fédérale sur la partie générale du droit des assurances sociales et la loi fédérale sur la procédure administrative, AJP 2002, S. 1307 ff.; KIENER/RÜTSCHE/ KUHN, Verfahrensrecht, N. 868 ff.; KIESER UELI, *ATSG-Kommentar,* Zürich u.a. 2009, Art. 1–2, 17 und 27–62; *ders.,* Schweizerisches *Sozialversicherungsrecht,* Zürich/St. Gallen 2008, S. 423 ff.; *ders.,* Auswirkungen des Bundesgesetzes über das Bundesgericht auf die Sozialversicherungsrechtspflege, in: Ehrenzeller/Schweizer, Bundesrechtspflege, S. 439 ff.; *ders.,* Das Verwaltungsverfahren in der Sozialversicherung, Zürich 1999; KUPFER BUCHER BARBARA, Das nichtstreitige Verwaltungsverfahren nach dem ATSG und seine Auswirkungen auf das AVIG. Unter besonderer Berücksichtigung des Einspracheverfahrens, Norderstedt 2006; LOCHER THOMAS, *Grundriss* des Sozialversicherungsrechts, 3. A., Bern 2003; MAURER ALFRED, Schweizerisches *Sozialversichungsrecht,* 2 Bände, 2. A., Bern 1983/1988; MEYER[-BLASER] ULRICH, Der Einfluss des BGG auf die Sozialrechtspflege, SZS 2007, S. 222 ff.; *ders.* (Hrsg.), *SBVR,* Band XIV: Soziale Sicherheit, Basel 2007; *ders.,* Die Rechtspflegebestimmungen des Bundesgesetzes über den Allgemeinen Teil des Sozialversicherungsrechts (ATSG), HAVE 2002, S. 326 ff.; *ders.,* Das Bundesgesetz über den Allgemeinen Teil des Sozialversicherungsrechts (ATSG) und das Schicksal der allgemeinen Rechtsgrundsätze des Sozialversicherungsrechts, in: Schaffhauser René/Schlauri Franz (Hrsg.), Sozialversicherungsrechtstagung 2002, St. Gallen 2002, S. 119 ff.; MOSIMANN HANS-JAKOB, *Verfahrensrecht* in der Sozialversicherung: Ausgewählte Besonderheiten, in: Häner/Waldmann, Brennpunkte, S. 133 ff.; *ders.,* Die Auswirkungen des BGG auf die kantonalen Versicherungsgerichte, SZS 2007, S. 243 ff.; MÜLLER URS, Das Verwaltungsverfahren in der Invalidenversicherung, Bern 2010; MURER ERWIN, Schweizerisches Sozialversicherungsrecht. Eigenheit und Herkunft, Bern 2010; RIEMER HANS MICHAEL, Berührungspunkte zwischen Sozialversicherungs- und Privatrecht, insbesondere die Bedeutung des Privatrechtes bei der Auslegung des Sozialversicherungsrechtes durch das EVG, in: Festschrift 75 Jahre Eidgenössisches Versicherungsgericht, Bern 1992, S. 147 ff.; RIEMER-KAFKA GABRIELA, Schweizerisches Sozialversicherungsrecht, 3. A., Bern 2012; *dies.* (Hrsg.), Versicherungsmedizinische Gutachten. Ein interdisziplinärer juristisch-medizinischer Leitfaden, 2. A., Basel 2012; RÜEDI RUDOLF, Die *Bedeutung* des Eidgenössischen Versicherungsgerichts für die Verwirklichung des Sozialversicherungsrechts des Bundes, ZBJV 1994, S. 61 ff.; SCARTAZZINI GUSTAVO/HÜRZELER MARC (Begründer: Maurer Alfred), *Bundessozialversicherungsrecht,* 4. A., Basel 2012; TSCHUDI HANS PETER, Entstehung und Entwicklung der schweizerischen Sozialversicherungen, Basel 1989; WIDMER DIETER, Die Sozialversicherung in der Schweiz, 8. A., Zürich u.a. 2011; ZÜND CHRISTIAN/PFIFFNER RAUBER BRIGITTE (Hrsg.), Gesetz über das Sozialversicherungsgericht des Kantons Zürich. *Kommentar,* 2. A., Zürich u.a. 2009; vgl. auch die Literatur in Rz. 703.

1821

I. Verfahrensrelevante Eigenheiten des Rechtsgebiets

1822 Beim Sozialversicherungsrecht handelt es sich um ein umfangreiches, komplexes und ziemlich verselbständigtes Rechtsgebiet. Heute ist anerkannt, dass es grundsätzlich dem *Verwaltungsrecht* zuzuordnen ist (Gächter, Entwicklung, S. 91). Es gibt allerdings Teilbereiche, die materiell Privatrecht darstellen. So kann namentlich die weitergehende berufliche Vorsorge auf privatrechtlicher Basis beruhen (z.B. Ulrich Meyer, Allgemeine Einführung, in: ders., SBVR, S. 1 ff., Rz. 49). Auch sie untersteht allerdings öffentlich-rechtlichem Verfahrens- bzw. Prozessrecht. Sodann können die Sozialversicherungsgesetze Normen zu privatrechtlichen Materien enthalten, für die der zivilprozessuale Weg gegeben ist. Dies ist der Fall bei den Zusatzversicherungen in der Krankenversicherung (Art. 12 Abs. 2 f. KVG). Die Kantone brauchen jedoch nicht die ordentlichen Zivilgerichte für zuständig zu erklären. Sie können – im Sinn einer Ausnahme vom grundsätzlich zweistufigen gerichtlichen Rechtsschutz in Zivilsachen nach Art. 75 Abs. 2 BGG – eine einzige Gerichtsinstanz vorsehen (Art. 7 ZPO). Bei dieser kann es sich auch um das Gericht handeln, das in Sozialversicherungssachen entscheidet (vgl. BGE 138 III 2 E. 1.1 und 1.2.2).

1823 Die *Eigenheiten des sozialversicherungsrechtlichen Verfahrens* lassen sich auf *verschiedene Faktoren* zurückführen. Teils liegen diese *im materiellen Recht begründet:* Das Ziel der Sozialversicherungen ist, «der Gesamtbevölkerung oder einzelnen Bevölkerungsgruppen bei bestimmten Wechselfällen des Lebens Mehrbelastungen und Einkommensverluste auszugleichen» (BBl 1991 II 234). In der Sozialversicherung äussert sich, um eine Wendung der Präambel der BV aufzunehmen, die Sorge um das «Wohl der Schwachen» (vgl. auch Art. 41 Abs. 1 lit. a–c und Abs. 2 BV). Dies kommt auch in einigen verfahrensrechtlichen Besonderheiten zum Ausdruck: Verschiedene Bestimmungen sollen die schwächere Partei, nämlich die versicherte Person, schützen (z.B. Kieser, ATSG-Kommentar, Art. 61 N. 3, m.H. auf die Vorauflage des vorliegenden Buches; BGE 135 V 353 E. 5.2.1).

1824 Die *Verbindungen* des Sozialversicherungsrechts *zum Privatrecht* beeinflussen das Verfahren ebenfalls; sie sind etwa der Grund, weshalb für bestimmte Streitigkeiten das Klageverfahren vorgesehen ist (vgl. Jürg Maeschi, Kommentar zum Bundesgesetz über die Militärversicherung [MVG] vom 19. Juni 1992, Bern 2000, Art. 27 N. 2; BGE 133 V 488 E. 4.4.2; vgl. auch BBl 1991 II 243 f.).

1825 Teils gehen die Besonderheiten des Sozialversicherungsverfahrens auf die *Anzahl der Fälle* zurück: Das Sozialversicherungsrecht stellt eines jener Rechtsgebiete dar, in denen die *Massenverwaltung* typisch ist (differenzierend Kieser, ATSG-Kommentar, Art. 42 N. 24). Entsprechend sind die Verfahren auf effiziente und effektive Abwicklung ausgerichtet.

1826 Das Sozialversicherungsrecht ist ein Gebiet, in dem die Rechtsprechung zu Leistungen oder Beiträgen aufgrund der Breitenwirkung *beträchtliche finan-*

zielle Folgen für den Staat haben kann (Gächter, Rechtsmissbrauch, S. 467). Dies mag – allenfalls unterschwellig – ebenfalls einen Einfluss auf die Ausgestaltung einzelner Verfahrensregeln haben.

Wesentlich ist schliesslich auch die *Geschichte* der Sozialversicherung und der Sozialversicherungsrechtspflege in der Schweiz: In einer jahrzehntelangen Entwicklung wurden die – je nach Zählweise: zehn oder elf – bestehenden Versicherungssysteme mit jeweils unterschiedlicher Struktur aufgebaut (vgl. z.B. BBl 1991 II 234). Es handelt sich um: Alters- und Hinterlassenenversicherung, Invalidenversicherung, Ergänzungsleistungen, berufliche Vorsorge, Krankenversicherung, Unfallversicherung, Militärversicherung, Erwerbsersatz für Dienstleistende sowie Erwerbsersatz bei Mutterschaft, Familienzulagen und Arbeitslosenversicherung. Diese Sozialversicherungszweige sind heute in elf sogenannten Einzelgesetzen geregelt, wobei die beiden Erwerbsersatzordnungen – die zum Teil als ein einziger Zweig gezählt werden – zusammen im EOG, die Familienzulagen in zwei Gesetzen, dem FLG und dem FamZG, enthalten sind. Für das Verfahrensrecht ist wesentlich, dass einerseits aufgrund von Art. 120–122 KUVG (in Kraft seit 12.3.1912; AS 1912 402) bereits verhältnismässig früh gerichtliche Rechtspflegeinstanzen geschaffen wurden: Das EVG wurde 1917 eingesetzt (vgl. den Bundesbeschluss vom 28.3.1917 betreffend die Organisation und das Verfahren des Eidgenössischen Versicherungsgerichts, in Kraft seit 1.9.1917; AS 1917 517, 548). Andererseits bestand noch jahrzehntelang kein einheitliches Verfahrens- und Prozessrecht; erst das Inkrafttreten des ATSG am 1.1.2003 brachte eine – allerdings unvollständige – Vereinheitlichung, wobei der damalige Art. 82 Abs. 2 ATSG den Kantonen eine fünfjährige Anpassungsfrist gewährte (AS 2002 3392). Die Praxis richtete sich damals stark an den allgemeinen Lehren des Verwaltungsrechts aus (Gächter, Entwicklung, S. 91 f.). Das EVG reagierte auf die Uneinheitlichkeit des geschriebenen Rechts mit der Entwicklung allgemeiner Rechtsgrundsätze, die teils auf Übernahmen aus dem Privatrecht – namentlich aus den Einleitungsartikeln des ZGB – beruhen (vgl. Rüedi, Bedeutung, S. 68 ff.). Solche Rechtsgrundsätze betreffen auch das Prozessrecht; sie wurden mittlerweile zum Teil im ATSG festgehalten (so etwa in Art. 39 Abs. 2, Art. 40 Abs. 3 und Art. 41 ATSG betreffend die Wahrung, die Erstreckung und die Wiederherstellung von Fristen).

II. Besonderheiten des Verfahrens

1. Grundlagen: Zuständigkeiten im Sozialversicherungsrecht

Gemäss der BV verfügt der Bund über weitgehende Kompetenzen im Bereich der Sozialversicherung (vgl. Art. 59 Abs. 4 f., Art. 61 Abs. 4 f., Art. 111–114 und Art. 116 f. BV); er hat sie in einem solchen Mass ausgeschöpft, dass den Kantonen heute nur noch Restkompetenzen verbleiben (Kieser, Sozialversicherungsrecht, N. 2/46). Die Bundesgesetzgebung sieht allerdings eine stark dezentralisierte Durchführung vor, an der die Kantone in beträchtlichem Mass beteiligt sind (vgl. Kieser, Sozialversicherungsrecht, N. 15/1 ff., bes. 15/9). Die Rechtspflege in erster Instanz obliegt weitgehend den Kantonen. Dies kann auch gelten, wenn die erstinstanzliche Verfügung von einer öffentlich-rechtlichen Anstalt des Bundes, etwa der SUVA, stammt (vgl. Art. 32 Abs. 2 lit. b VGG und vorne, Rz. 846). Gerichtsorganisation und Verfahren unterstehen insoweit kantonalem Recht (BGE 135 V 353 E. 4.1); der Bund stellt aber im ATSG recht umfassende Harmonisierungsvorschriften sowie in Art. 86 Abs. 2 (i.V.m. Art. 114) und Art. 110–112 BGG weitere Anforderungen an das kantonale Verfahren auf (vgl. zur verfassungsrechtlichen Herleitung BGE 133 V 96 E. 4.4.1).

2. Rechtsweg gemäss Allgemeinem Teil des Sozialversicherungsrechts: Überblick

1829 Das ATSG *koordiniert* das Sozialversicherungsrecht des Bundes, unter anderem indem es *ein einheitliches Sozialversicherungsverfahren festlegt* und *die Rechtspflege regelt* (Art. 1 lit. b ATSG). Das Gesetz ist allerdings nur anwendbar, wenn und soweit die einzelnen Sozialversicherungsgesetze des Bundes dies vorsehen (Art. 2 ATSG). Die Einzelgesetze erklären das ATSG jeweils in ihrem Art. 1 unter bestimmten Vorbehalten für anwendbar. Einzige Ausnahme ist das BVG: Mangels einer entsprechenden Verweisung gilt das ATSG nicht für die berufliche Vorsorge, für die ein besonderer Rechtsweg vorgesehen ist. *Subsidiär* ist das *VwVG* anwendbar, sofern Art. 27–54 ATSG oder die Einzelgesetze Verfahrensbereiche nicht abschliessend regeln (Art. 55 Abs. 1 ATSG und Art. 3 lit. d^{bis} VwVG; zur Auslegung BGE 133 V 446 E. 7.2; für das Verfahren vor Bundesbehörden vgl. Art. 55 Abs. 2 ATSG). Die Verweisung auf das VwVG in Art. 55 Abs. 1 ATSG bezieht sich nicht auf das Beschwerdeverfahren (BGE 132 V 418 E. 2.3.1). Für dieses behält Art. 61 Ingress Satz 1 ATSG aber die Anwendbarkeit des VwVG im Rahmen von Art. 1 Abs. 3 VwVG vor. Zwar kodifiziert das ATSG teilweise allgemeine Rechtsgrundsätze, doch fallen die meisten seiner allgemeinen Verfahrensbestimmungen nicht unter diese Kategorie (BGE 132 V 418 E. 2.3.5).

1830 Das im ATSG vorgesehene Verfahren kommt grundsätzlich zur Anwendung, soweit der *Rechtsschutz der Versicherten* betroffen ist (zu den Ausnahmen und Abgrenzungen vgl. hinten, Rz. 1847 ff.). Es sieht ein erstinstanzliches Verwaltungsverfahren vor, dem ein Einspracheverfahren und zwei gerichtliche Beschwerdeverfahren folgen.

1831 Am Beginn steht gemäss dem ATSG das *nichtstreitige Verfahren*. Zuständig zur Durchführung sind die jeweiligen *Versicherungsträger;* je nach Versicherungszweig kann es sich dabei auch um juristische Personen des Privatrechts handeln, die der Gesetzgeber mit Verfügungskompetenz ausgestattet hat (Scartazzini/Hürzeler, Bundessozialversicherungsrecht, § 4 Rz. 6). Betrifft der Verfahrensgegenstand Leistungen, Forderungen oder Anordnungen, die erheblich sind oder mit denen die betroffene Person nicht einverstanden ist, hat der Versicherungsträger eine *schriftliche Verfügung* zu erlassen (Art. 49 Abs. 1 ATSG). Andernfalls kann ein *formloses Verfahren* erfolgen, wobei die betroffene Person auch in diesem Fall den Erlass einer förmlichen Verfügung verlangen kann (Art. 51 ATSG). Die Einzelgesetze weiten allerdings teilweise den Anwendungsbereich des formlosen Verfahrens auf bestimmte erhebliche Gegenstände aus. Die Abgrenzung zur förmlichen Verfügung geschieht anhand der formellen Kriterien der Bezeichnung und des Vorliegens einer Rechtsmittelbelehrung. Wenn die Erledigung unzulässigerweise im formlosen Verfahren erfolgte, so ist zur Eröffnung des Rechtswegs zunächst eine förmliche Verfügung zu verlangen (BGE 134 V 145 E. 3–5, auch zu den dabei einzuhaltenden Fristen). Die Regelung ist ohne Weiteres mit dem allgemeinen Verfügungsbegriff vereinbar, wenn die im formlosen Verfahren erlassenen Entscheide ebenfalls als materielle Verfügungen betrachtet werden (so noch BGE 132 V 412 E. 5; vgl. zur Frage Bickel/Oeschger, Verfügungsbegriff). Der Begriff «formlos» ist im Übrigen insofern irreführend, als der Entscheid gleichwohl gewissen Formerfordernissen zu genügen hat (vgl. BBl 1999 4610): So ist er grundsätzlich schriftlich zu eröffnen, und es ist auf das Recht hinzuweisen, eine förmliche Verfügung zu verlangen (Kieser, ATSG-Kommentar, Art. 51 N. 7, 10 f.). Vermieden werden sollte die Bezeichnung «faktische Verfügung», die gelegentlich in der Praxis verwendet wird: Sie ist in sich selber widersprüchlich, weil die Verfügung ein Rechtsinstitut ist.

Art. 50 ATSG sieht ausdrücklich vor, dass ein *Vergleich* über sozialversicherungsrechtliche Leistungen zulässig ist. Der Versicherungsträger hat den Vergleich in Form einer anfechtbaren Verfügung zu eröffnen (vgl. zu dieser Bestimmung, auch zur sinngemässen Anwendung im Einsprache- und Beschwerdeverfahren: BGE 135 V 65 m.w.H.; BBl 1999 4608 ff.). 1832

Gegen die erstinstanzliche Verfügung kann eine *Einsprache* erhoben werden; ausgenommen sind verfahrensleitende Verfügungen (Art. 52 ATSG). Um den Zugang zum Rechtsmittelverfahren zu erleichtern, sieht Art. 10 ATSV vor, dass die Einsprache grundsätzlich mündlich – bei persönlicher Vorsprache – erhoben werden kann (vgl. BGE 123 V 128 E. 2). Sie richtet sich an die verfügende Instanz, wobei innerhalb dieser Instanz eine andere organisatorische Einheit zuständig sein kann (BGE 133 V 407 E. 2.1.1; Kieser, ATSG-Kommentar, Art. 52 N. 14 ff.). 1833

Der Einspracheentscheid ist seinerseits anfechtbar mit *Beschwerde an das kantonale Versicherungsgericht*, das als einzige kantonale Beschwerdeinstanz entscheidet (Art. 56 f. ATSG). Mit dem Ausdruck «einzige Instanz» verlangt das Gesetz sowohl ein einheitliches Gericht als auch ein bloss einstufiges Beschwerdeverfahren auf kantonaler Ebene (BBl 1999 4619). Örtlich zuständig ist in der Regel das Versicherungsgericht des Wohnsitzkantons (Art. 58 Abs. 1 ATSG; vgl. dazu BGE 135 V 153 E. 4). Aus Art. 86 Abs. 2 (i.V.m. Art. 114) BGG 1834 ergibt sich, dass es sich dabei um ein «oberes» Gericht handeln muss (zum Begriff vgl. vorne, Rz. 1388 ff.). Infrage kommen das Verwaltungsgericht bzw. das integrierte oberste kantonale Gericht oder aber ein selbständiges Sozialversicherungsgericht. Alle drei Varianten finden sich in den Kantonen (vgl. Hans-Jakob Mosimann, in: Zünd/Pfiffner Rauber, Kommentar, § 1 N. 1). Nicht mehr mit dem Bundesrecht vereinbar ist die Einsetzung eines Versicherungsgerichts, das in anderen Materien Vorinstanz eines anderen kantonalen Gerichts ist. Die Legitimation und die Beschwerdefrist werden in Art. 59 f. ATSG bestimmt; sodann stellt Art. 61 ATSG zahlreiche Anforderungen an die Regelung des Verfahrens durch das kantonale Recht auf. Gegen den Entscheid des kantonalen Versicherungsgerichts kann nach Massgabe des BGG *Beschwerde an das Bundesgericht* erhoben werden (Art. 62 Abs. 1 ATSG).

3. Besondere Bestimmungen für das Verfahren vor dem Versicherungsträger

1835 Das ATSG enthält verschiedene besondere Verfahrensbestimmungen, die sich in der Regel mit den erwähnten inhaltlichen und faktischen Charakteristika des Sozialversicherungsrechts und ihren Auswirkungen auf das Verfahrens- und Prozessrecht begründen lassen, namentlich mit dem *Schutz der schwächeren Partei* sowie der starken Gewichtung der *Prozessökonomie in der Massenverwaltung*. Schutz- und Effizienzbestimmungen stehen dabei nicht zwingend im Gegensatz zueinander. Die besondere Nähe zum Privatrecht ist dagegen eher als Grund für Ausnahmen von der Anwendbarkeit des ATSG von Bedeutung. Schliesslich lassen sich bestimmte Eigenheiten des Verfahrensrechts mit dem Inhalt des Regelungsgegenstandes begründen.

1836 Als Besonderheit zu erwähnen ist etwa die unter den allgemeinen Verfahrensbestimmungen statuierte *Pflicht der Versicherungsträger zur Aufklärung und Beratung* (Art. 27 ATSG; vgl. dazu BGE 131 V 472 E. 4). Sie ist sozial motiviert, könnte aber auch helfen, Prozesse zu vermeiden. Die *Formularpflicht* zur Geltendmachung des Leistungsanspruchs (Art. 29 ATSG) ist vorwiegend ein Ausfluss der Prozessökonomie in den Verfahren der Massenverwaltung. Ebenfalls der Prozessökonomie dienen die Möglichkeit des *formlosen Verfahrens* (Art. 51 ATSG) sowie das *Einspracheverfahren* (Art. 52 ATSG) und dessen Korrelat, die Möglichkeit des *Verzichts auf die vorgängige Anhörung* der Betroffenen beim Erlass jener Verfügungen, die mit Einsprache angefochten werden können (Art. 42 Satz 2 ATSG; kritisch dazu Kieser, ATSG-Kommentar, Art. 42 N. 22 ff.). Sie erlauben eine rasche Erledigung der unproblematischen und unbestrittenen Fälle. Mit Bezug auf Art. 42 Satz 2 ATSG ist zu präzisieren, dass sich die Norm nur auf das Recht auf Anhörung und nicht auf die übrigen Teilgehalte des Anspruchs auf rechtliches Gehör bezieht (BGE 136 V 113 E. 5.3). Die Bestimmung erfasst die im ATSG durch Spezialnormen geregelten Teilaspekte des rechtlichen Gehörs nicht, und sie gestattet der verfügenden Instanz auch nicht, die Sachverhaltsabklärung generell in das Einspracheverfahren zu verlegen (BGE 132 V 368 E. 5).

Auf die Besonderheiten der Materie geht die spezielle Regelung der *Mitwirkungspflichten* nach Art. 43 ATSG zurück, die insbesondere auch die Teilnahme an einer ärztlichen oder fachlichen Untersuchung umfasst. Zu den *Parteirechten bei der Einholung von Gutachten* äussert sich Art. 44 ATSG; die Bedeutung, die *ärztliche Berichte und Gutachten zu medizinischen Fragen* im Sozialversicherungsrecht haben, widerspiegelt sich in einer differenzierten Praxis und umfangreicher Literatur zu Beweiswürdigung, Beweiswert und Wahrung der Parteirechte (für eine knappe Übersicht vgl. Mosimann, Verfahrensrecht, S. 147 ff.; als Leitentscheid zu den Gutachten der Medizinischen Abklärungsstellen in der Invalidenversicherung [MEDAS] vgl. BGE 137 V 210 und dazu ausführlich Egli, Rechtsverwirklichung, S. 183 ff.; vgl. auch BGE 138 V 271 zum Rechtsweg und BGE 138 V 318 E. 6.1.4 zur Anwendbarkeit der Praxis auf die Unfallversicherung sowie vorne, Rz. 473, 538 f.). 1837

Ebenfalls mit den Besonderheiten der Materie zu begründen sind jene Bestimmungen, die darauf zurückgehen, dass im Sozialversicherungsrecht *Dauerverfügungen häufig* sind. Dies gilt namentlich für die Regelung der *Anpassung* (nach der hier verwendeten Terminologie; vgl. im Einzelnen Art. 17 ATSG sowie vorne, Rz. 752 ff.). Weiter ist auch die *Meldepflicht* bei veränderten Verhältnissen (Art. 31 ATSG) auf diesen Grund zurückzuführen. 1838

Als eine weitere Eigenheit des sozialversicherungsrechtlichen Verfahrens ist schliesslich der hier vorherrschende *Beweisgrad der überwiegenden Wahrscheinlichkeit* zu erwähnen. Er besagt, dass jener Sachverhaltsdarstellung zu folgen ist, die von allen möglichen Geschehensabläufen am wahrscheinlichsten ist, wobei allerdings die blosse Möglichkeit den Beweisanforderungen nicht genügt. Er kommt im Bereich der Massenverwaltung zur Anwendung (BGE 119 V 7 E. 3c/aa). Die Erhebung des vollen Beweises würde gemäss Praxis und Lehre die Durchführungsorgane und Rechtsmittelinstanzen «im Rahmen der Massenverwaltung» überfordern (BGer, Urteil 9C_61/2011 vom 4.5.2011, E. 2.3; BGE 119 V 7 E. 3c/bb; Scartazzini/Hürzeler, Bundessozialversicherungsrecht, § 22 Rz. 8). Der besondere Beweisgrad erweist sich demnach als Ausfluss der Prozessökonomie in einem von der Massenverwaltung geprägten Rechtsgebiet. 1839

4. Besondere Bestimmungen für den Sozialversicherungsprozess

Im *Verfahren vor dem kantonalen Versicherungsgericht* sind ebenfalls Bestimmungen zu beachten, die dem Schutz der schwächeren Partei dienen. So schreibt Art. 61 lit. a ATSG vor, dass das Verfahren vor dem kantonalen Versicherungsgericht *einfach, rasch und in der Regel kostenlos* zu sein hat. (Eine Ausnahme 1840 von der Kostenlosigkeit sieht Art. 69 Abs. 1bis IVG für Streitigkeiten um die Bewilligung oder Verweigerung von IV-Leistungen vor.)

1841 Komplexer sind die Gründe für die Befugnis zur *reformatio in peius vel melius,* wie sie Art. 61 lit. d ATSG vorsieht. Als deren Zweck gilt die Durchsetzung des materiellen Rechts (Kieser, ATSG-Kommentar, Art. 61 N. 89; BGE 122 V 166 E. 2c). Die Begründungen, weshalb dieser im Sozialversicherungsrecht besondere Bedeutung zukomme, sind unterschiedlich. Genannt werden etwa die Wahrung der Rechtseinheit angesichts der Ermessensspielräume der verschiedenen Versicherungsträger oder die engen Sachzusammenhänge (vgl. Maurer, Sozialversicherungsrecht, Band I, S. 496 f.; Ulrich Zimmerli, Zur reformatio in peius vel melius im Verwaltungsrechtspflegeverfahren des Bundes, in: Mélanges Henri Zwahlen, Lausanne 1977, S. 511 ff., 531 f. m.H., zur damaligen Entscheidungsbefugnis des EVG). Die Schutzwirkung für die sozial schwächere Partei ist aber ebenfalls ein Motiv (vgl. AB 1916 N 159 ff.; sodann zum BVG: BBl 1976 I 210 – mit allerdings rechtsdogmatisch fragwürdigen Ausführungen; BGer, Urteil vom 8.3.1990, in: SZS 1990 S. 268). Auch die unter Umständen beträchtlichen finanziellen Folgen einer bestimmten Praxis für den Staat mögen eine Rolle spielen. Zur reformatio in peius vel melius vgl. vorne, Rz. 1161 ff.

1842 Im Übrigen ist offen, ob Art. 61 ATSG ausser der reformatio in peius vel melius und der *Untersuchungsmaxime* (lit. c) auch die *Angemessenheitskontrolle* vorschreibt. Dem Wortlaut der Bestimmung ist dies nicht zu entnehmen; in der Lehre wird die Frage wohl mehrheitlich bejaht (vgl. Robert Hurst, in: Zünd/Pfiffner Rauber, Kommentar, § 18a N. 3 m.H.). Dem BGG lässt sich – im Gegensatz zum früheren Recht – keine derartige Anforderung entnehmen.

1843 Die Sonderregelungen für das *Verfahren vor den heutigen sozialrechtlichen Abteilungen des Bundesgerichts* wurden mit dem BGG stark vermindert. Nur ein Überbleibsel der früheren umfassenden *Kognition* des EVG (Art. 132 OG) stellen Art. 97 Abs. 2 und Art. 105 Abs. 3 BGG dar, wonach vor Bundesgericht ausnahmsweise jede unrichtige oder unvollständige Sachverhaltsfeststellung gerügt werden kann, wenn Geldleistungen der Unfall- oder Militärversicherung streitig sind (doch gilt das grundsätzliche Novenverbot von Art. 99 BGG: BGE 135 V 194 E. 3.2). Diese Sonderregelung ist nicht stringent (kritisch Kieser, ATSG-Kommentar, Art. 62 N. 56 ff.). Der Bundesrat hat im Entwurf einer UVG-Revision ihre Abschaffung beantragt (BBl 2008 5483); das Geschäft liegt nach der Rückweisung durch die Bundesversammlung (Geschäfts-Nr. 08.047) wieder beim Bundesrat. Im Gegensatz zum früheren Recht (vgl. Art. 134 OG) sind sodann die Verfahren über Leistungen der Sozialversicherung vor Bundesgericht nicht mehr kostenlos. Um der «sozialen Komponente» (BBl 2001 4305) Rechnung zu tragen, werden in diesen Verfahren aber nur *relativ bescheidene Gerichtsgebühren* erhoben, die sich nicht nach dem Streitwert richten; in der Regel betragen sie 200–1000 Franken (Art. 65 Abs. 4 lit. a und Abs. 5 BGG). Die Beschränkung der Gebührenhöhe gilt wie unter dem früheren Recht nicht für Leistungsstreitigkeiten zwischen Sozialversicherern (zum Anwendungsbereich von Art. 65 Abs. 4 lit. a BGG im Einzelnen: Kieser, ATSG-Kommentar, Art. 62 N. 20 ff.).

5. Beschwerdelegitimation vor kantonalem Versicherungsgericht und Bundesgericht

Die *Beschwerdelegitimation* nach Art. 59 ATSG entspricht derjenigen gemäss Art. 89 Abs. 1 BGG (vgl. BGE 136 V 7 E. 2.1). Die verästelte Praxis zur Beschwerdebefugnis *Dritter* befasst sich namentlich mit folgenden, für das Sozialversicherungsrecht typischen Kategorien von Beschwerdeführenden (vgl. auch Mosimann, Verfahrensrecht, S. 142 ff.):
– Versicherungsträger, deren Leistungspflicht berührt ist (BGE 134 V 153 m.w.H.; vgl. Art. 49 Abs. 4 ATSG);
– Arbeitgeber und Arbeitgeberinnen (BGE 134 V 153 E. 5.3.2.1; 132 V 257 E. 2.5; 131 V 298 E. 5 f.);
– Gemeinwesen, die Sozialhilfe ausrichten (BGE 134 V 153 E. 5.3.2.2; 133 V 188 E. 4.4 f. und 5);
– Angehörige, die in ihren eigenen Rentenansprüchen betroffen sind (BGE 126 V 455 E. 2d);
– Erben und Erbinnen (BGE 136 V 7 E. 2.1.2).

Die Beschwerdelegitimation steht in einem engen Zusammenhang mit der Befugnis, die versicherte Person zum Bezug der entsprechenden Leistung anzumelden, und steht daher regelmässig der Person zu, die zu dieser Anmeldung berechtigt ist (BGE 138 V 292 E. 4.3.1; BGE 130 V 560 E. 4.3).

Die gesetzliche Grundlage im Sinn von Art. 89 Abs. 2 lit. d BGG für die Beschwerdebefugnis der *Durchführungsorgane* findet sich in Art. 62 Abs. 1bis ATSG (vgl. BGE 138 V 339 E. 2.3; 134 V 53 E. 2.2.2). Die Kompetenz zur Normierung der Beschwerdebefugnis wird in dieser Bestimmung an den Bundesrat delegiert. Die Beschwerdelegitimation der Durchführungsorgane ist nicht mit derjenigen der Bundesbehörden nach Art. 89 Abs. 2 lit. a BGG zu verwechseln (Kieser, ATSG-Kommentar, Art. 62 N. 72).

6. Ausschluss der Anwendbarkeit des ATSG sowie abweichende Regelungen

Zunächst ist in Erinnerung zu rufen, dass sich das ATSG nur auf die bundesrechtlich geregelten Sozialversicherungen bezieht (Art. 1 f. ATSG). Bei den Verfahren in Angelegenheiten der *kantonalen Sozialversicherung* sind jedoch die Anforderungen des BGG zu beachten. Inwieweit das ATSG in der Bundessozialversicherung zur Anwendung kommt, ergibt sich jeweils aus den Einzelgesetzen.

Als einziges Einzelgesetz verweist das BVG nicht auf das ATSG, das im Bereich der *beruflichen Vorsorge* demnach nicht zur Anwendung kommt. Grund für die besondere Regelung sind die privatrechtlichen Elemente der beruflichen Vorsorge (vgl. BGE 133 V 488 E. 4.4.2; vgl. auch BBl 1991 II 243 f.). Das BVG sieht vor, dass die Kantone ein Gericht zu bezeichnen haben, das als letzte kantonale Instanz über Streitigkeiten zwischen Vorsorgeeinrichtungen, Arbeitgebern und Anspruchsberechtigten entscheidet (Art. 73 Abs. 1 BVG; zur Abgrenzung der Zuständigkeit: BGer, Urteil 8C_852/2011 vom 12.6.2012, E. 4.2 f.). Die Kantone können – müssen aber nicht – das Sozialversicherungsgericht für zuständig erklären; ein mehrstufiger Rechtsweg ist zulässig (Locher, Grundriss, § 72 N. 12). Die Vorsorgeeinrichtungen – auch die öffentlich-rechtlichen – haben grundsätzlich keine Verfügungskompetenz (vgl. BGE 134 I 166 E. 2.1 m.H.; Kieser, Sozialversicherungsrecht, N. 12/55); der Rechtsschutz muss daher im Klageverfahren erfolgen. Das Verfahren hat einfach, rasch und in der Regel kostenlos zu sein, der Sachverhalt ist von Amtes wegen zu prüfen (Art. 73 Abs. 2 BVG) und es besteht innerhalb des Streitgegenstandes keine Bindung an die Parteibegehren (BGE 135 V 23 E. 3.1 m.H.). Gegen Verfügungen der Aufsichtsbehörden sieht Art. 74 BVG die Beschwerde an das Bundesverwaltungsgericht vor.

1849   Das Verfahren gemäss ATSG ist sodann auf den Rechtsschutz der Versicherten zugeschnitten. Für die *Streitigkeiten zwischen Versicherungsträgern und Leistungserbringern* sehen dagegen verschiedene Einzelgesetze in erster Instanz ein Klageverfahren vor einem sogenannten Schiedsgericht – einem gesetzlich vorgesehenen, kantonalen Gericht – vor (Art. 27bis IVG, Art. 89 KVG, Art. 57 UVG, Art. 27 MVG). Dessen Entscheid kann mit Beschwerde an das Bundesgericht angefochten werden, was sich jeweils aus den Einzelgesetzen ergibt, die auf die Bestimmungen über die Bundesrechtspflege verweisen (Art. 69 Abs. 3 IVG, Art. 91 KVG, Art. 57 Abs. 5 UVG, Art. 27 Abs. 5 MVG). Auch in weiteren Fällen kommen nach den Einzelgesetzen Schiedsgerichte im genannten Sinn zum Zug (vgl. Art. 54 Abs. 3 AHVG).

1850   Im Übrigen sehen die Einzelgesetze statt der Zuständigkeit des kantonalen Versicherungsgerichts verschiedentlich die *Zuständigkeit des Bundesverwaltungsgerichts* vor. Diese kann für die Anfechtung bestimmter Verfügungen gegeben sein (vgl. z.B. Art. 90a KVG, Art. 109 UVG, Art. 101 AVIG) oder für Beschwerden von Personen mit Wohnsitz im Ausland (vgl. z.B. Art. 69 Abs. 1 lit. b IVG). Im letzteren Fall wird aber manchmal der Bundesrat zur abweichenden Regelung ermächtigt (vgl. z.B. Art. 85bis Abs. 1 AHVG und dazu Art. 200 AHVV). Teilweise regeln die Einzelgesetze bestimmte Verfahrensfragen in Abweichung vom VwVG (vgl. z.B. Art. 85bis Abs. 2 und 3 AHVG; Art. 53 Abs. 2 KVG).

1851   Schliesslich betrifft eine weitere nennenswerte Abweichung das *Verwaltungsverfahren in der Invalidenversicherung:* Mit der Änderung des IVG vom 16.12.2005, mit welcher die Verfahren gestrafft werden sollten, kam der Gesetzgeber von der Regelung des ATSG ab und kehrte zur früheren Verfahrensordnung bei der Invalidenversicherung zurück. Seither schliesst das Gesetz das Einspracheverfahren aus (vgl. Art. 69 Abs. 1 IVG) und sieht stattdessen wieder das *Vorbescheidverfahren* vor. Demnach teilt die IV-Stelle der versicherten Person den vorgesehenen Endentscheid über ein Leistungsbegehren oder den Entzug oder die Herabsetzung einer bisher gewährten Leistung mittels Vorbescheid mit. Damit sollen die korrekte Sachverhaltsermittlung und die Akzeptanz des Entscheids gefördert werden (BBl 2005 3084 f.). Die betroffene Person und andere berührte Versicherungsträger haben Anspruch auf Wahrung des rechtlichen Gehörs (Art. 57a IVG). Art. 73bis, 73ter und 74 IVV konkretisieren den Gegenstand des Vorbescheids und das Verfahren (vgl. BGE 134 V 97 E. 2). Im Vorbescheidverfahren können sich die Betroffenen nicht nur zur Sache, sondern – über den verfassungsrechtlichen Minimalanspruch hinaus – zur vorgesehenen Verfügung äussern (BGE 134 V 97 E. 2.8.2; vgl. auch BGE 135 V 254 E. 3.2 und vorne, Rz. 788). In seiner Praxis zur früheren Rechtslage nahm das Bundesgericht nur sehr zurückhaltend die Möglichkeit einer Heilung der Gehörsverletzung an, wenn das Vorbescheidverfahren unzulässigerweise unterlassen worden war (BGE 134 V 97 E. 2.9.2 m.H.).

Die genannte IVG-Revision kann als Beispiel dafür dienen, dass besondere Verfahrensbestimmungen in den Einzelgesetzen sich nicht immer restlos mit den Eigenheiten des betreffenden Sozialversicherungszweigs begründen lassen. Zwar mögen sich für die Wiedereinführung des Vorbescheidverfahrens als Sonderregelung im IVG sachliche Gründe anführen lassen. Die Einführung der Kostenpflicht im Beschwerdeverfahren vor dem kantonalen Versicherungsgericht betreffend die Bewilligung oder Verweigerung von IV-Leistungen (Art. 69 Abs. 1bis IVG) wurde vom Bundesrat und im Parlament jedoch mit Argumenten vertreten, die sich auf das Sozialversicherungsverfahren im Allgemeinen beziehen, sowie mit dem Hinweis auf die finanzielle Lage der Invalidenversicherung (BBl 2005 3085 f.; AB 2005 N 1379 ff.). Es handelt sich also um den punktuellen Niederschlag eines Wandels der generellen Anschauungen in einem einzelnen Gesetz, wobei pekuniäre Interessen eine Rolle spielten (sehr kritisch Jean-Louis Duc, Procédure dans l'assurance-invalidité, SZS 2005, S. 295 ff., 303 f., 307; vgl. auch Kieser, ATSG-Kommentar, Art. 61 N. 35). Das ist problematisch, weil damit der Zweck des ATSG, das Sozialversicherungsrecht zu koordinieren, unterlaufen wird.

1852

24. Kapitel: Datenschutzrecht

1853 *Literatur:* BELSER EVA MARIA/EPINEY ASTRID/WALDMANN BERNHARD, Datenschutzrecht. Grundlagen und öffentliches Recht, Bern 2011; BURKERT HERBERT, Datenschutz und Rechtsschutz, ZBl 2007, S. 374 ff.; EPINEY ASTRID/HOBI PATRICK (Hrsg.), Die Revision des Datenschutzgesetzes, Zürich u.a. 2009; MAURER-LAMBROU URS/VOGT NEDIM PETER (Hrsg.), Basler Kommentar Datenschutzgesetz. 2. A., Basel 2006 (zitiert: Basler Kommentar DSG); MEIER PHILIPPE, Protection des données. Fondements, principes généraux et droit privé, Bern 2011; PAGE GÉRALD, Le *droit d'accès* dans la jurisprudence de la Commission fédérale de la protection des données, ZBl 2007, S. 380 ff.; ROSENTHAL DAVID/JÖHRI YVONNE, Handkommentar zum Datenschutzgesetz, Zürich u.a. 2008 (zitiert: Handkommentar DSG); SCHWEIZER RAINER J., Das indirekte Auskunftsrecht im Datenschutzrecht der Schweiz aus grund- und menschenrechtlicher Sicht, in: Human Rights, Democracy and the Rule of Law, Liber amicorum Luzius Wildhaber, Zürich u.a. 2007, S. 775 ff.; SCHWEIZER RAINER J./GLUTZ VON BLOTZHEIM ALEXANDER M., Wie die *Empfehlungen* des Eidgenössischen Datenschutz- und Öffentlichkeitsbeauftragten gegenüber privaten Datenbearbeitern umgesetzt werden, Jusletter, 21.2.2011.

I. Einleitende Bemerkungen

1854 Das *Datenschutzgesetz* bezweckt nach Art. 1 DSG den Schutz der Persönlichkeit und der Grundrechte von Personen, über die Daten bearbeitet werden (zum grundrechtlichen Fundament vgl. vorne, Rz. 516). Es handelt sich um eine Querschnittsmaterie, die grundsätzlich in sämtlichen Sachgebieten zu beachten ist (vgl. BGE 126 II 126 E. 5a/bb; BBl 1988 II 431 f.). Insbesondere gilt das DSG sowohl für Private als auch für Bundesbehörden, die Personendaten bearbeiten. Es enthält somit ebenso öffentlich-rechtliche wie privatrechtliche Bestimmungen. Die Datenbearbeitung durch kantonale Organe wird vom kantonalen Recht geregelt, wobei Art. 37 DSG für den Vollzug von Bundesrecht einen Mindestschutzstandard festlegt (BBl 2003 2147).

1855 Es ist Art. 2 Abs. 2 DSG sowie den jeweils anwendbaren Rechtsgrundlagen zu entnehmen, *ob und inwieweit das DSG zur Anwendung kommt*. Nach Art. 2 Abs. 2 lit. c DSG ist es unter anderem nicht anwendbar auf Verfahren der internationalen Rechtshilfe sowie auf staats- und verwaltungsrechtliche Verfahren mit Ausnahme erstinstanzlicher Verwaltungsverfahren (vgl. dazu vorne, Rz. 518). Selbst wenn das DSG grundsätzlich anwendbar ist, kann jedoch ein Spezialgesetz gewissen Grundsätzen oder Ansprüchen des Datenschutzes derart Rechnung tragen, dass einzelnen Bestimmungen des DSG daneben materiell keine eigenständige Bedeutung mehr zukommt (BGE 126 II 126 E. 5b). Die spezialgesetzlichen Vorschriften gehen denjenigen des DSG vor, wenn sie einen besseren Schutz gewährleisten oder auf einem unabhängigen und vollständigen Schutzsystem beruhen (BGE 128 II 311 E. 8.4). Das jüngere Spezialgesetz geht auch dann vor, wenn es die Grundsätze und Ansprüche des DSG im betreffenden Bereich einschränkt oder ausschliesst (Jan Bangert, in: Maurer-Lambrou/Vogt, Basler Kommentar DSG, Art. 25 N. 94).

Obwohl Zusammenhänge bestehen, ist die Frage, *in welchem Verfahren datenschutzrechtliche Streitigkeiten vorzubringen sind,* von der Frage des Anwendungsbereichs des DSG zu unterscheiden. Wenn sich eine datenschutzrechtliche Frage in einem Verfahren stellt, das zur Hauptsache einen anderen Gegenstand hat, ist sie in jenem Verfahren zu behandeln und auf dem dafür vorgesehenen Rechtsweg geltend zu machen (BGE 128 II 311 E. 8.4). Die spezifisch datenschutzrechtlichen Verfahren sind nur insoweit gegeben, als allein datenschutzrechtliche Ansprüche mit eigenständigem Charakter gemäss dem DSG erhoben werden (BGE 128 II 311 E. 8.4; 126 II 126 E. 4 und 5c/bb; 123 II 534 E. 2f; BVGer, Urteil A-6067/2008 vom 30.3.2009, E. 1.1). 1856

Besonderheiten, auf welche nachfolgend näher einzugehen ist, weisen jene datenschutzrechtlichen Verfahren auf, die sich aus der Tätigkeit des *Eidgenössischen Datenschutz- und Öffentlichkeitsbeauftragten (EDÖB)* ergeben. Dieser ist als unabhängiges Aufsichts-, Beratungs- und Vermittlungsorgan ohne materielle Verfügungskompetenz konzipiert (vgl. BBl 1988 II 435, 478; vgl. auch BBl 2009 6775 ff.). Der EDÖB beaufsichtigt die Bundesorgane, ausgenommen den Bundesrat, soweit die Einhaltung des DSG und der übrigen Datenschutzvorschriften des Bundes infrage steht. Er nimmt gegebenenfalls Sachverhaltsabklärungen vor, gibt Empfehlungen ab, veranlasst Verfügungen und ist insoweit zur Beschwerde befugt (Art. 27 DSG; vgl. hinten, Rz. 1861). Er berät Private in Fragen des Datenschutzes, kann ihnen gegenüber aber auch Abklärungen vornehmen, Empfehlungen erlassen und in der Folge Rechtsmittel ergreifen (Art. 28 f. DSG und hinten, Rz. 1862 f.; zu den weiteren Aufgaben vgl. Art. 30–32 DSG, Art. 18 f. BGÖ, Art. 18 Abs. 3–9 BWIS und Art. 8 Abs. 2–8 BPI, sowie zu Wahl, Stellung und Amtsdauer Art. 26 und 26a DSG). 1857

II. Öffentlich-rechtliche Verfahren nach dem Datenschutzgesetz

1. Öffentlich-rechtlicher Bereich

A. Verfahren aufgrund von Begehren Privater

Soweit sich *Private gegen die Bearbeitung von Personendaten* durch Bundesbehörden wenden, enthalten die verfahrensrechtlichen Bestimmungen des DSG kaum Besonderheiten. Das erstinstanzliche Verfahren wird durch ein *Auskunftsgesuch* nach Art. 8 DSG, ein *Begehren um Sperrung der Datenbekanntgabe* nach Art. 20 DSG oder ein *Begehren um Unterlassung, Beseitigung oder Feststellung einer widerrechtlichen Datenbearbeitung* nach Art. 25 DSG (der Art. 25a VwVG als Vorbild diente) eingeleitet. Art. 20 DSG setzt das Glaubhaftmachen eines schutzwürdigen Interesses voraus, Art. 25 DSG ein schutzwürdi- 1858 ges Interesse. Art. 20 DSG erwähnt im Gegensatz zu Art. 25 DSG zusätzlich die «Betroffenheit» als Voraussetzung. Die Differenzierung erfolgte anscheinend bewusst (vgl. BBl 1988 II 472, 476), ist aber missverständlich. Die Unterschiede liegen darin, dass erstens eine Sperre nach Art. 20 DSG nur von derjenigen Person verlangt werden kann, deren Daten wahrscheinlich einer Bekanntgabe unterliegen werden, und dass zweitens die Bekanntgabe allein das schutzwürdige Interesse noch nicht begründet. Die Ansprüche nach Art. 25 DSG können dagegen grundsätzlich auch von Drittbetroffenen geltend gemacht werden (BBl 1988 II 476), und bei direkt Betroffenen ergibt sich das schutzwürdige Interesse bereits aus der möglichen Widerrechtlichkeit der Datenbearbeitung, gegen die sich das Begehren richtet (vgl. zum Ganzen etwa Yvonne Jöhri, in: Rosenthal/Jöhri, Handkommentar DSG, Art. 20 N. 8 ff., Art. 25 N. 8 ff.). Fristen sind – unter Vorbehalt von Treu und Glauben sowie des Verbots des Rechtsmissbrauchs – nicht vorgegeben (vgl. BGer, Urteil 1A.295/2005 vom 29.3.2006, E. 2.1, zu Art. 5 Abs. 2 DSG; Page, droit d'accès, S. 387).

1859 Die Behörde hat eine förmliche Verfügung zu treffen, wenn sie ein Auskunftsbegehren ganz oder teilweise ablehnt – oder es trotz entgegenstehenden Rechten Dritter gutheisst – oder über ein Begehren im Sinn von Art. 20 oder Art. 25 DSG entscheidet (vgl. Art. 1 Abs. 4 i.V.m. Art. 13 VDSG; Art. 25 Abs. 4 DSG i.V.m. Art. 25a Abs. 2 VwVG). Art. 25 Abs. 4 DSG verweist für das Verfahren auf das VwVG, Art. 33 Abs. 1 DSG für den Rechtsschutz auf die allgemeinen Bestimmungen über die Bundesverwaltungsrechtspflege. Erste Rechtsmittelinstanz ist das Bundesverwaltungsgericht (Art. 31 ff. VGG); gegen dessen Entscheid kann das Bundesgericht mit Beschwerde in öffentlich-rechtlichen Angelegenheiten angerufen werden (vgl. Art. 33 Abs. 1 DSG). Weil der Datenschutz eine selbständige Materie darstellt, fallen jedenfalls eigenständige Verfahren über eine datenschutzrechtliche Frage nicht unter die Ausnahmebestimmungen von Art. 83 BGG, selbst wenn ein Bereich betroffen ist, der im Ausnahmekatalog von Art. 83 BGG aufgeführt wird (Thomas Häberli, in: Niggli/Uebersax/Wiprächtiger, Basler Kommentar BGG, Art. 83 N. 16 m.H.).

1860 Wenn *kantonale Behörden gestützt auf das DSG verfügen* oder hätten verfügen sollen (vgl. Art. 37 Abs. 1 DSG), so ist davon auszugehen, dass der kantonale Instanzenzug zu durchlaufen ist und danach die Beschwerde in öffentlich-rechtlichen Angelegenheiten ergriffen werden kann (mit ausführlicher Begründung: Yvonne Jöhri, in: Rosenthal/Jöhri, Handkommentar DSG, Art. 33 N. 7). Abweichende spezialgesetzliche Normen bleiben vorbehalten.

B. Verfahren aufgrund der Aufsichtstätigkeit des EDÖB

1861 Die *Verfahren, die sich aus der Aufsichtstätigkeit des EDÖB ergeben,* widerspiegeln, dass der EDÖB in materiellen Belangen weder verfügungs- noch weisungsbefugt ist. Der EDÖB klärt bei der Aufsicht über Bundesbehörden von sich aus oder auf Meldung Dritter hin den Sachverhalt ab. Die Behörden sind zur Mitwirkung verpflichtet. Gegebenenfalls erlässt der EDÖB eine Empfehlung; wird diese abgelehnt oder nicht befolgt, so kann er die Sache dem betreffenden Departement oder der Bundeskanzlei zum Entscheid vorlegen. Der Entscheid ergeht in Form einer Verfügung (Art. 27 Abs. 1–5 DSG). Der EDÖB ist zur Beschwerde gegen diese Verfügung befugt. Erste Rechtsmittelinstanz ist das Bundesverwaltungsgericht (Art. 31 ff. VGG; vgl. z.B. BVGer, Urteil A-4467/2011 vom 10.4.2012). Gegen dessen Entscheid ist ebenfalls die Beschwerde in öffentlich-rechtlichen Angelegenheiten an das Bundesgericht gegeben (vgl. Art. 33 Abs. 1 DSG); der EDÖB ist zur Beschwerde legitimiert (Art. 27 Abs. 6 DSG i.V.m. Art. 89 Abs. 2 lit. d BGG). Zum Klageverfahren vgl. sogleich, Rz. 1862; zum Verfahren bei vorsorglichen Massnahmen vgl. hinten, Rz. 1864.

2. Privatrechtlicher Bereich

Rechtsansprüche Privater gegen andere Private (und gegen privatrechtlich handelnde Bundesorgane) sind im Zivilprozess geltend zu machen (Art. 15 und Art. 23 Abs. 1 DSG). Doch können sich *öffentlich-rechtliche Streitigkeiten* auch aus der *Datenbearbeitung durch Private* ergeben. Ansatzpunkt sind die Abklärungen, die der EDÖB – von sich aus oder auf Meldungen Dritter hin – unter bestimmten Voraussetzungen vornimmt und bei denen die beteiligten Privaten Mitwirkungspflichten unterliegen (Art. 29 Abs. 1 f. und Art. 34 Abs. 2 lit. b DSG). Infolge dieser Abklärungen kann der EDÖB empfehlen, die Bearbeitung von Personendaten zu ändern oder zu unterlassen (Art. 29 Abs. 3 DSG). Wird eine solche Empfehlung nicht befolgt oder abgelehnt, kann er die Angelegenheit mit Klage dem Bundesverwaltungsgericht vorlegen (Art. 29 Abs. 4 DSG i.V.m. Art. 35 lit. b VGG). Auf das Verfahren findet grundsätzlich der BZP Anwendung (vgl. Art. 44 VGG); das Bundesverwaltungsgericht hat eine abweichende Ansicht, wonach die Verweisung auf den BZP wohl ein gesetzgeberisches Versehen darstelle, ausdrücklich verworfen (BVGer, Urteil A-7040/2009 vom 30.3.2011, E. 2, mit Bezug auf Schweizer/Glutz von Blotzheim, Empfehlungen, Rz. 10 ff.; vgl. auch BVGE 2008/16 E. 2.1 f. zum Umfang der Verweisung sowie vorne, Rz. 1217 ff.). 1862

Der EDÖB ist befugt, gegen das Urteil des Bundesverwaltungsgerichts Beschwerde beim Bundesgericht zu erheben (Art. 29 Abs. 4 DSG i.V.m. Art. 89 Abs. 2 lit. d BGG). Weil die betroffenen Privaten dem EDÖB bei dessen Abklärungen nicht als gleichgestellte Rechtssubjekte gegenüberstehen und weil der EDÖB im Verfahren öffentliche Interessen vertritt, handelt es sich um eine Angelegenheit des öffentlichen Rechts, sodass die Beschwerde in öffentlich-rechtlichen Angelegenheiten gegeben ist (BGE 136 II 508 E. 1.1; vgl. auch BGE 138 II 346 E. 1.1). 1863

3. Besondere Regelung vorsorglicher Massnahmen

1864 Der EDÖB kann sodann *vorsorgliche Massnahmen* beantragen: Gemäss Art. 33 Abs. 2 DSG kann er beim Präsidenten der zuständigen Abteilung des Bundesverwaltungsgerichts ein entsprechendes Gesuch einreichen, wenn er im Rahmen von Sachverhaltsabklärungen feststellt, dass den betroffenen Personen ein nicht leicht wieder gutzumachender Nachteil droht. Dies gilt *sowohl bei Abklärungen gegenüber Privaten* im Sinn von Art. 29 Abs. 1 DSG *als auch bei Abklärungen im Rahmen der Aufsicht über Bundesbehörden* nach Art. 27 Abs. 2 DSG. Nur der EDÖB ist zum Antrag befugt (vgl. Eidgenössische Datenschutzkommission, Urteil vom 21.11.1997, in: VPB 1998, Nr. 57 E. 2). Das Verfahren richtet sich gemäss Art. 33 Abs. 2 DSG sinngemäss nach Art. 79–84 BZP. Dennoch handelt es sich inhaltlich nicht um eine zivilrechtliche, sondern um eine öffentlich-rechtliche Angelegenheit, sodass die Grundsätze für den Erlass von vorsorglichen Massnahmen in der Verwaltungsrechtspflege anwendbar sind, soweit nicht die besondere Natur des Verfahrens ein Abweichen verlangt (BVGer, Urteil A-8028/2008 vom 14.1.2009, E. 2). Das Verfahren in der Hauptsache richtet sich nach Art. 27 Abs. 4–6 DSG, wenn es sich aus der Aufsichtstätigkeit ergeben hat, und nach Art. 29 Abs. 3 f. DSG im Privatrechtsbereich; in beiden Fällen erlässt der EDÖB zunächst eine Empfehlung (vgl. zum weiteren Verfahren vorne, Rz. 1861, 1862). Wenn das Bundesverwaltungsgericht vorsorgliche Massnahmen verfügt, so setzt es dem EDÖB zugleich eine Frist zum Erlass einer Empfehlung an, womit es Art. 82 Abs. 1 BZP sinngemäss anwendet (vgl. BVGer, Urteil A-8028/2008 vom 14.1.2009, E. 7 und Disp.-Ziff. 2). Was die interne Zuständigkeit betrifft, so sähe Art. 80 BZP gegen den Entscheid des Abteilungspräsidenten den Weiterzug an «das Gericht» vor, worunter die Kammer zu verstehen wäre (anders die Rechtsmittelbelehrung in: BVGer, Urteil A-8028/2008 vom 14.1.2009). Die vorsorglichen Massnahmen können nach Massgabe von Art. 98 BGG beim Bundesgericht angefochten werden. Von den hier behandelten vorsorglichen Massnahmen sind diejenigen zu unterscheiden, die in den hängigen Klage- und Beschwerdeverfahren gemäss dem anwendbaren Prozessrecht verfügt werden können.

III. Hinweise auf besondere Verfahren

1865 Art. 25bis DSG sieht die *Koordination mit dem Verfahren für den Zugang zu amtlichen Dokumenten* nach Art. 10 ff. BGÖ vor: Solange ein solches Verfahren «im Gange ist», können Betroffene darin – mit Bezug auf die Dokumente, die Gegenstand dieses Verfahrens sind – ihre Ansprüche auf Unterlassung, Beseitigung und Feststellung gemäss Art. 25 DSG geltend machen. Der Gegenstand des Verfahrens wird entsprechend ausgeweitet. Problematisch ist die Verfahrenskoordination, weil sie beträchtliche Verzögerungen zur Folge haben kann

(Isabelle Häner, Das Öffentlichkeitsprinzip in der Verwaltung im Bund und in den Kantonen – Neuere Entwicklungen, ZBl 2003, S. 281 ff., 299).

Im Bereich der *inneren Sicherheit* schränkt die Spezialgesetzgebung das datenschutzrechtliche Auskunftsrecht ein. Laut Art. 18 Abs. 1 BWIS bleiben für Datensammlungen des Nachrichtendienstes des Bundes (NDB) der Aufschub der Auskunft und das bloss indirekte Auskunftsrecht nach Art. 18 Abs. 2–8 BWIS vorbehalten (zur Vereinbarkeit mit Art. 8 und 13 EMRK vgl. BGE 138 I 6 E. 5, bes. 5.7, und 7 f., bezüglich der früheren Fassung der Bestimmung). Eine analoge Regelung sieht Art. 8 BPI für bestimmte Daten der Bundeskriminalpolizei (BKP) vor.

25. Kapitel: Steuerrecht

1867 *Literatur:* BÄRTSCHI BETTINA, Einhaltung der Frist durch Postaufgabe als allgemeiner Verfahrensgrundsatz, in: Michael Beusch/ISIS (Hrsg.), Entwicklungen im Steuerrecht 2009, S. 257 ff.; BEUSCH MICHAEL, Rechtsschutzdefizite trotz Rechtsweggarantie? Ausgewählte offene Fragen bei der Umsetzung der verfassungsrechtlichen Garantien im Verfahrensrecht der harmonisierten direkten Steuern, in: *ders.*/ISIS (Hrsg.), Entwicklungen im Steuerrecht 2009, Zürich u.a. 2009, 265 ff.; BLUM BÉATRICE, *Auswirkungen* des neuen Verfahrensrechts für die steuerpflichtigen Personen, Der Schweizer Treuhänder 2010, S. 289 ff.; KIENER/RÜTSCHE/KUHN, Verfahrensrecht, N. 885 ff.; REICH MARKUS, Steuerrecht, 2. A., Zürich u.a. 2012, §§ 26 f.; RÜEGSEGGER MARLISE, Ausgewählte *Aspekte* des neuen Verfahrensrechts, ASA 79/2010–2011, S. 85 ff.; STEIGER JÜRG, Verfahrensmaximen vor dem Bundesverwaltungsgericht. Dargestellt am Mehrwertsteuerverfahren, Der Schweizer Treuhänder 2011, S. 173 ff.; TSCHANNEN PIERRE, in: Auer/Müller/Schindler, VwVG-Kommentar, Art. 2; ZWEIFEL MARTIN, Das gemischte (ordentliche) Steuerveranlagungsverfahren im Spannungsfeld von Untersuchungs- und Mitwirkungsgrundsatz, in: Festschrift für Ernst Höhn, Bern 1995, S. 501 ff.; *ders.*, Die Sachverhaltsermittlung im Steuerveranlagungsverfahren, Zürich 1989; *ders.*, Verfahrensgrundsätze und Veranlagungsverfahren, ASA 61/1992–93, S. 417 ff.; ZWEIFEL MARTIN/CASANOVA HUGO, Schweizerisches *Steuerverfahrensrecht*. Direkte Steuern, Zürich u.a. 2008.

I. Teilweise Anwendbarkeit des VwVG

1868 Nach Art. 2 Abs. 1 VwVG finden auf das Steuerverfahren Art. 12–19 VwVG (Feststellung des Sachverhalts, namentlich die Zeugeneinvernahme) und Art. 30–33 VwVG (namentlich die vorgängige Anhörung) keine Anwendung. Grundsätzlich zielt diese Ausnahmebestimmung auf die vom Bund veranlagten direkten und indirekten Steuern. Die direkte Bundessteuer wird allerdings von den Kantonen veranlagt und bezogen (Art. 2 DBG), weshalb die Bestimmung von Art. 2 Abs. 1 VwVG insoweit ins Leere greift (vgl. Art. 1 VwVG; Tschannen, VwVG-Kommentar, Art. 2 Rz. 5). Das DBG enthält jedoch zahlreiche und eingehende Verfahrensvorschriften, die von den Kantonen zu beachten sind, namentlich auch zur Feststellung des Sachverhalts und zum rechtlichen Gehör. Zudem haben die kantonalen Behörden die in Art. 1 Abs. 3 VwVG genannten Bestimmungen zu beachten.

1869 Gemäss Art. 81 Abs. 1 MWSTG ist das gesamte VwVG im Mehrwertsteuerverfahren anwendbar, womit die Ausnahmebestimmung von Art. 2 Abs. 1 VwVG ausdrücklich nicht gilt. Mit dem expliziten Ausschluss von Art. 2 Abs. 1 VwVG ist im Mehrwertsteuerverfahren zum Beispiel auch der Beweis mittels Anrufung eines Zeugen oder einer Zeugin möglich (Art. 12 lit. c, Art. 14–19 VwVG). Ob dies bei der Mehrwertsteuer zweckdienlich ist, wird sich weisen (BBl 2008 7005). Zu beachten sind die für die Zeugeneinvernahme beschränkten Zuständigkeiten nach Art. 14 VwVG; zudem handelt es sich um ein subsidiäres Beweismittel.

So betrachtet ist die Ausnahmebestimmung von Art. 2 Abs. 1 VwVG vor allem noch bei der Verrechnungssteuer (vgl. Art. 38 ff. VStG) und bei den Stempelabgaben (vgl. Art. 34 ff. StG) von Relevanz. Die Stempelabgaben sollen in den nächsten Jahren reformiert oder sogar abgeschafft werden (vgl. BBl 2013 1089, 1105, 1107; AB 2013 N 365 ff. [Geschäfts-Nr. 09.503]).

1870

II. Verfahrensrechtliche Stellung von Ehegatten im DBG

Das Einkommen der Ehegatten, die in rechtlich und tatsächlich ungetrennter Ehe leben, wird ohne Rücksicht auf den Güterstand zusammengerechnet («Faktorenaddition», Art. 9 Abs. 1 DBG). Dies gilt auch für Personen, die in rechtlich und tatsächlich ungetrennter eingetragener Partnerschaft leben (Art. 9 Abs. 1bis Satz 1 DBG). Ehegatten, die in rechtlich und tatsächlich ungetrennter Ehe leben, üben die Verfahrensrechte und -pflichten *gemeinsam* aus (Art. 113 Abs. 1 DBG), ebenso Personen, die in rechtlich und tatsächlich ungetrennter eingetragener Partnerschaft leben (Art. 9 Abs. 1bis Satz 2 DBG, Generalklausel).

1871

Die Steuererklärung ist gemeinsam zu unterzeichnen. Bei Unterzeichnung nur durch einen Ehegatten und nach unbenutztem Ablauf einer Nachfrist wird die vertragliche Vertretung unter Ehegatten angenommen (Art. 113 Abs. 2 DBG). Zudem gelten Rechtsmittel und andere Eingaben als rechtzeitig eingereicht, wenn ein Ehegatte rechtzeitig handelt (Art. 113 Abs. 3 DBG). Daraus ergibt sich, dass die Ehegatten zwar gemeinsam handeln können und sollen, die *Gültigkeit* von Verfahrenshandlungen aber nicht vom gemeinsamen Handeln abhängt (Zweifel/Casanova, Steuerverfahrensrecht, § 17 Rz. 6).

1872

Dennoch sind nicht beide Ehegatten für das gesamte eheliche Einkommen mitwirkungspflichtig. Vielmehr ist der Ehegatte und die Ehegattin je nur für die eigenen Steuerfaktoren mitwirkungspflichtig (Zweifel/Casanova, Steuerverfahrensrecht, § 17 Rz. 13). Dementsprechend wird der steuerpflichtige Ehegatte nur für die Hinterziehung seiner eigenen Steuerfaktoren gebüsst (Art. 180 Satz 1 DBG). Anstiftung, Gehilfenschaft und Mitwirkung nach Art. 177 DBG bleiben zwar vorbehalten (Art. 180 Satz 2 DBG). Alleine die Mitunterzeichnung der Steuererklärung stellt jedoch noch keine Widerhandlung nach Art. 177 DBG dar (Art. 180 Satz 3 DBG).

1873

Haben Ehegatten, welche in rechtlich und tatsächlich ungetrennter Ehe leben, keinen gemeinsamen Vertreter oder Zustellungsberechtigten bestellt, so ergehen sämtliche Zustellungen an die Ehegatten gemeinsam (Art. 117 Abs. 3 DBG). Mit der Zustellung an die gemeinsame Adresse der Ehegatten ist die Veranlagungsverfügung gegenüber beiden Ehegatten eröffnet. Es besteht kein verfassungsmässiger Anspruch auf individuelle Eröffnung der Veranlagung, wenn die Ehegatten in ungetrennter Ehe leben (BGE 122 I 139 E. 1 f.).

1874

Nach Ansicht des Bundesgerichts muss bei Ehegatten mit verschiedenen Wohnsitzen die Zustellung nicht gleich wie bei getrennt lebenden Eheleuten

1875

(Art. 117 Abs. 4 DBG) gesondert an die Ehegatten erfolgen. Bei separater und zeitlich unterschiedlicher Eröffnung des Veranlagungsentscheides an beide Ehegatten beginnt die Einsprachefrist bei ungetrennter Ehe – auch bei verschiedenen Wohnsitzen – daher mit der ersten Zustellung für beide Ehegatten zu laufen, weshalb sich der Ehegatte, dem die Veranlagungsverfügung erst später zugestellt wird, die früher erfolgte Eröffnung an den anderen anrechnen lassen muss (BGer, Urteil 2A.79/2006 vom 15.8.2006, E. 3.4.2).

III. Rechtliches Gehör

1. Akteneinsichtsrecht im DBG und StHG

1876 Die Steuerpflichtigen sind berechtigt, in die von ihnen eingereichten oder von ihnen unterzeichneten Akten Einsicht zu nehmen (Art. 114 Abs. 1 DBG; Art. 41 Abs. 1 Satz 1 StHG). Das ist namentlich die Steuererklärung samt Beilagen. Die übrigen Akten stehen der steuerpflichtigen Person zur Einsicht offen, sofern die Ermittlung des Sachverhalts abgeschlossen ist und soweit nicht öffentliche oder private Interessen entgegenstehen (Art. 114 Abs. 2 DBG; Art. 41 Abs. 1 Satz 2 StHG). Die zeitliche Begrenzung der Einsicht auch in die übrigen Akten (z.B. in Bescheinigungen, die bei bescheinigungspflichtigen Dritten nach Art. 127 Abs. 2 DBG [vgl. Art. 43 Abs. 2 StHG] einverlangt wurden) dient der *Wahrheitsfindung* und soll verhindern, dass die steuerpflichtige Person den Untersuchungszweck durch vorzeitige Aktenkenntnis vereiteln kann. Der Behörde steht es indes frei, während der Sachverhaltsermittlung Einsicht auch in die übrigen Akten zu gewähren, wobei der Untersuchungszweck aber nicht gefährdet werden darf (Zweifel/Casanova, Steuerverfahrensrecht, § 15 Rz. 22).

1877 Der Anspruch auf rechtliches Gehör nach Art. 29 Abs. 2 BV umfasst das Recht auf Einsicht in alle Akten, die geeignet sind, Grundlage des Entscheids zu bilden. Aus Art. 29 Abs. 2 BV ergibt sich aber kein Einsichtsrecht, das über Art. 114 DBG hinausgeht (BGer, Urteil 2C_160/2008 vom 1.9.2008, E. 2.4).

2. Mündliche Begründung im erstinstanzlichen Verfahren

1878 Über den verfassungsmässigen Mindestanspruch auf rechtliches Gehör wie auch über das DBG und StHG hinaus geht eine bemerkenswerte Bestimmung im *Zürcher Steuergesetz,* wonach die Steuerpflichtigen berechtigt sind, die Steuererklärung vor dem kantonalen Steueramt mündlich zu vertreten (§ 138 Abs. 2 StG ZH). Dieses Verfahrensrecht gilt unabhängig davon, ob die Behörde zum Beispiel durch eine Untersuchung Anlass zur Stellungnahme gegeben hat. Aus Art. 29 Abs. 2 BV kann demgegenüber kein Anspruch auf mündliche Anhörung abgeleitet werden (BGE 134 I 140 E. 5.3; Zweifel/Casanova, Steuerverfahrensrecht, § 5 Rz. 19; vgl. auch vorne, Rz. 248).

Der Anspruch geht dahin, die Steuererklärung vor der entscheidenden Person mündlich zu vertreten. Die Anhörung nur durch eine die Einschätzung vorbereitende Person genügt nicht. Das Recht, die Steuererklärung im Rahmen der Einschätzungsvorbereitung mündlich zu vertreten, besteht selbständig neben dem Anspruch, später die Einsprache mündlich zu vertreten (§ 141 Abs. 2 StG ZH). Bei Verletzung des Rechts nach § 138 Abs. 2 StG ZH genügt eine mündliche Einsprachebegründung nicht zur Heilung. Vielmehr ist die Einschätzung aufzuheben (Felix Richner/Walter Frei/Stefan Kaufmann/Hans Ulrich Meuter, Kommentar zum harmonisierten Zürcher Steuergesetz, 2. A., Zürich 2006, § 138 N. 9 und 12; vgl. auch Art. 181 Abs. 2 StG SG).

1879

IV. Verfahrenspflichten nach DBG und Bankgeheimnis

Zur Mitwirkung an der Sachverhaltsermittlung hält das DBG auch Dritte an, namentlich mittels Bescheinigungspflicht (Art. 127), Auskunftspflicht (Art. 128) oder Meldepflicht (Art. 129). Diese Verfahrenspflichten von Dritten ermöglichen es der Behörde, Teile des Sachverhalts auch ohne Mitwirkung der steuerpflichtigen Person oder gegen deren Willen zu untersuchen. Es ist keine allgemeine Mitwirkungspflicht von Dritten vorgesehen, sondern nur die im Gesetz mit ausreichender Bestimmtheit umschriebene (Zweifel/Casanova, Steuerverfahrensrecht, § 18 Rz. 1).

1880

Im Rahmen der Bescheinigungspflicht hat der Dritte schriftliche Bescheinigungen gegenüber der steuerpflichtigen Person auszustellen (Art. 127 Abs. 1 Ingress DBG). Untersteht der Dritte einem gesetzlich geschützten Berufsgeheimnis, so ist das kein Hindernis, gegenüber der steuerpflichtigen Person eine Bescheinigung abzugeben, da diese Geheimnisherrin ist und ihr gegenüber die Geheimnispflicht nicht gilt. Die steuerpflichtige Person kann sich diesfalls ebenfalls nicht auf das Geheimnis berufen, weil sie selbst nicht an das Berufsgeheimnis gebunden ist. Bei den Verfahrenspflichten nach Art. 127 Abs. 1 DBG ist eine Berufung auf das gesetzlich geschützte Berufsgeheimnis somit nicht möglich.

1881

Anders liegt der Fall, wenn die steuerpflichtige Person trotz Mahnung die notwendigen Bescheinigungen nach Art. 127 Abs. 1 DBG nicht einreicht. Diesfalls kann die Behörde diese direkt vom Dritten einfordern. In diesem Fall bleibt das gesetzlich geschützte Berufsgeheimnis aber vorbehalten (Art. 127 Abs. 2 DBG), wie beispielsweise das Bankgeheimnis nach Art. 47 BankG. Der Schutz des Bankgeheimnisses versagt jedoch dann, wenn in einem nach strafprozessualen Grundsätzen durchgeführten Verfahren Bankdokumente herausverlangt oder beschlagnahmt werden (Art. 47 Abs. 5 BankG; BGE 124 II 58 E. 3b). Die Amtshilfe der Strafbehörde richtet sich nach Art. 112 Abs. 1 Satz 1 DBG und bezieht sich generell auf sämtliche (für die Anwendung des DBG) erforderlichen Auskünfte (vgl. heute Art. 112a Abs. 2 Satz 2 DBG und Art. 39a Abs. 1 Satz 2 StHG; vgl. BGE 134 II 318 E. 6.1; 124 II 58 E. 3e). Die Möglichkeit zur

1882

Akteneinsicht ist dabei mitgemeint (BGE 124 II 58 E. 3a; 108 Ib 231 E. 2b implizit). Bei der Konsultation von Bankdokumenten eines Strafverfahrens darf der Fiskus auch Kenntnis nehmen von Tatsachen über Personen, die nicht im Strafverfahren stehen. Dem steht das Bankgeheimnis nicht entgegen. Allerdings darf die Steuerbehörde nicht unterschiedslos und ohne konkretes Ziel die Akten anderer Behörden konsultieren. Allgemeine Suchaktionen («fishing expeditions») sind unzulässig. Es ist jedoch nicht erforderlich, dass die ein Strafverfahren führende Steuerbehörde einen hinreichend konkreten Verdacht gegenüber «bestimmten» Steuerpflichtigen hegt (BGE 134 II 318 E. 6.1; 124 II 58 E. 3 f.).

1883 Gemäss der Praxis des Bundesgerichts bildet Art. 112 Abs. 1 Satz 1 DBG ebenso die Grundlage für die Akteneinsicht, obwohl diese Bestimmung nur von Auskünften spricht. Das Bundesgericht hat jedoch entschieden, dass Art. 112 DBG den Bestimmungen des DSG vorgeht (BGE 128 II 311 E. 8.4).

1884 In einem Amtshilfegesuch der US-Steuerbehörde an die Eidgenössische Steuerverwaltung (ESTV), das Daten von noch zu identifizierenden, US-amerikanischen Kunden einer Schweizer Bank betraf, wurden zwar *Handlungen* umschrieben, die unter den Begriff «Steuerbetrug und dergleichen» (Art. 26 des Abkommens vom 2.10.1996 zwischen der Schweizerischen Eidgenossenschaft und den Vereinigten Staaten von Amerika zur Vermeidung der Doppelbesteuerung auf dem Gebiet der Steuern vom Einkommen; SR 0.672.933.61) hätten fallen können. Es ist jedoch nicht zulässig, wenn im Amtshilfegesuch die *Kriterien zur Identifikation der Kunden* («search criteria») so formuliert werden, dass die Datenherausgabe der Bank an die ESTV auch Personen betrifft, die sich höchstens einer nicht amtshilfefähigen Steuerhinterziehung schuldig gemacht haben, und sich die Arglist, welche für ein amtshilfefähiges betrügerisches Verhalten ebenfalls erforderlich ist, erst aufgrund der von der Bank herausgegebenen Daten von der ESTV erstellen lässt. Ein solches Vorgehen widerspricht dem Verhältnismässigkeitsprinzip (Art. 5 Abs. 2 BV), das auch bei der Amtshilfe gilt. Vielmehr müsste das Gesuch so formuliert sein, dass soweit als möglich nur Daten von Personen betroffen sind, denen «Steuerbetrug und dergleichen» vorgeworfen werden kann (BVGer, Urteil A-737/2012 vom 5.4.2012, E. 8.4.4).

1885 Personen, die mit der steuerpflichtigen Person Geschäfte tätigen oder getätigt haben, sind gegenüber der steuerpflichtigen Person zur Ausstellung schriftlicher Bescheinigungen «über die beiderseitigen Ansprüche und Leistungen» verpflichtet (Art. 127 Abs. 1 lit. e DBG). Diese Pflicht beschlägt auch die sogenannte Vollständigkeitsbescheinigung der Bank, die *sämtliche* vertraglichen Beziehungen zwischen der Bank und der steuerpflichtigen Person für einen bestimmten Zeitraum bescheinigt (vgl. BGE 121 II 257 E. 3b/aa). Die Bank ist nur gegenüber der steuerpflichtigen Person verpflichtet, eine Vollständigkeitsbescheinigung auszustellen. Die Veranlagungsbehörde kann sich nicht direkt an die Bank wenden, wenn die steuerpflichtige Person sich weigert, bei der Bank diese Bescheinigung einzuholen, weil das Bankgeheimnis als speziell geschütztes Berufsgeheimnis vorbehalten bleibt (Art. 127 Abs. 2 DBG; BGer, Urteil

2A.96/2000 vom 25.7.2001, E. 4a). Da die steuerpflichtige Person verpflichtet ist, der Veranlagungsbehörde Bescheinigungen vorzulegen (Art. 126 Abs. 2 DBG), kann sie im Falle der Weigerung nach einer Mahnung strafbar werden (Art. 174 DBG). Nach herrschender Lehre ist es hingegen unzulässig, von der steuerpflichtigen Person eine sogenannte Negativerklärung zu verlangen, in welcher die Bank bestätigt, dass *keine* vertraglichen Beziehungen bestehen (Zweifel/Casanova, Steuerverfahrensrecht, § 18 Rz. 22; offengelassen in BGE 121 II 257 E. 3b/bb).

V. Reformatorische Natur der Beschwerde nach StHG

Vor Inkrafttreten der Totalrevision der Bundesrechtspflege am 1.1.2007 öffnete Art. 73 Abs. 1 StHG den Weg der Verwaltungsgerichtsbeschwerde an das Bundesgericht gegen Entscheide letzter kantonaler Instanzen im Bereich des harmonisierten kantonalen Steuerrechts. Allerdings konnte das Bundesgericht gemäss Art. 73 Abs. 3 StHG nur einen kassatorischen Entscheid fällen. Damit sollte in diesem abgegrenzten Bereich die Autonomie der Kantone und eine Nähe zum Typus der früheren staatsrechtlichen Beschwerde bewahrt bleiben (vgl. BGE 134 II 186 E. 1.5.2). Das Bundesgericht konnte den angefochtenen Entscheid bei Gutheissung nur aufheben und gleichzeitig die Sache zu neuem Entscheid an die Vorinstanz zurückweisen. Darüber hinausgehende Anträge waren nicht zulässig (BGE 132 II 128 E. 5).

1886

Statt der früheren Verwaltungsgerichtsbeschwerde ist neu – nach Massgabe des BGG – die Beschwerde in öffentlich-rechtlichen Angelegenheiten an das Bundesgericht möglich (Art. 73 Abs. 1 StHG). Die Bestimmung von Art. 73 Abs. 3 StHG blieb unverändert, stand dann aber im Widerspruch zu Art. 107 Abs. 2 BGG, nach welchem es dem Bundesgericht freisteht, bei Gutheissung die Sache selbst (das heisst reformatorisch) zu entscheiden oder diese zu neuer Beurteilung zurückzuweisen, selbst bei der subsidiären Verfassungsbeschwerde (Art. 117 verweist auf Art. 107 BGG). Offenbar wurde Art. 73 Abs. 3 StHG bei der Totalrevision der Bundesrechtspflege übersehen. Eine Ausnahmebestimmung zu Art. 107 Abs. 2 BGG war kaum die Absicht. Würde man an einer solchen Ausnahme festhalten, so ergäbe sich das kaum zufriedenstellende Ergebnis, dass das Bundesgericht Beschwerden gegen kantonale Entscheide im Bereich des nicht harmonisierten kantonalen Steuerrechts reformatorisch fällen könnte, im Bereich des harmonisierten kantonalen Steuerrechts, bei welchem der Rechtsschutz ursprünglich gesteigert werden sollte, aber nur kassatorisch (BGE 134 II 186 E. 1.5.2). Das Bundesgericht hält zu Recht fest, dass Art. 73 Abs. 3 StHG keine lex specialis zu Art. 107 Abs. 2 BGG sein kann. Art. 73 Abs. 3 StHG hat mit der Einführung des BGG jegliche Bedeutung verloren und muss vor Art. 107 Abs. 2 BGG als der lex posterior weichen. Das Bundesgericht kann demnach auch bei Beschwerden nach StHG reformatorische Ent-

1887

scheide fällen (BGE 134 II 186 E. 1.5.3; vgl. etwa BGer, Urteil 2C_28/2011 vom 15.11.2011, E. 6.1).

1888   Die Bundesversammlung könnte eine diesbezügliche Änderung des StHG zudem in Form einer Verordnung erlassen, da es sich nicht um eine lex specialis, sondern um eine dem BGG widersprechende, aber formell nicht geänderte Bestimmung handelt (Art. 131 Abs. 3 BGG; BGE 134 II 186 E. 1.5.4).

1889   Da Art. 73 Abs. 3 StHG dem Art. 107 Abs. 2 BGG weicht, reicht es, gegen den letztinstanzlichen kantonalen Entscheid betreffend die direkte Bundessteuer *und* die harmonisierte kantonale Einkommenssteuer eine einzige Beschwerde beim Bundesgericht zu deponieren. Allerdings ist in der Begründung auf die beiden Steuern, deren Rechtmässigkeit das Bundesgericht zu prüfen hat, hinzuweisen. Fällt die letzte kantonale Instanz zwei Entscheide, so sind zwei Beschwerden zu erheben (BGE 135 II 260 E. 1.3.2).

VI. Auskunftsrecht im Mehrwertsteuerrecht

1890   Art. 69 MWSTG ist am 18.6.2010 revidiert worden und lautet: «Auf schriftliche Anfrage der steuerpflichtigen Person zu den mehrwertsteuerlichen Konsequenzen eines konkret umschriebenen Sachverhalts erteilt die ESTV innert angemessener Frist Auskunft. Die Auskunft ist für die anfragende steuerpflichtige Person und die ESTV rechtsverbindlich; sie kann auf keinen anderen Sachverhalt bezogen werden.» Hiermit erhält die steuerpflichtige Person einen ausdrücklichen *Anspruch* auf Auskunft. Dieser Anspruch bestand in der Praxis der Eidgenössischen Steuerverwaltung bereits vor Erlass des neuen MWSTG (BBl 2008 6995), denn Auskünfte können eine verbindliche Wirkung entfalten, die sich aus dem Grundsatz von Treu und Glauben ableiten lässt (Art. 5 Abs. 3 BV; Art. 9 BV; vgl. auch vorne, Rz. 895). Mit dem neuen Artikel leitet sich die Rechtsverbindlichkeit direkt aus dem Gesetz ab. In der Literatur und sinngemäss in der Botschaft wird vertreten, dass damit keine neue bzw. andere Verbindlichkeit geschaffen werden sollte als zuvor gemäss Praxis (Rüegsegger, Aspekte, S. 86; BBl 2008 6995). Im Bundesparlament ergab sich keine Diskussion (vgl. AB 2009 N 484, 2009 S 434).

1891   Bei einer einfachen Auskunft der Steuerbehörde handelt es sich nicht um eine Verfügung (BGE 126 II 514 E. 3e). Es stellt sich die Frage, ob die vorliegende rechtsverbindliche Auskunft eine Verfügung darstellt. Aus der systematischen Stellung von Art. 69 MWSTG im 2. Kapitel (Rechte und Pflichten der steuerpflichtigen Person) statt im 5. Kapitel (Verfügungs- und Rechtsmittelverfahren) des 5. Titels (Verfahrensrecht für die Inland- und die Bezugsteuer) lässt sich schliessen, dass der Gesetzgeber der verbindlichen Auskunft nicht den Stellenwert einer Verfügung einräumen wollte. Des Weitern regelt Art. 82 Abs. 2 MWSTG die Eröffnung der Verfügungen: Sie sind schriftlich zu eröffnen und mit einer Rechtsmittelbelehrung zu versehen. Daher gibt es gewichtige Anhaltspunkte, dass die Auskunft nach Art. 69 MWSTG keine Verfügung im Sinne von Art. 5 VwVG ist (Blum, Auswirkungen, S. 290). Zumindest im Recht der direkten Bundessteuer ist die blosse Auskunft der Behörde nicht anfechtbar; daraus ergibt sich dort ein wichtiger Unterschied zwischen Auskunft und Verfügung (BGE 126 II 514 E. 3b). Dies muss auch für die Auskunft nach Art. 69 MWSTG gelten.

Dennoch entfaltet diese Auskunft nach dem Gesetzeswortlaut Rechtsverbindlichkeit für die anfragende steuerpflichtige Person und die Eidgenössische Steuerverwaltung. Die Auskunft bezieht sich nach dem Gesetzeswortlaut lediglich auf die «mehrwertsteuerlichen Konsequenzen eines konkret umschriebenen Sachverhalts» und kann ausdrücklich «auf keinen anderen Sachverhalt bezogen werden». 1892

Ist die steuerpflichtige Person mit der Auskunft allenfalls nicht einverstanden, kann sie eine Feststellungsverfügung gemäss Art. 82 MWSTG verlangen und den Rechtsmittelweg beschreiten (Blum, Auswirkungen, S. 291). 1893

Die Auskunft ist innert angemessener Frist zu erteilen. Auf die Festsetzung einer fixen Frist wurde verzichtet mit der Begründung, dass sich allenfalls Probleme ergeben könnten, wenn die Ansichten der Behörde und der steuerpflichtigen Person über die Vollständigkeit des Sachverhalts und über dessen rechtliche Beurteilung auseinandergehen. Ausserdem ist es schwierig, eine Rechtsfolge an die nicht fristgerechte Auskunftserteilung zu knüpfen (BBl 2008 6995). 1894

26. Kapitel: Submission

1895 *Literatur:* BELLANGER FRANÇOIS, Les jurisprudences récentes en droit des marchés public, in: Zufferey Jean-Baptiste/Stöckli Hubert (Hrsg.), Aktuelles Vergaberecht 2010, Zürich 2010, S. 403 ff.; BEYELER MARTIN, Der *Geltungsanspruch* des Vergaberechts, Zürich 2012; *ders.,* Legitimation zur Zuschlagsanfechtung ohne vorherige Offertstellung, Baurecht 2011, S. 222 ff.; *ders.,* In-house-Vergaben, in: Zufferey Jean-Baptiste/Stöckli Hubert (Hrsg.), Aktuelles Vergaberecht 2010, Zürich 2010, S. 17 ff.; DENZLER BEAT/HEMPEL HEINRICH, Die aufschiebende Wirkung. Schlüsselstelle des Vergaberechts, in: Zufferey Jean-Baptiste/Stöckli Hubert (Hrsg.), Aktuelles Vergaberecht 2008, Zürich 2008, S. 313 ff.; DIGGELMANN OLIVER/ENZ MARC, Vorbefassung im Submissionsrecht: Was verlangt der Gleichbehandlungsgrundsatz?, ZBl 2007, S. 577 ff.; FETZ MARCO, Öffentliches Beschaffungsrecht des Bundes, in: Cottier Thomas/Oesch Matthias (Hrsg.), *SBVR,* Band XI: Allgemeines Aussenwirtschafts- und Binnenmarktrecht, 2. A., Basel 2007, S. 462 ff.; GALLI PETER/MOSER ANDRÉ/LANG ELISABETH/CLERC EVELYNE, *Praxis* des öffentlichen Beschaffungsrechts, 1. Band, Landesrecht, 2. A., Zürich u.a. 2007; HUNGERBÜHLER ADRIAN, Das Bundesgericht als Rechtsmittelinstanz in Vergabesachen, in: Zufferey Jean-Baptiste/Stöckli Hubert (Hrsg.), Aktuelles Vergaberecht 2008, Zürich 2008, S. 343 ff.; JÄGER CHRISTOPH, Die Vorbefassung des Anbieters im öffentlichen Beschaffungsrecht, Zürich 2009; *ders.,* Direkte und indirekte Vorbefassung im *Vergabeverfahren,* Baurecht 2011, S. 4 ff.; KIENER/RÜTSCHE/KUHN, Verfahrensrecht, N. 986 ff.; KUNZ DANIEL, *Verfahren* und Rechtsschutz bei der Vergabe von Konzessionen, Bern 2004; LEUTHOLD ALEXIS, Offertverhandlungen in öffentlichen Vergabeverfahren. Privatrechtliche und vergaberechtliche Aspekte, Zürich 2009; *ders.,* Verhandlungen und der neue «Dialog», in: Zufferey Jean-Baptiste/Stöckli Hubert (Hrsg.), Aktuelles Vergaberecht 2010, Zürich 2010, S. 277 ff.; LUGINBÜHL KASPAR; EMRK und wirtschaftsverwaltungsrechtliche Zwischenverfügungen, AJP 2011, S. 875 ff.; RHINOW RENÉ/SCHMID GERHARD/BIAGGINI GIOVANNI/UHLMANN FELIX, Öffentliches Wirtschaftsrecht, 2. A., Basel 2011, S. 353 ff.; SCHNEIDER HEUSI CLAUDIA/MAZZARIELLO LAURA, Die freihändige *Microsoft-Vergabe* der Bundesverwaltung, Jusletter, 23.5.2011; STEINER MARC, Das Verfahren vor Bundesverwaltungsgericht in Vergabesachen, in: Festschrift für Alfred Bühler, Zürich 2008, S. 405 ff.; TRÜEB HANS RUDOLF, Bundesgesetz über das öffentliche Beschaffungswesen, Verordnung über das öffentliche Beschaffungswesen, in: Oesch Matthias/Weber Rolf H./Zäch Roger, Wettbewerbsrecht II, Kommentar, Zürich 2011, S. 229 ff. und 340 ff.; WEHRENBERG STEFAN, Rechtsschutz im Submissionsrecht – ein Plädoyer für die Einführung von Behandlungsfristen, in: Festschrift für Tobias Jaag, Zürich 2012, S. 549 ff.; WOLF ROBERT, Der *Rechtsschutz* im öffentlichen Beschaffungswesen, in: Häner/Waldmann, Brennpunkte, Zürich 2013, S. 157 ff.; *ders.,* Freihändige Beschaffung – Handlungsfreiheiten und ihre Grenzen, in: Aktuelles Vergaberecht 2010, Zürich 2010, S. 127 ff.; *ders.,* Die Beschwerde gegen Vergabeentscheide, ZBl 2003, S. 31 ff.; ZUFFEREY JEAN-BAPTISTE/STÖCKLI HUBERT, Aktuelles Vergaberecht 2012, Zürich 2012.

I. Einleitende Bemerkungen

1896 Das Submissionsrecht bezieht sich auf die Vergabe von staatlichen Aufträgen im Bereich von Lieferaufträgen für die Beschaffung von beweglichen Gütern, d.h. nicht von Liegenschaften, Dienstleistungsaufträgen und Bauaufträgen (vgl. Art. 5 BöB). Das Submissionsrecht kommt somit vor allem in der Bedarfsverwaltung zum Zuge, weshalb die Verträge im Regelfall dem Privatrecht unterstehen, während das Verfahren bis zum rechtskräftigen Entscheid über die Vergabe dem Verwaltungsrecht zugehört. Es steht dem Gemeinwesen zu, die Arbeiten für die Bedarfsverwaltung selbst auszuführen. Dabei ist allerdings nicht immer klar, ob dies noch der Fall ist oder ob bereits eine Vergabe an Dritte vorliegt, namentlich wenn die Auftragnehmerinnen ausgegliederte Verwaltungseinheiten sind (Fetz, SBVR, S. 506 ff.; Beyeler, Geltungsanspruch, N. 162 ff.). Sehr häufig ist jedoch die Vergabe von Aufträgen an private Unternehmen, was einen wesentlichen Wirtschaftsfaktor darstellt (vgl. Fetz, SBVR, S. 477). Das Submissionsverfahren schafft im Rahmen von Vergaben unter den Anbietenden eine Wettbewerbssituation, was zugleich dem wirtschaftlichen Einsatz öffentlicher Mittel dient. Die wesentlichen Grundsätze des Vergabeverfahrens sind demgemäss die Gleichbehandlung und Nichtdiskriminierung der Anbieterinnen und Anbieter (Art. 1 Abs. 2 und Art. 8 Abs. 1 lit. a BöB), der Grundsatz der Transparenz (Art. 1 Abs. 1 lit. a BöB), die Förderung des Wettbewerbs unter den Anbietenden (Art. 1 Abs. 1 lit. b BöB) sowie der Grundsatz, die öffentlichen Mittel wirtschaftlich einzusetzen (Art. 1 Abs. 1 lit. c BöB).

1897 Das BöB und die VöB sind in Übereinstimmung mit dem internationalen Recht erlassen worden, das den Wettbewerb bei der Vergabe staatlicher Aufträge international ausdehnt. Zu erwähnen sind insbesondere das GPA, in Kraft seit dem 1.6.2002, sowie das Abkommen vom 21.6.1999 zwischen der Schweizerischen Eidgenossenschaft und der Europäischen Gemeinschaft über bestimmte Aspekte des öffentlichen Beschaffungswesens (SR 0.172.052.68). Sodann ist auf das EFTA-Abkommen vom 4.1.1960 hinzuweisen, das zu einer gewissen Ausdehnung der Marktöffnung auf Staaten führt, die nicht dem GATT/WTO unterstehen. Für das kantonale Beschaffungswesen gelten die IVöB und das BGBM, welches in Art. 5 und 9 allgemein die Ausschreibung für umfangreiche öffentliche Einkäufe, Dienstleistungen und Bauten verlangt und die Kantone zum Erlass einer Verfügung verpflichtet. Anzufügen ist, dass in den Sachgesetzen eigene Submissionsbestimmungen enthalten sein können, zum Beispiel für den Unterhalt der Nationalstrassen (Art. 41 Abs. 1 NSG; vgl. zum Schienenverkehr Fetz, SBVR, S. 487).

1898 Auf Bundesebene sind die Adressatinnen des Submissionsrechts die Bundesverwaltung und die in Art. 2 BöB und Art. 2 VöB genannten dezentralen Verwaltungseinheiten des Bundes. In sachlicher Hinsicht stellen sich unter Umständen heikle Abgrenzungsfragen, die vom Bundesgericht allerdings zum Teil bereits entschieden werden konnten. Namentlich unterstehen weder die Konzessionserteilung als solche noch Finanzhilfen dem Submissionsrecht. Wird jedoch die Erteilung einer Konzession mit einem Auftrag verbunden, kommt das Submissionsrecht wiederum zur Anwendung, soweit dem Auftrag eine Gegenleistung des Gemeinwesens gegenübersteht und das Vertragsverhältnis somit synallagmatisch ausgestaltet wird (BGE 135 II 49 E. 5). Zum Teil sieht das Bundesrecht die Ausschreibung von Konzessionen eigens vor, wobei dort eigene Verfahrensregelungen zur Anwendung gelangen (Art. 45 RTVG; Art. 24 FMG; sodann für die Kantone Art. 2 Abs. 7 BGBM). Dort, wo Konzessionen nicht ausgeschrieben werden müssen, sollte zumindest der Grundsatz der Gleichbehandlung der Konkurrenten beachtet werden, indem zum Beispiel die Konkurrentinnen informiert und zur Gesuchstellung eingeladen werden (Kunz, Verfahren, insbesondere S. 182 ff.).

1899 Klar abgrenzbar ist der Geltungsbereich des Submissionsrechts hingegen in Bezug auf das Auftragsvolumen. Ausschreibungen unterstehen nur dann dem BöB, wenn die (in Schweizer Franken festzulegenden) Schwellenwerte überschritten werden (Art. 6 BöB i.V.m. Art. 1 der Verordnung des EVD vom 23.11.2011 über die Anpassung der Schwellenwerte im öffentlichen Beschaffungswesen für die Jahre 2012 und 2013 [AS 2011 5581]). Im 3. Kapitel der VöB wird die Ausschreibungspflicht von Aufträgen unterhalb der Schwellenwerte geregelt. Nach Art. 39 VöB können jedoch diese Vergabeentscheide nicht angefochten werden.

1900 Aufgrund der Zwecksetzung sieht das Submissionsrecht einige Abweichungen vom VwVG vor. Art. 26 BöB bestimmt zwar, dass sich das Verfahren grundsätzlich nach den allgemeinen Bestimmungen über die Bundesverwaltungsrechtspflege richtet, soweit das Gesetz keine Abweichungen vorsieht. Solche sind aber bereits in Art. 26 Abs. 2 BöB festgehalten, wonach die Bestimmungen über die Fristen (Art. 22a und 24 VwVG), die Feststellungsverfügung und die Verfügung über Realakte (Art. 25 und Art. 25a VwVG), das rechtliche Gehör und das Akteneinsichtsrecht (Art. 26–28, 30, 30a und 31 VwVG) nicht anwendbar sind. Das Submissionsverfahren wie auch der Rechtsschutz im Submissionsrecht ist geprägt durch seine Raschheit. Es steht im Regelfall nur eine Gerichtsinstanz – im Bund das Bundesverwaltungsgericht (Art. 27 BöB) – zur Verfügung (vgl. Art. 83 lit. f BGG) und die Anfechtungsfristen sind kürzer (Art. 30 BöB: 20 Tage). Sodann kommt der Beschwerde keine aufschiebende Wirkung zu; diese muss eigens beantragt werden (Art. 28 BöB). Die Raschheit des Verfahrens dient vor allem dem wirtschaftlichen Mitteleinsatz. Verspätungen bei der Auftragsvergabe können bei Grossaufträgen sehr hohe Kosten verursachen.

1901 Die besondere Verfahrensregelung drängt sich aber auch deshalb auf, weil es sich bei der Vergabe von Aufträgen, die zum Abschluss eines privatrechtlichen oder verwaltungsrechtlichen Vertrages führen, nicht um ein Verwaltungsverfahren im üblichen Sinn handelt. Der Zuschlag zum Vertragsschluss, somit der Beschluss, mit welchem das Gemeinwesen seine Vertragspartnerin auswählt, kann nicht ohne Weiteres als Verfügung qualifiziert werden.

1902 Auf die Abweichungen zum VwVG wird nachfolgend eingegangen.

II. Vergabeverfahren

1. Die verschiedenen Verfahren

Bei den Vergabeverfahren ist zwischen vier verschiedenen Arten zu unterscheiden. Im erstinstanzlichen Verfahren bestehen für diese Verfahren unter Umständen auch verschiedene Verfahrensvorschriften (vgl. zu den verschiedenen Verfahren Galli/Moser/Lang/Clerc, Praxis, Rz. 148 ff.; Fetz, SBVR, S. 518 ff.). Im *offenen Verfahren* können alle Konkurrentinnen und Konkurrenten eine Offerte einreichen (Art. 14 BöB). Das *selektive Verfahren* hingegen ist zweistufig (Art. 15 BöB). In der ersten Stufe können sämtliche Konkurrierende um Teilnahme ersuchen. In dieser Stufe wird allein die Eignung der Teilnehmenden geprüft. In der zweiten Stufe sind die Offerten einzureichen, welche anhand der Zuschlagskriterien bewertet werden. Die Bundesstellen haben die freie Wahl, ob sie das offene oder selektive Verfahren durchführen wollen (Art. 13 BöB). Bei der *freihändigen Vergabe* gemäss Art. 16 BöB vergibt die Behörde den Auftrag direkt und ohne Ausschreibung. Sie ist nur zulässig, wenn die Voraussetzungen dazu erfüllt sind. Diese sind in Art. 13 und Art. 36 Abs. 2 VöB umschrieben. Sie ist zum Beispiel zulässig, wenn im offenen oder selektiven Verfahren keine oder abgestimmte Angebote eingegangen sind oder die Schwellenwerte nicht erreicht sind, womit das BöB nicht anwendbar ist. Das *Einladungsverfahren* schliesslich erfolgt dadurch, dass die Behörde ausgewählte Konkurrenten ohne Ausschreibung zur Einreichung eines Angebotes auffordert (Art. 35 VöB). Das Einladungsverfahren ist – auch wenn dies in der VöB nicht ausdrücklich erwähnt wird – auch zulässig, wenn das freihändige Verfahren zulässig ist.

1903

2. Fristen

Die Anbietenden müssen ihren Antrag auf Teilnahme und ihr Angebot schriftlich, vollständig und fristgerecht einreichen (Art. 19 Abs. 1 BöB). Dieser Formvorschrift liegt der Gedanke zugrunde, dass die Vergabestelle aufgrund der eingereichten Offerten direkt zur Vergabe des Auftrages schreiten können soll. Die Entgegennahme eines Angebots, das den Vorschriften der Ausschreibung und der Unterlagen nicht entspricht, ist im Hinblick auf das Gebot der Gleichbehandlung der Anbietenden (Art. 1 Abs. 2, Art. 8 Abs. 1 lit. a BöB) und dasjenige der Transparenz (Art. 1 Abs. 1 lit. a BöB) problematisch (BVGE 2007/13 E. 3.1).

1904

Der Bundesrat regelt die Fristen im Vergabeverfahren in Übereinstimmung mit dem GPA (Art. 17 BöB). Im offenen Verfahren gilt für die Einreichung eines Angebots eine Minimalfrist von vierzig Tagen ab der Veröffentlichung (Art. 19 Abs. 3 lit. a VöB). Im selektiven Verfahren gilt für die Einreichung des Antrags auf Teilnahme eine Minimalfrist von 25 Tagen ab der Veröffentlichung und für die Angebotsabgabe eine solche von 40 Tagen ab der Einladung (Art. 19

1905

Abs. 3 lit. b VöB). Nach den Vorgaben von Art. 19a VöB können die Fristen verkürzt werden, etwa bei Dringlichkeit, in keinem Fall aber unter zehn Tage (Abs. 3).

1906 Die Auftraggeberin schliesst Anträge auf Teilnahme und Angebote mit wesentlichen Formfehlern vom weiteren Verfahren aus (Art. 19 Abs. 3 BöB), das heisst, wenn das Angebot mehr als nur untergeordnete, unwesentliche Regeln der Ausschreibung bzw. der Ausschreibungsunterlagen über den Beschaffungsgegenstand nicht oder nur ungenügend erfüllt (BVGE 2007/13 E. 3.1). Es gilt das Verbot des überspitzten Formalismus (vorne, Rz. 206). Allerdings ist etwa der Ausschluss von Anbietenden wegen nicht fristgerecht eingereichter Eignungsnachweise (Art. 9 BöB) im selektiven Verfahren nicht zu beanstanden (BVGE 2007/13 E. 3.3, m.H. auf BRK, Entscheid vom 8.10.2002, in: VPB 2003, Nr. 5 E. 2b).

1907 Gemäss Art. 26 Abs. 2 BöB sind Art. 22a und 24 VwVG im Vergabeverfahren nicht anwendbar: Fristen stehen nicht still und werden nicht wiederhergestellt.

1908 Im Anwendungsbereich des BöB folgt die Einhaltung der Fristen Art. 21 VwVG. Die IVöB macht ebenfalls keine Vorgaben. Gemäss § 24 Abs. 1 und § 25 SubmV ZH müssen die Anträge auf Teilnahme im selektiven Verfahren und die Angebote *innerhalb der Frist* vollständig bei der in der Ausschreibung genannten Stelle *eintreffen,* was für sämtliche Vergabeverfahren gelten dürfte. Für die Einhaltung der Fristen im kantonal-zürcherischen Beschaffungswesen reicht die Einreichung des Antrags bzw. des Angebots bei einer unzuständigen Behörde nicht (vgl. hingegen § 5 Abs. 2 VRG ZH).

3. Akteneinsichtsrecht

1909 Für das Vergabeverfahren nach dem 4. Abschnitt des BöB ist das Akteneinsichtsrecht von Art. 26–28 VwVG ausdrücklich ausgeschlossen (Art. 26 Abs. 2 BöB; vgl. auch Art. 8 Abs. 1 lit. d BöB zum Verfahrensgrundsatz der Vertraulichkeit). Im Beschwerdeverfahren kommen Art. 26–28 VwVG zwar zur Anwendung. Praxisgemäss kann aber keine Einsicht in Konkurrenzofferten genommen werden (BVGer, Urteile B-2932/2011 vom 22.8.2011, E. 6.1, und B-3604/2007 vom 16.11.2007, E. 2.1; Art. 27 Abs. 1 lit. b VwVG). Das in anderen Bereichen übliche allgemeine Akteneinsichtsrecht muss bei Submissionsverfahren gegenüber dem Interesse der Anbietenden an der vertraulichen Behandlung ihrer Geschäftsgeheimnisse sowie des in den Offerten zum Ausdruck kommenden unternehmerischen Know-hows grundsätzlich zurücktreten (BGer, Urteil 2P.226/2002 vom 20.2.2003, E. 2.2, im Anwendungsbereich der IVöB; vgl. auch Art. 11 lit. g IVöB zum Verfahrensgrundsatz der Vertraulichkeit).

4. Vorbefassung

Art. 21a VöB zur Vorbefassung ist seit 1.1.2010 in Kraft. Nach Abs. 1 schliesst die Auftraggeberin Anbietende aus einem Verfahren aus, wenn diese an der Vorbereitung der Beschaffung beteiligt waren und der ihnen dadurch entstandene Wettbewerbsvorteil nicht mit geeigneten Mitteln ausgeglichen werden kann (lit. a) sowie wenn dieser Ausschluss den wirksamen Wettbewerb unter den Anbietenden nicht gefährdet (lit. b). Nach Abs. 2 sind geeignete Mittel, um den Wettbewerbsvorteil auszugleichen, insbesondere die Weitergabe aller wesentlichen Angaben über die Vorarbeiten (lit. a), die Bekanntgabe der an der Vorbereitung Beteiligten (lit. b) und die Verlängerung der Mindestfristen (lit. c). Die Bekanntgabe nach Abs. 2 lit. b stellt für sich noch kein Mittel zum Ausgleich eines Wettbewerbsvorteils dar, sondern dient vor allem dem Transparenzgebot. Einen Ausgleich bringt aber die Verlängerung der Mindestfristen gemäss Abs. 2 lit. c (BVGer, Urteil B-1172/2011 vom 31.3.2011, E. 5.3.3).

Nach Art. VI Ziff. 4 GPA darf die Auftraggeberin nicht auf eine den Wettbewerb ausschaltende Art und Weise von einem Unternehmen, das ein geschäftliches Interesse an der Beschaffung haben könnte, Ratschläge einholen oder annehmen, welche bei der Ausarbeitung der Spezifikationen für eine bestimmte Beschaffung verwendet werden können. Ob diese völkerrechtliche Bestimmung und Art. 21a VöB vom gleichen Konzept ausgehen und ob es eine Intensität der Vorbefassung gibt, welche sich gar nicht im Sinne von Art. 21a VöB ausgleichen lässt, hat das Bundesverwaltungsgericht offengelassen (BVGer, Urteil B-1172/2011 vom 31.3.2011, E. 5.4).

Die Rechtsprechung zur Ausstandspflicht von Gerichtspersonen, die bereits durch den objektiv begründeten Anschein einer Befangenheit gegeben sein kann, lässt sich nicht auf die Zulassung von Bewerbern zur Submission übertragen. Sie hat ihren Grund in der besonderen Funktion des Gerichts. Ein Unternehmen muss sich demgegenüber seinen Ausschluss von einer Submission nicht gefallen lassen, solange das Vorliegen eines unzulässigen Wettbewerbsvorteils aus Vorbefassung nicht erwiesen ist. Soweit keine gegenteilige Regelung besteht, obliegt die Beweislast im Streitfall nach allgemeinen Grundsätzen nicht den vorbefassten Anbietenden (die immerhin im Rahmen der prozessualen Mitwirkungspflicht zur Abklärung beizutragen haben), sondern der Konkurrentin, die sich vom Ausschluss der vorbefassten Anbieterin bessere Aussichten für den Zuschlag verspricht (BGer, Urteil 2P.164/2004 vom 25.1.2005, E. 5.7.3, zu einem Submissionsverfahren nach kantonalem Recht).

5. Angebotsänderung und -ergänzung

Im Verfahren nach VwVG ist dem Entscheid grundsätzlich der Sachverhalt im Zeitpunkt des Entscheids zugrunde zu legen. Dies ist Ausfluss der Pflicht zur

Feststellung des Sachverhalts von Amtes wegen (Art. 12 Ingress VwVG). Im Vergabeverfahren gilt dies nur beschränkt.

1914 Die Angebote sind von der Auftraggeberin in technischer und rechnerischer Hinsicht nach einem einheitlichen Massstab so zu bereinigen, dass sie objektiv vergleichbar sind (Art. 25 Abs. 1 VöB). Anlässlich der Offertbereinigung, die ein rein verwaltungsinterner Vorgang ist, dürfen Angebote weder ergänzt noch verändert werden (Galli/Moser/Lang/Clerc, Praxis, Rz. 427). Ist für die Offertbereinigung eine Kontaktnahme mit der Anbieterin oder dem Anbieter unausweichlich, so hält die Auftraggeberin den Ablauf und den Inhalt nachvollziehbar fest (Art. 25 Abs. 2 VöB). Diese Vorgaben für die Offertbereinigung gründen im Gleichbehandlungsgrundsatz (Art. 1 Abs. 2, Art. 8 Abs. 1 lit. a BöB) und im Zweck des BöB, den Wettbewerb unter den Anbietenden zu stärken (Art. 1 Abs. 1 lit. b BöB). Mit einer Ergänzung oder Veränderung der eingereichten Angebote wäre der angestrebte Wettbewerb stark gefährdet oder würde sogar verunmöglicht.

1915 Die IVöB enthält keine entsprechenden Bestimmungen. Gemäss Art. § 29 Abs. 2 SubmV ZH werden anlässlich der Prüfung der Angebote offensichtliche Rechnungs- und Schreibfehler berichtigt. Nach § 30 Abs. 1 und 2 SubmV ZH kann von den Anbietenden verlangt werden, dass sie ihr Angebot näher erläutern; mündliche Erläuterungen sind schriftlich festzuhalten. Eine Angebotsänderung anlässlich der Erläuterungen ist aber ebenfalls ausgeschlossen.

1916 Im Anwendungsbereich des BöB besteht zudem die Möglichkeit zu Verhandlungen. Es wird vorausgesetzt, dass in der Ausschreibung darauf hingewiesen wurde und kein Angebot als das wirtschaftlich günstigste im Sinne von Art. 21 Abs. 1 BöB erscheint (Art. 20 Abs. 1 BöB). Das Verfahren wird nach den Grundsätzen der Vertraulichkeit, der Schriftlichkeit und der Gleichbehandlung geregelt (Art. 20 Abs. 2 BöB, detailliert geregelt in Art. 26 VöB). Zudem besteht seit 1.1.2010 bei komplexen Beschaffungen oder bei der Beschaffung intellektueller Dienstleistungen die Möglichkeit zur Weiterentwicklung der vorgeschlagenen Lösungswege oder Vorgehensweisen im Dialog; in der Ausschreibung ist darauf hinzuweisen (Art. 26a Abs. 1 VöB). Im Rahmen der Verhandlungen sind Angebotsänderungen samt Abgebotsrunden (Verhandlungen über Preise, Preisnachlässe und Änderungen des Leistungsverzeichnisses) zulässig (Galli/Moser/Lang/Clerc, Praxis, Rz. 428). Die Eignung der Anbieterin oder des Anbieters kann nicht Gegenstand von Verhandlungen sein (BVGer, Urteil B-4366/2009 vom 24.2.2010, E. 7.3).

1917 Im Anwendungsbereich der IVöB gilt der Grundsatz, dass auf Abgebotsrunden zu verzichten ist (Art. 11 lit. c), was einem Verhandlungsverbot und einer Unveränderbarkeit der Angebote nach deren Einreichung bei der Auftraggeberin gleichkommt (Galli/Moser/Lang/Clerc, Praxis, Rz. 441, 444).

III. Beschwerdeverfahren vor dem Bundesverwaltungsgericht

1. Fristen

Die Beschwerdefristen sind kürzer als nach Art. 50 Abs. 1 VwVG. Nach Art. 30 BöB müssen Beschwerden innert zwanzig Tagen seit Eröffnung der Verfügung eingereicht werden. Nach Art. 15 Abs. 2 IVöB beträgt die Beschwerdefrist sogar nur zehn Tage. Es handelt sich um die Minimalfrist gemäss Art. XX Ziff. 5 GPA. 1918

Art. 26 Abs. 2 BöB bezieht sich nur auf das Vergabeverfahren. Art. 22a Abs. 1 VwVG zum Fristenstillstand ist im Beschwerdeverfahren nach BöB anwendbar, nicht aber im Verfahren betreffend aufschiebende Wirkung (Art. 22a Abs. 2 VwVG), dem mit Blick auf den Vertragsschluss eine wichtige Rolle zukommt (vgl. Art. 22 Abs. 1 BöB). Nach Art. 15 Abs. 2bis IVöB gelten generell keine Gerichtsferien im Beschwerdeverfahren. 1919

2. Anfechtungsobjekt

Das Bundesgesetz über das öffentliche Beschaffungswesen gibt vor, dass der Zuschlag im Vergabewesen des Bundes als eine durch Beschwerde selbständig anfechtbare Verfügung gilt (Art. 29 lit. a BöB). Damit hat der Bundesgesetzgeber eine Voraussetzung jenes Erfordernisses internationaler Abkommen erfüllt, wonach die Schweiz «wirksame Verfahren» einrichten muss, damit die Anbieter gegen Abkommensverletzungen Beschwerde erheben können (Art. XX Ziff. 2 GPA und Art. 5 Abs. 1 des Abkommens vom 21.6.1999 zwischen der Schweizerischen Eidgenossenschaft und der Europäischen Gemeinschaft über bestimmte Aspekte des öffentlichen Beschaffungswesens [SR 0.172.052.68]). Dass Zuschläge in Form von selbständig anfechtbaren Verfügungen ergehen müssen, gilt auch gemäss Art. 9 Abs. 1 BGBM und Art. 15 Abs. 1bis lit. e IVöB. Art. 9 Abs. 1 BGBM gibt den Kantonen indes nicht vor, dass ausnahmslos sämtliche Vergabeentscheide als anfechtbare Verfügungen ergehen müssen. Das Bundesgericht lässt es zu, dass das kantonale Recht gegen den Zuschlag im freihändigen Verfahren unterhalb der Schwellenwerte keine Beschwerdemöglichkeit vorsieht, analog zur Regelung in Art. 6 BöB (BGE 131 I 137 E. 2.4 und 2.7). 1920

Entscheide bei der Vergabe von sogenannten übrigen Beschaffungen gemäss Art. 32 ff. VöB i.V.m. Art. 6 BöB können ebenfalls nicht angefochten werden (Art. 39 VöB). Es handelt sich um Vergaben, die unterhalb der Schwellenwerte liegen oder aus anderen Gründen nicht unter das BöB fallen (vgl. Art. 32 VöB). 1921

Die Auftraggeberin hat auch nicht die Möglichkeit, den Zuschlag für eine Beschaffung, die dem Regime des BöB *nicht* untersteht, freiwillig durch entsprechende Bezeichnung zu einer anfechtbaren Verfügung im Sinne von Art. 29 BöB zu machen, wenn sie beispielsweise weiss, dass die einschlägigen Schwel- 1922 lenwerte nicht erreicht sind. Daran ändern auch bei Anbietenden geweckte entsprechende Erwartungen nichts. Selbst ein allenfalls treuwidriges Verhalten der Auftraggeberin vermag kein Rechtsmittel zu schaffen, das gesetzlich nicht vorgesehen ist (BVGer, Urteil B-1687/2010 vom 21.6.2011, E. 1.2).

1923 Von der Zuschlagsverfügung zu unterscheiden ist der Abschluss des Vertrages mit dem Zuschlagsempfänger. Die Auftraggeberin ist nach Erlass der Zuschlagsverfügung nicht verpflichtet, überhaupt einen Vertrag einzugehen – sie kann jedenfalls nicht zu einem solchen gezwungen werden. Sie ist nur insoweit gebunden, als sie den Vertrag mit der Zuschlagsempfängerin abzuschliessen hat, sofern sie einen solchen eingeht; Schadenersatz nach Art. 34 BöB bleibt vorbehalten (BGE 129 I 410 E. 3.4; eine solche Haftung ist im IVöB nicht geregelt, vgl. aber z.B. § 3 IVöB-BeitrittsG ZH).

1924 Der Vertrag zwischen Vergabestelle und Zuschlagsempfänger kann – je nach Inhalt – privatrechtlicher oder öffentlich-rechtlicher Natur sein (BGE 134 II 297 E. 2.2).

1925 Offen ist die Frage, ob der Ausschluss öffentlicher Beschaffungen, welche nicht in den Anwendungsbereich des BöB fallen, vom Erlass von Zuschlagsverfügungen, wie dies in Art. 39 VöB vorgesehen ist, vor Art. 29a BV standhält. Dasselbe gilt bezüglich der Frage, ob ausserhalb des Anwendungsbereichs des BöB eine Verfügung gestützt auf Art. 25a VwVG erwirkt werden kann. Mit Blick auf Art. 190 BV hält das Bundesverwaltungsgericht allerdings fest, dass es ihm wohl grundsätzlich verwehrt sei, unter Berufung auf die Rechtsweggarantie gemäss Art. 29a BV seine Zuständigkeit über den Anwendungsbereich des BöB hinaus zu bejahen (BVGE 2008/48 E. 5.3; BVGer, Urteil B-1687/2010 vom 21.6.2011, E. 7).

1926 Gemäss Art. 29 BöB gilt nicht nur der Zuschlag (lit. a), sondern auch die Ausschreibung (lit. b) als selbständig anfechtbare Verfügung. Einwände, welche die *Ausschreibung* betreffen, können im Rahmen eines Beschwerdeverfahrens gegen einen späteren Verfügungsgegenstand grundsätzlich nicht mehr vorgebracht werden, soweit Bedeutung und Tragweite der getroffenen Anordnungen ohne Weiteres erkennbar sind. Behauptete Mängel in den *Ausschreibungsunterlagen,* zum Beispiel die Zuschlagskriterien betreffend (Art. 21 Abs. 2 BöB), sind dagegen grundsätzlich nicht selbständig anzufechten, sondern mit dem nächstfolgenden Verfahrensschritt, der in eine Verfügung gemäss Art. 29 BöB mündet, in der Regel also mit dem Zuschlag (BVGer, Urteil B-8061/2010 vom 18.4.2011, E. 5.1). Wie es sich verhält, wenn die Ausschreibungsunterlagen zusammen mit der Ausschreibung zur Verfügung stehen, ist offen (BVGer, Urteil B-4717/2010 vom 1.4.2011, E. 5.1, im Anwendungsbereich des BöB). Das Bundesgericht hat indes im Anwendungsbereich der IVöB entschieden, dass diesfalls die Anfechtung mit der Ausschreibung erfolgen muss (BGer, Urteil 2C_225/2009 vom 16.10.2009, E. 4.2), was eher streng erscheint, wenn die Ausschreibungsunterlagen umfangreich sind.

3. Beschwerdelegitimation

Anbieterinnen, die sich bewerben und beim Zuschlag nicht berücksichtigt werden, sind grundsätzlich berechtigt, beim Bundesverwaltungsgericht und beim Bundesgericht Beschwerde zu erheben. Sie sind als direkte Verfügungsadressatinnen legitimiert, ungeachtet der konkreten Chancen auf den Zuschlag. Die Rechtsprechung der kantonalen Verwaltungsgerichte fällt indes von Kanton zu Kanton unterschiedlich aus. Die materielle Beschwer einer nicht berücksichtigten Anbieterin wird teilweise nur dann bejaht, wenn bei Gutheissung der Beschwerde eine realistische Chance besteht, dass das Angebot der beschwerdeführenden Anbieterin zum Zuge kommt oder wenn eine Wiederholung des Submissionsverfahrens erreicht werden kann. Einer Bewerberin, deren Angebot aufgrund des bereinigten Preisvergleichs preislich im vierten Rang lag, wurde die Beschwerdelegitimation vom Schwyzer Verwaltungsgericht aufgrund konstanter Praxis versagt (Galli/Moser/Lang/Clerc, Praxis, Rz. 854 ff. m.H.). In eine andere Richtung geht die Praxis des Bundesverwaltungsgerichts. Dieses bejaht die Legitimation der weiter zurückliegenden Anbieter immer dann, wenn die besser rangierten Anbieter den Zuschlag nicht angefochten haben. In diesem Fall geht das Gericht davon aus, dass die nicht am Rechtsmittelverfahren Beteiligten den Zuschlag nicht mehr erhalten können, weil für diese die Zuschlagsverfügung rechtskräftig geworden ist (vgl. Wolf, Rechtsschutz, S. 172; vgl. den – allerdings noch von der früheren BRK stammenden – Entscheid vom 29.4.1998, in: VPB 1998, Nr. 80 E. 3c).

Im Anwendungsbereich des BöB sieht Art. 28 VöB ausdrücklich vor, dass der Zuschlag im *freihändigen Verfahren* (Art. 16 BöB, Art. 13 VöB) spätestens 30 Tage nach dessen Erteilung veröffentlicht wird. Diese Veröffentlichung würde kaum Sinn machen, wenn sie nicht auch im Hinblick auf eine mögliche Anfechtung erfolgte. Gegen den freihändigen Zuschlag, soweit er im Anwendungsbereich des BöB erfolgt, ist die Beschwerde zulässig (BGE 137 II 313 E. 2.3). Zur Beschwerdelegitimation im freihändigen Verfahren ergibt sich folgende Besonderheit: Eine potenzielle Konkurrentin kann nicht verlangen, in ein rechtmässiges Freihandverfahren einbezogen zu werden. Mit der Beschwerde gegen die freihändige Auftragserteilung kann nur geltend gemacht werden, richtigerweise hätte für die infrage stehende Beschaffung nicht das freihändige Verfahren durchgeführt werden dürfen. Auch dazu kann aber nicht jedermann legitimiert sein, sondern nur wer geltend macht, er hätte – wenn für die infrage stehende Beschaffung ein anderes Verfahren durchgeführt worden wäre – eine Offerte für das zu beschaffende Produkt eingereicht. Mithin steht gegen den Entscheid, unzulässigerweise das Freihandverfahren durchzuführen, nur den potenziellen Anbieterinnen des von der Vergabestelle definierten Beschaffungsgegenstandes eine Beschwerdemöglichkeit zu (BGE 137 II 313 E. 3.3.2).

Wenn die Beschwerdeführerin geltend macht, der Beschaffungsgegenstand sei zu Unrecht so definiert worden, dass nur eine einzige Anbieterin infrage komme, muss im Beschwerdeverfahren die Umschreibung des Beschaffungsgegenstandes auf ihre Rechtmässigkeit überprüft werden können. Die Beschaffung eines anderen Gegenstandes als desjenigen, der rechtmässig umschrieben worden ist, kann nicht verlangt werden. Legitimiert zur Beschwerde kann daher nur sein, wer ein Produkt anbietet, das bei rechtmässiger Ausschreibung Beschaffungsgegenstand sein könnte, nicht aber, wer geltend macht, ein davon verschiedenes Produkt anbieten zu wollen (BGE 137 II 313 E. 3.3.2). Die zulässige Festlegung des Beschaffungsgegenstands wird damit zu einem sogenannten doppelrelevanten Sachverhalt: Sie bildet Gegenstand der materiellen Beurteilung (weil davon die Zulässigkeit des freihändigen Verfahrens abhängt), aber zugleich ist sie vorfrageweise von Bedeutung für die Frage, wer überhaupt aufgrund des von ihm angebotenen Produkts legitimiert ist, Beschwerde zu erheben (BGE 137 II 313 E. 3.3.3). Das Bundesgericht verlangt, die potenzielle Anbieterin müsse im Beschwerdeverfahren geltend machen, dass sie eine konkrete Lösung anbietet, welche mit einer gewissen Wahrscheinlichkeit sowohl funktional als auch wirtschaftlich eine angemessene Alternative darstellt (BGE 137 II 313 E. 3.6.1; vgl. auch vorne, Rz. 942; zudem BVGE 2012/13 E. 3.2.7 ff.).

1930   Diese Anforderungen an die Beschwerdelegitimation sind sehr hoch, namentlich was die Qualifikation der «angemessenen Alternative» anbelangt. Eine Beschwerdeführerin muss den Beschaffungsgegenstand detailliert kennen, damit sie geltend machen kann, eine konkrete Lösung anzubieten, die funktional und wirtschaftlich gleichwertig sei. Im freihändigen Verfahren, in welchem der Auftrag direkt und ohne Ausschreibung an eine Anbieterin vergeben wird (Art. 16 BöB), ist das naturgemäss schwierig, auch wenn nur der Beweisgrad der «gewissen Wahrscheinlichkeit» verlangt wird. Bei der Bekanntmachung des Zuschlags nach Art. 28 VöB werden lediglich Art und Umfang der bestellten Leistung (Art. 28 lit. b VöB) veröffentlicht, was als Grundlage für den Nachweis der Beschwerdelegitimation, wie dieser vom Bundesgericht verlangt wird, kaum ausreicht (vgl. Schneider Heusi/Mazzariello, Microsoft-Vergabe, Rz. 24 ff.). Im Gegenzug hätten die Auftraggeberinnen zumindest den Detaillierungsgrad der Bekanntmachung von Art und Umfang der bestellten Leistung soweit zu erhöhen, dass damit das Angebot eines gleichwertigen Alternativprodukts für den genügenden Nachweis der Beschwerdelegitimation dargelegt werden könnte. Immerhin sind nach geltender Praxis die Voraussetzungen des freihändigen Verfahrens nach Art. 13 VöB restriktiv zu handhaben (Galli/Moser/Lang/Clerc, Praxis, Rz. 157), was grundsätzlich für geringe Anforderungen an die Legitimation bei einer Beschwerde wegen Unrechtmässigkeit der Anwendung des freihändigen Verfahrens spricht.

1931   Im Anwendungsbereich des BöB verneinte das Bundesverwaltungsgericht die Legitimation einzelner Gesellschafter einer Arbeitsgemeinschaft (Art. 21 VöB) gegen die Zuschlagsverfügung zunächst nur, wenn ein oder mehrere Gesellschafter aus der Arbeitsgemeinschaft ausgeschieden und an einem Zuschlag nicht mehr interessiert waren (BVGE 2007/13 E. 1.4). Das Ausscheiden stellt eine wesentliche Änderung des Angebots dar, welches nicht nur eine bestimmte Leistung zu einem bestimmten Preis umfasst, sondern auch die persönliche Verpflichtung aller Mitglieder der jeweiligen Bietergemeinschaft beinhaltet. Das Ausscheiden eines Mitglieds hat zur Folge, dass die Legitimation der übrigen Gesellschafter entfällt (Galli/Moser/Lang/Clerc, Praxis, Rz. 858). Weil das einzelne Mitglied einer einfachen Gesellschaft grundsätzlich nicht für diese handeln kann, hat das Bundesverwaltungsgericht seine Rechtsprechung jedoch derjenigen des Bundesgerichts (BGE 131 I 153 E. 5) und kantonaler Gerichte angepasst: Gemäss der neueren Praxis muss die Bietergemeinschaft zumindest so lange gemeinschaftlich Beschwerde führen, als der Vertrag mit dem Zuschlagsempfänger noch nicht abgeschlossen ist und demgemäss die Bietergemeinschaft als Vertragspartei nach wie vor infrage kommt (BVGer, Urteil B-3060/2010 vom 27.8.2010, E. 2.1; BVGE 2008/7 E. 2.2.2; Wolf, Rechtsschutz, S. 173; vorne, Rz. 935).

Auch im Anwendungsbereich des IVöB können die Mitglieder eines übergangenen Konsortiums nur gemeinschaftlich gegen den Vergabeentscheid vorgehen, solange der Vertrag zwischen der Auftraggeberin und der berücksichtigten Anbieterin nicht abgeschlossen ist, weil ein unteilbares Recht des Konsortiums geltend gemacht wird (BGer, Urteil 2P.130/2005 vom 21.11.2005, E. 2.1; BGE 131 I 153 E. 5.8). Die Vergabebehörde muss die Frist für die Beschwerde bei der kantonalen Instanz auf jeden Fall abwarten, bevor der Vertrag abgeschlossen wird (Art. 14 Abs. 1 IVöB). Sobald der Vertrag abgeschlossen ist, kann ein einzelnes Mitglied eines Konsortiums in seinem eigenen Namen gegen ein kantonales Urteil vorgehen, wenn die Beschwerde nur mehr auf die Feststellung der Rechtswidrigkeit des Vergabeentscheids und gegebenenfalls auf Schadenersatz zielt (BGer, Urteil 2P.130/2005 vom 21.11.2005, E. 2.1; BGE 131 I 153 E. 6.1). Dem Bundesgericht erschien es jedoch nicht als willkürlich, dass die Beschwerde eines einzelnen Konsortialmitglieds in eigenem Namen vom kantonalen Verwaltungsgericht auch dann nicht zugelassen wurde, als der Vertrag wenige Tage nach Ablauf der Beschwerdefrist geschlossen worden war und daraufhin die Beschwerdeführerin ihr Begehren auf Aufhebung der Zuschlagsverfügung fallen gelassen und nur noch am (ursprünglichen) Eventualbegehren auf Feststellung der Rechtswidrigkeit und Zahlung von Schadenersatz festgehalten hatte (BGE 131 I 153 E. 6.3–6.6).

4. Aufschiebende Wirkung der Beschwerde

Der Beschwerde kommt von Gesetzes wegen keine aufschiebende Wirkung zu (Art. 28 Abs. 1 BöB derogiert Art. 55 Abs. 1 VwVG; vgl. auch Art. 17 Abs. 1 IVöB). Das Bundesverwaltungsgericht kann die aufschiebende Wirkung auf Gesuch hin erteilen (Art. 28 Abs. 2 BöB; vgl. die ausführlichen Bestimmungen in Art. 17 Abs. 2–4 IVöB, auch zur Haftung der Beschwerdeführerin, dazu Art. 55

Abs. 3 VwVG im Anwendungsbereich des BöB). Die aufschiebende Wirkung verlängert das Verbot des Vertragsschlusses (Art. 22 Abs. 1 BöB). Dabei gilt insbesondere im Submissionsverfahren die sogenannte Stand-still-Regel. Dies bedeutet, dass der Vertrag – trotz gesetzlichem Entzug der aufschiebenden Wirkung – nicht abgeschlossen werden darf, bis das Gericht über den Antrag auf Erteilung der aufschiebenden Wirkung entschieden hat (vgl. dazu eingehend Beyeler, Geltungsanspruch, N. 2452 ff.). Das Gericht richtet sich beim Entscheid über die aufschiebende Wirkung nach jenen Grundsätzen, welche Rechtsprechung und Lehre zu Art. 55 VwVG entwickelt haben (vorne, Rz. 1075 ff.). Dass der Gesetzgeber im BöB den Suspensiveffekt nicht von Gesetzes wegen zugesteht und damit von Art. 55 VwVG abweicht, bedeutet zwar nicht, dass die aufschiebende Wirkung nur ausnahmsweise gewährt werden soll (BVGE 2007/13 E. 2.1). Allerdings halten das Bundesverwaltungsgericht wie das Bundesgericht fest, dass beim Entscheid über die Erteilung der aufschiebenden Wirkung dem raschen Vollzug des Vergabeentscheides erhebliches Gewicht beizumessen ist (BVGE 2008/7 E. 3.4; BGer, Urteil 2D_20/2010 vom 20.5.2010, E. 2.2, im Anwendungsbereich der IVöB). Allerdings ist die Rechtsprechung hierzu wenig konstant und greift diesen Ansatz nicht in allen Entscheiden auf (vgl. etwa BVGer, Urteil B-2197/2011 vom 19.5.2011, E. 2.1). Weil im Verfahren über öffentliche Beschaffungen ein qualifiziertes Beschleunigungsgebot gilt, kann das aus dem Anspruch auf rechtliches Gehör abgeleitete Replikrecht beim Entscheid über die aufschiebende Wirkung eingeschränkt werden. Das rechtliche Gehör ist dann im Hauptverfahren zu gewähren und beispielsweise Gelegenheit zur Beschwerdeergänzung einzuräumen (BVGE 2012/6 E. 3.5).

1934 Der Bundesrat wollte die aufschiebende Wirkung der Beschwerde auf Bundesebene neu regeln (Entwurf vom 19.5.2010: BBl 2010 4069 [E-BöB], Botschaft: BBl 2010 4051). Sie hätte sich explizit nach Art. 55 VwVG richten sollen (Art. 28 Abs. 1 E-BöB). Die Beschwerde hätte keine aufschiebende Wirkung gehabt, wenn das Interesse des Landes den Bau eines öffentlichen Werks oder die Erfüllung einer Bundesaufgabe innert einer Frist verlangt hätte, welche aufgrund ihrer Dringlichkeit keinen Aufschub des Vertragsschlusses zugelassen oder deren Aufschub einen unverhältnismässigen Verzögerungsschaden zur Folge gehabt hätte (Art. 28 Abs. 2 E-BöB). Daran hätten sich auch die Beschwerdeinstanzen zu halten gehabt (Art. 28 Abs. 3 E-BöB). Die Motivation der Vorlage lag in der Verzögerung von grossen öffentlichen Beschaffungen, vor allem bei verschiedenen Baulosen der NEAT. Nationalrat und Ständerat traten aber nicht auf die Vorlage ein (AB 2011 N 1359; 2011 S 1264). Offenbar wurde das geltende Recht doch wieder besser als der Entwurf eingestuft: Das Bundesverwaltungsgericht habe nach geltendem Recht ohnehin eine Interessenabwägung vorzunehmen, wenn ein Gesuch um Erteilung der aufschiebenden Wirkung gestellt werde.

1935 Im Übrigen wird die ursprünglich geplante Totalrevision des BöB etappenweise umgesetzt. In der Vernehmlassung unbestrittene, konjunkturbeförderliche Neuerungen flossen in die Revision der VöB, in Kraft seit 1.1.2010. Für den Rest wird die Revision des GPA abgewartet.

5. Keine Rüge der Unangemessenheit

Soweit das BöB nichts anderes bestimmt, richtet sich das Verfahren nach den allgemeinen Bestimmungen über die Bundesverwaltungsrechtspflege (Art. 26 Abs. 1 BöB). Die beschwerdeführende Person kann mit der Beschwerde die Verletzung von Bundesrecht samt Überschreitung oder Missbrauch des Ermessens (Art. 49 lit. a VwVG) sowie die unrichtige oder unvollständige Feststellung des rechtserheblichen Sachverhalts (Art. 49 lit. b VwVG) rügen. Hingegen kann bei Submissionsstreitigkeiten die Unangemessenheit im Beschwerdeverfahren nicht gerügt werden (Art. 31 BöB; ebenso Art. 16 Abs. 2 IVöB).

1936

6. Feststellung der Bundesrechtsverletzung

Erweist sich die Beschwerde als begründet und ist der Vertrag mit dem Anbieter oder der Anbieterin bereits abgeschlossen worden, so stellt das Bundesverwaltungsgericht lediglich fest, inwiefern die angefochtene Verfügung Bundesrecht verletzt (Art. 32 Abs. 2 BöB; vgl. auch Art. 9 Abs. 3 BGBM, Art. 18 Abs. 2 IVöB). Diese prozessuale Regel ist auf die besondere Interessenlage bei Submissionsstreitigkeiten zugeschnitten. Der Gesetzgeber wollte damit einerseits ausschliessen, dass die Gerichte bereits abgeschlossene Verträge wieder aufheben (vgl. BBl 1995 I 1275; zum BGBM: BBl 1994 II 1202). Andererseits soll damit sichergestellt werden, dass die Rechtmässigkeit von angefochtenen Vergabeentscheiden auch dann noch überprüft werden kann, wenn der betreffende Vertrag bereits abgeschlossen worden ist und damit das Verfahren, soweit die Beschwerdebegehren auf die Erwirkung des Zuschlages abzielten, an sich als gegenstandslos zu betrachten wäre. Der Anspruch auf Feststellung der Rechtswidrigkeit des Zuschlags ist zwar auf die Möglichkeit der Geltendmachung von Schadenersatzansprüchen ausgerichtet und will dem übergangenen Bewerber die Durchsetzung solcher Ansprüche erleichtern. Er besteht aber unabhängig davon, ob bzw. auf welcher Rechtsgrundlage und in welchem Verfahren nach dem betreffenden kantonalen Recht Haftungsansprüche gegen den öffentlichen Auftraggeber geltend gemacht werden können. Wer legitimiert gewesen ist, den Zuschlagsentscheid anzufechten, behalt den Anspruch auf Überprüfung der Rechtmässigkeit des Zuschlages auch dann, wenn dieser infolge Vertragsabschlusses nicht mehr aufgehoben werden kann (vgl. hinten, Rz. 1976). Ein dahingehendes Eventualbegehren braucht nicht notwendigerweise bereits in der Beschwerde gegen den (noch nicht vollzogenen) Zuschlag gestellt zu werden; der Antrag auf Feststellung der Rechtswidrigkeit gilt als im

1937

Begehren um Aufhebung des Zuschlages sinngemäss mitenthalten (zum Ganzen BGE 132 I 86 E. 3.2, im Anwendungsbereich der IVöB).

IV. Ausnahmsweise Beschwerde an das Bundesgericht

1938 Gemäss Art. 83 lit. f BGG ist die Beschwerde an das Bundesgericht nur unter zwei kumulativ zu erfüllenden Voraussetzungen zulässig. Danach kann Beschwerde auf dem Gebiet der öffentlichen Beschaffung erhoben werden, wenn der geschätzte Wert des zu vergebenden Auftrags den gesetzlichen oder staatsvertraglichen Schwellenwert erreicht und eine Rechtsfrage von grundsätzlicher Bedeutung zu entscheiden ist. Das Bundesgericht legt diese Bestimmung eher restriktiv aus (BGE 134 II 192; im Einzelnen vorne, Rz. 1416).

27. Kapitel: Enteignung

Literatur: BANDLI CHRISTOPH, Neue Verfahren im Koordinationsgesetz, URP 2001, S. 511 ff.; EYMANN URS, Grundzüge des Enteignungsrechts in der Schweiz, URP 2003, S. 555 ff.; GFELLER ROLAND, Immissions- und Überflugsenteignungen am Beispiel des Flughafens Zürich, Zürich 2006; HÄNNI PETER, Planungs-, Bau- und besonderes Umweltschutzrecht, 5. A., Bern 2008, §§ 28 ff.; HERTIG RANDALL MAYA, L'expropriation matérielle à l'aune de la jurisprudence récente, in: Foëx Bénédict/Hottelier Michel (Hrsg.), La garantie de la propriété à l'aube du XXIe siècle, Genf 2009, S. 29 ff.; HESS HEINZ/WEIBEL HEINRICH, Das Enteignungsrecht des Bundes. *Kommentar* zum Bundesgesetz über die Enteignung, zu den verfassungsrechtlichen Grundlagen und zur Spezialgesetzgebung des Bundes, 2 Bände, Bern 1986; JAAG TOBIAS, Öffentliches Entschädigungsrecht, ZBl 1997, S. 145 ff.; JOMINI ANDRÉ, Expropriation formelle. Quelques développements récents dans le cadre du droit fédéral, in: Foëx Bénédict/Hottelier Michel (Hrsg.), La garantie de la propriété à l'aube du XXIe siècle, Genf 2009, S. 1 ff.; KAPPELER RUDOLF, Formelle und materielle Enteignung gemäss den Fluglärmentscheiden des Bundesgerichts, Zürich 2010; DE MORPURGO MARGHERITA, Uno sguardo sull'espropriazione formale, in: Gianoni Filippo/Campelli Fulvio (Hrsg.), Temi scelti di diritto espropriativo, Lugano 2010, S. 3 ff.; RIVA ENRICO, Aktuelle Entwicklungen im Recht der materiellen Enteignung, in: Gianoni Filippo/Campelli Fulvio (Hrsg.), Temi scelti di diritto espropriativo, Lugano 2010, S. 63 ff.; ders., Hauptfragen der materiellen Enteignung, Bern 1990; STOLL RAPHAEL/REBSAMEN MANUEL, Die formelle Enteignung nach zürcherischem Strassengesetz. Eine verfahrensrechtliche Annäherung, PBG aktuell 2012, Heft 1, S. 5 ff.; WAGNER PFEIFER BEATRICE, Beweissicherung und Entschädigung bei Bauschäden. Verfahren vor der Eidgenössischen Schätzungskommission, BJM 2011, S. 74 ff.; WIPF THOMAS, Das Koordinationsgesetz des Bundes. Die Koordination, Vereinfachung und Beschleunigung von bodenbezogenen Entscheidverfahren im Bund, Zürich 2001.

I. Einleitende Bemerkungen

Das Enteignungsgesetz des Bundes wurde bereits im Jahr 1930 erlassen, somit vor dem VwVG. Dieses Gesetz regelt die formelle Enteignung für Werke, die im Interesse des Bundes oder eines grossen Teils des Landes liegen, oder für andere öffentliche Interessen, sofern sie durch ein Bundesgesetz anerkannt sind (Art. 1 EntG). In Art. 7 EntG wird die Enteignung von Nachbarrechten (insbesondere die Enteignung des Immissionsschutzes) geregelt. Das Enteignungsrecht wird durch Bundesgesetz häufig Dritten übertragen (vgl. Art. 2 EntG), so insbesondere Konzessionärinnen (z.B. Art. 36a Abs. 4 LFG: Enteignungsrecht der Flugplatzkonzessionärinnen; Art. 3 EBG für Eisenbahnunternehmen; vgl. auch Häfelin/Müller/Uhlmann, Verwaltungsrecht, Rz. 2075).

Im Enteignungsgesetz wird der gesamte Ablauf des Enteignungsverfahrens selbständig geregelt. Namentlich regelt das Enteignungsgesetz ebenso das Planauflageverfahren, in welchem bestimmt wird, ob die Enteignung überhaupt zulässig ist und in welchem Umfang dies der Fall ist (Art. 27 EntG). Da sich in diesem Verfahren allerdings dieselben Fragen stellen wie im Plangenehmigungsverfahren, das von der zuständigen Sachbehörde (z.B. vom UVEK) durchgeführt wird, ist das Enteignungsverfahren mit dem Plangenehmigungsverfahren zu koordinieren. Demgemäss sieht das Koordinationsgesetz vor, dass sich das Planauflageverfahren nach den Bestimmungen über das Plangenehmigungsverfahren (gemäss dem betreffenden Sachgesetz) richtet und Entschädigungsforderungen im Plangenehmigungsverfahren im Rahmen der Einsprache anzumelden sind (vgl. vorne, Rz. 793). Das Koordinationsgesetz geht praktisch für sämtliche vom Bundesrecht beherrschten Infrastrukturanlagen vom konzentrierten Verfahren aus (siehe vorne, Rz. 121). Das Schätzungsverfahren vor der Schätzungskommission folgt dann jeweils nach der rechtskräftigen Projektfestsetzung. Darin geht es nur noch um die Entschädigungsforderung. Das Projekt und damit die Zulässigkeit der Enteignung stehen demgegenüber nicht mehr zur Diskussion. Das Planauflageverfahren gemäss Art. 27 ff. EntG sowie das Einigungsverfahren, soweit es die Projektfestsetzung betrifft, haben dementsprechend an Bedeutung verloren. Nachfolgend wird deshalb insbesondere auf das Schätzungsverfahren eingegangen.

1942 Ansprüche aus der Enteignung von Nachbarrechten (Art. 684 ZGB) gemäss Art. 5 EntG müssen nicht bereits im Planauflageverfahren vorgebracht werden. Allerdings muss die fünfjährige Verjährungsfrist beachtet werden, welche mit der Erfüllung der materiellen Voraussetzungen der Entschädigung zu laufen beginnt, d.h., wenn die Unvorhersehbarkeit, die Spezialität und die Schwere der Immissionen erfüllt sind und dies objektiv erkennbar ist (BGE 130 II 394 E. 11; 124 II 543 E. 5a). Das entsprechende Begehren auf Entschädigung ist dem Enteigner einzureichen, welcher es der Schätzungskommission überweist.

II. Teilweise Anwendbarkeit des VwVG

1943 Das Verfahren der Schätzungskommissionen ist im EntG und in der VESchK geregelt (wobei am 1.4.2013 die neue Verordnung des Bundesrats die frühere, noch vom Bundesgericht erlassene abgelöst hat). Art. 2 Abs. 3 VwVG und Art. 110 EntG bestimmen, dass auf das Verfahren der eidgenössischen *Schätzungskommissionen* für die Enteignung lediglich Artikel 20–24 VwVG zu den Fristen Anwendung finden (vgl. BGE 131 II 65 E. 1; 113 Ib 34 E. 3). Art. 3 der genannten Verordnung bestimmt hingegen, dass für das Verfahren vor dem Präsidenten oder der Kommission die Vorschriften des zweiten Abschnitts des VwVG mit den allgemeinen Verfahrensgrundsätzen (Art. 7–43 VwVG) anwendbar sind (vgl. BGE 115 Ib 411 E. 2c). Die Zuständigkeit der Schätzungskommission ergibt sich aus Art. 64 EntG.

1944 Das Beschwerdeverfahren vor *Bundesverwaltungsgericht* richtet sich nach dem VGG, soweit das EntG nichts anderes bestimmt (Art. 77 Abs. 2 EntG). Art. 37 VGG wiederum verweist grundsätzlich auf das VwVG.

III. Schätzungsverfahren

Ist das Plangenehmigungsverfahren rechtskräftig abgeschlossen, werden der Eidgenössischen Schätzungskommission die Planunterlagen, der Enteignungsplan, die Grunderwerbstabelle und die angemeldeten Forderungen übermittelt. Der Präsident der Schätzungskommission ist berechtigt, als vorsorgliche Massnahme die vorzeitige Besitzeinweisung zu bewilligen, wobei gemäss dem im Koordinationsgesetz geregelten konzentrierten Verfahren der andernfalls entstehende bedeutende Nachteil, welcher gemäss Art. 76 EntG nachzuweisen wäre, vermutet wird. 1945

Das Schätzungsverfahren vor der Schätzungskommission wird in Art. 66 ff. EntG geregelt. Dabei sieht Art. 67 Abs. 1 EntG als die hauptsächlichen Untersuchungsmassnahmen die mündliche Parteiverhandlung und den Augenschein vor. Art. 68 EntG regelt den Schriftenwechsel, der aber sowohl bezüglich der Durchführung als solcher wie auch bezüglich des Zeitpunktes in das Ermessen des Präsidenten oder der Präsidentin der Schätzungskommission gestellt wird. Die Schätzungskommission ist gemäss Art. 72 EntG berechtigt, alle Erhebungen durchzuführen, welche für die Schätzung erforderlich sind. Insbesondere ist sie auch berechtigt, Zeugen anzuhören (Art. 72 EntG). 1946

Die Verhandlungen und der Entscheid der Schätzungskommission werden in einem Protokoll zusammengefasst (Art. 73 EntG; Art. 12 VESchK). Wird dieser Entscheid nicht angefochten, hat er die Wirkung eines rechtskräftigen Entscheids des Bundesverwaltungsgerichts (Art. 75 EntG). 1947

Wenn der Enteigner den Bestand des Rechts, für das eine Entschädigung verlangt wird, bestreitet, wird das Schätzungsverfahren ausgesetzt und dem Enteigner eine Frist zur Klageerhebung beim ordentlichen Richter angesetzt (Art. 69 Abs. 1 EntG). Die Parteien können jedoch durch ausdrückliche Erklärung den Entscheid auch über den Bestand des Rechts der Schätzungskommission anheim stellen; die Beschwerde an das Bundesverwaltungsgericht und dann an das Bundesgericht bleiben auch insofern vorbehalten (Art. 69 Abs. 2 EntG). Wird das Verfahren der Schätzungskommission anheim gestellt, sind für das Verfahren vor der Kommission die Bestimmungen des BZP anwendbar (Art. 4 VESchK; Hess/Weibel, Kommentar, Band 1, Art. 69 N. 12). Art. 69 Abs. 2 EntG (in der Fassung vom 17.6.2005, in Kraft seit 1.1.2007) widerspricht grundsätzlich Art. 7 Abs. 2 VwVG (in der ursprünglichen Fassung vom 20.12.1968, in Kraft seit 1.10.1969), wonach die Begründung einer Zuständigkeit durch Einverständnis zwischen Behörde und Partei ausgeschlossen ist. Art. 69 Abs. 2 EntG geht aber als lex specialis und lex posterior vor (vgl. Hess/Weibel, Kommentar, Band 1, Art. 69 N. 10 und Art. 120 N. 11). 1948

IV. Neue Begehren

1949 Gemäss den allgemeinen Grundsätzen des Beschwerdeverfahrens nach VwVG sind neue Vorbringen nur im Rahmen des Streitgegenstands zulässig. Der Streitgegenstand wird durch die Beschwerdeanträge festgelegt, die sich ihrerseits im Rahmen des Anfechtungsobjekts bewegen müssen. Der Streitgegenstand kann von den Parteien im Lauf des Beschwerdeverfahrens grundsätzlich nicht mehr erweitert werden (vorne, Rz. 686 ff., 1007; BGE 136 II 165 E. 5). Davon abweichend lässt Art. 77 Abs. 3 EntG im Verfahren vor Bundesverwaltungsgericht neue Begehren über die Festsetzung der Entschädigung zu, soweit diese nachweisbar nicht schon vor der Schätzungskommission gestellt werden konnten. Diese Bestimmung wahrt dem Enteigneten die Möglichkeit, insbesondere Schadenersatzforderungen für erst nachträglich aufgetretene oder erkennbar gewordene Schäden anzumelden (Hess/Weibel, Kommentar, Band 1, Art. 77 N. 16). Ob und inwieweit diese Spezialbestimmung eine Ausweitung von Beschwerdebegehren noch in der Replik zulässt, liess das Bundesgericht offen (BGE 136 II 165 E. 5.1). Im anschliessenden Verfahren vor Bundesgericht gelten die allgemeinen Verfahrensvorschriften des BGG (Art. 87 Abs. 2 EntG; BBl 2001 4445; vgl. Art. 99 Abs. 2 BGG).

1950 Auch abgesehen von Art. 77 Abs. 3 EntG gewährt das EntG vereinzelt die Möglichkeit, vor der Vorinstanz nicht zur Beurteilung gestandene Begehren beim Bundesverwaltungsgericht anzubringen (Hess/Weibel, Kommentar, Band 1, Art. 77 N. 19), so in Art. 13 Abs. 2 (Ausdehnung der Enteignung auf Begehren des Enteigners). Anträge auf vorsorgliche Massnahmen sowie auf vorzeitige Besitzeinweisung gemäss Art. 76 Abs. 1 und 3 EntG und auf vorläufige Vollstreckung nach Art. 86 Abs. 1 f. EntG können ohnehin jederzeit gestellt werden.

V. Anschlussbeschwerde

1951 Im VwVG ist keine Anschlussbeschwerde vorgesehen, ebenso wenig im Verfahren vor Bundesverwaltungsgericht (BVGE 2010/24 E. 3.3). Wer mit einem Entscheid nicht einverstanden ist, muss diesen selbst innert der Beschwerdefrist anfechten. Vorbehalten bleibt die Spezialgesetzgebung. Nach Art. 78 Abs. 2 EntG kann die Gegenpartei innert zehn Tagen nach Empfang der Mitteilung von der Beschwerde beim Bundesverwaltungsgericht den Anschluss erklären und dabei selbständige Anträge stellen. Der Gesetzgeber hatte die Anschlussbeschwerde in Anlehnung an die frühere Zivilrechtspflege vor Bundesgericht geschaffen: Die gleiche Möglichkeit war im Bundesrecht im Anschluss an eine Berufung dem Berufungsbeklagten gegeben (Art. 59 OG). Das Verfahren nach BGG kennt generell keine Anschlussbeschwerde (BGE 138 V 106 E. 2.1). Mit der Anschlussbeschwerde nach EntG muss notwendigerweise eine Änderung des Entscheids zuungunsten des Hauptbeschwerdeführers bezweckt werden; es können weder Anträge gestellt werden, die gleich lauten wie jene des Hauptbeschwerdeführers, noch kann einfach die Bestätigung des angefochtenen Entscheids verlangt werden (BGE 131 II 137 E. 1.2 zum Verfahren vor Bundesgericht, das vor der Totalrevision der Bundesrechtspflege als einzige Instanz über Entscheide der Schätzungskommissionen befand). Die Anschlussbeschwerde eröffnet die Möglichkeit, sich nicht nur passiv den Anträgen des Hauptbeschwerdeführers zu widersetzen, sondern eigene Rechtsbegehren zu stellen (Hess/Weibel, Kommentar, Band 1, Art. 78 N. 6). Die Anschlussbeschwerde muss sich auf den Gegenstand der Hauptbeschwerde beschränken. Sie steht nicht derjenigen Partei zu, die selbst Beschwerde erhoben hat, es sei denn, die Hauptbeschwerde der Gegenpartei beziehe sich auf einen anderen Gegenstand als die eigene. Der Bestand der Anschlussbeschwerde ist vom Bestand der Hauptbeschwerde abhängig (Hess/Weibel, Kommentar, Band 1, Art. 78 N. 9–11).

VI. Kosten

Die aus der Geltendmachung des Enteignungsrechts entstehenden Kosten des Verfahrens vor der Verwaltungsbehörde, der Schätzungskommission und deren Präsidentin oder Präsidenten trägt grundsätzlich der Enteigner (Art. 114 Abs. 1 EntG; Anschauungsbeispiel: BVGer, Urteil A-3043/2011 vom 15.3.2012 sowie BGer, Urteile 1C_224/2012 vom 6.9.2012, in: ZBl 2013, S. 165, und 12T_3/2012 vom 24.8.2012 betreffend Lärmentschädigungsverfahren der Flughafen Zürich AG; Verordnung vom 13.2.2013 über Gebühren und Entschädigungen im Enteignungsverfahren, SR 711.3). Dieser Vorschrift liegt die Überlegung zugrunde, dass der Enteignete wider seinen Willen in das Verfahren einbezogen wird. Ob das Verfahren durch Urteil, durch Enteignungsvertrag oder durch Verzicht des Enteigners auf die Enteignung endet, spielt keine Rolle (Hess/Weibel, Kommentar, Band 1, Art. 114 N. 5). Weil die Regelung zur finanziellen Abhängigkeit der Schätzungskommission von den Enteignern führen kann, erscheint sie sehr problematisch. Dies ist umso mehr der Fall, wenn die Enteigner privatrechtlich organisierte Unternehmen sind (vgl. auch die bedenkenswerte Kritik an der Auslegung von Art. 114 EntG bei Christoph Auer, Bemerkungen, in: ZBl 2013, S. 172 ff.). Art. 114 Abs. 2 EntG regelt Ausnahmen mit Sanktionscharakter (bei offensichtlich missbräuchlichen Begehren und offensichtlich übersetzten Forderungen). Abs. 3 sodann sieht Ausnahmen vor, die von der Streitsache her begründet sind (im Rückforderungsverfahren und bei unbegründeten nachträglichen Entschädigungsforderungen nach Art. 41 EntG).

Für die notwendigen aussergerichtlichen Kosten des Enteigneten hat ebenfalls der Enteigner eine angemessene Entschädigung zu bezahlen (Art. 115 Abs. 1 EntG). Von der Zusprechung einer Parteientschädigung kann ganz oder teilweise abgesehen werden, wenn die Begehren des Enteigneten ganz oder zum grösseren Teil abgewiesen werden (Art. 115 Abs. 2 EntG). Wenn der Enteignete offensichtlich missbräuchliche Begehren oder offensichtlich übersetzte Forderungen stellt, kann er zur Bezahlung einer Parteientschädigung an den Enteigner verpflichtet werden (Art. 115 Abs. 3 EntG). Diese beiden Absätze 2 und 3 laufen parallel zu Art. 114 Abs. 2 EntG (Hess/Weibel, Kommentar, Band 1, Art. 115 N. 6). Art. 114 Abs. 3 EntG ist bei der Parteientschädigung entsprechend anwendbar (Art. 115 Abs. 4 EntG).

1954 Im Verfahren vor Bundesverwaltungsgericht trägt die Kosten des Verfahrens (samt Parteientschädigung an den Enteigneten) ebenfalls der Enteigner (Art. 116 Abs. 1 Satz 1 EntG). Eine andere Kostenverteilung ist möglich, wenn die Begehren des Enteigneten ganz oder zum grösseren Teil abgewiesen werden (Art. 116 Abs. 1 Satz 2 EntG). Unnötige Kosten trägt ohnehin derjenige, der sie verursacht hat (Art. 116 Abs. 1 Satz 3 EntG). Die Fälle von Art. 114 Abs. 3 EntG werden vor Bundesverwaltungsgericht entsprechend gehandhabt (Art. 116 Abs. 2 EntG: Anwendung der allgemeinen Grundsätze des BZP).

1955 Die Kostenpflicht im Verfahren vor Bundesgericht folgt hingegen im heutigen Rechtsmittelsystem (mit der Zwischenschaltung des Bundesverwaltungsgerichts) den gewöhnlichen Regeln des BGG (Art. 116 Abs. 3 EntG). Die vorrangige Belastung des Enteigners entfällt. Sie wäre nicht mehr sachgerecht (BBl 2001 4447).

28. Kapitel: Staatshaftung

Literatur: EGLI JEAN-FRANÇOIS, L'activité illicite du juge cause de responsabilité pécuniaire à l'égard des tiers, in: Hommage à Raymond Jeanprêtre, Neuenburg 1982, S. 7 ff.; FAVRE ANNE-CHRISTINE/MARTENET VINCENT/POLTIER ETIENNE (Hrsg.), La *responsabilité* de l'Etat, Genf u.a. 2012; FELLER RETO, Das Prinzip der *Einmaligkeit* des Rechtsschutzes im Staatshaftungsrecht, Zürich/St. Gallen 2007; GROSS JOST, Schweizerisches Staatshaftungsrecht, 2. A., Bern 2001; *ders.,* Staats- und Beamtenhaftung, in: Münch Peter/Geiser Thomas (Hrsg.), Schaden – Haftung – Versicherung, Basel u.a. 1999, S. 95 ff.; GROSS JOST/JAAG TOBIAS/HÄNNI JULIA, in: Ehrenzeller/Mastronardi/Schweizer/Vallender, St. Galler Kommentar, Art. 146; GUCKELBERGER ANNETTE, Die Staatshaftung in der Schweiz, recht 2008, S. 175 ff.; HÄFELIN/MÜLLER/UHLMANN, Verwaltungsrecht, Rz. 2237 ff.; JAAG TOBIAS, Staats- und Beamtenhaftung, in: Koller Heinrich/Müller Georg/Rhinow René/Zimmerli Ulrich (Hrsg.), *SBVR,* Band I/3, 2. A., Basel 2006; *ders.,* Staatshaftung für Schädigung durch rechtskräftige Verfügungen und Entscheide, in: Mélanges en l'honneur de Pierre Moor, Bern 2005, S. 351 ff.; LANDOLT HARDY, Die Grundrechtshaftung, AJP 2005, S. 379 ff.; MAYHALL NADINE, Aufsicht und Staatshaftung, Zürich u.a. 2008; MOOR/POLTIER, Droit administratif, Vol. II, S. 831 ff.; SCHAFFHAUSER RENÉ/BERTSCHINGER URS/POLEDNA TOMAS (Hrsg.), Haftung im Umfeld des wirtschaftenden Staates, St. Gallen 2003; SCHÖN FRANZ, Staatshaftung als Verwaltungsrechtsschutz, Basel 1979; TANQUEREL THIERRY, La responsabilité des autorités administratives indépendantes, in: Bellanger François/Tanquerel Thierry (Hrsg.), Les autorités administratives indépendantes, Genf u.a. 2011, S. 153 ff.; TSCHANNEN/ZIMMERLI/MÜLLER, Verwaltungsrecht, §§ 61 f.; WICHTERMANN JÜRG, Staatshaftungsrecht, in: Müller Markus/Feller Reto (Hrsg.), Bernisches Verwaltungsrecht, Bern 2008, S. 93 ff.

1956

I. Zuständigkeiten und Rechtswege

Laut Art. 146 BV haftet der Bund für Schäden, die seine Organe in Ausübung amtlicher Tätigkeiten widerrechtlich verursachen. Diese Haftung sowie die Regress- und Schadenersatzansprüche des Bundes gegenüber seinen Amtsträgerinnen und Amtsträgern werden im VG geregelt (vgl. zum persönlichen Geltungsbereich Art. 1 VG; zum Ganzen Art. 3–12 und 19–23 VG). Laut Art. 3 Abs. 2 VG ist die Haftung nach VG subsidiär zu den Ansprüchen gegenüber dem Bund, die sich aus Bestimmungen anderer Erlasse über die Haftpflicht ergeben. Die Haftung der Kantone untersteht grundsätzlich dem kantonalen Recht. Dieses ist – unter Vorbehalt spezieller Normen – insbesondere auch dann anwendbar, wenn die Kantone Bundesrecht vollziehen (vgl. Art. 1 Abs. 1 lit. f VG; BVGE 2008/6 E. 3.2.1; BGE 106 Ib 273 E. 2a; vgl. im Einzelnen Jaag, SBVR, Rz. 38 ff.).

1957

Haftungsansprüche aus der Amtstätigkeit von Bundesbeamten waren ursprünglich mit Zivilklage, später im verwaltungsrechtlichen Direktprozess vor Bundesgericht vorzubringen. Bei der Schaffung der gerichtlichen Verwaltungsrechtspflege wurde die Wahl des Klagewegs damit begründet, dass bei Streitigkeiten vermögensrechtlicher Natur die Verwaltung nach Massgabe der fiskalischen Interessen grundsätzlich Partei sei (vgl. BBl 1925 II 201 ff.). Diese gedanklichen Grundlagen der Verfahrensordnung verblassten allmählich, was

1958

erlaubte, die Staatshaftungsprozesse weitgehend in das *Anfechtungsverfahren* zu verweisen, als Massnahmen zur Entlastung des Bundesgerichts zu treffen waren. Seit der Gesetzesrevision vom 4.10.1991 (in Kraft ab 1.1.1994) sieht Art. 10 Abs. 1 VG daher als Regel vor, dass die zuständige Behörde über streitige Ansprüche des Bundes oder gegen den Bund eine Verfügung zu erlassen hat; das Beschwerdeverfahren richtet sich nach den allgemeinen Bestimmungen über die Bundesrechtspflege. Die heute gültige Fassung der Bestimmung (vom 17.6.2005, in Kraft seit 1.1.2007), die auf die Totalrevision der Bundesrechtspflege zurückgeht, entspricht wiederum wörtlich der Fassung vom 4.10.1991.

1959 *Begehren gegenüber dem Bund auf Schadenersatz und Genugtuung,* die auf das VG gestützt werden, sind beim Eidgenössischen Finanzdepartement einzureichen (Art. 1 VO VG). Da das Gesetz für den Schadenersatz eine Kausalhaftung vorsieht (Art. 3 Abs. 1 VG), genügt es insoweit, wenn die angeblich fehlbare Behörde angegeben wird, ohne dass konkrete Personen genannt werden (BGE 91 I 449 E. 1). Zuständig zum Erlass der Verfügungen nach Art. 10 Abs. 1 VG ist grundsätzlich das Finanzdepartement, das zuvor eine Vernehmlassung der Amtsstelle einholt, in deren Geschäftsbereich sich der anspruchsbegründende Sachverhalt ereignet hat (Art. 2 Abs. 1 VO VG). Vorbehalten bleibt die Zuständigkeit der Eidgenössischen Zollverwaltung für Verfügungen über Ansprüche unter 10 000 Franken in ihrem Geschäftsbereich (Art. 2 Abs. 2 VO VG). Die Verfügung kann mit Beschwerde beim Bundesverwaltungsgericht angefochten werden (Art. 10 Abs. 1 VG i.V.m. Art. 31 ff. VGG; so ausdrücklich Art. 2 Abs. 3 VO VG). Der Weiterzug an das Bundesgericht mit Beschwerde in öffentlich-rechtlichen Angelegenheiten ist zulässig, wenn der Streitwert mindestens 30 000 Franken beträgt oder sich eine Rechtsfrage von grundsätzlicher Bedeutung stellt (Art. 85 Abs. 1 lit. a und Abs. 2 BGG; vgl. dazu vorne, Rz. 1474 ff.). Für den Bund ist das Finanzdepartement nach Art. 89 Abs. 2 lit. a BGG beschwerdebefugt, soweit es zum Erlass der Verfügung zuständig war (BGer, Urteil 2C_834/2009 vom 19.10.2010, E. 1.2). Im Übrigen werden bestimmte Haftungsansprüche den Zivil- oder Strafsachen zugeordnet (vgl. vorne, Rz. 1448 ff., 1452 f.).

1960 Über *Ansprüche des Bundes gegen seine Angestellten* aus Haftung und Rückgriff (Art. 7 f. VG) erlässt die Behörde, die nach Bundespersonalrecht zuständig ist, eine Verfügung (Art. 5 Abs. 1 VO VG). Wenn eine Drittperson vom Bund Schadenersatz fordert, hat der Bund die Angestellten, gegen die ein Rückgriff infrage kommen kann, sofort zu benachrichtigen (Art. 3 Abs. 4 VG). Die Wahrung des rechtlichen Gehörs der Betreffenden im Verfahren über den Regress regelt Art. 5 Abs. 4 VO VG. Nach dem Wortlaut von Art. 10 Abs. 1 VG und nach Art. 5 Abs. 2 VO unterliegt die Verfügung der Beschwerde an das Bundesverwaltungsgericht. Weil die Haftungs- und Regressansprüche den personalrechtlichen Angelegenheiten zuzuordnen sind, fragt sich, ob die Verfahrensvorschriften des Bundespersonalrechts anzuwenden sind (so Gross/Jaag/Hänni, St. Galler Kommentar, Art. 146 Rz. 41; Jaag, SBVR, Rz. 293). Ab Inkrafttreten der Revision des BPG vom 14.12.2012 (BBl 2012 9705) wird die Frage aber ohne praktische Bedeutung sein, weil sich neu aus Art. 36 Abs. 1 BPG derselbe Rechtsweg ergibt wie aus Art. 10 Abs. 1 VG, nämlich die Beschwerde direkt an das Bundesverwaltungsgericht (Art. 36 Abs. 1 BPG; vgl. auch Art. 101 BPV, der auf das VG verweist). Gegen den Entscheid des Bundesverwaltungsgerichts ist die Beschwerde in öffentlich-rechtlichen Angelegenheiten an das Bundesgericht gegeben, wenn die Streitwertgrenze erreicht wird oder sich eine Rechtsfrage von grundsätzlicher Bedeutung stellt (Art. 85 BGG); dabei sollte die niedrigere Streitwertgrenze von Art. 85 Abs. 1 lit. b BGG für Angelegenheiten auf dem Gebiet der öffentlich-rechtlichen Arbeitsverhältnisse und nicht jene von Art. 85 Abs. 1 lit. a BGG für Staatshaftungsprozesse gelten (zu dieser umstrittenen Frage vgl. vorne, Rz. 1464).

Der Rechtsweg ist analog geregelt, wenn geltend gemacht wird, ein Organ oder eine angestellte Person einer *Organisation,* die mit einer öffentlich-rechtlichen Aufgabe betraut wurde und *ausserhalb der ordentlichen Bundesverwaltung* steht, habe bei der Ausübung dieser Aufgabe einen widerrechtlichen Schaden verursacht. Zum Erlass der erstinstanzlichen Verfügungen ist die betreffende Organisation zuständig (vgl. Art. 19 Abs. 3 VG; Art. 2 Abs. 3 VO VG; vgl. als Beispiel BVGE 2010/4 E. 1.1: Flughafenhalterin; für eine Praxisübersicht: BGer, Urteil 2A.675/2005 vom 12.7.2006, E. 4 f.). Bei dieser ist das entsprechende Begehren vorzubringen. Soweit der Bund nach Art. 19 Abs. 1 lit. a VG subsidiär haftet, weil die Organisation die geschuldete Entschädigung nicht zu leisten vermag, richtet sich das Verfahren nach den Bestimmungen zur primären Haftung des Bundes (Jaag, SBVR, Rz. 246). Bei Regressforderungen der Organisation gegen fehlbare Organe und Angestellte (Art. 19 Abs. 3 BV) ist das Bundespersonalrecht nicht anwendbar; die Verfügung der Organisation ist direkt beim Bundesverwaltungsgericht anzufechten. Im Verfahren vor Bundesgericht sollte aber die Streitwertgrenze von Art. 85 Abs. 1 lit. b BGG für den Bereich der öffentlich-rechtlichen Arbeitsverhältnisse analog angewendet werden (Jaag, SBVR, Rz. 299). 1961

Das Klageverfahren ist noch *ausnahmsweise* vorgesehen: Mit *Klage an das Bundesgericht* nach Art. 120 BGG sind gemäss Art. 120 Abs. 1 lit. c BGG und Art. 10 Abs. 2 VG «Ansprüche auf Schadenersatz und Genugtuung aus der Amtstätigkeit von Personen im Sinne von Artikel 1 Absatz 1 Buchstaben a–c^{bis}» vorzubringen. Dies betrifft nach Art. 1 Abs. 1 lit. b–c^{bis} VG die Mitglieder des Bundesrats, den Bundeskanzler bzw. die Bundeskanzlerin, die Mitglieder und Ersatzmitglieder der eidgenössischen Gerichte sowie die Mitglieder der Aufsichtsbehörde über die Bundesanwaltschaft. Ebenso gilt es für die Mitglieder der Bundesversammlung, obwohl Art. 1 Abs. 1 lit. a VG, der sie erwähnte, aufgrund eines gesetzgeberischen Versehens aufgehoben wurde, sodass die Verweisung von Art. 10 Abs. 2 VG insoweit ins Leere zielt (vgl. BBl 2008 1877; Bernhard Waldmann, in: Niggli/Uebersax/Wiprächtiger, Basler Kommentar BGG, Art. 120 N. 18 m.w.H.; a.M. Gross/Jaag/Hänni, St. Galler Kommen- 1962 tar BV, Art. 146 Rz. 20; Jaag, SBVR, Rz. 69). Das Begehren nach Art. 10 Abs. 2 VG ist allerdings ebenfalls beim Finanzdepartement einzureichen. Der Bundesrat hat innerhalb von drei Monaten schriftlich Stellung zu nehmen, wobei das Finanzdepartement die Stellungnahme vorbereitet. Wenn der Bund den Anspruch bestreitet oder die geschädigte Person innerhalb der genannten Frist keine Stellungnahme erhält, so hat Letztere innert weiterer sechs Monate die Klage einzureichen; andernfalls verwirken die Ansprüche (Art. 20 VG; Art. 3 VO VG). Zum Entscheid, ob gegen eine der genannten Personen *Klage auf Schadenersatz oder Regress* erhoben werden soll, ist die Behörde zuständig, der die betreffende Person angehört oder angehörte (Art. 5 Abs. 3 VO VG). Für *Schadenersatz- und Regressforderungen gegen Parlamentsmitglieder* hat der Gesetzgeber allerdings eine abweichende Lösung getroffen: Die Verwaltungsdelegation des Parlaments fällt einen Entscheid, den das Ratsmitglied mit «Beschwerde beim Bundesgericht» anfechten kann (Art. 21a ParlG; vgl. BBl 2008 1877 f.). Es kann sich nur um die Beschwerde in öffentlich-rechtlichen Angelegenheiten handeln.

1963 Vorbehalten bleiben auch im Übrigen *spezialgesetzliche bzw. andere gesetzliche Normen*. Teils verweisen diese einfach auf das VG (vgl. Art. 51 NBG). Teils übernehmen sie die Rechtsmittelordnung des VG in den Grundzügen, enthalten aber abweichende oder präzisierende Festlegungen, etwa in Bezug auf die Zuständigkeit (vgl. Art. 19 FINMAG). Teils sehen sie allerdings auch eine selbständige Verfahrensregelung vor (vgl. Art. 429 ff. StPO; Art. 99 ff. VStrR) oder verweisen ganz auf das Zivilprozessrecht (vgl. Art. 11 Abs. 2 POG). Das VG ist gegenüber Bestimmungen über die Haftpflicht in anderen Erlassen subsidiär (Art. 3 Abs. 2 VG). Diese Regelungen sind ausschliesslich und abschliessend; sie verdrängen in ihrem Anwendungsbereich das VG, das keine Auffangregelung darstellt (BGer, Urteil 5A.27/1999 vom 18.2.2000, E. 3a m.H.; Moor/Poltier, Droit administratif, Vol. II, S. 875 f.).

1964 In den zahlreichen Fällen, in denen die Gesetzgebung *materielle Sondernormen* über die Haftung enthält (vgl. Jaag, SBVR, Rz. 34 ff.), ist durch Auslegung zu ermitteln, ob und inwieweit die Verfahrensbestimmungen des VG anwendbar sind. Zu diesen besonderen Bestimmungen gehört auch Art. 55 Abs. 4 VwVG zur Willkür beim Entscheid über die aufschiebende Wirkung (vgl. dazu vorne, Rz. 1083 ff.). Werden Forderungen nach Art. 55 Abs. 4 VwVG geltend gemacht, richtet sich das Verfahren nach dem VG (BGer, Urteil 2A.493/2000 vom 2.3.2001, E. 3b). Haftet der Bund nach *Privatrecht,* so ist das Zivilprozessrecht anwendbar (Jaag, SBVR, Rz. 178).

1965 Werden Haftungsansprüche nach dem VG vorgebracht, richtet sich das *Verfahren* im Übrigen nach dem anwendbaren Prozessrecht, also nach dem VwVG (in Verbindung mit dem VGG) sowie dem BGG.

II. Verhältnis zu anderen Verfahren

1. Haftungsansprüche aus Verfügungen und Entscheiden

A. Einmaligkeit des Rechtsschutzes und Subsidiarität des Staatshaftungsverfahrens

Nach Art. 12 VG kann die Rechtmässigkeit formell rechtskräftiger Verfügungen, Entscheide und Urteile nicht in einem Verantwortlichkeitsverfahren überprüft werden. Die Bestimmung regelt das Verhältnis zwischen dem Staatshaftungsverfahren, wenn die Haftungsansprüche aus der angeblichen Widerrechtlichkeit eines Rechtsakts abgeleitet werden, und dem Rechtsmittelverfahren gegenüber diesem Rechtsakt. Bestimmend ist das Prinzip der *Einmaligkeit des Rechtsschutzes*. Zur Anfechtung einer Verfügung oder eines Entscheids soll nur ein Rechtsmittelweg gegeben sein; wird der ordentliche Rechtsweg nicht genutzt oder führt er für die betreffende Person nicht zum Erfolg, so soll eine Überprüfung des rechtskräftigen Entscheids auch nicht auf dem Umweg über das Staatshaftungsverfahren möglich sein (BGE 129 I 139 E. 3.1; 126 I 144 E. 2a).

1966

Diese Gründe können nicht unverändert angeführt werden, um den Ausschluss des Staatshaftungsverfahrens gegenüber einem letztinstanzlichen rechtskräftigen Entscheid zu rechtfertigen: Die Überprüfung eines solchen Entscheides im Staatshaftungsverfahren würde die Einmaligkeit des Rechtsschutzes insofern nicht infrage stellen, als dieser Entscheid den Rechtsweg gerade abschliesst und somit ihm gegenüber kein Rechtsschutz auf dem ordentlichen Weg mehr gegeben ist. Unter Vorbehalt von Revisionsgründen und der Nichtigkeit soll ein solcher Entscheid aber nicht mehr überprüft werden können, um widersprüchliche Ergebnisse zu vermeiden, und auch um der Rechtssicherheit und des Rechtsfriedens willen, die einen Abschluss der Rechtsstreitigkeiten gebieten.

1967

Das Bundesgericht hat wohl sinngemäss offengelassen, ob Art. 12 VG einem allgemeinen Rechtsgrundsatz entspreche, der auch beachtlich ist, wenn das kantonale Recht die Frage nicht regelt (BGer, Urteil 1P.75/2000 vom 7.6.2000, in: EuGRZ 2001, S. 132 E. 3a). In der Lehre wird die Frage verschiedentlich bejaht (Feller, Einmaligkeit, S. 114 ff.; Moor/Poltier, Droit administratif, Vol. II, S. 870).

1968

Wenig behandelt wird die Frage, ob Art. 12 VG eine Prozessvoraussetzung oder eine *materielle Voraussetzung* (negativer Art) aufstellt. Mit der Rechtsprechung ist von Letzterem auszugehen (vgl. zur Klage: BGE 126 I 144 E. 2a; 119 Ib 208 E. 3c; a.M. Feller, Einmaligkeit, S. 26 ff. m.w.H. auf die Praxis): Zum einen liegt keine res iudicata vor, weil die anbegehrte Rechtsfolge im Staatshaftungsverfahren nicht dieselbe ist wie im primären Rechtsmittelverfahren. Zum andern kann – für das Anfechtungsverfahren – auch nicht damit argumentiert werden, dass eine rechtskräftige Verfügung bzw. ein rechtskräftiger Entscheid kein zulässiges Anfechtungsobjekt darstelle, weil sich das Staatshaftungsverfahren nicht direkt gegen den angeblich fehlerhaften Rechtsakt richtet.

1969

1970 Aufgrund von Art. 12 VG können Haftungsansprüche, die aus Verfügungen und Entscheiden abgeleitet werden, grundsätzlich nur insoweit anerkannt werden, als diese Rechtsakte in einem Rechtsmittelverfahren aufgehoben wurden. Der Aufhebung ist der Widerruf gleichzustellen. In diesen Fällen liegt jedoch wiederum eine Hürde in der restriktiven Auslegung des Erfordernisses der *Widerrechtlichkeit* gemäss Art. 3 Abs. 1 VG: Es genügt nicht, dass sich der Rechtsakt als rechtswidrig oder auch willkürlich erwies. Vielmehr wird – kumulativ zu den übrigen Anforderungen an die Widerrechtlichkeit – vorausgesetzt, dass die verantwortliche Person eine für die Ausübung ihrer Funktion wesentliche Pflicht, eine wesentliche Amtspflicht, verletzt hat (so die wohl vorherrschende Rechtsprechungslinie: BGer, Urteil 2C_834/2009 vom 19.10.2010, E. 2.2, und BGE 132 II 305 E. 4.1, je mit einer Übersicht über die Rechtsprechung zur Widerrechtlichkeit im Bereich der Staatshaftung; vgl. auch BVGE 2009/57 E. 2.3.3 sowie vorne, Rz. 1083). Zu unpräzis erscheint die Ergänzung, dies gelte auch, wenn eine Haftung aus «einem Verfahren, das in einen Rechtsakt mündet», abgeleitet werde (BGer, Urteil 2C_834/2009 vom 19.10.2010, E. 2.2). Die Lehre scheint gutzuheissen, dass erhöhte Voraussetzungen an die Widerrechtlichkeit gestellt werden, schlägt jedoch teils andere Kriterien (überwiegend: Willkür) vor (vgl. z.B. Feller, Einmaligkeit, S. 94 ff.; anders Moor/Poltier, Droit administratif, Vol. II, S. 866 ff.).

B. Relativierung der Subsidiarität des Staatshaftungsverfahrens

1971 Die Praxis legt Art. 12 VG einschränkend aus: Die Überprüfung des Rechtsakts im Staatshaftungsverfahren wird nur ausgeschlossen, wenn das primäre Rechtsmittel von den am ursprünglichen Verfahren beteiligten Parteien überhaupt hätte ergriffen und zur Korrektur des Entscheids hätte führen können (vgl. BGE 129 I 139 E. 3.1). Die Lehre geht davon aus, dass auch Verfügungen, gegen die gar kein Rechtsmittel gegeben ist, im Staatshaftungsverfahren überprüft werden können; mit der Einführung der Rechtsweggarantie gemäss Art. 29a BV stellt sich diese Frage allerdings grundsätzlich nicht mehr. Jedenfalls darf Art. 12 VG nicht verhindern, dass ein Gericht im Sinn von Art. 29a BV und Art. 6 Ziff. 1 EMRK die Grundlagen des Staatshaftungsanspruchs überprüft (was aber nicht mit einer umfassenden Überprüfung der primären Verfügung gleichgesetzt werden darf). Ob bzw. inwieweit auch bei der Haftung für rechtskräftige Verfügungen und Entscheide, sofern sie trotz Art. 12 VG grundsätzlich zuzulassen ist, eine Amtspflichtverletzung Voraussetzung ist, ergibt sich nicht klar aus der Praxis und ist in der Lehre umstritten (vgl. Etienne Poltier, La responsabilité de l'Etat pour acte illicite: l'exigence de l'illicéité, in: Favre/Martenet/Poltier, responsabilité, S. 45 ff., 64 f., 74 m.H.).

1972 Die Möglichkeit zur Anfechtung im primären Verfahren bestand etwa dann nicht, wenn sich der Schaden aus einer Verfügung ergeben hat, die den Anträgen der betreffenden Person entsprach (vgl. BGer, Urteil 2C.3/1998 vom

16.3.2000, wo die Haftungsansprüche unter anderem auf die Erteilung eines Fahrzeugausweises für ein nicht verkehrssicheres Fahrzeug abgestützt wurden).

Sodann ist die Überprüfung des Rechtsakts im Staatshaftungsverfahren zulässig, wenn das primäre Rechtsmittelverfahren nur noch zur Feststellung der Rechtswidrigkeit führen konnte bzw. hätte führen können. Dies ist der Fall, wenn das aktuelle Rechtsschutzinteresse und damit die Rechtsmittellegitimation der betreffenden Partei im primären Verfahren wegfielen. Beispiele sind die mündlich eröffnete und sofort vollzogene Verfügung (BGE 100 Ib 8 E. 2b) oder die Haftanordnung, wenn die verhaftete Person mittlerweile wieder aus der Haft entlassen wurde (BGE 129 I 139 E. 3; 125 I 394 E. 5d–e) – wobei die Entschädigung für die Untersuchungshaft seit Inkrafttreten der StPO stets von der Strafbehörde zu prüfen ist (Art. 429 StPO). Jedenfalls im Anwendungsbereich von Art. 5 Ziff. 5 EMRK – der Schadenersatz für Festnahmen und Freiheitsentzüge vorsieht, die nicht den Anforderungen von Art. 5 EMRK entsprechen – hängt die Überprüfung der Rechtmässigkeit der Haft im Staatshaftungsverfahren nicht davon ab, ob zuvor die Haft angefochten wurde (vgl. BGer, Urteil 1P.75/2000 vom 7.6.2000, E. 3b; BGE 125 I 394 E. 5d; 110 Ia 140 E. 2a; Feller, Einmaligkeit, S. 151 ff.; Häfelin/Müller/Uhlmann, Verwaltungsrecht, Rz. 2266).

1973

Diese Praxis korrespondiert damit, dass das Interesse an der Feststellung der Widerrechtlichkeit zwecks Erhebung von Ansprüchen in einem späteren Haftungsverfahren die Rechtsmittellegitimation nicht begründet (BGer, Urteil 1A.253/2005 vom 17.2.2006, E. 2.1.2; BGE 126 I 144 E. 2a). Gegebenenfalls ist im Staatshaftungsverfahren auch ein reines Feststellungsbegehren entgegenzunehmen, da die Feststellung der Widerrechtlichkeit eine Genugtuung darstellen kann (BGE 125 I 394 E. 5c zu Art. 5 Ziff. 5 EMRK; vgl. aber auch BGer, Urteil 1P.75/2000 vom 7.6.2000, E. 3b, wo anscheinend davon ausgegangen wird, diese Praxis sei auf Beschwerden im Anwendungsbereich von Art. 5 Ziff. 5 EMRK beschränkt).

1974

Die Grundlagen dieser Praxis werden allerdings dadurch infrage gestellt, dass der EGMR unter Umständen das Recht auf eine wirksame Beschwerde gegen Konventionsverletzungen gemäss Art. 13 EMRK verletzt sieht, wenn das primäre Rechtsmittelverfahren wegen Wegfalls des aktuellen Rechtsschutzinteresses abgeschrieben wird. Dies gilt unabhängig von der Möglichkeit, nachträglich ein Staatshaftungsverfahren einzuleiten, dessen Wirksamkeit der EGMR für nicht erwiesen ansah (EGMR, Urteil i.S. Camenzind gegen die Schweiz vom 16.12.1997, CEDH 1997-VIII, Ziff. 51 ff., zu Art. 99 ff. VStrR). Andererseits hat der EGMR (Unzulässigkeitserklärung i.S. A.B. gegen die Schweiz vom 6.4.2000, Nr. 28917/95) die Verantwortlichkeitsklage nach dem damaligen Art. 429a f. ZGB als wirksame Beschwerde zur Überprüfung der fürsorgerischen Freiheitsentziehung bezeichnet (in der Fassung vom 19.12.2008, in Kraft seit 1.1.2013: Art. 454 ZGB bzw. fürsorgerische Unterbringung). Entsprechend uneinheitlich ist die Bundesgerichtspraxis: Das Gericht bejahte in einem neueren Entscheid das aktuelle praktische Interesse an der Haftbeschwerde eines mittlerweile aus

1975

der Untersuchungshaft Entlassenen mit Hinweis auf das Gebot des fairen Verfahrens (Art. 29 Abs. 1 BV) und die Prozessökonomie, weil eine Verletzung von Art. 5 Ziff. 3 EMRK offensichtlich zu bejahen sei (BGE 136 I 274 E. 1.3). Es lehnte die Übernahme dieser Praxis für die fürsorgerische Freiheitsentziehung jedoch mit Hinweis auf die Verantwortlichkeitsklage ab (BGE 136 III 497 E. 2.4; vgl. auch vorne, Rz. 946). Ob die Überprüfung einer Verfügung im Staatshaftungsverfahren den Anforderungen an eine wirksame Beschwerde im Sinn von Art. 13 EMRK genügt, ist jedenfalls insofern fraglich, als die Widerrechtlichkeit der Verfügung nur eingeschränkt geprüft wird (vorne, Rz. 1966 ff.; vgl. BGer, Urteile 1A.253/2005 vom 17.2.2006, E. 2.5 f., und 1P.75/2000 vom 7.6.2000, E. 3b).

1976 Eine besondere Regelung gilt im Submissionsrecht, wo die Legitimation der unterlegenen Anbieterin zur Anfechtung des Zuschlags nicht dahinfällt, wenn der Vertrag mit einer anderen Anbieterin abgeschlossen wird, und wo die Rechtsmittelinstanz unter diesen Umständen einen Feststellungsentscheid zu fällen hat (Art. 32 Abs. 2 BöB; vgl. auch Art. 18 Abs. 2 IVöB; Art. 9 Abs. 3 BGBM). Art. 34 Abs. 1 BöB sieht eine Staatshaftung vor, falls sich ein Schaden aus einer Verfügung ergeben hat, deren Rechtswidrigkeit im Beschwerde- oder Revisionsverfahren festgestellt wurde, namentlich wenn der Vertrag abgeschlossen wurde, obwohl der Zuschlag widerrechtlich war. Diese Haftung ist allerdings auf Aufwendungen im Zusammenhang mit dem Vergabe- und Rechtsmittelverfahren beschränkt (Art. 34 Abs. 2 BöB). Im Übrigen ist das VG anwendbar (Art. 34 Abs. 3 BöB).

2. Verhältnis zu weiteren Verfahren

1977 Aus der Subsidiarität des VG (dazu vorne, Rz. 1957) ist mit Bezug auf das Verfahren zu folgern, dass in derselben Sache nicht verschiedene Staatshaftungsverfahren wegen widerrechtlich verursachter Schäden gegen den Bund angestrengt werden können. Davon ist der Fall abzugrenzen, dass Entschädigungsforderungen aus verschiedenen – wenn auch gegebenenfalls zusammenhängenden – Sachverhalten oder Rechtsgründen abgeleitet werden. Dann kann das Staatshaftungsverfahren auch parallel zu anderen Verfahren verfolgt werden (vgl. Jaag, SBVR, Rz. 35). So schliessen zum Beispiel die aus sozialen und gesundheitspolizeilichen Gründen sowie zum Schutz des Eigentums ausgerichteten Entschädigungen für Tierverluste nach Art. 32 ff. TSG die Haftung nach VG nicht aus (BGE 126 II 63 E. 3b). Ebenso sind parallele Verfahren denkbar, wenn Ansprüche sowohl aus dem öffentlichen Dienstverhältnis beim Bund als auch aus anderen Amtshandlungen abgeleitet werden (vgl. BGer, Urteil 2A.312/2004 vom 22.4.2005, E. 2.4, zu geltend gemachten Ansprüchen aus rechtswidriger Auflösung des Dienstverhältnisses sowie aus Persönlichkeitsverletzung durch die öffentliche Information darüber) – dass auf eine Person das

BPG anwendbar ist, schliesst nicht aus, dass sie Ansprüche aus dem VG geltend machen kann (vgl. Jaag, SBVR, Rz. 61 m.H.). Die Entschädigung für eine widerrechtliche Kündigung wird allerdings in Art. 34b Abs. 1 lit. a und Abs. 2 sowie in Art. 34c Abs. 2 BPG in der Fassung vom 14.12.2012 (ebenso wie in Art. 336a OR) abschliessend geregelt; die Staatshaftung kann nur gestützt auf einen anderen Rechtsgrund zum Tragen kommen.

Auf *Realakte* bezieht sich Art. 12 VG nicht. Mit der vorherrschenden Lehre ist davon auszugehen, dass das Begehren um eine Verfügung über einen Realakt gemäss Art. 25a VwVG und das Staatshaftungsbegehren *alternativ* erhoben werden können (vgl. vorne, Rz. 375). Um der Schadenminderungspflicht zu entsprechen, sollte aber neben dem Staatshaftungsbegehren ein Begehren um Unterlassung, Einstellung, Widerrufung oder Folgenbeseitigung nach Art. 25a Abs. 1 VwVG gestellt werden (Isabelle Häner, in: Waldmann/Weissenberger, Praxiskommentar VwVG, Art. 25a N. 53 ff.).   1978

Wenn Entschädigungsansprüche aus *Rechtsverweigerung oder Rechtsverzögerung* abgeleitet werden – und sich die Rechtsverletzung nicht aus einem Rechtsakt ergeben hat –, ist Art. 12 VG ebenfalls nicht anwendbar. Solche Forderungen können daher im Staatshaftungsverfahren geltend gemacht werden. Dieses dürfte in diesem Fall auch die Anforderungen an ein wirksames Rechtsmittelverfahren im Sinn von Art. 13 EMRK erfüllen, das zur Rüge von Verletzungen des Beschleunigungsgebots nach Art. 6 Ziff. 1 EMRK vorgesehen sein muss. Die haftungsrechtlich relevante Widerrechtlichkeit ergibt sich – anders als bei Rechtsakten – direkt aus der Verletzung der Verfahrensgarantien (BGE 107 Ib 160 E. 3d). Ihre Überprüfung ist somit nicht eingeschränkt. Hätte eine Rechtsverweigerungs- oder Rechtsverzögerungsbeschwerde erhoben werden können, wird dies allerdings im Haftungsprozess als ein Selbstverschulden berücksichtigt, das zum Ausschluss der Haftung führen kann (vgl. Art. 4 VG und vorne, Rz. 1316).   1979

III. Fristen

Art. 20 Abs. 1 VG sieht für die Haftungsansprüche gegenüber dem Bund sowohl eine einjährige *relative Frist* vor, die ab Kenntnis des Schadens läuft, als auch eine zehnjährige *absolute Frist,* die mit der schädigenden Handlung beginnt. Für Schadenersatzansprüche des Bundes aus Amtspflichtverletzungen statuiert Art. 23 VG grundsätzlich eine einjährige relative und eine fünfjährige absolute Frist. Für Regressansprüche des Bundes sieht Art. 21 VG eine einjährige relative und eine zehnjährige absolute Frist vor, wobei die relative Frist mit der Anerkennung oder rechtskräftigen Feststellung der Schadenersatzpflicht des Bundes zu laufen beginnt.   1980

Die Fristen von Art. 20 Abs. 1 VG zur Geltendmachung von Haftungsansprüchen gegenüber dem Bund sind *Verwirkungsfristen.* Dies müsste bedeu-   1981 ten, dass sie grundsätzlich weder gehemmt oder unterbrochen noch erstreckt werden können und stets von Amtes wegen zu berücksichtigen sind (BGE 136 II 187 E. 6). In der Regel wird allerdings trotzdem angenommen, dass die Verwirkung im Verfahren gegen den Bund nur auf Einrede hin und nicht von Amtes wegen zu berücksichtigen ist (BGE 106 Ib 357 E. 3a; BVGer, Urteil A-5798/2009 vom 16.6.2011, E. 4.4; Jaag, SBVR, Rz. 183; vgl. auch Häfelin/Müller/Uhlmann, Verwaltungsrecht, Rz. 795). Als allgemeiner Rechtsgrundsatz gilt, dass die Verwirkungsfrist wiederherzustellen ist, wenn die berechtigte Person aus unverschuldeten, unüberwindbaren Gründen den Anspruch nicht rechtzeitig geltend machen konnte (BGE 136 II 187 E. 6). Auch aus Treu und Glauben oder aus dem internationalen Recht kann sich eine Wiederherstellung ergeben (im konkreten Fall jeweils verneint: BGE 136 II 187 E. 8.1, Witwe eines Asbestopfers; BGE 126 II 145 E. 3–5, während des Zweiten Weltkriegs von den schweizerischen Grenzbeamten den deutschen Grenzorganen übergebener jüdischer Flüchtling).

1982 Die Kenntnis des Schadens ist erst anzunehmen, wenn sie ein zweckmässiges Handeln erlaubt, was bedeutet, dass nicht nur der Schaden, sondern auch die anderen wichtigen Umstände tatsächlich bekannt sein müssen, sodass die Grössenordnung des Schadens bestimmt und das Staatshaftungsbegehren in den wesentlichen Zügen begründet werden kann (BGE 133 V 14 E. 6; BGer, Urteil 2C_640/2011 vom 1.2.2012, E. 2.3, auch zum Fristbeginn bei Genugtuungsforderungen nach Art. 6 VG; BVGer, Urteil A-5748/2008 vom 9.11.2009, E. 2.2). Weil die absolute Frist mit der schädigenden Handlung und nicht mit dem Eintritt des Schadens zu laufen beginnt, kann sie verwirken, bevor der Schaden bekannt geworden ist, was zu stossenden Ergebnissen führen kann (vgl. BGE 136 II 187 E. 7 zu den Schadenersatzansprüchen der Witwe eines Asbestopfers).

1983 Wie sich bereits aus dem Wortlaut der Bestimmungen ergibt, handelt es sich bei den Fristen von Art. 21 und 23 VG für die Geltendmachung von Regress- und Schadenersatzansprüchen des Bundes gegenüber seinen Amtsträgerinnen und Amtsträgern um *Verjährungsfristen*. Im öffentlichen Recht gilt, dass diese von Amtes wegen zu beachten sind, wenn der Staat Gläubiger ist, und nur auf Einrede hin, wenn der Staat Schuldner ist (Häfelin/Müller/Uhlmann, Verwaltungsrecht, Rz. 786 f.). Verjährung und Verwirkung sind Institute des materiellen Rechts, keine Prozessvoraussetzungen (vgl. BGer, Urteil 2C_640/2011 vom 1.2.2012, E. 1.2; BGE 118 II 447 E. 1b/bb).

1984 Die seit Längerem geplante Revision des Haftpflichtrechts soll gemäss Vorentwurf vom August 2011 nur das Verjährungsrecht betreffen (vgl. BJ, Obligationenrecht [Revision des Verjährungsrechts], Bericht zum Vorentwurf, August 2011). Demnach sollen die Ansprüche des VG Verjährungsfristen unterliegen, die grundsätzlich den für das OR vorgesehenen Fristen entsprechen würden.

29. Kapitel: Kartellrecht

Literatur: AMSTUTZ MARC/REINERT MANI (Hrsg.), Basler Kommentar Kartellgesetz, Basel 2010 (zitiert: Basler Kommentar KG); BAUDENBACHER CARL, Kritische Bemerkungen zum geplanten Bundeswettbewerbsgericht, Jusletter, 11.7.2011; BILGER STEFAN, Das Verwaltungsverfahren zur *Untersuchung* von Wettbewerbsbeschränkungen, Freiburg i.Ue. 2002; BORER JÜRG, Wettbewerbsrecht I, Kommentar, 3. A., Zürich 2011; BOVET CHRISTIAN, Innovations procédurales et *dawn raids:* embuscades ou embûches?, in: Stoffel Walter A./Zäch Roger (Hrsg.), Kartellgesetzrevision 2003, Zürich 2004, S. 281 ff.; CANAPA DAMIANO, Révision de la Loi sur les cartels: quelle «Autorité de la concurrence» pour la Suisse?, in: Loacker Leander D./Zellweger-Gutknecht Corinne (Hrsg.), Differenzierung als Legitimationsfrage, Zürich/St. Gallen 2012, S. 307 ff.; DUCREY PATRIK/ZURKINDEN PHILIPP E., Das schweizerische Kartellrecht, in: Cottier Thomas/Oesch Matthias (Hrsg.), *SBVR,* Band XI: Allgemeines Aussenwirtschafts- und Binnenmarktrecht, 2. A., Basel 2007, S. 597 ff.; HÄNER ISABELLE, Comfort letters – Einsatzmöglichkeiten im Schweizerischen Kartellrecht, in: Zäch Roger (Hrsg.), Schweizerisches Kartellrecht, Revision und Praxis, Zürich 2002, S. 133 ff.; KOBEL PIERRE, Sanctions du droit des cartels et problèmes de droit administratif pénal, AJP 2004, S. 1150 ff.; LIMBURG ANDREAS, Das Untersuchungsverfahren nach schweizerischem Kartellgesetz, Bern 1993; MARTENET VINCENT, Les garanties procédurales dans les procédures administratives fondées sur la loi sur les cartels, in: Amstutz Marc/Hochreutener Inge/Stoffel Walter (Hrsg.), Die Praxis des Kartellgesetzes im Spannungsfeld von Recht und Ökonomie, Zürich u.a. 2011, S. 53 ff.; MARTENET VINCENT/BOVET CHRISTIAN/TERCIER PIERRE (Hrsg.), Commentaire romand. Droit de la concurrence, 2. A., Basel 2013; MARTENET VINCENT/HEINEMANN ANDREAS, Droit de la concurrence, Genf u.a. 2012; NIGGLI MARCEL ALEXANDER/RIEDO CHRISTOF, Verwaltungsstrafrecht, Teil 2, in: Häner Isabelle/Waldmann Bernhard (Hrsg.), Verwaltungsstrafrecht und sanktionierendes Verwaltungsrecht, Zürich u.a. 2010, S. 51 ff.; RAUBER MARTIN, *Verteidigungsrechte* von Unternehmen im kartellrechtlichen Verwaltungsverfahren, insbesondere unter Berücksichtigung des «legal privilege», Zürich/St. Gallen 2010; RICHLI PAUL, Kartellverwaltungsverfahren, in: von Büren Roland/David Lucas (Hrsg.), Schweizerisches Immaterialgüter- und Wettbewerbsrecht, Band V/2: Kartellrecht, Basel 2000, S. 417 ff.; RIEDO CHRISTOF/NIGGLI MARCEL ALEXANDER, *Verwaltungsstrafrecht, Teil 1,* in: Häner Isabelle/Waldmann Bernhard (Hrsg.), Verwaltungsstrafrecht und sanktionierendes Verwaltungsrecht, Zürich u.a. 2010, S. 41 ff.; RIZVI SALIM/BABEY FABIO, Braucht die Schweiz ein Bundeswettbewerbsgericht?, AJP 2010, S. 1585 ff.; SCHLAURI REGULA, Das Verbot des Selbstbelastungszwangs im Strafverfahren, Zürich 2003; SOMMER PATRICK/RAEMY ALAIN, Rechtliche Fragen bei Hausdurchsuchungen im Rahmen des Schweizer Kartellrechts, sic! 2004, S. 758 ff.; ZÄCH ROGER/WEBER ROLF H./HEINEMANN ANDREAS (Hrsg.), Revision des Kartellgesetzes – Kritische Würdigung der Botschaft 2012 durch Zürcher Kartellrechtler, Zürich/St. Gallen 2012; ZIRLICK BEAT/LÜTHY BENDICHT/STÜSSI FRANK, Die Revision des Kartellgesetzes – ein Zwischenbericht, ZSR 2013 I, S. 27 ff.

I. Einleitende Bemerkungen

Nach der schweizerischen Rechtsauffassung ist das Kartellrecht eine Missbrauchsgesetzgebung. Das Kartellgesetz bezweckt, volkswirtschaftlich oder sozial schädliche Auswirkungen von Kartellen und anderen Wettbewerbsbeschränkungen zu verhindern und damit den Wettbewerb im Interesse einer freiheitlichen marktwirtschaftlichen Ordnung zu fördern (Art. 1 KG; Art. 96 Abs. 1 BV). Geschützt ist die Institution des Wettbewerbs. Kartelle sind somit nicht per se verboten; vielmehr greift der Staat erst ein, wenn sich diese im genannten Sinn schädlich auswirken. Im Kartellgesetz geregelt sind die unzulässigen Wettbewerbsabreden (Art. 5 f. KG), die unzulässigen Verhaltensweisen (Art. 7 KG) sowie die Kontrolle von Unternehmenszusammenschlüssen (Art. 9 ff. KG; vgl. Ducrey, SBVR, Rz. 6 ff.).

1987 Das Kartellrecht weist im Vergleich zum VwVG einige besondere Verfahrensregelungen auf. Zum einen ist, bevor eine kartellrechtliche Untersuchung eingeleitet wird, eine Vorabklärung durch das Sekretariat zulässig (Art. 26 KG), die informeller Natur ist (Ducrey, SBVR, Rz. 424). Die Vorabklärung dient grundsätzlich der Klärung der Frage, ob ausreichende Anhaltspunkte vorhanden sind, um eine Untersuchung einzuleiten. Diese Vorabklärung erscheint deshalb sinnvoll, weil es sich häufig um komplexe ökonomische Sachverhalte handelt und sich der ausreichende Verdacht auf missbräuchliche Abreden oder auf missbräuchliches Verhalten dementsprechend auch nicht leicht erhärten lässt, um die Untersuchung einzuleiten.

1988 Eine weitere Besonderheit besteht darin, dass das Kartellgesetz das einvernehmliche Vorgehen betont. So können im Rahmen der Vorabklärung die Empfehlungen freiwillig befolgt werden (Art. 26 Abs. 2 KG) oder das Sekretariat der Wettbewerbskommission kann im Rahmen der Untersuchung eine einvernehmliche Lösung vorschlagen (Art. 29 KG). Ferner können sich die Unternehmen bei der Wettbewerbskommission selbst melden, um eine Wettbewerbsbeschränkung abzuklären (Art. 49a Abs. 3 lit. a KG). Auf der anderen Seite sieht das Kartellverfahrensrecht jedoch im Vergleich zum VwVG verschärfte Untersuchungsmassnahmen vor, namentlich die Zeugeneinvernahme, Hausdurchsuchung und Beschlagnahmung (Art. 42 KG). Es ist zu beachten, dass bei der Abklärung von Wettbewerbsabsprachen erhebliche Beweisschwierigkeiten bestehen. Die verschärften Untersuchungsmassnahmen dienen dazu, dass die direkten Sanktionen, welche das Kartellgesetz in Art. 49a Abs. 1 KG vorsieht, auch präventive Wirkung entfalten. Dies ist nur der Fall, wenn damit gerechnet werden muss, dass eine Absprache auch entdeckt wird (Ducrey, SBVR, Rz. 462).

1989 Die Bedeutung des verwaltungsrechtlichen Kartellverfahrens ist heute weit grösser als jene des zivilrechtlichen Verfahrens. Zunächst haben von Wettbewerbsabreden betroffene Unternehmen die Möglichkeit, bei der Wettbewerbskommission eine Anzeige zu erstatten, auf welche zwar die Wettbewerbskommission nicht einzugehen braucht, die aber doch zumindest zu einer Vorabklärung führen kann. Leitet die Wettbewerbskommission eine Untersuchung ein, erweist sich dieses Verfahren als vorteilhafter, weil es von der Offizial- und Untersuchungsmaxime beherrscht ist. Die Wettbewerbskommission kann sich allerdings nicht in den Dienst von Unternehmen stellen, die im Wettbewerb beschränkt werden, weil die Aufgabe der Wettbewerbskommission vorab darin besteht, den wirksamen Wettbewerb zu schützen. Eigene Interessen, wie zum Beispiel Schadenersatzforderungen oder vorsorgliche Massnahmen, welche die Ausübung des Wettbewerbs betreffen, sind dementsprechend auf dem zivilprozessualen Weg durchzusetzen (vgl. dazu Ducrey, SBVR, Rz. 526; vgl. auch vorne, Rz. 274).

II. Untersuchung von Wettbewerbsbeschränkungen

1. Vorabklärung

Das 4. Kapitel des Kartellgesetzes enthält die Bestimmungen zum verwaltungsrechtlichen Verfahren (Art. 18–53a KG), darunter im 2. Abschnitt die Normen zur Untersuchung von Wettbewerbsbeschränkungen (Art. 26–31 KG). Innerhalb dieses Abschnitts ist aus verfahrensrechtlicher Sicht zu unterscheiden zwischen der Vorabklärung (Art. 26 KG), der eigentlichen Untersuchung (Art. 27–30 KG) und der ausnahmsweisen Zulassung durch den Bundesrat aus überwiegenden öffentlichen Interessen (Art. 31 KG).

1990

Das Sekretariat der Wettbewerbskommission kann Vorabklärungen von Amtes wegen, auf Begehren von Beteiligten oder auf Anzeige von Dritten durchführen (Art. 26 Abs. 1 KG). Weder die an einem wettbewerbsbeschränkenden Verhalten oder an einer Absprache Beteiligten noch Dritte haben indes einen Anspruch darauf, dass das Sekretariat tätig wird und eine Vorabklärung einleitet. Die Eröffnung bzw. Nichteröffnung der Vorabklärung begründet unmittelbar keine Rechte und Pflichten. Sie stellt nur eine Vorstufe zum Entscheid der Wettbewerbskommission dar, weshalb die Eröffnung keiner Verfügung entspricht. Ebenso wird das Ergebnis der Vorabklärung nicht in Verfügungsform im Sinne von Art. 5 VwVG gekleidet (vgl. BGE 135 II 60 E. 3.1.2). Insofern ist die Vorabklärung ein *informelles Verfahren* und kein Bestandteil der Untersuchung nach Art. 27–30 KG. Die Untersuchung wird demgegenüber formell eröffnet (Art. 27 Abs. 1 KG) und mit einem formellen Entscheid der Wettbewerbskommission abgeschlossen (Art. 30 Abs. 1 KG; vgl. aber Art. 30 KG-E: darüber soll neu das Bundesverwaltungsgericht entscheiden), wobei auch die Eröffnung der Untersuchung keine Verfügung im Sinne von Art. 5 VwVG darstellt. Die Vorabklärung findet ihren Abschluss entweder mit der Einstellung des Verfahrens, mit einer einvernehmlichen Regelung oder mit dem Schlussbericht, gestützt auf welchen gegebenenfalls eine Untersuchung nach Art. 27 Abs. 1 KG eingeleitet wird (BGE 135 II 60 E. 3.1.2).

1991

Das Bundesgericht hält fest, dass Dritte, die eine Wettbewerbsbehinderung im Sinne von Art. 43 Abs. 1 lit. a KG geltend machen, im Verfahren der Vorabklärung von vornherein *keine Parteirechte* ausüben können. Sie können somit zum Beispiel keine vorsorglichen Massnahmen verlangen, ungeachtet deren Zulässigkeit vor Eröffnung einer kartellrechtlichen Untersuchung (BGE 130 II 521 E. 2.7.2 und 2.7.4; vgl. dazu auch vorne, Rz. 448).

1992

Das Sekretariat kann im Verfahren der Vorabklärung Massnahmen zur Beseitigung oder Verhinderung von Wettbewerbsbeschränkungen anregen

1993

(Art. 26 Abs. 2 KG). Eine *einvernehmliche Regelung,* die sich in diesem Zusammenhang ergibt, bindet die Behörden – vorbehältlich des Vertrauensschutzes – nicht (Rauber, Verteidigungsrechte, S. 23). Aufgrund von Art. 39 KG geht Art. 26 Abs. 2 KG dem Art. 33b VwVG zur gütlichen Einigung und Mediation vor, zumal letztere Bestimmung Parteien und eine Verfügung voraussetzt.

1994   Die Frage, ob auf die Vorabklärung (mit Ausnahme des spezialgesetzlich ausgeschlossenen Akteneinsichtsrechts nach Art. 26 Abs. 3 KG, dazu sogleich Rz. 1995) das VwVG anwendbar sei (Art. 39 KG), ist in der Lehre strittig und wurde vom Bundesgericht zunächst offengelassen (BGE 130 II 521 E. 2.6 f.). Inzwischen hat dieses festgehalten, dass das VwVG erst im Untersuchungsverfahren (vollumfänglich) Anwendung findet, weil nur dieses – soweit nötig – zu einem anfechtbaren verbindlichen Hoheitsakt führt, sofern dem nicht spezialgesetzliche Regelungen des Kartellgesetzes entgegenstehen (Art. 39 KG); zuvor gelten nur (aber immerhin) die allgemeinen verfassungsrechtlichen Fairnessprinzipien (BGE 135 II 60 E. 3.1.3). Gemäss der bundesgerichtlichen Praxis sind somit die Vorschriften des VwVG *nicht* auf das Verfahren der Vorabklärung anwendbar. Allenfalls fällt eine analoge Anwendung in Betracht, jedoch nur in einem beschränkten Rahmen.

1995   Im Verfahren der Vorabklärung besteht beispielsweise kein Recht auf Akteneinsicht (Art. 26 Abs. 3 KG; vgl. Art. 26 VwVG), auch nicht für Beteiligte oder für Dritte, welche im Sinne von Art. 26 Abs. 1 KG die Durchführung einer Vorabklärung beantragen (BGer, Urteil 2A.415/2003 vom 19.12.2003, E. 2.3.4). Damit soll der informelle Charakter des Verfahrens unterstrichen und der Schutz allfälliger Anzeiger (Denunzianten) gewährleistet werden (Bilger, Untersuchung, S. 153). Letzten Endes wird bei der informellen Vorabklärung nicht ein Sachverhalt abschliessend ermittelt, sondern über die Eröffnung einer Untersuchung befunden. Insofern handelt es sich bei der Vorabklärung um ein eigentliches *Vorverfahren* zur Untersuchung (Bilger, Untersuchung, S. 141). Wird eine Untersuchung eröffnet und sind den Verfahrensparteien im Rahmen der Vorabklärungen die Mitwirkungsrechte noch nicht eingeräumt worden, ist den Parteien Gelegenheit zu geben, deren Ausübung nachzuholen. Gegebenenfalls sind Untersuchungshandlungen zu wiederholen.

2. Untersuchung

1996   Die eigentliche Untersuchung von Wettbewerbsbeschränkungen wird in Art. 27–30 KG geregelt. Das Sekretariat der Wettbewerbskommission gibt die Eröffnung einer Untersuchung durch amtliche Publikation bekannt (Art. 28 Abs. 1 KG). Dabei handelt es sich um eine Sonderbestimmung zum VwVG (vgl. Art. 30a zum besonderen Einwendungsverfahren und Art. 36 zur amtlichen Publikation). Die amtliche Publikation der Untersuchungseröffnung bezweckt, Dritten die Beteiligung im Sinne von Art. 43 Abs. 1 KG (ebenfalls eine Sonderbestimmung des KG) zu ermöglichen. So werden die Interessen dieser Dritten geschützt und die Wettbewerbsbehörden können sich bereits zu Beginn der Untersuchung Klarheit verschaffen, wie viele Dritte sich beteiligen wollen, womit sich das Verfahren straffen lässt (Bilger, Untersuchung, S. 200). In der Bekanntmachung sind die Adressaten und der Untersuchungsgegenstand zu nennen; es ist auch auf die 30-tägige Frist hinzuweisen, innert welcher sich die Dritten, die sich beteiligen wollen, zu melden haben (Art. 28 Abs. 2 KG). Geschäftsgeheimnisse dürfen in der Publikation nicht preisgegeben werden (Art. 25 Abs. 4 KG).

Dritte, die eine Wettbewerbsbehinderung im Sinne von Art. 43 Abs. 1 lit. a KG geltend machen, haben keine Parteistellung im Rahmen des Entscheids, ob eine Untersuchung zu eröffnen sei. Sie haben demzufolge keinen Anspruch, dass ihnen gegenüber mittels Verfügung entschieden wird, ob eine Untersuchung zu eröffnen ist (BGE 130 II 521 E. 2.7.3; vorne, Rz. 1992). Da die Eröffnung der Untersuchung keine Verfügung im Sinne von Art. 5 VwVG darstellt und weil auch kein Anspruch auf die Einleitung einer Untersuchung besteht, liegt diesbezüglich auch kein nach den allgemeinen verfahrensrechtlichen Grundsätzen feststellungsfähiges Rechtsverhältnis vor, weshalb Art. 25 VwVG über die Feststellungsverfügung hier nicht anwendbar ist (BGE 135 II 60 E. 3.1.3). 1997

Für die Feststellung des Sachverhalts sind gemäss Art. 39 KG grundsätzlich Art. 12–19 VwVG anwendbar. Als verfahrensrechtliche Sonderbestimmungen des KG gelten namentlich Art. 40 KG zur Auskunftspflicht und Art. 42 KG zu den Untersuchungsmassnahmen (dazu vorne, Rz. 465, 1988). 1998

Die am Verfahren Beteiligten können schriftlich zum Antrag des Sekretariats an die Wettbewerbskommission über die zu treffenden Massnahmen oder die Genehmigung einer einvernehmlichen Regelung Stellung nehmen (Art. 30 Abs. 1 und Abs. 2 Satz 1 KG). Dieses Recht steht folglich auch jenen sich an der Untersuchung beteiligenden Dritten nach Art. 43 Abs. 1 KG zu, denen allenfalls keine Parteistellung zukommt (Bilger, Untersuchung, S. 230 f.). Sowohl mit Blick auf die Berechtigten als auch auf den materiellen Gehalt handelt es sich um eine «spezifisch kartellgesetzliche Erweiterung des rechtlichen Gehörs» nach Art. 29 Abs. 2 BV und Art. 29 ff. VwVG (Bilger, Untersuchung, S. 276; ebenso BGE 129 II 497 E. 2.2; dazu auch vorne, Rz. 448). 1999

Nach Art. 30 Abs. 1 KG entscheidet die Wettbewerbskommission auf Antrag des Sekretariats mit Verfügung über die zu treffenden Massnahmen (im Fall einer festgestellten Kartellgesetzwidrigkeit) oder die Genehmigung einer einvernehmlichen Regelung. Es handelt sich hier um eine Verfügung im Sinne von Art. 5 VwVG (BGE 135 II 60 E. 3.1.3). Bei der einvernehmlichen Regelung nach Art. 29 KG handelt es sich nach herrschender Lehre um einen durch die Genehmigungsverfügung suspensiv bedingten verwaltungsrechtlichen Vertrag (Beat Zirlick/Christoph Tagmann, in: Amstutz/Reinert, Basler Kommentar KG, Art. 29 N. 88). Ergibt die Untersuchung, dass gar keine Wettbewerbsbeschränkung vorliegt, hat die Wettbewerbskommission das Verfahren mit einer Einstellungsverfügung abzuschliessen (Bilger, Untersuchung, S. 361; vgl. neu Art. 30 2000

KG-E und Art. 36a VGG in der Fassung des KG-E zur Zuständigkeit des Bundesverwaltungsgerichts, dazu sogleich, Rz. 2020 ff.).

3. Melde- und Widerspruchsverfahren

2001 Gemäss Art. 49a Abs. 3 lit. a KG kann das Unternehmen einer Belastung (Sanktion) nach Art. 49a Abs. 1 KG entgehen, wenn es die Wettbewerbsbeschränkung meldet, bevor diese Wirkung entfaltet. Mit dem Instrument der Meldung haben es die Unternehmen in der Hand, dem Risiko einer direkten Sanktion zu entgehen, wenn die Beurteilung der Zulässigkeit ihres Verhaltens unsicher ist (BGer, Urteil 2A.287/2005 vom 19.8.2005, E. 3.1). Wird dem Unternehmen innert fünf Monaten nach der Meldung die Eröffnung eines Verfahrens nach den Artikeln 26–30 KG mitgeteilt und hält das Unternehmen danach an der Wettbewerbsbeschränkung fest, so entfällt die Belastung nicht. Wird innerhalb der Frist keine Verfahrenseröffnung mitgeteilt, so entfällt die Sanktion («Widerspruchsverfahren», Art. 19 SVKG). Dieses Melde- und Widerspruchsverfahren nach Art. 49a Abs. 3 lit. a KG stellt ein kartellrechtliches Sonderverfahren dar, das nicht durch eine Verfügung abgeschlossen wird und zu keinem eigenständigen Entscheid über die Zulässigkeit oder Unzulässigkeit eines gemeldeten wettbewerbsrelevanten Verhaltens führt. Das Widerspruchsverfahren dient als *Vorverfahren* dazu, den Betroffenen eine erste Einschätzung der geplanten Verhaltensweise zu ermöglichen und führt zu keiner definitiven Beurteilung des Sachverhalts; eine solche kann auch *nicht über eine Feststellungsverfügung* nach Art. 25 VwVG erzwungen werden, da ohne Umsetzung der Abrede der (künftige) Sachverhalt nicht hinreichend bestimmt erscheint, um die wettbewerbsrechtlichen Auswirkungen bereits genügend sicher abschätzen zu können (BGE 135 II 60 E. 3.4).

2002 Ob im Rahmen eines kartellrechtlichen Sanktionsverfahrens (mit der Möglichkeit von Beweis- und Untersuchungsmassnahmen gemäss Art. 40 ff. KG) allenfalls Raum bleibt für die Anwendbarkeit von Art. 25 VwVG, lässt das Bundesgericht offen (BGE 137 II 199 E. 6.4). Immerhin setzt auch eine Feststellungsverfügung nach Art. 25 VwVG, wenn sie von Amtes wegen erfolgen soll, ein dem schutzwürdigen Interesse eines Gesuchstellers analoges, allerdings nicht privates, sondern öffentliches Feststellungsinteresse voraus (BGE 137 II 199 E. 6.5.1).

2003 Mit der Revision des KG ist geplant, die Frist im Widerspruchsverfahren (Widerspruchsfrist) von fünf auf zwei Monate zu kürzen. Zudem soll die Eröffnung einer Vorabklärung (Art. 26 KG) für den Widerspruch nicht mehr genügen. Erst mit der Mitteilung der Eröffnung einer Untersuchung nach Art. 27–30 KG wäre der Weg zu einer Sanktion frei, was das Risiko der betroffenen Unternehmung immerhin zu mildern vermag (vgl. dazu vorne, Rz. 358; BBl 2012 3933).

III. Prüfung von Unternehmenszusammenschlüssen

Die Wettbewerbskommission hat die Einleitung einer Prüfung eines Unternehmenszusammenschlusses den beteiligten Unternehmen innerhalb eines Monats seit der Meldung mitzuteilen (Art. 32 Abs. 1 KG). Die Unternehmen dürfen den Zusammenschluss innerhalb dieses Monats seit der Meldung grundsätzlich nicht vollziehen (Art. 32 Abs. 2 KG). Der Zusammenschluss ist aber vor Ablauf der Monatsfrist erlaubt, wenn die Wettbewerbskommission den Unternehmen mitteilt, dass sie den Zusammenschluss für unbedenklich hält (Art. 16 Abs. 1 VKU).

2004

Kommt die Wettbewerbskommission in einem eigentlichen Prüfungsverfahren nach Art. 33 Abs. 3 KG, das grundsätzlich innerhalb von vier Monaten durchzuführen ist, zum Schluss, der Zusammenschluss sei ohne Bedingungen und Auflagen zulässig, kann sie den beteiligten Unternehmen ebenfalls mitteilen, dass der Zusammenschluss vorbehaltlos erfolgen kann (Art. 16 Abs. 1 VKU analog). Trifft sie innerhalb der Frist keine Entscheidung, gilt der Zusammenschluss grundsätzlich als zugelassen (Art. 34 Satz 2 KG).

2005

Bei den genannten Mitteilungen handelt es sich in beiden Fällen um Unbedenklichkeitserklärungen («comfort letters»). Nach überwiegender Meinung in der Lehre handelt es sich bei diesen Unbedenklichkeitserklärungen um unverbindliche Stellungnahmen der Wettbewerbskommission und *nicht* um Verfügungen im Sinne von Art. 5 VwVG (Jürg Borer/Juhani Kostka, in: Amstutz/Reinert, Basler Kommentar KG, Art. 32 N. 107 und Art. 33 N. 32), womit die Anwendung von Art. 48 VwVG von vornherein ausser Betracht fiele. Das Bundesgericht hat die Frage nach dem Verfügungscharakter der Unbedenklichkeitserklärungen allerdings bisher offengelassen (BGer, Urteil 2A.161/2006 vom 12.10.2006, E. 2.4; BGE 131 II 497 E. 4.4). Eine gewisse Bindungswirkung der Unbedenklichkeitserklärung kann sich auch aus dem Vertrauensprinzip ergeben.

2006

Gemäss Art. 43 Abs. 4 KG haben im Verfahren der *Prüfung* von Zusammenschlüssen nur die beteiligten Unternehmen Parteirechte. In extensiver Auslegung dieser Bestimmung hat das Bundesgericht festgehalten, dass Dritte auch nicht legitimiert sind, gegen Zusammenschlussvorhaben, denen die Wettbewerbskommission *nicht* opponiert hat, *Beschwerde* zu führen (BGer, Urteil 2A.161/2006 vom 12.10.2006, E. 2.4; BGE 131 II 497 E. 5.5). Das hindert die Dritten nicht, bei unzulässigen Wettbewerbsbeschränkungen Anzeige zu erstatten (Art. 26 Abs. 1 KG). Allerdings können sie, wie erwähnt, nicht verlangen, dass eine Untersuchung eröffnet wird (oben Rz. 1991).

2007

IV. Auskunftspflicht

2008 Die Auskunftspflicht nach Art. 40 KG betrifft sowohl die Untersuchung von Wettbewerbsbeschränkungen (Art. 26–31 KG) als auch die Prüfung von Unternehmenszusammenschlüssen (Art. 32–38 KG). Adressaten der Auskunftspflicht sind Beteiligte an Abreden, marktmächtige Unternehmen, Beteiligte an den Zusammenschlüssen und namentlich auch betroffene Dritte.

2009 Als Beweismittel werden in Art. 40 KG Auskünfte und notwendige Urkunden genannt. Diese Beweismittel sind auch im VwVG vorgesehen (Art. 12 lit. a–c). Die Mitwirkungspflicht der Parteien findet sich im VwVG allgemein in Art. 13 Abs. 1. Die Parteien haben insbesondere Urkunden zu edieren (Art. 19 VwVG in Verbindung mit Art. 50 BZP). Dritte haben Auskünfte zu erteilen und Urkunden vorzulegen (Art. 19 VwVG in Verbindung mit Art. 49 und 51 BZP). Insofern besteht bei der Art der Beweismittel und der Mitwirkungspflichten kein Unterschied zwischen der Regelung von Art. 40 KG und dem VwVG.

2010 Allerdings besteht die Auskunftspflicht nach Art. 40 KG unabhängig von einem hängigen Verwaltungsverfahren bzw. auch ausserhalb eines Verwaltungsverfahrens (z.B. im Verfahren der Vorabklärung nach Art. 26 KG, vorne, Rz. 1991 ff.), weshalb der Anwendungsbereich von Art. 40 KG weiter gezogen ist als jener der Auskunfts- und Editionspflicht nach VwVG (Bilger, Untersuchung, S. 242). Art. 40 KG weicht demnach von den Bestimmungen des VwVG ab und geht diesem aufgrund von Art. 39 KG vor.

2011 Die Auskunftspflicht beschlägt auch das Sanktionsverfahren bei unzulässigen Wettbewerbsbeschränkungen nach Art. 49a KG (Rauber, Verteidigungsrechte, S. 167). Art. 49a KG wird vom grössten Teil der Lehre als Strafnorm betrachtet (Rauber, Verteidigungsrechte, S. 37 ff.; Riedo/Niggli, Verwaltungsstrafrecht, Teil 1, S. 48 ff.). Die Auskunftspflicht kann mit dem sich aus Art. 6 Ziff. 1 EMRK abgeleiteten strafprozessualen Grundsatz, dass sich niemand selbst belasten muss, kollidieren (vgl. dazu auch vorne, Rz. 465). Das in Art. 40 Satz 2 KG enthaltene Auskunftsverweigerungsrecht, welches das VwVG selbst nicht kennt, verweist sinngemäss auf Art. 42 Abs. 1 lit. a Ziff. 1 BZP, nach welchem ein Zeuge sich nicht selbst belasten muss und das Zeugnis verweigern kann. Diese Vorschrift betrifft aber lediglich natürliche Personen und keine Unternehmen (Stefan Bilger, in: Amstutz/Reinert, Basler Kommentar KG, Art. 40 N. 17). Nach Art. 49a KG sind nur Unternehmen sanktionierbar. Um den sich aus dem Selbstbelastungsverbot ergebenden Anforderungen gegenüber den belasteten Unternehmen gerecht zu werden, hat die Wettbewerbsbehörde mittels selbständig anfechtbarer, verfahrensleitender Verfügung die Auskunftspflicht sowie deren Umfang festzuhalten. Gleichzeitig sind die kartellgesetzlichen Sanktionsfolgen anzudrohen. Dieses Vorgehen ist jedenfalls einzuhalten, wenn die Auskunftspflicht gestützt auf das Selbstbelastungsverbot bestritten wird. Damit kann sich das betroffene Unternehmen ein Bild darüber machen, ob unzulässige Fragen mit Sanktionsfolgen durchgesetzt werden sollen und bei gegebenen Voraussetzungen die Zwischenverfügung anfechten. Ein solches Vorgehen entspricht auch der Praxis der Europäischen Kommission (BVGE 2011/32 E. 5.7.5.1.1).

V. Untersuchungsmassnahmen

1. Hausdurchsuchung und Beschlagnahmung

Die Wettbewerbsbehörden können sogar Hausdurchsuchungen («dawn raids») anordnen und Beweisgegenstände sicherstellen (Art. 42 Abs. 2 KG, in Kraft seit 1.4.2004), Zwangsmassnahmen, die im VwVG und im BZP nicht vorgesehen sind. Das Sekretariat der Wettbewerbskommission führt die konkreten Durchsuchungen und Beschlagnahmungen durch (Art. 23 Abs. 1 KG; neu Art. 24a KG-E). Für diese Zwangsmassnahmen sind Art. 45–50 VStrR anwendbar. Das strafprozessuale Prinzip, dass sich niemand selbst belasten muss, gilt auch hier. Das Unternehmen kann die aktive Mitwirkung verweigern. Ungeachtet dessen besteht jedoch eine passive Duldungspflicht. Das Unternehmen darf namentlich die Durchsuchungshandlungen nicht behindern (Rauber, Verteidigungsrechte, S. 228 f.). Die Wettbewerbsbehörden haben das Unternehmen über das Recht zu schweigen zu unterrichten (vgl. Art. 31 Abs. 2 BV), ansonsten ein Beweisverwertungsverbot die Folge sein kann (vgl. vorne, Rz. 480 f.). 2012

Bei einer Durchsuchung oder Beschlagnahme ist mit dem Eigentum der Betroffenen gebührend schonend zu verfahren (Art. 45 Abs. 1 VStrR). Dieser Grundsatz findet auch bei der Durchsuchung von Papieren (Dokumenten) Anwendung. Insbesondere sollen Papiere nur dann durchsucht werden, wenn anzunehmen ist, dass sich Schriften darunter befinden, die für die Untersuchung von Bedeutung sind (Art. 50 Abs. 1 VStrR). Der Inhaberin von Papieren ist, wenn immer möglich, Gelegenheit zu geben, sich *vor* der Durchsuchung über deren Inhalt auszusprechen; sie kann gegen die Durchsuchung Einsprache erheben und die Siegelung verlangen (Art. 50 Abs. 3 VStrR). Das Sekretariat der Wettbewerbskommission hat die Betroffenen zu Beginn und am Schluss der Durchsuchung auf diese Einsprachemöglichkeit aufmerksam zu machen. Die Einsprache ist spätestens bei der Unterzeichnung des Protokolls anzubringen (Simon Bangerter, in: Amstutz/Reinert, Basler Kommentar KG, Art. 42 N. 136 f.). Das Siegelungsrecht steht dem Unternehmen auch bei der Beschlagnahmung von elektronischen Daten zu (Rauber, Verteidigungsrechte, S. 233). Über die Zulässigkeit der Durchsuchung und damit die Entsiegelung entscheidet die Beschwerdekammer des Bundesstrafgerichts (Art. 50 Abs. 3, Art. 25 Abs. 1 VStR). 2013

2. Beweisaussage und Zeugnis

2014 Art. 42 Abs. 1 KG verpflichtet die von einer Untersuchung Betroffenen zur Beweisaussage und verweist auf Art. 64 BZP, nach welchem *eine Partei unter Straffolge* zur Beweisaussage verhalten werden kann. Im VwVG sind nur Auskünfte der Parteien vorgesehen (Art. 12 lit. b), aber keine Beweisaussagen unter Straffolge (vorne, Rz. 472). Das Instrument stammt aus dem Zivilprozessrecht (vgl. Art. 192 ZPO). Vor einer Beweisaussage ist die Partei zur Wahrheit zu ermahnen und auf die Straffolgen hinzuweisen (Art. 306 i.V.m. Art. 309 StGB). Trotz des möglichen strafprozessualen Charakters einer kartellrechtlichen Untersuchung kann ein Unternehmen, welchem ein Verstoss gegen das KG vorgeworfen wird, unter Strafandrohung zur Beweisaussage verpflichtet werden. Das ist sonst in einem straf- oder verwaltungsstrafrechtlichen Verfahren nicht möglich. Auf jeden Fall muss aber gewährleistet sein, dass sich mit der Beweisaussage niemand und namentlich kein Unternehmen selbst belasten muss, woraus ein Beweisaussageverweigerungsrecht folgt (Rauber, Verteidigungsrechte, S. 202 ff.).

2015 Der Beweisaussage unter Straffolge hat ein «einfaches Parteiverhör» voranzugehen (Art. 64 Abs. 1 BZP). Damit ist grundsätzlich Art. 62 BZP gemeint, auf welchen Art. 42 Abs. 1 KG und Art. 19 VwVG aber nicht verweisen. Für das kartellrechtliche Verwaltungsverfahren folgt daraus, dass vor der Beweisaussage eine Auskunft nach Art. 40 KG eingeholt werden muss (Rauber, Verteidigungsrechte, S. 203).

2016 Art. 42 Abs. 1 KG berechtigt die Wettbewerbsbehörden zudem, Dritte als Zeugen einzuvernehmen. Ihre Zuständigkeit wird auch in Art. 14 Abs. 1 lit. d VwVG ausdrücklich begründet. Das Zeugnis von Drittpersonen ist ebenso in Art. 12 lit. c VwVG als Beweismittel vorgesehen. Das KG enthält keine besonderen Vorschriften zur Durchführung der Zeugeneinvernahme, weshalb sich das Verfahren nach Art. 39 KG in Verbindung mit Art. 14–19 VwVG richtet. Die Zeugen haben namentlich Urkunden, die sich in ihren Händen befinden, herauszugeben (Art. 17 VwVG). Gemäss Art. 14 Abs. 1 VwVG ist die Zeugeneinvernahme ein subsidiäres Beweismittel. Das gilt gegenüber der Auskunft nach Art. 40 KG, der Beweisaussage nach Art. 42 Abs. 1 KG und den anderen Beweismitteln gemäss VwVG. Gegenüber der Hausdurchsuchung und der Beschlagnahmung gemäss Art. 42 Abs. 2 KG ist die Subsidiarität der Zeugeneinvernahme aus Gründen der Verhältnismässigkeit aber nicht sachgerecht (Simon Bangerter, in: Amstutz/Reinert, Basler Kommentar KG, Art. 42 N. 31).

VI. Wettbewerbsbehörden

2017 Verstösse gegen Art. 49a–52 KG (im Abschnitt «Verwaltungssanktionen») werden vom Sekretariat im Einvernehmen mit einem Mitglied des Präsidiums untersucht; sie werden von der Wettbewerbskommission beurteilt (Art. 53 KG). Es ist zu beachten, dass die Wettbewerbskommission auch aufgrund von anderen Sachgesetzen als zuständig erklärt wird, zum Beispiel, wenn es um die Klärung der Frage geht, ob ein Unternehmen marktbeherrschend ist (Art. 11a FMG; Art. 74 RTVG; vgl. auch Art. 4 Abs. 2 KG) oder ob die Erteilung einer Funkkonzession den Wettbewerb erheblich beeinträchtigt oder beseitigt (Art. 23 Abs. 2 FMG; vgl. auch 5 Abs. 1 KG), oder zur Überwachung der Vorschriften des BGBM (Art. 8 ff. BGBM).

Wie erwähnt werden die Verwaltungssanktionen gemäss dem Kartellgesetz vom grössten Teil der Lehre als Strafsanktionen qualifiziert (Rauber, Verteidigungsrechte, S. 37 ff.). Aus Art. 6 Ziff. 1 EMRK ergibt sich der Anspruch jeder strafrechtlich angeklagten Person auf ein unabhängiges und unbefangenes Gericht. Als unzulässig gilt demnach etwa die Personalunion von Untersuchungsbehörde und Entscheidungsbehörde. Das Präsidium der Wettbewerbskommission besteht aus dem Präsidenten oder der Präsidentin sowie aus ihren Vizepräsidenten oder Vizepräsidentinnen. Die Untersuchungen nach Art. 53 KG werden vom Sekretariat im Einvernehmen mit einem Präsidiumsmitglied vorgenommen, welches selbst Mitglied der urteilenden Wettbewerbskommission ist. Fraglich ist, ob eine solche überlappende Behördenorganisation vor der EMRK standhält. Sie wird von einem grösseren Teil der Lehre als konventionskonform betrachtet (Rauber, Verteidigungsrechte, S. 332). Indes würde es den Anforderungen der EMRK ohnehin genügen, wenn der Entscheid der Wettbewerbskommission an eine Rechtsmittelinstanz mit voller Kognition weitergezogen werden kann. Das Bundesverwaltungsgericht ist vorliegend die nächste Instanz und urteilt mit voller Kognition (Art. 33 lit. f VGG; Art. 37 VGG i.V.m. Art. 49 VwVG; Simon Bangerter, in: Amstutz/Reinert, Basler Kommentar KG, Art. 23 N. 28).

Zwecks besserer Trennung soll mit der nächsten Revision des KG die Organisation neu geregelt werden.

VII. Zur Revision des Kartellverfahrens

Das Kartellgesetz soll einer Revision unterzogen werden, wobei insbesondere auch das Rechtsschutzverfahren geändert werden soll. Der Bundesrat hat am 22.2.2012 dazu eine Botschaft vorgelegt (BBl 2012 3905). Dabei geht es namentlich darum, eine vom Bundesrat und der Wirtschaft unabhängige Wettbewerbsbehörde zu schaffen, die in die Rechtsform einer öffentlich-rechtlichen Anstalt gekleidet werden soll (WBBG-E; BBl 2012 4007). Demzufolge soll auch der Wettbewerbsbehördenrat (WB-Rat) als oberste Leitung unabhängig sein (Art. 4 WBBG-E) und soll die Unabhängigkeit der Wettbewerbsbehörde in Art. 20 WBBG-E ausdrücklich gewährleistet werden.

2021 Die Wettbewerbsbehörde soll künftig nicht mehr selbst über die kartellrechtlichen Massnahmen und Sanktionen entscheiden, sondern einzig die Untersuchung bis zur Antragsstellung an das Bundesverwaltungsgericht führen (Art. 27 ff. KG-E). Dem Bundesverwaltungsgericht soll die Aufgabe zugewiesen werden, als erste Instanz über die Anträge der Wettbewerbsbehörde zu entscheiden (Art. 36a VGG in der Fassung des KG-E). Dabei ist das Bundesverwaltungsgericht weder an die Sachverhaltsabklärung der Wettbewerbsbehörde noch an die rechtliche Begründung des Antrages gebunden. Es kann den Antrag auch an die Wettbewerbsbehörde zurückweisen, wenn weitere Abklärungen notwendig sind (Art. 30 Abs. 4 KG-E). Das Bundesverwaltungsgericht als Wettbewerbsgericht soll zudem in seiner wirtschaftlichen Fachkompetenz gestärkt werden (Art. 21 Abs. 2 und 3 VGG in der Fassung des KG-E). Damit soll dem verfassungsrechtlichen Grundsatz Rechnung getragen werden, dass in strafrechtlichen Verfahren die gerichtlichen Behörden von den Untersuchungsbehörden zu trennen sind und eine Personalunion untersagt ist (vgl. BBl 2012 3923; vgl. BGE 112 Ia 290 E. 3). Der Entscheid des Bundesverwaltungsgerichts ist alsdann vor Bundesgericht anfechtbar. Diese neue Gliederung ist allerdings nicht unumstritten geblieben und das letzte Wort nicht gesprochen. Der Ständerat hat die Abschaffung der WEKO jedenfalls abgelehnt, aber die Stärkung der Unabhängigkeit unterstützt (vgl. AB 2013 S. 314 ff.; vgl. auch Franz Böni/Alex Wassmer, Rechtliche Beurteilung der sich abzeichnenden Ablehnung der Strukturreform im Kartellrecht, Jusletter, 29.4.2013).

2022 In Bezug auf das Verfahren im Einzelnen wird sich allerdings nichts Wesentliches ändern. Das Verfahren wird sich nach wie vor nach dem VwVG richten, soweit das Kartellgesetz keine Spezialnorm vorsieht (Art. 39 KG-E). Ebenso bleiben im Wesentlichen die einzelnen Verfahrensschritte gleich: Vorabklärung, Untersuchung, einvernehmliche Regelung, Entscheidung, die aber durch das Bundesverwaltungsgericht zu treffen ist; es geht dabei um Massnahmen und Sanktionen, um die Genehmigung einer einvernehmlichen Regelung oder um die Einstellung der Untersuchung (Art. 30 Abs. 1 KG-E, Art. 36a VGG in der Fassung des KG-E).

2023 Ferner wird das zivilrechtliche Verfahren insoweit gestärkt, als einerseits die Aktivlegitimation auf alle von Kartellen Betroffenen ausgeweitet wird (Art. 12 KG-E) und andererseits während der Dauer der Untersuchung keine Verjährungsfrist läuft (Art. 12a KG-E; BBl 2012 3928 f.).

30. Kapitel: Verwaltungsstrafrecht und Disziplinarverfahren

Literatur: EICKER ANDREAS/FRANK FRIEDRICH/ACHERMANN JONAS, *Verwaltungsstrafrecht* und Verwaltungsstrafverfahrensrecht, Bern 2012; FRANK FRIEDRICH, Zur Verteidigung im Verwaltungsstrafverfahren, AJP 2012, S. 1266 ff.; GAUTHIER JEAN, Les infractions fiscales soumises à la loi fédérale sur le droit pénal administratif, RDAF 1999 II, S. 56 ff.; HÄNER ISABELLE/WALDMANN BERNHARD (Hrsg.), Verwaltungsstrafrecht und sanktionierendes Verwaltungsrecht, Zürich u.a. 2010; HAURI KURT, Verwaltungsstrafrecht (VStrR), Bern 1998; JAAG TOBIAS, Verwaltungsrechtliche Sanktionen und Verfahrensgarantien der EMRK, in: Festschrift für Stefan Trechsel, Zürich u.a. 2002, S. 151 ff.; *ders.,* Sanktionen im Verwaltungsrecht, in: Festschrift für Niklaus Schmid, Zürich 2001, S. 559 ff.; MOOR/POLTIER, Droit administratif, Vol. II, S. 152 ff.; NIGGLI MARCEL ALEXANDER/RIEDO CHRISTOF, Quasi-Strafrecht, Strafrecht im engeren und weiteren Sinne und «Sozialethisches Unwerturteil», in: Amstutz Marc/Hochreutener Inge/Stoffel Walter (Hrsg.), Die Praxis des Kartellgesetzes im Spannungsfeld von Recht und Ökonomie, Zürich u.a. 2011, S. 91 ff.; SCHUHMACHER CHRISTIAN, Erscheinungsweisen und Kritik des Verwaltungsstrafrechts des Kantons Zürich, in: Festschrift für Tobias Jaag, Zürich u.a. 2012, S. 289 ff.; WIEDERKEHR RENÉ, in: Wiederkehr/Richli, Praxis, Rz. 3144 ff.; vgl. auch die Literatur in Rz. 265, 666.

Zum Disziplinarrecht: BAECHTOLD ANDREA, Strafvollzug, Bern 2009, S. 176 ff.; FELLMANN WALTER, Anwaltsrecht, Bern 2010, N. 612 ff.; HÄNNI PETER, Personalrecht des Bundes, in Koller Heinrich/Müller Georg/Rhinow René/Zimmerli Ulrich (Hrsg.), *SBVR,* Band I/2, 2. A., Basel 2004, Rz. 220 ff., 265 ff.; HAUSER PETER/FLACHSMANN STEFAN/FLURI PATRICK, Disziplinarstrafordnung. Das militärische Disziplinarstrafrecht, 5. A., Zürich/St. Gallen 2008; MARTIN GIAN, Universitäres Disziplinarrecht – unter besonderer Berücksichtigung der Handhabung von Plagiaten, AJP 2007, S. 473 ff.; POLEDNA TOMAS, in: Fellmann Walter/Zindel Gaudenz G. (Hrsg.), Kommentar zum Anwaltsgesetz, 2. A., Zürich u.a. 2011, Art. 17; *ders.,* in: Ayer Ariane/Kieser Ueli/Poledna Tomas/Sprumont Dominique (Hrsg.), Medizinalberufegesetz (MedBG). Kommentar, Basel 2009, Art. 43; *ders.,* Disziplinarverfahren und Disziplinarwesen, in: Schaffhauser René/Kieser Ueli/Poledna Tomas (Hrsg.), Das neue Medizinalberufegesetz (MedBG), St. Gallen 2008, S. 121 ff.; SCHMID NIKLAUS, *Strafverfahren* und sein Verhältnis zu Administrativuntersuchung und Disziplinarverfahren, in: Ehrenzeller Bernhard/Schweizer Rainer J. (Hrsg.), Administrativuntersuchung in der öffentlichen Verwaltung und in privaten Grossunternehmen, St. Gallen 2004, S. 43 ff.; WALDMANN BERNHARD, Das *Disziplinarwesen,* in: Häner Isabelle/Waldmann Bernhard (Hrsg.), Verwaltungsstrafrecht und sanktionierendes Verwaltungsrecht, Zürich u.a. 2010, S. 95 ff.; WIEDERKEHR RENÉ, in: Wiederkehr/Richli, Praxis, Rz. 3152 ff.

I. Begriffe und Kategorisierungen

Die *Begriffe* der Verwaltungsstrafe bzw. des Verwaltungsstrafrechts werden in Praxis und Lehre nicht einheitlich definiert. Teils wird das Verwaltungsstrafrecht mit den Strafnormen, welche «die Verletzung verwaltungsrechtlicher Pflichten pönalisieren», identifiziert (Thomas Gächter/Philipp Egli, in: Auer/Müller/Schindler, VwVG-Kommentar, Art. 41 Rz. 33 m.w.H.). Der Bundesgesetzgeber verwendet «Verwaltungsstrafrecht» sinngemäss für die Strafbestimmungen, die in der Verwaltungsgesetzgebung vorgesehen sind (vgl. Art. 2 VStrR in Verbindung mit dem Zweiten Titel des Gesetzes). Geht man – wie hier – von dieser engeren Definition aus, gehört das Verwaltungsstrafrecht zum *Nebenstrafrecht,* dem alle Strafnormen zuzuordnen sind, die nicht im StGB enthalten sind. Jedenfalls ist das Verwaltungsstrafrecht *Teil des Strafrechts.* Wegen gewisser Besonderheiten im Vergleich zum Kriminalstrafrecht wird allerdings teilweise – nicht überzeugend – von «Quasi-Strafrecht» gesprochen (zum Ganzen Eicker/Frank/Achermann, Verwaltungsstrafrecht, S. 16 ff. m.H.).

2026 Strafen können indirekt der Durchsetzung des Verwaltungsrechts dienen. In diesem Fall können sie zugleich den verwaltungsrechtlichen Zwangsmassnahmen zugeordnet werden, und zwar jedenfalls den *repressiven Zwangsmassnahmen* bzw., nach anderer Einteilung, den *pönalen Verwaltungssanktionen* (vgl. Art. 41 Abs. 1 lit. c und d VwVG und vorne, Rz. 667 ff.). Ob umgekehrt die repressiven Zwangsmassnahmen stets auch Strafcharakter haben, ist in der Lehre umstritten (anscheinend bejahend: Eicker/Frank/Achermann, Verwaltungsstrafrecht, S. 12 ff.; verneinend, aber für grundsätzlich gleiche Behandlung: Tobias Jaag, Verwaltungsrechtliche Sanktionen: Einführung, in: Häner/Waldmann, Verwaltungsstrafrecht, S. 1 ff., 15 ff.). Angesichts der schwer einzuordnenden Mischformen bei den verwaltungsrechtlichen Zwangsmassnahmen kann die Frage nicht ohne Weiteres bejaht werden (vgl. auch hinten, Rz. 2028).

2027 Insbesondere ist der Strafcharakter von Ordnungsbussen und Disziplinarmassnahmen kontrovers, wobei wohl bei den Ordnungsbussen der Strafcharakter überwiegend bejaht, bei den Disziplinarmassnahmen meist grundsätzlich verneint wird. Die *Ordnungswidrigkeit* bildet nach Art. 3 und 5 VStrR einen Spezialfall der Übertretung; entsprechend stellt auch die *Ordnungsbusse* nach Art. 3 VStrR eine strafrechtliche Sanktion dar. In anderem Zusammenhang kann der Begriff «Ordnungsstrafe» bzw. «Ordnungsbusse» allerdings auch eine Disziplinarmassnahme bezeichnen (vgl. BGE 135 I 313 E. 2.2.3).

2028 *Disziplinarmassnahmen* sind Sanktionen gegenüber Personen im Sonderstatusverhältnis (z.B. Angehörige der Armee, staatliche Angestellte, Schülerinnen und Schüler, Strafgefangene) oder unter besonderer Aufsicht des Staates (z.B. Medizinalpersonen oder Rechtsanwältinnen und Rechtsanwälte). Sie dienen der Aufrechterhaltung der Ordnung innerhalb der Organisation oder des Personenverbands sowie der Wahrung der Vertrauenswürdigkeit. Sic werden vorwiegend den repressiven Zwangsmassnahmen, aber grundsätzlich nicht den (Verwaltungs-)Strafen zugeordnet (z.B. Häfelin/Müller/Uhlmann, Verwaltungsrecht, Rz. 1191 f.; Waldmann, Disziplinarwesen, S. 106 ff.). Disziplinarmassnahmen können allerdings aufgrund ihrer Art und Schwere unter den Begriff der «strafrechtlichen Anklage» nach Art. 6 Ziff. 1 EMRK bzw. des Strafverfahrens nach Art. 32 BV fallen (Gegenbeispiele: BGE 135 I 313 E. 2; 125 I 104 E. 2 f.; 121 I 379). Wie sich aus der gesetzlichen Regelung ergibt, gilt dies alles auch für Disziplinarmassnahmen gegenüber Angehörigen der Armee, ungeachtet dessen, dass das Militärstrafgesetz die Bezeichnung «Disziplinarstrafe» verwendet und das Disziplinarrecht sich stark am Strafrecht orientiert (vgl. Art. 180 ff., 200 ff. MStG).

Der Begriff der *«strafrechtlichen Anklage»* im Sinn von Art. 6 Ziff. 1 EMRK wird autonom ausgelegt. Deshalb können darunter auch Zwangsmittel fallen, die gemäss Landesrecht nicht dem Strafrecht zuzuordnen sind (vgl. vorne, Rz. 81, 276).

2029

II. Geltungsbereich des VStrR und Grundzüge des Verwaltungsstrafverfahrens

Nach Art. 1 VStrR ist das Gesetz *anwendbar,* wenn die Verfolgung und die Beurteilung von Widerhandlungen einer Verwaltungsbehörde des Bundes übertragen wurden. Beispiele finden sich in Art. 57 KG, Art. 128 ZG, Art. 103 MWSTG, Art. 55 FMG, Art. 102 Abs. 1 RTVG oder Art. 90 Abs. 1 HMG. Die Spezialgesetze können abweichende Vorschriften vorsehen (für eine ausführliche Auflistung vgl. Eicker/Frank/Achermann, Verwaltungsstrafrecht, S. 21 ff.). Bei der Vereinheitlichung des Strafprozessrechts, die am 1.1.2011 in Kraft trat, wurde das VStrR nicht erfasst, was in der Lehre kritisiert wird (Eicker/Frank/Achermann, Verwaltungsstrafrecht, S. 35 f. m.H.). Art. 3 lit. c VwVG schliesst die Anwendbarkeit des VwVG für das Verwaltungsstrafverfahren ausdrücklich aus; immerhin verweisen Art. 31 Abs. 1 und Art. 36 VStrR bezüglich der Fristen und der Akteneinsicht im erstinstanzlichen Verfahren auf das VwVG.

2030

Weil es sich um ein Strafverfahren handelt, wird hier nur kurz auf das im VStrR vorgesehene Verfahren hingewiesen. Das VStrR regelt das *Verwaltungsstrafverfahren* in seinem dritten Titel (Art. 19 ff. VStrR). Das erstinstanzliche Verfahren vor der Verwaltungsbehörde wird grundsätzlich mit der Verfahrenseinstellung oder einem *Strafbescheid* abgeschlossen (Art. 62 ff. VStrR). Der Strafbescheid weist Parallelen zum Strafmandat bzw. Strafbefehl auf (BGE 133 IV 112 E. 9.4.4). Gegen den Strafbescheid können die Betroffenen *Einsprache* erheben. Diese führt zu einer neuen Prüfung, aufgrund deren die Verwaltungsbehörde eine Einstellungs- oder *Strafverfügung* trifft (Art. 67 ff. VStrR). Das Einspracheverfahren soll einerseits der beschuldigten Person die gerichtliche Beurteilung mit ihrer Publizität, ihren Umtrieben und Kosten ersparen. Andererseits soll es der Verwaltung erlauben, zunächst nur eine summarische Untersuchung vorzunehmen, was allerdings nur bei leichten Fällen oder Routinesachen unbedenklich erscheint (vgl. BBl 1971 I 1003; BGE 121 IV 326 E. 3d; Eicker/Frank/Achermann, Verwaltungsstrafrecht, S. 257). Die von der Strafverfügung Betroffenen können die *Beurteilung durch das Gericht* verlangen (Art. 21 Abs. 2 und Art. 72 VStrR). Auf Antrag oder mit Zustimmung des Einsprechers bzw. der Einsprecherin kann die Verwaltung zudem eine Einsprache als Begehren um Beurteilung durch das Strafgericht behandeln (Art. 71 VStrR).

2031

2032   Wenn die gerichtliche Beurteilung verlangt wird oder das übergeordnete Departement die Voraussetzungen einer Freiheitsstrafe oder einer freiheitsentziehenden Massnahme für gegeben hält, so hat die Verwaltungsbehörde die Akten der kantonalen Staatsanwaltschaft zuhanden des zuständigen kantonalen Strafgerichtes zu überweisen, wobei die Überweisung als Anklage gilt (vgl. im Einzelnen Art. 73 VStrR; vgl. auch Art. 21 Abs. 1 VStrR). Das gerichtliche Verfahren und der weitere Rechtsweg richten sich nach der StPO, sofern Art. 73 ff. VStrR nichts anderes bestimmen (Art. 82 VStrR).

2033   Gegen *Untersuchungshandlungen* der Verwaltungsbehörde kann *Beschwerde* ergriffen werden, die bei Zwangsmassnahmen direkt und bei sonstigen Untersuchungshandlungen in zweiter Instanz an die Beschwerdekammer des Bundesstrafgerichts führt (vgl. im Einzelnen Art. 26 ff. VStrR). Entscheide über Zwangsmassnahmen können sodann beim Bundesgericht angefochten werden (Art. 79 BGG).

2034   Das VStrR regelt auch die *Pflicht zur Leistung und Rückleistung,* wenn aufgrund einer Widerhandlung gegen die Verwaltungsgesetzgebung des Bundes Abgaben, Vergütungen, Beiträge, nicht eingeforderte Beträge sowie Zinsen nachzuentrichten oder zurückzuerstatten sind (Art. 12 VStrR). Der Entscheid kann mit dem Strafbescheid verbunden werden, wenn für beide dieselbe Verwaltungsbehörde zuständig ist; Zuständigkeit, Verfahren und Rechtsmittel richten sich jedoch nicht nach dem VStrR, sondern nach dem jeweiligen Spezialgesetz (Art. 63 VStrR). Die Verpflichtung zur Leistung oder Rückleistung stellt keine strafrechtliche Sanktion dar (BGE 129 II 160 E. 3.2).

III. Disziplinarverfahren

2035   Über Disziplinarmassnahmen wird in einem *Verwaltungsverfahren* entschieden, womit die spezifisch strafprozessualen Beweismittel und Zwangsmassnahmen nicht zur Verfügung stehen (Waldmann, Disziplinarwesen, S. 108 f.; so verweist im Bundespersonalrecht Art. 98 Abs. 2 BPV auf das VwVG). Spezialgesetzliche Abweichungen bleiben vorbehalten. Einige Nähe zum Strafrecht weist die Regelung des militärischen Disziplinarwesens auf (Art. 180 ff. MStG); ein Rechtsmittel an ein Gericht ist allerdings nur gegen die Verhängung bestimmter, schwererer Disziplinarmassnahmen vorgesehen (Art. 209 Abs. 1 MStG).

2036   Wie allgemein bei den verwaltungsrechtlichen Zwangsmassnahmen (vgl. dazu vorne, Rz. 668 ff.) stellt sich die Frage, inwieweit die strafprozessualen Garantien im Disziplinarverfahren Anwendung finden. Sie ist jedenfalls dann zu bejahen, wenn die Disziplinarmassnahmen aufgrund ihrer Art und Schwere unter die «strafrechtlichen Anklagen» im Sinn von Art. 6 Ziff. 1 EMRK fallen (vgl. im Einzelnen Waldmann, Disziplinarwesen, S. 113 ff.).

IV. Koordinations- und Abgrenzungsfragen

Koordinations- und Abgrenzungsfragen treten auf, wenn ein (Verwaltungs-) Strafverfahren neben einem Verwaltungsverfahren geführt wird, gegebenenfalls sogar von derselben Behörde. Sie ergeben sich unter anderem daraus, dass im Strafverfahren besondere prozessuale Garantien gelten, denen das Verwaltungsverfahren unter Umständen nicht entspricht. Im Strafverfahren dürfen Beweise aus dem Disziplinarverfahren grundsätzlich nur verwendet werden, wenn sie gemäss den strafprozessualen Grundsätzen erhoben wurden (Schmid, Strafverfahren, S. 65). So dürfen Beweismittel, die aufgrund der Mitwirkungspflichten im Verwaltungsverfahren erhoben werden konnten, im Verwaltungsstrafverfahren aufgrund des Verbots des Selbstbelastungszwangs unter Umständen nicht verwendet werden (vgl. vorne, Rz. 273, 465). In der Regel ist es dagegen unproblematisch, wenn im Verwaltungsverfahren auf die Sachverhaltsfeststellung des Strafverfahrens abgestellt wird.

2037

31. Kapitel: Amts- und Rechtshilfe

2038 *Literatur. Zur Amts- und Rechtshilfe im nationalen Rahmen:* BELLANGER FRANÇOIS/TANQUEREL THIERRY (Hrsg.), L'*entraide* administrative, Genf u.a. 2005; GÄCHTER THOMAS/EGLI PHILIPP, in: Auer/Müller/Schindler, VwVG-Kommentar, Art. 43; JAAG TOBIAS, in: Waldmann/Weissenberger, Praxiskommentar VwVG, Art. 43; JÖHRI YVONNE/STUDER MARCEL, in: Maurer-Lambrou Urs/Vogt Nedim Peter (Hrsg.), Basler Kommentar Datenschutzgesetz, 2. A., Basel 2006, Art. 19 N. 8 ff.; KIENER/RÜTSCHE/KUHN, Verfahrensrecht, N. 1072 ff.; KIESER UELI, ATSG-Kommentar, 2. A., Zürich u.a. 2009, Art. 32; KNAPP BLAISE/SCHWEIZER RAINER J., in: Ehrenzeller/Mastronardi/Schweizer/Vallender, St. Galler Kommentar BV, Art. 44 Rz. 24 ff.; NYDEGGER THOMAS/NADIG WERNER, in: Amstutz Marc/Reinert Mani (Hrsg.), Basler Kommentar Kartellgesetz, Basel 2010, Art. 41; PEDROLI ANDREA, in: Yersin Danielle/Noël Yves (Hrsg.), Commentaire romand. Impôt fédéral direct, Basel 2008, Art. 111–112a; *ders.,* L'*assistenza* delle autorità amministrative e giudiziarie nei confronti del fisco, ASA 72/2003–2004, S. 177 ff.; SCHWOB RENATE/WOHLERS WOLFGANG, in: Watter Rolf/Vogt Nedim Peter (Hrsg.), Basler Kommentar Finanzmarktaufsichtsgesetz/Börsengesetz, 2. A., Basel 2011, Art. 38–41 FINMAG; SIMON JÜRG WALTER, Amtshilfe, Chur/Zürich 1991; WERMELINGER AMÉDÉO, Informationelle Amtshilfe: Verunmöglicht Datenschutz eine effiziente Leistungserbringung durch den Staat?, ZBl 2004, S. 173 ff.; ZWEIFEL MARTIN, in: Zweifel Martin/Athanas Peter (Hrsg.), Kommentar zum schweizerischen Steuerrecht I/2b: Bundesgesetz über die direkte Bundessteuer (DBG), Art. 83–222, 2. A., Basel 2008, Art. 111–112a.

Zur internationalen Amts- und Rechtshilfe im Allgemeinen: BREITENMOSER STEPHAN, Internationale *Amts- und Rechtshilfe,* in: Uebersax Peter/Rudin Beat/Hugi Yar Thomas/Geiser Thomas (Hrsg.), Ausländerrecht, 2. A., Basel 2009, S. 1181 ff.; *ders.,* Das Risiko von Grundrechtsverletzungen im Recht der internationalen Amts- und Rechtshilfe, in: Festgabe zum Schweizerischen Juristentag 2004, Basel 2004, S. 237 ff.; BREITENMOSER STEPHAN/EHRENZELLER BERNHARD (Hrsg.), Aktuelle *Fragen* der internationalen Amts- und Rechtshilfe, St. Gallen 2009; EHRENZELLER BERNHARD (Hrsg.), Aktuelle Fragen der internationalen Amts- und Rechtshilfe, St. Gallen 2005; SEILER HANSJÖRG, Internationale *Amtshilfe* aus Schweizer Sicht, Liechtensteinische Juristen-Zeitung 2011, S. 42 ff.

Zur internationalen Rechtshilfe in Strafsachen: BERNASCONI PAOLO, Internationale Amts- und Rechtshilfe, in: Schmid Niklaus (Hrsg.), Kommentar Einziehung, Organisiertes Verbrechen, Geldwäscherei, Band II, Zürich u.a. 2002, S. 143 ff.; BOMIO GIORGIO/GLASSEY DAVID, La *qualité pour recourir* dans le domaine de l'entraide judiciaire internationale en matière pénale, Jusletter, 13.12.2010; DONATSCH ANDREAS/HEIMGARTNER STEFAN/SIMONEK MADELEINE, Internationale Rechtshilfe unter Einbezug der Amtshilfe im Steuerrecht, Zürich u.a. 2011; EYMANN STEPHANIE, Zur Frage der selbstständigen Anfechtung von Zwischenverfügungen gemäss IRSG, AJP 2008, S. 847 ff.; GLESS SABINE, Internationales *Strafrecht,* Basel 2011, S. 65 ff.; GLUTZ VON BLOTZHEIM ALEXANDER M., Die spontane Übermittlung. Die unaufgeforderte Übermittlung von Beweismitteln und Informationen ins Ausland gemäss Art. 67a IRSG, Zürich/St. Gallen 2010; MOREILLON LAURENT (Hrsg.), Commentaire romand. Entraide internationale en matière pénale, Basel u.a. 2004; POPP PETER, *Grundzüge* der internationalen Rechtshilfe in Strafsachen, Basel 2001; RIEDO CHRISTOF/FIOLKA GERHARD/NIGGLI MARCEL ALEXANDER, Strafprozessrecht sowie Rechtshilfe in Strafsachen, Basel 2011, S. 68 ff., 494 ff.; SCHWEIZER RAINER J., Anforderungen der EGMR-Rechtsprechung an die internationale Amts- und Rechtshilfe, in: Festschrift für Ivo Schwander, Zürich/St. Gallen 2011, S. 985 ff.; ZELLWEGER-GUTKNECHT CORINNE, Offene Fragen zur Beschwerdelegitimation bei akzessorischer Rechtshilfe in Strafsachen in Bezug auf Bankkontoinformationen, recht 2007, S. 217 ff.; ZIMMERMANN ROBERT, La *coopération* judiciaire internationale en matière pénale, 3. A., Bern 2009.

Zur internationalen Amts- und Rechtshilfe in Steuer(straf)sachen: BETI DINA, La nouvelle loi sur l'assistance administrative internationale en matière fiscale – une vue d'ensemble, ASA 81/2012–2013, S. 181 ff.; GLUTZ ALEXANDER M., *Beschwerde* ans Bundesgericht gegen Entscheide des Bundesverwaltungsgerichts auf dem Gebiet der internationalen Rechtshilfe in Strafsachen, ASA 80/2011–2012, S. 713 ff.; HONEGGER PETER/KOLB ANDREAS, Amts- und Rechtshilfe: 10 aktuelle Fragen, ASA 77/2008–2009, S. 789 ff.; HÜRLIMANN-FERSCH CAROLIN, Die Voraussetzungen für die Amts- und Rechtshilfe in Steuerstrafsachen, Zürich u.a. 2010; LIÉGEOIS FABIEN, Secret bancaire et assistance administrative internationale en matière fiscale. «Les changements apportés par la révision des conventions Suisse-France et Suisse-USA», RDAF 2011 II (Droit fiscal), S. 1 ff.; MOLO GIOVANNI, Die neue Trennungslinie bei der Amtshilfe in Steuersachen: Das Verbot der fishing expeditions und die formellen Anforderungen an das Gesuch, ASA 80/2011–2012, S. 143 ff.; OBERSON XAVIER, La nouvelle politique de la Suisse en matière d'échange de renseignements fiscaux. «Un an après», IFF Forum für Steuerrecht 2010, S. 94 ff.; OBERSON XAVIER/HULL HOWARD R., Switzerland in International Tax Law, 4. A., Amsterdam 2011, S. 271 ff.; UNSELD LEA, Internationale Rechtshilfe im Steuerrecht, Zürich u.a. 2011; WALDBURGER ROBERT, Entwicklungen in der schweizerischen Amtshilfepolitik in Steuersachen – ein Überblick, IFF Forum für Steuerrecht 2010, S. 80 ff.; *ders.,* Aktuelle Entwicklungen in der schweizerischen Amtshilfe im Steuerbereich, SZW 2009, S. 480 ff.

Zur internationalen Amts- und Rechtshilfe bei der Finanzmarktaufsicht: EMCH URS/RENZ HUGO/ARPAGAUS RETO (Hrsg.), Das Schweizerische Bankgeschäft, 7. A., Zürich u.a. 2011, Rz. 562 ff.; JACQUEMOUD PHILIPPE, Revision der internationalen Amtshilfe gemäss dem Gesetz über die Börsen und den Effektenhandel (BEHG), SZW 2005, S. 221 ff.; NOBEL PETER, Schweizerisches Finanzmarktrecht und internationale Standards, 3. A., Bern 2010, § 7 N. 238 ff.; SCHAAD HANS-PETER, in: Watter Rolf/Vogt Nedim Peter (Hrsg.), Basler Kommentar Finanzmarktaufsichtsgesetz/Börsengesetz, 2. A., Basel 2011 (zitiert: Basler Kommentar BEHG/FINMAG), Art. 42–43 FINMAG, Art. 38–38a BEHG; TSIMARATOS JEAN-LOUIS/SUTTER FRÉDÉRIC, *Entraide* administrative internationale en matière boursière: état de la jurisprudence du Tribunal administratif fédéral au 30 juin 2009, SZW 2009, S. 294 ff.

Zu den bilateralen Abkommen: BREITENMOSER STEPHAN, Amts- und Rechtshilfe im Rahmen der «Bilateralen II»-Verträge, AJP 2005, S. 929 ff.; BREITENMOSER STEPHAN/GLESS SABINE/LAGODNY OTTO (Hrsg.), *Schengen und Dublin* in der Praxis, Zürich/St. Gallen 2010; *dies.* (Hrsg.), Schengen in der Praxis, Zürich/St. Gallen 2009; HÄNNI JULIA/HÄGGI FURRER RETO, Amtshilfe in Steuersachen. Bestehende Instrumente und neuere Entwicklung im Verhältnis Schweiz–EU, in: Epiney Astrid/Fasnacht Tobias (Hrsg.), Schweizerisches Jahrbuch für Europarecht 2010/2011, S. 279 ff.; MOREILLON LAURENT, La coopération judiciaire pénale dans l'Espace Schengen, in: ders. (Hrsg.), Aspects pénaux des Accords bilatéraux Suisse/Union européenne, Basel 2008, S. 425 ff.; PEDROLI ANDREA, Lo scambio di informazioni fiscali (assistenza amministrativa e giudiziaria) negli Accordi bilaterali II, in: Campello Fulvio (Hrsg.), Accordi bilaterali Svizzera – Unione europea, Lugano/Basel 2009, S. 57 ff.; PFENNINGER HANSPETER, Internationale Rechtshilfe in Strafsachen, in: Kaddous Christine/Jametti Greiner Monique (Hrsg.), Accords bilatéraux II Suisse – UE et autres Accords récents, Basel 2006, S. 331 ff.

Zum Rechtsweg: AEMISEGGER HEINZ/FORSTER MARC, in: Niggli/Uebersax/Wiprächtiger, Basler Kommentar BGG, Art. 84; DONZALLAZ, Commentaire, Art. 83 Ziff. 2871 ff. und Art. 84; HÄBERLI THOMAS, in: Niggli/Uebersax/Wiprächtiger, Basler Kommentar BGG, Art. 83 N. 178 ff., 307 ff.; MICHELI FRANÇOIS ROGER, La qualité pour recourir dans les procédures d'entraide pénale et d'assistance administrative internationales, RDAF 2002 I, S. 185 ff.; WEISSENBERGER PHILIPPE, Grenzüberschreitende Amtshilfe auf dem Prüfstand – Wege zu mehr Rechtssicherheit, Rechtsschutz und Effizienz, ASA 77/2008–2009, S. 825 ff.; WURZBURGER ALAIN, in: Corboz/Wurzburger/Ferrari/Frésard/Aubry Girardin, Commentaire de la LTF, Art. 83 N. 105 ff. und Art. 84.

I. Begriffe und Abgrenzungen

2039 *Amtshilfe* und *Rechtshilfe* bezeichnen Hilfeleistungen einer Behörde für eine andere Behörde bei der Wahrnehmung von deren Aufgaben. Von Amts- oder Rechtshilfe ist dabei die Rede, wenn die Behörden verschiedenen Gemeinwesen angehören oder zwar zum gleichen Gemeinwesen gehören, aber nicht in einem hierarchischen Verhältnis zueinander stehen (vgl. François Bellanger, L'entraide administrative en Suisse, in: Bellanger/Tanquerel, entraide, S. 9 ff., 12 ff.). Die Abgrenzung zwischen Amts- und Rechtshilfe ist nicht geklärt (BGE 137 II 128 E. 2.3.1); es werden unter verschiedenen Bezeichnungen verschiedene Kriterien vorgeschlagen und verwendet. Unterschieden wird unter anderem nach folgenden Gesichtspunkten (vgl. z.B. BVGer, Urteil A-1735/2011 vom 21.12.2011, E. 1.1.5 m.H.; Breitenmoser, Amts- und Rechtshilfe, Rz. 23.12 ff.):

- Nach der Funktion der beteiligten Behörden: Handelt es sich um Verwaltungsbehörden, läge demnach Amtshilfe vor, und Rechtshilfe, wenn es sich um Gerichtsbehörden handelt.
- Nach der Tätigkeit der unterstützten Behörde: Hilfeleistung ausserhalb eines streitigen Verfahrens wäre demnach Amtshilfe; Hilfeleistung für ein streitiges Verfahren wäre Rechtshilfe.
- Nach der Tätigkeit und der Funktion der unterstützten Behörde: Amtshilfe würde demnach ausserhalb eines Gerichtsverfahrens geleistet, Rechtshilfe unmittelbar für ein Gerichtsverfahren.
- Nach der Normierung der Hilfeleistung: Amtshilfe bezeichnete die Hilfe, die in einem gesetzlich nicht geregelten Verfahren erfolgte, während die Rechtshilfe in einem prozessrechtlich geregelten Verfahren stattfände.

2040 Die letztere Abgrenzung scheint in der Lehre für das innerstaatliche Verhältnis zu dominieren (z.B. Knapp/Schweizer, St. Galler Kommentar BV, Art. 44 Rz. 24). Ihre Tauglichkeit erscheint jedoch zweifelhaft, da sich fragt, ob aufgrund der Anforderungen an die gesetzliche Grundlage und den Rechtsschutz ein gesetzlich nicht geregeltes Verfahren überhaupt noch zulässig sein kann, sofern es nicht um den informellen Austausch grundsätzlich öffentlich zugänglicher Informationen geht.

2041 Soweit Gesetz oder Staatsvertrag in ihrem Anwendungsbereich eine Trennlinie zwischen Rechts- und Amtshilfe ziehen, ist diese Entscheidung massgeblich (BGE 137 II 128 E. 2.3.1). Im Übrigen richten sich Rechts- und Amtshilfe nach den gleichen Grundsätzen, sodass eine einheitliche dogmatische Erfassung anzustreben ist (vgl. Martin Philipp Wyss, Gesetzgebungsbedarf bei der internationalen Amtshilfe?, in: Breitenmoser/Ehrenzeller, Fragen, S. 217 ff., 228 ff.; vgl. auch Breitenmoser, Amts- und Rechtshilfe, Rz. 23.29 m.H. und Rz. 23.148, zur Forderung nach einer gemeinsamen Kodifizierung). Dies bedeutet nicht, dass hier eine Einebnung der unterschiedlich strengen Voraussetzungen vertreten wird. Im Folgenden wird die übergreifende Bezeichnung «Amts- und Rechtshilfe» verwendet, wenn nicht auf spezifische Verfahren Bezug genommen wird; ein gebräuchliches Synonym dafür ist «Verfahrenshilfe».

Weitere Formen der Zusammenarbeit sind die *Koordination* (vgl. dazu vorne, Rz. 117 ff., 408 ff.) sowie die *informelle Zusammenarbeit*. Die Koordination kann von der Amts- und Rechtshilfe aufgrund der unterschiedlichen Ausgangslage abgegrenzt werden: Sie wird notwendig, wenn verschiedene Behörden zur Behandlung einer bestimmten Angelegenheit sachlich je teilweise zuständig sind; die Bezeichnung einer hauptsächlich zuständigen Behörde, welche die Ergebnisse der anderen Behörden bündelt, stellt die Antwort auf den Koordinationsbedarf dar. Den Ausgangspunkt der Amts- und Rechtshilfe bildet umgekehrt das Bedürfnis einer Behörde nach Unterstützung durch andere Behörden bei einer von ihr wahrzunehmenden Aufgabe. In den konkreten Fällen können sich die beiden Formen der Zusammenarbeit allerdings aneinander annähern. Die informelle Zusammenarbeit findet ausserhalb jeglichen Verfahrens statt; sie ist von der Amts- und Rechtshilfe dadurch abzugrenzen, dass sie keine Auswirkungen auf die Rechtsstellung Privater hat (Breitenmoser, Amts- und Rechtshilfe, Rz. 23.31).

2042

II. Rechtsgrundlagen und Rechtsnatur

Für das innerstaatliche Verhältnis hält Art. 44 Abs. 2 Satz 2 BV fest, dass *Bund und Kantone* einander Amts- und Rechtshilfe leisten. Es handelt sich um ein Beispiel der in Satz 1 derselben Bestimmung verankerten Pflicht zu Rücksicht und Beistand, die als Ausfluss der *Bundestreue* verstanden werden kann und als «Ausdruck gelebter Verfassungswirklichkeit» in die BV aufgenommen wurde (BBl 1997 I 208 f.) Die interkantonale Rechtshilfe in Strafsachen wurde denn auch schon lange zuvor als Gewohnheitsrecht bezeichnet (BGE 85 I 103 E. 3, wie BGE 36 I 49 E. 2 mit dem Hinweis, dass bereits ein Konkordat von 1810 von «alt-eidgenössischer Übung» spreche; dazu Jaag, Praxiskommentar VwVG, Art. 43 N. 4). Sobald der Amts- und Rechtshilfe andere Interessen und Rechtsgrundsätze (wie die Privatsphäre, der Geheimnisschutz oder gegebenenfalls die Gewaltenteilung oder die Autonomie) entgegenstehen, bedarf sie jedoch einer gesetzlichen Grundlage (vgl. hinten, Rz. 2050). Sinngemäss dasselbe gilt für die Amtshilfe zwischen *Verwaltungseinheiten desselben Gemeinwesens* (vgl. Kiener/Rütsche/Kuhn, Verfahrensrecht, N. 1077 f.). Bundesrechtliche Bestimmungen über die *innerstaatliche Amts- und Rechtshilfe* finden sich in verschiedenen Gesetzen, etwa in Art. 43 VwVG, Art. 41 KG, Art. 194 ff. ZPO, Art. 43 ff. StPO, Art. 30 VStrR, Art. 111–112a DBG, Art. 38 ff. und Art. 71 Abs. 2 StHG, Art. 32 ATSG, Art. 8a BGBM, Art. 29 und 29a GwG oder Art. 38 ff. FINMAG. Eine allgemeine Regelung für das Verwaltungsverfahren und den Verwaltungsprozess besteht jedoch nicht.

2043

2044 Die *internationale Amts- und Rechtshilfe* beruht im Wesentlichen auf Staatsvertragsrecht; für einige ihrer Voraussetzungen oder Schranken wird eine Grundlage im Völkergewohnheitsrecht in Betracht gezogen (Breitenmoser, Amts- und Rechtshilfe, Rz. 23.4 und 23.101). Die innerstaatliche Zuständigkeit und das Verfahren richten sich grundsätzlich nach dem innerstaatlichen Recht. Für die *internationale Rechtshilfe in Strafsachen* bestehen im Landesrecht im Wesentlichen eine allgemeine gesetzliche Regelung (IRSG) sowie ein besonderes Gesetz für die Zusammenarbeit mit dem Internationalen Strafgerichtshof (ZISG); zu erwähnen ist ferner ein Gesetz, das ausführende Bestimmungen zum Staatsvertrag über die gegenseitige Rechtshilfe zwischen der USA und der Schweiz enthält (BG-RVUS). Die landesrechtlichen Normen zur *Amtshilfe im Bereich des Steuerstrafrechts* waren zunächst in einer Verordnung enthalten (ADV); eine gesetzliche Grundlage wurde mit dem Steueramtshilfegesetz (StAhiG) vom 28.9.2012, in Kraft seit 1.2.2013, eingeführt. Weitere Normierungen der internationalen Amtshilfe finden sich über die Bundesgesetzgebung verstreut (z.B. Art. 21 f. UWG, Art. 115–115i ZG, Art. 38 BEHG, Art. 42 FINMAG, Art. 7 EmbG; vgl. auch Art. 350 ff. StGB).

2045 Amts- und Rechtshilfe sind grundsätzlich eine *verwaltungsrechtliche Materie*. Das Bundesgericht geht hiervon auch für die Rechtshilfe in Strafsachen aus (BGE 127 II 104 E. 3d); insoweit sind allerdings die Bezüge zum Straf- und Strafprozessrecht eng und ist die Zuordnung umstritten (vgl. Aemisegger/Forster, Basler Kommentar BGG, Art. 84 N. 1 m.H.; Gless, Strafrecht, Rn. 218 f.). Die – hier nicht weiter behandelte – Rechtshilfe in Zivilsachen wird vom Gesetz als öffentlich-rechtliche Angelegenheit, die in unmittelbarem Zusammenhang mit Zivilrecht steht, bezeichnet (Art. 72 Abs. 2 lit. b Ziff. 1 BGG).

III. Wichtige Sachbereiche

2046 Amts- und Rechtshilfe kommt in allen möglichen Sachgebieten in Betracht. Im *internationalen Verhältnis* sind – neben der Rechtshilfe in Zivil- und in Strafsachen – besonders die *Finanzmarktaufsicht* und das *Steuer(straf)recht* wichtig. Gerade im letzteren Bereich ist die Frage der Amts- und Rechtshilfe ein bedeutendes und aufsehenerregendes Politikum; entsprechend befinden sich die rechtlichen Grundlagen und damit die Rechtsprechung stark im Fluss. Markstein ist der Entscheid des Bundesrats vom 13.3.2009, künftig Amtshilfe in Steuersachen gemäss Art. 26 OECD-Musterabkommen (OECD Model Tax Convention on Income and Capital, in der Fassung von 2005, 8. A. vom 22.7.2010) zu gewähren und die Doppelbesteuerungsabkommen in diesem Sinn anzupassen oder neu abzuschliessen (vgl. BBl 2011 6196 ff.). Dies bedeutet namentlich, dass nun Amtshilfe auch mit Bezug auf Steuerdelikte geleistet wird, die in der Schweiz als (einfache) Steuerhinterziehung und damit als Übertretung definiert werden (z.B. Art. 175 ff. DBG i.V.m. Art. 103 StGB), bzw. dass auch mit Bezug auf diese Delikte das Bankgeheimnis (Art. 47 BankG) nicht mehr vorbehalten wird. Die hierauf neu abgeschlossenen Doppelbesteuerungsabkommen waren nochmals zu ergänzen, um den Vorgaben der OECD zu entsprechen; es ging um die Senkung der Anforderungen an die Identifikation der Steuerpflichtigen und der Informationsinhaber (vgl. BBl 2011 3749 ff.). Das Steueramtshilfegesetz (StAhiG), das auf den – ebenfalls in Entwicklung befindlichen – OECD-Standards beruht, wurde vom Parlament am 28.9.2012 beschlossen und trat am 1.2.2013 in Kraft. Sodann gab der Bundesrat am 15.6.2012 einen Vorentwurf betreffend die Ausdehnung der Rechtshilfe bei Fiskaldelikten in die Vernehmlassung. Der Bundesrat hat am 20.2.2013 beschlossen, das Projekt zurückzustellen, um es anhand der Ergebnisse der geplanten Vernehmlassung zur Revision des Steuerstrafrechts zu überarbeiten (www.bj.admin.ch).

Im *Binnenverhältnis* stellen sich Fragen der Rechts- und Amtshilfe in verschiedenen Bereichen wie namentlich dem Steuerrecht, aber etwa auch dem Sozialversicherungsrecht (vgl. Häberli, Basler Kommentar BGG, Art. 83 N. 179 m.H.). 2047

IV. Zu Formen, Massnahmen und Voraussetzungen der Amts- und Rechtshilfe

Mögliche *Formen* der Amts- und Rechtshilfe sind: Erstens *auf Ersuchen hin,* wobei die Hilfeleistung entweder im Ermessen der ersuchten Behörde liegen oder obligatorisch sein kann; zweitens können Gesetz oder Staatsvertrag einer Behörde vorschreiben oder gestatten, andere Behörden unaufgefordert zu informieren – man spricht von *«spontaner»* Amts- bzw. Rechtshilfe. Drittens können Gesetz oder Staatsvertrag vorschreiben oder erlauben, dass eine Behörde direkt im Zuständigkeitsbereich einer anderen Behörde handelt. Dabei kann vorgesehen sein, dass deren Erlaubnis einzuholen ist oder dass sie zu informieren ist – oder es wird selbst auf die Informationspflicht verzichtet. So gestattet Art. 43 Abs. 2–6 FINMAG unter gewissen Voraussetzungen und in einem bestimmten Rahmen grenzüberschreitende direkte Prüfungen von Beaufsichtigten durch ausländische Behörden, wobei die Erlaubnis der FINMA einzuholen ist. Art. 195 ZPO und Art. 52 StPO ermächtigen die Behörden der Kantone (und des Bundes) zur direkten Vornahme von Prozess- bzw. Verfahrenshandlungen in einem (anderen) Kanton. In diesem Zusammenhang kann auch die Möglichkeit des direkten Zugriffs auf Daten einer anderen Behörde erwähnt werden. 2048

Als *Massnahmen* der Amts- und Rechtshilfe kommen alle Verfahrenshandlungen in Betracht, die der Prozessleitung oder der Sachverhaltsermittlung dienen oder den Vollzug bzw. die Vollstreckung des anvisierten oder gefällten Entscheids sicherstellen helfen. Beispiel einer prozessleitenden Massnahme ist die 2049

Zustellung. Bei den Beweismassnahmen stehen die Erteilung von Auskünften und die Aktenedition im Vordergrund; die gesetzlichen Regelungen beziehen sich zumeist darauf. Infrage kommen aber auch Amtsberichte oder die Vornahme von Beweismassnahmen wie Befragungen, Zeugeneinvernahmen oder Augenscheinen. Im Bereich der internationalen Rechtshilfe in Strafsachen regelt das Gesetz die Auslieferung (samt vorläufigen Massnahmen wie Festnahme, Haft und Sicherstellung von Gegenständen), die stellvertretende Strafverfolgung und die stellvertretende Strafvollstreckung einerseits (Rechtshilfe im weiteren Sinn) wie auch zahlreiche Massnahmen der Beweiserhebung andererseits (Rechtshilfe im engeren Sinn bzw. «akzessorische», «andere» oder «kleine» Rechtshilfe; vgl. zum Ganzen Art. 32 ff. IRSG; Breitenmoser, Amts- und Rechtshilfe, Rz. 23.38). Welche Massnahmen zulässig sind, ergibt sich aus der Auslegung der jeweils anwendbaren Rechtsgrundlagen. Sowohl die Normierung der Amts- bzw. Rechtshilfe als auch das von der ersuchten Behörde anzuwendende Verfahrensrecht sind zu beachten, wobei Letzteres teilweise ausdrückliche Aussagen dazu enthält, ob die von ihm vorgesehenen Beweismassnahmen für die Amts- und Rechtshilfe vorgenommen werden dürfen (so Art. 1 Abs. 1 lit. b BÜPF). So ist etwa die Aufzählung der Rechtshilfemassnahmen in Art. 63 Abs. 2 IRSG nur beispielhaft (BGE 132 II 1 E. 3.1 f.).

2050 Die Amts- und Rechtshilfe steht in einem Konflikt mit anderen Rechtsgütern bzw. den Grundsätzen und Vorschriften, welche diese schützen, wodurch sich die Notwendigkeit ihrer *gesetzlichen Grundlage* sowie die *Voraussetzungen,* denen sie unterliegt, ergeben. Dazu gehören namentlich der Datenschutz und das Amtsgeheimnis (Art. 320 StGB), das Steuergeheimnis eingeschlossen (Art. 110 DBG). Sie bedarf insoweit einer Grundlage in einem formellen Gesetz (vgl. François Bellanger, L'entraide administrative en Suisse, in: Bellanger/Tanquerel, entraide, S. 9 ff., 18 f.; Breitenmoser, Amts- und Rechtshilfe, Rz. 23.87; teils abweichend Knapp/Schweizer, St. Galler Kommentar BV, Art. 44 Rz. 25; vertiefend Martin Philipp Wyss, Gesetzgebungsbedarf bei der internationalen Amtshilfe?, in: Breitenmoser/Ehrenzeller, Fragen, S. 217 ff., 234 ff.; vgl. auch die Anforderungen von Art. 19 Abs. 1 i.V.m. Art. 17 Abs. 1 und Abs. 2 lit. a DSG). Für die Weitergabe von Personendaten durch Bundesorgane besteht eine solche subsidiär jedenfalls in Art. 19 Abs. 1 lit. a DSG, gegebenenfalls in Verbindung mit Art. 6 DSG. Als Rechtsgrundlage kommt schliesslich unter den entsprechenden Voraussetzungen gestützt auf Art. 184 Abs. 3 und Art. 185 Abs. 3 BV auch die polizeiliche Generalklausel infrage (vgl. BGE 137 II 431 E. 3 f. zur Herausgabe von Bankkundendaten durch die FINMA – in Koordination mit dem Bundesrat – an US-amerikanische Behörden in einer aussergewöhnlichen Situation).

2051 Die Amts- und Rechtshilfe unterliegt bestimmten Voraussetzungen; die betreffenden Grundsätze werden als Maximen, Prinzipien oder Schranken bezeichnet. Sie haben rechtsstaatlichen und individualrechtlichen Charakter oder gehen – im internationalen Verhältnis – auf die staatliche Souveränität zurück (vgl. Breitenmoser, Amts- und Rechtshilfe, Rz. 23.100 ff.). Dazu gehören namentlich das *Legalitätsprinzip,* das Vorliegen eines *öffentlichen Interesses* und das *Verhältnismässigkeitsprinzip* – was keine Besonderheit der Amts- und Rechtshilfe darstellt, sondern sich auch aus Art. 5 Abs. 1 und 2 bzw. Art. 13 Abs. 2 i.V.m. Art. 36 BV ergibt. Als wesentliche Schranke der Amts- und Rechtshilfe erscheint denn auch der *Grundrechtsschutz* (Stephan Breitenmoser, Neuerungen in der internationalen Rechtshilfe in Strafsachen, in: Breitenmoser/Ehrenzeller, Fragen, S. 9 ff., 20 ff.). Welche Massnahmen der Amts- bzw. Rechtshilfe unter welchen Voraussetzungen gewährt werden können, müsste daher – bei der Rechtsetzung wie bei der Rechtsanwendung – ebenso vom berechtigten Vertrauen abhängig gemacht werden, das in den bzw. die Vertragspartner bezüglich des Grundrechtsschutzes gesetzt werden kann (vgl. auch BGE 132 II 1 E. 3.3 f. zur verdeckten Ermittlung). Die Ausgestaltung der Amts- und Rechtshilfe darf sich nicht allein an der Effizienz der Behördentätigkeit orientieren (Jörg Polakiewicz, Amts- und Rechtshilfe im Rahmen des Europarats und der Europäischen Union, in: Breitenmoser/Gless/Lagodny, Schengen und Dublin, S. 121 ff., 136).

Auf das Legalitäts- und das Verhältnismässigkeitsprinzip kann das *Spezialitätsprinzip* zurückgeführt werden, laut dem die Informationen nur zu den Zwecken verwendet werden dürfen, derentwegen sie übermittelt wurden (vgl. BGer, Urteil 2C_84/2012 vom 15.12.2012, E. 5.2.1). Mit Bezug auf die internationale Amts- und Rechtshilfe wird allerdings auch eine Fundierung des Grundsatzes im Völkergewohnheitsrecht in Betracht gezogen (Breitenmoser, Amts- und Rechtshilfe, Rz. 23.101). Einem verwandten Zweck dient das *Prinzip der langen Hand,* wonach die ersuchte Behörde bzw. der ersuchte Staat gesondert bewilligen muss, dass Informationen, die im Rahmen der Amtshilfe übermittelt werden, an Strafverfolgungsbehörden weitergeleitet werden (vgl. z.B. Art. 38 Abs. 6 BEHG; zur Definition: BGE 127 II 323 E. 2, zum früheren Recht). Ausfluss des Legalitäts- und des Verhältnismässigkeitsprinzips ist im Übrigen auch das Verbot der *«fishing expeditions»* («Fischzüge»), des Ausforschens ohne konkrete Anhaltspunkte (vgl. BVGE 2011/14 E. 5.2.2.1). Im internationalen Verhältnis ist sodann das *Gegenrechtsprinzip* zu beachten, das als allgemeiner Grundsatz des Völkerrechts gilt, gegebenenfalls aber in relativierter Form zur Anwendung kommt (vgl. Art. 8 Abs. 2 IRSG). Bei der Rechtshilfe in Strafsachen gelten das Prinzip der *beidseitigen Strafbarkeit* – wonach die Tat in beiden Staaten strafbar sein muss – sowie der Grundsatz *«ne bis in idem»,* das Verbot der doppelten Bestrafung (vgl. Breitenmoser, Amts- und Rechtshilfe, Rz. 23.126). Schliesslich ist der *Ordre public* zu wahren bzw. ist das ausländische Verfahren an menschenrechtlichen Anforderungen zu messen (vgl. Art. 1a und 2 IRSG). Der Ordre public und die – diesem zuzurechnenden – Menschenrechtsgarantien stellen allerdings nicht nur eine Schranke der internationalen Zusammenarbeit dar, sondern können auch zu deren Gunsten sprechen (BGE 123 II 595 E. 5a und 7c; Zimmermann, coopération, N. 712). Die konkrete Bedeutung und Ausgestaltung der Prinzipien sowie allenfalls weitere Voraussetzungen der Amts- und Rechtshilfe ergeben sich aus den jeweils anwendbaren völkerrechtlichen (insbesondere staatsvertraglichen) und gesetzlichen Grundlagen. Je nach den anwendbaren Rechtsgrundlagen sind sie als Eintretensvoraussetzungen oder bei der materiellen Prüfung zu berücksichtigen.

2053 Auf staatsvertraglichem Weg (bzw. durch supranationale Rechtsetzung) können die spezifischen Grundsätze der Amts- und Rechtshilfe teilweise beschränkt oder gar aufgehoben werden; dies geschieht in jüngerer Zeit auf der Ebene des Europarats und namentlich der Europäischen Union und ist Ausdruck der Relativierung des Gedankens staatlicher Souveränität zugunsten internationaler Kooperation und supranationaler Strukturen (vgl. im Einzelnen etwa Stephan Breitenmoser, Neuerungen in der internationalen Rechtshilfe in Strafsachen, in: Breitenmoser/Ehrenzeller, Fragen, S. 9 ff., 17, 24 ff.). Die Rechtsentwicklung in der Europäischen Union betrifft auch die Schweiz namentlich aufgrund ihrer Assoziierung an den «Schengen-Besitzstand» im Bereich der inneren Sicherheit (vgl. das Schengen-Assoziierungsabkommen mit der EU).

V. Fragen der Zuständigkeit und des Verfahrens

1. Grundzüge und Grundfragen

2054 Hervorzuheben sind die *unterschiedlichen Rechtsgrundlagen der internationalen und der innerstaatlichen Amts- und Rechtshilfe*. Zwar geht es im Kern um dasselbe, nämlich um die dienende Funktion gegenüber dem von einer anderen Behörde geführten Haupt- oder Ausgangsverfahren, die auch in der Bezeichnung zum Ausdruck kommt. Deshalb können überdachende Prinzipien ausgemacht werden. Dagegen bestehen insofern massgebliche Unterschiede, als die internationale Amts- und Rechtshilfe zwischen souveränen Staaten geschieht und eine Rechtsgrundlage nicht nur im Landesrecht, sondern auch im Völkerrecht besitzt (Breitenmoser, Amts- und Rechtshilfe, Rz. 23.7 m.H.). Obwohl das Amts- und Rechtshilfeverfahren von einem anderen Verfahren abhängig ist, kann im internationalen Verhältnis nicht einfach von einer Ausweitung des Ausgangsverfahrens gesprochen werden; vielmehr ergeben sich zusätzliche Fragestellungen, weil die zwischenstaatlichen Beziehungen betroffen sind (BGE 127 II 104 E. 3d). Der Entscheid über die Gewährung von internationaler Amts- und Rechtshilfe kann denn auch nur als Endentscheid aufgefasst werden – während das Bundesgericht dies mit Bezug auf das Binnenverhältnis immerhin diskutiert, schliesslich aber doch bejaht hat (BGer, Urteile 2C_806/2011 vom 20.3.2012, E. 1.4, und 2C_909/2008 vom 2.11.2009, E. 1.5). Bei der Auslegung von Bestimmungen zur Amts- und Rechtshilfe dürfte der Analogieschluss vom innerstaatlichen zum internationalen Verfahren aufgrund der zusätzlichen Anforderungen an das Letztere kaum infrage kommen, während umgekehrt die

Praxis zur internationalen Amts- und Rechtshilfe auf die innerstaatliche – im Sinn des Arguments «a fortiori» – unter Umständen analog angewendet werden kann (vgl. BGE 134 II 318 E. 6.4 f.). Nicht zu übersehen ist allerdings, dass sich auch im internationalen Verhältnis die Gewichte von der nationalen Souveränität zur zwischenstaatlichen Kooperation oder gar zur Supranationalität verschieben, womit die Unterschiede zwischen internationaler und innerstaatlicher Amts- und Rechtshilfe sowohl in der Theorie als auch in der Praxis eingeebnet werden.

Die verfahrensrechtlichen Bestimmungen sowie die Praxis zur Amts- und Rechtshilfe sind stark auf die *Verfahrensbeschleunigung* bzw. die Ermöglichung und Erleichterung der Hilfeleistung ausgerichtet. Dies kann sich in entsprechenden Ordnungsvorschriften äussern, in der Verkürzung von Fristen und dem Ausschluss des Fristenstillstands (vgl. Art. 12 Abs. 2 und Art. 17a IRSG; Art. 38 Abs. 4 Satz 1 und Abs. 5 BEHG; Art. 46 Abs. 2 und Art. 100 Abs. 2 lit. b BGG), in der sofortigen Vollstreckbarkeit von Zwischenverfügungen (vgl. Art. 19 Abs. 1 StAhiG) oder im Ausschluss von Beschwerdemöglichkeiten (vgl. Art. 83 lit. h und Art. 84 BGG). Das Bundesgericht richtet auch die Praxis zur Legitimation darauf aus (vgl. BGE 137 IV 134 E. 6.3 f.). 2055

Nach Praxis und Lehre darf die Amtshilfe (für Verwaltungsverfahren) nicht dazu führen, dass die strengeren materiellen und formellen Voraussetzungen der Rechtshilfe (für Strafverfahren) ausgehöhlt oder umgangen werden (vgl. BGE 128 II 407 E. 6.3.1 m.H.). Angesichts der Abgrenzungsschwierigkeiten ist allgemeiner von der Gefahr zu sprechen, dass Verfahrensgarantien durch alternative, weniger förmliche Vorgehensweisen ausgehebelt werden (vgl. auch die umfassendere Formulierung des Entwurfs eines neuen Art. 31 GwG; BBl 2012 6991). Das Problem zeigt sich denn zum Beispiel auch an der Nahtstelle zwischen Amtshilfe und informeller Zusammenarbeit (vgl. auch BGE 137 II 431 E. 2.2 f., wonach die FINMA die Amtshilfebestimmungen nicht gestützt auf ihre Aufsichtskompetenzen aushebeln darf). 2056

2. Gesuchstellung durch Schweizer Behörden

Die anwendbaren gesetzlichen Regelungen schliessen teils ausdrücklich aus, dass Betroffene ein Ersuchen um Amts- oder Rechtshilfe anfechten können, das von schweizerischen Behörden gestellt wird. Allerdings stellt sich auch andernfalls die Frage, ob ein taugliches Anfechtungsobjekt und ein Rechtsschutzinteresse vorliegen. 2057

Zulässig ist die Anfechtung von Ersuchen um Übernahme der Strafverfolgung und der Urteilsvollstreckung im Rahmen der internationalen Rechtshilfe in Strafsachen (vgl. Art. 25 Abs. 2 und 2bis IRSG; z.B. BGE 135 I 191). Insoweit hat eine Verfügung zu ergehen (BGE 112 Ib 137 E. 3b; vgl. auch BGer, Urteil 1A.117/2000 vom 26.4.2000, E. 1a; BGE 118 Ib 269 E. 2). Das Bundesstrafgericht 2058 lässt allerdings offen, ob selbst in jenen Fällen, in denen Art. 25 Abs. 2 IRSG die Anfechtung ausschliesst, die Beschwerde nach Art. 393 ff. StPO gegeben sei (BStGer, Urteil BB.2012.94 vom 6.7.2012; vgl. auch BGer, Urteil 1P.615/2000 vom 7.11.2000, E. 1). Weiter sehen die Gesetze teils vor, dass der Verzicht der zuständigen Behörde, ein Rechtshilfeersuchen zu stellen, von derjenigen Behörde mit Beschwerde angefochten werden kann, welche das Stellen eines solchen Ersuchens beantragen kann (vgl. Art. 25 Abs. 3 Satz 2 IRSG; Art. 17 Abs. 2 BG-RVUS). Die Anfechtungsmöglichkeit kann in den letztgenannten Fällen dogmatisch damit begründet werden, dass es sich sinngemäss um Zuständigkeits- bzw. um Nichteintretensentscheide handelt (vgl. auch Popp, Grundzüge, Rn. 14).

2059 Das Bundesgericht hat anerkannt, dass gegen ein Ersuchen der schweizerischen Behörde um Rechtshilfe ferner Beschwerde ergriffen werden kann mit der Begründung, die Anfrage stelle in Wirklichkeit eine verkappte Rechtshilfeleistung an die ausländische Behörde dar (BGer, Urteil vom 7.11.1996, in: SJ 1997, S. 193 E. 3b; vgl. auch BGer, Urteil 1A.107/2002 vom 8.7.2002, E. 1.2 m.H.). Im Übrigen wären allfällige Rügen bezüglich der Gesuchstellung (etwa die Missachtung dabei einzuhaltender Vorschriften wie Art. 30 Abs. 1 IRSG oder Art. 11 Abs. 2 IRSV) mit dem Entscheid in der Hauptsache vorzubringen. Vorbehalten bleiben besondere Regelungen.

2060 Wurden Beweismittel im Ausland möglicherweise unter Verletzung von Amts- oder Rechtshilfevorschriften beschafft, so ist im Hauptverfahren und nach Schweizer Recht zu entscheiden, ob sie berücksichtigt werden dürfen (vgl. BGer, Urteil 8C_239/2008 vom 17.12.2009, E. 6.4.2, zum Sozialversicherungsrecht).

3. Behandlung von ausländischen Ersuchen um internationale Rechts- oder Amtshilfe

A. Erstinstanzliches Verfahren

2061 Amts- und Rechtshilfe gelten überwiegend als verwaltungsrechtliche Materie (vgl. vorne, Rz. 2045). Das Verfahren richtet sich demnach grundsätzlich nach dem jeweiligen *Verwaltungsverfahrensrecht*. So enthalten etwa Art. 38 Abs. 3 und 6 BEHG oder Art. 42 Abs. 4 FINMAG partielle Verweisungen auf das VwVG. Für die internationale Rechtshilfe in Strafsachen verweist Art. 12 IRSG subsidiär auf das Verwaltungsverfahrensrecht – für Bundesbehörden also auf das VwVG –, für Prozesshandlungen gilt allerdings das Strafprozessrecht (ähnlich Art. 7 BG-RVUS; anders Art. 2 ZISG). Das Gesetz oder der Staatsvertrag kann in bestimmten Fällen die (kumulative) Anwendung ausländischen Rechts vorsehen (vgl. Art. 65 IRSG und dazu Art. 27 IRSV; Art. 21 ff. BG-RVUS; Art. 8 des Zweiten Zusatzprotokolls vom 8.11.2001 zum Europäischen Übereinkommen über die Rechtshilfe in Strafsachen [SR 0.351.12]).

Die *Zuständigkeit* richtet sich danach, ob gestützt auf die jeweiligen Rechts- 2062
grundlagen ein Rechtshilfe- oder ein Amtshilfegesuch eingereicht wurde und
nicht nach der – ohnehin umstrittenen – rechtsdogmatischen Zuordnung der
Sache zur Rechts- oder Amtshilfe; auch die Rüge, ein Amtshilfegesuch sei miss-
bräuchlich eingereicht worden, um die Anforderungen an die Rechtshilfe zu
umgehen, ist im Verfahren der Amtshilfe zu prüfen (BGE 137 II 128 E. 2.2 f.).

Den anwendbaren gesetzlichen bzw. staatsvertraglichen Bestimmungen ist 2063
zu entnehmen, welche Behörden zur *Entgegennahme* von Amts- und Rechts-
hilfegesuchen befugt sind (vgl. etwa Art. 17 Abs. 2, Art. 27 Abs. 2, Art. 29,
Art. 75a und Art. 78 Abs. 1 IRSG; Art. 2 StAhiG; Art. 38 Abs. 2–6 BEHG; Art. 42
Abs. 2–4 FINMAG).

Das anwendbare Recht sieht teils mindestens eine *Vorprüfung* der Zulässig- 2064
keit vor (vgl. Art. 43 sowie Art. 78 Abs. 2, Art. 80 und 80a IRSG; Art. 6 Abs. 3
und Art. 7 StAhiG). Soll Amts- oder Rechtshilfe gewährt werden, so hat dieser Entscheid stets in *Verfügungsform* zu ergehen (vgl. etwa Art. 80d IRSG;
Art. 19 StAhiG; Art. 38 Abs. 5 BEHG; vgl. auch BVGE 2008/66 E. 2.5). Das
Bundesgericht hat es als «ein Grundprinzip des Rechtshilferechts» bezeichnet,
dass Informationen erst übermittelt werden dürfen, wenn die Schlussverfügung
rechtskräftig ist (BGE 132 II 1 E. 3.3). Das anwendbare Recht kann weitere
(Zwischen-)Verfügungen vorsehen oder zulassen; es kann deren Anfechtung regeln und gegebenenfalls auch ausschliessen (vgl. Art. 80e und 80*l* IRSG; Art. 18
Abs. 1 StAhiG). So lässt Art. 80e Abs. 2 IRSG die selbständige Anfechtung einer
Zwischenverfügung zu, wenn ein unmittelbarer und nicht wieder gutzumachender Nachteil durch folgende Anordnungen droht: einerseits durch die Beschlagnahme von Vermögenswerten und Wertgegenständen bzw. durch eine Konto-
sperre (lit. a; vgl. BGE 130 II 329 E. 2), andererseits durch die Anwesenheit
von Personen, die am ausländischen Prozess beteiligt sind (lit. b; vgl. die Praxis
zur Zulassung ausländischer Behördenvertreter zu den Rechts- oder Amtshil-
femassnahmen: BGer, Urteil 1A.225/2006 vom 6.3.2007, E. 1.5; BGE 128 II 211
E. 2.1; vgl. auch Art. 65a Abs. 3 IRSG). Im letzteren Fall besteht die Gefahr, dass
der Entscheid über die Gewährung und den Umfang der Amts- oder Rechtshilfe vorweggenommen wird. Eine solche Gefahr kann wohl allgemein als cha-
rakteristisches Fallbeispiel des unmittelbaren und nicht wieder gutzumachenden Nachteils im Bereich der Amts- und Rechtshilfe bezeichnet werden.

Rechtsstaatlich bedenklich erscheint der Ausschluss einer Beschwerdemög- 2065
lichkeit gegen die Schlussverfügung. Der Bundesrat fasst jedoch im Bereich der
internationalen Amtshilfe in Steuersachen eine Vorlage zu einer Änderung des
eben erst in Kraft getretenen StAhiG ins Auge, welche in Ausnahmefällen Verfahren ohne Benachrichtigung der Betroffenen und damit ohne Rechtsschutz
vorsehen soll (Bundesrat, Bericht über internationale Finanz- und Steuerfragen
2013, Bern 2013, S. 33; BBl 2013 1030).

Das *DSG* ist im internationalen Rechtshilfeverfahren nicht anwendbar. Da- 2066
gegen findet es grundsätzlich in innerstaatlichen Rechtshilfe- sowie in Amtshil-

feverfahren jeweils vor der ersten Instanz Anwendung (Art. 2 Abs. 2 lit. c DSG). Die jeweiligen Vorschriften über die Amts- und Rechtshilfe haben jedoch auch in diesen Verfahren Vorrang vor denjenigen über den Datenschutz, wenn sie einen besseren Schutz gewährleisten oder auf einem unabhängigen und vollständigen Schutzsystem beruhen. Dies wurde bejaht für die Amtshilfe nach Art. 38 BEHG (BGE 126 II 126 E. 5b und 5b/bb; vgl. zum Ganzen auch David Rosenthal/Yvonne Jöhri, in: dies., Handkommentar zum Datenschutzgesetz, Zürich u.a. 2008, Art. 2 N. 41 ff. m.w.H.). Datenschutzrechtliche Fragen sind dann im Amtshilfeverfahren zu behandeln. Im Übrigen gilt dies auch, falls sie als Nebenfrage aufgeworfen werden (BGE 128 II 311 E. 8.4; 126 II 126 E. 4 f.). Auskünfte, die Private gestützt auf eine Bewilligung nach Art. 271 Ziff. 1 StGB i.V.m. Art. 31 RVOV direkt ausländischen Behörden erteilen, unterstehen dem DSG (vgl. die Empfehlungen des EDÖB vom 15.10.2012 betreffend die Übermittlung von Mitarbeiterdaten an US-Behörden durch verschiedene Banken).

2067 Wenn die *informelle Zusammenarbeit* in die Rechtsstellung einer Person eingreifen sollte, kann diese gegebenenfalls Ansprüche nach Art. 25 DSG geltend machen oder eine Verfügung nach Art. 25a VwVG verlangen. Faktisch setzt dies allerdings voraus, dass die Betroffenen Kenntnis von der Beeinträchtigung erhalten (insoweit skeptisch Seiler, Amtshilfe, S. 43).

B. Parteistellung und Rechtsmittellegitimation

2068 Die *Parteistellung* und die *Rechtsmittellegitimation* richten sich nach Art. 6 und 48 VwVG oder nach speziellen Bestimmungen, die aber – soweit ersichtlich – mit jenen des VwVG im Grundsatz übereinstimmen, was Präzisierungen, Abgrenzungen und einzelne Ausnahmen nicht ausschliesst. So verlangen etwa Art. 21 Abs. 3 und Art. 80h lit. b IRSG eine persönliche, direkte Betroffenheit und ein schutzwürdiges Interesse; sie entsprechen damit den Legitimationsbestimmungen des VwVG und des BGG (BGE 137 IV 134 E. 5.1.1). Die Unterschiede zwischen den einzelnen Verfahrensarten und Materien sind zu beachten, wobei hier offenbleiben muss, ob alle Differenzierungen sachlich gerechtfertigt sind.

2069 Im Bereich der *kleinen internationalen Rechtshilfe in Strafsachen* verdeutlicht Art. 9a IRSV, wer namentlich als betroffen im Sinn von Art. 21 Abs. 3 und Art. 80h lit. b IRSG gelten soll: der Kontoinhaber bei der Erhebung von Kontoinformationen (lit. a), der Eigentümer oder der Mieter bei Hausdurchsuchungen (lit. b) und der Fahrzeughalter bei Massnahmen betreffend Motorfahrzeuge (lit. c). Während Art. 9a lit. a IRSV am originären Geheimhaltungsinteresse anknüpft, stellt lit. b auf die tatsächliche Verfügungsgewalt ab (BGE 137 IV 134 E. 6.1 f.). Die Legitimation des *Kontoinhabers* ist auch zu bejahen, wenn Zeugeneinvernahmen dem Erheben von Kontoinformationen gleichkommen (BGE 124 II 180 E. 2c). Verneint wird die Legitimation von Personen, die an einem Bankkonto bloss wirtschaftlich berechtigt sind, es sei denn, die juristische

Person, die als Kontoinhaberin fungierte, sei aufgelöst worden und daher nicht mehr handlungsfähig. In diesem Fall müssen die Liquidation der juristischen Person und die Begünstigung der wirtschaftlich berechtigten Person nachgewiesen werden (BGer, Urteil 1C_370/2012 vom 3.10.2012, E. 2.3 m.H. und E. 2.7; BGE 123 II 153 E. 2). Nicht beschwerdebefugt ist auch, wer ein Bankkonto unter falschem Namen eröffnet (BGE 129 II 268 E. 2.3.3). In Kombination dieser beiden Praxiselemente hat das Bundesstrafgericht entschieden, dass weder der wirtschaftlich Berechtigte noch der vorgeschobene Kontoinhaber, der sich zu Unrecht als wirtschaftlich Berechtigter ausgegeben hat, beschwerdelegitimiert ist (TPF 2009/17). Das Bundesgericht hat allerdings zu Recht die Möglichkeit offengelassen, dass der erwiesenermassen wirtschaftlich berechtigten Person die Legitimation zuerkannt werden könnte, wenn sie das Vorgehen zu rechtfertigen vermag (BGE 131 II 169 E. 2.2.2; 129 II 268 E. 2.3.3). Die *Bank,* die nicht in ihrer eigenen Geschäftstätigkeit betroffen ist, sondern nur Unterlagen und Auskünfte zu Konten ihrer Kunden liefern muss, ist nicht beschwerdebefugt (BGE 128 II 211 E. 2.3 ff.), auch nicht als von der Hausdurchsuchung Betroffene nach Art. 9a lit. b IRSV, da Art. 9a lit. a IRSV eine lex specialis für Bankeninformationen darstellt (BGE 137 IV 134 E. 6.1; Bomio/Glassey, qualité de recourir, Rz. 41). Dagegen wurden *Anwälte* und *Treuhänder,* die Unterlagen betreffend ihre Mandantschaft herauszugeben hatten, nach Art. 9a lit. b IRSV und aufgrund des Mandatsverhältnisses für beschwerdebefugt erklärt, dies im Gegensatz zur Mandantschaft selber (BGer, Urteil 1A.293/2004 vom 18.3.2005, E. 2.2 f.; TPF 2010/47). Die im ausländischen Verfahren *beschuldigte Person* ist nicht per se legitimiert, aber namentlich dann, wenn die Rechtshilfemassnahmen sie persönlich betreffen (BGer, Urteil 1A.69/2006 vom 28.7.2006, E. 1.3; BGE 127 II 104 E. 3a–b; BStGer, Entscheid RR.2008.255 vom 16.2.2009, E. 2.2). *Opfern* und *Geschädigten,* die im ausländischen Verfahren Parteistellung haben, ist die Legitimation nur ausnahmsweise einzuräumen, wenn es zur Wahrung ihrer Interessen erforderlich ist; es ist eine Interessenabwägung vorzunehmen und darauf zu achten, dass durch die Einräumung der Parteistellung der Entscheid über die Rechtshilfegewährung faktisch nicht vorweggenommen wird (BGE 127 II 104 E. 3c–d; vgl. Art. 80e Abs. 2 lit. b IRSG). Ihnen können jedoch nach Art. 65a IPRG Anwesenheits- und Akteneinsichtsrechte zugestanden werden. *Zeugen* sind nur in Bezug auf die Weiterleitung ihrer eigenen Aussagen legitimiert und nur insoweit, als diese sie selber betreffen oder sie sich auf ein Zeugnisverweigerungsrecht berufen (BGE 126 II 258 E. 2d/bb; 122 II 130 E. 2b). Die Legitimation *Dritter* lässt sich nicht allein aus deren Erwähnung in Kontounterlagen oder Zeugeneinvernahmen ableiten (BGE 124 II 180 E. 2b; 123 II 153 E. 2b), sie dürfte dagegen vorliegen, wenn ihr Geschäftsgeheimnis betroffen ist (vgl. BStGer, Entscheid RR.2007.97 vom 13.7.2007, E. 2.2.1; vgl. auch Art. 12 Abs. 2 und Art. 15a Abs. 2 BG-RVUS). Der *ersuchende Staat* ist nicht Partei des Rechtshilfeverfahrens, sofern er nicht im ausländischen Verfahren Geschädigtenstellung hat (BGE 129 II 453 E. 2.2.1). Um die Rechtshilfe nicht unnötig zu erschweren oder zu verzögern, bekennt sich das Bundesgericht zu einer restriktiven Gewährung der Legitimation, wobei allerdings Rechtsschutzlücken zu vermeiden sind (BGE 137 IV 134 E. 6.3 f.; zur gesamten, komplexen und detailorientierten Praxis eingehend: Bomio/Glassey, qualité pour recourir; Andreas J. Keller, Praxis der Rechtshilfe in Strafsachen – ausgewählte formell- und materiellrechtliche Fragestellungen, in: Breitenmoser/Ehrenzeller, Fragen, S. 61 ff., 68 ff., der den Rechtsvertretern empfiehlt, im Zweifel Beschwerde im Namen verschiedener möglicherweise Legitimierter zu erheben).

2070 Bei der *internationalen Amtshilfe im Bereich der Finanzmarktaufsicht* ist das *Auskunftsverfahren,* das der Beschaffung von Informationen dient, vom *Übermittlungsverfahren* zu unterscheiden, in dem diese Informationen der ersuchenden Behörde mitgeteilt werden. Im Auskunftsverfahren ist auch die Bank bzw. der Effektenhändler Partei. Im Übermittlungsverfahren richtet sich die Legitimation danach, wer Kunde von Effektenhändlern im Sinn von Art. 38 Abs. 3 BEHG ist. Nur diesen Personen steht die Beschwerdebefugnis gegen die Verfügung zur Übermittlung kundenbezogener Daten zu. Legitimiert ist demnach der Kontoinhaber sowie unter bestimmten Voraussetzungen der selbständige Vermögensverwalter (vgl. im Einzelnen BGE 127 II 323 E. 3; BVGE 2009/16 E. 2.3; Tsimaratos/Sutter, Entraide, S. 300 ff.). Letzterer kann aber nicht allein im Interesse des Kontoinhabers Beschwerde erheben (BVGE 2009/16 E. 2.3.3). Ebenso kann die Bank bzw. der Effektenhändler seit der Revision von Art. 38 BEHG vom 7.10.2005 nicht mehr zugunsten der Kundschaft Beschwerde ergreifen (vgl. den Wortlaut von Art. 38 Abs. 5 BEHG; BBl 2004 6767). Die Legitimation der nur wirtschaftlich am Konto berechtigten Person wird ebenfalls ausgeschlossen (BVGer, Urteil B-5053/2010 vom 29.9.2010, E. 2.3 m.H.). Bei der *internationalen Amtshilfe in Steuersachen* wird sie dagegen bejaht (z.B. BVGer, Urteil A-6538/2010 vom 20.1.2011, E. 3.2). Hier wird ausser der betroffenen Person auch der Informationsinhaber für beschwerdeberechtigt erklärt (so ausdrücklich der frühere Art. 13 Abs. 2 ADV, nicht aber Art. 19 Abs. 2 StAhiG, wobei die Bedeutung dieser Streichung offen bleibt). Der *ersuchende Staat* bzw. die *ersuchende Behörde* hat in den Amtshilfeverfahren keine Parteistellung.

2071 Den Parteien kommt der Anspruch auf rechtliches Gehör zu, der teilweise ausdrücklich normiert wird (vgl. Art. 52 IRSG; Art. 14 f. StAhiG).

C. Verfahrensgegenstand und Entscheidungsbefugnis

2072 Im Rechts- oder Amtshilfeverfahren sind jene Fragen, die Gegenstand des ausländischen Verfahrens sind, nur sehr beschränkt zu prüfen; es ist nicht jenes Verfahren vorwegzunehmen, sondern festzustellen, ob die Voraussetzungen der Rechts- oder Amtshilfe nach Völker- und Landesrecht gegeben sind. Mit Bezug auf die *Zuständigkeit* der ersuchenden Behörde bedeutet dies etwa, dass die Rechts- oder Amtshilfe nur bei offensichtlicher Unzuständigkeit – die sich aus dem Völkerrecht oder dem nationalen Recht ergeben kann – verweigert wird (zur Rechtshilfe in Strafsachen: BGE 116 Ib 89 E. 2c/aa; BStGer, Entscheid RR.2011.177 vom 30.11.2011, E. 7.2). Der im Rechts- oder Amtshilfegesuch geschilderte *Sachverhalt* wird nur auf offensichtliche Fehler, Lücken oder Widersprüche geprüft (zur Rechtshilfe in Strafsachen: BGer, Urteil 1A.199/2004 vom 7.1.2005, E. 5.2; TPF 2008/128 E. 5.5; zur Amtshilfe: BGE 128 II 407 E. 5.2.1; BVGE 2010/64 E. 1.4.2).

Mit Bezug auf die Rüge der Verletzung von *Menschenrechtsgarantien,* insbesondere der EMRK, sind folgende Gesichtspunkte zu unterscheiden: Erstens die Geltung dieser Garantien im Rechts- oder Amtshilfeverfahren selber; zweitens die Frage, inwieweit im Rechts- oder Amtshilfeverfahren zu prüfen ist, ob das ausländische Verfahren diesen Garantien entspricht; drittens die Berücksichtigung des Menschenrechtsschutzes beim Entscheid über das Rechts- oder Amtshilfegesuch. 2073

Zum ersten Punkt: Auf das Rechts- und das Amtshilfeverfahren selber ist die Garantie des fairen Verfahrens nach Art. 6 EMRK nicht anwendbar, da es sich um eine verwaltungsrechtliche Angelegenheit handelt (BGer, Urteil 1A.186/2005 vom 9.12.2005, E. 6.3; BGE 123 II 175 E. 6e; BVGE 2010/40 E. 5.4.2; offengelassen: BGer, Urteil 2C_84/2012 vom 15.12.2012, E. 6.2 m.H.). Art. 7 EMRK («Keine Strafe ohne Gesetz») ist auf das Rechts- oder Amtshilfeverfahren grundsätzlich ebenfalls nicht anwendbar, da sich die Garantie nicht auf das Verfahrensrecht bezieht. Entgegen der Ansicht des Bundesverwaltungsgerichts (BVGE 2010/40 E. 5.4.3 und 6.5.2) bedeutet dies allerdings nicht, dass das in Art. 7 EMRK enthaltene Rückwirkungsverbot für das Verfahren der Rechts- und Amtshilfe nicht relevant sein könnte (vgl. auch vorne, Rz. 130 ff.). Art. 13 EMRK ist auf das Rechts- und Amtshilfeverfahren anwendbar, soweit Konventionsverletzungen infrage stehen, die sich aus diesem Verfahren oder aus der Gewährung der Rechts- bzw. Amtshilfe ergeben (vgl. BGer, Urteile 2C_84/2012 vom 15.12.2012, E. 7 und 1A.186/2005 vom 9.12.2005, E. 6.5; vgl. auch BVGer, Urteil A-4594/2009 vom 28.11.2011, E. 12.2). Im Übrigen sind die Grundrechte, gerade auch jene der EMRK, im Amts- und Rechtshilfeverfahren – zum Beispiel bei der Verhängung von Zwangsmassnahmen – selbstverständlich zu beachten; anders lautende Äusserungen in der Literatur beruhen auf der Verwechslung der EMRK als solcher mit ihrem Art. 6. 2074

Zweitens hängt die Gewährung von Rechts- und Amtshilfe unter anderem davon ab, ob das Verfahren im Ausland den Verfahrensgrundsätzen gemäss EMRK und UNO-Pakt II entspricht. So ist nach der Rechtsprechung zu Art. 2 lit. a IRSG massgeblich, ob ein objektives und ernsthaftes Risiko einer schweren Menschenrechtsverletzung, das die betroffene Person konkret berühren würde, wahrscheinlich gemacht werden kann (BGer, Urteil 1A.15/2007 vom 13.8.2008, E. 2.4; BGE 130 II 217 E. 8.1). Im Auslieferungsverfahren ist namentlich das Gebot des Non-Refoulement nach Art. 3 EMRK zu beachten (EGMR, Urteil i.S. Soering gegen das Vereinigte Königreich vom 7.7.1989, Serie A 161, Ziff. 84 ff.). 2075

2076 Hiervon ist – drittens – das Gebot zu unterscheiden, bei Ermessensentscheiden im Bereich der Rechts- und Amtshilfe die grundlegenden Wertungen der schweizerischen Rechtsordnung und der internationalen Verpflichtungen der Schweiz zu beachten, zu denen namentlich die Wahrung der Menschenrechte gehört (BGE 123 II 595 E. 7c).

2077 Die Gewährung der Rechts- oder Amtshilfe kann mit *Auflagen und Bedingungen* verbunden werden, sofern die anwendbaren Rechtsgrundlagen dies zulassen (vgl. Art. 80p Abs. 3 IRSG); namentlich können diplomatische Garantien eingefordert werden, dass der ersuchende Staat im konkreten Fall die Grundrechte wahrt und dies durch die schweizerische diplomatische Vertretung überprüft werden kann (vgl. eingehend BGE 134 IV 156 E. 6 zu einer Auslieferung).

D. Rechtsweg

2078 Entscheide über internationale Rechtshilfe in Strafsachen, die gestützt auf die in Art. 37 Abs. 2 lit. a StBOG genannten Gesetze gefällt wurden, sind bei der *Beschwerdekammer des Bundesstrafgerichts* anfechtbar (vgl. etwa Art. 25 Abs. 1 und Art. 80e Abs. 1 IRSG). Entscheide über internationale Amtshilfe sind dagegen – jedenfalls soweit sie von Bundesbehörden gefällt wurden – beim *Bundesverwaltungsgericht* anzufechten (Art. 31 ff. VGG). Die Zuständigkeit richtet sich nach dem formalen Kriterium, auf welche Rechtsgrundlagen das Gesuch gestützt wurde (BGE 137 II 128 E. 2.2 f. und vorne, Rz. 2041, 2062; kritisch Glutz, Beschwerde, S. 716, 724 f.).

2079 Gegen Entscheide auf dem Gebiet der *internationalen Rechtshilfe in Strafsachen* ist die *Beschwerde in öffentlich-rechtlichen Angelegenheiten* gegeben, allerdings nur, wenn sie eine Auslieferung, eine Beschlagnahme, eine Herausgabe von Gegenständen oder Vermögenswerten oder eine Übermittlung von Informationen aus dem Geheimbereich betreffen und es sich um einen besonders bedeutenden Fall handelt; ein solcher liegt insbesondere vor, wenn Gründe für die Annahme bestehen, dass elementare Verfahrensgrundsätze verletzt wurden oder das Verfahren im Ausland schwere Mängel aufweist (Art. 84 BGG). Dem Bundesgericht steht ein weiter Ermessensspielraum zu (BGE 134 IV 156 E. 1.3.1), worauf das Wort «insbesondere» hinweist. Auch Rechtsfragen von grundsätzlicher Bedeutung können nach der Praxis zum Eintreten führen (BGE 137 II 128 E. 1 m.H.). Die politische Tragweite einer Angelegenheit ist mitzuberücksichtigen, nicht aber das Interesse der Medien und der Öffentlichkeit am Verfahren gegen eine bekannte Person wie etwa einen Sportler (BGE 137 II 128 E. 1.2; BGer, Urteil 1C_138/2007 vom 17.7.2007, E. 2.4). Weil nicht stellvertretend im fremden Interesse Beschwerde geführt werden kann, können sowohl die Verletzung elementarer Verfahrensgrundsätze im Rechtshilfeverfahren als auch die schweren Mängel im ausländischen Verfahren nicht gerügt werden, wenn sie Dritte betreffen (BGer, Urteile 1C_317/2012 vom 2.7.2012, E. 2.2.1, und 1C_166/2009 vom 3.7.2009, E. 2.2). Dies entspricht der Praxis, wonach sich allein die Person, die der ausländischen Strafverfolgung ausgesetzt ist, auf Mängel des ausländischen Verfahrens im Sinn von Art. 2 IRSG berufen kann, und dies grundsätzlich nur, sofern sie sich in diesem Staat aufhält und konkret Gefahr einer Verletzung ihrer Verfahrensrechte läuft; namentlich sind juristische Personen nicht zu dieser Rüge befugt (BGE 130 II 217 E. 8.2).

Im Übrigen kennt das BGG zahlreiche weitere Ausnahmebestimmungen für die Beschwerde auf dem Gebiet der internationalen Rechtshilfe in Strafsachen. Diese gehen oft auf das Anliegen der Verfahrensbeschleunigung zurück (Art. 46 Abs. 2 BGG: Ausschluss des Fristenstillstands; Art. 93 Abs. 2 BGG: grundsätzlicher Ausschluss der Anfechtung von Vor- und Zwischenentscheiden; Art. 100 Abs. 2 lit. b BGG: verkürzte Beschwerdefrist; Art. 107 Abs. 3 BGG: Entscheidfrist). Teils geht es wiederum darum, die möglichen Wirkungen der Sonderbestimmungen abzumildern (Art. 43 BGG: Möglichkeit der Fristansetzung zur ergänzenden Beschwerdebegründung), oder es werden Verfahrensfragen geregelt, die sich aus den besonderen Voraussetzungen ergeben (Art. 42 Abs. 2 BGG: Begründungserfordernis; Art. 109 Abs. 1 BGG: Dreierbesetzung für Nichteintretensentscheide). 2080

Die Beschwerde hat grundsätzlich *aufschiebende Wirkung*, wenn sie sich gegen eine Schlussverfügung oder gegen jede andere Verfügung richtet, welche die Übermittlung von Auskünften aus dem Geheimbereich oder die Herausgabe von Gegenständen oder Vermögenswerten bewilligt (Art. 103 Abs. 2 lit. c BGG). Die Beschwerde gegen die Auslieferung hat nach Art. 21 Abs. 4 lit. a IRSG aufschiebende Wirkung. 2081

Entscheide auf dem Gebiet der internationalen Rechtshilfe in Strafsachen, mit denen den Hoheitsrechten, der Sicherheit, der öffentlichen Ordnung oder anderen wesentlichen Interessen der Schweiz Rechnung getragen wird, werden vom *EJPD* gefällt; die *Verwaltungsbeschwerde an den Bundesrat* ist gegeben (Art. 17 Abs. 1 i.V.m. Art. 1a IRSG sowie Art. 26 IRSG; Art. 4 und 18 Abs. 1 BG-RVUS; vgl. vorne, Rz. 1287). Die Gerichte treten grundsätzlich auf entsprechende Rügen nicht ein (vgl. BGer, Urteil 1A.155/2006 vom 25.10.2006, E. 6.2), wobei ihnen nicht jegliche Prüfung verwehrt sein dürfte (vgl. BGE 136 IV 4 E. 6.9; 130 II 217 E. 6). Jedenfalls ist der Entscheid des Departements auf die eigentlichen politischen Fragen zu beschränken; was den Grundrechtsschutz betrifft, sind – zumindest primär – die ordentliche Zuständigkeit und der Rechtsweg an die Gerichte gegeben, ungeachtet dessen, dass er dem Ordre public zugerechnet werden kann. Auch als Element in Interessenabwägungen kann der Ordre public im ordentlichen Verfahren unter Umständen berücksichtigt werden (vgl. BGE 131 II 169 E. 6; 123 II 595 E. 5a). 2082

Entscheide auf dem Gebiet der *internationalen Amtshilfe* konnten bisher ausnahmslos nicht mit Beschwerde in öffentlich-rechtlichen Angelegenheiten vor Bundesgericht angefochten werden (Art. 83 lit. h BGG). Entsprechende Rügen können jedoch vorfrageweise geltend gemacht werden (Seiler, Amtshilfe, S. 43). Art. 83 lit. h und Art. 84a BGG in der Fassung des StAhiG sehen nun 2083 vor, dass die Beschwerde in öffentlich-rechtlichen Angelegenheiten gegen Entscheide auf dem Gebiet der internationalen Amtshilfe *in Steuersachen* ergriffen werden kann, wenn eine Rechtsfrage von grundsätzlicher Bedeutung oder aus anderen Gründen ein besonders bedeutender Fall vorliegt. Der neue Art. 84a BGG ist Art. 84 BGG nachgebildet. Damit wird der – nicht zuletzt politischen – Tragweite der internationalen Amtshilfe in Steuersachen Rechnung getragen. Die Zuständigkeit des Bundesgerichts wird derjenigen angeglichen, die für die internationale Rechtshilfe in Strafsachen gilt, womit mit Bezug auf das internationale Steuerrecht auch die Problematik der Abgrenzung zwischen Rechts- und Amtshilfe entschärft wird (vgl. BBl 2011 6224, 6242; vgl. aber auch vorne, Rz. 2065).

2084 Entscheide über die *Rechtshilfe in Zivilsachen* können mit Beschwerde in Zivilsachen angefochten werden (Art. 72 Abs. 2 lit. b Ziff. 1 BGG).

2085 Die subsidiäre Verfassungsbeschwerde ist zulässig, sofern Entscheide von kantonalen Behörden gefällt werden und der Rechtsweg nicht an eine andere Bundesbehörde führt. In den Gesetzen, die in Art. 37 Abs. 2 lit. a StBOG genannt werden, ist jedoch die Beschwerde an das Bundesstrafgericht gegen kantonale Verfügungen vorgesehen, soweit es überhaupt zu solchen kommen kann.

4. Behandlung von Ersuchen um Amts- oder Rechtshilfe im Binnenverhältnis

2086 Die folgenden Bemerkungen beziehen sich nicht auf Rechtshilfehandlungen gemäss Art. 194 ff. ZPO oder Art. 43 ff. StPO und deren Anfechtung.

2087 Bei der *Amts- und Rechtshilfe im Binnenverhältnis* spielt die nationale Souveränität naturgemäss keine Rolle. Eine Grundlage in einem formellen Gesetz ist aufgrund des Amtsgeheimnisses und des Datenschutzes erforderlich, wobei in Bezug auf die Bekanntgabe von Personendaten subsidiär auf Art. 19 DSG zurückgegriffen werden kann. Aus den jeweiligen gesetzlichen Grundlagen ergibt sich, ob und inwieweit eine Interessenabwägung vorzunehmen ist. Die aus den Grundsätzen rechtsstaatlichen Handelns (Art. 5 Abs. 1 und 2 bzw. Art. 13 Abs. 2 i.V.m. Art. 36 BV) abgeleiteten Voraussetzungen der internationalen Amts- und Rechtshilfe kommen aber sinngemäss auch im Binnenverhältnis zum Tragen, weshalb die betreffende Rechtsprechung unter Umständen analog zu beachten ist (vgl. BGE 134 II 318 E. 6. 4 f.). So gelten die Zweckbindung und sinngemäss das Verbot der «fishing expeditions» auch im innerstaatlichen Verhältnis (vgl. etwa die in Art. 111 f. DBG, Art. 32 ATSG oder Art. 19 Abs. 1 lit. a DSG genannten Voraussetzungen; BGE 134 II 318 E. 6.1).

2088 Der Entscheid, Rechts- oder Amtshilfe zu leisten, ist als *Verfügung* zu betrachten, soweit er Rechte und Pflichten von Personen berührt. Sind *Personendaten* betroffen, so ist das DSG anwendbar, sofern ein unabhängiges und vollständiges Schutzsystem fehlt oder das Schutzniveau niedriger ist als gemäss DSG (BGE 128 II 311 E. 8.4; vgl. auch vorne, Rz. 1883, 2066 f.).

In Bezug auf die Gewährung von Amtshilfe nach *Art. 112 DBG* (dazu vorne, Rz. 1882 ff.) bejaht das Bundesgericht, dass sich *betroffene Private* dagegen auf dem Rechtsweg zur Wehr setzen können, sofern ihnen eine entsprechende Verfügung eröffnet wird. Das Gericht betrachtet dabei die Gewährung oder Verweigerung der Amtshilfe als Endentscheid. Im Übrigen bleiben die Betroffenen auf die Rechtsmittel im Hauptverfahren verwiesen (BGer, Urteile 2C_806/2011 vom 20.3.2012, E. 1.3 f. und 2C_909/2008 vom 2.11.2009, E. 1.4 f.; vgl. auch BGE 128 II 311 E. 3.2; zweifelnd Pedroli, assistenza, S. 192 ff.). Zu Recht wird in der Lehre gefordert, dass im Fall eines nicht wieder gutzumachenden Nachteils eine Verfügung erlassen und damit der Rechtsweg geöffnet werden sollte (Kiener/Rütsche/Kuhn, Verfahrensrecht, N. 1092). Ein Entscheid zu *Art. 32 ATSG* verneint zwar ein schützenswertes Interesse des betroffenen Empfängers von Sozialversicherungsleistungen daran, eine Aktenherausgabe zu verhindern, doch könnte sich die Aussage auf die materielle Abwägung und nicht auf die Legitimation beziehen (BGE 136 V 2 E. 2.6). Gestützt auf die spezialgesetzlichen Grundlagen des Steuerverfahrensrechts hat das Bundesgericht die Legitimation der *Behörde,* deren Ersuchen ganz oder teilweise abgelehnt wurde, zur Beschwerde gegen diese Verfügung bejaht (vgl. Art. 89 Abs. 2 lit. d BGG i.V.m. Art. 39 Abs. 3, Art. 73 Abs. 1 und 2 StHG bzw. i.V.m. Art. 112 und 146 DBG). Ob die Behörde – bzw. das Gemeinwesen – auch nach der allgemeinen Legitimationsbestimmung (Art. 89 Abs. 1 BGG) beschwerdebefugt wäre, hat das Gericht für zweifelhaft erachtet, aber offengelassen (BGer, Urteil 2C_443/2007 vom 28.7.2008, E. 1.2). 2089

Auch wenn die Bundesanwaltschaft über ein Amtshilfegesuch entschieden hat, handelt es sich um eine *Verwaltungssache,* die beim Bundesverwaltungsgericht angefochten werden kann (BGE 136 II 23 E. 4.3.2 f.). 2090

Das Bundesgericht kann mit *Beschwerde in öffentlich-rechtlichen Angelegenheiten* angerufen werden, weil der Ausschlussgrund von Art. 83 lit. h BGG nur die internationale Amtshilfe betrifft (BGer, Urteil 2C_806/2011 vom 20.3.2012, E. 1.2). 2091

Für *Streitigkeiten zwischen Behörden* sehen die anwendbaren Gesetze teils nicht die Behördenbeschwerde vor, sondern eine andere Konzeption. Man könnte von einem Schieds- oder Schlichtungsverfahren sprechen, welches an das Verfahren zum Entscheid über Kompetenzkonflikte zwischen Behörden (Art. 9 Abs. 3 VwVG) erinnert. So entscheidet gemäss Art. 41 FINMAG das Bundesverwaltungsgericht auf Ersuchen einer beteiligten Behörde über Meinungsverschiedenheiten mit der FINMA in der inländischen Zusammenarbeit. Nach Art. 36a Abs. 2 VGG werden Dritte am Verfahren nicht beteiligt. Ein Weiterzug an das Bundesgericht ist ausgeschlossen (Art. 83 lit. v BGG). Die Botschaft führt dazu aus, dass Entscheide über die Weitergabe von Informationen keine Verfügungen darstellten (BBl 2006 2886). Dies ist zu präzisieren: Bei den Behördenstreitigkeiten, die in Art. 41 FINMAG geregelt werden, dürfte es in der Regel um die – vollständige oder partielle – Verweigerung der Amts- oder 2092

Rechtshilfe gehen. Es erscheint als zulässig, gegen die Verweigerung der Amts- oder Rechtshilfe kein ordentliches Rechtsmittel vorzusehen (vgl. auch BGE 123 II 371 E. 2, wo offengelassen wurde, ob die Verweigerung der Rechtshilfe eine Verfügung darstelle). Sofern dagegen Amts- oder Rechtshilfe geleistet wird, kann dies sehr wohl Rechte und Pflichten Betroffener berühren, weshalb insoweit – wie im internationalen Verhältnis – eine Verfügung getroffen werden muss. Art. 36a Abs. 2 VGG, der sich allein auf das Verfahren bezieht, in dem über Streitigkeiten zwischen Behörden entschieden wird, kann deshalb nicht als abschliessende Regelung der Beschwerderechte Dritter angesehen werden (gl.M. Schwob/Wohlers, Basler Kommentar BEHG/FINMAG, Art. 41 FINMAG N. 4; vgl. auch BGE 136 II 23 E. 4.3.1 a.E.). Konzeptionell ähnliche Konfliktregelungen finden sich in Art. 48 StPO oder Art. 112a Abs. 7 DBG.

Sachregister

(Die Ziffern bezeichnen die *Randziffern*. Fett gedruckte Ziffern bezeichnen wichtigere Stellen; in Klammern gesetzte Ziffern Stellen, wo der betreffende Begriff nicht wörtlich genannt wird. Grafische Übersichten sind kursiv markiert.)

A

Ablehnung von Behördemitgliedern: s. Ausstand
Abschreibungsentscheid 866, 1140, **1146 ff.**, 1194 f., 1325
  s.a. Gegenstandslosigkeit
– Rechtskraft 1194 f.
Abstimmungsbeschwerde 1728, 1730 ff., *Übersicht nach 1747*
  s.a. Beschwerde in Stimmrechtssachen; Politische Rechte
Abstrakte Normenkontrolle: s. Normenkontrolle
Administrative Massnahmen: s. Verwaltungssanktionen
Administrative Rechtsnachteile 673
Administrativsanktionen: s. Verwaltungssanktionen
Adressat, Adressatin: s. Legitimation; Partei
Akten 494 ff., 544
Akteneinsichtsrecht 209, 214, 221, 488, 491, **493 ff.**
– nicht bei der Aufsichtsbeschwerde 774
– ausserhalb eines hängigen Verfahrens 178, 503, 520
– und Datenschutz **516 ff.**, 1876 f.
– und Geheimhaltungsinteresse **504 ff.**
– und Öffentlichkeitsgrundsatz **521 ff.**
– und Personendaten Dritter 519
– nicht im Vergabeverfahren 1909
– nicht verwaltungsinterne Akten 495
– Verweigerung, Folgen 1336
Aktenführungspflicht 497, 544
Aktenherausgabepflicht 473, **478 f.**, 2010, 2049
Aktenzirkulation 1142, 1256, 1627
Akzessorische Normenkontrolle: s. Normenkontrolle

Allgemeine Rechtsgrundsätze 114 f.
– Beispiele: 202, 258, 269, 445, 577, 587, 1234, 1375, 1827
Allgemeinverfügung 880, 951, 1042, 1423
Amtliche Publikation 622 ff., 880, 993, 1103, 1704, 1996
– von Entscheiden 210, 233 f., 1190, 1670
Amtsbericht 474 f., 485, 540, 894
Amtsbetrieb 162
Amtssprache 594, 1515, 1532, 1619
Amts- und Rechtshilfe 474 f., **2038 ff.**
– Begriffe 2039 ff.
– Binnenverhältnis 2047
– und Datenschutz 474, 2066
– international 2046
– Rechtsgrundlagen 2043 ff.
– Steuerrecht 1882, 1884, 2046, 2065, 2070, 2083, 2089
– Verfahren 2054 ff.
  – ausländische Ersuchen 2061 ff.
  – Binnenverhältnis 2086 ff.
  – Gesuchstellung durch Schweizer Behörden 2057 ff.
  – Legitimation/Parteistellung 2069 ff.
  – Rechtsweg bei internationalen Strafsachen 2078 ff.
  – Verfahrensbeschleunigung 2055 f.
– Voraussetzungen 2050 f.
– Spezialitätsprinzip 2052
Andere Verfahrensbeteiligte 928, 1115, 1295
– nicht Anzeigeerstattende 774, 928
Anerkennung 139, 815, 924, **1146, 1148**, 1195, 1372, 1592
Anfechtbarkeit von Verfügungen 396, 640, 1423
Anfechtungsgegenstand 686, 688
  s.a. Streitgegenstand
Anfechtungsobjekt 336, 687, 861 ff., 1419 ff.
  s.a. Verfügung

713

Sachregister

- anderes als Verfügung 334, **336,** 715, 772, 781, 1232, 1303, 1305
- bei der Anpassung 738, 756, 758
- bei der Aufsichtsbeschwerde 772, 781
- bei der Beschwerde an das Bundesverwaltungsgericht **862 ff.,** 1920 ff.
- bei der Beschwerde in öffentlich-rechtlichen Angelegenheiten **1419 ff., 1679 ff., 1720 ff.**
- bei der Rechtsverweigerungs- und Rechtsverzögerungsbeschwerde 1303, 1305, 1781
- bei der Revision 730, 1324 f.
- bei der subsidiären Verfassungsbeschwerde **1755 ff.**
- bei der Beschwerde an den Bundesrat (1283 ff.)
- bei der Wiedererwägung (705), 715, 746

Anfechtungsverfahren: s. Verwaltungsgerichtsbarkeit: nachträgliche; Verwaltungsverfahren: streitiges

Angemessenheit-: s. Ermessen-

Anhörung, Verzicht auf 532, 789, 1836, 1868
s.a. Rechtliches Gehör

Anklage, strafrechtliche, nach Art. 6 EMRK 76, 81

Annahmeverfahren 295

Anpassung von Verfügungen 717 ff., **735 ff.**
s.a. Revision; Wiedererwägung
- Voraussetzungen, Behandlung 738 ff.

Anschlussbeschwerde 1123 f., 1614, 1634, **1951**

Anstalten und Betriebe des Bundes 826
- autonome 380, 1176, 1184, 1286
- unselbständige 444

Antrag: s. Parteibegehren; s.a. Begründung; Beschwerdeschrift

Anwalt, Anwältin 501, 595, 660, 1367, 1489, 1775, 2069
s.a. Parteientschädigung; Unentgeltliche Rechtspflege; Vertretung

Anwendungsgebot (Art. 190 BV) **1564 ff.,** 1702, 1707, 1806

Anzeige: s. Andere Verfahrensbeteiligte; Aufsichtsbeschwerde

Appellatorische Kritik 1519

Appellentscheid 1160, **1644 ff.,** 1707, 1746

Arbeitgebende, Drittbeschwerdelegitimation 961, 1844

Arbeitnehmenden- und Arbeitgebendenverbände, Verbandsbeschwerderecht 1000

Arbeitsverhältnisse
s.a. Bundespersonal; Gleichstellung von Frau und Mann
- Gemeinwesen als Arbeitgebende 970, 1655, 1698
- öffentlich-rechtliche als zivilrechtliche Angelegenheiten im Sinn von Art. 6 EMRK **77,** 855, 1285

Asylverfahren 437, 510, 524, 1340

ATSG: s. unter Sozialversicherungsverfahren

Aufklärungspflicht der Verwaltungsbehörden, Beispiele 459, 466, (492), 525, (1166)

Aufschiebende Wirkung 671, **1068 ff., 1593 ff.,** 1933 f., 2081
s.a. Vorsorgliche Massnahmen
- nicht bei der Aufsichtsbeschwerde 774
- nicht bei den Beschwerden an das Bundesgericht **1594 ff.,** 1772
- der Beschwerde an das Bundesverwaltungsgericht **1069 ff.**
- Haftung für Entzug/Gewährung **1083 ff.,** 1602 f.
- nicht bei der Revision 1345, 1794

Aufsicht 53 ff., 766 ff.
s.a. Aufsichtsbehörde, -beschwerde; FINMA; New Public Management; UBI
- durch das Bundesgericht 771, 1803
- Dienstaufsicht 776, **770**
- Disziplinaraufsicht 501
- parlamentarische 56, 1362
- Verbandsaufsicht des Bundes über die Kantone **767 ff.,** 1495, 1636
s.a. Behördenbeschwerde
- verwaltungsinterne 55, 690, 766
- durch die Verwaltungsrechtspflege 54

Aufsichtsbehörde 402, 439, 779, 781, 1168, 1267 f., 1273, 1380, 1848
s.a. Aufsichtsbeschwerde

Aufsichtsbeschwerde 679, **763 ff.**
- Anzeigeberechtigte 774
- Beschwerdeobjekt 773

- Entscheid, Anfechtung des Entscheids 783
- Kosten 784
- rechtliches Gehör 775
- als Rechtsbehelf 679, 765
- Subsidiarität? 777
- vorsorgliche Massnahmen 774

Augenschein 246, 463, **477 ff.**, 497, 544, 1610 f.
   s.a. Beweismittel

Ausdehnung von Verfahren 260
   s.a. Beiladung; Nebenpartei

Auskunft 468, **472 ff.**, 895
   s.a. Amtsbericht
- von Behörden gegenüber Privaten 203, 339, 354, 895

Auskunftsperson 471 f., 1250

Auskunftspflicht 273, 463 ff., 2008 ff.
- Dritte 451, 478 f., 1880 ff.
- nach KG **2008 ff.**
- Parteien 463 ff., 2014

Auskunftsrecht 221
- nach DSG **516 ff.**, 1858 f., 1866
- nach MWSTG **1890 ff.**

Ausländerrecht 84, 1399, 1415, 1537, 1619

Ausländisches Recht 64, 1375, 1561 f., 2061

Auslegung
- autonome 76, 81, 1420
- des Verfahrensrechts 39 ff., 135
- verfassungs- und völkerrechtskonforme 105, 489, 1566 ff., 1701
    - Beispiel (Art. 66 Abs. 3 VwVG) 1343 ff.
- des VwVG 383 f., (699)

Ausschluss von Behördemitgliedern: s. Ausstand

Ausschreibung 1897 ff., 1903, 1916, 1926

Äusserungsrecht: s. Rechtliches Gehör

Ausstand 422 ff., 1095 ff., 1294, **1605 ff.**
   s.a. Befangenheit; Unabhängigkeit; Unparteilichkeit; Vorbefassung
- Ablehnungs- und Ausschlussgründe 424, 1097 ff., 1606 f.
- Bekanntgabe der Zusammensetzung der entscheidenden Behörde 197, 437, 1103, 1608
- Bundesgericht, Mitglieder 1363 f., 1605 ff.
    - Verletzung als Revisionsgrund 1609
- Bundesverwaltungsgericht, Mitglieder 1095 ff., 1098
- Bundesrat, Mitglieder 1294
- Sachverständige 424, 437, 475, 510, 542
- Verwaltungsbehörden, Mitglieder 422 ff., 436

Autonomiebeschwerde 971 ff., 1503, 1553, 1698, 1738, 1768

«AVLOCA-Praxis» 1694, 1696

B

Befangenheit von Verwaltungsbehörden 196, **423 ff.**
   s.a. Ausstand; Vorbefassung; Unabhängigkeit; Unparteilichkeit

Begehren: s. Parteibegehren

Begründung
   s.a. Rügelast; Rügeprinzip; Substanziierungslast
- der Beschwerde 156 ff., **1007 ff.**, 1135 f., 1485, **1519 ff.**, 1744
   - keine Bindung der Behörde 1136, 1161 ff., 1638
- mangelhafte, Folgen **1013 ff.**, 1532
- des Revisionsbegehrens 1328 ff., 1793
- der Verfügung/des Entscheids **629 ff.**, 1169, 1190, 1639
- Mängel, Folgen 645
- Motivsubstitution 758, 1136, 1624
- Recht auf Begründung 214, 629, 636
- Textbausteine 632
- Verzicht 635 f.

Behandlungsfristen 257 ff.

Behinderte 600, 914, 981, **1002**

Behördenbeschwerde 977 ff., 1492 ff.
   s.a. Autonomiebeschwerde; Legitimation
- «abstrakte» Natur 980, 1494
- allgemeine 969 ff., 1494 f., 1769
- integrale 983, 1495
- Bundesbehörden **983 f., 1492 ff.**, 1636
- Gemeinden/öffentlich-rechtliche Körperschaften 986 f., 1503 f.
- Kantone 985, 1501 f.

- Kosten und Parteientschädigung 1176, 1184, 1653 ff., 1660
Behördenorganisation: s. Bundesgericht; Bundesverwaltungsgericht
Beiladung 452, **929 ff.**, 1116, 1613, 1817
Berichte, verwaltungsinterne 894
s.a. Amtsbericht
Berichtigung von Redaktions-, Kanzlei- und Rechnungsfehlern 115, 644, 1200, **1322, 1785**
Berührtsein 941 ff., 951, 1694 f.
s.a. Interesse, schutzwürdiges
Beschaffungswesen, öffentliches:
s. Öffentliches Beschaffungswesen
Beschleunigungsgebot 252 ff., 585, 914, 1117, 1933
s.a. Prozessökonomie; Rechtsverweigerung und -verzögerung
Beschwer
– formelle 453, **940,** 981, 1490, **1689,** 1764
– materielle **941 ff., 1690 ff.**
s.a. Interesse, schutzwürdiges
Beschwerde
s. Anschluss-; Aufsichts-; Behörden-; ~ an das Bundesverwaltungsgericht; ~ an den Bundesrat; ~ gegen kantonale Erlasse; ~ in öffentlich-rechtlichen Angelegenheiten an das Bundesgericht; ~ in Stimmrechtssachen; Einheits-; Popular-; Rechtsverweigerungs- und -verzögerungs-; Schuldbetreibung; subsidiäre Verfassungs-; Verbands-; verwaltungsinterne
Beschwerde, wirksame, im Sinn von Art. 13 EMRK **83,** 330, 1975
s.a. Rechtsschutzgarantie; Rechtsweggarantie
Beschwerde an das Bundesverwaltungsgericht 302, **812 ff.**
– Anfechtungsobjekt **861 ff.**
  – Verfügungen 862 ff.
    s.a. dort
  – Zwischen- und Vollstreckungsverfügungen 905 ff.
– aufschiebende Wirkung 1068 ff.
– Beschwerdeschrift 1006 ff.
– Beschwerdegründe **1025 ff.**
– Entscheid 1142, **1144 ff.**
  s.a. Beschwerdeentscheid

– Fristen 1003 ff.
– Kognition 1025 ff.
– Kosten 1170 ff.
– Legitimation **921 ff.**
– Subsidiarität 843 ff.
– und Beschwerde an den Bundesrat 797, 1288 f.
– und Beschwerden an das Bundesgericht 1387, 1754
– und verwaltungsinterne Verwaltungsrechtspflege 302
– Verfahren **1093 ff.**
– Vorinstanzen 823 ff.
– vorsorgliche Massnahmen 1088 ff.
– Wirkungen 1064 ff.
– Zuständigkeit 816 ff., **838 ff.**
  s.a. Generalklausel, Negativkatalog
Beschwerde an den Bundesrat 1279 ff.
  s.a. Bundesrat
– Bedeutung 1280
– Entscheid 1296 f.
– Instruktion und Ausstand 1292 ff.
– und Rechtsweggarantie 1280, 1290
– Subsidiarität **1289 ff.**
– und Verfassungsbeschwerde an das Bundesgericht 1290
– Zuständigkeit 797, 850, 855, **1281 ff.,** 1414
Beschwerdeanerkennung 139, 815, 924, **1146, 1148,** 1195, 1372, 1592
Beschwerdeantwort: s. Schriftenwechsel; Vernehmlassung
Beschwerdebefugnis: s. Legitimation
Beschwerdebegehren: s. Parteibegehren; s.a. Begründung; Beschwerdeschrift
Beschwerdebegründung: s. Begründung
Beschwerdeentscheid 555, **1144 ff., 1633 ff.**
  s.a. Reformatio in peius vel melius
– appellatorischer 1160, 1644 ff., 1707, 1746
– Aufbau und Inhalt 1169, 1639
– Begründung: s. dort
– Dispositiv 1169 f., 1190, 1639, 1645, 1668 ff., 1785
– Eröffnung 233 ff., 1189 ff., 1668 ff.
– Erwägungen 1169, 1196, 1319, 1519, 1639, 1643
– formeller 1145 ff.

s.a. Abschreibungsentscheid;
Beschwerdeanerkennung;
Beschwerderückzug; Nichteintretensentscheid; Vergleich
- kassatorischer 1154, 1640
  s.a. Rückweisungsentscheid
- Rechtskraft 1191 ff., 1296 f., 1671 ff.
- reformatorischer 1153, 1640 ff.
- Sachentscheid 1151 ff., 1640, 1779
- als Verfügung 867
- Vollstreckung 1198, 1673
  s.a. dort

Beschwerdefähigkeit: s. Parteifähigkeit; Prozessfähigkeit

Beschwerdefrist: s. Fristen

Beschwerde gegen kantonale Erlasse 1674 ff.
  s.a. Beschwerde in öffentlich-rechtlichen Angelegenheiten; Normenkontrolle
- virtuelle Betroffenheit 1691 ff.
- Vorinstanzen 1686
- Fristen 1704 ff.
- Urteil 1707

Beschwerdegründe 107, 681, 1008, **1025 ff., 1540 ff.,** 1700 ff., **1760 ff.**
  s.a. Kognition; Normenkontrolle
- Arten 1031, 1541
  - Bundesrechtsverletzung **1032 ff., 1544 ff.**
  - Verfassungs- und Völkerrechtsverletzung 1545, 1547 ff., 1555 ff., 1760 ff.
  - Unangemessenheit 681, 701, **1046 ff.,** 1162, 1542
    s.a. Ermessen, Ermessensfehler
  - unvollständige oder unrichtige Sachverhaltsfeststellung 144, **1043 ff.,** 1522 ff., **1581 ff.,** 1763
- im Bund
  - Beschwerde an das Bundesverwaltungsgericht 1008, **1025 ff.**
  - Beschwerde in öffentlich-rechtlichen Angelegenheiten **1540 ff.**
  - Normenkontrolle 1700 ff.
  - Rechtsverweigerungs- und Rechtsverzögerungsbeschwerde 1306 f.
  - Subsidiäre Verfassungsbeschwerde **1760 ff.**

- in der kantonalen Verwaltungsrechtspflege 107

Beschwerde in öffentlich-rechtlichen Angelegenheiten an das Bundesgericht 1352 ff., **1365 ff.**
  s.a. Rechtswege
- Anfechtungsobjekt **1419 ff.**
  - Entscheide 1420 ff.
    - End-, Teil-, Vor- und Zwischenentscheide 1428 ff.
      s.a. dort
  - kantonale Erlasse: s. Beschwerde gegen kantonale Erlasse
  - Stimmrechtssachen: s. Beschwerde in Stimmrechtssachen
- und Beschwerde an den Bundesrat 1289
- Beschwerdebegründung 1519 ff.
  - Rügepflicht 1521
- Beschwerdegründe **1540 ff.**
- und Beschwerde in Strafsachen 1443 ff., 1452 f.
- und Beschwerde in Zivilsachen 1443 ff., 1448 ff., 1575
- Beschwerdeschrift 1515 ff.
- Entscheid 1633 ff., 1668 ff.
- Fristen 1509 ff., 1532
- und Klage an das Bundesgericht 1460
- Kognition 1543, 1557, 1576 ff., 1582 ff.
  - Art. 190 BV 1564 ff.
  - Kantonsverfassungen 1573 f.
- Kosten 1538 f., 1647 ff.
- Legitimation **1487 ff.**
  - Begründung 1525
- und Revision (1340), 1790
- Streitwertgrenzen: s. dort
- und subsidiäre Verfassungsbeschwerde 1352, 1454 ff.
- Verfahren 1604 ff.
- Vollstreckung 1673
- Vorinstanzen 1378 ff.
- vorsorgliche Massnahmen 1601 ff.
- Wirkungen 1592 ff., 1671 f.
  - (keine) aufschiebende Wirkung 1594 ff.
- Zuständigkeit 1373 ff., **1402 ff.**
  s.a. Generalklausel; Negativkatalog

Beschwerdeinstanzen: s. unter den einzelnen Rechtsmitteln; s.a. Rechtswege; Vorinstanzen; Zuständigkeit, funktionelle

Beschwerde in Stimmrechtssachen 1708 ff.
s.a. Beschwerde in öffentlich-rechtlichen Angelegenheiten
- Anfechtungsobjekt 1720 ff.
- Beschwerdegrund 1711 ff.
- eidgenössische Angelegenheiten 1726 ff.
- Entscheid 1746 f.
- Fristen 1742 ff.
- kantonale Angelegenheiten 1723 ff.
- Legitimation 1733 ff.
- *Übersicht nach 1747*

Beschwerde in Strafsachen 276, **1452 f.**, 1489, 1753, 1765
s.a. Einheitsbeschwerden

Beschwerdeinstruktion: s. Instruktion

Beschwerde in Zivilsachen 1448 ff., 1456, 1489, 1541, 1765, 1790, 2084
s.a. Einheitsbeschwerden

Beschwerdelegitimation: s. Legitimation

Beschwerdeobjekt: s. Anfechtungsobjekt

Beschwerderecht
s.a. Legitimation
- «abstraktes» 980, 1494
- integrales 983, 993, 1495 ff.

Beschwerderückzug 815, 1141, **1146,** 1148, 1173, 1195

Beschwerdeschrift 1006 ff., 1515 ff., 1521 ff.
s.a. Begründung; Noven; Parteibegehren; Rügelast; Rügeprinzip; Substanziierungslast
- Anforderungen 1007 ff.
  - Begründung 1008 f., 1519 f.
  - formelle 1011, 1515, 1530 ff., 1619
  - Rügeprinzip 1521 ff., 1622, 1776 ff.
- Mängel, Folgen **1013 ff.,** 1529 ff.
- Nachbesserung 1013 ff., 1532
- Übermittlung 1011 f., 1530
- unrichtige Bezeichnung des Rechtsmittels 1370, 1447, 1455, 1529, 1774

Beschwerdevoraussetzungen: s. Prozessvoraussetzungen

Besonders bedeutender Fall im Sinn des BGG 1515, 1527, 1631, 2079, 2083

Beteiligte, andere: s. Andere Verfahrensbeteiligte

Betriebe: s. Anstalten und Betriebe

Beweisabnahme, Kosten 654

Beweisabnahmepflicht; Beweisanerbieten, Recht auf 153, 457, 462, 536 f.
s.a. Beweiswürdigung, antizipierte

Beweisaussage 468, 1250, 2014 ff.

Beweiserhebung 153, 211 f., 246, 478, 1611
s.a. Beweisverfahren
- Mitwirkungspflichten 459, 463 ff., 1134, 1837
- Mitwirkungs- und Teilnahmerechte 214, 536 ff., 1611

Beweisführungslast 142

Beweisgrad 482 ff., 1839, 1930

Beweiskraft, erhöhte 469 f., 485

Beweislast 142 f., 269, 1585
s.a. Substanziierungslast
- für Einhaltung von Fristen 577 ff.
- objektive 142 f., 459 f., 1134
- beim Nachweis der Prozessvoraussetzungen 943, 1009, 1430, 1525
- subjektive 142 f.

Beweislastregel 115, 486

Beweismittel 468 ff., 536 f., 1248 ff., 1531, 1611
- neue (Noven) 1019 ff., 1332, 1534 ff., 1778
- neue erhebliche (Revision) 725, 1333, 1789 f.
- rechtswidrig erlangte 169, 480 f., 2012, 2060
- verspätet vorgebrachte 462, 547, 589, 1045, 1125, 1340

Beweisregeln 151

Beweisverfahren 261, 468 f., 1108, 1155, 1247 ff., 1610 f.
s.a. Beweiserhebung

Beweiswürdigung 483 ff.
- antizipierte 153, 457, 537
- falsche 1043, 1334 ff., 1162, 1331
- freie **151 ff.,** 483 ff., 537

Bezeichnung des Rechtsmittels, unrichtige 1370, 1447, 1455, 1529, 1774

BGG: s. unter Bundesgericht; Kantone: Verwaltungsrechtspflege und -verfahren; s.a. Bundesrechtspflege
Bilaterale Abkommen mit der EU 63 f., 92 ff., 1568
Bindung
   s.a. Normenkontrolle
– an die Erwägungen des Rückweisungsentscheids 1158, 1643
– an Parteibegehren: s. Reformatio in peius vel melius
– an die Sachverhaltsfeststellung der Vorinstanz 800, 1044, 1582 ff.
– an Sachverständigengutachten 151, 485, 1587
– an den Streitgegenstand 688 ff., 747, 1019, 1517, 1949
Bundesgericht
   s.a. Zuständigkeit
– BGG 108 ff., 301, 1350 ff., 1366 ff.
– Organisation 301, 1358
– Stellung 302 f., 1357
– Unabhängigkeit 193, 1361 ff.
Bundesgesetze 1564 ff., 1569
Bundespersonal
   s.a. Arbeitsverhältnisse; Gleichstellung von Frau und Mann
– anwendbares Recht 382
– Beschwerdelegitimation unterlegener Stellenbewerbender 958
– Rechtsweg 830 f., 855, 868, 892, 1213, 1284 f., 1417, 1977
– Regressforderung bei Staatshaftung 1464, **1960 ff.**
Bundesrat
   s.a. Zuständigkeit
– Ausstand 1294
– Beschwerde an den Bundesrat: s. dort
– Entscheid über Kompetenzkonflikte 402, 822
– Überprüfung seiner Entscheide 1296
Bundesrecht 1032
   s.a. Öffentliches Recht des Bundes
– derogatorische Kraft 107, 119, 1521, 1761
   s.a. Vereitelungsverbot; s.a. unter Kanton
Bundesrechtspflege 298 ff.
– Justizreform 2000: 299 f.

– Teilrevision des OG 1991: 294 ff.
– Totalrevision 2005: 10, 301 ff., 1797, 1886 f.
Bundesverfassungsrecht 66 ff., 901, 1545
Bundesversammlung
– als Aufsichtsbehörde 56, 806, 1362
– keine Beschwerde 35, 182, 1297
– Personalsachen 830, (978), 1500
– Staatshaftung 868, 1386, 1809, 1962
– Zuständigkeits-/Kompetenzkonflikte, Entscheid 50, 402, 1819
Bundesverwaltungsbehörde im Sinn von Art. 1 VwVG 380, 870
Bundesverwaltungsgericht 27, 31, 185, 302, **795 ff.**
   s.a. Zuständigkeit
– Gesetzliche Grundlage 795 ff.
– Stellung und Organisation 800 ff.
– Unabhängigkeit 806 ff.
Bundesverwaltungsrecht: s. Öffentliches Recht des Bundes
Bundeszivilprozessrecht, Anwendbarkeit im Verwaltungsverfahren und in der Verwaltungsrechtspflege
– im Allgemeinen 266, 1206, 1240 f., 1351, 1799
– Beispiele
   – Abschreibung 1146
   – Ausstand Sachverständiger 424
   – Beiladung 929
   – Beweisverfahren **468 ff.**, 1611, 2014 f.
   – Intervention 927
   – nicht Kausalhaftung 1087, 1603
Bürgerrecht 1399, 1415, 1717, 1766
– Behördenbeschwerde nach BüG 985 f.
Busse: s. Ordnungsbusse
BZP: s. Bundeszivilprozessrecht;
   s.a. Klageverfahren

C

civil rights and obligations
– im Sinn von Art. 6 EMRK **76 ff.**
– im Sinn von Art. 14 UNO-Pakt II **89**

D

Datenschutz, Datenschutzrecht 244, 474, 514, **1853 ff.**
– und Amtshilfe 474, 2066
– Anwendbarkeit des DSG 1855 ff.
  – im öffentlich-rechtlichen Bereich 1858 ff.
  – im privatrechtlichen Bereich 1852 ff.
– Auskunftsrecht 474, 514, **516 ff.**, 520, 654
– und BGÖ 244, 504, 523, 1865
– Datenbearbeitung 519, 1854, 1858
– Datenschutzbeauftragter, Eidgenössischer (EDÖB) 984, 1217 ff., 1857, 1861
  – vorsorgliche Massnahmen 1864
  – Verfahren 1450, 1861 ff.
– und innere Sicherheit 1866
– Rechtsweg 322 ff., 1856

Dauersachverhalte 742, 1067, 1348, 1429
Dauerverfügung 735, 740, 749
Departement
– als Beschwerdeinstanz 16 ff., 392, 1861, 1959
– Beschwerdeinstruktion durch Departemente im Verfahren vor dem Bundesrat 1292 f.
– Beschwerderecht: s. Behördenbeschwerde
– Mitberichtsverfahren 1295
– als Vorinstanz des Bundesverwaltungsgerichts 825
– als Vorinstanz des Bundesrates 1286

Derogatorische Kraft des Bundesrechts 107, 119, 1521, 1761
s.a. Vereitelungsverbot; s.a. unter Kanton

Devolutiveffekt 682, 1065, 1592
– nicht der Einsprache 786
– nicht der Revision 1324
– nicht der Wiedererwägung 705, 1066

Dienstanweisung 892, 1039, 1685
s.a. Verwaltungsverordnung

Dienstaufsicht 770
Dienstbefehle 892
Dienstverhältnis von Bundespersonal: s. Bundespersonal
Dispositionsmaxime 139 ff., 388, **815**, 1235, **1372**

Dispositiv
– von Beschwerdeentscheiden 233, 747, 1319 ff.
– des Bundesgerichts 1639, **1668 f.**, 1671, 1746, 1785
– des Bundesverwaltungsgerichts 1154, 1158 f., 1169 f., 1190, 1196
– von Verfügungen 373, 680, 688, 895

Disziplinaraufsicht 501
Disziplinarverfahren 2035 f.
s.a. Verwaltungsstrafrecht
– Disziplinarmassnahmen 81, 276, 1620, **2027 f.**
– Koordination mit Strafverfahren 272 f., 276, 2037

Doppelbesteuerung, interkantonale: s. unter Steuerrecht
Doppelrelevante Tatsachen 43, 943, 1537, 1929
«Dorénaz-Praxis» 1427
Drittbeschwerdeführende, Dritte s. Legitimation; s.a. Partei
– als andere Beteiligte? 928

E

Editionspflicht 463, **478 f.**, 2010, 2049
EDÖB: s. unter Datenschutz
EGMR 76 ff., 82, 168, 193, 234, 253 ff., 1337 ff., 1672
Einbürgerung: s. Bürgerrecht
Einheit des Verfahrens 107 ff., 111, 303, 316, (862), 905, 907, 1158, 1427, 1741
Einheitsbeschwerden an das Bundesgericht 301, **1366 ff.**
– Arten 1366, 1370, 1444 ff.
– gemeinsame Bestimmungen 1367, 1541 f.
– und subsidiäre Verfassungsbeschwerde 1368, 1454 ff., 1476, **1752 ff.**, 1765, 1771 ff.
– unterschiedliche Regelungen 1367, 1517

Einigung, gütliche: s. Gütliche Einigung
Einlassung 395, 817
Einleitung des nichtstreitigen Verwaltungsverfahrens 138, 387 ff.

Einsprache 453, 680 ff., 699, **785 ff.**, 844, 1289, 2031
　s.a. unter Rechtliches Gehör; Sozialversicherungsrecht; Steuerrecht
– Einspracheentscheid als Anfechtungsobjekt 750 f., 792, 846, 867, 1834
– Einspracheverfahren, Teilnahmelast 446, 453, (940), 993
– und Einwendungsverfahren 793
– und Wiedererwägung 705, 792
Einvernahme von Zeugen 246 f., 268, 471, 543, 1109 f., 1251, 1610, 1868 f.
Einwendungsverfahren, besonderes 534 f., 793, 880
Einziehung unrechtmässig erlangter Vermögensvorteile 669, 1224 ff.
Eisenbahn 408, 414, 446, 476, 535, 858, 956
Elektronischer Rechtsverkehr 583 f., 618, 643, 1003, 1012, 1512, 1530, 1668
Empfehlung 894 f., 1217 ff.
EMRK 73 ff.
　s.a. Strafrechtliche Anklage; Verfahrensgarantien; Zivilrechtliche Streitigkeiten
– Rechtsschutzgarantie nach Art. 13 EMRK 83, 90, 330, 716, 782, 1308, 1975
– Verfahrensgarantien nach Art. 6 EMRK 75 ff., 180
　– Auslegung 74
– Verletzung als Revisionsgrund 1337 f.
Endentscheid 233, 906, 1145 ff., **1428 ff.**
Enteignungsverfahren 605, 793, 1431, **1939 ff.**
　s.a. Einwendungsverfahren; Koordination von Verfahren; Schätzungskommissionen
– Anschlussbeschwerde 1951
– Gesetzliche Grundlagen 382, 1940 ff.
– Kosten 1952 ff.
– neue Begehren 1949 f.
– Schatzungsverfahren 393, 872, 901, 1945 ff.
Entschädigung: s. Parteientschädigung
Entscheid: s. Beschwerdeentscheid, Verfügung
Enumerationsprinzip 292, 839
Erfahrungssätze 456, 471, **531**
Erfolgsprinzip: s. Unterliegerprinzip

Erklärung
– von Behörden 868, 1210
Erläuterung 598, 1200, **1317 ff.**, **1785**
– Erläuterungsentscheid als Verfügung 867, 1321
Ermessen 1047 ff.
　s.a. Beschwerdegründe; Ermessensfehler; Ermessenskontrolle; Kognition; «Ohne-Not-Praxis»
– Unterschied zum unbestimmten Rechtsbegriff **1049**, 1056
Ermessensfehler 1037, **1048,** 1056 ff.
Ermessenskontrolle 54, 1031, **1046 ff.**, 1542, **1576,** 1820
– nicht durch das Bundesgericht 1542, **1576,** 1820
– durch das Bundesverwaltungsgericht 1031, 1037, **1046 ff.**
– durch die verwaltungsinterne Verwaltungsrechtspflege 54, (1273)
Eröffnung
　s.a. Begründung; Rechtsmittelbelehrung
– durch amtliche Publikation: s. dort
– von Bundesgerichtsentscheiden **1668**
– von Bundesverwaltungsgerichtsentscheiden **1189**, 1259
– und intertemporales Recht 132
– im koordinierten Verfahren 121
– mangelhafte 115, 580, 598, **639 ff.**, 1003
– von Verfügungen 577, **615 ff.**
– von Zwischenverfügungen, -entscheiden 620, 1435
Ersatzvornahme 668, 673
– antizipierte 672
– Kostenverlegung 676
Erwachsenenschutzrecht 275, 1448, 1694
Europäische Menschenrechtskonvention: s. EMRK
Europäischer Gerichtshof für Menschenrechte 76 ff., 82, 168, 193, 234, 253 ff., 1337 ff., 1672
Eventualbegehren 147, 1007, 1516, 1932
Eventualbegründung 695, 1156, 1516 f., 1557, 1642
Eventualmaxime 147 ff., 1235, 1264, 1516, 1534 ff.
Evokationsrecht 779, 1493

F

Fairness, Verfassungsprinzip 67, **165 ff.,** 208, 452, 492

Fax, Einreichung von Rechtsmitteln per 1011, 1189, 1530, 1532

Fehlerhaftigkeit einer Verfügung
s.a. Anfechtbarkeit; Anpassung; Eröffnung; Nichtigkeit; Revision; Wiedererwägung
- Folgen **640,** 713 ff., 719, 745
- nachträgliche 713 ff., 735, 738 ff., 749 ff.
- ursprüngliche 713 ff., 723, 742, 744 f., 750 f.

Feststellungsverfügung 338 ff., 361, 1383
- von Amtes wegen 348 ff., 2002
- Anspruch
  - nach Art. 25a VwVG **361,** 374, 376, 958, 1231
  - Drittbetroffene 343, 388, 1231, 1997, 2001
  - Verband? 346
- Gegenstand 353
- Interessenabwägung? 347
- Subsidiarität? **351 f.**
- Voraussetzungen **340 ff.**
  - schutzwürdiges Interesse 340 ff.
- Wirkungen 354, 1071, 1089
  - Vertrauensschutz 355
- Zuständigkeit 356

FINMA 65, 349, 416, 429, 471, 826, 1499, 2048, 2092

«fishing expeditions» 1882, 2052, 2087

Fiskustheorie 23, 286

Flughäfen, Bewilligungs- bzw. Konzessionsverfahren 392, 476

Form
s.a. Beschwerdeschrift; Eröffnung
- und Freiheit 100
- Funktion **98 ff.**
- von Bundesgerichtsentscheiden 1639
- von Bundesverwaltungsgerichtsentscheiden 1169
- von Verfügungen **616 ff.,** 888

Formalismus, überspitzter 67, 102, 199, **206,** 1022, 1906

Formelle Natur von Verfahrensgarantien 174, 197, 216, 440, 548, 645, 1102
s.a. Heilung von Verfahrensmängeln

Formelle Rechtskraft: s. unter Rechtskraft

Formfehler: s. unter Begründung; Eröffnung

formloses Verfahren 323, 472, 818, 1831, 1836

Formularpflicht 461, 627, 1836

Fristen 132, **575 ff.,** 1980
s.a. Behandlungsfristen; Beschleunigungsgebot; Zustellung
- Beginn 577, 618, 626
- Berechnung: *Übersicht nach 591*
- Beweisgrad/-last 577 ff.
- Erfüllungsfrist 672
- Erstreckung 585
- für Kostenvorschuss und Sicherheitsleistung 588, 654, 1022, 1107, 1179, 1539, 1657
- Nachfrist 597, 1011 ff., 1532, 1539, 1657
- nach Rechtsmitteln
  - bei der Anpassung 738
  - bei den Beschwerden an das Bundesgericht 1509 ff., 1704 ff., 1742 ff.
  - bei der Beschwerde an das Bundesverwaltungsgericht 1003 ff.
  - bei der Rechtsverweigerungs- und -verzögerungsbeschwerde 1309 f., 1783
  - bei der Revision 731, 1344 ff., 1793
  - bei der verwaltungsrechtlichen Klage 1234, 1247, 1809
- Säumnisfolgen 115, 1022, 1539
- Stillstand 571, 585, 1023, 1117, 1919, 2055, 2080
- Umgehung 715, 919, 1011
- Verjährungs-/Verwirkungsfristen 205, 374, 1234, 1809, 1942, 1981, 1983 f., 2023
- Wahrung 581 ff., 738, 1023
- Wiederherstellung 115, 587 f., 591, 648, 1022, 1515, 1981
- Zustellungsfiktion 577

Führerausweisentzug 81, 1453

Fuss- und Wanderwege, Bundesgesetz, Beschwerderechte 998

G

Gegenpartei: s. unter Partei
Gegenstandslosigkeit 1146, 1150, 1173, 1194, 1260
  s.a. Abschreibungsentscheid
– wegen Anerkennung 705, 1066
– wegen Dahinfallens des Rechtsschutzinteresses 696, 1150
– wegen Dahinfallens des Streitgegenstandes 696, 1150
Geheimhaltungsinteresse 226, 633, 1611
  s.a. Datenschutz
– und Akteneinsichtsrecht 496, **504 ff.,** 522
– Sachverständiger? 437, 510
– Steuergeheimnis 512, 2050
Gehör, Gehörsanspruch: s. Rechtliches Gehör
Geldleistung, Verfügung über 1074, 1078
Gemeinde: s. unter Behördenbeschwerde; Interesse, schutzwürdiges; Kosten; Legitimation
Gemeindeautonomie 971, 1058, 1503, 1553, 1768
Gemeinwesen: s. Kanton; s. unter Behördenbeschwerde; Interesse, schutzwürdiges; Kosten; Legitimation
Genehmigung
– von Erlassen 884, 1684
– von Plänen 883, 940, 1941
– von Verfügungen 884
– von Verordnungen 1570
Generalklausel 293, **839 ff.**
  s.a. Negativkatalog
– Bundesgericht 1403 f.
– Bundesverwaltungsgericht 842 f.
Gericht: s. Bundesgericht; Bundesverwaltungsgericht; Gesetzmässige Zusammensetzung; Kommissionen; Rekurs- und Schieds-, Schätzungs-; Rechtsweggarantie; Unabhängigkeit
Gerichtsferien 585, 1117, 1919
Gerichtskosten, -gebühren: s. Verfahrenskosten
Gerichtsstand: s. Zuständigkeit, örtliche
Gerichtsstandsvereinbarung 395, 817
Gesamthandschaften 935
Gesetzliche Grundlage

– von Aufsichtsmassnahmen 767
– von Gutachten 473
– des Verwaltungshandelns 57, **97 ff.,** 353, 389
– von Vollstreckungsmassnahmen 918
– vorsorglicher Massnahmen 1092
– der Zurückhaltung bei der Prüfungsdichte 1028 f.
Gesetzmässige Zusammensetzung von Behörden und Gerichten 190 ff., 196 f., 423
– Anspruch auf Bekanntgabe der Zusammensetzung 197, 437, 1103, 1608
Gesetzmässigkeit 71, 122, 267, 353, 389, 977, 2051 f.
  s.a. Gesetzliche Grundlage
Gestaltungsverfügung 351 ff., 359
Gewährleistung von Kantonsverfassungen, Wirkungen **1573 f.,** 1683
Gewaltenteilung als verfassungsmässiges Recht 1545, 1551, 1715 f., 1761
Glaubhaftmachen 341, **482,** 568
Gleichbehandlung der Parteien 14, 67, **207 ff.,** 539, 595, 991, 1117 f.
  s.a. Aufklärungspflicht
Gleichstellung von Frau und Mann 855, 999, 1022, 1284, 1417
  s.a. Verbandsbeschwerde
Grossprojekte, Drittbeschwerde gegen (953), 956
Grundstückerwerb durch Personen im Ausland (BewG) 112, 1356, 1498, 1504
Gutachten 473 ff.
  s.a. Amtsbericht; Beweismittel; Sachverständige
– Bindung der Behörden 151, 485, 1587
– und rechtliches Gehör 514, 531, 539 ff.
Gütliche Einigung 602 ff.
– Anwendungsbereich 608 f.
– Rechtsgrundlagen 604, 607
– Rechtsmittelverzicht 614
– Verfahren 611 ff.
  – Verfügung 613
  – Mediation 612
  – Voraussetzungen 610

H

Haftung
s.a. Staatshaftung
- der Parteien für vorsorgliche Massnahmen 1087, 1091, **1255, 1603**
- des Staates
  - wegen Verletzung der EMRK 256 f., 1337 f.
  - aus Vertrauensschutz 355
  - wegen vorsorglicher Massnahmen 574, 1091, **1602**
  - wegen willkürlichen Entzugs der aufschiebenden Wirkung **1083 ff.**

Hausdurchsuchung 477, 1988, 2012, 2016
Heilung von Formfehlern und Verfahrensmängeln 216, **548 ff.**, 644 f.
Hilfsperson 588, 1022

I

In dubio pro reo 146, 486
Informationsanspruch 221, 230, 491 f., 518 f., 521 ff.
s.a. Medien; Öffentlichkeitsprinzip
Informationsfreiheit 221, 230, 521
Informationspflichten der Behörden 491 f., 1496, 2048
s.a. unter Gesetzmässige Zusammensetzung von Behörden und Gerichten
Informelles Verwaltungshandeln 323, 544, 1987, 1991, 1995, 2042
s.a. Anfechtungsobjekt; Realakt
Instanzenzug: s. Devolutiveffekt; Rechtswege; Vorinstanzen; Zuständigkeit: funktionelle
Instruktion
- Beschwerde an den Bundesrat 1292
- Beschwerde an das Bundesverwaltungsgericht 1105 ff.
- Beschwerden an das Bundesgericht 1610

Interesse: s.a. Geheimhaltungsinteresse; Öffentliches Interesse
Interesse, schutzwürdiges 340, **503 ff.**, 938, 941 ff., 1691 ff.
s.a. Beschwer; Interessenabwägung; Legitimation
- an der Akteneinsicht ausserhalb eines hängigen Verfahrens 503, 518, 520
- für die Beschwerdelegitimation 938, **941 ff.**, 1691 ff.
- Elemente
  - aktuelles 946
  - Beschwer, formelle 940, 1689
  - Beschwer, materielle 938, 941 ff., 1690 ff.
  - besondere Beziehungsnähe 942 f., 1694
  - praktisches 944 f.
  - rechtliches 944, 1691
  - tatsächliches 944, 1691
  - (nicht) virtuelles 946, 1691 ff.
  - im Sinn von Art. 25a VwVG 370 f.
- Nachweis 341
- Trägerinnen
  - Adressaten der Verfügung 949 ff.
  - Dritte **952 ff.**
  - Gemeinwesen/öffentlich-rechtliche Körperschaften **969 ff.**
  s.a. Behördenbeschwerde
- für die Parteistellung 446, 452, 503, 924, 947
- an einer Verfügung 338 ff., 359 f., 361
- an der selbständigen Anfechtung einer Zwischenverfügung 910 ff., 1437

Interessenabwägung
s.a. Verhältnismässigkeit
- beim Entscheid über vorsorgliche Massnahmen und aufschiebende Wirkung 567, **1076 f.**, 1079, 1083, 1934
s.a. Nachteil, nicht wieder gutzumachender
- Eröffnungsmängel 641
- als Rechtsfrage 1585 f.
- bei Widerruf und Wiedererwägung **713**, 733, 739, 744

Interessenkollision 423 ff., 434, 1363
Interkantonal
s.a. unter Kantone: interkantonales Recht; Kompetenzkonflikt; Steuerrecht: Doppelbesteuerung
- Interkantonale Organe 1286, 1391, 1490, (1679), 1759

Internetrecherche durch Behörden 498, 544
Intertemporales Verfahrensrecht 129 ff.

Intervention 927
Iura novit curia: s. Rechtsanwendung von Amtes wegen

J

Justizreform: s. Bundesrechtspflege

K

Kanton
s.a. Allgemeine Rechtsgrundsätze; Behördenbeschwerde; Einheit des Verfahrens; Kognition; Koordination; Legitimation; Vereitelungsverbot
– Abgrenzung des kantonalen Rechts vom Bundesverwaltungsrecht **903 f.**
– Entscheid, letztinstanzlicher kantonaler **1388 ff.**, 1427
– Gewährleistung von Kantonsverfassungen, Wirkungen **1573 f.**, 1683
– interkantonales Recht 158, 1034, 1515, 1521, **1560,** 1624, 1679
– kantonales Recht als Grundlage einer Verfügung/eines Entscheids **903 f.**, 1412, 1426, 1642, 1813
– kantonales Recht, Verletzung als Beschwerdegrund 158, 903, 1034, 1515, 1521, **1550 ff.**, 1624, 1718
– Organisations- und Verfahrensautonomie bzw. -zuständigkeit **106,** 1483
  – Eingriffe/Minimalvorschriften des Bundes **105 ff.,** 117 ff., 123, 303, 971 f., 1495, 1503
– Verbandsaufsicht des Bundes **767 ff.,** 983, 1495, 1803
– Verwaltungsrechtspflege und -verfahren 103, 107 ff., **304 ff.**
  – Anforderungen nach BGG **108 ff.**
  – Anwendbarkeit des VwVG 111, 380
  – historische Entwicklung **304 ff.**
Kanzleifehler, Berichtigung 115, 644, 1200, **1322,** 1785
Kanzleigebühren 502
s.a. Kosten
Kartellrecht 1985 ff.
– Auskunftspflicht 465, **2008 ff.,** 2015 f.
– Melde- und Widerspruchsverfahren 2001 ff.
– Missbrauchsgesetzgebung 1986
– Revision des Verfahrensrechts 2020 ff.
– Unternehmenszusammenschlüsse 449, 947, 1986, 2004 ff., 2008
– Untersuchung 448, 959, 1990 ff., **1996 ff.,** 2012 ff.
  – amtliche Publikation 1996
  – Untersuchungsmassnahmen, verschärfte 1988
  – Vorabklärung 451, 886, 1987 ff., 1990 ff., 2003
  – einvernehmliche Regelung 1993
– Wettbewerbsbehörden 2017 ff.
  s.a. dort
– Wettbewerbsbeschränkungen 274, 358, 448, 1986, 1990, 2000, 2007
Kassatorischer Entscheid 683, 1154, 1640, 1707, 1779
s.a. Rechtsmittel, Rückweisungsentscheid
Kernkraft 857, 956, 1036
Kindes- und Erwachsenenschutzrecht 275, 1448, 1694
Klage
– an das Bundesgericht **1796 ff.**
  – Kompetenzstreitigkeit 403, 822, 1699, 1798, 1803 ff., 1812 ff.
  – Prüfungsbefugnis 1820
  – Verhältnis zu andern Rechtsmitteln 1810 ff.
  – Zuständigkeit **1800 ff.**
– an das Bundesverwaltungsgericht **1202 ff.**
  – Abgrenzung zur Verfügung 1210 f.
  – Subsidiarität 1212 ff.
  – Zuständigkeit **1215 ff.**
Klageverfahren 796, 1240 f.
– Anforderungen an die Parteien 1229 ff.
– Anwendung des BZP 1240 f.
– Prozessvoraussetzungen 1208, 1818
– Sachverhaltsermittlung 1205, 1247 ff.
– Unterschiede BZP/ZPO 1264 f.
– Vorbereitungsverfahren 1246
– vorsorgliche Massnahmen 1252 ff.
Kognition
s.a. Beschwerdegründe; Normenkontrolle
– Aufsichtsbeschwerde 767, 771, 777

Sachregister

- Beschwerde an das Bundesverwaltungsgericht 185, **1025 ff.**
- Beschwerde an den Bundesrat 1290
- Beschwerde in öffentlich-rechtlichen Angelegenheiten 301, **1540 ff.**
  - Beschwerde gegen kantonale Erlasse 1701 f.
  - Einschränkungen
    - Art. 190 BV 1563 ff.
    - Kantonsverfassungen 1573 f.
  - Beschwerde in Stimmrechtssachen 1718 f.
- freie 83, 818, 1543, 1559
- im kantonalen Verfahren (110), 185
- Prüfungsbefugnis 185, 228, 1027
- Prüfungsdichte 1028 ff.
  - Lockerung/Zurücknahme 199, **1050 ff., 1576 ff.**
- Prüfungspflicht als Korrelat (199), 1027
- verwaltungsinterne Beschwerde 18, 54, 1273 ff.
- verwaltungsrechtliche Klage 1257, 1820
- «Willkürkognition» 1543, 1559

Kommissionen 411 ff.
s.a. UBI; Wettbewerbsbehörden
- ausserparlamentarische 411 ff.
- eidgenössische 31, 380, 826
- Rekurs- und Schiedskommissionen 29 f., 302, 702, 798
- Schätzungskommissionen 31, 382, 393, 1943, 1945 ff., 1952
- Unabhängigkeit 416 ff., 447

Kompetenzattraktion 1291

Kompetenzkonflikt 399 ff., 1803 ff.
s.a. Meinungsaustausch; Zuständigkeit
- interkantonale 1382, 1510, 1654, 1812 f.
- zwischen Behörden 400 ff.
- zwischen Behörden und Bundesverwaltungsgericht 822
- zwischen Behörden und Privaten 404 ff.
- zwischen Bund und Kantonen 403, 1699, 1798, 1803 ff., 1814 ff.
- zwischen Bundesgericht und Bundesrat 402

Konkrete Normenkontrolle: s. Normenkontrolle

Konkurrierende, Beschwerdelegitimation 958

Konsumentinnen, Beschwerdelegitimation 953, **959,** 1001

Konzentration: s. unter Koordination

Konzession, Konzessionsverfahren 117, 1898, 1940
- Anfechtung 1002, 1394 f.
- für Flugplätze 392, 476, 970

Koordination von Verfahren **115 ff., 407 ff.,** 1865, 1941, 2042
- im Bund **407 ff.,** 1865
- formelle 120 f.
- in den Kantonen **117 ff.,** 123 ff.
- Konzentrationsmodell 121, 125 f., 408, 1945
- Koordinationsgesetz 125, 410, 453, 535, 1941
- Koordinationsmodell 121
- Leitbehörde, -verfahren 121, 408 ff.
- materielle 120
- im Rechtsmittelverfahren 121, 409

Körperschaften, öffentlich-rechtliche:
s. Kanton; s.a. unter Behördenbeschwerde; Interesse, schutzwürdiges; Kosten; Legitimation

Kosten 395, 554, 598, 646, **650 ff., 1170 ff.,** 1260 f., **1647 ff.,** 1658
s.a. Parteientschädigung; Unentgeltliche Rechtspflege; Unterliegerprinzip; Verfahrenskosten
- Anfechtung des Kostenentscheids 784, 1170, 1426, 1468
- Erlass 791, 859, 1022, 1175 ff., 1538, 1652
- Pflichtige
  - im Allgemeinen 651 ff., 1122, 1173, 1651 ff.
  - Behörden bzw. öffentlich-rechtliche Körperschaften 1176, 1655
  - Parteienmehrheit 1174, 1656
- Sicherstellung 655, 1022, 1107, 1179, 1242, 1538 f., 1657
- unnötige 1180, 1309, **1654,** 1662
- nach Verfahren
  - Aufsichtsbeschwerde 784
  - Beschwerden an das Bundesgericht **1647 ff.,** 1658
  - Beschwerde an das Bundesverwaltungsgericht **1170 ff.**
  - Enteignung 1952 ff.
  - Klage 1209, 1260 ff.

- nichtstreitiges Verwaltungsverfahren **650 ff.**
- Rechtsverweigerungs- und -verzögerungsbeschwerde 1313
- Sozialversicherungsprozess 1840, 1843, 1848, 1852
- Beschwerde in Stimmrechtssachen 1747
- verwaltungsinterne Beschwerde 1278
- nach Verfahrenserledigung
  - Anerkennung 684, 698
  - Gegenstandslosigkeit 1173
  - Rückzug 1173, 1178
  - Vergleich/Einigung 1178, 1614, 1652
- Vorschuss 183, 654 f., 1022 ff., 1107, 1179, 1538 f., 1657
  - Frist zur Leistung 1022 f., 1179, 1539, 1657

L

Legalitätsprinzip 71, 122, 267, 353, 389, 977, 2051 f.
Legitimation 43 ff., 446, 697, **921 ff., 1487 ff.**
s.a. Behördenbeschwerde; Beschwer; Interesse, schutzwürdiges; Prozessvoraussetzungen; s.a. unter Amts- und Rechtshilfe
- Anpassung 738
- Aufsichtsbeschwerde 774
- Beschwerden an das Bundesverwaltungsgericht und an das Bundesgericht **921 ff., 1487 ff.**, 1688 ff., 1733 ff., 1764 ff.
  - Adressaten der Verfügung **949 ff.**
  - Besondere Beschwerdebefugnis nach BGG 1492 ff., 1768
  - Drittbetroffene, Dritte 926 ff., 952 ff., 1490, 1858
    - Konkurrierende **958**
    - Konsumentinnen 953, **959,** 1001
    - Mietende 961
    - Nachbarn 446 f., 944, **955 ff.**, 1613
    - Stellenbewerbende 958
  - gemäss Spezialgesetzgebung 624, 984 ff.
  - Gemeinwesen, öffentlich-rechtliche Körperschaften **969 ff., 1492 ff.**, 1698 f.
  s.a. Behördenbeschwerde

- politische Parteien 966, 1736 ff.
- Verbände 624, **962 ff., 1505 ff.**
  - egoistische Verbandsbeschwerde **962 ff.**, 1697
  - ideelle Verbandsbeschwerde 624, **988 ff.**
- Voraussetzungen **938 ff.**, 1490, 1688 ff., 1764 f.
  - Alternativen bei Fehlen 743, 781
- kantonale Verwaltungsrechtspflege 107, 110 ff., 303
- Klage 1230, 1818 f.
- Nachweis 1230, 1525, 1697
- und Parteistellung 388, **443 ff.**, 922 ff., 1490
- Revision 730, 1326
- Verfügung, Anspruch auf Erlass 338 ff., 343, 359, 388

Leistungsverfügung 351 ff., 359 f.
Leistungsverwaltung 388
Leitbehörde, -verfahren 121, 408 ff.
Lex mitior 131
Litispendenz (Rechtshängigkeit) 690, 705 ff., 1105, 1208 f., 1254, 1471

M

Mängel: s. unter Beschwerdeschrift; Eröffnung
Massenverfahren 454, 534, 623, 655
Massenverwaltung (323), 627, 789, 1825, 1835 ff.
s.a. Prozessökonomie
Massnahmen, organisatorische 772, 889
Massnahmen, superprovisorische 532, 573, 1080, 1597
Massnahmen, vorsorgliche: s. Vorsorgliche Massnahmen
Materielle Rechtskraft: s. unter Rechtskraft
Mediation: s. Gütliche Einigung
Medien 221, 230 f., 235, 1190, 1670, 2079
s.a. UBI
Mehrparteienverfahren 924, **926 f.**, 932, 1162 ff., 1429
s.a. unter Partei: Gegenpartei
Meinungsaustausch über Zuständigkeit 400 f., 820, 1374 ff.

Sachregister

Menschenrechtskonvention, Europäische: s. EMRK
Mietende, Beschwerdelegitimation 961
Mitberichtsverfahren 1295
Mittelbarkeit des Verfahrens 250, (524), (538)
Mitwirkungspflichten
s.a. unter Kartellrecht; Sozialversicherungsrecht; Steuerrecht
– Dritter 452, 478 f., 1880 ff.
  – Bankgeheimnis? 1882 ff.
– Meldepflicht 507, 510, 960, 1131, 1620, 1838
– der Parteien 142, 205, 269, 273, 459 f., **463 ff.**, 1134, 1622 f.
Mitwirkungsrechte der Parteien 462, 491, **536 ff.**
Motivsubstitution 758, 1136, (1520), 1624
Mündlichkeit des Verfahrens 223 f., 234, **247 ff.**, 532, 620, 1126 ff., 1256, 1617, 1878 f.
– kein Anspruch aus Art. 29 Abs. 2 BV 248, 524

N

Nachbarn, Beschwerdelegitimation: 446 f., 944, **955 ff.**, 1613
Nachfrist 206, 461, 597, 1011, 1013 ff., 1532, 1539, 1657
Nachteil, nicht wieder gutzumachender, schwerer oder relevanter
– Beispiele **914,** 1187, **1437,** 2089
– als Voraussetzung von Anordnung oder Entzug der aufschiebenden Wirkung 1076, 1596
– aus Eröffnungsmängeln 115, 598, **639 ff.**
– als Voraussetzung vorsorglicher Massnahmen 566 f., 1601
– als Voraussetzung der Anfechtung von Zwischenverfügungen/-entscheiden 506, 571, **908 ff.**, **1437,** 1440, 1525, 2064
Nationalbank, Schweizerische 832, 872, 1222 f.
Nationalstrassen 408, 535, 883, 893, 1897
Natur- und Heimatschutz
s.a. Verbandsbeschwerde
– Beschwerderechte **985 f., 988 ff.,** 1498, 1502, 1504

– Interessen 117, 446, 944, **988 ff.,** 1506
Nebenintervention 927
Nebenpartei 452, 930
ne bis in idem 675, 2052
Negativkatalog 839, 841
s.a. Generalklausel; Streitwertgrenzen
– Bundesgericht 1354, **1404 ff.**
  – Ausschlusskriterien 1411 f.
  – Hinweise auf Sachgebiete **1413 ff.**
– Bundesverwaltungsgericht 843, **847 ff.**
– Gegenausnahmen 860, 1406, 1415
– Vereinbarkeit mit Art. 6 EMRK und Art. 29a BV 839 f.
New Public Management (NPM) 57
Nichtanhandnahme eines Rechtsbehelfs 746 ff.
Nichteintretensentscheid 821, 1428, 1630 f.
s.a. Endentscheid; Prozessvoraussetzungen; Überweisungspflicht
– Anfechtung 1009, 1517, 1729
– Gründe
  – Mängel der Beschwerdeschrift 1016, 1532
  – Verweigerung der Mitwirkung 467, 1173
  – Fehlen der Prozessvoraussetzungen 693, 939, 1016, 1022, 1145, 1374, 1435, 1630
– Rechtsschutz 1146, 1325, 1642
– oder Rechtsverweigerung? 199, 1304
– Wirkung 1194
– als Zwischenverfügung? 406, 1435
Nichtigkeit von Verfügungen 396, 556, **640,** 644, 888, 1102
Nichtigkeitsgründe, relative 1328, 1787
s.a. unter Revision
Normenkontrolle 50, **1062,** 1274 ff.
– abstrakte 50, 303, 309, 1405, 1596, 1675, 1682, 1686
  – kantonale Erlasse 1565, **1674 ff.**
  s.a. Beschwerde gegen kantonale Erlasse
– konkrete (akzessorische, vorfrageweise) 50, 340, 880, 994, 1565, 1683
– von Verwaltungsverordnungen 1041, 1274 f., 1685
Noven, Novenrecht 690, **1019 ff.,** 1332, **1534 ff.,** 1778
s.a. Streitgegenstand

Nutzungsplan 123, 322, 335
– Anfechtung 882, 990 f., 1422

O

Obiter dictum 1196
Öffentliches Beschaffungswesen:
  s. Submissionsrecht
Öffentliches Interesse 14, 57, 480 f.
  s.a. Behördenbeschwerde; Geheimhaltungsinteresse; Interessenabwägung; Natur- und Heimatschutz; Umweltschutz; Verbandsbeschwerde
– als Voraussetzung der Aufsichtsbeschwerde? 773, 780
– keine genügende Grundlage der allgemeinen Beschwerdelegitimation 944, 966, 968
– als Grundlage der besonderen Beschwerdebefugnis 977 ff., 988, 1494, 1747
– als unbestimmter Rechtsbegriff 1049
Öffentliches Recht des Bundes
– im Sinn von Art. 5 VwVG **898 ff.**
  – Abgrenzung vom kantonalen Recht **903 f.**
  – Abgrenzung vom übrigen Bundesrecht **898 ff.**
Öffentliches Verfahrensrecht 8 ff.
Öffentlichkeit des Verfahrens 75, **218 ff.**
  s.a. Öffentlichkeitsprinzip; Rechtliches Gehör; Urteilsberatung
– Parteiöffentlichkeit 246
– Publikumsöffentlichkeit **222 ff.**
  – vor Gerichten **222 ff.**
    – vor Bundesgericht und Bundesverwaltungsgericht 238 ff., 1127 f., 1189 f., 1617, 1628, 1668 ff.
  – Urteilsverkündung 233 ff., 1189 f., 1668 ff.
  – Verhandlung 224 f., 262, 1127 f., 1617
  – Verzicht 226, 229, 236, 1256
Öffentlichkeitsprinzip der Verwaltung 221, **241 ff.**, 496, 521 ff.
  – BGÖ 240, **243**, 495 f., 504, 523, 633
Öffentlich-rechtliche Abteilungen des Bundesgerichts 1358
Offizialmaxime 137, **138**, 270, 388, 660, 815, 1162

«**Ohne-Not-Praxis**» 798, 1010, **1050 ff.**, 1058, 1273
  s.a. unter Kognition: Prüfungsdichte
Ordnungsbusse 667, 669, 674 f., 1129 f., 2027
  s.a. Verfahrensdisziplin
Ordnungsfrist 257
Organisatorische Massnahmen 772, 889

P

Parlament: s. Bundesversammlung;
  s. unter Aufsicht; Verwaltungsrechtspflege
Partei 442 ff., 922 ff., 1229 ff., 1490
  s.a. Andere Verfahrensbeteiligte; Beiladung; Mehrparteienverfahren
– Adressat einer Verfügung 446, 922, 1490
– Behörde, verfügende, als faktische 924, 936, 973, 1163
– Dritte, Drittbetroffene 446, 922, 1490
– Gegenpartei 922 ff., 973, 1121 ff., 1162 ff., 1175, 1613, 1951
– Gleichbehandlung 207 ff., 466
– Haftung 1087, 1091, **1255**, 1603
– Mitwirkungspflichten 142, 205, 269, **463 ff.**, 1134 f., 1622, 1837
– Parteiwechsel 933
– Rechte 214, 462, 488 ff., 503, **536 ff.**
  s.a. Rechtliches Gehör
Partei, politische, Beschwerdelegitimation 966, 1736 ff.
Parteiauskunft 468, 472
Parteibegehren
  s.a. Beschwerdeschrift; Eventualbegehren; Dispositionsmaxime; Noven
– Änderung 1018 ff., 1534
– und reformatio in peius vel in melius 139, 691, **1161 ff.**, 1634
– und Streitgegenstand 686 ff., 815, 1235, 1372, 1517
Parteibetrieb 163
Parteientschädigung 655, **1180 ff.**, 1278, 1635, **1659 ff.**
– Beschwerde in öffentlich-rechtlichen Angelegenheiten **1659 ff.**
– Beschwerde an das Bundesverwaltungsgericht **1180 ff.**

– nicht Gemeinwesen 1184, 1660
Parteifähigkeit 444, 934 ff.
Parteiöffentlichkeit 246
  s.a. Rechtliches Gehör
Parteiverhandlung 1094, **1126 ff.**, **1617**
Parteiverhör 468, 1110, 1249 f., 1610 f.
Parteivertretung: s. Vertretung
Parteivorbringen
– Prüfung 488, 546 f.
– verspätete 205, 441, 547, 1021, 1125, 1340
Persönliche Freiheit
– und Akteneinsichtsrecht 503, 516, 521
– Eingriff, gesetzliche Grundlage 473, 563
Persönlichkeitsschutz 236, 509, 515, 1190, 1670, 1854 ff.
Plan 1941, 1032
– als Gegenstand der Beschwerde an das Bundesverwaltungsgericht 882 f., 893
– Genehmigung 446, 453, 793, 883, 1002, 1941 ff.
– Nutzungsplan: s. dort
– Raumplanung: s. dort
– Richtplan: s. dort
– Sachplan 882, 893
Politische Partei, Beschwerdelegitimation 966, 1736 ff.
Politische Rechte 1550, 1678, **1708 ff.**, 1718, 1720 ff., 1736 f.
  s.a. Beschwerde in Stimmrechtssachen
Popularbeschwerde 32, 421, 859, 947, 952, 1491
Postulationsfähigkeit 445
Praxisänderung 203, 586, 736, 1141, 1359, 1517
Privatrecht: s. Zivilrecht
Privatsphäre 221, 241, 244, 516, 521
Prorogation 395, 817
Prozess-: s.a. Verfahren-
Prozessfähigkeit 444, 934
Prozessökonomie 260 ff., 789, 915, 1835 ff.
  s.a. Beschleunigungsgebot
– durch Eintreten 695, (1156), 1642
– durch Nichteintreten? 953
Prozessstandschaft 963
Prozessurteil: s. Beschwerdeentscheid: formeller

Prozessvoraussetzungen 183, **692 ff.,** 1208 ff.
– Nachweis 1525
– Prüfung 693 ff., 1528
– Rechtsbehelf als Alternative bei Fehlen 743, 781
Prüfungsbefugnis: s. Kognition
Prüfungsdichte: s. unter Kognition
Prüfungsentscheide 511, 524, 897, 1009, 1052, 1411, 1418
Prüfungspflicht der Behörden 153, (199), 214, 546, 1027
Publikation, amtliche: s. Amtliche Publikation
Publikumsöffentlichkeit: s. unter Öffentlichkeit des Verfahrens

R

Raumplanung: s.a. Nutzungsplan, Plan, Richtplan
– Beschwerderechte 1502, 1504, 1506
– RPG 123 f., 257, 322, 1356
Realakte der Verwaltung 323, 331 f., **361 ff.,** 772, 1316, 1420, 1719 f., 1978
  s.a. Anfechtungsobjekt; Informelles Verwaltungshandeln; Verfügung
Rechnungs-, Redaktions-, Kanzleifehler, Berichtigung 115, 644, 1200, **1322, 1785**
Rechtliches Gehör 67, **213 ff., 487 ff., 1113 ff.**
– Anspruchsgrundlagen
  – Art. 29 Abs. 2 BV 67, **214 ff.,** 526, 489
  – Art. 6 EMRK 75, 490, 527, 636
  – Art. 26 ff. VwVG **488 ff.**
– Ansprüche im Einzelnen
  – auf Äusserung 214, **524 ff.,** 600
    – ausnahmsweise nicht auf vorgängige 532 f.
    – ausnahmsweise zur Rechtsanwendung 530 f.
    – vor reformatio in peius 492, 790, 1166
  – auf Begründung 214, 629 ff.
  – auf Beweisabnahme 153, **536 ff.**
  – auf Mitwirkung 214, 452, 457, **536 ff.**
  – nicht auf Mündlichkeit aus Art. 29 Abs. 2 BV 248 f., 524

- auf Prüfung der Anträge 153, 214, 546 f.
- auf Orientierung 214, 491 f., (505), 538
  s.a. Akteneinsichtsrecht
- nicht auf Rechtsmittelbelehrung aus Art. 29 Abs. 2 BV 214, 638
- Replikrecht «i.e.S.» (aus Art. 29 Abs. 2 BV im Verwaltungsverfahren) **526**
- Replikrecht in gerichtlichen Verfahren 75, 214, 490, **527, 1119 ff.**, 1125, 1616, 1933
- auf Verbeiständung 214, (445), 454
- formelle Natur 216, **548,** 645, 1336
- Parteien als Anspruchsberechtigte **178,** 930
- in den einzelnen Verfahren/Verfahrensstadien
  - Aufsichtsbeschwerde 774 f.
  - Einsprache 789 ff.
  - Einwendungsverfahren, besonderes (534), 793
  - Verfahren vor Bundesverwaltungsgericht 1094, **1113 ff.**
  - bei vorsorglichen Massnahmen 1081, 1107
- Verletzung
  - Heilung **548 ff.**, (645), 1055
  - durch Kognitionsbeschränkung 199, **1027,** 1061
  - als Revisionsgrund 555, 1331, 1336
  - als unrichtige Sachverhaltsfeststellung 1588 ff.
- Verzicht **215**

Rechtsanwendung von Amtes wegen 154 ff., 690, 1008, 1136, 1623 f.

Rechtsbegehren: s. Parteibegehren

Rechtsbehelf 678 f.

Rechtsbeständigkeit 665, 737, 761
  s.a. Rechtskraft

Rechtsfrage
- und Tatfrage 1583 ff.
- von grundsätzlicher Bedeutung 1350, 1403, 1462, **1474 ff.**, 1485 f., 1515, 1527, 1625, 1631

Rechtsgrundsatz, allgemeiner: s. Allgemeiner Rechtsgrundsatz

Rechtshängigkeit 690, 705 ff., 1105, 1208 f., 1254, 1471

Rechtshilfe: s. Amts- und Rechtshilfe

Rechtskraft
- Anfechtung rechtskräftiger Verfügungen und Entscheide 709 ff., 713, 734, 742, 1324, 1786
  s.a. Anpassung; Revision; Wiedererwägung
- und Staatshaftungs-/Verantwortlichkeitsverfahren 1084, 1966 ff.
- Ausdehnung durch Beiladung 452
- von Beschwerdeentscheiden **1191 ff., 1671 f.**
- Eintretenszeitpunkt 664, 1003, 1191, 1509, 1671
- formelle **664,** 1191, 1671
- materielle **665, 1192,** 1671
- von Verfügungen **664 f.**
- Wirkung 671, 1191, 1672

Rechtsmittel
- Arten **680 ff.**
  - devolutive/nicht devolutive 682
    s.a. Devolutivwirkung
  - kassatorische 683
  - ordentliche/ausserordentliche 680
  - prinzipale 684
  - reformatorische 683
  - subsidiäre 684
  - vollkommene/unvollkommene 681
- Begriff 678 f.
- Begründung: s. dort
- Bezeichnung, falsche 1370, 1447, 1455, 1529, 1774
- wirksames im Sinn von Art. 13 EMRK 83, 330, 716, 782, 1414, 1975
  s.a. Rechtsschutzgarantie

Rechtsmittelbelehrung 115, 203, 214, **637 f.,** 845, 1486
- mangelhafte, Folgen 591, **646 ff.,** 1178

Rechtsmittelentscheid: s. Beschwerdeentscheid

Rechtsmittelfrist: s. Fristen

Rechtsmittel im Bund, *Übersicht nach 684*

Rechtsmittelkonkurrenz: s. unter den jeweiligen Rechtsmitteln; s.a. Zuständigkeit

Rechtssatz 879, 882, 884

Sachregister

Rechtsschrift: s. Beschwerdeschrift
Rechtsschutzgarantie 180
　s.a. Beschwerde, wirksame
Rechtsschutzinteresse: s. Interesse, schutzwürdiges
Rechtsschutzmittel 678
　s.a. Rechtsbehelf; Rechtsmittel
Rechtsverletzung: s. unter Beschwerdegründe; s.a. Haftung; Willkür
Rechtsverweigerung, formelle (i.w.S.) 67, **168,** 173, 200, 206, 253
　s.a. Fairness; Rechtliches Gehör; Überspitzter Formalismus; Vertrauensschutz
Rechtsverweigerung, formelle (i.e.S.):
　s. Rechtsverweigerung und -verzögerung
Rechtsverweigerung und -verzögerung 199 f., 1155, **1300**
　s.a. Beschleunigungsgebot
Rechtsverweigerungs- und -verzögerungsbeschwerde 360, 771, 1155, **1298 ff.**, 1308, 1355, **1780 ff.**
– und Art. 25 und 25a VwVG 1316
– Kosten 554, 1313
– Zuständigkeit **1302,** 1782
Rechtswege, *Übersicht nach 1371*
Rechtsweggarantie 179 ff., 851 ff.
– nach Art. 29a BV **69, 180 ff.,** 331 ff., 800
– und Verfahrensgarantien nach Art. 6 EMRK **82 ff.,** 180, 331, 851
Rechtswidrigkeit: s. unter Beschwerdegründe; s.a. Haftung; Willkür
Redaktions-, Rechnungs-, Kanzleifehler, Berichtigung 115, 644, 1200, **1322, 1785**
Reformatio in peius vel in melius (139), 707, 790, 1534, 1841
– und Streitgegenstand 691, 1124, 1372
– Beschwerde an das Bundesverwaltungsgericht 798, **1161 ff.**
– nicht bei Beschwerde in öffentlich-rechtlichen Angelegenheiten **1634 ff.**
Reformatorischer Entscheid 683, 1153, 1517, 1635, 1640 f., 1707, 1886
　s.a. unter den einzelnen Rechtsmitteln
Rekurs- und Schiedskommissionen:
　s. unter Kommissionen
Replikrecht: s. unter Rechtliches Gehör
Revision 723 ff., 1201, **1323 ff., 1786 ff.**
– Abgrenzung 715 ff.

– zur Anpassung von Verfügungen 718, 737
– zur Wiedererwägung 710, 724 f.
– Einordnung nach Anfechtungsobjekt
– Abstimmungs- und Wahlergebnisse 1725, 1731 f.
– von Bundesverwaltungsgerichtsentscheiden 710, 734, 742, **1323 ff.**
– von Bundesgerichtsentscheiden **1786 ff.**
– von Verfügungen 717, **723 ff.**
– Begründung des Begehrens 1345, 1793
– Entscheid als Verfügung 746
– Fristen 731, **1344,** 1793
– Gründe
　– bei Revision von Bundesverwaltungsgerichtsentscheiden **1328 ff.**
　– bei Revision von Bundesgerichtsentscheiden 1609, 1639, **1788 ff.**
　– bei Revision von Verfügungen **723 ff.**
– Verfahrensmängel 1787 f.
– Legitimation 730, 1326, 1793
– «prozessuale» 750
– Subsidiarität 1338, 1340 ff.
– Verfahren 732, 1344 ff.
– Zuständigkeit 682, 1324
Richtplan 893, 1398
– Anfechtung 882, 893, 1398, 1422, 1503
RPG: s. unter Raumplanung
Rückweisung an die Vorinstanz 548 ff., 1154 ff., 1173, 1517, 1642 f.
– Verzicht 133, 260, 548 ff., 1156, 1641 f.
Rückweisungsentscheid 1157, 1432
– Anfechtung 1157, 1432, 1614
– Bindungswirkung 1021, 1158
– Erläuterung 1319, 1785
– Revision 1795
Rückwirkung, unechte 739
Rückzug der Beschwerde 139, 492, **1146 ff.,** 1167 f., 1173, 1195, 1652
Rügelast (Rügepflicht) (144), 156 ff., (1134 f.), 1515 f., (1523)
　s.a. Begründung; Substanziierungslast
Rügeprinzip 155 ff., 260, 1521 ff., 1624, 1776 f.

S

Sachplan 882, 893
Sachurteil: s. Beschwerdeentscheid
Sachurteilsvoraussetzungen: s. Prozessvoraussetzungen
Sachverhalt, massgeblicher Zeitpunkt 1045, 1133, 1348, 1537
Sachverhaltsermittlung und -feststellung 214, **455 ff.,** 1108 ff., 1135, 1537, 1611
s.a. Beschwerdegründe; Untersuchungsmaxime
- und rechtliches Gehör **536 ff.**
- Überprüfung
  - Revision 1333, 1790
  - Beschwerde an das Bundesverwaltungsgericht **1043 ff.**
  - Beschwerden an das Bundesgericht 1537, **1581 ff.,** 1621 ff.
Sachverständige 473, 510, 539 ff., 1115
s.a. Beweismittel; Gutachten
- Ausstand 424, 437, 475, 510, 542
Sanktionen: s. Verwaltungssanktionen; Vollstreckung
Schätzungskommissionen, eidgenössische 31, 382, 393, 1943, 1945 ff., 1952
Schiedsabrede (829), 1208 f.
Schiedsgerichte 25, 29, 829, 1849
Schiedskommissionen: s. unter Kommissionen
SchKG: s. Schuldbetreibung
Schlichtung 603, 605
Schriftenwechsel 589, 928, 1017, 1066, **1112 ff.,** 1242 ff., **1612 ff.**
Schriftlichkeit des Verfahrens 226, 229, 234, **247 f.,** 1126, 1617
«Schubert-Praxis» 1568
Schuldbetreibung 667, 673, 900, 1448
- Vollstreckung nach SchKG 1198, 1673
Schutzwürdiges Interesse: s. Interesse, schutzwürdiges
Selbsteintrittsrecht 779, 1493
Sicherstellung: s. unter Kosten
Sistierung 607, 611, 914, 1007, 1704, 1793
Sozialhilferecht 1812
Sozialversicherungsrecht 77, 749 ff., **1821 ff.**
s.a. Massenverwaltung; Prozessökonomie
- Anpassung 737, 752 ff., 1838
  s.a. unter Wiedererwägung
- ATSG 317, 1829 ff.
  - Anwendbarkeit 112 f., 1830 ff.
  - Ausschluss 1847 ff.
- Beweisgrad 482, 738, 1839
- Beschwerdelegitimation 1844 ff.
- Dauersachverhalt 735, 740, 1071, 1429, 1838
- Einsprache 788 f, 1833 f.
- formloses Verfahren 323, 1831, 1836
- kantonale Versicherungsgerichte 258, 846, 1834, 1840
- (keine) Kosten 791, 1649, 1840
- Mitwirkung 539, 1837
- und Privatrecht 1824
- und reformatio in peius vel melius 1166, 1637, 1841
- Revision/Wiedererwägung **749 ff.**
- Verfügungsbegriff 323, 1831
- Vorbescheidverfahren (IVG) 788, 1851 f.
Spezialverwaltungsgerichte 26, 28, 30, 307
Spielbankenkommission, eidgenössische 32, 380, 414, 1499
Spitalliste 837, 878, 881, 958
Sprache des Verfahrens 592 ff., 1619, 1668
s.a. Amtssprache
Spruchkörper 436, 1060, 1103, 1137 ff., 1625 ff., 1788
Sprungbeschwerde 787, 845, **1270 ff.,** 1302, 1380
Staatshaftung 77, 970, 1084 ff., 1450, 1464 f., **1956 ff.**
s.a. unter Haftung
- Fristen 1980 ff.
- Rechtswege 1958 f., 1961 f.
- Verhältnis zu anderen Verfahren 1966 ff.
  - Einmaligkeit des Rechtsschutzes 1084, 1602, 1966 ff.
  - parallele Verfahren 1977
  - und Realakte 375, 1978
  - und Rechtsverweigerung oder Rechtsverzögerung 256 f., 1308 f., 1316, 1979
- Subsidiarität 1966 ff.
- Zuständigkeiten 1957, 1960
Staatsrecht 10

Sachregister

Staatsverträge 65, 1547
  s.a. Bilaterale Abkommen mit der EU; EMRK; UNO-Pakt I und II
Stand-still-Regel 1070, 1933
«Star-Praxis» 973, 1767 ff.
Stellungnahmen, verwaltungsinterne 495, 894
  s.a. Amtsbericht; Mitberichtsverfahren
Steuergeheimnis 2050
Steuerrecht 1867 ff.
– Akteneinsichtsrecht 512, 1876 f.
– Amts- und Rechtshilfe 1882, 1884, 2046, 2065, 2070, 2083, 2089
– Anwendbarkeit VwVG 1868 ff.
– Auskunftsrecht im MWSTG 1890 ff.
– Beschwerde nach StHG 317, 1557, 1571, 1641, 1886 ff.
– Doppelbesteuerung 474, 1379, 1381 ff., 1510, 1884, 2046
– Einsprache 787 f., 791
– Feststellungsverfügung 343 ff.
– Mitwirkungspflichten 463, 465, 1880 ff.
  – und Bankgeheimnis 1882 ff.
– Stellung der Ehegatten im DBG 1871 ff.
– Revision 727 f., 759 ff.
St. Gallen, Organisation der Verwaltungsrechtspflege 803
Stiftungen 380, 827 f., 1399
– Aufsicht 766, 960, 1448
– Pro Helvetia 380, 828
Stimmrechtsbeschwerde, 1728, *Übersicht nach 1747*
  s.a. Beschwerde in Stimmrechtssachen; Politische Rechte
Strafrechtliche Anklage nach Art. 6 EMRK 76, **81,** 2029
Streitgegenstand 139, **685 ff.,** 747 f., 815, 1019 ff., 1372, 1445, 1517, 1534 f.
– bei Behördenbeschwerde 1636
– Dahinfallen 696, 1146, 1150
– und Noven 1019 ff., 1534, 1949
– und reformatio in peius 691, 1165, 1372, 1534, 1634 ff.
Streitgenossenschaft 927, 935, 1429
Streitwertgrenzen 299, 1350, 1403, 1417, 1456, **1461 ff.,** 1960 f.
– Bestimmung Streitwert 1468 ff.

– vermögensrechtliche Angelegenheiten 1463
– Vorbehalt der Rechtsfrage von grundsätzlicher Bedeutung: s. dort
Submissionsrecht 376, **1895 ff.**
  s.a. Zweistufentheorie
– Anwendungsbereich 1896 ff.
– Anwendung des VwVG 1900 ff.
– (ausnahmsweise) Beschwerde an das Bundesgericht 1416, 1437, 1938
– Beschwerdeverfahren vor dem Bundesverwaltungsgericht 1918 ff.
  – Anfechtungsobjekt (1150), 1920 ff.
  – aufschiebende Wirkung? 1079, 1933 f.
    – Stand-still–Regel 1070, 1933
  – Beschwerdegründe 1936
  – Beschwerdelegitimation 935, 950, 1927 ff.
  – Fristen 1918 f.
  – Kognition 1936 f.
– BöB, besondere Verfahrensbestimmungen 1004, 1920
– Rechtsgrundlagen 93, 1897
– Vergabeverfahren 1903 ff.
  – (kein) Akteneinsichtsrecht 513, 1909
  – Arten 1903
  – Ausschreibung 1897 ff., 1903, 1916, 1926
  – Fristen 1904 ff.
  – Offertbereinigung 1913 ff.
  – Vorbefassung 1910 ff.
  – Zuschlag 876, 1150, 1901, 1920 ff.
Subsidiäre Verfassungsbeschwerde an das Bundesgericht **1748 ff.**
– Anfechtungsobjekt 1755 ff.
– Beschwerdegrund 1760 ff., 1776 ff.
– und Einheitsbeschwerden an das Bundesgericht 1749 ff.
  – Subsidiarität 1752 ff.
  – Verbindung mit Einheitsbeschwerde 1773 f.
– Legitimation 1764 ff.
– Verfahren 1771 ff.
– Verhältnis zu andern Rechtsmitteln 1289 ff., 1352, 1454 ff., 1754
Subsidiarität: s. unter den einzelnen Rechtsmitteln

Substanziierungslast 144, 155
s.a. Begründung; Rügelast
– Prozessvoraussetzungen 693, 1008 ff., 1519 ff., 1525, 1776 ff.
– Revisionsgesuch 1345, 1793
Substitution der Begründung 758, 1136, 1624
Summarisches Verfahren 568, 1081, 1173, 1597
Superprovisorische Massnahmen 532, 573, 1080, 1597
Suspensiveffekt: s. aufschiebende Wirkung

T

Tarif 878, 884, 1052, 1694, 1696
– Kostentarife des Bundesverwaltungsgerichts 1171 f., 1180 f.
– Kostentarife des Bundesgerichts 1648 f., 1659
Tatfrage und Rechtsfrage 1583 ff.
Tatsachen
– neue 1332 f., 1536
s.a. Noven
– Nichtberücksichtigung als Revisionsgrund 1334, 1788
– verspätet vorgebrachte 462, 547, 1021, 1045, 1125
Teilentscheid/-verfügung 905, **1429 ff.**
Textbausteine 632
s.a. Verfügung, standardisierte
Treu und Glauben 71, **201 ff.**
s.a. Rechtsmittelbelehrung: mangelhafte, Folgen; Vertrauensschutz
– bei Auskünften 203, 895
– Mitwirkungspflichten 205, 459 f., 464
– bei verspäteter Geltendmachung von Verfahrensmängeln 395, 441, (1101)

U

Übergangsrecht 129 ff.
Überlastung der Gerichte und Behörden 254
Übermittlung, elektronische 583 f., 618, 643, 1003, 1012, 1512, 1530, 1668
Überprüfungsbefugnis: s. Kognition

Überspitzter Formalismus 67, 102, 199, **206,** 1022, 1906
Überweisungspflicht 398, 582, 646, 818 f., 1375 ff.
Überwiegende Wahrscheinlichkeit, Beweisgrad 482, 1839
UBI 32, 421, 436, 527 f., **859,** 1385, 1491
s.a. Kommissionen
Umweltschutz
s.a. Umweltverträglichkeitsprüfung; Verbandsbeschwerde
– Beschwerderechte 112, 940, **987, 988 ff.,** 1498, 1502, 1504, 1506
Umweltverträglichkeitsprüfung (UVP) 117, 124, **476,** 894, 990
Unabhängige Beschwerdeinstanz für Radio und Fernsehen: s. UBI
Unabhängige Kommissionen 411 ff., 447
s.a. Kommissionen; UBI; Wettbewerbsbehörden
Unabhängigkeit und Unparteilichkeit 193 ff., 426 ff.
s.a. Ausstand; Befangenheit; Unparteilichkeit; Vorbefassung
– richterliche, im Allgemeinen 190, 193 ff., 426 ff., 768, 1102
– des Bundesgerichts **1361 ff.**
– des Bundesverwaltungsgerichts **806 ff.**
– von Rekurs- und Schiedskommissionen 30
Unangemessenheit: s. unter Beschwerdegründen; s.a. Ermessensfehler; Ermessenskontrolle
Unbestimmter Rechtsbegriff 185, 985, 1049, 1051 ff., 1393, 1475, 1576, 1578 ff., 1630
– Abgrenzung zum Ermessen 1049, 1056, 1576
Unentgeltliche Rechtspflege 67, 177, 264, **656 ff.,** 914, **1185 ff.,** 1335, **1664 ff.,** 1767
– Ansprüche im Einzelnen
– Unentgeltlichkeit der Verbeiständung/Vertretung 657, 660 ff., 1186, 1667
– Unentgeltlichkeit des Verfahrens 661, 1185, 1664
– in den einzelnen Verfahren
– vor Bundesgericht 1664 ff.

– vor Bundesverwaltungsgericht 1185 ff.
– nichtstreitiges Verwaltungsverfahren 656
– Rechtsverweigerungs- und -verzögerungsbeschwerde 1313
– Voraussetzungen 657 ff.

Ungehorsam gegen amtliche Verfügungen, Bestrafung 467, 667 ff., 674 f.

Unmittelbarer Zwang 467, 667 f., 672 ff., 918, 1217

Unmittelbarkeit des Verfahrens 218, **250 f.,** 524

UNO-Pakt I 88

UNO-Pakt II 20, **88 ff.**

Unparteilichkeit
s.a. Ausstand; Befangenheit; Vorbefassung
– richterliche: s. Unabhängigkeit und Unparteilichkeit
– der Verwaltung 17 f., 196 f., **426 ff.**

Unrichtige Bezeichnung des Rechtsmittels 1370, 1447, 1455, 1529, 1774

Unterliegerprinzip 653, 1173, 1184, 1651, 1659
s.a. Kosten

Unterschrift
s.a. Elektronischer Rechtsverkehr
– Beschwerdeschrift 1011 ff., 1515, 1530, 1532
– Verfügung 619, 627 f., 644

Untersuchungsmaxime 456 ff., **1133 ff.,** 1621 f., 1842, 1989
– und Ermittlung des Sachverhalts 137, **142,** 456 ff., 1021, 1044, **1133 ff.,** 1621
– und Mitwirkungspflichten der Parteien 142, 144, 460, 1134, 1622
– und Offizialmaxime 137, 1623
– und Rügeprinzip 144, 1622
– und Streitgegenstand 690, 1134
– und Substanziierungslast 461, 693, 1008
– und verspätete Vorbringen 147, 547, 589, 1021
– bei der verwaltungsrechtlichen Klage 1235, 1237, 1248

Unvereinbarkeit 434, 807 ff., 1363, 1605, 1714

Urkunden 470, 485, 599
s.a. Beweismittel

Urteil: s. Beschwerdeentscheid

Urteilsberatung des Bundesgerichts 223, 238, 1627 f.

Urteilsformel: s. Dispositiv

V

Verantwortlichkeit: s. Haftung

Verbandsaufsicht 767 ff., 1495, 1803

Verbandsbeschwerde
– egoistische **962 ff.**
– ideelle 112, 624, 940, 963, **988 ff.,** 1505 ff., 1770

Verbeiständung: s. Unentgeltliche Rechtspflege; Vertretung

Vereinfachtes Verfahren 1374, 1532, 1598, **1629 ff.**

Vereinigung von Verfahren 260, 927

Vereinigungen: s. Legitimation; Natur- und Heimatschutz; Politische Partei; Umweltschutz; Verbandsbeschwerde

Vereitelungsverbot 107 f., 111, 119, 316, 1034

Verfahren-: s.a. Prozess-

Verfahrensbeteiligte: s. Andere Verfahrensbeteiligte; Partei

Verfahrensdisziplin 1129 ff., 1620

Verfahrenseinheit 107 ff., 111, 303, 316, (862), 905, 907, 1158, 1427, 1741

Verfahrensfehler
s.a. Formelle Natur von Verfahrensgarantien; Heilung
– als Rechtsverletzungen 1038, 1054, 1546

Verfahrensgarantien 164 ff.
s.a. Beschleunigungsgebot; Fairness; Gleichbehandlung der Parteien; Legalitätsprinzip; Mündlichkeit; Öffentlichkeitsprinzip, Rechtliches Gehör; Rechtsschutzgarantie; Rechtsweggarantie; Treu und Glauben; Überspitzter Formalismus; Unabhängigkeit; Unentgeltliche Rechtspflege; Unmittelbarkeit; Unparteilichkeit
– Grundrechtscharakter 173 ff.
– Träger 177 f.
– *Übersicht nach 264*

Verfahrensgrundsätze: s. Verfahrensmaximen

Verfahrenskoordination: s. Koordination von Verfahren
Verfahrenskosten 651 ff., 661, 1022, **1172 ff.,** 1649 f.
  s.a. Kosten; Unterliegerprinzip
Verfahrensleitung 162
  s.a. Instruktion
Verfahrensmaximen 134 ff.
  s.a. Amtsbetrieb; Beweiswürdigung; Dispositions-; Eventual-; Offizial-; Rechtsanwendung von Amtes wegen; Untersuchungs-; Verhandlungs-
Verfahrensöffentlichkeit: s. Öffentlichkeit des Verfahrens
Verfahrenspflichten: s. Mitwirkungspflichten
Verfahrensrecht, öffentliches 8 ff.
Verfahrenssprache 592 ff., 1619, 1668
  s.a. Amtssprache
Verfassungsbeschwerde: s. Subsidiäre Verfassungsbeschwerde
Verfassungsgerichtsbarkeit/-rechtspflege 11, **48 ff.,** 1564 ff.
Verfügung 321 f., **325 ff.,** 862 f., 686 ff., **869 ff.**
– als Anfechtungsobjekt **862 ff.**
– Anspruch auf Erlass 327, (338 ff.), 359
– Arten: s. Feststellungs-, Gestaltungs-, Leistungsverfügung
– Begründung: s. dort
– Dauerverfügung 735, 740, 749
– Definitionselemente nach Art. 5 VwVG
  – Abstützung auf Bundesverwaltungsrecht **898 ff.**
  – Einseitigkeit **875 ff.**
  – Hoheitlichkeit **870 ff.**
  – individuell-konkret **878 ff.**
  – Rechtverbindlichkeit **885 ff.**
– Eröffnung: s. dort
– fehlerhafte **639 ff.**
– fingierte 335, (1303)
– formlose/im formlosen Verfahren 323, 364, 1831
– Funktion **326**
– über Geldleistung 752, 1074, 1078, 1595
– kantonaler Verfügungsbegriff 328, 332 ff.
– Kompetenz zum Erlass 871 f.
– mitwirkungsbedürftige 140, 388, 875

– negative 467, 713, 715, **864,** 866, 1071, 1089
– nichtige 396, 556, **640 ff.,** 706, 920, 1424
– über Realakte **361 ff.**
– im Sozialversicherungsrecht 323, 1831
– standardisierte 627, 632
– Teilverfügung 905
– verwaltungsinterne
  – mit Aussenwirkung 889
– Vollstreckung: s. dort
– Vollstreckungsverfügung: s. dort
– Wirksamkeit 664
– Wirkung 664 ff.
– Zwischenverfügung: s. dort
Verfügungsgrundsatz: s. Dispositionsmaxime
Vergleich 139 f., 815, 1146, **1149,** 1178, 1372, 1832
Verhältnis der Rechtsmittel: s. unter den jeweiligen Rechtsmitteln; s.a. Zuständigkeit
Verhältnismässigkeit
  s.a. Interessenabwägung
– von Aufsichtsmassnahmen 767 ff.
– von Gutachten 473
– als unbestimmter Rechtsbegriff 1049
– vorsorglicher Massnahmen 567, 1076, 1601
– von Zwangsmassnahmen 467, 672 f., 675
Verhandlungsmaxime 143 ff.
Verjährung öffentlich-rechtlicher Ansprüche 1234
Verkehrsanordnung/-beschränkung 880, 951
Vernehmlassung 1113 ff., 1613 ff.
– Anschlussbeschwerde? 1123 f., 1614
– verwaltungsinterne 894, 1959
– der Vorinstanzen 1107, 1113 ff., 1613
Veröffentlichung in einem amtlichen Organ: s. Amtliche Publikation
Verordnung, akzessorische Prüfung 994, 1062, 1274 ff., 1685
  s.a. Verwaltungsverordnung
Verschulden als Voraussetzung von Zwangsmassnahmen 674
Vertrag
– als Grundlage der Drittbeschwerdelegitimation 961

Sachregister

- als Grundlage des Vergleichs 1149
- verwaltungsrechtlicher 321 f., 327, 376, 875 f., 1211 ff., 1231

Vertrauensprinzip: s. Treu und Glauben

Vertrauensschutz 202
s.a. Rechtsmittelbelehrung, mangelhafte, Folgen; Treu und Glauben

Vertretung 454, 538, 577, 588, 643, 1186
s.a. Anwalt; Unentgeltliche Rechtspflege
- vor Bundesgericht 1489, 1775
- im Massenverfahren 454, 534, 655
- Anspruch auf Vertretung 214, 445, 524, 538, 1186

Verwaltungsakt: s. Verfügung, s.a. Informelles Verwaltungshandeln; Realakt; Vertrag

Verwaltungsaufsicht: s. unter Aufsicht

Verwaltungsbeschwerde an den Bundesrat: s. Beschwerde an den Bundesrat

Verwaltungsgerichte
s.a. Bundesgericht; Bundesverwaltungsgericht; Kommissionen: Rekurs- und Schieds-, Schätzungs-
- allgemeine 27
- Spezialverwaltungsgerichte 28, 29 ff.

Verwaltungsgerichtsbarkeit 20 ff., 302
s.a. Verwaltungsrechtspflege, s.a. unter den einzelnen Rechtsmitteln
- Geschichte **282 ff.**
- durch das Bundesgericht 302, 1357 ff.
- durch das Bundesverwaltungsgericht 302, 795 ff.
- kantonale 108 ff., 304 ff., 1388 ff.
- nachträgliche 21
- durch Rekurs- und Schiedskommissionen 29 ff., 319, 380, 798
- Träger 26 ff., 302, 800 ff., 1388 ff.
- ursprüngliche 22 ff.
- durch Zivil- und Strafgerichte 33 f., 265 ff.
- zweistufige 309, 311, 800, 1384 ff., 1822

Verwaltungsgerichtsgesetz (VGG) 301, 795 ff.
s.a. Bundesverwaltungsgericht

Verwaltungshandeln: s. Gesetzliche Grundlage; Informelles Verwaltungshandeln; Realakt; Verfügung; Vertrag

Verwaltungsinterne Beschwerde 1266 ff.
s.a. Sprungbeschwerde
- Aufsichtsbeschwerde, Entgegennahme als 781
- Bedeutung 1267
- und Beschwerde an das Bundesverwaltungsgericht 1267
- an den Bundesrat: s. Beschwerde an den Bundesrat
- und Einsprache 787
- Kognition 1273 ff.
  - Normenkontrolle 1274 ff.
- Kosten 1278
- Verfahrensinstruktion 1277

Verwaltungsprozessrecht 8 ff.

Verwaltungsrecht des Bundes: s. Öffentliches Recht des Bundes

Verwaltungsrecht, materielles, und Verwaltungsverfahrensrecht 36 ff.

Verwaltungsrechtliche Klage: s. Klage

Verwaltungsrechtspflege 8 ff., 302
s.a. unter den einzelnen Rechtsmitteln
- durch den Bundesrat 1279 ff.
- Vereinheitlichung? 315 ff.
- und Verfassungsgerichtsbarkeit 46 ff.
- und Verwaltungsaufsicht und parlamentarische Aufsicht 52 ff.
- verwaltungsinterne 8, 16 ff., 413 ff., **1266 ff.**
- verwaltungsexterne 8
s.a. Verwaltungsgerichtsbarkeit

Verwaltungssanktionen 666 ff., 1453, 1673, 2017 f., 2025 ff.
s.a. Verfahrensdisziplin; Verhältnismässigkeit; Vollstreckung

Verwaltungsstrafrecht 276, **2024 ff.**
s.a. Disziplinarverfahren
- Anwendung des VStrR 2030 ff.
- Kategorisierungen 667 ff., 2025 ff.
- Koordination mit Verwaltungsverfahren 267, 667, 2037

Verwaltungsverfahren 2 ff.
- Grundbegriffe, *Übersicht nach 35*
- kantonales 103, 107 ff., **304 ff.**
- nichtstreitiges 3, **320 ff.**
- streitiges 4, **677 ff., 1266 ff.**
s.a. Verwaltungsrechtspflege; s.a. unter den einzelnen Rechtsmitteln

Verwaltungsverfahrensgesetz des Bundes (VwVG) 6, **377 ff.**, 796 ff., 1270
- Anwendungsbereich 111, **379, **698 f., 705, 710, 796 ff., 1270, 1829
- Auslegung 383 f.
- Ausnahmen von seiner Geltung **382 ff.**, 672

Verwaltungsverfahrensrecht und materielles Verwaltungsrecht 36 ff.

Verwaltungsverordnung 892, **1039 ff.**, 1276, 1685

Verwaltungsvertrag: s. Vertrag

Verwaltungszwang: s. Verwaltungssanktionen; s.a. Unmittelbarer Zwang

Verwirkung 205, 916, 998, 1234, 1435, 1981

Verzicht auf
- Begründung 635, 1169
- Gehörsanspruch 215
- Öffentlichkeit des Verfahrens 229, 236, 1256
- Rückweisung an die Vorinstanz 260, 548, 552 f., 1055, 1156

VGG: s. Verwaltungsgerichtsgesetz

Völkerrecht 59 ff., 316, 1032, 1547 ff.
s.a. Bilaterale Abkommen mit der EU; EMRK; UNO-Pakt I und II

Vollstreckbarkeit
- von Entscheiden
  - des Bundesgerichts 1671 ff.
  - des Bundesverwaltungsgerichts 1069, 1191 ff.
- von Verfügungen 664, 671, 680

Vollstreckung 666 ff.
s.a. Verwaltungssanktionen
- Androhung 672
- mangelhafte 1198, 1673
- Mittel **668 ff.**
- Voraussetzungen **671 ff.**

Vollstreckungsverfügung 532, 672, 867, **918 ff., 1424**
- als Anfechtungsobjekt **918, 1424**

Vorbefassung 195, 432, 1099 f., (1606)
s.a. Ausstand; Befangenheit; Unabhängigkeit; Unparteilichkeit

Vorbescheidverfahren (IVG) 788, 1851 f.

Vorentscheid 1430, 1433, 1438
s.a. Zwischenentscheid

Vorfrageweise Normenkontrolle: s. Normenkontrolle

Vorinstanzen
- des Bundesgerichts **1378 ff.**
  - bei der Beschwerde gegen kantonale Erlasse **1686 f.**
  - bei der Beschwerde in Stimmrechtssachen 1720 ff.
- des Bundesverwaltungsgerichts **823 ff.**
- des Bundesrates 1286
- faktische Parteistellung der verfügenden Instanz 924, 936, 973, 1163
- Vernehmlassung 1107, 1113 ff., 1613

Vorprüfungsverfahren 295 f.

Vorschuss: s. unter Kosten

Vorsorgliche Massnahmen 79, **558 ff.**, 774, **1088 ff., 1601**
s.a. aufschiebende Wirkung
- Anfechtbarkeit 571 f., 914, 916
- Arten 561
- bei der Aufsichtsbeschwerde 774
- bei der Beschwerde an das Bundesgericht **1601**
- bei der Beschwerde an das Bundesverwaltungsgericht **1088 ff.**
- Datenschutz 1864
- Haftung 574, 1091, 1602
- Interessenabwägung 567
- im nichtstreitigen Verwaltungsverfahren **558 ff.**
- bei der Klage 1252
- bei der Revision 1794
- superprovisorische Massnahmen: s. dort
- Voraussetzungen 482, 565 ff., 1090

Vorverfügung: s. Zwischenverfügung

VwVG: s. Verwaltungsverfahrensgesetz

W

Waffengleichheit 14, 67, **207 ff.**, 539, 595, 991, 1117 f.
s.a. Aufklärungspflicht

Wahlbeschwerde, 1728, *Übersicht nach 1747*
s.a. Beschwerde in Stimmrechtssachen; Politische Rechte

Wahrscheinlichkeit, überwiegende, Beweisgrad 482, 1839

Weisung 54 ff., 196, 417, 1271 f., 1380

Weiterleitungspflicht (Überweisungspflicht) **398,** 582, 646, 818 f., 1375 ff.
Wettbewerbsbehörden, -kommission 413 ff., 451, 471, 958, 1499, 2017 ff.
s.a. Kartellrecht; Kommissionen
Widerrechtlichkeit
s. unter Beschwerdegründe; s.a. Haftung; Willkür
Widerruf 678 f., **712 ff.,** 1066, 1168, 1192
s.a. Anerkennung
– Anfechtung 1437, 1502, 1504
– Voraussetzungen 713
– und Wiedererwägung **714,** 1168
Wiedererwägung, Wiedererwägungsgesuch 678 f., **703 ff., 1066,** 1168, 1592
– Anspruch auf Wiedererwägung 715 ff., **724 ff.,** 1731
– und Einsprache 705, 792
– Gesuch als Rechtsbehelf 715, 720, **743 ff.,** 792
– Gesuch als Rechtsmittel 716 ff.
s.a. Anpassung; Revision von Verfügungen
– Rechtsschutz 746 ff.
– im Sozialversicherungsrecht 749 ff.
– im Steuerrecht 727 f., 759 ff.
– *Übersicht nach* 762
– und Widerruf **714,** 1168
Wiederherstellung von Fristen: s. Fristen
Willkür
– beim Entzug der aufschiebenden Wirkung **1083**
– als Beschwerdegrund
  – bei der Anwendung kantonalen Rechts **49,** 1034, 1528, **1543,** 1553, 1555, **1559**
  – Ermessensmissbrauch 1037
  – bei der Sachverhaltsfeststellung, vor Bundesgericht 1522, 1587, 1778
  – bei der subsidiären Verfassungsbeschwerde **1766**
Wirtschaftlichkeit der Verwaltung: s. New Public Management
Wirtschaftsverwaltungsrecht 61, 92 ff.

Z

Zeugen 468, **478 f.,** 480
Zeugeneinvernahme 246 f., 268, 471, 543, 1109 f., 1251, 1610, 1868 f.
Zeugnispflicht 478 f.
Zeugnisverweigerungsrecht 479, 612
Zirkulationsbeschluss 1141, **1142 f.,** 1627 f.
Zivilgerichte 33 f., 275, 278 ff.
Zivilprozess 274
s.a. Bundeszivilprozessrecht
Zivilrecht
– Abgrenzung zum öffentlichen Recht 899
– Anwendbarkeit im Verwaltungsverfahrensrecht 444, 459, 470
Zivilrechtliche Streitigkeiten
– im Sinn von Art. 6 EMRK **76 ff.**
– im Sinn von Art. 14 UNO-Pakt II **89**
Zugang zu einem Gericht: s. Rechtsweggarantie
Zusammensetzung der Behörden
– Anspruch auf Bekanntgabe 197, 437, 1103, 1608
– Anspruch auf Gesetzmässigkeit 67, 197, 423, 426
Zuschlag 876, 1150, 1901, 1920 ff.
Zusicherungen, behördliche 895
Zuständigkeit 79, **390 ff.,** 697, **816 ff.,** 1267, 1281 ff., **1373 ff.**
s.a. Generalklausel; Kompetenzattraktion; Kompetenzkonflikt; Meinungsaustausch; Negativkatalog
– Begriff 391
– funktionelle 394, 687, (1534)
  – des Bundesgerichts **1378 ff.**
  – des Bundesverwaltungsgerichts 798 f., **823 ff.**
  – des Bundesrates 1286 ff.
– örtliche 393, 696
– sachliche 392, 690
  – des Bundesgerichts **1402 ff.**
  – des Bundesrates 1282 ff.
  – des Bundesverwaltungsgerichts 842 ff.
– und Kognition 1026
– Methoden der Umschreibung 839 ff.

- Rechtsverweigerungs- und -verzögerungsbeschwerde 1302, 1782
- der verwaltungsinternen Rechtspflegeinstanzen 1267 f.
- Überprüfungs- und Überweisungspflicht 395 ff., 818 ff., 1373 ff.
- unabhängiger Kommissionen 411 ff., 447

Zustellung 577, 616, 622 f., 642
- Beweislast 577
- elektronische: s. Elektronischer Rechtsverkehr
- fingierte 577

Zwang, unmittelbarer 467, 667 f., 672 ff., 918, 1217

Zwangsmassnahmen: s. unter Vollstreckung

Zwangsmittel: s. unter Vollstreckung

Zwangsvollstreckung: s. Schuldbetreibung

Zweiparteienverfahren 447, 923, 1277
Zweistufentheorie 876, 1231
Zwischenentscheid, -verfügung 867, **905 ff., 1434 ff.**
- Abgrenzungen 1429 ff.
- Anfechtbarkeit, Voraussetzungen 867, **907 ff.,** 1428, **1435 ff.**
  - über Ausstand und Zuständigkeit 906, 1435
  - nicht wieder gutzumachender Nachteil 908 ff., 913, 1437
  - Prozessökonomie 911 f., 1438
- Anhörung 532
- Beschwerdefrist 1003, 1509
- Eröffnung 620
- und Hauptverfahren 905, 1434
- Nichteintretensentscheid? 406, 1435
- Rückweisungsentscheid 1432
- Zuständigkeit zum Erlass 907